Hilpert
Ethik und Rationalität

Moraltheologische Studien

Systematische Abteilung
Herausgegeben von Bruno Schüller
Band 6

Konrad Hilpert

Ethik und Rationalität

Untersuchungen zum Autonomieproblem
und zu seiner Bedeutung für die theologische Ethik

Patmos Verlag Düsseldorf

Gedruckt mit Unterstützung der Pädagogischen Hochschule Rheinland

CIP-Kurztitelaufnahme der Deutschen Bibliothek
Hilpert, Konrad:
Ethik und Rationalität : Unters. zum Autonomieproblem
u. seiner Bedeutung für d. theol. Ethik / Konrad Hilpert.
– 1. Aufl. – Düsseldorf : Patmos Verlag, 1980.
  (Moraltheologische Studien : Systemat. Abt. ; Bd. 6)
  ISBN 3-491-78425-5

© 1980 Patmos Verlag Düsseldorf
Alle Rechte vorbehalten. 1. Auflage 1980
Umschlaggestaltung: Rüdiger Eschert
Gesamtherstellung: Lengericher Handelsdruckerei, Lengerich
ISBN 3-491-78425-5

Inhalt

Vorwort 13
Siglen der zitierten Quellen 15
Technische Hinweise 17
Einleitende Bemerkungen zu Thema und Methode der Untersuchungen 19

ERSTER TEIL
ORTSBESTIMMUNG DES AUTONOMIE-PROBLEMS

Kapitel 1: Die verschärfte Infragestellung der Theonomie der Ethik unter spezifisch heutigen Gesichtspunkten 27
1.1 Eine Tendenz innerhalb der Theologie selbst: Gott als Geschehnis der Mitmenschlichkeit 29
1.1.1 Erstes Anliegen: Bejahung der Säkularisierung 30
1.1.2 Zweites Anliegen: Radikale Verwirklichung des Christlichen 31
1.1.3 Einwände gegen eine theonome Ethik 33
1.1.4 Kritische Anmerkungen 37
1.2 Der Beitrag der biologischen Verhaltensforschung: Vorprogrammierung ethischen Verhaltens durch stammesgeschichtliche Anpassungen 39
1.2.1 Der Mensch als Glied einer biologischen Entwicklungsreihe 40
1.2.2 Angeborene Dispositionen auch im Bereich ethischen Verhaltens? 41
1.2.3 Freiheit oder Determination? 43
1.2.4 Entmythologisierung der Moral? 46
1.3 Soziologie als Wissenschaft vom menschlichen Handeln . 50
1.3.1 Die Intention der Soziologie 50
1.3.2 Einige Ergebnisse der gegenwärtigen Soziologie zum Thema Moral 56

1.3.3	Soziologie als „wissenschaftliche" Moral?	62
1.3.4	Wissenssoziologische Gesichtspunkte	66
1.4	Die Neubestimmung der Theorie-Praxis-Relation	70
1.4.1	Das Programm	71
1.4.2	Dialektische Selbstgewinnung	75
1.4.3	Die Kritische Theorie als Anfrage an die Moraltheologie	82
1.5	Die Un-sinnigkeit theologischer Ethik aus der Sicht eines am Ideal der exakten Wissenschaften orientierten Denkens (Analytische Philosophie)	87
1.5.1	Logischer Positivismus: Der Ausfall der Möglichkeit ethischer Sätze überhaupt in einer vollständigen Beschreibung der Welt	88
1.5.2	Einwendungen gegen den theologischen Charakter der Ethik vom sprachanalytischen Standpunkt	92

Kapitel 2:	Zur Genealogie des Problems	100
2.1	Begriffsgeschichtliches zu „Autonomie"	100
2.2	Der methodische Umbruch: Gewißheit des Subjekts als Kriterium von Wahrheit	105
2.2.1	Universeller Zweifel und fundamentum inconcussum	106
2.2.2	Der Cartesische Gedanke und die Ethik	112
2.3	Weitere Determinanten der Problem-Entstehung	120
2.3.1	Die Erweiterung des Gesichtskreises	122
2.3.2	Die Vorbildlichkeit des mathematischen Wissens	126
2.3.3	Konsequenzen des neuen Wissenschaftsideals	127
2.3.4	Die Ablehnung des Autoritätenbeweises	131
2.3.5	Das Prinzip Erfahrung	133
2.3.6	Der Vorrang des Handelns gegenüber dem Denken	136
2.3.7	Die Anfänge einer Religionskritik aus ethischen Motiven	138
2.4	Resümee	146
2.4.1	Wider den Dualismus der Wirklichkeit und den Primat des Objektiven	147
2.4.2	Wider die Geschlossenheit der Welt	147
2.4.3	Wider den Primat der Theorie	147
2.4.4	Wider das finale Wirklichkeitsverständnis	148
2.4.5	Wider die Autorität	148

ZWEITER TEIL
HISTORISCHE MODELLE AUTONOMER ETHIKEN

Kapitel 3:	Pflicht aus der Selbstgesetzlichkeit der reinen Vernunft *(Kant)*	151
3.1	Analytik der Moralität	152
3.1.1	Die Moralität der allgemeinen Menschenvernunft	152
3.1.2	Das oberste Prinzip der Sittlichkeit	156
3.1.3	Formeln des Kategorischen Imperativs	159
3.1.4	Die dritte Formel des Kategorischen Imperativs: Das Prinzip der Autonomie des Willens	160
3.1.5	Heteronomie	161
3.2	Deduktion des Autonomie-Prinzips aus reiner Vernunft a priori	163
3.2.1	Autonomie und Freiheit	163
3.2.2	Das Element der Allgemeingültigkeit unserer Maxime als eines Gesetzes	164
3.2.3	Das Element der Geltung des Autonomieprinzips	164
3.2.4	Der unerklärbare Rest: die Wirklichkeit der Freiheit der praktischen Vernunft	166
3.2.5	Die Abweisung der Deduktion in der ‚Kritik der praktischen Vernunft'	167
3.2.6	Primat der praktischen Vernunft vor der theoretischen	171
3.3	Transzendentale Dialektik (Tugend und Glückseligkeit)	171
3.3.1	Die Antinomie der praktischen Vernunft	172
3.3.2	Das zweite Postulat der reinen praktischen Vernunft: die Unsterblichkeit der Seele	174
3.3.3	Das dritte Postulat der reinen praktischen Vernunft: das Dasein Gottes	174
3.3.4	Über den Charakter der Postulate	176
3.4	Religion	178
3.4.1	Das Verhältnis von Offenbarungs- zu Vernunftreligion	179
3.4.2	Das „radikal Böse"	181
3.4.3	Gnadenwirkung	184
3.4.4	Sohn Gottes	184
3.4.5	Paraklet	185
3.4.6	Rechtfertigung	185
3.4.7	Wunder	186
3.4.8	Kirche	187
3.4.9	Trinität	188
3.4.10	Das Christentum als natürliche Religion und seine Depravation	189

Kapitel 4:	Die Deduktion der Sittlichkeit aus der absoluten Selbstreflexion *(Fichte)*	192
4.1	Fichtes Kant-Kritik	192
4.1.1	Ein Rest von Dogmatismus	193
4.1.2	Das Fehlen eines obersten Grundsatzes	194
4.1.3	Formalistische Ethik	195
4.1.4	Verhängnisvolle Auswirkungen	196
4.2	Der dreifache Autonomie-Begriff	197
4.3	Deduktion des Begriffs der Sittlichkeit aus den unbedingten Prinzipien der Wissenschaftslehre	197
4.3.1	Die unbedingte Grundlage der gesamten Wissenschaftslehre	199
4.3.2	Das Wollen	201
4.3.3	Bewußtsein und Freiheit	203
4.3.4	Bewußtsein und Gesetzgebung	205
4.3.5	Das abgeleitete Prinzip der Sittlichkeit	209
4.4	Die Realität der Sittlichkeit als Freiheit und Natur	210
4.4.1	Gegenständlichkeit	211
4.4.2	Die Wirklichkeit des freien Wollens	211
4.4.3	Die Wirklichkeit der Vernunftkausalität	211
4.4.4	Natur	212
4.4.5	Die Aufgabe der Sittenlehre	217
4.4.6	Das Prinzip der Sittlichkeit	219
4.5	Sittlichkeit und Religion	221
4.5.1	Die Ursache des Bösen	221
4.5.2	Religion	225
4.5.3	Kirche	225
4.5.4	Das Symbol	232
4.5.5	Der Glaube an Gott	234
4.5.6	Atheismus	238
4.5.7	Unsterblichkeit	244
4.6	Korrekturen am ursprünglichen System	244
4.6.1	Seinsbegriff	245
4.6.2	Gottesbegriff	247
4.6.3	Das Verhältnis zwischen historischer Faktizität und metaphysischer Einsicht	250
Kapitel 5:	Ethik als die wahre Religion *(Feuerbach)*	253
5.1	Die Notwendigkeit eines Neuentwurfs der Philosophie	253
5.1.1	Die Beurteilung Kants	254
5.1.2	Die Beurteilung Fichtes	258
5.1.3	Die Beurteilung Schopenhauers	260

5.2	Der methodisch-anthropologische Ausgangspunkt	262
5.2.1	Wo ist Religion zu finden?	262
5.2.2	Was ist Religion?	262
5.2.3	Was ist Gattung bzw. Wesen des Menschen?	263
5.2.4	Konsequenz für die Religionstheorie	264
5.3	Der ethische Hintergrund der Religionskritik	268
5.3.1	Religion als Entfremdung	268
5.3.2	Zwiespalt zwischen Soll und Ist im Sündenbewußtsein	277
5.3.3	Zwiespalt zwischen Leib und Seele	277
5.3.4	Verneinung der Sinnlichkeit	278
5.3.5	Vernunft- und Wissenschaftsfeindlichkeit	279
5.3.6	Abkehr von der Welt	280
5.3.7	Mißachtung der sozialen Konstitution des Menschen	282
5.3.8	Praktischer Weltbezug und Egoismus als Konsequenz des Schöpfungsgedankens	286
5.3.9	Passivistisches Weltverhalten	288
5.3.10	Verderbnis der Moralität durch die Religion	291
5.4	Das Konzept einer „neuen" Moral	297
5.4.1	Die Methode: Aufhebung der durch die Religion bedingten Entfremdung	297
5.4.2	Versöhnung mit sich selbst	300
5.4.3	Versöhnung des Menschen mit dem Menschen (Ich und Du)	301
5.4.4	Versöhnung mit der Welt	304
5.4.5	Eudämonismus als Prinzip des Handelns	305
5.4.6	Gibt es eine Freiheit des Willens?	311
Kapitel 6:	Die Ureinheit des Lebendigen und die Verneinung des Willens *(Schopenhauer)*	315
6.1	Kritik des Theonomie-Schemas	315
6.2	Kritik der Kantischen Moralbegründung	319
6.2.1	Das Sittengesetz	319
6.2.2	Latente Theonomie	320
6.2.3	Die apriorische Erkennbarkeit des moralischen Gesetzes	322
6.2.4	Die den Menschen übersteigende Universalität des Geltungsanspruchs	323
6.2.5	Die Suffizienz der Pflicht	324
6.2.6	Die Verwechslung von Prinzip und Fundament der Ethik	325
6.2.7	Die reine praktische Vernunft als Reminiszenz aus der rationalen Psychologie der vorkantischen Tradition	326
6.2.8	Das Fundament des Kantischen Moralprinzips	326

6.2.9	Der Kategorische Imperativ als oberster Grundsatz der Moral	329
6.2.10	Der metaphysische Substantialismus der Begriffe „Ziel" und „Wert"	330
6.2.11	Der Ausschluß der vernunftlosen Wesen aus dem Objektbereich der Ethik	330
6.2.12	Autonomie des Willens	331
6.2.13	Der Begriff der „Würde des Menschen"	331
6.2.14	Das Unvermögen, die Frage nach der Möglichkeit eines Kategorischen Imperativs zu beantworten	331
6.2.15	Die „dramatisch-juridische Form" der Lehre vom Gewissen	332
6.2.16	Zusammenfasssende Würdigung	333
6.3	Die Kritik der nachkantischen Philosophie	334
6.3.1	Die Kritik an Fichte	334
6.3.2	Die Stellung zu Feuerbach	336
6.4	Gibt es überhaupt „echte" Moral?	338
6.4.1	Über den Zweck der Ethik	338
6.4.2	„Unechte" Moral	338
6.4.3	„Echte" Moral	340
6.4.4	Zur Genese des Gewissens	341
6.5	Das natürliche Fundament der Moral	341
6.5.1	Vier Kategorien menschlicher Handlungen insgesamt	342
6.5.2	Die wahre moralische Triebfeder	343
6.5.3	Der oberste Grundsatz der Ethik	343
6.5.4	Belege aus der Erfahrung	344
6.5.5	Gibt es eine Freiheit des Willens?	345
6.5.6	Gibt es eine Verantwortlichkeit für das Tun?	352
6.5.7	Ist Moral lehrbar?	354
6.5.8	Metaphysische Deduktion der ethischen Grundlage	356
6.5.9	Verneinung des Willens zum Leben	358
6.6	Religion	362
6.6.1	Phänomenologie	362
6.6.2	Erklärung	363
6.6.3	Kritik	364
6.6.4	Legitimität und Illegitimität	368
Kapitel 7:	Das Prinzip Leben als Antiprinzip *(Nietzsche)*	371
7.1	Die Kritik der Moral	373
7.1.1	Eine doppelte Genesis der Moral	373
7.1.2	Ein neues Wahrheitsverständnis (Versuch einer Rekonstruktion des Nietzscheschen Ansatzes)	379

7.1.3	Die „wahre" und die „scheinbare" Welt	389
7.1.4	Ein fundamentaler Begriff der Metaphysik: Substanz	391
7.1.5	Die Destruktion der abendländischen Gotteslehre	392
7.1.6	Metaphysische Elemente im Menschenbild	396
7.1.7	Die Scheidung von Theorie und Praxis und die Prävalenz der ersteren	397
7.1.8	Die legitimatorische Funktion von „sittlicher Weltordnung" und verwandten Begriffen	399
7.1.9	Mißverständnisse bezüglich der Kategorie „Kausalität"	401
7.1.10	Der Irrtum vom freien Willen	406
7.1.11	Teleologische Weltdeutung	414
7.2	Der „gute Mensch" – Kritik der moralischen Ideale	416
7.2.1	Askese	416
7.2.2	Mitleid und Nächstenliebe	421
7.2.3	Gleichheit	426
7.2.4	Zusammenfassung	427
7.3	Exkurs: Die Kritik der neueren Philosophie	427
7.3.1	Zu Kant	429
7.3.2	Zu Fichte und Feuerbach	432
7.3.3	Zu Schopenhauer	433
7.4	Das konstruktive Interesse der Destruktion	437
7.4.1	Das Ergebnis der Destruktion	437
7.4.2	Die Konsequenzen	441
7.4.3	Grundzüge der „Moral" des Übermenschen	442

DRITTER TEIL
AUTONOMIE UND THEONOMIE

Kapitel 8:	Was besagt „Autonomie"? Versuch einer zusammenfassenden Auswertung der historischen Typologie	455
8.1	Vorrangigkeit der Praxis	456
8.2	Ablösung von einem allumfassenden Bezugsrahmen	460
8.3	Positivierung im materialen Bezugspunkt des Sollens	469
8.4	Verwissenschaftlichung	474
8.5	Bewahrheitung durch Vernunft und Praxis statt durch Autorität	482
8.6	System als Theoriestruktur	488
8.7	Stellung des Subjekts	493
8.8	Problematisierung des Erkennens	496
8.9	Interesseorientiertheit der ethischen Erkenntnis	503

8.10	Die innere Zielrichtung des Autonomie-Programms (= erster, negativer Teil der Hauptthese)	507
8.11	Die innere Zielrichtung des Autonomie-Programms: Destruktion des metaphysischen Wahrheits-Verständnisses (= zweiter, positiver Teil der Hauptthese)	511

Kapitel 9:	„Theonome Autonomie" als Konzept neuerer Moraltheologie	531
9.1	Darstellung der theologisch-autonomen Moral	532
9.1.1	Fragestellung und Ziel	532
9.1.2	Grundstruktur und Typik	534
9.1.3	Das Proprium der christlichen Moral	546
9.1.4	Zusammenfassung: Theonome Autonomie	550
9.1.5	Die Zuständigkeit des kirchlichen Lehramtes	552
9.1.6	Theologische Legitimierung	554
9.2	Kritik	558
9.2.1	Mangelnde hermeneutische Reflexion der Fragestellung .	559
9.2.2	Metaphysische Strukturen	561
9.2.3	Zum Proprium	564
9.2.4	Methodische Unzulänglichkeiten	568
9.2.5	Kritik legitimatorischer Elemente	569
9.2.6	Zum Verhältnis des gegenwärtigen Konzepts autonomer Moral zur Geschichte der Moraltheologie	578

Nachwort	583
Literatur	586

Vorwort

Das Verhältnis von Ethik und Rationalität bildet ein Problemfeld, zu dem jede neuzeitliche Ethik Stellung beziehen muß. Einer seiner bedeutsamsten Leitgedanken und damit zugleich auch ein Ausdruck des veränderten Verständnisses von Welt und Mensch stellen Begriff und Gehalt „Autonomie" dar. Es ist daher keineswegs verwunderlich, wenn sich überall dort, wo gegenwärtig über das Selbstverständnis der Theologie und besonders der Moraltheologie diskutiert wird, die Frage nach der Autonomie stellt. Ja, es entspricht sogar einer dringenden Notwendigkeit, daß eine Theologie, die ihren Auftrag, christlichen Glauben zu vermitteln, auch gegenüber den heutigen Menschen und Gesellschaften ernst nimmt und sich deshalb mit der neuzeitlichen Entzweiung zwischen traditionellem Glaubensgehalt einerseits und der erfahrenen Lebenswelt der Individuen wie auch dem wissenschaftlichen Weltverständnis anderseits nicht zufriedengeben will und auch nicht kann, diese Thematik aufnimmt und sich nicht von vornherein polemisch damit auseinandersetzt. Dies ist ganz im Sinn der vom Zweiten Vatikanum intendierten Glaubwürdigkeit des Glaubens in der modernen Gesellschaft (vgl. Gaudium et spes, bes. Nrn. 36, 41, 55 f, 59, 75 u. a.). Hier liegt auch der Grund meines persönlichen Interesses an dieser Fragestellung, das bis in meine Schulzeit zurückreicht; damals und lange Jahre war es vor allem die Gestalt des Arztes Rieux in Albert Camus' ‚La Peste', die mich bewegte.
Der moraltheologischen Bezugnahme auf „Autonomie" nachzugehen, ihre Gründe und ihre Chancen, aber auch ihre Erfordernisse und ihre Fragwürdigkeit zu untersuchen, ist das Ziel der vorliegenden Arbeit. Wenn sie dabei zu einer insgesamt kritischen Beurteilung des theologischen Programms „autonomer Moral" gelangt, will sie nicht der Diskriminierung der Rede von der Autonomie oder gar des ernstzunehmenden Anliegens dieses Ansatzes dienen, sondern die unter- und hintergründigen Problemstellungen der Leitidee Autonomie und die Schwierigkeiten ihrer theologischen Rezeption aufzeigen. Ein alternativer Vorschlag zur Behebung dieser Schwierigkeiten konnte im Rahmen dieser Arbeit nicht geleistet werden, doch versteht sie sich als Prolegomenon zu einem solchen.
Vorliegende Schrift wurde im Sommersemester 1978 von der Theologischen Fakultät der Albert-Ludwigs-Universität Freiburg als Dissertation ange-

nommen; für die Drucklegung wurde sie stilistisch überarbeitet und an einigen Stellen leicht gekürzt; die Literatur ist bis 1977 berücksichtigt. Angeregt, betreut und begutachtet wurde diese Untersuchung von Professor Dr. Bernhard Stoeckle; von Anfang an hat er ihren Werdegang mit Wohlwollen und großem Interesse begleitet und mir stets den erforderlichen Freiraum gewährt. Ihm gilt mein besonderer Dank. Sehr dankbar bin ich auch Professor DDr. Karl Lehmann, der trotz seiner vielseitigen Beanspruchung interessiert und wohlwollend das Korreferat übernahm. Unterstützung und hilfreiche Kritik erfuhr ich auch von Freunden und Kollegen, unter denen ich Harald Oberhem besonders nennen möchte. Großen Dank verdient besonders Professor Dr. Hans Zirker, dessen Assistent ich in den letzten Jahren war; er hat die Fertigstellung dieser Arbeit mit engagiertem und dennoch diskretem Nachdruck gefördert und jederzeit als Gesprächspartner zur Verfügung gestanden.

Über die direkte Unterstützung hinaus wäre diese Arbeit auch nicht möglich gewesen ohne meine theologischen Lehrer in Freiburg und München, unter denen ich den Exegeten Professor Dr. Alfons Deissler und Professor Dr. Anton Vögtle sowie den Philosophen Professor Dr. Max Müller und Professor Dr. Bernhard Welte besonders viel verdanke; sie haben in mir die Freude an der Theologie geweckt in einer Weise, die sich auch in der langjährigen Beschäftigung mit so viel kritischem Gedankengut bewähren konnte. Schließlich gilt ein herzlicher Dank meiner Frau, die mir durch Ermutigung, Verzicht und verständnisvolle Geduld den Rücken freigehalten und so dieses Werk ermöglicht hat; ihr sei deshalb dieses Buch gewidmet.

Professor Dr. Bruno Schüller und dem Patmos-Verlag danke ich für die freundliche Aufnahme in die Reihe ‚Moraltheologische Studien'.

Die Publikation wurde freundlicherweise unterstützt durch namhafte Zuschüsse von seiten des Erzbistums Freiburg, des Erzbistums Köln sowie des Rektorats der Pädagogischen Hochschule Rheinland, wofür ich sehr danke.

Neuss, im November 1979   Konrad Hilpert

Siglen der zitierten Quellen

(Die vollständigen Titel sowie die benutzten Ausgaben finden sich im Literatur-Verzeichnis aufgeführt.)

AC	*Nietzsche,* Der Antichrist
Anweisung	*Fichte,* Anweisung zum seligen Leben
Appellation	*Fichte,* Appellation an das Publikum
Disc.	*Descartes,* Discours de la Méthode
EH	*Nietzsche,* Ecce homo
Erste E.	*Fichte,* Erste Einleitung in die Wissenschaftslehre
Eud	*Feuerbach,* Zur Ethik: Der Eudämonismus
Fak	*Kant,* Der Streit der Fakultäten
FW	*Nietzsche,* Die Fröhliche Wissenschaft
GD	*Nietzsche,* Götzen-Dämmerung
GM	*Nietzsche,* Genealogie der Moral
GMS	*Kant,* Grundlegung zur Metaphysik der Sitten
Grundsätze	*Feuerbach,* Grundsätze der Philosophie der Zukunft
JGB	*Nietzsche,* Jenseits von Gut und Böse
KprV	*Kant,* Kritik der praktischen Vernunft
KrV	*Kant,* Kritik der reinen Vernunft
KU	*Kant,* Kritik der Urteilskraft
MA	*Nietzsche,* Menschliches, Allzumenschliches
Med.	*Descartes,* Meditationes de prima philosophia
MR	*Nietzsche,* Morgenröte
MS/R	*Kant,* Metaphysik der Sitten. Rechtslehre
MS/T	*Kant,* Metaphysik der Sitten. Tugendlehre
N	*Nietzsche,* Aus dem Nachlaß der Achtzigerjahre
NR	*Fichte,* Grundlage des Naturrechts
Par I	*Schopenhauer,* Parerga und Paralipomena, Bd. I
Par II	*Schopenhauer,* Parerga und Paralipomena, Bd. II
PFW	*Schopenhauer,* Preisschrift über die Freiheit des Willens
PGM	*Schopenhauer,* Preisschrift über die Grundlage der Moral
PU	*Wittgenstein,* Philosophische Untersuchungen

Rel	*Kant,* Religion innerhalb der Grenzen der bloßen Vernunft
RS	*Geiger,* Rechtssoziologie
Rückerinnerungen	*Fichte,* Rückerinnerungen, Antworten, Fragen
SL	*Fichte,* System der Sittenlehre
SMa	*Feuerbach,* Über Spiritualismus und Materialismus
S.W.	Sämtliche Werke
Thesen	*Feuerbach,* Vorläufige Thesen zur Reform der Philosophie
Tr	*Wittgenstein,* Tractatus logico-philosophicus
Verantwortungsschriften:	*Fichte,* Gerichtliche Verantwortungsschriften
VorlWR	*Feuerbach,* Vorlesungen über das Wesen der Religion
WChr	*Feuerbach,* Wesen des Christentums
Weltregierung	*Fichte,* Über den Grund unseres Glaubens an eine göttliche Weltregierung
WGlL	*Feuerbach,* Wesen des Glaubens im Sinne Luthers
WL	*Fichte,* Grundlage der gesamten Wissenschaftslehre
WR	*Feuerbach,* Wesen der Religion
WWV I	*Schopenhauer,* Welt als Wille und Vorstellung, Bd. I
WWV II	*Schopenhauer,* Welt als Wille und Vorstellung, Bd. II
Z	*Nietzsche,* Also sprach Zarathustra
Zweite E.	*Fichte,* Zweite Einleitung in die Wissenschaftslehre

Technische Hinweise

Die veraltete *Schreibweise* deutscher und fremdsprachiger Zitate wurde der heute üblichen Orthographie angeglichen, die Zeichensetzung hingegen beibehalten.

Hervorhebungen in Zitaten sind sämtlich durch Kursivdruck gekennzeichnet, gleich ob sie im Original kursiv, gesperrt oder durch Fettdruck erfolgen.

Eckige Klammern innerhalb von Zitaten enthalten syntaktisch erforderliche Angleichungen oder Erklärungen, die zum Verständnis innerhalb des neuen Kontexts nötig sind. Kürzungen sind durch [. . .] markiert.

Die *Nennung von Sekundärliteratur* erfolgt in der Regel durch Verfassernamen und Jahreszahl der Publikation, entsprechend den vollständigen Angaben im Literaturverzeichnis. Mehrere Veröffentlichungen eines Autors im selben Jahr werden durch zugefügte Kleinbuchstaben in der Reihenfolge des Alphabets unterschieden.

Einleitende Bemerkungen zu Thema und Methode der Untersuchungen

Von *Voltaire* wird berichtet, er habe bei Diskussionen über Atheismus seine Diener hinausgeschickt und sorgfältig die Türen abgeschlossen; seinen Diskussionspartnern habe er dieses Verhalten mit der Frage begründet: „Wollt Ihr, daß mir mein Lakai heute nacht den Hals abschneidet?"[1] Derselbe *Voltaire*, der mit kaum noch zu überbietender Ironie und Polemik von Christentum und Kirche sprach, glaubte beides in Schutz nehmen zu müssen, wo es um deren Funktion für die Erhaltung der Moralität ging, so daß er zu dem Satz kam: „Gäbe es keinen Gott, so müßte man ihn erfinden."[2]
In dieser Ansicht vom Verhältnis zwischen Moralität und Gottesglauben geht *Voltaire* übrigens weitgehend einig mit der traditionellen theologischen Apologetik, die behauptet[3], Gott werde zur Sicherung der sittlichen und sozialen Ordnung „gebraucht". Umgekehrt zögert sie kaum, Atheismus und Immoralismus in einem Atemzug zu nennen. Dies erscheint besonders unter pädagogischem Aspekt von höchster Relevanz. Während nun theologische und sogar kirchenamtliche Stellungnahmen dieses zweite Urteil abzubauen oder doch wenigstens zu korrigieren bemüht sind, hat sich hingegen das erste selbst bis in den kulturpolitischen Alltag hinein erhalten: Zumindest legt sich die Vermutung nahe, daß die Konzeption eines Fachs Ethik-Unterricht für Schüler, die aus Gewissensgründen ihre Teilnahme an dem grundgesetzlich verbürgten Religions-Unterricht verweigern, auf einer ähnlichen Überlegung beruht.[4]

[1] Nach *Jodl* 1923–1930, I, 437.
[2] Ebd.
[3] Von der älteren Literatur etwa: *A. M. Weiß*, Apologie des Christentums, 5 Bde., Freiburg ⁴1905, z. B. II, 16–31. 775–809; *C. Gutberlet*, Lehrbuch der Apologetik, 3 Bde., Münster ³1903–04, z. B. I, 170–178; *C. Didio*, Die moderne Moral und ihre Grundprinzipien, Freiburg 1896 (= Straßburger theologische Studien II,3), 12–21; *ders.*, Der sittliche Gottesbeweis, Würzburg 1899. – Für Werke nach 1945 seien stellvertretend genannt: *H. Pfeil*, Friedrich Nietzsche und die Religion, Regensburg 1949, 128–130. 136; *J. P. Steffes*, Glaubensbegründung. Christlicher Gottesglaube in Grundlegung und Abwehr, hrsg. *L. Deimel*, I, Mainz 1958, 448. 551 f; *J. Hasenfuß*, Gottes Reich auf Erden. Religion, Christentum, Kirche: Wesen, Ursprung, Entwicklung, Zukunft, München/Paderborn/Wien 1960, z. B. 17 f; sehr abgeschwächt auch noch: *A. Kolping*, Fundamentaltheologie I, Münster 1967, 246. 256–261. 281 f (vgl. allerdings 239 f).
Im populären Verständnis von Atheismus ist diese negativ-ethische Bedeutung noch stark vorhanden: Das Wort „gottlos" meint eher gravierendes unmoralisches Verhalten denn einen intellektuellen Akt.
[4] S. etwa *Laurien* 1973.

Verfolgt man in der Moraltheologie der letzten Jahre die Bemühungen um eine Grundlegung, so begegnet gerade das obige Problem, die Bestimmung des Verhältnisses von Religion beziehungsweise Christentum und Moral, als *das* zentrale Anliegen. Ist für die ethische Weisung die Offenbarung oder die menschliche Vernunft (beziehungsweise die Wissenschaften) kompetent? Will und kann Religion etwas zum Handeln sagen? Ist Glauben ein intellektueller Akt, oder heißt Glauben „nur" moralisch gut handeln? Welchen Einfluß hat Religion auf die Moralität? Kann Ethik ohne religiöses Fundament auskommen? Kann der Atheist ein moralisch guter Mensch sein? Gibt es so etwas wie „anonyme Religiosität"? Wodurch zeichnet sich eine theologische vor jeder anderen Ethik aus? Was ist das unterscheidend Christliche?

Im Zusammenhang solcher und ähnlicher Fragen fällt häufig und mit programmatischem Charakter das Stichwort „Autonomie". Lexikographisch bedeutet der aus griechisch αὐτός und νόμος zusammengesetzte Begriff zunächst einmal: Eigengesetzlichkeit, Selbstbestimmung, so handeln können, wie man will; das Spektrum der Bedeutungen reicht bis zu jenem äußersten Fall, daß es mein Nomos ist, überhaupt auf jeglichen Nomos zu verzichten (Anarchie). Neben diese erste Bedeutung, die ich intransitiv nennen möchte, tritt noch eine zweite, gleichsam transitive: die Unabhängigkeit von jedem äußeren, das heißt meiner Einsicht und meinem Wollen gegenläufigen Zwang. Bei dieser zweiten Bedeutung geht es im Gegensatz zur ersten weniger um das Subjekt und dessen Freiheit als um die Distanzierung von Institutionen mit Forderungscharakter, die sich nur durch ihr faktisches Vorhandensein beziehungsweise durch Herkommen ausweisen können; und sie ist – grob gesagt – für den modernen Autonomiebegriff noch typischer. Im Blick auf die Ethik könnte man beide Verständnisnuancen als „Ethik der Autonomie" und als „Autonomie der Ethik" unterscheiden. Ähnliche Differenzierungen finden sich bei *G. Ebeling*[5], *A. Auer*[6] und *B. Stoeckle*[7]. *B. Stoeckle* ist in seiner Kritik der autonomen Moral zu dem Ergebnis gekommen, daß beide möglichen Gesichtspunkte in einem unvermeidbaren inneren Zusammenhang stehen und deshalb – mehr oder weniger phasenverschoben – immer miteinander auftreten.

Die vorliegende Arbeit verfolgt diesen systematischen Aspekt nicht weiter. Ihren Anstoß bilden zunächst zwei Schwierigkeiten mit dem Autonomie-Theorem: Erstens springt schon bei oberflächlichem Blick auf die Begriffsgeschichte in die Augen, daß der Begriff „Autonomie", obwohl antiken Ursprungs, im römischen wie im mittelalterlichen Latein fehlt und erst durch *Kant* zu einem philosophischen Grundbegriff gemacht wurde. Zweitens ist es eine unbestreitbare Tatsache, daß die Moraltheologie noch bis in die jüng-

---

[5] *Ebeling* 1969, 8 f.
[6] *Auer* 1971, 11–13.
[7] *Stoeckle* 1973, 72; *Stoeckle* 1974, 15 f u. ö.

ste Vergangenheit hinein einen anderen, „theologischeren" Standpunkt vertrat. Das ging so weit, daß jene Moraltheologen, die sich um eine Versöhnung zwischen Autonomie-Programm und Theologie bemühten, entweder sich nicht durchsetzen konnten oder aber von der kirchlichen Autorität gemaßregelt wurden.

Für sich genommen, stellen diese Fakten noch keine durchschlagenden Einwände dar, doch fordern sie zumindest Rechenschaft über die Frage, warum heute in der Theologie Morallehren unter dem historisch wie programmatisch gewichtigen Titel „Autonomie" konzipiert werden. In den zahlreichen moraltheologischen Veröffentlichungen zum Autonomie-Problem finden sich hierzu jedoch nur spärliche und zum Teil marginale Hinweise; von einer gründlichen Analyse der Fragestellung jedenfalls kann kaum die Rede sein. Die Frage, die deshalb zuerst aufgearbeitet werden muß, besteht aus zwei Hälften: dem „warum heute?" – das ist die Frage nach dem Sitz-im-Leben des Autonomie-Problems – und dem „warum Autonomie?" – das ist die Frage nach geschichtlichen Typen autonomer Ethik. Erst wenn das Ergebnis dieser beiden Arbeitsgänge mit dem Programm theologisch-autonomer Ethik verglichen wird, kann letztere kritisch beurteilt werden.

Damit sind Anlage und Aufbau dieses Buches in drei Teilen gegeben. Die Reihenfolge der einzelnen Kapitel mag auf den ersten Blick vielleicht etwas befremdlich erscheinen, doch erklärt sie sich aus der Sache.

Die genannten Desiderate sind auch der Grund dafür, daß ich – abweichend vom üblichen Schema wissenschaftlicher Arbeiten – zunächst auf einen Forschungsbericht verzichte. Eine exemplarische Darstellung der kritisierten Position erfolgt erst im zweiten Kapitel des dritten Teils.

Im folgenden sollen die drei Teile kurz charakterisiert werden:

1. Jede Frage wird nicht nur an gewissen Punkten und in Situationen, die der Geschichte zugehören, artikuliert und dann mit in einem bestimmten geschichtlichen Kontext stehenden Lösungsversuchen beantwortet. Vielmehr ist sie bereits als Frage selber geschichtlich gebunden und bedingt. Befragt wird – jedenfalls in den dringlichen Fragen – nicht irgendetwas, sondern das, was nicht mehr selbstverständlich ist. Wir dürfen demnach nicht von vornherein davon ausgehen, hier liege eine überzeitliche oder Grundfrage vor, die sich in dem, wonach sie fragt, unabhängig von aller Geschichtlichkeit immer, das heißt zu jeder Zeit und in jeder Kultur, gleich stelle. Die Behauptung etwa, daß Fragen wie die oben genannten zu allen Zeiten dawaren – wenn auch mit unterschiedlicher Deutlichkeit. –, impliziert eine weitreichende Vorentscheidung und setzt ein darauf stehendes Theoriekonzept a priori der Gefahr aus, Phänomene auszublenden. Deshalb gewinnt die vorliegende Arbeit ihren ersten zentralen Gegenstand in der Befragung der Frage: Wo stellt sich heute die Frage nach Autonomie/Theonomie der Moral? Unter welchen Voraussetzungen stellt sie sich und warum?

Der Sitz-im-Leben unseres Problems wird nun nicht durch eine wissenschafts- oder literatursoziologische Untersuchung ermittelt, sondern in der Weise, daß konkrete und gleichzeitig repräsentative Geistesströmungen ausgemacht werden, deren Vorhandensein der Frage nach der Autonomie der Moral heute direkt oder indirekt ihre sachliche (und nicht zuerst begriffliche) Dringlichkeit verleiht. Ganz offensichtlich ist dieser Hintergrund eine äußerst bedrängende Situation, bei der es um die Berechtigung theologischer Ethik überhaupt und im ganzen geht. Am signifikantesten zu greifen ist dieser Prozeß im Anspruch der sogenannten Humanwissenschaften auf die umfassende Kompetenz für die Orientierung des Handelns vom individuellen bis zum globalen Bereich.

Von der heutigen Fragestellung wendet sich die Untersuchung zurück, der historischen Genese des Problems zu. Schon die Wortgeschichte des Begriffs Autonomie, erst recht aber dessen Kontext und philosophische Begründung lassen unsere Frage als eine spezifisch neuzeitliche erscheinen, womit sich zugleich die historische Beschränkung des zweiten Teils der Arbeit erklärt. Die Vernachlässigung dieses Zusammenhangs in der aktuellen Diskussion hat zur Folge, daß das Problem – wie gesagt – als die Neuauflage einer Thematik angesehen wird, die sich durch die ganze Geschichte kirchlicher Verkündigung und theologischer Wissenschaft hinziehe und immer wieder zur tieferen Durchdringung herausgefordert habe. Mißtrauen gegenüber einer derartigen Lokalisierung und Behandlung der Autonomiefrage hätte allerdings schon die auffällige Tatsache erwecken müssen, daß die Moraltheologie nunmehr seit rund 80 Jahren von profilierten Vertretern als in der Krise stehend bezeichnet wird[8], und – das muß gerechterweise doch zugestanden werden! – im Rahmen ihrer traditionellen Grundstruktur doch wohl keine Möglichkeit zur Korrektur übersehen und kein Aufwand an Scharfsinn und Intelligenz gescheut wurde, um dieser Krise abzuhelfen.

2. Nachdem das Problem sachlich und historisch geortet ist, stellt der zweite Teil der Arbeit historische Typen autonomer Verhältnisbestimmungen von Ethik und Religion vor. Hier fällt das Defizit der aktuellen moraltheologischen Diskussion besonders auf[9], vornehmlich was die von *Kant* ausgehende

---

[8] Bereits *Didio* nimmt im ersten Teil seiner o. g. Abhandlung den Topos „Krise der Moral" von liberalen Moralkritikern auf: *Didio* 1896, 8 f.

[9] Der Gerechtigkeit halber muß erwähnt werden, daß es auch in der Philosophie gegenwärtig keine neuere Übersicht über die Geschichte der neuzeitlichen Ethik gibt. Das in Anm. 1 genannte Werk von *Jodl* stammt immerhin bereits aus den Jahren 1882–89! – O. *Dittrich*, Geschichte der Ethik. Die Systeme der Moral vom Altertum bis zur Gegenwart, Leipzig 1923–32 (Neudruck Aalen 1964), kam über den die Ethik des Protestantismus behandelnden 1. Halbband des IV. Bandes nicht hinaus. – *Litt* 1968 (reprograph. Nachdruck der Ausgabe 1931!) bringt auf weniger als 200 Seiten nur eine äußerst geraffte Darstellung, die grundlegende Informationen bereits voraussetzt. – *Reiner* 1964 versucht einen umfassenden Überblick über den geschichtlichen Bestand an Problemen und Positionen, tut dies aber im Rahmen einer übergeordneten Systematik. – Für einen Überblick s. ferner auch *Ritter – Romberg – Pieper* 1972.

Tradition betrifft. Ist doch innerhalb der im ersten Teil umgrenzten Epoche *Kants* Moralphilosophie der erste große und vollständig durchgeführte Versuch einer autonomen Ethik. Bei ihm rückt das ethische Autonomie-Problem nicht nur in seine zentrale Stellung ein, sondern von hier gehen – weiterführend oder veneinend – ziemlich alle folgenden Lösungsversuche aus. Intendiert ist mit diesem zweiten Teil weder eine möglichst detaillierte Erläuterung aller ethischen Aussagen der betreffenden Autoren noch eine vollständige Referierung der jeweiligen Philosophie. Das Richtziel bildet vielmehr die Erhebung des ethischen Ansatzes und seiner systematischen Begründung im Zusammenhang des ganzen Gedankens. – Auf diesem Weg ergibt sich eine Möglichkeit, das theologische Konzept autonomer Moral sachgerechter zu beurteilen.

Sowenig aber, wie das zur Frage vorliegende Material um historiographischer Dokumentationsinteressen willen behandelt wird, geht es in diesem Teil darum, die philosophischen Ethiken der Neuzeit einfach als maßgebend zu setzen. Jedoch sollen sie, die unter dem programmatischen Leitgedanken „Autonomie" angetreten sind, für die gegenwärtigen Innovationsbemühungen in der theologischen Ethik fruchtbar gemacht werden, und sei es auch nur fruchtbar im kritischen Sinn. Dies bedarf einer kurzen Erklärung:

Die historischen Modelle und ihre Abfolge können nur unter der grundlegenden Voraussetzung von systematischer Relevanz sein, daß das Vergangene nicht einfach gleichgesetzt werden kann mit dem, was nicht mehr und damit eben bedeutungslos ist. Jede Gegenwart hat eine ganz spezifische und nur ihr zugehörige Geschichte. Umgekehrt eröffnet eine Geschichte jeweils nur ganz bestimmte Möglichkeiten des Heute, von denen dann im Zusammenwirken mit einer Reihe anderer Faktoren eine realisiert wird. – Deshalb drohen gerade da, wo es um das Suchen neuer Lösungswege geht, Aporien, wenn die Geschichte als etwas Belangloses übersprungen wird. Gezielte, nicht dem blinden Zufall anheimgestellte Lösungen, also die Weiterführung von Geschichte oder selbst die Distanzierung von ihr können nur dann gelingen, wenn das Geschichtliche im Kontext der Gegenwart (und das heißt doch soviel wie die Bedingungen der Gegenwart) ausgemacht, durchschaut und verstanden wird. Dies gilt auch für das wissenschaftliche Tun, dessen Chance doch gerade dadurch gegeben ist, daß es auf der Leistung anderer weiterbauen kann, und es gilt nochmals in besonderer Weise, wo sich die systematische Auseinandersetzung vorgeprägter und vorverwendeter Begriffe bedient. Nicht behauptet ist damit hingegen, daß die Antworten nur im geschlossenen Bereich des Gewesenen gesucht werden müßten; aber hier müssen sie ansetzen, wollen sie nicht geschichts- und damit auch wirkungslos bleiben.

Es wurde in diesem Teil Wert darauf gelegt, vor allem die entsprechenden Autoren selber zu Wort kommen zu lassen, sie nach ihrem Gedanken zu befragen und ihnen nicht ein übergeordnetes fremdes Raster gleichsam überzustülpen. Genauso unkritisch und problematisch wäre es, die ausgewählten Typen philosophisch-autonomer Morallehren von einer im voraus vertretenen philosophisch-theologischen Position aus zu kritisieren, bedürfte solche Option doch selbst erst der Rechtfertigung. Plausibler erscheint es, die Leistungsfähigkeit eines bestimmten Lösungsvorschlags an seiner eigenen Intention zu bemessen, das heißt ihn auf Unselbstverständliches hin zu untersuchen. Dies soll hier so geschehen, daß die unmittelbare Wirkungsgeschichte des betreffenden Vorschlags – also Kritik und Adaptation durch die „Nachfolger" – herangezogen wird. Dieses Verfahren findet darin seine Berechtigung, daß in der Geschichte des Denkens alles Denken ein Weiterdenken ist, mithin bei den Fragen oder Fehlern ansetzt, die der „Vor-Denker" offengelassen beziehungsweise begangen hat.

Die obige Rechtfertigung des starken Einbezugs von Historie läßt Vollständigkeit ebensowenig als nötig erscheinen, wie sie angesichts der Fülle des historischen Materials möglich ist. Obwohl ich mich darum bemüht habe, die Beispiele unter dem Kriterium der Wirkungsgeschichte repräsentativ auszuwählen, sei von vornherein zugestanden, daß die Auswahl nicht in jedem Fall zwingend ist, sondern einem Ermessensurteil unterliegt. Mancher sachkundige Leser wird die Behandlung der materialen Wertethik ebenso vermissen wie ein anderer die Existenzphilosophie oder Kapitel über *Schelling, Hegel* und *Marx*. Das Gesamtergebnis dürfte sich dadurch allerdings nicht wesentlich verschieben. Auch lassen sich nur durch derartige Akzentuierung und Auswahl jene epochalen Grundströmungen sichtbar machen, die der Autonomiethematik zugrunde liegen. – Die Formulierung des Themas bringt den fragmentarischen Charakter im Untertitel zum Ausdruck.

3. In einem dritten Teil endlich sollen die beiden vorangegangenen Teile ausgewertet und auf ihren gemeinsamen Grund hin befragt werden. Als solcher wird sich der fundamentale Wandel des Verständnisses von Wirklichkeit in der Neuzeit erweisen, wobei dieses nur an den behandelten Philosophien aufgezeigt wird, ohne andere Wirklichkeitsbereiche, wie etwa den der naturwissenschaftlichen Empirie oder den des politischen Handelns, an denen sich solches ebenfalls nachweisen ließe, eigens zu untersuchen. Sodann soll anhand der gewonnenen Kriterien die theologisch-autonome Moral untersucht werden, nachdem zuvor ihre Position referiert ist. Ich beschränke mich bei der Literatur auf den deutschsprachigen Raum und hier wiederum schwerpunktmäßig auf die katholische Moraltheologie. Zeitlich sind nur Titel bis 1977 berücksichtigt, weil sich meines Erachtens der Diskussionsstand seit dem 18. Kongreß der deutschsprachigen Moraltheologen und Sozialethiker, der im September 1977 in Fribourg stattfand, weitgehend stabilisiert hat.

Erster Teil
Ortsbestimmung des Autonomie-Problems

Kapitel 1
Die verschärfte Infragestellung der Theonomie der Ethik unter spezifisch heutigen Gesichtspunkten

Die Überschrift dieses Kapitels verlangt vorab einige Klärungen. Die erste betrifft „Infragestellung der Theonomie", womit der heuristisch zunächst einmal zugrunde gelegte grobe Begriff von Autonomie umschrieben ist. Wenn die Infragestellung anderseits unter „spezifisch heutigen" Gesichtspunkten vorgestellt werden soll, so weist diese Formulierung darauf hin, daß der eingangs erwähnte Fragmentcharakter sich in diesem Kapitel besonders prekär bemerkbar macht. Müßten doch an dieser Stelle eine ganze Reihe weiterer „Frontabschnitte" genannt werden, vor allem das Verhältnis der Moraltheologie zur Psychoanalyse[1], zu den Religionswissenschaften[2] und zum Kritischen Rationalismus[3]. – Auch und gerade innertheologisch wäre auf

---

[1] S. etwa: *E. Fromm*, Psychoanalyse und Ethik, Zürich 1954; *D. Wyss*, Strukturen der Moral. Untersuchungen zur Anthropologie und Genealogie moralischer Verhaltensweisen, Göttingen ²1970; *J. Scharfenberg*, Sigmund Freud und seine Religionskritik als Herausforderung für den christlichen Glauben, Göttingen ²1970; *R. Schütz*, Psychoanalyse und christlicher Glaube. Eine Begegnung mit der Tiefenpsychologie, Stuttgart 1971; *W. Lauer*, Schuld – das komplexe Phänomen. Ein Vergleich zwischen schicksals- und daseinsanalytischem Schuldverständnis im Lichte christlicher Ethik, Kevelaer 1972 (= Eichstätter Studien NF 6); *H. Müller-Pozzi*, Psychologie des Glaubens. Versuch einer Verhältnisbestimmung von Theologie und Psychologie, München/Mainz 1975 (=Gesellschaft u. Theologie, Abtlg. Praxis der Kirche 18); s. ferner Zeitschrift und Tagungsberichte ‚Arzt und Seelsorger'.

[2] Die entsprechende Diskussion geht zurück bis ins 17. Jahrhundert; von neuerer Literatur s. z. B.: *L. J. Philippidis*, Die „goldene Regel" religionsgeschichtlich untersucht, Diss. Phil., Leipzig 1929. Vielfache Berücksichtigung fand dieser Aspekt in den Untersuchungen von *H. Reiner*, etwa: Zur Frage „Sittlichkeit und Religion" als Teil der Frage „Humanismus und Christentum": Die Sammlung 2 (1947) 428–437; *ders.*, Die Goldene Regel. Die Bedeutung einer sittlichen Grundformel der Menschheit: Zeitschrift für philosophische Forschung 3 (1948) 74–105; *ders.*, Pflicht und Neigung. Die Grundlagen der Sittlichkeit erörtert und neu bestimmt mit besonderem Bezug auf Kant und Schiller, Meisenheim 1951 (= Monographien zur philosophischen Forschung 5), 254–310; *G. Goldammer*, Die Formenwelt des Religiösen. Grundriß der systematischen Religionswissenschaft, Stuttgart 1960 (= Kröners Taschenausgabe 264); *A. Dihle*, Die Goldene Regel. Eine Einführung in die Geschichte der antiken und frühchristlichen Vulgärethik, Göttingen 1962 (= Studienhefte zur Altertumswissenschaft); *B. Gladigow* (Hrsg.), Religion und Moral, Düsseldorf 1976; weitere Lit. in *E. Benz – M. Nambara*, Das Christentum und die nicht-christlichen Hochreligionen. Begegnung und Auseinandersetzung. Eine internationale Bibliographie, Leiden 1960.

[3] Bes. *K. R. Popper*. Logik der Forschung, Tübingen 1966 (= Die Einheit der Gesellschaftswissenschaften 4); *H. Albert*, Traktat über kritische Vernunft, Tübingen ²1969 (= Die Einheit der Gesellschaftswissenschaften 9); *ders.*, Plädoyer für kritischen Rationalismus, München 1971; *ders.*, Theologische Holzwege. Gerhard Ebeling und der rechte Gebrauch der Vernunft, Tübin-

Strömungen aufmerksam zu machen, die unserem Problem schon seit längerem Virulenz verleihen: die Ergebnisse der modernen Exegese hinsichtlich des biblischen Ethos etwa[4], die Bemühungen um das „Wesen des Christentums" in der protestantischen Theologie angefangen bei *A. v. Harnack* bis zu *G. Ebeling*[5], die Herausarbeitung des „Unterscheidend Christlichen" im Neuansatz der Theologie zwischen den beiden Weltkriegen[6], die jüngsten Diskussionen um eine Konzentration der Glaubensaussagen zu einer sogenannten Kurzformel[7], die Erörterungen zur Thematik Christentum und Humanismus[8], der Dialog zwischen Christentum und Marxismus im Gefolge des II. Vatikanischen Konzils[9] und vor allem jene noch anhaltende Kontro-

gen 1973; *G. Ebeling*, Kritischer Rationalismus? Zu Hans Alberts Traktat über kritische Vernunft, Tübingen 1973 (= Zeitschrift für Theologie und Kirche 70 [1973], Beiheft 3); *H. Holzhey*, Metakritik des „Kritischen Rationalismus". Zum Problem der zureichenden Begründung, in: *G. Ebeling – E. Jüngel – G. Schunack* (Hrsg.), Festschrift für Ernst Fuchs, Tübingen 1973, 177–191; *G. Klein*, Ende des Vernehmens? Hans Alberts Herausforderung an die Theologie, in: *Ebeling – Jüngel – Schunack*, Festschrift, a. a. O., 203–218; *E. Schmalenberg*, Kritischer Rationalismus und Hermeneutische Theologie. Ein Beitrag zur Kontroverse zwischen Hans Albert und Gerhard Ebeling: Neue Zeitschrift für Systematische Theologie und Religionsphilosophie 17 (1975) 99–114.

[4] S. die Lit.-angaben in den Ethik-Abteilungen der neueren Theologien des NT, bes. *R. Schnakkenburg*, Die sittliche Botschaft des NT, München ²1962 (= Handbuch der Moraltheologie VI); *K. H. Schelkle*, Theologie des NT, Bd. III: Ethos, Düsseldorf 1970; *H.-D. Wendland*, Ethik des NT, Göttingen ²1975 (= NTD-Ergänzungsreihe 4); *G. Strecker*, Handlungsorientierter Glaube. Vorstudien zu einer Ethik des NT, Stuttgart/Berlin 1972; *P. Hoffmann – V. Eid*, Jesus von Nazareth und eine christliche Moral. Sittliche Perspektiven der Verkündigung Jesu, Freiburg/Basel/Wien 1975 (= QD 66).

[5] *S. R. Schäfer*, Welchen Sinn hat es, nach einem Wesen des Christentums zu suchen?: Zeitschrift für Theologie und Kirche 65 (1968) 329–347; *H. Wagenhammer*, Das Wesen des Christentums. Eine begriffsgeschichtliche Untersuchung, Mainz 1973 (= Tübinger Theologische Studien 2); (beide mit umfangreicher Bibliographie). Katholischerseits gibt es in den letzten Jahren ein ähnliches Phänomen, das sich sowohl in der Vielzahl von „Einführungen in den Glauben", „Auslegungen des Glaubensbekenntnisses", „Grundkursen" u. ä., sowie in den Diskussionen um die Kurzformel dokumentiert.

[6] Bes. die Aufsatzsammlung von *R. Guardini*, Unterscheidung des Christlichen. Gesammelte Studien, hrsg. *H. Waltmann*, Mainz ²1963; *ders.*, Das Wesen des Christentums, Würzburg 1938.

[7] Zuerst *K. Rahner*, Die Forderung nach einer „Kurzformel" des christlichen Glaubens (1965), in: Schriften zur Theologie, Bd. VIII, Einsiedeln/Zürich/Köln 1967, 153–164; und *ders.*, Reflexionen zur Problematik einer Kurzformel des Glaubens (1970), in: Schriften, Bd. IX, Einsiedeln usw. 1970, 242–256. Ferner s. bes. *R. Bleistein*, Kurzformeln des Glaubens – Prinzip einer modernen Religionspädagogik, 2 Bde., Würzburg 1971; *K. Lehmann*, Gegenwart des Glaubens, Mainz 1974, 109–199 (mit umfassender Lit.-angabe).

[8] Wegweisend war vor allem das in viele Sprachen übersetzte Buch von *J. Maritain*, Humanisme intégral, Paris 1936 (dt.: Christlicher Humanismus. Politische und geistige Fragen einer neuen Christenheit, Heidelberg 1950). Wichtig ferner: *E. Przywara*, Humanitas. Der Mensch gestern und morgen, Nürnberg 1952; *H. Rahner*, Christlicher Humanismus im Abendland. Reden und Aufsätze, Freiburg/Basel/Wien 1966, 11–169; *W. Dirks – B. Hanssler*, Der neue Humanismus und das Christentum, München 1968; *I. Asheim*, Humanität und Herrschaft Christi. Zur ethischen Orientierung heute, Göttingen 1969; *F. Henrich* (Hrsg.), Humanismus zwischen Christentum und Marxismus, München 1970 (= Münchener Akademie-Schriften 56). Vgl. auch *K. Hecker*, Art. Humanismus, in: SM II, 761–769.

[9] Auch hier war *K. Rahner* der große Anreger. S. u. a. *R. Garaudy – J. B. Metz – K. Rahner*, Der Dialog oder Ändert sich das Verhältnis zwischen Katholizismus und Marxismus?, Reinbek 1966; *B. Bosnjak – W. Dantine – J.-Y. Calvez*, Marxistisches und christliches Weltverständnis,

verse um das „anonyme Christentum", die untrennbar mit dem Namen *K. Rahners* verknüpft ist[10]. Dies alles als ausdrücklichen Gegenstand der Untersuchung zu vernachlässigen, fällt schwer. Ausgewählt wurden statt dessen jene Tendenzen, die bereits von sich her auf Ethik hin akzentuiert waren und die das Problem besonders deutlich werden lassen und seitens der Theologie wenig aufgearbeitet sind. Mit anderen Worten läuft das hier angewendete Kriterium der Dringlichkeit darauf hinaus, zu zeigen, daß unser Problem nicht einfach das Problem einer bestimmten Gestalt von Theologie ist, sondern daß mit ihm die Berechtigung, der mögliche Sinn und die Identität von Theologie insgesamt in Frage steht.

Endlich ist noch eine dritte Bemerkung vorauszuschicken. In den folgenden fünf Abschnitten dieses Kapitels finden sich nur dort thematische Auseinandersetzungen, wo es darum geht, unser Problem offenzuhalten; sie sollen erweisen, daß es überhaupt einen Sinn hat, weiterzusuchen und -zudenken. Kritik und mögliche Rezeption sind damit keineswegs erschöpft.

1.1 Eine Tendenz innerhalb der Theologie selbst: Gott als Geschehnis der Mitmenschlichkeit

Nachhaltigen Einfluß auf das Bewußtsein unseres Problems und seiner Bedeutung hat jene Strömung im zeitgenössischen Protestantismus ausgeübt, die man durch das Wort „Horizontalismus" charakterisieren könnte, und die in ihren extremsten Ausprägungen *Nietzsches* „Gott ist tot" zu ihrem Kennwort gemacht hat.[11] Verwunderlich an dieser Richtung ist, daß einige ihrer Vertreter vom Tode Gottes reden, gleichzeitig aber beanspruchen, Theologen und Christen zu sein.[12] Der Umstand, daß diese Bewegung nicht von

---

Freiburg usw. 1966 (= Schriften zum Weltgespräch 1); bes. die (inzwischen wieder eingestellte) Internationale Dialog Zeitschrift 1 (1968) – 7 (1974). Auf evangelischer Seite ist von Bedeutung vor allem die Reihe ‚Marxismusstudien', bisher 7 Bde., Tübingen 1954 ff.

[10] S. zahlreiche Aufsätze *dess.* in: Schriften zur Theologie, a. a. O., bes. Bd. V (1962), VI (1965), VIII (1967), X (1972), XII (1975). Dazu: *E. Klinger* (Hrsg.), Christentum innerhalb und außerhalb der Kirche, Freiburg/Basel/Wien 1976; *J. S.-T. Shim*, Glaube und Heil. Eine Untersuchung zur Theorie von den „anonymen Christen" Karl Rahners, Diss. theol. ‚Tübingen 1975, Masch. (vollständiges Lit.-verzeichnis). – Kritik hat vor allem *H. U. v. Balthasar* angemeldet; s. vor allem: Cordula oder der Ernstfall, Einsiedeln 1966 (= Kriterien 2).

[11] Ich vermeide die übliche Bezeichnung „Gott-ist-tot-Theologen", da sie sowohl hinsichtlich ihrer Bedeutung (*T. J. J. Altizer – W. Hamilton* stellen im Vorwort der von ihnen herausgegebenen Aufsatzsammlung ‚Radical Theology and the Death of God', Indianapolis/New York/Kansas City 1966 zehn Bedeutungen zusammen, die vom traditionellen Atheismus bis zur orthodoxen Theologie reichen!) wie auch ihrer Zuordnung höchst problematisch ist. Es scheint mir jedoch zutreffend, von einem gemeinsamen Tenor zu sprechen oder mit *Robinson* von einer gemeinsamen Stimmung („mood"; vgl. Vorwort zu *W. Hamiltons* ‚New Essence of Christianity', New York 1966, 5).

[12] Ausdrücklich: *Altizer*, Word and History, in: *Altizer – Hamilton*, a. a. O. 133–135; *Hamilton*, The Death of God Theologies Today, in: *Altizer – Hamilton*, a. a. O. 28; *Hamilton*, Questions

29

einem Theologen oder einer -schule entworfen und dann rezipiert wurde, sondern zum selben Zeitpunkt an verschiedenen Orten unabhängig voneinander entstand, wie auch die ganz ungewöhnliche Resonanz, die sie sehr bald fand, lassen darauf schließen, daß hier etwas artikuliert wurde, was sich seit längerem anbahnte. Zwar ist es um sie in der letzten Zeit erheblich ruhiger geworden, doch mag das eher der manchmal allzu vereinfachenden und wenig wissenschaftlichen Darstellung zuzuschreiben sein als einer Lösung der aufgeworfenen Fragen.

Ihr Grundanliegen, die Bejahung der säkularen Welt und das radikale Ernstnehmen der Forderung Jesu, finden diese Theologen bei *D. Bonhoeffer* formuliert; *J. A. T. Robinson* hat dessen Bedeutung für diese Bewegung treffend charakterisiert, als er ihn den „Johannes der Täufer der neuen Reformation" nannte.[13].

1.1.1 Erstes Anliegen: Bejahung der Säkularisierung

Was meint der Ausdruck „säkulare Welt"? „Der Mensch hat gelernt", schreibt *Bonhoeffer*, „in allen wichtigen Fragen mit sich selbst fertig zu werden ohne Zuhilfenahme der ‚Arbeitshypothese: Gott'. [...] es zeigt sich, daß alles auch ohne ‚Gott' geht und zwar ebenso gut wie vorher. Ebenso wie auf wissenschaftlichem Gebiet wird im allgemein menschlichen Bereich ‚Gott' immer weiter aus dem Leben zurückgedrängt, er verliert an Boden."[14] Dieser Prozeß der Säkularisierung wird nicht als quasi-illegitime Entwicklung, das heißt als Abfall vom Eigentlichen, interpretiert, sondern im Widerspruch zu aller Apologetik als legitimes Resultat der entmythologisierenden und der kenotisch-inkarnatorischen Grundstruktur des Christentums. Noch weiter geht allerdings *Altizer*, wenn er den Tod Gottes als die eigentliche Frohbotschaft verkündigt.[15]

Die Weltlichkeit wird qualifiziert als „Mündigkeit".[16] Diese positive Wer-

and Answers on the Radical Theology, in: *Ice – Carey* 1967, 213 f; *P. van Buren*, The Secular Meaning of the Gospel. Based on an Analysis of its Language, London 1963, 200; *Robinson*, Can a Truly Contemporary Person not be an Atheist?, in: The New Reformation?, London 1965, 114 –122; *ders.*, Heute ist der Christ anders [Orig.: The Difference in Being a Christian Today, Philadelphia 1972], München 1973 (Originalausgabe leider nicht zugänglich), 40.

[13] The New Reformation?, a. a. O. 23. – Theologischerseits wirkten neben *Bonhoeffer* vor allem *R. Bultmann, K. Barth* und *P. Tillich* in hervorragender Weise als Anreger. Zum Einfluß *Feuerbach*s vgl. Anm. 28.

[14] *D. Bonhoeffer*, Widerstand und Ergebung. Briefe und Aufzeichnungen aus der Haft, hrsg. *E. Bethge*, Neuausgabe München 1970, 356 f. – Vgl. *Hamilton*, Death of God Theologies Today, a. a. O. 40, und *D. Sölle*, Die Wahrheit ist konkret, Olten/Freiburg 1967, 13 –18. Sehr illustrativ ist auch die von *van Buren* (The Secular Meaning of the Gospel, a. a. O. 3), *Robinson* (Can a Truly Contemporary Person, a. a. O. 108), *Sölle* (Das Recht ein anderer zu werden, Neuwied/Berlin 1971, 47 f) zitierte Parabel des Sprachphilosophen *A. Flew*. Resümierend spricht *Flew* von „the death of a thousand qualifications".

[15] *Altizer*, The Gospel of Christian Atheism, London 1967, 15 u. ö.

[16] *Bonhoeffer*, Widerstand, 358.

tung impliziert die Kritik an der Religion: „als eine geschichtlich bedingte und vergängliche Ausdrucksform des Menschen" vermag sie der heutige Mensch nicht mehr zu vollziehen.[17] Mit Nachdruck werden deshalb alle christlichen Versuche zurückgewiesen, Gott doch noch ein „Reservat" zu erhalten, wo der Mensch ihn „braucht", wie es in der Rede von den „sogenannten ‚letzten Fragen'" geschieht.[18] Das apologetische Bestreben, „daß man Gott [...] noch an irgendeiner allerletzten heimlichen Stelle hineinschmuggelt"[19] und so Mensch und Welt gleichsam wieder in ihre Pubertät zurückversetzt, hält *Bonhoeffer* „erstens für sinnlos, zweiten für unvornehm, drittens für unchristlich"[20]. Nur ein Weg ist redlich: „Wir müssen in der Welt leben, ‚etsi Deus non daretur'."[21]

1.1.2 Zweites Anliegen: Radikale Verwirklichung des Christlichen

In scheinbar unvereinbarer Spannung zu dieser Anerkennung der weltlichen Welt als dem Ort, wo sich Menschwerdung ereignet, und zu diesem Verzicht auf jede Funktionalisierung Gottes steht der andere Brennpunkt dieser Theologie, die Realisierung des Christlichen in der religionslosen Welt, „die Frage, was das Christentum oder auch Christus heute für uns eigentlich ist"[22].

1.1.2.1 Das erfordert zunächst eine Besinnung auf die Sprache, in der über Gott beziehungsweise die Sache des Christentums gesprochen werden soll. Die religiöse Sprache – gleich welcher Provenienz – ist nämlich völlig bedeutungslos, „irrelevant"[23] geworden. „Die Menschen finden sich einer vorge-

---

[17] *Bonhoeffer*, Widerstand, 305. – Das Entstehen einer neuen Religiosität in den letzten Jahren scheint dieser Grundüberzeugung, von der auch *Bultmann* und *Tillich* ausgehen, in dieser Form nicht recht zu geben. Aufschlußreich ist unter diesem Aspekt nicht nur *H. Cox'* aufsehenerregendes Buch ‚The Feast of Fools. A Theological Essay on Festivity and Fantasy' (Cambridge/Mass. 1969; dt.: Stuttgart 1970), sondern auch die in jüngerer Zeit von *Sölle* geübte Selbstkritik: *Sölle*, Die Hinreise. Zur religiösen Erfahrung. Texte und Überlegungen, Stuttgart 1975, 165–185, bes. 165 f; *dies.*, Der Wunsch ganz zu sein. Gedanken zur neuen Religiosität, in: *dies.* u. a., Religionsgespräche. Zur gesellschaftlichen Rolle der Religion, Darmstadt/Neuwied 1975 (= Theologie und Politik 10), 146 f; *dies.* (zusammen mit *O. Negt:*) Über die Aktualität der marxistischen Religionskritik, in: Religionsgespräche, a. a. O. 184.
[18] *Bonhoeffer*, Widerstand, 357. Vgl. 377–380.
[19] *Bonhoeffer*, Widerstand, 379. Im selben Brief heißt es in einem früheren Passus (377): „Die Kammerdienergeheimnisse – um es grob zu sagen – d. h. also der Bereich des Intimen (vom Gebet bis zur Sexualität) – wurden das Jagdgebiet der modernen Seelsorger."
[20] Ebd. 358.
[21] Ebd. 394.
[22] Ebd. 305 u. a. Vgl. *Robinson*, Heute ist der Christ anders, 35–49; das ganze Büchlein versteht sich als Antwort auf diese Frage.
[23] Irrelevanz ist der zentrale Diagnose- und Anklagepunkt gegenüber der bisherigen Theologie: *Robinson*, The New Reformation?, 83. 91; *Hamilton*, The New Essence, 25. 55. 65. 95. 140; *van Buren*, The Secular Meaning, 195. – *G. Vahanian*s Analyse spricht von einer formalistischen, risikolosen und hygienischen Religiosität (The Death of God. The Culture of Our Post-Christian Era, New York [4]1967, 50. Vgl. hierzu die S. 49–59 und 69–78 angeführten Beispiele).

gebenen Wahrheit gegenüber und wissen nicht, was sie damit anfangen sollen, weil sie auf Fragen antwortet, die sie gar nicht gestellt haben."[24] *Robinson* vergleicht die Situation der heutigen Theologie mit einer Währungskrise, von der alle bisher in Kurs befindlichen Zahlungsmittel, als da sind „dogmatische Formulierungen, moralische Werte, liturgische Formen und anderes mehr", betroffen sind; was anstehe, sei die Schaffung einer neuen, konvertiblen Währung; dazu müsse alles Mythologische, Supranaturale und Religiöse ausgeschieden werden.[25]

Während *van Buren* mit Hilfe der Sprachanalyse an die Aufgabe der „nichtreligiösen Interpretation" theologischer Begrifflichkeit herangeht, sehen *Robinson, Hamilton* und *Altizer* in der Theologie *P. Tillichs* einen Schlüssel zur Lösung des Problems: „God is, by definition, ultimate reality. [...] the fundamental theological question consists not in establishing the ‚existence' of God as a separate entity but in pressing through in ultimate concern to what Tillich calls ‚the ground of our being'."[26] Gott ist kein für sich seiendes Subjekt, gleichsam eine Art himmlischer „Big Brother"[27], der alles kann und weiß, sondern Chiffre für die Absolutheit der ihm zugesprochenen Prädikate.[28] Dementsprechend bedeutet Glaube an seine Personalität, daß allein in den personalen Beziehungen der letzte Sinn der Existenz angetroffen wird; und Glaube an seine Liebe, daß in eben diesen personalen Beziehungen die Begegnung mit der tiefsten Wahrheit unseres Lebens Wirklichkeit ist.[29] Theologische Aussagen beinhalten nichts über ein höchstes Wesen, sondern sind Aussagen über die menschliche Existenz, über die Letztgültigkeit personaler, liebender Bezüge. „For the eternal *Thou* is met only *in, with and under* the finite *Thou* [...]."[30] Die Emmausperikope[31] gilt als paradigmatisch für die Situation der Menschen, die keine Religion haben, aber unterwegs sind zur Wahrheit und in der Begegnung von Mensch zu Mensch das Unbedingte erfahren. Während *Robinson* lediglich den Wirklichkeitsgehalt von Transzendenz für den modernen Menschen verstehbar machen will und sich dagegen

---

[24] *Robinson*, Heute ist der Christ anders, 37.
[25] *Robinson*, Das Gespräch geht weiter, in: *H. W. Augustin* (Hrsg.), Diskussion zu Bischof Robinsons Gott ist anders, München 1964, 32–36; *ders.*, Heute ist der Christ anders, 34. 35–49. Derselbe Gedanke in einem anderen Bild in: *Robinson*, Honest to God, Chap. 7: Recasting the Mould.
[26] *Robinson*, Honest to God, 29.
[27] *Robinson*, Honest to God, 57.
[28] Man beachte die große Nähe zu *Feuerbach*. Tatsächlich beruft sich *Robinson*, Honest to God, 49–53, ausdrücklich auf diesen, ebenso wie *Hamilton*, The New Essence (Bereits der Titel ist eine Anspielung auf *Feuerbach*s Hauptwerk!), 15 f; 56 f; und *Sölle*, Das Recht, 119. *Van Buren* verweist nur pauschal auf sein Studium *Feuerbach*s, doch fallen bei ihm bisweilen frappierende Ähnlichkeiten in der Argumentation auf (z. B. The Secular Meaning, 198).
[29] *Robinson*, Honest to God, 48–50.
[30] *Robinson*, Honest to God, 53. 114. Ähnlich *van Buren*, The Secular Meaning, 156. 181–183.
[31] Diese Perikope spielt bei den genannten Theologen eine ganz zentrale Rolle, ähnlich wie auch Lk 10, Mt 25 und Joh 14. Vgl. z. B. *Robinson*, Honest to God, 121; *Robinson*, The New Reformation?, 36–38. 118; *van Buren*, The Secular Meaning, 187.

verwahrt, den transzendenten Gott durch einen immanenten zu ersetzen[32], machen *Altizer,* der späte *Hamilton, Braun* und *Sölle* den Schritt vom Anderssein zum Nichtsein Gottes. Das Wort „Gott" ist dann nur noch Interpretament für das, was zwischen Menschen als Liebe geschieht. Stellvertretend sei diese Position durch *Hamiltons* Antwort auf die Frage, ob die Radikale Theologie nicht bloßer Humanismus sei, markiert: „It ist humanism, if humanism means a belief that there are no viable objects of loyalty beyond man, his values, his communities, his life."[33] Konsequent werden die „Funktionen" Gottes (Vergebung, Wertung, Trost, Hoffnung usw.) der Gesellschaft, der Politik und notfalls auch der Revolution übertragen.

1.1.2.2 Als der Mensch, der dem Grund seines Seins gegenüber ganz offen, ja mit ihm völlig eins war, indem sein ganzes Sein nur „Für-andere-Dasein" war, gilt Jesus. Er hatte die Rolle eines „Stellvertreters", eines „Schauspielers Gottes"[34]; und solange das Stück noch gespielt wird, kann Gottes Rolle nicht unbesetzt bleiben, Menschen müssen sie übernehmen, indem sie in Liebe füreinander da sind und so „füreinander Gott spielen". Und deshalb ereignen sich Inkarnation und Auferstehung immer da, wo es Menschen gelingt, in ihrer spannungsreichen Existenz der Liebe zum Durchbruch zu verhelfen. Mitmenschlichkeit und Säkularität sind die Inkognitos Christi[35]; Theologie, Christologie fallen mit der Ethik in eins.

1.1.3 Einwände gegen eine theonome Ethik

Wenn die Beziehung des Menschen zu Gott und die Nachfolge Jesu allein als liebendes Verhältnis zum anderen Menschen und als Verantwortung für die Welt geschieht, ergeben sich für die authentische Realisation des Christentums einschneidende Konsequenzen:
1. 1. 3. 1 Weltliche Heiligkeit:
Frömmigkeit, die sich aus der Welt zurückzieht („disengagement"), enthüllt sich als eigentlich antichristlich. Allein im bedingungslosen Engagement für die Welt und in der vorbehaltlosen Preisgabe an den anderen „ist" (*Robinson*)

---

[32] Honest to God, 18. 43 f. 50–57. 127–133; The New Reformation?, 15 –17; Can a Truly Contemporary Person, 109 f. 114–122; Heute ist der Christ anders, 40–45. 48. Allerdings ist sein diesbezüglicher Standpunkt unklar, wenn nicht gar widersprüchlich.
[33] Questions and Answers on the Radical Theology, in *Ice – Carey* 1967, 214 f. Von diesem noch stark auf das Individuum bezogenen Typ unterscheidet sich *Sölle,* die mittels marxistischer Kategorien interpretiert.
[34] *Sölle,* Stellvertretung. Ein Kapitel Theologie nach dem „Tode Gottes", Stuttgart/Berlin ⁴1967, 175–201. Ähnlich spricht *Hamilton,* The Death of God Theologies Today, a. a. O. 37, von „the neighbour as the bearer of the worldly Jesus", *Robinson,* Heute ist der Christ anders, 35, vom „Zeitgenossen einer jeden Generation".
[35] *Robinson,* The New Reformation?, 50.

beziehungsweise „wird" (*Sölle*), „ereignet sich" (*Sölle*), „geht vor sich" (*Altizer*), „geschieht" (*Braun*) Gott.[36]

1.1.3.2 Proprium:

Wiewohl sich alle Vertreter dieser theologischen Strömung darin einig sind, daß Christsein nicht heißen könne, daß man noch etwas sieht, wo andere nichts mehr sehen, besteht ebenfalls Konsens in der Annahme eines Propriums christlichen Lebens („the christian way of life"). Es besteht darin, die *eine* Wirklichkeit anders zu sehen, nämlich mit den Augen Gottes, das heißt in einer Hoffnung, die in Jesus Christus weiß, was wahre menschliche Existenz ist. „[...] die wahre Dimension der Menschlichkeit ist nicht das, was wir sind, wenn wir uns selbst überlassen sind, sondern, was uns gegeben ist, zu werden, wenn wir aus uns selbst herausgenommen sind und eingehen in die verborgene, volle Größe des Menschseins in Christus."[37] Während sich für *van Buren* die weitere Frage nach dem Grund dieses Festhaltens an Jesus gar nicht stellt, weil er nur zu Gläubigen sprechen will, ruft *Altizer* ähnlich wie *Pascal* zu einer Wette mit totalem Einsatz auf; *Hamilton* beruft sich einfach auf „eine freie Wahl, die er frei getroffen haben"[38]. Nur *Sölle* und *Braun* reflektieren eigentlich darüber, wie es zu diesem „Überschuß" an Gewißheit kommt: die Rückbindung gründet nicht auf autoritärer Setzung oder gar Forderung, sondern wird im kritisch-rationalen Vergleich angenommen[39]; kritische Rationalität als Verbindlichkeitskriterium, das bedeutet andererseits, daß Jesus nur eine „Autorität mit Auswahl"[40] zukommt.

1.1.3.3 Freiheit wider Autorität:

Der Protest gegen eine (im theistischen Sinne) theonome Ethik liegt auf der Hand. Abgelehnt wurde ja jener Gott, der im Leben des Menschen ganz bestimmte Funktionen einnimmt, zu denen auch die des Gesetzgebers gehört, so daß alle Verpflichtung in einem „Außerhalb" des Menschen gründete, das zudem die Einhaltung seiner Forderungen kontrollierte und ihnen durch

---

[36] Daß es keinen anderen Weg der Gotteserkenntnis und Christusbegegnung gibt, betonen nachdrücklich: *Bonhoeffer*, Widerstand, 307. 379 f (Erwähnung von Existenzphilosophie und Psychotherapie!); *Robinson*, Honest to God, 101; ders., Heute ist der Christ anders, 22 u. ö.; *Sölle*, Das Recht, 66 f. 91.

[37] *Robinson*, Heute ist der Christ anders, 17.

[38] The Shape of a Radical Theology, in: *D. Peerman* (Hrsg.), Frontline Theology, Richmond 1967, 67.

[39] *Sölle*, Atheistisch an Gott glauben, Olten/Freiburg 1968, 88. Wird hier die „wahre" Religion noch kraft subjektiver Einsicht und Entscheidung gewonnen, so nimmt *Sölle* in „Die Hinreise" den Wahrheitsanspruch weiter zurück: „Ich spreche von einem Standort innerhalb einer bestimmten religiösen Tradition, aus der christlichen. [...] Aber diese Beziehung enthält keine Ausschließlichkeit, ich kenne genug jüdische, humanistische, sozialistische Menschen und Gruppen, die mit Hilfe anderer Schutzbilder oder Heiliger denselben Kampf kämpfen [...]. Es ist mir nicht wesentlich, sie zu subsumieren, und sei es unter eine Menschheitsreligion, wohl aber müssen Erfahrungen der Religionen mitteilbar bleiben" (17).

[40] *H. Braun*, Jesus. Der Mann aus Nazareth und seine Zeit, Stuttgart/Berlin 1969, 148. 151. Vgl. ders., in: Post Bultmann locutum. Eine Diskussion zwischen *H. Gollwitzer* und *H. Braun*, hrsg. *H. Symanowski*, Hamburg-Bergstedt 1965 (= Theologische Forschung 37), I, 13–15.

Gericht und Androhung von Strafen Nachdruck verliehe. Diesem naiv-vereinseitigenden Bild vom Gott einer theonomen Ethik korrespondiert die Zeichnung eines Menschen, dessen Vollkommenheitsideal darin besteht, alles Eigene an Wünschen, Einsichten, Urteilen zu „verleugnen", um den ihm oktroyierten „Geboten" „gehorsam" zu sein. Ein repressiver Gott, der den Menschen von sich selbst entfremdet – das kann dem heutigen Menschen unmöglich „Evangelium", Gute Nachricht sein.[41] Selbst wenn es diesen „großen Blutegel" gäbe, der der Welt Gerechtigkeit, Sinn und Freiheit ausgesogen hat, wäre solch ein Gott nicht nur überflüssig, sondern unerträglich.[42]

1.1.3.4 Wider eine Ethik „für die wenigen":
Eine derartige Theonomie der Ethik ist, selbst wenn sie sich biblisch begründete, ein Äquivalent zum supranaturalen Gott. Abgesehen davon, daß sie ethisches Verhalten unmöglich macht, weil sie von echter Entscheidung dispensiert, geht sie also von einem „religiösen Apriori" aus und gilt somit lediglich für die „Religiösen". Das Recht zu dieser Ausgrenzung aufgrund einer Voraussetzung bestreitet *Robinson* jeder christlichen Ethik, wobei er sich auf die Argumentation von Mk 10, 2–9 beruft.[43]

1.1.3.4 Situation wider Normierung:
Aus der Forderung eines „religionslosen Christentums" – „Religion" wird dabei fast synonym mit „Metaphysik" verwendet – wird gefolgert, daß auch die Idee eines Naturrechts, das der Welt eingestiftet ist, als eine für den mündigen Menschen nicht mehr nachvollziehbare Fiktion angesehen werden muß. Somit ist auch das zweite naheliegende Grundmodell einer normativen Ethik abgelehnt.

Die an ihrer Stelle neukonzipierte völlig autonome Ethik kennt deshalb keine Vorschriften, außer der der Liebe. Diese aber orientiert sich nicht an einem System allgemein gültiger Maßstäbe, sondern läßt sich von der gegebenen Situation und dem Bedürfnis des anderen leiten. Nicht Deduktion von einem absolut geltenden Prinzip, sondern Induktion und Konkretion sind der Situationsbedingtheit allen Tuns und der Individualität gemäß. Normative Ethik wäre demgegenüber wie ein dem Menschen übergeworfenes Netz,

---

[41] *Robinson,* The New Reformation?, 33 f. 52 f.; *Altizer,* The Gospel of Christian Atheism, 81. 109 f. 127 f. 144–147. Betont haben diesen Gedanken vertreten: *Sölle,* Phantasie und Gehorsam. Überlegungen zu einer künftigen christlichen Ethik, Stuttgart/Berlin ³1968, und *Braun,* Die Problematik einer Theologie des Neuen Testaments, in: Gesammelte Studien zum Neuen Testament und seiner Umwelt, Tübingen 1962, 332–334.

[42] *Robinson,* Can a Truly Contemporary Person, 112–114, mit ausdrücklichem Verweis auf die Traditionslinie *Feuerbach – Bakunin – Proudhon – Nietzsche – Camus – Sartre.* – Vgl. *Hamilton,* The New Essence, 44–55; *ders.,* Questions and Answers, 217; s. auch *Sölle,* Atheistisch an Gott glauben, 75; *dies.,* Leiden, Stuttgart/Berlin 1973, (= Themen der Theologie Ergänzungsband), 32–44. 199 („Herrengott"). 140 („Prüf-Gott") u. ä.; vgl. Abschnitt 1.1.3.6.

[43] Honest to God, 110. An diesem Punkt zeigt sich allerdings ein Widerspruch: Während sich *Robinson* hier auf eine Natur des Menschen beruft, verwirft er im unmittelbar darauf folgenden Abschnitt das Naturrecht als verkappten Theismus!

das ihn in seiner Bewegungsfreiheit erheblich einschränken müßte.[44] – Umgekehrt folgt daraus, daß auch nichts schon per se falsch oder gar Sünde ist; erst der Mangel an Liebe qualifiziert etwas als böse.

In Anlehnung an *J. Fletcher* und in pointierter Antithese zu den kirchlichen Verurteilungen hat *Robinson* diesen Entwurf „New Morality"[45] genannt. In den Carnahan-Vorlesungen von 1972 argumentiert *Robinson* noch von einer anderen Basis aus für den Vorrang der Situation gegenüber der Norm, nämlich von der Geschwindigkeit, mit der heute die gesellschaftlichen Veränderungen vor sich gehen. Verunsicherung der Identität sei die unvermeidliche Folge; für die Kirche müsse dies das „Ende des festen Aggregatzustandes"[46] bedeuten. Für einen solchen Zustand aber reichten die traditionellen Antworten trotz aller Anpassungsversuche einfach nicht mehr aus.[47]

1.1.3.5 Wider die Entstellung der Lehre Jesu:
Die neue Ethik will radikal „christologisch" sein, worin die Herkunft der ganzen Bewegung aus der Dialektischen Theologie[48] noch stark nachwirkt. Vorbild und Grundlage ist für sie der Mensch schlechtin, Jesus. Er aber hat sein Tun weder erst durch himmlische Beglaubigungsschreiben autorisiert, noch uns einen Kodex für sittliches Verhalten hinterlassen. Was wir von ihm wissen, sind: „illustrations of what love may at any moment require of anyone", „flashlight pictures of the uncompromising demand which the Kingdom must make upon any who would respond to it", „the call of the Kingdom to a specific group or individual at a particular moment".[49] Nachfolge kann deshalb nicht als imitatio verstanden werden. Wege zu finden, wie vorbehaltlose Liebe nach dem Beispiel Jesu geschehen kann, bleibt der Phantasie vorbehalten.

1.1.3.6 Über die vorangehenden kritischen Anstöße zu einer neuen Christlichkeit hinaus hat *Sölle* dem Phänomen des Leidens und dessen Deutungen

---

[44] *Robinson*, Christian Morals Today, London ³1964, 12. Im übrigen sei dieses Netz im Lauf der Geschichte so oft und an so vielen Stellen ausgebessert worden, daß die Behauptung, es gebe eine christliche Ethik (im Singular!), unehrlich sei. Vgl. ebd. 12. 19.

[45] Honest to God, 116–121, und: Christian Morals Today, 8 f. – Für eine Situationsethik plädieren auch *Altizer* (The Gospel of Christian Atheism, 144–147. 155–157), *Sölle* (Atheistisch an Gott glauben, 44–46; und: Phantasie und Gehorsam, bes. 66–71 u. a.), *Braun* (s. Anm. 49). Kritisch distanzierend äußert sich nur *Hamilton* (The New Essence, 101–103), doch wird sein eigener Standpunkt nicht einsichtig (vgl. auch ebd., 119–159). – In den Liverpooler Vorträgen hat *Robinson* seinen Standpunkt deutlich modifiziert: Alte und neue Moral stünden nicht in antithetischem, sondern in komplementärem Verhältnis; es handle sich um eine bleibende Polarität. (Christian Morals Today, 10; vgl. auch: Heute ist der Christ anders, 24 f.)

[46] Heute ist der Christ anders, 10.

[47] Vgl. ebd. 9–20.

[48] Es besteht nicht nur ein historischer, sondern auch ein sachlicher Zusammenhang zwischen dieser Art von Theologie und der dialektischen: Wo das Anderssein Gottes so radikal betont wird wie z. B. bei *K. Barth,* liegt der dialektische Umschlag zur Behauptung, der persönliche „Gott" sei für die eigene menschliche und weltliche Wirklichkeit irrelevant, ganz nahe.

[49] Alle Zitate: *Robinson*, Honest to God, 110 f. Zum gleichen Ergebnis kommen *Sölle*, Phantasie und Gehorsam, 30–36. 59 u. a., und besonders *Braun*, Jesus, 64–71. 87–90. 130. 149.

eine eigene Monographie gewidmet. Sie attackiert darin die „Ideologie des Ertragens", die sie als „christlichen Masochismus" charakterisiert[50], weil sie alles Leid – wie überhaupt alles So-Sein – als aus Gottes Hand kommend hinzunehmen empfehle, dadurch aber die Zustände zementiere und obendrein noch religiösen Gewinn daraus schöpfe. Die Frage nach dem Sinn und der Funktion des Leidens dürfe nicht allein für sich stehen, sondern könne erst dann sinnvoll gestellt werden, wenn ihr die andere nach den Ursachen des Leidens und den Möglichkeiten seiner Abschaffung vorausgegangen sei. Allerdings tritt Sölle entschieden jener platt-materialistischen Konstruktion entgegen, die jedes individuelle Leid auf das sozioökonomische Geflecht verrechnen will und damit im Grund nur noch die Wahl zwischen Resignation oder Zynismus offenläßt.[51] Durch diese Differenzierung wird das konstruktive Interesse ihrer Kritik um vieles deutlicher: Die traditionellen christlichen Leiddeutungen machen keinen Unterschied zwischen „Leiden, die wir beenden können, und solchen, die wir nicht beenden können"[52].
Konsequent klagt *Sölle* denn auch das bürgerliche Ideal der Leidlosigkeit an[53], weil es die Wahrnehmungsfähigkeit für das Leiden ersticke. Sie nennt diese Apathie „nachchristlich", da sie hier ebenfalls theologisches Erbe wirken sieht, das sie über die Rezeption aristotelischer Metaphysik und stoischer Sittenlehre hinaus bis zu den frühkirchlichen Auseinandersetzungen um die Leidensfähigkeit Christi zurückverfolgt.[54]

1.1.4 Kritische Anmerkungen

Die Fragen, die die Entwürfe zu einer nichttheistischen Theologie aufwerfen, müssen sehr ernst genommen werden, auch wenn man der bisweilen historisch wenig differenziert und eklektisch verfahrenden Argumentation (zum Beispiel Gleichsetzung von Religion und Metaphysik, von Theismus schlechthin mit Glauben an einen Lückenbüßer-Gott, Nichterwähnung der theologia negativa, Unterschlagung der emanzipatorischen Strömungen und Wirkungen des Christentums und anderes mehr) gewichtige Einwände entgegensetzen muß.[55] Mit der faktisch weitgehend als religionslos erfahrenen

---

[50] *D. Sölle*, Leiden, 12 bzw. 17–44.
[51] Ebd. 12; vgl. 132 f. Vgl. auch die Metakritik *Marx-Feuerbach*scher Religionskritik, in: *Sölle*, Hinreise, 32–35. 75 f; *D. Sölle - O. Negt*, Über die Aktualität der marxistischen Religionskritik, 177–187.
[52] *Sölle*, Leiden, 28.
[53] Ebd. 45–78.
[54] Ebd. 56–61.
[55] Zur theologischen Auseinandersetzung vgl.: *Schillebeeckx* 1964; *Schillebeeckx* 1965; *Symanowski* 1965; *Buri* 1967; *Ice – Carey* 1967; *Gollwitzer* 1968; *Bishop* 1968; *Daecke* 1969; *Mynarek* 1969; *Hartmann* 1969; *Cobb* 1971; *Hasenhüttl* 1970; *Buri* 1970; *Zahrnt* 1970. Zum Umkreis des Problems s. auch *Scheffczyk* 1974. – Besagte Literatur ist dogmatisch-religionsphilosophisch ausgerichtet, was zur Folge hat, daß die praktische Perspektive bei der Gottesfrage, die die Kritik der sogenannten Gott-ist-tot-Theologen doch eigentlich leitet, zu sehr in den Hintergrund gerät.

Wirklichkeit, mit der Notwendigkeit, die „Welt" gegenüber einer einseitigen Jenseitsorientierung auch theologisch wieder zu mehr Geltung zu bringen, mit dem Ungenügen der legalistischen Aktmoral und der Fragwürdigkeit eines autoritären Gottesbildes und dessen Auswirkungen sind in der Tat Problemkreise angesprochen, an denen keine heutige Theologie vorbeigehen kann. Daß es sich hierbei um Fragen handelt, die weit mehr beinhalten als marginale Erweiterungs- oder Anpassungsprozesse und vielmehr die Möglichkeit und Berechtigung der Theologie selbst in Frage stellen, kommt an keiner Stelle so symptomatisch zum Ausdruck wie gerade in der provozierenden und zugleich paradoxen Formel „Gott-ist-tot"-Theologie[56], die allerdings nur zum Teil als Selbstbezeichnung verwendet wird.

1.1.4.1 Rein formal läßt sich einwenden, daß das Aufstellen negativer Behauptungssätze über das, was jenseits des Bereichs des Gegenständlichen und damit des Wißbaren liegt, zumindest ebenso fragwürdig ist wie die inkriminierten positiven Aussagen. Schwerer wiegt aber meines Erachtens ein Bedenken, das man dem Rekurs auf Jesus entgegenhalten muß: Warum sollten wir uns gerade an ihm, der doch bereits Geschichte ist, orientieren und nicht mit gleichem Recht an einem anderen Menschen, warum ihm gegenüber eine so weitreichende und nicht gerade wenig einsetzende Gefolgschaft leisten? Und wenn es tatsächlich zutreffen sollte, was *Sölle* behauptet, daß nämlich die Berufung auf Gott dem Entwurf Christi nichts hinzufüge, mit anderen Worten: daß dieser Entwurf Christi ohne Gottesglauben genau so vollständig und konsistent sei, dann ist doch noch viel weniger einzusehen, warum trotzdem (die angebliche Chiffre) Gott überlebt und weiterverwendet wird. – In jedem Fall werden die genannten Entwürfe weder von dem her, was wir heute vom historischen Jesus wissen, noch von den Interpretationen seines Wirkens im Neuen Testament her gerechtfertigt; gerade bezüglich der beanspruchten Hingabe bricht man das Kernstück aus der jesuanisch-biblischen Verkündigung heraus, wenn man Jesu radikale Gottverwurzeltheit, die er ausdrücklich und qualifiziert beansprucht hat, als mythologisch abtrennt.

Dennoch ist es selbstverständlich nicht unmöglich, sich Jesus auch „nur" in seinem mitmenschlichen Verhalten zum Vorbild zu nehmen, und die daraus resultierende Selbstlosigkeit und Bereitschaft zur Hingabe verdienen Anerkennung und nicht moralische Disqualifizierung. Ein Problem liegt allerdings darin, daß von der Legitimation entscheidend die Mitteilbarkeit für die

---

[56] Es sollte zu denken geben, daß bereits *Feuerbach,* auf den sich die genannten Theologen alle beziehen, energisch gegen jene (von *Hegel* herkommenden) Theologen Position bezieht, die die Verneinung Gottes noch als ein Moment des prozeßhaft verstandenen Gottes selbst ausgeben. Er bezeichnet dies als Betrug. S. *Feuerbach,* Grundsätze der Philosophie der Zukunft, in: Sämtl. Werke II, 275–277; Vorrede zur 2. Auflage vom ‚Wesen des Christentums', in: S. W. VII, 275–280; auch schon: Satirisch-theologische Distichen, in: S. W. I, 368.

anderen (die nicht, nicht mehr oder noch nicht in Glaubensgemeinschaft stehen) und damit die praktisch-gesellschaftliche Wirkmöglichkeit abhängt. Die als „freie Wahl" proklamierte Entscheidung, die zwar mit Bezug auf die „säkulare" Welt, aber eben doch nur im Raum persönlicher Subjektivität gefällt wird, bleibt dann etwas, was man nicht übertragen kann, weil es sich der Argumentation entzieht. Zweifellos vermag sie außerordentliche, persönlich respektable Akte zu vollbringen, aber ohne jeden Anspruch auf Allgemeingültigkeit.
1. 1. 4. 2 Zu schnell und nicht unbedingt zwingend ist der Schritt von der Kritik des traditionellen Normengefüges zum Verdikt über normative Ethik überhaupt und zu der Forderung, normieren dürften allein die konkrete Situation, das Bedürfnis des anderen und die kreative Phantasie. Abgesehen davon, daß der permanente Entscheidungsdruck die Menschen hoffnungslos überfordern müßte, wird hierbei übersehen, daß die Ablehnung der tradierten Normen weniger an der Vorstellung einer normativen Gestaltung menschlichen Handelns überhaupt, als vielmehr an der Diskrepanz zwischen erfahrenen Lebenssituationen und religiös beanspruchten Forderungen liegen könnte, also daran, *wie* die explizierte normative Gestaltung konstituiert wird. Dies hat wiederum zur Folge, daß, obschon in der Kritik „die Gesellschaft" und deren Theoretiker nicht wenig bemüht werden, die Möglichkeit einer institutionalisierten gemeinschaftlichen Praxis, und das heißt wiederum die Möglichkeit einer praktizierenden Handlungsgemeinschaft, die dem einzelnen Identität, dem Handeln aber Kommunikabilität verschaffen würde, nicht in den Blick kommt.
1. 1. 4. 3 Endlich übersieht die prädikatorische Interpretation Gottes als Mitmenschlichkeit, daß auch das mitmenschliche Handeln noch vom Risiko der Grenze, der Unvollkommenheit, des Scheiterns, ja auch der Bosheit bedroht bleibt. Das zu übersehen müßte letztlich bedeuten, denjenigen, der selbst keine aktive mitmenschliche Zuwendung mehr leisten kann, genau wie den, dem sie versagt wird, der totalen Sinnlosigkeit auszuliefern.

1.2 Der Beitrag der biologischen Verhaltensforschung: Vorprogrammierung ethischen Verhaltens durch stammesgeschichtliche Anpassungen

Eine Reihe ethologischer Untersuchungen wie „Das sogenannte Böse"[57] und „Die acht Todsünden der zivilisierten Menschheit"[58] von *K. Lorenz, W.*

---

[57] Das sogenannte Böse. Zur Naturgeschichte der Aggression, Wien ²1964.
[58] Die acht Todsünden der zivilisierten Menschheit, München 1973.

*Wickler*s „Biologie der Zehn Gebote"[59] und „Sind wir Sünder?"[60], *I. Eibl-Eibesfeldt*s „Liebe und Haß"[61] und „Krieg und Frieden"[62] zeugen schon durch ihre Titel von einem starken Interesse an der menschlichen Moralität. Auf den ersten Blick mag es überraschen oder sogar bedenklich stimmen, gerade für jenen Bereich menschlichen Daseins, der einer jahrtausendelangen Tradition als der galt, der den Menschen vor allen anderen Lebewesen als Menschen auszeichnet, das Verhalten von Tieren als relevant heranzuziehen. Dieser Einwand ist sehr ernst zu nehmen, vor allem dort, wo Erkenntnisse, die an Tieren gewonnen wurden, einfach auf den beziehungsweise die Menschen übertragen werden. Legitim kann nur die Methode des Vergleichens sein in der Weise, daß das am Tier gewonnene Ergebnis für das menschliche Verhalten zunächst nur arbeitshypothetisch gilt und dann seine Tragfähigkeit für die Beschreibung des Verhaltens der Art Mensch durch Beobachtung an dieser nachgeprüft wird. Die festgestellten Ähnlichkeiten beruhen entweder auf stammesgeschichtlicher Verwandtschaft (Homologien) oder auf übereinstimmender Funktion aufgrund gleicher Selektionsbedingungen (Analogien).[63]

1.2.1 Der Mensch als Glied einer biologischen Entwicklungsreihe

Gegen die von einigen Richtungen der Soziologie und der Erziehungswissenschaften verbreitete Behauptung, die menschlichen Verhaltensabläufe beruhten nicht auf einer instinktiven Grundlage, sondern seien ausschließlich oder doch ganz überwiegend durch Lernprozesse erworben und mithin auch beliebig modifizierbar, wies die Ethologie für den Menschen stammesgeschichtliche Anpassungen in folgenden Formen nach[64]: angeborenes Können („Erbkoordinationen"); angeborenes Erkennen von Situationen („angeborener auslösender Mechanismus"); spezifische Handlungsbereitschaften („Antriebsmechanismen"); Fähigkeit der Verwertung von Erfahrungen („angeborene Lerndispositionen"). Es zeigt sich darin deutlich, daß das Ge-

---

[59] Die Biologie der Zehn Gebote, München 1971.
[60] Sind wir Sünder? Naturgesetze der Ehe, München/Zürich 1969.
[61] Liebe und Haß. Zur Naturgeschichte elementarer Verhaltensweisen, München 1970.
[62] Krieg und Frieden aus der Sicht der Verhaltensforschung, München/Zürich 1975.
[63] Das methodische Problem diskutiert am ausführlichsten *Wickler*, Antworten der Verhaltensforschung, München 1970, 179–194; *Wickler*, Biologie der Zehn Gebote, 191–196. Vgl. auch *Eibl-Eibesfeldt*, Stammesgeschichtliche Anpassungen im Verhalten des Menschen, in: *H.-G. Gadamer – P. Vogler* (Hrsg.), Neue Anthropologie, Bd. 2, München/Stuttgart 1972, 11; *ders.*, Der vorprogrammierte Mensch. Das Ererbte als bestimmender Faktor im menschlichen Verhalten, Wien/München/Zürich 1973, 78 f; *ders.*, Krieg und Frieden, 31–33; *Lorenz*, Das sog. Böse, 333–354.
[64] Wiederholt nimmt *Eibl-Eibesfeldt* gegen die Milieutheorie Stellung: Grundriß der vergleichenden Verhaltensforschung. Ethologie, München ²1969, 410; Liebe und Haß, 20–24. 100; Stammesgeschichtliche Anpassungen, 3 f. 13. 50. 54; Der vorprogrammierte Mensch, 11–14. 108. Vgl. *Lorenz*, Das sog. Böse, 77–89.

wordensein des Menschen und damit auch seines Verhaltens nicht nur seine individuelle Entwicklung betrifft, sondern auch eine phylogenetische Dimension hat. In diesem Sinn ist es zu verstehen, wenn *J. Illies* eine Anthropologie-Skizze vorgelegt hat unter dem Titel „Zoologie des Menschen"[65].

1.2.2 Angeborene Dispositionen auch im Bereich ethischen Verhaltens?

Als hauptsächlichste physiologische Antriebsquellen bei allen Lebewesen werden Hunger, Sexualität, Flucht und Aggression genannt. Hinsichtlich unserer Frage nach der Autonomie der Moral kommt der Aggression[66] größte Bedeutung zu, vor allem, wenn sie im engeren Sinn als der auf den Artgenossen gerichtete Kampftrieb verstanden wird. Denn die Existenz des Mitmenschen ist der entscheidende Faktor, mit dem sich der Mensch auseinandersetzen muß; grundsätzlich kann ihm dieser beides sein: Rivale oder Partner. Diese bevorzugte Behandlung der Aggression ist zusätzlich dadurch gerechtfertigt, daß nach Auskunft der Ethologen auch das Verhalten in den anderen genannten Bereichen von ihr bestimmt wird, die anderen biologischen Funktionen sich also immer der Aggression bedienen.

1.2.2.1 Moralanaloges Verhalten:
Was die Aggressions-Theorie von *K. Lorenz* von derjenigen *S. Freuds* vor allem unterscheidet, ist die Leugnung der destruktiven Tendenz der Aggression. In seinen Forschungen konnte *Lorenz* zeigen, daß die Aggression für das Fortbestehen der Art höchst notwendig ist; denn sie garantiert die gleichmäßige Verteilung des verfügbaren Lebensraums, Selektion, die Verteidigung der Nachkommenschaft, eine funktionstüchtige Gemeinschaftsorganisation und anderes mehr. Außerdem besteht ein enger Konnex zwischen der Stärke des Aggressionstriebs und der Intensität der Bindung, so daß man zu der scheinbar paradoxen Formel kommt: „Keine Liebe ohne Aggression, aber auch kein Haß ohne Liebe!"[67]

---

[65] Zoologie des Menschen. Entwurf einer Anthropologie, München 1971.

[66] Im folgenden beschränke ich mich darauf, von jener Theorie der Aggression auszugehen, die von den meisten Ethologen vertreten wird und sich bis auf *Freud* zurückverfolgen läßt. Aggression gilt hier als genetisch fixierter und deshalb nicht weiter ableitbarer Grundtrieb. Dieser Theorie ist in den letzten Jahren z. T. heftig widersprochen worden durch Theorien, die Aggression als etwas sekundär Erworbenes, als etwas Gelerntes ansehen. (Aus der reichlichen Literatur zum Thema sei die kritische Übersicht von *Schmidbauer* 1972 genannt. Zur Auseinandersetzung von seiten der Verhaltensforschung vgl. vor allem *Eibl-Eibesfeldt*, Der vorprogrammierte Mensch, 73–149; *ders.*, Krieg und Frieden, a. a. O.) Unter ihnen müssen besonders die sogenannte Frustrations-Aggressions-Theorie (z. B. vertreten von *J. Dollard; W. Reich; A. Plack*), die in der Aggressivität eine Reaktion auf frühkindliche Versagungserlebnisse (bes. sexuelle) sieht, sowie die lerntheoretische Position (z. B. *A. Bandura; R. H. Walters; H. Selg*) genannt werden, die nachzuweisen sucht, daß die Muster aggressiven Verhaltens in der kindlichen Sozialisation imitiert und durch Erfolg entsprechend bestärkt werden. Die jeweilige Berechtigung der klassifizierten Theorien kann in dieser Arbeit nicht beurteilt werden, doch läßt die auf zahlreichen empirischen Untersuchungen beruhende jüngste wissenschaftliche Diskussion erkennen, daß die Frage nicht exklusiv im Sinne eines Entweder–Oder beantwortet werden kann.

[67] *Lorenz*, Das sog. Böse, 324, vgl. ebd. 324–330.

Soll die Aggressivität zwischen Artgenossen nicht schädlich, ja im obigen Sinn nützlich sein, so darf sie folglich nicht einfach ausgeschaltet werden; aber ihre Fehlfunktionen müssen verhindert werden. Es muß also im biologischen Antriebssystem – *Lorenz* nennt es „Parlament der Instinkte"[68] – Mechanismen geben, die Aggression in unschädliche Bahnen umlenken und so die ebenfalls unentbehrliche Kommunikation zwischen den Artgenossen ermöglichen. Bei den Tieren wird diese Leistung selbstlosen, auf das Wohl der Sozietät abzielenden und von *Lorenz* deshalb „moral-analog"[69] genannten Verhaltens durch drei Vorgänge erzielt: die Verlängerung des Zeitraumes zwischen Drohgebärde und Tätlichwerden, die stammesgeschichtliche Ritualisation (ursprünglich ganz anderen Zwecken dienende Bewegungsabläufe werden zu rein symbolischen Riten „umfunktioniert") und Hemmungsmechanismen (die Hemmung des beschädigenden Angriffs wird ausgelöst durch zu Demuts- oder Befriedigungsgesten ritualisiertes Verhalten aus den Bereichen von Brutpflege, Paarung und anderem).

1.2.2.2 Menschliches Verhalten im Bereich des Moralischen:
Auch dem menschlichen Distanzierungsverhalten liegt nach *Lorenz* und anderen der Aggressionstrieb zugrunde. Unter dem Gesichtswinkel eines biologischen Funktionssystems ist das beim Menschen sogenannte moralische Handeln ganz analog dem Streben des Tieres nach Sozialkontakt. Ja, der Grad der Verwandtschaft ist höher als diese Analogie: Auch der Mensch verfügt über natürliche Gegenspieler der Aggression, also über angeborene altruistische Triebe und Hemmungen, seinen Mitmenschen zu beschädigen oder gar zu töten. Die Ansicht, jede auf das Wohl des anderen abzielende Verhaltensweise entspringe der Vernunft und dem Verantwortungsgefühl, wird deshalb von *Lorenz* und anderen scharf zurückgewiesen.[70]

Trotz dieser Feststellung wiegt sich kein Verhaltensforscher in falschem Optimismus, was den Menschen betrifft, und zieht etwa die Konsequenz, man solle das weitere Schicksal getrost der Entwicklung überlassen. Denn das Instinktinventar des Menschen, namentlich die Triebkontrollen, sind seiner heutigen zivilisatorischen Situation überhaupt nicht mehr angepaßt. Die Störung des Gleichgewichts zwischen Aggressionstrieb und Aggressionshemmung führt *Lorenz* in letzter Instanz zurück auf die Fähigkeit des Menschen, begrifflich zu denken.[71] Diese hatte nämlich zum einen die Folge, daß sich der Mensch mit Hilfe des Werkzeugs – und das Werkzeug im Dienst der Aggression heißt Waffe – gegen alle hemmungsauslösenden, mitleiderregen-

---

[68] *Lorenz*, Das sog. Böse, 108. 125 u. ö.
[69] *Lorenz*, Das sog. Böse, Kap. VII (161–207).
[70] Das sog. Böse, 360 f. Vgl. seine Polemik gegen *Kant*s Kategorischen Imperativ und dessen „Entwertung" der natürlichen Neigungen: ebd., 164. 376–383. Ebenso: *Wickler*, Biologie der Zehn Gebote, 67–71; *ders.*, Sind wir Sünder?, 20 f, und: *Eibl-Eibesfeldt*, Der vorprogrammierte Mensch, 67 f; vgl. 155: „Wir sind zur Nächstenliebe gewissermaßen vorprogrammiert."
[71] *Lorenz*, Das sog. Böse, 355–389.

den Reizsituationen abschirmen konnte. Das immer wieder zitierte Paradigma ist der anständige Familienvater, der keinem etwas zuleide tun kann, aber sehr wohl in der Lage ist, den Auslöseknopf für Bombenabwürfe zu betätigen, von denen er weiß, daß sie sehr viele Menschen auf grausame Art töten werden. Zum anderen verursachten die Beherrschung der Umwelt und der dadurch bedingte Wegfall der außerartlichen Aggression eine Hypertrophie des intraspezifischen Aggressionstriebes, der durch die immer mehr seligierenden Kriege nur noch verstärkt wurde. Diese Aggressivität kann heute fast nirgendwo in genügendem Maß zum Ausbruch kommen, so daß sie sich staut und der Schwellenwert besorgniserregend sinkt. Eine dritte gefährliche Folge unserer Begabung mit begrifflichem Denken liegt in der enormen Beschleunigung des Entwicklungstempos. Da der Mensch alle erworbenen Eigenschaften vererben kann (auf dem Weg der Tradition, nicht des Genoms), überlagern sich Phylogenese und Historie. Während unsere durch Lernen beeinflußbaren Eigenschaften Anpassungsvorgänge in den kleinsten Zeiträumen leisten, verändert sich unser angeborenes Verhalten nur in der Geschwindigkeit der stammesgeschichtlichen Entwicklung, so daß unsere Tötungshemmung noch weitgehend unserer natürlichen Bewaffnung entspricht!
Diese Diskrepanz wird von außen noch verschärft durch das Ansteigen der Bevölkerungszahl, was Überstrapazierung und deshalb Ermüdung der sozialen Reaktionsbereitschaft bedingt.

1.2.2.3 Moral:
Der Moral kommt im skizzierten biologischen Funktionssystem die Aufgabe eines „Kompensationsmechanismus" zu, „der unsere Ausstattung mit Instinkten an die Anforderungen des Kulturlebens anpaßt"[72]. Sie muß der Aggression Zügel anlegen, das Beschädigen und Töten von Artgenossen verhindern und soziales Leben möglich machen.

1.2.3 Freiheit oder Determination?

Die Erkenntnis, daß auch das menschliche Leben grundsätzlich als ein biologisches System, wenn auch einer höheren Entwicklungsstufe, angesehen werden muß und somit auch für unser Handeln das Kausalgesetz gilt, könnte den Schluß nahelegen, das Bewußtsein der Willensfreiheit sei eine Illusion. Dieser der unmittelbaren Erfahrung widersprechende Verdacht provoziert bei sehr vielen Menschen eine Abneigung, die *Lorenz* „Kausalitätsangst"[73],

---

[72] *Lorenz,* Das sog. Böse, 375. Vgl. 378. – Eine Übersicht über die für die theologische Ethik am meisten relevanten Einzelergebnisse und erste Schlüsse hinsichtlich des vieldiskutierten Normenproblems in der Moraltheologie geben *Rauh* 1969; *Rauh* 1972; *Gründel* 1972; *Neumann* 1974, und (in sehr eigenständiger Weise) *Korff* 1973, 78–101.
[73] Das sog. Böse, 351.

B. Hassenstein „antikausales Werten"⁷⁴ genannt hat. So stellt sich mit dem Gewicht der ganzen anthropologischen Tradition die Frage nach dem freien Willen; oder, etwas allgemeiner formuliert, die Frage nach dem spezifisch Menschlichen.⁷⁵

1.2.3.1 Methodisch ist zunächst anzumerken, daß die kausalanalytisch verfahrende Naturwissenschaft für die Frage der menschlichen Willensfreiheit nicht kompetent sein kann. Daß es Freiheit gibt, kann naturwissenschaftlich, daß heißt aber: zwingend, weder bewiesen noch bestritten werden. „Was man beweisen kann, ist das Resultat vorauslaufender Bestimmungen, Axiome oder Begriffe. Aber die Freiheit ist zwar begründet, aber doch nicht Resultat, sie ist vielmehr Prinzip, Anfang, Ursprung."⁷⁶

1.2.3.2 Dagegen können von naturwissenschaftlicher Seite allerdings negative Grenzlinien aufgezeigt werden: Freiheit kann weder in den (bislang noch verbliebenen) Lücken unserer Kausalitätskenntnisse gesucht werden, noch ist ihr Feld der Unbestimmtheitsbereich der Quantenphysik; denn dann wäre sie Zufall oder reine Willkür.⁷⁷ Dem Philosophen und Theologen stellt sich damit ein ganz ähnliches Problem wie in der Wunderfrage, ob nämlich Freiheit (beziehungsweise Wunder) nur als Verstoß gegen die Naturgesetze verstanden werden könne.

1.2.3.3 Die Wurzel der oben geschilderten Aversion sehen *Lorenz* und *Wickler* in dem Irrtum, „daß ein Vorgang, der ursächlich bestimmt ist, nicht zugleich nach einem Ziele gerichtet sein könne".⁷⁸ Kausalität und Finalität (der Kern der freien Entscheidung) sind verschiedene Dinge und dürfen nicht miteinander vermengt werden. Am Beispiel des Kranken, den nicht ein Sinn des Lebens, wohl aber die richtige Diagnose heilen kann, wird deutlich, daß die Beantwortung der Frage „wozu?" die Frage nach den Ursachen nicht überflüssig macht, ja daß die Kenntnis ihrer Antwort zur Erreichung des

---

⁷⁴ Das spezifisch Menschliche nach den Resultaten der Verhaltensforschung, in: *H. G. Gadamer – P. Vogler* (Hrsg.), Neue Anthropologie, II, München/Stuttgart 1972, 90–96.
⁷⁵ Zum ganzen Fragenkomplex s. *Lorenz,* Das sog. Böse, 346–351; bes. aber: *Wickler,* Antworten der Verhaltensforschung, 114–130. 137–158; *Hassenstein,* Das spezifisch Menschliche; *ders.,* Verhaltensbiologie des Kindes, München/Zürich 1973, 293–320. Ferner: *P. Leyhausen,* Das Verhältnis von Trieb und Wille in seiner Bedeutung für die Pädagogik, in: *Lorenz – Leyhausen,* Antriebe tierischen und menschlichen Verhaltens. Gesammelte Abhandlungen, München 1968, 61–72; *A. Portmann,* Von der Idee des Humanen in der gegenwärtigen Biologie (Rektoratsrede Basel 1947), in: Biologie und Geist, Freiburg/Basel/Wien 1963, 272–285; *F. J. J. Buytendijk,* Mensch und Tier. Ein Beitrag zur vergleichenden Psychologie, Reinbek ²1961, 39–47; *Eibl-Eibesfeldt,* Ethologie, die Biologie des Verhaltens, in: *L. v. Bertalanffy – F. Gessner* (Hrsg.), Handbuch der Biologie, 2. Teil, Frankfurt 1966, 523–525; *ders.,* Liebe und Haß, 52.
Die Kritik *J. Gründels* (*Gründel* 1972) an den Thesen *Wicklers* geht von der nicht zutreffenden Voraussetzung aus, *Wickler* meine, nur mit biologischen Methoden lasse sich etwas über den Menschen aussagen. Tatsächlich geht es *Wickler* darum, daß nicht die Theologie biologische Aussagen macht, ohne sie zu beweisen.
⁷⁶ *Welte* 1969, 110.
⁷⁷ *Wickler,* Antworten der Verhaltensforschung, 148. 157.
⁷⁸ *Lorenz,* Das sog. Böse, 346. Vgl. *Wickler,* Antworten der Verhaltensforschung, 148–157.

Zieles unentbehrlich ist. Menschliches Leben mit Kenntnis des Antriebssystems unseres Verhaltens ist ohne Sinn, Ziele (Werte) – die aber die Naturwissenschaftler nicht aufstellen können – ebenso sinnlos wie eine Zielstrebigkeit ohne Einsicht in die Kausalverhältnisse machtlos. – Damit hängt eine weitere Besonderheit zusammen, daß nämlich die freie Entscheidung in der Gegenwart gefällt werden muß, während die kausale Betrachtung in die Vergangenheit zurückfragt.

1.2.3.4 Die Antriebe zu all unseren Handlungen entspringen nach den genannten Autoren dem Instinktgefüge. Als das eigentlich Menschliche über das mit den Tieren gemeinsame Niveau hinaus zeigt sich vom Standpunkt der Ethologie der Aktionsbereich „Erkunden, Neugierde, Spielen, Nachahmen"[79]; dabei ist Nachahmen nicht im Sinne von Kopieren des Verhaltens anderer zu verstehen, sondern als Abbilden oder „Übertragen von Wahrgenommenem in gesteuertes Verhalten"[80]; diese Fähigkeit, die Informationsübertragung unabhängig von der gleichzeitigen Anwesenheit von Informationsgeber und -empfänger erlaubt, ist die Grundlage aller Kulturleistungen.

Die Aktivierung einer Verhaltensweise hängt von den äußeren (zum Beispiel Umwelt) und inneren (zum Beispiel Hormonspiegel) Bedingungen ab, ebenso wie vom Prinzip, daß sich eine Bereitschaft durch das ihr zugehörige Verhalten erschöpft. Gleichzeitig konkurrieren alle Verhaltenstendenzen miteinander, und zwar so, daß die gerade dominierende alle übrigen gänzlich hemmt.

Auf das Anthropinon angewandt kann der freie Wille entsprechend als die der Tendenz zu Spiel, Nachahmung, schöpferischem Denken eigene Durchsetzungs- beziehungsweise Hemmungsfähigkeit gegenüber anderen Verhaltensweisen verstanden werden.[81] Die Hemmungswirkung ist allerdings relativ schwach, so daß – nach dem angeführten Gesetz der gegenseitigen Hemmung – der Wille um so weniger eine Chance hat, das Handeln nach dem Denken zu gestalten, je stärker die biologisch bestimmten Tendenzen sind.

1.2.3.5 Demnach muß die Lehre von der Willensfreiheit der naturwissenschaftlich aufgewiesenen Determination nicht zwangsläufig widersprechen, es sei denn, man verstünde unter Freiheit ein uneingeschränktes „Könnenwollen, was immer man will". Man kann das Handeln wohl nachträglich auf

---

[79] Der Frage nach dem Anthropinon ist vor allem *Hassenstein*, Das spezifisch Menschliche, bes. 66–70, und *ders.*, Verhaltensbiologie des Kindes, 51–56. 230–238, nachgegangen. Ähnlich auch *Lorenz*, Die Rückseite des Spiegels. Versuch einer Naturgeschichte des menschlichen Erkennens, München/Zürich ³1973, 155–221, bes. 195–221.
Erstaunlich nahe gekommen ist diesem Ergebnis bereits *A. Schopenhauer*, Die beiden Grundprobleme der Ethik, in: Sämtliche Werke, III, 552–555.
[80] *Hassenstein*, Das spezifisch Menschliche, 69.
[81] *Hassenstein*, Das spezifisch Menschliche, 80 f; *ders.*, Verhaltensbiologie des Kindes, 302–307. Der hypothetische Charakter liegt darin, daß die Verhaltensforschung mit ihren Methoden über das Denken keine erklärende Aussage machen kann.

bestimmte Determinanten zurückführen, nicht aber aus gegebenen Determinanten deren Ergebnis zwingend ableiten. – Auf der Basis des Verständnisses von Verhaltensabläufen als kybernetischer Prozesse hat nun B. *Hassenstein* ein meines Erachtens bedenkenswertes Modell dafür entwickelt, wie sich Freiheit *und* Determination zusammendenken lassen[82]:
Ein System aus verknüpfbaren funktionellen Bausteinen kann so programmiert werden, daß es Regeln und Abläufe abbildet, die mit den Verknüpfungsgesetzen der Bausteine nicht übereinstimmen, ja sogar ihnen widersprechen können (Meta-Ebene); ein anschauliches Beispiel hierfür ist der schachspielende Computer. Auf die Verhaltenssteuerung übertragen, bedeutet das, daß trotz der streng kausalen Determiniertheit der Funktion der Nervenelemente durch entsprechende Verknüpfungen in der Meta-Ebene des Bewußtseins nichtkausale Abläufe programmiert werden könnten. Freies Handeln wäre dann solches, das nicht durch zwanghaften Triebdruck zustande kommt, sondern durch eine Entschließung im Bereich des Denkens, die das anlagemäßig vorhandene System programmiert (Willensfreiheit als der Operator); die Entschließung ihrerseits wäre nicht an das Kausalitätsgesetz gebunden.
Es muß betont werden, daß dieses Regelkreis-Modell hypothetisch ist und keine bewiesene Tatsächlichkeit beansprucht. In der Reduktion auf reine Denkbarkeit unterscheidet es sich von anderen Freiheitserklärungen wie zum Beispiel der sogenannten Verstärkertheorie *P. Jordans,* die zudem den Nachteil hat, Willensentscheidungen an letztlich zufällige atomare Prozesse zu binden.

1.2.4 Entmythologisierung der Moral?

Das Ergebnis der vergleichenden Verhaltensforschung, auch das als ethisch bezeichnete Verhalten des Menschen folge natürlichen biologischen Gesetzmäßigkeiten, könnte die Vermutung veranlassen, endlich sei auch die Moral objektiv und streng exakt – „wissenschaftlich" im vulgären Sprachgebrauch – faßbar geworden. Läßt sich nun vielleicht nicht eine „Biologie der Zehn Gebote" (*Wickler*) erarbeiten in dem Sinne, daß die Gebote nichts anderes sind als das von Selektion und Mutation Geforderte? Ist Ethik etwas anderes als angewandte Ethologie? Müssen die Begriffe gut/böse nicht durch sachlich zutreffendere wie arterhaltend/artschädigend ersetzt werden?

[82] *Hassenstein,* Das spezifisch Menschliche, 93–96; *ders.,* Das biologisch-psychologische Menschenbild: Im Lichte der Reformation 15 (1972) 15–17. Interessanterweise weiß sich *Hassenstein* zu diesem Versuch nicht durch die Kontroverse zwischen Natur- und Geisteswissenschaften herausgefordert, so daß er gleichsam anstelle des Philosophen eine Vorstellung entwickelte, die mit der Biologie nicht in Konflikt käme; die motivierende Ausgangsfrage, die aufgrund der Forschungslage noch nicht abschließend, aber mit einigen Gründen bejahend beantwortet werden kann, ist vielmehr die nach der biologischen Wurzel der pro- und antikausalen Werturteile des Menschen!

Das Epitheton „sogenannt", das *Lorenz* mit dem Bösen[83] verbindet, scheint in der Tat diese Folgerung nahezulegen, ebenso wie der grundsätzliche Optimismus aller Verhaltensforscher, der sich in dem Satz verdichtet: „Der Mensch ist gar nicht so böse von Jugend auf, er ist nur *nicht ganz gut genug* für die Anforderungen des modernen Gesellschaftslebens."[84] Es ist offenkundig, daß sich die obigen Fragen auch so lesen lassen: ob die Moral nicht völlig autonom sei, ihr theonomer Charakter aber unwissenschaftliche Verbrämung, die allenfalls in vergangenen Zeiten eine positive, weil die Motivation erhöhende und so die fehlende Einsicht ersetzende Funktion eingenommen habe.

Der heutige erhologische Wissensstand läßt seriöse Verhaltensforscher mit einer Antwort zurückhalten, da es noch als großenteils unsicher gelten muß, inwieweit die Gestalten von Ethos durch stammesgeschichtliche Anpassungen determiniert sind.[85] Die Frage nach der Reichweite solcher Vorprogrammierungen stellt sich vor allem im Blick auf das Sozialverhalten in hochentwickelten Kulturen noch verschärft. Die Möglichkeit, die Hemmungsmechanismen außer Kraft zu setzen – in den genannten Kulturen wohl der Normalfall – bedeutet für den Ansatz einer „biologischen Ethik" wohl die empfindlichste Schwachstelle. Zudem gibt die biologisch so gut wie sichere Annahme, daß sich die beträchtlichen Veränderungen im Bereich der kulturellen Phänotypen alle „innerhalb einer genetisch fixierten Reaktionsbreite für Kulturfähigkeit abgespielt" haben, die sich seit dem Neolithikum nicht wesentlich geändert haben dürfte[86], nicht allzuviel Grund, Ergebnisse, die normativ relevant sein könnten, zu erwarten. Realistischer scheint es, von solchen Forschungen genaueren Aufschluß über die genetisch fixierte Verhaltensreaktionsbreite des Menschen zu gewinnen, um dann kritisch die Verträglichkeit beziehungsweise Realisierbarkeit von Institutionen, Normen und gesellschaftspolitischen Eingriffen zu prüfen, sie eventuell zu korrigieren oder zu überkompensieren; die Zielvorstellungen wären dabei aber nicht biologische.[87] Aber auch unter der Annahme, daß – unbeschadet der Frage

---

[83] Der Begriff „das Böse" wird von *Lorenz* in doppeltem Sinne verwendet: Erstens als die vulgäre Bezeichnung für Aggression; zweitens als Synonym von artschädigend, meint dann also nur die pathologische Entartung des Aggressionstriebes. Es bleibt unklar, ob sich das „sogenannt" auf die metaphysische Deutung (also innerhalb von 1. bleibend) oder auf die Korrektur von 1. nach 2. bezieht. – Überzeugender als *N. Schiffers* (*Schiffers* 1970) gelingt es *B. Welte*, die Differenz zwischen dem „sogenannten Bösen" der Verhaltensforschung und dem philosophisch-theologischen Verständnis des Bösen auf phänomenologischem Wege aufzuzeigen (*Welte* 1969, 123–130).
[84] *Lorenz*, Das sog. Böse, 372. Vgl. die scharfe Ablehnung des Erbsündegedankens und ähnlicher, als Bestia-humana-Konzepte bezeichneten Vorstellungen durch *Eibl-Eibesfeldt*, Liebe und Haß, 11–18.
[85] *Wickler*, Biologie der Zehn Gebote, 195 f.; *Eibl-Eibesfeldt*, Liebe und Haß, 120.; *Hassenstein*, Das spezifisch Menschliche, 60.
[86] *H. Mohr*, Naturgesetze und gesellschaftliche Normen: Zeitwende 45 (1974) 82.
[87] Ebd. 82–97.

der Willensfreiheit – in absehbarer Zeit für den ganzen Bereich des Ethos ein derartiger Nachweis erbracht werden kann, zeichnen sich bei einem Vergleich mit dem theologischen Verständnis der Moral für eine Ethik als angewandter Verhaltensforschung einige Grenzen ab:

1.2.4.1 Eine rein ethologisch konzipierte Moral vermag kein Prinzip zu entwickeln, wonach unsere Einsicht in das Funktionieren des Verhaltens und seiner Anpassung an die Umwelt irgendeine Verpflichtung zu einem entsprechenden Handeln hervorbringen muß (Wie wird aus dem Indikativ ein Imperativ?).

Solche Moral könnte nur dann sinnvoll sein, wenn ihr ein Ziel vorgegeben wäre, das die Verhaltensforschung selbst eben nicht beibringen kann. Und zwar betrifft diese Ziel- und Sinnhaftigkeit sowohl die Evolution im ganzen, wie auch die des Menschen im besonderen.

1.2.4.2 Weiterhin würde eine autonome Moral dieses Typs daran kranken, daß sie ohne eine Rangordnung der biologischen Werte auskommen müßte. Die in der heutigen Situation der Menschheit vom Standpunkt der Arterhaltung erforderliche Kompensation läßt sich wohl auf mehreren Wegen erreichen, zum Beispiel durch selektive Züchtung (Wegzüchtung der Aggression durch Eugenik oder Züchtung verschiedener, das Funktionssystem stabilisierender Menschensorten), durch bestimmte Herrschaftsstrukturen und anderes mehr.[88] Das zeigt aber, daß eine biologische Ethik über die Möglich-

---

[88] Der in 1.2.4.1 und 1.2.4.2 aufgezeigten Grenzen ist sich die heutige Ethologie weitgehend bewußt. Indem sie so nachdrücklich die Notwendigkeit der Einsicht in die Kausalität des Verhaltens (bei *Lorenz* ist das γνῶθι σαυτόν ein regelrechtes Leitmotiv), den Willen zur Korrektur und die Bereitstellung der notwendigen Energien fordert, ist die Entscheidung für ein Ziel bereits gefallen. Zwar glaubt *Eibl-Eibesfeldt* (Liebe und Haß, 110 f . 123), eine solche Wertung biologisch begründen zu können, doch ist sein Argument eine petitio principii: „Nach meinem Dafürhalten kann man eine Wertung begründen [...]. Ich gehe daher von der Tatsache der Evolution aus. Kaum ein Biologe betrachtet die Natur wirklich wertfrei. Wir sprechen von einer Höherentwicklung der Organismen im Laufe der Stammesgeschichte, von höheren und niederen Tieren [...]." (a. a. O., 110) – Besonders klar weiß um diese Implikationen trotz seines stark moralisierenden Tones (der Verhaltensforscher als Prediger; eschatologisches Verständnis der Gottebenbildlichkeit; Glaubensbekenntnis u. a.) *Lorenz*, wenn er nur Kap. I – XI von „Das sogenannte Böse" als Naturwissenschaft ausgibt, die restlichen drei Kapitel dagegen als Anwendung in bezug auf die heute allgemein bejahte Forderung nach wahrer Humanität. Jene Elemente, die nicht zum Bereich der Naturwissenschaft gehören, gleichwohl aber für ein humanes Leben unverzichtbar sind, faßt er unter der Bezeichnung „Gefühl" zusammen (a. a. O., 380–382; Die acht Todsünden, 39–50). Die Kenntnis der Kausalität ohne Ziele und Werte ist für ihn ein „leer laufendes Räderwerk ohne Motor" (380). Deutlicher könnte die Absetzung von biologistischen Weltanschauungen, wie sie im 19. Jahrhundert üblich waren, kaum mehr ausfallen. – Auch *Hassenstein* reflektiert den „ganz anderen Charakter" seiner sozialpolitischen und pädagogischen Forderungen (Verhaltensbiologie des Kindes, 355–436) gegenüber den zuvor dargestellten Kenntnissen und Erfahrungen; erstere haben je Gültigkeit *nur* unter – der meist stillschweigend gemachten – Voraussetzung entsprechender Ziele (ebd. 356 f).
Der Physiologe *J. Monod* hat solche Trennung von wissenschaftlich-objektiver Wahrheit und Werthaltungen schärfstens kritisiert. Er sieht darin ein animistisches Relikt (Zufall und Notwendigkeit. Philosophische Fragen der modernen Biologie, München ²1971, bes. 208–219).

keiten kultureller Steuerung und deren ethische Qualität nicht entscheiden könnte.

1.2.4.3 Angewandte Verhaltensforschung vermag aus sich heraus auch kein Kriterium dafür zu erbringen, daß im Konflikt zwischen den Arterhaltungstendenzen verschiedener Arten von Lebewesen dem menschlichen Leben auf alle Fälle der Vorrang gebührt. Und selbst für den Binnenbereich der Art Mensch dürfte angesichts der leidvollen Menschheitsgeschichte große Skepsis am Platze sein, inwieweit das Leben anderer Menschen als das arteigener Genossen anerkannt wird und die Artzugehörigkeit nicht auf kulturbedingte Gruppenzugehörigkeit (Rasse, Volk, Klasse, Stand und ähnliches) umdefiniert oder sogar beschränkt wird. *Eibl-Eibesfeldt* nennt ja selbst eine Reihe von Beispielen aus der Völkerkunde, wie dem Gegner oder häufiger: ganzen Gruppen von Gegnern das Menschsein abgesprochen, Fraternisierung verhindert und komplementär dazu Mißtrauen propagiert wird.[89]

1.2.4.4 Arterhaltung ist ein Prozeß, der nur für die Art als eine Ganzheit gilt, so daß das Verhalten einzelner Individuen völlig irrelevant ist. Es gäbe also lediglich eine Moral für die Art als solche und wohl auch für größere Gruppen, nicht aber könnte jeder einzelne und jeder in gleicher Weise zu einem bestimmten Verhalten verpflichtet werden und für sein Abweichen hiervon verantwortlich gemacht werden. Ja, einzelne könnten sogar ein Recht auf Abweichung von der Norm für sich in Anspruch nehmen, indem sie sich auf die Tatsache berufen, daß ein bestimmtes Quantum an Aggression für das Funktionieren des Ganzen unerläßlich sei und daß gerade sie dieses Quantum beisteuerten.[90]

1.2.4.5 Eng mit dem im vorigen Punkt beschriebenen Charakter der Arterhaltung, nur statistisch relevant und dem Individuum gegenüber völlig gleichgültig zu sein, hängt es zusammen, daß dann eine ganze Reihe von Individuen, die zur Erhaltung beziehungsweise Steigerung des Ganzen nichts beisteuern oder es sogar belasten, kein Lebensrecht mehr beanspruchen könnte. Darunter fielen zumindest geistig Behinderte, Schwerkranke, Alte, Kriminelle, je nach der Weite der Interpretation aber auch körperlich Behinderte und Gegner jeder Art.

---

[87] Liebe und Haß, 117–119.

[90] Auf dasselbe Argument läuft im Grunde das Bedenken von *W. Lepenies* gegen eine ethologische Begründung der Ethik hinaus: „Wenn Aggression *und* Altruismus stammesgeschichtlich vorprogrammiert sind, lassen sich eben aggressive ebenso wie altruistische Handlungen ethologisch rechtfertigen – Normen gesellschaftlichen Handelns aber können aus einer solchen stammesgeschichtlichen Verankerung nicht abgeleitet oder legitimiert werden. Eher verweist die Tatsache einer auch biologisch gegebenen Normenkonkurrenz auf die Notwendigkeit, eine Ethik gerade anders als durch ethologische Reduktion begründen zu müssen" (*Lepenies* 1972, 321).

1.3 Soziologie als Wissenschaft vom menschlichen Handeln

Versteht man Soziologie als Wissenschaft von der Gesellschaft, Gesellschaft aber als das Interagieren von menschlichen Personen, dann ist der Zusammenhang zwischen menschlichem Verhalten und Gesellschaft der Gegenstand der Soziologie. Es drängt sich die Frage auf, ob sich von daher Ethos wie auch Ethiken nicht auf die Notwendigkeiten des sozialen Lebens zurückführen lassen. Tatsächlich hat denn auch *E. Durkheim* die Soziologie als Wissenschaft der „moralischen Tatsachen" definiert[91] und damit eine programmatische Kompetenzverlagerung beansprucht. Sollte eine solche methodisch a-theistische Erklärung gelingen, so scheint auch für die Religion im Bereich des Moralischen kein Platz mehr zu sein, es sei denn, auch die Religion ließe sich ausschließlich auf eine Funktion der Gesellschaft reduzieren.

Bevor nun versucht wird, aus der nahezu unüberschaubaren Fülle, die die heutige Soziologie bietet, einiges, was zugleich repräsentativ ist und unter dem Gesichtspunkt unseres Problems als besonders belangvoll erscheint, zu skizzieren, soll die der Soziologie zugrundeliegende Intention anhand des Systems von *A. Comte* erarbeitet werden.

1.3.1 Die Intention der Soziologie (aufgezeigt am Beispiel des Postulats einer Soziologie bei A. Comte)

1.3.1.1 Die Naturgesetzlichkeit sozialer Phänomene:

Die gesamte geistige Entwicklung des Menschen sowohl als Individuum wie auch als Gattung sieht *Comte* nach einem Dreistadiengesetz verlaufen: In der theologischen oder fiktiven Periode („état théologique ou fictif") haftet das Interesse an unlösbaren Fragen über Gegenstände, die einer empirischen Nachprüfung unzugänglich sind; das Bedürfnis des Menschen, von jeder ihn beeindruckenden Erscheinung zu einer wesenhaften, absoluten Ursache vorzudringen, findet seine Befriedigung in der Neigung zum Anthropomorphismus.[92] In der Übergangsphase vom Kindes- zum Mannesalter („état métaphysique ou abstrait") sucht die Menschheit zwar noch immer nach absoluten Erkenntnissen, etwa indem sie nach Wesen, Ursprung und Ziel aller Dinge fragt, doch treten an die Stelle übernatürlicher Kräfte abstrakte Wesenheiten.[93] Über diese beiden Vorstufen gelangt die sich emanzipierende Vernunft in ihren „état définitif de positivité rationnelle".[94] Dann entlarvt

---

[91] De la division du travail social, Paris 71960, S. XXXVII f („faits moraux" und „réalité morale"); vgl. auch Les règles de la méthode sociologique, Paris 91938, 5–19. 30 f.
[92] *A. Comte,* Discours préliminaire sur l'esprit positif, in: Œuvres. Réimpression anastaltique, 12 Bde., Paris 1968–71, XI, 2 f.
[93] Ebd. 8–12.
[94] Ebd. 12.

sie die „recherches absolues"[95] ihrer theologischen und metaphysisch-ontologischen Phase bezüglich ihrer Fragestellung als Noch-nicht-gewachsensein gegenüber den wissenschaftlichen Problemen und ihrer sich vor dem neuen Forum als vage und willkürlich[96] herausstellenden Lösungen als Erzeugnisse der eigenen Einbildungskraft. Die einzige Grundlage aller Erkenntnisse ist nunmehr die Beobachtung[97]; die bis dahin souverän dominierende Einbildungskraft wird beschränkt auf das Gebiet möglicher Beobachtung und muß selbst da ihre Gültigkeit der Kontrolle durch die Beobachtung unterziehen[98]. Dadurch aber erhält das gesamte Forschen und Suchen der Menschheit eine andere Ausrichtung, nämlich auf die Gesetzhaftigkeit der Beziehungen zwischen den beobachteten Phänomenen und nicht auf deren metaphysische Ursachen, so daß *Comte* von einer „révolution fondamentale qui caractérise la virilité de notre intelligence"[99] sprechen kann. Der Bereich des Wirklichen – wobei „wirklich" ausschließlich in Relation zum Menschen verstanden ist, wie Comte ausdrücklich betont[100] – und der des Beobachtbaren decken sich. Damit gilt aber auch die Struktur der Gesetzhaftigkeit für die ganze Wirklichkeit, einschließlich des Denkens und der Moralität.[101] Durch allmähliche Induktion sieht *Comte* in der Geschichte auch jenes Axiom zutage treten, demzufolge die Naturgesetzlichkeit der Wirklichkeit universell bezüglich Raum wie Zeit ist.[102] Dieser Tatbestand ist wieder die Bedingung der Möglichkeit eines einheitlichen Systems, wie es *Comte* zu errichten versucht.

1.3.1.2 Die Konsequenz: Voraussagbarkeit der Zukunft:

Die Beschränkung auf das „Positive" oder den Bereich beobachtbarer Erfahrbarkeit macht Tatsächlichkeit, Gewißheit und Genauigkeit[103] zu den Kriterien der Wirklichkeit. Die aus der Betrachtung der Geschichte gewonnenen Kenntnisse über den Zusammenhang der Phänomene und die Konstanz dieser Zusammenhänge ermöglichen die Extrapolierung unseres Wissens in die Zukunft. So bezweckt das positivistische Bemühen die „prévision rationelle"[104]; sie erlaubt uns, um Ereignisse zu wissen, schon bevor sie unmittelbar beobachtet werden können.

---

[95] Ebd. 12.
[96] Ebd. 12.
[97] Als „règle fondamentale" der spekulativen Logik deklariert *Comte*, „que toute proposition qui n'est pas strictement réductible à la simple énonciation d'un fait, ou particulier ou général, ne peut offrir aucun sens réel et intelligible" (ebd. 12 f).
[98] Das heißt jedoch nicht, daß die Einbildungskraft nicht einen vorwärtstreibenden und, durch ihre synthetisierende Kraft, einen notwendigen Dienst leistete. Vgl. ebd. 13.
[99] Ebd. 13.
[100] Ebd. 13–15. Vgl. Abschnitt 1.3.1.3.
[101] Ebd. 13.
[102] Ebd. 17–19.
[103] Ebd. 41 f: le réel, la certitude, le précis.
[104] Ebd. 16 u. a. Vgl. bes. 17: „voir pour prévoir".

Diese Zielsetzung läßt es verständlich erscheinen, daß sich *Comte* sehr deutlich vom Empirismus distanziert und die Aufhäufung von bloßem Datenmaterial als Mißverständnis und sterile Angelegenheit abqualifiziert[105].
1.3.1.3 Steuerung und Planung als entsprechendes Verhalten zur Zukunft:
1.3.1.3.1 Wissen im *Comte*schen Sinne ist nicht Selbstzweck, sondern ausgerichtet auf die Kenntnis der Zukunft. Aber auch das „prévoir" erschöpft sich nicht in kognitiver Selbstgenügsamkeit, vielmehr intendiert es Zukunftsplanung in der Regie des Menschen[106]. Auf den Bereich des menschlichen Zusammenlebens angewandt, heißt das, daß das Wissen um dessen Gesetzmäßigkeiten nicht nur die Prognose von Tatsachen, sondern auch die Herbeiführung und Kontrolle gewünschter Veränderungen erlaubt. Die positivistische Geisteshaltung zeichnet sich damit auch durch die Eigenschaft der Nützlichkeit aus, weil sie nun im Dienst der ständigen Verbesserung unserer Lebensbedingungen zu stehen vermag[107]; ihre höchste Qualität besteht in der Fähigkeit zum Aufbauen und Organisieren[108]. Die aneinandergereihten Ergebnisse wissenschaftlicher Planung machen den Fortschritt aus.
1.3.1.3.2 Solche Interessegeleitetheit mindert jedoch in *Comte*s Augen keineswegs die Wissenschaftlichkeit, sondern ist – sofern sie echte, das meint „positive" oder „gesunde" ist, wie *Comte* häufig sagt[109] – deren Strukturmerkmal: Der Verzicht auf die Erforschung des Absoluten verweist den forschenden Geist ja ganz auf das Relative; dabei meint „relativ" den ausschließlichen Bezug alles Erkennens zur menschlichen Subjektivität (Organisation, Konstitution, Situation), die jedoch nach *Comte* gesellschaftlich geprägt ist.[110]
Aufgrund dieser Entsprechung von positiver Wissenschaft und gesellschaftlich vermittelter Subjektivität kristallisiert sich als Ziel des positivistischen

---

[105] Ebd. 16; ebd. heißt es u. a. auch: „cette vaine érudition qui accumule machinalement des faits sans aspirer à les déduire les uns des autres".
[106] Der Schlüsselsatz, in dem all das zusammengefaßt ist, lautet: „Savoir pour prévoir, afin de pourvoir." Trotz intensiver Bemühungen gelang es mir nicht, die ursprüngliche Quelle dieser Formel zu finden. Zitiert findet sie sich bei *Lévy – Bruhl* 1902, 199 – entgegen dem Brauch der anderen Anmerkungen in diesem Buch ohne Angabe der Stelle. Von da übernimmt sie *I. Fetscher* in seiner Ausgabe des Discours préliminaire sur l'esprit positif (Hamburg ²1966), 228, ebenfalls ohne die Quelle zu bezeichnen. Des weiteren wird sie (wieder ohne Stellenangabe) in leicht modifizierter Art von *Lieber – Bütow* 1969, 7 f, angeführt. – Sinngemäß findet sich die Formel in: *Comte*, Discours, 17. 27 f. 30. 32. 34. 40. 41. 98; *Comte*, Catéchisme positiviste ou Sommaire Exposition de la Religion universelle en 13 entretiens systématiques entre une femme et un prêtre de l'Humanité, in: Œuvres, XI, 3. 329; *Comte*, Cours de philosophie positive, in: Œuvres, a. a. O., I–VI, hier: VI, 266–275.
[107] Discours, 41.
[108] Ebd. 42. Der positive Entwurf *Comte*s, wie er in der Altruismus-Formel „vivre pour autrui, afin de survivre par et dans autrui" (Catéchisme positiviste, 20) zum Ausdruck kommt, kann hier nicht behandelt werden.
[109] Discours, (11). 16. 22. 29. 31. 35. u. ö.
[110] Ebd. 13–15.

Geistes „la satisfaction continue de nos propres besoins, soit qu'ils concernent la vie contemplative, ou la vie active"[111] heraus:
Erst die beiden geistigen Grundbedürfnisse, nämlich Ordnung und Fortschritt[112], ermöglichen die Aufstellung eines harmonischen Systems dadurch, daß sie allem Wissen ein einheitliches Ziel vorgeben. Das System selber kann dann aber nie die vollständige und exakte Abbildung der wirklichen Welt sein[113], wiewohl die Begründung auf die Menschheit es weit vollständiger und dauerhafter sein läßt als seine funktionalen Äquivalente im theologischen (Gott) und im metaphysischen Stadium (Natur).[114] Die Konsequenz dieser unvermeidbaren Bezogenheit liegt auf der Hand: „On ne doit plus alors concevoir, au fond, qu'une seule science, la science humaine, ou plus exactement sociale, dont notre existence constitue à la fois le principe et le but, et dans laquelle vient naturellement se fondre l'étude rationnelle du monde extérieur, au double titre d'élément nécessaire et de préambule fondamental, également indispensable quant à la méthode et quant à la doctrine [...]"[115] Die Praxisrelevanz der durch den Positivismus hergestellten Einheit in unserem Verstand liegt darin, nun ein einheitliches festes Fundament zu haben, auf dem sich die Gesellschaft ordnen, ja die ganze Menschheit vereinen läßt.[116]
Was Harmonie und System für das theoretische Leben, bedeutet die Übereinstimmung von Wissenschaft und Technik für das praktische. Nur weil die positive Wissenschaft gerade auf dem wichtigsten, allerdings auch schwierigsten Gebiet: der menschlichen Gesellschaft, noch nicht genügend entwikkelt war, blieb das Bewußtsein von der Möglichkeit menschlichen Eingreifens und Steuerns bislang auf den anorganischen Bereich begrenzt. Doch wird die Behebung des genannten Mangels die Fixierung der Technik auf den Bereich der Mechanik aufheben, um Politik und Moral zu ihrem bevorzugten Wirkungsfeld zu machen.[117]
1.3.1.3.3 In einer zugleich logisch wie historisch-genetisch streng hierarchisch aufgebauten Enzyklopädie der Wissenschaften werden die wissenschaftstheoretischen Konsequenzen zusammengefaßt.[118] Die sechs Grundwissenschaften Mathematik, Astronomie, eigentliche Physik, Chemie, Biologie, Soziologie beziehen sich mit zunehmendem Rang in ihrer Reihenfolge intensiver auf die Menschheit, die das „object final de tout le système théori-

[111] Ebd. 19; vgl. 12. 25.
[112] Ebd. 20. u. ö.
[113] *Comte* beruft sich dabei ausdrücklich auf *Kant*: ebd. 24. Vgl. 14 f. 22—25.
[114] Ebd. 25; vgl. 10.
[115] Ebd. 24 f.
[116] Ebd. 25—27.
[117] Ebd. 29. Allerdings bleibt *Comte* Realist genug, um schon im unmittelbar folgenden Abschnitt auf die „impossibilité de jamais rendre l'art purement rationnel, c'est-à-dire d'élever nos prévisions théoriques au véritable niveau de nos besoins practiques" (29) hinzuweisen. Vgl. 30 f.
[118] Ebd. 96—106.

que"[119] bildet, und sind somit selbst die wesentlichen Elemente der „science de l'Humanité". Die Soziologie erweist sich daher als das eigentliche und einzige Ziel der gesamten positiven Philosophie[120], alle anderen Wissenschaften gewinnen ihre Berechtigung nur als deren Ausgangspunkt beziehungsweise Hinführung. Die postulierte neue Wissenschaft, die *Comte* anfänglich „physique sociale" nannte[121], hat das gesellschaftliche Dasein des Menschen genauso streng empirisch und frei von aller theologisch-philosophischen Spekulation wie die eigentliche Physik zu untersuchen.

1.3.1.3.4 Moral und Politik als Anwendung der nach naturwissenschaftlichem Modell konzipierten Soziologie – hierin liegt die eigentliche Triebfeder des ganzen *Comte*schen Gedankens. Das Hauptwerk des späten *Comte* trägt denn auch den bezeichnenden Titel „Système de politique positive ou traité de sociologie instituant la religion de l'Humanité". Der signifikante zeitgeschichtliche Kontext dieses Programms ist die Überzeugung von der Notwendigkeit einer gesellschaftlichen Reorganisation angesichts des tiefgreifenden Zusammenbruchs der religiös und metaphysisch legitimierten Ordnung in der Französischen Revolution.[122] Ihr korrespondiert diejenige von der Unmöglichkeit einer Restauration des Gewesenen.[123] Als weiterer Faktor muß der in der sich machtvoll ausbreitenden Industrialisierung greifbare Erfolg von Naturwissenschaft und Technik genannt werden[124].

1.3.1.4 Die Notwendigkeit einer Autonomisierung der Moral: Nunmehr kann und muß auch das Worumwillen alles geistigen Bemühens (im Sinne *Comte*s), die Moral, rein rational begründet und sanktioniert werden. Die Feststellung der „influence réelle, directe ou indirecte, privée et publique, propre à chaque acte, à chaque habitude, et à chaque penchant ou sentiment"[125] gestattet Schlußfolgerungen, deren Evidenz der von Sätzen aus der Geometrie gleichkommt.[126] Unbeschadet ihrer historisch legitimen, ja unentbehrlichen Funktion muß sich in dieser Perspektive jede theologische Motivation – und ebenso jede metaphysische, da sich für *Comte* Metaphysik lediglich als Dekadenzform von Theologie darstellt[127] – für moralische Vor-

---

[119] Ebd. 98; vgl. 49 f. 101.
[120] Ebd. 101; vgl. 79.
[121] Ausdrückliche Identifizierung von „physique sociale" und „sociologie" in *Comte,* Cours de philosophie positive, a. a. O., IV, 201. – Noch *E. Durkheim* gab seinen „Leçons de sociologie" (posthum ed.: Paris 1950) den Untertitel „Physique des mœurs et du droit"!
[122] Vgl. Discours, 33. 50–63. 69–72. 96 f.
[123] Vgl. ebd. 50–63.
[124] Vgl. ebd. 31–33. 47–50.
[125] Ebd. 70.
[126] Ebd. 70. Man beachte auch folgende Ausdrücke: „irrécusables démonstrations", „inévitables corollaires", „résulteront naturellement". – Einen wesentlichen Vorteil einer solchen autonomen Moral sieht *Comte* in der Auflösung der Diskrepanz zwischen intellektuellen und moralischen Bedürfnissen (71).
[127] Ebd. 2. 8, bes. 10 u. 73. Die *Kant*ische und alle ähnlichen Bestimmungen des Verhältnisses Religion zu Moral werden als „hypocrisie collective" (68) bezeichnet, die jedoch unfähig seien, den Verfall aufzuhalten.

schriften nicht nur entbehrlich, sondern darüber hinaus als schädlich erweisen:

1.3.1.4.1 Der grundsätzliche Widerspruch[128], wonach die Theologie hinter allen Erscheinungen den Einfluß von Willenskräften sieht, während die positive Philosophie sie auf konstante Gesetze zurückführt, gilt auch für den Bereich der theologisch verstandenen Moral. So verstellen die Überzeugungen von einer Willkürfreiheit (auf seiten des Menschen) und einer Vorsehung (auf seiten Gottes) den Blick für die Gesetzmäßigkeit, infolgedessen aber auch für die darauf gründende „prévision rationelle" und Beeinflußbarkeit. Die scholastische Lehre, in der Gott und Natur vermittelt werden, wertet *Comte* als Kompromißlösung zwischen theologischem und positivem Prinzip, die jedoch nur in einer Übergangszeit tragbar gewesen sei.

1.3.1.4.2 Die Lehre von den causae finales verdeckt durch ihren Optimismus die großen Mängel der realen Ordnung. Letztere zu verbessern wird von der positiven Moral als Ziel und Pflicht des menschlichen Tuns bestimmt, während die theologische nur das Gebet empfehlen kann.[129]

1.3.1.4.3 Basiert die Moral auf der Religion, so wirkt sich das verhängnisvoll aus: Der in den letzten Jahrhunderten beobachtbare und unaufhaltsame Zerfall der Theologie und die Abnahme des sozialen Einflusses des Klerus schwächen beziehungsweise destruieren notwendig auch eine daran festgeknüpfte Moral.[130]

1.3.1.4.4 Die großen Schwankungen in der zerfallenden Theologie wurden Anlaß mancher Verwirrung, wie sich unter anderem an der Erlaubnis der Ehescheidung im Protestantismus zeigt.[131]

1.3.1.4.5 Die Theologie verhindert einen Neuaufbau der Moral auf rein humaner Grundlage[132], weil sie von ihrem eigenen Selbstverständnis her rationale Argumente nur als zusätzliche Stützen für die schon a priori feststehenden übernatürlichen Befehle akzeptieren kann.

1.3.1.4.6 Da auf das Heil des Einzelnen ausgerichtet, ist theologische Moral prinzipiell individualistisch und damit letztlich egoistisch[133], während für eine positive Moral das soziale Ganze Ausgangs- und Zielpunkt ist[134].

1.3.1.4.7 Religiöse Moral intendiert im Grunde die Kompensation der irdi-

[128] Zum ganzen Abschnitt vgl. ebd. 33–40; vgl. 17 f.
[129] Ebd. 32. 39 f. 89.
[130] Ebd. 65. – Die Notwendigkeit einer sittlichen Ordnung stellt vor die Alternative: entweder geistige Unterdrückung oder aber Ausbreitung der positivistischen Philosophie.
[131] Ebd. 65 f.
[132] Ebd. 66 f.
[133] Ebd. 71–74; vgl. 25 f; *Comte*, Système de politique positive ou traité de sociologie instituant la religion de l'Humanité, in: Œuvres, a. a. O., VII–X, hier: VII, 219 f. – Weitere Einwände, die die Theologie im gesamten betreffen, lassen sich auf die Moraltheologie applizieren: fiktiver Charakter, Projektion, Intoleranz, Vermessenheit, Naivität gegenüber der Komplexität der Probleme und der daraus resultierende Verstoß gegen das Prinzip der Wissenschaftsökonomie (vgl. 16. 24. 28–31. 41).
[134] Ebd. 71 f.

schen Mißstände, anstatt diese in ihren Ursachen und in ihrer wirklichen Bedeutung zu erkennen und die Menschen zum vollen Einsatz für die fortschreitende Verbesserung der Verhältnisse zu motivieren.[135]

1.3.2 Einige Ergebnisse der gegenwärtigen Soziologie zum Thema Moral

Trotz des nicht geringen Abstandes, der die moderne wissenschaftliche (nicht unbedingt auch die popularisierte) Soziologie von ihren Anfängen trennt, und der Vielzahl ihrer Richtungen haben sich die grundlegenden Intentionen kontinuierlich durchgehalten. Dies gilt sowohl für den streng erfahrungswissenschaftlich-gesetzmäßigen Ansatz und die Methodik als auch für das Interesse an der nicht nur prognostizierten, sondern auch erfolgreich geplanten Zukunft. Beide Anliegen können nicht gänzlich voneinander getrennt werden, sind aber auch nicht eines; im Laufe ihrer Geschichte stehen sie in einem spannungsreichen Zueinander, ja, man kann darin das – bei jeweils anderer Modifikation – sich durchhaltende Grundproblem für die großen, bis heute andauernden Kontroversen in den Sozialwissenschaften (Werturteilsstreit, Positivismusstreit, Streit um die Systemforschung)[136] sehen.

Wird nämlich das Wissen um die funktionalen Gesetzmäßigkeiten akzentuiert, so bedeutet das Beschränkung auf die Deskription und Analyse des Faktischen, zugleich auch Neutralität in der Auswahl der Forschungsgegenstände wie Neutralität gegenüber der Verwendung in der Praxis. Solche Einstellung wird von denen als „Positivismus" gebrandmarkt, denen es in erster Linie um die Herstellung der (besseren) Gesellschaft beziehungsweise sogar der Geschichte zu tun ist (so besonders die marxistisch orientierte Soziologie); sie sind nicht willens, die bestehenden Institutionen, Werte, Normen, Autoritäten usw. als vorgegeben hinzunehmen und lediglich beschreibend zu analysieren, sondern machen das Kritisieren und Fällen von Entscheidungen, das Aufstellen von Zielen und Prioritäten, die Gestaltung von Normen usw. selbst zur Aufgabe ihrer Wissenschaft.[137] Davon aber, welcher der

---

[135] Ebd. 93. Vgl. *Marx*ens Religionskritik: Überhaupt stimmen die Grundinteressen *Comte*s und *Marx'* stark überein; zahlreiche Parallelstellen bietet *Fetscher* in seiner Ausgabe des Discours (a. a. O.).

[136] S. u. a. *H. Albert – E. Topitsch* (Hrsg.), Werturteilsstreit, Darmstadt 1971; *T. W. Adorno – H. Albert – R. Dahrendorf – J. Habermas – H. Pilot – K. R. Popper*, Der Positivismusstreit in der deutschen Soziologie, Neuwied/Berlin 1969; *J. Habermas – N. Luhmann*, Theorie der Gesellschaft oder Sozialtechnologie – Was leistet die Systemforschung?, Frankfurt 1971; *J. Habermas*, Ein Literaturbericht (1967): Zur Logik der Sozialwissenschaften, in: Zur Logik der Sozialwissenschaften. Materialien, Frankfurt 1970, 71–310.

[137] Es erhebt sich dann freilich die Frage nach dem Rechtfertigungsgrund von Kritisieren und Zielsetzen. Dieser Frage hat sich mit Offenheit *J. Habermas* gestellt, der als einer der profiliertesten, wenn auch unorthodoxen Vertreter der marxistisch orientierten Soziologie gelten darf. Die (zugegebenermaßen spekulative) Antwort, die er in der 1. Auflage von ‚Theorie und Praxis' (Neuwied/Berlin 1963 = ²1967 = ³1969) gibt: diese Dimension ließe sich einzig aus der Hermeneutik

beiden Intentionen der Vorrang eingeräumt wird, hängt wieder die Konzeption von Soziologie als Wissenschaft ab: Während sie für den zweiten Standpunkt Verantwortung für das Ganze der Wirklichkeit übernimmt und somit mehr oder minder die Universal- und Basiswissenschaft zu sein beansprucht (es geht ihr um die „richtige" Gesellschaft!), ist sie in den Augen der Vertreter des ersten Typs eine spezielle Wissenschaft mit abgegrenztem Objektbereich, nur eine unter anderen sozusagen gleichberechtigten Wissenschaften.

Im folgenden kommt nur jener Strang der Soziologie zur Sprache, der sich empirisch-analytisch mit Normen befaßt, da der normativ-kritische Typ im Rahmen des Abschnitts über das Verhältnis von Theorie und Praxis behandelt wird. Die Darstellung bezieht sich dabei sehr stark auf die Rechtssoziologie *Th. Geiger*s, die – trotz mancher Kritik – noch immer als eines der soziologischen Standardwerke zum Norm-Problem gilt. Hierbei ist die Bemerkung voranzuschicken, daß analytisch das Recht nicht grundsätzlich von anderen sozialen Ordnungsgestalten wie zum Beispiel der Moral unterschieden wird.

1.3.2.1 Norm:

1.3.2.1.1 Elemente der Norm: Norm im strengen Sinne der modernen Soziologie ist zunächst abzugrenzen gegenüber dem, was ebenfalls einen Teil der Ordnungsstruktur der sozialen Wirklichkeit ausmacht: dem Brauch (statistische Verhaltensregelmäßigkeit) einerseits, dem Wert andererseits.[138]

---

der historischen Herkunft der Soziologie selbst gewinnen (ebd. 229 f), läßt er in der revidierten 4. Auflage von 1971 fallen (s. 304–306). Bereits in der programmatischen Frankfurter Antrittsvorlesung „Erkenntnis und Interesse" (in: Technik und Wissenschaft als ‚Ideologie', Frankfurt ³1969, 146–168) von 1965 rekurriert er auf die „Naturgeschichte der Menschengattung" (ebd. 161) und faltet dies am deutlichsten in der kritischen Weiterführung der *Adorno*schen Variante des Versöhnungsgedankens aus (*Habermas*, Philosophisch-politische Profile, Frankfurt 1971, 194–197): Die Negation eines erfahrenen Leides suche etwas von der „Struktur des Zusammenlebens in zwangloser Kommunikation" (ebd. 195). Im Grunde liegt die Berufung auf die „Intention eines wahren Lebens" (ebd. 195 u. ö. Vgl. den folgenden Abschnitt 1.4 über das Verhältnis von Theorie und Praxis. – Diese Intention ist gleichzusetzen mit dem „emanzipatorischen Interesse"; die positivistische Soziologie bleibt dagegen nach *Habermas* dem „technisch-instrumentellen Interesse" verhaftet.) auf der Linie der traditionellen Naturrechts-Vorstellung, nicht allerdings in deren von alten marxistischen Denken so sehr kritisierten kosmologischen Gestalt, sondern in einer ganz auf den Menschen zentrierten. Wie die erstere muß sie sich aber von ihren Gegnern auch den Vorwurf gefallen lassen, den sog. naturalistischen Fehlschluß begangen zu haben. Umgekehrt kann *Habermas* der positivistischen Seite Vernachlässigung der Verflochtenheit von ‚Theorie und Praxis' ankreiden. – In der Neuauflage von ‚Theorie und Praxis' (⁴1971) sieht *Habermas* in „eine[r] entwickelte[n] Universalpragmatik" eine neuerliche Möglichkeit für einen Legitimationsgrund (ebd. 306).

138 Vgl. *Th. Geiger*, Vorstudien zu einer Soziologie des Rechts. Mit einer Einleitung und internationalen Bibliographie zur Rechtssoziologie von *P. Trappe*, Neuwied/Berlin ²1964 (im folgenden abgekürzt: RS), 58–62. 95. 98 f. 293–366; *H. Popitz*, Soziale Normen: Archives Européennes de Sociologie 2 (1961) 193–196; *R. Lautmann*, Wert und Norm. Begriffsanalysen für die Soziologie, Opladen ²1971, 54. 69–72. 98–111; *G. Spittler*, Norm und Sanktion. Untersuchungen zum Sanktionsmechanismus, Olten/Freiburg 1967, 9–14. 23–27. – Dem Brauch fehlt vor allem das Element der Sanktioniertheit; zum Wert s.u.

Als Elemente einer Norm lassen sich analysieren[139]: Regelhaftigkeit, Sachverhalt (Normkern), sanktionierter Verpflichtungscharakter (Normstigma), Normsetzer, Normadressaten, Allgemeinheit, eventuell Normbenefiziare. – Im Blick auf die Autonomieproblematik sind vor allem die beiden Fragen nach dem normativen Charakter sowie die nach dem Normsetzer von Interesse.

1.3.2.1.2 Die Verbindlichkeit einer Norm besteht darin, daß sie jeden Adressaten vor die Alternative stellt, entweder die Norm zu befolgen oder aber durch seinen Verstoß eine Reaktion der übrigen Sozietätsmitglieder (beziehungsweise deren Repräsentativorgane) gegen sich auszulösen. Ihr (exakt quantifizierbarer) Wirklichkeitsgrad entspricht dem Machtpotential der „Gruppen-Öffentlichkeit"[140], durch sozialen Druck das Verhalten des einzelnen zu steuern, sei es präventiv (besonders durch Erziehung) oder reaktiv (durch Sanktionen). Diese Macht ist begründet und wird aktiviert durch die reale Interdependenz der Mitglieder einer geordneten Gesellschaft.[141]

1.3.2.1.3 Herkunft der Norm:

1.3.2.1.3.1 Die Frage nach der Entstehung von Brauch und Norm als Ordnungsformen überhaupt ist nach *Geiger*[142] nur spekulativ, nicht aber wissenschaftlich zu beantworten. Die Herkunft einer Norm kann nur erhellt werden, insoweit sie sich bereits in einem Kontext schon bestehender anderer Normen vollzieht. Dann aber differenziert sich die gesamte Frage in drei Teilfragen: Woher kommt die Qualität der Verbindlichkeit? Welches ist die Quelle für den Inhalt der Norm? Was ist dafür verantwortlich zu machen, daß gerade an diese und nicht an ganz andere Verhaltensweisen innerhalb der Gesellschaft sanktionierte Verbindlichkeit geknüpft ist?

1.3.2.1.3.2 Die Herkunft des Verbindlichkeitsstigmas: Wie oben bereits gezeigt, hat die Verbindlichkeit ihre Quelle in der sozialen Interdependenz, in die der Adressat verwoben ist, und in der von ihr bedingten Koordination des Verhaltens der Gesellschaftsmitglieder. Zwar werden sich wohl die meisten Menschen von dieser Verbindlichkeit irgendeine Vorstellung machen, sie zum Beispiel mit Wertideen in Verbindung bringen, doch sind solche Vorstellungen für das tatsächliche Bestehen der Verbindlichkeit von keinerlei Bedeutung; im Gegenteil ist das tatsächliche Bestehen der Sanktioniertheit die Voraussetzung für die Vorstellung, Motivationen aber sind verhaltensirrelevant.[143] In diesem Sinne muß die „Gruppen-Öffentlichkeit" als der eigentliche Normsetzer gelten. –

---

[139] S. vor allem die o. g. begriffsanalytische Arbeit *Lautmann*s, der 260 Wert- und Normdefinitionen neuerer Autoren ausgewertet hat. Vgl. auch *Geiger*, RS 61–64; *Popitz*, Soziale Normen, 189–197; *Spittler*, Norm und Sanktion, 14–20.
[140] Dieser Ausdruck stammt von *Geiger*, RS 72–74 u. ö.
[141] RS 82–84 u. ö.
[142] RS 104.   [143] Vgl. RS 86–88; 169–172.

Für die Untersuchung der beiden anderen Fragen muß zwischen habituellen und statuierten Normen differenziert werden beziehungsweise zwischen deren verbalen Gestalten (deklarative und proklamative Norm[144]).
1.3.2.1.3.3 Inhaltsquelle: Aufbauend auf der *Semon*schen Mneme-Theorie entwickelt *Geiger* eine Theorie[145], wonach sich durch häufige Wiederkehr einer typischen Situation ein einmal dem Gedächtnis eingeprägtes Antwortverhalten reproduziert und damit zur festen Gewohnheit wird. Da sich der gleiche Mechanismus auch beim „Zuschauer" abspielt, wodurch Erwartungen eines ganz bestimmten Verhaltens und dessen Nachahmung bewirkt werden, wird die Gewohnheit des einzelnen zum gesellschaftlichen Verhaltenstyp. Weicht einer von dem seitens seiner „Zuschauer" gewohnten und erwarteten Handlungsverlauf ab und reagieren diese hierauf mit einer Sanktion, so ist die bisherige Gewohnheit als Norm in Erscheinung getreten. In Übereinstimmung mit dem unter 1.3.2.1.3.2 Gesagten muß betont werden, daß die Abweichung die Norm als solche nicht konstituiert; tritt also keine Abweichung ein, so ist der Normcharakter lediglich latent.
1.3.2.1.3.4 Selektionsfaktor: Für keinen der drei in 1.3.2.1.3.3 beschriebenen (stark schematisierten) Entwicklungsschritte gelingt es, einen rationalen Selektionsfaktor, etwa das subjektive oder objektive Utile oder ein dem Menschen inhärentes Rechtsbewußtsein, zu bestimmen.[146] Die Analyse der verschiedenen möglichen Erklärungsversuche legt vielmehr die Wahrscheinlichkeit nahe, daß sowohl die Verhaltensweisen des einzelnen in isolierten Fällen wie auch die Brauchbildung und Normierung auf einem ganzen Komplex ursächlicher Faktoren beruhen, deren gegenseitiges Verhältnis nicht geklärt ist. Dazu zählen unter anderem die Häufigkeit der typischen Situation, die Intensität des ersten Eindrucks, zwischenzeitliche Milieuveränderungen, Konstitution, Gegenwirkungen, aber auch jene Vorstellungen, die sich oben (1.3.2.1.3.2) als irrelevant für das Bestehen der Verbindlichkeit gezeigt hatten.[147] –
Im Sinne von 1.3.2.1.3.3 und 1.3.2.1.3.4 hat die habituelle Norm also weder einen Urheber, es sei denn, man bezeichne die Gewohnheit als solchen, noch überhaupt einen Anfang.
1.3.2.1.3.5 Statuierte Normen: Durchsichtig ist im Gegensatz dazu die Genese der in prospektiver Absicht statuierten Norm. Sie setzt die Erfahrung der (deklarativen) Norm als Form voraus und bildet in Analogie hierzu einen neuen Normkern.[148]
Normsetzer ist in diesem Falle eine menschliche Instanz, die mit der Prokla-

---

[144] RS 58–61. 120–122.
[145] RS 92–101; vgl. auch 172–175.
[146] Vgl. RS 104–120; vgl. 161–168; 382–417.
[147] Genaugenommen leitet *Geiger* diese Vorstellungen von den erstgenannten Faktoren ab. S. 1.3.2.2.2.1.
[148] Vgl. RS 120–122.

mation rational einen Zweck (der selbst keineswegs rational zu sein braucht!) verfolgt.

1.3.2.2 Wert:

Nun werden jedoch sehr häufig Verhaltensweisen als gut oder böse oder ähnlich qualifiziert, was zwar hinsichtlich der Verbindlichkeit als belanglos, unter genetischem Gesichtspunkt aber als relevant herausgestellt wurde. Wie hängen Wert und Norm zusammen?

1.3.2.2.1 Elemente: Verhaltensbewertungen[149] unterscheiden sich von Normen im engeren Sinn dadurch, daß sie zwar Forderungscharakter tragen, dieser jedoch nicht sanktioniert ist; des weiteren fehlt ihnen das Element der Allgemeinheit. Zu allen sonstigen Normelementen gibt es beim Wert analoge Entsprechungen. Wenngleich Verbindlichkeit und Bewertung eines Verhaltens in sehr vielen Fällen faktisch verknüpft werden, müssen sie, wie die Analyse ergibt, voneinander unterschieden werden.[150]

1.3.2.2.2 Ursprung der Werte:

1.3.2.2.2.1 Während *Geiger* die Frage nach der Entstehung der formalen Struktur der Norm (wie auch des Brauchs) als unwissenschaftlich-spekulativ abgelehnt hatte, schließt er sich in der Erklärung des Bewertungskriteriums ganz dem theoretischen Wertnihilismus[151] an: Die „primäre Bewertung" sei nichts anderes als das Bewußtwerden des Gefühls der Billigung beziehungsweise der Mißbilligung; dies Gefühl beruhe entweder auf Anpassung (um die Achtung vor sich selbst zu wahren, wird der Zwang als gut akzeptiert)[152] oder einfach auf der Objektivierung des positiven beziehungsweise negativen Gefühlsverhältnisses des Subjekts zu gewissen Handlungsweisen[153] und der darauf folgenden Umkehrung von Grund und Begründetem.

1.3.2.2.2.2 Sollensqualität: Die bezüglich der Autonomieproblematik besonders interessierende Frage des Wertsetzers differenziert sich ganz ähnlich wie im Falle der Norm in die Frage nach dem Woher des (allerdings nicht sanktionierten) Sollenscharakters und der nach dem Zustandekommen des Wertinhalts. Da beide, Norm wie Wert, nach der hier vorgestellten Position auf dieselbe Wurzel zurückgehen, erübrigt sich eine Behandlung der zweiten Frage an dieser Stelle.

---

[149] Es geht hier nur um jene Werte, die sich auf menschliches Handeln beziehen. Der Sachverhalt von Werten kann an sich auch ganz anderes umfassen, wie *Lautmann* in seiner Arbeit zeigt (Wert und Norm, 32–35. 99–102. 108). Die genauen Unterschiede zwischen Wert und Norm sind ebd. 108 zusammengefaßt. – Zum Verhältnis von Wert und Norm zu anderen Grundbegriffen der Soziologie s. ebd. 69–83. 109–111.

[150] Das aufzuzeigen ist das Ziel der *Lautmann*schen Untersuchung, ihr Ansatz ist allerdings noch weiter, vgl. Anm. 149. Zum nahezu selben Ergebnis kommt unabhängig davon *Spittler*, Norm und Sanktion, 12–14. Bei *Geiger* entsprechen den Begriffen Wert und Norm die von Recht und Moral (vgl. RS, bes. 293–336).

[151] RS 297–300.

[152] Vgl. *Nietzsches* These von der Ressentiment-Moral (Kap. 7.1.1).

[153] Vgl. 1.3.2.1.3.3.

Die Sozialordnung der primitiven Gesellschaft wird verbürgt durch äußeren Sozialdruck und das damit verschränkte, gleichzeitige innere numinose Gefühl.[154] Im Laufe des zivilisatorischen Entfaltungsprozesses wird der bislang von der Gesellschaft spontan vollzogene Kontrollmechanismus in einer funktionell von ihr getrennten Institution organisiert. Die daraus resultierende Veräußerlichung setzt in wachsendem Maß die inneren Bindungen frei, die in einem zur Institutionalisierung konträren Prozeß Regeln der primären Ordnung verinnerlichen. Das Ergebnis dieser Tendenz zu progressiver Trennung von Institutionalisierung und Verinnerlichung ist einerseits das Recht, anderseits die Moral. Dazwischen liegt der ständig abnehmende Interferenzbereich von Verhaltensforderungen, die sowohl rechtlich sanktioniert als auch moralisch anerkannt sind.

Der Verinnerlichungsprozeß vollzieht sich nach *Geiger* in mehreren Phasen: Zuerst durch Umdeutung der Primärbewertung in eine Eigenschaft, die dem betreffenden Verhalten selbst innewohnt, dann durch Abstraktion entsteht die Wertidee des Guten; Hypostasierung und spekulative „Durchdringung" sind die weiteren Entwicklungsstufen, die bereits Werturteile ermöglichen. In einem mit dieser Spiritualisierung wird die moralische Autorität von außen nach innen verlegt, ins Gewissen. Eine zweifache Verschiebung ist die Folge: Die Moral wächst erstens über den Bereich des Gesellschaftlichen hinaus, es kommt neben der Sozialethik zur Entwicklung einer Individualmoral; zweitens wird aus der Tat- eine Gesinnungsmoral.

1.3.2.2.2.3 Statuierte Verhaltensbewertungen: Wo die deduktiven Moralen, seien sie theologischer oder metaphysischer Observanz, wegen mangelnder Stringenz an ihr Ende kommen, werden sie abgelöst von der „autonomen Gewissensmoral"[155]; die hält zwar an den Werten fest, doch sind diese rein formal. Unter materialem Aspekt ist die unausweichliche Konsequenz ein „Schisma der Moralen"[156], das heißt, gleiches Handeln wird unterschiedlich beurteilt. Hier ist der Extrempunkt des unter 1.3.2.2.2.2 skizzierten Verinnerlichungsprozesses erreicht; das Gewissen ist nicht mehr nur Kontrollinstanz, sondern zugleich Wertsetzer, so daß wir analog zur statuierten Norm vom statuierten Wert sprechen können.

1.3.2.2.2.4 Die Folge für die Praxis: *Geiger* hält auch einen praktischen Wertnihilismus für logisch erforderlich aus folgenden Gründen:

Erstens: „Die Wertidee des Guten ist nicht ein Nichts, sondern ein eingebildetes Etwas, eine Illusion."[157] Mithin sind Werturteile nicht sinnlos, sondern falsch, illegitim, ideologisch.[158]

---

[154] Zum folgenden vgl. RS 293–297 und 300–303.
[155] RS 303–308.
[156] RS 305 u. ö.
[157] RS 314.
[158] Vgl. RS 299; bes. 313 f; 315–325.

Mit der Zunahme von Spiritualisierung und Verinnerlichung verliert *zweitens* die Moral ihre Brauchbarkeit als soziale Lebensordnung, führt sich also selbst ad absurdum. Weil sie sich aber aus einer Illusion herleitete, sind auch ihre Verpflichtungen illusionär und deshalb entbehrlich. Die Zerstörung der „inneren", persönlichen Verpflichtung läßt die „äußere", durch die soziale Interdependenz gewährleistete unangefochten.[159]
Drittens: Der Wertsubjektivismus wäre an sich praktisch bedeutungslos, diente er nicht als Legitimation für das Bestehen nicht nur konfessioneller, sondern vor allem völlig divergierender Gruppen- und Klassenmoralen. Die Folge ist wachsende Vertiefung der Gräben zwischen den Gruppen und damit gesellschaftliche Desintegration.[160]
Wird *viertens* in einer solcherart antagonistisch differenzierten Gesellschaft mit pluralistischer Wertemoral die Begründung der rechtlichen Ordnung auf moralische Vorstellungen trotzdem aufrechterhalten, so stürzt das einzelne wie auch ganze Gruppen (und zwar gerade die, die nicht herrschen) notwendig in Konflikte zwischen Zwängen der Rechtsgesellschaft und Pflichten ihrer eigenen beziehungsweise gruppenspezifischen Gewissensmoral.[161]

1.3.3 Soziologie als „wissenschaftliche" Moral?

Einige der im vorangehenden Abschnitt exemplarisch vorgestellten Ergebnisse aus der Soziologie[162] legen den Schluß nahe, Ethos wie auch Ethik seien ganz das Resultat der Eigenart und Erfordernisse des sozialen Lebens. Jeglicher werthafte und damit auch jeder religiöse Bezug aber sei für die Gesellschaft nicht nur „so entbehrlich wie die Quasten und Nippes der viktorianischen Periode in einem Heim"[163], sondern müsse auch – da sich der Wert in seiner Entstehung als soziale Realität erklären lasse – als falsch beziehungsweise sogar als dem heutigen Menschen unzumutbare Bevormundung eliminiert werden. Die Ausdrücke „gut/böse" seien zu entmythologisieren und durch die Begriffe „funktional/dysfunktional" zu ersetzen. Dieser Schluß wird de facto auch häufig gezogen. Zwar wird die *Geiger*sche Theorie mehr in ihren analytischen Teilen als in den genetischen von der heutigen Fachsoziologie anerkannt und ist deshalb nur insoweit für sie repräsentativ; doch erfreut sich der Wertnihilismus im popularisierten soziologischen Denken um so größerer Beliebtheit; in der modifizierten Form des „Nonkognitivis-

---

[159] Vgl. RS 325–329.
[160] Vgl. RS 307–313.
[161] Vgl. RS 332–336.
[162] Den Versuch, die sozialwissenschaftlichen Denkmethoden umfassend zur Kenntnis zu nehmen, unternimmt innerhalb der derzeitigen Moraltheologie vor allem *Korff* 1973, bes. 29–41. 101–110. 131–143. 189–199.
[163] RS 326. Vgl. ebd. 335: „In einer wertnihilistischen Gesellschaft würde die unverblümte soziale Interdependenz wieder die ordnende Kraft sein [. . .]."

mus der Werturteile", wie ihn der sogenannte Kritische Rationalismus vertritt[164], wird er darüber hinaus von einer methodisch ernstzunehmenden Position behauptet.

Zunächst muß deshalb geprüft werden, ob Werte für das soziale Ordnungsgefüge als Ganzes wie auch innerhalb desselben (über die rein physische Begleitvorstellung hinaus) überhaupt relevant sein können. Erst wenn sich dies als zutreffend herausgestellt hat (1.3.3.1.–1.3.3.3), kann die weitere Frage gestellt werden, ob Werte nicht vielleicht sogar konstitutiv sind für jede menschliche Gesellschaft (1.3.3.4).

1.3.3.1 Freiheit des Willens?

Die Analyse des menschlichen Verhaltens hinsichtlich seiner gesellschaftlichen Bedingtheit gerade in dem Bereich, den man bisher als den der Moral bezeichnete (Werte und Normen), scheint die Lehre von der Willensfreiheit ebenfalls in arge Bedrängnis zu bringen. Der einzelne scheint ganz von einem Geflecht gesellschaftlich bedingter und großenteils auch kontrollierter Ordnungen vereinnahmt zu sein. Ist es dann noch sinnvoll, von Freiheit, Verantwortung, Schuld oder ähnlichem zu sprechen?

Wie der Abschnitt über die Verhaltensforschung zeigte, muß zunächst einmal die Reihe der Determinanten für das menschliche Verhalten erweitert werden, so etwa um biologische; dazu kommen ferner geographische, klimatische, ökonomische und andere mehr.[165]

Als Argumente gegen die deterministische Geschlossenheit des gesellschaftlichen Systems ließe sich sodann auf die (zum Beispiel künstlerische) Kreativität des Menschen hinweisen wie auch auf die Manipulierbarkeit einzelner und ganzer Gesellschaften, die ein wenn auch begrenztes Nichtfestgelegtsein, eine Plastizität auf der aktiven wie auf der passiven Seite voraussetzt. Daneben bleibt dem einzelnen Handelnden auch unter Druck noch die Alternative, seinen eigenen Zielsetzungen den Vorzug zu geben und dafür bewußt die Sanktion auf sich zu nehmen. Zu berücksichtigen sind auch die Schwierigkeiten, den sozialen Wandel soziologisch-immanent plausibel zu

---

[164] Vgl. bes. *H. Albert*, Traktat über Kritische Vernunft, Tübingen ²1969 (= Die Einheit der Gesellschaftswissenschaften 9); *ders., Th. Geigers* „Wertnihilismus". Kritische Bemerkungen zu B. Rehfeldts Kritik: Kölner Zeitschrift für Soziologie und Sozialpsychologie NF 7 (1955) 93–100; *ders.*, Erkenntnis und Recht. Die Jurisprudenz im Lichte des Kritizismus, in: *H. Albert* u. a. (Hrsg.), Rechtstheorie als Grundlagenwissenschaft der Rechtswissenschaft, Düsseldorf 1972 (= Jahrbuch für Rechtssoziologie und Rechtstheorie, Bd. 2), 80–96.

[165] Dem stimmt *Geiger* zu, beschränkt jedoch die Wirksamkeit der nicht-soziologischen Faktoren darauf, „auf primitiver Stufe zu Ausgangspunkten für Herausbildung geselliger Ordnungsphänomene [zu] werden" (RS 53); er kann deshalb die Bereiche der geselligen Ordnung und der sog. Willenshandlungen als identisch ansehen (RS 54). Entsprechend dem wertnihilistischen Standpunkt ist Freiheit für ihn „der ideologische Überbau, unter dem wir die wenig schmeichelhafte Einsicht vermauern, daß unsere Handlungen nicht etwas sind, das wir ‚tun', sondern etwas, das kraft äußerer Ursachen ‚mit uns geschieht'. Es ist der Ehrgeiz des Menschen, Subjekt in einer Welt der Objekte zu sein" (RS 57; vgl. 53–57).

erklären¹⁶⁶. Endlich könnte auf die Abweichungen von der Regel (soziologisch: Dysfunktionalitäten) wie Irrtum, Täuschung, Irrationalität und „Zufall" hingewiesen werden. Denn auch die soziologischen Gesetzmäßigkeiten sind Gesetze der großen Zahl, die das Verhalten des einzelnen in absolut allen Situationen nicht adäquat berücksichtigen können. Trotzdem konstituieren die beschränkten Möglichkeiten der Abweichung noch längst nicht Freiheit. Im übrigen wäre es fatal, die Freiheitslehre nur an den ständig kleiner werdenden Lücken des rationalen Wissens anzuheften (vgl. die Wunderfrage in der neuzeitlichen Theologiegeschichte). Der Raum der Freiheit wäre dann ohnehin minimal und stünde in keinem Verhältnis zu seiner Fundamentfunktion in den philosophischen und theologischen Anthropologien.

Die skizzierte Aporie ist nur dann vermeidbar, wenn es gelingt, Freiheit nicht als Gegensatz oder Außerkraftsetzung der Kausaldetermination zu begreifen. Dies aber leistet zum Beispiel das bereits vorgestellte¹⁶⁷ kybernetische Modell *Hassenstein*s, sieht man einmal von der *Kant*ischen Lösung der dritten Antinomie der reinen Vernunft ab. Es gilt selbst dann, wenn die zweifellos bestehende, aber bislang noch nicht als stringent erwiesene (und um die genannten Determinanten zu erweiternde) Korrelation zwischen Gesetz und Moral verifiziert werden könnte.¹⁶⁸ Es entspricht ganz dieser Vorstellung, daß Freiheit sich empirisch nicht nachweisen läßt, sondern nur subjektiv erlebt werden kann.

1.3.3.2 Zum theoretischen Wertnihilismus:

1.3.3.2.1 Zum Wertnihilismus kommt *Geiger* nur aufgrund einer methodischen Inkonsequenz. Er verficht nämlich die strenge Beschränkung auf das „Daß" des empirisch faßbaren Geschehensablaufs, negativ ausgedrückt also ein ausdrückliches Desinteresse an dessen „Warum"¹⁶⁹; dieses wird der Metaphysik überlassen, die als „Gedankensumpf"¹⁷⁰, „Ammenmärchen"¹⁷¹, „Traumwelt"¹⁷², „Phantasievorstellung"¹⁷³ apostrophiert und mit „Ideologie"¹⁷⁴ in einem Atemzug genannt wird. Diese strenge methodische Begrenzung erlaubt es *Geiger* auch, Normen als reine Tatsachenzusammenhänge,

---

[166] Vgl. hierzu z. B. *W. Zapf* (Hrsg.), Theorien des sozialen Wandelns, Köln/Berlin 1969.
[167] S. dieses Kap: 1.2.3. – Das Schema müßte um die anderen Determinanten erweitert werden.
[168] *Geiger*s psychologisierende Erklärung, es handle sich bei der Lehre von der Freiheit nur um einen Rettungsakt der Selbstachtung, wie auch die andere: „Gewissen ist soziale Angst" (RS 56 f) bewegen sich genau in der kategorialen Ebene des Kausalkonnexes, nur daß das kritische Theorem umgekehrt worden ist.
[169] RS 46.
[170] RS 40.
[171] RS 162.
[172] RS 162.
[173] RS 206.
[174] RS 40.

nicht aber als Imperative zu verstehen.[175] – An diese Schranke hält sich *Geiger* wohl bei der Erörterung der Norm, er überschreitet sie jedoch, wo er eine Theorie der Genesis des Wertens als solchen entwickelt. Wertungen hatten sich als für das gesellschaftliche Leben grundlegend relevant gezeigt; deshalb kann nur eine Option für diese Inkonsequenz verantwortlich gemacht werden, durch die a priori die Möglichkeit ausgeschlossen werden soll, auch Werte könnten irgendwie und vor irgend jemandem verpflichten.

1.3.3.2.2 Gegen die These vom Wertnihilismus spricht außerdem die gesamte Geschichte der Ethik. Träfe sie nämlich zu, so müßte der Hedonismus zumindest *die* Grundgestalt von Ethik sein. Im Gegenteil aber wird in den allermeisten Ethiken das moralisch Gute gerade als Konkurrenz zum beziehungsweise als Disziplinierung des Naturwüchsigen bestimmt.

1.3.3.3 Zum praktischen Wertnihilismus:
Obendrein hält *Geiger* die von ihm so betonte[176] Behauptung der Entbehrlichkeit von Werten für das soziale Leben de facto gar nicht durch und verstößt somit ein zweitesmal gegen seine eigene Methode.[177] Die Gründe für einen praktischen Wertnihilismus beruhen tatsächlich alle – lediglich mit Ausnahme des zweiten, und dieser rechtfertigt die gezogene Konsequenz nicht, weil sie danach nur als genauso vertretbar erscheint wie ihr Gegenteil! – auf massiven Werturteilen: daß Falsches nicht hingenommen werden dürfe (es wird von *Geiger* sogar der Begriff „illegitim" verwendet!); daß gesellschaftliche Desintegration negativ sei und deshalb antagonistische Klassengegensätze abgebaut werden müßten; daß das Schaffen von Konfliktsituationen für einzelne wie für Gruppen negativ und daher, falls möglich, zu vermeiden beziehungsweise rückgängig zu machen sei. Dazu kommt der von *Geiger* selbst als jede geordnete Gesellschaft tragend angesehene Grundsatz der Gegenseitigkeit.[178]

[175] RS 64 f; 202–204. Die Polemik gegen das Verständnis der Norm als Imperativ geht ins Leere, da die Kritiker des sogenannten naturalistischen Fehlschlusses erkenntniskritisch argumentieren, mithin das erkennende Subjekt, nicht aber den objektiven funktionalen Geschehensablauf im Auge haben.

[176] Es handelt sich offensichtlich um das Ziel seines ganzen Gedankengangs. Dies muß aus der Ausführlichkeit und Verbissenheit geschlossen werden, mit der sich *Geiger* mit der ihm sonst so ähnlichen Uppsala-Schule über den Wertnihilismus auseinandersetzt (RS 313–366 u. a.; bes. die vorausgehende Studie „Debat med Uppsala om Moral og Ret", Lund 1946). Der Stellenwert dieser Auseinandersetzung wird noch erhöht, wenn man bedenkt, daß *Geiger* in der RS sonst auf bibliographische Hinweise und auf Auseinandersetzungen mit den Thesen anderer Autoren nahezu völlig verzichtet.

[177] Dies muß vor allem gegen *Trappe*s etwas beschönigende Interpretation gesagt werden; er sieht den Wertnihilismus in *Geiger*s Werk als rein „methodologischen Aspekt", der sich „ausdrücklich und ausschließlich auf die Soziologie als Wirklichkeitswissenschaft" bezieht (*Trappe 1959*, 246. 285 f. 308 f). Gerade die von *Trappe* angeführten Stellen sowie die Konsequenz des praktischen Wertnihilismus müssen gegen *Geiger* selber ins Feld geführt werden.

[178] „Bei Gefahr meiner Existenz kann ich kein Eigentumsrecht anderer respektieren, wenn nicht auch mir Eigentumsschutz gewährleistet ist. Der Grundsatz der Gegenseitigkeit, der Gebarenskoordination, trägt die Rechtsgesellschaft." (RS 216; vgl. 332)

1.3.3.4 Sind Werte ein notwendiger Bestandteil von Gesellschaft?
Wäre es aber nicht möglich, aus der *Geiger*schen Theorie jene Teile auszusondern, die gegen seine Methode verstoßen, das heißt konkret den theoretischen und praktischen Wertnihilismus? In der Tat ist die Rezeption seiner Theorie durch die zeitgenössische Soziologie empirisch-analytischer Orientierung auch weitgehend so verlaufen. Derartige Sozialwissenschaft vermag einer Gesellschaft aber nur Einsicht in ihre formalen Bauelemente, Regeln und Mechanismen zu liefern; Sinn und Zweck ihres Beitrags kann unter Voraussetzung methodischer Exaktheit nur das bloße Funktionieren des Systems sein. Aber dieses System beziehungsweise seine Teile bleiben im Grunde offen für jeden Inhalt; die Indienstnahme der bereitliegenden Funktionselemente verlangt als conditio sine qua non eine von der Soziologie nicht leistbare Dezision über letzte Zwecke und Ziele, an denen die ganze „Apparatur" ausgerichtet wird. *Geiger* drückt diesen Sachverhalt so aus: „Es ist aber ein willkürliches, naturrechtliches Postulat, daß Leben und Eigentum gesichert, Vereinbarungen unverletzlich sein müssen, um Gesellschaft möglich zu machen. Um des sozialen Zusammenlebens willen kommt es darauf an, daß eine gewisse Ordnungssicherheit der Orientierung sowohl als der Realisierung [...] bestehe. Ohne grundsätzlichen Belang ist es aber, *welcher* Regelmäßigkeiten man sicher sein kann."[179] Andersherum gesagt: Es lassen sich jeweils mehrere inhaltliche Modelle entwerfen, die voll funktionstüchtig und realisierbar sind. Eine Gesellschaft aber ist ein Konkretum; das heißt, einerseits ihre Konkretheit, zum anderen ihr Integrat-Charakter[180] machen eine Dezision für eine der sich bietenden Alternativen unumgänglich. Während der dezisionistische Charakter der Grundwertungen (zum Beispiel Gleichberechtigung, Recht auf Leben) im Normalfall nur gedanklich auch freie Disponibilität beinhaltet (eine Gesellschaft wird nicht jeden Tag vom Nullpunkt an neu gebaut!), wird er beim Entwicklungsprozeß, ganz besonders aber bei der Neuschöpfung von Normen unmittelbar greifbar. Ebenso lassen sich Konfliktfälle zwischen Normen (zum Beispiel das Experimentieren mit dem Menschen) denken, wo eine wertbegründete Entscheidung die einzige Alternative zum Zufall ist. Der Wertentscheid kann selektive Funktion haben.

1.3.4 Wissenssoziologische Gesichtspunkte

Die Moraltheologie wird nicht nur in der Weise in Frage gestellt, daß sie faktisch von den sogenannten Humanwissenschaften in wachsendem Maß aus ihrem bislang unbestrittenen Kompetenzbereich verdrängt wird. Grund-

---
[179] RS 118.
[180] Der Ausdruck „Integrat" stammt von *Geiger* und meint die Koordination des Verhaltens mehrerer in der Gruppe.

sätzlicher in Frage gestellt oder doch zumindest relativiert wird sie durch die Wissenssoziologie, die, ohne eine schöpferische Spontaneität der menschlichen Vernunft zu leugnen, davon ausgeht, daß sich auch alles Denken in engstem Zusammenhang mit den gesellschaftlich bestimmten Lebensprozessen abspielt und sich deshalb auch nur von daher begreifen läßt.[181] Im Hinblick auf die Religion interessiert sich die neuere, von *M. Weber* herkommende und namentlich von *P. L. Berger* und *Th. Luckmann* weiterentwickelte[182] Wissenssoziologie nicht für die Frage nach der Wahr- oder Falschheit von religiösen Aussagen, sondern versucht, das religiöse Wissen aus seiner sozialen Genese verständlich zu machen. Als dieser durch seine Wiß- und Aussagbarkeit im Konnex von Sprache, Grammatik und Logik unterliegend muß es selbst dann angesehen werden, wenn man zugesteht, daß das darin zum Ausdruck gebrachte Phänomen das Wiß- und Sagbare transzendiert.[183] „Es gibt keine Möglichkeit, sich überhaupt aus der sprachlich verfaßten Wirklichkeit des Menschen herausfallen zu lassen, auch nicht für die Religion. [...] Ihre Aussagen sind so gut wie andere auch an die Entwicklung des Denkens gebunden. [...] auch das Absolute wird nur durch die historische Formation des Denkens sichtbar. Dann aber muß es auch erlaubt sein zu fragen, woher diese Formation stammt, und in dem Ursprung der Struktur ihrer Aussagen ihren eigenen Ursprung freizulegen."[184] Entsprechend dem Gesagten läßt sich auch die Moraltheologie als ein partikuläres Wissenssystem auffassen, das auf seine geschichtlich-gesellschaftliche Bedingtheit und auf seine latenten sozialen Funktionen hin untersucht werden kann.[185] Die Methode verlangt hierbei, auch dort nicht haltzumachen, wo überzeitliche Gültigkeit behauptet wird.

Unter dieser Perspektive wird zum Beispiel die grundlegende Struktur der traditionellen Moraltheologie, die Lehre vom natürlichen Sittengesetz, nicht als Aussage über eine substantielle Realität hingenommen, sondern gilt un-

---

[181] Vgl. *W. Stark*, Die Wissenssoziologie. Ein Beitrag zum tieferen Verständnis des Geisteslebens, Stuttgart 1960, z. B. 116. 126.
[182] Zu nennen sind bes. *P. L. Berger – Th. Luckmann*, Die gesellschaftliche Konstruktion der Wirklichkeit. Eine Theorie der Wissenssoziologie, Frankfurt 1969 (= Conditio humana); *P. L. Berger*, Zur Dialektik von Religion und Gesellschaft. Elemente einer soziologischen Theorie, Frankfurt 1973 (= Conditio humana); *P. L. Berger*, Auf den Spuren der Engel. Die moderne Gesellschaft und die Wiederentdeckung der Transzendenz, Frankfurt 1970; *Th. Luckmann*, Religion in der modernen Gesellschaft, in: *J. Wössner* (Hrsg.), Religion im Umbruch. Soziologische Beiträge zur Situation von Religion und Kirche in der gegenwärtigen Gesellschaft, Stuttgart 1972, 3–15. – Vgl. auch schon *Th. Luckmann*, Das Problem der Religion in der modernen Gesellschaft. Institution, Person, Weltanschauung, Freiburg 1963.
[183] Siehe die sorgfältige Bestimmung des Formalobjekts der Religionssoziologie als Wissenssoziologie bei *G. Dux*, Ursprung, Funktion und Gestalt der Religion: Intern. Jahrb. für Relsoz. 8 (1973) 15–20, bes. 16 f.
[184] *Dux*, Ursprung, Funktion und Gehalt der Religion, a. a. O. 16 f.
[185] Außer den u. g. Titeln s. a. *J. Matthes*, Kirchliche Soziallehre als Wissenssystem: Intern. Dialog Zeitschr. 2 (1969) 102–112; *J. Morel*, Soziologische Aspekte des Normativen. Christliche Moral und säkulare Wertorientierung, in: *J. Wössner* (Hrsg.), a. a. O. 123–149.

beschadet ihres tatsächlichen Wirklichkeitsgehalts zunächst als ein empirisch vorhandenes menschliches Konstrukt, für dessen Entstehung, Inanspruchnahme und Geltung sich ein „soziales a priori"[186] ausmachen läßt. Als kritische Infragestellung muß diese Erkenntnis dann wirken, wenn sich herausstellt, daß das hinter dieser Theorie stehende Wirlichkeitsverständnis erheblich von demjenigen der Menschen, denen die Theorie zugedacht ist, oder auch schon vom kirchlichen Selbstverständnis divergiert; die Erklärung solcher Abweichungen bringt nämlich tatsächliche Interessenabhängigkeiten zutage, die innerhalb der Theorie selbst nicht thematisiert sind oder sogar ausdrücklich geleugnet werden.[187]

Eine derartige Divergenz etwa hat *F.-X. Kaufmann* für den begrenzten Ausschnitt der Renaissance des katholischen Naturrechts-Denkens in der zweiten Hälfte des 19. Jahrhunderts sehr eindrücklich aufgewiesen.[188] Er diagnostiziert in diesem Vorgang eine kognitive Abwehrmaßnahme gegenüber der neuentstandenen politischen und gesellschaftlichen Situation im Blick auf die Kirche. Der Aufgabe abzuwehren korrespondierte seinen Forschungen zufolge nach innen (das heißt innerhalb der Kirche, da sich Moraltheologie als kirchliche Wissenschaft verstand) die Funktion, bestehende Institutionen, Rollen, Kompetenzen, Disziplinen zu legitimieren. War die naturgesetzliche Argumentation neuscholastischen Typs nämlich noch weit bis ins 19. Jahrhundert hinein nur eine theologische Lehrmeinung, so wurde sie vom Papsttum rezipiert (und später monopolisiert) genau zu dem Zeitpunkt, als dieses seine weltliche Machtstellung verloren hatte. Seine größte, vor allem gesellschaftspolitische Wirksamkeit konnte das neuscholastisch-naturgesetzliche Denken in Deutschland entfalten, wo dieser Prozeß aber in unverkennbarer Relation zum Kulturkampf steht. In beiden Rezeptionsschüben beantwortete demnach die Institution Kirche eine Situation, in der ihr zahlreiche Mittel der sozialen Kontrolle, über die sie bisher verfügt hatte, verlorengegangen waren; Ziel dieser Antwort war es, den Ausfall jener Mechanismen durch den Aufbau neuer, wissensmäßiger zu kompensieren und

---

[186] Der Ausdruck findet sich bei *Stark*, Die Wissenssoziologie, 10. 88 u. ö.
[187] Eine Reihe interessanter Beispiele aus der katholischen Naturrechts-Tradition bringt dazu das (polemische und methodisch z. T. unzulängliche) Buch von *A. M. Knoll*, Katholische Kirche und scholastisches Naturrecht. Zur Frage der Freiheit, Wien/Frankfurt/Zürich 1962 (= Europ. Perspektiven).
Zur Herkunft der naturrechtlichen Denkweise überhaupt aus der intentionalen Weltauffassung s. die zahlreichen Veröffentlichungen von *E. Topitsch*, bes.: Vom Ursprung und Ende der Metaphysik. Eine Studie zur Weltanschauungskritik, München ²1972.
[188] Wissenssoziologische Überlegungen zu Renaissance und Niedergang des katholischen Naturrechtsdenken im 19. und 20. Jahrhundert, in: *F. Böckle – E. W. Böckenförde* (Hrsg.), Naturrecht in der Kritik, Mainz 1973, 126–164 (verkürzte Fassung hiervon in: *Kaufmann*, Theologie in soziologischer Sicht, Freiburg/Basel/Wien 1973, 78–92). – Ähnliche Ergebnisse schon früher bei: *P. L. Berger*, Zur Dialektik von Religion und Gesellschaft, 117 f 160 f; *ders.*, Auf den Spuren der Engel, 28 f. *Berger* weist auch auf parallele Phänomene im neueren Protestantismus hin: Zur Dialektik von Religion und Gesellschaft, 148–160; Auf den Spuren der Engel, 24–28.

dadurch die bisherige gesellschaftliche Stellung der Kirche und ihren staatlichen Einfluß (zumindest als Anspruch) zu erhalten. So gesehen war die Doktrin vom Naturgesetz praktisch bis zum II. Vatikanum das vorzüglichste Instrument einer völlig homogenen katholischen Subkultur; sie besaß eine nahezu uneingeschränkte Bedeutung „als *defensive Position* gegen eine politische und kulturelle Übermacht, als Moment der Erhaltung von Identität angesichts einer tiefgreifenden Veränderung des Verhältnisses von ‚Kirche' und ‚Gesellschaft'. Die Naturrechtsdoktrin erwies sich als geeignetes Instrument zur Stabilisierung der *Grenzen zwischen Kirche und ihrer Umwelt.*"[189]
Auch die philosophischen Untersuchungen zur Säkularisierungsthese von *H. Lübbe*[190] und *H. Blumenberg*[191] sind unter einer ähnlichen Perspektive durchgeführt. Sie zeigen unter anderem, daß es sich bei der Inanspruchnahme von „Säkularisation" durch Theologie großenteils nicht um eine beschreibende, sondern um eine interpretierende, mit Wertungen besetzte, „ideenpolitische" (*Lübbe*) Kategorie handelt, mit der versucht wird, von einem immanenten Standpunkt aus unter Ausblendung von historischen Gründen und neuen Formen von Religiosität den wahrgenommenen „Verlust des Interpretationsmonopols der Religion für den Bereich gesamtgesellschaftlicher und teilgesellschaftlicher Deutungen"[192] für illegitim oder (in jüngerer Zeit) für legitim zu erklären. Für die derzeitige Moraltheologie könnte es fruchtbar sein, die hier nur angedeuteten Ergebnisse im Blick auf die jüngere Diskussion um das Proprium weiterzuführen.
Auch die Einführung des Autonomie-Theorems in die Moraltheologie des letzten Jahrzehnts könnte wissenssoziologisch untersucht werden. Ja sie müßte es sogar, um sich des Verdachts erwehren zu können, der (nur durch die Lehre von der Konvergenzargumentation theoretisch abgesicherte) Rückgriff auf Ergebnisse der sogenannten Humanwissenschaften bezwecke bloß die Legitimierung der etablierten Lehre mit eklektisch ausgewählten Theoriestücken.

---

[189] *Kaufmann*, Wissenssoziologische Überlegungen, 156; vgl. die Zusammenfassung ebd. 161–163.
[190] Säkularisierung. Geschichte eines ideenpolitischen Begriffs, Freiburg/München ²1975.
[191] Die Legitimität der Neuzeit, Frankfurt 1966, 9–74. – Zu den beiden letztgenannten Werken vgl. kritisch und ergänzend auch: *H. Zabel*, Verweltlichung – Säkularisierung. Zur Geschichte einer Interpretationskategorie, Diss. Phil., Münster 1968.
Über die innersoziologische Diskussion des Säkularisierungsproblems s. die Berichte von *T. Rendtorff* (Zur Säkularisierungsproblematik. Über die Weiterentwicklung der Kirchensoziologie zur Religionssoziologie: Intern. Jahrb. f. Relsoz. 2 [1966] 51–72), *J. Matthes* (Religion und Gesellschaft. Einführung in die Religionssoziologie I, Reinbek 1967 [= rde 279/280], 74–104) und *P. L. Berger* (Soziologische Betrachtungen über die Zukunft der Religion. Zum gegenwärtigen Stand der Säkularisierungsdebatte, in: *O. Schatz* (Hrsg.), Hat die Religion Zukunft?, Graz/Wien/Köln 1971, 49–68).
[192] *F.-X. Kaufmann*, Warum „Kirche und..."? Die Verarbeitung der neuzeitlichen Gesellschaftsentwicklung durch die christlichen Kirchen in soziologischer Sicht: Orientierung 40 (1976) 153.

1.4 Die Neubestimmung der Theorie-Praxis-Relation

Spätestens mit der Studentenrevolte der sechziger Jahre und ihrem zentralen Vorwurf an die Adresse der „bürgerlichen" Wissenschaft, diese verweigere die Reflexion ihrer politisch-gesellschaftlichen Funktion und reproduziere „Fachidioten", ist eine rege Diskussion über das Verhältnis von Theorie und Praxis in Gang gekommen. Die entscheidenden Anstöße zur Diskussion kamen dabei von neomarxistischer Seite, namentlich von der sogenannten *Frankfurter Schule*, obwohl die Problematik auch in anderen zeitgenössischen philosophischen Positionen eine vordringliche Rolle spielt[193]. Die *Frankfurter Schule*, die die als „Positivismusstreit" bekanntgewordene Kontroverse zunächst im Bereich der Sozialwissenschaften gegen *K. Popper* und *H. Albert* austrug[194], nahm mit dieser Thematik des Theorie-Praxis-Bezugs eine lange Tradition wieder auf, die sich besonders im Anschluß an beziehungsweise im Protest gegen *Hegel* gebildet hatte.[195] Wohl die programmatischste Form und – durch ihr vernichtendes Urteil – auch die herausforderndste hatte ihr *K. Marx* in seiner elften *Feuerbach*-These gegeben: „Die Philosophen haben die Welt nur verschieden *interpretiert*; es kömmt darauf an, sie zu *verändern*."[196] –

Für die folgende Darstellung ist ein Dreifaches zu beachten: Erstens stellt sich die Frage nach dem Verhältnis von Theorie und Praxis heute nicht als Detailfrage einer oder gar innerhalb einer Fachdisziplin; sondern es geht sehr viel grundsätzlicher um die Legitimität und den Sinn (die beide wiederum nur anerkannt werden, wenn sie operationalisierbar sind!) von Wissenschaft überhaupt.

Zweitens muß die meines Erachtens symptomatische Verengung des Problems gesehen werden. Im Gegensatz zu *Aristoteles* nämlich, der πρᾶξις nicht nur im Gegenüber zu θεωρία, sondern auch zu ποίησις bestimmte[197], ist „Praxis" in der populären heutigen Diskussion – nicht dagegen in der

---

[193] Beispiele nenne *M. Riedel* im Vorwort zu dem von ihm herausgegebenen Sammelwerk: Rehabilitierung der praktischen Philosophie, 2 Bde., Freiburg 1972–1974, I, 11. Die beiden umfangreichen Bände dokumentieren schon als solche die Vielfalt der Ansätze und Richtungen.

[194] S. *Th. W. Adorno – H. Albert – R. Dahrendorf – J. Habermas – H. Pilot – K. R. Popper*, Der Positivismusstreit in der deutschen Soziologie, Neuwied/Berlin 1969.

[195] Vgl. den äußerst präzisen Forschungsbericht von *Theunissen* 1970. Außerdem: *Riedel* 1965 (bes. auch die Exkurse 2 u. 3: S. 217–224); *Bubner* 1971 b; *Böhler* 1972; *Frey* 1977. Zur Problemgeschichte *bis Hegel* s.: *Snell* 1951; *Lobkowicz* 1967; *Lobkowicz* 1972; *Engelhardt* 1970; *Picht* 1969 a; *Picht* 1973. – Zu den theologischen Wurzeln der Unterscheidung s. den beachtenswerten Aufsatz von *Link* 1977.
Einen Überblick über die heutigen Ansätze zu einer „Rehabilitierung der praktischen Philosophie" bietet der bereits in Anm. 193 genannte gleichnamige Sammelband; besonders verwiesen sei auf den darin enthaltenen (15–56) Problemaufriß von *H. Fahrenbach*. Eine systematische Einführung in das Problem bieten auch: *Dahrendorf* o. J., und: *Lompe* 1970.

[196] Zitiert nach *K. Marx*, Die Frühschriften, hrsg. *S. Landshut*, Stuttgart 1971, 341. Vgl. These 2, ebd. 339.

[197] Metaph. 1025 b; Eth. Nic. 1140 a–b, 1177 a–1178 a u. a.

Frankfurter Schule – mit dem Sinn von ποίησις (= herstellendes Machen, Technik, nicht aber eigentlich: Handeln) identisch geworden. Diese Verschiebung beziehungsweise Verkürzung hat ihren tiefsten Grund in einer Veränderung des neuzeitlichen Wirklichkeitsverständnisses, das *G. Vico* auf die Formel gebracht hat: „Verum et factum convertuntur"[198]; deren Signifikanz wird offenbar, wenn man sie mit dem klassisch-metaphysischen Axiom „Verum et ens convertuntur" vergleicht.
Drittens: Am weitesten entwickelt wurde der neomarxistische Ansatz in der Theorie-Praxis–Frage durch *J. Habermas*. Dieser hat zudem die im Rahmen der vorliegenden Arbeit besonders relevante epistemologische Seite des Problems, den Zusammenhang von Erkenntnis und Interesse, untersucht. Er wird deshalb neben *M. Horkheimer* und *Th. W. Adorno* bevorzugt herangezogen.[199]
Die Darstellung geschieht in zwei Durchgängen, die je dieselben Punkte behandeln. Der erste Durchgang ist kritisch-negativ, der zweite konstruktiv. Damit soll versucht werden, der dialektischen Denkstruktur möglichst nahezukommen.

1.4.1 Das Programm

1.4.1.1 Die tradionelle Gestalt von Theorie:
Ihr Programm gewinnt die Kritische Theorie in Auseinandersetzung mit dem herkömmlichen, als bürgerlich apostrophierten Philosophie- und Wissenschaftsverständnis. Dieses ist geprägt von einem Theoriebegriff, der sich nicht nur mit *M. Horkheimer*[200] bis auf *Descartes*' „Discours de la Méthode" zurückverfolgen läßt, sondern mit *J. Habermas*[201] sogar bis zu den Anfängen griechischer Philosophie.
Gekennzeichnet ist das klassische Verständnis durch die Grenzziehung zwischen Sein und Zeit, zwischen dem Bereich des Wesentlichen, beständig

---

[198] Vgl. *Löwith* 1973, 109–128; *Löwith* 1968.
[199] Es ist im folgenden auch nicht die Rede von der Ethik des orthodoxen Marxismus–Leninismus. Für diesen ist jede ethische Theorie nur ein Überbau–Phänomen. Das heißt zugleich, daß die meisten der bisherigen Ethiken als zur Unterdrückung dienende Klassen–Moralen angesehen werden. Eine neue kommunistische Ethik ist rein instrumentell zu konzipieren; ihr Ausgangspunkt ist die Kongruenz von historischer Notwendigkeit und moralischem Sollen. Vgl. *R. Miller*, Art. Ethik, in: *G. Klaus – M. Buhr* (Hrsg.), Philosophisches Wörterbuch, Berlin (Ost) 61969, I, 338–346, und die beiden offiziellen Ethik-Hochschullehrbücher aus der Sowjetunion: *A. F. Schischkin*, Die Grundlagen der marxistischen Ethik, dt.: Berlin 21965; *L. M. Archangelski*, Kategorien der marxistischen Ethik, dt.: Berlin 11965.
[200] Traditionelle und kritische Theorie, in: Kritische Theorie. Eine Dokumentation, hrsg. *A. Schmidt*, Frankfurt 1968, II, 137–200. Einen ähnlichen Gedankengang entwickelt *Horkheimer* in dem früheren Aufsatz: Materialismus und Metaphysik, in: Kritische Theorie, a. a. O., I, 31–66.
[201] Vor allem in seiner Frankfurter Antrittsvorlesung: Erkenntnis und Interesse, in: Technik und Wissenschaft als ‚Ideologie', Frankfurt 31969, 146–168. Dieser Aufsatz versteht sich als Wiederaufnahme und Weiterführung der genannten *Horkheimer*schen Abhandlung (ebd. 147).

Bleibenden, Allgemeinen, und dem des Vergänglichen, Veränderlichen, Besonderen. Θεωρία ist die Schau des Unwandelbar-Göttlichen; wahr kann sie deshalb nur dann sein, wenn sich das Erkennen auf Ideen eingestellt hat, das heißt negativ, wenn es sich von allen Interessen gelöst hat. Sie soll die Dinge erkennen, wie sie „wirklich" sind, objektiv, nicht durch die Brille von Wertungen und Interessen. Ἔϑος ist jene menschliche πρᾶξις, die sich durch μίμησις (beziehungsweise μέϑεξις) von der δεωρία prägen läßt und diese in sich zur Darstellung bringt.[202]
Auf diesem Theoriebegriff fußt, auch wenn es zunächst anders scheinen mag, weitgehend noch das Selbstverständnis der modernen Wissenschaften. Dies zeigt deutlich der Streit um das Postulat der Werturteilsfreiheit, der die wissenschaftstheoretische Diskussion seit *M. Weber* begleitet.[203] Dort sind die beiden Charakteristika des klassischen Theoriebegriffs exemplarisch zutage getreten, nämlich: die Verpflichtung „auf eine theoretische Einstellung, die vom dogmatischen Zusammenhang und dem irritierenden Einfluß der natürlichen Lebensinteressen befreit"; anderseits die „kosmologische [...] Absicht, das Weltall in seiner gesetzmäßigen Ordnung theoretisch zu beschreiben, wie es ist"[204]. – Das Selbstverständnis der Einzelwissenschaften ist darin getragen von der Vorstellung einer Einheitswissenschaft, als deren authentischstes Modell die Mathematik gilt. Erstrebt wird die Systematisierung allen Wissens, deduziert aus Prinzipien. Theorie ist gegenüber Praxis etwas völlig Selbständiges. Erkennen ist Subsumieren, Ein„ordnen", Ein„fügen": „Immer steht auf der einen Seite das gedanklich formulierte Wissen, auf der anderen ein Sachverhalt, der unter es befaßt werden soll [...]."[205] Notwendig für den Erfolg solchen Vorgehens und deshalb auch charakteristisch für Theorie dieser Art ist die Hypothese.

1.4.1.2 Einwände:
Die großen Einschnitte in der Geschichte der Forschung, die dort zu finden sind, wo bereits vorhandene Einsichten umstrukturiert wurden wie zum Beispiel bei der Rezeption des kopernikanischen Weltbildes, zeigen, daß die theoretisch-wissenschaftliche Arbeit mit dem gesellschaftlichen Lebensprozeß nicht nur hinsichtlich ihrer Verwendung, sondern auch und gerade in bezug auf ihre Entstehung eng verflochten ist. Fragestellungen, methodische Grundsatzentscheidungen, Aufbau einer Theorie, Organisation von Wissenschaft insgesamt usw. lassen sich nicht einfach aus dem Zufall oder aus der Evidenz des Systems allein erklären. Das erkennende Subjekt ist am Prozeß wissenschaftlicher Theoriebildung nicht unbeteiligt und beliebig

---

[202] Ausführlicher unterrichten: *Snell* 1951; *Picht* 1969 a, 108–135; *Picht* 1973, bes. 106–115; *Riedel* 1965, 224–226; *Kuhn* 1970; *Kuhn* 1972; *Inciarte* 1970.
[203] Vgl. hierzu die Dokumentation *H. Albert – E. Topitsch* (Hrsg.), Werturteilsstreit, Darmstadt 1971.
[204] *Habermas*, Erkenntnis und Interesse: Technik und Wissenschaft, a. a. O. 148.
[205] *Horkheimer*, Traditionelle und kritische Theorie, 142.

austauschbar. Anderseits gibt auch die Genialität des Forschers keinen zureichenden Erklärungsgrund. Vielmehr zeigt sich dieses Forschersubjekt als solches, das sich überhaupt erst im Bildungsprozeß der Gesellschaft konstituiert. So kann *Horkheimer* sagen: „Die Tatsachen, welche die Sinne uns zuführen, sind in doppelter Weise gesellschaftlich präformiert: durch den geschichtlichen Charakter des wahrgenommenen Gegenstands und den geschichtlichen Charakter des wahrnehmenden Organs. Beide sind nicht nur natürlich, sondern durch menschliche Aktivität geformt; das Individuum jedoch erfährt sich selbst bei der Wahrnehmung als aufnehmend und passiv."[206] Folglich ist es falsch, die Subjektivität des Forschers in ihrer Gesellschaftsbezogenheit, die sich in seinem wissenschaftlichen Selbstverständnis verdichtet, zugunsten eines Ideals reiner Objektivität außer Betracht lassen zu wollen und – als Konsequenz hiervon – die Intersubjektivität der Verständigung als selbstverständlich vorauszusetzen, wie dies in den Naturwissenschaften geschieht. Ebenso falsch ist es, wenn die sogenannten Geisteswissenschaften zwar die Subjektivität berücksichtigen, aber doch so, daß sie dabei von einer virtuellen Gleichzeitigkeit von Gegenstand und erkennendem Subjekt ausgehen, als ob sich dieses aus seinem konkreten Lebenszusammenhang herauslösen und in eine ihm fremde Welt „hineinversetzen" könnte.
Ein zweiter grundlegender Einwand ergibt sich aus der Betrachtung der Lebensbedeutsamkeit von Wissenschaft: Theorie wird immer in gesellschaftlichen Zusammenhängen angewandt und zu Zwecken verwendet. Diesen Aspekt zu berücksichtigen verbietet jedoch die Methodologie der neuzeitlichen Wissenschaft mit Nachdruck; sie will ihrer Verwendung gegenüber neutral sein. – In dieser Hinsicht tut sich eigentümlicherweise – trotz Übernahme seiner beiden Grundelemente (theoretische Einstellung und Annahme einer vom Erkennenden unabhängigen Struktur der Welt) – eine Differenz zum klassischen ϑεωρία-Begriff auf, insofern dieser durchaus Bildung und daraus erwachsende Handlungsorientierung intendierte.[207] Nicht Abkehr war durch die Distanz von der Lebenspraxis bezweckt, „sondern die methodische Ausbildung jener Haltung des genauen Zusehens und Erforschens der Dinge zur Theorie, welche die Rückwendung des Philosophen in der Praxis der geschichtlich-gesellschaftlichen Welt erst ermöglichen und in ihrer Notwendigkeit begründen soll"[208]. Der Dualismus von Tatsachen und Entscheidungen, Erkennen und Werten, Theorie und Praxis widerspricht also der antiken Auffassung vom βίος ϑεωρητικός[209], wie *Habermas* betont. –
Die Verleugnung beziehungsweise Gleichgültigkeit gegenüber einem Zu-

---

[206] *Horkheimer,* Traditionelle und kritische Theorie, 149.
[207] *Habermas,* Erkenntnis und Interesse: Technik und Wissenschaft, a. a. O. 149 f.
[208] *Riedel* 1970, 274.
[209] *Aristoteles,* Eth. Nic. 1095 b.

sammenhang zwischen der Leistung des transzendentalen Subjekts einerseits und der Geschichte der Menschengattung anderseits, welche Theorie zu einer eigenen oder sogar zur eigentlichen Wirklichkeit hypostasiert, somit aber weder ihre gesellschaftlich-praktische Bedingtheit noch Funktion überblickt, geschweige denn vernünftig zu lenken erlaubt, ist unter dem Stichwort „Positivismus"[210] der eigentliche Gegner der Kritischen Theorie.
1.4.1.3 „Kritische" Theorie:
Was traditioneller Theorie als äußerlich und irrelevant gilt – von der gesellschaftlichen Genesis der Fragestellungen angefangen bis zu den Zwecken, zu denen Wissenschaft verwendet wird –, ist nun gerade der Gegenstand der "kritischen" Theorie, insofern Kritik nicht im *Kant*ischen, sondern im *Marx*schen Sinne als Kritik der politischen Ökonomie verstanden wird.[211] Nicht ein Kosmos, sondern Geschichte ist ihr das Ganze. Dieses ihrseits ist verstanden als Produkt der Arbeit (bei *Habermas* auch: der Interaktion) der Menschengattung, nicht aber als Schicksal, Vorsehung, Vorgegebenheit oder ähnliches.[212] Der Mensch beziehungsweise die Gattung allein ist das Subjekt der, und zwar der *ganzen* Geschichte. Indem Kritische Theorie die Geschichte in ihrer Totalität[213] in den Griff zu bekommen sucht, muß sie die Trennung von Erkenntnis und Wert, Wissen und Handeln überschreiten. Was traditionelle Theorie ohne weiteres als „gegeben", ja unabänderlich hinnimmt, kritisiert sie. In Konsequenz dazu kann Erkennen für sie nie Ein„ordnen" sein, weil sie weder die Selbständigkeit des Denkens noch ein So-sein-müssen des Bestehenden akzeptieren kann. Das führt zum grundsätzlichen Verdikt gegen das System, wie es am prägnantesten *Adorno* ausgedrückt hat: „Das Ganze ist das Unwahre."[214]
Theorie und Praxis bilden in der Kritischen Theorie eine dialektische Ein-

---

[210] Diese Diagnose stellt bereits *Horkheimer*, Materialismus und Metaphysik, in: Kritische Theorie, a. a. O., I, 56–66; Traditionelle und kritische Theorie, in: Kritische Theorie, a. a. O. II, 173. – In ‚Erkenntnis und Interesse' (mit einem neuen Nachwort, Frankfurt 1973) zeigt *Habermas*, wie im Gefolge von *Hegels* Kant-Kritik und der von ihr ermöglichten Reduktion von Erkenntnis- auf Wissenschaftstheorie bzw. Methodologie der Positivismus zum Schicksal des Denkens im 19. Jahrhundert (des *Marx*schen einschließlich!) wurde. – Parallel zu diesem fächerübergreifenden Prozeß verschwindet seit Beginn des 19. Jahrhunderts eine eigene Disziplin für Praktische Philosophie, bzw. diese wird auf Ethik reduziert unter Wegfall von Politik und Ökonomik, die traditionellerweise dazugehörten.
[211] *Horkheimer*, Traditionelle und kritische Theorie, 155. 192.
[212] Ebd. 152. Dementsprechend ist Natur „der Inbegriff der *jeweils noch* unbeherrschbaren Faktoren, mit denen die Gesellschaft es zu tun hat" (ebd. 159. Hervorhebung nicht im Original). – Vgl. *K. Marx'* erste *Feuerbach*-These (Frühschriften, a. a. O. 339).
Die in der Konsequenz der Aufklärung liegende Vorstellung von der Menschheit als Produzentin ihrer eigenen Geschichte führt folgerichtig zur Gesellschaftskritik, die *E.* Schillebeeckx (Schillebeeckx 1973, 254) deshalb im Blick auf diesen geistesgeschichtlichen Zusammenhang sehr treffend „Anthropodizee" nennt.
[213] Diese Verwendung von „Totalität" ist nur negativ dialektisch verwandt mit dem so bekämpften metaphysischen Totalitätsbegriff (s. Anm. 214).
[214] Minima Moralia. Reflexionen aus dem beschädigten Leben, Frankfurt 1970, 57. Auf diese Formel ließe sich auch die Grundaussage der „Negativen Dialektik" (Frankfurt 1966) zurückfüh-

heit: Theorie ist bestimmt durch ihren Platz im Geschichtsprozeß, und sie ist anderseits selbst ein diesen Prozeß weitertreibendes und so Zukunft eröffnendes Movens. Die „aufs Ganze zielende Intention"[215] – wobei das Ganze infolge seines Gemachtseins als prinzipiell veränderbar verstanden ist – stellt die Kritische Theorie in eine „strukturelle Differenz gegenüber der Fachwissenschaft".[216] Die *Horkheimer*sche Bezeichnung „Verhaltensweise"[217] bringt das besser zum Ausdruck als das belastete und mißverständliche Wort „Wissenschaft".

1.4.2 Dialektische Selbstgewinnung

1.4.2.1 Aufdeckung der Interessenbasis aller Theorie:
Sobald die objektivistische Einstellung aufgegeben und Theorie in Relation zum vorgängig mitgesetzten sozialen Bezugssystem betrachtet wird, zeigt sich eine Interessenbasis, durch die alle Erfahrungen des Menschen a priori und vorgängig zu aller Wissenschaft organisiert werden. Die Verflechtung von Theorie und Praxis wie auch die von Subjekt und Objekt ist schon je anfänglich durch ein „Interesse"[218] hergestellt.
In Entsprechung zu den drei Grundformen der Selbstkonstituierung des Menschen, die als Sozialisation geschieht, nämlich: Arbeit, Interaktion (einschließlich Sprache), Herrschaft[219], differenziert sich diese Basis nach *Habermas* dreifach: Der Arbeit (= instrumentales Handeln) entspricht ein technisches Interesse am Verfügenkönnen über Natur. Der Interaktion beziehungsweise deren symbolischer Vermittlung in der Sprache liegt ein „praktisches Interesse" zugrunde. Technisches und praktisches Erkenntnisinteresse sind im Zusammenhang mit einem noch grundlegenderen zu sehen und werden erst durch dessen Vollzug als solche begriffen: dem „emanzipatori-

---

ren, vgl. ebd. 20; 21 f („Entzauberung des Begriffs"); 29–43; 154–156. In die gleiche Richtung verweist der Modellbegriff (Minima Moralia, 11 f; Negative Dialektik, 37). Der Verzicht auf Systematik schlägt sich bei *Adorno*, aber auch bei *Horkheimer* sehr deutlich in Form und Stil ihrer Arbeiten nieder.

[215] *Horkheimer*, Traditionelle und kritische Theorie, 197.
[216] Ebd. 158. 163; vgl. 195. Vgl. *Habermas*, Theorie und Praxis. Sozialphilosophische Studien, Frankfurt ⁴1971, 228–289 u. a.; *Adorno*, Negative Dialektik, 14.
[217] Traditionelle und kritische Theorie, 155. 179.
[218] „*Interesse* nenne ich die Grundorientierungen, die an bestimmten fundamentalen Bedingungen der möglichen Reproduktion und Selbstkonstituierung der Menschengattung, nämlich an *Arbeit und Interaktion*, haften" (*Habermas*, Erkenntnis und Interesse, 242; vgl. 244 f).
[219] Die Trias entwickelt *Habermas* in: Erkenntnis und Interesse: Technik und Wissenschaft, a. a. O. 162; vgl. Erkenntnis und Interesse, 26 f (Bezug auf Hegel) und bes. 262 ff. – In der Unterscheidung von instrumentalem und kommunikativem Handeln, die *Habermas* auch bei *Hegel* findet (*Habermas*, Arbeit und Interaktion. Bemerkungen zu Hegels Jenenser ‚Philosophie des Geistes': Technik und Wissenschaft, a. a. O. 9–47) und die letztlich einer Rehabilitierung der *Aristoteli*schen Unterscheidung von πρᾶξις und ποίησις gleichkommt, besteht einer der wichtigsten Fortschritte der Kritischen Theorie *Habermas*scher Prägung sowohl gegenüber *Marx* als auch gegenüber *Horkheimer* und *Adorno*.

schen" oder – im Anschluß an *Kant* und *Fichte* – „Vernunftinteresse" genannten[220]. Dieses bringt die Selbstreflexion in Gang, die den Interessenzusammenhang überhaupt erst freilegt, und ermöglicht so die Ablösung von hypostasierten Gewalten.

Diese drei Interessen sind, wenn auch nicht allgemein anerkannt, so doch allgemein[221], ja sogar invariant[222]. Sie markieren die Perspektiven, „unter denen wir die Realität als solche erst auffassen können"[223].

Auf dieser Basis entwickelt *Habermas* eine kritische, das heißt dann aber soviel wie nicht-positivistische Wissenschaftstheorie, die nicht nur empirisch-analytische und historisch-hermeneutische Wissenschaften umfaßt, sondern als eine dritte „Kategorie" sogenannte kritisch orientierte Handlungswissenschaften.[224]

1.4.2.2 Methode und Ziel:
Gewonnen werden diese Zusammenhänge durch eine historische Rekonstruktion.[225] Das Modell der *Freud*schen Psychoanalyse[226] wird auf die Gesellschaft übertragen, indem in der Geschichte die Spuren verdrängter Interessen aufgesucht werden, deren Verdrängung durch Gewalt den Fortgang der Menschheit zur Mündigkeit hinderte. Die Rekonstruktion verfährt dialektisch, so daß sie einerseits selbst am Geschehen partizipiert, das sie analysiert; dadurch setzt sie aber anderseits zugleich die Menschen instand, die verdrängten, in der Analyse aufgespürten Interessen als ihre eigenen anzunehmen.[227]

Durch dieses Verfahren der gegenseitigen Erschließung von Sein und Bewußtsein wird offenkundig, daß die aktuelle Gesellschaft jeweils tief widersprüchlich erfahren wurde und wird: Neben dem, womit die Subjekte sich identifizieren können, bleibt ein Rest: das, was mechanistisch über sie verfügt und was sie zwar nicht als ihr eigenes, gleichwohl aber als menschliches

---

[220] Um die Bestimmung des Verhältnisses von emanzipatorischem und praktischem Erkenntnisinteresse geht es in der Kontroverse zwischen *Gadamer* und *Habermas*. Vgl. Hermeneutik und Ideologiekritik. Mit Beiträgen von *K.-O. Apel, C. v. Bormann, R. Bubner, H.-G. Gadamer, H. J. Giegel, J. Habermas*, Frankfurt 1971; sowie die Einleitung zur Neuausgabe von ‚Theorie und Praxis', 20–31.

[221] *Horkheimer*, Traditionelle und kritische Theorie, 167; vgl. 161.199.

[222] *Habermas*, Theorie und Praxis, 16. Zur Kritik vgl. bes. *Theunissen* 1969, bes. 13–40. Eine kurze Replik hierauf findet sich im Nachwort der Neuausgabe von ‚Erkenntnis und Interesse', 415–417.

[223] *Habermas*, Erkenntnis und Interesse: Technik und Wissenschaft, a. a. O. 160.

[224] Ebd. 155–159. – Unter die letzte Gruppe zählen u. a. Ökonomie, Soziologie, Politik.

[225] In der Form einer „Geschichtsphilosophie in praktischer Absicht" (Theorie und Praxis, 234.237.244 u. ö.) hat vor allem *Habermas* seine Gesellschaftstheorie entwickelt. Vgl. bes. „Theorie und Praxis" und „Erkenntnis und Interesse" (zur Rechtfertigung vgl. 368–373 der Neuausgabe). Das Verfahren findet sich jedoch bereits bei *Horkheimer*, Traditionelle und kritische Theorie, 162. 174.

[226] „Die Psychoanalyse ist für uns als das einzige greifbare Beispiel einer methodisch Selbstreflektion in Anspruch nehmenden Wissenschaft relevant" (*Habermas*, Erkenntnis und Interesse, 262).

[227] Zur „Selbstreflexion" vgl. auch *Adorno*, Negative Dialektik, 21. 55. 150–152 u. a.

Produkt erkennen können. Dieses Verfügtsein wird negativ erfahren und erzeugt Protest. Es ist die Intention kritischen Denkens, solche Spannung „zwischen der im Individuum angelegten Zielbewußtheit, Spontaneität, Vernünftigkeit und der für die Geschichte grundlegenden Beziehungen des Arbeitsprozesses" aufzuheben; „das kritische Denken enthält einen Begriff des Menschen, der sich selbst widerstreitet, solange diese Identität nicht hergestellt ist."[228] Die noch immer vorhandene Entfremdung darf nicht als überhistorisch hingenommen werden, sondern ist nur Indikator der Ohnmacht des Menschen, die verändert werden kann.

Kritisches Denken im neomarxistischen Sinn unterscheidet sich also fundamental vom metaphysischen Denken, das in der Frage nach dem Wesen stets nach dem Ursprung (τὸ τί ἦν εἶναι!) zurückfragt. An der Stelle der transzendentalen Frage „Warum ist Sein (und Seiendes) und nicht vielmehr nichts?" steht die Frage: "Warum ist dieses Seiende so und nicht vielmehr anders?"[229] Dieses Denken nimmt folglich seinen Ausgang bei der Negation konkreter gegenwärtiger Not. Sie aber kann als Not nur durch die Antizipation des großen Ziels qualifiziert werden; deshalb ist kritisches Denken konstitutiv auf die Zukunft gerichtet. Der antizipatorische Charakter seines Zukunftsbezuges verleiht ihm zugleich die Dynamik des Kämpfens um die Realisierung der „Idee einer vernünftigen, der Allgemeinheit entsprechenden gesellschaftlichen Organisation"[230]; „einer künftigen Gesellschaft als der Gemeinschaft freier Menschen"[231], „bei der jeder die gleiche Möglichkeit hat, sich zu entfalten"[232], „einer Gesellschaft ohne Unrecht"[233]; eines „Zustand[s] ohne Ausbeutung und Unterdrückung"[234]. *Habermas* nennt als Ziel das „gute"[235], das „wahre Leben"[236], wie es im „herrschaftsfreien Dialog al-

---

[228] Beide Stellen: *Horkheimer,* Traditionelle und kritische Theorie, 159. Vgl. auch Anm. 137.
[229] *Habermas,* Theorie und Praxis, 234. 434. Vgl. *Adornos* Kritik an der Philosophie als πρώτη φιλοσοφία in: Negative Dialektik, 138–144 (vgl. hierzu *Habermas,* Theorie und Praxis, 435 f).
[230] *Horkheimer,* Traditionelle und kritische Theorie, 162; vgl. 147. 170. „Vernunft" ist auch für *Habermas* das entscheidende Ziel (s. den Begriff des Vernunftinteresses, und: Theorie und Praxis, 307–335).
[231] *Horkheimer,* Traditionelle und kritische Theorie, 166.
[232] Ebd. 168.
[233] Ebd. 170. 191.
[234] Ebd. 189.
[235] Technik und Wissenschaft als ‚Ideologie', in: Technik und Wissenschaft, a. a. O. 99; *ders.,* Erkenntnis und Interesse: Technik und Wissenschaft, a. a. O. 162; *ders.,* Theorie und Praxis, 307; *ders.,* Erkenntnis und Interesse, 350.
[236] Erkenntnis und Interesse: Technik und Wissenschaft, a. a. O. 167; *ders.,* Theorie und Praxis 307 u. a. – Entsprechend zu dem oben über die „bestimmte Negation" (*Hegel*) Gesagten dürfen auch „gut" oder „wahr" nicht als Teilhabe an einer übergeschichtlichen Wesenheit verstanden werden, sondern als ebenfalls „bestimmte" Antizipationen der *jeweiligen* Befreiung (vgl. *Habermas,* Erkenntnis und Interesse, 350). Das Ziel im ganzen kann inhaltlich nicht beschrieben werden. Vgl. *Horkheimer,* Traditionelle und kritische Theorie, 165 f: „Mit dieser Not ist jedoch das Bild ihrer Beseitigung nicht schon gegeben. Die Theorie, die es entwirft, arbeitet nicht im Dienst einer schon vorhandenen Realität; sie spricht nur ihr Geheimnis aus" (vgl. ebd. 179.188). Noch deutlicher *Adorno,* Negative Dialektik, 205: „[. . .] nur bilderlos wäre das volle Objekt zu den-

ler mit allen"²³⁷ Wirklichkeit sei. Anders gesagt: Theorie und Praxis bilden dann eine völlige Einheit, alle Entfremdung zwischen Denken und Sein, Verstand und Sinnlichkeit, Forschung und Gesellschaft usw. wird dann aufgearbeitet sein.

Der Kampf um dieses Ziel kann im Sinne Kritischer Theorie nur dialektisch, genauer: negativ dialektisch, vor sich gehen. „Dialektik als Verfahren heißt, um des einmal an der Sache erfahrenen Widerspruchs willen und gegen ihn in Widersprüchen zu denken. Widerspruch in der Realität, ist sie Widerspruch gegen diese."²³⁸ Die Negativität der Kritik ist es, die das Stehenbleiben beim „Bestehenden" verhindert und somit das Interesse der Vernunft aufrechterhält.²³⁹

Dies zeigt noch einmal, daß Theorie solcher Art nicht irgendein spezielles Fachwissen sein kann; in übergreifender Weise ist sie vielmehr „ein unablösbares Moment der historischen Anstrengung, eine Welt zu schaffen, die den Bedürfnissen und Kräften der Menschen genügt"²⁴⁰. –

Die Probe auf die Richtigkeit dieser Rekonstruktion liefert *Habermas* zufolge paradoxerweise gerade eine genauere Untersuchung des antiken θεωρία-Verständnisses: θεωρία konnte eigentlich nur deshalb bilden, „weil sie in der kosmischen Ordnung einen idealen Zusammenhang der Welt, und das hieß: auch den Prototyp für die Ordnung der Menschenwelt zu entdecken vermeinte. Nur als Kosmologie war *Theoria* zugleich der Orientierung des Handelns mächtig."²⁴¹ Auf dem Horizont eines magisch-dämonischen Wirklichkeitsverständnisses wird der emanzipatorische Charakter der theoretischen Einstellung und der ontologischen Annahme einer Welt „an sich" sichtbar. Die Reinigung des Subjekts von den Dämonen oder – in entmythologisierter Gestalt (nach *Habermas*) – von Trieben und Affekten, die den Menschen in eine ziemlich zufällige Praxis verstricken, vermag sich nur durch Rückhalt am unwandelbaren kosmischen Sein zu vollziehen. So gese-

---

ken. Solche Bilderlosigkeit konvergiert mit dem theologischen Bilderverbot [...]". *Habermas,* Philosophisch-politische Profile, 195, charakterisiert diesen Standpunkt *Adornos* so: „Das ganz andere läßt sich nur in unbestimmter Negation bezeichnen, nicht erkennen." Er selbst hält diese Unbestimmtheit für vermeidbar (ebd.), eben durch die Erkenntnis des je bestimmten Guten bzw. Wahren.

237 Erkenntnis und Interesse: Technik und Wissenschaft, a. a. O. 164; Erkenntnis und Interesse, 344; vgl. Technik und Wissenschaft als ‚Ideologie': Technik und Wissenschaft, a. a. O. 91.
238 *Adorno,* Negative Dialektik, 146; vgl. 36. Weil das Leid Indikator für den tatsächlichen Zustand ist, stellt es für *Adorno* eine positive Erfahrung (s. ebd. 27. 200–202).
239 Hier zeigt sich die Synonymität von „Kritik" (*Horkheimer, Habermas*) und „negativer Dialektik" (*Adorno*).
240 *Horkheimer,* Traditionelle und kritische Theorie, 193 f.
241 *Habermas,* Erkenntnis und Interesse: Technik und Wissenschaft, a. a. O. 152 f. Vgl. *Horkheimer,* Materialismus und Metaphysik, in: Kritische Theorie, a. a. O., I, 38–42, sowie die in Anm. 202 genannten Beiträge. Hinzuweisen ist in diesem Zusammenhang bes. auch auf die stoische Maxime ὁμολογουμένως τῇ φύσει ζῆν.

hen ist der Wille zu reiner, interesseloser Theorie sozusagen eine „List"[242] der emanzipatorischen Grundkraft selber. – Anderseits folgt daraus auch, daß interesselose Anschauung nur solange ein gültiges, das heißt Aufklärung beförderndes Ideal sein kann, wie sie im Kontext der einheitsstiftenden Onto- beziehungsweise Kosmologie steht. In dem Maß jedoch, wie diese zerbricht – und dieser Prozeß, der mit der neuzeitlichen Wissenschaft begann und heute zu seinem Abschluß gekommen zu sein scheint, gilt selbst wieder als eine weitere Stufe der Emanzipiertheit![243] –, verkehren sich Sinn und Funktion dieses Ideals in ihr Gegenteil. –

In einer Reihe von jüngeren Veröffentlichungen, unter denen die „Legitimationsprobleme im Spätkapitalismus"[244] wohl die wichtigste sein dürfte, hat *J. Habermas* in jeweils modifizierten Ansätzen versucht, die von ihm postulierte „Theorie des kommunikativen Handelns" systematisch auszuarbeiten; er beansprucht jedoch nicht, daß einer dieser Vorschläge das Geforderte auch schon vollständig (das heißt vor allem hinsichtlich seiner Konsensfähigkeit) leisten würde[245]. Auch bei dem genannten Buch handelt es sich erst um eine „Argumentationsskizze"[246]. Darin nimmt *Habermas* nicht mehr nur die (kritisch revidierte) Gesellschaftstheorie von *Marx* zum Modell der sozialen Evolution, sondern versucht – als ein Ertrag seiner Auseinandersetzung mit *N. Luhmann* –, diese mit *Luhmanns* systemtheoretischem Funktionalismus zu verbinden. Ausgehend von einer differenzierten Analyse der Probleme der als spätkapitalistisch charakterisierten Gesellschaft, konstatiert er eine Legitimationskrise, die er mit dem Zusammenbruch der bislang – durch die aus vorbürgerlichen Traditionen stammenden religiösen Deutungssysteme nur subsidiär ergänzten – tragenden liberalistischen „Basis-Ideologie"[247] vom Markt und vom gerechten Tausch erklärt[248]. Nur eine kommunikative Ethik, die das politisch-staatliche Handeln zurückbindet an

---

[242] *Habermas*, Erkenntnis und Interesse: Technik und Wissenschaft, a. a. O. 154: „Daß das Interesse verdrängt wird, gehört noch zu diesem Interesse selber."

[243] Während *Habermas* glaubt, seine Gesellschaftstheorie „nur auf den Trümmern der Ontologie" (Erkenntnis und Interesse: Technik und Wissenschaft, a. a. O. 168) erbauen zu können, versucht *H. Kuhn* (1970; 1972) das griechische Verständnis der Praxis für die „Rehabilitierung der praktischen Philosophie" fruchtbar zu machen; er setzt allerdings voraus, daß nicht Philosophie bzw. Metaphysik, sondern lediglich die von *Descartes* inaugurierte Bewußtseinsphilosophie zu Ende gegangen sei.

[244] Frankfurt ²1973. – Vgl. dazu auch die Rezension von *Theunissen* 1973. – Zu nennen sind außerdem bes.: *Habermas*, Vorbereitende Bemerkungen zu einer Theorie der kommunikativen Kompetenz, in: *Habermas – Luhmann*, Theorie der Gesellschaft oder Sozialtechnologie, 101–141; *ders.*, Wahrheitstheorien, in: *H. Fahrenbach* (Hrsg.), Wirklichkeit und Reflexion, Pfullingen 1973, 211–265.

[245] Von daher ist wohl auch zu erklären, daß das seit mehreren Jahren angekündigte Werk „Wahrheit und Diskurs" noch nicht erschienen ist.

[246] Legitimationsprobleme, 7. 128 u. ö.

[247] Vgl. Legitimationsprobleme, 36–39. 41–43.

[248] Vgl. Legitimationsprobleme, 50–130.

„rechtfertigungsbedürftige" Normen[249] und sich derart durch einen mit Gründen herbeigeführten, möglichst weitreichenden gesellschaftlichen Konsens legitimiert[250], könne verhindern, daß das entstandene Legitimationsdefizit durch rein administrative Steuerungstechniken kompensiert beziehungsweise verdrängt wird. Solche sind nämlich weitgehend autonom gegenüber der politischen Willensbildung der Bürger und haben so die Unterdrückung der verallgemeinerungsfähigen Interessen zur Folge; auf Dauer gefährden sie deshalb die soziale Integration. „Das angemessene Modell [sc. zur Einlösung des Geltungsanspruchs von Normen] ist [...] die Kommunikationsgemeinschaft der Betroffenen, die als Beteiligte an einem praktischen Diskurs den Geltungsanspruch von Normen prüfen und, sofern sie ihn mit Gründen akzeptieren, zu der Überzeugung gelangen, daß unter den gegebenen Umständen die vorgeschlagenen Normen ‚richtig' sind."[251]

1.4.2.3 Entlarvung des Positivismus:

Alle Theorie hat ihre Basis in der Naturgeschichte der Menschengattung.[252] Wo deshalb das Absehen von jedem Praxisbezug standardisiert wird, kommt Erkenntnis gar nicht interesselos zustande, ihre wahren Interessen werden vielmehr verschleiert. Freilich verfällt das methodologische Postulat „reiner" Theorie in der Kritischen Theorie nicht dem völligen Verdikt; seine Geltung bleibt insoweit bestehen, als es der Subjektivität des Meinens und der unkontrollierten Bindung an partikulare Gruppeninteressen vorbeugt.

Der Positivismus-Vorwurf betrifft vor allem die Verdrängung des den beiden anderen zugrunde liegenden und sie zutage fördernden emanzipatorischen Interesses. Für die verschiedenen Gruppen von Wissenschaften zeigt sich folgendes:

Wohl lassen sich in den empirisch-analytischen Wissenschaften Tatsachen deskriptiv erfassen, aber deren Relevanz für den Forschungsprozeß wird erst „durch eine vorgängige Organisation unserer Erfahrung im Funktionskreis instrumentalen Handelns"[253] (Problem der Basissätze!) konstituiert. Wohl

---

[249] „Rechtfertigungsfähig" sind die Normen, soweit sie „verallgemeinerungsfähige Interessen" (Legitimationsprobleme, 103. 148. 149. 152 u. ö.) zum Ausdruck bringen. In einer „kommunikativen Ethik" dürfen nur *die* Normen Geltung beanspruchen, „auf die alle Betroffenen als Teilnehmer eines Diskurses (zwanglos) einigen (oder einigen würden), wenn sie in eine diskursive Willensbildung eintreten (oder eintreten würden)" (ebd. 125).

[250] Vgl. Legitimationsprobleme, 39. 125. 144 f.

[251] Legitimationsprobleme, 144, vgl. bes. 140–154. 194–196.

[252] *Habermas*, Erkenntnis und Interesse: Technik und Wissenschaft, a. a. O. 161. Daß *Habermas* (wie zuvor schon *Horkheimer*) durch diese Naturalisierung, die subjektivierende Tendenzen im Gefolge hat, die Intention der Kritischen Theorie letztlich verfehlt, zeigt die vorzügliche Metakritik von *Theunissen* (1969, bes. 13–27). Zu einem ähnlichen Ergebnis kommen auch *Rohrmoser* 1970 a, 101 f, und: *Bubner* 1971 a, bes. 174–187.

[253] *Habermas*, Erkenntnis und Interesse: Technik und Wissenschaft, a. a. O. 156. Das Gemeinte wird deutlicher an *Habermas'* Beispiel vom Diamanten, dessen Härte wohl an sich existiert, auch wenn wir keinen Test durchführen; „aber dieser universelle Sachverhalt ist real nur in Beziehung auf mögliche Operationen dieser Art überhaupt: der Diamant genannte Gegenstand *ist* nur

wird Realität erschlossen, aber ausschließlich unter dem Gesichtspunkt möglicher technischer Verfügung. Wird deshalb die Selbstreflexion, die ja der Vollzug des Interesses an Mündigkeit ist, im Bereich dieser Wissenschaften ausgeschaltet, so entsteht die Tendenz, aufgeklärtes Handeln durch Technik zu ersetzen.[254]

Die Selbstreflexion in den historisch-hermeneutischen Wissenschaften fördert zutage, daß hermeneutisches Wissen stets vermittelt ist durch das Vorverständnis des Interpreten, und daß dieser den Sachgehalt nur durch Anwendung auf seine Situation erfassen kann.[255] Angestrebt wird darin der auf gewaltlosem Verständnis beruhende Konsens der Handelnden. Werden diese Wissenschaften szientistisch aufgefaßt, so werden die geschichtlichen Zusammenhänge irrelevant, das Wissen selbst aber steril.

Der Objektivismus von beiderlei Herkunft stellt die Verständigung der Handelnden über die Ziele „der bloßen Dezision zwischen verdinglichten Wertordnungen und uneinsichtigen Glaubensmächten" anheim.[256] Der Umschlag in eine „Geschichtsphilosophie, die Handlungsanweisungen dogmatisch erteilt", liegt dann aber gefährlich nahe.[257]

Demgegenüber zeigen die von *Habermas* so genannten Handlungswissenschaften die Gesetzmäßigkeiten des sozialen Handelns und – ideologiekritisch – dessen schein-notwendige Fixierungen („Herrschaftsstrukturen"). Ihre ureigenste Aufgabe ist das Ingangbringen von Selbstreflexion, die das technische Verfügen und die lebenspraktische Verständigung zurückholt unter das Kriterium der Emanzipation von allem Zwang.

Wissenschaft ist beeinflußt von Praxis und beeinflußt ihrerseits Praxis, ob

hart, soweit er als ein Gegenstand möglicher technischer Verfügung konstituiert wird und in den Funktionskreis instrumentalen Handelns eintreten *kann*" (Erkenntnis und Interesse, 168 f).
[254] *Habermas,* Technik und Wissenschaft als ‚Ideologie': Technik und Wissenschaft, a. a. O. 91; *ders.,* Erkenntnis und Interesse: Technik und Wissenschaft, a. a. O. 166. – Bei der Reduktion von Vernunft auf die instrumentelle Zweck-Mittel-Rationalität an *H. Marcuse* an: vgl. bes.: Der eindimensionale Mensch. Studien zur Ideologie der fortgeschrittenen Industriegesellschaft, Neuwied 1967. Vgl. dazu auch *Habermas,* Technik und Wissenschaft als ‚Ideologie': Technik und Wissenschaft, a. a. O. 48–103; *Horkheimer,* Kritik der instrumentellen Vernunft, Frankfurt 1967; *A. Wellmer,* Kritische Gesellschaftstheorie und Positivismus, Frankfurt ²1969, 128–148; u. a. – Daß der Mensch zum Objekt seiner eigenen Herrschaft über die Natur geworden ist (Auschwitz als Enthüllung dieses Zusammenhangs!), ist eine der grundlegenden Aussagen *Adorno*s in: Negative Dialektik, z. B. 178–180.
Diese Reduktion ist identisch mit der eingangs erwähnten Tendenz, Praxis als Poiesis zu verstehen (der ποίησις entspricht in der neomarxistischen Terminologie der Ausdruck „Technologie"). *Riedel* 1970 vertritt die These, daß diese Subordination von Praxis unter Poiesis von *Hegel* vorbereitet ist und in der *Marx*schen „Identität von Arbeit und Handeln" vollzogen sei (bes. 284–294). Ähnlich *Bubner* 1971 b, 22–29. Vgl. auch die scharfe Zurechtweisung *Marx*ens durch *Habermas,* Arbeit und Interaktion: Technik und Wissenschaft, a. a. O. 44–47, und *A. Wellmer,* Kritische Gesellschaftstheorie und Positivismus, a. a. O. 69 ff; *ders.,* Kritische und analytische Theorie, in: Marxismus-Studien, VI. Folge: Weltreligionen und Marxismus vor der wissenschaftlich-technischen Welt, Tübingen 1969, 224–235.
[255] *Habermas,* Erkenntnis und Interesse: Technik und Wissenschaft, a. a. O. 158.
[256] Ebd. 166.
[257] Ebd. 167.

eingestanden oder nicht. Doch ist dieser Einfluß nicht automatisch ein die Rationalität des Handelns fördernder. Wertneutralität ist nur durch konsequente Beschränkung auf technisches Interesse möglich; denn bereits die Struktur der Sprache intendiert kommunikatives Handeln und damit auch Mündigkeit. Der Standard der von Praxis abstrahierenden Theorie hängt zusammen mit der institutionalisierten Trennung der Orte, wo Theorie beziehungsweise Praxis betrieben wird, und erweist sich somit als Reflex der arbeitsteiligen Gesellschaft.[258] Wird der Praxisbezug außer acht gelassen, dient Wissenschaft statt der „Veränderung zum Richtigen"[259] der Reproduktion der bestehenden (Herrschafts-)Verhältnisse. Sie verhindert Emanzipation, weil sie der Realisierung jenes Zustands im Wege steht, in dem menschliche Praxis nicht mehr durch mechanistische Zwänge, sondern durch Entscheidungen für eine als sinnvoll bejahte Gestalt der Geschichte zustande kommt. – Die Verweigerung der Selbstreflexion ist Positivismus[260], hinsichtlich ihrer gesellschaftlichen Funktion Ideologie, da sie der Wissenschaft ein Selbstverständnis unterschiebt, das ihre vorgebliche Praxis rechtfertigt, ihrer tatsächlichen aber keineswegs kongruent ist.

1.4.3 Die Kritische Theorie als Anfrage an die Moraltheologie

Ohne die Implikationen der Kritischen Theorie übernehmen und ihren Urteilen ohne weiteres zustimmen zu müssen[261], kann doch die heutige Theologie an dieser Herausforderung nicht einfach vorbeigehen. Dies muß um so mehr betont werden, als die Vertreter der Kritischen Theorie (mit Ausnahme des späten *Horkheimer*[262] und des hier nicht weiter berücksichtigten *W. Benjamin*[263]) ihren Gedanken kaum theologiekritisch spezifizieren[264], so

---

[258] *Horkheimer*, Traditionelle und kritische Theorie, 146.
[259] Ebd. 167.
[260] „Daß wir Reflexion verleugnen, *ist* der Positivismus" (*Habermas*, Erkenntnis und Interesse, 9).
[261] Zur Kritik der Kritischen Theorie s. außer den genannten Titeln von *Theunissen*, *Rohrmoser* und *Bubner* bes.: *Böhler* 1970 a; *Böhler* 1970 b; *Rudolph* 1977.
[262] Vgl.: *Horkheimer*, Die Funktion der Theologie in der Gesellschaft. Ein Gespräch, in: *P. Neuenzeit* (Hrsg.), Die Funktion der Theologie in Kirche und Gesellschaft, München 1969, 222–230; *ders.*, „Was wir ‚Sinn' nennen, wird verschwinden". Interview: Der Spiegel 24 (1970) 79–84; *ders.*, Interview im ZDF am 21. 6. 1970 (Manuskript); *ders.*, Interview im Bayerischen Rundfunk am 11. 5. 1972 (Manuskript); *ders.*, Bemerkungen zu Schopenhauers Denken im Verhältnis zu Wissenschaft und Religion: 53. Schopenhauer-Jahrbuch (1972) 71–79.
[263] Vgl. dazu *Lehmann* 1974, 45–47.
[264] Das mag einer der entscheidenden Gründe dafür sein, daß eine differenzierte und problembewußte Auseinandersetzung mit der Kritischen Theorie von seiten der Theologie bislang erst vereinzelt stattgefunden hat, sieht man einmal ab von ihrer Rezeption in der „Politischen Theologie", wie sie katholischerseits namentlich von *J. B. Metz* entwickelt wurde; diese knüpft allerdings noch an andere Quellen an. Erstaunlicherweise haben hingegen *E. Bloch* und die *Marx*sche Religionskritik in jüngster Zeit starke Beachtung gefunden.
Zur Politischen Theologie vgl. den gedrängten kritisch-dokumentierenden Überblick (mit umfassender Lit.) von *S. Wiedenhofer* (1976). Zu den nicht unerheblichen Wandlungen innerhalb der

daß die Gefahr besteht, daß die massive, aber meistenteils nur implizierte Kritik nicht oder nur auf Umwegen wahrgenommen wird. Religion insgesamt wird von der Kritischen Theorie als historische Realität genommen, deren Wahrheitsanspruch seit der Aufklärung als erledigt gelten darf; ihr faktisches Weiterbestehen in der modernen Industriegesellschaft ist vor allem unter den Gesichtspunkten des Residualen und der Ideologie zu sehen.[265] Für *Habermas* ist die Religion nicht in der Lage, die von der geschichtlichen Situation („Legitimationskrise") erforderte „diskursive Einlösung der normativen Geltungsansprüche"[266] zu leisten[267]; ja, sie könne heute nicht einmal mehr wirksam „Hilfe für kontingenzüberwindende Deutungen" „gegenüber den Grundrisiken der persönlichen Existenz (Schuld, Krankheit, Tod)" erbringen[268]. –

In Frage gestellt wird durch das von der Kritischen Theorie offengelegte Theorie-Praxis-Problem nicht so sehr eine einzelne theologische Disziplin noch eine bestimmte Gestalt von Theologie, sondern die Theologie als ganze, ihre Identität als Theologie.

1.4.3.1 Positiv stellt das Theorie-Praxis-Verhältnis im Sinn der Kritischen Theorie – hierin im übrigen nahe verwandt dem sonst so bekämpften Positivismus[269] – das Kriterium der Praxisrelevanz oder genauer, weil Praxis gesellschaftlich verstanden ist, das der Gesellschaftsrelevanz[270] auf. Die Wahrheit wird nicht etwa vorgefunden, sondern durch gesellschaftliche Praxis hergestellt: Wahr ist, was ich – ich bin ich, aber nur in und aufgrund von Gesellschaft – machen kann. Reden von einem Gott, wie es in der Theologie geschieht, ebenso wie das Hören auf diese Rede im Glauben sind nur dann sinnvoll und wahr, wenn sie sich in gesellschaftlicher Praxis inkarnieren und beobachten lassen. Illegitim erscheint dagegen dort eine Theologie, wo sie sich

---

Politischen Theologie vgl. die kritisch-weiterführenden Aufsätze von *K. Lehmann*: *Lehmann* 1969; *Lehmann* 1973; *Lehmann* 1974. – Zur Aufarbeitung der durch die Kritische Theorie aufgeworfenen Fragen für die Theologie vgl. u. a.: *Schillebeeckx* 1971, 113–171; *Schillebeeckx* 1973; bes. aber die richtungsweisende Grundlagenarbeit von *H. Peukert* (1976).

[265] Zur Stellung der Kritischen Theorie zu Religion und Theologie s. a. *Schweppenhäuser* 1971; *Menne* 1974; *Siebert* 1974; *Heinz* 1975.

[266] *Habermas*, Legitimationsprobleme, 23. 125.

[267] Legitimationsprobleme, 109.

[268] Legitimationsprobleme, 109 f, vgl. 109–113. 165; vgl. *Habermas*, Philosophisch-politische Profile, 35 f. Einer hoffnungsvolleren Beurteilung erfreut sich die „Repolitisierung der biblischen Überlieferung", die durch die Namen *Pannenberg, Moltmann, Sölle* und *Metz* belegt wird: Legitimationsprobleme, 166 f.

[269] Vgl. Abschnitt 1.5 dieses Kapitels.

[270] Dieses Prinzip ist grundlegend für alle Formen des Marxismus. Eine äußerst prägnante Form hat ihm *Marx* in der zweiten *Feuerbach*-These gegeben: „Die Frage, ob dem menschlichen Denken gegenständliche Wahrheit zukomme, ist keine Frage der Theorie, sondern eine *praktische* Frage. In der Praxis muß der Mensch die Wahrheit, i. e. Wirklichkeit und Macht, Diesseitigkeit seines Denkens beweisen. Der Streit über die Wirklichkeit oder Nichtwirklichkeit des Denkens, – das von der Praxis isoliert ist, – ist eine rein *scholastische* Frage" (Frühschriften, a. a. O. 339). Der gesellschaftliche Bezug wird in These 6 (ebd. 340) hergestellt. Die Konsequenz zieht dann These 8 (ebd.).

„rein" spekulativ versteht, bezogen auf ein ewiges Wesen jenseits des Bereichs menschlicher Veränderlichkeit, ebenso wie ein Glaube, der sich wesenhaft auf den Bereich privater Innerlichkeit beschränkt, und eine kontemplative Spiritualität.

1.4.3.2 Die negative Seite des Theorie-Praxis-Verhältnisses, wie es in der Kritischen Theorie konzipiert ist, erhebt gegen alle Theorie, die von Praxis frei sein will, den Vorwurf der Ideologie.[271] Denn einen Freiraum außerhalb oder über der Gesellschaft gibt es nicht. Mithin ist Theorie in jedem Fall gesellschaftsrelevant, auch wenn ihr das unbewußt ist oder sie diesen Zusammenhang verleugnet. Unter dieser Perspektive der Nichthintergehbarkeit von Praxis verwandelt sich das vom Gesichtspunkt der Praxisrelevanz aus als verhältnismäßig harmlos erscheinende Unsinnig-Illusionäre oder auch Lügenhaft-Unwahre in etwas „Gefährliches". Ideologie ist ja nicht eine letztlich nur im Intellekt des Subjekts vorhandene Differenz von Erscheinung und Sein, sondern ein Instrument, mittels dessen Herrschaft ausgeübt wird. Die Behauptung praktisch-gesellschaftlicher Folgenlosigkeit entlarvt sich deshalb als eine in Wirklichkeit äußerst wirksame Sanktionierung des gesellschaftlichen Status quo.

1.4.3.2.1 Die Theologie bekennt sich zu „wissenschaftlicher" Objektivität in dem Sinne, daß sie gesellschaftliche Einflüsse, Interessen, Bedürfnisse, Projektionen von sich entfernt halten will. Tatsächlich – so der Ideologiekritiker – dient sie aber handfesten kirchlichen Interessen und, da die Kirche immer in einer konkreten Gesellschaft und als ein Bestandteil von ihr lebt, Interessen der bestehenden oder noch bestehenden Gesellschaft. So wird es zum Beispiel schwer von der Hand zu weisen sein, daß die Restauration und Monopolisierung der Neuscholastik weitgehend solche ideologischen, gegen das neuzeitliche Problembewußtsein immunisierenden Gründe (vgl. auch die Institution des Index) hatte. Bezüglich der Theologie als ganzer wird der Einwand erhoben, „Gott" diene als generelle Legitimationsformel für den Status quo samt seinen Ungerechtigkeiten, Nöten, Herrschaftsstrukturen usw. Eine zusätzliche Schärfe erhält dieser Vorwurf noch durch die Behauptung der Wirklichkeit dessen, was man theologisch mit „Gnade" bezeichnet.

1.4.3.2.2 Dies gilt in spezifischer Weise für die Moraltheologie. Entweder vermag sie ein durch Gesellschaftsrelevanz ausgewiesenes Proprium beizubringen, oder aber ihre Theologisierung erweist sich als „zusätzlich"; dann aber ist diese nicht nur überflüssig, sondern fungiert (latent) ideologisch.

1.4.3.2.3 Will Theologie nicht positivistisch (im neomarxistischen Sinne) sein, so muß sie sich auf ihren Praxis- und Gesellschaftsbezug sowohl hinsichtlich ihrer Bedingtheit als auch ihrer Funktionen besinnen. Nur so wird sie die Verwechslung von Reproduktion einer bestimmten Gesellschaft mit

---

[271] „Ideologie" wird hier nur in dem Sinn gebraucht, wie die Kritische Theorie diesen Begriff verwendet.

der Realisierung des Evangeliums vermeiden können. Solche Besinnung hätte nicht nur große Konsequenzen bezüglich des missionarischen Engagements, sondern würde zum Beispiel auch die Moraltheologie dazu verpflichten, stets zu prüfen, inwieweit ihre Gestalt von einer jeweiligen Gesellschaft her bedingt ist.

1.4.3.2.3.1 Die Verwirklichung des genannten Desiderats setzt voraus, daß die Theologie zu einem neuen Verständnis von „Praxis" gelangt. Der verengte Begriff, wie er beispielhaft in der Bezeichnung „Praktische Theologie", noch deutlicher aber in der Konzeption des von der katholischen Tradition bevorzugten Äquivalents „Pastoraltheologie" zum Ausdruck kommt, und das bis in die jüngste Zeit durch einen amtlich-klerikalen Aufgabenkreis pragmatischer Art gekennzeichnet war[272], müßte aufgebrochen werden. Praxis ist vielmehr jeder Selbstvollzug der Christen als einzelner wie als Glaubensgemeinschaft und auch in dem Bereich, der in der heutigen theologischen Diskussion üblicherweise „Welt" genannt wird, und gerade in diesem.

Das erfordert als weiteres, von dem naiven Zwei-Phasen-Schema: erst Theorie, dann praktische Anwendung derselben, abzugehen.

Die Aufgabe endlich, über Praxis zu reflektieren und den Bezug von Theorie und Praxis näher zu bestimmen, läßt sich nicht auf einzelne Disziplinen beschränken, sondern ist für alle, und innerhalb ihrer wieder generell, relevant (Praxis als Bedingungs- und Bezugsebene). Die Kompetenzaufteilung unter den Disziplinen darf nicht vergessen lassen, daß Praxis für die gesamte Theologie hermeneutisches Prinzip ist. In diesem Zusammenhang sind auch jene Anliegen zu berücksichtigen, die *J. B. Metz* unter dem vorbelasteten Begriff der „Politischen Theologie" entworfen hat.

1.4.3.2.3.2 Die Reflexion muß auf mehreren Ebenen einsetzen. Einer Klärung bedürfen: das Verhältnis von Theologie und Geschichte; dasjenige von Theologie und Erfahrung (samt Einbeziehung von Natur- und Humanwissenschaften); das von Kontemplation und Aktion; die Frage des theologischen Ansatzes (Anthropo- oder Theozentrik?); das Verhältnis von Gegenwart und eschatologischer Zukunft; das wissenschaftstheoretische Verhältnis von Dogmatik zu Moral- beziehungsweise Praktischer Theologie.[273]

1.4.3.3 Der Ideologieverdacht und -vorwurf gegenüber dem Sprechen von Gott, auch und gerade im Zusammenhang einer Theorie des Handelns, trifft tiefer als nur bis zur Legitimation gesellschaftlicher Verhältnisse: „Gott"

---

[272] Vgl. die traditionelle Unterteilung in Liturgik, Homiletik, Katechetik. – Übrigens bietet die Entwicklung der Praktischen Theologie hinsichtlich ihrer verengenden Tendenz zu einem (pastoral-) „technischen" Selbstverständnis eine auffallende Parallele zur Entwicklung des objektivistischen Wissenschaftsideals und zum Verschwinden der Praktischen Philosophie als eigener Disziplin.

[273] Ähnliche Desiderate formuliert – aufgrund einer Betrachtung der Divergenz von Theologie und neuzeitlichem Denken – *Simons* 1972.

mache die Menschen überhaupt blind für oder zumindest defätistisch gegenüber der gegenwärtigen Not. Die Theologumena vom Schöpfertum Gottes, von der göttlichen „Vorsehung" und von der Erbsünde[274], wie auch die Aussicht auf ein ewiges Leben in einem paradiesischen Jenseits ließ die Frage: „Warum ist dieses Seiende so und nicht vielmehr anders?" gar nicht aufkommen beziehungsweise als völlig nebensächlich erscheinen. Theologie, Religion, Glaube wirkten quietiv und ließen die Menschen kaum an eine bessere (innerweltliche) Zukunft denken, geschweige denn sie aktiv herbeiführen. Ideologiekritisch gewendet enthüllt sich folgender Sachverhalt: „Die Wendung zur Transzendenz fungiert als Deckbild immanenter, gesellschaftlicher Hoffnungslosigkeit."[275]

1.4.3.4 Dieser Vernachlässigung der Zukunft durch die Theologie korrespondiert eine Kopflastigkeit an Geschichte. Anstatt sich – zumindest auch – an der durch negative Dialektik ermöglichten Antizipation zu orientieren, normiert sich Theologie zu ausschließlich im Rückgang auf geschichtliche Ereignisse, Personen, Zeugnisse.

Wo sie das bisher nicht tat, weil das Geschichtsbewußtsein noch nicht genügend entwickelt war, oder nicht tun konnte, weil die geschichtlichen Zeugnisse die Auskunft verweigern, rekurrierte Theologie auf Metaphysik. Dies gilt wieder in besonderer Weise für die Moraltheologie und ihren Gebrauch der Lehre vom natürlichen Sittengesetz. Die klassische Seinsethik wäre zwar durchaus eine Möglichkeit nichtpositivistischer Theorie, bei der die Einheit von Theorie und Praxis gegeben sein könnte. Die Vertreter der Kritischen Theorie sprechen Metaphysik und Naturrecht die historische Berechtigung auch nicht ab, ziehen sie aber als ernsthafte Möglichkeit für die Gegenwart nicht mehr in Betracht. Denn Seinsethik versucht eben, Letzt- und Endgültiges zu erkennen, was nur gelingt durch gänzliche Abstraktion von den konkreten Verhältnissen und so weder diesen noch unserer heutigen Einsicht in die Geschichtlichkeit als Grundbestimmung angemessen ist.

1.4.3.5 Dieser antimetaphysische Zug Kritischer Theorie ist letztlich in ihrem Interesse an Emanzipation begründet. Wie das ihr zugehörige Geschichtsverständnis zeigt, kann sie eine vorgängige Struktur der Welt nicht

---

[274] Im Blick auf die heutige (gemeint ist das Jahr 1957!) Renaissance der Offenbarungsreligion explizierte *Adorno* im WDR diesen Vorwurf: „[. . .]; der Drang danach [. . .] ist in Wahrheit nicht aufs Menschenwürdige gerichtet, sondern kapituliert vorm Menschenunwürdigen. Dahinter steht der [. . .] Schein, daß das Subjekt, daß die Menschen unfähig seien zur Menschheit: die verzweifelte Fetischisierung bestehender Verhältnisse. Das religiöse Motiv von der Verderbtheit des Menschengeschlechts seit dem adamitischen Fall tritt aufs neue [. . .] entstellt in den Dienst des Schlechten selber. Weil den Menschen die Einrichtung einer gerechten Ordnung unmöglich sei, wird die bestehende ungerechte ihnen empfohlen. [. . .] Die Wendung zur Transzendenz fungiert als Deckbild immanenter, gesellschaftlicher Hoffnungslosigkeit" (Vernunft und Offenbarung, in: Stichworte. Kritische Modelle II, Frankfurt 1969, 24.).
[275] Ebd. 24.

anerkennen.[276] Auf das Unternehmen einer Moraltheologie appliziert, heißt das: Nicht nur Institution, Hierarchie, Autoritäts- und Traditionsprinzip verstoßen gegen das Grundinteresse der Emanzipation; viel grundsätzlicher spricht dieses sowohl gegen eine dem Menschen übergeordnete Instanz (Gott) überhaupt, wie auch gegen eine Ethik herkömmlichen Stils. Es kann allein ein Ethos der Freiheit geben, die als „Befreiung von", als bestimmte Negation eines jeden Negativen verstanden wird, als da sind Repression, Ausbeutung, Ungerechtigkeit, Entfremdung, Irrationalität usw. Paradox könnte man deshalb formulieren: Das Ethische besteht hier in der Emanzipation von Ethik (im herkömmlichen Sinn).[277]

1.5 Die Un-sinnigkeit theologischer Ethik aus der Sicht eines am Ideal der exakten Wissenschaften orientierten Denkens (Analytische Philosophie)

Wenn sich für die heutige Philosophie als gesamte überhaupt Grundthemen benennen lassen, so ist an vorderster Stelle das Nachdenken über die Sprache anzuführen. Während nun die Hermeneutik als die eine repräsentative Richtung dieses Bemühens von der Theologie in sehr fruchtbarer Weise rezipiert wurde, ja von dieser sogar wesentliche Impulse erhielt, hat die Auseinandersetzung mit der zweiten Richtung, die man mit einigem Vorbehalt Neopositivismus nennen kann, zwar bereits manche beachtlichen Arbeiten hervorgebracht[278], ist aber im Blick auf die Theologie in ihrer ganzen Breite (jedenfalls der nicht-angelsächsischen) über Ansätze nicht hinausgekommen. Gerade diese Art der Reflexion und das ihr zugrunde liegende Wirklichkeitsverständnis aber sind für heute symptomatisch und in vulgärer Form weit verbreitet. Sie bedeuten sowohl für die Theologie insgesamt wie auch besonders

---

[276] „[...] daß die materialistischen Ansichten mit dem Gedanken einer absoluten Forderung unverträglich sind" (*Horkheimer,* Materialismus und Metaphysik, 42; ders., Materialismus und Moral, bes. 91–95).

[277] Daß auch beim genuinen *Marx* das Fehlen einer Ethik nicht einfach eine Lücke, sondern konsequentes Erfordernis seiner „Theorie" ist, zeigt: *Fleischer* 1973.

[278] Zu nennen sind insbesondere: *Schillebeeckx* 1971; *de Pater* 1971; *de Pater* 1973; *Frey* 1971; *Casper* 1973; *Casper* 1975; *Peukert* 1972; *Peukert* 1976; *Grabner-Haider* 1973; *Zirker* 1974; *Welte* 1975; *Just* 1975; *Track* 1977.
Wichtige Originaltexte liegen inzwischen auch übersetzt vor, so vor allem in: *D. M. High* (Hrsg.), Sprachanalyse und religiöses Sprechen, Düsseldorf 1972; *I. U. Dalferth* (Hrsg.), Sprachlogik des Glaubens. Texte analytischer Religionsphilosophie und Theologie zur religiösen Sprache, München 1974 (= Beiträge zur evang. Theologie 66) (mit umfassender Lit.); *J. Macquarrie,* Gott-Rede. Eine Untersuchung der Sprache und Logik der Theologie. Übers. A. Pieper, Würzburg 1974.
Innerhalb der deutschsprachigen Moraltheologie haben *B. Schüller* und sein Schüler *R. Ginters* in eigenständiger Rezeption der analytischen Philosophie eine Theorie der ethischen Argumentation entwickelt; vgl. grundlegend dazu: *Schüller,* Die Begründung sittlicher Urteile. Typen ethischer Argumentation in der katholischen Moraltheologie, Düsseldorf 1973.

für die theologische Ethik eine ganz neue Weise der Infragestellung: Theologie wird nicht mehr herausgefordert und bekämpft, sondern übergangen, negiert, gilt als nicht vorhanden, fällt aus – so etwa ließe sich das Problem im Vorgriff charakterisieren.
Ausgangspunkt für die folgende Untersuchung bilden jene zwei Grundtypen solchen Philosophierens, die beide ihren entscheidenden Anstoß von *L. Wittgenstein* bekamen.

1.5.1 *Logischer Positivismus: Der Ausfall der Möglichkeit ethischer Sätze überhaupt in einer vollständigen Beschreibung der Welt*

1.5.1.1 Wirklichkeit:
Die fundamentale Unterscheidung, von der *Wittgensteins* Sätze im ‚Tractatus logico-philosophicus' ausgehen, ist die zwischen Tatsachen (bestehende Sachverhalte) und Nichttatsachen (Sachen, Dinge, Gegenstände). Letztere sind einfach, das ist: nicht zusammengesetzt; sie bilden die Bestandteile möglicher Tatsachen, bestehen aber unabhängig von diesen.
Das Verbundensein von Gegenständen dagegen ist eine Tatsache. Mit einem Gegenstand sind bereits sämtliche Möglichkeiten seines Vorkommens in Sachverhalten gegeben.[279] – Komplexe Tatsachen lassen sich vollständig in Bestandteile und die Verknüpfungen dieser Elementartatsachen zerlegen.[280]
Von daher verstanden ist „Welt" als das Gesamt der Wirklichkeit nicht die Summe aller Gegenstände, sondern die Gesamtheit der bestehenden Tatsachen, oder wie *Wittgenstein* lapidar sagt, „alles, was der Fall ist".[281]
1.5.1.2 Sprache als Spiegelbild der Wirklichkeit:
Von den Tatsachen machen wir Menschen uns Bilder[282]; die logische Form der Abbildung aber ist der Gedanke[283], dessen sinnlich wahrnehmbarer Ausdruck der Satz[284]. Auf letzteren bezogen, bedeutet das: Welt und Sprache sind strukturidentisch oder – in mathematischer Terminologie – isomorph. Es entspricht also jedem Gegenstand der Wirklichkeit in der Projektionsart der Sprache genau ein Zeichen, und das ist der Name. Infolgedessen kann man einen Gegenstand nur nennen, das heißt von ihm sprechen, nicht aber ihn aussprechen, zergliedern oder definieren. – Dem Sich-in-einer-bestimmten-Weise-zueinander-Verhalten von Dingen in der Sachlage entspricht die

---

[279] *L. Wittgenstein,* Tractatus logico-philosophicus. Logisch-philosophische Abhandlung, in: Schriften, Bd. I, Frankfurt 1960 (im folgenden abgekürzt Tr), Satz 2.0123.
[280] Tr 2.0201.
[281] Tr 1.
[282] Tr 2.1.
[283] Tr 3.
[284] Tr 3.1.

Konfiguration der Namen im sogenannten Satzzeichen[285]; Sachlagen lassen sich somit wohl beschreiben, nicht aber benennen. – Komplexe Sätze sind nicht einfach ein Gemisch von Wörtern, sondern artikuliert, genauer: sie sind Wahrheitsfunktionen ihrer Elementarsätze; damit sind sie zerlegbar in diese Elementarsätze (Form: Es verhält sich so und so) und deren interne Relationen.[286]

Somit ist die Sprache „ein Modell der Wirklichkeit"[287], „wie ein Maßstab an diese angelegt"[288]. Das „wie" bringt zum Ausdruck, daß sie ihrerseits nicht ein Ding ist, das Projizierte selbst also nicht enthält, sondern zur Kategorie der Tatsachen gehört. Aus einem Satz allein kann folglich nicht erkannt werden, ob er wahr oder falsch ist, eine Erkenntnis darüber erbringt allein der Vergleich mit der Wirklichkeit[289]; a priori wahre Sätze – solche also, deren Möglichkeit ihre Wahrheit bedingt – kann es nicht geben[290]. Es gibt also nur Aussage- oder Behauptungssätze; denn die Projektionsmethode ist das Denken des Satzsinnes[291]; und der Sinn eines Satzes ist mithin seine Über- beziehungsweise Nichtübereinstimmung mit den Möglichkeiten des Bestehens und Nichtbestehens von Sachverhalten. Ist eine bejahende oder verneinende Zuordnung zu einem Sachverhalt möglich, so ist der Satz wahr beziehungsweise falsch. Sinnlos dagegen ist er, wenn er keinen möglichen Sachverhalt abbildet[292]. Die Frage nach der Wahrheit ist also streng zu trennen von der Frage nach dem Sinn.

Auch der komplexeste Satzverband muß, wenn er logisch richtig ist, einen bestimmten und klar angebbaren Sinn haben; es gibt nur *eine* und nur eine *vollständige* Analyse des Satzes[293]. Die Umgangssprache allerdings ordnet sehr häufig die Elemente nicht eineindeutig zu, sie „verkleidet" deshalb die Gedanken; so erscheint zum Beispiel das Wort „ist" als Kopula, Gleichheitszeichen und Ausdruck der Existenz; *Wittgenstein* postuliert deshalb eine for-

---

[285] Das Satzzeichen unterscheidet sich in der Schrift nicht von einer Wortkette. „Sehr klar wird das Wesen des Satzzeichens, wenn wir es uns, statt aus Schriftzeichen, aus räumlichen Gegenständen (etwa Tischen, Stühlen, Büchern) zusammengesetzt denken. Die gegenseitige räumliche Lage dieser Dinge drückt dann den Sinn des Satzes aus." (3.1413)
[286] Bezüglich der Wahrheitsoperatoren oder logischen Konstanten bestreitet *Wittgenstein* (Tr 4.0312), daß sie etwas bezeichnen, d. h. für etwas stehen. Nur die Sprache benötigt sie, um nichtelementare Aussagen konstruieren zu können.
[287] Tr 2.12; 3.01; 4.01.
[288] Tr 2.1512.
[289] Tr 2.223 – 2.224 und 4.05 – 4.06.
[290] Tr 2.225; 3.04; 4.442.
[291] Tr 3.11.
[292] Das Kriterium für Sinn bzw. Unsinn liegt also in der Bejahbarkeit bzw. Verneinbarkeit eines Satzes (Tr 5.5151; A Lecture on Ethics: Philosophical Review 74 (1965), 8 f; vgl. Philosophische Untersuchungen, in: Schriften, I, Frankfurt 1960, § 136). *G. Pitcher* (Pitcher 1967, 80) nennt dieses Kriterium deshalb das „Prinzip der signifikanten Negation". – Analytische Sätze oder Tautologien (wie etwa alle Sätze der Logik) sind zwar ebenfalls sinn-los, nicht aber un-sinnig, so daß es strenggenommen drei Kategorien von Sätzen gibt.
[293] Tr 3.25.

malisierte Zeichensprache, die der logischen Syntax gehorcht. – Weil der sinnvolle Satz die Wirklichkeit auf ja oder nein fixieren muß, zeigt er umgekehrt seinen Sinn, das heißt genauer, „wie es sich verhält, *wenn* er wahr ist. Und er *sagt, daß* es sich so verhält"[294].

1.5.1.3 Ethik als Un-Sinn:

Ein Satz gilt nach dem Vorhergehenden nur dann als sinnvoll, wenn er der logischen Grammatik entspricht und mit einem Sachverhalt verglichen werden kann. Deshalb sind die Grenzen der Sprache auch die Grenzen der Wirklichkeit und der Welt überhaupt.[295] Niemand kann sagen: „Das und das gibt es in der Welt, jenes nicht"[296]; das würde nämlich einen Standpunkt außerhalb der Welt voraussetzen, und das hieße dasselbe, wie sein eigenes Auge oder sein Gesichtsfeld sehen wollen. „Was wir nicht denken können, das können wir nicht denken; wir können also auch nicht *sagen*, was wir nicht denken können."[297] Die Welt zerfällt in elementare Tatsachen und diese wieder in Dinge; es gibt weder eine physikalische Kausalität (Kausalität ist lediglich eine logische Form!), noch Geschichte (im Singular), noch Wertunterschiede, noch Sinn.

In einigen wenigen Nummern des Tr[298] und einer „Lecture on Ethics"[299] zieht *Wittgenstein* die Konsequenzen für die Ethik: Alle ethischen – ebenso wie die ästhetischen und religiösen – Sätze sind unsinnig, denn ein Satz kann nur Faktisches beschreiben, aber nicht etwas vorschreiben. Sinnvoll sind dann eigentlich nur naturwissenschaftliche Sätze; doch selbst wenn diese alle restlos gegeben wären, sind die menschlichen Lebensprobleme von ihnen noch in keiner Weise berührt[300]. Es erscheint völlig paradox, wenn nun *Wittgenstein* in einem Brief schreibt, der Sinn seines Buches sei ein ethischer; doch löst sich die Paradoxie schnell auf: „Es wird nämlich das Ethische durch mein Buch gleichsam von Innen her begrenzt."[301] Die Rätsel des Lebens samt ihrer Lösung liegen außerhalb von Raum und Zeit; und darüber können wir nichts sagen, es bleibt uns folglich nur das Schweigen. Treten solche Probleme trotzdem auf, so löst sie die analytische Philosophie – sie ist eine

---

[294] Tr 4.022.
[295] Tr 5.6. Strenggenommen müßte es „meine" Welt heißen; da es aber keine andere Welt gibt, ist „meine" unsinnig. Vgl. die Solipsismus-Diskussion Tr 5.62 – 5.64.
[296] Tr 5.61.
[297] Tr 5.61. Vgl. Vorwort des Tr.
[298] Vgl. Tr 4.1 (einschließlich Unternummern) und 6.4 – 7.
[299] In: Philosophical Review 74 (1965), 3-12.- Vgl. auch Lectures and Conversations on Aesthetics, Psychology and Religious Belief, ed. *C. Barrett*, Oxford 1966.
[300] Siehe Tr: „6.52 – Wir fühlen, daß selbst, wenn alle *möglichen* wissenschaftlichen Fragen beantwortet sind, unsere Lebensprobleme noch gar nicht berührt sind. Freilich bleibt dann eben keine Frage mehr; und eben dies ist die Antwort.
6.521 – Die Lösung des Problems des Lebens merkt man am Verschwinden dieses Problems.[...]
6.522 – Es gibt allerdings Unaussprechliches. Dies *zeigt* sich, es ist das Mystische."
[301] Briefe an Ludwig von Ficker. Hrsg. *G. H. v. Wright*, Salzburg 1969, 35.

Tätigkeit, nicht eine Lehre![302] – „endgültig", indem sie sie als „Mißverständnisse der Logik unserer Sprache" erweist.[303]

1.5.1.4 Weiterentwicklung:

Hiervon ausgehend, aber sehr viel polemischer haben *R. Carnap* und andere Philosophie nicht als Theorie, sondern als Methode zur „Klärung der sinnvollen Begriffe und Sätze" und anderseits zur „Ausmerzung bedeutungsloser Wörter und sinnloser Scheinsätze" bestimmt.[304] Konstitutiv hierfür ist jenes mehrmals modifizierte Sinnkriterium, als das *Carnap* die empirische Verifizierbarkeit, *K. Popper* die empirische Falsifizierbarkeit bestimmt hat. Unter dieser Bedingung enthüllen sich alle metaphysischen Sätze, „alle Wertphilosophie und Normwissenschaft" eingeschlossen[305], als Scheinsätze, und zwar aus zwei Gründen: entweder weil Wörter in syntaxwidriger Weise zusammengestellt sind, oder durch die Verwendung eines Wortes, von dem man irrtümlich annimmt, es habe eine Bedeutung[306]. Was Metaphysik allenfalls enthält, ist ein völlig inadäquater Ausdruck des Lebensgefühls.[307] Ethische Begriffe, geschweige denn normative Sätze, können sinnvoll überhaupt nicht ausgesprochen werden, da sie weder analytisch sind noch empirisch verifiziert oder aus empirischen Sätzen abgeleitet werden können.

Carnap deutet noch eine zweite mögliche Position zur Ethik an, die *A. J. Ayer* ausgeführt hat: Besteht man bei ethischen Sätzen trotz des Gesagten auf empirischen Kennzeichen, so erweisen sich die ethischen Sätze als rein deskriptive, deren Sollensanspruch den Inhalten an Tatsächlichkeit nichts hinzufügt. *Ayer* illustriert das an folgendem Beispiel: „If I say to someone, 'You acted wrongly in stealing that money', I am not stating anything more than if I head simply said, 'You stole that money'. In adding that this action is wrong I am not making any further statement about it. I am simply evincing my moral disapproval of it."[308] Der verallgemeinerte Satz „Stealing money is wrong" ist deshalb weder wahr noch falsch; er behauptet nichts, sondern ist rein emotional, und zwar in einem doppelten Sinn: Er ist einerseits Ausdruck, anderseits Erreger moralischer Empfindungen.[309] Weil ihm keine ob-

---

[302] Tr 4.112. 4.114.
[303] Vorwort zum Tr. – Hier ist nicht der Ort, auf *Wittgensteins* Bemerkungen zur Mystik einzugehen. Sie sind in der bisherigen Wirkungsgeschichte des Tr zu wenig zum Tragen gekommen, obwohl Satz 7 deutlich macht, daß das Schweigen nicht als Leere, sondern als ein Schweigen „von etwas" verstanden verden muß. – Vgl. Tr 4.003 und Lecture on Ethics, 11 f.
[304] *R. Carnap,* Überwindung der Metaphysik durch logische Analyse der Sprache: Erkenntnis 2 (1931) 237 f.
[305] *Carnap,* Überwindung der Metaphysik, 220. 237.
[306] Beispiele bei *Carnap,* Überwindung der Metaphysik , 224–227 und 229–233.
[307] *Carnap,* Überwindung der Metaphysik, 238–241. „Metaphysiker sind Musiker ohne musikalische Fähigkeit." (240) Vgl. *A. J. Ayer,* Language, Truth and Logic, London [12]1956, 44: „the metaphysician as a kind of misplaced poet".
[308] Language, Truth and Logic, 107. Vgl. bes. Chap. I „The Elimination of Metaphysics" (a. a. O. 33–45) und Chap. VI „Critique of Ethics and Theology" (a. a. O. 102–120).
[309] Deshalb nennt sich diese Theorie „Emotive Theory".

jektive Gültigkeit zukommt, läßt sich über Wertfragen auch nicht streiten. Die eigentliche Aufgabe der wissenschaftlichen Ethik besteht nach *Ayer* in der Aussage, daß ethische Begriffe Pseudobegriffe sind. Die Beschreibung der Sitten selbst, das heißt der Empfindungen, die sie ausdrücken, und der Reaktionen, die sie beabsichtigen, ist hingegen allein Sache von Psychologie und Gesellschaftswissenschaft.

1.5.2 Einwendungen gegen den theologischen Charakter der Ethik vom sprachanalytischen Standpunkt

Aus dem kategorischen Ergebnis des Tr, alle ethischen wie philosophischen Sätze seien sinnlos, hatte *Wittgenstein* die Konsequenzen gezogen und die Beschäftigung mit Philosophie aufgegeben. Als er sich ihr nach einem Jahrzehnt wieder zuwandte, konnte das von vornherein kaum eine lineare Fortführung der im Tr entwickelten Gedanken bedeuten. Worin bestehen nun die grundlegenden Unterschiede seiner zweiten Philosophie gegenüber der ersten?

1.5.2.1 Sprache:
Von entscheidender Bedeutung ist die Kritik an der Auffassung von der Monofunktionalität der Sprache. Auch die Sätze der tatsächlichen, das heißt unserer gewöhnlichen Sprache haben einen Sinn; und in dieser gibt es offenkundig nicht nur Aussagesätze (wie in der postulierten Idealsprache des Tr), sondern „unzählige verschiedene Arten der Verwendung alles dessen, was wir ‚Zeichen‘, ‚Worte‘, ‚Sätze‘ nennen"[310]. Diese Arten der Verwendung wie fragen, befehlen, berichten, bitten, danken, grüßen, beten usw. einschließlich der damit verbundenen Tätigkeiten und Situationen nennt *Wittgenstein* „Sprachspiele". Ihre Mannigfaltigkeit ist nicht ein für allemal festgelegt, sondern offen für neu entstehende Sprachtypen. Aus der Beschreibung des Sprachspiels wird deutlich, daß Sprechen nicht der isolierte Sprechakt ist, sondern sich erst in einer jeweiligen Verwendung vollzieht, so daß das Sprechen nur ein Teil einer Tätigkeit, ja einer „Lebensform" ist. Für sich genommen sind Zeichen, Wörter, Satzradikale tot, erst der Gebrauch gibt ihnen Leben.[311] Dementsprechend kann auf seiten des Hörenden Kriterium des richtigen Verstehens nur die richtige Anwendung sein. In Analogie zu dem von *Pitcher* so genannten Prinzip der signifikanten Negation des Tr könnte man das Bedeutungskriterium der PU „Prinzip des signifikanten Mißverständnisses" oder „Prinzip der signifikanten Fehlanwendung" nennen.

Mithin ist einem Wort nicht genau eine Bedeutung zugeordnet, sondern das Wort besitzt eine ganze Familie von Bedeutungen, seine Ränder sind gleich-

---

[310] L. *Wittgenstein*, Philosophische Untersuchungen, in: Schriften, Bd. 1, Frankfurt 1960 (im folgenden abgekürzt: PU), § 23.
[311] PU 432.

sam unscharf.³¹² Daraus darf man aber nicht schließen, Bedeutungen seien willkürlich; schließlich hat jedes Spiel seine Regeln oder, wie *Wittgenstein* sagt, seine Grammatik. Das ist nicht so zu verstehen, als handle es sich um ein strikt exaktes Kalkül. Es gibt eine „Vagheit in den Regeln"³¹³ und deshalb hat eine Regel eher die Funktion eines Wegweisers³¹⁴: Er wird nicht „an sich" verstanden, sondern aufgrund einer Konvention, und erfüllt seinen Zweck bei „normalen", das heißt eben gewohnten Verhältnissen. Sein scheinbarer Mangel an Exaktheit ist noch lange kein Urteil über seine Brauchbarkeit.³¹⁵ „Scheinbar" ist dieser Mangel, weil sich ein absoluter Maßstab für Exaktheit gar nicht aufstellen läßt; Exaktheit ist relativ zur Erreichung eines bestimmten Zweckes, also zu einer Situation.

1.5.2.2 Bezug der Sprache zur Wirklichkeit:

„Einen Satz verstehen, heißt, eine Sprache verstehen." *Wittgenstein* fährt fort: „Eine Sprache verstehen, heißt, eine Technik beherrschen."³¹⁶ Damit ist die Auffassung des Tr, die Sprache sei eine eigene Darstellungsebene, aufgegeben und mit ihr die Abbildtheorie. Sprechen, Sprache und Lebensvollzug lassen sich nicht trennen. Zwischen Wort und Gegenstand besteht nur mehr eine assoziative Verbindung; sie wird erst hergestellt durch eine hinweisende Definition, indem man nämlich auf den Träger des Wortes verweist. Der Name ist dem Ding nicht kontextinvariabel zugeordnet, sondern wird ihm jeweils gegeben; es wird ihm gleichsam ein Namenstäfelchen angeheftet³¹⁷. Wie aber die Benennung der Figuren eines Schachspiels noch nicht die Partie selber ist, genausowenig ist die Benennung von Dingen schon das Sprachspiel selbst, sondern nur dessen Vorbereitung. Erst der Gebrauch des Wortes in einer Sprache gibt ihm, genauer: *ist* seine Bedeutung³¹⁸; ohne dieses sprachliche Beziehungsgefüge, das seinerseits wieder Teil einer konkreten Lebensform ist, kann ein Name keinen beziehungsweise jeden möglichen Sinn haben. *W. Stegmüller* hat diese Auffassung treffend als „Schachtheorie der Sprache" charakterisiert im Gegensatz zur „Mosaiktheorie des Tr".³¹⁹ Die Bedeutung eines Namens ist also nicht wie im Tr das Ding, das dem Wort „entspricht", und deshalb muß die Bedeutung streng vom Träger des Namens unterschieden werden.³²⁰

---

³¹² PU 77. Vgl. das Beispiel „Moses" in PU 79.
³¹³ PU 100 f.
³¹⁴ PU 85.
³¹⁵ PU 88.
³¹⁶ PU 199.
³¹⁷ PU 15. 26.
³¹⁸ PU 43 und XI/ S. 532. – Auf diesem Fundament hat *J. L. Austin* eine Theorie des Gebrauchs sprachlicher Äußerungen (hinsichtlich ihrer Bedeutung, Rolle und Wirkung) entwickelt. Vgl. seine Harvard-Vorlesungen in: How to do Things with Words, Cambridge/Massachusetts ²1963.
³¹⁹ Hauptströmungen der Gegenwartsphilosophie. Eine kritische Einführung, Stuttgart ⁴1969, 591. Zur Grenze dieses Vergleichs s. ebd. 593–595.
³²⁰ Das wird durch folgendes Beispiel deutlich: „Wenn Herr N. N. stirbt, so sagt man, es sterbe der

1.5.2.3 Wirklichkeit:
Es gibt auch keine „an sich" bestehende Wirklichkeitsebene. So kann auch nicht mehr die Behauptung aufrechterhalten werden, der Name sei als Urzeichen Korrelat zu je einem Urelement, dem Gegenstand, bezeichne also etwas Einfaches. „Einfach" und „zusammengesetzt" (im sprachlichen wie im außersprachlichen Verständnis) können selbst wieder nur in der geregelten Verwendung sinnvoll sein.[321] Dann hängt aber von der Situation ab, ob ein gesprochenes oder geschriebenes Zeichen (benennendes) Wort oder (beschreibender) Satz ist. Von Elementen kann nur innerhalb eines bestimmten Sprachspiels und damit einer Lebensform die Rede sein. Es ist nichts Dargestelltes, sondern fungiert lediglich als Mittel und Paradigma der Darstellung, ganz ähnlich wie das Urmeter in Paris, von dem sich auch nicht aussagen läßt, es sei ein Meter lang.
Schließlich kann es dann auch nicht mehr die eine und vollständige Analyse einer Sprachform geben. Man kann die Welt ganausowenig wie die Sprache in eine eindeutige Elementenmenge zerlegen, es gibt im Gegenteil unendlich viele Arten der Zerlegung. Es gibt keinen Zustand der vollständigen Exaktheit, das Ideal der „Kristallreinheit" ist ein „Vorurteil".[322] Deshalb kann man auch nicht sagen, was der wahre und wirkliche Sinn von etwas, sein Wesen, sei; da gibt es nicht das Eine, allen Gemeinsame, das die Analyse unter der Oberfläche freilegen könnte, wie *Wittgenstein* sehr ausführlich an den Beispielen von „Spiel" und „Zahl" zeigt. Die Elemente sind in anderer Weise verbunden, so etwa wie Menschen, die zur selben Familie gehören, und deshalb führt *Wittgenstein* das Wort „Familienähnlichkeit"[323] ein.
1.5.2.4 Ist theologische Ethik möglich?
„Die Ergebnisse der Philosophie sind die Entdeckung irgendeines schlichten Unsinns und Beulen, die sich der Verstand beim Anrennen an die Grenze der Sprache geholt hat."[324] Wie kommt solcher Unsinn zustande? — Immer läßt er sich auf „grammatische Täuschungen" zurückführen: Zum einen kann sich die Philosophie in Mißverständnissen verfangen, indem sie andauernd nach dem Wesen und nach dem Begriff sucht.[325] Diese Suche ist von vornherein vergeblich; erliegt das Denken aber der Suggestion seines eigenen Postulats, es müsse ein Wesen geben, so findet es ein solches nicht durch

---

Träger des Namens, nicht, es sterbe die Bedeutung des Namens. Und es wäre unsinnig, so zu reden, denn hörte der Name auf, Bedeutung zu haben, so hätte es keinen Sinn, zu sagen: ‚Herr N. N. ist gestorben'" (PU 40). Vgl. PU 41.
[321] Vgl. die Beispiele vom Gesichtsbild eines Baumes, eines Schachbretts und der farbigen Quadrate in PU 47 f.
[322] PU 103. 109.
[323] PU 67. — Dies schlägt sich übrigens auch in der — im Vergleich zum Tr — unsystematischen Darstellungsweise nieder. Vgl. dazu das Vorwort der PU.
[324] PU 119.
[325] PU 65 — 77. 92 — 109. 593.

Beobachtung des Gegebenen, sondern durch Abstraktion.[326] Zum anderen ist falscher Wortgebrauch für den Unsinn verantwortlich: Aufgrund einer Analogie im Satzbau (der sogenannten Oberflächengrammatik) werden Sätze gebildet, deren Wortverwendung sich im zugehörigen Bedeutungsfeld nicht ausweisen läßt.[327]

Aus diesen Gründen will uns *Wittgenstein* von den philosophischen Problemen befreien; seine Philosophie versteht sich als „Therapie", als „Kampf gegen die Verhexung unseres Verstandes durch die Mittel unserer Sprache"[328]. Sie will der Fliege den Ausweg aus dem Fliegenglas zeigen, wie *Wittgenstein* in einem ironisch an *Platons* Höhlengleichnis erinnernden Bild sagt.[329] Ihre Methode besteht nicht in neuen Theorien, sondern im Einblick in das Arbeiten der Sprache durch Reduktion auf die alltägliche Verwendung: „Wird denn dieses Wort in der Sprache, in der es seine Heimat hat, je tatsächlich so gebraucht?"[330] Reine Beschreibung stellt sich diese Philosophie als Aufgabe, das heißt einerseits alles so zu belassen, wie es ist[331], anderseits aber zu verzichten auf Begründen, Erklären, Deuten.[332] Alles wird vollkommen klar, die philosophischen Probleme verschwinden, denn sie entstehen nur, „wenn die Sprache *feiert*" oder, wie *Wittgenstein* an einer späteren Stelle sagt, wo sie „leerläuft"[333].

Noch weniger als im Tr konkretisiert *Wittgenstein* seine Gedanken in den PU auf Ethik und Religion hin. Doch legt sich hinsichtlich einer theonomen Ethik folgendes nahe:

1.5.2.4.1 Ethische Sätze fallen nicht von vornherein und global in die Klasse sinnloser Sätze. Es gibt sehr wohl das Sprachspiel des Befehlens. Bei den Regeln gibt es – wieder im Unterschied zum Tr – wesentliche und unwesentliche. Doch können weder sie noch Imperativsätze allgemeine Verbindlichkeit beanspruchen, denn das wäre ja eine Loslösung vom konkreten Gebrauchs- und damit Lebens- und Situationszusammenhang.

1.5.2.4.2 Nun zerfällt die Wirklichkeit nach der Auffassung des späten *Wittgenstein* nicht in völlig disparate Lebensformen. Bei aller Ablehnung von Begriff und Wesenheit betont er doch sehr stark die „Familienähnlichkeiten". In Anlehnung daran könnte man auch ethische Gebote als zwar nicht in jedem Falle, für alle Menschen und immer gültige, aber doch innerhalb eines gewohnten oder gar institutionalisierten Lebenszusammenhangs funktio-

---

[326] PU 66 heißt es deshalb etwas überspitzt: „Denk nicht, sondern schau!"
[327] Vgl. PU 90. 122. 124 f.
[328] PU 109. 133. 255.
[329] PU 309. Die Parallelisierung mit *Platon* findet sich bei *Pitcher* 1967, 379.
[330] PU 116.
[331] PU 124.
[332] PU 109. 124.
[333] PU 38 bzw. 132.

nierende Regeln oder Schemata des Verhaltens zwischen Menschen auffassen.³³⁴

Gegen die Möglichkeit einer derartigen theonomen Situationsethik spricht allerdings die Schwierigkeit mit dem Wort „Gott". Dieses wird zwar wie ein Name gebraucht, aber ganz anders in die Sprache eingeführt. Wäre „Gott" ein Name, so müßte man auf seinen Träger zeigen können (hinweisende Definition), was aber nur heidnischem Gottesverständnis entsprechen würde.³³⁵

1.5.2.4.3 Das Benennen- beziehungsweise Nichtbenennenkönnen allein reicht noch nicht aus: Der Gebrauch des Wortes in der zwischenmenschlichen Gemeinschaft einschließlich der richtigen Anwendung war in PU 43 als Sinn- und Bedeutungskriterium angegeben worden. Zwar hatte *Wittgenstein* an dieser Stelle das Prinzip „auf eine *große* Klasse von Fällen [. . .] – wenn auch nicht für *alle* Fälle" beschränkt, kommt allerdings auf diesen Vorbehalt im ganzen Buch nicht mehr zurück und führt das Prinzip der signifikanten Fehlanwendung an allen weiteren Stellen³³⁶ ohne diesen Zusatz auf, so daß man doch mit einigem Recht „alle" lesen darf, wie es in der Wirkungsgeschichte auch tatsächlich geschah. Daraus ergibt sich:

– Die Berufung auf private Erlebnisse und Einsichten ist hier nicht zulässig.
– Die Analyse zeigt, daß alle „Gott" zugesprochenen Prädikate (zum Beispiel Sein) ebenso wie die, die sich auf den Menschen vor „Gott" beziehen (zum Beispiel Glauben), in der normalen Sprache anders gebraucht werden als in der theologischen.
– Begriffe und Sätze können nicht außerhalb beziehungsweise vorgängig zu jeder Rede- und Handlungssituation unter Menschen angesetzt werden. Mit anderen Worten: Theologisch-ethische Sätze hätten dann eine Bedeutung, wenn ihr Verstandenwerden durch wenigstens eine spezifische und feststellbare Anwendung derer, die sie glauben, aufgezeigt werden könnte. „Gott" nimmt jedoch in keinem Handlungszusammenhang solch eine durch nichts anderes ersetzbare und zugleich testbare Funktion ein. Anders gesagt: Ein christliches Proprium läßt sich – wenigstens handlungsrelevant – nicht behaupten.

---

³³⁴ Diesen Vorschlag macht *Hünermann* 1973, 45 f. Als Basis bei *Wittgenstein* vgl. dazu vor allem PU 77.
³³⁵ Andeutungen dieses Arguments in *Wittgenstein*, Lectures and Conversations on Aesthetics, Psychology and Religious Belief, ed. *C. Barett,* Oxford 1966, 53–72.
F. Kambartel, Theo-logisches. Definitorische Vorschläge zu einigen Grundtermini im Zusammenhang christlicher Rede von Gott: Zeitschrift für Evangelische Ethik 15 (1971) 32–35, versucht, aus diesem Dilemma dadurch herauszuführen, daß er „Gott" weder als Eigen- noch als Gemeinname (Prädikator) versteht, sondern als synkategorematischen Ausdruck, d. h. als einen, der nur innerhalb eines komplexen Wortverbandes (z. B. „Leben in Gott") sinnvoll gebraucht wird.
³³⁶ PU 116. 138. 197. 198. 432. 561. – *Van Buren,* The Secular Meaning, a. a. O., 16, übersieht den Vorbehalt etwas zu leichtfertig.

– Folglich ist die Rede von „Gott" im allgemeinen wie besonders im Zusammenhang mit Ethik nichts anderes als ein Versuch zur Erklärung und Begründung, für *Wittgenstein* also ein Produkt des verhexten Verstandes.

1.5.2.5 Meta-Ethik:
Anders als der Tr erwies sich *Wittgenstein*s zweite Philosophie für die Ethik als äußerst anregend. Die sogenannte analytische Ethik[337] versteht sich als Teil der Logik; ihr geht es nicht um Inhalte und Normen, sondern allein um die Analyse der Funktion und Struktur moralischer Begriffe und Sätze (sogenannte Neutralitätsthese[338]). Als bedeutendster Vertreter dieser – in Anlehnung an *Carnap*s Unterscheidung von Objekt- und Metasprache „Meta-Ethik" genannten – Moralphilosophie kann wohl *R. M. Hare* gelten. Das Resultat seiner Bemühung um eine Theorie des rationalen moralischen Begründens ist der „universelle Präskriptivismus" (universal prescriptivism).

1.5.2.5.1 *Hare* geht von der Feststellung aus, daß moralische Sprache präskriptiv verwendet wird. In scharfer Antithese zum emotivistischen und zum deskriptivistischen Ansatz[339] weist er die Nichtzurückführbarkeit präskriptiver auf deskriptive Sprache nach (dasselbe gilt auch für Wertausdrücke, da sie in Präskriptionen transformierbar sind). Es kann nicht bestritten werden, daß die beiden Sätze „You are going to shut the door" und „Shut the door" etwas gemeinsam haben, nämlich: „Your shutting the door in the immediate future". Aber zu diesem gemeinsamen Teil der Bedeutung, den *Hare* „phrastic" nennt, tritt ein verschiedener, entweder zum Befehl (ausgedrückt durch angefügtes „please") oder zur Behauptung (ausgedrückt durch angefügtes „yes") modifizierender („neustic").[340] Das führt zu den zwei Prinzipien, daß erstens ein Indikativ nur aus Indikativen abgeleitet und zweitens aus Indikativen nicht ein Imperativ gefolgert werden kann.[341]

1.5.2.5.2 Moralische Urteile haben (im Unterschied zu anderen präskriptiven Urteilsformen) wie deskriptive Urteile die Eigenschaft, universalisierbar zu sein. Wie also ein einmal eingeführtes Prädikat auf alle Dinge, die sich ähnlich sind, angewandt werden können muß, ist der Sprecher durch ein singuläres moralisches Urteil für alle weiteren Urteile über Verhaltensweisen, die sich in den relevanten, das heißt für die Begründung maßgeblichen Merkmalen gleichen, festgelegt. Die Universalisierbarkeit gilt auch bezüglich Tempus und Person, so daß jeder andere in einer relevant ähnlichen Lage so

---

[337] Für einen Überblick s.: *Albert* 1961–64; *Fahrenbach* 1967; *von Savigny* 1969, 169–182; *Kerr* 1970; *A. Pieper* 1971; *Just* 1975.
[338] Zur Problematik der Neutralitätsthese s. *Albert* 1961–64; *Lenk* 1967.
[339] Zum letzten Typ zählt er auch die scholastische Seinsethik (*Hare*, Freedom and Reason, London/Oxford/New York 1963, 69 f).
[340] *Hare*, The Language of Morals, Oxford ⁵1961, 17 f.
[341] *Hare*, The Language of Morals, 28. Das zweite Prinzip wurde bereits von *D. Hume* grundgelegt und spielte dann eine bedeutende Rolle im Aufweis des „naturalistic fallacy" durch *G. E. Moore* (vgl. *Hare*, The Language of Morals, 29–31).

handeln muß. Diese Folgerung ist ein Erfordernis der Logik, nicht aber der Moralität und von dieser unabhängig.[342]

1.5.2.5.3 Wo sind die Grenzen von *Hare*s Konzeption, verglichen mit einer theologischen Ethik?

1.5.2.5.3.1 Das Wesentliche an einer ethischen Entscheidung ist nach *Hare* ihre Auswirkung auf das Tun.

Zur vollständigen Rechtfertigung einer Entscheidung gehört eigentlich die vollständige Liste der Auswirkungen, was wiederum die vollständige Beschreibung der zugehörigen Lebensweise erfordern würde. Dies ist aber nicht nur in der Erziehung unmöglich, sondern auch bei jedem erwachsenen Menschen wegen der prinzipiellen Vagheit all unserer Zukunftskenntnis. Aber selbst wenn es möglich sein sollte, stellten sich noch immer Fragen, etwa: Warum soll ich gerade *so* leben? Warum stets universelle Regeln befolgen? Warum nicht zu meinem Vorteil eine Ausnahme machen?

An diesem Punkt bricht die rationale Rechtfertigung ab. Hier fällt eine Entscheidung für einen Maßstab, für Prinzipien und letztlich für eine bestimmte Lebensform. Diese Entscheidung muß jeder selbst fällen, niemand und nichts können sie uns abnehmen.[343/344] In der Auseinandersetzung mit *A. Flew* hat *Hare* für diese nicht mehr hinterfragbare Grundeinstellung das holländische Wort „blik" eingeführt.[345] Hier und sonst nirgendwo (etwa im Bereich der Tatsachenfeststellungen) hat nach *Hare* die Religion ihren Ort; Religionen sind der Versuch, eine vollständige Beschreibung der Lebensweise zu geben, von der ein bestimmtes Handeln ein Teil ist, und durch Hinweis auf eine paradigmatische Persönlichkeit der Geschichte zu einem bestimmten „blik" aufzufordern. Diese Wirklichkeitssicht läßt sich nach Wahrheit und Falschheit niemals beurteilen – eine reduktive Bestimmung der Glaubensaussagen, die sich mit der Tradition christlicher Theologie wohl kaum vereinbaren läßt.

---

[342] Zum Verhältnis dieser These zur Goldenen Regel und zu *Kants* Kategorischem Imperativ vgl. *Hare*, Freedom and Reason, 34 f.

[343] *H. Albert* hat an der Neutralitätsthese scharfe Kritik geübt. Er erhebt die Forderung, auch solche – von *Hare* eingestandenen – Voraussetzungen der kritisch-rationalen Diskussion zu unterwerfen, indem sie nicht als Dogmen, sondern nur als hypothetische Vorschläge behandelt werden, die an ihren empirischen Konsequenzen für das menschliche Leben zu messen seien. Allerdings vermag auch *Albert* keine zureichende Begründung zu geben und den prinzipiellen Entscheidungscharakter dadurch zu beseitigen. Vgl. *Albert* 1961–64, 47–63, und *Albert* 1968, 55–79.

[344] Auf rational nicht einholbare Bedingungen gemeinsamen vernünftigen Handelns (wie die Angewiesenheit auf die Mitwirkung der anderen, das Nichterzwungen-werden-können dieser Mitwirkung und die Notwendigkeit von Vorleistungen) macht auch der interessante Vorschlag *Kambartel*s aufmerksam (s. Anm. 335).

[345] Vgl. *A. Flew – A. MacIntyre* (Hrsg.), New Essays in Philosophical Theology, London 1955, 99–103. – Darauf aufbauend interpretiert *van Buren*, The Secular Meaning, a. a. O., das Evangelium „as the expressions of a historical perspective with farreaching empirical consequences in a man's life" (199). Zwar bewegt sich *van Buren* ganz innerhalb der empiristischen Grenzen, doch ist die Erweiterung der ethischen Verifikation durch eine historische in der sonst geradezu geschichtslosen Sprachanalytik bemerkenswert.

1.5.2.5.3.2 Als einen vierten notwendigen Bestandteil des rationalen moralischen Argumentierens, dessen Fehlen alles andere wirkungslos macht, nennt *Hare* außer der Logik (das heißt Präskriptivität und Universalisierbarkeit), der Kenntnis der relevanten Fakten und dem Interesse der Betroffenen das Vorstellungsvermögen und die Bereitschaft, davon Gebrauch zu machen. Die Forderung dieser Bereitschaft kann nicht weiter begründet werden.[346]

1.5.2.5.3.3 *Hare* schränkt den Gültigkeitsbereich seiner Theorie auf solche moralischen Probleme ein, bei denen es um die Beziehung unserer Handlungen zu den Interessen anderer Menschen geht (utilitarian grounds); nichts dagegen besage sie über den Bereich jener Fragen, die mit dem Glück oder besser: mit den Interessen anderer nichts zu tun haben (idealist grounds), welche aber nicht nur negativ beim Fanatismus, sondern auch positiv, zum Beispiel bei Interessen-Gleichgewicht, relevant sein können.[347]

---

[346] Freedom and Reason, 92–95.
[347] Freedom and Reason, 125–129. 137–156.

Kapitel 2
Zur Genealogie des Problems

2.1 Begriffsgeschichtliches zu „Autonomie"[1]

2.1.1 Bei den Griechen[2] bezeichnete αὐτονομία das Recht der Stadtstaaten,
Gesetzgebung und Verwaltung eigenverantwortlich und unabhängig von einer anderen Macht zu regeln. Die gleichzeitige Gliedschaft in einem größeren Staatenverbund (ἀμφικτυονία) oder die erzwungene Anlehnung an eine fremde Hegemonialmacht waren durchaus mit ihr vereinbar, selbst wo diese – wie es meist der Fall war – die betreffende πόλις an übergeordnete Rechtspflichten banden; letztere blieben dann nämlich auf ganz bestimmte Bereiche (zum Beispiel Verteidigung) beschränkt. „Autonomie" entspricht

[1] Vgl. hierzu außer den in den folgenden Anmerkungen angeführten Lexika und Monographien bes.: *Kinne* 1908, 1–18; *Haug* 1961; *W. T. Krug,* Art. Autonomie, in: *Krug,* Allgemeines Handwörterbuch der philosophischen Wissenschaften, I, Leipzig 1827, 232 f; *Pohlmann* 1971, 701–719; *H. Blumenberg* (1957 c), Art. Autonomie und Theonomie, in: RGG³ I, 788–792; *J. Hoffmeister,* Art. Autonomie, in: ders., Wörterbuch der philosophischen Begriffe, Hamburg ²1955, 100; *P. Bolkovac,* Art. Autonomie, in *W. Brugger* (Hrsg.), Philosophisches Wörterbuch, Freiburg/Basel/Wien ¹³1967, 34 f; *M. Buhr – H. Schulze,* Art. Autonomie, in: *G. Klaus – M. Buhr* (Hrsg.), Marxistisch-leninistisches Wörterbuch der Philosophie, I, Reinbek 1972, 164 f; *A. Lalande,* Art. Autonomie, in: ders., Vocabulaire Technique et Critique de la Philosophie, Paris ¹⁰1968, 101; *P. Foulquié,* Art. Autonomie, in: ders., Dictionnaire de la langue philosophique, Paris ²1969, 61; *E. Blanc,* Art. Autonomie, in: ders., Dictionnaire de Philosophie ancienne, moderne et contemporaine, New York 1972, 133; *E. Ehrhardt,* Art. Autonomy, in: *J. Hastings* (Hrsg.), Encyclopaedia of Religion and Ethics, II Edinburgh ⁴1958, 256; *L. Pedrazzi,* Art. Autonomia, in: Centro di studi filosofici di Gallarate (Hrsg.), Enciclopedia Filosofica, I, Florenz ²1967, 633 f; *J. Ferrater Mora,* Art. Autonomia, in: ders., Diccionario de Filosofia, I, Buenos Aires ⁵1969, 161.
Die philosophischen Lexika von *R. Goclenius* (Lexicon Philosophicum quo tanquam clave Philosophiae fores aperiundae, Frankfurt 1613 [= Nachdruck Hildesheim 1964]), *St. Chauvin* (Lexicon Philosophicum, Leeuwarden ²1713 [Photomechanischer Nachdruck Düsseldorf 1967, in: Instrum. Phil./Series Lexica 2]), *F. Mauthner* (Wörterbuch der Philosophie. Neue Beiträge zu einer Kritik der Sprache, I, Leipzig 1923), *A. Diemer – I. Frenzel* (Hrsg.) (Philosophie, Frankfurt ²1967), [= Das Fischer Lexikon]), *P. Edwards* (Hrsg.) (The Encyclopedia of Philosophy, I, New York/London 1967) bieten keine Artikel zum Stichwort Autonomie.
[2] Nach: Artt. ᾿Αυτονομία und ᾿Αυτόνομος, in: *H. Stephanus,* Thesaurus Graecae Linguae, II, Photomechan. Nachdruck Graz 1954 (= o. O. ³¹1829), 2543 f;*T. Thalheim,* Art. ᾿Αυτονομία, in: Paulys Real-Encyclopädie der Classischen Altertumswissenschaft, Neue Bearbeitung, hrsg. *G. Wissowa,* II/4, Stuttgart 1896, 2606 f; *A. Mannzmann,* Art. ᾿Αυτονομία, in: *K. Ziegler – W. Sontheimer* (Hrsg.), Der kleine Pauly. Lexikon der Antike, I, Stuttgart 1964, 782; *Abbé Mallet,* Artt. Autonome und Autonomie, in: Encyclopédie, ou Dictionnaire raisonné des Sciences, des Arts et des Métiers. Mis en ordre et publié par *Diderot*; et quant à la Partie Mathématique, par *d'Alembert,* I, Paris bzw. Neuchâtel 1751, 897.

hier also in etwa dem modernen Begriff von politischer Unabhängigkeit beziehungsweise *bedingter Selbstverwaltung;* im Hinblick auf den vorherrschenden Wortgebrauch, der wiederum auf dem Hintergrund der politischen Realität des klassischen Griechenland zu sehen ist, erscheint der von einigen Autoren gewählte Vergleich mit der modernen Souveränität[3] als zu stark. – Bezeugt ist auch – etwa bei *Herodot* – ein weiterer Sinn, der die innerstaatliche Freiheit der Politen im Gegensatz zur τυραννις ausdrücklich umfaßt. Sowohl der römischen wie der mittelalterlichen Latinität[4] fehlt das Wort „autonomia", sieht man einmal von einer einzelnen Ausnahme bei *Cicero* ab. An seiner Stelle findet sich bei den Römern immerhin noch der Ausdruck „potestas vivendi suis legibus", der einen ganz ähnlichen juristischen Sachverhalt (Münzrecht zum Beispiel) zur Sprache bringt. Im mittellateinischen Wortschatz fehlt nicht nur der Begriff „autonomia" völlig, sondern auch äquivalente Ausdrücke. Dies ist wohl damit zu erklären, daß es im Mittelalter weder Territorialstaaten im antiken noch im neuzeitlichen Sinne gab.

2.1.2 Seit Ende des 16. Jahrhunderts führten deutsche Juristen[5] den Begriff „Autonomia" wieder ein. Bewußt an seine griechische Verwendung an-

---

[3] So z. B. *Kinne* 1908, 1. 11; *Haug* 1961, 1. 26 f; *Spaemann* 1971, 317.

[4] S. Thesaurus Linguae Latinae, veröffentlicht von mehreren deutschen Akademien u. wissenschaftl. Institutionen, II, Leipzig 1900–1906; *C. du Fresne, Seigneur du Cange,* Glossarium ad Scriptores Mediae et Infimae Latinitatis, 5. Aufl. von *L. Favre,* I, Niort 1883; *M. F. Gárcia,* Lexicon scholasticum philosophico-theologicum in quo termini, definitiones, distinctiones et effata a Joanne Duns Scoto exponuntur, declarantur, Quaracchi 1910 (= Reprograf. Nachdruck Hildesheim/New York 1974), 105. – Ebenso fehlt der Begriff im mittelalterlichen und neuzeitlichen Griechisch, s. *du Cange,* Glossarium ad Scriptores Mediae et Infimae Graecitatis, I, Lyon 1688.

[5] Belegstellen für die Abschnitte 2.1.2 und 2.1.3 bei: *Kinne* 1908, 1–5; *W. Kämpfe – H. Hochenegg,* Art. Autonomie, in: StL[5] I, Freiburg 1926, 534–537; *Dickmann* 1959 (s. Stichwortregister); *Heckel* 1959, 141–248; *Haug* 1961, 4–25; *H. Conrad,* Deutsche Rechtsgeschichte, Bd. II: Neuzeit bis 1806, Karlsruhe 1966, bes. 208–213, 238–240, 268–272, 368–371; *Pohlmann* 1971, 702–707.
Im Deutschen Rechtswörterbuch (Wörterbuch der älteren deutschen Rechtssprache), hrsg. Preußische Akademie der Wissenschaften, I, Weimar 1914–32, sowie im Handwörterbuch zur Deutschen Rechtsgeschichte, hrsg. *A. Erler – E. Kaufmann,* I, Berlin 1971, fehlt der Begriff. Ebenso in den deutschen Wörterbüchern von *J. Ch. Adelung* (Grammatisch-kritisches Wörterbuch der hochdeutschen Mundart mit beständiger Vergleichung der übrigen Mundarten, besonders aber des Oberdeutschen, Leipzig ²¹1793 [= Reprograf. Nachdruck Hildesheim/New York 1970, in: Documenta Linguistica, Reihe II]), *K. Ph. Moritz* (Grammatisches Wörterbuch der deutschen Sprache, I, Berlin 1793 [= Reprograf. Nachdruck Hildesheim/New York 1970, in: Doc. Ling., Ergänzungsreihe]), *J. H. Campe* (Wörterbuch der deutschen Sprache, I, Braunschweig 1807 [= Reprograf. Nachdruck Hildesheim/New York 1969, in: Doc. Ling., Reihe II]), *J.* und *W. Grimm* (Deutsches Wörterbuch, I, Leipzig 1854), *M. Heyne* (Deutsches Wörterbuch, I, Leipzig ²1905), *A. Götze* (Trübners Deutsches Wörterbuch, hrsg. *A. Götze,* I, Berlin 1939), *F. Kluge* (Etymologisches Wörterbuch der deutschen Sprache, bearbeitet *W. Mitzka,* Berlin ¹⁸1960), *H. Paul* (Deutsches Wörterbuch, bearbeitet *W. Betz,* Tübingen ⁶1966).
Nur kurze Erklärungen (im Sinne von 2.1.3 und 2.1.4) enthalten: Wörterbuch zur Erklärung und Verdeutschung der unserer Sprache aufgedrungenen fremden Ausdrücke. Ein Ergänzungs-

knüpfend, gebrauchen sie ihn, um *die rechtlich-politische Regelung bei der Konversion geistlicher Fürsten zum Protestantismus* lutherischer Prägung zu bezeichnen, die im Augsburger Religionsfrieden von 1555 getroffen wurde. Infolge dieses „reservatum ecclesiasticum" oder der „clausula Autonomia" sollten geistliche Fürsten nur als Privatpersonen protestantisch werden können, das heißt Amt, Besitzungen und Herrschaft verlieren.
In der Folgezeit wird der Begriff verallgemeinert, dadurch aber auch weniger präzis. Wie er streng juristisch den geistlichen Vorbehalt beinhaltete, wurde er *daneben auch zur Bezeichnung der theologischen und reichsrechtlichen Forderungen* der Protestanten gebraucht; dann aber konnte er wie bei dem kaiserlichen Hofrat *A. Erstenberger*, der unter dem Pseudonym *Franciscus Burgcardus* ein umfangreiches Werk ‚De Autonomia, das ist von Freystellung mehrerlay Religion und Glauben' gegen die Protestanten verfaßte, die Religionsfreiheit der verschiedenen Stände und ihre politische Konsequenz, die Aufhebung des geistlichen Vorbehalts selbst, bedeuten.[6]

2.1.3 Verbürgt wurde die durchgängige Parität der Konfessionen im Reich sowie der Anspruch auf freie Wahl des Glaubensbekenntnisses erst im Westfälischen Frieden von 1648. Die Tatsache, daß jetzt der *Übergang des Autonomiebegriffs von einer (negativen) Ausnahmegenehmigung zu einem positiven Rechtsanspruch* abgeschlossen wird, markiert eine dritte Epoche in seiner Geschichte. Hier bedeutet Autonomie dann soviel wie: „Freystellung der Religion, Gewissens-Freyheit derer Unterthanen, die durch den Religions-Frieden und andere Reichs-Satzungen eingeführte Freystellung der Religions- und Gewissens-Freyheit, vermöge deren jedermann eine freye Wahl, Profeßion und Gebrauch derer dreyen im Römischen Reiche eingeführten Religionen, nemlich der Catholischen, Evangelischen und Reformirten gelassen wird, und wird dieses genennet das beste und edelste Kleinod derer Stände."[7]
In dieser Zeit bildet sich *noch eine zweite juristische Bedeutung* von „Autonomie" heraus, doch geht sie auf denselben Grund – die Reformation – zurück und hängt deshalb mit der ersten innerlich zusammen: Im Gefolge des Verlusts der religiösen Einheit waren die mittelalterlichen Ständerechte stark er-

---

band zu Adelungs und Campes Wörterbüchern, neue Ausgabe Braunschweig 1813 (= Reprograf. Nachdruck Hildesheim/New York 1970, in: Doc. Ling., Reihe II), 137; *D. Sanders,* Wörterbuch der deutschen Sprache, I, Leipzig 1876 (= Reprograf. Nachdruck Hildesheim/New York 1969, in: Doc. Ling. III), 63; *H. Schulz,* Deutsches Fremdwörterbuch, I, Straßburg 1913, 65.

6 Für die Zeit zwischen Augsburger Religionsfrieden und Westfälischem Frieden s. die ausgezeichneten Studien von *Heckel* (1959) und *Dickmann* (1959, an dieser Stelle bes. 13. 17).

7 So Art. Autonomia, in: *J. H. Zedler,* Großes vollständiges Universal-Lexikon aller Wissenschaften und Künste, welche bishero durch menschlichen Verstand und Witz erfunden und verbessert worden, II, Halle/Leipzig 1732 (= Photomechan. Nachdruck Graz 1961), 2272 (die originale Schreibweise wurde hier ausnahmsweise beibehalten).

weitert worden. Diese Verlagerung stärkte die Stellung zuerst der Landesherren, später aber auch die der Kommunen, Verbände und Körperschaften, so daß deren partikulare Legislativgewalt im Unterschied zur allgemeinstaatlichen ebenfalls als „Autonomie" bezeichnet wurde. Weil nun ja der Prozeß der „Abschließung des Rechts gegenüber dem Absolutheitsanspruch der Theologie" im wesentlichen an sein Ende gekommen war, mußte dies eben zur Folge haben, „daß auch die Jurisprudenz ihre dienende Stellung als ancilla fidei im Reichsrecht allmählich löste"[8].

Demnach treten für die dritte Epoche der Begriffsgeschichte zwei Bedeutungen hervor, die anfangs zum Teil noch aufeinander zurückgeführt werden können, sich aber doch sehr bald getrennt weiterentwickeln. Man könnte die eine als *individualrechtliche*, die andere als *öffentlich-rechtliche oder politische (im engeren Sinn)* kennzeichnen. Ersterer wird zunehmend über den Bereich von Religion und Gewissen hinaus erweitert zur umfassenden Selbstbestimmungsfreiheit und vollen Rechtsgeschäftsfähigkeit des Bürgers, wobei dessen Herkunft und soziale Stellung nicht berücksichtigt werden dürfen. In dieser Fassung begegnet die zweite Bedeutung in neuzeitlichen Staatslehren und wird zum Basisprinzip der modernen Demokratie. So schreibt etwa *W. Flume* im Blick auf das derzeit geltende Recht in der Bundesrepublik Deutschland: „Privatautonomie nennt man das Prinzip der Selbstgestaltung der Rechtsverhältnisse durch den einzelnen nach seinem Willen. Die Privatautonomie ist ein Teil des allgemeinen Prinzips der Selbstbestimmung des Menschen. Dieses Prinzip ist nach dem Grundgesetz als ein der Rechtsordnung vorgegebener und in ihr zu verwirklichender Wert durch die Grundrechte anerkannt."[9] – Daneben findet der Autonomiebegriff im erwähnten zweiten Sinn Verwendung. Aber auch hier tritt ein tiefgreifender Wandel ein, insofern die völkerrechtliche Bedeutung (Souveränität) mit der Zeit nahezu ganz verschwindet und an ihre Stelle eine streng öffentlich-rechtliche tritt. Dann also meint Autonomie soviel wie die Satzungsgewalt für (wirtschaftliche, kulturelle, politische oder ähnliche) Organe, denen laut übergeordneter Verfassung bestimmte Funktionsbereiche überlassen sind (zum Beispiel Universität, Religionsgemeinschaften, Minderheiten, Parteien, Tarifpartner usw.).[10]

Für unseren Zusammenhang ist vor allem die individualrechtliche Bedeutungslinie von „Autonomie" wichtig, obwohl sie in der gegenwärtigen deutschen Rechtswissenschaft als Begriff in den Hintergrund getreten ist. Bemerkenswert ist die skizzierte Bedeutungsverschiebung und -akzentu-

---

[8] *Heckel* 1959, 193 (erster Teil des Zitats im Original hervorgehoben).
[9] *Flume* 1975, 1. vgl. 15 f.
[10] Vgl. *F. Stier-Somlo*, Art. Autonomie, in: *F. Stier-Somlo* u. *A. Elster* (Hrsg.), Handwörterbuch der Rechtswissenschaft, I, Berlin/Leipzig 1926, 500–503; *A. Hamann*, Autonome Satzungen und Verfassungsrecht, Heidelberg 1958; *Haug* 1961; *C. Creifelds,* Art. Autonomie, in: *ders.* (Hrsg.), Rechtswörterbuch, München ²1970, 117.

ierung besonders in doppelter Hinsicht: *Erstens* ist eine Individualisierung oder Subjektivierung unverkennbar. *Zweitens* tritt der Relationscharakter, das heißt der (geregelte) Bezug zu einem vorgegebenen, größeren rechtlichen Rahmen, der im griechischen Wortgebrauch noch so bewußt und für die zweite Rezeption durch die deutsche Jurisprudenz ausschlaggebend war, unzweifelhaft in den Hintergrund. Ob man allerdings auch sein Verschwinden behaupten kann[11], wird erst in Kapitel 8 entschieden werden können.

2.1.4 Die beiden letztgenannten Züge sind auch der Grund für die Rezeption des Autonomiebegriffs durch die Philosophie der Aufklärung. Erst *Kant* macht ihn nämlich zu einem philosophischen Zentralbegriff und nimmt ihn damit aus dem politisch-juristischen Verwendungszusammenhang heraus, dem er bis dahin geradezu[12] exklusiv zugehörte, selbst dort, wo er – wie beispielsweise bei *Ch. Wolff* – in einem philosophischen Werk auftaucht.[13/14] War ehemals die Relation als etwas Komplementäres zu kennzeichnen, so gilt sie jetzt als *polemisch konkurrierende und im Idealfall sogar völlig auszuschaltende Kontraposition* (Heteronomie).[15]

Ähnliche Gedanken werden übrigens auch mittels anderer Begriffe vorgetragen, von denen jedoch keiner in dem Maße programmatisch geworden ist wie gerade „Autonomie" oder auch nur genau synonym mit diesem wäre.

---

[11] So spricht *R. Spaemann* in seinem anregenden Beitrag ‚Autonomie, Mündigkeit, Emanzipation' (1971) unter Einbeziehung ihrer philosophischen Verwendung von einem „tiefgreifenden Wandel" in diesen drei Begriffen, „der am einfachsten darin sichtbar wird, daß es sich bei der neuen Bedeutung um einstellige Prädikatoren, d. h. Eigenschaften handelt, während die ursprünglichen Begriffe mehrstellige Prädikatoren sind, d. h. eine Relation meinen" (317). In ähnliche Richtung votiert *Pohlmann* 1971, 703. 707. Vgl. Kapitel 8.

[12] Das Wortvorkommen widerlegt eindeutig die entgegengesetzte Behauptung *W. Haugs*, „daß der Begriff nie als ein juristischer geprägt wurde" und nur phasenweise von der allgemeinen Philosophie „entlehnt" worden sei (1961, 2).

[13] *Ch. Wolff,* Philosophia civilis sive politicae, I, § 485 (*H. A. Meissner,* Philosophisches Lexicon, darinnen die Erklärungen und Beschreibungen aus des Ch. Wolffens, sämmtlichen teutschen Schriften seines philosophischen Systematis sorgfältig zusammengetragen, Bayreuth/Hof 1737 [Photomechan. Nachdruck Düsseldorf 1970, in: Instr. Phil./Series Lexica 3], enthält den Begriff nicht). In diesem Sinne auch *J. Micraelius,* Artt. Autonomia u.αὐτόνομος, in: *ders.,* Lexicon Philosophicum terminorum philosophis usitatorum, Stettin ²1662 (= Photomechan. Nachdruck Düsseldorf 1966, in: Instr. Phil./Series Lexica 1); *B. Faber,* Art. Autonomus, in: *ders.,* Thesaurus Eruditionis Scholasticae, Frankfurt – Leipzig ⁴1749, 291 (die erste Aufl. [Leipzig 1710] enthielt diesen Art. noch nicht); *J. G. Walch,* Art. Autonomie, in: *ders.,* Philosophisches Lexicon, I, Leipzig ⁴1775 (= Reprograf. Nachdruck Hildesheim 1968), 271. Auch bei *Kant* begegnet der Begriff noch bisweilen im Sinne institutioneller Selbstbestimmung, so etwa: MS/R B 202, und Fak A 3; doch gibt es hier eine deutliche innere Beziehung zum qualifizierten philosophischen Autonomie-Begriff.

[14] Nach Auskunft der Wörterbücher läßt sich eine ethische und eine ästhetische Verwendung von „Autonomie" in der Antike nur je einmal belegen; beide bilden also eine vernachlässigbare Ausnahme (Stellen bei *Sophokles* und *Himerius*).

[15] Für Einzelheiten über die Entwicklung des *philosophischen* Autonomiebegriffs vgl. *Pohlmann* 1971, 707–714; *Rohrmoser* 1973, 155–170; sowie Teil II dieser Arbeit.

Am ehesten kommen ihm „Emanzipation"[16] beziehungsweise „Mündigkeit" sowie die schillernden Ausdrücke „Humanität"/„Humanismus"[17] nahe, wobei sich bei den ersteren eine ganz gleiche Entwicklung vom genuinen Rechtsbegriff zum philosophischen Programmwort beobachten läßt.[18]

2.1.5 Von der Philosophie her endlich findet der Begriff Autonomie in unserem Jahrhundert *Eingang in die verschiedensten Wissenschaften* (Pädagogik, Psychologie, Soziologie, Biologie).[19] In der evangelischen Theologie waren es dann vor allem *P. Tillich, F. Gogarten* und *D. Bonhoeffer*, die ihm zum Durchbruch verhalfen.[20] Innerhalb des katholischen Bereichs erscheint er – von einzelnen Ausnahmen abgesehen – erst in der theologischen Erneuerung im Zusammenhang des Zweiten Vatikanischen Konzils als positiv adaptierter Ausdruck, wofür Artikel 36 aus der Pastoralkonstitution ‚Gaudium et spes' als symptomatisch gelten darf.

2.2 Der methodische Umbruch: Gewißheit des Subjekts als Kriterium von Wahrheit

R. Descartes war es, der in seiner Philosophie der Neuzeit das entscheidende methodische Prinzip lieferte, in dessen Konsequenz die Autonomiefrage zur grundlegenden Frage auch für die Ethik wurde.[21] Im Gegensatz zur mittelalterlich-metaphysischen Theozentrik mit ihrem Verständnis von Wahrheit als adaequatio rei et intellectus wird für *Descartes* die eine Seite, die des Erkennens nämlich, problematisch. Dementsprechend ist sein ganzes Denken darauf ausgerichtet, jene „wahre Methode" zu finden, „die zur Erkenntnis aller Dinge führt, die meinem Geist faßbar wären"[22]. Ferner soll diese Methode dem menschlichen Subjekt erlauben, seine Gedanken auf einem Boden zu bauen, der ganz ihm zu eigen ist.[23]

---

[16] Zur ersten Orientierung vgl. *H. Rombach,* Art. Emanzipation, in: LPäd(F). NA, hrsg. *Rombach,* I, 344 f; *Rohrmoser* 1970 b; *M. Greiffenhagen,* Art. Emanzipation, in: HWP II, 448 f.
[17] Zur ersten Orientierung vgl. *C. Menze – R. Romberg – I. Pape* 1974, 1217–1230.
[18] S. *Spaemann* 1971.
[19] S. a. *Pohlmann* 1971, 716–719.
[20] Eine kritische Analyse dieses Rezeptionsvorganges bietet *Welker* 1975.
[21] Die Begründung, warum hier mit der Neuzeit begonnen, d. h. die Autonomie-Problematik als spezifisch neuzeitlich genommen wird, wird im folgenden gegeben. Zum Problem der Abgrenzung der Neuzeit und der Repräsentanz von *Descartes* s. Abschnitte 2.3 (Einleitung) und 2.4 dieses Kapitels sowie Kapitel 8.11.
[22] „[. . .] chercher la vraie méthode pour parvenir à la connaissance de toutes les choses dont mon esprit serait capable" (Discours de la Méthode [im folgenden: Disc.], in: Œuvres de Descartes, éd. *Ch. Adam – P. Tannery,* Paris 1904 [im folgenden: A-T, Bd. VI, 17]).
[23] „[. . .] reformer mes propres pensées, et de bâtir dans un fonds qui est tout à moi" (ebd. 15).

2.2.1 Universeller Zweifel und fundamentum inconcussum

In der ersten seiner „Meditationes de prima philosophia"[24] nötigt *Descartes* den Leser in mehreren Gedankenreihen zu dem Eingeständnis, daß, genau besehen, alles, was wir gemeinhin für wahr ansehen, sich zwar nicht gerade als falsch, aber doch als prinzipiell unsicher und bezweifelbar erweist. Denn gründet nicht all unser Wissen auf der Vermittlung unserer Sinne, und werden wir von diesen nicht wenigstens ab und zu getäuscht? Selbst in dem Falle, wo ich ganz unmittelbaren Zugang zu den Dingen zu haben meine, kann ich nicht mit letzter Sicherheit unterscheiden, ob ich wache oder träume. – Nicht einmal die Mathematik kann, obwohl sie für schlechthin objektiv und unbezweifelbar gilt, weil sie sich bloß mit den Relationen der Dinge, nicht mit diesen selbst befaßt, jeden Zweifel von sich fernhalten, könnte doch der Gott, den ich für allmächtig halte, ein „genius malignus" sein, der mich so geschaffen hat, daß ich mich auch bei der Mathematik fortwährend täusche.

So bleibt als Alternative zu einem Verzicht auf wahre und gesicherte Erkenntnis überhaupt nur eines übrig: „funditus omnia semel in vita esse evertenda, atque *a primis fundamentis denuo inchoandum*, si quid aliquando firmum et mansurum cupiam in scientiis stabilire"[25]. Nur *eine* Voraussetzung muß das Subjekt erfüllen, die nämlich, sich frei zu machen von allen Voraus-Setzungen, Vor-Urteilen, scheinbaren Sicherheiten, gewährleistenden Traditionen und Autoritäten.

Dann aber zeigt sich dies[26]: Alles läßt sich bezweifeln, nur das eine nicht: daß ich es bin, der zweifelt; daß ich es bin, der sich vielleicht etwas einredet; daß ich es bin, der möglicherweise getäuscht wird usw. Selbst wenn ich von der Fiktion ausgehe, daß nichts existiert, woran nicht zu zweifeln möglich ist, ist es doch unmöglich, daß ich selbst nicht bin. So ist zumindest das eine gewiß: daß ich bin. Was aber bin ich? Nur denkend bin ich mir bewußt, einzig das Denken kann nicht von mir getrennt werden: ich existiere, solange ich denke. Ich bin also nur als denkendes Wesen, als res cogitans im Unterschied zu den körperlichen Dingen (res extensae). – Denken aber kann es nur da geben, wo *etwas* gedacht wird, so daß sich auch umgekehrt sagen läßt: Bewußtsein von etwas ist immer zugleich Selbstbewußtsein, nichts kann ich denken, ohne mich zu denken. Somit ist ein „fundamentum certum et inconcussum"[27] gefunden.

---

[24] Meditationes de prima philosophia (im folgenden: Med.), in: A-T VII, 17–23.
[25] Med. 17. Ebd. 24: „[. . .] removendo scilicet illud omne quod vel minimum dubitationis admittit, nihilo secius quam si omnino falsum esse comperissem". Vgl. Disc. 15. 28.
[26] Vgl. Meditatio II: Med. 23–34.
[27] Med. 24. 25. – Die bekannte Formel „cogito ergo sum" (in dieser Form erstmals in der von *Descartes* autorisierten lateinischen Übersetzung des Disc. vorkommend) darf ebensowenig als Syllogismus wie als Erfahrungssatz aufgefaßt werden. Ihre Evidenz ist vielmehr intuitiver Art. Vgl. Responsio ad Secundas Objectiones, in: A-T VII, 140. Zur Diskussion des Problems s.:

Von diesem aus formuliert *Descartes* als regula generalis: „illud omne esse verum quod valde clare et distincte percipio".[28] Alles andere, was diesem Kriterium nicht genügt, ist Vorurteil. Der Zweifel, von dem der Gedanke *Descartes'* ausgegangen war, signalisiert einen Mangel.[29] Daß ich überhaupt zweifeln kann, setzt voraus, daß mir jene Vollkommenheit abgeht, von der ich nichtsdestoweniger eine Vorstellung habe und die sich obendrein dadurch auszeichnet, daß sie „clara et distincta" ist und mehr Bedeutungsgehalt hat als jede andere[30]. Das vollkommenste Wesen kann ich demnach nicht sein. Da ich anderseits jedoch gewiß bin, daß ich existiere und daß ich eine Vorstellung von einem vollkommensten Wesen habe, die sich weder aus der sinnlichen Erfahrung (wie die ideae adventitiae) noch aus meiner Phantasie (ideae a me ipso factae[31]) stammen kann, muß diese Vorstellung von einem höchsten Wesen oder Gott eine idea innata sein (wie die Vorstellung von mir selbst eine ist); dann aber gehört sie auch zum Gewissesten, was vom Menschen erkannt werden kann. Der Gott *ist* also, sonst könnte ich nicht der sein, der ich bin, ja überhaupt nicht existieren. Und weil Betrug etwas Mangelhaftes ist, kann der Gott auch nicht der betrügerische genius malignus sein, für den ich ihn – arbeitshypothetisch – gehalten habe. Der gänzlich unbezweifelbare und deshalb wahre Gott ist letztlich die Ursache jeder clara et distincta perceptio. Das Zweifelhafte, und das heißt eigentlich: mich als Zweifelnden, kann ich nur so erfahren im Kontrast zum je schon mitgedachten Hintergrund des absolut Gewissen. So muß auch diese Idee vorgängig zu jeder anderen sein, die von außen kommt, nicht nur zu den Ideen von körperlichen Dingen, sondern auch zu der rein gedanklichen Beziehungslehre der Mathematik.[32]

Wundt 1944; *Struve* 1950/51; *M. Guéroult,* Le Cogito et la notion „pour penser, il faut être", in: *Guéroult* 1953, Bd. II, 307–312 (Appendice N⁰ 1); *Röd* 1959/60 (mit Literatur); *Röd* 1964, 78–90; *Mittelstraß* 1970, 384–387.

[28] Med. 35. 69. 70. Vgl. die erste Hauptregel des Disc.: Disc. 18. Vgl. ebd. 33. 39. 40 f.
[29] Vgl. Med. III: Med. 34–52.
[30] Med. 46.
[31] Die Idee eines „ens summe perfectum" kann nach *Descartes* deshalb nicht von mir erfunden sein, weil ich ihr weder etwas wegnehmen noch etwas hinzufügen kann, wie das bei meinen sonstigen Phantasien der Fall ist (Med. 51, vgl. 50).
[32] Dieser Gedankengang zeigt, wie völlig willkürlich Interpretationen von der Art sind, wie sie z. B. jüngst *A. Klemmt* in seinem Werk zur Moral *Descartes'* (Klemmt 1971) vorgelegt hat, wenn er etwa schreibt: „Es steht [...] außer Zweifel, daß ihm [sc. *Descartes]* frühzeitig klar wurde, daß er – durch und durch ein Bannerträger der menschlichen Vernunft und der weltlich-irdischen Interessen – seine Lehre am besten gegen alle Gefahren absichern und vor den schlimmsten Angriffen schützen konnte, wenn er sie kurzerhand in Bausch und Bogen in Gott verankerte und geradezu von ihm als erstem Prinzip herleitete, in aller Form ‚deduzierte'. [...]" (38). Auf der folgenden Seite spricht er vom „wiederholte[n] Widerruf des menschlichen Ansatzes des cogito ergo sum, der sich ganz auf die uneingeschränkte Verläßlichkeit der natürlichen Vernunft des clare et distincte gründet und der dann mitsamt seinen Konsequenzen hinterher desavouiert und für ungültig erklärt wird ohne die Sanktion und willentliche Stützung durch Gott, der, um den flagranten Widerspruch vollständig zu machen, selber erst mit den Mitteln der menschlichen Vernunft und ihrer Logik bewiesen wird". Noch absurder ist die Behauptung

Auf dem gewonnenen zweifachen Fundament projektiert *Descartes* „une Science universelle qui puisse élever notre nature à son plus haut degré de perfection", wie der Titel der nachher „Discours de la Méthode" genannten Schrift ursprünglich lauten sollte.³³ Man würde *Descartes* mißverstehen, wollte man die „Science universelle" Philosophie als *eine* Fachdisziplin unter anderen verstehen. Denn gegenüber den ersten Gewißheiten sind sämtliche Erkenntnisse von der gleichen Art und unterscheiden sich nur durch ihren jeweiligen Ort in der Ordnung des Ganzen.³⁴ Mit Hilfe des Wahrheitskriteriums und einiger weniger zusätzlicher Regeln³⁵ wird eine Situation geschaffen, wo „nichts so fern liegen, daß man es nicht schließlich erreiche, und nichts so verborgen sein kann, daß man es nicht entdecke"³⁶. Dies gilt sowohl hinsichtlich der quantitativen Vollständigkeit als auch der Exaktheit und Eindeutigkeit.³⁷ *Descartes'* Programm der „Science universelle" umfaßt daher alle möglichen Wissenschaften.³⁸ –

Welch epochaler Wandel in der Bedeutung dessen, was als Wahrheit, und in einem damit auch dessen, was als Wirklichkeit verstanden wird, sich hier vollzogen hat, tritt erst ins Profil, wenn man diese Bedeutungen vergleicht mit jenen der Tradition vor *Descartes*. Für die mittelalterliche Metaphysik ist Wahrheit nach der berühmten, an die Aristotelische Auffassung anknüpfenden Formulierung „adaequatio rei et intellectus"³⁹. Die Übereinstimmung findet im Urteil statt, hervorgebracht wird sie vom Verstand. Ihr Maßstab – und das ist das Entscheidende – liegt jedoch nicht im Intellekt oder überhaupt im erkennenden Subjekt, sondern in der res, im Seienden beziehungsweise im wirklichen Sachverhalt. Denn der Hintergrund, auf dem „Überein-

---

*G. Schmidt*s (1965, 22. 53. 128 ff.), *Descartes* habe die Offenbarungsreligion so sehr jenseits des Bereichs des natürlichen Lichtes angesetzt, daß sie vom Lebensstrom völlig abgeschnitten, damit aber irrelevant werde, und er sich so ihrer ohne Risiko entledigen konnte. Von einer Kontradiktion zwischen religiöser Form und wissenschaftlichem Inhalt spricht – allerdings wesentlich differenzierter – auch *Kalocsai* 1973, 6 f, 13 (vgl. jedoch 40–50. 95–98).

³³ Brief an *Mersenne* vom März 1936, in: A-T I, 339.

³⁴ S. Regel 3 des Disc. 18 f und ebd. 19: „[. . .] que toutes les choses, qui peuvent tomber sous la connaissance des hommes, s'entresuivent en même façon [. . .]".

³⁵ Disc. 18 f; die zusätzlichen Regeln betreffen: die Reduktion auf Teilprobleme, den deduktiven Zusammenhang der Erkenntnisse, die Vollständigkeit.

³⁶ Disc. 19; vgl. Lettre de l'auteur à celui qui a traduit le livre, in der französischen Ausgabe der Principia philosophiae: „Le dernier et le principal fruit de ces Principes est qu'on pourra [. . .], passant peu à peu des unes aux autres, acquérir avec le temps une *parfaite* connaissance de *toute* la Philosophie et monter au *plus haut* degré de la Sagesse" (A-T IXB, 18. Hervorhebung nicht im Original!).

³⁷ Disc. 21.

³⁸ Dasselbe Wissenschaftsverständnis bringen auch die Vergleiche mit einer Stadt (Disc. 11 ff) und mit einem Baum (Lettre de l'auteur . . .: A-T IXB, 14 f) zum Ausdruck.

³⁹ *Thomas von Aquin*, S. Th. I, qu. 16, a. 1; qu. 16, a. 2 u. ö.; De Ver. qu. 1, a. 1., vgl. *Aristoteles*, Metaph. 1027 b und 1051 b. – Zum Ganzen vgl. *Engelhardt* 1966; *Krings* 1963; *Möller* 1971, 39–41. Eine unübertroffene systematische Durchdringung des thomistischen Verständnisses des Zusammenhangs von Wahrheit und Wirklichkeit bietet *M. Müller* in der zweiten Untersuchung von *Müller* 1940, 54–135 (für unseren Zusammenhang vgl. bes. 66–70 und 88–91).

stimmung" allererst möglich wird, ist die fundamentale Zweiteilung der Wirklichkeit in den Bereich des Einzelnen, Sinnlichen, Vergänglichen, Akzidentellen und in die Welt des Allgemeinen, Bleibenden, Substantiellen, wobei der erstere der letzteren als dem Eigentlichen und ihn erst Begründenden subordiniert ist. Wohl ist also der Intellekt beim Zustandekommen der Wahrheit aktiv beteiligt, doch hat seine Aktivität ihre Norm in der vorgegebenen Wirklichkeit, was soviel heißt, daß er Wahrheit nur dadurch hervorbringen kann, daß er sich dieser Vorgegebenheit angleicht. „[. . .] esse rei, non veritas eius, causat veritatem intellectus"[40]. Das Sein im Geist hat demjenigen in Wirklichkeit zu entsprechen, die veritas in intellectu oder ontologische Wahrheit der veritas in re oder ontischen Wahrheit. Dann aber bringt, da zudem für die klassische Metaphysik alles, was ist, prinzipiell auch intelligibel ist,[41] Vorgegebenheit grundsätzlich also auch Vorfindbarkeit besagt, das wahre Urteil nicht nur eine Erscheinung, sondern deren ontische Wahrheit selbst („ens et verum convertuntur"[42]) zum Ausdruck, so daß *Thomas* in der ‚Summa Theologiae' und in ‚De Veritate' für die dritte und vollste Art von Wahrheitsdefinition („secundum effectum consequentem") die *Augusti*nische Formel „Veritas est qua ostenditur id quod est"[43] anführen kann. Wahrheit zeigt sich also letztlich, schenkt sich, offenbart sich; und konsequenterweise wird Wirklichkeit nicht hergestellt, sondern gefunden, empfangen. Falschheit ist da, wo etwas in seiner Vorgegebenheit und Vorfindlichkeit nicht oder nur teilweise, jedenfalls inadäquat anerkannt wird. Wahrheit, insofern sie die Aktivität des Intellekts bei der Herstellung des Wahrseins meint, ist als Richtigkeit zu kennzeichnen.

Anders nun verhält es sich bei *Descartes*. Wahrheit ist bei ihm Gewißheit. Ihr Ort ist das Bewußtsein des erkennenden Subjekts. Die Selbstgewißheit ist unüberspringbares Prius vor jeder Fremdgewißheit und notwendiger Zugang zu solcher. Wahrheit ist nicht etwas, das schon an sich ist und im wahren Urteil richtig abgebildet wird, sondern Wahrheit geschieht, wird erzeugt im und vom erkennenden Subjekt. Wahrheit wird nicht empfangen oder vernommen, sondern der Mensch kann die richtige Erkenntnis selbst und jederzeit bekommen, sofern er sich nur der richtigen Methode bedient, wie er umgekehrt auch Irrtum methodisch verhindern kann. Das nötige Fundament der Erkenntnis läßt sich ja jederzeit konstruieren, ist es doch nur von mir beziehungsweise meinem Bewußtsein abhängig und nicht von einer unverfügbaren Ordnung des Seins. Dieses methodische Vorgehen ist zunächst und zuerst nicht Offenbarung, sondern ein Bemühen, ja geradezu eine Arbeit.

---

[40] *Thomas von Aquin*, S. Th. I, qu. 16, a. 1.
[41] Z. B. *Thomas von Aquin*, S. Th. I, qu. 16, a. 3, c: „Unumquodque autem inquantum habet de esse, intantum est cognoscibile."
[42] *Thomas von Aquin*, S. Th. I, qu. 16, a. 3; De Ver. qu. 1, a. 1 u. ö.
[43] *Thomas von Aquin*, S. Th. I, qu. 16, a. 1; De Ver. qu. 1, a. 1.

„Das ‚decouvrir' – in der lateinischen Version des Disc. das in apertum protrahere – wird zur signifikanten Vokabel des Erkennens. Daß die Wahrheit ‚sich zeigt', wird dem geschichtlichen Selbstverständnis der Neuzeit, vor allem ihrer Aufklärung, gerade zu dem Irrtum, in dem die Leichtfertigkeit des Mittelalters mit der Wahrheit als Grund seiner Selbstverdunkelung wurzelt."[44]

Noch unverhohlener äußert sich *Descartes* in den Secundae Responsiones zu den Med., wo er, um sein Gewißheitsprinzip zu verteidigen, die Gegenfrage stellt: „Quid enim ad nos, si forte quis fingat illud ipsum, de cuius veritate tam firmiter sumus persuasi, Deo vel Angelos falsum apparere, atque ideo, absolute loquendo, falsum esse? Quid curamus istam falsitatem absolutam, cum illam nullo modo credamus, nec vel minimum suspicemur?"[45] Dieser hochinteressante Einwand bedeutet doch, daß *Descartes* zwar eine absolute Wahrheit keineswegs leugnet, aber ihren Begriff faktisch für unfruchtbar hält; entscheidender als das absolut Wahre ist unsere Gewißheit.

Hier kann man bereits im Vorblick auf den späteren Begriff von „Autonomie" sprechen. Denn bei den Gründen des Zweifelns führt *Descartes* nicht nur Einwände auf, die aus der Tradition der Skepsis bekannt waren (Unzuverlässigkeit der Sinne, Unfeststellbarkeit der Zustände Wachen und Träumen), sondern er bringt auch das neue, theologische Argument vom Deus malignus, der uns fortdauernd täuschen könnte. „Mag das von mir Gemeinte als ‚draußen' Wirkliches mir von einem undurchschaubaren, allmächtigen ‚genius malignus' vorgespiegelt sein – ich, als der sich dieses Meinens Bewußte, bin als solcher unangreifbar. Das Selbstbewußtsein konstituiert sich aller göttlichen Allmacht *zum Trotz* [...]."[46] Diese Interpretation *G. Krüger*s mag angesichts des bei *Descartes* sofort anschließenden ontologischen Gottesbeweises und anderer Äußerungen überspitzt sein, wirkungsgeschichtlich gesehen jedenfalls trifft sie voll zu. – Vielleicht kommt der Gegensatz zwischen dem Neuen *Descartes'*, der aber für die neuzeitliche Geistesgeschichte im gesamten charakteristisch ist, kaum irgendwo so bezeichnend zum Ausdruck wie beim Primum des Philosophierens: Während *Descartes* alles Denken beim Zweifel beginnen läßt, nahm die Metaphysik vor ihm immer ihren Ausgang beim θαυμάζειν, wie es am deutlichsten *Platon* und *Aristoteles* ausgesprochen haben[47]. Auch darin steckt selbstverständlich irgendwie ein Zweifel, denn sonst wäre ein Fragen überhaupt nicht möglich, aber es ist doch nicht ein Zweifeln an den Dingen oder auch an deren Er-

---

[44] So *H. Blumenberg* in seiner aufschlußreichen Untersuchung zur Wahrheitsmetaphorik: *Blumenberg* 1960, hier: 32.
[45] A-T VII, 145; vgl. 146.
[46] *G. Krüger* 1933, 246.
[47] *Platon,* Theaet. 155 d; *Aristoteles,* Metaph. 982 b.

scheinung, sondern ein Sich-nicht-erklären-Können von etwas, was mich „ergreift", „beeindruckt".

Mit der Verlegung des Orts und der Änderung des Sinnes von Wahrheit muß sich auch das Verhältnis zur Wirklichkeit und deren Begriff geändert haben: Die methodische Konstruktion von Wahrheit macht die Konstruktion der Gegenstände möglich, die wissenden Menschen beherrschen die Wirklichkeit als „maîtres et possesseurs de la nature"[48]. Der Nomos liegt im Menschen selber, und er verfügt darüber. In der brieflichen Auseinandersetzung um den Disc. macht *Descartes* sein Anliegen nochmals deutlich: Er habe mit dem Disc. sagen wollen, daß die äußeren Dinge [nur] soweit in unserer Gewalt stehen, als sie sich aus unseren Gedanken ergeben[49]. Trotz der negativen Formulierung, die in apologetischer Absicht scheinbar die Begrenzungen nennen will, ist der Zusammenhang von wahrem Erkennen und Verfügenkönnen unmißverständlich herausgestellt.

Ist Wahrheit als Gewißheit vom Subjekt her begründet, so darf sie deshalb aber bei *Descartes* hinwiederum auch nicht solipsistisch mißverstanden werden[50]. Wohl hat jedes Subjekt seine eigene „cogitatio" und darum auch seine eigene „ratio", aber es ist nicht so, als ob jedes Individuum eine andere „cogitatio" beziehungsweise „ratio" hätte: Die Evidenz ist vielmehr in jedem Subjekt herstellbar und ermöglicht so Handeln, so daß das subjektiv Erkannte zugleich objektive Gültigkeit besitzt. Auch innerhalb des Subjekts wird der Subjektivismus überstiegen durch die als eingeboren gedachte Idee eines vollkommensten Wesen. Was oben als Konstruierbarkeit von Wahrheit und Wirklichkeit bezeichnet wurde, müßte also für *Descartes* selbst genauer noch Rekonstruierbarkeit heißen; dieser Vorbehalt ändert allerdings an der Bedeutung dieses Umbruchs nichts.

---

[48] Disc. 62; die Stelle lautet im Zusammenhang: „Car elles [sc. des notions générales touchant la physique que j'ai acquises] m'ont fait voir qu'il est possible de parvenir à des connaissances qui soient fort utiles à la vie, et qu'au lieu de cette philosophie spéculative, qu'on enseigne dans les écoles, on en peut trouver une pratique, par laquelle connaissant la force et les actions du feu, de l'eau, de l'air, des astres, des cieux et de tous les autres corps qui nous environnent, aussi distinctement que nous connaissons les divers métiers de nos artisans, nous les pourrions employer en même façon à tous les usages auxquels ils sont propres, et ainsi nous rendre comme maîtres et possesseurs de la nature." Vgl.: 61–63; ferner: ebd. 28; An . . . vom März 1638: A-T II, 36 f.; Lettre de l'auteur . . .: A-T IXB, 2. Diese Interpretation kann sich auch auf *Struve* 1950/51, der das Denken „das Instrument zur Bemächtigung und zur Inbesitznahme der ‚Natur'" nennt (261), und auf *Mittelstraß* (1970, 353: „Den Zusammenhang von theoretischer Einsicht und poietischem Können im Hinblick auf die neue Wissenschaft betont zum ersten Mal Descartes") stützen.

[49] Im Original lautet die Stelle: „[. . .]; je témoigne assez que je n'ai point voulu dire, pour cela, que les choses extérieures ne fussent point du tout en notre pouvoir, mais seulement qu'elles n'y sont qu'en tant qu'elles peuvent suivre de nos pensées, et non pas *absolument* ni *entièrement*, à cause qu'il y a d'autres puissances hors de nous, qui peuvent empêcher les effets de nos desseins" (An . . . vom März 1638: A-T II, 36. Vgl. auch Disc. 28).

[50] Am deutlichsten: An *Elisabeth* vom 15. 9. 1645: A-T IV, 292–294.

2.2.2 Der Cartesische Gedanke und die Ethik

Untersucht man *Descartes'* Werk auf seinen ethischen Anteil, so ist man im Blick auf dessen Quantität versucht, der Auffassung von *F. Jodl* in seiner ‚Geschichte der Ethik' beizupflichten, *Descartes'* geschichtliche Bedeutung liege nur auf methodologischem und naturphilosophischem Gebiet, ethische Fragen dagegen hätten als „Außenwerke der Philosophie" keinen Platz in seinem System[51]. Faßt man jedoch den Zusammenhang, in dem sich die *Descartes*schen Äußerungen zur Ethik tatsächlich befinden, genauer ins Auge, muß man ihnen eine zentrale Stellung einräumen. Denn der totale Zweifel ist ein methodischer, kein absoluter und permanenter; die „generalis mearum opinionum eversio"[52] wird nicht um ihrer selbst willen vollzogen, sondern als conditio sine qua non im Dienst eines Ziels, wie *Descartes* immer wieder betont und sich deshalb von den Skeptikern abgegrenzt sehen will[53]. Dieses Ziel aber ist das eminent praktische: „voir clair en mes actions et marcher avec assurance en cette vie"[54]. Eine klare und deutliche „morale parfaite" ist so der Sinn und das leitende Interesse der *Descartes*schen Philosophie im ganzen. Bevor er die grundlegenden Disziplinen der Philosophie, nämlich Metaphysik und Physik, vollständig durchschritten hat, kann der denkende Geist dahin allerdings nicht gelangen. Denn: „toute la philosophie est comme un arbre, dont les racines sont la métaphysique, le tronc est la physique, et les branches qui sortent de ce tronc sont toutes les autres sciences, qui se réduisent à trois principales, à savoir la médecine, la mécanique et la morale; j'entends la plus haute et la plus parfaite morale, qui, présupposant une entière connaissance des autres sciences, est le dernier degré de la sagesse. Or, comme ce n'est pas des racines ni du tronc des arbres qu'on cueille des fruits, mais seulement des extrémités de leurs branches, ainsi la principale utilité de la philosophie dépend de celles des ses parties qu'on ne peut apprendre que les dernières."[55]

Dieses leitende Interesse an der Praxis hat *Descartes* schon im sechsten Teil des Disc. formuliert, indem er den Nutzen, den andere von der Mitteilung seines Gedankens haben könnten, auf dessen Fruchtbarkeit hinsichtlich praktischer Konsequenzen bezog[56].

---

[51] *Jodl* 1923–1930, I, 372 f. – Ganz ähnlich behauptet auch *Klemmt* vom Disc., dieser habe nicht die Entwicklung der Moral zum eigentlichen Ziel, sondern behandle „diese mehr der Vollständigkeit wegen [...], weil sie nun einmal unabdingbar zur Philosophie gehört" (*Klemmt* 1971, 159).
[52] Med. 18.
[53] Disc. 29. 32, vgl. ebd. 9 f.; An ... vom März 1638: A-T II, 38 f.; An *Chanut* vom 1. 11. 1646: A-T IV, 536 f.
[54] Disc. 10. Vgl. Lettre de l'auteur...: A-T IXB, 3 f.: „[...] enfin cet étude est plus nécessaire pour régler nos mœurs, et nous conduire en cette vie, que n'est l'usage de nos yeux pour guider nos pas."
[55] Lettre de l'auteur...: A-T IXB, 14 f.
[56] Disc. 69.

Nun begegnet aber Ethik bei *Descartes* nicht nur als Schluß- und Zielpunkt seiner Philosophie, sondern von Ethik ist auch vor dem Beginn und außerhalb seines methodisch geführten Gedankens die Rede. Dazu kommt der Tatbestand, daß *Descartes* gerade für den gesamten Bereich der Praxis sein methodisches Prinzip außer Geltung setzt, sich von allem, was nicht clara et distincta perceptio ist, frei zu machen, das heißt faktisch soviel wie von allem bislang für wahr Gehaltenen.[57] Der scheinbare Widerspruch löst sich dadurch, daß die Aufhebung des Zweifelprinzips nur eine temporäre Suspendierung ist. Die Notwendigkeit nämlich, irgendwie zu handeln, ist unausweichlich, selbst in dem Fall, in dem ich keine Gewißheit habe. Für die Zeit zwischen dem Entschluß, meine ganze Erkenntnis auf ein neues, unerschütterliches Fundament zu stellen, und jenem Wissensstand, der das Aufstellen einer „morale définitive" erlaubt, übernimmt die „morale par provision" (im doppelten Sinne von „Vorrat" und „Vorläufigkeit"[58]) die Funktion, unsere Handlungen zu leiten. Ihre erste Maxime empfiehlt, zu handeln entsprechend den Gesetzen von Vaterland und überkommener Religion, und wo dies nicht ausreicht, sich an Meinungen zu orientieren, die einer vierfachen Bedingung genügen müssen: sie müssen (erstens) maßvoll sein und (zweitens) von den Besonnensten unter denen, mit denen (drittens) ich zusammenlebe, (viertens) praktiziert werden.[59] Der zweite Grundsatz besagt, seinen Entscheidungen mit größtmöglicher Entschlossenheit zu folgen, so als seien sie ganz gewiß[60]; das Risiko, daß es sich bei dem als Bestes Beurteiltem um einen Irrtum handelt, wird der Unfähigkeit zu handeln ebenso vorgezogen wie einer aus Beeinflussung durch die Leidenschaften resultierenden Labilität. Was damit gemeint ist, vermag die Konstrastierung mit den Konträrbegriffen zu verdeutlichen: Unentschlossenheit, Ziellosigkeit auf der einen Seite, Halsstarrigkeit um jeden Preis auf der anderen Seite.[61] Als drittes soll gelten: „tâcher toujours plutôt à me vaincre que la fortune, et à changer mes désirs que l'ordre du monde; et généralement, de m'accoutumer à croire qu'il n'y a rien qui soit entièrement en notre pouvoir, que nos pensées [...]"[62]. Endlich wird viertens die Verpflichtung zur Fortsetzung des Erkennens nach der neuen Methode in den Kanon der anderen, stark stoisch-epikureisch geprägten Maximen der vorläufigen Ethik aufgenommen und ihnen als Legitimation zugrunde gelegt.[63]

[57] Disc. 22 f. Umgekehrt wird in Med. 22 (vgl. ebd. 15) das Handeln ausgenommen.
[58] Die Doppeldeutigkeit ergibt sich aus dem Kontext von Disc. 22.
[59] Disc. 22–24.
[60] Disc. 24 f. 31. Vgl.: An... vom März 1638: A-T II, 34; An *Elisabeth* vom 4. 8. 1645: A-T IV, 265. 266 f.; An *Elisabeth* vom 15. 9. 1645: A-T IV, 295; An *Christine* von Schweden vom 20. 11. 1647: A-T V, 83.
[61] An... vom März 1638: A-T II, 34–36.
[62] Disc. 25–27; vgl.: An... vom März 1638: A-T II, 36; An *Elisabeth* vom 4. 8. 1645: A-T IV, 265.
[63] Disc. 27 f. Vgl.: An *Mersenne* vom 27. 4. 1637 (?): A-T I, 367; An... vom März 1638: A-T II, 34–37; An *Elisabeth* vom 4. 8. 1645: A-T IV, 265 f.; Lettre de l'auteur...: A-T IXB, 3.

So steht eine Ethik vor und zu Beginn des ganzen *Descartes*schen Gedankens als das, was ihn überhaupt erst möglich macht. Und eine Ethik wird als letzte und höchste Stufe des Gedankens in Aussicht gestellt und ist in jedem Moment das ihn leitende Ziel. Handelt es sich hier nun um zwei Ethiken oder um ein und dieselbe? Tatsache jedenfalls ist, daß *Descartes* trotz mehrfacher Ankündigung und trotz gelegentlicher Behandlung ethischer Fragen zu einem Zeitpunkt, da er seine Theorie bereits weitgehend entwickelt hatte, keinerlei Hinweis darauf gegeben hat, ob und gegebenenfalls welcher Teil seines Werks mit dem anfänglichen Programm einer vollständigen Ethik zu identifizieren sei, geschweige denn einen „traité de la morale" hinterlassen hat. Trotzdem scheint er, wenigstens in den späteren Briefen, die Regeln der vorläufigen Moral als geeignet hinzustellen, um den Menschen zur Seligkeit (béatitude) zu führen. Abgesehen davon, daß der Gedanke der provisorischen Moral als äußerst fruchtbar in die aktuelle ethische Diskussion einzubringen wäre[64], stellt sich der Forschung deshalb als entscheidendes Problem das des Verhältnisses von endgültiger, vollkommener Ethik zur unvollkommen-provisorischen. Die bislang vertretenen Erklärungsversuche dieses Problems lassen sich auf drei Argumentationstypen reduzieren:

2.2.2.1 Die einfachste Lösung bietet die „Lückenhypothese"[65]: *Descartes* sei vom Tod überrascht worden, bevor er sein System fertig ausgearbeitet habe; angesichts der in Aussicht gestellten, im System deduktiv zu entwickelnden Moral sei das, was an ethischen Reflexionen faktisch von *Descartes* überkommen sei, völlig unbedeutend und überholt. Diese Auffassung ist weitverbreitet und geht bis auf *Descartes*' Zeitgenossen zurück[66]; in jüngerer Zeit weniger expressiv verbis[67] vertreten, wird sie doch stillschweigend von all denen vorausgesetzt, die bei ihrer Darstellung der *Descartes*schen Philosophie seine Ethik völlig oder nahezu völlig übergehen[68]. Es findet sich allenfalls der stereotype Hinweis auf die stoischen Elemente.

Die Stärke dieser Hypothese ist, daß sie dem Literalsinn all jener Stellen ge-

---

[64] Darauf verweist nachdrücklich *Spaemann* 1968.
[65] Diese Bezeichnung sowie die Charakterisierung der in 2.2.2.2 und 2.2.2.4 skizzierten Standpunkte werden hier neu eingeführt.
[66] Deshalb konnte z. B. *L. de la Forge* 1666 einen ‚Traité de l'esprit de l'homme' verfassen; im Jahr später erschien anonym ‚L'art de vivre heureux, formé sur les idées les plus claires de la raison et du bon sens, et sur de trés belles maximes de M. Descartes'. (Angaben nach *Rodis-Lewis* 1957 b, 4).
[67] So etwa *Jodl* 1923–1930, I, 372–374; *Adam* 1910, 58; *Gouhier* 1972, 143–145, klammert die provisorische Moral völlig aus, sieht aber das ursprüngliche ethische Programm in den „Passions de l'Âme" und in den Briefen sich anfanghaft realisieren. – In abgeschwächter Form wird diese Meinung auch von *Röd* 1964, bes. 188 f. und 196–209, vertreten, der von „Resignation" spricht (ebd. 197).
[68] Z. B. *Windelband* 1957, 338; *Hirschberger* 1969, II, 91–116. – Modifiziert: *Frischeisen-Köhler – Moog* 1953, 230 f. 242; *Schilling* 1953, II, 94–97. – Zu dieser Gruppe gehören auch die Autoren, die bei ihrer Geschichte der Ethik *Descartes* nicht bzw. nur sporadisch erwähnen, z. B. *Litt* 1968, 61; *Reiner* 1964, 97.

recht wird, an denen *Descartes* für die Zukunft eine vollständig-endgültige Moral in Aussicht stellt beziehungsweise die Geltungsdauer der provisorischen einschränkt[69]. Das Argument allerdings ist so beschaffen, daß es prinzipiell nicht falsifiziert, sondern höchstens verifiziert werden kann. Außerdem impliziert diese Theorie die Vorentscheidung, daß beide Ethiken völlig disparat konzipiert waren, um dann eben als Konsequenz sowohl die ausdrücklich als provisorisch bezeichneten Maximen wie auch die späteren Ausführungen in den Briefen am Rande liegen zu lassen als etwas, das dem Entwurf des Systems inkompatibel wie auch von dessen materialer Ausarbeitung überholt sei.

2.2.2.2 Vom Textbestand her gesehen kaum weniger plausibel ist jene Argumentation, die provisorische und endgültige Moral identifiziert („Identitätshypothese"). Es ergeben sich von der Sache her zwei mögliche Versionen: Entweder man geht davon aus, *Descartes* habe aus inneren Gründen seines Systems die Vorstellung von einer perfekten, exakten Ethik preisgegeben[70], oder aber, die von *Descartes* als provisorisch ausgegebene Ethik sei die endgültige. Nach anderen Forschern[71] wurde letztere Interpretation jüngst von *A. Klemmt*[72] in äußerst pointierter und polemischer Weise vorgetragen. Mit einer bisher noch nirgendwo vertretenen Ausschließlichkeit erhebt *Klemmt* das „larvatus prodeo" einer frühen Aufzeichnung *Descartes*'[73] zum generellen hermeneutischen Prinzip. Demnach bezieht sich das Provisorische der von *Descartes* so genannten Moral nicht auf den Inhalt, sondern bloß auf die äußere Form, im besonderen auf den Verzicht der Beanspruchung von Allgemeingültigkeit und auf eine tiefere Begründung des Skizzierten. Die Angst vor der Inquisition habe *Descartes* dazu veranlaßt, seine Sache unter anderem Namen zu kaschieren – eine Schwäche, die vom Autor als beschämend gerügt wird.[74] Der Grund für diese Angst sei darin zu suchen, daß *Des-*

---

[69] Die bedeutendsten: Disc. 22. 27 f.; An . . . vom März 1638: A-T II, 35. Lettre de l'auteur . . .: A-T IXB, 14 f. 17; An *Chanut* vom 15. 6. 1646: A-T IV, 441 f.

[70] So vor allem *Guéroult* 1953, II, 250–259; *Gadamer* 1972, 263. Auch *Röd* 1964, 197 f., nennt dieses Argument als „tieferen Grund" für den Verzicht auf direkte Bemühungen um die Verwirklichung des ursprünglichen Programms einer endgültigen Moral. Nicht ganz eindeutig ist die Stellungnahme von *Rodis-Lewis* 1957 b, 63 f. (aber: 114 f. 118. 123), und *Rodis-Lewis* 1957 a, 225. Modifiziert vertritt diese Auffassung *Lefèvre* 1957, 8–10. – De facto läuft dieser Standpunkt weitgehend auf das gleiche Ergebnis hinaus wie der unter 2.2.2.4 vertretene „Kontinuitätshypothese".

[71] Z. B. *Erdmann* 1834, 311–314. – Obwohl *Mesnard* 1936 den provisorischen Charakter der sogenannten Moral bestreitet, kann er nicht – wie es bei *Klemmt* den Anschein hat – zu dieser Gruppe gezählt werden. Vgl. vielmehr unten Anm. 91. Auch *Brunschvicg* 1959 kann nicht für *Klemmt*s These reklamiert werden.

[72] Sie bildet die zentrale These seines Buches ‚Descartes und die Moral' (Zusammenfassungen des Ergebnisses s. ebd. 10–12.29. 160. bes. 164–166). Ganz ähnlich votiert *G. Schmidt* 1965, 51–55.

[73] Die ganze Stelle lautet: „Ut comoedi, moniti ne in fronte appareat pudor, personam induunt: sic ego, hoc mundi theatrum consensurus, in quo hactenus spectator exstiti, larvatus prodeo" (A-T X, 213). Vgl. An *Mersenne* vom April 1634: A-T I, 286.

[74] Derartige Wertungen läßt *Klemmt* 1971 des öfteren einfließen, z. B. 16. 17. 33. 66. 97–103.

cartes' „im Zeichen des lumen naturale entwickelte Morallehre der freien Selbstbestimmung und Selbstgenügsamkeit" „sich von Anfang an auf antiker, das heißt griechisch-römischer und somit ‚heidnischer' Grundlage" erhebe[75].

2.2.2.3 Diskussion: Die Auseinandersetzung mit beiden Hypothesen soll nun anhand einiger der von *Klemmt* angeführten Argumente geschehen.[76]

2.2.2.3.1 Dieser beruft sich unter anderem darauf, die erste Maxime der provisorischen Ethik zerfalle „in zwei ungleiche Hälften, die nichts miteinander zu tun haben"[77], ohne diese Behauptung weiter zu begründen. Man kann die erste Maxime meines Erachtens ohne weiteres als Einheit verstehen, oder aber sie muß analytisch in drei Teile zerlegt werden (betreffend: Staat, Religion, mitmenschliche Umwelt). Das Fehlen dieser Maxime im Brief an *Elisabeth* vom 4. 8. 1645 als eine „Nichtberücksichtigung" der ersten Hälfte und eine „Aufgabe" der konkreten Formulierung der zweiten auszulegen, ist so willkürlich wie die Behauptung, diese zweite Hälfte sei – abgesehen von der „konkreten Formulierung" – identisch mit derjenigen[78]: „qu'il tâche toujours de se servir, le mieux qu'il lui est possible, de son esprit, pour connaître ce qu'il doit faire ou ne pas faire en toutes les occurences de la vie"[79]. Dieser Text entspricht vielmehr dem vierten Grundsatz des *Disc.*, was *Klemmt* eine Seite später richtig bemerkt[80].

2.2.2.3.2 Als weiteren Hauptbeleg glaubt *Klemmt* für seine Erklärung die Tatsache beanspruchen zu können, daß *Descartes* den Begriff der „sagesse" – der für ihn ohne Zweifel von erheblicher Bedeutung ist – im Zusammenhang mit den Moralregeln des *Disc.* gänzlich aus dem Spiel lasse; als verantwortlich hierfür gilt im Sinne von *Klemmts* exklusivem Deutungsprinzip die stoische, also heidnische Provenienz dieses Begriffs.[81]

Das Argument ist hinfällig, weil „sagesse" bei *Descartes* an keiner Stelle in

[75] Beide Stellen: ebd. 166.
[76] Die ausführliche Erörterung der These *Klemmts* wird in einer gesonderten Veröffentlichung erfolgen.
[77] *Klemmt* 1971, 18.
[78] Ebd.
[79] A-T IV, 265.
[80] *Klemmt* 1971, 19. – Auch *G. Schmidt* sieht sich vor die Schwierigkeit gestellt, diese erste Maxime mit seiner These zu vereinbaren, und kommt dabei u. a. zu folgendem Ergebnis (*G. Schmidt* 1965, 52 f.): „Aber Descartes bequemt sich den sittlichen Vorstellungen seiner Zeit [an], nicht weil er sie für wahr und gut fundiert ansieht, sondern aus freien Stücken und nur deshalb, weil er sich in dieser ersten Maxime ausdrücklich dazu verpflichtet. Er hält sich an die gesellschaftlichen Spielregeln, um nicht aufzufallen und in Ruhe gelassen zu werden [. . .]. Die Maxime bringt ihm auch den Vorteil, sich chamäleongleich fremden Sitten anzupassen, denn diese sind ihm genau so gleichgültig wie die heimatlichen [. . .].
[. . .] Die provisorische Moral ist areligiös, sie hat sich in keiner Weise dem religiösen Geist verschrieben. Deshalb läßt sie die Religion beiseite – diese wird in ihr Tabu eingemauert. [. . .] Die durch solche Verehrung zu hoch gehängte Religion büßt ihren Einfluß auf das menschliche Leben ein. Die Wissenschaften fristen künftig nicht mehr im Schatten der Theologie ein kümmerliches Dasein, da sie in keiner Weise durch die Religion geniert werden können."
[81] *Klemmt* 1971, 154 f. 165.

Verbindung mit „morale par provision" begegnet[82] und sich deshalb viel eher die Schlußfolgerung nahelegt, „sagesse" sei ein zentraler Begriff der endgültigen Moral.[83] Das Fehlen eines Begriffs schon eo ipso als ein bewußtes Vermeiden auszugeben, dürfte allemal kein legitimes Interpretationsverfahren sein. Dies gilt für *Descartes'* Verwendung von „sagesse" um so mehr, besaß er doch bis 1645 (der Disc. wurde jedoch bereits 1637 veröffentlicht, die Med. 1641!) keine exakteren Kenntnisse der stoischen Quellen, wie der Brief an *Elisabeth* vom 4. 8. 1645 erkennen läßt[84]; das heißt, daß sich die Entwicklung vom unakzentuiert-weiteren Wortgebrauch in den früheren Schriften bis zum spezifischen der späteren durchaus auch anders befriedigend erklären läßt. – Im Widmungsschreiben der Principia von 1644 ist „sagesse" der Inbegriff der Tugenden, „quae ab accurata cognitione deveniunt" (im Unterschied zu den scheinbaren Tugenden wie auch zu denen, „quae cum aliqua ignoratione coniunctae sunt"[85]); in der Tat kann nun auch der, der das je als Bestes Erkannte tut, als „revera sapiens"[86] bezeichnet werden, aber gemeint ist eben nur: weise in dem Maße, wie er an echter Kenntnis partizipiert.

Tatsächlich zum „Zentralbegriff seiner theoretischen wie seiner praktischen Philosophie"[87], von der Sache wie von der Quantität (24mal!) her, wird „sagesse" dann erst in der Lettre de l'auteur von 1647. Aber selbst hier, wo fünf Stufen der Weisheit unterschieden werden, gehört signifikanterweise die provisorische Ethik nicht zur fünften Stufe[88], sondern wird *vor* dieser angesetzt[89].

2.2.2.3.3 Schließlich müssen all jene Stellen im Zusammenhang des Sprechens von provisorischer Moral bedacht werden, an denen *Descartes* die (vor allem qualitativ gedachte) Unfertigkeit des bisher Erreichten und die Größe der noch vor ihm liegenden Aufgaben betont. *Klemmt*s These könnte nämlich nur dann plausibel sein, wenn *Descartes* die angezielte und von ihm sogar im Lauf seines eigenen Lebens für möglich gehaltene Vollständigkeit des Wißbaren irgendwann als erreicht beansprucht hätte – wenigstens für die

---

[82] Vgl. Disc. 1. 22–31; An ... vom März 1638: A-T II, 34–37; An *Elisabeth* vom 4. 8. 1645: A-T IV, 263–268; Lettre de l'auteur ...: A-T IXB, 13–15.
[83] Disc. 22 nennt als Ziel der „morale par provision": „vivre le plus heureusement". Interpretiert man mit *Gilson* 1967, 230, das „quam felicissime" der von *Descartes* autorisierten lateinischen Übersetzung (1644) vom Brief an *Elisabeth* vom 4. 8. 1645 (A-T IV, 263 f) her, so hätte man sogar einen Beweis dafür, daß „sagesse" der Inhalt der endgültigen Moral ist, da felicitas in bewußter Entgegensetzung zu beatitudo gewählt wäre.
[84] Denselben Schluß zieht an anderer Stelle auch *Klemmt* (1971, 20 f.) aus diesem Brief, ohne das allerdings im Zusammenhang seiner Argumentation S. 152–155 zu berücksichtigen.
[85] Beide Stellen: A-T VIIIA, 2.
[86] Ebd.
[87] *Klemmt* 1971, 154.
[88] A-T IXB, 5: „c'est de chercher les premières causes et les vraies principes dont on puisse déduire les raisons de tout ce qu'on est capable de savoir".
[89] Ebd. 13.

hauptsächlichsten Gebiete. Davon kann aber aufgrund mehrerer Stellen[90] keine Rede sein.

2.2.2.4 Die vorausgehenden Einwände zeigen, daß „Lücken-" wie „Identitätshypothese" ihre Plausibilität mit der Aufstellung zusätzlicher Stützhypothesen und mit Hilfe von Textvergewaltigungen erkaufen müssen. Als Aufgabe stellt sich deshalb, eine Hypothese zu entwickeln, die den kritisch gerechtfertigten Argumenten *beider* abgelehnten Theorien zugleich gerecht wird. Das heißt, diese Hypothese muß sich einerseits davor hüten, „vorläufig" und „endgültig" lediglich als Tendenzbildungen im Dienst einer bestimmten Strategie, ohne jedes fundamentum in re zu nehmen, ohne anderseits so weit zu gehen, die innere Zusammengehörigkeit von unvollständiger und vollständiger Ethik zu bestreiten.

Das Verhältnis beider ist am adäquatesten als eines der Kontinuität beziehungsweise der Integration zu bestimmen. Das soll heißen: Die perfekte Moral löst die provisorische nicht einfach ab, sondern geht in sie über, wächst mit anhaltender Progression aus ihr hervor. Beziehungsweise von seiten der provisorischen Moral her betrachtet: Diese ist so strukturiert, daß sie aus sich heraus zur endgültigen wird; in ausdifferenzierter systematischer Form hat *Descartes* sie uns allerdings nicht hinterlassen. – Für die „Kontinuitätshypothese"[91] spricht außer der Tatsache, daß sie die Mängel der beiden anderen Hypothesen sämtlich vermeiden kann, positiv eine Reihe von Beobachtungen:

2.2.2.4.1 Sieht man einmal von der vierten Maxime ab, so beinhalten die restlichen je eine „formale" Tugend: Besonnenheit, Beharrlichkeit, Zufriedenheit. „Formal" will dabei soviel heißen wie: ohne inhaltliche Bestimmung, ihr Inhalt kann sich ändern. Daß die Änderung des Inhalts nicht nur prinzipiell möglich ist, sondern von *Descartes* auch tatsächlich so gemeint war, zeigt:

2.2.2.4.2 eine sprachliche Beobachtung: Alle drei Maximen enthalten direkt oder indirekt ein hypothetisches Element. So nennt die erste Maxime vier Bedingungen, wie bereits erwähnt wurde. Auch der zweite Grundsatz beinhaltet nicht einfach das Festhalten am einmal Entschiedenen, sondern fordert für jede Handlung eine vorherige Prüfung: „*lorsqu'il n'est pas en notre pouvoir de discerner les plus vraies opinions, nous devons suivre les plus probables*"[92]. Ebenso gilt das Sichzufriedengeben mit sich selbst in der dritten Re-

---

[90] Disc. 66 f. 67 f. 69; vgl. 72.
[91] Zu einem ähnlichen Ergebnis kommen – jedoch mit je anderer Begründung – *Gilson* 1967, 230–234; *Lefèvre* 1957, 8–22. 244; *Mesnard* 1936, 44 f. 49–60. 64–66, 215–218; *Röd* 1964, 186–189; *Kalocsai* 1973, 16. 21. 24. 31 f. 33 (trotz der bisweilen gezwungen wirkenden marxistisch-klassenkämpferischen Interpretation).
[92] Disc. 25 (Hervorhebung nicht im Original). Vgl. auch an . . . vom März 1638: A-T II, 35: „[. . .] que je ne m'en sers que par provision [. . .], avec dessein de changer mes opinions, sitôt que j'en pourrai trouver de meilleures, et de ne perdre aucune occasion d'en chercher".

gel nicht absolut, sondern: „*après que nous avons fait notre mieux*, touchant les choses qui nous sont extérieures, tout ce qui manque de nous réussir est, au regard de nous, absolument impossible"[93].

2.2.2.4.3 Hinzu kommt, daß die vierte Maxime bezüglich ihres Gehalts wie auch ihrer Extension nicht parataktisch-gleichrangig neben den andern dreien steht, sondern gleichsam die Ober-Maxime oder besser: das Koordinatensystem bildet, das den restlichen Regeln erst ihren Ort, das heißt ihre Legitimation, Funktion, Geltungsdauer zuweist. Dem entspricht die (für *Descartes*!) merkwürdige Unentschiedenheit bezüglich des Status dieses Grundsatzes[94] wie auch ihre Einführung als „conclusion de cette morale"[95]. Das hypothetische Element wird bei ihrer Erörterung stärkstens betont in positiver Wendung: „[...] m'avancer, *autant que je pourrais*, en la connaissance de la vérité, suivant la méthode que je m'étais prescrite"[96]. Daher bedeutet der Einschluß des methodischen Prinzips der *Descartes*schen Philosophie mitsamt dem Zweifel in die vorläufige Moral den Einschluß ihrer eigenen Vorläufigkeit und zugleich die Verpflichtung auf Berücksichtigung jeder neuen Erkenntnis; die vorläufige Moral macht ihre eigene Überwindung zum Gebot. Insofern aber muß sie gar nicht von einer neuen, vollständigen abgelöst werden, der Übergang von der einen zur anderen vollzieht sich vielmehr nahtlos, prozessual. Die vorläufige Moral besteht konstitutiv in ihrer progressiven Selbstüberwindung, weshalb sie *R. Lefèvre* sehr treffend als dynamisch[97] bezeichnet hat.

Daß diese Interpretation den Text nicht überstrapaziert, beweist der Fortgang des betreffenden Abschnitts, in dem nochmals jede der drei ersten Maximen unter die Bedingung der vierten gestellt wird.[98] Insgesamt geht es darum, jeweils das Beste zu tun, das jeweils Beste aber ist das in einer konkreten Situation Deutlichste und Gewisseste.[99]

2.2.2.4.4 Die Empfehlungen von Besonnenheit, Standhaftigkeit und Zufriedenheit gelten zu Anfang des *Descartes*schen Gedankenganges wirklich nur vorläufig und arbeitshypothetisch. Sowenig eine Arbeitshypothese zwangsläufig entfallen muß, sondern sich im Laufe des Gedankens auch als stichhaltig erweisen kann, muß der vorläufige und ungewisse Charakter der drei Maximen im weiteren Fortgang des Gedankens sein Entschwinden be-

---

[93] Disc. 25 (Hervorhebung nicht im Original).
[94] Disc. 22: „trois ou quatre maximes"; der entsprechende Abschnitt Disc. 25 f beginnt im Gegensatz zu den vorhergehenden drei numerierten mit „enfin"!
[95] Disc. 27.
[96] Disc. 27 (Hervorhebung nicht im Original). Vgl. die in Anm. 63 genannten Stellen.
[97] *Lefèvre* 1957, 4.
[98] Vgl. Disc. 27 f.
[99] Im Brief an ... vom März 1638 wird dies so ausgedrückt: „lorsqu'on a considéré qu'il n'y en a point d'autres [sc. opinions] qu'on juge meilleures ou plus certaines, que si on connaissait que celles-là fussent *les meilleures;* comme en effet elles le sont *sous cette condition*" (A-T II, 35). Vgl. An *Christine* von Schweden vom 20. 11. 1647: A-T V, 83; Lettre de l'auteur ...: A-T IXB, 3.

deuten. Darüber kann erst durch eine Prüfung der Verträglichkeit jeder Maxime mit der Regula generalis entschieden werden: Regel drei bleibt auch in der endgültigen Moral aktuell, weil der Mensch Freiheit besitzt, das heißt, sein Wille sich auch außerhalb der Grenzen seines Verstandes betätigen kann[100]. Die Entschlossenheit, die Regel zwei intendiert, ergibt sich im endgültigen Stadium mit Notwendigkeit. Schwieriger liegen die Dinge bei der ersten Regel; ihr hypothetisches Element ist dergestalt, daß sich die Regel im Zustand des definitiven Wissens selbst aufhebt: die „mieux sensés"[101] sind nämlich keine absolute Größe, sondern relativ zum jeweiligen Höchststand an klarer und deutlicher Einsicht; sie werden sich in dem Maß ihrer Zunahme an Besonnenheit bei ihrem Tun nicht mehr von einem Außen bestimmen lassen, sondern nur von ihrer eigenen Vernunft, wodurch sie das Konformitätsprinzip schließlich außer Gebrauch setzen. Dem entspricht, daß die erste Regel des Disc. im Brief vom 4. 8. 1645 an *Elisabeth* weggelassen und durch die vierte ersetzt ist[102]. In dieselbe Zeit fallen auch weitere Reflexionen über die Ethik sowie der Entwurf der „Passions de l'Âme"[103], die von *Descartes* selbst als weiterentwickelte Stufe auf dem Weg zur vollständigen Ethik verstanden werden[104].

2.3 Weitere Determinanten der Problem-Entstehung

Descartes sucht Gewißheit nicht nur im Erkennen, sondern auch im Handeln. Er bemerkt, daß das Handeln unter den bisher geltenden Bedingungen der Erkenntnis nie ein mit Sicherheit richtiges sein konnte. Diese Aufgabe hält er allein dann für lösbar, wenn das Tun dem methodischen Erkennen unterstellt wird[105], wobei er dem Einwand, menschliches Wissen sei wenigstens vorläufig unvermeidlich defizitär, durch die Gestalt der „morale provisoire" gerecht zu werden versucht. Diese läßt sich im Bezug zur endgültigen Ethik auf die Formel bringen: Handle optimal! „Optimal" aber ist ein relationaler Begriff, der ohne Bezugspunkt seinen Sinn verliert. Bedeutete schon die Verlegung des Ortes der Wahrheit in die subjektive Evidenz eine prinzipielle Relativierung, so tritt durch die Bindung der Ethik an den jeweils optimalen Gewißheitsgrad eine weitere Relativierung hinzu. Die Praxis insgesamt wird

---

[100] Vgl. hierzu die vierte Med.: ebd. 52–62.
[101] Disc. 23; die lateinische Ausgabe übersetzt „prudentissimi". – Zur Interpretation der ersten Maxime muß auch Disc. 13 f herangezogen werden, und ebd. 23 f, wo *Descartes* davon abrät, langfristige Verträge oder Gelübde einzugehen.
[102] A-T IV, 265.
[103] A-T XI C.
[104] S. bes. An *Elisabeth* vom 15. 9. 1645: A-T IV, 290–296; An *Chanut* vom 15. 6. 1646: A-T IV, 440–442.
[105] Vgl. besonders Disc. 28: „il suffit de bien juger, pour bien faire, et de juger le mieux qu'on puisse, pour faire aussi tout son mieux [...]".

bei *Descartes* der Vernunft überantwortet, letztere genügt im Grunde, um sowohl die Wahrheit zu finden als auch das Richtige tun zu können. Das heißt, daß es in der Hand des Menschen liegt (theoretisch wie praktisch), Irrtum zu vermeiden. An diesem prinzipiellen Durchbruch gemessen, fällt *Descartes'* zeitweilige Erwartung, alles Wissen lasse sich tatsächlich bis zu einem gewissen Zeitpunkt, ja sogar noch während seines Lebens, vollständig erheben, nicht ins Gewicht.

Insofern *Descartes* das klassisch-metaphasische Wirklichkeitsverständnis von der Kritik der Erkenntnis aus zu destruieren begann und zugleich die menschliche Vernunft zum Angelpunkt der Philosophie machte, war er wegweisend für die ganze Neuzeit. Hat er auch sein Material noch weitgehend der Tradition entnommen, stellen doch seine Methode und seine Prinzipien einen echten Neuanfang dar. Die „vernünftige Selbständigkeit"[106] ist nicht nur das Programm der Aufklärung, wenn diese Bezeichnung eine Epoche meint, sondern kennzeichnet die grundlegende Tendenz der Neuzeit insgesamt. Die Geschichte der Wissenschaften gibt neben der Politik wohl die beste Illustration für diesen Prozeß. Bei *Descartes* ist das Prinzip der vernünftigen Selbständigkeit zuerst voll ausgeprägt, und von dort beginnt auch die Revolutionierung der Ethik in der Neuzeit, selbst wenn seine ethischen Ausführungen wirkungsgeschichtlich nicht direkt diese Revolution in Gang gebracht haben.

Trotz aller Neuheit aber darf *Descartes* auch nicht zum schlechthin voraussetzungs- und analogielosen Vater der Neuzeit hochstilisiert werden. Gerade seine überragende Bedeutung für die Neuzeit oder, besser gesagt, seine Signifikanz ist ein untrügliches Indiz dafür, daß sich der ideengeschichtliche, gesellschaftliche, ökonomische und politische Kontext, der ihn zum Teil bedingte, zum Teil historisch zum Tragen kommen ließ, genau fixierbar ist. – Es würde den Rahmen dieser Arbeit sprengen, wollte man alle Relativitätsfaktoren, die seit Beginn der Neuzeit für die ethische Diskussion eine Rolle spielen, erfassen und detailliert verfolgen. Die wesentlichen Faktoren, die das Autonomie-Problem entstehen und zentral werden lassen, sind jedoch nahezu alle im Werk *Descartes'* greifbar, wenn auch noch oft nur in Ansätzen, so daß wir die Übersicht über diese Faktoren jeweils mit ihm beginnen lassen können, um daran anschließend durch einen Blick auf die wichtigsten Etappen der weiteren Entwicklung (bis zu den im zweiten Hauptteil behandelten Entwürfen) die Relevanz des jeweiligen Gedankens aufzuzeigen.

---

[106] *Mittelstrass* 1970, 2, und Teil I des Buches (13–203). – Gleiches meint *W. Dilthey* mit seinem Begriff des „natürlichen Systems", vgl. bes. *Dilthey* 1960, 283 u. ö.

2.3.1 Die Erweiterung des Gesichtskreises

2.3.1.1 Interkulturelle Normenabweichung:

Handwerk und Handel, die durch tiefgreifende Veränderungen in der Wirtschaftsstruktur erblühen, sowie technische Fortschritte (vor allem im Schiffs-, Instrumenten- und Waffenbau) erhöhen in der frühen Neuzeit die Mobilität der Menschen ganz erheblich; zugleich ermöglichen sie die großen Entdeckungsreisen. Dadurch bekommt zunächst Europa intensivere Kenntnis von sich selbst als je zuvor, aber auch, was noch folgenreicher ist, Kenntnis von fremden Völkern, deren Sitten stärkstens von dem Gewohnten abweichen. Schon bald darauf werden Reisen innerhalb wie auch außerhalb von Europa nicht mehr nur zu wirtschaftlichen, militärischen oder missionarischen Zwecken unternommen, sondern von einzelnen auch, um sich zu bilden[107]; eine schnell anwachsende entsprechende Literaturgattung macht das dabei erworbene Wissen einem weiteren Kreis zugänglich. Als man auf Hochkulturen vergleichbarer Komplexität trifft (das heißt spätestens seitdem man namentlich durch die Jesuiten-Missionare von den Kulturen Ostasiens genauere Kunde hat), kann die Begegnung mit diesen nicht ohne weiteres mehr von einem apriorischen Überlegenheitsbewußtsein aus stattfinden.[108] Die Notwendigkeit einer kulturellen Selbstrelativierung sieht beispielsweise *Descartes* sehr deutlich, wenn er im Disc. schreibt: „Il est bon de savoir quelque chose des mœurs de divers peuples, afin de juger des nôtres plus sainement, et que nous ne pensions pas que tout ce qui est contre nos modes soit ridicule, et contre raison, ainsi qu'ont coutume de faire ceux qui n'ont rien vu."[109] Kritisch impliziert dieser Satz, daß Brauch und Sitte als Argument für die Vernünftigkeit einer Sache untauglich sind.[110]
Noch viel deutlicher und grundsätzlicher bringt um dieselbe Zeit *T. Hobbes* die Relativität ethischer Normen zum Ausdruck: „*Good, and evil,* are names that signify our appetites, and aversions; which in different tempers, customs, and doctrines of men, are different: and divers men, differ not only in their judgement, on the senses of what is pleasant, and unpleasant to the taste, smell, hearing, touch, and sight; but also of what ist conformable, or disagreeable to reason, in the actions of common life. Nay, the same man, in divers times, differs from himself; [. . .]."[111] Er und noch akzentuierter *J. Locke* zeigen, daß moralische Prinzipien nicht angeboren sein können. *Locke*

---

[107] Vgl. z. B. *Descartes,* Disc. 9 f. 28 f; *F. Bacon,* Essays or Counsels Civil and Moral, in: The Works, ed. *J. Spedding – R. L. Ellis – D. D. Heath,* Stuttgart/Bad Cannstatt 1963 (= London 1857–1874), VI, § 18: „Of Travel"; *ders.,* Novum Organum, in: The Works, a. a. O., I, § 84.
[108] Einen Ausschnitt dieser Kulturkontakte beleuchtet die hochinteressante Studie von *Martino* 1906.
[109] Disc. 6; vgl. ebd. 10.16.23.
[110] Disc. 10.16.
[111] *Th. Hobbes,* Leviathan, or the Matter, Form, and Power of a Commonwealth ecclesiastical and civil, in: The English Works, ed. *W. Molesworth,* Aalen 1966 (= London 1839–1845), III, 146.

begründet dies mit dem Fehlen einer universalen Norm[112]. Trotzdem hält er moralische Regeln für vernünftig begründbar.
Nicht so weit gehen die Vertreter der französischen Aufklärung, soweit sie auf ein rationales Naturrecht rekurrieren. *F. M. Voltaire* spricht zwar von der Verschiedenheit der Sitten, Gesetze und Kulte, betont aber zugleich, bei aller Verschiedenheit kämen sie in „demselben moralischen Grundbestand"[113] überein, den er im Begriff von Recht und Unrecht ansetzt. „La notion de quelque chose de juste me semble si naturelle, si universellement acquise par tous les hommes, qu'elle est indépendante de toute loi, de tout pacte, de toute religion. Que je redemande à un Turc, à un Guèbre, à un Malabare, l'argent que je lui ai prêté pour se nourrir et pour se vêtir, il ne lui tombera jamais dans la tête de me répondre: Attendez que je sache si Mahomet, Zoroastre ou Brama ordonnent que je vous rende votre argent. Il conviendra qu'il est juste qu'il me paie, et s'il n'en fait rien, c'est que sa pauvreté ou son avarice l'emporteront sur la justice qu'il reconnaît."[114] Keine Prämissen, und mögen sie sich gegenseitig noch so ausschließen, könnten verhindern, daß die Frage, ob man gerecht sein müsse, von allen gleich beantwortet werde. – Genauso votiert *Diderot* in der Encyclopédie.[115]
Kann das Zusammentreffen verschiedener Kulturen in der frühen Neuzeit aus heutiger Sicht im ganzen auch nicht als Akkulturation im echten Sinne bezeichnet werden (trotz emphatischer Proklamationen namentlich bei *Leibniz* und *Voltaire* und einem breiten Interesse im ganzen 18. Jahrhundert), darf doch nicht die enorm relativierende Schock-Wirkung übersehen werden, die diese Erfahrung für den tradierten Wahrheits- und Absolutheitsanspruch hatte.

2.3.1.2 Diversität der Religionen und der Religion:
Eine große Verunsicherung in derselben Richtung wird auch durch die konfessionelle Zerrissenheit[116] ausgelöst. Abweichende Lehren und Spaltungen

---

[112] *J. Locke*, An Essay Concerning Human Understanding, in: The Works. A New Edition, Corrected. In Ten Volumes, Aalen 1963 (= London 1823), I, 34–56. II, 99. u. ö.

[113] *F. M. Voltaire*, Le Philosophe Ignorant, in: Œuvres de Voltaire, éd. *M. Beuchot*, Paris 1834–1840, XLII, 583. – Über die Sitten der Völker hat *Voltaire* in seinem mehrbändigen „Essai sur les Mœurs et l'Esprit des Nations" (in: Œuvres, a. a. O. XV–XVIII) gehandelt.

[114] *Voltaire*, Le Philosophe Ignorant, a. a. O. 585, vgl. 594 f. 596. Dieser Standpunkt ist unvereinbar mit dem von *Hobbes* und *Locke*. Zu *Voltaires* Polemik gegen beide s. ebd. 589–596.

[115] *D. Diderot*, Art. Irréligieux, in: Encyclopédie, ou Dictionnaire raisonné des Sciences, des Arts et des Métiers. Mis en ordre et publié par *Diderot;* et quant à la Partie Mathématique par *D'Alembert,* Paris bzw. Neuchâtel 1751–1780, VIII, 909. – Ähnlich ist es *Lessings* Grundüberzeugung in ‚Nathan der Weise', daß die vielen Länder und Religionen nur nach Farbe, Kleidung, Gestalt differieren, dagegen nicht in der Zahl und in der Erscheinungsweise des „guten Menschen": vgl. z. B. *G. E. Lessing,* Nathan der Weise. Ein dramatisches Gedicht in fünf Aufzügen, in: Werke, hrsg. *J. Petersen – W. v. Olshausen,* Berlin/Leipzig/Wien/Stuttgart 1907–1935, II, 213.

[116] Bei *Descartes* findet sich kaum ein Reflex der Glaubensspaltung, dafür aber um so deutlicher bei *Bacon,* Essays, a. a. O. 383 f, bei *H. Grotius* und dem Inaugurator des Deismus, *Herbert von Cherbury.* – Eine detaillierte Darstellung der Auswirkungen der Pluralisierung der Konfessionen findet sich bei *Dilthey* 1960, 93–108 und 145–153.

hatte es zwar während der ganzen Christentumsgeschichte gegeben, doch war die Christenheit bis zur Reformation wenigstens im Reich *eine* geblieben. Nunmehr jedoch zeigt sich das bislang übliche Legitimationsverfahren als nicht in der Lage, das Bekenntnis zu einer der vielen als authentisch beanspruchten Interpretationen notwendig einsichtig und kommunikabel zu machen: Auslegung steht gegen Auslegung, Autorität gegen Autorität (etwa Paulus und Augustin gegen die Scholastiker), Tradition gegen Tradition (sola Scriptura gegen traditio ecclesiastica) usw. Die Verlegung der Auseinandersetzung in das Feld der Politik muß mit verheerenden Kriegen bezahlt werden.

Die Erfahrung der Diversität betrifft auch die Religionen im nichtchristlichen Sinne. Zwar ist deren Wahrnehmung nichts ganz Neues, denkt man an Thomas von Aquin, Abälard, Raimundus Lullus oder Cusanus. Doch beschränkte sich die Auseinandersetzung mit den Fremdreligionen auf Judentum und Islam, die immerhin beide als Entstellungen des Christentums verstanden werden konnten. Die Götter der heidnischen Antike dagegen galten als überwunden und waren höchstens noch von mythologischer und künstlerischer Bedeutung. Zudem lag die Begegnung im Falle des Islams an der geographischen beziehungsweise im Falle des Judentums an der sozialen Peripherie. Dementsprechend wirkte sie kaum zurück auf die Gestalt von Religion, Kirche und Theologie. Neu war neben dem konkreten Wissen um die Existenz anderer Hochreligionen, die noch nie etwas vom Christentum gehört hatten und die außerdem eine zahlreiche Anhängerschaft hatten, in dem damaligen gesellschaftlich homogenen Raum das häufigere Auftreten einzelner, die nicht nur abweichende Lehren vortrugen, sondern den Glauben überhaupt verweigerten. Zwar stimmt *Descartes* grundsätzlich mit der Tradition darin überein, daß man die Atheisten „ratione naturali"[117] überzeugen könne. Doch wird ein mächtiger Wandel darin spürbar, daß die Atheisten von ihm *nicht* – im Anschluß an den im Mittelalter in diesem Zusammenhang immer wieder zitierten Ps 13 (14), 1: „dixit insipiens in corde suo: non est deus." – a limine für Toren erklärt werden; sie bilden vielmehr einen Diskussionspartner, mit dem es sich auseinanderzusetzen gilt[118].

Die Frage des Verhältnisses der Religionen untereinander findet dann in *Lessing*s Ringparabel eine paradigmatische Behandlung. Sie läuft auf das „Ergebnis" hinaus, daß sich die wahre Offenbarungsreligion theoretisch nicht ausmachen läßt, das heißt nicht mit Vernunftargumenten gegen den Anspruch anderer Offenbarungsreligionen gerechtfertigt werden kann. Dieses Urteil ist Gott am Ende der Geschichte vorbehalten; ja, es taucht sogar der Gedanke auf, daß Gott die Ununterscheidbarkeit gewollt haben könnte.

---

[117] Med. 2 f.
[118] Zu beachten sind die Einschränkungen, die in Med. 3 („plerosque"), ebd. 6 („solent") und 9 („vulgo") gemacht werden!

Dem Unvermögen der Vernunft steht jedoch die Möglichkeit der praktischen Verifizierung durch die „von Vorurteilen freie Liebe" gegenüber[119].
2.3.1.3 Geschichtlichkeit:
Diversität tut sich aber auch da auf, wo sie dem Anspruch der Sache diametral zu widersprechen scheint: in der Philosophie. Resigniert konstatiert *Descartes,* daß es im Lauf ihrer Geschichte, obwohl sie von genialen Menschen betrieben wurde, nichts gegeben habe, worüber nicht gestritten worden wäre.[120] – So kommt mit *Descartes* die Geschichtlichkeit anfanghaft in den Blick.

Die Geschichtlichkeit wird in der Folgezeit vor allem da zum Problem, wo es um den Wahrheitsanspruch von Religion und Offenbarung geht. Dafür besonders signifikant ist *Lessing*s Auseinandersetzung mit *J. M. Goeze*.[121] Es geht *Lessing* darum, das Christentum in den Horizont der Geschichte zu stellen und von daher zu interpretieren. Die Frage nach der Wahrheit transformiert sich in die nach der Glaubwürdigkeit.

2.3.1.4 Die aufgeführten Punkte beweisen, daß der Autonomisierungsprozeß der Ethik dem Anschein zum Trotz nicht genuin religionsfeindlich war.[122] Er entsprang vielmehr in erster Linie dem Willen, jenes Dilemma zu überwinden, das durch die Kenntnisnahme von mehreren Wahrheiten (in der interkulturell-gleichzeitigen Dimension ebenso wie in der geschichtlichen), vornehmlich von Religionen und Konfessionen, und durch die Erfahrung der Unmöglichkeit, diese Wahrheiten zu harmonisieren, entstanden war. Das Problem wurde noch dadurch verschärft, daß jede „Theorie" jeweils auch eine eigene praktische Wahrheit beanspruchte. Der Versuch, diese unklare Situation durch Gewalt zu entscheiden, hatte ins Desaster der Religionskriege geführt. Die Loslösung der Ethik von der Theologie zu Beginn der Neuzeit war angesichts dessen der Versuch, der Praxis eine Grundlage zu verschaffen, die erlauben sollte, trotz verschiedenen Glaubens friedlich zusammenzuleben, ja miteinander handeln zu können. Welche Möglichkeiten sich bei der Suche nach dem allgemeingültigen Fundament anboten, soll im Abschnitt über „Erfahrung" skizziert werden.

---

[119] Nathan der Weise, a. a. O., II, 236 f.
[120] Disc. 8. 16, auch 23 f; ferner Med. 5.
[121] S. Anti-Goeze. D. i. Notgedrungene Beiträge zu den Freiwilligen Beiträgen des Hrn. Pastor Goeze, in: Werke, a. a. O., XXIII.
[122] Zu diesem Ergebnis (ohne Spezifizierung auf die Ethik) kommen auch *Cassirer* 1932, 180–182; *Philipp* 1957, wo der genuin theologische Einfluß auf die Genese der Aufklärung herausgearbeitet wird; *Mittelstrass* 1970, 85 f. *Dilthey* dagegen spricht von der „Halbheit des rationalen Supranaturalismus" (*Dilthey* 1960, 283).

2.3.2 Die Vorbildlichkeit des mathematischen Wissens

Als das Paradigma, das dem Gebrauch der Vernunft so hohes Vertrauen verbürgt, gilt die Mathematik. Sie hat allen anderen Wissenschaften dies voraus, daß ihr nicht Unsicherheit, Mehrdeutigkeit und damit Mißverständlichkeit[123] anhaften. Ihr allein ist es nach der Meinung *Descartes'* bisher gelungen, evidente Beweise zu finden und damit allgemeine Anerkennung zu erlangen.[124] Um so mehr wundert sich *Descartes* darüber, daß auf solch soliden Fundamenten bisher nichts anderes erbaut worden sei als die Technik.[125] Wegen ihrer Eindeutigkeit und Beweisbarkeit wird bei ihm die Mathematik zum Standard allen Wissens[126], die Wissenschaftstheorie im ganzen verpflichtet sich folglich dem Ideal der Ganz- und Einheitswissenschaft[127]. – Rigoroser noch als *Descartes* haben *Spinoza*, dessen Ethik den bezeichnenden Zusatz „ordine geometrico demonstrata" trägt, und *Leibniz* dieses Programm durchgeführt.

Auch *Locke* ist davon überzeugt, die Moral lasse sich ebenso beweisen wie die Mathematik, „since the precise real essence of the things moral words stand for may be perfectly known"[128]. In der Staatsphilosophie hat vor allen anderen *Hobbes* das Ideal eines nach geometrischer Methode konstruierten Systems wirksam zur Geltung gebracht und damit eine neue Tradition ins Leben gerufen.[129]

Von den französischen Aufklärern hat am nachdrücklichsten *C. A. Helvétius* die Moral (wie auch alle anderen Wissenschaften) auf das Vorbild der Mathematik verpflichtet: „Une religion universelle ne peut être fondée que sur des principes éternels, invariables, et qui, susceptibles comme les propositions de la géométrie des démonstrations les plus rigoureuses, soient puisés dans la nature de l'homme et des choses"[130]; als die einzig wahre Religion wird im Fortgang des Textes „la morale fondée sur des principes vrais" definiert[131]. Die Einsicht in den Mechanismus von Gesetzmäßigkeit des Handelns und Sanktion zieht bei den Materialisten wie *Helvétius* und *Holbach* die Forderung nach sich, die – infolge des Einflusses der Religion überwiegend nega-

---

[123] Vgl. hierzu *Lockes* höchst interessantes und aktuelles Kapitel über die Sprache, besonders die der Moral, im Essay Concerning Human Understanding, a. a. O., II, 289–307.
[124] Disc. 19 f; vgl. 7. 21 f; Med. 4–6. 12 f.
[125] Disc. 7.
[126] Disc. 19 f. *Descartes* versteht seine Methode allerdings noch als Steigerung der mathematischen, die dieser sogar erst die eigentliche Grundlage verschafft.
[127] Disc. 19–21; Lettre de l'auteur . . .: A-T IXB, 18.
[128] An Essay Concerning Human Understanding, a. a. O., II, 298; vgl. ebd. 368–372. 387–390; III, 84.
[129] Zur Bedeutung dieses Ideals für die Staatstheorien des 17. und 18. Jh. vgl. die kenntnisreiche Studie von *Röd* 1970.
[130] *C. A. Helvétius*, De l'Homme, de ses Facultés intellectuelles, et de son Éducation, in: Œuvres complètes, Hildesheim 1967 (= Paris 1795), VII, 93; vgl. VIII, 86–89; XII, 99 f. 152 f.
[131] Ebd. VII, 98

tive – Wildwüchsigkeit in der gesellschaftlichen Wirklichkeit zu beenden und sie statt dessen mittels staatlicher Gesetzgebung (gleichsam als Technik des sozialen Lebens verstanden) zu organisieren.[132] Als notwendigste Voraussetzung wird hierzu ein enzyklopädisches Lexikon gefordert, in dem die Bedeutungsgehalte der Wörter eindeutig festgelegt sind, so daß auf ihrer Grundlage dann die strenge Beweisbarkeit der moralisch, politisch und metaphysisch relevanten Behauptungen als indispensables Kriterium errichtet werden kann[133]. *Helvétius* nimmt an – darin dem modernen linguistischen Positivismus vorgreifend —, daß die Religion nur auf der Uneindeutigkeit der Sprache beruhe, so daß die Herstellung von Eindeutigkeit zu ihrem Ersterben führen müsse.

2.3.3 Konsequenzen des neuen Wissenschaftsideals

2.3.3.1 Optimistisches Menschenbild:
Als Folge des Strebens nach mathematischer Klarheit und Demonstrierbarkeit zeichnet sich eine Anthropologie ab, die man in theologischer Beziehung als optimistisch, insgesamt jedoch treffender als mechanistisch charakterisieren könnte. Der Optimismus erstreckt sich zunächst und vor allem auf die Vernunft als Quelle der Wahrheit und auf ihre Intersubjektivität[134]. Dem entspricht im theologischen Denken eine stark pelagianische Tendenz. So ist in *Descartes'* Philosophie faktisch kein Platz für eine Erbsündenlehre, ebensowenig wie übrigens auch für eine solche der Erlösung, ohne daß er eine von beiden ausdrücklich leugnen würde[135]. Entsprechend wird als Sinn von Theologie bestimmt: sie „lehre, wie man sich den Himmel verdient"[136]. Explizit verworfen wird das Erbsündendogma zwar nur von den Sozinianern; daß die Reserve ihm gegenüber jedoch ein für die Aufklärung symptomatischer Zug ist, zeigt der Arminianismus, eine starke Strömung innerhalb des Calvinismus, der doch den Gedanken der Erbsünde stärkstens akzentuiert; die Arminianer vertreten den Primat des Tuns vor der Gnade und weisen dementsprechend der Offenbarung nur eine unterstützende Funktion für die natürliche Anlage des Menschen zum Sittlichen zu.

[132] *Helvétius*, De l'Homme, a. a. O., X, 125–133, u. a.; *P. Th. d'Holbach,* Système de la Nature ou Des loix du monde physique et du monde moral. Par M. Mirabau. Nouvelle Édition, London 1774, II, 268 f u. a.; vgl. auch schon *P. Bayle*, Pensées diverses écrites à un Docteur de Sorbonne à l'occasion de la Comète qui parut au mois de Décembre M. DC. LXXX, in: Œuvres diverses, Hildesheim 1966 (= Den Haag 1727–1731), III, § 131 u. a.
[133] *Helvétius*, De l'Homme, a. a. O., VIII, 86–89.
[134] Expressis verbis bei *Descartes,* Disc. 1 f. 3, und Lettre de l'auteur . . .: A-T IXB, 13: „C'est pourquoi je voudrais assurer aux qui se défient trop de leurs forces, qu'il n'y a aucune chose en mes écrits qu'ils ne puissent entièrement entendre, s'ils prennent la peine de les examiner".
[135] *Descartes* verteidigt sich sogar gegen den Vorwurf des Pelagianismus im Brief an *Mersenne* vom 27. 4. 1637 (?): A-T I, 366 f.
[136] *Descartes*, Disc. 6. 8.

127

Die Bedeutung des optimistischen Grundzugs in der Anthropologie des 16. und 17. Jahrhunderts macht sich – gleichsam von der anderen Seite – auch bemerkbar an der nunmehr häufigen Behandlung des Problems des Bösen, das in der ganzen Welt vorkommt (Theodizeefrage). Noch deutlicher ist diese Tendenz zu greifen in der Rede vom Menschen als Maschine oder Automat[137]. Dieser Vergleich, der übrigens auch für die Welt gebraucht wird, beinhaltet die Naturgesetzlichkeit und damit die volle Wißbarkeit – darin besteht ja gerade „Aufklärung"; darin enthalten ist aber auch eine Spitze gegen den Schöpfungsgedanken, insofern Mensch und Welt so vorgestellt werden, daß sie aus eigener Kraft weiterbestehen und ohne die Eingriffe ihres „Herstellers" funktionieren können. Es liegt im Gefälle dieser mechanistischen, zum Determinismus neigenden Auffassung, daß auch das Erziehungsgeschehen stark ins Bewußtsein rückt und zu einem Mittelpunkt des wissenschaftlichen Interesses wird[138]. Neben den großen pädagogischen Werken wie *Rousseau*s ‚Émile' entsteht in ganz Europa eine Reihe von auf ein breites Publikum zugeschnittenen moralischen Wochenschriften[139]. Die Einführung der allgemeinen Schulpflicht ist das am meisten hervortretende Ergebnis dieser Entwicklung.

Allerdings sind die pädagogisch-anthropologischen Standpunkte im einzelnen alles andere als einheitlich. *Rousseau*s Theorie von der natürlichen Gutheit des Menschen und der Herkunft aller negativen Verhaltensweisen aus der Zivilisation auf der einen Seite[140] und auf der anderen die Theorie von *Helvétius*, der Mensch sei ursprünglich weder gut noch böse, durch Erziehung aber könne er unbegrenzt vervollkommnet werden[141], markieren nur die Extreme eines ganzen Spektrums möglicher Meinungen. Es verwundert deshalb keineswegs, daß auf der fortschrittsgläubigen Linie der letzteren Position die Forderung nach einem öffentlichen Moralunterricht erhoben wird[142]. Daß der Mensch aus freier Entscheidung böse sein könne, gilt als Illusion; unerwünschtes Handeln ist einerseits Folge unserer Interessen, anderseits von Unwissenheit und mangelhaften Institutionen.

2.3.3.2 Funktionales Offenbarungsverständnis:
Zwar hatte *Descartes* bei seiner methodischen Selbstverpflichtung auf die

---

[137] *Descartes*, Disc. 55–60; vgl. Med. 84 f, wobei Descartes an der ersten Stelle sehr nachdrücklich die differentia specifica zwischen Mensch und Tier herausstellt. – Am extremsten von *J. O. de la Mettrie* in ‚L'Homme Machine' vertreten (in: Œuvres Philosophiques, Hildesheim/New York 1970 [= Berlin 1774]), I, z. B. 345 f: „Je ne me trompe point; le corps humain est une horloge, mais immense, et construite avec tant d'artifice et d'habileté, [...]." (Vgl. ebd. 345–356.)
[138] Vgl. z. B. *Descartes*, Disc. 13. 14.
[139] S. *Mittelstrass* 1970, 100, sowie die ausführliche Studie von *W. Martens* 1968.
[140] Der ‚Émile' beginnt mit dem Satz: „Tout est bien, sortant des mains de l'Auteur des choses, tout dégénère entre les mains de l'homme" (*J.-J. Rousseau*, Émile ou de l'Éducation, in: Œuvres complètes, Nouvelle Édition, Paris 1830, III, 13).
[141] De l'Homme, a. a. O. IX, 137–151; XII, 71–78 mit dem signifikanten Titel: „L'éducation peut tout"; ebd. 79–146. Ähnlich *Holbach*, Système, a. a. O. I, 159–163.
[142] *Helvétius*, De l'Homme, a. a. O. XII, 98–100; vgl. 100–120.

„mens a praeiudiciis plane libera"[143] die theologischen Wahrheiten ausgeklammert[144]; doch ordnet er anderseits die Gottesfrage entschieden dem Kompetenzbereich der Philosophie zu[145]. Zur Rechtfertigung dieser Zuteilung verweist er auf die (von *Cicero* übernommene) Lehre vom lumen naturale[146]. Was mit dessen Hilfe erkannt wird, ist über alle Zweifel erhaben. Die Offenbarung unterscheidet sich von der philosophischen Erkenntnis dadurch, daß sie uns „mit einem Schlage zu einem unfehlbaren Glauben erhebt", während die natürliche Erkenntnis uns „stufenweise führt"[147]. Die angeführten Stellen sprechen dafür, daß das so zu verstehen ist: Die Offenbarung gibt auf einmal die Erkenntnis, zu welcher auch der Verstand von selbst, aber erst über mehrere Stufen und eventuell auf Umwegen, gelangt. Trifft diese Interpretation zu, so erscheint das Festhalten an der Religion in der ersten Regel der provisorischen Moral nur um so mehr als folgerichtig. Gleichzeitig würde sich eine Schwierigkeit bezüglich der vierten Meditation lösen, die im Text selbst auf Irrtum im erkenntnismäßigen *und* moralischen Verstande bezogen ist[148], während in der vorangestellten Übersicht ihre Anwendung auf den Unterschied gut/böse ausgeschlossen wird[149]. – Das Verhältnis von Ethik und Religion bei *Descartes* wäre also abschließend so zu beurteilen: Gott ist konstitutiv für die Ethik, doch ist diese autonom gegenüber der Theologie.

Die Autonomie der menschlichen Vernunft zu proklamieren, ohne die Offenbarung in Frage zu stellen, versuchen auf gleichem Wege auch *Hobbes* und *Locke*: Für das göttliche Gesetz gibt es nach ihnen zwei Erkenntnisquellen[150]. Die Offenbarung antizipiert lediglich das Wichtigste, was der Mensch für seine Existenz unbedingt benötigt, was er prinzipiell aber auch – und im Lauf der fortschreitenden Entwicklung der Erkenntnis sogar tatsächlich – auch kraft des lumen naturale erkennen kann. Dieser antizipatorischen Funktion, die menschliches Leben in früheren Zeiten überhaupt erst möglich macht, tritt eine Stützfunktion bezüglich der erhöhten Motivierung (durch unbestechliche und dauerhafte Sanktionierung im Jenseits) zur Seite.[151]

---

[143] Med. 4; vgl. ebd. 9 f. 12. 24.
[144] Disc. 8. 22 f.
[145] Med. 1 f; vgl. 47 f.
[146] Disc. 27 f; Med. 38 f. 47 f; vgl. Med. 95; An *Elisabeth* vom 6. 10. 1645: A-T IV, 313 f; An *Chanut* vom 1. 2. 1647: A-T IV, 607–613; An den Marquis de Newcastle (?) vom April 1648: A-T V, 136 f. – Disc. 63 f findet sich die Lehre vom λόγος σπερματικός.
[147] Lettre de l'auteur . . .: A-T IXB, 5.
[148] Med. 58. 61.
[149] Med. 15; An *Mersenne* vom 27. 4. 1637 (?): A-T, 366 f.
[150] *Th. Hobbes*, De Cive, in: Opera Philosophica quae latine scripsit, ed. *W. Molesworth*, London 1839–1845, II, 198 und Caput IV: „Quod lex naturalis est lex divina" (ebd. 199–208); *Locke*, An Essay Concerning Human Understanding, a. a. O., I, 38. II, 98.
[151] Vgl. *Descartes*, Med. 2. – Angedeutet bei *Hobbes*, Leviathan, a. a. O. 147; ders., De Cive, a. a. O. 198. – *Locke*, An Essay Concerning Human Understanding, a. a. O., I, 38 f. – *Hume* läßt

Am konsequentesten hat *Lessing* Offenbarung so verstanden. Sie ist nach ihm nichts anderes als das funktionsmäßige Äquivalent bei der Menschheit als Gesamtheit zu dem, was die Erziehung beim einzelnen ist.[152] Von daher ergibt sich ihre Verdienstlichkeit, ja Notwendigkeit, aber auch ihre begrenzte Leistungsfähigkeit und deshalb wiederum – von einem bestimmten Zeitpunkt an – ihre Überflüssigkeit. Man könnte diese Auffassung als „pädagogische Theonomie" charakterisieren. „Erziehung gibt dem Menschen nichts, was er nicht auch aus sich selbst haben könnte: sie gibt ihm das, was er aus sich selber haben könnte, nur geschwinder und leichter. Also gibt auch die Offenbarung dem Menschengeschlechte nichts, worauf die menschliche Vernunft, sich selbst überlassen, nicht auch kommen würde; sondern sie gab und gibt ihm die wichtigsten dieser Dinge nur früher."[153] Überaus treffend bringt der Neologe *F. S. G. Sack* diese Auffassung zum Ausdruck, wenn er die Offenbarung das Fernglas der Vernunft nennt.[154]

Auf dieser Grundlage führt *Lessing* seine Hermeneutik der Religionsgeschichte einschließlich der christlichen Zentraldogmen durch. Das zeigt deutlich, wie stark die Tendenz der frühen Neuzeit (soweit sie überhaupt noch auf dem Boden von Religion steht, die Offenbarung zu funktionalisieren, mit dem Theodizee-Gedanken verknüpft ist; denn wenn *Lessing* der Offenbarung das Verdienst zuschreibt, die Menschheit vom polytheistischen Urzustand stufenweise (in Anlehnung an das Schema des *Joachim von Fiore*) bis in seine gegenwärtige Epoche, die beginnende „Zeit eines *neuen ewigen Evangeliums*"[155], heraufgeführt zu haben, so ist das schlechthin die Theodizee der Religionsgeschichte beziehungsweise sogar der Geschichte im gesamten. Gott erscheint weder als der menschenfeindliche Despot noch als kraftloser Zuschauer des Weltgangs, sondern als das mit unübertrefflicher pädagogischer Ökonomik steuernde Subjekt der Geschichte, die er eben jetzt der erwachsenen, das heißt voll zur Vernunft gekommenen, aufgeklärten Menschheit zu überantworten beginnt.[156] Eingeschlossen in die Entwicklungsgeschichte und damit zugleich als Stadium der Kindheit relativiert ist jene Lohn-Strafe-Motivation, die bei *Lessings* Vorgängern noch als legitim galt und aus der sie die Notwendigkeit einer Offenbarung vernünftig begründet hatten. Der jetzt dank der Offenbarung erreichte Entwicklungsstand macht diese selbst zunehmend entbehrlich, so daß Erkenntnis hinfort nicht mehr

---

in der Schwebe, ob es tatsächlich Offenbarung gibt *(D. Hume,* Dialogues Concerning Natural Religion, in: The Philosophical Works, ed. *Th. H. Green – Th. H. Grose,* Aalen 1964 [=London 1882–1886], II, 467 f).
[152] *G. E. Lessing,* Die Erziehung des Menschengeschlechts, in: Werke, a. a. O., VI, §§ 1 f.
[153] Ebd. § 4; vgl. bes. § 76.
[154] Nach *E. Cassirer* 1932, 237.
[155] *Lessing,* Die Erziehung des Menschengeschlechts, a. a. O., § 86.
[156] Ebd. §§ 55. 85.

„als Offenbarung *geprediget*", sondern „als Resultat menschlicher Schlüsse *gelehret*" wird.[157]

2.3.4 Die Ablehnung des Autoritätenbeweises

Mit voller Deutlichkeit wird gleich zu Beginn des Verselbständigungsprozesses der menschlichen Vernunft am Anfang der Neuzeit die negative Implikation dieses Prozesses herausgestellt: die Ablösung jener Argumentationsweise nämlich, die eine Behauptung dann für ausreichend legitimiert ansah, wenn sie die anerkannten Autoritäten ins Feld führen konnte.[158] Geradezu programmatisch schreibt *Descartes* dagegen: „[...] il vaut beaucoup mieux se servir de ses propres yeux pour se conduire [...], que non pas de les avoir fermés et suivre la conduite d'un autre; [...]. C'est proprement avoir les yeux fermés, sans tâcher jamais de les ouvrir, que de vivre sans philosopher; [...]."[159] *Gassendi*, der sich gegen sein Wahrheitskriterium auf Autoritäten berufen hat, hält *Descartes* in den Quintae Responsiones entgegen: „In quo fateor te recte ab authoritate argumentari; sed meminisse debuisses, o caro, te hic affari mentem a rebus corporeis sic abductam, ut nequidem sciat ullos unquam homines ante se extitisse, nec proinde ipsorum authoritate moveatur."[160]

Die rationale Beweisform bedeutet aber nicht nur die Destruktion der klassischen Topik[161], sondern verändert tiefgreifend auch den Charakter des Vermittlungsprozesses selbst: Wenn *Descartes* sein Werk ‚Discours de la Méthode' und nicht ‚Traité de la Méthode' nennt, so tut er dies gerade um der Vermeidung jenes Mißverständnisses willen, es handle sich um eine Theorie, die man sich andemonstrieren lassen könne; er will lediglich eine „Vorrede" (préface), eine „Anleitung" (avis)[162], einen „Bericht" (histoire) beziehungsweise eine „Fabel" (fable)[163] vorlegen, um exemplarisch zu zeigen, wie *er* es getan hat, und dadurch zur Praxis des selbständigen Denkens unmittelbar anzuregen. Dieses kann nicht von dem einen gelehrt und von dem anderen gelernt werden[164]; das jeweilige Subjekt kann es nicht über-nehmen, sondern

---

[157] Ebd. § 71.
[158] Vgl. dazu auch Kapitel 8.5.
[159] Lettre de l'auteur . . .: A-T IXB, 3 f.
[160] A-T VII, 361.
[161] Abgesehen von den Briefen zitiert *Descartes* nie irgendwelche Autoren, obwohl er stärkstens von der scholastischen (s. *Gilson* 1912; *Gilson* 1951; *Koyré* 1971; *Gouhier* 1972, 243–251) und von der stoischen Tradition (Nachweise bei *Dilthey* 1960, 294–296; vgl. auch *Kamlah* 1961, 70–84) geprägt ist und aus ihnen Material schöpft.
[162] So ausdrücklich im Brief an *Mersenne* vom März 1637: A-T I, 349.
[163] Disc. 4.
[164] Gegen *Kamlah* 1961, 71–73. Auch *Mittelstrass* verfehlt diesbezüglich die Intention *Descartes'*, wenn er im cartesischen Denken das beste Beispiel sieht, „daß man nicht mehr *lernen,* alles nur sich selbst verdanken, nur noch *lehren* will" (*Mittelstrass* 1970, 158; vgl. 157 und 356).

muß es je selber praktizieren. Die Tatsache, daß der Disc. in Französisch abgefaßt ist und nicht in der Gelehrtensprache Latein, ist gleichfalls nicht ohne Bedeutung; sie beinhaltet vielmehr einen Appell an die, „qui ne se servent que de leur raison naturelle toute pure", und als Protest gegen die, „qui ne croient qu'aux livres anciens"[165]. Daß mit jenen praeiudicia, deren sich unser Verstand entledigen muß, falls er je zur Wahrheit gelangen will, neben den Wahrnehmungen der Sinne gerade die Meinungen der geltenden Autoritäten – mit Ausnahme der in der ersten Maxime der provisorischen Moral genannten, die aber eben gewissen Bedingungen genügen müssen – gemeint sind, liegt auf der Hand.[166] Keineswegs aber hält *Descartes* deshalb Autorität und Tradition für schlechthin entbehrlich; Sprachen, Dichtung, Geschichte und Kunst der Alten sind hervorragende Bildungsfaktoren; selbst da, wo offenkundig Irrtümer vorliegen, ist deren Kenntnis noch insofern positiv, als sie die Wachsamkeit schärft; ein Zuviel davon führt allerdings zu einem gegenwartsvergessenden Präteritismus beziehungsweise dem Verlust des Realitätsbezugs überhaupt.[167] –

Bei der Durchführung seines Programms einer „Instauratio magna scientiarum" macht *Bacon* den Versuch, die Hindernisse in den Griff zu bekommen, die den Verstand für die Wahrheit unzugänglich machen. Seine Lehre von den Idolen[168], üblicherweise als Beginn der Ideologiekritik verstanden, obschon in ihr der Zusammenhang von Ideologie und Herrschaftsinteresse noch nicht gesehen wird, nennt als vierte Gruppe die „idola theatri". Darunter sind alle Systeme und Grundsätze zu zählen, die ihr Ansehen „aus Überlieferung, Glauben und Nachlässigkeit" gewonnen haben[169], die demgemäß verfochten werden statt untersucht[170]. Im Verein mit der methodisch gehandhabten Erfahrung wird die Wahrheit als „Temporis filia [...], non Authoritatis" statuiert.[171]

---

[165] Disc. 77 f; vgl. auch An *Elisabeth* vom 9. 10. 1648: A-T V, 430 f; An *Pollot* vom 6. 10. 1642: A-T III, 577 f. – *Descartes'* Polemik richtet sich namentlich gegen den Aristotelismus (vgl. Disc. 70 f; u. den genannten Brief an *Pollot*). Die Kritik in Disc. 70 f gewinnt dadurch eine besondere Schärfe, daß er offensichtlich auf das *Plato*nische Höhlengleichnis anspielt und so mit Hilfe der schlechthin klassischen Wahrheitsmetapher die Adepten der Klassik empfindlich trifft.

[166] Vgl. bes. Disc. 12 f. 69.70. – Disc. 77 heißt es zusammenfassend: „Et je ne me vante point aussi d'être le premier inventeur d'aucunes [sc. opinions], mais bien, que je ne les ai jamais reçues, ni pource qu'elles avaient été dites par d'autres, ni pource qu'elles ne l'avaient point été, mais seulement pource que la raison me les a persuadées." Vgl. Lettre de l'auteur...: A-T IXB, 8–11. – Zum „Vorurteil" insgesamt vgl. *Gadamer* 1972, 254–263, der zeigt, wie das praeiudicium erst seit der Aufklärung den pejorativen Akzent, den es im heutigen Sprachgebrauch hat, bekam.

[167] Disc. 6 f. Auf diese Stelle muß gegen *Mittelstrass* hingewiesen werden, weil er behauptet, *Descartes'* Absage an die historische Besinnung sei so generell, daß „sie die Geschichte des Denkens nicht einmal mehr als Diskussionsforum" zulasse (*Mittelstrass* 1970, 157).

[168] *F. Bacon,* Novum Organum, in: The Works, a. a. O., I, 163–179; vgl. 188. 190 f.

[169] Ebd. 164 f.

[170] Ebd. 170.

[171] Ebd. 191.

Auch nach *Locke* setzen sich jene am meisten der Gefahr zu irren aus, die die Autorität zum Maßstab der Wahrscheinlichkeit machen.[172] Denn auch die größten Menschen sind weder frei von Leidenschaft noch von Irrtum. Zudem: „There is no error to be named, which has not had its professors."[173]
Und auch der „garstige breite Graben" zwischen Vernunftwahrheit und historischer Faktizität, von dem *Lessing* sagt, er könne ihn nicht überschreiten, sooft und ernstlich er auch den Sprung versucht habe[174], ist nichts anderes als der religionsphilosophische Teil der Autoritätsproblematik: „Zufällige Geschichtswahrheiten können der Beweis von notwendigen Vernunftwahrheiten nie werden."[175]

2.3.5 Das Prinzip Erfahrung

Mit dem „Cogito ergo sum" und dem darauf gründenden Wahrheitskriterium, wie es in der Regula generalis formuliert ist, wird Erfahrung bei *Descartes* – wenn auch kaum im Sinne der empiristischen Tradition, sondern als innere Wahrnehmung verstanden[176] – prinzipiell zum Zugang zur Wahrheit. Die Anwendung dieses Prinzips auf die Moral gelangt jedoch über das Programm kaum hinaus.
Noch grundlegendere Bedeutung als bei *Descartes* gewinnt die Erfahrung in der englischen Philosophie seit *Bacon*[177], von der dann entscheidende Einflüsse auf die französische und deutsche Aufklärung ausgehen. – Kann allein die Erfahrung Erkenntnis vermitteln, so muß man zur Aufstellung ethischer Normen zunächst eine Erklärung der Genese von Moral haben. Im großen und ganzen zeichnen sich dabei zwei Grundtypen von Erklärung ab, eine gesellschaftliche und eine anthropologische.
Descartes' Zeitgenosse *Hobbes* versteht Moral und Recht als weder den Menschen angeborene noch durch göttliche Offenbarung gegebene Phänomene, sondern als vom Menschen „erfundene" Strategie, um die ständige Furcht vor einem gewaltsamen Tod und die dauernde Nichterfüllung des Verlangens nach einem angenehmen Leben im Urzustand, dem Kampf jedes gegen jeden, auf der Basis der Gegenseitigkeit zu überwinden.[178] Gut und Böse als solche gibt es nicht, sondern sie sind das jeweils in einer Gesellschaft dafür

---

[172] An Essay Concerning Human Understanding, a. a. O., III, 172 f. – Speziell auf die Autorität der Religion und ihre Legitimierungsfunktion geht *Hobbes*, Leviathan, a. a. O., 103–105, ein.
[173] An Essay Concerning Human Understanding, a. a. O., III, 173.
[174] Über den Beweis des Geistes und der Kraft. An den Herrn Direktor Schumann zu Hannover, in: Werke, a. a. O., XXIII, 47; vgl. 48 f.
[175] Ebd. 47 (im Original gesperrt).
[176] Zum spezifischen Wortgebrauch s. allerdings Disc. 22. 46–49. 63–65; Lettre de l'auteur . . .: A-T IXB, 17 u. a.
[177] Novum Organum, a. a. O., 179–181. 189 f. 201–210.
[178] Leviathan, a. a. O., 110–117.

Angesehene, gelten mithin nur unter der Bedingung der Gegenseitigkeit, deren Anerkennung vertraglich – das heißt artifiziell, also nicht naturwüchsig oder gottgegeben – gewährleistet werden muß. Der oberste Gesichtspunkt aller natürlichen Gesetze ist die Nützlichkeit, das heißt soviel wie das, was einem „peaceable, sociable, and comfortable living" dient[179]. *Hobbes* konstatiert damit erstmals einen Zusammenhang von Moral und (gesellschaftsbezogenem) Interesse und findet darin auch die hinreichende Erklärung für alle Streitigkeiten um Recht und Unrecht.[180] Dieser Zusammenhang besteht auch andersherum, so daß die, die diese natürlichen Ursachen nicht kennen, in Gefahr sind, aus Furcht vor dem Unbekannten unsichtbare Mächte zu erfinden und sich zu ihnen in einem Abhängigkeitsverhältnis stehend zu fühlen[181]; andere aber nutzen diese Haltung aus, indem sie auf dieser Grundlage Gesetze machen, und zwar so, daß diese ihrem eigenen Vorteil zugute kommen[182]. Trotz dieser immanenten und zugleich höchst religionskritischen Erklärung der Entstehung von Moral hält *Hobbes* am Glauben an einen ewigen Gott fest, dessen Gesetz mit dem natürlichen voll übereinstimme und insofern dieses legitimiere.[183]

Noch schärfer polemisiert *Locke* gegen die Ansicht, moralische Prinzipien (genauso übrigens wie auch die spekulativen) seien angeboren[184]; denn dann müßte ihnen allgemeine Anerkennung zuteil werden, und kein Mensch würde überhaupt erst nach ihrer Begründung fragen; auch könnten sie dann nicht guten Gewissens übertreten werden. Was die Natur dem Menschen allein eingepflanzt hat, ist nach *Locke* das Verlangen nach Glück und die Abneigung gegen das Unglück.[185] Der Grund der Verschiedenheit in den sittlichen Normen ist folglich darin zu sehen, daß das als Glück Angesehene und Erstrebte jeweils etwas anderes ist. Allgemeines Glück und Tugend sind unzertrennlich miteinander verknüpft, so daß die Verletzung der Tugend eo ipso einen Verstoß gegen den Eigennutz (self-interest) darstellt.[186] Die moralischen Prinzipien, die dazu im Gegensatz stehen, haben ihre Ursache in

---

[179] Ebd. 146 f.
[180] Ebd. 91: „[...]: which is the cause, that the doctrine of right and wrong, is perpetually disputed, both by the pen and the sword: whereas the doctrine of lines, and figures, is not so; because men care not, in that subject, what be truth, as a thing that crosses no man's ambition, profit or lust. For I doubt not, but if it had been a thing contrary to any man's right of dominion, or to the interest of men that have dominion, *that the three angles of a triangle, should be equal to two angles of a square;* that doctrine should have been, if not disputed, yet by the burning of all books of geometry, suppressed, as far as he whom it concerned was able."
[181] Ebd. 93–109. Hier findet sich bereits sehr ausgeprägt, aber nicht auf das gesamte Phänomen Religion ausgeweitet, die Projektionstheorie, wie sie später *Feuerbach* entwickelt hat.
[182] Ebd. 93.
[183] Ebd. 92 f. 147; noch deutlicher: De Cive, a. a. O., 198. Der Einzelnachweis wird im folgenden Kapitel „Quod lex naturalis est lex divina" (De Cive, a. a. O., 199–208) erbracht.
[184] *Locke,* An Essay Concerning Human Understanding, a. a. O., bes. Kap. 3 des I. Buches: I, 34–56.
[185] Ebd. I, 36.
[186] Ebd. I, 38 f.

Unwissenheit, Trägheit, Übereilung und ähnlichem; sie sind im Grunde selbstgefertigte Idole, die den, der an sie glaubt, von der Urteilskraft entfernen und der Leichtgläubigkeit ausliefern, wodurch er von anderen zu ihren eigenen Zwecken benutzbar gemacht wird.[187] – Als Quelle aller Ideen gilt allein die Erfahrung (experience, observation, sensation).[188] „Moral good and evil then is only the conformity or disagreement of our voluntary actions to some law, whereby good or evil is drawn on us by the will and power of the law-maker; which good and evil, pleasure or pain, attending our observance or breach of the law, by the decree of the law-maker, is that we call reward and punishment."[189] Die Verknüpfung mit Lohn und Strafe ist konstitutiv für jedes Gesetz, sei es nun göttliches, bürgerliches oder ein solches der öffentlichen Meinung.[190]

Gegen den Utilitarismus seines Lehrers wendet sich mit Nachdruck *A. A. C. Shaftesbury* und der ihm folgende *F. Hutcheson*. A priori zu aller äußeren Erfahrung, anderseits aber auch selbständig gegenüber jeglicher göttlichen Offenbarung sei den Menschen ein „sense of right and wrong", eine „good affection towards the species or society" ins Herz gepflanzt.[191] Beide, Vernunft und Gefühl, sieht *Hume* (und etwas modifiziert auch *A. Smith*) in allen moralischen Entscheidungen zusammenwirken.[192] Radikaler als seine Vorgänger fordert er: „It is full time they should attempt a like reformation in all moral disquisitions; and reject every system of ethics, however subtile or ingenious, which is not founded on fact and observation."[193] Hauptquellen des moralischen Gefühls sind bei ihm Nützlichkeit (usefulness, nicht aber self-love!) und Sympathie (sympathy).[194] Weil die Moral Produkt dieser beiden Faktoren sei, könne sie unmöglich unveränderlich sein.

Aufzuzeigen, daß „gut" und „nützlich" Synonyma seien, macht sich *Helvétius* zur Aufgabe. Denn: „Point de vérité qui ne soit réductible á un fait"[195]. Die einfachste Tatsache, auf die sich alles menschliche Tun und Lassen zurückführen läßt, ist ihm zufolge nichts anderes als die „sensibilité physique", also dies: Lust zu erstreben und Unlust zu meiden.[196] Das Prinzip

---

[187] Ebd. I, 53–56. 79 f.
[188] Ebd. I, 81. 82–84; III, 104–108.
[189] Ebd. II, 97.
[190] Ebd. II, 97 f.
[191] *A. A. C. Shaftesbury,* An Inquiry concerning Virtue and Merit, in: Characteristics of Men, Manners, Opinions, Times etc., 6. ed., London 1737–1738, II, 43 f. 53 f. 60. 77–79. 120.
[192] *D. Hume,* An Inquiry Concerning the Principles of Morals, in: The Philosophical Works, a. a. O., IV, 172. 258–266.
[193] Ebd. 174.
[194] Ebd. 202–217.
[195] Überschrift des 23. Kapitels im zweiten Abschnitt von *Helvétius,* De l'Homme, a. a. O., VIII, 124; vgl. 124–133.
[196] Ebd. VIII, 55–61. 230 f; XII, 117–120 u. a. Man beachte die große Nähe zu *Nietzsche* (dies gilt übrigens auch für *Holbach*).

der Selbstliebe[197] gilt so total, daß *Helvétius* es auch dort überall ans Licht befördert, wo von reiner Selbstlosigkeit und von Altruismus die Rede ist. „Quelque amour désintéressé, qu'on affecte pour elles, *sans intérêt d'aimer la vertu, point de vertu.* Pour connaître l'homme à cet égard, il faut l'étudier non dans ses discours mais dans ses actions. Quand je parle, je mets un masque; quand j'agis, je suis forcé de l'ôter. Ce n'est plus alors sur ce que je dis, c'est sur ce que je fais, que l'on me juge: et l'on me juge bien."[198] Die Moral kann folglich nur die Gesamtheit „jener Mittel sein, die die Menschen erfunden haben, um möglichst glücklich zusammenzuleben".[199] Das Glück der größten Zahl ist ihr höchstes Ziel. Führt man diesen Grundsatz konsequent durch – auf der Basis der physischen Empfindungsfähigkeit –, so verschwinden alle Widersprüche, Dunkelheiten, Unfaßlichkeiten, mit denen bisher die Moralen behaftet waren.

Helvétius ist in der restlosen Rückführung der Moral auf die Bedürfnisse der Gesellschaft (le bonheur public) und im Verzicht auf jede metaphysische Begründung (damit aber in der Ablehnung eines Naturrechts im eigentlichen Sinne) am weitesten gegangen. Selbst so scharfe Kritiker wie *Voltaire* und *Diderot* machen diese Radikalität nicht mit und glauben, die gleiche Moral bei allen Menschen wie auch zu allen Zeiten finden zu können[200]; und dies, obwohl *Voltaire* dafür hält, ohne den „Kompaß der Mathematik und die Fackel der Erfahrung" könne man keinen Schritt vorwärts tun[201]. Und sogar *Holbach*, mit *Helvétius* im materialistischen Wirklichkeits- und Menschenverständnis einig, hält zwar die moralischen Kategorien für Bezeichnungen physiologischer Dispositionen, diese allerdings für universelle Konstanten[202].

2.3.6 Der Vorrang des Handelns gegenüber dem Denken

Es war bereits betont worden, daß bei *Descartes* die Praxis zwar nicht das Zentrum seiner Philosophie in quantitativer Hinsicht ausmacht, wohl aber deren Zielpunkt ist. Daher ist es nur konsequent, wenn er die Wahrheit einer Theorie an ihrer Adäquanz mit der Praxis bemißt: „[. . .] il me semblait que je pourrais rencontrer beaucoup plus de vérité, dans les raisonnements que chacun fait touchant les affaires qui lui importent, et dont l'événement le doit

---

[197] „Amour de soi", bei anderen Autoren „amour-propre"; synonym wird „intérêt" gebraucht. Vgl. hierzu *Mensching* 1971, 178–231.
[198] Ebd. IX, 3 f; vgl. IX, 144–149.
[199] Ebd. IX, 140; vgl. VII, 95 f.
[200] *Voltaire,* Le Philosophe Ignorant, a. a. O. 583–596; *ders.,* Art. Morale, in: Dictionnaire Philosophique, t. VI, in: Œuvres, a. a. O., XXXI, 260–262. – *Diderot,* Art. Irrélegieux, in: Encyclopédie, a. a. O., VIII, 909.
[201] *Voltaire,* Traité de Métaphysique, in: Œuvres, a. a. O., XXXVII, 301.
[202] Système, a. a. O., I, 145 f; II, 279–281. 289–293; vgl. auch die in Anm. 269 genannten Stellen.

punir bientôt après, s'il a mal jugé, que dans ceux que fait un homme de lettres dans son cabinet, touchant des spéculations qui ne produisent aucun effet, et qui ne lui sont d'autre conséquence, sinon que peut-être il en tirera d'autant plus de vanité qu'elles seront plus éloignées du sens commun, à cause qu'il aura dû employer d'autant plus d'esprit et d'artifices à tâcher de les rendre vraisemblables."[203]

Auch *Locke* zieht die Handlungen als authentischste Interpreten der Gedanken heran und hält praktische Prinzipien, die nicht zur Übereinstimmung mit dem Handeln führen, für nutzlos.[204] – Ähnliche Grundsätze finden sich auch bei *Spinoza*[205], *Hobbes*[206], *Bayle*[207], *Hume*[208], *Helvétius*[209], *Holbach*[210]. Die Tendenz setzt sich auch in der deutschen Aufklärung, namentlich bei *Lessing*[211] und *Kant*[212] durch, um schließlich über den deutschen Idealismus in *Marx* ihren Kulminationspunkt zu finden.

Diese Entwicklung läuft darauf hinaus, daß die Frage nach der Wahrheit der Theorie – das gilt vor allem in bezug auf die Religion – für die Moralität unentschieden bleiben kann, wenn nur die richtige moralische Praxis geübt wird. Das hat zur Folge, daß sich das bisher übliche Verhältnis von Religion und Sittlichkeit umkehrt: Nicht mehr erhält eine Moral ihren Wert von der religiös-theologischen Dogmatik, sondern umgekehrt: Legitimität beziehungsweise Illegitimität der Religion bemessen sich nach ihrer Adäquanz zu der (autonomen) Ethik. Deutlich illustriert das die Ringparabel in *Lessing*s ‚Nathan'. Nach dem Urteil des Richters läßt sich die Echtheitsfrage der Religion weder spekulativ noch durch militärische Auseinandersetzungen klären, sondern allein anhand der praktizierten Sittlichkeit.[213] Das heißt aber, daß grundsätzlich jeder Religion die Möglichkeit offensteht, sich als echt zu erweisen, so daß Nathan zum Klosterbruder sagen kann: „Wohl uns! Denn was / Mich Euch zum Christen macht, das macht Euch mir / Zum Juden!"[214] In diesem Resultat wird greifbar, wie mehrere der vorher behandelten Entwicklungsstränge zusammenlaufen: die Betonung der Praxis, die Erweiterung des Gesichtskreises und – vermittelt durch das Theodizee-Problem – die Mathematisierung des gesamten Wirklichkeitsverständnisses.

---

[203] Disc. 9 f; vgl. bes. ebd. 23, auch 61 f; Lettre d'auteur . . .: A-T IXB, 2. 3 f 13.
[204] An Essay Concerning Human Understanding, a. a. O., I, 35 f. 39.
[205] B. de Spinoza, Tractatus Theologico-Politicus, in: Opera, ed. *C. Gebhardt,* Heidelberg 1924, III, 97 f. 172. 176–178.
[206] Leviathan, a. a. O. 106.
[207] Pensées diverses, a. a. O. § 135.
[208] An Inquiry Concerning the Principles of Morals, a. a. O. 253–257; Dialogues, a. a. O. 461.
[209] De l'Homme, a. a. O., VIII, 70 f; IX, 3 f.
[210] Système, a. a. O., II, 375–377. – Faktisch verfahren so alle im nachfolgenden Abschnitt über die ethische Religionskritik Genannten.
[211] S. u.
[212] S. Kapitel 3.2.6.
[213] Nathan der Weise, a. a. O., II, 235.
[214] Ebd. 266.

Wird nun aber die Ethik zum eigentlichen Inhalt und Sinn der Religion[215], so ist es nur noch ein kleiner Schritt bis zur Auffassung, Offenbarung und Dogma seien eine Einkleidung, die auf die Menschen früherer Zeiten zugeschnitten, heute aber gänzlich irrelevant sei und die darum ohne weiteres unter die Kategorie „Aberglauben" subsumiert werden könne.

Ein religionskritisches Argument – die Vielheit der Wahrheiten und die daraus erwachsenen blutigen Auseinandersetzungen – hatte maßgeblichen Anteil an der Auslösung des Autonomisierungsprozesses der Ethik. Umgekehrt mußte die verselbständigte und gegenüber aller Theorie mit dem Primat bedachte Moral zum Richter der Religion werden:

2.3.7 Die Anfänge einer Religionskritik aus ethischen Motiven

Im behandelten Zeitraum von *Descartes* bis zur deutschen Aufklärung lassen sich grob zwei Phasen der Religionskritik unterscheiden: eine, die grundsätzlich auf dem Boden der Religion steht und die Entfremdung des gegenwärtigen Christentums von seiner eigentlichen beziehungsweise seiner geschichtlichen Ursprungsgestalt kritisiert, und eine atheistische.

Descartes selbst hat noch ein im Grunde völlig ungebrochenes Verhältnis zur Religion.[216] Allerdings setzt er dadurch, daß er die Praxis zum eigentlichen Ziel der Philosophie erhebt und sie zum Kriterium für die Wahrheit einer Theorie macht, das entscheidende Prinzip in Geltung, nach dem die Religionskritik verfährt.

2.3.7.1 Kritik an der depravierten Religion:
Repräsentativ für die Beobachtung, von der die ältere Religionskritik ausgeht, sind die folgenden Sätze *Shaftesbury*s: „We have known people, who having the appearance of great zeal in *religion,* have yet wanted even the common affections of *humanity,* and shown themselves extremely degenerate and corrupt. Others, again, who have paid little regard to religion, and been consider'd as mere *Atheists,* have yet been observ'd to practise the rules of *morality,* and act in many cases with such good meaning and affection towards mankind, as might seem to force an acknowledgement of their being virtuous."[217] Dies führt zunächst zu der Frage, die in der ganzen ethischen

---

[215] Sehr deutlich in *Spinozas* fünftem Dogma (Tractatus Theologico-Politicus, a. a. O. 177): „Videlicet, [...] Cultum Dei, eiusque obedientiam in sola Justitia, et Charitate, sive amore erga proximum consistere." – Vgl. *Lessing,* Das Testament Johannis. Ein Gespräch, in: Werke, a. a. O., XXIII: „Kinderchen, liebt euch!" ist die letzte und einzige Mahnung des sterbenden Apostels an seine Gemeinde. Befragt, warum er dauernd dasselbe sage, antwortet er: „Darum, weil es der Herr befohlen. Weil das allein, das allein, wenn es geschieht, genug, hinlänglich genug ist" (ebd. 53).

[216] Z. B. Disc. 12: „Comme il est bien certain que l'état de la vraie religion, dont Dieu seul a fait les ordonnances, doit être incomparablement mieux réglé que tous les autres."

[217] An Inquiry concerning Virtue and Merit, a. a. O. 6. Weitgehend übereinstimmende Formulierungen bei *Bayle,* Pensées diverses, a. a. O. § 135; *Diderot,* Art. Irréligieux, in: Encyclopédie,

Literatur dieser Epoche immer wieder begegnet, ob nämlich Atheismus den Bankrott der Sittlichkeit zur Folge haben müsse. Dazu gesellt sich sogleich die andere nach den negativen Folgen der Religion. Sowohl *Bacon, Shaftesbury, Hume,* wie auch *Bayle* und *Diderot,* um nur diese zu nennen, suchen eine Antwort, indem sie zunächst zwischen wahrer Religion einerseits und Aberglauben, Schwärmerei, Götzendienst und ähnlichem, worunter konkret die landläufige Religion, der Glaube des Volkes zu verstehen ist, anderseits differenzieren[218].

Wägt man aber nun Aberglauben und Atheismus gegeneinander ab, so schneidet der letztere bei den angeführten Autoren bedeutend besser ab: „Atheism leaves a man to sense, to philosophy, to natural piety, to laws, to reputation; all which may be guides to an outward moral virtue, though religion were not; but superstition dismounts all these, and erecteth an absolute monarchie in the minds of men."[219] Verderbt ist die Religion, die einen Gott mit schlechten Charakterzügen als Beispiel hinstellt; sie vermag Dinge, vor denen der Mensch eine natürliche Abscheu hat, wie zum Beispiel Menschenopfer, als Willen ihres Gottes auszugeben und durch die Verpflichtung, solches auch noch zu verehren, das natürliche Empfinden für Recht und Unrecht zu verkehren oder doch zumindest zu schwächen.[220] Denn der souveräne Gott kann ja nicht nur willkürlich festlegen, was jeweils sein Wille ist, sondern er hat auch die Gewalt, die Einhaltung seiner Befehle zu erzwingen. Deshalb korrespondiert dem Willkür-Gott ein Mensch, dessen ganzes Verhalten nur von der Angst vor Strafe und der Hoffnung auf Belohnung geregelt wird. Das heißt, die Ambivalenz des Souveränitäts-Prädikates Gottes geht auch auf den Bezug allen Tuns zu einer zukünftigen Vergeltung über, der – recht verstanden (siehe unten) – durch seinen motivationsverstärkenden Effekt die Vervollkommnung der Sittlichkeit erst möglich macht. Erschöpft sich jedoch die Gesinnung des Handelnden ganz in diesem Bezug, so daß der eigene Wille und die Neigungen übersprungen werden, ist dies nichts anderes als Knechtschaft: „There is no more of *rectitude, piety,* or *sanctity* in a creature thus reform'd, than there is *meekness* or *gentleness* in a tiger

---

a. a. O., VIII, 909; *ders.,* Art. Superstition, in: Encyclopédie, a. a. O., X, 669 f; *Lessing,* Von der Duldung der Deisten. Fragment eines Ungenannten, in: Werke, a. a. O., XXII, 36; *ders.* hat dieser Problematik auch das Lustspiel „Der Freigeist" gewidmet (Werke, a. a. O., III).

[218] *F. Bacon,* Essays, a. a. O. 415 f; *Shaftesbury,* An Inquiry concerning Virtue and Merit, a. a. O. 46 f; *Hume,* Dialogues, a. a. O. 459. *Bayle,* Pensées diverses, a. a. O. z. B. § 131, setzt diese Unterscheidung voraus; *Diderot,* Art. Superstition, in: Encyclopédie, a. a. O., X, 669; *Voltaire,* Art. Morale, in: Dictionnaire Philosophique, a. a. O. 262.

[219] *F. Bacon,* Essays, a. a. O. 415 f.

[220] *Shaftesbury,* An Inquiry concerning Virtue and Merit, a. a. O. 34 – 36. 50 f; vgl. 56. 71. – *Diderot,* Art. Superstition, in: Encyclopédie, a. a. O., X, 669 f.

[221] *Shaftesbury,* An Inquiry concerning Virtue and Merit, a. a. O. 55; vgl. 55 f. – Weniger scharf, aber grundsätzlicher wendet sich gegen die Lohn-Strafe-Motivation *Lessing,* Die Erziehung des Menschengeschlechts, a. a. O. §§ 55. 85; vgl. ferner *Kant*s Pflichtethik mit ihrer prinzipiellen Opposition gegen allen Eudämonismus.

strongly chain'd, or *innocence* and *sobriety* in a monkey under the discipline of the whip."[221] Zudem wird durch solches Denken nicht nur der Schrecken zum Grundprinzip der Religion[222], sondern es hat auch zur Folge, daß das individuell-private Interesse zum schlechthin dominierenden Grundsatz wird auf Kosten des Wohls der Gemeinschaft[223]. Der gefährlichste Punkt der Religion liegt aber da, wo der Rückbezug auf Gott gestattet, ohne alle anderen Bezüge, in denen ein Mensch steht, oder gar im Gegensatz zu ihnen zu handeln. Die Maxime, Gott mehr zu gehorchen als den Menschen, wird leicht zum Freibrief für jedes Mittel, das der Heiligkeit der Sache dienlich zu sein scheint.[224] Obschon die Anwendung von Gewalt zur Durchsetzung der Wahrheit als spezifische Versuchung des Religiösen erscheint, wird sie doch von den genannten Autoren noch religions-immanent kritisiert; *Bacon* beispielsweise nennt solches Handeln identisch mit „to dash the first table against the second; and so to consider men as Christians, as we forget that they are men"[225]. – Endlich bemerkt ebenfalls schon *Bacon*, daß der Aberglaube eine Immunisierung der Praxis gegen die Argumente der Vernunft erlaubt beziehungsweise sich diesen anpaßt[226]. *Hobbes*[227], *Locke*[228] und *Bayle*[229] konkretisieren diese ideologiekritische Bemerkung, indem sie jene rügen, die die Sittenverderbnis dem Fehlen von Religiosität zuschreiben, weil sie das Übel an der falschen Stelle suchen beziehungsweise suchen wollen und es dadurch nur noch vergrößern. Schon bei der Ablehnung der Autorität als Ausweis von Wahrheit fand sich Ideologieverdächtiges, doch zeigt sich hier im Zusammenhang der Behandlung von Religion, wie sich diese besonders gut zur Legitimierung eines Zustands eignet, indem sie jede Hinterfragbarkeit a priori verweigert.

Als negative Wirkungen falscher Religion im politisch-gesellschaftlichen Bereich werden vornehmlich politische Instabilität[230] und die Aufteilung der Menschen in Klassen[231] genannt.

Als frei von solchen gefährlichen Ambivalenzen gilt jedoch der Atheismus. Mag ihm auch manches fehlen (*Bacon:* „It destroys likewise magnanimity,

---

[222] *Hume,* Dialogues, a. a. O. 464–467; *Diderot,* Art. Superstition, in: Encyclopédie, a. a. O., X, 669 f.
[223] *Shaftesbury,* An Inquiry concerning Virtue and Merit, a. a. O. 58 f; *Hume,* Dialogues, a. a. O. 462; *Diderot,* Art. Superstition, in: Encyclopédie, a. a. O., X, 669 f.
[224] *F. Bacon,* Essays, a. a. O. 383 f; *Hume,* Dialogues, a. a. O. 462 f.
[225] *F. Bacon,* Essays, a. a. O. 383 f; vgl. *Spinoza,* Tractatus Theologico-Politicus, a. a. O. 171 f.
[226] *F. Bacon,* Essays, a. a. O. 416.
[227] Leviathan, a. a. O. 93. 103–105.
[228] An Essay Concerning Human Understanding, a. a. O., I, 79 f.
[229] Pensées diverses, a. a. O. § 160.
[230] *F. Bacon,* Essays, a. a. O. 416; *Hume,* Dialogues, a. a. O. 460. – Gerade das Gegenteil behauptet allerdings *Bayle,* Pensées diverses, a. a. O. § 131.
[231] *Shaftesbury,* An Inquiry concerning Virtue and Merit, a. a. O. 96 f; *Hume,* Dialogues, a. a. O. 460.

and the raising of human nature"²³²), so besetzt er doch wenigstens die Leerstelle nicht mit Falschem: „As to *atheism,* it does not seem that it can directly have any effect at all towards the setting up a false species of right or wrong. For notwithstanding a man may through custom, or by licentiousness of practice, favour'd by atheism, come in time to lose much of his natural *moral sense;* yet it does not seem that atheism should of *itself* be the cause of any estimation or valuing of anything as fair, noble, and deserving, which was the contrary."²³³

Wahre Religion aber ist charakterisiert durch einen Gott, der nicht nur Souveränität, sondern vor allem gleichzeitig Güte und absolute Gerechtigkeit besitzt. Sie gibt uns darin ein Muster der Haltung, sich ständig um die Beförderung des Wohls der Gesamtheit zu bemühen. Noch mehr dient wahre Religion dadurch der Verwirklichung des sittlich Guten, daß sie Gott als höchsten Beobachter und Zeugen glaubt, der alles weiß, was getan oder auch nur gedacht wird, und in der Zukunft dafür belohnen und bestrafen wird. Die Intensität der – auf gesellschaftlicher Regelung *(Hobbes, Locke, Hume)* oder auf einem moralischen Sinn *(Shaftesbury, Hutcheson)* oder auf rationalem Naturrecht *(Bayle)* basierenden – Güte beziehungsweise Schuldhaftigkeit wird dadurch bedeutend verstärkt.²³⁴ Religion in ihrer wahren Gestalt ist aus dieser Sicht der Gipfel der Tugend, wie sich auch umgekehrt diese erst in der Religion vollendet.²³⁵

Doch schon *Hume* beschränkt sich darauf, die wahre Religion von den gegen die vulgäre erhobenen Vorwürfen auszunehmen²³⁶. War bei *Bacon* und *Shaftesbury* die Relation zwischen wahrer Religion und Sittlichkeit ein „Muß" gewesen²³⁷, wird sie bei ihm zu einem „Kann" abgeschwächt. Das aber heißt, daß jetzt nicht mehr nur bestritten wird, Atheismus müsse zur Unsittlichkeit führen, sondern auch dies, wahre Religiosität habe genuin etwas mit Moralität zu tun, so daß sich mit Stringenz vom einen auf das andere schließen ließe. Der Inhalt der Religion läßt sich nicht in die kleine Münze konkreter Handlungsanweisungen umsetzen.²³⁸ – Auf einem etwas anderen Weg kommt

---

²³² *F. Bacon,* Essays, a. a. O. 414; vgl. 413.
²³³ *Shaftesbury,* An Inquiry concerning Virtue and Merit, a. a. O. 46; vgl. 51 f. 69; *Bayle,* Pensées diverses, a. a. O. § 129. – Sehr treffend sagt *E.* Cassirer über die ganze Epoche: „Der eigentliche Gegensatz zum Glauben ist nicht der Unglaube, sondern der *Aberglaube* [...]" *(Cassirer* 1932, 215).
²³⁴ *F. Bacon,* Essays, a. a. O. 413 f; *Shaftesbury,* An Inquiry concerning Virtue and Merit, a. a. O. 51 f; 56–67. 120; mit Einschränkung *Hume,* Dialogues, a. a. O. 460–463; *Bayle,* Pensées diverses, a. a. O. § 131, jedoch s. u.
²³⁵ Ausdrücklich bei *Shaftesbury,* An Inquiry concerning Virtue and Merit, a. a. O. 76; vgl. *Lessing,* Briefe, die neueste Literatur betreffend, in: Werke, a. a. O., IV, 138.
²³⁶ Dialogues, a. a. O. 460. 463.
²³⁷ *F. Bacon,* Essays, a. a. O. 413 f; *Shaftesbury,* An Inquiry concerning Virtue and Merit, a. a. O. 51 f. 60 f. 76.
²³⁸ *Hume,* Dialogues, a. a. O. 460–463, bes. 467. – Daß die Einhaltung von Normen von dem Potential, seine Befolgung zu erzwingen, abhängt, betonen schon vor *Hume: Hobbes* (De Cive,

Bayle ein wenig früher zum gleichen Ergebnis. Er gesteht zu, daß die Religion wohl einen Zaun gegen die Unsittlichkeit zu errichten bemüht ist[239], dessen reale Wirkung jedoch äußerst minimal und im Vergleich zur Wirksamkeit menschlich-politischer Gesetze um ein Vielfaches unterlegen ist, so daß ohne die von den Menschen gemachten Gesetze und ihre Garantierung durch Gewalt keine Gesellschaft, auch keine christliche, existieren könnte[240]. *Bayle* führt das darauf zurück, daß Ursache unserer Handlungen gar nicht oder kaum Erkenntnisse und damit auch nicht die Religion sei (sofern sich dieselbe nicht auf der affektiven Ebene inkarniert in Fanatismus oder Fetischismus, wodurch sie aber nur zur Karikatur ihrer selbst wird)[241].

So führt diese erste Phase der Religionskritik, die grundsätzlich noch auf dem Boden der Religion steht, bezüglich der Ausgangsfrage zu dem Ergebnis, daß die Behauptung einer konstitutiven Korrelation zwischen Religion und Moralität abgelehnt wird. Der sachliche Schwerpunkt liegt hierbei auf der individuellen und der gesellschaftlich-politischen Rehabilitierung des Atheisten: Unsittlichkeit steht nicht in einem Kausalverhältnis zum Atheismus. Gleichsam als Gegenprobe wird all das, was sich als Religion ausgibt, der Kritik unterzogen. Dabei zeigt sich ihre gefährliche Ambivalenz zum Guten (in ihrer wahren Gestalt) wie zum Bösen (im Aberglauben). Der Atheismus bringt zwar von sich aus nichts Gutes hervor, zeichnet sich aber dadurch aus, daß er nicht zur Unmenschlichkeit verleitet. Wie die Menge an Unsittlichem auf seiten der Gläubigen kaum geringer ist als auf seiten der Atheisten, so gibt es auch unter den letzteren leuchtende Exemplare der Tugendhaftigkeit und Zeugen, die ihre Auffassung mit höchstem persönlichen Einsatz vertreten haben.[242]

2.3.7.2 Die Ablehnung von Religion überhaupt:
Anders verhält es sich in der zweiten Phase der Religionskritik, wie sie allerdings bis weit ins 19. Jahrhundert hinein nur bei den französischen Materialisten anzutreffen ist. Die Differenzierung zwischen wahrer Religion und Aberglaube fällt weg[243]. Nicht mehr auf der Rehabilitierung des Atheisten,

---

a. a. O. 198; Leviathan, a. a. O. 146) und *Locke* (An Essay Concerning Human Understanding, a. a. O., I, 37–39; II, 97–104).
[239] Pensées diverses, a. a. O. § 131, bes. § 141.
[240] Pensées diverses, a. a. O. § 131. Ebd. u. a.: „Et je suis sûr qu'à moins d'un miracle continuel, une Ville comme Paris seroit réduite dans quinze jours au plus triste état du monde, si l'on n'employait point d'autre remède contre le vice, que les remonstrances des Prédicateurs et des Confesseurs." Die positive Konsequenz zieht *Bayle* in: Pensées diverses, a. a. O. § 172.
[241] Ebd. §§ 135. 141. 143. – „Il [sc. l'homme] s'accommode presque toujours à la passion dominante du cœur, à la pente du tempérament, à la force des habitudes contractées, et au goût ou à la sensibilité que l'on a pour certains objects" (ebd. § 135). Den Einzelnachweis für diese Behauptung führt *Bayle* in den §§ 144–162 und 172–193.
[242] *Bayles* Darstellung über das Verhältnis von Religion und Moral gipfelt in § 182, der überschrieben ist: „L'Athéisme ayant en des Martyrs, c'est une marque indubitable, qu'il n'exclut pas les idées de la gloire et de l'honnête. Réflexion sur la conduite de Vanini."
[243] Zwar unterscheidet auch *Helvétius* zwischen fausse und vraie religion, doch ist wahre Religion

sondern auf der Kritik an der Religion selbst liegt jetzt der Schwerpunkt des Interesses. Der Atheismus erscheint kaum mehr als etwas Ambivalentes, sondern als theoretisch wie praktisch einzig redlicher Standpunkt.[244] Alle Argumente der früheren Kritik finden sich in dieser zweiten Phase wieder, allerdings in erheblich schärferer Form und ausgeführt bis ins Detail: Der souveräne Gott, der, weil selbst bedürfnis- und folglich verpflichtungslos, Gutes und Übel nach seinem Gutdünken austeilt, ist ein schlechtes Vorbild für menschliche Tugendhaftigkeit.[245] Gehorsam gegen Gott erstickt in den Menschen jedes natürliche Empfinden und vernünftige Denken.[246] Die zusätzliche Motivierung durch den Lohn-Strafe-Grundsatz steht und fällt mit der Fraglichkeit der Möglichkeit von Offenbarung überhaupt sowie deren von wechselnden Interessen bedingter Auslegung.[247] Das Grundprinzip der Religion ist Furcht und Schrecken, deren Steigerung das Geschäft mit der Hoffnung um so besser florieren läßt.[248] Wer sich Gott mehr verpflichtet weiß als allen anderen, glaubt nicht nur ohne Rücksicht auf, sondern sogar im Gegensatz gegen alle Beziehungen handeln zu dürfen.[249]

Religion zerstört den Frieden und das Glück im Herzen der Menschen und verdunkelt die Moral – als noch verderblicher wird allerdings ihre Auswirkung auf die Politik empfunden. Die Rivalität von geistlicher und weltlicher Gewalt reibt unnötig viele Kräfte auf, geht dann aber dank der stärkeren Mittel (weltanschauliche Fanatisierung und Anstiftung zur Rebellion) stets zugunsten der Religion aus.[250] Sie aber legitimiert die Herrschenden, sich als irdische Ebenbilder Gottes, und das heißt als willkürliche Despoten zu gebärden, die keinem Menschen Rechenschaft schulden.[251] Die Inaussichtstellung einer in ferner Zukunft einmal stattfindenden Bestrafung durch einen unsichtbaren Gott vermag solche gottgleichen Tyrannen nicht zu beeindrucken, wenn sie doch nur von den Menschen nichts zu befürchten haben.[252] Daß nun sogar nach der Lehre der Religion jede Schuld wiedergutgemacht werden kann, macht die Auswüchse nur noch schlimmer.[253] – Verderbte Fürsten aber verderben wiederum Gesetze und Institutionen. Die Bürger ihrerseits werden im Namen der Religion angehalten, sich der als

bei ihm nichts anderes als die allein auf den Bedürfnissen der Gesellschaft gegründete Moral. (Vgl. De l'Homme, a. a. O., VIII, 93–99).

[244] *Holbach,* Système, a. a. O., II, 371–393; *La Mettrie,* L'Homme Machine, a. a. O. 329.
[245] *Holbach,* Système, a. a. O., II, 255–259, 290.
[246] Ebd. II, 258 f. 271–275. 283. 294 f. 299–304.
[247] S. besonders die detaillierte beißende Kritik bei *Helvétius,* De l'Homme, a. a. O., VIII, 107–114; vgl. *Holbach,* Système, a. a. O., II, 258–260. 282 f. 287 f.
[248] *Helvétius,* De l'Homme, a. a. O., X, 134 f. 138 f; *Holbach,* Système, a. a. O., II, 292–295.
[249] *Holbach,* Système, a. a. O., II, 256–259. 274 f. 378–381.
[250] Ebd. II, 269 f. 302; vgl. *Helvétius,* De l'Homme, VIII, 112; X, 133 f.
[251] *Holbach,* Système, II, 261–277. 279 f. 302–304.
[252] Ebd. II, 255. 261 f. 265–267. 277 f.
[253] Ebd. II, 266. 288 f. 307.

göttlicher Wille ausgegebenen Tyrannei ohne Murren zu fügen.[254] Der Verzicht auf seinen natürlichen Freiheitsanspruch aber macht den Menschen quietistisch, kleinmütig, kriecherisch, unpolitisch, neidisch, egoistisch.[255] – Nicht nur daran, daß das Verhältnis zwischen Herrschenden und Bürgern durch Gewalt vergiftet wird, trägt die Religion die Schuld; sie ist auch verantwortlich für Streit, Haß, Verachtung, Verfolgung, Gewalttätigkeit zwischen einzelnen, zwischen Gruppen oder sogar zwischen ganzen Völkern[256]. Fanatismus und Intoleranz scheinen geradezu ihr Proprium practicum zu sein.

Deutlicher als jemals zuvor nehmen die französischen Aufklärer das Phänomen der Ideologie in den Blick. So schreibt *Helvétius,* nachdem er von der Unbezweifelbarkeit der mathematischen Vorstellungen gehandelt hat: „au contraire, en morale, politique, et métaphysique, si les opinions des hommes sont très différentes, c'est qu'ils n'ont pas toujours intérêt de voir les choses telles qu'elles sont réellement; [...]."[257] *Holbach* sieht in der Behauptung der Theonomie der Moral nicht nur einen Irrtum, sondern ein taktisches Mittel der Religion, um ihre Macht zu vergrößern beziehungsweise zu erhalten: Sie verknüpft Gott, das Wohl der Individuen und das der Gesellschaft derart miteinander, daß es scheint, man könne nicht an die Religion rühren, ohne dem Wohl aller Menschen zu schaden.[258] Diese Behauptung kann aber ihre Wirkung nur dann nicht verfehlen, wenn ihr parallel eine Immunisierungsstrategie aufgebaut wird, nämlich die Geringschätzung der menschlichen Vernunft und die Verzögerung des wissenschaftlichen Fortschritts[259]. Wo aber aus Unwissenheit und ihr folgender Leichtgläubigkeit die Übel auf falsche Ursachen zurückgeführt werden, kann ihre Ausrottung nicht gelingen; werden sie obendrein mit einem unverfügbaren, allmächtigen Willen in Verbindung gebracht, bekommen sie die Aura des So-sein-Müssens, die den Menschen daran hindert, überhaupt nach wirksamen Gegenmitteln Ausschau zu halten. „N'eut-il pas été plus utile d'étudier la nature des choses, et de chercher en elle-même ou dans l'industrie humaine, des secours contre les maux dont les mortels sont affligés, que d'attribuer ses maux à une puissance

---

[254] Ebd. II, 261 f. 302–304.
[255] Ebd. II, 267–269. 273–283. 293 f. u. a.; *Helvétius,* De l'Homme, VIII, 78–85.
[256] *Helvétius,* De l'Homme, X, 127 f. 131 f; *Holbach,* Système, II, 256–258. 260 f. 283. 313 f.
[257] De l'Homme, VIII, 54.
[258] *Holbach,* Système, II, 292–295.
[259] Dieser Vorwurf wird scharf akzentuiert sowohl von *Helvétius* (De l'Homme VIII, 114: „L'intérêt des prêtres n'est pas que le citoyen agisse bien, mais qu'il ne pense point. 'Il faut, disent-ils, que le fils de l'homme sache peu et croie beaucoup.'") als auch von *Holbach* (Système, II, 299: „ La nature dit à l'homme de consulter sa raison, et de la prendre par guide: la religion lui apprend que cette raison est corrompue, qu'elle n'est qu'un guide infidèle, donnée par un Dieu trompeur afin d'égarer ses créatures. La nature dit à l'homme de s'éclairer, de chercher la vérité, de s'instruire de ses rapports: la religion lui enjoint de ne rien examiner, de rester dans l'ignorance, de craindre la vérité; elle lui persuade qu'il n'est point de rapports plus importants pour lui que ceux qui subsistent entre lui et un être qu'il ne connaîtra jamais"; vgl. ebd. II, 279–281. 311–314).

inconnue, contre la volonté de laquelle l'on ne peut pas supposer qu'il y ait aucun secours? [...] Au lieu d'attribuer à la vengeance divine les guerres, les famines, les stérilités, les contagions et tant de maux qui désolent les peuples, n'eut-il pas été plus utile et plus vrai, de leur montrer que ces maux étaient dûs à leurs propres folies, ou plutôt aux passions, à l'inertie, à la tyrannie de leurs Princes, [...]? [...] Des maux naturels demandent des remèdes naturels: l'expérience ne devoit-elle pas depuis longtemps avoir détrompé les mortels des remèdes surnaturels; des expiations, des prières, des sacrifices, des jeûnes, des processions etc., que tous les peuples de la terre ont vainement opposés aux disgraces qu'ils éprouvaient?"[260]

Bei *Helvétius* war die Kritik der Religion noch ganz auf ihre Praxis bezogen. Ähnlich wie sein englischer Zeitgenosse *Hume* und sein Vorläufer *Bayle* bestreitet er einen genuinen Einfluß des Glaubens auf das Verhalten. „La pureté des mœurs est donc indépendante de la pureté des dogmes."[261] Die Güte der Sittlichkeit ist allein ein Werk der (durch Strafen geschützten) Gesetze. „Que nous apprend l'histoire des religions? Qu'elles ont partout allumé les flambeaux de l'intolérance [...], mais qu'elles n'ont jamais rendu les hommes meilleurs. Leur bonté est l'œuvre des lois. [...] La religion détermine notre croyance, et les lois nos mœurs et nos vertus.

Quel signe distingue le chrétien du juif, du guèbre, du musulman? Est-ce une équité, un courage, une humanité, une bienfaisance particulière à l'un, et non connue des autres? On les reconnaît à leurs diverses professions de foi. Qu'on ne confonde donc jamais l'homme honnête avec l'orthodoxe."[262] – Vermag also die Religion einen positiven Einfluß nicht auszuüben, so doch sehr wohl einen zerstörerischen, insofern sie mit der natürlich-politischen Gesetzgebung konkurriert oder sich ihr gar entgegensetzt und sie damit schwächt.[263]

Helvétius gesteht noch zu, daß Religion sich von diesem Makel befreien könnte; sie wäre dann eine harmlose, allerdings überflüssige Illusion.[264] Erst bei *Holbach* verfällt die Religion total der moralischen Kritik. Auch die äußerste denkbare Reduktion, die Religion nämlich aller Beziehung zur Praxis zu entheben und ihr ein Reservat der rein theoretischen Spielerei einzuräumen, wird radikal abgelehnt. Alle Religion macht den Menschen mit Notwendigkeit zum Misanthropen.[265] War von *Helvétius* das Gottesbild nur wenig oder wenn schon, dann in einzelnen Prädikaten kritisiert worden, so erscheint jetzt das Prinzip Gott als solches unsittlich: Die Vorstellung eines

[260] *Holbach,* Système, II, 312 f.
[261] De l'Homme, X, 130.
[262] Ebd. X, 131 f; vgl. IX, 5–7. 137–139; X, 125–133; *Holbach,* Système, II, 255. 268. 278–280.
[263] *Helvétius,* De l'Homme, X, 133–140; *Holbach,* Système, II, 269–271.
[264] *Helvétius,* De l'Homme, VII, 97–99; bes. X, 135–137.
[265] *Holbach,* Système, II, 281–283.

145

göttlichen Wesens ist nichts als „le produit de l'ignorance, de l'imagination allarmée, de l'enthousiasme, de la mélancolie", das durch Erziehung überliefert, durch Gewohnheit gestärkt, von der Furcht genährt und von der Autorität aufrechterhalten wurde[266]. Anders ausgedrückt ist „Gott" für *Holbach* ein Konglomerat von Projektionen, deren wechselseitige Widersprüchlichkeit seine (ideologische und deshalb unsittliche) Brauchbarkeit gerade begründet: „Ce Dieu par les qualités qu'on lui donne, est une énigme inexplicable que chacun devine à sa façon, que chaque religion explique à sa manière, dans laquelle tous les Théologiens du monde découvrent tout ce qui leur plaît, et d'après laquelle chaque homme se fait une morale à part conforme à son propre caractère."[267] Das hypothetische Fazit der Religionsgeschichte lautet nach *Holbach:* „[...] si l'on daignait examiner les choses de sang froid, on trouverait que le nom de Dieu ne servit jamais sur la terre que de prétexte aux passions des hommes. L'ambition, l'imposture et la tyrannie se sont liguées pour s'en servir conjointement, afin d'aveugler les peuples et de les tenir sous le joug. Le monarque s'en sert pour donner un éclat divin à sa personne, la sanction du ciel à ses droits, le ton des oracles à ses fantaisies les plus injustes et les plus extravagantes. Le prêtre s'en sert pour faire valoir ses prétentions, afin de contenter impunément son avarice, son orgueil et son indépendance. Le superstitieux vindicatif et colère se sert de la cause de son Dieu pour donner un libre cours à ses fureurs qu'il qualifie de zèle. En un mot la religion est dangéreuse, parce qu'elle justifie et rend légitimes ou louables les passions et les crimes dont elle recueille les fruits: suivant ses ministres tout est permis pour venger le très haut; [...]"[268]. Religion wird bei *Holbach* zum universellen Grund aller Vorurteile und allen Übels. Sein Kriterium und zugleich der Boden, auf dem die neue Ethik errichtet werden soll, ist die „utilité"; was für die Menschen aber nützlich sein soll, müsse sie glücklich machen[269]. Dieses Prinzip beruhe auf der menschlichen Natur und sei für jedes vernünftige Wesen unbestreitbar.[270]

2.4 Resümee

Rückblickend auf die Analyse der wichtigsten Faktoren und der Darstellung des auf ihnen aufbauenden oder aber in ihnen wirkungsgeschichtlich zum Tragen gekommenen methodischen Umbruchs stellt sich die Frage, inwie-

---

[266] Ebd. II, 252.
[267] Ebd. II, 295. Man beachte die Nähe zur These *Feuerbachs* an dieser Stelle (außerdem: ebd. II, 252. 255 f. u. a.).
[268] Ebd. II, 378 f.; vgl. 258–262. 279 f. 281–283. 290. 387–390. 409–411 u. a.
[269] Ebd. II, 253 f. 268 f. 280 f. 284–303 u. a. – *Helvétius*, De l'Homme, VII, 94–96.
[270] Ebd., bes. *Holbach*, Système, II, 289 f.

fern es sich wirklich um einen Umbruch handelt und welche Relevanz ihm für die Ethik zukommt. Der Rückbezug auf die Vernunft allein rechtfertigt diese Behauptung noch nicht; denn es darf ja nicht vergessen werden, daß auch die klassische Lehre von der Lex naturae eine vernünftig-einsichtige sein wollte.

2.4.1 Wider den Dualismus der Wirklichkeit und den Primat des Objektiven

Die Theorie vom sittlichen Naturgesetz im klassischen Verständnis geht entsprechend ihrem methaphysischen Ansatz von der Existenz zweier Welten aus, der konkret-gegebenen Welt der Erscheinungen und einer eigentlichen, die verborgen, aber intelligibel ist: der Wesenswelt. Obschon *Descartes* grundsätzlich im Rahmen dieses Dualismus verbleibt, wie auch die Tradition nach ihm noch lange, bedeutet sein Wahrheitsverständnis eine Umkehrung in der Gewichtung: Der Primat des Objektiv-Zeitlos-Wesenhaften ist prinzipiell gebrochen, auch wenn der intuitus bei *Descartes* durchaus noch Erkenntnis einer an sich seienden Ordnung (im Sinne der traditionellen Metaphysik) meint. Das im folgenden Abschnitt Gesagte hängt damit eng zusammen.

2.4.2 Wider die Geschlossenheit der Welt

Die ganze Tradition vor *Descartes* ist sich in der Annahme einer allesumfassenden Seinsordnung einig, das Ganze ist ein Kosmos. Der Zusammenbruch des geschlossenen Weltbildes und die (erfahrene) Unendlichkeit der Welt[271] lösen das Subjekt aus den sicheren Ordnungen weitgehend heraus und stellen es auf sich selbst. Die Möglichkeit objektiver Wahrheit wird als solche nicht bestritten, doch bleibt als einzig möglicher Zugang nur das Subjekt. Damit steht in unmittelbarem Zusammenhang, daß der Erkenntnisvorgang zu einem ganz zentralen Problem wird.

2.4.3 Wider den Primat der Theorie

Eine Konsequenz einerseits aus der Akzentverlagerung auf die Seite des Werdens, des Zeitlichen – man könnte kurz sagen: der „Welt" im heutigen Verstand –, anderseits des Ausgangs vom Subjekt ist die Priorität der Praxis gegenüber der Theorie.

---

[271] Vgl. *Descartes'* Brief an Elisabeth vom 15. 9. 1645 (3ème vérité) sowie das 3. Buch der Principia. Zum Ganzen vgl. vor allem die Studie von *A. Koyré:* 1969.

2.4.4 Wider das finale Wirklichkeitsverständnis

Die drei vorangegangenen „Verschiebungen" induzieren ein Wirklichkeitsverständnis, das mit dem der abendländischen Denkgeschichte vor der Neuzeit nicht in einen kontinuierlichen Einklang gebracht werden kann; und auch darin markiert *Descartes'* Methode einen epochalen Umbruch: von der Hinnahme der Wirklichkeit zur Verfügung über dieselbe. Die auf Kenntnis gründende Verfügung aber trägt in sich die Tendenz zur Herstellung, was später besonders *Marx* und *Comte* zu reflexem Bewußtsein gebracht haben.

Am deutlichsten ablesbar ist diese Verschiebung (allerdings zeitlich relativ spät) am Begriff des Interesses, der von *Helvétius* und den französischen Materialisten in die Philosophie eingeführt wird und der funktional den alten Begriff „finis" beziehungsweise τέλος ersetzt. Er beschreibt die Beziehung zwischen dem Anteil nehmenden Subjekt und dem Gegenstand, also nichts Apriorisches im Sinne einer von Gott dekretierten oder von Natur aus bestehenden Ordnung. „Finis" hingegen signalisierte ein Bestimmtsein des Dings, das aller Willkür entzogen, weil durch eine Seins-Ordnung, beziehungsweise den diese errichtenden und erhaltenden Schöpfer gewährleistet, ist; Interessen sind innerhalb dieses Denkens gerade das, was die Erkenntnis von Wahrheit stört.

2.4.5 Wider die Rechtfertigung durch Autorität

Entsprechend verändert sich auch das Legitimationsverfahren von Behauptungen mit allgemeinem Verbindlichkeitsanspruch grundlegend: Neuzeitliche Wissenschaft ist charakterisiert durch vernünftige Begründung (anstelle von Tradition und Autorität). Vernunft aber ist kontrollierbar, weil über sie prinzipiell von jedem verfügt werden kann.

Von diesen fünf Charakteristika her – das sei nur angemerkt, weil es nicht Aufgabe dieser Arbeit ist – ergäbe sich die Möglichkeit, das vieldiskutierte Problem des Beginns der Neuzeit neu anzugehen. Es würde sich dabei herausstellen, daß jede scharfe Zäsur, setzte sie nun an beim Weltbild des *Kopernikus*, bei der Renaissance beziehungsweise beim Humanismus oder bei der Reformation, fragwürdig ist; der Beginn muß eher als Prozeß verstanden werden, der im einen oder anderen Fall partiell realisiert ist.[272]

---

[272] Vgl. im III. Teil dieser Arbeit Kap. 8.5.

Zweiter Teil
Historische Modelle autonomer Ethiken

Kapitel 3
Pflicht aus der Selbstgesetzlichkeit der reinen Vernunft (Kant)

Im Vorwort zur zweiten Auflage der ‚Kritik der reinen Vernunft' setzt *Kant* die Bedeutung seiner Erkenntniskritik in Parallele zu jener Revolution, die die Theorie des *Kopernikus* im Weltbild ausgelöst hat[1]. Eine ähnliche „Umänderung der Denkart"[2] beansprucht er aber auch bezüglich der Ethik, wenn er sich im Vorwort der ‚Grundlegung zur Metaphysik der Sitten' rühmt, ein ganz neues Feld eingeschlagen zu haben.[3] Desto verwunderlicher scheint es, wenn diese Abhandlung gerade damit beginnt, die antike Dreiteilung der Philosophie in Physik, Ethik und Logik als „der Natur der Sache vollkommen angemessen" zu übernehmen[4], und die Ethik oder „Sittenlehre" als die Wissenschaft von den „Gesetzen der Freiheit" bestimmt[5]. Der Tugendlehre, dem zweiten Teil der ‚Metaphysik der Sitten', legt *Kant* gar das überkommene Pflichtenschema zugrunde.[6]

Wenn also einerseits ein programmatischer Neuheitsanspruch erhoben wird, anderseits die Ausgangsfrage, die Einteilung und weitgehend auch die inhaltlich-materialen Elemente ganz im Rahmen der Tradition verbleiben, worauf kann sich dann der Anspruch auf etwas Neues beziehen?

Kant fordert eine „Metaphysik der Sitten", das heißt eine „reine", „rationale", „von allem Empirischen sorgfältig gesäubert[e]" Ethik[7]; näherhin läuft dieser Versuch einer Abstraktion von aller bloß sinnlichen Anschauung auf „die Aufsuchung und Festsetzung *des obersten Prinzips der Moralität*"[8]

---

[1] KrV B XVIf. – *Kant*s Schriften werden wegen der zahlreichen Editionen nach der Originalpaginierung zitiert; der Text folgt der Ausgabe von *W. Weischedel* (Wiesbaden/Frankfurt 1956–64). Folgende Siglen werden verwendet: KrV = Kritik der reinen Vernunft; GMS = Grundlegung zur Metaphysik der Sitten; KprV = Kritik der praktischen Vernunft; Rel = Religion innerhalb der Grenzen der bloßen Vernunft; MS/T = Metaphysik der Sitten. Metaphysische Anfangsgründe der Tugendlehre; MS/R = Metaphysik der Sitten. Metaphysische Anfangsgründe der Rechtslehre; Fak = Streit der Fakultäten; KU = Kritik der Urteilskraft. – Bei KrV, KU und Rel wird die jeweils zitierte Auflage durch ein der Seitenzahl vorangestelltes A (für die 1. Aufl.) bzw. B (für die 2. Aufl.) gekennzeichnet.
[2] KrV B XXII. Dies gilt allerdings nur für die Schriften nach 1770, auf die ich mich im folgenden beschränke.
[3] GMS XI.
[4] GMS III.
[5] GMS IV.
[6] Vgl. auch GMS 52–57.
[7] GMS V. VII–IX.
[8] GMS XV.

hinaus. Der Grund, so zu fragen, liegt für *Kant* keineswegs nur in dem spekulativen Bedürfnis, „die Quelle der a priori in unserer Vernunft liegenden praktischen Grundsätze zu erforschen"[9], sondern vor allem darin, daß das Fehlen eines obersten Leitfadens oft gesetzeswidrige Handlungen zur Folge hat, weil sich das handelnde Subjekt dann durch Neigungen leicht verleiten läßt, oder wenn es schon einmal zu gesetzmäßigen Handlungen führt, so doch nicht zu solchen, die allein um ihrer Gutheit willen geschehen.[10]
Handelt es sich beim Programm einer Metaphysik der Sitten zunächst noch um ein Desiderat, so soll diese nach dem Durchlaufen der Analytik[11] den Desiderat-Charakter verloren haben. *Kant* will mit anderen Worten aufzeigen, daß Ethik nicht nur eine Metaphysik der Sitten verlangt, sondern ihrem Wesen nach Metaphysik der Sitten ist, das heißt ihr Objekt kann nur durch erfahrungsunabhängige, reine Vernunft erkannt werden. Die Bedingungen des menschlichen Wollens aber überhaupt und damit auch die Bedingungen der Anwendung des Moralprinzips auf den Einzelfall zu untersuchen ist Aufgabe der Anthropologie[12].
Wenn also *Kant* nach dem Sollen fragt, so geht es ihm nicht darum, „was wir sollen und warum wir dieses oder jenes, sondern warum wir das sollen, von dem wir immer schon [...] wissen, daß wir es sollen"[13]. Sein Anliegen ist mit anderen Worten dies: den moralischen Anspruch seiner Geltung nach von subjektiver Willkür und Veranlagung unabhängig zu machen.

3.1 Analytik der Moralität

3.1.1 Die Moralität der allgemeinen Menschenvernunft

Um das Ziel, „die Aufsuchung und Festsetzung des obersten Prinzips der Moralität", zu erreichen, untersucht *Kant* den „einmal allgemein im Schwange gehenden Begriff der Sittlichkeit"[14]. Wie er in der KrV den traditionellen Schluß von der Gegenstandserfahrung zur objektiven Seinserkenntnis als unberechtigt kritisiert, so weist er in seinen moralphilosophischen Schriften die überkommene Deduktion vom Begriff eines objektiv Guten und Bösen zurück, weil auch sie auf einer vorgeblichen Erkenntnis „höherer" Objekte beruht. Statt dessen beginnt *Kant* beim Phänomen, nämlich der im Willen gegebenen Nötigung. Seinen Ausgang nimmt er deshalb beim „guten Willen", wie dieser von der „gemeinen sittlichen Vernunfter-

---

[9] GMS IX f.
[10] Vgl. GMS VIII–XI.
[11] Zum methodischen Verfahren *Kant*s vgl. auch: *G. Krüger* 1931, 175–192; *Reiner* 1951, 53–59; *Paton* 1962, 2–16; *Zwingelberg* 1969, 97–105.
[12] Zur Anthropologie s. *G. Krüger* 1931, 37–57.
[13] *A. Pieper* 1973, 155.
[14] GMS 95; vgl. XVI.

kenntnis" verstanden wird. Der gute Wille nun erweist sich bei näherem Zusehen als das einzige, was ohne Einschränkung für gut gehalten werden kann.[15] Alles andere „gut" Genannte, insbesondere Glückseligkeit, ist immer nur gut in Hinsicht auf etwas, im Bezug auf etwas, was nicht schon mit ihm selbst gegeben ist.

Als praktisches Vermögen, das heißt als Instanz, die seinen Willen lenken soll, ist dem Menschen die Vernunft zugeteilt. Gerade bei ihr aber kann jedermann die Erfahrung machen, daß ihr Gebrauch nur zu oft Mühsal bereitet statt Glückseligkeit.[16] Die Schlußfolgerung aus diesem Phänomen des Widerspruchs von sittlichem Verhalten und „äußerem" Erfolg liegt auf der Hand: Wäre das Glück das eigentliche Ziel des mit Vernunft und Willen ausgestatteten Wesens, so müßte man die Überantwortung des Willens an die Vernunft als Fehlkonstruktion der Natur ansehen; ein Instinkt wäre in diesem Fall ungleich funktionsgerechter gewesen. Will man jedoch an der Zweckmäßigkeit der Natur festhalten, so bleibt nur die andere Möglichkeit, anzunehmen, daß die Vernunft an und für sich dazu bestimmt ist, „einen, nicht etwa in anderer Absicht *als Mittel,* sondern *an sich selbst guten Willen* hervorzubringen"[17]. Mit anderen Worten: Der gute Wille ist unabhängig von seiner Wirkung, von seiner Brauchbarkeit als Mittel zu einem bestimmten Zweck wie auch unabhängig von seinem tatsächlichen Erfolg, was positiv gewendet soviel heißt wie: Er ist „allein durch das Wollen, d. i. an sich, gut", „etwas, das seinen vollen Wert in sich selbst hat" oder ein „absoluter Wert"[18]. Das sittlich qualitizierende Element ist für *Kant* demnach die Gesinnung, wobei diese „freilich nicht etwa [als] ein bloßer Wunsch, sondern als die Aufbietung aller Mittel, so weit sie in unserer Gewalt sind", verstanden ist[19].

Guter Wille ist dort Realität, wo ein vernünftiges Wesen aus Pflicht handelt. Allein dieses „aus Pflicht" verleiht einer Handlung wahren sittlichen Wert. *Kant* unterscheidet deshalb streng zwischen Wollen beziehungsweise Handeln aus Pflicht („Moralität") und pflichtgemäßem Handeln („Legalität")[20]. Denn bloße Pflichtgemäßheit könnte ja ebensogut das Ergebnis von Furcht oder von Hoffnung, von Eitelkeit, Lust und ähnlichem sein, also letztlich von Eigennutz, Selbstsucht oder, wie *Kant* sagt: „Neigung".[21] Ebensowenig kann sich moralisches Handeln, das heißt Pflicht, auf Zwecke gründen, weil

---

[15] GMS 1.
[16] Vgl. GMS 4–6. 23 f.; KprV 203; Rel B 127 u. a.
[17] GMS 7, vgl. 36 f.
[18] Alle Stellen: GMS 3 f u. ö.
[19] GMS 3; vgl. 78.
[20] Vgl. GMS 8–16; KprV 126 f. 144. 211. 213. 269 f; Rel B 23 f. 53. 137 f. 139; MS/R 6 f. 15. 26; MS/T 24 f. 163.
[21] Vgl. GMS 9–16. 19 f. 23. 33. 38. 58. 59–61. 63–66. 71–73. 76. 93 f; KprV 38–48. 59–71. 126–159; Rel 20. 24; MS/R 1–4. 8 f; MS/T VI f. 170 f.

diese ihrerseits auf Neigung beruhen. Neigungen aber sind wie Zwecke aposteriorisch und können mithin nur aus der Erfahrung gewonnen werden; dann aber können sie auch nicht „das höchste und unbedingte Gute" enthalten. Als Ort, wo *dieses* angetroffen werden kann, bleibt infolgedessen nur das „*Prinzip* des *Wollens* [übrig], nach welchem die Handlung, unangesehen aller Gegenstände des Begehrungsvermögens, geschehen ist"[22]. Von Pflicht kann nur dort die Rede sein, wo die Pflicht rein als Pflicht getan wird. Diesen Sachverhalt bringt *Kant* auch in der Formel zum Ausdruck: „Pflicht ist die Notwendigkeit einer Handlung aus Achtung fürs Gesetz."[23] Das subjektive Prinzip des Wollens nennt *Kant* Maxime, das objektive hingegen (praktisches) Gesetz.[24] Nur letzteres darf den Bestimmungsgrund für den guten Willen beziehungsweise für das Handeln aus Pflicht bilden, nachdem sich der Begriff der Pflicht als unvereinbar mit der Berücksichtigung jedweder Gegenstände des Willens gezeigt hat. Folglich lautet die Maxime des Subjekts im Fall des moralischen Handelns, „einem solchen Gesetze, selbst mit Abbruch aller meiner Neigungen, Folge zu leisten"[25]. Pflicht bedeutet also, daß das objektive Gesetz – und „objektiv" heißt hier soviel wie: allgemein geltend[26] – zur subjektiven Maxime des Willens wird: „ich soll niemals anders verfahren, als so, *daß ich auch wollen könne, meine Maxime solle ein allgemeines Gesetz werden*"[27]. Die „*Vorstellung des Gesetzes* an sich selbst [. . .], so fern sie, nicht aber die verhoffte Wirkung, der Bestimmungsgrund des Willens ist", macht das sittlich Gute aus.[28] Da allein das Wesen, das mit einem von der Vernunft regierbaren Willen ausgestattet ist, über die Chance verfügt, moralisch (das ist sittlich gut, das ist rein aus Pflicht) zu handeln, bedeutet das Gesagte zugleich, daß das moralische Gesetz beziehungsweise die moralische Güte nicht von „außen", etwa aus den Wirkungen des Handelns, herkommt oder empfangen werden kann, sondern schon an sich in der Person gegenwärtig ist[29], nämlich in der apriorischen reinen Vernunft. Entsprechend ist das eigentliche Geschäft der Philosophie nicht Lehre, sondern „nur" Aufklärung und Kritik des Scheins. Um richtig zu handeln, ist Philosophie nicht unentbehrlich; sie „*formuliert* nur, was das Leben als Gebot kennt"[30].

---

[22] GMS 13.
[23] GMS 14 (im Original hervorgehoben); vgl. KprV 144–146.
[24] GMS 13. 15. 51. 80; KprV 35. 37. 117; MS/R 13–18. 21. 25 f. 28; MS/T 18–20.
[25] GMS 15. Treffend formuliert *Helmecke* 1954, 129: „In der Maxime des Willens wird das objektive Gesetz zum subjektiven Prinzip; es gilt nun konkret für das Subjekt, das sich tatsächlich durch den allgemeingültigen Grundsatz bestimmen läßt [. . .]."
[26] GMS 15. 38. 43. 50. 102; KprV 35. 45 f.
[27] GMS 17.
[28] GMS 15 f.
[29] Vgl. GMS 8. 15 f.
[30] *G. Krüger* 1931, 63. – Vgl. Beantwortung der Frage: Was ist Aufklärung?, 481–494; GMS 8. 20 f.; Was heißt: Sich im Denken orientieren?, 304–330; KprV 14. 55.

Jene Haltung des Subjekts, die unter der Zielsetzung der Moralität allein einem Gesetz angemessen sein kann, „das wir *uns selbst* und doch als an sich notwendig auferlegen"[31], ist das Bewußtsein, daß der Wille durch das Gesetz bestimmt ist. *Kant* nennt diese Haltung „Achtung" oder auch „moralisches Interesse"[32]. Mit diesen Bezeichnungen soll zum Ausdruck gebracht werden, daß es sich nicht um eine Art von Neigung oder um ein anderes spontanes Gefühl handelt, sondern um eines, welches das vernünftige Subjekt selbst leistet, obschon es vom Gesetz abgenötigt, also zugleich auch dessen Wirkung ist. Da die Achtung „praktisch-gewirkt"[33] ist im Unterschied zu allen sonstigen Empfindungen, ist sie selber der Akt der Sittlichkeit, nicht dessen Triebfeder.[34] –

Das methodische Vorgehen, den populären Gebrauch der praktischen Vernunft auf die darin bereits enthaltenen Begriffe und Prinzipien hin zu analysieren, darf nicht zu dem Schluß verleiten, es müsse sich dann um Erfahrungsbegriffe handeln, um solche also, die durch Abstraktion aus der empirischen Erfahrung gewonnen werden. Gerade die Erfahrung selber legt ja nahe, daß die Pflicht „vor aller Erfahrung, in der Idee einer den Willen durch Gründe a priori bestimmenden Vernunft"[35] liegt. Nicht nur, daß der gefundene Begriff von Pflicht schon von sich aus absolute Reinheit von aller Empirie fordert; sondern auch, weil es sich bei den meisten menschlichen Handlungen doch so verhält: „sieht man [. . .] ihr Tichten und Trachten näher an, so stößt man allenthalben auf das liebe Selbst, was immer hervorsticht"[36]. Da sich der moralische Wert eines Tuns nicht nach der äußerlichen Handlung, sondern nach der Gesinnung bemißt, die aber nicht sichtbar ist, bleibt es sogar bei den anscheinend rein selbstlosen Handlungen im letzten immer zweifelhaft, ob sie tatsächlich aus Pflicht erfolgt sind[37]. Auch widerspricht die Erfahrung dem aus dem Pflichtbegriff analysierten Charakter schlechthinniger Notwendigkeit. Denn wie sollte der Schluß von der Bestimmung *meines* Wil-

---

[31] GMS 16.
[32] GMS 16 f. 79; KprV 140–142. 211; vgl. MS/T 41 f. – Ein „Interesse nehmen" darf nicht verwechselt werden mit „aus Interesse handeln"; dementsprechend ist nach Kant zwischen pathologischem und praktischem, bzw. empirischem oder Interesse der Neigung und reinem Vernunftinteresse zu unterscheiden (GMS 38. 102. 122; KprV 140–142; MS/R 3 f.).
„Pathologisch" bedeutet bei *Kant* nicht krankhaft, sondern in der Tradition des Terminus πάθη (Leidenschaften): sinnlich affiziert (vgl. GMS 13. 38; KprV 36. 37. 57. 131. 133. 140. 142. 148. 152. 158 u. a.; MS/T IX f.).
[33] KprV 134.
[34] Vgl. KprV 133 f.
[35] GMS 28; vgl. 75 f. 123; KprV 38. 53. 114. 145. 188; Rel B 76. 114. 117. Vgl. auch KprV 287–295; MS/T 37–39; Fak 44–49.
[36] GMS 27.
[37] GMS 26: „In der Tat ist es schlechterdings unmöglich, durch Erfahrung einen einzigen Fall mit völliger Gewißheit auszumachen, da die Maxime einer sonst pflichtgemäßen Handlung lediglich auf moralischen Gründen und auf der Vorstellung seiner Pflicht beruhet habe." (Vgl. GMS 48 f.)

lens auf die Bestimmung des Willens eines vernünftigen Wesens *überhaupt* durch Erfahrung legitimiert werden können? Mit dem hier Dargelegten hängt das „Paradoxon der Methode einer Kritik der praktischen Vernunft"[38] zusammen, das ist jene Tatsache, daß der Begriff von Gut und Böse nicht festgelegt werden kann, bevor vom moralischen Gesetz die Rede ist, sondern – allem Anschein zuwider – letzteres ersterem zugrunde gelegt werden muß. Würde nämlich das Gesetz von einem vorhergehenden Begriff des Guten und des Bösen abgeleitet, so könnte sich dieser möglicherweise auf etwas beziehen, das Lust beziehungsweise Unlust in Aussicht stellte. Was aber Lust beziehungsweise Unlust, Vergnügen oder Schmerz, Annehmlichkeit oder Übel erzeugt, läßt sich a priori nicht ausmachen, sondern nur empirisch. Die auf Erfahrung gegründete Beurteilung kann jedoch zum einen nicht allgemein mitteilbar und darum auch nicht allgemeingültig sein, zum anderen setzt sie gut und nützlich gleich, bezieht sich also nur auf die Mittel zu gewissen Zwecken. Die phänomenologische Analyse des guten Willens hatte nun aber ergeben, daß sich Gut und Böse auf den Willen beziehen, „sofern dieser durchs *Vernunftgesetz* bestimmt wird, sich etwas zu seinem Objekte zu machen"[39], und gerade nicht auf Empfindungszustände.

3.1.2 Das oberste Prinzip der Sittlichkeit

Erfahrungsgemäß ist der menschliche Wille nicht so beschaffen, daß er eine Handlung sofort und immer schon deshalb täte, weil sie von der Vernunft als gut hingestellt wird. Menschen handeln zugegebenermaßen häufig so, wie sie es nicht täten, wenn die Vernunft ihre Leidenschaften und Neigungen völlig in der Gewalt hätte. Dieser Sachverhalt illustriert, daß der Mensch außer dem reinen Wollen auch noch über ein sinnliches Begehrungsvermögen, das sich mittels Neigungen und Wünschen Gehör zu verschaffen versucht, verfügt und dessen Einfluß offensteht. Darin kommt aber auch klar zum Vorschein, daß es sich bei der Art des Bestimmtseins durch die praktische Vernunftgesetzlichkeit stets nur um Verbindlichkeit handelt, nie um Naturnotwendigkeit. Das objektive Gesetz tritt folglich bei allen Subjekten, deren Wollen nicht an sich, das heißt notwendig und von selbst, mit der Vernunft übereinstimmt, als Sollen in Erscheinung.[40] Die sprachliche Form des Sollens ist der Imperativ.

---

[38] KprV 110, vgl. 15. 100–119.
[39] KprV 105.
[40] GMS 36–39. 62. 76. 86. 102 f; KprV 36. 57 f. 146 f. 151; MS/R 5 f; MS/T 2 f. 46. – Statt „Sollen" sagt *Kant* oft „Nötigung". – Wohlgemerkt handelt es sich um eine Erscheinung, so daß moralisches Gesetz und moralischer Imperativ nicht einfach identisch sind, wie *Paton* 1962, 72, zu Recht betont. Einem vollkommenen (= heiligen) Vernunftwesen wäre das praktische Vernunftgesetz nicht Gebot, weil sein Wille ihm notwendig folgen würde. „Der moralische Wille ist

Die Imperative lassen sich nach *Kant* in zwei Gruppen einteilen, in die hypothetischen und in die kategorischen. Beide Arten unterscheiden sich zunächst nach ihrem *Umfang:* Während hypothetische Imperative konditional oder kausal („wenn . . ., dann . . ." beziehungsweise „weil . . ., so . . .") eingeschränkt sind[41], gebieten kategorische apodiktisch, das heiß unbedingt, ausnahmslos.[42] – Der Unterschied läßt sich auch unter dem Gesichtspunkt des *Zweckes* beschreiben: Der hypothetische Imperativ ist instrumental oder – wie *Kant* sagt – „technisch" beziehungsweise „pragmatisch"[43]; er bezeichnet lediglich das Mittel, wie ein bestimmter Zweck erreicht werden kann, wobei moralische Güte und Vernunftgemäßheit dieses Zwecks völlig außer acht bleiben.[44] Hingegen zeichnet es den kategorischen Imperativ gerade aus, daß er eine Handlung frei von jeder Beziehung auf einen Zweck als an und für sich gut und objektiv notwendig im Blick auf den sich an der Vernunft orientierenden Willen hinstellt. „Er betrifft nicht die Materie der Handlung und das, was aus ihr erfolgen soll, sondern die Form und das Prinzip, woraus sie selbst folgt, und das Wesentlich-Gute derselben besteht in der Gesinnung, der Erfolg mag sein, welcher er wolle."[45] Dieser Imperativ ist im Unterschied zum instrumentalen der eigentlich moralisch-sittliche. Auch nach dem Kriterium der *Intensität,* mit der der Wille jeweils genötigt wird, läßt sich die gleiche Sonderung zwischen den zwei Arten von Imperativ feststellen: Hypothetische Imperative sind „*Regeln* der Geschicklichkeit, oder *Ratschläge* der Klugheit"[46]. Ihnen stehen die „*Gebote (Gesetze)* der Sittlichkeit"[47] gegenüber, deren Notwendigkeit nicht bloß subjektiv, vielmehr absolut und objektiv ist; sie verpflichten selbst dann, wenn sie Neigungen widerstreiten.

Am prägnantesten freilich zeigt sich die qualitative Andersheit zwischen beiden Sorten von Imperativen, sobald man die Frage nach deren *Möglichkeit* stellt. „Wer den Zweck will, will [. . .] auch das dazu unentbehrlich notwendige Mittel, das in seiner Gewalt ist."[48] Das bedeutet, daß der hypothetische

    nach Kants Charakterisierung zwar ein reiner Wille, d. h. ein solcher, der immer aus reiner Vernunft bestimmt werden *kann,* aber kein heiliger Wille, der immer und notwendig aus dieser bestimmt *ist*" *(Teichner* 1967, 129; vgl. 129–136).
[41] Zur viel diskutierten Frage der hypothetischen Imperative vgl. bes. *Cramer* 1972, 159–212.
[42] GMS 39 f; KprV 47; MS/R 20.
[43] GMS 44; KprV 46 f; MS/R 19. 20.
[44] In der GMS illustriert das *Kant* an folgendem Beispiel: „Die Vorschriften für den Arzt, um einen Mann auf gründliche Art gesund zu machen, und für einen Giftmischer, um ihn sicher zu töten, sind insofern von gleichem Wert, als eine jede dazu dient, ihre Absicht vollkommen zu bewirken" (GMS 41).
[45] GMS 43, vgl. 80. 95; MS/R 20. Der rein formale Charakter des Kategorischen Imperativs wird vor allem in der KprV betont (41. 48–52 [49: „[. . .], daß die bloße Form derselben, nach der jene *sich zur allgemeinen Gesetzgebung schicken,* sie für sich allein zum praktischen Gesetze mache"] 55. 56. 59–61. 71. 113. 124. 196).
[46] GMS 43; vgl. GMS 18; KprV 37. 46 f 64; MS/R 10.
[47] GMS 43.
[48] GMS 44 f.

Imperativ die Notwendigkeit einer bestimmten Handlung aus dem Wollen eines (jeweils subjektiv bestimmten) Zweckes bezieht, weshalb solche Imperative stets analytisch sind. Ist jedoch das Ziel nicht gegeben, sondern nur möglich (wie etwa im Fall der Glückseligkeit), so kann auch die Geeignetheit eines Mittels zur Erreichung eines Zwecks nur auf Erfahrung beruhen; daher entbehrt sie völliger Gewißheit und Allgemeingültigkeit, so daß hier von Imperativen im strengen Sinn schon nicht mehr die Rede sein kann, sondern nur mehr von „Anratungen"[49]. – Hingegen verweigert der kategorische Imperativ den analytischen Zugang zur Frage nach seiner Möglichkeit, weil er bereits definitionsgemäß nicht-hypothetisch ist; positiv ausgedrückt heißt das, sein Charakteristikum ist „die objektiv-vorgestellte Notwendigkeit"[50], die sich gerade nicht auf die Erfahrung stützen kann. Ob es einen solchen kategorischen Imperativ gibt, läßt sich daher empirisch nicht ausmachen. Es handelt sich bei ihm um einen „synthetisch-praktischen Satz a priori"[51], dessen Möglichkeit nur aus reiner Vernunft erkannt werden kann.

Immerhin läßt sich auf analytischem Weg aus dem Begriff des kategorischen Imperativs dessen Formel gewinnen. „Denn da der Imperativ außer dem Gesetze nur die Notwendigkeit der Maxime enthält, diesem Gesetze gemäß zu sein, das Gesetz aber keine Bedingung enthält, auf die es eingeschränkt war, so bleibt nichts, als die Allgemeinheit eines Gesetzes überhaupt übrig, welchem die Maxime der Handlung gemäß sein soll, und welche Gemäßheit allein den Imperativ eigentlich als notwendig vorstellt. Der kategorische Imperativ ist also nur ein einziger, und zwar dieser: *handle nur nach derjenigen Maxime, durch die du zugleich wollen kannst, daß sie ein allgemeines Gesetz werde.*"[52]

Im Kategorischen Imperativ gipfelt der ganze analytische Gedankengang und wird darin zugleich zusammengefaßt: Schlechterdings gut – diese Qualifikation kann sich wegen ihres Zusammenhangs mit der Vernunft nur auf das Wollen beziehen, nicht aber auf das Handeln im Sinn des tatsächlichen Endprodukts des Wollens – ist also *der* Wille, dessen Maxime ohne Widerspruch zu sich selbst allgemeines Gesetz sein kann. Dergestalt ist der Kategorische Imperativ der „Kompaß", der erlaubt, „in allen vorkommenden Fällen" Bescheid zu wissen, verläßlich zu „unterscheiden, was gut, was böse, pflichtmäßig, oder pflichtwidrig sei"[53].

---

[49] GMS 47, vgl. 46–48; KprV 47. 64; MS/T 15.
[50] GMS 48.
[51] GMS 50; vgl. KprV 56; MS/R 20 f; MS/T 31.
[52] GMS 51 f; vgl. GMS 17. 76. 81; KprV 54; MS/R 25 f; MS/T 18.
[53] Vgl. GMS 21.

3.1.3 Formeln des Kategorischen Imperativs

Die Bedeutung des Grundgesetzes der praktischen Vernunft erläutert *Kant* in dreierlei[54] Hinsicht:

– Wenn man unter dem Begriff Natur „die Allgemeinheit des Gesetzes, wornach Wirkungen geschehen"[55], versteht, so liegt es nahe, die Gesetzmäßigkeit des Wollens beziehungsweise Handelns mit dem Naturgesetz in Parallele zu setzen. Denn trotz erheblicher Unterschiede haben Naturgesetz und Sittengesetz die Form der Universalität gemein. Von daher läßt sich der Kategorische Imperativ folgendermaßen formulieren: „*handle so, als ob die Maxime deiner Handlung durch deinen Willen zum allgemeinen Naturgesetze werden sollte*".[56]

Die Anerkennung der Gültigkeit dieses Gebots durch die Vernunft findet übrigens in der Erfahrung eine indirekte Bestätigung, insofern wir bei einer Pflichtverletzung nie wünschen, unsere jetzige Maxime solle allgemeines Gesetz werden. Wir haben das Bewußtsein, uns eine „Ausnahme" zu gestatten, die wir „für uns" oder auch nur „für diesmal"[57] eingrenzen. Solches Ausnahme-Bewußtsein verrät unbestechlich den Widerspruch von Vernunft und Neigung in unserem Willen.

– Gegenstände von Neigungen können nur relativen Wert besitzen, weil ihnen ihr Wert stets nur unter der Bedingung dieser Neigungen zukommt. Die Neigungen selber haben wiederum keine Bedeutung an sich, sondern nur je „für mich". Die einzigen Wesen, die kraft ihrer Natur (und deshalb notwendig) als „Zwecke an sich selbst" ausgezeichnet sind, sind jene, die mit Vernunft ausgestattet sind; *Kant* nennt sie Personen. Ihre Selbstzwecklichkeit beinhaltet eo ipso eine Beschränkung aller subjektiven Beliebigkeit dieses oder jenes Wollens. Die Auszeichnung, Zweck an sich selbst zu sein, gründet sich zunächst nur auf der Vorstellung des vernünftigen Wesens, so daß es scheint, es lasse sich davon lediglich ableiten, daß dieses Wesen *sich selbst* nicht als bloßes Mittel zu etwas anderem gebrauchen dürfe. Doch gilt dieses Prinzip auch für alle auf *andere* vernünftige Wesen gerichteten Handlungen; denn es ist „das, was dem Willen zum objektiven Grunde seiner Selbstbestimmung dient, der *Zweck*, und dieser, wenn er durch bloße Vernunft gegeben wird, muß für alle vernünftige Wesen gleich gelten"[58]. Wird also von der

---

[54] In der dreifachen Explikation finden sich in Wirklichkeit fünf Formeln; vgl. dazu *Paton* 1962, 151–243.
[55] GMS 52; vgl. KprV 74: „Nun ist Natur im allgemeinsten Verstande die Existenz der Dinge unter Gesetzen."
[56] GMS 52; vgl. GMS 80. 81 f; KprV 119–126. Zur Parallelisierung vgl. die treffende Erläuterung von *A. Pieper* 1973, 165, wo es u. a. heißt: „Kants Begriff des ‚als ob' ist ein kritischer Begriff, durch den nicht eine Parallelität der Objekte, sondern eine Parallelität der Geltung begriffen wird."
[57] Vgl. GMS 58.
[58] GMS 63.

Vernunft das „Dasein an sich selbst" als Zweck vorgestellt, so ist dieses der „Zweck an sich selbst", entzogen aller Subjektivität, Beliebigkeit und Zufälligkeit. Konkret heißt das: Weil jedes vernünftige Wesen aufgrund seiner Vernünftigkeit weiß, daß sich jedes andere vernünftige Wesen ebenfalls als Zweck setzt, weiß es durch seine Vernunft auch, daß es diese anderen Vernunftwesen genausowenig wie sich selbst als Mittel gebrauchen darf; es achtet jeden zwecksetzenden Willen in seiner Zwecksetzung. Wenn es also einen Kategorischen Imperativ gibt – das ist bis zu dieser Stelle des Gedankenganges noch ebensowenig eine Tatsachenaussage wie die Aussage, daß jedes Vernunftwesen sein Dasein als Selbstzweck verstehe –, dann ist sein absoluter Grund der absolute Zweck, und es ergibt sich die folgende Formel: *„Handle so, daß du die Menschheit, sowohl in deiner Person, als in der Person eines jeden andern jederzeit zugleich als Zweck, niemals bloß als Mittel brauchest."*[59]

3.1.4 Die dritte Formel des Kategorischen Imperativs: Das Prinzip der Autonomie des Willens

Die Form der Regelhaftigkeit und Allgemeinheit, wie sie in der Analogie zum Naturgesetz (erste Formel) zum Ausdruck gebracht wird, ist die (empirisch nicht einzuholende) Voraussetzung aller praktischen Gesetzgebung. Demgegenüber macht der Begriff des Zwecks an sich selbst (zweite Formel) deutlich, daß jedes Vernunftwesen den aus reiner Vernunft entspringenden objektiven Zweck „die oberste einschränkende Bedingung aller subjektiven Zwecke"[60] sein läßt, das heißt, daß die Naturgesetzlichkeit auch subjektiv für jeden mit Vernunft Begabten gilt. Aus beidem leitet *Kant* als drittes praktisches Prinzip des Willens die „Idee des *Willens jedes vernünftigen Wesens als eines allgemein gesetzgebenden Willens*"[61] her. Der Nachdruck liegt bei dieser Formel des Kategorischen Imperativs auf der „Zusammenstimmung"[62] des einzelnen Willens mit der allgemeinen praktischen Vernunft. Die „Zusammenstimmung" ergibt sich jedoch nicht einfach dergestalt, daß das Vernunftwesen seinen Willen dem Gesetz nur unterwirft, sondern dieser Wille ist zu gleicher Zeit auch „selbstgesetzgebend" oder „autonom".[63] Mit anderen Worten: Die Gesetze, denen der vernünftige Wille gehorcht, gibt er sich selbst. Wäre er hingegen dem Gesetz bloß unterworfen, so müßte „dieses ir-

---

[59] GMS 66 f; vgl. GMS 80. 82; KprV 135. 155–157. 237; MS/R 22; MS/T 4–6. 19 f. 54. – *G. Krüger* interpretiert die „Kritik der Urteilskraft" als ästhetische Deutung dieser zweiten Formel des Kategorischen Imperativs (*Krüger* 1931, 92–98).
[60] GMS 70.
[61] Ebd.
[62] Ebd.
[63] Vgl. GMS 70 f. 87; KprV 58 f. 74 f; Rel B 276; MS/T 167 f; Fak 25. – Zur Genese des *Kant*ischen Autonomiegedankens (im praktischen wie im theoretischen Verstand) vgl. die ausgezeichnete Arbeit von *M. Forschner* (1974), der diesen Zusammenhang von den früheren Schriften aus verfolgt (einschließlich der Frage der Abhängigkeit von der sonstigen Aufklärungsphilosophie).

gend ein Interesse als Reiz oder Zwang bei sich führen, weil [...] dieser [sc. sein Wille] gesetzmäßig *von etwas anderm* genötigt [würde], auf gewisse Weise zu handeln"[64]. Die Notwendigkeit einer Handlung ergäbe sich dann also aus einem gewissen Interesse, sei es einem eigenen oder einem fremden, nie aber aus Pflicht.[65]

In diese Aporie sind nach *Kant* bisher alle Versuche geraten, die ein oberstes Prinzip der Sittlichkeit gefunden haben wollten. Mit der Idee eines „*allgemein-gesetzgebenden Willens*", eines Willens also, der „*nur seiner eigenen* und dennoch *allgemeinen Gesetzgebung* unterworfen" ist[66], glaubt er die Frage nach dem Prinzip der Sittlichkeit zum erstenmal widerspruchslos beantwortet zu haben. –

Faßt man den gesamten vorangegangenen Gedankengang zusammen, so kommt man mit *Kant* zu folgendem Resümee: „Autonomie des Willens ist die Beschaffenheit des Willens, dadurch derselbe ihm selbst (unabhängig von aller Beschaffenheit der Gegenstände des Wollens) ein Gesetz ist."[67] Sie und nur sie kann den absoluten Wert des Menschen ausmachen. Moralität ist konsequenterweise „das Verhältnis der Handlungen zur Autonomie des Willens"[68]. Betrachtet man von daher nochmals den phänomenalen Ausgangspunkt der bisherigen Überlegungen, den Begriff der Pflicht nämlich, so meint Pflicht jetzt die objektive Notwendigkeit einer Handlung für einen Willen, der zwar nicht schlechterdings gut, wohl aber aufgrund seiner Vernunftsbegabtheit dem Prinzip der Autonomie unterworfen ist. – Das Prinzip der Autonomie und damit das oberste Prinzip der Sittlichkeit kann daher auch so formuliert werden: „nicht anders zu wählen, als so, daß die Maximen seiner Wahl in demselben Wollen zugleich als allgemeines Gesetz mit begriffen sein"[69]. *Kant* wird nicht müde, darauf hinzuweisen, daß es sich um einen synthetischen Satz handle, der nur a priori zu beweisen sei.

3.1.5 Heteronomie

Zielt der Wille hingegen auf ein bestimmtes Objekt, so kann er eo ipso sich sein Gesetz nicht selbst geben, sondern „empfängt" seine Bestimmung von etwas anderem, dem Objekt. Solche Heteronomie des Willens ist letztlich nur durch einen Selbstwiderspruch möglich, weil die Maxime, die das von mir Erstrebte dem andern vorenthalten will, „nicht in einem und demselben Wollen, als allgemeinen Gesetz begriffen werden kann"[70].

---

[64] GMS 73. [66] GMS 71 bzw. 73. [68] GMS 86.
[65] Ebd. [67] GMS 87. [69] GMS 87.
[70] GMS 89; vgl. KprV 58 f. – *H. Reiner* 1951, 25–27, hat gegen eine Reihe von Interpreten nachgewiesen, daß *Kant* damit keineswegs grundsätzlich ausgeschlossen hat, daß ein Handeln aus Pflicht nicht auch zugleich einmal mit (nicht: „aus") Neigung geschehen könne, doch sei solches Zusammentreffen dann rein zufällig und ethisch gleichgültig. Aber auch *Reiner* scheint ohne Zweifel jener Fall viel interessanter, wo sich Gefühl und Pflicht widersprechen. Vgl. zu dieser

Wie bereits angedeutet, erweisen sich nach *Kant* im Licht des Autonomie-Prinzips alle bisherigen Ethiken als heteronom. Dieses Urteil ist alles andere als ein harmloser Vorwurf, bedeutet es doch im letzten, daß bislang jede systematische Sittenlehre ihre eigentliche Intention verfehlt hat, ja verfehlen mußte. Sie alle hätten es nicht fertig gebracht – im Unterschied zum allgemeinen ethischen Bewußtsein –, die Menschen über echtes moralisches Handeln aufzuklären; im Grunde behandelten sie das Gute immer bloß unter einem offenen oder verdeckten Gesichtswinkel von Nützlichkeit. Das gilt für jene Theorien, die auf die Erziehung oder die bürgerliche Verfassung rekurrieren, genauso wie für die, die sich auf „besondere [...] Einrichtungen der menschlichen Natur" berufen (wie etwa die moral-sense-Theorie), am meisten allerdings für das Prinzip der eigenen Glückseligkeit; ihm widmet *Kant* als der ausgeprägtesten Gegenposition die meiste Aufmerksamkeit. Von den aufgezählten, allesamt empirischen Prinzipien, die sich nach ihm im Grunde alle in irgendeiner Weise auf das Prinzip der Glückseligkeit zurückführen lassen, werden die sogenannten rationalen unterschieden; sie gründen die Sittlichkeit entweder auf einen ontologischen oder auf einen theologischen Begriff von Vollkommenheit[71]. Gegen den ontologischen Vollkommenheitsbegriff, wie er zu seiner Zeit hauptsächlich von der Schule *Ch. Wolffs*[72] vertreten wurde, wendet *Kant* ein, zum einen sei dieser Begriff, wenn er nicht Tauglichkeit zu einem bestimmten Zweck bedeuten solle, zu „leer, [...] unbestimmt, mithin unbrauchbar [...], um in dem unermeßlichen Felde möglicher Realität die für uns schickliche größte Summe auszufinden"[73]; andererseits sei er, um die Andersartigkeit der ontologischen Realität erweisen zu können, gezwungen, das vorauszusetzen, was er erst erklären soll[74]. Diese Einwendung ist höchst bemerkenswert, insofern *Kant,* der doch selbst von der Existenz eines sittlichen Naturgesetzes unerschütterlich überzeugt war, an dieser Stelle ein wesentliches Argument der modernen Naturrechts-Kritik antizipiert. – Die Herleitung der Moralität vom vollkommenen Willen eines Gottes führe gar in ein heilloses Dilemma: Entweder müsse man dann nämlich die Handlungsziele vom vollkommenen Willen Gottes ableiten, was aber nur gelinge, wenn man im voraus stillschweigend moralische Eigenschaften in den Begriff der Vollkommenheit Gottes eingefügt habe; denn Gottes Vollkommenheit können wir als endliche Wesen nicht anschauen, sondern nur „von unseren Begriffen, unter denen der der Sittlichkeit der

---

Problematik ferner: *Paton* 1962, 39–45; *Henrich* 1963, 365 f; *Teichner* 1967, 131–136, 154; *A. Pieper,* 1973, 112–115; *Keller* 1976, 29.
[71] Vgl. GMS 91–93; KprV 68–71 (beide Stellen mit einer Zusammenstellung der historischen materialen Sittlichkeitsprinzipien). 112–114; Rel B IVf. Vgl. ferner die Klassifikation der kritisierten Positionen bei: *Beck* 1974, 104–108; *Oelmüller* 1969, 123–140; *Oelmüller* 1974, 529–543.
[72] Vgl. z. B. KprV 70.
[73] GMS 92; vgl. KprV 70; Rel B IVf.
[74] GMS 92.

vornehmste ist"[75], ableiten. Wolle man aber diesen offenkundigen Zirkelschluß vermeiden und verzichte auf die vernünftige Vollkommenheit Gottes als Begründungsbezug, dann führe „der uns noch übrige Begriff seines Willens aus den Eigenschaften der Ehr- und Herrschbegierde, mit den furchtbaren Vorstellungen der Macht und des Racheifers verbunden, zu einem System der Sitten, welches der Moralität gerade entgegen gesetzt wäre"[76]. Denn solch ein Wille würde ja die Selbstgesetzlichkeit der Vernunft und damit die Voraussetzung des sittlichen Handelns außer Kraft setzen und statt dessen Gehorsam gegenüber seinen Dekreten verlangen. Praktische Vernunft würde nicht „ihr eigenes gebietendes Ansehen, als oberste Gesetzgebung, beweise[n]", sondern „fremdes Interesse bloß administriere[n]"[77]. Zusätzlich würde die Fremdbestimmung noch verstärkt, wenn wie meist die Androhung von Strafe beziehungsweise die Verheißung von Lohn ins Spiel käme, da sie sich an das sinnliche Begehrungsvermögen wendet.

3.2 Deduktion des Autonomie-Prinzips aus reiner Vernunft a priori

Die Frage, ob es wirklich ein praktisches Gesetz gibt, das schlechthin gebietet und dessen Befolgung für alle vernünftigen Wesen Pflicht ist, war im bisherigen Gedankengang ausgeklammert worden.[78] Der Grund hierfür liegt in der Apodiktizität, die das Autonomie-Prinzip zum synthetisch-praktischen Satz a priori macht; ein solcher aber kann nun einmal nicht anders als a priori eingesehen werden. Das hier gestellte Problem entpuppt sich somit als eine Variante der Zentralfrage des *Kant*ischen Denkens überhaupt, nämlich der nach der Möglichkeit synthetischer Urteile a priori.

3.2.1 Autonomie und Freiheit

Der Schlüsselbegriff zu der nicht immer ganz durchsichtigen[79] Erklärung der Autonomie des Willens ist Freiheit. Zwar ist Freiheit zunächst nur die negativ zu bestimmende Eigenschaft einer Kausalität, die „unabhängig von fremden sie *bestimmenden* Ursachen" wirken kann[80]; „fremde" Ursachen bedeuten hierbei soviel wie Ursachen, die außerhalb der Vernunft liegen. Positiv ausgedrückt bezeichnet Freiheit hingegen die Kausalität eines Willens –

---

[75] Ebd.; vgl. auch KrV B 595–670.
[76] GMS 92; vgl. KprV 69–71. 264–266.
[77] GMS 89.
[78] Vgl. GMS 51. 59. 62 f. 66. 71. 72. 87. 95 f.
[79] Vgl. dazu auch die kritische Interpretation *Paton*s: Paton 1962, 256–350.
[80] Vgl. GMS 97. 113; KprV 51. 53. 58 f. 83. 167 f. 212; MS/R 27.

laut *Kant* impliziert der Begriff Kausalität ja Gesetzmäßigkeit! –, der sich selbst sein Gesetz ist. Dieses positive Verständnis von Freiheit ist nun aber gleichbedeutend mit dem Kategorischen Imperativ. Daß das sittliche Gesetz keine „chimärische Idee ohne Wahrheit", kein „Hirngespinst"[81] sei, muß folglich dann als bewiesen gelten, wenn sich die Wirklichkeit der (bislang nur hypothetisch vorausgesetzten) positiven Freiheit beweisen läßt. Zuvor muß allerdings noch (quasi als weitere „Vorbereitung" des Beweises) das synthetische Element im Kategorischen Imperativ bewiesen werden, das nicht „durch bloße Zergliederung"[82] des Freiheitsbegriffs gefunden werden kann: seine Gültigkeit für alle vernünftigen Wesen.

3.2.2 Das Element der Allgemeingültigkeit unserer Maxime als eines Gesetzes

Ob der Wille eines vernünftigen Wesens an sich frei sei, kann theoretisch nicht bewiesen werden; das ist allerdings auch nicht so entscheidend.[83] Maßgeblich ist vielmehr, daß jedes vernünftige Wesen bei seinen Handlungen die Idee der (positiven) Freiheit zugrunde legt. Anders gesagt: Wir können uns nicht denken, daß in einem mit Vernunft begabten Wesen die Vernunft nicht praktisch sein sollte. Daß sie (nicht der konkrete Wille!) von etwas anderem gelenkt würde, können wir uns aber ebensowenig vorstellen. Folglich muß die Vernunft „sich selbst als Urheberin ihrer Prinzipien ansehen [...], folglich [...] als praktische Vernunft, oder als Wille eines vernünftigen Wesens, von ihr selbst als frei angesehen werden; d. i. der Wille desselben kann nur unter der Idee der Freiheit ein eigener Wille sein, und muß also in praktischer Absicht allen vernünftigen Wesen beigelegt werden"[84].

3.2.3 Das Element der Geltung des Autonomie-Prinzips

Die Einsicht, daß wir Freiheit voraussetzen müssen, wenn wir uns als mit Vernunft und Willen begabte Wesen, das heißt als Intelligenzen[85] denken, löst allerdings noch immer nicht die Frage nach dem Sollensanspruch und der objektiven Notwendigkeit des Autonomie-Prinzips, also die Frage nach seiner Gültigkeit und dem Woher seiner Verbindlichkeit. Sollte es sich beim Schluß von der Freiheit auf die Autonomie und von dieser auf das Gesetz vielleicht um einen circulus vitiosus handeln? Waren wir doch erst im vorigen Abschnitt zum Ergebnis gekommen, daß wir frei sein müssen, weil wir

---

[81] GMS 95 bzw. 96.
[82] GMS 87.
[83] Vgl. GMS 100. 101 f. 103; MS/R 27.
[84] GMS 101.
[85] Vgl. GMS 108.

dem Kategorischen Imperativ unterworfen sind. Träfe die genannte Befürchtung zu, dann müßte man die Möglichkeit von Freiheit ebenso leugnen wie die Möglichkeit einer Metaphysik der Sitten. Um diesen Verdacht aufzulösen, führt *Kant* an dieser Stelle seine ontologische Grundthese ein, die Unterscheidung zwischen einer Sinnen- und einer Verstandeswelt. Als zugleich vernünftige *und* sinnliche Wesen gehören wir Menschen beiden Welten an. Als unter Naturgesetzen stehende Wesen erfahren wir uns, sofern wir uns und unser Handeln als Glieder der Erscheinungswelt erkennen. Unter dieser Hinsicht sind wir beziehungsweise unsere Tätigkeiten Momente einer unendlichen sukzessiven Reihe, bei der sich immer schon Ursachen im Vorhergehenden ausmachen lassen. Betrachten wir uns hingegen vom Standpunkt unserer Zugehörigkeit zur intelligiblen Welt, so können wir uns nur als frei und autonom denken, weil Freiheit gerade Unabhängigkeit von dem Bestimmtwerden durch die Sinnenwelt besagt. Diese Sicht betrifft nicht unsere Relation zu den anderen Dingen, sondern unser Ansichsein, die Bedingung also solchen In-Bezug-Stehens.

Mit der hier aufscheinenden Möglichkeit von Freiheit aber ist bereits auch die Allgemeingültigkeit des Sollens der Autonomie gegeben: Da nämlich das vernünftige Wesen in dem, was es vor allen anderen Dingen auszeichnet: der Vernunft, zur Verstandeswelt gehört, zugleich aber ständig von der Sinnlichkeit affiziert wird, weiß es sich als „verpflichtet", als unter einem Gesetz stehend. Mit anderen Worten: Weil die sinnlichen Vorstellungen den Willen unabhängig oder sogar entgegen dem Anspruch der Vernunft zu beeinflussen versuchen, kongruieren Gesetz der Vernunft und Wollen nicht automatisch, sondern stehen zueinander in der Relation des Sollens; Autonomie ist (außer beim heiligen Wesen) nicht selbstverständliche Gegebenheit, sondern *die* moralische Aufgabe schlechthin. „Das moralische Sollen ist also eigenes notwendiges Wollen als Gliedes einer intelligibelen Welt und wird nur so fern von ihm als Sollen gedacht, als er sich zugleich wie ein Glied der Sinnenwelt betrachtet."[86] Wäre der Mensch nur Glied des mundus intelligibilis, dann wären alle seine Handlungen der Autonomie des Willens gemäß; wäre er dagegen nur Teil der Sinnenwelt, entspräche all sein Tun der Heteronomie seiner Neigungen. Daß der intelligiblen Welt der Vorrang zukommt, liegt daran, daß „die Verstandeswelt den Grund der Sinnenwelt, mithin auch der Gesetze derselben, enthält, also in Ansehung meines Willens (der ganz zur Verstandeswelt gehört) unmittelbar gesetzgebend ist"[87]. –

Damit hat sich der Bogen des „Beweises" geschlossen: Das moralische Gesetz ist wirklich, weil das vernünftige Wesen, gerade insofern es Vernunft hat, sich als frei denken muß, und das heißt sich der Verstandeswelt zugehörig weiß. Deren Gesetzlichkeit ist aufgrund des genannten Vorrangs die

---

[86] GMS 113. – Zum Problem der intelligiblen Welt im gesamten s. *Teichner* 1967.
[87] GMS 111 (im Original ist die erste Zitathälfte hervorgehoben); vgl. Anm. 119 dieses Kapitels.

entscheidende, kann sich aber wiederum nur als Sollen zur Geltung bringen, weil wir zugleich Sinnenwesen sind und daher entsprechenden Einflüssen unterliegen. Da das positive Verständnis von Freiheit identisch ist mit Autonomie, müssen wir uns zugleich als unter dem Prinzip der Autonomie stehend denken. Autonomie ist folglich das Prinzip der Sittlichkeit, weil sie eben unter der Voraussetzung der Willensfreiheit die formale Bedingung ist, unter der allein der Wille bestimmt werden kann.

Obwohl Freiheit weder ein Erfahrungs- noch (wie etwa „Natur") ein Verstandesbegriff ist, dessen Realität durch Erfahrung immerhin bestätigt werden könnte, ist es unmöglich, auf diesen Begriff zu verzichten, sofern man der Vernunft bei unserem Tun und Lassen eine Wirkmöglichkeit einräumt.

Der damit auftretende unvermeidliche Widerspruch zwischen Freiheit und Naturnotwendigkeit erweist sich in dem Moment als bloß scheinbar, wo man bedenkt, daß der Mensch beiden Ordnungen angehört: Freiheit und Notwendigkeit finden sich mithin in ein und demselben Subjekt vereinigt. „Denn, daß ein *Ding in der Erscheinung* (das zur Sinnenwelt gehörig) gewissen Gesetzen unterworfen ist, von welchen eben dasselbe, *als Ding* oder Wesen *an sich selbst,* unabhängig ist, enthält nicht den mindesten Widerspruch."[88] – Das bedeutet: Wenn sich der Mensch für ein vernünftiges und durch Vernunft wirkendes Wesen hält, muß er den Begriff einer intelligiblen Welt, „d. i. das Ganze vernünftiger Wesen, als Dinge an sich selbst"[89], sogar notwendig denken, allerdings bloß der formalen Bedingung nach, welches die Allgemeinheit der Maxime, also des Gesetzes oder der Autonomie ist.

3.2.4 Der unerklärbare Rest: die Wirklichkeit der Freiheit der praktischen Vernunft

Die Frage, *ob* die synthetischen, apriorischen Urteile der Moralphilosophie möglich sind, ist damit beantwortet. Die übrigbleibende Frage jedoch, *wie* reine Vernunft praktisch sein könne, oder – anders formuliert – die Frage nach der Möglichkeit dieser Freiheit selbst überschreitet die Kompetenz der Vernunft. Wenngleich notwendig (und nicht nur möglich!) zur Überzeugung von der Gültigkeit des Sittengesetzes beziehungsweise von der Kausalität unserer Vernunft, kann doch die Möglichkeit selbst dieser Voraussetzung prinzipiell nicht eingesehen werden. Sie läßt sich nicht „erklären", sondern höchstens „verteidigen".[90] Aus diesem Grunde ist Freiheit für *Kant* ein „Postulat". „Und so begreifen wir zwar nicht die praktische unbedingte Notwendigkeit des moralischen Imperativs, wir begreifen aber doch seine

---

[88] GMS 117.
[89] GMS 119.
[90] GMS 121; KprV 84. 241; Rel B 209. 218.

Unbegreiflichkeit, welches alles ist, was billigermaßen von einer Philosophie, die bis zur Grenze der menschlichen Vernunft in Prinzipien strebt, gefordert werden kann."[91]
Unerklärt bleiben muß auch, wie und warum Menschen ein Interesse an der Befolgung des moralischen Gesetzes haben.[92] Diese Frage fällt aber bei näherem Zusehen mit der vorigen zusammen, da ja ein sinnliches Interesse nicht in Frage kommt und Freiheit soviel besagt wie: sich durch die Vernunft sein eigenes Gesetz geben. Die Kausalität der Vernunft in bezug auf die Sinnlichkeit ist ebenjenes anfänglich erwähnte Vernunftinteresse.[93] Es entzieht sich der Erklärung, weil es die Unterscheidung von Verstandes- und Sinnenwelt voraussetzt, womit nach *Kants* eigener Aussage die Grenze der praktischen Vernunft erreicht ist. Solange sich die praktische Vernunft nur in die Verstandeswelt „hinein *denkt,* überschreitet sie gar nicht ihre Grenzen, wohl aber, wenn sie sich *hineinschauen, hineinempfinden* wollte"[94]. Gerade die Erklärung des Vernunftinteresses wäre also solch eine Grenzübertretung; die Verstandeswelt ist lediglich ein „Standpunkt", damit die Vernunft sich selbst als praktisch denken kann.

3.2.5 Die Abweisung der Deduktion in der ‚Kritik der praktischen Vernunft'

Das Bemühen um einen Beweis der objektiven Realität des Autonomieprinzips erklärt *Kant* später, in der KprV, für vergeblich.[95] Zu diesem Ergebnis gelangt er, indem er prüft, ob sich das in der KrV bewährte Ableitungsverfahren auch bei der KprV anwenden lasse. Er verneint dies, weil anders als bei der reinen theoretischen Vernunft im Bereich der praktischen nicht von Gegenständen der Erfahrung (Erscheinungen) auf jene Gesetze geschlossen werden kann, die allererst ermöglichen, die Gegenstände als solche zu erkennen. Denn – so hatte ja die Analyse gezeigt – die Moralität betrifft nicht die Beschaffenheit von Gegenständen, „sondern ein Erkenntnis, so fern es der Grund von der Existenz der Gegenstände selbst werden kann und die Vernunft durch dieselbe Kausalität in einem vernünftigen Wesen hat"[96]. Würde die praktische Vernunft den Beweisgrund ihrer Realität aus der Erfahrung beziehen, hinge folglich auch ihr moralisches Gesetz von der

---

[91] GMS 128.
[92] GMS 121–123.
[93] Auch später noch war dies der Punkt in *Kants* Ethik, der ihm selbst am meisten Schwierigkeiten bereitete: Vgl. dazu *Paton* 1962, 322–324; *Henrich* 1963, 367–377; *A. Pieper* 1973, 113; *Forschner* 1974, 265–275; *Welker* 1975, 43–51.
[94] GMS 118.
[95] KprV 55 f. 80–87 (auch dieses Textstück ist z. T. recht dunkel). 167; Rel. B 58 f.
[96] KprV 80 f.

Erfahrung ab, was dem Begriffe einer praktischen Vernunft bereits selbst widerspräche.

Betont *Kant* hier auch nur die Differenz zur Verfahrensweise der KrV, so muß dieser Gedankengang doch primär als versteckter Einwand gegen seine eigene frühere Position in der GMS verstanden werden, deren Deduktion in der Tat strukturelle Ähnlichkeit zur Argumentation der ersten Kritik aufweist[97]. Indirekt und vereinfacht ausgedrückt wendet *Kant* gegen seine in 3.2.1–3.2.2 dargestellte Dekuktion ein, sie basiere auf (moralischer) Erfahrung und erreiche ihr Ziel nicht.

Als Folge dieser Selbstkritik läßt *Kant* jetzt an die Stelle der Deduktion in der GMS etwas – wie er sich ausdrückt – „ganz Widersinnisches"[98] treten: Das moralische Gesetz wird nun Deduktionsprinzip für die Wirklichkeit der Freiheit. Daß Freiheit möglich sei, ist ja ein analytischer Satz der reinen theoretischen Vernunft.[99] Ihre Realität hingegen kann weder aus der Anschauung noch aus der Erfahrung bewiesen werden. Solchen Erweis vermag allein das moralische Gesetz zu erbringen, indem es den in der theoretischen Philosophie nur negativ bestimmten Freiheitsbegriff positiv, das heißt objektiv und unbezweifelbar real, bestimmt, nämlich als die Kausalität der reinen Vernunft. Das moralische Gesetz aber ist ein „Faktum der Vernunft"[100], das heißt keine „empirische" Gegebenheit, sondern eine „ursprünglich gesetzgebende"[101]. Es hängt also von keinerlei sinnlichen Daten ab, was aber nicht ausschließt, daß es durch das Bewußtsein von dieser Unmittelbarkeit und apriorischen Gewißheit, das jeder natürlichen Menschenvernunft eigen ist, beglaubigt wird. Dies alles gilt allerdings nur bei Wesen, die das Sittengesetz als für sich verbindlich anerkennen.

Worin sich demnach die Auffassung der KprV von derjenigen der GMS vor allem unterscheidet, ist, daß das Sittengesetz als unmittelbare Gegebenheit der Vernunft gilt, deren wir uns a priori bewußt sind. Der Begriff der Wirklichkeit dieses Sittengesetzes in der intelligiblen Welt aber ist Freiheit. Ist also das Sittengesetz der Inhalt des praktischen Selbstbewußtseins jedes vernünftigen Wesens (und damit zugleich das allen Gemeinsame), so ist eine Deduktion nicht so sehr unmöglich als vielmehr überflüssig. Die Frage der Möglichkeit eines Kategorischen Imperativs wird reduziert zur Frage nach der Rechtfertigung dessen, was bereits a priori sicher und notwendig angenommen wird.

---

[97] Letzteres wird sehr deutlich herausgearbeitet bei *Beck* 1974, 164 f, wobei es *Beck* darauf ankommt zu zeigen, daß – *Kant*s eigenen Worten zum Trotz – die diesbezügliche Argumentation der KprV dieser Struktur verhaftet bleibt.
[98] KprV 82.
[99] KrV B 560–586 (als Antwort auf KrV B 472–479); vgl. KprV 51. 82. 84. – Zum Unterschied zwischen den Freiheitskonzeptionen der beiden Kritiken s. *Beck* 1974, 169–196.
[100] KprV 56.
[101] Ebd.

Während in der GMS die Freiheit als Bedingung des moralischen Gesetzes galt, kehrt die KprV das Bedingungsverhältnis also gerade um. Ob man allerdings den Gegensatz als so scharf herausstellen darf, daß man vom Einschlagen eines „wesentlich anderen Verfahrens", von „Ablehnung" und „Verwerfung" des in der ‚Grundlegung' angewandten Vorgehens[102], von der „Einsicht in die Vergeblichkeit aller solcher Versuche"[103] oder gar vom „Scheitern" der ersten Auffassung[104] sprechen kann, erscheint zweifelhaft. Immerhin hat *Kant* selbst beide Ansätze auf plausible Weise in Bezug zueinander setzen können: „Damit man hier nicht *Inkonsequenzen* anzutreffen wähne", merkt er ziemlich zu Anfang der Vorrede in der KprV ausdrücklich an, „so will ich nur erinnern, daß die Freiheit allerdings die ratio essendi des moralischen Gesetzes, das moralische Gesetz aber die ratio cognoscendi der Freiheit sei. Denn, wäre nicht das moralische Gesetz in unserer Vernunft eher deutlich gedacht, so würden wir uns niemals berechtigt halten, so etwas, als Freiheit ist [...], *anzunehmen.* Wäre aber keine Freiheit, so würde das moralische Gesetz in uns gar *nicht anzutreffen* sein."[105] Es handelt sich also zunächst um eine andere Perspektive; korrigiert wird die Auffassung der GMS nur teilweise, nämlich insoweit, als sie die Freiheit *auch* als ratio cognoscendi angesehen hatte. Dies – so wendet *Kant* jetzt ein – wäre nur möglich, wenn wir von der Freiheit des Willens eine intellektuelle Anschauung hätten.[106] – Mit dieser Interpretation stimmt überein, daß die KprV, gerade nachdem sie das moralische Gesetz als Erkenntnisgrund für die Freiheit erörtert hatte, ausdrücklich daran festhält, daß dem Begriff der Freiheit seinerseits die Funktion eines „Kreditivs" für das moralische Gesetz zukommt[107], was doch wenigstens soviel heißt, daß der Freiheitsbegriff noch über einen eigenständigen Grund (eben den in der theoretischen Vernunft) verfügt, und daß der jetzt in der praktischen Vernunft gefundene Grund der Freiheit, das Autonomieprinzip also, ihn ergänzt[108]. Die Ableitungssequenz aus der GMS bleibt demnach erhalten, aber nicht mehr als Rechtfertigung a priori, son-

---

[102] So *Reiner* a. a. O. 57; vgl. 57–59.
[103] So *Henrich* 1960, 98. 110.
[104] So *Forschner* 1974, 250. 253. – Treffend scheint die Gegenüberstellung *Krüger*s von „Freiheit als Faktum" und „Freiheit als intelligibler Kausalität" (*G. Krüger* 1931, 198). Ausgewogener als an der genannten Stelle und die Sache scharf charakterisierend ist das Urteil, das *Forschner* in seiner Zusammenfassung fällt: „Die in der Grundlagenschrift dominierende metaphysische Fundierung der Moral kehrt sich um in eine moralische Fundierung der Metaphysik" (250).– Bei *Keller* 1976, 42–45, wird das Problem übersehen; *Schwartländer* 1968 spricht andeutungshaft von „einem gewissen Schwanken" (150). – Zum Ganzen vgl. ferner: *G. Krüger* 1931, 192–199; *Paton* 1962, 251–253; *Henrich* 1960, 93–114; *Henrich* 1975, 76–91; *M. Fleischer* 1963, 387–404, bes. 400–404; *Zwingelberg* 1969, 177–185; *A. Pieper* 1973, 151–156; *Forschner* 1974, 226–262.
[105] KprV 5. Vgl. auch KprV 168 mit 172.
[106] Vgl. KprV 55 f.
[107] Vgl. KprV 82 f.
[108] Vgl. KprV 84 f (Bild vom offengehaltenen Platz).

dern als „Ergänzung"¹⁰⁹ eines Bedürfnisses der theoretischen Vernunft, welche aber gerade dadurch (nicht nur notwendig, sondern auch) hinreichend wird, daß das praktische Gesetz (und nur es!) genau die passende Form aufweist. Man kann und muß deshalb meines Erachtens den Gedanken der GMS als durchaus auch für den späteren *Kant* gültig belassen, ihm allerdings den Status der Deduktion im strengen Sinne absprechen. Er ist jetzt so einzustufen wie der der praktischen Vernunft: als „Rechtfertigung" oder „Verteidigung". – Wollte man umgekehrt an den inkonsequenterweise ebenfalls „Deduktion" genannten Gedanken der KprV den Maßstab einer stringenten Deduktion anlegen, müßte man auch diesen für gescheitert erklären. – Endlich wird man bei der Untersuchung der Differenz zwischen den beiden Auffassungen den Hinweis *Paton*s nicht vergessen dürfen, daß hinter beiden Argumentationen ein und dieselbe Intention steht: „den dogmatischen Determinismus [zu] widerlegen, der sich anmaßt zu beweisen, daß Freiheit unmöglich ist"¹¹⁰. Das moralische Gesetz als Kausalität in der intelligiblen Welt füllt ja jene Leerstelle aus, die die Kausalität der Natur freilassen mußte. –

Damit ist auch aus dem Gedankenduktus der KprV das Verhältnis von Freiheit und Naturnotwendigkeit als nur scheinbar antagonistisches erwiesen. Nur wenn man „die Bestimmungen der Existenz der Dinge in der Zeit für Bestimmungen der Dinge an sich selbst"¹¹¹ nimmt, wie dies das vulgäre psychologische Freiheitsverständnis unweigerlich voraussetzt, gerät man in das Dilemma Freiheit versus Determination. Das Sittengesetz eröffnet nun aber – wie oben gezeigt – den Zugang zu der jenseits des Phänomenalen liegenden noumenalen Welt. Insofern ein Wesen zur Sinnenwelt gehört, das heißt unter Zeitbedingungen steht, sind seine Handlungen dem Gesetz der Naturnotwendigkeit unterworfen; zugleich ist es aber, sofern es Vernunft hat und dadurch der intelligiblen Welt zugehört, frei. Freiheit ist folglich ein „*transzendentales* Prädikat der Kausalität eines Wesens, das zur Sinnenwelt gehört"¹¹², nicht aber eine empirische Eigenschaft. Jeder aus der Erfahrung rekrutierte Freiheitsbegriff kommt im Grunde über die Freiheit in der Bewegung eines Uhrzeigers¹¹³ beziehungsweise „eines Bratenwenders [...], der

---

¹⁰⁹ KprV 83. Dasselbe meint KprV 85: „Hierdurch wächst nun zwar der spekulativen Vernunft in Ansehung ihrer Einsicht nichts zu, aber doch in Ansehung der *Sicherung* ihres problematischen Begriffs der Freiheit, welchem hier *objektive* und obgleich nur praktische, dennoch unbezweifelte *Realität* verschafft wird." Vgl. KprV 241–255.
¹¹⁰ Paton 1962, 252. – Genau aus diesem Grund bezeichnet *Kant* den Grundsatz aller Moralität einmal mit „Eleutheronomie" und verdeutscht: „das Freiheitsprinzip der inneren Gesetzgebung" (MS/T IX).
¹¹¹ KprV 169, vgl. 92.
¹¹² KprV 168, vgl. 167–179. 205 f. *Kant* illustriert diesen Sachverhalt am Beispiel der Zurechnungsfähigkeit von Delinquenten und an den Beispielen Gewissen und Reue.
¹¹³ KprV 171 f.

auch, wenn er einmal aufgezogen worden, von selbst seine Bewegungen verrichtet"[114], nicht hinaus. „Man kann also einräumen, daß, wenn es für uns möglich wäre, in eines Menschen Denkungsart, so wie sie sich durch innere sowohl als äußere Handlungen zeigt, so tiefe Einsicht zu haben, daß jede, auch die mindeste Triebfeder dazu uns bekannt würde, imgleichen alle auf diese wirkende äußere Veranlassungen, man eines Menschen Verhalten auf die Zukunft mit Gewißheit, so wie eine Mond- oder Sonnenfinsternis, ausrechnen könnte, und dennoch dabei behaupten, daß der Mensch frei sei."[115] Wären aber die Bestimmungen der menschlichen Handlungen in der Erscheinung auch diejenigen an sich, so wäre der Mensch „Marionette, oder ein Vaucansonsches Automat, gezimmert und aufgezogen von dem obersten Meister aller Kunstwerke"[116].

3.2.6 Primat der praktischen Vernunft vor der theoretischen

Wie sich soeben gezeigt hat, reicht die theoretische Vernunft nicht aus, um alle Sätze, die vom praktischen Interesse der Vernunft erfordert werden, anzunehmen und diese mit ihren sonstigen Erkenntnissen in eine Verbindung zu bringen. Solche Verbindung ist aber notwendig, sollen nicht in der Vernunft selbst Widersprüche stattfinden. Das Bewußtsein des moralischen Gesetzes ist Ausweis dafür, daß reine Vernunft für sich selbst praktisch ist, weshalb es sich doch immer nur um „eine und dieselbe Vernunft, die, es sei in theoretischer oder praktischer Absicht, nach Prinzipien a priori urteilt"[117], handelt. Aus der Verschiedenheit der beiden Vermögen einerseits, der Notwendigkeit sie zueinander in Beziehung zu setzen anderseits, ergibt sich die Unmöglichkeit einer Position, die eines dem anderen beiordnet. Weil aber „alles Interesse zuletzt praktisch ist, und selbst das der spekulativen Vernunft nur bedingt und im praktischen Gebrauche allein vollständig ist"[118], ergibt sich im Verein mit den bereits genannten Gründen, daß der Primat der praktischen Vernunft zukommen muß.[119]

3.3 Transzendentale Dialektik (Tugend und Glückseligkeit)

Sowohl beim spekulativen als auch beim praktischen Gebrauch verwickelt sich die reine Vernunft unvermeidlich in einen Widerstreit, wenn sie es

---

[114] KprV 174.   [115] KprV 177 f.   [116] KprV 181.   [118] KprV 219.   [117] KprV 218.
[119] Vgl. KrV B 294–315 und Fak 115–127. – Zur (immanenten) Kritik an diesem von *Kant* letztlich mehr behaupteten als begründeten ontologischen Vorrang der Idee des Seins aus reiner Spontaneität gegenüber der Phänomenalität vgl. *Forschner* 1974, bes. 244–246. 249 f. 260 f.

unternimmt, wie ihr Begriff es erfordert, „die absolute Totalität der Bedingungen zu einem gegebenen Bedingten"[120] zu denken. Das rührt daher, daß einerseits das Unbedingte unter dem Bedingten nicht angetroffen werden kann, anderseits wir als Menschen die Gegenstände nie als Dinge an sich, sondern nur als Erscheinungen erkennen können. Ohne Vernunftkritik würden wir Erscheinungen für Dinge an sich halten. Nun konnte aber bereits im Zusammenhang mit der Frage der Deduktion des Sittengesetzes gezeigt werden, wie sich in der Dialektik[121] durch die Unterscheidung von Erscheinung und Ding an sich, von phänomenaler und noumenaler Welt der ähnlich ausweglos erscheinende Widerspruch von Notwendigkeit und Freiheit als Mißverständnis auflöst. Es ist deshalb zu prüfen, ob sich nicht auch die genannte Antinomie zwischen Bedingtem und Unbedingtem in der reinen praktischen Vernunft in ähnlicher Weise als Schein erweist.

3.3.1 Die Antinomie der praktischen Vernunft

Die Analytik zeigte, daß der schlechthin gute Wille der ist, der durch nichts anderes als durch seine Vernunft bestimmt wird. Sein großer Gegenspieler war die Glückseligkeit, deren Stärke darin lag, daß sie „notwendig das Verlangen jedes vernünftigen aber endlichen Wesens"[122] ist. Das vernünftige Wesen erkennt zwar das Sittengesetz als obersten, unbedingten Bestimmungsgrund seines Wollens, das heißt als den alle anderen Zwecke moralischen Handelns vereinigenden Endzweck. Aber für sich genommen, kann die Sittlichkeit noch nicht das ganze und vollendete Gut sein, weil in ihr der berechtigte Wunsch des Handlungssubjekts nach entsprechender Glückseligkeit noch keine Berücksichtigung findet. Erst wenn es mit dieser verbunden ist, ist die Sittlichkeit nicht nur die oberste Bedingung des uns Wünschenswerten, sondern das Wünschenswerte selbst. Beides nun, das oberste Gut und das vollendete, das heißt Tugend *und* ihr proportionierte Glückseligkeit, sieht *Kant* vereinigt in dem traditionsreichen Begriff des „höchsten Guts"[123].
Welcher Art aber ist nun die Verknüpfung der Bestimmungen Tugend und

---

[120] KprV 192, vgl. 193. 194.
[121] Dialektik wird von *Kant* als „Kritik des dialektischen Scheins" (KrV B 86) verstanden. Diese Definition setzt aber, soll sie nicht tautologisch sein, voraus, daß „dialektisch" in einem zweiten, nichtmethodischen Sinn gebraucht ist; es bedeutet dann soviel wie „widersprüchlich". Der Deutsche Idealismus knüpft an diese Doppelbedeutung an.
[122] KprV 45, vgl. 198 f; GMS 42.
[123] Vgl. KprV 198 f; KrV B 838 f. – Das „höchste Gut", wie es in der Tradition gebraucht wurde, fällt für *Kant* unter die heteronomen Moralprinzipien, da der alleinige Bestimmungsgrund des Willens das moralische Gesetz ist. Wird der Begriff des höchsten Guts allerdings so verstanden, daß er das moralische Gesetz als eine oberste Bedingung enthält, so kann er sehr wohl Objekt *und* Bestimmungsgrund des reinen Willens sein (vgl. KprV 112–114. 194–197).

Glückseligkeit in dem Begriff vom höchsten Gut? Analytisch kann sie nicht sein trotz aller Identifikationsbemühungen von Stoikern und Epikuräern, die hierbei signifikanterweise zu genau entgegengesetzten Ergebnissen kamen, hatte sich doch in der Analytik erwiesen, wie sehr sich Tugend und Glückseligkeit in demselben Subjekt widersprechen und behindern können. Folglich muß es sich um eine Synthesis der beiden Begriffe handeln, die aber dann nicht aus Erfahrung, sondern a priori, transzendental, erkannt werden muß, eben weil beide Begriffe in dem höchsten praktischen Gut als notwendig verbunden gedacht werden. Auch dabei eröffnen sich wieder zwei Möglichkeiten: Die eine, daß nämlich der Drang nach Glückseligkeit Maximen der Tugend verursache, muß nach dem Ergebnis der Analytik ganz ausgeschlossen werden. Die entgegengesetzte Lösung „ist aber *auch unmöglich,* weil alle praktische Verknüpfung der Ursachen und der Wirkungen in der Welt, als Erfolg der Willensbestimmung sich nicht nach moralischen Gesinnungen des Willens, sondern der Kenntnis der Naturgesetze und dem physischen Vermögen, sie zu seinen Absichten zu gebrauchen, richtet, folglich keine notwendige und zum höchsten Gut zureichende Verknüpfung der Glückseligkeit mit der Tugend in der Welt, durch die pünktlichste Beobachtung der moralischen Gesetze, erwartet werden kann"[124]. Es scheint also, als sei das höchste Gut unmöglich – eine Konsequenz, die, falls sie sich bewahrheiten sollte, auf das moralische Gesetz zurückfiele und es als falsch entlarven müßte, da „die Bewirkung des höchsten Guts in der Welt [...] das notwendige Objekt eines durchs moralische Gesetz bestimmbaren Willens"[125] ist.

Die kritische Aufhebung der sogenannten Antinomie der praktischen Vernunft gelingt wie die der theoretischen Vernunft durch die Unterscheidung zwischen mundus intelligibilis und mundus sensibilis. Nur „so fern sie als die Form der Kausalität in der Sinnenwelt betrachtet wird"[126], ist nämlich die zweite Lösung (daß aus Tugend notwendig Glückseligkeit folge) falsch. Da das Vernunftwesen am moralischen Gesetz ja einen noumenalen Bestimmungsgrund seiner Kausalität hat, kann die Tugend mittelbar durchaus Glückseligkeit als notwendige Wirkung in der Sinnenwelt haben.

Im Hinblick auf die intelligible Welt darf also eine notwendige Verknüpfung zwischen sittlichem Handeln und Glückseligkeit behauptet werden. Mit dieser Möglichkeit des höchsten Guts steht nach *Kant* fest, daß das höchste Gut ein wahres Objekt des moralisch bestimmten Willens ist und daß folglich auch dem moralischen Gesetz objektive Realität zukommt.[127]

---

[124] KprV 204 f.
[125] KprV 219.
[126] KprV 206.
[127] Vgl. KprV 205–207; Über den Gemeinspruch: Das mag in der Theorie richtig sein, taugt aber nicht für die Praxis, 210–214. – Zum ganzen Problem vgl. auch *Lübbe* 1971, 144–158.

3.3.2 Das zweite Postulat der reinen praktischen Vernunft: die Unsterblichkeit der Seele

Als einem Wesen, das zwar mit Vernunft begabt, dennoch aber auch Teil der Erscheinungswelt ist, ist beim Menschen die Übereinstimmung von Willensmaxime und Sittengesetz schon gar nicht automatisch, aber auch de facto nie völlig realisiert. Weil gleichwohl die völlige Angemessenheit oder „Heiligkeit" oberste Bedingung des als praktisch notwendig vorgestellten höchsten Gutes ist, läßt sich deren Erlangung bei endlichen vernünftigen Wesen nur „in einem ins *Unendliche* gehenden *Progressus*"[128] verwirklicht denken. Ein solcher Progessus ist aber nur möglich unter Voraussetzung einer unendlichen Fortsetzung der menschlichen Existenz.[129] Daher muß mit der moralischen Welt die Unsterblichkeit der Seele postuliert werden.

3.3.3 Das dritte Postulat der reinen praktischen Vernunft: das Dasein Gottes

Der Begriff des höchsten Gutes enthielt als seine Bedingung nicht nur Sittlichkeit, sondern auch die der Sittlichkeit genau entsprechende Glückseligkeit. Der Mensch selber aber kann diese Proportionierung kraft eigener Mächtigkeit nicht herstellen; zwar erkennt er als Intelligenz das moralische Gesetz, aber gerade als ein solches, das frei ist von aller auf Glückseligkeit zielenden Neigung; insofern er aber zur Sinnenwelt gehört, ist es lediglich ein banales Eingeständnis, daß er nicht Urheber von Welt und Natur ist. Folglich ergibt sich aus der transzendentalen Erkenntnis eines notwendigen Zusammenhangs zwischen Sittlichkeit und (ihr entsprechender) Glückseligkeit das Postulat des „Daseins einer dieser Wirkung adäquaten Ursache"[130], das heißt konkreter des „Dasein[s] einer von der Natur unterschiedenen Ursache der gesamten Natur"[131]; diese Ursache müßte Übereinstimmung „nicht bloß mit einem Gesetze des Willens der vernünftigen Wesen, sondern mit der Vorstellung dieses *Gesetzes*, so fern diese es sich zum *obersten Bestimmungsgrunde des Willens* setzen"[132], enthalten. Dazu wieder muß sie Intelligenz und Wille besitzen. Dieses Wesen, das oberste Ursache der Natur ist und dies kraft Intelligenz und Wille, ist nach *Kant* Gott.[133]
Somit ist es moralisch notwendig, das Dasein Gottes anzunehmen; freilich

---

[128] KprV 220, vgl. 58. 149. 221; Rel B 85.
[129] Vgl. KprV 219–223. 238.
[130] KprV 224.
[131] KprV 225.
[132] KprV 225.
[133] Vgl. KprV 223–237. 238 f. 249–252; KU B 410. 429. – Vgl. auch treffend *Schwartländer* 1968, 250: „das Postulat der Möglichkeit der moralischen Welt *ist zugleich* das Postulat der Wirklichkeit Gottes".

nur subjektiv, weil die Behauptung des Daseins von etwas in den Kompetenzbereich der theoretischen Vernunft fällt, welche jedoch für die Idee Gottes nur die Möglichkeit zugestehen kann[134]. Nur unter der Voraussetzung des Daseins Gottes kann es ein höchstes Gut geben, was anzunehmen vom moralischen Gesetz erfordert wird, also Pflicht ist. Diese Annahme ist jedoch nicht die Grundlage der moralischen Verbindlichkeit – das verstieße ja gegen das Grundgesetz der Autonomie! –, sondern ist, weil auf einem Bedürfnis der reinen praktischen Vernunft beruhend, „reiner Vernunftglaube"[135]. „Wenn ich zu tun bereit bin, was meine Pflicht von mir erfordert, so weiß ich nicht, daß es einen Gott gibt, obwohl ich dessen, hier ganz wörtlich verstanden, moralisch gewiß bin."[136]

„Auf solche Weise führt das moralische Gesetz durch den Begriff des höchsten Guts, als das Objekt und den Endzweck der reinen praktischen Vernunft, zur *Religion, d. i. zur Erkenntnis aller Pflichten als göttlicher Gebote, nicht als Sanktionen, d. i. willkürliche für sich selbst zufällige Verordnungen, eines fremden Willens*, sondern als wesentlicher *Gesetze* eines jeden freien Willens für sich selbst, die aber dennoch als Gebote des höchsten Wesens angesehen werden müssen, weil wir nur von einem moralisch-vollkommenen (heiligen und gütigen), zugleich auch allgewaltigen Willen das höchste Gut, welches zum Gegenstande unserer Bestrebungen zu setzen uns das moralische Gesetz zur Pflicht macht, und also durch Übereinstimmung mit diesem Willen dazu zu gelangen hoffen können."[137] Autonomie bleibt auch in der religiösen Interpretation oberstes Gesetz der Willensbestimmung, so daß jeder religiöse Eudämonismus als unmoralisch ausgeschlossen ist[138]. Denn es geht in der Moral nicht um das Wie meiner individuellen Glückseligkeit, und sei dieselbe auch religiös verstanden, sondern um unsere Würdigkeit für diese. Ganz analog fordert die Synthesis von Erkenntnis des höchsten Gutes und Übereinstimmung des Willens mit diesem, Gott nicht einfach als gütigen zu denken, sondern dies nur unter der Bedingung der Heiligkeit seines Willens zu tun. Gott ist, so faßt *Kant* in der bekannten Trias zusammen, „der allein Heilige", „der allein Selige" und – da das Wissen um die unbedingte Totalität des Gegenstandes, also des höchsten Gutes, als Weisheit definiert werden kann[139] – „der allein Weise", beziehungsweise „der heilige Gesetzgeber", „der gütige Regierer" und „der gerechte Richter"[140].

---

[134] Vgl. KrV B 599–619.
[135] KprV 227, vgl. 259–263; KU B 457–464; Rel B 145. 148. 227. 228. 247 u. a.; Fak 103.
[136] *Beck* 1974, 235.
[137] KprV 233; vgl. KU B 477; MS/T 181; Rel B 116. 147. 229. 236. 255; Fak 44 f. 72 f.
[138] Vgl. KprV 233–237. 264–266.
[139] Vgl. KprV 194–196. 235 f.
[140] KprV 236; KU B 414, Rel B 211. – Rel B 211–213 versucht *Kant* durch einen religionsgeschichtlichen Vergleich (Religion des Zoroaster, Hinduismus, altägyptische, germanische, spätjüdische und christliche Religion) zu erhärten, daß diese (in offensichtlicher Analogie zu *Montesquieu*s Gewaltenlehre gebaute) Trias „in der allgemeinen Menschenvernunft liegt" (Rel B 212).

3.3.4 Über den Charakter der Postulate

Freiheit (im positiven Sinn), Unsterblichkeit und Gott sind die Begriffe, die anzunehmen sich vom moralischen Gesetz her als notwendig erwies. Das Typische an ihnen als Postulaten der praktischen Vernunft überhaupt[141] ist eben dies, daß sie wohl etwas Theoretisches behaupten, aber immer als Voraussetzung des unbedingt geltenden praktischen Gesetzes. Die spekulative Vernunft kann lediglich auf die Denkbarkeit ihrer Gehalte hinweisen, unter keinen Umständen aber etwas zum Beweis ihrer objektiven Realität beitragen. Davon ist zunächst die Frage nach der Substantialität der Idee eines unendlichen Subjekts berührt. Es trifft aber auch zu für „die *kosmologische* Idee einer intelligiblen Welt und das Bewußtsein unseres Daseins in derselben, vermittelst des Postulats der Freiheit"[142], worauf es in unserem Zusammenhang mehr ankommt; ebenso für den „*theologischen* Begriff des Urwesens" „als dem obersten Prinzip des höchsten Guts in einer intelligibelen Welt, durch gewalthabende moralische Gesetzgebung in derselben"[143]. Der postulatorische Charakter beider Ideen läßt nur die (durch den praktischen Begriff des höchsten Gutes gerechtfertigte) Aussage über das „Daß" zu, vermag dagegen nichts darüber erkennen zu lassen, wie man sich Freiheit, Unsterblichkeit, Gott positiv und anschaulich vorzustellen habe.[144] Die kritische Vernunft schränkt also durch ihren theoretischen Gebrauch die Erkenntnis ein, erweitert sie aber durch ihren praktischen. Während sie als *praktische* Vernunft Gott, Freiheit und Unsterblichkeit als den notwendigen Möglichkeitsbedingungen dessen, was das praktische Gesetz zu seinem Gegenstand zu machen gebietet, objektive Realität zuspricht, ohne die spekulative Erkenntnis zu erweitern, wirkt sie als theoretische läuternd, indem sie Behauptungen diesbezüglicher sinnlicher Erfahrungen und übersinnlicher Anschauungen als Schein entlarvt. Den reinen Vernunftideen kommt also objektive Wirklichkeit zu, „aber immer nur in Beziehung auf die Ausübung des moralischen Gesetzes"[145]. Wenn sie – das gilt insbesondere für „Gott" – durch Prädikate näher bestimmt werden, so können diese niemals den Status sinnlicher oder ontologischer Aussagen einnehmen; im Grunde bezeichnen sie bloß das Verhältnis von Verstand und Wille, aber eben nur, „so weit von ihnen ein reiner praktischer Gebrauch gemacht wird"[146]. Alle Versuche,

---

[141] Vgl. KprV 220. 238. – Vgl. *G. Krüger* 1931, 199–202.
[142] KprV 239 f.
[143] KprV 240.
[144] KprV 241, vgl. 241–259.
[145] KprV 249; vgl. auch KU B 429–438. 457–464. Dies bedeutet implizit, daß die Möglichkeit der anderen regulativen Ideen von der Wirklichkeit der Freiheit abhängt, womit das Postulat der Freiheit als Hyper-Kondition fungiert. Vgl. KprV 5 f, in restriktiver Formulierung: „Die Ideen von *Gott* und *Unsterblichkeit* sind aber nicht Bedingungen des moralischen Gesetzes [sc. wie die Idee der Freiheit], sondern nur Bedingungen des notwendigen Objekts eines durch dieses Gesetz bestimmten Willens". Vgl. KU B 467 f.
[146] KprV 247.

die nur in praktischer Hinsicht gewonnene Gotteserkenntnis auch spekulativ zu erweitern, sind deshalb von vornherein zum Scheitern verurteilt; sie führen zwangsläufig zu lauter Eigenschaften, „von denen wir uns gar keinen Begriff, zum *Erkenntnisse* des Gegenstandes tauglich, machen können"[147]. —

Die Zuordnung der Begriffe „Gott", „Freiheit" und „Unsterblichkeit" zur Moral ist nach dem Gesagten nicht eine unter mehreren Möglichkeiten, sondern exklusiv; Gott gehört weder in die Physik noch in die Metaphysik (im engeren Sinn). Würde man demgegenüber zur Erklärung empirischer Tatbestände auf den Begriff Gottes rekurrieren, so wäre das nichts anderes als „ein Geständnis, man sei mit seiner Philosophie zu Ende; weil man genötigt ist, etwas, wovon man sonst für sich keinen Begriff hat, anzunehmen, um sich von der Möglichkeit dessen, was man vor Augen sieht, einen Begriff machen zu können"[148]. Wollte man anderseits Gott metaphysisch erkennen, so müßte man von der Welt auf ihn schließen können, was wiederum verlangte, daß diese Welt die bestmögliche wäre — ein Urteil, zu dem wir nur kraft Allwissenheit ermächtigt sein könnten. Auch die begriffsanalytische Methode führt im Falle des metaphysischen Gottesbegriffs nicht zum Ziel, da eine Aussage über die Existenz nicht aus einem Begriff analysiert werden kann, wie *Kant* schon in der KrV gegen den ontologischen Gottesbeweis eingewendet hatte.[149] Allein im Ausgang vom obersten Prinzip ihres reinen praktischen Gebrauchs kann die Vernunft ihr Objekt bestimmen.

Sind die Postulate schon keine Existenzaussagen, so sind sie anderseits doch auch nicht einfach nur Hypothesen. Gründen sie doch auf der objektiven Pflicht, das höchste Gut zu befördern. Bereits in der Vorrede zur KprV betont *Kant* deshalb, daß es sich nicht um Auffüllungen spekulativer Lücken oder nachträgliche Stützen des theoretischen Systems handle, sondern um „wahre Glieder, die den Zusammenhang des Systems bemerklich machen"[150]. Die dem apodiktischen moralischen Gesetz entsprechende Gesinnung muß mit der Möglichkeit des höchsten Gutes auch dessen Bedingungen als möglich voraussetzen. Der Tugendhafte kann die Existenz des Gehalts des Postulats wollen, weil er vom höchsten Gut nicht ablassen darf.

Doch ist der reine praktische „Vernunftglauben" deshalb nicht auch schon Gebot. Kann die theoretische Vernunft das höchste Gut schon nicht beweisen, so muß sie doch die Möglichkeit eines solchen zugeben. Mehr aber auch nicht. Glaube ist ein (subjektives) Bedürfnis, niemals aber objektive Pflicht. Das höchste Gut zu befördern verlangt freilich die praktische Vernunft; dies

---

[147] KprV 248.
[148] KprV 249.
[149] KprV 250; vgl. KrV B 620—630.
[150] KprV 12.

zu bezweifeln hieße, das moralische Gesetz selbst bezweifeln. Die Stelle jedoch, an der wir eine echte Wahl treffen müssen, weil die Vernunft objektiv nicht entscheiden kann, ist „*die Art, wie* wir uns eine solche Harmonie der Naturgesetze mit denen der Freiheit" denken sollen[151], ob mit oder ohne Voraussetzung eines obersten Urhebers der Natur. Allerdings kann sich unsere subjektive Vernunft einen solchen geordneten Zusammenhang zwischen zwei derlei verschiedenen Gesetzmäßigkeiten nicht anders denken als durch die Vorstellung eines obersten Urhebers. – Der Vernunftglaube, so faßt *Kant* zusammen, ist freiwillig und der Moralität zuträglich.

3.4 Religion

Im Blick auf die Religion sind die beiden folgenreichsten Ergebnisse der bisherigen Ausführungen: *Erstens:* Die Existenz eines Gottes zu behaupten, vermögen wir kraft unserer theoretischen Erkenntnis nicht, sondern nur postulativ aufgrund der praktischen Vernunft. Zur Religion gibt es nur einen ethischen Zugang. *Zweitens:* Das Prinzip der *Kant*ischen Ethik ist die Autonomie; diese erstreckt sich soweit, daß auch die Ethik selbst als autonom gilt. Bei noch so großem Wohlwollen kann eine Erörterung über *Kant*s Religionsverständnis an jenem Satz und der in ihm ausgedrückten Verhältnisbestimmung nicht vorbei, mit dem *Kant* unmißverständlich seine Religionsschrift beginnt: „Die Moral, so fern sie auf dem Begriffe des Menschen, als eines freien, eben darum aber auch sich selbst durch seine Vernunft an unbedingte Gesetze bindenden Wesens, gegründet ist, bedarf weder der Idee eines andern Wesens über ihm, um seine Pflicht zu erkennen, noch einer andern Triebfeder als des Gesetzes selbst, um sie zu beobachten."[152]

Hier begegnet uns in verschärfter Form jene Umkehrung der traditionellen Verhältnisbestimmung von Religion und Sittlichkeit, wie wir sie bereits in der vor*kant*ischen Philosophie mehrfach angetroffen haben.[153] Nicht Religion gilt als der tragende Grund der Moral, sondern Moral ist das Primäre, das die Bedingung seiner selbst in sich enthält: material das Sittengesetz, formal die Freiheit, welche beide aber ein und dasselbe sind. Sittlichkeit eröffnet den Zugang zu Religion als einer Idee, die wir nicht entbehren können: „Moral also führt unumgänglich zur Religion, wodurch sie sich zur Idee eines machthabenden moralischen Gesetzgebers außer dem Menschen erweitert,

---

[151] KprV 261.
[152] Rel B III; vgl. Fak 58 f.
[153] S. Kap. 2. – Genau diese Umkehrung ist gemeint, wenn *Kant* schon in der KrV B 660 zwischen „Moraltheologie" (so nennt er seinen Entwurf) und „theologischer Moral" streng unterschieden wissen will.

in dessen Willen dasjenige Endzweck (der Weltschöpfung) ist, was zugleich der Endzweck des Menschen sein kann und sein soll."[154] Nur von quantitativen Gesichtspunkten her ist es deshalb gerechtfertigt, wenn hier der Behandlung der Religion ein eigener Abschnitt eingeräumt wird; methodisch und systematisch gehört die Religion zur Dialektik der praktischen Vernunft. Etwas überspitzt, in der Sache aber durchaus zutreffend sagt K. Vorländer, Kants Religionsphilosophie sei „im Grunde doch nichts anderes als ein Anhang seiner Moral"[155].

3.4.1 Das Verhältnis von Offenbarungs- zu Vernunftreligion

Besagte Verhältnisbestimmung von Moral und Religion wirft die Frage auf, ob denn solche Vernunftreligion zur Offenbarungsreligion nicht in unüberbrückbarem Gegensatz stehe, zumindest aber doch in starker Konkurrenz. Kant geht in der Vorrede zur zweiten Auflage der ‚Rel' auf dieses Problem ein; er vergleicht die beiden Arten von Religion mit zwei konzentrischen Kreisen, wobei die Offenbarung durch den weiteren Kreis repräsentiert wird, der den engeren des reinen Vernunftglaubens umschließt.[156] Den Beweis für diese These sieht er durch zwei Arbeitsgänge erbracht. Einmal ist dies die Entwicklung des Vernunftglaubens aus reiner Vernunft a priori, wobei „a priori" in diesem Zusammenhang spezifisch als „unabhängig von aller Offenbarung" verstanden werden muß. Sozusagen als Gegenprobe hierzu kann man anderseits von einer konkreten Offenbarung als einem „historischen System" ausgehen und sie auf ihre moralischen Begriffe hin untersuchen; dann muß sich herausstellen, ob dieser Weg „nach Weglassung alles Empirischen" „zu demselben reinen Vernunftsystem der Religion", der „eigentlichen Religion" zurückführt, oder ob reine Religion und Kultus zwei völlig heterogene Dinge sind.[157]
Dieses doppelte Verfahren praktiziert Kant mit seiner Religionsschrift[158]

---

[154] Rel B IXf., vgl. VIII. 147.
[155] Vorländer in der Einleitung zu seiner Ausgabe der Rel: Vorländer 1950, XLIX.
[156] Rel B XXI–XXIII.
[157] Rel B XXIIf., vgl. 161 f. 181.
[158] Jener Passus der Vorrede zur zweiten Auflage, in dem Kant die Methode erläutert (Rel B XXII), ist nicht ganz eindeutig. Er läßt auch die Deutung zu, in der ‚Rel' solle nur analytisch in bezug auf eine vorliegende Geschichte einer konkreten Religion verfahren werden; in diesem Sinn interpretieren z. B. J. Bohatec (1966, 36–40) und Oelmüller (1969, 183). Diese Auffassung könnte sich u. a. auf MS/T 182 berufen. – Erstens jedoch formuliert Kant an der genannten Stelle als Ziel der Analyse der Offenbarung, zu „sehen, ob diese[s] nicht zu demselben reinen *Vernunftsystem* der Religion zurück führe, welches zwar nicht in theoretischer Absicht [. . .] aber doch in moralisch-praktischer Absicht selbständig und für eigentliche Religion [. . .] hinreichend sei" (B XXIIf). Zweitens schließt nicht nur keines der von Bohatec angeführten Argumente die hier gegebene Deutung zwingend aus, sondern die konkrete Durchführung des Vergleichs im Corpus der Religionsschrift weist die Doppelmethode aus; Beispiele für solche Nahtstellen im Text, wo die beiden Phasen des Beweises sich unmittelbar ablösen, sind B 43. 54. 62. 71 f. 105 f. Es steht

und kommt eben zum Ergebnis, daß zwischen Vernunft und Schrift nicht nur Verträglichkeit, sondern Einigkeit bestehe. Methodisch handelt es sich um einen Vorgriff auf *Bultmanns* Entmythologisierungsprogramm, will *Kant* doch dadurch, daß „man diese lebhafte, und wahrscheinlich für ihre Zeit auch einzige *populäre* Vorstellungsart von ihrer mystischen Hülle entkleidet"[159], jenen Kern (den „Vernunftsinn") frei bekommen, der – und hier unterscheidet er sich wieder von der geschichtlichen und situativen Zielsetzung *Bultmanns* – „für alle Welt, zu aller Zeit praktisch gültig und verbindlich"[160] ist. Oberstes hermeneutisches Prinzip ist dabei die „moralische Besserung des Menschen"[161]. Entsprechend versteht *Kant* unter einem Glaubenssatz „nicht, was geglaubt werden soll [...], sondern das, was in praktischer (moralischer) Absicht anzunehmen möglich und zweckmäßig, obgleich nicht eben erweislich ist [...]"[162].

Über die Tatsächlichkeit geschweige denn Göttlichkeit der Offenbarung ist damit noch nichts entschieden. Wenigstens verweist *Kant* wenige Jahre nach seiner Religionsschrift, die ihm eine Rüge des Königs wegen „Entstellung und Herabwürdigung mancher Haupt- und Grundlehren der heiligen Schrift und des Christentums"[163] einbrachte, im ‚Streit der Fakultäten' darauf, er habe diesbezügliche Kompetenz nie beansprucht; dies zeige schon der Titel, der statt „Religion *aus* bloßer Vernunft (ohne Offenbarung)" mit Absicht „Religion innerhalb den Grenzen der bloßen Vernunft" laute, was soviel bedeute wie „auch durch bloße Vernunft"[164]. – Ganz offensichtlich hat *Kant* in den Jahren nach dem Reskript Friedrich Wilhelms II. den Zusammenhang von Religion und Moral erheblich vorsichtiger formuliert.[165] Man wird deshalb kaum bestreiten können, daß bei der betonten Reduktion der philosophischen Kompetenz bezüglich theologischer Gegenstände Rück- und Vorsichten eine nicht geringe Rolle gespielt haben. Trotzdem ist es wenig wahrscheinlich, daß die obigen Ausführungen nur eine kluge Replik *ohne* sachlichen Anhaltspunkt gewesen sein sollen, bringt doch *Kant* die Wahrhaftigkeit

---

ganz außer Zweifel, daß die reine philosophische Vernunftmoral für *Kant* als selbständige Quelle religiöser Erkenntnis gilt. Die Bestimmung des Verhältnisses der beiden methodischen Phasen schließt natürlich keineswegs aus, daß der Gedankengang heuristisch deutlich von der protestantisch-theologischen Dogmatik bestimmt ist, was *Kant* übrigens nicht in Abrede stellt. Drittens kann auch mit dem kleinen Aufsatz „Was heißt: Sich im Denken orientieren?" verwiesen werden, wo *Kant* entschieden für das Recht der Vernunft plädiert, „in Sachen, welche übersinnliche Gegenstände betreffen, als das Dasein Gottes und die künftige Welt, [...] *zuerst* zu sprechen" (322, vgl. bes. 315–324).

[159] Rel B 114, vgl. 158.
[160] Ebd.
[161] Rel B 161, vgl. 47 f; Fak XVIIIf; 49–62. 67. 70. 107 f. 109.
[162] Fak 57; vgl. Rel B 161: „Der Geschichtsglaube ist tot an ihm selber, d. i. für sich, als Bekenntnis betrachtet, enthält er nichts, führt auch auf nichts, was einen moralischen Wert für uns hätte" (vgl. Rel B 47. 106).
[163] So das königliche Reskript, abgedruckt in der Vorrede des Fak IX.
[164] Fak VIII, vgl. XIII–XIX. 44–49. 62 f. 103 f; MS/T 179–183; Rel B 230.
[165] S. etwa MS/T 179–183.

stets als Paradebeispiel des Kategorischen Imperativs; auch findet sich bei ihm nirgendwo eine Reminiszenz an die noch von *Lessing* virtuos gehandhabte *Leibniz*sche Unterscheidung von exoterischer und esoterischer Redeweise[166]. Ohne etwas von der Behauptung zurückzunehmen, „das Christentum [sei] die Idee von der Religion, die überhaupt auf Vernunft gegründet, und so fern natürlich sein muß"[167], weist *Kant* den Vorwurf des Naturalismus gegenüber seiner Schriftauslegung zurück: „weil es nicht in Abrede ist, daß die Bibel nicht ein übernatürliches Mittel der Introduktion der letzteren [= der natürlichen Religion] und der Stiftung einer sie öffentlich lehrenden und bekennenden Kirche sein möge, sondern nur auf diesen Ursprung, wenn es auf Religionslehre ankommt, nicht Rücksicht nimmt"[168].

Allerdings kann kein Zweifel bestehen, daß *Kant* der Ansicht ist, daß auf dem Entwicklungsniveau des aufgeklärten Denkens seiner Zeit die übernatürliche Offenbarung ihre pädagogische Funktion erfüllt habe; gleichzeitig empfiehlt er aber, man solle trotzdem „die Hülle noch ehren, welche gedient hat, eine Lehre, deren Beglaubigung auf einer Urkunde beruht, die unauslöschlich in jeder Seele aufbehalten ist, und keiner Wunder bedarf, öffentlich in Gang zu bringen"[169].

Von dieser generellen Verhältnisbestimmung schreitet *Kant* zur „vernünftigen" Deutung der wichtigsten Elemente der (christlichen) Religion.[170]

3.4.2 Das „radikal Böse"[171]

Es verwundert, daß *Kant* seinen Gedanken zur Religion ausgerechnet beim Problem des Bösen beginnen läßt, wo doch die Aufklärung sonst – wie *Kant* übrigens selbst anmerkt[172] – zum Optimismus nicht nur theologischer und kosmologischer, sondern auch anthropologischer Art neigt. –

---

166 S. die Ausführungen bei *Thielicke* 1957, 36–57. Diese Unterscheidung ist kein billiger „Trick", sondern beruht – wie *Thielicke* 1957, 38, erklärt – auf der „Überzeugung von einer gewissen *prästabilierten Harmonie* aller echten Meinungen", d. h. auf der Überzeugung, „daß jeder gegnerischen Meinung ein „erträglicher Sinn", ein Wahrheitsmoment, innewohne". – Die *Kant*ische Unterscheidung zwischen privatem und öffentlichem Vernunftgebrauch ist damit nicht zu verwechseln, da es sich im Falle der Religionsschrift beidemale – vor und nach dem Streit – um einen im Sinne *Kant*s öffentlichen (=gelehrten) Gebrauch handelt.
167 Fak 62.
168 Fak 63.
169 Rel B 117.
170 *Kant* führt darin ein Programm durch, das bereits von *Lessing* in Angriff genommen war; man denke etwa an dessen Deutungen von Trinität, Erbsünde und Rechtfertigung in den §§ 73–76 der „Erziehung des Menschengeschlechts", wobei allerdings der Skopus kein ausschließlich moralischer ist.
171 Eine noch immer unübertroffene gründliche Untersuchung der Benutzung zeitgenössischer theologischer Quellen durch *Kant* verdankt die Forschung *J. Bohatec* 1966. Vgl. auch *Helmecke* 1954, 290–314, sowie den Literaturbericht *W. Pannenberg*s: *Pannenberg* 1964.
172 Rel B 4 f. Vgl. auch *Kant*s Aufsatz ‚Über das Mißlingen aller philosophischen Versuche in der Theodizee'. – Zu *Kant* als Vollender und zugleich schärfstem Kritiker der Aufklärung vgl. *Oelmüller* 1969, bes. 113–239, sowie *Rohrmoser* 1970, 51–61.

Die Prädikate (moralisch) gut beziehungsweise böse können sich – so *Kant* – nur auf Maximen, und das heißt auf eine freie Bestimmung des Willens, beziehen. Dies stellt *Kant* wiederholt heraus; für eine Erklärung des Bösen scheiden sowohl dämonische Wesen als auch Gott als Schöpfer aus, wie unten zu zeigen sein wird. Daß es dennoch einen bösen Zusammenhang gibt, dem der einzelne mit seiner jeweiligen Tat schicksalsmäßig verhaftet ist, bestreitet *Kant* aber gerade nicht. Wenn wir also davon sprechen, der Mensch sei „von Natur" gut beziehungsweise schlecht, kann sich das folglich nicht auf einen Naturtrieb beziehen, sondern betrifft den Menschen selbst als Urheber einer Eigenschaft, die so umschrieben werden kann: „er enthält einen (uns unerforschlichen) ersten Grund der Annehmung guter, oder der Annehmung böser (gesetzwidriger) Maximen"[173]; und zwar bezieht sich diese Eigenschaft auf die Menschengattung. Als angeboren kann sie nur insofern gelten, als sie nicht nur vor jeder Handlung, sondern bereits schon vor jeder konkreten Willensbestimmung vorhanden ist; nicht bedeuten kann das Gesagte hingegen, daß diese Eigenschaft durch Geburt verursacht sei oder sonst von einem zeitlich fixierbaren Akt hergeleitet werden könne.

Der Möglichkeitsgrund für das Urteil, der Mensch (als Mitglied der Gattung) sei von Natur gut oder böse, ist *Kant* zufolge in der menschlichen Grundkonstitution[174] zu suchen. Diese ist eine dreifache: Die „Tierheit" sorgt für Selbsterhaltung, Fortpflanzung und Gemeinschaft. Mit der „Anlage für die Menschheit" ist das zugleich physische wie vernünftige Streben nach Gleichheit mit den anderen und nach Geltung bezeichnet. Schließlich ist dem Menschen die „Anlage für die Persönlichkeit" zu eigen; gemeint ist hiermit die „Empfänglichkeit der Achtung für das moralische Gesetz, als einer für sich hinreichenden Triebfeder der Willkür"[175]; sie setzt Vernunft und Zurechnungsfähigkeit voraus; als einzige von den drei Anlagen kann sie niemals mißbraucht werden.

Neben diesen ursprünglichen Anlagen zum Guten gibt es im Menschen nun aber auch einen „Hang zum Bösen". Aus ihm entspringt die Unfähigkeit des Willens, das Sittengesetz in seine Maxime aufzunehmen, die sich je nach Stärke als Gebrechlichkeit, Unlauterkeit oder aber Verderbtheit erweist[176]. Der Begriff „böser Hang" vereinigt zwei scheinbar unvereinbare Momente: meint doch „Hang" einen vor jeder Tat vorhergehenden Bestimmungsgrund des Willens, während als „böse" nur etwas qualifiziert wird, was mit Freiheit und also mit unserem eigenen Handeln zu tun hat. Wenn man nun den Begriff der Tat so differenziert, daß er „sowohl von demjenigen Gebrauch der Freiheit gelten [kann], wodurch die oberste Maxime [...] in die

[173] Rel B 7 f.
[174] Vgl. Rel B 15–20. 35 f.
[175] Rel B 18 (im Original zum Teil hervorgehoben).
[176] Vgl. Rel B 20–23.

Willkür aufgenommen, als auch von demjenigen, da die Handlungen selbst [...] jener Maxime gemäß ausgeübt werden"[177], läßt sich beides ohne Schwierigkeiten vereinen. Hang zum Bösen ist dann Tat in beiderlei Hinsicht, in theologischer Terminologie also peccatum originarium *und* peccatum derivativum.[178] Während letzteres empirisch ist, ist das erstere „bloß durch Vernunft ohne alle Zeitbedingung erkennbar"[179]; als „intelligible Tat" muß sein Ursprung im Dunkel bleiben.[180]
Worin besteht nun aber eigentlich die über gelegentliche Abweichungen hinausgehende Bosheit des Menschen? Sinnlichkeit und Vernunft kommen als Ursachen von derartiger Bosheit schlechterdings nicht in Frage, obwohl sie von Theologen gemeinhin dafür gehalten werden[181]. Kann doch der Mensch nur für das moralisch qualifiziert werden, wofür er als frei Handelnder zurechnungsfähig ist, aber nicht für das, was ihm anerschaffen ist. „Was der Mensch im moralischen Sinne ist, oder werden soll, gut oder böse, dazu muß er *sich selbst* machen oder gemacht haben."[182] Sollte aber die Vernunft der Grund moralischer Bosheit sein, dann müßte der Widerstreit gegen das Sittengesetz selber die Triebfeder sein, was allenfalls zu einer Definition des Teufels führen würde. – Das Böse gehört also wohl irgendwie zur Gattung Mensch, ohne jedoch mit Notwendigkeit aus dem Begriff der Menschengattung gefolgert werden zu können.
Die Schwierigkeit ist nur lösbar im Wissen, daß sowohl die Anlage zur Moralität wie auch die Triebfedern der Sinnlichkeit beide zur unverlierbaren Grundausstattung des Menschen gehören, ohne in irgendeiner Weise schuldhaft zu sein. Der Unterschied zwischen Gutheit und Bosheit kann nach dem Gesagten nicht im Unterschied der Triebfedern liegen, sondern al-

---

[177] Rel B 25.
[178] Ebd., vgl. Rel B 36–38.
[179] Rel B 26, vgl. 39–48.
[180] Dies muß gegen *Helmecke* betont werden, wenn er schreibt: „Dieser Überschritt aus dem Stand der Unschuld zum Bösen ist auch nach Kants Auffassung einmal, vor aller Zeit, getan worden. Alle Menschen, die in der Zeit leben, sind Erben jener ersten Untat und haben daher einen allgemeinen Hang zum Bösen" (*Helmecke* 1954, 275). Für *Kant* hat die erste Sünde eines ersten Menschen keine andere Bedeutung als die jedes anderen. Richtig müßte es daher bei *Helmecke* im ersten Satz statt „einmal": „ein erstes Mal" heißen, wodurch der Satz allerdings überflüssig wird. Gegen die Erklärung durch „Erbschaft" wendet sich *Kant* explizit (Rel B 41 f; vgl. die folgende Anm.). Das „daher" im zweiten Satz des Zitats vollends gibt für den Ursprung des Bösen im Menschen eine Erklärung, was *Kant* mehrfach und pointiert ablehnt (Rel B 40. 43. 47 f. 59 f); ja er sieht die Unbegreiflichkeit des Ursprungs sogar in der biblischen Sündenfall-Erzählung dadurch enthalten, daß sie den Menschen durch einen bösen Geist versucht werden läßt (Rel B 47 f).
[181] Rel B 31 f. 71. 115. Die weithin übliche Vorstellung, um Verbreitung und Fortsetzung des radikal Bösen in der Menschengattung zu erklären, die Vererbung nämlich, lehnt *Kant* deshalb strikte ab (Rel B 41–43). – Bezüglich der Erklärung des Bösen scheiden wieder jene Gründe aus, die früher bezüglich des Guten als heteronom gekennzeichnet wurden.
[182] Rel B 48.

lein darin, welches Subordinationsverhältnis der Mensch zwischen beiden herstellt. Wird die Selbstliebe dem moralischen Gesetz übergeordnet, so ist das eben Bosheit beziehungsweise, „weil es den Grund aller Maximen verdirbt", indem es sie zugunsten der Selbstliebe prädisponiert, „radikale Bosheit".[183] Der Hang zum Bösen ist also wohl eigene, aber intelligible Tat.

Seine „vernünftige" Auffassung vom radikal Bösen als Subordination des Sittengesetzes unter die Neigungen sieht *Kant* bestätigt in der biblischen Erzählung vom Sündenfall, wenn man diese – entsprechend seinem hermeneutischen Prinzip – nur nicht als „eine unfruchtbare Vermehrung unserer historischen Erkenntnis" nimmt, sondern auf das hin betrachtet, was „dazu beiträgt, ein besserer Mensch zu werden"[184].

3.4.3 Gnadenwirkung

Trotz seines „natürlichen" Hangs zum Bösen steht der Mensch auch fortwährend unter dem (bewußten) Anspruch des Autonomie-Prinzips. Geht doch seine Verderbtheit nicht so weit, daß er einer Besserung nicht mehr fähig wäre; denn die Anlage zum Guten ist unverlierbar. Folglich ist eine Wandlung zum Guten durchaus möglich. Während für die (pflichtgemäße) Tugendhaftigkeit eine Bestärkung beziehungsweise Korrektur der Sitten ausreicht, bedarf der im Grund seiner Maximen verdorbene Mensch einer „*Revolution* in der Gesinnung", um durch seine eigenen Kräfte wieder gut zu werden.[185] Sowenig wie der Übergang vom Guten ins Böse begreiflich ist, kann begriffen werden, wie der böse Mensch sich zum guten machen kann. Freilich darf derjenige, der alles in seinen Kräften Stehende getan hat, um ein besserer Mensch zu werden, hoffen, „was nicht in seinem Vermögen ist, werde durch höhere Mitwirkung ergänzt werden"[186]. Praktisches Nichtstun und bloßer Kultus hingegen machen der Gnadenwirkungen nicht würdig.

3.4.4 Sohn Gottes

Das Ideal der sittlichen Gesinnung, die allein Zweck der göttlichen Schöpfung sein kann, ist der moralisch vollkommene Mensch. Die Idee desselben geht von Gottes Wesen selber aus, ist „kein erschaffenes Ding, sondern sein eingeborner Sohn; ‚das *Wort* (das Werde!), durch welches alle andre Dinge sind, und ohne das nichts existiert, was gemacht ist' [...]".[187] Zu ihm sich

---

[183] Rel B 35, vgl. 27.
[184] Rel B 47.
[185] Rel B 53.
[186] Rel B 62, vgl. 49. 261–269; Fak 60–62.
[187] Rel B 73, vgl. 220.

zu erheben fordert die Vernunft von uns als Pflicht. Da wir ihn aber nicht selbst hervorgebracht haben, „kann man besser sagen: daß jenes Urbild vom Himmel zu uns *herabgekommen* sei, daß es die Menschheit angenommen habe".[188] Die Idee dieses Vorbilds und hiermit seine objektive Realität liegt als solche bereits in unserer moralisch gesetzgebenden Vernunft.[189] In Lehre, Lebenswandel und Leiden ist Jesus ein geschichtlich erfahrbares Beispiel in der Nachfolge dieses Ideals; allerdings nur Beispiel und nicht das Ur- oder Vorbild selber, welches nur in der Vernunft anzutreffen ist, beziehungsweise in der Erfahrung niemals als solches identifiziert werden könnte. Die Irrelevanz[190] dieses historischen Beispiels kommt signifikant darin zum Ausdruck, daß Jesus in der ganzen Religionsschrift nicht ein einziges Mal mit Namen oder christologischen Hoheitstiteln benannt wird; statt dessen ist vom „Lehrer des Evangeliums", vom "Stifter des Christentums" beziehungsweise vom „Stifter der Kirche", von „Gottes Gesandtem" und ähnlichem die Rede. – An den Sohn Gottes glauben heißt folglich soviel wie: glauben, man werde in allen Versuchungen dem Urbild der Menschheit absolut treu, oder auch unter vergleichbaren Umständen dem Beispiel Jesu ähnlich bleiben.[191]

Kant sieht sich in diesem Ergebnis bestätigt durch das Neue Testament als dem entsprechenden Dokument der historischen Offenbarungsreligion: Indem er es seiner „mystischen Hülle" entkleidet, findet er darin genau die zentralen Elemente seiner Ethik wieder.[192]

3.4.5 Paraklet

Die praktizierte gute Gesinnung führt die Hoffnung mit sich, das Fortschreiten im Guten vermehre auch die Kraft, in ihm zu bleiben. Dieses Zutrauen nennt *Kant* den Tröster.[193]

3.4.6 Rechtfertigung

Was aber geschieht mit den bösen Taten, die nicht mehr ungeschehen zu machen sind? Was mit dem radikalen Bösen, wenn der Mensch einen neuen Lebenswandel eingeschlagen hat? Die Schuld kann weder vom Menschen selbst

---

[188] Rel B 74, vgl. 74 f; Fak 50–52.
[189] Rel B 76 f; vgl. bes. Rel B 113: „Das gute Prinzip aber ist nicht bloß zu einer gewissen Zeit, sondern von dem Ursprunge des menschlichen Geschlechts an unsichtbarerweise vom Himmel in die Menschheit herabgekommen gewesen [. . .] und hat in ihr rechtlicherweise seinen ersten Wohnsitz." Vgl. Rel B 114.
[190] Irrelevanz vom Standpunkt der reinen Vernunft, nicht historisch oder pädagogisch!
[191] Vgl. Rel B 76.
[192] Rel B 106–116, bes. die Zusammenfassung 114–116.
[193] Rel B 86–94, vgl. 262 f. Zu weiteren Ausdifferenzierungen vgl. auch Rel B 220–222.

ausgelöscht werden, da alles Gute, das er nun auch tun mag, doch immer „nur" schon seine Pflicht ist, so daß er keinen „Überschuß"[194] erbringen kann. Noch kann sie auch von einem anderen getilgt werden, weil sie keine „transmissible"[195], sondern die „allerpersönlichste"[196] Schuld ist. Derjenige, der die Schuld begleicht, ist trotzdem der Mensch selbst, aber der Mensch in seiner neuen Gesinnung, in die er das reine Ideal des Gottessohns aufgenommen hat, „oder (wenn wir diese Idee personifizieren) *dieser* selbst trägt für ihn, und so auch für alle, die an ihn (praktisch) glauben, als *Stellvertreter* die Sündenschuld, tut durch Leiden und Tod der höchsten Gerechtigkeit als *Erlöser* genug, und macht als *Sachverwalter*, daß sie hoffen können, vor ihrem Richter, als gerechtfertigt zu erscheinen, nur daß (in dieser Vorstellungsart) jenes Leiden, was der neue Mensch, indem er dem *alten* abstirbt, im Leben fortwährend übernehmen muß, an dem Repräsentanten der Menschheit als ein für allemal erlittener Tod vorgestellt wird."[197] Lossprechung – und darin besteht der praktische Wert dieses Gedankens – ist nur denkbar „unter der Voraussetzung der gänzlichen Herzensänderung"[198], nicht aber durch Gebet oder Bußwerke. – Ihre Dringlichkeit gewinnt diese Frage durch die notwendige Vorstellung vom Gericht.

3.4.7 Wunder

Der vernünftigen oder moralischen Religion sind Wunder prinzipiell entbehrlich; ist doch deren eigentliche Funktion nur historisch: Beglaubigung des schon immer in der Vernunft enthaltenen Sittengesetzes, womit sich die Wunder im Grunde als etwas Heteronomes offenbaren.[199] Obgleich *Kant* die Möglichkeit von Wundern selbst für seine Zeit nicht leugnen will, werden ihm zufolge doch im praktischen Vollzug des Lebens mit gutem Recht keine solchen (mehr) statuiert. Dies beweise nicht bloß der Naturforscher, sondern auch der gläubigste Richter, der frömmste Arzt, ja selbst der Geistliche schon allein durch die Praxis ihrer jeweiligen Berufe; jeder der Genannten verfahre „so, als ob alle Sinnesänderung und Besserung lediglich von seiner eignen angewandten Bearbeitung abhinge"[200].

---

[194] Rel B 94.
[195] Rel B 95.
[196] Ebd.
[197] Rel B 99, vgl. 216 f.
[198] Rel B 102.
[199] Rel B 116–124, vgl. 77 f. 304–306.
[200] Rel B 122.

3.4.8 Kirche

Die menschlichen Leidenschaften treten dort in Aktion, wo der Mensch mit seinesgleichen zusammen ist. Will er deshalb seine Freiheit gegen die dauernde Gefährdung wirksam schützen, so ist das nur durch die Errichtung einer „bloß auf die Erhaltung der Moralität angelegte[n] Gesellschaft" erreichbar, „welche mit vereinigten Kräften dem Bösen entgegenwirkte"[201]. Die sie konstituierenden Gesetze kann sich aber das „Volk" nicht selbst geben, weil doch Moralität gerade etwas Innerliches, nicht durch äußerliche Gesetze Machbares ist. Deshalb bedarf es der Vorstellung eines moralischen Weltbeherrschers, die erlaubt, alle wahren Pflichten zugleich als dessen Gebote zu denken[202]. Kann das „Reich der Tugend"[203] auch nie völlig realisiert, sondern nur von Gott selbst erwartet werden, so muß der Mensch doch „so verfahren, als ob alles auf ihn ankomme, und nur unter dieser Bedingung darf er hoffen, daß höhere Weisheit seiner wohlgemeinten Bemühung die Vollendung werde angedeihen lassen"[204]. Einer bürgerlich-politischen Institution kann es nicht gelingen, den „ethischen Naturzustand" zu bewältigen. „Weh[...] dem Gesetzgeber, der eine auf ethische Zwecke gerichtete Verfassung durch Zwang bewirken wollte! Denn er würde dadurch nicht allein gerade das Gegenteil der ethischen bewirken, sondern auch seine politische untergraben und unsicher machen."[205] Sofern das Volk Gottes dieses Urbild verwirklicht, ist es sichtbare Kirche, das Ideal selbst jedoch ist die unsichtbare. Die neue Vernunftreligion machte es somit möglich, schrittweise das Endziel der Geschichte herbeizuführen: die moralisch vollkommene Menschheit, die sich einerseits in der rechtsstaatlich-bürgerlichen Gesellschaft und anderseits im friedvollen Staatenbund vollzieht. Die Kennzeichen (entsprechend den Notae!) und Pflichten der wahren, dies Ziel befördernden Kirche sind daher Allgemeinheit (beziehungsweise Einheit), Lauterkeit, Freiheit und Unveränderlichkeit ihrer Konstitution nach.[206]

Die wahre Kirche hat zum Fundament den bloßen Vernunftglauben, der sich durch unbedingte Kommunikabilität auszeichnet. Die eine, in jedem Vernunftwesen anwesende Vernunft ist ja die einheitsstiftende Grundlage dieses republikanisch verfaßten Vernunftreiches. Da dieses jedoch auch immer eine erfahrbare äußere Form und Organisation braucht, kommt den jeweils für

---

[201] Rel B 129.
[202] Damit ist ein (zur KprV) zusätzlicher Grund für das Postulat eines Gottes genannt.
[203] Damit nimmt *Kant* den Gedanken eines „Reichs der Zwecke" aus der GMS (74–87) wieder auf. Gebildet wird es von allen vernünftigen Wesen, insofern sie so handeln, als ob ihre Maximen jederzeit zum allgemeinen Gesetz dienen sollten (vgl. KprV 230–232). – Zur Herkunft dieses Gedankens von *Rousseau* vgl. Forschner 1974, 96–129.
[204] Rel B 141.
[205] Rel B 132; vgl. die Anspielung auf die katholische Kirche Rel B 139.
[206] Rel B 143 f.

göttlich gehaltenen Statuten, im besonderen aber der ihnen zugrundegelegten Offenbarung[207], große Bedeutung zu, obwohl es sich im Grunde um moralisch indifferente Observanzen handelt, die auch anders geregelt werden könnten.[208] Die Statuten können ihren Vehikelcharakter[209] nie verlieren, so daß der reine Religionsglaube jedem partikularen empirischen Kirchenglauben zwar nicht historisch, aber sachlich vorgeordnet bleibt, womit für *Kant* zugleich bewiesen ist, daß für alle Auslegung der Schrift „die moralische Besserung des Menschen" oberstes Prinzip sein muß[210]. In einem stark an *Lessing* erinnernden Abriß der Universalhistorie[211] will *Kant* zeigen, daß die bisherige Geschichte des Menschengeschlechts genau besehen nichts anderes war als der „beständige Kampf zwischen dem gottesdienstlichen und dem moralischen Religionsglauben"[212]. Während die Religion der Frühzeit einschließlich des genuinen Judentums rein statutarisch war, verschob das Christentum den Akzent von der äußeren Gesetzesbeobachtung weg auf die moralische Gesinnung und richtete sich konsequent universal aus. Gleichwohl gereicht dessen Geschichte, soweit sie uns bekannt ist, unter dem Gesichtspunkt des moralisch-bessernden Einflusses ihm nicht gerade zum Ruhm. – Erst die jetzige Zeit läßt eine eindeutige und zunehmende Konvergenz des Geschichts- zum Vernunftglauben erkennen.

Die Vorstellungen von Weltende, Gericht, Vertilgung des Antichrist und Triumpf der Kirche, mit denen die Bibel den völligen Eintritt des Reiches Gottes beschreibt, wollen nichts anderes, als den Mut zur Nachfolge und zur Arbeit an der Verwirklichung des Reiches Gottes auf Erden beleben.[213]

3.4.9 Trinität

Die mit reiner Sittlichkeit unlösbar verbundene Idee des höchsten Gutes ließ die praktische Vernunft unter anderem einen Gott als allmächtigen Schöpfer der Welt, gütigen Erhalter der Menschheit und gerechten Verwalter seiner Gesetze postulieren. Um zu verhindern, daß der Mensch sich Gott wie ein menschliches Objekt vorstellt und so einem „anthropomorphistischen Fronglauben"[214] verfällt, ist es moralisch von großer Bedeutung, die praktische Idee Gott „in einer dreifachen spezifisch verschiedenen moralischen Qualität" vorzustellen, wie es der Glaube an die drei (moralischen, nicht physi-

---

[207] Hierbei wird die Einschränkung gemacht: nur soweit Offenbarung in einer fixierten und deshalb jederzeit und jedem Nachprüfung erlaubenden Schrift niedergelegt ist.
[208] Vgl. Rel B 145–154.
[209] Rel B 153. 173. 182. 205; Fak 45. 46. 47 u. ö.; vgl. Rel B 179 f.
[210] Vgl. Rel B 157–166, vgl. 199 f sowie Abschnitt 3.4.1.
[211] Rel B 182–206, dazu 269–278.
[212] Rel B 183.
[213] Vgl. Rel B 202–208.
[214] Rel B 214.

schen) Personen des einen Wesens oder die Dreieinigkeit[215] gut zum Ausdruck bringt. Denn dieser Glaube verpflichtet den Menschen auf seine Berufung zum Bürger im ethischen Staat, verheißt ihm Genugtuung und weist ihn auf die Verantwortung für seine Erwählung hin. Nur in dieser dreifachen Weise vermag der Mensch das sichere Bewußtsein seiner moralischen Bestimmung mit dem postulierten Gedanken einer unbedingten Unterwerfung unter die göttliche Gesetzgebung zu vereinbaren.
Hierbei handelt es sich um ein Geheimnis, „d. i. [...] etwas *Heiliges*, was zwar von jedem einzelnen *gekannt*, aber doch nicht [...] allgemein mitgeteilt werden kann"[216]; über Gott an sich selbst enthält es keine Aussage.

3.4.10 Das Christentum als natürliche Religion und seine Depravation

Die Lehre des „Stifters der christlichen Religion" ist für *Kant* das Musterbeispiel und die am weitesten entwickelte Form einer Religion, „die allen Menschen durch ihre eigene Vernunft faßlich und überzeugend vorgelegt werden kann"[217]; dies sucht *Kant* anhand des Neuen Testaments nachzuweisen[218]. Wenn er von „der" Religion spricht, ist deshalb meist das Christentum gemeint. So sehr findet sich *Kant* in seiner Auffassung vom Wesen der Religion im Christentum bestätigt, daß er schreiben kann: „[es] ist das christliche Prinzip der *Moral* selbst doch nicht theologisch (mithin Heteronomie), sondern Autonomie der reinen praktischen Vernunft für sich selbst, weil sie die Erkenntnis Gottes und seines Willens nicht zum Grunde dieser Gesetze, sondern nur der Gelangung zum höchsten Gute, unter der Bedingung der Befolgung derselben macht, und selbst die eigentliche *Triebfeder* zu Befolgung der ersteren nicht in den gewünschten Folgen derselben, sondern in der Vorstellung der Pflicht allein setzt, als in deren treuer Beobachtung die Würdigkeit des Erwerbs der letztern allein besteht."[219] Ohne Zweifel gehört zum Christentum untrennbar auch solches, was nur durch Berufung auf Offenbarungen begründet werden kann, doch sind diese Elemente *Kant* zufolge dem rein moralischen Bestandteil stets untergeordnet.
Wird diese Ordnung dennoch umgekehrt, das heißt die Offenbarung und alles Historische, das nur mit Rücksicht auf die Schwäche der meisten Menschen als Mittel der Introduktion Sinn hat, an die Stelle der vernünftigen und das heißt der moralischen Religion gesetzt, die allein vor Gott unmittelbar wohlgefällig macht, so ist die Religion zum „Afterdienst"[220] degeneriert.

---

[215] Rel B 214, vgl. 207–222; Fak 50.
[216] Rel B 207, vgl. 215.
[217] Rel B 245.
[218] Rel B 239–245; Fak 62 f.
[219] KprV 232.
[220] Rel B 229. 250–287.

Solche Degenerierung äußert sich zunächst in der kirchlichen Organisation: diese steht der Religion dann nicht mehr für bloße Dienstfunktionen wie zum Beispiel für die Schriftauslegung zur Verfügung, sondern sie wird zu einem für alle Völker und alle Zeiten geltenden Bestandteil der Religion erhoben. Faktisch wird die Religion dann von einer Beamtenschaft verwaltet, die ihre Mitglieder beherrscht.[221] — Weiterhin fällt unter die Kategorie „Afterdienst" „alles, was, außer dem guten Lebenswandel, der Mensch noch tun zu können vermeint, um Gott wohlgefällig zu werden"[222], als da sind: Aufopferung, Buße, Kasteiungen, Wallfahrten, Kirchgang, Gebete, Feste, Andachten usw. Diese Art von Depravation kennzeichnet *Kant* als „statutarische" Religion oder „Religionswahn". Besonders unmoralische Ausprägungen hiervon sind Schwärmerei und Aberglaube. Während der Aberglaube meint, „durch religiöse Handlungen des Kultus etwas in Ansehung der Rechtfertigung vor Gott auszurichten"[223], besteht die religiöse Schwärmerei in dem Wahn, „dieses durch Bestrebung zu einem vermeintlichen Umgange mit Gott bewirken zu wollen"[224]. Beidem liegt eine voluntaristische Gottesvorstellung zugrunde, die Gott Subjekt furchtbarer Macht, Rache, Ehrbegierde sein läßt, das den Willen des Menschen knechtet. Daß solche Vorstellungen unvereinbar sind mit der sittlich-autonomen Persönlichkeit, versteht sich für *Kant* von selbst.

Die im Vorausgehenden genannten Fehlformen der Religiosität verurteilt *Kant* jedoch nicht gänzlich. Wenn bestimmte Verhaltensweisen von ihnen als „Gnadenmittel" angesehen werden, so läßt sich in diesen unter Umständen ein legitimes Anliegen finden: Dienen sie nämlich nicht wie gemeinhin als Surrogate des moralischen Gottesdienstes („Gunstbewerbung"), sondern zur Veranschaulichung einer sittlichen Gesinnung, so können sie die Moralität befördern[225]: das Beten etwa durch die wiederholte Belebung der guten Gesinnung in uns; das „Kirchengehen", indem es diese Gesinnung ausbreitet und die Verantwortung für das Ganze nahebringt; die Taufe, indem sie dem Reich Gottes neue Glieder zuführt und darin auch diejenigen, die sich bereits als seine Zeugen bekennen, wieder anspricht; die Kommunion endlich, indem sie der Erhaltung und Erneuerung dieser Gemeinschaft und zwar „nach Gesetzen der *Gleichheit*"[226] dient. —

Zusätzlich zu den genannten zwei typischen Fehlformen von Religion finden sich in der Religionsschrift verstreut Hinweise auf spezifische Gefährdungs-

---

[221] Rel B 251. 276—278. 301—314.
[222] Rel B 260 f (im Original hervorgehoben). — Sehr viel zurückhaltender konstatiert der „Beschluß" der MS/T 179—183, die Pflichten gegen Gott lägen außerhalb der Zuständigkeit der Moralphilosophie.
[223] Rel B 267, vgl. 64. 115. 143. 196. 241. 263 f. 267—269; KprV 244 f; Fak 107.
[224] Rel B 267, vgl. 64. 87. 115. 117. 143. 195. 266—269. 313; KprV 150—154. 244 f.
[225] Vgl. Rel B 298—311.
[226] Rel B 310.

momente der Religion, denen der funktionale Gesichtspunkt gemeinsam ist. "Knechtische Gemütsart" ist der Ausdruck einer Haltung, die sich ganz und in allem auf übernatürliche Hilfe verläßt, ängstlich die eigenen Kräfte lahmlegt und daher im Grunde zur Selbstverachtung führt.[227] Man überläßt es bei ihr der Gnade, aus einem selbst einen besseren Menschen zu machen, und engagiert sich statt dessen nur in Werken der Frömmigkeit. Versöhnungs- und Bußmittel trösten über die eigene Unmoralität hinweg und ersticken die andernfalls als notwendig eingesehene Absicht zur Wiedergutmachung, die in den Vorwürfen des Gewissens ihren natürlichen Antrieb hat[228]: Dergestalt dient Religion als „Opium fürs Gewissen"[229].

Zwei weitere Gefahrenpunkte beziehen sich auf die gesellschaftliche Funktion der Kirche. Gilt die Kirche in ihrer Struktur als von Gott *so* gewollt, wie sie derzeit verfaßt ist, so sind ihre Mitglieder jeder Bemühung enthoben, sie zu verbessern, ja die große Menge findet sich dann auch bereit, das schwere Joch von Vorschriften zu tragen.[230] Dabei denkt *Kant* einerseits an die genaue Festlegung der Glaubensinhalte, was beispielsweise zu fanatischer Rechtgläubigkeit führt, die die christliche Welt spaltet und zu Kriegen und Kreuzzügen führt. Anderseits kritisiert er den langfristigen pädagogischen Effekt solcher Festschreibung der Inhalte: Gewöhnung an die Disziplin eines unbedingten Gehorsams, was sich beispielsweise wieder negativ auf die Stabilität der bürgerlichen Ordnung und die Entfaltung der Wissenschaften auswirken kann. Verstärkt werden kann diese Erziehung zum Gehorsam noch durch den Versuch der Kirche, den Staat soweit wie möglich zu beherrschen. Hier ist eine besonders sublime Einflußmöglichkeit gegeben, die der Staat um so williger einräumt, als ihm dafür seitens der Kirche Legitimationsspotential in Aussicht gestellt wird. Im Sog beider Kraftfelder werden die moralischen Subjekte zu Unredlichkeit und Heuchelei verleitet und an sie gewöhnt.[231]

Unter den genannten religionskritischen Gesichtspunkten wirft *Kant* einen Blick auf die Geschichte des Christentums und stellt ihr die bereits erwähnte, wenig schmeichelhafte Diagnose, sie habe zum Fortschritt in der Moralität kaum etwas beigetragen[232].

---

[227] Rel B 68. 285.
[228] Rel B 105. 177. 311 f.
[229] Rel B 105.
[230] Rel B 150.
[231] Vgl. Rel B 277 f. Ganz in diesem Sinne beschließt *Kant* seinen Aufsatz ‚Über das Mißlingen aller philosophischen Versuche in der Theodizee' mit einer Erörterung über Wahrhaftigkeit „als dem Haupterfordernis in Glaubenssachen" (218–225).
[232] Vgl. Rel B 195–197.

Kapitel 4
Die Deduktion der Sittlichkeit aus der absoluten Selbstreflexion (Fichte)

4.1 Fichtes Kant-Kritik

Als *Fichte* 1792 mit ausdrücklicher Empfehlung *Kant*s anonym seinen „Versuch einer Kritik aller Offenbarung"[1] veröffentlichte, hielt man das Werk sogleich für die längst erwartete *Kant*ische Religionsphilosophie. Aber auch später, nachdem *Fichte* sein eigenes philosophisches System konzipiert hatte (seit 1794), blieb er ein Bewunderer *Kant*s und beanspruchte stets, daß seine Philosophie „mit der Kantischen Lehre vollkommen übereinstimme, und keine andere sei, als die wohlverstandene Kantische"[2]. Gerade das „wohlverstanden" der häufig wiederkehrenden Beteuerung aber enthält einen Anspruch, den nahezu alle Kantianer zu *Fichte*s Lebzeiten diesem bestritten, zu-

---

[1] In: *J. G. Fichte,* Sämtliche Werke, hrsg. *I. H. Fichte,* 8 Bde., Berlin 1845/46 (= fotomechanischer Nachdruck aller Werke, Berlin 1971, zitiert als: S. W. I–VIII; die 1834/35 ebenfalls von *I. H. Fichte* hrsg. Nachgelassenen Werke werden als S. W. IX–XI zitiert; diese Edition wurde benutzt, da die von der Bayerischen Akademie der Wissenschaften [Schriftleitung: *R. Lauth – H. Jacob – H. Gliwitzky*] hrsg. Gesamtausgabe noch nicht vollständig ist), V, 9–174. Da dieses Werk noch ganz im Rahmen des Gedankens *Kant*s verbleibt, dessen ‚Religion innerhalb der Grenzen der bloßen Vernunft' allerdings erst zwei Jahre später erschien, wird sie im folgenden nicht berücksichtigt, ebensowenig wie die ‚Aphorismen über Religion und Deismus' (S. W. V, 1–8). Dies ist auch durch *Fichte*s eigene Stellungnahme zu seiner ersten Schrift gerechtfertigt: Der Herausgeber des philosophischen Journals gerichtliche Verantwortungsschriften gegen die Anklage des Atheismus: S. W. V, 270.
Folgende Siglen werden verwendet: WL = Grundlage der gesamten Wissenschaftslehre als Handschrift für seine Zuhörer; NR = Grundlage des Naturrechts nach Prinzipien der Wissenschaftslehre; Erste E. = Erste Einleitung in die Wissenschaftslehre; Zweite E. = Zweite Einleitung in die Wissenschaftslehre, für Leser, die schon ein philosophisches System haben; SL = Das System der Sittenlehre nach den Prinzipien der Wissenschaftslehre; Weltregierung = Über den Grund unseres Glaubens an eine göttliche Weltregierung; Appellation = J. G. Fichte's d. Phil. Doctors und ordentlichen Professors zu Jena Appellation an das Publikum über die durch ein Kurf. Sächs. Konfiskationsreskript ihm beigemessenen atheistischen Äußerungen. Eine Schrift, die man erst zu lesen bittet, ehe man sie konfisziert; Verantwortungsschriften = Der Herausgeber des philosophischen Journals gerichtliche Verantwortungsschriften gegen die Anklage des Atheismus; Rückerinnerungen = Rückerinnerungen, Antworten, Fragen. Eine Schrift, die den Streitpunkt genau anzugeben bestimmt ist; Anweisung = Die Anweisung zum seligen Leben, oder auch die Religionslehre. – Nachgestellte Jahreszahlen dienen der Unterscheidung von einer unter demselben Titel bereits früher erschienenen Schrift.

[2] Zweite E. 469, vgl. 474–491; WL 186; Über den Begriff der Wissenschaftslehre oder der sogenannten Philosophie, als Einladungsschrift zu seinen Vorlesungen über diese Wissenschaft: S. W. I, 30; Erste E. 419. 420. 429 f; speziell für die Rechtslehre: NR 12–14.

letzt sogar noch *Kant* selbst[3]; gegen solche Unvereinbarkeitsbehauptungen setzte sich *Fichte* energisch zur Wehr[4], wobei er in diesem Zusammenhang nicht daran vorbei kam, auch *Kant* selber Ungereimtheiten und Inkonsequenzen vorzuwerfen.

4.1.1 Ein Rest von Dogmatismus

Fichte sieht *Kant*s umwälzende Bedeutung in der Entdeckung, daß die Dinge Erscheinungen sind, die durch die Apperzeptions-Tätigkeit des transzendentalen Ich ermöglicht sind. Erkenntnis gibt es folglich nur von den Gegenständen möglicher sinnlicher Anschauung, nicht hingegen von den Dingen an sich. Obwohl *Kant* dies immer wieder mit Nachdruck betone, setze er voraus, „daß wir eben dieselben Gegenstände auch als Dinge an sich selbst [...] müssen *denken* können. Denn sonst würde [...] daraus folgen, daß Erscheinung ohne etwas wäre, was da erscheint"[5].
Genau in der Annahme von Dingen aber, von denen wir einerseits prinzipiell nichts wissen können[6], die anderseits jedoch als ontologischer Grund der Erscheinungen (verstanden als Affektionen) postuliert werden[7], sieht *Fichte* zwar nicht gerade einen Widerspruch, aber eine folgenschwere Inkonsequenz des *Kant*ischen Gedankens. Bereits in der Aenesidemus-Rezension und dann immer wieder hat er diese Annahme scharf kritisiert[8], so daß von da aus der innerste Impuls des *Fichte*schen Denkens geradezu darin gesehen werden kann, das *Kant*ische System über *Kant* hinaus zu entwickeln oder *Kant* mit sich selbst in Einklang zu bringen. Selbst dort, wo *Fichte* mit den zeitgenössischen *Kant*-Interpreten um den für ihn selber so zentralen Begriff der intellektuellen Anschauung ringt[9], zielt er eigentlich auf die Destruktion des „Ding an sich". *Kant* hatte sich ja an einigen Stellen, wo es ihm darum geht, die Erklärung der Vorstellung aus der Einwirkung eines Dings an sich auszuschalten, gegen den Standpunkt verwahrt, wir verfügten als Vernunftwesen über die Fähigkeit intellektueller Anschauung.[10] Intellektuelle Anschauung wäre eine solche, die als Objekt ein Ding der Verstandeswelt hätte, das heißt, sie wäre das unmittelbare, allein kraft des Denkens vorhandene Bewußtsein eines nichtsinnlichen Seins. *Fichte* spricht dem Vernunftwesen ein

---

[3] Öffentliche Erklärung in Beziehung auf Fichtes Wissenschaftslehre, nur abgedruckt in: I. Kants Werke, hrsg. *E. Cassirer*, VIII, Berlin 1923, 515 f.
[4] Bes. in der Zweiten E. , s. 469–471. 478 f. 485 f.
[5] *Kant*, KrV B XXVI f; ähnlich deutlich auch GMS 105 f; Prolegomena 62–64. 104 f.
[6] Außer den genannten Stellen z. B. KrV B 307 f.
[7] Z. B. KrV B 344 f. 641 f.
[8] Rezension des Aenesidemus oder über die Fundamente der vom Herrn Prof. Reinhold in Jena gelieferten Elementar-philosophie. Nebst einer Verteidigung des Skeptizismus gegen die Anmaßung der Vernunftkritik: S. W. I, 19–21; WL 283 f. 285 f; Zweite E. 483; SL 17. 161.
[9] S. Zweite E. 471–475.
[10] Z. B. KrV B 307; KprV 56. 78. 85 f.

solches Vermögen nicht nur (wie *Kant*) ab, sondern er hält – und darin geht er über *Kant* hinaus – bereits diesen Begriff für in sich widersprüchlich und undenkbar: Denn nach *Kant*s eigener Lehre sind ja „Gedanken [*Fichte:* Begriffe] ohne Inhalt [...] leer, Anschauungen ohne Begriffe [...] blind"[11], woraus *Fichte* folgert: Intellektuelle Anschauung ist erst denkbar, wenn sie auf ein sinnliches Sein geht. Das sinnliche Sein aber, das *Fichte* dabei im Auge hat, das Selbstbewußtsein nämlich, ist ein Handeln. Diese Anschauung ist unmittelbar, ohne doch sinnlich zu sein. Für *Fichte* kann deshalb die intellektuelle Anschauung im Gegensatz zu *Kant* gerade zum Grundakt[12] seiner Philosophie werden. *Kant* hätte gar nicht auf ein Bewußtsein des Kategorischen Imperativs kommen können, wenn er nicht – unausgesprochen – in der Sache ebendiese Voraussetzung gemacht hätte. Statt diesen Sachverhalt durchsichtig zu machen, habe er hingegen durch seinen Begriff von intellektueller Anschauung als dem unmittelbaren Bewußtsein eines nichtsinnlichen Seins trotz Verneinung ihrer Gegebenheit beim Menschen deren Denkbarkeit aufrechterhalten; damit bleibe aber die überwundene Matrix des von ihm kritisierten dogmatistischen Denkens unbemerkt erhalten.

Der aufgezeigte Mangel wäre nun nicht weiter von Bedeutung, hätte er nicht – so *Fichte* – *Kant* selbst am Weiterdenken gehindert (4.1.2 und 4.1.3) und bei seinen Kommentatoren und Nachfolgern eine Interpretation begünstigt, die ihn gerade im Entscheidenden mißverstand.

4.1.2 Das Fehlen eines obersten Grundsatzes

Die offenkundigste Stelle, wo *Kant*s Gedankengang abrupt aufhört, ist *Fichte* zufolge die Trennung von theoretischer und praktischer Vernunft. Nirgendwo behandle *Kant* „die Grundlage *aller* Philosophie"[13].

Daß der Einheitspunkt des kritischen Denkens fehlt, ist für *Fichte* schon formal ein gravierender Mangel, der sich aber darüber hinaus als eine Folge der *Kant*ischen Vorstellung einer vom Subjekt gänzlich unabhängigen Welt von Dingen an sich entpuppt.

Sobald man nämlich die Vorstellung von Dingen an sich ganz fallen läßt, gibt es keinen Grund mehr, anzunehmen, die sogenannte reine theoretische Erkenntnis sei eine andere als die ethisch-praktische. Denn mit welchem Recht könnten wir behaupten, daß das, was sich uns in einer intellektuellen Anschauung (nach *Kant*s Verständnis) erschließen würde, sich von dem, was die praktische Vernunft – auf ihre Freiheit reflektierend – erkennt, unterschiede?

---

[11] *Kant,* KrV B 75. Vgl. *Fichte,* Zweite E. 473 f.
[12] S. 4.3.1 dieses Kapitels, bes. die in Anm. 48 genannten Stellen.
[13] Zweite E. 472, vgl. 472–479; SL 57. 92; von den späteren Schriften: WL (1801): S. W. II, 73; WL (1804): S. W. X, 102–105. 110 f; SL (1812): S. W. XI, 30.

Mit diesem Einwand wird aber auch die *Kant*ische Vorstellung über die Erscheinungen ergänzungsbedürftig. Denn weder die Kategorien als die apriorischen, obersten Begriffe des Denkens noch Raum und Zeit als die allgemeinsten Formen der Anschauung gelten ja als etwas an und für sich selbst[14], sondern sind nur für das Gebiet der Erscheinungen anwendbar; damit entfällt aber die von den meisten Kantianern *Kant* unterschobene Erklärung der konkret-empirischen Anschauungen, die in der Schlußfolgerung auf ein an sich bestehendes Ding (von dem *Kant* zwar sagt, daß es von uns zu der Erscheinung hinzugedacht werden müsse, aber eben nur: von uns als empirischen Ichs), also in einer Anwendung der Kategorie „Kausalität", besteht. Bei *Kant* selber findet sich weder diese Erklärung noch eine andere, es sei denn (und so interpretiert *Fichte* ihn), man nimmt die Einheit der transzendentalen Apperzeption für eine solche[15]. *Fichte* selbst glaubt, den gesuchten, alles Bewußtsein bedingenden Grund im reinen Selbstbewußtsein oder transzendentalen Ich gefunden zu haben (siehe unten).

4.1.3 Formalistische Ethik

In der Sittenlehre *Kant*s pflanzt sich nach *Fichte* der Rest von Dogmatismus fort als unüberbrückbare Kluft zwischen dem reinen Willen und der erfahrbaren Wirklichkeit. Die Verpflichtung auf die absolute, reine Selbstbestimmung verhindere jede Möglichkeit von Konkretion, da deren Voraussetzung, nämlich durch Objekte bestimmt zu sein, ja per definitionem ausgeschlossen ist. Eine solche die naturale Bedingtheit des endlichen Bewußtseins nicht berücksichtigende Ethik verbleibe daher notwendig im Formalen[16], von ihrer Tendenz zum Negativen und zur Selbstverleugnung ganz zu schweigen[17]. Auch der Kategorische Imperativ wird deshalb von *Fichte* kritisiert, beziehe er sich doch lediglich auf die „*Idee* einer Übereinstimmung" und nicht auf die Realisierung „*wirklicher* Übereinstimmung"[18].

Von daher ist es *Fichte*s erklärtes und immer neu in Angriff genommenes Bestreben, aus der Idee einer Transzendentalphilosophie eine „reelle" Sittenlehre zu entwickeln, das heißt eine, die zu Leben und Erfahrung führt und nicht nur zur formalen Allgemeinheit eines Gesetzes.[19] Er hat dabei eine im Vergleich zu *Kant* beachtliche Konkretionsebene erreicht, eine Tatsache, die

---

[14] Zweite E. 482.
[15] Vgl. Zweite E. 472. 475 f. 478 f.
[16] SL 131; vgl. WL (1804): S. W. X, 103; SL (1812): S. W. XI, 25. – Die bedingungslose Achtung vor dem Gesetz als Kriterium der Moralität einer Handlung hatte bereits *F. Schiller* stark kritisiert; s. *Reiner* 1951; *Kössler* 1962; *Henrich* 1963, 377–383.
[17] Vgl. SL 147.
[18] SL 234. Vgl. SL (1812): S. W. XI, 25.
[19] S. Abschnitte 4.4 und 4.5.3. Die Spannung wird gelöst im Modell der unendlichen Annäherung ans Ziel.

mit dem Urteil, es bleibe doch beim inhaltsleeren Formalismus[20], gewiß nicht adäquat gewürdigt ist.

4.1.4 Verhängnisvolle Auswirkungen

Das Fehlen des letzten Einheitsgrundes bei *Kant* hat nach *Fichte* nahezu alle seine Ausleger und Adepten dazu verleitet, den leerstehenden Platz durch ein Surrogat zu besetzen, eben jenes Ding an sich. Das bei *Kant* nur vorausgesetzte, aber aus der Erkenntnis ausgeschlossene Ding an sich werde so explizit und mit zentralster Funktion wieder rehabilitiert, und dies auch noch mit dem Anspruch, *Kant*s System zu interpretieren; Erscheinungen würden nunmehr wieder vom „Eindruck" einer vom Ich verschiedenen Wesenssubstanz hergeleitet. *Fichte* weist solcher *Kant*-Interpretation nach, daß sie dem *Kant*ischen *Kant* „nach dem *Zusammenhange* und nach der *Idee im Ganzen,* also nach dem *Geiste und der Absicht*"[21] widerspricht.[22] Wichtiger als die „lediglich historische" Dimension dieses Nachweises ist jedoch – zumal *Kant,* wie sein Nachlaß dokumentiert, tatsächlich in dieser Sache keine ganz klare Position bezogen hat – das Aufzeigen der inneren Widersprüchlichkeit der Annahme eines Dinges an sich innerhalb des *Kant*ischen Ansatzes: Die inkriminierten Kantianer verführen einesteils idealistisch, indem sie dieses Ding an sich als Noumen, als zur Erscheinung notwendig Hinzuzudenkendes, also vom Denken Hervorgebrachtes nähmen, gleich darauf aber wieder diesen Gedanken durch den Eindruck eines Dinges an sich, also als nicht durch Denken hervorgebracht, ansähen und damit in den von *Kant* überwundenen Dogmatismus zurückfielen.[23]

Dem setzt *Fichte* eine Erklärung der Erkenntnis entgegen, die zwar gleichfalls die *Kant*ische „Affektion" als unentbehrlich herbeizieht, sie aber, im Gegensatz zu den anderen Interpreten, nicht als Affektion durch einen Gegenstand versteht. Affektion gilt für *Fichte* vielmehr als eine Realisierung jener Rezeptivität, die nichts anderes ist als die Beschränktheit, als die sich das Ich schon je weiß und notwendig denken muß (siehe unten). Diese Affektion jedoch transzendental (nicht etwa empirisch!) weiter aus der Wirksamkeit eines Etwas, das außerhalb des Ich ist, erklären zu wollen, sei Dogmatismus; dieses Gefühl aber zu unterschlagen, führe in einen „bodenlosen transzendentalen Idealismus".[24]

---

[20] So *Hirschberger* 1969, 369, vgl. 369 f. Dieses verbreitete Urteil läßt sich bis auf *Hegel* zurückverfolgen (Vorlesungen über die Geschichte der Philosophie, in: Sämtliche Werke, hrsg. *H. Glockner,* XIX, Stuttgart/Bad Cannstatt ⁴1965, 638 f, vgl. 633 f). *Fichte*s Ringen um Konkretheit ist – trotz etwas überbetonter Herausstellung alogisch-irrationaler Züge – gut dargestellt in dem noch immer aktuellen Werk von *Gurwitsch* 1924, bes. 215–375, und bei *Freyer* 1920, 113–155.
[21] Zweite E. 479.
[22] Vgl. Zweite E. 479–491; SL 26. 28. 100 f.
[23] Zweite E. 483. 491. Vgl. SL 26; WL (1804): S. W. X, 95–97.
[24] Zweite E. 490.

4.2 Der dreifache Autonomie-Begriff

Wie bei *Kant* so bildet auch bei *Fichte* der Autonomie-Gedanke das Zentrum der Ethik. *Fichte* zerlegt ihn in drei Bedeutungskomponenten, die sich alle drei auf das Sittengesetz beziehen: Autonomie bezeichnet *erstens* die Gesetzgebung des vernünftigen Wesens an sich selbst, das heißt jene Tätigkeit der Intelligenz, durch die das Gesetz ihr überhaupt zum Gesetz wird, indem „sie darauf reflektiert, und mit Freiheit sich ihm unterwirft, d. i. selbsttätig es zur unverbrüchlichen Maxime alles ihres Wollens macht"[25]. Was *zweitens* den Inhalt des Gesetzes betrifft, so fordert es als Gesetz der Autonomie positiv „absolute Selbständigkeit", das heißt, der Bestimmungsgrund des Willens soll in uns allein liegen; negativ ausgedrückt besagt das: „absolute Unbestimmbarkeit durch irgend etwas außer dem Ich"[26]. Die *dritte* Bedeutung des Wortes meint die Entstehung unserer Unterwerfung unter das Gesetz; Autonomie bezeichnet dann den Vorgang, daß das Ich sich selbst ins Verhältnis der Gesetzmäßigkeit bringt, und zwar „lediglich durch absolut freie Reflexion des Ich auf sich selbst in seinem wahren Wesen", durch Vernunft also und nicht durch Gefühl oder Instinkt, Natur, Neigung oder anderes.[27] Dieser vollste Begriff von Autonomie ist es, in dem *Fichte* das Programm seiner Ethik und darüber hinaus seiner ganzen Philosophie ausgedrückt sieht. Autonomie wird hier zu dem die ganze Wirklichkeit beherrschenden Gesetz. Dies gilt es im folgenden aufzuzeigen.

4.3 Deduktion des Begriffs der Sittlichkeit aus den un-bedingten Prinzipien der Wissenschaftslehre

Ähnlich wie *Kant*s Ethik analytisch vom phänomenalen Begriff des Guten ausgegangen war, beginnt *Fichte* bei der Faktizität des Moralischen, der „Zunötigung [. . .], einiges ganz unabhängig von äußeren Zwecken zu tun"[28], beziehungsweise bei deren Grund: der „moralische[n] [. . .] Natur des Menschen"[29]. Die Ethik als Wissenschaft hat zunächst die Aufgabe, die Gründe dieses Faktums, unseres Bewußtseins also vom Zusammenhang zwischen der Moralität und uns als Menschen, aufzusuchen.

Um diese Aufgabe lösen beziehungsweise den *Fichte*schen Gedanken nachvollziehen zu können, darf man zweierlei nicht übersehen: Erstens will

---

[25] SL 56.
[26] Ebd.
[27] SL 56 f.
[28] SL 13, vgl. 16 u. a.
[29] SL 13 (im Original z. T. hervorgehoben).

Fichte letzte unhinterfragbare und unkritisierbare Evidenz[30], und das bedeutet soviel wie: vollständige Autonomie. „Entweder, alle Philosophie muß aufgegeben, oder die absolute Autonomie der Vernunft muß zugestanden werden. Nur unter dieser Voraussetzung ist der Begriff einer Philosophie vernünftig."[31] Signifikant für diesen Willen zur „Selbstableitung"[32] ist, daß *Fichte* für seine trotz mehrerer Darstellungen von seinem System noch immer nicht überzeugten Zeitgenossen 1801 eine neue Darstellung verfaßt, der er den Untertitel gibt: „Ein Versuch, die Leser zum Verstehen zu *zwingen*"[33]. Damit hängt aber das Zweite zusammen, der Systemcharakter seines Philosophierens[34]. „System" ist hierbei im strengen Sinne gemeint, wie es seit *Descartes* intendiert war und dann später von *Spinoza* und *Kant* zu realisieren versucht wurde: Ein System dieser Art vereinigt verschiedene Erkenntnisse nicht nur zu einem Ganzen, wie das ja auch die mittelalterlichen Summen zum Teil schon leisteten, sondern darüber hinaus stehen alle Erkenntnisse untereinander in einem deduktiven Begründungszusammenhang, sind also abgeleitet von obersten, selbst nicht ableitbaren Prinzipien und können nicht unabhängig voneinander gewonnen werden. Ein System in diesem Sinn will die Ganzheit der Wirklichkeit erklären; daher sind auch alle seine Teildisziplinen von der gemeinsamen Grundlegung abhängig. „Die Wissenschaftslehre hat absolute Totalität. In ihr führt Eins zu Allem, und Alles zu Einem. Sie ist aber die einzige Wissenschaft, welche vollendet werden kann; Vollendung ist demnach ihr auszeichnender Charakter."[35]
Der Wille zu letzter Evidenz und der Wille zum System müssen demnach Leitprinzipien jeder *Fichte*-Interpretation sein. Selbst dort, wo es sich bloß um spezielle Aspekte seines Denkens handelt, geht man an der Sache vorbei, wenn man sie nicht auf dem Fundament und im Rahmen seiner transzendentalen Grundlegung der Philosophie erfaßt.[36/37] Deshalb kann auch die für die Ethik konstitutive Begründung der faktisch wahrgenommenen „Zunöti-

---

[30] S. z. B. Über den Begriff der WL oder der sogenannten Philosophie: S. W. I, 40–42; WL 86. 87. 105.
[31] SL 59.
[32] So *Lauth* 1965, 78.
[33] Sonnenklarer Bericht an das größere Publikum über das eigentliche Wesen der neuesten Philosophie: S. W. II, 323 (Hervorhebung nicht im Original).
[34] S. z. B. Begriff der WL 38–45. 47–54; WL 114 f. 294 f; Erste E. 445–449; SL 172. Für die Spätphilosophie s. z. B. Anweisung 468.
[35] Über den Begriff der WL 59, vgl. 57–62; Sonnenklarer Bericht: S. W. II, 394. – Diese Systemstruktur wird plastisch herausgearbeitet bei *Lauth* 1965, 73–123.
[36] Das muß z. B. gegen *Kellner–Thiel* 1962, 743–749, eingewandt werden, ganz abgesehen von der Frage, was unter „allgemein menschlich" zu verstehen sei. Es ist aufgrund dieser Unterlassung dann leicht, *Fichte* zum direkten Antizipator marxistischer Lehrsätze zu machen.
[37] *Fichte* ausdrücklich im Vorbericht zur 1. Aufl. der WL (89): „Die künftigen Beurteiler dieser Schrift ersuche ich auf das Ganze einzugehen, und jeden einzelnen Gedanken aus dem Gesichtspunkte des Ganzen anzusehen." Vgl. Erste E. 421; Rückerinnerungen 337 f; Sonnenklarer Bericht: S. W. II, 397 f.

gung" bei *Fichte* nur als Deduktion von den Prinzipien der „gesamten Wissenschaftslehre"[38] erfolgen. Das Gesagte gilt für die Sittenlehre sogar in ausgezeichneter Weise, weil die Sittlichkeit für *Fichte* nicht nur Gegenstand einer Teildisziplin ist, sondern in der Grundlegung selbst eine tragende Funktion hat: „Alle Erkenntnis [. . .], objektiv als System betrachtet, ist im voraus durchgängig bestimmt, und durch den sittlichen Trieb bestimmt."[39] Daher wird die Sittenlehre bereits im dritten Teil der ‚Grundlage der gesamten Wissenschaftslehre' konzipiert.[40]

4.3.1 Die unbedingte Grundlage der gesamten Wissenschaftslehre

Das einzige, nicht mehr auf seine Gründe Hinterfragbare, also Un-Bedingte, Absolut-Erste, notwendig Bewußtwerdende ist: daß wir Wir sind beziehungsweise daß ich Ich bin. „Alles übrige, was entweder *in* uns ist [. . .] oder *für* uns [. . .], ist deswegen in uns und für uns, weil wir jenes [sc. Ichheit] sind [. . .]."[41]
Was aber bedeutet eigentlich der Begriff „Ich"? Man kann nichts denken, ohne sein Ich als denkend und sich seiner selbst bewußt hinzuzudenken. Während ich aber beim Denken alles dessen, was nicht Ich ist, stets mich als Denkenden dem Gedachten entgegensetze, nehme ich den Denkenden und das Gedachte (also das handelnde Subjekt und das Produkt der Denkhandlung) als dasselbe, sobald ich mich denke; und umgekehrt entsteht in meinem Denken der Begriff des Ich, sobald ich das, was durch das geistige Handeln hervorgebracht wird, und den Handelnden als ein und dasselbe zusammendenke. Das bedeutet aber doch, daß das Sein des Ich darin und ganz allein darin besteht, daß das Ich sich selbst als seiend setzt, oder: daß das Ich ist, weil und insofern es sich gesetzt hat. Von dem Augenblick an, wo es sich

---

[38] So nennt *Fichte* sein philosophisches Grundwerk, das er in der Rezension des Aenesidemus 1792 (S. W. I, 1–25) erstmals angedeutet hat, 1794 dann zunächst als Handbuch für die Hörer seiner Vorlesungen herausbrachte und bis zu seinem Tode 1814 rund zwanzigmal umarbeitete (nicht alle Fassungen liegen bisher auch gedruckt vor: s. dazu *Lauth* 1957, 129–134). Außerdem wird seine Grundstruktur nahezu in jedem *Fichte*schen Werk als systematisches Koordinatensystem skizziert.
Vgl. zum folgenden außerdem: Über den Begriff der WL oder der sogenannten Philosophie: S. W. I, 27–81; Grundriß des Eigentümlichen der WL in Rücksicht auf das theoretische Vermögen, als Handschrift für seine Zuhörer: 329–411; Erste E.; Zweite E.; Versuch einer neuen Darstellung der WL: S. W. I, 519–534; NR 1–7. 17–29; Die Schriften zum Atheismus-Streit: S. W. V, 175–396; Die Bestimmung des Menschen: S. W. II, 165–319; Sonnenklarer Bericht: S. W. II, 323–420. Zu den Schriften nach 1801 s. Abschnitt 4.6.
[39] SL 172; vgl. WL 294 f.
[40] WL 245–328. Die SL, der wir in unserer Darstellung hauptsächlich folgen, betont eingangs ebenfalls: „In Beziehung auf ein wissenschaftliches Ganzes der Philosophie hängt die hier vorzutragende besondere Wissenschaft der Sittenlehre durch diese Deduktion mit einer Grundlage der gesamten Wissenschaftslehre zusammen" (SL 15).
[41] SL 14, vgl. WL 95 f. u. a.

selbst setzt, ist es für es selbst notwendig. Indem es sich selbst, abgesondert von allem, was nicht Ich ist, denkt (und das bedeutet im spezifischen Sinn „Bewußtsein" oder „Selbstbewußtsein"), findet es sich also als schlechthin Gesetztes und zugleich auf sich selbst Gegründetes, von ihm selbst Hervorgebrachtes. Dementsprechend lautet der erste, absolut gewisse Grundsatz der Wissenschaftslehre: „Das Ich setzt ursprünglich schlechthin sein eigenes Sein."[42] Damit ist an den Beginn von *Fichte*s Philosophie ein praktischer Selbstvollzug, eine „Tathandlung", gestellt: das alle Objektbezüge hinter sich lassende reine Denken des Ich, nicht ein streng beweisbares Faktum, nicht eine objektive, unabhängig vom Denken gegebene Notwendigkeit („Tatsache"). –

Denken ist aber nur denkbar unter der Voraussetzung eines Objekts. Selbst wenn also das Ich nur sich selber denkt, denkt es immer über *etwas*. Es setzt sich ja als bestimmtes, nicht als Gesamtheit der Realität; diese Bestimmtheit ist also eine Einschränkung seiner selbst, so daß sich als Ich setzen zugleich ein Nicht-Ich-Setzen bedeutet. Das besagt, die den Begriff des Ich konstituierende Identität von Denkendem und Gedachtem ist die Identität zweier Entgegengesetzter, eines Subjekts *und* eines Objekts: „In allem Denken ist ein Gedachtes, das nicht das Denken selbst ist, in allem Bewußtsein etwas, dessen man sich bewußt ist, und das nicht das Bewußtsein selbst ist."[43] Dieses notwendig mitgesetzte Objektive ist demnach weder das Ich selbst, wohl aber die Bedingung von dessen Subjektivität; noch ist es auch Nichts, weil es ja zumindest Objekt meiner Vorstellung[44] ist. Deshalb gibt ihm *Fichte* die Bezeichnung „Nicht-Ich"[45], das will sagen: „etwas außer mir ohne mein Zutun Vorhandenes"[46]. Somit besagt der ebenfalls durch keinen höheren Grund begründbare zweite Grundsatz, daß dem Ich ursprünglich ein Nicht-Ich entgegengesetzt wird.

Ich und Nicht-Ich müßten sich gegenseitig aufheben, und infolgedessen müßte sich auch ihre Ineinssetzung im Bewußtsein auflösen, wenn nicht sowohl das Ich als auch das Nicht-Ich im endlichen Bewußtsein selbst durch einander eingeschränkt würden. Der Begriff der Beschränktheit aber besagt nichts anderes, als daß eine Realität negiert wird, aber nur teilweise. Demzufolge beinhaltet *Fichte*s dritter Grundsatz die Vereinigung von Ich und Nicht-Ich, und zwar dadurch, daß beide im Akt der Entgegensetzung als teilbar gesetzt werden. –

Mit dem Begriff des Ich, der ursprünglichen Entgegengesetztheit von Sub-

---

[42] WL 98, vgl. 91–98; SL 18 f. 21.
[43] SL 21, vgl. 81. 82 u. ö.
[44] Im zweiten Hauptstück der SL zeigt *Fichte,* daß dem gedachten „Etwas außer uns" Realität zukommt, so daß es vom Menschen weder erschaffen noch vernichtet, sondern bloß formiert werden kann (SL 75–83).
[45] SL 82. 91 u. ö.
[46] SL 82.

jektivem und Objektivem im Bewußtsein und mit der gleichzeitigen Setzung ihrer Teilbarkeit ist die dreifache Grundlage gefunden, in der nach *Fichte* alle Wissenschaft, die Sittenlehre eingeschlossen, im Keim enthalten ist. Von ihrer Gewißheit hängt alle andere Gewißheit ab. „Über diese Erkenntnis hinaus geht keine Philosophie; [...]. Alles was von nun an im Systeme des menschlichen Geistes vorkommen soll, muß sich aus dem Aufgestellten ableiten lassen."[47] Die drei Grundsätze lassen sich nicht weiter deduzieren, sondern sind nur durch „Anschauung"[48] aufzufinden; könnten sie bewiesen werden, so entbehrten sie notwendig der gesuchten Unbedingtheit. – Die Sittenlehre im besonderen entfaltet sich aus dem Satz: „Das Ich setzt das Nicht-Ich als beschränkt durch das Ich."[49] Dieser Satz bildet einen Teil des dritten Grundsatzes. Er ist nur inhaltsvoll, wenn das Objekt (für das Ich) etwas Reales, vom Denken unabhängig Vorhandenes ist.[50] Demnach stellen die WL und die SL Sätze auf, die zwar a priori gewiß sind, aber Realität und Inhalt erst erhalten, wenn sie als Faktum voraussetzen, daß es noch ein Setzen gibt außer dem des Ich durch sich selbst, „das sich *a priori* gar nicht aufzeigen läßt, sondern lediglich in eines jeden eigener Erfahrung"[51]. Endliche Vernunftwesen sind sich eines solchen Faktums bewußt.

4.3.2 Das Wollen

Im Ich findet eine Identität statt zwischen Subjekt und Objekt. Diese Identität ist einerseits Setzung, anderseits aber auch Wissen dieser Handlung des Sichsetzens. Um das Ich nun als Ich für sich erkennen zu können – dieses „für sich" ist nicht im substantiellen Sinne zu verstehen! –, muß diese Identität erstens als eine solche von Denkendem und Gedachtem beziehungsweise von Handelndem und Behandeltem gedacht werden. Weil aber zweitens das Gedachte, das Ich nämlich, ja auch ganz unabhängig vom Denken gefunden werden soll, muß im Gedachten selbst, „inwiefern es bloß das Objektive sein und nie das Subjektive werden kann, also das ursprünglich Objektive ist"[52], eine Identität von Handelndem und Behandeltem vorhanden sein; diese aber muß „reell" sein. Beides zusammengenommen führt auf „ein reelles Selbstbestimmen seiner selbst durch sich selbst"[53]. Als solches wird aber nur das

---

[47] WL 110. – *Fichte* beginnt in der WL mit der Ableitung logischer Grundsätze: des Identitätssatzes, des Satzes vom Widerspruch und des Satzes vom Grunde.
[48] Auch „Selbst-" bzw. „innere Anschauung", „Anschauung seiner selbst" genannt: WL 91; Versuch einer neuen Darstellung: S. W. I, 530; SL 19. 21. 22. 28. 31 f. 44. 87. 91 u. ö. Zur Rechtfertigung des Ausdrucks s. Zweite E. 463–468; SL 47 f.
[49] WL 125 (im Original hervorgehoben). 246. 247.
[50] WL 125 f. 246 f; SL 22.
[51] WL 252.
[52] SL 22.
[53] Ebd. (im Original hervorgehoben).

Wollen gedacht, so daß sich ergibt: Sofern ich mich selbst, als mich selbst, finde, finde ich mich notwendig wollend.[54] Nun ist aber das Wollen nicht überhaupt, sondern nur unter der Voraussetzung eines vom Ich Unterschiedenen denkbar. Deshalb kann ich zu meinem „reinen Sein" nur gelangen, wenn ich von allem, was nicht Ich bin, abstrahiere. Was dann übrigbleibt, ist das Wollen; dieses aber wird uns vom Bewußtsein als etwas Erstes und Absolutes hingestellt, das von nichts außer ihm bedingt ist und sich nur unmittelbar durch sich selbst erkennen läßt. Die Absolutheit des Wollens kann man nur in sich selbst finden, es ist unmöglich, sie von einem „Außen" zu deduzieren. Diese Unmöglichkeit selbst hat den Charakter der Faktizität, sie kann mit Argumenten der theoretischen Vernunft nicht mehr bewiesen werden. Diese Erscheinung des Ich (als eines Wollens) als ein Erstes, absolut Unerklärbares zu nehmen, und das heißt zugleich: einem System des Wissens als schlechthinniges Fundament der Wahrheit zugrunde zu legen, „nach der alle andere Wahrheit beurteilt und gerichtet werden müsse"[55], bedeutet daher eine „Entschließung"[56], einen „Sprung"[57], zu dem kein stetiger Übergang führt. Diese Option legitimiert sich allein „zufolge eines praktischen Interesse[s]: ich *will* selbständig sein, darum halte ich mich dafür"[58]. Das letzte Dafürhalten, auf dem diese Entschließung basiert, nennt *Fichte* deshalb auch einen „Glauben"[59]. „Nur in ihrem Vollzug wird die Freiheit als unbedingte Voraussetzung angeschaut."[60] In der Unbegründbarkeit dieser Voraussetzung ist bereits und fundierend die sich selbst bestimmende und damit sittliche Vernunft am Werk: sofern sie gerade sittliche ist, darf sie durch nichts Äußeres, und sei es auch nur durch einen logischen Schluß, erzwungen werden, sondern muß sich selbst konstituieren.[61]

Vom Erkennen des Seins an sich kann darum keine Rede mehr sein. Wirklich ist schlechthin nur durch das Selbstbewußtsein Vermitteltes.[62] Mich selbst

---

[54] Vgl. SL 18. 22.
[55] SL 25.
[56] SL 25. 26, vgl. 50; Aenesidemus-Rezension 23; Erste E. 429–435; Zweite E. 457. 499. 505–515; Weltregierung 181 f.
[57] WL 298.
[58] SL 26.
[59] SL 26. 54; vgl. Zweite E. 466; Weltregierung 182; Die Bestimmung des Menschen: S. W. II, 248–319. – Insofern ist die Entscheidung für die wahre Philosophie selbst ein Akt der Freiheit, was *Fichte* in der bekannten Formel ausdrückt: „Was für eine Philosophie man wähle, hängt [...] davon ab, was man für ein Mensch ist; [...]" (Erste E. 434; der Satz bezieht sich auf die Alternative Idealismus/Dogmatismus als den beiden philosophischen Grundpositionen schlechthin). In den späteren Schriften wird statt von Glaube äquivalent von einer Entscheidung des Herzens gesprochen (z. B. Weltregierung 182; Appellation 217. 228).
[60] *M. Zahn* in der Einleitung zu der von ihm veranstalteten Edition der SL, Hamburg ²1969 (= Philosoph. Bibliothek 257), XVIII.
[61] Vgl. Weltregierung 182.
[62] Vgl. unter den zahlreichen Stellen etwa: SL 80. 93. 134. 136; WL 227; Erste E. 421; Zweite E. 466–468. 498–500.

finde ich als absolute Tätigkeit; meine Spontaneität hat eine Bestimmung, doch eine, die sie sich selbst gegeben hat. „Sein" ist Negation von Tätigkeit. Wenn *Fichte* „Sein" in bezug auf das Ich gebraucht, meint er damit „Sich selbst setzen".[63]
Das naheliegende Urteil, diese enorme Versubjektivierung als Mangel zu werten, spürt *Fichte*. Er weist jedoch den Verdacht dezisionistischer Willkür von vornherein zurück, indem er seinen Gedanken mit anderen philosophischen Konzeptionen vergleicht. Diese erscheinen ihm durch die *Kant*ische Kritik weitgehend als überholt, auf jeden Fall aber als überboten, weshalb sich die Rechtfertigung seines eigenen Entwurfs meistenteils mit der kritischen Bezugnahme auf *Kant* begnügt. *Fichte* sieht sich infolgedessen berechtigt beziehungsweise gezwungen, das Ich im skizzierten Sinne zur Basis des Systems zu nehmen, nämlich um einerseits das kritische Anliegen *Kant*s zu realisieren, und anderseits aber gleichzeitig den kaschierten Dogmatismus vom „Ding an sich" zu vermeiden. „Man macht in unserem Systeme sich selbst zum Boden seiner Philosophie, daher kommt sie demjenigen als bodenlos vor, der dies nicht vermag; aber man kann ihn im voraus versichern, daß er auch anderwärts keinen Boden finden werde, wenn er sich diesen nicht verschaffe, oder mit ihm sich nicht begnügen wolle."[64]
Als spezifischer Charakter des Ich, der nur kraft der beschriebenen Abstraktion und innerlicher Anschauung auffindbar ist, ergibt sich zusammenfassend: „absolute Unbestimmbarkeit durch irgend etwas außer ihm, Tendenz sich selbst absolut zu bestimmen, ohne allen äußeren Antrieb"[65]. Diese im Vollzug angeschaute reine Aktivität – das eben ist Autonomie im Sinne *Fichte*s. „Es [sc. das vernünftige Wesen, als solches betrachtet] *ist* ursprünglich, das heißt ohne sein Zutun, schlechthin nichts: was es *werden* soll, dazu muß es selbst sich machen, durch sein eigenes Tun."[66] Deshalb ist es in seiner ursprünglichen Objektivität gerade kein Sein; „denn dadurch würde es zu seinem Entgegengesetzten, dem Dinge. Sein Wesen ist absolute Tätigkeit und nichts als Tätigkeit"[67].

4.3.3 Bewußtsein und Freiheit

Ein Ding weiß von seinem Sein nichts; nur damit es gedacht werden kann, muß es Bezug haben zu einem Bewußtsein beziehungsweise zu einer Intelligenz. Denke ich nun aber mich rein als Objekt, so liegt das Wissen von der Existenz dieses Ich in derselben Substanz, die auch ist. Das heißt aber, daß weder dieses Ich sein kann ohne Selbstbewußtsein, noch auch ein Selbstbe-

[63] WL 98.
[64] SL 26.
[65] SL 28, vgl. 29.
[66] SL 50, vgl. 105 u. ö.; WL 273.
[67] SL 105.

wußtsein ohne das Sein des Bewußten. Also muß ich als Vernunftwesen von der im vorigen Abschnitt als Wesen des Ich gefundenen absoluten „Tendenz zur Selbsttätigkeit"[68] stets auch wissen. – Es wird darum im folgenden um den Nachweis gehen, daß das Objekt unseres Bewußtseins (nämlich das Bewußtsein unseres ursprünglichen Seins) nicht mittels einer willkürlichen Abstraktion erst zustande kommt, sondern daß es ursprünglich vorhanden ist und sich uns mit Notwendigkeit aufdringt; es soll, mit anderen Worten, etwas immer schon Gewußtes explizit gemacht werden.

Das Ich könnte sich in seiner Ichheit niemals erkennen, würde es nicht über das unableitbare Vermögen der intellektuellen Anschauung verfügen und dieses Vermögen auch dauernd realisieren in bezug auf sich selber; genauer gesagt ist die innere Anschauung deshalb eine „Tendenz" und konstitutiv für das Ich. – Nun kann es aber nur sinnvoll sein, von Anschauung zu sprechen, wenn sie auf etwas unabhängig von ihr Seiendes geht. Auf das Ich bezogen heißt das: Von der Anschauung des Ich kann nur die Rede sein, wenn das Ich schon vor aller Anschauung da ist. Das Ich müßte also gewissermaßen sein, ehe es ist, das heißt bestimmt ist. Das aber läßt sich allein unter *der* Voraussetzung widerspruchslos denken, daß das Sein (der Bestimmtheit des Ich) aus etwas anderem als einem Sein (dem Ich) hervorgeht, weil bei der Herkunft eines Seins aus einem Sein das konkret-bestimmte Ding in der unwandelbaren Natur bereits enthalten und notwendig mitgesetzt, folglich mit dieser gleichzeitig sein muß. Es läßt sich nur eine einzige Möglichkeit denken, bei der die genannte Voraussetzung gegeben ist: das Denken. Tatsächlich wird nun auch das Denken „nicht als etwas Bestehendes, sondern als Agilität, und bloß als Agilität der Intelligenz gesetzt"[69]; Denken ist mithin etwas, noch ehe das mit ihm zusammenhängende Sein bestimmt ist.

Das Ergebnis des vorigen und gleichzeitig der Ausgangspunkt dieses Abschnitts war, daß die Bestimmung im Ich und in nichts außer ihm ihren Grund hat. Nach der obigen Reflexion heißt das jetzt eben, daß das Sein aus dem Denken hervorgeht, oder mit anderen Worten – im Gegensatz zu dem mit Notwendigkeit sich vollziehenden Hervorgang des Seins aus dem Sein –: das Sein ist Produkt der Freiheit. Im Anschauen seiner selbst reißt sich „das Ich, als absolute Kraft mit Bewußtsein, [...] los – vom Ich, als *gegebenem* Absoluten, ohne Kraft und Bewußtsein"[70]. Und gerade im Akt dieses Losreißens ist „eigentliche Freiheit" wirklich, „Absolutheit der Absolutheit, absolutes Vermögen, sich selbst absolut zu machen"[71]; Freiheit ist weder ein Beginnen von einem Sein (sei es nun ein Äußeres oder die eigene Natur)

---

[68] SL 29. 39. 42. u. ö.
[69] SL 36, vgl. 9; NR 28: „Das Ich ist unaufhörlich im Werden, es ist in ihm gar nichts Dauerndes [...]." – Agilität bedeutet bei *Fichte* soviel wie Aktivität.
[70] SL 33, vgl. 133. 179 u. ö.; Versuch einer neuen Darstellung: S. W. I, 531.
[71] SL 32, vgl. 9.

noch auch von Nichts, sondern von dem Denken. „Das Ich *ist* Setzen, *ist* jenes Handeln, durch das sein Fürsichsein entsteht, ein Ich-Subjekt seiner als Ich-Objekt inne wird."⁷² Damit nimmt Freiheit genau den Platz ein, den in der klassischen Metaphysik die Wahrheit beziehungsweise das Sein innehatte. Zugleich ist damit offenkundig, daß für *Fichte* Freiheit und Intelligenz untrennbar miteinander verkoppelt sind.

Der von der dreifachen Grundlage der gesamten Wissenschaftslehre hergeleitete Begriff der Freiheit partizipiert aufgrund dieser Herleitung also auch am „Entschließungs"-Charakter der Grundlage, was soviel heißt wie: Freiheit ist Abstraktion von allem Sein und Ausgang vom Anschauen und Denken als dem spezifischen Handeln der Intelligenz. „Derselbe Weg, der in der theoretischen Philosophie allein zum Ziele führt, das Sein (es verstehe sich, für uns [und nicht: an sich] zu erklären, macht auch allein eine praktische Philosophie möglich."⁷³ Das Ich ist also nicht „Tatsache", worunter nicht nur Natur beziehungsweise Wesen, sondern ebenso die Triebe, Neigungen und ähnliches fallen, sondern „Tatkraft"⁷⁴ oder „Tathandlung"⁷⁵ der Intelligenz, das heißt in jeder Hinsicht sein eigener Grund: Das Ich ist, als was es sich selbst setzt, und nur das.⁷⁶

4.3.4 Bewußtsein und Gesetzgebung

Wie aber ist das soeben in seiner Ursprünglichkeit abgeleitete Bewußtsein von der Tendenz meines Ich zur absoluten Selbsttätigkeit eigentlich beschaffen?

Als Wesen des Ich hatte sich aufgrund unserer allerersten Setzung die Tendenz auf das Ich ergeben; sie äußert sich als dauerndes Movens aller wirklichen Selbsttätigkeit; *Fichte* nennt sie deshalb Trieb. Das Ich, so hatte der weitere Gang der Überlegung gezeigt, muß zugleich subjektiv und objektiv gedacht werden.⁷⁷ Der von niemandem an und für sich, also in *einem* Begriff, sondern (weil ich, um mich denken zu können, bereits zwischen Subjekt und Objekt unterscheiden muß) nur in *zwei* neben- beziehungsweise hintereinandergeschalteten Gedanken (das Objektive gedacht als abhängig vom Subjektiven, dann das Subjektive als abhängig vom Objektiven) faßbaren absoluten Identität von Subjekt und Objekt, Sein und Bewußtsein, gibt *Fichte* die Be-

---

⁷² *Henrich* 1967, 18.
⁷³ SL 37 f.
⁷⁴ SL 38.
⁷⁵ Aenesidemus-Rezension: S. W. I, 8; WL 91; Zweite E. 465. 468.
⁷⁶ Vgl. SL 12. 38 f.
⁷⁷ „Die Tatkraft ist in die Botmäßigkeit der Intelligenz gekommen, durch die Reflexion, die wir erwiesen haben [dies entspricht Abschnitt 4.3.3]; umgekehrt, die Möglichkeit der Reflexion hängt wieder ab von dem Vorhandensein einer Tatkraft, und ihrer Bestimmtheit; dies war es, was wir voraussetzten [dies entspricht Abschnitt 4.3.2]." (SL 41)

zeichnung „Subjekt-Objekt"[78]. Der erwähnte Trieb kommt infolgedessen dem ganzen Ich zu, und nicht ihm, sofern es bloß Subjekt oder bloß Objekt ist.[79] Für die Beantwortung der Ausgangsfrage dieses Abschnitts nach der Beschaffenheit des ursprünglichen Strebens nach Autonomie bedeutet das aber ein schwerwiegendes Hindernis, weil gerade dasjenige selbst, worauf das ursprüngliche Streben geht, absolut unbegreiflich ist. Immerhin läßt sich aufgrund dieser Erkenntnis der Kreis der in Frage kommenden Antworten schon einmal eingrenzen. So kann mit Gewißheit der Trieb (im gerade explizierten Sinn) „nicht mit Notwendigkeit und mechanischem Zwange treiben"[80], war doch das Ich als Subjektives, das seine Handlungspotenz unter die Botmäßigkeit des Begriffs gebracht hat, als nur durch sich selbst bestimmbare „Tatkraft" erwiesen worden. Insofern sich der Trieb auf das *ganze* Ich bezieht, kann er sich aber auch nicht als ein Gefühl äußern. Denn Gefühl meint eine Abhängigkeit des Subjektiven vom Objektiven im Ich, also des Bewußtseins vom Sein, wobei die Veränderung des Objektiven ihrerseits wieder auf eine ohne seine freie Mitwirkung zustande gekommene Bestimmung zurückgeht, also von einem äußeren Antrieb abhängt. Eine derartige einseitige und mechanische Abhängigkeit des Subjektiven vom Objektiven widerspricht aber der Ganzheit des Ich, denn diese Ganzheit ist ja absolute Identität; als solche enthält sie weder die Möglichkeit einer Subordination noch überhaupt einer Zweiheit, wie sie das Gegensatzpaar Subjekt/Objekt notwendig darstellt. Das Gesagte findet von der anderen Seite her darin eine Bestätigung, daß im Gefühl keinerlei Bewußtsein einer Agilität des Denkenden vorhanden ist.

Der einzige Weg, um einer Antwort auf unsere Ausgangsfrage doch noch näher zu kommen, besteht darin, wenn schon die Identität von Subjekt und Objekt im Ich als solche nicht erfaßt werden kann, dann doch zunächst wenigstens einen der beiden Teile, in die wir uns nun einmal infolge unserer Beschränktheit aufteilen, hinsichtlich der zu untersuchenden Tendenz auf das ganze Ich zu analysieren und später dann auf das ganze Ich zu beziehen. *Fichte* wählt unter den beiden Möglichkeiten diejenige des Anfangens beim Subjektiven im Ich. Dann aber ist nach dem bisher Abgeleiteten davon auszugehen, daß das Ich als Intelligenz durch den Trieb unmittelbar bestimmt wird. Weil aber jede Bestimmung der Intelligenz ein Gedanke ist, muß es sich bei dem Gesuchten, nämlich dem „Wie" der Triebäußerung, auf jeden Fall um einen Gedanken handeln. Die Bestimmung dieses Gedankens nun kann weder von einem Dasein herrühren, da es sich nicht um eine objektive

---

[78] SL 42. 65. 130. 137; WL 98; Zweite E. 502; Versuch einer neuen Darstellung: S. W. I, 528.
[79] In einer versteckten Anspielung auf *Descartes* weist *Fichte* dementsprechend jede kausale Verknüpfung zwischen Sein und Denken zurück: SL 42; vgl. WL 99 f.
[80] SL 43.

Bestimmung, sondern um die des ganzen Ich handeln soll; noch kann sie auch auf ein anderes Denken (etwa nach der Art einer Reihe von Vernunftgründen) zurückgehen, weil in diesem Gedanken das Ich sich selbst als ursprüngliches denkt, der Gedanke vom Ich unter dieser Perspektive aber durch kein anderes Denken bedingt ist. Sonach kann der als Äußerung des Triebs erfolgende Gedanke nur „durch sich selbst bedingt und bestimmt [sein]. Es ist ein erstes, unmittelbares Denken."[81]

Die Wichtigkeit dieser Überlegung liegt generell darin, daß durch sie überhaupt das Denken seiner Form nach absolut wird; „wir erhalten eine Reihe, die schlechthin mit einem Gedanken anhebt, welcher selbst auf nichts anderes gegründet und an nichts anderes angeschlossen wird"[82]. Der hier zu beschreibende Gedanke ist aber auch seinem Inhalt nach absolut: „es wird so gedacht, schlechthin weil so gedacht wird"[83]. Für die Ethik bedeutet das, daß das Pflichtbewußtsein nicht „aus Gründen außer ihm" abgeleitet werden kann und darf.

Beides miteinander verbindend, kommt *Fichte* zu der fundamentalen Aussage, die sämtliche Bereiche seines ausgebauten Systems zusammenführt und seine innere Konsistenz verbürgt: „Dieses Denken [sc. die Reflexion der Bestimmung seiner selbst als Intelligenz, rein als solcher] ist das absolute Prinzip unseres Seins; durch dasselbe konstituieren wir schlechthin unser Wesen, und in ihm besteht unser Wesen. Unser Wesen ist nämlich nicht ein materielles Bestehen [...], sondern es ist ein Bewußtsein, und zwar ein *bestimmtes* Bewußtsein [...]."[84] *Daß* wir so denken, wissen wir kraft „intellektueller Anschauung", jener Form des unmittelbaren Bewußtseins also, die „die Intelligenz unmittelbar als solche, und nur sie", anschaut und in jedem Menschen auch wirklich vorkommt; täte sie das nicht, wäre auch die transzendentalphilosophische Anschauung dieser „inneren absoluten Spontaneität, mit Abstraktion von der Bestimmtheit derselben"[85], das heißt also die Rückführung auf die bloße Form der wirklichen intellektuellen Anschauung, nicht möglich.

Der letzte Schritt der Beantwortung unserer Ausgangsfrage besteht nun darin, die im absolut-ersten Denken gedachte Bestimmung durch den Trieb der absoluten Selbsttätigkeit auf das *ganze* Ich zu beziehen. Dies kann eben nur durch die Betrachtung der wechselseitigen Bestimmung des Subjektiven durch das Objektive wie auch des Umgekehrten annäherungsweise gelingen: Sofern das Subjektive durch die Objektivität bestimmt wird, muß das Denken zu etwas Unveränderlichem, Gesetzhaftem, Notwendigem führen. Da der bestimmende Trieb jedoch der zur absoluten Spontaneität ist, folgt hier-

---

[81] SL 46, vgl. 47.
[82] SL 46.
[83] SL 47.
[84] Ebd.
[85] Ebd.

aus, „daß die Intelligenz sich selbst das unverbrüchliche Gesetz der absoluten Selbsttätigkeit geben müßte"[86]. Kehrt man in der Vorstellung jedoch das Bestimmungsverhältnis um, so bestimmt, ja sogar bedingt das seinerseits unbestimmte Vermögen der Freiheit, als das das Subjekt im Vorhergehenden beschrieben worden war, das Objektive. Dies zu denken ist aber nur möglich, wenn das Ich sich als frei denkt. Beides zusammengenommen führt zu dem Ergebnis: „jene Gesetzgebung äußert sich nur unter der Bedingung, daß man sich als frei denke; denkt man sich aber als frei, so äußert sie sich notwendig."[87] Damit ist aus dem System der Vernunft bewiesen, daß ein vernünftiges Wesen nicht gedacht werden kann, ohne daß gleichzeitig gedacht wird, daß es auf eine bestimmte Weise handeln soll. Vermeintlich paradox, ist dieses Ergebnis in seiner Ganz- und Einheit in Wirklichkeit doch bloß unfaßlich für den Menschen. Denn analytisch hatte sich die absolute Selbständigkeit als notwendiger Inhalt des Begriffs vom vernünftigen Wesen gezeigt, was aber doch soviel bedeutet, daß Freiheit und Notwendigkeit ohne Widerspruch im gleichen Wesen vereinigt sind. Das eben ist nur möglich, wenn die Bestimmtheit diejenige einer freien Intelligenz ist, denn nur deren Bestimmtheit ist zwar notwendiges Denken, jedoch zugleich notwendiges Denken ihrer Selbständigkeit. Der Begriff der Selbständigkeit als Freiheit des Vernunftwesens kann gar nicht gedacht werden, ohne den Charakter eines Gesetzes, diese Selbständigkeit auch zu gebrauchen, zu haben.[88] Das Gesetz ist ein Gesetz der Freiheit beziehungsweise *das* Gesetz der absoluten Freiheit. Es setzt Freiheit voraus, aber – wie *Fichte, Kant* korrigierend, bemerken[89] – nicht in der Weise einer (kausalen beziehungsweise konsekutiven) Abhängigkeit; vielmehr bilden Gesetz und Freiheit eine echte und vollständige Einheit. Sittlichkeit ist die einzige Weise, sich die Freiheit eines vernunftbegabten Wesens zu denken. Die Freiheit ist unmittelbar bewußt; jede weitere Ableitung des zugleich mit ihr auftretenden Bewußtseins des Sittengesetzes erübrigt sich, wenn man nur der praktischen Vernunft den Primat zuerkennt, also den Schritt vom Als-frei-Erscheinen zum Frei-Sein vollzieht[90]. Dieser Schritt oder zutreffender: dieser Akt des Glaubens, ist für *Fichte* der Zugang zur intelligiblen Welt[91], damit aber auch – wie bereits gezeigt – der innere Ausgangspunkt seines ganzen Systems, das ja beide Welten umfaßt. Als Konsequenz zeichnet sich eine neue

---

[86] SL 48.
[87] SL 48, vgl. 48–54. „Notwendigkeit" ist nicht absolut gemeint, „dergleichen es überhaupt nicht geben kann, da ja alles Denken von einem freien Denken unserer selbst ausgeht", sondern im Sinne von denknotwendig, das heißt „dadurch, daß überhaupt gedacht werde, bedingt" (SL 49).
[88] SL 52.
[89] Vgl. SL 53.
[90] Vgl. SL 53 f. 165–170.
[91] Vgl. SL 91: „Unsere Existenz in der intelligiblen Welt ist das Sittengesetz, unsere Existenz in der Sinnenwelt die wirkliche Tat; der Vereinigungspunkt beider die Freiheit, als absolutes Vermögen, die letztere durch die erstere zu bestimmen."

Struktur der Ethik ab, die *Fichte* in die Worte faßt: „Das Tun ist nicht aus dem Sein abzuleiten, weil das erstere dadurch in Schein verwandelt würde, aber ich *darf* es nicht für Schein halten; vielmehr ist das Sein aus dem Tun abzuleiten. Durch die Art der Realität, die dann das erstere erhält, verlieren wir nichts für unsere wahre Bestimmung, sondern gewinnen vielmehr. Das Ich ist nicht aus dem Nicht-Ich, das Leben nicht aus dem Tode, sondern umgekehrt, das Nicht-Ich aus dem Ich abzuleiten: und darum muß von dem letzteren alle Philosophie ausgehen."[92] –
Wie gesagt, glaubt *Fichte,* damit aus dem System der Vernunft mit Notwendigkeit den Gedanken abgeleitet zu haben, daß wir auf eine bestimmte Weise handeln sollen. Hierbei ist nochmals zu betonen, daß der Akzent auf der Absolutheit der Vernunft und damit auf der Freiheit liegt, was, negativ ausgedrückt, den Ausschluß einer Ableitung der Sittlichkeit aus einer Natur (Triebe, Gefühl, materielle Bedürfnisse) einschließt. Das Sittengesetz zwingt sich nicht auf, „sondern entsteht uns erst durch eine Reflexion auf die Freiheit, und durch die Beziehung jener Form alles Triebes überhaupt auf die letztere"[93]. Weil sie sich selbst anschaut und zugleich endlich ist, bestimmt die Vernunft ihr Handeln durch sich selbst. Mit Handeln ist dabei zunächst das Handeln als Ergebnis des Wollens gemeint. Doch gilt das absolute Bestimmtsein durch die Vernunft auch für die Philosophie insgesamt, weil jedes Denken vom transzendentalen Standpunkt aus ebenfalls Handeln ist, mit dem einzigen Unterschied, daß das Sittengesetz ein Seinsollen postuliert, während das Denkgesetz mit Notwendigkeit bestimmt und insofern Gesetz eines Daseienden ist. Letztlich ist also bei *Fichte* alle Philosophie praktische Philosophie.

4.3.5 Das abgeleitete Prinzip der Sittlichkeit

Die Art, wie in der synthetischen Einheit von Freiheit und Gesetz etwas gedacht wird, das heißt das Spannungsverhältnis zwischen Notwendigkeit im Begriff und Freiheit in der Realität, wird am besten durch den Begriff des Sollens[94] ausgedrückt. Dem Sollen aber kommt das Prädikat „kategorisch" zu, da doch der Begriff des Gesetzes ein schlechthin erster, un-bedingter war und dementsprechend auch das Handeln unter dem Anspruch steht, nicht im Hinblick auf etwas anderes, sondern allein aus sich und um seiner selbst willen getan zu werden.
Diese Überlegung macht darüber hinaus klar, daß theoretische und prakti-

---

[92] SL 54, vgl. 92 f; NR 21; Rückerinnerungen 351 f.
[93] SL 109, vgl. 108–131; Appellation 205. – Darin eben zeigt sich gerade die Differenz zwischen der Erklärung des Transzendentalphilosophen und der des gemeinen Bewußtseins. Während ersterer „alles, was im Bewußtsein vorkommt, aus dem idealen Handeln der Vernunft als solcher" erklärt, setzt letzteres „zur Erklärung Gegenstände außer dem zu erklärenden" (SL 110).
[94] Vgl. SL 55 f. 60. 61 f.

sche Vernunft nicht zwei getrennte Vermögen sind, sondern die *eine* Vernunft ausmachen: „Die Vernunft ist nicht ein Ding, das *da sei* und *bestehe,* sondern sie ist Tun, lauteres, reines Tun. Die Vernunft schaut sich selbst an: dies kann sie und tut sie, eben weil sie Vernunft ist; aber sie kann sich nicht anders finden, denn sie ist: als ein Tun."[95] Weil sie zudem endlich ist, wird ihr durch ihre Selbstanschauung alles gedachte Tun, ihr eigenes eingeschlossen, ein bestimmtes. Damit, daß sie ihr reines Tun durch sich selbst bestimmt, ist darin zugleich der Übergang zum praktischen Sein dieser Tätigkeit geleistet. Da die Vernunft ihre Zwecke selbst setzt, ist sie sogar „schlechthin praktisch" und nicht nur „technisch-praktisch" oder ein „bloßes Räsonnier-Vermögen"[96]. –

So macht der unmittelbare Begriff der reinen Intelligenz von sich selbst das Prinzip der Sittlichkeit aus; es lautet deshalb: daß das intelligente Wesen seine „Freiheit nach dem Begriffe der Selbständigkeit, schlechthin ohne Ausnahme, bestimmen solle"[97]. Das Prinzip ist rein, das heißt frei von allen Einflüssen des Gefühls oder der Sinnlichkeit, notwendig, absolut-ursprünglich und unableitbar; es gilt ausnahmslos.

4.4 Die Realität der Sittlichkeit als Freiheit und Natur

Bei *Kant* erhielt die Anthropologie in der praktischen Philosophie lediglich insoweit Raum, als sie die Urteilskraft im Hinblick auf die Anwendung des Sittengesetzes schärft und demselben bei den stets von Neigungen affizierten Menschen Angenommenwerden und Durchsetzungskraft zu verschaffen vermag.[98] Diese Bestimmung des Verhältnisses als gänzlich subaltern verfällt der Kritik *Fichte*s; er hält es für unvertretbar, Ethik bloß als Metaphysik zu betreiben, da sie dann, wenn sie konsequent als solche konzipiert wird, nur zu formalen Anweisungen gelangen könne, die obendrein negativselbstverleugnenden Charakter hätten; positiv Handlungen zu bestimmen, vermöge sie in diesem Fall hingegen nicht.[99] Deshalb muß das formale „Daß" des Sollens für ihn ergänzt werden durch dessen „Was" (Materie) und „Wie" (Form).[100] Um diesem Anliegen zu entsprechen, untersucht *Fichte* im zweiten Teil seiner SL die Bedingungen der Möglichkeit (damit aber auch der Anwendbarkeit auf unsere [Bewußtseins-]Welt) der in 4.3 skizzierten Ableitung des Begriffs der Sittlichkeit. –

---

[95] SL 57.
[96] SL 57.
[97] SL 59. Die *Kant*ische Formulierung des Kategorischen Imperativs wird jedoch kritisiert: s. Abschnitt 4.5.3.
[98] Vgl. GMS IX.
[99] Vgl. SL 147, auch 76. 131.
[100] SL 76.

4.4.1 Gegenständlichkeit

In dem Maße, wie wir uns unserer selbst bewußt sind, schreiben wir uns ein absolutes Vermögen der Freiheit zu. So lautete das Ergebnis des vorigen Abschnitts. Ein solches Vermögen können wir nun gar nicht denken, ohne zugleich etwas außer uns zu denken, auf das dieses Vermögen der Freiheit gerichtet ist, ohne also in demselben Bewußtsein ein Objekt zu finden. Das hat seinen Grund darin, daß von Freiheit in dem Sinne, wie wir diesen Begriff „Freiheit" schon vor aller philosophischen Reflexion haben, dort gesprochen wird, wo uns die Verwirklichung einer Möglichkeit sowie deren Gegenteil offensteht. Folglich vereinigen wir beide entgegengesetzten Bestimmungen in demselben Denken. Das setzt seinerseits voraus, daß „in dem Denken der Entgegengesetzten doch auch *dasselbe,* als dauernd im entgegengesetzten Denken, gedacht wird"[101]; dies aber ist „die Beziehung auf Objektivität überhaupt"[102] oder das Nicht-Ich; es ist der Gegenstand, worauf sich unsere nach außen gehende Tätigkeit richtet.

4.4.2 Die Wirklichkeit des freien Wollens[103]

Eine zweite unerläßliche Voraussetzung dafür, daß wir uns ein ursprüngliches Vermögen der Freiheit zuschreiben können, ist, daß wir ein wirkliches Wollen, eine wirkliche Ausübung dieser Freiheit, in uns wahrnehmen. Obwohl nämlich das Bewußtsein bei der synthetischen Verbindung von Subjekt und Objekt im Ich beginnt, enthält die *Vorstellung* vom Wollen nur das Subjektive; Objektivität dagegen gewinnt dieses Subjektive erst dadurch, daß ich (also nochmals etwas Subjektives) wirklich will, das heißt *mein Wollen weiß*. „Dies ist [...] möglich, wenn die Intelligenz einen ihrer bestimmten Zustände reproduziert, also wenn der wirkliche Zustand schon vorausgesetzt wird, in der philosophischen Abstraktion; aber ursprünglich ist es nicht möglich."[104] – Auch das Umgekehrte gilt: ohne die ideale Vorstellung eines Vermögens der Freiheit kann ein Wollen nicht wahrgenommen werden.

4.4.3 Die Wirklichkeit der Vernunftkausalität

Ein wirkliches freies Wollen wiederum können wir nicht in uns finden, ohne daß wir uns eine wirkliche Kausalität außer uns zuschreiben. In der reinen Tätigkeit des Ich kann ich ja nichts bestimmen, aber eine solche Bestimmung durch mich ist doch laut Vorhergehendem erforderlich. Demnach ist eine Ausübung meiner Freiheit nur denkbar, wenn ich mir gleichzeitig mittels

---

[101] SL 82.
[102] Ebd. (im Original hervorgehoben).
[103] Zum Begriff des freien Willens vgl. außer SL 83–88 bes. SL 132–142. 157–163.
[104] SL 87.

von real gefühlten (da sie nicht intellektuell angeschaut werden können!) Beschränkungen verschiedene, das heißt besondere, bestimmte Handlungen zuschreibe.

Diese letzte Zuschreibung ist ihrerseits nur möglich, wenn die Kausalität durch ihren eigenen Begriff bestimmt wird. Das soll heißen: wenn wir etwas wollen, so ist die Ausübung des Gewollten notwendig an eine ganz bestimmte Art, Menge und Ordnung von Mitteln gebunden. Unsere Wirksamkeit ist also beschränkt, insofern unsere Kausalität, will sie einen bestimmten Zweck erreichen, auf den Gebrauch spezifischer Mittel angewiesen ist. Die Reihe des Handelns zwischen mir als dem Anfangspunkt der Kausalität und dem Objekt knüpft an unendlich viele andere Kausalitäten an, deren Gesamtheit wir üblicherweise „Welt"[105] nennen; alle Beziehungen und Eigenschaften sind demnach eigentlich immer Beziehungen beziehungsweise Eigenschaften für uns beziehungsweise für unsere Wirksamkeit.[106] Schuld an der Beschränktheit unserer Wirksamkeit ist nun aber nicht – wie das gemeine Bewußtsein annimmt – die objektive Beschaffenheit der Dinge, im letzten also gewisse Naturgesetze als Gesetze einer Natur außer uns; denn vom transzendentalen Standpunkt aus ist ja die Annahme eines Nicht-Ich als Ding an sich unsinnig[107]; für die Ethik aber heißt das: „es gibt keine Natur an sich"[108]. Die Tatsache, daß die Beschränkung in einem bestimmten Fall gerade so und nicht anders ist, läßt sich vielmehr nur so erklären, „daß das Ich selbst nun einmal sich so beschränke, und zwar nicht etwa mit Freiheit und Willkür, denn dann *wäre* es nicht beschränkt, sondern zufolge eines immanenten Gesetzes seines eigenen Wesens; durch ein Naturgesetz seiner eigenen (endlichen) Natur"[109]. Diese ursprüngliche Begrenzung kann weder im Handeln noch im Erkennen überstiegen werden. „Ich bin nur beschränkt in der intelligibeln Welt, und durch diese Beschränkung meines Urtriebes wird allerdings meine Reflexion auf mich selbst, und umgekehrt, durch meine Reflexion auf mich selbst mein Urtrieb beschränkt, *für mich;* und von einer anderen Beschränkung meiner Selbst als für mich kann gar nicht geredet werden."[110]

4.4.4 Natur

Endlich müssen wir dem Objekt, das wir schon immer voraussetzen müssen, um uns als frei vorzustellen, eine gewisse Wirksamkeit einräumen. Das heißt,

---

[105] Vgl. Abschnitt 4.5.5.
[106] Vgl. SL 98 f.
[107] SL 100.
[108] SL 133, vgl. 136.
[109] SL 101, vgl. 92 f. 93.
[110] SL 133.

wir können uns unserer Kausalität niemals bewußt werden, es sei denn als beschränkter. Es hatte sich ja gezeigt, daß das Ich absolute Tätigkeit und nichts anderes als Tätigkeit oder Trieb ist. Anderseits kann das Ich nur Ich sein, wenn es eben nicht bloß objektiv ist: Was das Ich ist, davon weiß es immer auch, sein Sein bezieht sich notwendig auf ein Bewußtsein. „Ist sonach das Ich ursprünglich mit einem Triebe, als objektiver Bestimmung desselben, gesetzt, so ist es notwendig auch mit einem Gefühle dieses Triebes gesetzt."[111] Dieses Bewußtsein setzt – im Unterschied zu allem anderen Bewußtsein – keinerlei Freiheit voraus, ich kann nicht einmal von seinem Gegenstande abstrahieren.

Das Ich beinhaltet folglich vom transzendentalen Gesichtspunkt aus nicht nur das mit Bewußtsein Freie und Selbsttätige – mein Denken also und mein Handeln –, sondern auch das Subjekt und Objekt des Triebes, das heißt mich, insofern ich gesetzt bin als vom Trieb Bewegter und ihn Fühlender. Das letztere ist die (sachliche, nicht zeitliche) Bedingung des ersten; „es hängt nicht von der Freiheit ab, wie ich mich fühle oder nicht fühle: dagegen soll es bloß und lediglich von der Freiheit abhangen, wie ich denke und handle"[112]. Anders ausgedrückt hängt die Tatsache, daß ich den Trieb habe und ihn so fühle, in keiner Weise von meiner Freiheit beziehungsweise Intelligenz ab[113], wohl aber, wie ich mich zu ihm verhalte. Sei es, daß ich mich im Widerspruch zu ihm, sei es, daß ich mich ihm gemäß bestimme, „so bin doch immer ich es selbst, das mich bestimmt, keineswegs ist es der Trieb"[114]. Also auch die bewußte Triebbefriedigung geschieht mit Freiheit. Oder „wer möchte behaupten, daß er mit derselben mechanischen Notwendigkeit esse, mit welcher er verdaut?"[115] Alles, was unabhängig von der Freiheit bestimmt ist, ist Natur[116]. Insofern die Substanz, die über ein Gesamt von Trieben und Gefühlen, deren Bewußtsein sich aufdringt, verfügt, mit derjenigen, die frei denkt und will, eine und eben dieselbe ist, heißt die Natur „unsere Natur".[117]

So bin ich einerseits absolut frei, anderseits aber – unbeschadet dieser Freiheit – Natur oder Trieb. Die Befriedigung des Naturtriebes gewährt Genuß, und dieser Genuß ist der letzte Zweck des Vernunftwesens, insofern es bloße Natur ist. Die Befriedigung des Urtriebs jedoch als der Forderung nach ab-

---

[111] SL 106. Als „Gefühl" wird jede „bloße *Bestimmtheit* der Intelligenz ohne alles Zutun ihrer Freiheit und Selbsttätigkeit" definiert (ebd.).
[112] SL 107.
[113] Die hier zur Verhandlung stehende objektive Ansicht des Ich ist dennoch streng von jener objektiven Ansicht desselben Ich zu unterscheiden, die als Sittengesetz erscheint (s. o.). Im jetzigen Zusammenhang ist ein bestimmtes materielles Bedürfnis vorausgesetzt, das sich obendrein aufdrängt und nicht erst in der freien Reflexion als vorhanden aufscheint (vgl. SL 108 f).
[114] SL 108, vgl. 126. 130. 146.
[115] SL 126.
[116] Vgl. SL 101. 109.
[117] SL 109, vgl. 108.

soluter Selbsttätigkeit und der Übereinstimmung des empirischen Ich hiermit verursacht Lust. Richtet das Vernunftwesen sein Verhalten allein am Genuß aus beziehungsweise an dessen Gegenteil, dem Schmerz, macht es sich (freiwillig) abhängig vom Vorhandensein der Objekte seines Triebes, also eines Gegebenen, über das es nicht willkürlich verfügen kann. Dadurch aber entfernt sich das Vernunftwesen von sich als Ich, „entfremdet"[118] sich sich selbst, vergißt sich, denn dieses Ich konstituiert sich gerade im Bewußtsein von der Tendenz seiner Vernunft, sich schlechthin durch sich selbst zu bestimmen. Dann ist totale Heteronomie eingetreten.

Ich setze mich also auch als Natur. Zugleich nehme ich jedoch auch – wie früher erwähnt – notwendig Natur außer mir an, dadurch nämlich, daß ich genötigt bin, meine Wirksamkeit auf etwas unabhängig von mir Vorhandenes zu beziehen und zur Erreichung meiner Ziele eine ganz bestimmte Reihe von Mittelgliedern zu durchlaufen. Beide Naturen werden zur selben Zeit einander gleich und wiederum einander entgegengesetzt gedacht. Weil die Wahrnehmung der Natur außer mir von der Natur in mir ausgeht und nicht umgekehrt, muß meine Natur ursprünglich erklärt werden, die Natur außer mir dagegen bloß als vermittelte, zur Erklärung der ersteren gesetzte. Wie und unter welchen Bedingungen können wir uns also Natur zuschreiben?

Meine Natur besteht in einem Trieb, wie wir gesehen hatten. Dieser läßt sich nicht als Naturmechanismus begreifen, weil dessen Prinzip der Regressus in infinitum ist, ein solcher aber nicht imstande ist, eine Auskunft über die Herkunft des von Glied zu Glied vermittelten Impulses zu geben. Der Trieb kommt nicht von außen, noch geht er nach außen, er bestimmt sich vielmehr durch sich selbst.

Meine Natur als Trieb bestimmt sich mithin selbst. Dennoch ist sie Natur, welcher Begriff gerade als Konträrbegriff zu dem der Freiheit eingeführt worden war. Sie kann deshalb nie sich selbst bestimmen wie ein freies Wesen, das dies vom Denken her tut. Wenn also gesagt wird, die Natur bestimme sich selbst, so kann das nur heißen: „sie *ist* bestimmt, sich zu bestimmen durch ihr Wesen"[119].

Wie aber verhält es sich mit jener Natur außer mir, die gesetzt wird, um die Bestimmung meiner Natur zu erklären? Meine Natur als Trieb läßt sich nur aus der Natur außer mir erklären, weil diese Natur außer mir durch ihre Existenz den Trieb meiner Natur, alles zu sein, begrenzt, und ihm bezüglich dessen, was er nicht ist (aber gern sein möchte), nicht Realität verschafft, sondern eben nur den Trieb beläßt. Wenn also meine Natur nur aus der übrigen Natur erklärt werden kann, auf der anderen Seite der beschriebene Trieb mir nur zukommt, sofern ich Natur bin und eben nicht Intelligenz, so muß dar-

---

[118] SL 146; vgl. ebd.: „es ist eine *unfreiwillige* Lust".
[119] SL 112. Das heißt erstens, daß sie nicht unbestimmt bleiben, und zweitens, daß sie nie zwischen zwei Bestimmungen wählen kann (vgl. SL 112 f. 109).

aus geschlossen werden, daß Natur und Trieb synthetisch vereinigte Begriffe sind: „Alles sonach, was als Natur gedacht wird, wird gedacht [sc. als Trieb, das heißt] als sich selbst bestimmend."[120] Damit ist erwiesen, daß ich, so ich mich als frei setze, der Natur eine von mir unabhängige Kausalität zuschreiben muß, weil ich mich selber nur als ihr Produkt setzen kann.

Ein zweites noch ist klargeworden: Der Naturtrieb nimmt eine eigenartige Mittelstellung ein: Er ist weder bloße Natur im Sinne einer mechanistischen, ausschließlich von außen her einwirkenden Fremdbestimmung, noch aber auch reine Freiheit, da er dann nicht aus einem Sein, sondern aus dem freien Denken hervorgehen müßte. Zwar ist er, was er ist, durch sich selbst; daß er dies aber ist, hat seinen Grund gerade in dem, was er nicht ist, wie auch umgekehrt. Obwohl die Begriffe von Freiheit und Naturmechanismus sich kontradiktorisch entgegenstehen, vereinigt der Begriff des Naturtriebs offenkundig beides, strengste Notwendigkeit mit absoluter Selbständigkeit. Vom betroffenen Subjekt aus beschrieben, stellt sich dieser Vorgang folgendermaßen dar: Ich reflektiere auf meine Natur, meinen Trieb, der gegeben und nicht mein Produkt ist; in der Reflexion kommt er zum Bewußtsein; die Reflexion und das, was der Trieb innerhalb des Bewußtseins wirkt, ist hinwiederum nicht Produkt der Natur, sondern steht in meiner Botmäßigkeit, so daß der eigentlich Wirkende Ich bin.

Daß es sich bei der Verbindung von Freiheit und Naturnotwendigkeit im Naturtrieb nicht um einen Ineinsfall handelt, braucht nicht eigens betont zu werden; das Problem wäre sonst überhaupt nicht entstanden. Eher stellt sich die Frage, ob denn nicht das Ich in zwei völlig disparate Hälften zerfällt, doch lassen sich auch in diesem Denkmodell nicht alle der genannten Züge unterbringen. – Der Naturtrieb kann offenkundig weder als einfache Identität noch als durch Kausalität verbundene Zweiheit vorgestellt werden. Nun gilt aber auch hier, was schon früher betont wurde: Das Ich ist ‚Subjekt – Objekt', mithin betreffen die genannten Eigenschaften das Ich als Ganzes. Dann aber kann das einzig adäquate Modell für das Verhältnis der verschiedenen Teile des Ich dasjenige einer in sich geschlossenen „Wechselwirkung"[121] sein. Diese Wechselwirkung ist nicht meine Tätigkeit als Intelligenz. Als solche bin ich ja absolut frei und nur von meiner Selbstbestimmung abhängig. Wenn dies aber gerade meinen Charakter[122] ausmacht, so muß auch meine Natur, die als notwendig zu mir gehörend unmittelbares Bewußtseinsobjekt ist, nur von der Selbstbestimmung abhängen, und dies, ob-

---

[120] SL 113.
[121] SL 115. 125. 130. 153 u. ö., vgl. 115–122. – Zu den materialen Bedingungen (Leib, Intelligenz und Intersubjektivität) s. Abschnitt 4.5.3. Mit dem Modell der Wechselwirkung ist nicht nur eine konkrete materiale Ethik möglich geworden, sondern eine solche, die – wie oben gefordert – positive Anweisungen zu geben vermag und den zwangsläufigen Fehler aller formalen Ethik vermeidet, „fortdauernde *Selbstverleugnung*" (s. o.) zu empfehlen.
[122] Zum Begriff des Charakters s. SL 125 u. bes. SL 181.

wohl der Trieb nicht ein Produkt von mir als Intelligenz ist. Das ist deshalb kein Widerspruch, weil ich es bin, der auf meine Natur reflektiert, das heißt auf meinen Trieb, der etwas Gegebenes ist; in der Reflexion kommt er aber erst zum Bewußtsein. Diese Reflexion selbst wie auch das, was der Trieb innerhalb des Bewußtseins wirkt, sind aber doch nicht Produkt der Natur, sondern stehen ganz in meiner Mächtigkeit, so daß der eigentlich Wirkende dabei ich bin.[123] Mit anderen Worten: Vom transzendentalen Standpunkt aus ist unser Trieb als Naturwesen und unsere Tendenz als reiner Geist ein und derselbe Trieb, durch den mein Wesen konstituiert wird, nur daß dieser Urtrieb beidemale jeweils von der entgegengesetzten Seite angesehen wird.[124] In der Zusammengehörigkeit beider aber besteht mein Sein, meine Person; genau besehen, handelt es sich bei dieser Zusammengehörigkeit – wie gesagt – um eine „Wechselwirkung", nicht um einen einfachen Zusammenfall. Wenn ich mich als Objekt betrachte, erscheint der Trieb als Naturtrieb; betrachte ich mich hingegen als Subjekt, so zeigt sich derselbe Trieb als Tendenz zu absoluter Selbständigkeit. Die (einzige!) scharfe Grenze zwsichen Naturtrieb und Selbständigkeit, zwischen Notwendigkeit und Freiheit, ist somit die Reflexion.

Der Naturtrieb ist in seinem Sosein dem Ich letztlich zufällig, weil Resultat unserer Beschränkung, wohingegen der reine Trieb in der Ichheit als solcher gründet. Deshalb auch ist der letztere in allen Wesen gleich. Während jener danach strebt, mich der natürlichen Kausalitätskette als Glied wiedereinzufügen, setzt mich dieser gerade in den Stand, mich über diese Reihe selbst zu erheben beziehungsweise in sie einzugreifen.[125] Obwohl die Natur Macht und Anziehungskraft auf mich ausübt, kann sie mich dank des reinen Triebes doch nicht zwingen. Dieser flößt mir Achtung ein und fordert mich zur Selbstachtung auf vor meiner Würde, die in meiner absoluten Selbständigkeit besteht. Er macht den Genuß als solchen verächtlich.

Genuß ist die Harmonie meines wirklichen Zustandes mit dem Naturtrieb. Nicht damit zu verwechseln ist Lust als die Übereinstimmung der Wirklichkeit mit meinem Interesse. Interesse meint dabei die Forderung des Grundtriebs, daß die Wirklichkeit ihm entspreche[126]; der Grundtrieb aber war nach dem früher Entwickelten derjenige nach Vereinigung von reinem und natürlichem Trieb. Infolgedessen ergibt sich: In dem Maße, wie der wirkliche Zustand mit dem durch den Urtrieb geforderten übereinstimmt, entsteht nicht

---

[123] Vgl. SL 133: „Durch die beschriebene Reflexion reißt das Ich sich los von allem, was außer ihm sein soll, bekommt sich selbst in seine eigene Gewalt, und stellt sich absolut selbständig hin. Denn das Reflektierende ist selbständig und nur von sich selbst abhängig; aber das Reflektierte ist mit ihm eins und eben dasselbe."
[124] SL 130, vgl. 133 f. 136 f. 144 f.
[125] Vgl. SL 141 f.
[126] Über den Begriff des Interesses vgl. SL 142–147; Bestimmung des Menschen: S. W. II, 255 f. 263.

Genuß, der sich zwangsläufig einstellt, sondern ein Gefühl von Lust, die aber allein von meiner Freiheit abhängt. Durch sie werde ich mir nicht entfremdet, sondern führe mich in mich selbst zurück. Genuß ist – so könnte man zusammenfassen – unfreiwillige Lust. Lust im eigentlichen Sinn hingegen ist Zufriedenheit. Ihr Gegenteil ist dementsprechend nicht sinnlicher Schmerz, sondern Verdruß und Selbstverachtung. Die letztgenannten Gefühle sind nun nichts anderes als Weisen der Gewissenstätigkeit.[127] Gewissen ist bei *Fichte* nämlich zunächst das Bewußtsein dessen, ohne das es kein Bewußtsein gibt, also das Bewußtsein der absoluten Freiheit. Erst durch dieses Verständnis wird der gängige Begriff von Gewissen als dem „unmittelbare[n] Bewußtsein unserer bestimmten Pflicht" ermöglicht.[128]

4.4.5 Die Aufgabe der Sittenlehre

Während der Naturtrieb auf etwas Materiales beziehungsweise auf Genuß ausgeht, zielt der reine Trieb gerade auf Freiheit, und das heißt auf gänzliche Unabhängigkeit des Handelnden von diesem natürlichen Trieb. Der reine Trieb äußert sich also zunächst als „Unterlassung" oder „fortdauernde *Selbstverleugnung*"[129], dessen nämlich gerade, was der Naturtrieb fordert; im eigentlichen Sinne positiv zu handeln vermag er jedoch nicht.

Eine rein formale Ethik kann strenggenommen über diese Negation nicht hinauskommen. „Sieht man nur auf das höhere Begehrungsvermögen, so erhält man bloß *Metaphysik der Sitten,* welche formal und leer ist."[130] Positives sittliches Handeln kann erst erfolgen, wenn beide Triebe als Wechselwirkung des einen Urtriebs mit sich selber begriffen werden: Ja, genau besehen, fordert der reine Trieb vom Träger des Bewußtseins, daß er sich in einer Reflexion als frei setzen kann. Das heißt aber doch: als Reflektierender soll er eine lediglich aus seiner Selbstbestimmung herkommende Willensbestimmung auf sich als das zu Bestimmende beziehen können. Dies Wollen aber ist wahrnehmbar, weil es etwas Bestimmtes zum Objekt hat; darum kann es dem Reflektierenden wiederum nur zukommen als einem Naturwesen. Ein ganz reines Wollen, also eine Kausalität des reinen Triebs, läßt sich innerhalb unserer Realität allenfalls für den Fall vorstellen, daß bloß unterbleibt, was der Naturtrieb fordert. Jedoch besteht keinerlei Veranlassung, die zu setzende Freiheit, wie sie vom reinen Trieb gefordert wird, nur als Unterlassung zu verstehen und nicht im Vollsinn als wirkliche, positive Handlung. Einfacher gesagt: „Alles wirkliche Wollen geht notwendig auf ein Handeln; alles mein Handeln aber ist ein Handeln auf Objekte. In der Welt der Objekte aber han-

---

[127] Vgl. SL 146 f.
[128] SL 173 (im Original hervorgehoben), vgl. 163.
[129] SL 147.
[130] SL 131, vgl. 147.

dele ich nur mit Naturkraft; und diese Kraft ist mir nur gegeben durch den Naturtrieb [...] in mir, [...]."[131] Durch die freie Reflexion aber werde ich Herr dieser Kausalität der Natur auf sich selber.
Es gibt also kein wirkliches reines Wollen, weil eben wirkliches Wollen für uns immer empirisches ist[132]. Die Angewiesenheit des Willens auf den Naturtrieb beim wirklichen Wollen und Handeln beinhaltet allerdings nicht auch schon, daß das Wollen und Handeln auch vom Naturtrieb hervorgebracht sein müßte, wohl aber, daß ich, der ich will, nicht anderes wollen kann als etwas, was durch den Naturtrieb gefordert sei. Gleichzeitig ist aber auch der Anspruch des reinen Triebs nach Kausalität vorhanden. Ohne Widerspruch lassen sich beide Sachverhalte nur zusammendenken, wenn die Materie der Handlung dem reinen Trieb wie dem Naturtrieb angemessen ist, also diese *beiden* in der Wirklichkeit des Handelns ebenso vereinigt sind wie im Urtriebe.[133] Diese synthetische Vereinigung zwischen beiden Trieben auszuführen und damit anzugeben, wie konkret gehandelt werden müsse, ist Aufgabe der Sittenlehre, die *Fichte* in kritischer Absetzung von der leeren und nur formalen Metaphysik der Sitten als „reell" charakterisiert[134].
Da das Ich infolge seiner Beschränktheit nie von der Natur unabhängig werden kann, kann man sich dem Endzweck des Vernunftwesens, seiner absoluten Unabhängigkeit, nur in unendlicher Progression annähern, ihn dagegen nie voll erreichen.[135] In jedem Moment und in jeder einzelnen Situation gibt es allerdings eine optimale Annäherung. Die Reihe der je optimalen Annäherungen aber ist nichts anderes als unsere sittliche Bestimmung, so daß sich für die nicht rein metaphysische, sondern die Bedingungen ihrer Möglichkeit berücksichtigende Sittenlehre folgendes oberste Prinzip ergibt: „Erfülle jedesmal deine Bestimmung"[136]. – Terminologisch spricht *Fichte* in bezug auf die Sittlichkeit des Handelns vom „sittlichen" Trieb im Unterschied zum „reinen Trieb"; allein im (nur vorstellbaren, aber nie eintretenden) Grenzfall würden beide in eins fallen. Bis dies der Fall ist – wenigstens so, daß die Differenz vernachlässigbar ist –, ist als sittlich jene Handlung zu bezeichnen, die „in einer Reihe liegt, durch deren Fortsetzung das Ich unabhängig werden müßte"[137]. Das Materiale des sittlichen Triebs stammt vom natürlichen, sein Endzweck sowie sein extensiver und intensiver Geltungsanspruch vom reinen Trieb.

---

[131] SL 148.
[132] Ebd.; vgl. ebd.: „Ein reiner Wille ist kein wirklicher Wille, sondern eine bloße Idee; ein Absolutes aus der intelligiblen Welt, das nur als Erklärungsgrund eines Empirischen gedacht wird." Vgl. SL 152.
[133] Vgl. SL 149.
[134] SL 131.
[135] SL 149–151, vgl. 131. 209. 210. 229; in dieser Richtung schon: WL 254–280.
[136] SL 150 (im Original hervorgehoben), vgl. 209.
[137] SL 149 (im Original hervorgehoben).

Was hier sittliche Bestimmung genannt wird, entspricht dem, was im gemeinen Bewußtsein Pflicht genannt wird; daher kann man dasselbe Prinzip auch so fassen: Laß dich lediglich durch den Gedanken bestimmen, daß etwas Pflicht sei, und schlechthin durch keinen anderen.[138] Wiewohl Sittlichkeit nach *Fichte* die größtmögliche Annäherung an die absolute Freiheit intendiert und damit ganz dem reinen Trieb verpflichtet ist, kann sie also nie bloße Äußerung dieses reinen Triebs sein. Wenn ich dennoch diesen Anspruch aufnehme und ihn zum Zweck meines wirklichen Handelns mache, kann ich dies nur in der impliziten Annahme, daß seine Realisierung durch wirkliches Handeln auch möglich sei. Daß ich soll und was ich soll – das ist zuerst und unmittelbar bewußt, weshalb *Fichte* zu der Formel gelangt: „ich kann, denn ich soll"[139]. Der sittliche Trieb geht also nicht auf absolute Unabhängigkeit, sondern auf bestimmte Handlungen aus. Des reinen Triebes sich bewußt zu werden vermag niemand, bezweckt dieser doch die absolute Unabhängigkeit des Handelnden, also eine bloße Negation. Allerdings läßt sich von den hier als sittlich bezeichneten Handlungen bei näherer Untersuchung erkennen, daß sie in der angegebenen unendlichen Reihe liegen.

Die transzendentale Deduktion des sittlichen Triebs wird auch begreiflicher, wenn man sich vor Augen hält, daß ja nur erforderlich ist, daß in jeder Bestimmung beide Triebe zusammentreffen, nicht aber (wie man zunächst vielleicht unterstellt), daß *alles,* was der natürliche Trieb fordert, von der sittlichen Bestimmung realisiert werden muß. Wie also jene die Sittlichkeit konstituierende Vereinigung vom rein geistigen Trieb das Aufgeben der Reinheit (als dem Sich-nicht-bestimmen-Lassen durch ein Objekt) verlangt, so fordert sie vom Naturtrieb, den Genuß als Zweck aufzugeben. Positiv ausgedrückt ist der sittliche Trieb ein „gemischter": „Er hat von dem Naturtriebe das Materiale, worauf er geht, das heißt der mit ihm synthetisch vereinigte und in eins verschmolzene Naturtrieb geht auf dieselbe Handlung, auf welche er gleichfalls geht, wenigstens zum Teil. Die Form aber hat er lediglich vom reinen. Er ist absolut, wie der reine, und fordert etwas, schlechthin ohne allen Zweck außer ihm selbst."[140]

4.4.6 Das Prinzip der Sittlichkeit

Neben dem (bislang wieder nur formal beantworteten) „Was soll geschehen?" bleibt bis jetzt noch die eingangs erhobene Frage offen: „Wie muß die Handlung geschehen, damit sie eine freie sein kann?" Auch von dem sittlichen Trieb soll ich mich ja nicht triebhaft bestimmen lassen; vielmehr richtet

---

[138] Vgl. SL 154. 191–198.
[139] Weltregierung 183, vgl. 183 f; Appellation 207; vgl. Rückerinnerungen 357 f.
[140] SL 152, vgl. 152 f.

sich dieser an die Intelligenz als solche und fordert sie auf, selbständig zu sein, das heißt, sich allein durch Begriffe bestimmen zu lassen. Der ganze bisherige Gedankengang hat doch nur Sinn, wenn ich mir wirklich dessen bewußt bin, weshalb ich gerade *so* handle. Der sittliche Trieb kann nicht dazu dienen, die Kausalität meines Handelns zu sein, sonst widerspricht er seiner eigenen Qualifizierung als sittlich; vielmehr setzt er mich in die Lage, über Kausalität zu verfügen. Anders ausgedrückt, er ist nicht der Kategorische Imperativ, sondern er treibt uns lediglich an, uns selbst einen solchen zu bilden.[141] Wenn das aber geschieht, ist das vernünftige Wesen weder bestimmt durch die Materie, noch durch den Begriff des materialen Sollens, sondern es selbst bestimmt sich dann „durch den lediglich formalen und in ihm selbst erzeugten Begriff des absoluten Sollens"[142]. Somit gelangen wir an dieser Stelle wieder zu dem Begriff jenes zu Anfang aufgestellten reinen Vernunftwesens mit seiner absoluten Selbständigkeit, nur diesmal unter den Bedingungen der Wirklichkeit.

Unter diesem formalen Aspekt der Sittlichkeit, dem *Fichte* den Terminus „Moralität" reserviert[143], stellt sich demnach die doppelte Anforderung, erstens überhaupt mit Bewußtsein, und im besonderen mit Bewußtsein der Pflicht, zu handeln; und zweitens nie gegen die eigene Überzeugung zu handeln[144] (darin bestünde die Bosheit im moralischen Sinn). Zusammengefaßt lautet beides: „handle stets nach bester Überzeugung von deiner Pflicht" oder „handle nach deinem Gewissen"[145]. Findet der absolut fordernde sittliche Trieb Befriedigung, so entsteht das Gefühl der Gewißheit und Überzeugung.[146] Dann stimmen Bewußtsein und ursprüngliches Ich überein. Mit der Gewißheit ist auch ein absolutes Kriterium gegeben, das erkennen läßt, ob ein theoretisches Urteil über die Pflicht auch tatsächlich das ist, was vom Sittengesetz in Anwendung auf Handlungssubjekt und Umstände gefordert ist.

Es erübrigt sich fast, die negative Implikation dieses Sittlichkeitsprinzips herauszustellen: Mit der ausschließlichen Gründung der Sittlichkeit auf das Subjekt, in dem das Zusammentreffen von Urteil und sittlichem Trieb das Gefühl der Gewißheit hervorbringt, wird das autoritätsgeleitete Handeln noch radikaler als bei *Kant* aus dem Bereich des Sittlichen ausgeschieden, ja es gilt als ein Prototyp des Unmoralischen. „Wer auf Autorität hin handelt, handelt [...] notwendig gewissenlos"[147]. Unter ausdrücklichem Einbezug

---

[141] SL 155.
[142] Ebd.
[143] Vgl. SL 156. 157; statt dessen verwendet *Fichte* auch den Ausdruck „guter Wille".
[144] SL 155 f. 163.
[145] SL 156 (im Original hervorgehoben); 163. 173. Vgl. die „Aufstellung der formalen Bedingungen der Moralität unserer Handlungen" ebd. 163–177.
[146] Vgl. SL 165–173, bes. 165–170. 195; Weltregierung 182 f; Appellation 205–208, 211 f.
[147] SL 175 (im Original hervorgehoben); vgl. SL 175–177. 202 f. 249; Zweite E. 468. 493 f. u. ö.; Weltregierung 183 f; Rückerinnerungen 352–359.

sämtlicher, auch der als göttlich ausgegebenen Gebote werden lediglich jene Funktionen von Autorität von diesem Verdikt ausgenommen, die auf die Eingliederung in den Wissensstandard des Zeitalters zielen und sich bei der Realisierung dieses Zieles gleichzeitig in fortschreitendem Maße selbst überflüssig machen (Erziehung und Forschung). Die Verpflichtung auf das eigene sittliche Gewissen gilt so kategorisch, daß *Fichte* schreiben kann: „Was nicht aus dem Glauben, aus Bestätigung an unserem eigenen Gewissen, hervorgeht, ist absolut Sünde."[148]

4.5 Sittlichkeit und Religion

4.5.1 Die Ursachen des Bösen

Es ist das Ziel der Sittlichkeit, das unter den Bedingungen von Raum und Zeit existierende empirische Wesen zur Kongruenz mit dem reinen Ich zu bringen, wie es sich der ursprünglichen, transzendentalen Betrachtung zeigt. Das kann jedoch nur geschehen, wenn und insoweit sich das empirische Wesen durch einen freien Akt seiner Selbständigkeit mit Bewußtsein setzt. Dieses Setzen, das konkret als Reflexion auf das uns in unserer Ichheit Konstituierende vollzogen wird, erfolgt nicht zwangsläufig, sondern eben nur frei gewollt. Es ist überdies begrenzt und kann deshalb nur in allmählicher Annäherung zum deutlichen Bewußtsein der autonomen Intelligenz führen. Damit nun das alles erst ermöglichende Selbstbewußtsein zustande kommt, genügt es schon, daß der Mensch, wenn er sich irgendeiner Sache bewußt wird, die unmittelbare Forderung seines Naturtriebes aufschiebt und nachdenkt. Dadurch eröffnen sich ihm immerhin schon mehrere Weisen, den Naturtrieb zu befriedigen, und er hat damit die Möglichkeit, eine unter ihnen auszuwählen. Da auf dieser Bewußtseinsstufe aber noch kein anderer Trieb als der Naturtrieb bewußt ist, dieser aber auf Genuß aus ist, bleibt trotz der Freiheit zu wählen jede der zur Auswahl stehenden Handlungsmöglichkeiten ausgerichtet auf den Genuß, den sie gewähren wird. Als Kriterium für die zu treffende Auswahl kommt deshalb auch allein die Maxime der eigenen Glückseligkeit in Anwendung. Immerhin ist das Subjekt trotz aller materialen Abhängigkeiten von den Naturobjekten formaliter frei, wenngleich ihm auch diese Freiheit nicht bewußt ist.
Es gibt keine Notwendigkeit, auf dieser Reflexionsstufe stehen zu bleiben, genausowenig allerdings auch eine, automatisch weiterzuschreiten. Der Mensch hat jedenfalls die Freiheit, den Trieb nach absoluter Spontaneität zu klarem Bewußtsein zu erheben, wodurch sich dieser Trieb in ein absolut gebietendes Gesetz mit bestimmter Kausalität verwandelt. Dann aber weiß er,

---

[148] SL 177.

was er schlechthin tun soll. Seine Maxime lautet hinfort, „stets und in jedem Falle zu tun, was die Pflicht fordert, *darum weil sie es fordert*"[149]. Wage ich diese höhere Reflexion, so beginnt etwas ganz Neues, von dem ich noch gar keinen Begriff habe, ehe ich es auch wirklich tue, weil es sich eben um einen Akt der Freiheit handelt; Akte der Freiheit aber können weder begriffen noch weiter deduziert werden.

Dieser qualitative „Sprung" ist jedoch nicht schon dann erreicht, wenn der Trieb nach Selbständigkeit nur zufällig zum Bewußtsein kommt, gleichsam als blinder Trieb, sondern erst dann, wenn „mit Absicht und mit dem Bewußtsein der Reflexion reflektiert wird"[150]. Im ersten Fall nämlich gehört der Trieb nach Selbständigkeit nicht zu unserer Natur, und der Charakter wird weiter von der Maxime des Eigennutzes bestimmt. Soweit der höhere Trieb dann überhaupt handlungsrelevant sein kann (was aber nur ausnahmsweise geschieht), motiviert er bloß triebhaft, nicht als Maxime. Und weil er blind und gesetzlos ist, tendiert er zu immer mehr Selbständigkeit, und zwar so, daß er die uneingeschränkte und gesetzlose „Oberherrschaft über alles außer uns"[151] durchzusetzen sucht; und dies selbst dann noch, wenn es einen erheblichen Verzicht auf Genuß bedeutet. Diese Denkart – und nicht den schrankenlosen Eudämonismus – hält *Fichte* für den Schlüssel zum Großteil der Menschheitsgeschichte, besonders zu jeglichen Gewaltphänomenen. Obwohl diese Weise zu denken Achtung und Bewunderung hervorzurufen vermag, hat sie *Fichte* zufolge nichts zu tun mit Sittlichkeit, ja sie steht aufgrund ihrer Gleichsetzung von pflichtgemäß und verdienstlich dem Sittengesetz im Wege. –

Mit der Analyse dieser drei Bewußtseinsstufen im Handeln sind zugleich auch die verletzbaren Stellen benannt, wo die sittliche Qualität der menschlichen Handlungen entschieden wird. Entsprechend lassen sich deshalb drei Typen des Bösen benennen:

– Die erste besteht darin, die Reflexion auf die eigene Freiheit überhaupt zu unterlassen.[152]

– Die zweite Form besteht ebenfalls in einem Zuwenig an Reflexion, nämlich sich nicht über das Bewußtsein, unter den vom Naturtrieb gestellten Forderungen auswählen zu können, aufzuschwingen zum Bewußtsein absoluter Selbständigkeit. Von daher muß auch die – im Rahmen des begrenzten Bewußtseins an und für sich legitime – Maxime des Eigennutzes als schuldhaft bezeichnet werden.[153]

– Ist der Mensch aber auf jene Stufe gelangt, wo er sich klar bewußt ist, was

---

[149] SL 191.
[150] SL 185.
[151] SL 186 (im Original hervorgehoben), vgl. 186–191.
[152] Vgl. SL 178.
[153] Vgl. SL 181. 184 f. 198 f.

die Pflicht fordert, so hat er noch immer die Freiheit, dieses Bewußtsein in sich zu verdunkeln. Denn es verdankt nicht nur seine Entstehung einem absoluten Freiheitsakt, sondern auch sein Vorhandenbleiben der Forsetzung dieses Akts. In dem Maß, wie man die Reflexion auf die Forderung des Gesetzes aufgibt, verschwindet letztere, so daß Verstöße unvermeidlich sind.[154] Im Extremfall erlischt der Gedanke der Pflicht ganz; dann wird unser Tun vom Gesetz des Eigennutzes oder aber vom blinden Trieb beherrscht. Bleibt hingegen noch das Bewußtsein der Pflicht, aber unklar und schwankend, so haften dem Handeln notwendig Zerstreutheit und Gedankenlosigkeit an, es vermag dann nie, über ein nebelhaftes Ungefähr hinauszugelangen. Die Unbestimmtheit erstreckt sich hierbei sowohl auf die Gewißheit, daß gerade diese und keine andere Handlung gefordert sei[155], als auch darauf, daß genau in diesem Fall und jetzt auf die genannte Art gehandelt werden solle, drittens schließlich auch auf das Bewußtsein, daß es hier um eine Pflicht gehe und nicht bloß um einen Rat der Klugheit oder ähnliches.[156] Namentlich die letzte der drei aufgezählten Arten, die strenge Forderung des Sittengesetzes zu mildern, hält *Fichte* für besonders suggestiv und verbreitet; liege sie doch der selbst von vielen theologischen und philosophischen Ethiken vertretenen Ansicht zugrunde, daß es unmöglich sei, dem Sittengesetz völlig zu entsprechen. *Fichte* läßt diesen Einwand gelten, insoweit er lediglich den tatsächlichen Handlungserfolg im Auge hat; denn das Wollen, nicht das Können werde vom Sittengesetz unbedingt beansprucht. Hingegen sieht er in diesem Einwand immer dann eine Form von sublimem Selbstbetrug, wenn die Willensanstrengung gemeint ist. Denn dann handle es sich um Rücksichten auf irgendwelche Reservationen des Eigennutzes, welche sich deshalb nahelegten, weil Erfüllung der Pflicht und Befriedigung des Eigennutzes sehr oft auseinanderfallen.

Durch die *Fichte*sche Typologie des Bösen werden zwei andere denkbare Erklärungsmöglichkeiten des Bösen ausdrücklich verworfen: die Einflußnahme eines an sich Bösen[157] sowie die bewußte Auflehnung gegen das Sittengesetz[158]. Bestünde das Böse darin, eine Beziehung zu einem an sich Schlechten herzustellen, so müßte der Mensch wie auch die Realität insgesamt aus zwei Teilen zusammengesetzt sein. Ein solcher Dualismus wird von *Fichte* strikt abgelehnt, weil er mit dem Begriff des Vernunftwesens unvereinbar sei. Von den infolge dieser Einschränkung verbliebenen Möglichkei-

[154] Vgl. SL 192–198.
[155] SL 195: „Wir täuschen uns dann selbst über das, was unsere Pflicht ist, und handeln, wie man gewöhnlich sagt, aus einem irrenden Gewissen. Aber dieser Irrtum ist und bleibt unsere Schuld. Hätten wir unsere Einsicht in die Pflicht, die schon da war, festgehalten (und das hängt lediglich ab von unserer Freiheit), so hätten wir nicht geirrt." (Vgl. SL 173 f.)
[156] Vgl. SL 195 f.
[157] Vgl. SL 177 f.
[158] Vgl. SL 191 f (etwas abweichend hiervon ist der Hinweis SL 156).

ten, das Böse als Pervertierung von Freiheit zu erklären, bezeichnet er die vorbehaltlose, mit klarem Bewußtsein beschlossene Empörung gegen das Sittengesetz als „teuflisch" und als in sich selbst widersprüchlich (jedenfalls im Rahmen einer nicht-dualistischen Anthropologie). Daran zeigt sich nochmals, daß für ihn der springende Punkt für die moralische Qualifizierung nicht beim Übergang vom Bewußtsein des Sittengesetzes zum Handeln liegt; hier herrsche sowohl beim guten Handeln als auch beim bösen „Notwendigkeit"[159]. Der Spielraum der Freiheit ist bei *Fichte* vielmehr an eine frühere Stelle verlegt, nämlich in mein Reflektieren als einen Akt meiner absoluten Spontaneität.

An und für sich böse Tätigkeiten gibt es also nach *Fichte* nicht. Wie ist es aber dann zu erklären, daß die Menschen so oft auf einem niedrigeren Reflexionsniveau verbleiben? Daran schuld sein kann laut *Fichte* nicht nur die Verweigerung der Selbstreflexion, sondern auch eine ursprüngliche Trägheit, die Reflexion überhaupt in Gang zu setzen und dann sein Handeln daran zu orientieren.[160] Daß es derartige Trägheit gibt, ist nicht nur ein Datum der Erfahrung, sondern auch vernünftig erklärbar: Hatte sich doch im vorhergehenden Abschnitt 4.4 gezeigt, daß die Zuschreibung der Freiheit von der Wahrnehmbarkeit eines realen freien Aktes abhängt, diese aber wiederum das Begrenztsein durch bestimmte Objekte außerhalb von uns voraussetzt. Dieses Nicht-Ich ist nun gerade in seiner Objektivität für das Ich nur ein Sein und nicht Agilität; und als solchem kommt ihm eine Kraft der Beharrung zu, eine Tendenz also, zu bleiben, was es ist. Hätte es diese Trägheit nicht, so könnte es gar keine Gestalt haben, sondern wäre in einem grenzenlosen und andauernden Wandlungsprozeß begriffen. Das heißt: Durch die beziehungsweise in der Einwirkung des Entgegengesetzten wird aus der Trägheit sich widersetzende Tätigkeit. Wie das Trägheitsgesetz für die ganze Natur überhaupt gilt, ist ihm auch der Mensch, sofern er Natur ist, unterworfen. Gewohnheit, Schlendrian, aber selbst Regelmäßigkeit und Ordnung illustrieren die Allgemeinheit und Kraft der Trägheit. Allerdings ist die Unterwerfung unter diesen Hang keine Notwendigkeit, gibt die Freiheit doch die Möglichkeit, sich davon loszumachen.

Die Trägheit ist das eigentliche, angeborene, radikale Übel, das in der menschlichen Natur selbst liegt, und aus dem alles andere Böse mittelbar hervorgeht. Sie zeugt Feigheit dergestalt, daß wir es unterlassen, unsere Freiheit, die ja immer Freiheit in der Auseinandersetzung mit Entgegenstehendem ist, zu behaupten, was sich als (physische) Untertänigkeit oder als Autoritätsgläubigkeit äußert. Und ebenso entspringt aus Trägheit die Falschheit: Die in der Feigheit verdrängte Selbstheit des Menschen macht sich dann wieder geltend, aber eben auf Umwegen mit Betrug und List.

[159] SL 192.
[160] SL 182. 198–205 mit häufigem Verweis auf *Kants* Lehre vom radikal Bösen.

4.5.2 Religion

Der Mensch hat von Natur aus einen Hang zur Trägheit; und doch soll er sich loßreißen durch die Freiheit und zu der Freiheit, die sein ursprüngliches Wesen ausmacht. Hierzu brauchte er allerdings bereits diese Freiheit; denn wie soll sein Wille seine Freiheit überhaupt wollen, woher soll er die Kraft haben, seine von Trägheit gelähmte Freiheit zu befreien, damit sie auf der Seite des Sittengesetzes als Gegengewicht zur Natur auftreten kann? Woher soll ihm das Bewußtsein seiner Freiheit kommen, welches ihm doch gerade aufgrund seiner Trägheit verstellt ist, woher der Antrieb, diese Freiheit dann auch zu gebrauchen? Wie kann der unendliche Progreß der Reproduktionen der Trägheit, die dem Guten jede Wirkmöglichkeit entziehen, durchbrochen werden?

Für den Zustand der Trägheit läßt sich keine Möglichkeit denken, wie ein derartiger Impuls aus dem Subjekt selber hervortreten sollte; allein sich selbst zu helfen ist also unmöglich. Das fehlende Bewußtsein und der Antrieb müßten also von außen kommen, wenn eine Besserung nicht schlechthin unmöglich sein soll, was aber der Erfahrung widerspräche. „Das Individuum müßte sich selbst in seiner verächtlichen Gestalt erblicken, und Abscheu für sich empfinden; es müßte Muster erblicken, die ihn [sc. den Menschen] emporhöben, und ihm ein Bild zeigten, wie er sein sollte, ihm Achtung und mit ihr die Lust einflößten, dieser Achtung sich selbst auch würdig zu machen."[161] Für diesen Fall bliebe die Realisierung des von außen Kommenden, das heißt meine Besserung, noch immer ganz eine Angelegenheit meiner Freiheit. Nach *Fichte* sind nun die positiven Religionen Institutionen, die solche äußeren Antriebe unter die Menschheit gebracht haben und bringen, um den moralischen Sinn zu entwickeln.[162] Veranstaltet sind sie von „vorzüglichen Menschen", solchen also, die sich wirklich emporgehoben haben zur Moralität.[163] Wenn die Frage nach dem Woher des Sich-erheben-Könnens dieser ethischen Eliten nicht mit einem unfruchtbaren regressus in infinitum von immer weiteren Vorbildern beantwortet werden soll, muß ein nicht-natürliches Primum des Bewirkens angenommen werden, welches die Religionen ihrerseits als höchstes intelligibles Wesen außerhalb der Menschen deuten.

4.5.3 Kirche

Der Zusammenhang, in dem *Fichte* auf Kirche zu sprechen kommt, ist der Nachweis, daß Intersubjektivität für reale Freiheit konstitutiv sei. Erstaun-

---

[161] SL 204, vgl. 204 f. 201.
[162] SL 205: Positive Religionen sind „Veranstaltungen, die vorzügliche Menschen getroffen haben, um auf andere zur Entwicklung des moralischen Sinnes zu wirken".
[163] Ebd.

lich ist, daß dieser Nachweis seinen Ort im systematischen Aufbau des Ganzen da hat, wo die Möglichkeit verhandelt wird, wie aus der bisherigen apriorischen Deduktion konkrete materiale Pflichten abgeleitet werden können. In der Frage nach den materialen Gehalten der Pflicht war ja bislang[164] nur auf das der Tat folgende Gefühl des Gewissens als Kriterium verwiesen worden. Diese Auskunft reicht nach *Fichte* zwar aus für das wirkliche Handeln, das ja stets ein punktuelles ist und hinterher, nachdem es erfolgt ist, vom Gewissen je nachdem gebilligt (Zufriedenheit) oder verurteilt (Selbstverachtung) wird, nicht aber für eine Sittenlehre, die Wissenschaftlichkeit, das ist im Sinne *Fichtes:* apriorische Bestimmbarkeit, beansprucht. –
Unser Trieb nach absoluter Selbständigkeit ist – wie früher ausgeführt – beschränkt, aber nicht nur aktuell durch die jeweilige Zweckbestimmung, sondern bereits ursprünglich, insofern er sich ja an das Subjekt des Bewußtseins richtet und von diesem die Herstellung des Bezugs einer Willensbestimmung auf sich, also etwas Bestimmtes, fordert. Dieses ihn bereits ursprünglich Beschränkende, das ihn daran hindert, sein Ziel jemals voll einzuholen und damit sich selbst überflüssig zu machen, kann auf keinen Fall eine Beschränkung der Form nach, muß folglich eine materialer Art sein; zugleich aber darf diese als ursprüngliche und in der Vernunft selbst begründete nicht empirisch und zufällig sein. Eine solche ursprüngliche Beschränktheit der Vernunft durch sich selbst kann es aber keine geben außer der, die daraus hervorgeht, daß das Vernunftwesen Ich ist. – Ein Weg, transzendental die materialen Inhalte des Sittengesetzes zu bestimmen, ist also dann eröffnet, wenn die materialen Bedingungen der Ichheit analysiert und auf den Trieb nach absoluter Selbständigkeit bezogen werden.[165]
Da unsere Untersuchung nur die *Fichte*sche Grundlegung der Ethik sowie das Verhältnis zwischen Ethik und Religion im Auge hat, nicht aber die materiale Sittlichkeit im einzelnen, wird die Deduktion der materialen Sittlichkeitsbedingungen nur so knapp wie möglich skizziert und zu den von hierher erschlossenen theologischen Themen weitergegangen; die „eigentliche Pflichtenlehre"[166] wird vernachlässigt, was auch sachlich insofern berechtigt ist, als sie nur material einen eigenen Abschnitt der Sittenlehre bildet, systematisch jedoch zur Deduktion wirklicher Freiheit aus der Autonomie des Ich gehört.
Die erste materiale Bedingung der Ichheit ist die Leiblichkeit.[167] Denn nur im Leib kann sich unser Naturtrieb mit dem Trieb nach Selbständigkeit treffen und diesem sich unterordnen, so daß Freiheit in Handlungen wirklich wird. Daraus folgt: „Aller Sorge für meinen Leib soll und muß schlechthin

---

[164] S. Abschnitt 4.4.
[165] Vgl. SL 211 f.
[166] S. SL 254–365. Vgl. dazu auch *Heimsoeth* 1923, 165–175; *Verweyen* 1975.
[167] Vgl. SL 212–217. 127 f.; NR 56–61.

der Zweck zum Grunde liegen, ihn zu einem tauglichen Werkzeuge der Moralität zu machen und als solches zu erhalten."[168] Im Leib nur findet jene Wechselwirkung zwischen Übersinnlichem und Natur statt, in der wirkliche Sittlichkeit allererst hervorgebracht wird; durch ihn hat das Sittengesetz Kausalität. – Dieses unbedingte Ernstnehmen der leiblichen Existenz bei *Fichte* leitet eine grundsätzliche Positionsänderung in der Anthropologie ein (besonders Verabschiedung des Leib/Seele-Schemas, Aufwertung der Arbeit), wie sie dann später vor allem durch *Feuerbach* und *Nietzsche* repräsentiert wird.

Damit ich jedoch Selbständigkeit bewußt zum Zweck meines Handelns setzen kann, brauche ich erst einmal Reflexionsvermögen; ohne dieses könnte ich mich ja nicht als Ich wissen. Somit ist Intelligenz die zweite materiale Bedingung der Ichheit (und damit inklusive auch der Moralität).[169] „Nur wenn ich Intelligenz bin, und inwieweit ich es bin, ist ein Sittengesetz; das letztere erstreckt sich nicht weiter, als die erstere, denn diese ist das Vehiculum jenes."[170] Materiale Unterordnung der Intelligenz unter die Pflicht ist also nicht möglich, hingegen wohl formale, da Selbständigkeit unser höchster Zweck ist. Erkenntnis muß daher ohne Zielvorgabe (materialer Art) fortgebildet werden, formal jedoch hat sie der fortschreitenden Realisierung von Freiheit zu dienen.[171]

Als dritte materiale Bedingung der Ichheit nennt *Fichte* das Bewußtsein der Individualität. Was ist damit gemeint? Das Ich wird charakterisiert durch eine freie Tätigkeit; weil es, um dies zu erkennen beziehungsweise im Handeln zu realisieren, sich zum Objekt seiner Reflexion machen muß, ist es selber und damit auch seine freie Tätigkeit zugleich notwendig beschränkt. Das bedeutet aber doch, daß das Ich sich freie Tätigkeit nicht zusprechen kann, ohne im selben Akt des Denkens auch andere, ihm nicht zukommende freie Tätigkeit zu setzen. Es genügt allerdings nicht, diese andere freie Tätigkeit als bloß durch ideale Tätigkeit gesetzte, also als mögliche, zu erklären; denn das Ich vermag sich der Möglichkeit freier Tätigkeit nur bewußt zu sein, wenn es sich als sich selbst frei gegeben *findet,* weil es seine Möglichkeit nur im Gegensatz zu einem ihm schon bekannten Wirklichen – und das heißt hier: zu sich als zur Freiheit bestimmtem Objekt – setzen kann. Die Erfahrung des Subjekts nun, daß es vorgängig zu seinem eigenen Tun und gleichzeitig zu seiner ursprünglichen Beschränktheit bereits einen Begriff von seiner eigenen Freiheit und Selbsttätigkeit hat, stellt, da sie ja erst als Begriff vorhanden ist, eine Aufforderung zum freien Handeln dar, ein Sollen, das es dann realisieren kann oder auch nicht. Sie läßt sich nur begreifen, wenn ich

---

[168] SL 216. Zur Ausfaltung in materiale Gebote s. SL 216. 259–274.
[169] Vgl. SL 217 f.
[170] SL 217.
[171] Zur materialen Ausfaltung s. SL 218. 262. 269. 274.

sie mir als von einem wirklichen Wesen außer mir zugemutet annehme, das mir einen Begriff von dem, was gefordert ist, mitteilen wollte; deshalb muß es sich um ein Wesen handeln, das selber des Begriffs der Selbstbestimmung fähig ist und zugleich mir meine Freiheit beläßt, also wieder nur um ein Vernunftwesen oder anderes Ich. Ich muß mich als Individuum in bezug auf dasselbe, und es sich als Individuum in bezug auf mich setzen. Es muß sein freies Handeln begrenzt haben durch den Begriff meiner Freiheit und fordert mich auf, meine Freiheit zu begrenzen durch den Begriff der seinigen. Es muß – anders gesagt – wenigstens ein Individuum außer mir angenommen werden, damit ich vernünftig sein kann. Wenn *Fichte* als dritte Bedingung der Ichheit Individualität oder Personalität[172] nennt, so ist dieser Begriff demnach relational gemeint, was nichts anderes bedeutet als: Dritte und zugleich fundamentalste Bedingung ist das Verhältnis der Intersubjektivität[173]. Ich bin nur Ich als bestimmtes vernünftiges Wesen im Wissen um wenigstens ein weiteres freies Vernunftwesen. Damit ist der Solipsismus von innen her abgewendet und die Dimension des Anderen[174] als etwas Ursprüngliches aus dem Autonomie-Prinzip selbst gewonnen; auch dies bedeutet im Kontext des neuzeitlichen Denkens einen Wendepunkt. Die vielen Ichheiten stehen nicht isoliert nebeneinander, sondern gestalten sich erst in der sittlichen Wechselwirkung. Damit zeichnet sich eine allen vorausliegende überindividuelle und übersinnliche Einheit ab, von der weiter unten als „moralischer Weltordnung" die Rede sein wird. Als materiale, sittliche Forderung ergibt sich für *Fichte* daraus, nichts zu tun, was die Möglichkeitsbedingung meines Triebs nach Selbständigkeit, die Freiheit des anderen nämlich, zerstört: „Ich darf nicht selbständig sein, zum Nachteil der Freiheit anderer."[175]

Nun stellt sich aber eine Schwierigkeit ein: Wenn das Verhältnis der Intersubjektivität als wechselseitige Bestimmtheit – und das heißt negativ: als Be-

---

[172] Ausdrücklich wird beides identifiziert in: NR 56.
[173] Vgl. SL 218–223; Zweite E. 476; NR 8. 10 f. 30—40. 41–56. – Vgl. dazu *Heimsoeth* 1923, 140–146; *Heimsoeth* 1965, 201 f.; *Schulz* 1962, 20–25; *Weischedel* 1962, 22–24; *Mader* 1968, 72–83; *Verweyen* 1975, 90 f. 145–147.
Mit der Intersubjektivität ist – trotz *Fichtes* erklärtem Bemühen, das Recht von der Moral zu trennen – zugleich der Begriff des Rechts als dem „notwendigen Verhältnisse freier Wesen zu einander" (NR 8. 44. 52) grundgelegt; Recht ist – andersherum besehen – die Bedingung von Individualität im Sinne der Sicherung der (äußeren) Freiheit! – Die Behauptung *H. Freyers* (*Freyer* 1920, 140), erst die SL von 1812 habe die Deduktion der anderen Ichs aus der Rechtsphilosophie in die Metaphysik der Sittlichkeit herübergenommen, ist sachlich unrichtig.
Zu Fichtes Sozialphilosophie im ganzen s. die ausgezeichnete Darstellung von *Verweyen* 1975.
[174] Angezielt ist die gesellschaftliche Ebene in dem Sinne, wie *Heimsoeth* (*Heimsoeth* 1965, 201) schreibt: „Kein Einzelmensch ist denkbar ohne ein soziales Ganzes, dem er angehört." Trotzdem ist *Fichtes* Übergang vom Anderen zu den Vielen und Allen (durch die Vermittlung von ihren Produkten, bei deren Erkenntnis ich einen vernünftigen Urheber anzunehmen gezwungen bin) sehr problematisch, wie er übrigens auch selbst bemerkt (vgl. SL 221. 223–226; auch [trotz abweichender Deduktion] NR 61–85).
[175] SL 222, vgl. 232. 300; NR 10. 52 f. Zur Weiterführung s. SL 273. 275–365, sowie die Rechtslehre (= NR).

schränktheit – vorgestellt wird, scheint das Sittengesetz mit sich selbst in Konflikt zu geraten. Denn einerseits fordert es mich auf zu absoluter Selbständigkeit, anderseits verlangt es, in die Freiheit anderer, auf die ich direkt oder vermittels ihrer Produkte nicht einwirken kann, nicht einzugreifen. Ein Widerspruch läge nur dann nicht vor, wenn beides zusammenfiele, „die Befreiung des einen zugleich die Befreiung aller anderen wäre"[176]. Deshalb ist im folgenden zu prüfen, ob „alle freie[n] Wesen denselben Zweck notwendig" haben[177].

Zwar ist das Bewußtsein der Individualität eine der Bedingungen der Ichheit, jedoch nur das Bewußtsein der Individualität als solcher, während alle Bestimmungen derselben, die das konkrete Individuum ausmachen, mit Ausnahme der ursprünglichen von meiner Freiheit abhängen, so daß es der Ichheit überhaupt zufällig ist, daß ein bestimmtes Ich gerade dieses bestimmte Individuum ist. Anderseits kommt der Ichheit *als solcher* der Trieb nach Selbständigkeit zu. Beides zusammengenommen bedeutet, daß dieser Trieb nach Selbständigkeit nicht speziell auf die Selbständigkeit dieses einen, bestimmten Individuums geht, sondern auf die Individualität als solche, das heißt auf die Selbständigkeit aller Vernunft überhaupt. Die Selbständigkeit der Vernunft überhaupt kann aber nicht überhaupt dargestellt und verwirklicht werden, sondern nur in und durch die konkreten Individuen. Deshalb ist zwar für jedes empirische Individuum seine bestimmte, konkrete Individualität nicht letztes Ziel, wohl aber das einzige, in seiner Verfügungsgewalt stehende Werkzeug zur Realisierung des Sittengesetzes in der Sinnenwelt. Weil der Trieb trotz solcher Realisierung in der individuellen Vernunft auf die Vernunft überhaupt geht, muß mir in meiner besonderen Individualität ebenso daran gelegen sein, daß er sich in mir wie daß er sich in irgendeiner anderen besonderen Individualität darstellt: „Ich will Sittlichkeit überhaupt; *in* oder *außer* mir, dies ist ganz gleichgültig; ich will sie von mir, nur inwiefern sie mir zukommt, und von anderen, inwiefern sie ihnen zukommt; durch [die] eine, wie durch die andere ist mein Zweck auf die gleiche Weise erreicht."[178] Alle freien Wesen haben denselben Zweck. Anstelle von „ich will Sittlichkeit überhaupt, nicht sie, insofern sie diejenige dieses oder jenes ganz bestimmten Individuums ist", kann ich folglich auch sagen: „Ich will die Sittlichkeit *aller* Individuen."[179]

Wie kann diese Universalität ins Werk gesetzt werden, ohne daß die Freiheit

[176] SL 231.
[177] SL 230.
[178] SL 232, vgl. 236. 254 f.
[179] Vgl. SL 230–232. 233 f. 235. 236. 253. 255 f; Appellation 212. – Zu *Fichte*s Auseinandersetzung mit *Kant*s Kategorischem Imperativ s. Abschnitt 4.1.3. *Fichte* macht *Kant* – wie gesagt – zum Vorwurf, es sei im Kategorischen Imperativ „nur von der *Idee* einer Übereinstimmung die Rede; keineswegs von einer *wirklichen* Übereinstimmung". Für ihn ist dieser Satz „heuristisch", nicht „konstitutiv", „nicht Prinzip, sondern nur Folgerung aus dem wahren Prinzip, dem Gebote der absoluten Selbständigkeit der Vernunft" (SL 234).

der Individuen aufgehoben wird, was gerade die Unmöglichmachung aller Vernunftkausalität bedeuten würde? Immerhin haben andere Individuen ja die Freiheit, auch unsittlich zu handeln! Aus moralischen Gründen kann ich den andern eigentlich nur soweit frei wollen, als er seine Freiheit im Dienst des Vernunftzwecks benutzt; jeden Gebrauch dieser Freiheit gegen das Sittengesetz hingegen möchte ich verhindern, weil er Freiheit zerstört. Bevor nach einer Möglichkeit gesucht wird, den scheinbaren Widerspruch zu lösen zwischen dem absoluten Verbot des Sittengesetzes, die Freiheit des freien Wesens zu beeinträchtigen, und der Tatsache, daß durch Freiheit ermöglichte Unsittlichkeit die Erreichung meines obersten Zweckes verhindert, ist die Frage zu klären: „welcher Gebrauch der Freiheit ist [...] gegen das Sittengesetz, und wer kann darüber allgemeingültig Richter sein?"[180] Nicht nur die konkreten Handlungen, sondern auch die Überzeugungen verschiedener Individuen sind ja oft genug divergent. Unser Interesse für die Herrschaft der Vernunft kann sich dennoch nie damit abfinden, daß jeder in der gleichen Situation anders handelt. Wie aber kann man zur Übereinstimmung im sittlichen Urteil gelangen? Physischer Zwang scheidet aus, weil er die Möglichkeitsbedingung von Freiheit zerstört. Demnach kann es für freie Wesen nur eine einzige legitime Weise geben, mit andern freien Wesen zu einer Einigkeit zu kommen, nämlich die, durch gemeinsamen Rekurs auf die Vernunft gegenseitig auf die Überzeugung einzuwirken und so allmählich zu einer vernünftigen Argumentationsgemeinschaft zu gelangen. Deshalb muß noch eine andere denkbare Möglichkeit, mit der Widersprüchlichkeit individueller Gewissensüberzeugungen und den daraus resultierenden Handlungsdivergenzen fertigzuwerden, als unsittlich abgelehnt werden, weil sie eine Flucht, keine Lösung darstellt: der Rückzug in Einsamkeit oder reine Kontemplation.[181] Die elementarste Voraussetzung dafür nämlich, daß überhaupt eine Einwirkung stattfinden kann, ist die, daß jedes Individuum in Gesellschaft lebt und auch in ihr leben bleibt. „Wer sich absondert, der gibt seinen Zweck auf; und die Verbreitung der Moralität ist ihm ganz gleichgültig."[182] Keinen Menschen dürfen wir aufgeben, ohne im wörtlichen Sinn ge-

---

[180] SL 233. *Fichte* beantwortet die selbstgestellte Frage nur insoweit, als der Verstoß gegen das Sittengesetz auf einer Gewissensüberzeugung beruht. Statt „Welcher Gebrauch der Freiheit ist unsittlich?" (deutlicher als die Formulierung SL 233 ist die in SL 232) liegt der Antwort eher die Frage zugrunde: „Welche Überzeugung von einem bestimmten Gebrauch der Freiheit – die als Überzeugung des Gewissens verbindlich ist – läßt sich mit dem Sittengesetz nicht vereinbaren?" Diese beträchtliche Verschiebung in der Antwort ist nicht so erstaunlich, wenn man sich *Fichte*s Theorie des Bösen (s. 4.5.1) vergegenwärtigt. Dort war die Möglichkeit, trotz besserer Einsicht unsittlich zu handeln, als „teuflisch" ausgeschieden worden. Das Auseinanderklaffen zwischen persönlicher Gewissensüberzeugung und Sittengesetz ist zwar als solche kein böser Akt, aber die Auswirkung von Bösem.
[181] Vgl. SL 234 f. 256; indirekt auch NR 61–91. In der SL von 1812 bezeichnet *Fichte* diese „Denkart", die „zu äußern Handlungen gar nicht ausschlägt", als „spekulative Stimmung" (S. W. XI, 140, vgl. 140–143).
[182] SL 234.

wissenlos zu sein. Der moralische Endzweck impliziert als seine Realisierungsbedingung die universelle Kommunikation. „Nur durch Handeln, nicht durch Schwärmen – nur durch Handeln in und für die Gesellschaft, tut man ihr [sc. seiner Pflicht] Genüge."[183] Auch innerlich darf der Mensch nicht aus der Intersubjektivität emigrieren. Das bedeutet positiv: Jeder muß bereit sein, sich auf die vernünftige, zwangsfreie Auseinandersetzung einzulassen mit dem Ziel, Übereinstimmung unter allen zu gewinnen.[184] Solche unbegrenzte Bereitschaft zu argumentativer Kommunikation schließt notwendig auch das Risiko ein, daß die eigene Überzeugung zugunsten der des anderen aufgegeben werden muß.

„Eine solche Wechselwirkung, auf welche sich einzulassen jeder verbunden ist, heißt eine *Kirche,* ein ethisches Gemeinwesen"[185]. Ist der Sinn von Kirche aber, unter den Vernunftwesen über moralisches Handeln Einmütigkeit herzustellen, das heißt letztlich: einander zu helfen, sittlicher zu werden, kann sie keine exklusive Gruppe sein, sondern „nur eine besondere Ansicht derselben einigen großen menschlichen Gesellschaft. Alle gehören zur Kirche, inwiefern sie die rechte moralische Denkart haben, und alle sollen zu derselben gehören."[186]

Fichte beläßt es nicht bei diesem Kommunikations-Postulat, sondern reflektiert auch seine Realisierungsbedingungen. Anthropologische Voraussetzung ist zunächst der Glaube an die Perfektibilität des Menschen; das ist die aus der Uneinholbarkeit des sittlichen Endzwecks sich ergebende Pflicht, „die Menschen so zu behandeln, *als ob sie* immerfort der Vervollkommnung fähig wären und blieben"[187]. Zum anderen braucht es zur Verwirklichung der Kommunikation institutionelle Abstützungen, weshalb *Fichte* neben der Kirche noch zwei weitere gesellschaftliche Grundinstitutionen nennt: 1. Der freie Diskurs der Individuen ist überhaupt erst innerhalb eines politisch-rechtlichen Rahmens möglich, des Staatsvertrags.[188] Das Handeln läßt sich ja nie suspendieren, auch nicht für die Zeit des theoretischen Bemühens um Einheit der Überzeugungen, so daß die Individuen, sollen sie nicht laufend durch private Überzeugungen einzelner wider ihren Willen beeinträchtigt werden, über das, was über ihre eigene Person und deren Gewissen hinausgeht und daher andere betrifft, stillschweigend oder ausdrücklich in Form von garantierten Rechten bereits Regelungen getroffen und als provi-

---

[183] SL 235, vgl. 256.
[184] Vgl. die Ausführungen zum letzten Endzweck einer herrschaftsfreien Gesellschaft: SL 253; *Fichte* ist sich dabei des prinzipiell utopischen Charakters dieses Zieles bewußt.
[185] SL 236, vgl. 241. 348; Verantwortungsschriften 244 f.; *F. K. Forberg,* Entwicklung des Begriffs der Religion, in: Philosophisches Journal einer Gesellschaft Deutscher Gelehrter, hrsg. *J. G. Fichte* und *F. I. Niethammer,* 8 (1798) (Reprograf. Nachdruck: Hildesheim 1969), 30–32.
[186] SL 348.
[187] SL 240, vgl. 243; NR 79 f., wo es u. a. heißt: „Bildsamkeit, als solche, ist der Charakter der Menschheit."
[188] Vgl. SL 236–241. 300 f. 344. 357; NR 191–209.

sorische Grundlage akzeptiert haben müssen. 2. Jeder ist verpflichtet, seine privaten Überzeugungen bezüglich Kirche und Staat möglichst weit auszubilden. Diese Pflicht schließt ein, daß jeder diese seine Überzeugungen auch tatsächlich im Austausch mit anderen mitteilt, weil die Übereinstimmung meiner vernünftigen Überlegung mit der vernünftigen Überlegung anderer das einzige Mittel ist, das vor Verfälschung durch die Individualität bewahrt; denn ich bin Vernunftwesen überhaupt und zugleich bestimmtes Individuum, kann also wohl nach allgemeinen Gesetzen der Vernunft argumentieren, aber eben nur durch die Kräfte des Individuums.[189] Damit der geforderte Meinungsaustausch möglich wird und die Voraussetzungen von Kirche und Staat auch reflektiert werden können, wozu jeder zunächst nur für seine Person verpflichtet ist, brauchen die vielen Personen ihrerseits ein Forum, auf dem diesbezügliche Privatüberzeugungen mitgeteilt und dem Diskurs ausgesetzt werden, ohne daß Verfassung und Symbol davon sofort paralysiert würden. Seine Institutionalisierung ist das „gelehrte Publikum", die „gelehrte Republik" beziehungsweise die Universität.[190] Ihre Mitglieder müssen sich ganz vom Zwang der Autoritäten befreit haben, ihr selbst ist absolute unbeschränkte Freiheit zuzugestehen. An der Freiheit, die ihr von Kirche und Staat eingeräumt wird, bemißt sich deren moralische Legitimität.[191] Eine gewisse Rückkoppelung ist dadurch erreichbar, daß Religionslehrer wie Staatsbeamte diese Institution absolviert haben sollen.[192]
Alle drei genannten Institutionen sind zwar notwendig, aber zugleich bloß instrumentell: Ihre Funktionen als Hilfen zur Annäherung an den sittlichen Endzweck beinhalten faktisch auch, daß sie sich selbst in wachsendem Maß überflüssig zu machen haben.

4.5.4 Das Symbol

Jener Grundbestand gemeinschaftlicher Prinzipien, in denen alle Mitglieder der Kirche übereinstimmen und ohne die es eine solche kommunikative Wechselwirkung zur Hervorbringung gemeinschaftlicher praktischer Überzeugungen (Kirche) gar nicht geben könnte, ist das Symbol[193]. Es ist keine starre unveränderliche Größe, sondern verändert und vergrößert sich im

---

[189] SL 245, vgl. 245 f. 249. Fichte meint dies nicht im Sinne eines demokratischen Mehrheitsentscheides, sondern im Sinne von intersubjektiv: es genügt schon die Übereinstimmung mit nur einem einzigen weiteren Individuum (vgl. SL 246).
[190] Vgl. SL 245–252.
[191] SL 250 f.
[192] Ungeklärt bleibt allerdings, auf welche Weise kirchliche Glaubensbekenntnisse und staatliche Verfassungen nicht nur material aufgefüllt, sondern auch korrigierend weitergebracht werden können, da Religionslehrer und Staatsbeamte ihre eigenen Überzeugungen zurückhalten müssen, insoweit sie ihre Funktion ausüben (SL 238–240. 252. 349).
[193] Vgl. SL 236. 241 f. 349.

Maß der Zunahme der vernünftigen Kommunikation und von deren Erfolg. Das Symbol ist eine weitere Antwort auf unsere anfängliche Frage nach dem Wie der moralischen Überzeugung. Kirche wie Symbol dienen nach *Fichte* also allein der Gemeinschaft aller handelnden Vernunftwesen und darin der Gemeinschaftlichkeit des vernünftigen, repressionsfreien, intersubjektiven Handelns selbst.

Von daher bestimmt sich auch der Charakter des Symbols: Es ist wesenhaft fragmentarisch und kann auf jeder Reflexionsstufe nur vorläufig sein. Des weiteren müssen seine Inhalte, um auch vom Einfachen verstanden werden zu können, sinnlich-konkret dargestellt werden; denn der Einfache ist gerade darin einfach, daß er die Einkleidung (noch) nicht vom Begriff unterscheiden kann. Insofern ist jedes Symbol nur ein Notbehelf, der auf dem fundamentalen (aber dennoch nur dem Glauben zugänglichen) „Sachverhalt" beruht, daß es überhaupt etwas Übersinnliches, die Natur Überschreitendes gibt[194]. Ohne diese Grundannahme aber ist Moralität und Bildung zur Moralität nicht möglich. Durch den kirchlichen Zusammenschluß strebt nun die Gemeinde danach, sich immer mehr darüber zu einigen, „welches nun dieses Übersinnliche, der wahre heilige und heiligende Geist, die wahre moralische Denkart sei"[195]. Auch wenn alle Einkleidungen, Bilder und Chiffren nie absolut allgemeingültig sind, da der Mensch zwar endlich, aber auch unendlich perfektibel ist, sind sie sinnvoll und notwendig als das je erreichbare Maximum an Einigkeit. Von dieser Einheit auszugehen, ist daher nicht bloß eine Empfehlung der Klugheit, sondern Gewissenspflicht. In dem jeweiligen Nicht-absolut-festgelegt-Sein und in der Vorläufigkeit des Symbols waltet so nicht Willkür, sondern die stetig zunehmende Vernünftigkeit selber. „Das Symbol ist Anknüpfungspunkt. Es wird nicht *gelehrt* – dies ist der Geist des Pfaffentums – sondern von ihm aus wird gelehrt; es wird vorausgesetzt. Wäre es nicht vorauszusetzen, gäbe es einen höheren, meiner Überzeugung näheren Punkt zum Anknüpfen, so wäre es mir lieber; da kein anderer ist, so kann ich nur dieses mich bedienen."[196] Wer bereits eine höhere Stufe erreicht hat, braucht an das allgemeine Symbol nicht zu glauben, kann aber dennoch nur auf seiner Grundlage die anderen im Gespräch überzeugen.

Was für das Symbol gilt, muß auch gelten für die Kirche, für die Ethik als Wissenschaft und für die Delegierung der Pflicht eines jeden zur sittlichen Bildung aller auf den besonderen Stand der „moralischen Volkslehrer"[197] und für ähnliches mehr; all dies kann nichts anderes sein als mäeutische Hilfestellungen; Moralität selbst vermögen solche Einrichtungen aber nicht zu er-

---

[194] SL 242.
[195] SL 242.
[196] SL 244; vgl. SL 243: „Man bemerke, daß ich sage: ich soll davon *ausgehen,* als von etwas Vorausgesetztem; keineswegs, ich soll darauf *hingehen,* als auf etwas zu Begründendes."
[197] Vgl. SL 348–353.

zeugen. Dies geschieht vielmehr allein aus dem Herzen des Menschen und unter der Bedingung der Freiheit. Die genannten wie alle weiteren Bildungsinstitutionen setzen den Sinn für Moralität bereits voraus, und wo diese Voraussetzung fehlt, können sie trotz großer Bemühungen nichts ausrichten.[198]

4.5.5 Der Glaube an Gott

Als „reell" charakterisierte *Fichte* seine Sittenlehre, weil sie berücksichtigt, daß wirkliches Wollen nie vom Naturtrieb unabhängig sein kann, so daß Autonomie als Endzweck des vernünftigen Wesens prinzipiell nur annäherungsweise erreicht werden kann. Mit dem freien Entschluß, dem Gesetz zu gehorchen, weiß das Vernunftwesen entsprechend dem bisher Entwickelten deshalb auch, was es soll; dieses letztere ist jeder von außen kommenden Rechtfertigung überhoben. Die Ausführung seiner Entscheidung für die absolute Autonomie besteht unter den genannten empirischen Bedingungen in einer sukzessiven Reihe moralischer Handlungen. Alles, seine Handlungen ebenso wie seine Existenz und die Existenz der ganzen Sinnenwelt können als Glieder in dieser auf Moralität zielenden Ordnung dienen. Vom transzendentalphilosophischen Standpunkt aus ist Welt „die nach begreiflichen Vernunftgesetzen versinnlichte Ansicht unsers eigenen inneren Handelns, als bloßer Intelligenz, innerhalb unbegreiflicher Schranken, in die wir nun einmal eingeschlossen sind"[199]. Was ich kraft dieser Schranken wahrnehme, ist nun der Ausdruck dessen, was ich soll, so daß an die Stelle der obigen Definition von Welt auch die gesetzt werden kann: Die Welt oder genauer – da es eine andere für uns gar nicht gibt – „unsere Welt ist das versinnlichte Materiale unserer Pflicht"[200], die nur durch unser Gewissen angewiesene Sphäre unseres pflichtgemäßen Wirkens[201]. Der Glaube an die Realität dieser Erscheinung, das heißt an die Realität der Sinnenwelt, drängt sich von selbst auf, und insofern kann man hier sogar von Offenbarung sprechen, nämlich von Offenbarung unserer Pflicht.
Obgleich es jeder sinnlichen Erfahrung offenkundig widerspricht, daß die Bemühung um das Gute mehr sein soll als eine Schwärmerei, weil die Ordnung der Sinnenwelt weder den einzelnen zu seiner Seligkeit gelangen noch das Gute im Gesamt der Welt zunehmen läßt (bei der völligen Erreichung des Endzwecks fiele beides zusammen!), kann das Vernunftwesen aufgrund des Gesagten nicht anders, als eine solche Ur-Ordnung anzunehmen. Nur eben gerade nicht als Ordnung der Sinnenwelt beziehungsweise als Gesamtheit der Folgen in dieser Sinnenwelt, die mir ja allein bekannt ist und die je-

---

[198] Zu *Fichte*s Theorie der moralischen Bildung, die bei dem jedem Menschen gegebenen Affekt der Achtung anknüpft, vgl. SL 316–327.
[199] Weltregierung 184.
[200] Weltregierung 185; vgl. Appellation 211 f; auch SL 99.
[201] Appellation 212.

ner Annahme widerspricht, sondern als diejenige einer übersinnlichen Welt. Der Zweck des Ich selber, die Erfüllung der Pflicht, gehört nun gerade zu diesem Übersinnlichen und Übereinzelnen. Die Differenz aber zwischen der realen Erfahrung einerseits und der Notwendigkeit anderseits, solch eine Ordnung und mit ihr den Erfolg des guten Handelns anzunehmen, rührt daher, daß in der Sinnlichkeit nur das faktische Was des Geschehens konstatierbar ist, nie aber die Gesinnung, aus der heraus etwas geschieht, welches für die übersinnliche Welt jedoch das entscheidende Kriterium des Erfolgs ist.[202]

Dieses Übersinnliche, die moralische Ordnung selber, die jedes sinnliche Wesen einbegreift und innerhalb der jedes, auch das scheinbar ineffektive gute Handeln einen bestimmten Platz in der Beförderung des Gesamtzwekkes hat, kürzer gesagt: die Gewißheit, daß Sittengesetz und Wirklichkeit letztlich eine Einheit bilden – das ist nach *Fichte* Gott[203]; und die Pflicht, die um ihrer selbst willen befolgt sein will, gilt als dessen Äußerung. Religion ist also die feste Annahme, daß wir in einer Welt leben, „in der kein guter Entschluß verlorengeht, und in der, weil kein eigengesetzliches Material die Wirkungen verfälscht, aus Gutem nur Gutes hervorgehen kann"[204]. Der wahre Glaube „wird konstruiert durch das Rechttun"[205], und zwar in seiner Ganzheit; Glauben ist synonym mit Handeln entsprechend der Pflicht. *„Religion ist nichts anders, als ein praktischer Glaube an eine moralische Weltregierung"*, läßt *Forberg* seinen von *Fichte* ausdrücklich autorisierten[206] Aufsatz beginnen[207]. Und *Fichte* selbst schreibt unmißverständlich: „Moralität und Religion sind absolut Eins; beides ein Ergreifen des Übersinnlichen, das erste durch Tun, das zweite durch Glauben."[208]

---

[202] Vgl. Appellation 207. 227 f.; *Forberg*, Begriff der Religion, a. a. O. 23.
[203] Aenesidemus-Rezension: S. W. I, 23; SL 277. 339. 350, vgl. auch 226–229, bes. 228 (noch ohne Nennung Gottes); Weltregierung 185. 186. 187 f; Appellation 208. 210. 212; Verantwortungsschriften 261; Rückerinnerungen 359. 363–370. 371; Aus einem Privatschreiben (im Jänner 1800): S. W. V, 381; Die Bestimmung des Menschen: S. W. II, 294–319.
[204] *Freyer* 1920, 134.
[205] Weltregierung 185.
[206] Weltregierung 177 f; Appellation 199 f. – Zu stark betont *Baumgartner* (*Baumgartner* 1963/64, 42; *Baumgartner* 1965/66, 303 f) die Differenz zwischen *Forberg* und *Fichte*, wenn er dessen Aufsatz „geradezu eine Widerlegung" nennt. Wohl rückt *Fichte* einiges verdeutlichend oder auch tiefer „begründend zurecht, doch verwirft er nicht eine Passage. Handelte es sich um eine Widerlegung, so wären *Fichte*s Herausgeberschaft, die Übernahme der vollen gerichtlichen Verantwortung und die inhaltliche Verteidigung und Identifizierung kaum verständlich.
[207] A. a. O. 21, vgl. 21–23. 27. 35–40. 41–46.
[208] Appellation 209; vgl. exakter ebd. 212: „Du glaubst nicht an Gott, weil du an die Welt glaubst, du erblickst vielmehr eine Welt, lediglich darum, weil du an Gott zu glauben bestimmt bist." Aus der Vielzahl der Stellen, die hier angeführt werden könnten, sei noch zitiert: Rückerinnerungen 365: „Ich glaube [...] an ein Prinzip, zufolge dessen aus jeder pflichtmäßigen Willensbestimmung die Beförderung des Vernunftzweckes im allgemeinen Zusammenhange der Dinge sicher erfolgt. Aber dies Prinzip ist schlechthin unbegreiflich der Art und Weise seines Wirkens nach: doch wird es seinem Vorhandensein nach [...] absolut gesetzt, mit derselben Ursprünglichkeit des Glaubens, wie an die Stimme des Gewissens geglaubt wird."

Mit seinem Gottesbegriff antizipiert *Fichte* eine Position, wie sie heute im Mittelpunkt der Diskussion um Transzendenz und Personalität Gottes[209] steht: „Gott" bezeichnet nicht eine für sich seiende, von allem Menschlichen abgesonderte Substanz; es handelt sich bei diesem Wort vielmehr um einen Prädikator für die Moralität von Handeln. Daß es sich so verhält, hat nach *Fichte* seinen Grund darin, daß wir einerseits endliche Sinnenwesen sind, uns anderseits aber im moralischen Handeln die Beziehung einer übersinnlichen, überzeitlichen und überindividuellen Einheit auf uns als sittliche Wesen unmittelbar gegeben ist. Bei der Prädikation von „Gott" geht es also nicht bloß um ein Moment historischer Hermeneutik oder gar um einen Akt sprachlicher Diplomatie gegenüber einer vorherrschenden gesellschaftlichen Meinung; sie bezieht sich nämlich nicht einfach auf die moralischen Handlungen im Sinne des moralischen Willensentschlusses und von dessen Ausführung, vielmehr steht sie für die innerste Möglichkeitsbedingung unseres Selbstbewußtseins und unserer individuellen Freiheit selber. Diese kann allein im Vollzug begriffen werden, aber selbst dann nur hinsichtlich ihrer Vernunftnotwendigkeit, niemals hingegen hinsichtlich ihres Inhalts. Die prädikative Auffassung ist kaum besser zu charakterisieren als durch die Gegenüberstellung der beiden Sätze: „Gott findet statt" und „Gott ist vorhanden".[210] Nur im ersten Satz ist „Gott" logisch – nicht grammatikalisch – kein echtes Subjekt. Das Wort „Gott" darf infolge seiner Eigenart nie mit einer Form des Verbums „sein" verbunden werden, sofern dieses als Existenzaussage gemeint ist, sondern bloß, wenn dieses als Kopula dient.[211] Das heißt, Gott ist immer nur als dieses oder jenes. Nicht Sein noch Substanz ist „Gott", sondern die reine Dynamik des Handelns. Er ist als solches etwas in Raum und Zeit Geschehendes: „[...] Gott ist zu denken als eine *Ordnung von Begebenheiten,* keineswegs aber als eine *Form der Ausdehnung.*"[212] „Man sieht, daß hier nur Akte, nur Begebenheiten, etwas Fortfließendes, kein Sein und starres Bestehen gedacht wird: ein Schaffen, Erhalten, Regieren, keineswegs ein Schöpfer, Erhalter, Regierer."[213] – Ähnlich kommt auch einer ganzen Reihe weiterer fundamentaler Begriffe aus Ethik und Religion wie „Welt", „Ordnung", „Gesetz", „Prinzip" nur ein prädikatorischer oder – wie *Fichte* statt dessen sagt – ein „logische[r], keineswegs reelle[r]" Gebrauch zu.[214]

[209] Auf die Aktualität *Fichte*s hat bei der Erörterung des Personbegriffes in der Theologie immer wieder *W. Pannenberg* mit Nachdruck hingewiesen: *Pannenberg* 1971, bes. 361. 381 f; *Pannenberg* 1963, bes. 605–608; *Pannenberg* 1976, 138–140. Vgl. ferner die ausgezeichnete Arbeit seines Schülers *F. Wagner* 1971, bes. 13–112. Vgl. jüngst auch *Theunissen* 1976, 454.
[210] Vgl. Rückerinnerungen 358 f, auch ebd. 362 f. 366. 369, und Verantwortungsschriften 261.
[211] S. *Fichte*s Kritik (Weltregierung 187 f, vgl. 179) an *Forberg*s Antwort („Es ist und bleibt ungewiß": Entwicklung des Begriffs der Religion, a. a. O. 41) auf die Frage, ob ein Gott sei. Vgl. auch Rückerinnerungen 359 f. 371. 381.
[212] Verantwortungsschriften 261.
[213] Rückerinnerungen 366.
[214] Vgl. Rückerinnerungen 359–362 (Zitat 362). – Dasselbe, nämlich Nicht-Dinglichkeit, meint die Redewendung „Gott ist ein Geist" (Verantwortungsschriften 264).

Interessanterweise beansprucht *Fichte,* das prädikatorische Gottesverständnis sei äquivalent der Aussage einer radikalen Transzendenz[215]; transzendiert nämlich werde alle Sinnlichkeit. Denn meint der Begriff „Gott" eine „Person" oder eine besondere „Substanz", so ist Gott innerhalb eines Wirklichkeitsverständnisses, das wie das *Fichte*sche alles Denken als Bewußtsein auffaßt, notwendig endlich, weil Ichwerdung (Persönlichkeit) wie auch Substanz als Kategorie des Bewußtseins immer ein Nicht-Ich voraussetzen, bezüglich dessen sie Selbstbewußtsein haben könnten.[216] Ein persönlich gedachter Gott kann deshalb nach *Fichte* kein unendlicher, transzendenter mehr sein. Insofern könnte man behaupten, bei *Fichte* gehe die Bedeutung von „transzendent" in derjenigen von „transzendental" auf; derselbe Tatbestand läßt sich auch mittels der gegenteiligen Aussage beschreiben: der Begriff „transzendent" fällt weg, ist untauglich, weil Gott weder analogisch noch dialektisch zum Sinnlichen gedacht beziehungsweise begriffen werden kann. *E. Hirsch* charakterisiert dieses fast paradoxe Spannungsverhältnis zwischen der auf Glauben gegründeten Gewißheit der Verwirklichung des autonomen Ich in einem alles umfassenden vernünftigen Plan bei gleichzeitiger schlechthinniger Unanschaulichkeit treffend, wenn er schreibt: „Die Gottesvorstellung bleibt so unmittelbar notwendig wie tatsächlich unvollziehbar."[217]

Interessanterweise begegnet in diesem Zusammenhang auch jenes „als ob", das *D. Bonhoeffer* in die moderne Transzendenz-Diskussion eingebracht hat, allerdings in genauer Umkehrung: Moralität besteht laut *Forberg* in der Maxime: „[...] du sollst so handeln, *als ob* es so wäre [sc. daß es eine moralische Weltregierung = Gott, gäbe], und wenn du so handelst, so zeigst du eben dadurch, daß du Religion hast!"[218] Das will sagen, der Glaube ist eine moralische Pflicht, aber lediglich in praktischer Hinsicht, das heißt, sofern er Maxime wirklicher Handlungen ist; theoretisch-spekulativ dagegen kann nichts über ihn ausgemacht werden. In diesem Sinne kann es bei *Fichte* konsequenterweise auch keine eigentlichen Pflichten gegen Gott geben.

Diese Auffassung kann natürlich auch nicht ohne weitreichende Folgen für das Problem der Vielzahl und der Verschiedenartigkeit der Religionen bleiben. Genauer gesagt erledigt sich dieses Problem. Während *Forberg* sich noch dahingehend ausdrückt, die (wahre) Religion könne ebensogut mit

---

215 Appellation 220: „Mir ist Gott ein von aller Sinnlichkeit und allem sinnlichen Zusatze gänzlich befreietes Wesen, welchem ich daher nicht einmal den mir allein möglichen *sinnlichen* Begriff der Existenz zuschreiben kann." Die innere Logik zwischen Immanentisierung und radikaler Transzendenz hat eine Parallele im historischen Entwicklungszusammenhang zwischen der Dialektischen Theologie und der sogenannten Gott-ist-tot-Theologie.
216 Vgl. Appellation 216–219; Verantwortungsschriften 261; Bestimmung des Menschen 304 f. – Vgl. dazu *Wagner* 1971, 59–96.
217 *Hirsch* 1926, 212.
218 *Forberg,* Entwicklung des Begriffs der Religion, a. a. O. 36. Ebd. 36–38 kommt die Konjunktion „als ob" in dieser Bedeutung fünfmal vor.

Monotheismus wie mit Polytheismus, Anthropomorphismus, Spiritualismus und ähnlichem zusammenbestehen, ja selbst mit Atheismus[219], sagt *Fichte* präziser: Weil Religion beziehungsweise Gottesglauben durch die Vernunft gesetzt sind, sind sie bei allen vernünftigen Wesen dieselben. „[...] es ist schlechterdings nur *Ein* Gott"[220]; und das Gottsein Gottes (als Prädikatsnomen, nicht als Subjekt!) ist nur das, worüber alle einig sind. Im Hinblick auf alles Divergierende haben alle unrecht.[221] Ihm liegt weder eine innere noch eine äußere Wahrnehmung zugrunde, folglich auch keine vernünftige Deduktion. In dem Moment, wo man Gott als Einzelname beziehungsweise als Substanz nimmt und ihm Prädikate zuschreibt, kann er begriffen werden und hört folglich auf, Gott zu sein.

Einen anderen Gott als diesen in der Pflichterfüllung geschehenden können wir *Fichte* zufolge gar nicht fassen. Wenn der Mensch trotzdem die Gesamtheit der Bezüge der moralischen Ordnung auf sich und sein Handeln mit dem Prädikator „Gott" chiffriert und zugleich damit die Vorstellung eines existierenden, personalen Wesens verbindet, kann das immer nur ein legitimer Notbehelf sein, insofern ich als endliches Wesen mir das Übersinnliche gar nicht anders denken kann als mit Begriffen, die aus der Sinnenwelt abstrahiert sind.[222] Es verhält sich hiermit geradeso wie mit anderen Prädikatoren, etwa „Wärme" oder „Kälte". Denn auch hier meint niemand, der diese Begriffe verwendet, es gebe rein substantielle Wärme und Kälte, unabhängig von jeder Beziehung auf ein Sensorium. Der Begriff hängt in diesen Beispielen vom sinnlichen Gefühl ab, nicht umgekehrt; und gerade so hängt auch der Begriff einer übernatürlichen Weltordnung beziehungsweise Gottes von unserem sittlichen Gefühl ab.

4.5.6 Atheismus

Historisch gesehen ist es kaum verwunderlich, daß die Leugnung des substantiellen Gottesbegriffs *Fichte* den Vorwurf des Atheismus[223] eintrug. Anlaß wurden der *Forberg*sche Aufsatz ‚Entwicklung des Begriffs der Religion' und der ihm vorangestellte *Fichte*sche ‚Über den Grund unseres Glaubens an eine göttliche Weltregierung'. Nach Denunziationen und anonymen Gegenschriften schritten mehrere Regierungen ein, der Band des ‚Philoso-

---

[219] Entwicklung des Begriffs der Religion, a. a. O. 22 bzw. 38.
[220] Rückerinnerungen 348.
[221] Rückerinnerungen 348; vgl. Verantwortungsschriften 267.
[222] Außer den bereits genannten Stellen sind ausdrücklich zu nennen: Appellation 208. 214; Rückerinnerungen 349 f; *Forberg,* Entwicklung des Begriffs der Religion, a. a. O. 40. – Man beachte die Nähe zur *Feuerbach*schen Projektionsthese.
[223] Zu harmonistisch beurteilt das Verhältnis zwischen der Transzendentalphilosophie *Fichte*s und christlichem Glauben meines Erachtens *Lauth* 1965, 70 f. – Zum „streitbaren Atheismus" in den letzten Jahrzehnten des 18. Jahrhunderts in Deutschland als Hintergrund s. *Gulyga* 1962, 205–223. –

phischen Journals einer Gesellschaft Deutscher Gelehrten', der beide Aufsätze enthielt, wurde konfisziert. Der Streit endete mit der Demission *Fichte*s als Professor in Jena.
Sowohl *Fichte*s Verteidigung als auch die Vorwürfe seiner Gegner[224] zeigen, daß hinter der spekulativen Auseinandersetzung um die Substanz vor allem ein praktisch-moralisches Problem steckte, nämlich genau *die* Frage: „Bedarf der Mensch der Religion zu seiner sittlichen Vervollkommnung? Kann durch einen lebendigen Glauben an Gott, Vorsehung und Unsterblichkeit unser Tugendgefühl erweckt und gestärkt, unsere Beruhigung und Zufriedenheit befördert werden?"[225] Die eigentliche Wurzel der gegnerischen Reaktion ist nicht so sehr eine wissenschaftlich-theoretische, sondern eine praktische: Man sieht die Moralität dadurch in Gefahr, daß *Fichte* „Gott" in zweifacher Hinsicht entfunktionalisiert: zum einen Gott als den stets gegenwärtigen Zeugen aller Handlungen und Wünsche und als deren Richter, und zum anderen Gott als den obersten Wohltäter.[226] – Daß man mit dieser Interpretation nicht falsch liegt, zeigt sich sowohl daran, daß man *Fichte*s Standpunkt in der Gottesfrage mit Jakobinertum und Demokratie zusammenbrachte, als auch in der in diesem Kontext betonten Frontstellung *Fichte*s gegenüber dem Eudämonismus.[227]
In der mit äußerster Heftigkeit geführten Auseinandersetzung kehrt *Fichte* die Rollen von Kläger und Angeklagtem um. Die ihn einen Atheisten schalten, werden nun von ihm des „wahren" Atheismus geziehen[228]. Was aber bedeutet „Atheismus" im Kontext der Religionsphilosophie *Fichte*s?
Es lassen sich bei *Fichte* mehrere Formationen finden, die man in seinem Sinne atheistisch nennen könnte oder die er sogar ausdrücklich als Atheismus bezeichnet; sie sind zwar phänomenal verschieden, können jedoch alle auf dieselbe Wurzel zurückgeführt werden:
– Als atheistisch im Sinne *Fichte*s könnte man – ohne daß er es selbst explizit tut – jedes unmoralische Handeln in dem unter 4.5.1 genannten Sinn bezeichnen.
– Als atheistisch gilt aber auch Religion ohne Moralität. Sie stellt nicht nur

---

[224] Über die Gegenschriften (ca. 50!) informiert *Jopke* 1962, 757–761.
[225] Schreiben eines Vaters an seinen studierenden Sohn über den Fichteschen und Forbergschen Atheismus (1798) = Beilage C zu: Verantwortungsschriften, 320, vgl. 320–326. Vgl. Rückerinnerungen 372, wo *Fichte* die Beweislast seinen Gegnern aufdrängt: „welche Bedeutung dogmatische Kenntnisse über das Wesen Gottes an sich, wenn sie auch möglich wären, zur Befestigung des sittlich-religiösen Glaubens haben dürften?"
[226] Appellation 221 sagt Fichte lakonisch bezüglich eines moralischen Eudämonismus: „In dieser Funktion hat jener Gott wenigstens das Verdienst, mangelhaften Polizeianstalten nachzuhelfen."
[227] Dennoch verkürzen Interpretationen wie diejenige *Jopke*s den Gegensatz, die *Fichte*s Atheismus lediglich als „philosophische Ausformung" (*Jopke* 1962, 754) seiner antifeudalen Position erklären wollen und die Reaktion hierauf nur als Anlaß, „den fortschrittlichen Demokraten Fichte mundtot [zu] machen" (ebd. 756).
[228] So ausdrücklich: Appellation 220, vgl. 235; Verantwortungsschriften 257.

239

harmlos-überflüssigen Trug dar, sondern macht ihre Diener unfähig zur Besserung.[229] Dabei ist mit Religion entweder nur ein intellektuelles Fürwahrhalten un-verständ-licher Sätze gemeint, oder aber noch schlimmer: die Erfüllung kultischer Vorschriften, Zeremonien, Gebete, Formeln usw., von denen man hofft, sich mit ihrer Hilfe Gott zu Willen machen zu können.
– Wird umgekeht die Moral von der Religion (im *Fichte*schen Sinne) abgesondert, so bleibt sie zwar äußerlich korrekt, legal im Sinne *Kant*s, verliert aber ihre moralische Qualität, die darin besteht, das Gute um seiner selbst willen zu tun, was unwiderstehlich zur Annahme einer übersinnlichen Welt und damit zu Religion führt. Konsequenterweise muß der solcherart Gottlose seinem eigenen individuellen Rat den Vorzug einräumen (vor der Forderung der Pflicht); das heißt, er wird seinem Gewissen nur dann folgen, wenn er zuvor den Effekt seines Tuns im Bezug auf sich kalkuliert hat. Noch schärfer als *Kant* lehnt *Fichte* dementsprechend jeglichen Eudämonismus kategorisch ab: „Du darfst nicht lügen, und wenn die Welt darüber in Trümmer zerfallen sollte."[230] Der Spruch des Gewissens ist absolut verbindlich. Es gibt daran weder Zweifel noch dagegen eine Berufung, wenn ich in meiner Ichheit erhalten bleiben will. Nicht einmal als pädagogische Übergangsstufe zwischen Sinnlichkeit und Übersinnlichkeit (= Sittlichkeit) ist der Eudämonismus zu rechtfertigen, weil zwischen Sinnlichkeit und Übersinnlichkeit keine Kontinuität besteht; „die Umänderung muß durch einen Sprung geschehen, und nicht bloße Ausbesserung, sondern gänzliche Umschaffung, sie muß Wiedergeburt sein."[231]
– Während bei den bisher angeführten Weisen des Unglaubens laut *Fichte*s Definition der Mensch sich selbst zum Gott macht, sind die beiden folgenden Spielarten dadurch gekennzeichnet, daß der Mensch Gott an der falschen Stelle sucht und so wiederum nur auf sich selbst beziehungsweise sein eigenes Gemächte trifft. Das ist überall dort der Fall, wo man meint, Gott beweisen zu können im strengen Sinn dieses Wortes, so nämlich, als ginge es nicht eigentlich um die Erklärung von etwas, das schon längst da ist, nämlich der gläubigen Überzeugung, sondern um deren Herstellung selber. Das Beispiel katexochen für diese Art zu denken ist in *Fichte*s Augen der Schluß von der Existenz beziehungsweise Beschaffenheit der Sinnenwelt auf die Existenz und Beschaffenheit eines Urhebers derselben, wie er in der philosophisch-theologischen Tradition der klassischen Gottesbeweise eine hervorragende Stellung einnimmt.[232] Denn zum einen ist der Glaube im Sinne

---

[229] Vgl. Appellation 209. 221.
[230] Weltregierung 185 f. – Gegen den Eudämonismus s. Appellation 204. 207. 209. 212 f. 217–227. 228. 230. 235 f; Verantwortungsschriften 257; Aus einem Privatschreiben (im Jänner 1800): S. W. V, 391 f. 393.
[231] Appellation 230; vgl. SL 316.
[232] Vgl. SL 119 f; Weltregierung 179–181; Appellation 214 f. 216–222; Verantwortungsschriften

*Fichte*s nicht eine Annahme, die man nach Belieben machen kann oder auch nicht, sondern als in der Vernunft gegründeter (moralisch) notwendig. Wenn man zum andern die Sinnenwelt vom naturwissenschaftlichen Standpunkt aus ansieht, so ist es methodisch notwendig und allein fruchtbar, beim Sein der Welt als etwas Quasi-Absolutem stehenzubleiben; es trägt den Grund aller Phänomene in sich. Die Annahme der Urheberschaft einer übersinnlichen Intelligenz hat für den Bereich der Welt und ihrer Phänomene keinerlei Erklärungswert und füllt höchstens temporär eine „Lücke" im Wissen. Außerdem, wie sollten sich die Begriffe, die doch die Bestimmungen der Intelligenz sind, Materie schaffen oder bereits vorhandene modifizieren? – Es bleibt schließlich noch die Alternative, die Sinnenwelt vom transzendentalen Standpunkt aus zu betrachten; dann fielen die letzteren Schwierigkeiten zwar weg, da – von ihm aus gesehen – die Sinnenwelt keine für sich bestehende ist. Jedoch kann hier wiederum nur nach dem Grund von etwas gesucht werden, das in Erscheinung tritt; was immer aber wir von diesem Standpunkt aus erblicken, ist wie gezeigt ausschließlich Produkt der inneren Tätigkeit unseres Ich und kann folglich nicht aus einem Außerhalb erklärt werden.

– Endlich begehen noch andere unter den angeblich gläubigen Denkern den Fehler, daß sie ebenfalls durch einen Kausalschluß aus jener moralischen Weltordnung heraustreten, in der Weise, daß sie noch ein besonderes Wesen, die göttliche Substanz, als Ursache dieser Ordnung annehmen. Nun aber offenbart sich jene Weltordnung doch gerade als absolut Erstes aller objektiven Erkenntnis (nicht aber der subjektiven!), ist selber der Beliebigkeit absolut entzogen und begründet überhaupt erst alle andere objektive Erkenntnis. Sie allein ist durch sich selbst gewiß. Bei dem genannten Schluß handelt es sich deshalb nur vermeintlich um einen Kausalschluß, denn er macht paradoxerweise den Grund vom Begründeten abhängig.[233] Man könnte *Fichte*s Vorwurf gegenüber seinen Gegnern auch so formulieren, daß sie das Verhältnis von Theorie und Praxis falsch sähen: Denn nicht die bloße Erkenntnis kann Prinzip des „Lebens", das heißt bei *Fichte*[234]: des Gefühls, Begehrungsvermögens, Handelns, sein, sondern die Erkenntnis hängt ab vom Leben.[235]

Aber selbst wenn man die Annahme einer besonderen göttlichen Substanz einmal gestattete, geriete man nach *Fichte* notwendig in die Aporie. Denn das hieße doch, daß diese Substanz ganz unterschieden wäre von Mensch und Welt, anderseits aber in dieser Welt intelligent wirksam sein, mithin

---

267–269; *Forberg*, Entwicklung des Begriffs der Religion, a. a. O. 25 f (dort findet sich auch eine detaillierte Kritik des ontologischen Arguments).
[233] Vgl. Weltregierung 186 f.; Appellation 214.
[234] Nach: Rückerinnerungen 352.
[235] Von daher erklärt sich die zunehmende Bedeutung des „Gefühls" in den späteren Schriften *Fichte*s; vgl. auch schon Rückerinnerungen 352–359.

Bewußtsein und Persönlichkeit haben sollte. Die letzteren sind aber ohne Beschränkung schlechterdings undenkbar. „Gott" wird durch solche Prädizierung deshalb zu einem endlichen, uns ähnlichen Wesen, im Grunde zu einer denkerischen Vervielfältigung unseres selbst[236], die obendrein zur Erklärung der moralischen Weltordnung nichts beiträgt. –
Die moralische Weltordnung zeigt sich bei *Fichte* als das einzige, absolut gültige Objektive; alles, was nicht durch das freie Handeln des Vernunftwesens geschieht, ist schon im voraus bezogen auf diese Ordnung. Jeder Versuch, der diese Gegebenheit erst ableiten will, muß scheitern, weil der Mensch als endlicher die Unendlichkeit niemals begreifen kann, wie *Fichte* wohl in Anspielung auf die *Calvin*ische Formel „finitum non capax infiniti" zusammenfaßt.[237] Es geht beim Glauben an Gott nicht um etwas dem Menschen erst Anzudemonstrierendes, um ein Erzeugnis des Denkens, sondern um das an etwas Vorgefundenem orientierte Handeln, will der Glaube nicht rein willkürlich, damit aber jeder Kommunikabilität entbehrend und träumerischer Wahn sein. Alle aufgezählten Formen von Atheismus begehen den Fehler, daß sie diese Vorgegebenheit nicht bemerken, weil sie übersinnlich ist, beziehungsweise positiv gewendet, daß es für sie nur Substantielles, Sinnliches gibt. Und deshalb macht es im Grunde keinen Unterschied, ob sie theoretisch-verbal an einen Gott glauben oder nicht; denn selbst wenn sie derart glauben, denken sie den Gott als substantiellen, aus der Sinnenwelt ableitbaren. Entscheidend ist, daß ihnen das (immer schon vorhandene) Übersinnliche nichts bedeutet. Daher kann aber auch das, was sie für Gott halten, nichts anderes als ihr eigenes Produkt sein.
Für die Ethik heißt das, daß sie in einem solchen Konzept stets nur (wenn auch noch so sublimer) Eudämonismus sein kann.[238] „Gott" in substantiellem Verständnis kann ja nichts anderes sein als der Geber der Glückseligkeit, das heißt Produkt der eigenen Wünsche; und die theoretischen, sogenannten Demonstrationen können nichts anderes sein als „bloße Wiederholungen dessen, was ihr [sc. der atheistischen Gegner] Herz unabhängig von allen Demonstrationen glaubt"[239]. Der Vorwurf der Projektion findet sich mithin vor *Feuerbach* schon in aller Deutlichkeit bei *Fichte*. Der kritisierte „Gott" steht für ihn prinzipiell auf der gleichen Stufe wie die sogenannten Natur-

---

[236] Vgl. Weltregierung 187.
[237] Weltregierung 187.
[238] Appellation 217. Für die Spekulation besteht die notwendige Folge der faktischen Leugnung des Übersinnlichen im Dogmatismus (ebd.). – Der Grund, weshalb die einen die übersinnliche Welt anerkennen, die anderen dagegen nicht, liegt in der grundsätzlichen Entscheidung des Herzens, nicht des Verstandes: Vgl. Appellation 218, vgl. 228: „Der Mittelpunkt des Streits zwischen mir und den Gegnern ist der: daß wir in zwei verschiedenen Welten stehen, und von zwei verschiedenen Welten reden, – sie von der Sinnenwelt, ich von der übersinnlichen; daß sie alles auf Genuß beziehen [. . .], ich alles auf reine Pflicht." Vgl. auch das bisher über das Glauben Gesagte.
[239] Appellation 218.

gottheiten. „Hier sonach ist der wahre Sitz meines Streites mit ihnen [sc. den Substanz-Denkern]. Was *sie* Gott nennen, ist *mir* ein Götze."[240] Einen Götzen sich zu machen, ist aber nicht nur gleichsam eine intellektuelle Sünde; sondern das dem Menschen zugrundeliegende Prinzip des Genusses verlangt ja dann von ihm weiter, sich mit diesem Götzen auch zu arrangieren und ihn zum Mittel seiner Wünsche zu machen, indem er ihn durch Zeremonien, Formeln, Glaubenssätze und ähnliches verehrt.

Derart gewinnt der *Fichte*sche Gottesbegriff durch die damit verbundene Atheismus-Analyse eminent ideologiekritische Bedeutung. Über den notwendig zum Eudämonismus führenden substantiellen Gottesbegriff schreibt *Fichte*: „Ein Gott, der der Begier dienen soll, ist ein verächtliches Wesen; er leistet einen Dienst, der selbst jedem erträglichen Menschen ekelt. Ein solcher Gott ist ein böses Wesen; denn er unterstützt und verewigt das menschliche Verderben, und die Herabwürdigung der Vernunft."[241] Solch ein Gott setzt sich nicht zur Wehr, wenn das Prinzip „Gnade vor Recht" durch den Grundsatz „Gnade statt Recht" abgelöst wird.[242] Weil er im Grunde eine Projektion des Menschen ist, vermag ihn dieser zu manipulieren, das heißt, quasi als Blanko-Legitimation zu „benutzen": „er läßt sich alles gefallen [...]; und was die Menschen auch tun mögen, er ist mit seinem Segen immer hinterdrein."[243] In derselben ‚Appellation' – und dies gilt für *Fichte*s ganze Religionsphilosophie – heißt es, ihr einziger Zweck sei es, „dem Menschen alle Stützen seiner Trägheit, und alle Beschönigungsgründe seines Verderbens zu entreißen, alle Quellen seines falschen Trostes zu verstopfen"[244]. Dieser kritisch-destruktive Zug steht bei *Fichte* aber ganz im Dienst des pädagogisch-sittlichen Zieles, erkennen zu lassen, wie der religiöse Sinn des Menschen entsteht und bestärkt wird.[245]

Das Verhältnis von Religion und Moral beim klassischen *Fichte* läßt sich treffend in der Formel *Forberg*s zusammenfassen: „Rechtschaffenheit ohne Religion, und Religion ohne Rechtschaffenheit sind gleich unmöglich. Das eine wäre Rechtschaffenheit ohne Interesse für Rechtschaffenheit, und das andere Interesse für Rechtschaffenheit ohne Rechtschaffenheit."[246] Für die Moralität ist der rein theoretisch-spekulative Glaube an einen Gott völlig irrelevant beziehungsweise, wo er für unentbehrlich erklärt wird, sogar

---

[240] Appellation 220. Zur Kritik an der eudämonistischen Verfälschung des Christentums s. Appellation 222. 226. Das „wahre" Christentum dagegen hält *Fichte* für absolut identisch mit der „wahren" Religion im Sinne seiner Philosophie, nur daß es nicht spekulativ, sondern rein moralisch „artikuliert" sei (vgl. Appellation 224. 228; Rückerinnerungen 349 f).
[241] Appellation 219.
[242] Vgl. Appellation 221.
[243] Appellation 221.
[244] Appellation 223, vgl. 236; Rückerinnerungen 345.
[245] Vgl. SL 350; Rückerinnerungen 345.
[246] Entwicklung des Begriffs der Religion, a. a. O. 43.

schädlich; aber es kommt alles darauf an, daß der Gott im „Herzen" wohnt. Moralität und Religion sind letztlich eins.

4.5.7 Unsterblichkeit

Kein Mensch weiß im Einzelfall, wie sich seine konkrete Handlung zum Ganzen der moralischen Weltordnung verhält, ob und auf welche Art und wieweit sie ihn dem notwendig von ihm gesetzten Endzweck näherbringt. Nur dies ist ihm Pflicht zu glauben, daß es einen wirklichen Fortschritt im Guten gibt und die Bemühung darum nie sinnlos ist.

Nun ist aber der Glaube an das Fortschreiten des Guten nicht nur unmöglich ohne „Gott", sondern auch nicht möglich ohne den Glauben, daß wir ewig fortdauern; denn wir sollen planmäßig zu unserem letzten Ziel fortschreiten, und doch können wir dieses unser Ziel ja niemals erreichen.[247] Nur unter Voraussetzung der Unsterblichkeit können das sinnliche Faktum unserer Endlichkeit und das übersinnliche Faktum einer moralischen Weltordnung ohne Widerspruch als vereint gedacht werden. Deshalb müssen wir in der pflichtgemäßen Willensbestimmung unsere Erhaltung als Vernunftwesen bei gleichzeitigem Fortschreiten aller zum Endzweck der Vernunft postulieren.

4.6 Korrekturen am ursprünglichen System

In immer wieder neuen Darstellungen, Vorlesungszyklen und popularisierenden Vortragsreihen rang *Fichte* um die endgültige Gestalt seines Systems, ohne eine solche zu hinterlassen. Die zahlreichen, je völlig neu bearbeiteten Entwürfe stellen die Forschung seit *Fichte*s Tagen vor ein bis heute umstrittenes Problem: Handelt es sich – wie *Fichte* selbst es darstellte – nur um die „unablässig fortgesetzte [...] Selbstbildung an derjenigen philosophischen Ansicht, die mir schon vor dreizehn Jahren zu Teil wurde, und welche, obwohl sie, wie ich hoffe, manches an mir geändert haben dürfte, dennoch sich selbst seit dieser Zeit in keinem Stücke geändert hat"[248], oder muß man

---

[247] Vgl. Aenesidemus-Rezension: S. W. I, 23; SL 350; Weltregierung 185; Appellation 210. 212. 237 f; Rückerinnerungen 365 f.

[248] Anweisung 399; vgl. *Fichte*s eigene Interpretationen des früheren Entwurfs in späteren Werken, z. B. WL (1804): S. W. X, 194.

Nebe 1933 hat versucht, aus der Perspektive des Verhältnisses von Autonomie und Theonomie die „innere Kontinuität" des gesamten *Fichte*schen Denkens von seinem ersten Fragment (Aphorismen über Religion und Deismus) bis zu seinen letzten Werken aufzuweisen. Er beschreibt das Verhältnis von späterer zu früherer Philosophie als „folgerichtige [...] Entwicklung *innerhalb* seines prinzipiell gleichbleibenden Denkens" (1) und lediglich als „Gradverschiedenheit" (ebd.). Im Blick auf das Verhältnis von Autonomie und Theonomie charakterisiert er diese Grade als Parallelismus, Kongruenz, Identität (2 f. 9–23. 25). Von dieser schon in sich recht problematischen Charakterisierung auch noch zu behaupten, ihre Glieder seien auch zeitlich

Schelling recht geben, der behauptete, *Fichte* habe sein System grundlegend geändert[249]? Die kontroversen Standpunkte zu erörtern kann nicht Aufgabe dieser Arbeit sein. Solche Zielsetzung wird ohnehin erheblich erschwert durch die zunehmend dunkler und metaphernhafter werdende Sprache *Fichte*s (Einflüsse der Romantik!), durch den mehrfachen Wechsel in der Terminologie, widersprüchliche Formulierungen selbst innerhalb ein und desselben Werkes, substantielle Eingriffe in die meist unveröffentlichten Texte durch den Sohn und ähnliches. Veränderungen sind jedenfalls seit der WL von 1801 festzustellen.[250] Es mag genügen, die hinsichtlich der Autonomiefrage relevanten Wandlungspunkte zu skizzieren, ohne den dadurch bedingten weiteren Änderungen im einzelnen nachzugehen.

4.6.1 Seinsbegriff

Unbestreitbar ist der Seinsbegriff modifiziert. Früher hatte *Fichte* mit Entschiedenheit abgelehnt, noch über das Selbstbewußtsein hinaus nach dessen etwaigem Grund zu fragen; alles Seiende galt als Produkt der Denktätigkeit. Jetzt hingegen sagt *Fichte*, alles Bewußtsein, ja sogar das reine Selbst, sei nur kraft eines Seins, eines absolut ewigen, unwandelbaren und unveränderlichen Seins.[251] Vom Sein unterscheidet er das Dasein[252]; es nimmt *die* Bedeu-

nebeneinander vorhanden (9), ist angesichts der in Abschnitt 4.6 angedeuteten Veränderungen nicht möglich. *Nebe*s These liegt ganz offensichtlich ein stark organologisches Denkmuster zugrunde (deutlich: 8. 9. 11. 14. 15 f. 20 f. 23. 24 f).

[249] Z. B. *F. W. J. v. Schelling*, Darlegung des wahren Verhältnisses der Naturphilosophie zu der verbesserten Fichteschen Lehre. Eine Erläuterungsschrift der ersten, in: Schellings Werke, hrsg. *M. Schröter*, III, München 1958, 597. 666. 677. – Vertreter beider Standpunkte zählt *G. Gurwitsch* (*Gurwitsch* 1924, 2–4) auf, der selbst für die Einheit sowohl von *Fichte*s theoretischer (ebd. 2–64) als auch von seiner praktischen Philosophie (ebd. 65–214) – aber im Sinne einer in sich geschlossenen Entwicklung – plädiert. –

Auch die Frage, ob es sich um zwei oder drei Phasen handle, bleibt hier außer Betracht; vgl. dazu ebenfalls *Gurwitsch* 1924, 3–64.

[250] *Siep* 1970 ist m. E. der überzeugende Nachweis gelungen, daß *Fichte* in seiner Spätphilosophie gerade jene Probleme überwindet, die *Hegel* kritisiert hatte, ohne daß Fichte dessen Einwände gekannt hätte: Vgl. etwa ebd. 44–47 mit 87–94, sowie 94–106. Ähnlich auch schon *Janke* 1966, 21 f; *Radermacher* 1970, 9. 67–69.

Überhaupt ist die Spätphilosophie in den letzten Jahren zunehmend in den Mittelpunkt der *Fichte*-Forschung gerückt. Vgl. außer den genannten und im folgenden noch zu nennenden Titeln von *Janke* 1970.

[251] Z. B. Anweisung 438–446; WL(1801): S. W. II, 33–35. 43–77. 161; WL (1804): S. W. X, 146–152. 245 f u. a. Zum Seinsbegriff der SL (1812) vgl. Anm. 264.

Man beachte auch die interessante Verschiebung im Verständnis des Selbstbewußtsein (als dem Prinzip des *Fichte*schen Systems), auf die *D. Henrich* aufmerksam gemacht hat: von: „Das Ich setzt ursprünglich sein eigenes Sein" (WL [1794] 98) zu: „[Ich ist] Kraft, die ein im Auge reingesetzt ist" (SL [1812]: S. W. XI, 18). *Henrich* 1967 bietet eine sorgfältige Analyse dieses sich wandelnden Verständnisses von Selbstbewußtsein bei *Fichte* und fördert dabei auch interessante sprachliche Nuancen zutage. Er sieht in der Dialektik von selbst erkannten Mängeln und Verbesserungsversuchen der Theorie des Selbstbewußtsein das eigentlich weitertreibende Moment der Entwicklung *Fichte*s. Im übrigen vertritt jedoch auch *Henrich* die These von der Einheit des *Fichte*schen Denkens (ebd. bes. 37. 40–48).

[252] Anweisung 438 ff; WL (1804): S. W. X, 181–187. 204. 217. 245 f. 289. 300–314 u. a.

245

tung an, in der während der früheren Periode vom Sein des Sinnlich-Empirischen die Rede war. Nur dieses Dasein können wir begreifend erreichen, das heißt, das Sein eines Dings außerhalb seines Seins. Das Dasein des Seins ist aber nichts anderes als das Bewußtsein, weil im Dasein des Seins das Sein vom Dasein unterschieden werden muß; und zwar im Dasein selber, das heißt, das Dasein muß sich als bloßes Dasein erkennen und sich ein absolutes Sein gegenübersetzen, von dem es bloßes Dasein sein kann. Mit anderen Worten: Das Dasein muß sich notwendig als Bewußtsein des Seins, als dessen „Bild", „Äußerung" oder auch „Offenbarung", „Vorstellung", „Abschilderung", „Begriff", „Repräsentation", „Erscheinung", „Abdruck" und anderes mehr[253] wissen, oder: Das Dasein des Seins ist das Selbstbewußtsein des absoluten Seins.

Im Gegensatz zum frühen *Fichte* ist also beim späten das absolute Ich nicht der letzte, nicht mehr ohne den „Sündenfall" des Dogmatismus hinterfragbare Punkt, sondern über es hinaus beziehungsweise ihm vorhergehend und es ermöglichend wissen wir notwendig das absolute Sein. Dieses ist nicht Produkt der Denktätigkeit, vielmehr gilt jetzt umgekehrt das Selbstbewußtsein als seine Äußerung. – Manche Vertreter der Philosophia perennis glauben hier, eine Rückkehr in die Seinsmetaphysik feststellen zu müssen[254], obwohl *Fichte* im unmittelbaren Anschluß an das Gesagte betont, daß damit nur das „Daß" begriffen werden könne, daß sich das Wissen jedoch in keiner Weise auf das Wie und Wodurch der Bewußtseinsentstehung erstrecke, „weil [...] das Dasein gar nicht sein kann, ohne sich [...] zu fassen und vorauszusetzen, da ja das Sichfassen unabtrennlich ist von seinem Wesen; und so ist ihm denn [auch] [...] alle Möglichkeit, über dasselbe hinauszugehen, und jenseits desselben sich noch zu begreifen und abzuleiten, abgeschnitten. [...]"[255] Das absolute Sein bleibt – obwohl als Möglichkeitsgrund der Vernunft anerkannt – dem Wissen schlechthin unbegreiflich, es kann auch nicht als Ding an sich erfaßt werden. Zudem wird das Sein als „Licht", als „Leben" vorgestellt, das heißt als reine Tätigkeit, Energie, Lebendigkeit ausdrücklich abgehoben von dem als starr und tot qualifizierten Substanz-Begriff der philosophischen Tradition.[256] Dieses Sein ist Geschehen und schlechthin Gegenteil eines reinen, ruhenden, beharrenden Seins.

[253] So die Formulierungen in den späteren Werken nach 1801, bes. Anweisung; WL (180); SL (1812).
[254] Z. B. *Coreth* 1957, 257. 275. 277 f. 281. 298. 300. 301; *Coreth* 1959, 231. 239. 241. (Allerdings schränkt *Coreth* diese Behauptung ein, indem er gleichzeitig Mängel konstatiert, z. B. *Coreth* 1957, 279; *Coreth* 1959, 240. – In der Frage der Einheit des *Fichte*schen Denkens wird ein ausgewogener Standpunkt vertreten, s.: *Coreth* 1957, 298–300.) Vorbehaltloser: *Hirschberger* 1969, 373.
[255] Anweisung 442 (vgl. 404). Im weiteren Verlauf des Textes heißt es, die Art der Bestimmtheit des Daseins sei „lediglich durch unmittelbare Auffassung und Wahrnehmung" zu ergreifen (ebd.)! – Vgl. auch SL (1812): S. W. XI, 17: „*Kraft,* der ein *Auge* eingesetzt ist, ist der eigentliche Charakter des Ich, der Freiheit, der Geistigkeit." (Vgl. ebd. 18.)
[256] Sehr deutlich: WL (1804): S. W. X, 95. 147–151. 163. 206. 212; Anweisung 403 f. 443 f; Bestim-

4.6.2 Gottesbegriff

Dem Wandel im Seinsbegriff geht ein Wandel im Gottesbegriff parallel. *Fichte* spricht jetzt sehr viel vorbehaltloser von „Gott", und sein Denken scheint darin seinen neuen Mittelpunkt gefunden zu haben. Noch zur Zeit des Atheismusstreits kämpfte er gegen jede Vorstellung, die Gott beziehungsweise die moralische Weltordnung als Sein dachte. Nun aber, da das Bewußtsein als Dasein des diesem vorgängigen und von ihm unabhängigen absoluten Seins gilt (das zwar nur unmittelbar wahrgenommen, nicht dagegen in seinem Wie und Warum erklärbar ist), ist der „Begriff" von einem Sein gewonnen, das nicht mehr nur „für mich" und auch nicht mehr vom Ich hergestellt ist. Damit steht dieser neue Seinsbegriff sozusagen zur Verfügung als Prädikat für Gott.

Anderseits galt unser Wissen als Äußerung des Absoluten, unser Bewußtsein aber als das Dasein des Absoluten selbst, „welches ja allein zu sein, und da zu sein vermag, und außer welchem nichts *ist*, noch wahrhaftig *da ist*"[257]. Das bedeutet, daß die dem absoluten Wissen inhärierende, notwendige, unerklärliche Bestimmtheit, seine lebendige Realität, die es aus sich selbst dasein läßt, nichts anderes ist als das innere Sein des Absoluten beziehungsweise daß das Wissen in seiner tiefsten Wurzel das Absolute oder Gott selbst ist.[258] Wir, so wie wir an uns selbst sind, sind also das Absolute nicht und können es nie sein, aber wir hängen mit ihm „in der innersten Wurzel unseres Daseins" zusammen, „indem wir außerdem gar nicht vermöchten, dazusein"[259]. „Es ist, außer Gott, gar nichts wahrhaftig und in der eigentlichen Bedeutung des Wortes da, denn – das *Wissen*: und dieses Wissen ist das göttliche Dasein selber, schlechthin und unmittelbar, und inwiefern wir das Wissen sind, sind wir selber in unserer tiefsten Wurzel das göttliche Dasein."[260]

Der späte *Fichte* scheut sich also nicht, von Gott zu sagen, er sei, ja sogar, das Wissen sei seine „Äußerung" oder sein „Bild" beziehungsweise „Schema". – Auch in diesem Punkt müssen Interpretationen zurückgewiesen werden, die den Wandel in *Fichtes* Denken als – womöglich unter dem Eindruck des Atheismusstreites erfolgte – Rehabilitierung des traditionellen Gottesbe-

---

mung: S. W. II, 297 u. a. – Zum Leben als philosophischem Grundbegriff (*Nietzsche*!) vgl. auch schon: Sonnenklarer Bericht: S. W. II, 333 f.
[257] Anweisung 443, vgl. 413 f.
[258] WL (1801): S. W. II, 61. 155–157; Anweisung 442 f. 481; SL (1812): S. W. XI, 13. 30. – Zum Gottesbegriff in *Fichtes* Spätphilosophie s. *Gurwitsch* 1924, 165–214; *Ritzel* 1956, 151–200; *Coreth* 1957, 257–303; *Wagner* 1971, 102–112; *Schulte* 1975, 163–168; sowie den ausgewogenen Standpunkt *E. Hirschs*: *Hirsch* 1926, 266–290 (wobei die Schriften nach 1806 unberücksichtigt bleiben).
[259] Anweisung 448.
[260] Anweisung 448, vgl. 442 f. 449. 481.

griffs vereinnahmen wollen[261]. Solche Nichtübereinstimmung zeigt sich am nachhaltigsten am Schöpfungsgedanken innerhalb der Spätphilosophie[262]: Nicht Gott, sondern dem Begriff wird das Prädikat des Welterzeugers zugesprochen. Dies leitet *Fichte* folgendermaßen her:
Das Absolute oder Gott mußte als die schlechthinnige Einheit, Unwandelbarkeit und durch sich selbst seiende Einfachheit gedacht werden; nur im Bilde können wir ihn erfassen, nicht aber selbst zu diesem Einen werden. Die Mannigfaltigkeit, Trennung, Unterschiedenheit der wahrgenommenen Wirklichkeit steht aber in offenkundigem Widerspruch zu diesem reinen Denken und kann deshalb unmöglich eine Äußerung jenes absoluten göttlichen Urseins sein, das als an sich einfach und unveränderlich Seiendes auch nur einfach und unveränderlich dasein beziehungsweise sich äußern kann. Jenes Zwischenglied nun, das beiden Bedingungen gerecht wird, nämlich ein Grund außerhalb des göttlichen Daseinsaktes zu sein und trotzdem mit diesem Akt notwendig verbunden zu sein, ist eben der Begriff[263]. Denn das Bewußtsein kann auch sich selber nur im Bild erfassen; weil dies aber heißt: sich in seiner Unterschiedenheit zum Absoluten, kann es auch das Absolute nur auf diese Art erfassen; damit es nun überhaupt begreifen und wissen kann, muß es sein Objekt, letztlich den Seins- und Daseinsakt des Absoluten selbst (der in sich lauter Tat und Leben ist), zu einem stehenden, ruhenden Sein, zu einer Gestalt verwandeln. „Jenes stehende Vorhandensein ist der Charakter desjenigen, was wir die Welt nennen; der Begriff daher ist der eigentliche Weltschöpfer [...], und nur für den Begriff und im Begriffe ist eine Welt [...]; jenseits des Begriffes aber, d. h. wahrhaftig und an sich, ist nichts und wird in alle Ewigkeit nichts, denn der lebendige Gott in seiner Lebendigkeit."[264] Die Welt ist nicht an sich, sondern „Projektion"[265] meines Bewußtseins.
Die Triebfeder dafür aber, daß das Dasein sich selbst erfassen oder „begreifen" will, mithin auch dafür, daß durch die Verwandlung des göttlichen Lebens in ein vorhandenes, „totes" Sein Welt entsteht, ist die Selbstreflexion[266]. Sie ist schlechthin kraft ihrer selbst; das heißt, sie ist, weil Dasein als

---

[261] So weitgehend: *Hirschberger* 1969, 373–375. Erheblich zurückhaltender und differenzierter: *Coreth* 1957, (259). 273 f. 281; *Coreth* 1959, 236 f.; *Litt* 1968, 117, spricht von einer „Umkehrung" des früheren Verhältnisses von Religion und Sittlichkeit und von einer „Auslöschung" des Motivs der autonomen Selbstbestimmung.
[262] S. Anweisung 450–460. 479–481, vgl. 438 f (479: „[...] die Annahme einer Schöpfung [...] [ist] der absolute Grundirrtum aller falschen Metaphysik und Religionslehre [...].").
[263] Zur Gleichsetzung von „Leben des Begriffs" und „Ich" vgl. SL (1812): S. W. XI, 31–54.
[264] Anweisung 454, vgl. 456; WL (1804): S. W. X, 153–172; SL (1812): S. W. XI, 3–30. 33 f. 38 u. a. Für die SL (1812) bedeutet „Sein" wieder das durch den Begriff begründete Sein = Welt, welcher Seinsbegriff ausdrücklich auf den Standpunkt der Sittlichkeit begrenzt wird. (Vgl. ebd. 4 f. 6 f. 8. 31 f. 34; z. B. 4: „Die S.-L. [= Sittenlehre] muß von Gott Nichts wissen, sondern den Begriff selbst für's Absolute halten, da nur bis zu ihm ihre Reflexion reicht.")
[265] SL (1812): S. W. XI, 8.
[266] Anweisung 455.

solches sein soll, was nirgendwo anders seinen Grund hat als im Daseinsakt Gottes, so daß das Bewußtsein absolut selbständig und frei, mithin ein Außerhalb Gottes ist, wiewohl es in diesem seinen Grund hat. „Durch sein eigenes *Da-sein,* und zufolge des inneren Wesens desselben, stößt Gott zum Teil, das heißt, inwiefern es Selbstbewußtsein wird, sein Dasein aus von sich, und stellt es hin wahrhaft selbständig und frei."[267] In der Selbstreflexion erfaßt sich das Dasein nicht überhaupt, sondern als das und das; folglich teilt sich auch die Ganzheit der Welt in eine Vielheit von besonderen Gestalten. Die Reflexion ist sozusagen ein Prisma, das die Einheit des Lichts – das Licht aber ist das göttliche Dasein, und zwar nicht als Reales für sich, sondern als Akt des Daseins selbst[268] – schon jeweils und unaufhebbar zu einem Mannigfaltigen gestaltet.[269]

Aus dem Ausgeführten erhellt, daß man nicht ohne weiteres behaupten kann, *Fichte* habe sein Verdikt gegen den substantiellen Gottesbegriff fallengelassen und sei dem persönlichen Gott im traditionell-christlichen Verstande doch wieder sehr nahe gerückt[270]. Zu unmißverständlich ist auch ein Resümee wie das folgende: „das Bewußtsein, oder auch wir selber, – ist das göttliche Dasein selber, und schlechthin Eins mit ihm. In diesem Sein faßt es sich nun, und wird dadurch Bewußtsein; und sein eigenes oder auch das göttliche wahrhaftige Sein, wird ihm zur Welt."[271] Und das göttliche Leben in seiner ganzen Unmittelbarkeit ist nirgendwo anders als im Sein des Bewußtseins, allerdings verborgen und begrifflich unzugänglich. Denn ich bin nie in der Lage, etwas an sich zu sehen, sondern immer nur in meiner Reflexion und deren Gebrochenheit, letztlich also sehe ich immer nur mich selbst. Damit ist Gott zugleich unterschieden von mir: Zwar „tritt Gott [...] in seinem wirklichen, wahren und unmittelbaren Leben in uns ein; [...]. Wir wissen von jenem unmittelbaren göttlichen Leben nichts [...]; wir sehen nicht ihn, sondern immer nur seine Hülle".[272] Auch das jetzt Gott prädizierte Sein muß als Tätigsein verstanden werden.

Das Dasein Gottes gilt auch jetzt nicht als etwas real für sich Vorhandenes. Zwar sind wir sein unmittelbares Leben, aber davon wissen wir nichts, weil es im Bewußtsein nicht erfaßbar ist, so daß unser Sein in Gott für uns selber

---

[267] Ebd.
[268] Vgl. Anweisung 461 f. Um den radikalen Tätigkeitscharakter zu unterstreichen, spricht *Fichte* ebd. 451 vom „Daseien"!
[269] Vgl. Anweisung 458 f; SL (1812): S. W. XI, 16 f.
[270] In dieser Richtung interpretieren wie gesagt: *Hirschberger* 1969, 374 f; *Coreth* 1957, 273 f. 277. (286). (288). 291–294. 301–303 (vgl. jedoch: 279. 285. 288. 290. 291. 293. 301 f); *Coreth* 1959, 236–241 (jedoch: 240). *Baumgartner* 1963/64, 41, übernimmt *Coreth*s These von einem „tiefgreifenden Wandel" und sieht demgemäß in der Spätphilosophie *Fichte*s „keinerlei objektiven Anlaß für einen Verdacht auf Atheismus"; eine Korrektur ist im späteren Aufsatz *desselben* (*Baumgartner* 1965/66, 320) angedeutet.
[271] Anweisung 457, vgl. 457–459.
[272] Anweisung 471.

nicht unser Sein ist. Von der Unmittelbarkeit des göttlichen Lebens können wir nichts wissen, weil das Bewußtsein es schon immer in eine tote Welt verwandelt, so daß alles, was als Gott bezeichnet wird, stets nur seine Hülle sein kann; „immer verdeckt unser Sehen selbst uns den Gegenstand, und unser Auge selbst steht unserm Auge im Wege."[273] Gott ist nicht ein Etwas „jenseits der Wolken" noch auch ein Etwas dieser Sinnenwelt; nicht einmal das Sittengesetz ist identisch mit ihm; Gott in seiner unmittelbaren Lebendigkeit „*ist* dasjenige, was der ihm Ergebene und von ihm Begeisterte *tut*"[274]. Ausdrücklich bestehen bleibt das Verdikt gegenüber der Personalität Gottes; Prädizierungen Gottes sind auch weiterhin nichts als Prädikate des sittlichen Willens[275]. Einzige und legitime Prädikation Gottes bleibt „Unendlicher".

Damit ist schließlich klar geworden, daß auch in *Fichte*s später Periode jene Relation erhalten bleibt, daß keine theologische Aussage ohne konstitutive Bindung an die sittliche Praxis gemacht werden kann. Glauben besteht für ihn nicht in spekulativen, gegenüber unserem Tun selbständigen Akten, vielmehr bemißt sich der Grad seiner Wahrheit an der Lebendigkeit, mit der er in uns tätig ist.[276] Selbst der von *Fichte*s Standpunkt nach 1800 aus legitime Satz „Gott ist" ist ohne jeden Gehalt, solange er bloßer Satz, das heißt unter Selbstausschluß des Sprechers bleibt, solange ihm nicht eine Realität entspricht.[277] „Durch höhere Moralität allein [...] ist Religion [...] in die Welt gekommen."[278]

4.6.3 Das Verhältnis zwischen historischer Faktizität und metaphysischer Einsicht

Mit am auffallendsten ist der Wandel in *Fichte*s Diktion, die sich seit der WL von 1801 in zunehmenden Maße der biblisch-theologischen Begrifflichkeit bedient. Aber nicht nur in der Diktion greift er auf die Bibel zurück, sondern auch in der Sache; das betrifft insbesondere die konkret-geschichtliche Person Jesu, die während des Atheismusstreites gar nicht oder doch nur in polemischen Bemerkungen (als argumentum ad hominem) vorkam und die nunmehr dem Umfang und dem Gewicht nach eine hervorragende Rolle spielt.

[273] Anweisung 471, vgl. 543 f.
[274] Anweisung 472, vgl. 471 f. 473. 475 f. 548. Die Konsequenz (allerdings mit Einschränkung: s. ebd. 505. 518) wird ebd. 504 gezogen: „Du bedarfst keines Dinges außer dir; auch nicht eines Gottes; du selbst bist dir dein Gott, dein Heiland und dein Erlöser."
[275] SL (1812): S. W. XI, 79: eine interessante „Umbewertung", wenn man die ausschließliche Herausstellung der Illegitimität dieser Prädikationen in den Schriften vor 1801 vergleicht! – Vgl. WL (1804): S. W. X, 147 f, wo Gott als besondere Substanz „ein toter Gott" genannt wird.
[276] Vgl. Anweisung 449. 470 f. 473–475, auch 411 f; SL (1812): S. W. XI, 37. 107. 109 f.
[277] Vgl. Anweisung 470.
[278] Anweisung 469 f.

Doch darf die starke Berücksichtigung biblisch-christlicher Gedanken sowie der versuchte Nachweis ihrer Identität mit der durch Vernunft gefundenen absoluten Wahrheit nicht darüber hinwegtäuschen, daß das geschichtliche Faktum letztlich irrelevant bleibt. *Fichte* betont nämlich expressis verbis, daß die behauptete Übereinstimmung seiner Philosophie mit dem Christentum, die er anhand des Johannes-Evangeliums als dessen „echtester und reinster Urkunde"[279] aufzeigt, nicht der Wahrheit seiner Lehre zum Beweis dient, sondern nur als deren „äußere Stütze", als zusätzliche und eigentlich überflüssige Bestätigung.[280] Ja, die Berechtigung des Anspruchs des Christentums bemißt sich allein an der Übereinstimmung mit der Vernunft, weil es außerhalb ihrer keine Wahrheit gibt, sondern nur die Fesseln blinder, unkontrollierbarer Autorität.[281] Dabei muß im Auge behalten werden, daß *Fichte* diesen Nachweis unternimmt, ohne den „Trick" (in seinen Augen!) der Entmythologisierung oder eines metaphorologischen Verständnisses zu Hilfe zu nehmen, das zwar alle Stellen als wahr gelten läßt, sie aber aufgrund von Vergleichen mit anderen Schriften so lange interpretiert, bis alles Anstößige beseitigt ist; beide Verfahren lehnt er als hermeneutisches Prinzip ausdrücklich ab[282], weil beide den Autor nicht ernst nähmen. Statt dessen will *Fichte* zwischen Zeitbedingtem und immer Gültigem scheiden[283], ohne allerdings zu bemerken, daß solches Auswählen, will es nicht willkürlich verfahren, sich letztlich nur mit genau den gleichen Gründen rechtfertigen kann, auf die sich auch die Entmythologisierungs-Methode beruft.

Jesus und seine Apostel gelten dementsprechend als bloße historische Erscheinungen.[284] Jesu Leben ist eigentlich nichts mehr als *ein* „Exemplar", ein „Muster" einer gelungenen Abbildung Gottes; die gleiche Inkarnation geschieht auch „zu allen Zeiten, in jedem ohne Ausnahme, der seine Einheit mit Gott lebendig einsieht, und der wirklich und in der Tat sein ganzes individuelles Leben an das göttliche Leben in ihm hingibt"[285]. Jesu Einmaligkeit sowie seine Bedeutung für die gesamte Menschheit sind nur faktisch-historischer Art, insofern er eben als erster die richtige Ansicht von der Seligkeit des Menschen als der Einheit von menschlichem und göttlichem Dasein hatte und anderseits *die* prägende Gestalt der und somit auch unserer

---

[279] Anweisung 476, vgl. 424. 451. 475–491. 483; SL (1812): S. W. XI, 36 f. Zur Ausschließlichkeit des Johannes-Evangeliums mit gleichzeitiger Polemik gegen Paulus s. Anweisung 476 f. – Die Vorzugsstellung des Johannes-Evangeliums ist im übrigen ein Zug, der den gesamten Deutschen Idealismus charakterisiert: vgl. *Paulus* 1919, 33–44; *Ritzel* 1956, 186–195; *Schulze* 1964, 85–118 (zu *Fichte* speziell: ebd. 87–95).
[280] Anweisung 476; vgl. SL (1812): S. W. XI, 109–117.
[281] Anweisung 476. 484; SL (1812): S. W. XI, 110. 116 f (vgl. die allgemeinen Bemerkungen über die göttliche Erziehung ebd. 42).
[282] Anweisung 477.
[283] Vgl. Anweisung 478.
[284] Vgl. Anweisung 482 f.
[285] Anweisung 482.

konkreten Geschichte und Kultur ist, aus der wir nicht herausspringen können; nicht aber kommt ihm eine eigentliche, das soll im Sinne der christlichen Tradition heißen: unüberbietbare und exklusiv für alle Menschen vor und nach ihm heilsbedeutsame Stellung zu.[286] „Nur das Metaphysische, keineswegs aber das Historische, macht selig; das letztere macht nur verständig."[287] – Das historische Verhältnis zu Jesus war in den früheren Schriften zwar nicht artikuliert worden, doch hatte dort die Geschichtlichkeit mittels der Vorstellung der Perfektibilität des Menschen und des ihr entsprechenden Gedankens einer unendlich fortschreitenden, aber nie voll einholbaren Moralität (sittliche Unendlichkeit) einen gewichtigen Platz im System inne.

Die grundsätzliche Abwertung des Historischen als solchen ist für die Ethik nicht ohne Folgen: dadurch, daß weder die „Verankerung" in einer absoluten Substanz noch auch der Rekurs auf einen historischen Heilbringer mehr möglich ist, kommt der Religion innerhalb der Ethik weder ein spezifischer Bereich (materiales Proprium) noch eine lokalisierte Funktion zu. Es gibt keine Kompensation von Schuld, keine Erlösung, wobei dies nicht als nachteilig empfunden wird, da die substantielle Schuld-Instanz ebenfalls wegfällt[288], ganz zu schweigen von der bereits in der SL von 1798 geleugneten Möglichkeit einer substantiellen Schuld. Der Mensch erlöst sich in der Gemeinschaft[289] selber, und deshalb ist echte Religionslehre nichts anderes als die „Anweisung zum seligen Leben"[290].

---

[286] Vgl. Anweisung 482 f. 490 f. 504; SL (1812): S. W. XI, 113.
[287] Anweisung 485, vgl. 472. 493. 568–574; WL (1804): S. W. X, 93.
[288] S. *Fichte*s pointierte Zurückweisung des Verständnisses vom radikal Bösen als substantieller, allen inhärierender Sündhaftigkeit: Anweisung 564; SL (1812): S. W. XI, 58–60.
[289] Die sittliche Forderung nach universaler Kommunikation begegnet wieder: Anweisung 420 f; SL (1812): S. W. XI, 70–75. 93, vgl. auch 66–70.
[290] So der Titel der die Vorlesungen von 1806 enthaltenden Schrift *Fichte*s; vgl. ebd. 518.

Kapitel 5
Ethik als die wahre Religion (Feuerbach)

5.1 Die Notwendigkeit eines Neuentwurfs der Philosophie

Feuerbach hat bis auf einige wenige,sehr späte Aufsätze keine Ethik hinterlassen. Will man dennoch seinem zutiefst humanistischen Anliegen auf die Spur kommen, so muß man den Weg durch seine Kritik der Religion nehmen, die er selbst als den durchgängigen Hauptgegenstand seines Denkens und Lebens bezeichnete.[1] Die Notwendigkeit, eine „neue" Philosophie zu entwerfen, hat er aber faktisch nicht nur mit der Kritik der Religion begründet, sondern auch mit der Kritik der neueren, spekulativen Philosophie, als deren unüberbietbaren Vollender er seinen Lehrer *Hegel* sieht[2]. Die neuere Philosophie wird jedoch nur zum Objekt der Kritik *Feuerbachs,* weil und insofern er in ihr die zwar rationalisierte, aber nichtsdestoweniger fortlebende Theologie entdeckt: „Der Idealismus ist nichts, als der *rationelle* oder rationalisierte Theismus."[3] „Die Hegelsche Philosophie ist der letzte großartige Versuch, das verlorene, untergegangene Christentum durch die Philosophie wieder herzustellen [...]."[4] Auch in dieser Auseinandersetzung geht es also letztlich um Religion und Christentum.

---

[1] Zum Beispiel: Vorlesungen über das Wesen der Religion. Nebst Zusätzen und Anmerkungen, in: *L. Feuerbach,* Sämtliche Werke, neu hrsg. *W. Bolin – F. Jodl,* 10 Bde., Stuttgart ² 1959–64 (vermehrt um drei Ergänzungsbände, hrsg. *H. M. Sass*), VIII, 7.
Trotz starker Mängel wird die Ausgabe von *Bolin – Jodl* verwendet, da die historisch-kritische Edition von *W. Schuffenhauer* in wichtigen Teilen noch nicht abgeschlossen ist. – Folgende Siglen werden verwendet: WChr = Das Wesen des Christentums; Thesen = Vorläufige Thesen zur Reform der Philosophie; Grundsätze = Grundsätze der Philosophie der Zukunft; WGIL = Das Wesen des Glaubens im Sinne Luthers; WR = Das Wesen der Religion; VorlWR = Vorlesungen über das Wesen der Religion; SMa = Über Spiritualismus und Materialismus, besonders in Beziehung auf die Willensfreiheit; Eud = Zur Ethik: Der Eudämonismus.
[2] Grundsätze 274. – Im folgenden werden im allgemeinen nur die Schriften *nach* der Abwendung von *Hegel* beigezogen. Zu *Feuerbach*s Philosophie vor 1839 s. ausführlich: *v. Gagern* 1970, 23–148; *H.-J. Braun* 1971, 45–82; *H.-J. Braun* 1972, 37–86; *Xhaufflaire* 1972, 84–111.
[3] Grundsätze 271, vgl. 246. 273; Thesen 222; Nachgelassene Aphorismen: S. W. X, 318. – Umgekehrt heißt es WChr 266: „Wir kritisieren die Spekulation nur durch die Kritik der Religion [...]. Die Kritik der Spekulation ergibt sich durch bloße Folgerung."
[4] Grundsätze 277. Vgl. Zur Kritik der Hegelschen Philosophie: S. W. II, 195; Zur Beurteilung der Schrift: ‚das Wesen des Christentums': S. W. VII, 266–272; Thesen 225. 239; Grundsätze 272 f. 275–277; VorlWR 14.

Da der *Hegel*sche Standpunkt bezüglich des Verhältnisses von Religion und Ethik in dieser Arbeit nicht dargestellt wird, hätte es nicht allzuviel Sinn, *Feuerbachs* Einwendungen gegen ihn zu analysieren[5], zumal sie strukturell mit denen der Religionskritik weitgehend übereinstimmen. Die Untersuchung anderseits, wie *Feuerbach Kant, Fichte* und *Schopenhauer*[6] beurteilt, kann nicht sehr ergiebig ausfallen, weil er sich mit ihnen – ganz anders als mit *Hegel* – nur sporadisch auseinandersetzt; *Spinoza* und *Bayle* (und natürlich *Hegel* als dem unbestrittenen Exponenten) räumt er ungleich größeres Gewicht ein als den Genannten. – Beide Beobachtungen haben darin ihren sachlichen Grund, daß *Kant* und *Fichte* für *Feuerbach* offenbar nur soweit als bedeutend galten, als sie *Hegel* vorbereiteten. Zur Kenntnisnahme *Schopenhauers* aber wurde er erst im Alter durch die ziemlich genau mit der Jahrhundertmitte einsetzende allgemeine *Schopenhauer*-Begeisterung genötigt.

5.1.1 Die Beurteilung Kants

5.1.1.1 Widerstreit von Realisation und Negation des Theismus: *Feuerbach* fand auch dann noch anerkennende Worte für *Kant*[7], als er mit der idealistischen Tradition gebrochen hatte. *Kants* Verdienst besteht nach *Feuerbach* darin, daß er der ganzen überkommenen Metaphysik den Lebensnerv durchtrennt habe, indem er die Theologie aus der theoretischen Vernunft ausschloß. Genau auf diesen Punkt bezieht sich aber zugleich scharfe Kritik[8], denn *Kant* habe sein kritisches Programm nur zur Hälfte durchgeführt: die Voraussetzungen seiner Philosophie, womit *Feuerbach* in diesem Zusammenhang wohl besonders die Zweiteilung der Vernunft in eine theoretische und in eine praktische meinen dürfte, setzte er nicht mehr dem kritischen Zweifel aus, was es ihm möglich mache, in der Moralphilosophie etwas Absolutes zurückzubehalten, nämlich den Willen oder das sogenannte Wesen des Menschen. Ihm spreche er alle Prädikate wieder zu, die vor ihm für Gott reserviert waren. Damit bleibe *Kants* Philosophie – seiner Intention zum Trotz – strukturell im Theismus befangen.[9] Anderseits sei dadurch Gott auf ein nur moralisches Wesen (Gott als "personifiziertes Moralgesetz"[10]) reduziert, eine Tatsache, deren Gewichtigkeit sich auch genau nach der entgegengesetzten Richtung veranschlagen läßt, wie es *Feuerbach* im ‚Wesen der Reli-

---

[5] Eine solche Analyse bieten die meisten neueren Werke über *Feuerbach;* vgl. vor allem: *Rawidowicz* 1964, 9–232; *Nüdling* 1961, 21–65; *v. Gagern* 1970, 35–144; *H.-J. Braun* 1971, 63–90.
[6] Ähnliches Gewicht haben noch *Jacobi* und *Schelling*.
[7] WChr 57. 242 f; SMa 170 f; Eud 233. 289. 291.
[8] Zur Kritik der Hegelschen Philosophie: S. W. II, 180; Grundsätze 271 f; Eud 233; Nachgelassene Aphorismen: S. W. X, 317.
[9] Grundsätze 272.
[10] Vgl. WChr 57; WR 506. An beiden Stellen versucht *Feuerbach* offensichtlich, *Kant* als Vorläufer seiner eigenen Religionserklärung zu erweisen.

gion'[11] ausgeführt hat: Hier sei das Spezifische der Religion, das Moment der unverfügbaren Seligkeit und ihres darin vorausgesetzten supranaturalistischen Spenders, weggefallen und nur noch der Name geblieben. „Kant hat die Theologie in der *Moral* [...] realisiert und [zugleich] negiert."[12]

5.1.1.2 Widerspruch zwischen Denken und Sein:
Der durch die Morallehre wieder hereingelassene Rest-Theismus habe in der theoretischen Philosophie sein Pendant im „Ding an sich". Auch mit diesem werde etwas vorausgesetzt, was, konsequent durchgedacht, mit *Kant*s kritischer Theorie in unaufhebbarem Widerspruch stehe[13] und sich wieder nur als theistisches Relikt erklären lasse[14]: Denn einerseits seien bei *Kant* die Gegenstände unserer Sinne für unseren Verstand bloße Erscheinungen, woraus *Feuerbach* schließt, daß der Verstand durch diese als nicht befriedigt, deshalb aber auch als nicht begrenzt gedacht werde, so daß eigentlich die Verstandeswesen (Noumena) die wirklichen Objekte des Verstandes sein müßten. Anderseits aber behaupte *Kant,* reine Verstandeswesen, die als Dinge an sich selbst als den Erscheinungen zugrundeliegend angenommen werden müßten, könnten niemals wirkliche Objekte für den Verstand sein. Es stünden sich demnach in *Kant*s Gedanken Erscheinungen als „Existenzen ohne Wesen" (Wesen aber hat traditionell etwas mit Wahrheit zu tun!) einerseits und die zugehörigen Noumena als „Wesen ohne Existenzen" (das heißt ohne Wirklichkeit) anderseits gegenüber, ohne daß eine Beziehung zwischen ihnen ersichtlich wäre. Sind aber die wahren Dinge nicht auch wirklich, so könnten sie vom Verstand nicht erkannt werden. „Die Kant-sche Philosophie ist der Widerspruch von *Subjekt* und *Objekt, Wesen* und *Existenz, Denken* und *Sein*."[15] „Heben wir [...] diesen Widerspruch [aber] auf, so haben wir die Identitätsphilosophie [...]."[16]

5.1.1.3 Die Lehre von der Willensfreiheit als Tautologie:
Als eine Folge dieser Inkonsequenzen sieht *Feuerbach Kant*s Lehre von der Willensfreiheit an. Nach ihr gilt wohl der Wille an sich als frei, wohingegen der Wille, soweit er erfahrbar ist, das heißt in Raum und Zeit erscheint, mit Notwendigkeit so oder so bestimmt ist. Für *Feuerbach* ist das eine leere Tautologie, weil damit im Grunde nur gesagt sei, daß der von allen Bestimmungen, die auf freien Akten beruhen sollen, frei gedachte Wille frei ist.[17] Ein Beweis aus der Erfahrung könne für die Tatsächlichkeit des freien Willens bezeichnenderweise nicht erbracht werden. Daher sieht *Feuerbach* auch in dieser Lehre die säkularisierte Projektion eines Wunsches in eine zeit- und

---

[11] WR 505 f.
[12] Grundsätze 272.
[13] Vgl. Thesen 238; Grundsätze 278 f.
[14] Vgl. Eud 253 f.
[15] Grundsätze 278.
[16] Grundsätze 279.
[17] Vgl. SMa 138.

raumlose Über-Wirklichkeit: „der Erfahrung nach muß ich zwar dem Menschen die Freiheit absprechen, aber um mir die Verantwortlichkeit, die Zurechnungsfähigkeit erklären zu können, denke ich ihn mir frei."[18]

5.1.1.4 Rigoroser Anti-Eudämonismus:

Der hervorstechendste Zug von *Feuerbach*s *Kant*-Kritik ist aber ohne Zweifel der Vorwurf eines „moralischen Supranaturalismus"[19], womit näher die *Kant*ische Gegenüberstellung von Pflicht und Neigung gemeint ist. Die anfängliche Begeisterung, die im ‚Bayle' den Kategorischen Imperativ emphatisch als „das Manifest [bezeichnete], in dem die Ethik ihre Freiheit und Selbständigkeit der Welt ankündigte"[20], ist rund zehn Jahre später der kritischen Einschätzung gewichen, *Kant* sei bei seinem Bemühen, die Moral von der Religion zu befreien, weit über das Ziel hinausgeschossen[21]. *Feuerbach* stimmt *Kant* in seiner Kritik des Eudämonismus zu, aber nur insoweit, als letzterer verlangt, daß ich *nur* aus Neigung, Temperament und Gefühl wohltun soll. Was er *Kant* zugesteht, ist das „nur"; worin er ihn ablehnt, ist der entgegengesetzte, in seiner Art ebenso totalitäre Ausschluß der Neigung. Man würde daher *Feuerbach* mißverstehen, wenn man ihm unterstellte, er vertrete einen banalen Epikureismus im Sinne der materialistischen Tradition, auf die er sich bisweilen beruft[22]: Auch er fordert ausdrücklich, daß ethisch gutes Handeln von der Pflicht motiviert ist, aber er verlangt auch, daß mit dem Motiv der Pflicht stets das der Neigung gleichzeitig ist.[23] Er begründet diese Forderung mit der Universalität des Eudämonismus, die er empirisch nachzuweisen sucht. – Die fundamentale Bedeutung, die er dem Eudämonismus zuschreibt, wird zwar noch in Abschnitt 5.4.5 zu behandeln sein, doch ist mit dem jetzt bereits Erwähnten der Bezugsrahmen genannt, innerhalb dessen *Feuerbach Kant* argumentativ zu widerlegen sucht. Aus den wenig klaren Äußerungen *Feuerbach*s hierzu lassen sich meines Erachtens drei Haupteinwände herauspräparieren:

– Unter dem *Gesichtswinkel ihrer Entstehung* lasse sich nachweisen, daß die Pflicht nicht etwas Apriorisches sei, sondern eine „Erscheinung" der menschlichen Natur, eine Abstraktion also vom Trieb, vom Gefühl.[24] Dieser Ursprung habe später in Vergessenheit geraten können, nachdem sich die formulierte Pflicht als Entlastung bewährte. Wenn aber beim Wollen des moralisch Verpflichtenden die Basis in der Empfindung der Handlungssub-

---

[18] SMa 138. Vgl. den Kontext dieser Stelle sowie Eud 253.
[19] Über meine ‚Gedanken über Tod und Unsterblichkeit': S. W. I, 199.
[20] Pierre Bayle. Ein Beitrag zur Geschichte der Philosophie und Menschheit: S. W. V, 210 f, vgl. 210–212.
[21] Auf diesen Nenner läßt sich bringen, was *Feuerbach* in: Über meine ‚Gedanken über Tod und Unsterblichkeit': S. W. I, 197–199, und SMa 113–120 sagt.
[22] Berufung auf *Helvétius, d'Holbach, Feder,* auch *Malebranche:* zum Beispiel SMa 111 f; Eud 232 f. 243. 255 f.
[23] Vgl. bes. SMa 113–120.
[24] Über meine ‚Gedanken über Tod und Unsterblichkeit': S. W. I, 197.

jekte fehle, so degeniere das Handeln aus Pflicht zwangsläufig zu einem solchen, das sich lediglich durch Konformität mit der Tradition rechtfertigen kann, nicht aber durch irgendeinen ethischen Gesichtspunkt.[25] Ja, es täusche vielmehr ein Engagement vor, das in Wirklichkeit gar nicht vorhanden sei, und sei somit sowohl bezüglich des Handlungsträgers als auch bezüglich des oder der davon Betroffenen Lüge.[26]

– Die Empfehlung, rein aus Pflicht und ohne Rücksicht auf Neigung zu handeln, sei aber darüber hinaus lügenhaft, weil sie sich in ihrem weiteren Kontext *im Grunde* selber gerade als *eine Form des* von ihr als negativ hingestellten *Eudämonismus* zu erkennen gebe. Denn sie werte zwar als Verdienst, was ohne Neigung getan wird, stelle dafür aber Glückseligkeit in Aussicht, was in ihrem Sinn doch heißt: einst ein Leben im Einklang mit den eigenen Neigungen; also ein Leben – so folgert *Feuerbach* –, das nicht mehr Tugend sein könne, weil Tugend ja als Gegensatz zu Handeln aus Neigung definiert wurde.[27] Das bestätige sich auch darin, daß sich bei *Kant* wie bei seinen Vorgängern, die allen Eudämonismus aus der Moralehre vertreiben wollten, ein Kapitel über die Pflichten des Menschen gegenüber der eigenen Person finde – was *Feuerbach* im Blick auf die gänzliche Verteufelung des Eudämonismus als blanke Heuchelei beurteilt.[28]

– In einer dritten Gedankenreihe endlich will *Feuerbach Kant* nachweisen, daß man *auf der Grundlage der reinen,* von Glückseligkeit ganz unabhängigen Pflicht gar *keine Ethik aufbauen könne*. Die Pflichtethik übersehe in ihrer Blindheit für das Konkrete und Sinnliche, daß jede *mir* abgeforderte Uneigennützigkeit *für den anderen* von Vorteil ist, daß das vernünftige Wesen, wenn es sich entsprechend dem Kategorischen Imperativ verhält, unmittelbar oder mittelbar der Glückseligkeit des oder der anderen dient.[29] Was mich dabei zur Pflicht bestimme, sei also der Glückseligkeitstrieb des andern. Man könnte *Kant* gegen *Feuerbach* verteidigen und einwenden, dies sei von der Basis der Faktizität her, alo empirisch, argumentiert, während *Kant* das moralische Subjekt doch als reines Ich konzipiert habe, das allein aufgrund seiner Vernunft in der Lage sei, seine freien Willensentscheidungen im Hinblick auf andere mögliche, vorgestellte Vernunftwesen zu treffen. Auf diesen Einwand ist *Feuerbach* gefaßt und erwidert ihn dahingehend, daß man auch dann – aber dies gilt ihm als Selbstnotzüchtigung[30] – zumindest die Glückseligkeit des anderen anerkennen müsse. Geschehe das nicht, so würde sich jede moralische Praxis erübrigen, weil dann nicht einmal mehr zwischen Gut (= Bejahung des Glückseligkeitstriebes) und Böse (= Verneinung des

---

[25] Ebd. 197 f.
[26] Ebd. 198.
[27] Ebd. 198.
[28] SMa 117; Eud 257.
[29] Vgl. SMa 113 f.
[30] SMa 113.

Glückseligkeitstriebes des andern) unterschieden werden könnte.³¹ Wo dieser Unterschied wegfalle, könne auch nicht mehr moralisch (in Differenz zu: unmoralisch) gehandelt werden.

Nach *Feuerbach* hat nun Moral immer etwas mit Glückseligkeit zu tun, und zwar auch mit derjenigen des Handlungssubjekts (siehe unten). Was er an *Kant*s praktischer Philosophie so scharf kritisiert, ist zusammengefaßt dessen Gleichsetzung von Unsittlichkeit und Bestimmtheit des Handelns durch Glückseligkeit. Sie werde durch das wirkliche Leben Lügen gestraft.³² Darin trifft sich seine Kritik des Anti-Eudämonismus mit den früher genannten Punkten: *Kant* habe trotz all seiner Verdienste zwischen der Vernunft und der Wahrheit der Sinne (durch die wiederum erst die Realität des Mitmenschseins wahrgenommen werden kann³³) eine unübersteigbare Mauer aufgerichtet. – Dieser Vorwurf taucht auch noch an den Stellen auf, wo *Feuerbach* auf *Kant*s Auffassung von Raum und Zeit zu sprechen kommt³⁴, was jedoch unter dem Gesichtswinkel unserer Untersuchung nicht genauer erläutert zu werden braucht.

5.1.2 Die Beurteilung Fichtes

Auf *Fichte* geht *Feuerbach* nach der Abwendung von *Hegel* kaum ein, obschon er sich früher³⁵ von der unüberbietbaren „Erhabenheit" der *Fichte*schen Ethik fasziniert zeigte. Die kritisierten Punkte entsprechen im wesentlichen den bei *Kant* genannten³⁶, worauf schon der Umstand hindeutet, daß *Kant* und *Fichte* auffällig oft in einem Zug genannt werden. Am ehesten präzisiert hat *Feuerbach* seinen Vorwurf einer latenten theologischen Struktur.

*Fichte*s Philosophie sei so wenig voraussetzungslos wie diejenige *Kant*s, *Schelling*s oder *Hegel*s.³⁷ Er sei von *Kant*s Gedanken als gesicherter Wahrheit ausgegangen; Fragen habe er nur soweit gestellt, als er Wissenschaftlichkeit

---

[31] Vgl. SMa 114.
[34] So ausdrücklich: SMa 117, vgl. 107 f.
[33] Vgl. SMa 143.
[34] Zum Beispiel Grundsätze 306–308; SMa 100–106; Eud 252–254.
[35] Bes. P. Bayle: S. W. V, 210 f. Vgl. auch: Darstellung, Entwicklung und Kritik der Leibniz'schen Philosophie. Zur neueren Philosophie und ihrer Geschichte: S. W. IV, 120. 136. 145.
[36] *J. Mader* macht den interessanten, aber meines Erachtens in dem behaupteten Umfang unhaltbaren Versuch, zu beweisen, *Feuerbach* habe seine „neue" Philosophie in der Auseinandersetzung mit *Fichte* gewonnen (*Mader* 1968, 18. 20. 93. 96. 114. 98–199). Ohne daß ein sachlicher Zusammenhang (der über *Hegel* zu verfolgen wäre!) in Abrede gestellt werden soll, muß gegen den historischen Teil dieser These zumindest folgendes eingewandt werden: 1. *Mader*s Nachweis argumentiert fast ausschließlich mit der Parallelität der Problemstellungen, womit für die Faktizität einer historischen Abhängigkeit noch nichts bewiesen ist. 2. Die Behauptung, *Fichte* werde kaum weniger erwähnt als *Hegel* (93), trifft einfach nicht zu, wie schon der Blick in das Personen-Register der Edition von *Bolin – Jodl* zeigt, ebenso wie der Umfang und die Intensität, mit der sich *Feuerbach* mit der *Hegel*schen Philosophie auseinandersetzte.
[37] Vgl. Zur Kritik der Hegelschen Philosophie: S. W. II, 180.

und die Ableitung aus einem einzigen, obersten Prinzip vermißte. So sei das, was *Fichte* als „Vermittlung" ausgibt, lediglich zu einer „Verdeutlichung"[38] geraten. – Im übrigen habe *Fichte* nicht ganz erreicht, was er anstrebte; denn sein philosophisches System ende bei einem Sollen, es laufe nicht – wie es für ein System in dem von *Fichte* beanspruchten strikten Sinne notwendig wäre – in seinen Anfang zurück.[39]
Statt der beanspruchten habe *Fichte* jedoch eine andere Voraussetzungslosigkeit praktiziert, indem er im reinen Ich alle Gegenständlichkeit und damit alle Sinnlichkeit und Individualität ausgeschieden habe. Abgesehen davon, daß von dieser Basis aus die empirische Wirklichkeit nie zu erreichen sei[40], sei dieser Vorgang unter religionsphilosophischem Aspekt höchst aufschlußreich: Denn die Abstraktion laufe infolge ihrer Radikalität auf ebendasselbe hinaus wie die Vorstellung der absoluten Anfangslosigkeit oder Aseität des göttlichen Wesens in der Tradition.[41] Der einzige Unterschied bestehe darin, daß in *Fichte*s Ich Tätigkeit sei, was früher in Gott als Sein behauptet wurde. Der zum absolut-ersten Anfang erklärte Abstraktionsakt sei also – zumindest[42] von der Denktätigkeit her – genau dasselbe wie der Gedanke von Gott, also „das in das *gegenwärtige, aktive, denkende* Wesen des Menschen verwandelte göttliche Wesen der alten Theologie und Metaphysik"[43].
An einer anderen Stelle[44] nennt *Feuerbach* kritisch *Fichte*s Gegensatz zwischen reinem und empirischem Ich, um auch ihn als rationalisiertes Theologumenon aufzudecken. Denn „das göttliche, das absolute Wesen muß sich unterscheiden von den endlichen, das heißt wirklichen Wesen"[45]. Da wir aber für das Absolute über keine unmittelbaren, genuinen Bestimmungen verfügten, bleibe nichts übrig, als menschliche Bestimmungen nominell zu übernehmen, gleichzeitig aber durch Entgrenzung, Entgegensetzung, Umdefinierung, Entindividualisierung[46] der Bedeutungen ihren ursprünglichen Verwendungszusammenhang unkenntlich zu machen. Der hier faktisch entstehende Widerspruch zwischen dem Namen und der Sache beziehungsweise zwischen Vorstellung und Begriff setze nur den alten theologischen Widerspruch fort, der zwischen den Bestimmungen des göttlichen und des menschlichen Wesens bestand und den man durch die Analogielehre zu überwinden versuchte.[47]

[38] Ebd.
[39] Kritik der Hegelschen Philosophie: S. W. II, 167.
[40] Vgl. Grundsätze 272 f. 281 f; SMa 142–144. 212 f. 201 f.
[41] Grundsätze 260 f.
[42] Für *Feuerbach* gilt dies natürlich auch bezüglich der Realität beider Vorstellungen, doch läßt sich das erst von der unter 5.2 zu entwickelnden Bewußtseins-Theorie her einsichtig machen.
[43] Grundsätze 261, vgl. 272 f.
[44] Grundsätze 281 f.
[45] Grundsätze 281.
[46] Ausdrücklich: SMa 142–144.
[47] Vgl. Grundsätze 281 f.

5.1.3 Die Beurteilung Schopenhauers

Es wurde bereits erwähnt, daß *Feuerbach Schopenhauers* Philosophie erst in seinen letzten Lebensjahren einige Aufmerksamkeit schenkte, die sich demzufolge auch erst in seinen letzten, der Ethik gewidmeten Werken niederschlagen konnte. Trotz zahlreicher sachlicher Berührungspunkte in der Religionstheorie, die aber von *Feuerbach* in keiner Weise gewürdigt werden, treten eigentlich nur drei Themen durch die Auseinandersetzung etwas deutlicher hervor:

5.1.3.1 Gegen den Willen als Ding an sich:
Die Einstiegsstelle für *Feuerbachs* Kritik ist das „metaphysische Bedürfnis", das *Schopenhauer* als den Grund der Religion ansieht. *Feuerbach* führt als Einwand hiergegen die seines Erachtens elementarsten Bestandteile jeder Religion, die Lehren von der Erschaffung der Welt und von einer endgültigen, vom Tod nicht zerstörbaren Seligkeit des Menschen, ins Feld; in ihnen sieht er den schlagenden Beweis, daß dieses angeblich metaphysische Bedürfnis sich doch nur im Dienst des Glückseligkeitstriebs selbst befriedige.[48] Kein Bedürfnis und kein Wille seien „an sich", das heißt ohne Objekt oder Materie. Die Inhalte der verschiedenartigsten Wollensakte stimmten darin überein, daß sie Leiden abbauen und damit Glück mehren wollten. Werde also der Wille als Grundkraft anerkannt, so müsse damit automatisch auch der Glückseligkeitstrieb anerkannt werden. Man könne nicht das erste wollen, das zweite aber unterdrücken. *Schopenhauers* Theorie müsse daher entweder einen fundamentalen Widerspruch beinhalten, oder aber sie sei durch und durch menschenfeindlich und lehre die Auslieferung an das Nichts, deren Folge auf allen Daseinsebenen die „widerstandslose Hingabe an die Miserabilitäten des menschlichen Lebens"[49] wäre.

5.1.3.2 Mitleid als eine Form des Strebens nach Glückseligkeit:
Unter dem Gesichtspunkt seiner Glückseligkeitslehre findet *Feuerbach* lobende Worte für *Schopenhauer*, weil dieser im Unterschied zu den bloß vorgestellten und ganz abstrakten Prinzipien der spekulativen Philosophen vor ihm das Mitleid als Grundtriebfeder der Moral hervorgehoben habe[50]. Es ist *Feuerbach* jedoch unerklärlich, wie *Schopenhauer* verkennen konnte, daß dem Mitleid selbst wiederum der Glückseligkeitstrieb zugrunde liegt. Denn, so wendet *Feuerbach* ein, die Sympathie mit dem Leidenden läßt sich nur aus der Antipathie gegen das Leiden erklären, die sich durch den Schmerz des anderen beeinträchtigt fühlt. Daß ich mich so in die Lage des Betroffenen versetzen kann, beruht auf dem Gewissen, das nur ein anderer Ausdruck für Mitleid ist.[51] Positiv ausgedrückt, heißt das aber doch: die Sympathie mit dem

---

[48] Vgl. SMa 109–113.
[49] SMa 112, vgl. 110.
[50] Eud 276 f. Vgl. auch den Brief an *W. Bolin* vom 16. 7. 1861: S. W. XIII, 268 f.
[51] Eud 280.

Leidenden beruht auf dem Glückseligsein-Wollen; menschliches Leid und Elend sind nur für denjenigen nicht Nichts, dem die menschliche Glückseligkeit etwas bedeutet. „Wer allen Eigenwillen aufhebt, hebt damit auch das Mitleid auf."[52] Auch noch das buddhistische Nirwana bezweckt letztlich nur Befreiung vom Schmerz und damit Glückseligkeit.

5.1.3.3 Notwendigkeit und Freiheit:

Auch in einem anderen Punkt, in dem sich *Schopenhauer* vom Idealismus abhebe – dem er nach *Feuerbach* aufs Ganze gesehen doch zugehört, auch wenn er ein „von der ‚Epidemie' des Materialismus angesteckter Idealist" sei[53] –, zollt *Feuerbach Schopenhauer* Anerkennung: in seiner Lehre von der Determination[54]. Allerdings vermißt *Feuerbach* zwischen dem determinierenden Faktor und der determinierten Folge die Berücksichtigung der konkreten Individualität einschließlich ihrer Veranlagung und momentanen Konstitution. Alles, was geschieht, geschehe notwendig, aber nur für mich als dieses konkrete Individuum, zu dieser Zeit und unter bestimmten inneren und äußeren Bedingungen.

Erheblich kritischer beurteilt *Feuerbach* die *Schopenhauer*sche Freiheits-Lehre; sie sei nur als eine Ausgeburt des idealistischen Grundfehlers in der Ethik, nämlich der Behauptung, daß sich die Freiheit nur im Widerspruch mit dem Glückseligkeitstrieb erfassen lasse, zu begreifen.[55] Um die anerkannte Notwendigkeit der Handlungen mit dem menschlichen Bewußtsein ihrer Zurechnungsfähigkeit in Einklang zu bringen, habe er nämlich nach dem Vorbild von *Kant* zwischen empirischem und intelligiblem Charakter des Menschen unterschieden; damit aber habe er zur alten metaphysischen Zweiheit von Erscheinung und Wesen an sich seine „Zuflucht genommen"[56]. Obendrein habe *Schopenhauer* die freie Verantwortlichkeit ins Sein des Menschen zurückgenommen, was *Feuerbach* zu der süffisanten Schlußfolgerung provoziert: „also habe ich schon gedacht und gewollt ehe ich gewesen bin, vor meiner empirischen Erscheinung und Inkarnation."[57] Ferner konstatiert *Feuerbach* einen Widerspruch zu der ursprünglichen Intention *Schopenhauer*s, die Tatsache des Bewußtseins der individuellen Verantwortlichkeit zu erklären. Denn dieses Bewußtsein beinhalte ja, daß sich das jeweilige Individuum für das verantwortlich weiß, was es tut, und gerade nicht für das, was es ist.

---

[52] Eud 278.
[53] Eud 220.
[54] SMa 131 f.
[55] Vgl. SMa 138–140; Brief an *W. Bolin* vom 16. 7. 1861: S. W. XIII, 269.
[56] SMa 138.
[57] SMa 139.

5.2 Der methodisch-anthropologische Ausgangspunkt

5.2.1 Wo ist Religion zu finden?

Das phänomenale Grunddatum, von dem *Feuerbachs* Gedanke zur Religion ausgeht, ist, daß Religion zur differentia specifica zwischen Mensch und Tier gehört[58]. Die Differenz in ihrer Gesamtheit aber ist das Bewußtsein der eigenen Gattung oder des Wesens, also Bewußtsein im engen Sinne im Unterschied zum bloßen individuellen Selbstgefühl, das den Tieren ebenso zukommt; solches Bewußtsein drängt sich dem Menschen unwillkürlich und als etwas Absolutes auf. Bewußtsein der Gattung ist für *Feuerbach* auch identisch mit der Fähigkeit zur Wissenschaft.[59] Denn im Bewußtsein überschreitet der Mensch seine unmittelbare Erfahrung, führt zusätzlich zu seinem äußeren Leben gleichsam noch ein zweites, inneres, nämlich eines im Verhältnis zu seiner Gattung: er denkt und spricht mit sich selber, ist sich zugleich Ich und Du, kann sich in die Rolle des anderen versetzen; das Denken in Gattung und das dazu notwendige Objektivieren aber machen Wissenschaft aus.

5.2.2 Was ist Religion?

Bei dem Versuch, die verschiedensten Formen von Religion auf einen Begriff zu bringen, gelangt *Feuerbach* zu der Definition: „die Religion ist das Bewußtsein des Unendlichen"[60]. Bewußtsein von einem Unendlichen aber kann ein endliches Wesen (wie es das Tier ist) genausowenig haben wie Bewußtsein von seiner Gattung, da ja das Denkenkönnen von Überindividualität überhaupt Voraussetzung des Denkenkönnens von Unendlichkeit ist. Weil das Bewußtsein sich selber erkennt, ergibt sich die unlösbare Zusammengehörigkeit von Bewußtsein und Bewußtsein des Unendlichen, mit anderen Worten: „Das Bewußtsein des Unendlichen ist nichts anderes als das Bewußtsein von der *Unendlichkeit des Bewußtseins*."[61]
Die genannte Differenz zwischen Mensch und Tier ist deshalb nicht nur der Grund, sondern auch das Objekt der Religion. Religion „ist also und kann nichts anderes sein, als das Bewußtsein des Menschen von *seinem,* und zwar nicht endlichen, beschränkten, sondern *unendlichen* Wesen"[62]. Dabei gibt es

---

[58] Vgl. WChr 1.
[59] Ebd.
[60] WChr 2.
[61] WChr 3, vgl. 80. 337 f.
[62] WChr 2. Die Einführung des Begriffs des „Unendlichen" und dessen Identifikation mit dem Gattungsbegriff erweckt den Eindruck einer Petitio principii, die jedoch im Hinblick auf gewisse Formen rationalistischer und liberaler Theologie, die *Feuerbach* im Auge hat, kaum in Abrede gestellt werden kann. Gegen den weitergefaßten Vorwurf, die Einleitung zum WChr habe

für *Feuerbach* keine prinzipielle Differenz zwischen Christentum, Religion und Religionen; das Christentum gilt lediglich als die weitestentwickelte Religion.[63] Auch die Erweiterungen, die *Feuerbach* später bezüglich der Naturreligionen für notwendig erachtete, bestätigen für ihn den gegebenen Begriff.

5.2.3 *Was ist Gattung beziehungsweise Wesen des Menschen?*

Jenes Wesen des Menschen oder seine Gattung, deren er sich bewußt ist als seines Konstitutivums (und nicht als der Gesamtheit von Eigenschaften, die er besitzt!), aber ist: Vernunft, Wille und Herz, beziehungsweise Erkenntnis, Charakter und Liebe.[64] In ihrer Wesenhaftigkeit sind sie der Zweck seines Daseins und zugleich der Gattung, das Absolute in ihm, dem er schlechterdings keinen Widerstand entgegensetzen kann. Jeder Gegenstand, auf den sich ein Subjekt mit Notwendigkeit bezieht, ist nichts als das eigene Wesen dieses Subjekts. Selbst wenn sich ein Subjekt auf einen scheinbar überindividuellen Gegenstand bezieht, so tut es dies nur in der Weise, wie dieser Gegenstand für es selbst Teil seines eigenen, aber gegenständlichen Wesens ist. Der Gegenstand – und er kann ein solcher nur sein im Bewußtsein – ist daher das, was dem Menschen sein Selbstbewußtsein gibt; Selbstbewußtsein aber heißt nicht das individuelle, empirische Selbstgefühl, sondern das Bewußtsein des eigenen Wesens, der Gattung. „Aus dem Gegenstande erkennst Du den Menschen; an ihm *erscheint Dir* sein Wesen: der Gegenstand ist sein *offen-*

„nicht die Dignität eines Resultats", sondern die eines „vermeintlichen Axioms" oder einer „unbewiesenen *Voraussetzung*", mußte sich *Feuerbach* bereits ein Jahr nach dem Erscheinen des WChr anläßlich einer ausführlichen theologischen Rezension verteidigen (zitiert nach: Beleuchtung einer theologischen Rezension vom ‚Wesen des Christentums'; S. W. VII, 214). Er hält dem Kritiker entgegen, die Einleitung zum WChr sei lediglich das auf den Einzelanalysen basierende, vorangestellte Ergebnis (ebd.).
Eine sorgfältige Untersuchung darüber, wie die Theologie des 19. Jahrhunderts auf *Feuerbach*s kritische Religionstheorie reagierte, bietet *E. Schneider* 1972 (zur genannten Stelle vgl. ebd. 47–51); wichtig auch: *Wallmann* 1970 (hier wird auch der Einfluß der theologischen Tradition auf *Feuerbach* deutlich). – Eine Systematisierung der theologischen wie der außertheologischen Kritik an *Feuerbach* findet sich bei: *v. Gagern* 1970, 309–365, und: *Xhaufflaire* 1972, 231–256 (diese bemerkenswerte Arbeit erörtert in Absetzung von den historischen Lösungsversuchen Perspektiven einer christlichen Theologie nach *Feuerbach*: bes. 257–292). – Eine historisch vollständige Beschreibung der Wirkungsgeschichte *Feuerbach*s bietet *S. Rawidowicz* im dritten Teil seines monumentalen, aber noch immer klassischen Werks: *Rawidowicz* 1964, 305–508; s. auch *H.-J. Braun* 1971, 32–43.

63 Vgl. Beleuchtung einer theologischen Rezension: S. W. VII, 221. Der Unterschied der heidnischen und christlichen Menschenvergötterung: S. W. VII, 375–382; VorlWR 21 f. 90. 222. – Deutlich zeigt sich dies auch in *Feuerbach*s Argumentationsweise, konkrete religiöse – meist christliche – Phänomene zu analysieren und die Ergebnisse dann unmittelbar zu generalisieren.

64 WChr 3. 4. 41–72 u. ö. Mit dieser anthropologischen Grundannahme greift *Feuerbach* ganz offensichtlich auf *Augustinus* zurück. Es verwundert, daß bei Behandlung des *Feuerbach*schen Begriffs vom Menschen nirgendwo auf diesen Zusammenhang verwiesen wird (zum Beispiel *Bohlsen* 1947; *Mader* 1968, 98–199; *v. Gagern* 1970, 174–222. 248–251; *H.-J. Braun* 1971, bes. 91–133).

bares Wesen, sein *wahres, objektives* Ich."[65] Das gilt von geistigen und sinnlichen Gegenständen gleichermaßen. Das absolute Wesen für den Menschen, sein Gott, ist dementsprechend nur sein (sc. des Menschen) eigenes Wesen.

Das gefundene Interdependenz-Verhältnis zwischen Gegenstandsbewußtsein und Selbst- oder Wesensbewußtsein gilt auch in umgekehrter Richtung: Weil Vernunft, Wille, Gefühl als Wesenheiten bewußt werden, nehmen wir sie nicht als endlich und nichtig wahr, vielmehr als Vollkommenheiten. Das heißt: Bewußtsein ist das Sich-selber-Objekt-Sein des Wesens oder die Selbstbejahung des vollkommenen Wesens. Erst weil dem Individuum im Erkennen, im Charakter und in der Liebe die Vollkommenheit und die Unendlichkeit der Gattung Gegenstand sind, kann es sich selber als beschränkt erkennen. Nimmt es die Schranke hingegen als eine solche der Gattung, so macht es das, was ausschließlich für es allein gilt, zur Sache des menschlichen Wesens, um sich von der demütigenden Tatsache seiner eigenen individuellen Beschränktheit zu befreien. Wesenheit und Beschränktheit schließen sich in Wirklichkeit aus, weil Wesenheit wesensmäßig sich selbst genügt; andernfalls würde sie sich ja selbst verneinen. Denken, Wollen und Fühlen können gar nicht weiter reichen als die sie „produzierende Wesenskraft"; deren Höchstes muß auch ihr Höchstes sein. Von einem Beschränktsein zu sprechen ist nur möglich vom Standpunkt des anderen, höheren Wesens außer ihm. „Das Auge des Tieres reicht nicht weiter als sein Bedürfnis, und sein Wesen nicht weiter als sein Bedürfnis."[66]

Im Zuge seiner Polemik gegen idealistische Denkstrukturen tritt bei *Feuerbach* später die Vorstellung von einem realen allgemeinen Wesen des Menschen beziehungsweise von der Gattung als etwas Selbständigem zurück zugunsten der einzelnen Individuen, die allerdings nicht als in sich selbst absolute gelten, sondern als auf ihre Mitindividuen konstitutiv angewiesene; diesen Gedanken hat *Feuerbach* bereits in den ‚Grundsätzen der Philosophie der Zukunft' von 1843, also zwei Jahre nach Erscheinen des ‚Wesens des Christentums', mit größter Klarheit formuliert. – Beide, Ich und Du, bedürfen obendrein der Natur – dies wird vor allem seit dem ‚Wesen der Religion' betont. „Wesen" und „Gattung" des Menschen spielen freilich auch weiterhin eine fundamentale Rolle, aber sie sind gleichsam nur mehr ein nominalistischer Sammelbegriff[67]: Der Gattungsbegriff existiert „nicht unabhängig von den Individuen, von denen wir [...] [ihn] abgezogen haben".[68] In der

---

[65] WChr 6.
[66] WChr 10. Vgl. Grundsätze 315 f.
[67] Vgl. zum Beispiel Grundsätze 318; Das Wesen des Christentums in Beziehung auf den ‚Einzigen und sein Eigentum': S. W. VII, 302 f.; VorlWR 149 f. 151–155. 345. 419–423. 438 f; vgl. auch das über „Natur" Gesagte in WR 433 f.
[68] VorlWR 153.

Begegnung des sinnlichen Ich mit dem sinnlichen Du wird die individuelle Beschränktheit aufgehoben und insofern Allgemeinheit erreicht, aber ohne daß die Konkretheit zerstört würde und man zu etwas gekommen wäre, was nur in der Vorstellung existierte.[69]

5.2.4 *Konsequenz für die Religionstheorie*

Ist also das Denken, Wollen und Fühlen des Unendlichen nicht anderes als das Denken, Wollen und Fühlen der Unendlichkeit meines Denk-, Willens- und Gefühlsvermögens, so muß das, was der Religion nur als Subjektives, Sekundäres, Menschliches, Mittel gilt, in Wirklichkeit als das Ursprüngliche, Göttliche und Wesentliche angesehen werden.[70] Vernunft, Gewissen, Gefühl, durch die ich das Göttliche vernehmen soll, müssen, um als Mittel dazu zu taugen, göttlicher Natur sein; ja mehr noch, das, was diese drei vernehmen, ist nichts anderes als das sich selbst genügende und in sich selbst selige Wesen von Vernunft, Gewissen und Gefühl. Was subjektiv die Bedeutung des Wesens hat, hat dieselbe auch auf seiten des Gegenstands. Der Mensch kann niemals über sein Wesen hinauskommen, und wo ihm dies doch mittels seiner Phantasie zu gelingen scheint, gibt er diesem Produkt doch nur lauter Bestimmungen seines eigenen Wesens, seien sie auch noch so anders kombiniert oder quantitativ verändert.

Feuerbach illustriert die gewonnene allgemeine Erkenntnis anhand einer Analyse des Gefühls, das ihm – im Unterschied zur Philosophie, deren Basis das Denken ist – als das genuine Organ der Religion gilt[71]. Wird nämlich das Gefühl zum subjektiven Wesen der Religion erhoben, verliert deren Gegenstand seinen objektiven Wert, das heißt ihr Inhalt wird im Grunde gleichgültig, weil austauschbar, oder sie behält ihn bestenfalls aus sekundären Motiven. Wo nämlich das Gefühl als subjektives Wesen der Religion deklariert ist, ist es allen gegenteiligen Versicherungen zum Trotz auch ihr objektives. Die religiöse Qualifizierung kann ja nicht auf dem Gegenstand beruhen, weil umgekehrt der Gegenstand ein religiöser nur ist, wenn er ein Gegenstand des Gefühls ist. Was diesen Gegenstand zu einem religiösen macht, kann demnach nur das Gefühl sein, was soviel heißt, daß das Gefühl als solches zum Heiligen erhoben ist und die qualitativen Unterschiede zwischen verschiedenen Arten des Gefühls wegfallen, dieses also durch sich selbst religiös, heilig

---

[69] *Feuerbach*s Gattungsbegriff im Sinne eines universale concretum (samt dessen anti*Hegel*schem Hintergrund) wird sehr gut herausgearbeitet bei *v. Gagern* 1970, 184–194, vgl. auch 209–211.
[70] Vgl. WChr 11.
[71] Über Philosophie und Christentum in Beziehung auf den der Hegelschen Philosophie gemachten Vorwurf der Unchristlichkeit: S. W. VII, 47–50; WChr 11–13; VorlWR 286–288. 345–347. Inwieweit *Feuerbach* hierin von *Schleiermacher* beeinflußt ist, dessen Hörer er in Berlin kurze Zeit war, kann hier nicht untersucht werden (vgl. jedoch zum Beispiel: Zur Beurteilung der Schrift: ‚das Wesen des Christentums': S. W. VII, 266).

ist, seinen Gott in sich trägt. Um diese Schlußfolgerung zu verhindern, böte sich allenfalls noch der Ausweg an, zu differenzieren zwischen meinen individuellen Gefühlen einerseits und dem allgemeinen Wesen oder der Natur des Gefühls anderseits. Doch auch dann kann als Wesen des Unendlichen allein die Natur des Gefühls bestimmt werden, was wiederum einzig zu der folgenden Bestimmung Gottes führen kann: „Gott ist das reine, das unbeschränkte, das freie Gefühl."[72] Jeder andere Gott, auf den man sich statt dessen beziehen wollte, wäre von außen aufgezwungen, was zwar der Behauptung seiner Existenz noch nicht widersprechen müßte, aber ausschlösse, daß er auf irgendeine Art durch das Gefühl vermittelt sein könnte. „Das Gefühl ist *atheistisch* im Sinne des orthodoxen Glaubens, als welcher die Religion an einen äußeren Gegenstand anknüpft; es leugnet einen *gegenständlichen Gott* – *es ist sich selbst Gott.*"[73]
Nimmt man im Sinne der Orthodoxie dennoch ein vom Gefühl verschiedenes gegenständliches Wesen an, so zerstört man zwangsläufig die Einheit seines Gefühls mit sich selbst – ein Akt, der nur möglich ist aus Feigheit oder Gedankenschwäche. „Das Gefühl ist Deine innigste und doch zugleich eine von Dir unterschiedene, unabhängige Macht, es ist *in Dir über Dir:* es ist Dein eigenstes Wesen, das Dich aber *als* und *wie ein anderes Wesen* ergreift, kurz Dein *Gott* – wie willst Du also von diesem Wesen in Dir noch ein anderes gegenständliches Wesen unterscheiden? wie über Dein Gefühl hinaus?"[74]
Die „natürliche" Religion, wie sie vor allem noch die deutsche Aufklärung postuliert hatte, ist damit ebenso getroffen wie jede positive. Religion ist ganz Produkt des Menschen. Aus diesem Kreis gibt es nach *Feuerbach* keinen Ausweg.
Die oben skizzierte Konvertibilität zwischen Gegenstand des Menschen und seinem gegenständlichen Wesen gilt im Fall der Religion um so mehr, als der Gott nicht ein sinnlicher Gegenstand ist, sondern ein innerlicher, womit die Möglichkeit, zwischen Bewußtsein des Gegenstandes und Selbstbewußtsein zu unterscheiden, entfällt. Wie der Mensch denkt, so ist folglich auch sein Gott, die Erkenntnis Gottes ist also bloß die Selbsterkenntnis des Menschen. An seinem Gott kann man den Menschen erkennen und umgekehrt. „Gott ist das *offenbare* Innere, das *ausgesprochene* Selbst des Menschen; die Religion die feierliche Enthüllung der verborgenen Schätze des Menschen, das Eingeständnis seiner innersten Gedanken, das *öffentliche Bekenntnis seiner Liebesgeheimnisse.*"[75] In der Offenbarung des Wesens des Menschen (und nicht im

---

[72] WChr 13 (im Original hervorgehoben).
[73] Ebd.
[74] Ebd.
[75] WChr 15. Vgl. Kritik der christlichen oder „positiven" Philosophie: S. W. VII, 140–146; WChr 17. 24. 36. 38. 61–63. 77 f. 81. 117 f. 141. 145 f. 209 f. 221 f. 238–245. 256–273. 278 f. 324. 326. 337 f. 341. 359; Beleuchtung einer theologischen Rezension: S. W. VII, 224. 233. 257 f; Der Gottesbegriff als Gattungswesen des Menschen: S. W. VII, 259–265; Thesen 222 f; Grundsätze 303.

buchstäblichen Verständnis des Dogmas) besteht die große Wahrheit der Religion. Das Bewußtsein Gottes ist das Selbstbewußtsein des Menschen. –

Diesen zuerst im WChr entwickelten Grundgedanken hält *Feuerbach* auch in seinen späteren Werken aufrecht, obschon er im WR (samt den Schriften in dessen Umkreis) und in dem Spätwerk ‚Theogonie' jeweils eigentümlich akzentuiert wird. Diese Akzentuierungen sind aber mehr durch *Feuerbachs* fortschreitende Distanzierung vom idealistisch-*Hegel*schen Menschenbild[76] bedingt und lassen sich eher – *Feuerbachs* Selbstinterpretation[77] folgend – in seine Religionsphilosophie als Ergänzungen oder allenfalls als Korrekturen von Einseitigkeiten einbringen, als daß sie ein neues Prinzip aufstellen würden.[78] – So gilt im WR das Selbstbewußtsein nicht mehr als ausreichender Begriff vom Wesen des Menschen; dieses Wesen wird jetzt vielmehr im Hinblick auf seine Basis in der (äußeren) Natur definiert. Im WR steht also der Mensch in seiner Leiblichkeit, Sinnlichkeit und Ausgerichtetheit auf die äußere Natur im Mittelpunkt des Interesses. Folglich müssen auch in der anthropologischen Analyse der Religion die Natur und das ihr korrespondierende Abhängigkeitsgefühl als Erklärungsprinzipien auftauchen.[79] Diese Erweiterung erscheint um so plausibler, als *Feuerbach* jetzt zunehmend auch die Naturreligionen einbezieht, wobei er einräumt, daß die auf Innerlichkeit abhebende Erklärung, wie er sie im WChr gegeben habe, dem Christentum besonders angemessen sei.[80] Gemeint ist mit „Natur" jedoch nicht die Natur im naturwissenschaftlich-objektiven Sinne, sondern die Natur als „persönliches, lebendiges, empfindendes Wesen"[81], wie es der Mensch selbst ist, also

317; Ergänzungen und Erläuterungen: S. W. VII, 401 f.; WR 284. 288–294. 319. 345. 481; Wider den Dualismus von Leib und Seele, Fleisch und Geist: S. W. II, 352 f; VorlWR 21. 26. 45. 64–84. 139. 146. 157. 170. 221. 236. 239–245. 250. 288 f. 293. 345–347. 391–394. 428–430; Theogonie 193. 284 f; Nachgelassene Aphorismen: S. W. X, 338. – Am prägnantesten gefaßt ist dieses Ergebnis in der häufig begegnenden Formel, das Geheimnis der Theologie sei die Anthropologie: WChr 250. 268. 278 f. 325. 363. 406; Vorrede zur 2. Aufl. vom ‚Wesen des Christentums': S. W. VII, 284 f. 287. 293; VorlWR 21. 23. 26; Theogonie 1. 191. 193.
Dabei benutzt *Feuerbach* auch das folgende Argument (ohne indessen zu merken, daß es einen logischen Fehler in seiner eigenen Schlußkette bloßlegen könnte): Die Offenbarung korrespondiere deshalb so stark dem Menschen, weil sie sonst gar nicht Offenbarung für ihn sein könnte; um dem Menschen Heil bedeuten zu können, müsse sie selbst menschlich sein (vgl. WChr 37 f. 54–57). Von der Feststellung dieser Entsprechung kann nicht ohne weiteres auf die Nichtfaktizität der Offenbarung oder auf die Nichtexistenz des als offenbarend behaupteten Subjekts geschlossen werden!

[76] Der theoretische Durchbruch wird vor allem in den ‚Thesen' und in den ‚Grundsätzen' geleistet.
[77] Für das WR: WR 459. 462. 498; VorlWR 16. 21. 24–26. Für die Theogonie: Brief an *F. Kapp* vom 3. 11. 1859: S. W. XIII, 240 f.
[78] Eine gute Charakterisierung der drei Stadien der Religionsanalyse findet sich bei *Nüdling* 1961, 163–196. – Gegen eine strenge Periodisierung wendet sich auch *E. Schneider* 1972, 180.
[79] WR 434. 440. 458 f. 462. 498; VorlWR 24–27. 31–42. 55. 63. 98–103. 182. 221. 249. 259. 274. 324. 361–366. 367–373.
[80] S. VorlWR 24.
[81] WR 458. Die Untrennbarkeit von Natur und menschlichem Wesen beschreibt schön VorlWR

die durch Einbildungskraft anthropomorphisierte Natur. – Die ‚Theogonie' endlich leitet von der Beobachtung, daß die Göttergestalten die Züge von Mensch *und* Natur tragen, dabei aber stärkstens von psychischen Faktoren geprägt und umgeformt sind (was sich nur so erklären läßt, daß diese das dem Menschen Unerreichbare in eine illusionäre Wirklichkeit projizieren), die Entstehung der Götter aus den Wünschen und Bedürfnissen der Menschen ab.[82] – Für alle drei Stadien der Entwicklung *Feuerbach*s gilt indes: „Der Mensch allein ist das Subjekt der Religion, er ist Träger und Gestalter der Gottesvorstellung. [Selbst] wenn [...] zum Entstehen derselben ein außermenschliches, objektives Erklärungsprinzip herangezogen wird, so wird dieses gegenständliche Wesen doch vom menschlichen Subjekt her entscheidend verändert und umgeformt."[83] Wo Religion besteht, ist immer die menschliche Einbildungskraft am Werk, ganz gleich, ob das Selbstbewußtsein (als Gattungsbewußtsein), die äußere Natur (insofern sie durch das Wesen des Menschen vermittelt wird) oder aber die menschlichen Triebe und Bedürfnisse die Basis abgeben.

5.3 Der ethische Hintergrund der Religionskritik[84]

5.3.1 *Religion als Entfremdung*[85]

5.3.1.1 Das generelle Schema:

Ist das Bewußtsein Gottes nur die Widerspiegelung und Vergegenständlichung des eigenen Wesens, so stellt sich die Frage, ob es sich dann bei der „Herstellung" von Religion um einen legitimen oder etwa gar notwendigen Vorgang handelt oder nicht.

Der Gegenstand der Religion ist gegenüber sinnlichen Gegenständen zum einen dadurch gekennzeichnet, daß bei ihm das Bewußtsein mit dem Selbstbewußtsein unmittelbar zusammenfällt, zum anderen dadurch, daß er die kritische Unterscheidung zwischen Göttlichem und Nichtgöttlichem voraussetzt. Diese grundlegende Dichotomie läßt sich wohl erklären, nicht aber rechtfertigen: Beruht sie doch gerade darauf, daß sich der Glaubende des unter 5.2 dargelegten Zusammenhangs (zwischen Gegenstand des Menschen und seinem gegenständlichen Wesen selber) nicht direkt bewußt ist. Das liegt zunächst nicht gleichsam an der raffinierten Taktik eines religiösen

---

427: „[...] der Mensch [...] stellt sich die Natur nur nach dem Maßstab seines Wesens vor, so daß das eingebildete Wesen der Natur nur das vergegenständlichte Wesen des Menschen ist."
[82] Theogonie 18–22. 72–86 u. ö.; SMa 134.
[83] *Nüdling* 1961, 184., vgl. 184 f. 190. 192. 195 f.
[84] Die Rechtfertigung für die umfangreiche Berücksichtigung der Religionskritik kann aus methodischen Gründen erst in Abschnitt 5. 4. 1 erfolgen.
[85] Der Terminus „Entfremdung" begegnet in dieser Verwendung: WChr 164. 252. 298.

Kartells, womit sich ja auch wohl kaum die interkulturelle Verbreitung des Phänomens Religion plausibel machen ließe, sondern an der Logik der Gattungs-Entwicklung: „Der Mensch verlegt sein Wesen zuerst *außer sich,* ehe er es in sich findet."[86] „Die Religion ist das *erste* und *zwar indirekte Selbstbewußtsein* des Menschen."[87] Erst der geschichtliche wie auch der individuelle Fortschritt besteht darin, daß das im früheren Stadium als Objektives Geltende nunmehr als Subjektives erkannt wird. Diese Erkenntnis ist *Feuerbach* zufolge partiell sogar selbst in den Religionen vorhanden, wenn diese nämlich regelmäßig alle anderen Religionen (vor allem die früheren) als Götzendienst hinstellen, sich selbst allerdings nachdrücklich von dieser Interpretation ausnehmen.[88]

Versucht man, die eingangs gestellte Frage nach der Legitimität der Religion von der Dichotomie des religiösen Wirklichkeitsverständnisses her anzugehen, so bedeutet das Gesagte, daß nicht der Gegenstand der Religion ein illusorischer ist, sondern allein der Gegensatz zwischen Göttlichem und Menschlichem. Dieser ist nichts anderes als ein Mißverständnis des Gegensatzes zwischen dem menschlichen Wesen und dem menschlichen Individuum. Statt sich die erfahrene eigene Beschränktheit als seine individuelle zu erklären, die auf dem Hintergrund der Unendlichkeit des Bewußtseins ans Licht tritt, verallgemeinert der religiöse Mensch diese individuelle Begrenztheit zu der der Gattung und verobjektiviert die gewußte Unendlichkeit zu einer selbständigen, unendlichen Substanz. Eine ursprünglich nur quantitative Differenz wird damit irrtümlicherweise zu einer qualitativen verobjektiviert; schuld daran ist die Einbildungskraft. In Wirklichkeit ist das göttliche Wesen also bloß die Vergegenständlichung des Wesens des Menschen, nachdem von aller individuellen Beschränktheit abstrahiert ist. „Die Religion [...] ist das *Verhalten des Menschen zu sich selbst,* oder richtiger: zu *seinem Wesen,* aber das Verhalten zu seinem Wesen *als zu einem anderen Wesen."*[89]

Das illegitime Moment der Religion besteht somit darin, den Menschen mit sich selbst zu entzweien, indem sie sein Wesen zum Gegen-Stand macht und dann sich selbst zum Gegenstand dieses Gegenstands[90]. Das Resultat dieses Vorganges ist: „Gott und Mensch sind Extreme"[91]; „Gott ist *nicht,* was der *Mensch* ist – der Mensch *nicht,* was *Gott* ist"[92].

Auf der Grundlage der genetischen Analyse und des Versuchs, aus ihr ein

---

[86] WChr 16.
[87] Ebd.
[88] WChr 16 f.; VorlWR 235 f.
[89] WChr 17, vgl. 238; auch Thesen 228; Grundsätze 247–254; Die Unsterblichkeitsfrage vom Standpunkt der Anthropologie: S. W. I, 140 f.; VorlWR 130. 138. 387; Das Geheimnis des Opfers oder der Mensch ist, was er ißt: S. W. X, 45; Nachgelassene Aphorismen: S. W. X, 320.
[90] Vgl. WChr 37.
[91] WChr 41.
[92] Ebd.

Bewertungskriterium zu gewinnen, kann jedoch nicht die ganze Religionsgeschichte disqualifiziert werden. Selbst der Offenbarungsglaube war nach *Feuerbach* über weite Strecken der Geschichte hin durchaus ein verdienstvoller „Erzieher des Menschengeschlechts"[93], auch wenn hier ständig der Fehler unterlief, daß man die Offenbarung außer die Natur des Menschen verlegt hat.

5.3.1.2 Die Ganz-anders-Artigkeit Gottes – Gott als absolutum:
In *Feuerbachs* Werk sind zwei historische Grundarten von Theologie in den Blick genommen: eine dialektische und eine analogische. Mit dem ersten, historisch gesehen mehr „protestantischen" Typ befaßt sich *Feuerbach* aufgrund seiner geistigen Herkunft sehr viel intensiver als mit dem zweiten.
Bezüglich der Eigenschaften Gottes wird *Feuerbach* zufolge innerhalb dieses ersten Typs von theologischer Seite ohne weiteres zugestanden, daß sie extrapolierte, vor allem aber vom eigenen Wesen unterschiedene Bestimmungen des menschlichen Wesens sind. Bezüglich ihres Subjekts jedoch wird von der gleichen Seite der anthropomorphe Charakter nachdrücklich bestritten; die Existenz Gottes gilt als absolut gewisse, unantastbare Wahrheit. – Nun bedeutet aber die Aufhebung sämtlicher Bestimmungen eines Wesens die reine Negativität dieses Wesens. Ein Gott ohne Eigenschaften ist notwendig ein unkenntlicher, weil wirkungsloser, daher auch wirklichkeitsloser, nichtiger, „eine Existenz *ohne Existenz*"[94]. Das Subjekt ist nämlich nur das existierende Prädikat[95]; das Prädikat ist das Bestimmende, das Subjekt lediglich das Bestimmte. Die Aufhebung aller Eigenschaften ist konsequenterweise die Aufhebung des Wesens selbst. Wenn also einer Gottes Existenz behauptet, gleichzeitig aber ablehnt, zu sagen, was oder wie er sei, so verneint er Gott mit seinem Kopf, und bejaht ihn nur noch irgendwie mit dem Herzen. „Die Qualität ist nicht vom Sein unterschieden – die Qualität ist nichts als das *wirkliche* Sein."[96]
Kontrastierend läßt sich das nach *Feuerbach* bestätigen durch einen Blick auf jenen Umgang mit der Wirklichkeit, innerhalb dessen die Unerkennbarkeit Gottes thematisiert beziehungsweise dogmatisiert wird. Dies geschieht nämlich immer dann, wenn das Wirkliche[97] im Sinne des Sinnlichen für den Menschen den wesentlichen, absoluten Gegenstand bedeutet und ihn in Anspruch nimmt, und wo deshalb die Erkenntnis kein Interesse mehr am Gegenstand „Gott" hat, obwohl davon noch ein mit dem jetzigen Zustand nicht in Einklang stehender „Rest" vorhanden ist. Es ist also von *Feuerbach*

---

[93] WChr 251 f. Bereits WChr 219 f findet sich eine diesbezügliche Anspielung auf *Lessing*. Vgl. WR 468; VorlWR 261 f.
[94] WChr 18.
[95] Vgl. WChr 23. 212 f.
[96] WChr 212.
[97] Zum Begriff des Wirklichen bei *Feuerbach* s. Kap. 8.11.

jene Situation angesprochen, wo der Mensch praktisch atheistisch lebt, aber „Gott" theoretisch noch bestehen läßt und diese praktische Gottvergessenheit vor seinem religiösen Rest-Gewissen durch das als religiös ausgegebene Prädikat „Unerkennbarkeit" beziehungsweise durch eine Scheu vor dem Religiösen als der diesem allein angemessenen Haltung entschuldigt.[98] Positiv gesagt: Wirkliche Existenz muß stets qualitative, bestimmte, das heißt zugleich endliche, sein. „Wer sich scheut [das gilt ebenso in bezug auf Gott wie in bezug auf den Menschen!], endlich zu sein, scheut sich zu existieren."[99] „Existenz überhaupt" ist im Grunde Existenzlosigkeit, weil Gewißheit und Realität meiner Existenz jeweils nur in der Gewißheit und Realität meiner menschlichen Eigenschaften liegen, der Unterschied mithin nur ein scheinbarer ist. Nur wo Gott abstrakt gedacht wird, kommt es überhaupt zur Trennung zwischen Subjekt und Prädikat, Existenz und Wesen.[100]

5.3.1.3 Die analogische Gottesvorstellung:

Auf dasselbe Ergebnis läuft im letzten auch der zweite Typ des Verständnisses der göttlichen Prädikate hinaus, wie er unter der Leitformel „analogia entis" einen breiten Traditionsstrom von Theologie bildet. Sein Kennzeichen besteht darin, daß Gott menschliche Eigenschaften zugesprochen werden, doch so, daß alle Bestimmtheit des wirklichen, sinnlichen Menschen weggelassen wird. Zwar wird auch hier die Endlichkeit und Menschlichkeit der sogenannten göttlichen Eigenschaften voll eingestanden, aber im Unterschied zum oben beschriebenen Typ gelten die Prädikate dennoch als unentbehrlich, weil der Mensch – so wird argumentiert – sich Vorstellungen von Gott machen müsse, dieselben aber, sollen sie verstehbar sein, nur menschliche Vorstellungen sein könnten. Ihre Gültigkeit ist zugegebenermaßen ad hominen beschränkt; mit ihnen etwas über Gott „an sich" auszusagen, wird nicht beansprucht.[101]

Das beim generellen Schema der Religion herausgearbeitete Element der Illegitimität ist nach *Feuerbach* auch in dem vorliegenden Theologie-Konzept enthalten: in der Unterscheidung von Gott an sich und Gott für mich nämlich. Genauer gesagt liegt der nicht zu rechtfertigende Punkt da, wo ich ein vom Für-mich-Sein gesondertes Anderssein Gottes für und an sich an-

---

[98] Vgl. WChr 18 f.
[99] WChr 19 (im Original hervorgehoben), vgl. 241 f.
[100] Vgl. WChr 17–19. 21–40. 256–268. – Den besten Beweis der ursprünglichen Identität von Subjekt und Prädikat liefert nach *Feuerbach* die Religionsgeschichte durch die auffallende Korrespondenz zwischen Kulturstand und jeweiliger Religion. Der Naturmensch hat einen Naturgott, der sedentarische einen Gott, der in Wohnungen lebt. Die griechischen Götter verkörpern Ruhe, Würde, Heiterkeit, weil diese den Griechen selbst am meisten galten. Den Germanen war die Kriegstugend die höchste, entsprechend ist ihr oberster Gott der Krieger Odin usw. (s. WChr 25–27).
[101] Nach WChr 19–24, vgl. 268–272.

nehme. „Wie er für mich ist, so ist er *Alles* für mich."[102] Die Hinwegsetzung über mich und mein Wesen ist nach *Feuerbach* Illusion. Eine Unterscheidung zwischen Gegenstand an sich und für mich kann und darf ich nur dann machen, wenn der Gegenstand mir tatsächlich auch anders erscheinen kann, als er es tut; diese Möglichkeit besteht jedoch nicht, wenn meine Vorstellung dem Maß der Gattung, welches das einzige absolute Maß des Menschen ist, entspricht. Gott aber ist für mich doch schon definitionsgemäß jenes höchste Wesen, worüber nichts Höheres vorgestellt werden kann[103], das an sich Seiende, so daß die Frage nach dem Ansich bei diesem Gegenstand unmöglich beziehungsweise tautologisch ist. In bezug auf Gott zwischen Gegenstand und Vorstellung zu unterscheiden, ist bereits der für die Religion selbstmörderische Verzicht auf das Wesen Gottes, auf diesen selbst also. „Fragen *ob Gott* an sich so ist, wie er für mich ist, heißt fragen, ob Gott *Gott* ist, heißt über seinen Gott sich erheben, gegen ihn sich empören."[104] –
Mit dem Analogiemodell ist noch eine zweite Schwierigkeit verbunden.[105] Die Analogie gilt ja nicht bloß hinsichtlich der Intensität, sondern auch hinsichtlich der Anzahl der Prädikate: Jede theologische Qualifikation steht lediglich exemplarisch für die unendliche Fülle, zu der insbesondere die Prädikate zählen, die Gottes Ähnlichkeit mit dem Menschen kennzeichnen. Die unendliche Fülle wirklich verschiedener Prädikate enthüllt sich aber wiederum nur als die unendliche Fülle der unendlich verschiedenartigen Individuen, oder aber sie führt in aporetische Leerheit. Denn echte Verschiedenheit besteht wohl unter den menschlichen Individuen, ist also feststellbar: „So viele Menschen sind, so viel Kräfte, so viel Eigenschaften hat die Menschheit."[106] Doch betrifft diese Verschiedenheit nicht die Grundkräfte – diese sind bei allen dieselben –, sondern deren konkrete Bestimmungen; Bestimmbarkeit aber setzt Sinnlichkeit, Raum-Zeitlichkeit voraus. Das bedeutet also, daß ein wirklich unendlich bestimmbares Wesen nur in der Sinnlichkeit Platz hätte. Abgetrennt vom Wesen des Menschen aber (das ist die Definition von Transzendenz auf der Grundlage des Gesagten!) muß die unendliche Vielheit der Prädikate eine phantastische, realitätslose und der Einzigkeit Gottes widersprechende Vorstellung sein. – Die Unendlichkeit der Prädikationen für Gott ließe sich demnach nur noch unter *der* Bedingung behaupten, daß die einzelnen Prädikate so beschaffen wären, daß unmittelbar

---

[102] WChr 20. Vgl. WGlL 355–359.
[103] *Feuerbach* übernimmt offensichtlich den *Anselm*ischen Gottesbegriff, s. WChr 21. 45. 118. 239 f; Theogonie 148; vgl. auch: Wider den Dualismus: S. W. II, 352.
[104] WChr 21.
[105] Das Folgende wird bei *Feuerbach* im Zusammenhang mit dem dialektischen Typ erörtert, gehört aber strenggenommen zum analogischen. Da ihm jedoch Analogie nur als eine graduell verschiedene Form des hier dialektisch genannten Standpunktes gilt, spielt die Zuordnung keine Rolle.
[106] WChr 28. Vgl. auch Thesen 229; VorlWR 119–123.

mit dem einen auch alle anderen erkannt und gesetzt wären. Diese Bedingung ist erfüllbar, insoweit die Prädikate nur die Nichtverschiedenheit (nicht aber die Bestimmtheit) aussagen. Das einzige Subjekt, bei dem kraft seiner Vollkommenheit und Nichtverschiedenheit die unterschiedlichsten Prädikate zu Attributen werden können, ist die Substanz. Der Substanzbegriff behauptet ja gerade von seiner Definition her Unteilbarkeit, Nichtverschiedenheit, Einheit, Vollkommenheit; infolgedessen hat er unbegrenzt viele Prädikate. Genauer besehen hat die Substanz aber „*nur deswegen unzählig* viele Prädikate, *weil* sie [...] eigentlich *kein* Prädikat, d. i. *kein bestimmtes, wirkliches* Prädikat hat. [...] die Substanz ist zu *gleichgültig*, zu *leidenschaftslos*, als daß sie sich *für Etwas* begeistern und entscheiden könnte; um nicht *Etwas* zu sein, ist sie *lieber gar nichts*"[107]. Will man sich Gott also nicht als leere Substanz vorstellen, bleibt nur übrig, seine Bestimmungen als solche des menschlichen Wesens aufzufassen, was aufgrund der entwickelten Interdependenz von Gewußtem und Bewußtsein wiederum die Annahme erzwingt, daß das menschliche Wesen auch Subjekt dieser Bestimmungen ist.

5.3.1.4 Der entscheidende Punkt: Eigenschaft der Gottheit statt Göttlichkeit der Eigenschaft:

Beide Arten, eine Religionslehre beziehungsweise Theologie zu entwickeln, die die genannte Entfremdung vermeiden würde, müssen nach der vorgenommenen Erörterung versagen, denn ihr Fehler ist strukturell. „Nicht die Eigenschaft der Gottheit, sondern die *Göttlichkeit* oder *Gottheit der Eigenschaft* ist das *erste* wahre göttliche Wesen."[108] Was bisher für Gott galt, das Absolute und Wesenhafte, muß daher seinen Platz vertauschen mit dem, was gerade nicht dafür galt, mit der Eigenschaft, Bestimmtheit beziehungsweise eben mit dem auch in der Wirklichkeit Vorfindbaren.

Daß die Religion sich dennoch in dem Ausmaß behaupten konnte und kann, liegt *Feuerbach* zufolge daran, daß das Wissen davon, daß das vom Subjekt verschiedene Prädikat ursprünglich das wahre Subjekt der Religion war, verlorengeht, sobald mehrere sich widersprechende Eigenschaften zu einem, persönlichen Wesen vereinigt werden. Der Mensch aber neigt dazu, bei allem, was immer ihn stark beeindruckt und über seine gewöhnliche, individuelle Erfahrungswelt hinausgeht, anzunehmen, es überschreite den Erfahrungskreis der Menschennatur insgesamt, von wo aus es dann nur noch ein kleiner Schritt ist, das Überwältigende zu einem besonderen Wesen zu verselbständigen.[109] Das, was beeindruckt, induziert ja schon immer auch das Gefühl der Unterlegenheit. Deshalb betont *Feuerbach* im WR stärker die Furcht, deren nachhaltigste Ausprägung die Furcht vor dem Tod ist, als den

---

[107] WChr 30. Vgl. VorlWR 332.
[108] WChr 26.
[109] Vgl. WChr 27; bes. Ergänzungen und Erläuterungen: S. W. VII, 401 f; VorlWR 129 f. 134 f. 389–391.

Quellgrund der Religion.[110] – Entsprechend kann alles Inhalt der Religion werden, und sei es auch nur in der Form depotenzierter Sekundärmächte wie Teufel, Gespenster, Engel und ähnliches. Umgekehrt gelingt es nach *Feuerbach* nicht, einen spezifischen Inhalt der Religion zu finden.[111]

5.3.1.5 Umgekehrte Proportionalität zwischen Menschlichkeit des Wesens Gottes und Hochschätzung des Menschlichen:
Religion ist verobjektivierte menschliche Projektion. Die enorme Spannung, die ihre Genese ausmacht (Produktion des Menschen aus sich bei gleichzeitiger Weigerung, das Produkt als sein eigenes zu erkennen!), hat zur Folge, daß in dem Maße, wie die Menschlichkeit Gottes betont wird, eben dies Menschliche beim Menschen herabgesetzt wird. Das Positive in der Vorstellung von Gott ist ja allein das Menschliche, also muß, soll Gott Gott bleiben, die Vorstellung vom Menschen negativ werden. „Um Gott zu bereichern, muß der Mensch arm werden; damit Gott Alles sei, der Mensch Nichts sein. Aber er braucht auch nichts *für sich selbst zu sein*, weil [. . .:] Was der Mensch sich entzieht [. . .], genießt er ja nur in um so unvergleichlich höherem und reicherem Maße in Gott."[112] Gott ist nur eine lebendige, gefüllte Wirklichkeit, wenn das menschliche Leben mangelhaft und bedürftig ist. – Das Proportionsverhältnis gilt in beiden Richtungen. Daher kann *Feuerbach* unter Einbeziehung sämtlicher konkreter Erscheinungsformen sagen, Gott bedeute dem einzelnen „die *Selbstbefriedigung* der eigenen [. . .] Selbstsucht", „der *Selbstgenuß des Egoismus*"[113]. Später findet *Feuerbach* dafür die Formel: „Nur im Bedürfnis wurzelt die Religion."[114] „Gott", so heißt es in der ‚Theogonie', „ist nichts anderes, als der [. . .] exaltierte Wille des Menschen, glücklich zu sein [. . .]."[115]

Diese Erkenntnis bringt eine durchgängige Tendenz der Religionsgeschichte scharf ans Licht: Ihre Entwicklung besteht nach *Feuerbach* darin, daß der Mensch Gott immer mehr ab-, hingegen sich selber immer mehr zuspricht; damit ist also jener Prozeß gemeint, den man heute üblicherweise als Säkularisierung beschreibt beziehungsweise interpretiert. Hatte im Frühstadium jeder Religion alles seinen Ort innerhalb einer Offenbarung, so gehen dieselben Dinge in der Spätphase zunehmend mehr in die Kompetenz einer

---

[110] Zum Beispiel WR 465–467.
[111] WChr 27; VorlWR 29. 119–123. 223 f.
[112] WChr 32, vgl. 5. 31–40, bes. 38. 41. 89 f; Kritik der christlichen oder „positiven" Philosophie: S. W. VII, 141. 143 f; WGlL 311–320. 369; Ergänzungen und Erläuterungen: S. W. VII, 393 f; VorlWR 323. 357.
[113] WChr 34, vgl. 37. 223–225. 237. 349–351; Über Philosophie und Christentum: S. W. VII, 89 f; Ergänzungen und Erläuterungen: S. W. VII, 391–395; VorlWR 64–84. 249–258. 288. 348–356.
[114] Beleuchtung einer theologischen Rezension: S. W. VII, 220, vgl. 219 f; Ergänzungen und Erläuterungen: S. W. VII, 399 f. 410 f; VorlWR 249. 370–372; Theogonie 18–22. 72–86. 322–329. 361. 412.
[115] Theogonie 312.

autonomen Natur beziehungsweise Vernunft über. „Was gestern noch Religion war, ist es heute nicht mehr, und was heute für Atheismus, gilt morgen für Religion."[116] –
Nach all dem erweist sich die Religion als durch und durch dualistisch, ihr Wesen ist „die *Entzweiung* des Menschen *mit sich selbst*"[117]; denn Gott ist gerade immer, was der Mensch nicht ist und umgekehrt, wobei das, was der Mensch nicht ist, eben nicht ein wirklich Anderes ist, sondern nur die Objektivierung seines eigenen geheimen Wesens. Dieses Verhältnis von „Eigentum" (im weitesten Sinne) und Es-nicht-als-solches-Erkennen, oder anders gesagt, von Wahrheit der Religion (die in der Anthropologie besteht) und ihrer gleichzeitigen Falschheit (in ihren eigentlich theologischen Behauptungen und der damit gerechtfertigten Moral), versucht *Feuerbach* konkret anhand der christlichen Zentraldogmen[118] aufzuweisen.

5.3.1.6 Die religiöse „Lösung" der Entfremdungsproblematik:
Die Religion weiß nach *Feuerbach* um die Entfremdung des Menschen[119], aber sie weiß nicht, daß *sie* deren Grund ist. Sie bietet ein Versöhnungsmodell an, nach dem der Zwiespalt zwischen Gott und Mensch samt aller sich daraus ergebenden weiteren Dualismen in einem paradiesisch-vollkommenen Jenseits aufgehoben wird; diese Aufhebung geschieht allerdings so, daß der Mensch dabei sein eigenes Wesen verliert und in Gott aufgeht.[120] Dieselbe Funktion hat das christliche Theologumenon von der göttlichen Inkarnation.[121]

Vorbemerkung zu 5.3.2–5.3.10:
Was *Feuerbach* außer der genannten Dichotomie an der Religion kritisiert, ist nichts Zusätzliches und darüber Hinausgehendes, sondern nur Ausfaltung und Konkretion der dargestellten, grundsätzlichen Zwiespältigkeit. Einer Herausarbeitung dieser weiteren Punkte stellen sich aber drei Schwierigkeiten entgegen:
Erstens hat *Feuerbach* weniger eine systematich vollständige Religionskritik vorgelegt denn seine genetische Theorie anhand vorgefundener religiöser Phänomene und Dogmen zu verifizieren gesucht. Sehr zutreffend charakte-

---

[116] WChr 40, vgl. 90; VorlWR 29 f. 262–271.
[117] WChr 41, vgl. 117. 266. 278 f. 297 f; Kritik der christlichen oder „positiven" Philosophie: S. W. VII, 142; Beleuchtung einer theologischen Rezension: S. W. VII, 223 f; Notwendigkeit einer Reform der Philosophie: S. W. II, 219; VorlWR 365; Nachgelassene Aphorismen: S. W. X, 313 f. – Die Verkörperung dieses zwiespältigen Wesens der Religion in ihr selber ist der Gottmensch (s. WChr 401–404).
[118] S. WChr, Teile I und II.
[119] Vgl. WChr 214 f. 220.
[120] Vgl. WChr 22. 205–222. 229. 309. 349–351. 401–404; Ergänzungen und Erläuterungen: S. W. VII, 400–402.
[121] S. WChr 61–72. 91. 175 f. 401–404; WGlL 346–351.

risiert er selbst in den VorlWR sein Denken als aphoristisches[122]. Und in einem nachgelassenen Aphorismus schreibt er: „Mein geistiges Wesen ist kein ‚System', sondern eine *Erklärungsweise.*"[123] In solcher Gegenüberstellung ist zum einen eine formale Aussage enthalten, zum anderen aber auch der Verzicht auf inhaltliche Vorgaben ausgedrückt, so daß *Feuerbach* die fehlende Systematik gerade mit dem zu rechtfertigen versucht, was Systeme im strengen Sinn intendieren: Voraussetzungslosigkeit[124]. Positiv ausgedrückt besagt Voraussetzungslosigkeit für *Feuerbach* aber gerade nicht einen Anfang im Denken, sondern Anfangen mit der Anschauung, mit dem Leben, mit der Leidenschaft für die Gegenstände, mit der Empirie.[125] – Auf denselben Sachverhalt hat *K. Barth* hingewiesen, als er in seinem theologiegeschichtlich bedeutsamen *Feuerbach*-Aufsatz sagte, *Feuerbach*s Philosophie sei „wesentlich ein Aufruf, ein Appell, eine Verkündigung", ja in ihr „eine Art prophetischer Begeisterung" wirken sah[126]. – Die Fragestellung, unter der *Feuerbach*s Gedanke im Rahmen dieser Arbeit eine Rolle spielt, erfordert jedoch, die von ihm analysierten Beispiele auf ihr systematisches Ergebnis hin zu untersuchen.

Die zweite Schwierigkeit besteht darin, daß das negative, illegitim-illusionäre Moment der Religion von *Feuerbach* durchgängig nur generell und in wenig explizierter Weise artikuliert wird. Das ganze sachliche wie auch quantitative Gewicht legt er auf den Nachweis, daß alle Theologie Anthropologie sei; hingegen sagt er vergleichsweise äußerst wenig dazu, worin denn diese religiöse Anthropologie falsch sei. Selbstverständlich ist die traditionelle Religion und Theologie durch die „positive" (im Sinne *Feuerbach*s) Rückführung auf Anthropologie im Zentrum ihres Selbstverständnisses getroffen und kritisiert. Aber genügt die Feststellung einer Entsprechung zwischen menschlichen Wünschen und den Gestalten des Göttlichen, um auch die Nichtexistenz eines substantiellen Gottes zu behaupten? Es muß allerdings beachtet werden, daß sowenig wie die Reduktion sowenig auch der Vorwurf gegen die Religion etwas Selbständiges, in sich Abgeschlossenes ist, sondern daß beides zwei Seiten ein und derselben ambivalenten Sache sind; nur daß *Feuerbach* den negativ-polemischen Ausschlag wenig expliziert hat. Soll aber eine „neue" Religion beziehungsweise eine „neue" Philosophie (und in deren Rahmen auch eine „neue" Ethik) die alte ablösen, so setzt das den Erweis ihrer Falschheit voraus.

---

[122] VorlWR 3.
[123] S. W. X, 344.
[124] Thesen 235. Vgl. Zur Kritik der Hegelschen Philosophie: S. W. II, 180.
[125] Vgl. Thesen 235.
[126] Alle Stellen in: *K. Barth* 1928, 213; vgl. ebd. 212, wo *Feuerbach*s Lehre als „Anti-Theologie" gekennzeichnet wird. – *Barth* gebührt das Verdienst, als einer der ersten die Bedeutung *Feuerbach*s für die Theologie erkannt zu haben, auch wenn seine Rezeption fast ausschließlich im Dienst der Überwindung der sogenannten liberalen Theologie steht.

Schließlich beschränkt sich unsere Darstellung auf die ethisch relevante Religionskritik; hinsichtlich Erkenntniskritik und Logik hat *Feuerbach* selber diese Analyse – vorwiegend im zweiten Teil des WChr – in systematischer Form geliefert.

5.3.2 Zwiespalt zwischen Soll und Ist im Sündenbewußtsein

Gott ist für die Religion – für die christliche besonders – das moralisch vollkommene Wesen. Kritisch betrachtet ist Gott nichts anderes als das „als absolutes Wesen gesetzte moralische Wesen des Menschen – des Menschen eigenes Wesen"[127]. Das besagt nicht nur, daß die Religion die Forderung aufstellt, die göttliche Vollkommenheit in sich nachzuahmen, und dies durch Drohungen unterstützt, sondern es schließt vor allem die Tatsache ein, daß die moralische Vollkommenheit, die sich auf den Willen bezieht, gar nicht gedacht werden kann, ohne daß sie zugleich als Objekt meines Willens, das heißt als Sollen für mich, gedacht wird[128]. Diese implizierte praktische Aufforderung versetzt mich in einen Zwiespalt zu mir selbst, beschreibt sie doch in einem mit dem, was ich sein soll, das, was ich nicht bin.[129] Gottes Heiligkeit ist eo ipso Kritik meiner Sündhaftigkeit. Dieser Gegensatz ist deshalb so wichtig für die Religion, weil von dem Versuch, ihn durch Erreichen des Zieles aufzuheben, schon apriori feststeht, daß er scheitern muß. Ganz davon zu schweigen, daß – ebenfalls von vornherein – niemals Böses Gott angelastet wird.

Der Zwiespalt verschärft sich in der Religion dadurch, daß mein Soll, das heißt mein eigenes Wesen, mir als ein anderes, persönliches Wesen entgegengesetzt wird und dadurch ein ungeheurer Abstand zwischen mir und diesem meinem Wesen entsteht, der noch zusätzlich durch einseitige Sanktionsmöglichkeiten vergrößert wird.

5.3.3 Zwiespalt zwischen Leib und Seele

Die Störung der Identität findet ihre greifbare Auswirkung vor allem in jener dichotomen Anthropologie, die unter dem Einfluß der Religion besonders seit *Platon* entwickelt wurde und in *Descartes* ihren Höhepunkt gefunden hat. Sie beinhaltet, daß Denken und Wollen Vermögen eines Teiles des Menschen seien, der vom Körper unterschieden, unabhängig und – weil der Körper ausgedehnt ist – nicht sinnlich und nicht materiell ist, und der daher

---

[127] WChr 57 (im Original hervorgehoben). Vgl. WGlL 418.
[128] Vgl. WChr 57 f, vgl. 22; VorlWR 90. 321–330. 346; Theogonie 361 f. – Der anthropologische Grund dieser Tatsache ist: Das Sollen ist nichts anderes als „mein antizipiertes eigenes Wollen" (Theogonie 362).
[129] WChr 35. 58. Vgl. Ergänzungen und Erläuterungen 419 f; Theogonie 361.

Geistseele genannt wird. Weil diese immateriell ist, kann sie auch ohne Körper wirken, ja sogar sein. Aus demselben Grund gilt sie als unsterblich und kann, selbst nachdem sie im Tod vom Leib geschieden ist, weiterhin denken, wollen, empfinden. „Die Seele ist [...], auch *im* Leibe *außer* dem Leibe [...]. Der Spiritualismus ist die für ein anderes, zukünftiges Leben, nicht für dieses gegenwärtige Leben bestimmte und berechnete Seelenlehre."[130]

Hinter dieser Trennung steckt nach *Feuerbach* lediglich das Interesse, sich trotz leiblichem Tod eine Möglichkeit für die individuelle Fortdauer nach diesem zu verschaffen[131]; die Gewißheit darüber stellt das Theologumenon von der Auferstehung bereit. Der Unsterblichkeitswunsch ist der wichtigste aller menschlichen Wünsche und wird deshalb von *Feuerbach* als der eigentliche Motor der Genese von Religion angesehen.[132]

Die rationale Psychologie ist deshalb für *Feuerbach* nichts als „empirische Theologie"[133]. Die Seele ist nur die „gebundene, latente, mit fremdartigen Bestandteilen vermischte und verunreinigte Gottheit"[134]. Die Einheit von Gottes- und Seelenlehre läßt sich an sämtlichen Eigenschaften nachweisen, nur daß die Seele trotz dieser Eigenschaften dem Körper verbunden ist, wobei diese Verbindung allerdings – und das ist eben das Entscheidende – rein akzidentell, temporär und in keiner Weise konstitutiv ist.[135] „*Geist mit Leib* ist und heißt *Mensch, Geist ohne Leib* ist und heißt *Gott.*"[136]

5.3.4 Verneinung der Sinnlichkeit

Alle Religionen, das Christentum aber in hervorragendem Maße, legen großen Wert auf die Verneinung der Sinnlichkeit[137] beziehungsweise machen aus deren Unterdrückung ein Gott besonders wohlgefälliges Opfer[138]. Lediglich die Naturreligionen bilden hier eine Ausnahme, weshalb *Feuerbach* ihnen besondere Sympathie entgegenbringt.

Das wirkt sich bis in Kunst und Wissenschaft hinein aus, zu denen das Christentum nach *Feuerbach* stets ein zwiespältiges Verhältnis hatte – eben eine notwendige Folge aus dem Widerspruch zwischen Wirklichkeit und Be-

---

[130] SMa 169 f, vgl. 166–171.
[131] S. Merkwürdige Äußerungen Luthers nebst Glossen: S. W. VII, 388 f; SMa 169 f.
[132] Die Unsterblichkeitsfrage bildet ein durchgängiges Thema in *Feuerbach*s Arbeiten, mit dem er sich in allen Phasen seiner Entwicklung beschäftigt hat: vgl. bes. Todesgedanken: S. W. I, sowie die später unter dem Titel ‚Die Unsterblichkeitsfrage vom Standpunkt der Anthropologie' (: S. W. I) herausgegebenen Schriften; VorlWR 334–350; Theogonie 159–168.
[133] SMa 171.
[134] Ebd. Vgl. auch: Wider den Dualismus: S. W. II, 326–357.
[135] Vgl. WChr 205–222; SMa 171–186. 206–213.
[136] SMa 175. Vgl. VorlWR 326–333.
[137] VorlWR 326–333. Vgl. auch P. Bayle; S. W. V, 113–122.
[138] Zum Opfer als religiösem Grundakt vgl. P. Bayle: S. W. V, 114; WR 460–462; VorlWR 84–97; Das Geheimnis des Opfers: S. W. X, 41–67.

wußtsein[139]. Am offenkundigsten wird diese Verneinung im asketischen Verzicht auf die Geschlechtsliebe. Nun gelingt es aber keineswegs, den Menschen zu einem unsinnlichen beziehungsweise geschlechtslosen Wesen zu machen: Die Religion vergegenständlicht gerade das, was der Mensch am meisten schätzt; dieses Vergegenständlichen bedeutet jedoch für den einzelnen (nicht für die Gattung) Entzug. Was der Mensch in Gott bejaht, verneint er in sich selber, und umgekehrt. Von der *Feuerbach*schen Theorie her muß sich deshalb in der Religion selber das Komplement des Entzugs finden lassen, und dies ist für ihn die Sinnlichkeit des (beziehungsweise der) göttlichen Wesen(s). „Die Mönche gelobten die Keuschheit dem göttlichen Wesen, sie unterdrückten die Geschlechterliebe an sich, aber dafür hatten sie im Himmel, in Gott, an der Jungfrau das Bild des Weibes – ein Bild der Liebe. [...] Die Nonne *vermählt* sich mit Gott; sie hat einen himmlischen Bräutigam, der Mönch eine himmlische Braut."[140]

5.3.5 Vernunft- und Wissenschaftsfeindlichkeit

Weil der religiöse Mensch nichts bewußt verneinen kann, ohne es – allerdings in Gott und zudem unbewußt – wieder zu setzen, muß er seine Vernunft verneinen: Einerseits gilt ihm sein Denken als etwas völlig Weltliches, das heißt, weiß er sich unfähig, von sich her Gott zu erkennen. Anderseits glaubt er, daß Gott sich ihm offenbare, wobei Gottes Gedanken gleichzeitig menschlich-irdische sind, mit dem einen Unterschied, daß Gott *alles* weiß und es *vorher* weiß. – Im Rahmen der *Feuerbach*schen Theorie ergibt sich folgende Interpretation dieses Glaubens: „der Mensch verneint Gott gegenüber sein Wissen, sein Denken, um in Gott sein Wissen, sein Denken zu setzen"[141].

Wird nun gar nur *ein* Gott geglaubt, so radikalisiert sich dieser Zug in erheblichem Maße, weil hier in dem Einen alles zentriert ist, und dieses Eine ist Gott beziehungsweise eben der Mensch selber. Was sich nicht unmittelbar auf den Menschen beziehen läßt, verfällt folglich der Gleichgültigkeit. Weil aber Wissenschaft und Kunst gerade an die unterschiedlose Offenheit für alles Schöne und Gute gebunden sind, ist der Monotheismus ihr tiefster Feind.[142]

Wo die Religion noch ursprünglich ist, erweitert und entschränkt sie zu-

---

[139] Thesen 228 f.
[140] WChr 32 f, vgl. 85–90. 203 f. – Die Abhandlung ‚Über den Marienkultus' (: S. W. VII, 195–211) deutet denselben als Weiblichkeitskult; Maria sei „das himmlische Komplement und Surrogat der [...] verlorenen, irdischen Liebe" (ebd. 209).
[141] WChr 34. Vgl. VorlWR 414.
[142] Vgl. WChr 137.

gleich das sinnliche Bewußtsein, behindert damit aber wieder die Vernunfttätigkeit. Denn das Wissen um den allwissenden Gott findet ja da den fruchtbarsten Boden, wo der Gesichtskreis des Menschen begrenzt ist; zum anderen läßt ein solch allwissender Gott ein Bedürfnis nach Wissen auch gar nicht entstehen, weil sich der Mensch in dieser göttlichen Allwissenheit schon jeweils über die Schranken seines Wissens und ebenso über diejenigen von Raum und Zeit hinausgetragen weiß. Religiöse „Erklärungen" kommen demgemäß ohne natürliche Kausalitäten aus. Habe ich in meinem Gott die Gesamtheit alles möglichen Wissens und Denkens schon jeweils überstiegen, so besteht keinerlei Anreiz oder Bedürfnis, daß ich aus mir herausgehe, durch meine eigene sinnliche Tätigkeit die Grenzen des sinnlichen Bewußtseins erweiternd überwinde (nicht überspringe in der Phantasie!)[143]: „Wer [...] alles in Gott hat, himmlische Seligkeit schon in der Phantasie genießt, wie sollte der jene Not, jene Armut empfinden, die der Trieb zu aller Kultur ist? Die Kultur hat keinen anderen Zweck, als einen *irdischen Himmel* zu verwirklichen; aber der *religiöse Himmel* wird auch nur durch *religiöse Tätigkeit verwirklicht* oder erworben."[144] Die Kultur der modernen Völker ist für *Feuerbach* daher aus der Negation des Christentums abzuleiten.[145]

Mit Wissen meint *Feuerbach* vor allem das Wissen der Mittelursachen. Die Religion beansprucht aber gerade, einen *unmittelbaren* Zusammenhang zwischen Mensch und Gott herzustellen. Habe ich aber unmittelbaren Zugang zu der allesvermögenden Ursprungsmacht, so ist das forschende Bemühen um die Zweitursachen obendrein bloßer Umweg.[146] „Gott ist der den *Mangel der Theorie ersetzende Begriff*. Er ist die Erklärung des Unerklärlichen, die nichts erklärt, weil sie alles ohne Unterschied erklären soll – [...] – das Nichtwissen, das alle Zweifel *löst*, weil es alle *niederschlägt*, alles weiß, weil es nichts Bestimmtes weiß [...]."[147]

5.3.6 Abkehr von der Welt

Die Differenz zwischen Gattung und Individuum ist – wie wir gesehen hatten – das fundamentum in re aller Religion. Wo diese Differenz nun aufgehoben wird, wie es in der höchsten Form im christlichen Gottes„begriff" der Fall ist, da erstickt gleichzeitig mit dem Bildungstrieb auch das Bedürfnis, sich in der Auseinandersetzung mit der Welt zu vervollkommnen. Ja, da Gott Alles ist, besteht die größte Tugend des Menschen in der „Gottes-be-

---

[143] Vgl. P. Bayle: S. W. V, 120–122. 135–161. 370–380. 382–388; WChr 160. 193. 223–237. 260 f. 348; WR 452–455; VorlWR 266–272. 275.
[144] WChr 261.
[145] So WChr 349; VorlWR 265–271.
[146] WChr 228–237. Vgl. VorlWR 175–187. 288, sowie das über Wunder und Gebet in Abschnitt 5.3.9.2 Gesagte.
[147] WChr 233, vgl. 236 f. – Weitere Gründe werden in 5.3.7.2.2 genannt.

dürftigkeit"[148]; Gott wird dem Menschen in dem Maße gegenwärtiger und wirklicher, wie er ihm Platz macht, was unter diesen Bedingungen aber heißen muß: wie er sich von der Welt abkehrt und sich auf seine private Innerlichkeit zurückzieht. „Wer ein ewiges himmlisches Leben glaubt, für den verliert dieses Leben seinen Wert. Oder vielmehr es hat schon seinen Wert verloren: der Glaube an das himmlische Leben ist eben der Glaube an die *Nichtigkeit* und *Wertlosigkeit dieses Lebens.*"[149] Gott ist ja das Nichtsein der Welt, die Welt der Gegensatz Gottes. Infolgedessen erwartet die Religion auch den Weltuntergang. Das jenseitige Leben ist nicht nur ein theoretischer Glaubensartikel, sondern muß, wenn es geglaubt wird, zugleich die Praxis des Glaubenden bestimmen, auch wenn diese Praxis ganz eigentlich eine negative ist, die vornehmlich in der Distanzierung und im Kampf um das Sichunabhängig-Machen von allen vergänglichen Dingen besteht. Hinwendung zum Überweltlichen fordert Abwendung von dieser Welt; damit bleiben als Rückzugsbasis nur noch die private Innerlichkeit und das Jenseits. Es kommt ja gerade darauf an, sich aus allen Banden und Verwicklungen mit dieser Welt, die nicht unsere eigentliche Heimat ist, zu befreien, also selbständig und selbstgenügsam zu werden, keines anderen Dinges und keiner anderen Person zu bedürfen.[150] Mit der gänzlichen Ausrichtung auf die übersinnliche Realität wird übrigens nicht nur die diesseitige Glückseligkeit abgewertet, sondern werden auch Leid und Elend ihres Ernstes und ihrer Negativität (damit aber auch ihrer Veränderbarkeit!) entkleidet.[151]

Ihre deutlichste und totalste Verwirklichung hat die Abkehr von der Welt nach *Feuerbach* im christlichen Mönchtum gefunden. Doch gibt es auch für den gewöhnlichen Menschen, weil er ja als aus einem vergänglichen Leib und einer unsterblichen Seele zusammengesetzt gedacht wird, nur ein Mittel, um das höchste Ziel, nämlich die Seligkeit, zu erlangen: die ständige (sinnliche, nicht bloß geistige) „Mortifikation"[152]. Das Moralprinzip des Christentums, wenigstens in seiner ursprünglichen und im Katholizismus noch besser bewahrten Gestalt[153], ist denn auch in der Nachfolge seines Stifters das

---

148 Den Ausdruck „gottesbedürftig" gebraucht *Feuerbach* WChr 193.
149 WChr 194 f, vgl. 193–204. 81. 131. 153–155. 180 f. 205. 316. 347–349. 382 f. 400 f; Über Philosophie und Christentum: S. W. VII, 88–90; Beleuchtung einer theologischen Rezension: S. W. VII, 243 f. 255; VorlWR 321. 357; Theogonie 241. 245; SMa 142.
150 Vgl. WChr 81 f. – WChr 195: „Allerdings hängt die Qualität jenes Lebens von der Qualität, der moralischen Beschaffenheit dieses Lebens ab, aber die Moralität ist selbst bestimmt durch den Glauben an das ewige Leben. Und diese dem überirdischen Leben entsprechende Moralität ist nur die Abkehr von dieser Welt, die Verneinung dieses Lebens." (Vgl. WChr 170, auch 244. 406 sowie Abschnitt 5.3.10.3.)
151 Über meine ‚Gedanken über Tod und Unsterblichkeit': S. W. I, 200 f; Eud 278.
152 P. Bayle: S. W. V, 114. 119; WChr 196; Beleuchtung einer theologischen Rezension: VII, 255; Über den Marienkultus: S. W. VII, 202–205; Die Unsterblichkeitsfrage: S. W. I, 141 f; VorlWR 82–97. 323; Eud 244–247. 262–265. 274.
153 WChr 167: „Die katholische Moral ist christlich, mystisch, die protestantische Moral war schon von Anfang an *rationalistisch*. Die protestantische Moral ist und war eine fleischliche Vermi-

Leiden[154], das ist der Widerspruch zur Natur. Allein das Leiden, nicht der Genuß gilt als dem Heil zuträglich. Im Leiden, sei es nun freiwillig sich auferlegtes oder aber durch Verzicht auf Veränderung akzeptiertes, bildet der Christ bereits seine immaterielle, außerweltliche, übernatürliche Existenz ab. Der stärkste und sinnenfälligste, deshalb aber auch widernatürlichste Teil des asketischen Verzichts ist die Jungfräulichkeit.[155] – Wo aber die höchste Möglichkeit gegeben ist, dort liegt dann auch die größte Möglichkeit der Verfehlung, so daß konsequenterweise im Christentum die Geschlechtsliebe und -lust als Quelle aller Sünde und allen Übels gilt.[156]

Was sich im Christentum trotzdem an Hochschätzung und an schützenden Gesetzen gegenüber der Ehe findet, spricht nach *Feuerbach* nicht gegen diese Feststellung, sondern erweist sich im aufgezeigten Kontext als nichts anderes denn „eine Indulgenz gegen die Schwachheit oder vielmehr die Energie der Sinnlichkeit"[157].

5.3.7 Mißachtung der sozialen Konstitution des Menschen

5.3.7.1 Vereinzelung:

Eine weitere Art von Selbstgenügsamkeit, die für den religiösen Menschen, insbesondere für den christlichen, kennzeichnend ist, besteht nach *Feuerbach* in der absoluten Individualisierung und Privatisierung. In einem Gott, der absolut alles ist, gilt jedes mögliche menschliche Ziel als schon erreicht und verwirklicht. Der religiöse Mensch ist in Gott vollkommen, er kann daher auch jeder, doch immer nur vorläufigen und partiellen Ergänzung durch den Anderen entbehren. Diese Haltung hat auch zur Folge, daß der religiöse Mensch wesenhaft unpolitisch eingestellt ist; der Staat ist erst eine Konsequenz der praktischen Verzweiflung an Gott.[158]

Gott, die Verwirklichung des höchsten Ziels, „ist jedem Individuum allein für sich gegenwärtig".[159] Das primäre Interesse gilt – besonders im Christentum – dem individuellen Seelenheil. Wohl gehört auch die Sorge für die anderen zu dessen Bedingung, aber zum einen bleibt trotzdem derjenige, der

---

schung des Christen mit dem Menschen – dem natürlichen, politischen, bürgerlichen, sozialen Menschen oder wie ihr ihn sonst im Unterschiede vom christlichen nennen wollt – die katholische Moral bewahrte auf ihrem Herzen das Geheimnis der unbefleckten Jungfräulichkeit. Die katholische Moral war die *Mater dolorosa*, die protestantische eine wohlbeleibte, kindergesegnete Hausfrau. [...]." Vgl. WChr 395–399. 406–409; P. Bayle: S. W. V, 113–122; WGlL 360 f.

[154] Vgl. WChr 72–79. 351.
[155] P. Bayle: S.W. V, 114–116; WChr 32 f. 85–90. 193–204. 317. 371 f. 377.
[156] WChr 375–377; Beleuchtung einer theologischen Rezension: S.W. VII, 239–244.
[157] WChr 199. Vgl. Beleuchtung einer theologischen Rezension: S.W. VII, 239–244.
[158] P. Bayle: S. W. V, 114; Notwendigkeit einer Reform der Philosophie: S. W. II, 219–222. Ebd. 220: „Der Staat ist [...] die *Vorsehung des Menschen*" (Hervorhebung nicht im Original).
[159] WChr 193, vgl. 34. 37. 182–185. 393 f.

eigentlich das Heil schenkt, Gott; anderseits ist auch der Zweck des guten Handelns nicht der Mitmensch selbst, sondern wiederum Gott[160]. Heiligkeit im moralisch-religiösen Sinn erfordert daher ebenso Desinteresse am Wissen und Abkehr von der Welt wie auch die Scheidung vom Leben der Gattung.[161] Da Individuum und Gattung in Gott unmittelbar identifiziert sind[162], bedarf der einzelne nicht der ergänzenden, bereichernden, seine Beschränktheit übersteigenden, helfenden Anderen. Diese Nichtbedürftigkeit konkretisiert sich am meisten in der Stellung zur Geschlechtlichkeit als der Grundbestimmtheit des Menschen, die in ihrer polaren Struktur allererst wirkliches Menschsein und – in ebendiesem Aufeinanderangewiesensein – die Existenz der Gattung konstituiert. *Feuerbach* zufolge bemißt sich die Vollkommenheit des Christseins aber gerade im Gegenteil daran, wieweit es gelingt, diese Geschlechtsbestimmtheit „als einen lästigen, zufälligen Anhang" von sich abzustreifen.[163] Das Ideal des christlichen Menschen ist der Kastrat.[164] Die Unterdrückung des Geschlechtstriebes ist das Resultat des Widerspruchs zwischen seiner Realität und dem sich auf den Gottbezug gründenden Bewußtsein, nicht ein bedürftiges und für die Erzeugung des Ganzen verantwortliches „Teilwesen" zu sein, sondern „ein *für sich selbst* vollkommenes"[165]. Die Geschlechtsliebe ist nur etwas Irdisches, Unheiliges, dem – wenigstens im Christentum – zwar moralische, aber niemals religiöse Bedeutung zukommt.[166]

5.3.7.2 Intoleranz als unabdingbare Konsequenz des religösen Glaubens:
5.3.7.2.1 Dem Gläubigen gilt sein Menschsein als prinzipiell in sich abgeschlossen, als sich selbst genügend. Diese Suffizienz ist jedoch nur die eine Seite. Denn auch er benötigt ja noch ein Außerhalb, auch wenn er diese Ergänzung lediglich dadurch herstellt, daß er sich seiner eigenen Subjektivität als etwas von ihm Unterschiedenem bewußt wird. So vereinigt also die Religion zwei Strukturen, die der Einheit (von göttlichem und menschlichem Wesen) oder die Liebe, und die der Unterscheidung, die im dogmatischen Glauben ihren Ausdruck findet. Die Unterscheidung zwischen Gott und Mensch zieht notwendig die Trennung zwischen Mensch und Mensch nach sich, ist doch Gott nur das menschliche Wesen oder „der mystische Gat-

---

[160] Vgl. WChr 193 f.
[161] Vgl. Über Philosophie und Christentum: S. W. VII, 89 f.
[162] WChr 202.
[163] Vgl. WChr 202.
[164] WChr 186 f. Vgl. Beleuchtung einer theologischen Rezension: S. W. VII, 240; Über den Marienkultus: S. W. VII, 202; Die Unsterblichkeitsfrage vom Standpunkt der Anthropologie: S. W. I, 141 f; VorlWR 89–91. 323 f.
[165] WChr 203.
[166] Vgl. WChr 203.

tungsbegriff der Menschheit"[167]. Aus dem in 5.3.7.1 explizierten Nebeneinander wird wegen des Glaubens notwendig ein Gegeneinander[168].
5.3.7.2.2 Das Negativ-Trennende findet seine Konkretion an verschiedenen Stellen:
– im Inhalt: „Der Glaube ist wesentlich *bestimmter* Glaube."[169] Das „Was glauben?" wird gegenüber dem „Wem glauben?" keinesweg gleichgültig oder tritt auch nur zurück, sondern gehört zu seinem Wesen. Deshalb ist Glaube notwendig als Dogma fixiert.[170] Der Glaubende ist daher auf das Dogma verpflichtet und hat jedenfalls in der Auswahl und Interpretation der Glaubensgegenstände keinerlei Freiheit.[171] Was er an Bestimmungen und Besonderheiten aufstellt, gilt ihm als wahr. Wahrheit aber kann es immer nur *eine* geben, also ist auch der Glaube wesenhaft exklusiv und absolut; das impliziert ebenso zwangsläufig, daß alles andere Irrtum oder Lüge ist. Für den Glauben wird die Wirklichkeit notwendig dichotom: entweder ist etwas wahr oder es ist falsch, ein drittes gibt es nicht.[172]
– in der Erkenntnisquelle: Der Glaube kommt zu seinen Inhalten nicht auf eine Art, die allen Menschen und zu jeder Zeit unterschiedslos zur Verfügung steht, sondern aufgrund eines Gnadenakts, der besonderen Offenbarung. Offenbarung und Dogmen widersprechen der Vernunft wesenhaft; sie sind „theoretische Mirakel"[173]. Das was alle Menschen gemeinsam haben, ist bedeutungslos; erst was die einen von den übrigen abhebt, hat Gewicht. „Was ein Wesen *insbesondere* [das heißt in Abgrenzung von allem Übrigen] ist, das erst ist es [...]. Der *spezielle* Gott also, der Gott, wie er insbesondere den Christen Gegenstand, der *persönliche* Gott, der erst ist Gott. Und dieser ist den Heiden, den Ungläubigen überhaupt unbekannt, nicht für sie."[174] Der Glaube ist also von vornherein derart strukturiert, daß er seinen Bekenner auf seine eigene Bestimmtheit festlegt, ihn in diesem Rahmen befangen macht, „borniert", ihm nicht nur die Freiheit, sondern auch die Fähigkeit raubt, das von ihm Unterschiedene gebührlich zu schätzen[175]. Hier liegt deshalb zugleich ein weiterer Grund für die Wissenschaftsfeindlichkeit der Religion.
– im glaubenden Subjekt: Der Glanz solcher Auszeichnung im Objekt fällt folgerichtig zurück auf den Gläubigen. Im Besitz besonderer Gnadenzuwen-

---

[167] WChr 297, vgl. 341–345; Beleuchtung einer theologischen Rezension: S. W. VII, 235.
[168] WChr 238. 247. 300. 305.
[169] WChr 301.
[170] Vgl. WChr 301.
[171] Vgl. WChr 224 f. 298. 302 f.
[172] Vgl. WChr 298. 307.
[173] Kritik der christlichen oder „positiven" Philosophie: S. W. VII, 136, vgl. 134–137. Wie bei *Fichte* wird auch hier die Entmythologisierungs-Hermeneutik abgelehnt (bes. 134).
[174] WChr 299. Dasselbe wird in funktionaler Hinsicht über Maria gesagt: Über den Marienkultus: S. W. VII, 210 f.
[175] Vgl. WChr 224 f. 299. 308.

dungen, besonderer Erkenntnisse und Rechte weiß er sich aus allen Nichtgläubigen herausgehoben und entwickelt ein Selbstwertgefühl eigener Art. Seine Demut ist infolgedessen nichts anderes als ein umgekehrter Hochmut; umgekehrt deshalb, weil er das Gefühl seines Vorzugs scheinbar in eine andere Person verlegt, die aber in Wirklichkeit wiederum nur sein eigenes personifiziertes befriedigtes Selbst ist.[176] – Auch hier wird der akzidentelle Unterschied zwischen mehreren Individuen derselben Art zum eigentlichen Wesen gemacht: Nicht das allen gemeinsame Menschsein ist das Erste und Entscheidende, sondern lediglich Glaube beziehungsweise Unglaube machen den absoluten Wert oder Unwert aus.[177]

– in der Motivation: Furcht und Hoffnung machen die Stärke der Religion aus. Sie appelliert also an den Glückseligkeitstrieb[178] und schafft, indem sie an ihre Lehren Verdammnis und Seligkeit knüpft, eine Motivation, die sich durch ihre Totalität gegenüber jeder anderen, „nur" natürlichen, durchzusetzen vermag.

5.3.7.2.3 Die Absolutheit der Wahrheit schließt in der Sicht der Religion die Verneinung alles Nichtwahren ein, handle es sich hierbei um einen *anderen* Glauben oder um *Un*-glauben. Was nicht Gottesdienst ist, zählt als Götzendienst, der Gott das ihm Gebührende verweigert. Nicht (oder falsch) glauben gilt als identisch mit Bosheit. „Der Glaube, beschränkt und befangen, schiebt alles in die Gesinnung. Der Ungläubige ist ihm aus *Verstocktheit*, aus *Bosheit* ungläubig, ein Feind Christi."[179] Hat doch der Nichtglaubende Gott nicht auf seiner Seite, also gegen sich, was aber wohl soviel heißt, daß er selbst wider Gott ist. Der Gläubige ist „allein der legitime, normale Mensch, der Mensch, wie er sein soll, der Mensch, den Gott *anerkennt*".[180]

Diese Moralisierung verlangt vom Gläubigen Gutheit gegen die Glaubenden, dem Nicht- oder Nichtrichtig-Glaubenden gegenüber aber rechtfertigt sie Strafe, Haß, Verfolgung. Ja, in ihrer innersten Tendenz[181] macht die Religion, das Christentum eingeschlossen, Intoleranz und Feindschaft gegen Ketzer und Häretiker zur Pflicht; sie zu schonen hieße nämlich, das von Gott Verworfene wenigstens zu dulden und darin praktisch das göttliche Urteil zu kritisieren, und wäre somit „Intoleranz gegen Gott, der das Recht zu unbedingter Alleinherrschaft hat"[182]. Intoleranz ist dem Glauben wesentlich, weil zu seinem Wesen eben die Annahme gehört, daß „seine Sache die Sache Got-

---

[176] Vgl. WChr 300, auch 37.
[177] „Die *Unterscheidung* zwischen dem *Ungläubigen* und Menschen ist eine *Frucht moderner Humanität*" (WChr 305 f, vgl. 109). Es handelt sich dabei um eine Errungenschaft der Vernunft, welch letztere nichts anderes ist als die „universale Liebe" (WChr 310, vgl. 185 f.).
[178] WChr 224 f.
[179] WChr 303, vgl. 310.
[180] WChr 306, vgl. 378.
[181] WChr 313, vgl. 303–313. 388–392, auch 64–66; VorlWR 416.
[182] WChr 308. Vgl. Über den Marienkultus: S. W. VII, 210 f.

tes sei, seine Ehre die Ehre Gottes"[183]. Während es *Feuerbach* nicht schwerfällt, für diese Behauptung aus der Kirchengeschichte eine Fülle symptomatischer Beispiele anzuführen, gerät er beim Versuch der biblischen Verifizierung seiner These in erhebliche Schwierigkeiten. Er glaubt sie auf dem Weg überwinden zu können, daß er von jenen biblischen Momenten, die Intoleranz verbieten oder eingrenzen, behauptet, sie bezögen sich ausschließlich auf den persönlich-privaten Bereich (der für ihn mit der „Moral" identisch ist!), und ihnen einen weiterreichenden Geltungsanspruch für Öffentlichkeit und Staat völlig abspricht[184].

5.3.8 *Praktischer Weltbezug und Egoismus als Konsequenz des Schöpfungsgedankens*

Der Egoismus ist das Charakteristikum der Religion nicht nur durch die Vernachlässigung des Menschen (als Gattung), die aus dem direkten Gottesbezug resultiert, sondern noch viel mehr dadurch, daß infolge des Schöpfungsgedankens (zugespitzt im jüdisch-christlichen einer creatio ex nihilo) die gesamte Natur als Produkt eines Willens verstanden wird. Die heidnische Vorstellung der Entstehung der Dinge wurde hier ersetzt durch den christlichen Gedanken der Erschaffung.[185] Solche Stellung zur Natur ist natürlich nur möglich, weil sich der Mensch bereits von der Natur abgesondert und sie zum Objekt seines eigenen Willens, zur Dienerin seines Interesses gemacht hat. Am schärfsten ausgeprägt sieht *Feuerbach* das Prinzip des „Utilismus"[186] im Judentum, wofür dessen konsequenter Monotheismus verantwortlich sei. Ihm gelte die Welt als um der Juden willen erschaffen, so wie später den Christen als um der Christen willen.

Die Lehre von der Schöpfung bezieht sich nun nicht nur auf einen historischen Erstanfang, sondern auch auf die Gegenwart. Das besagt, daß Sein oder Nichtsein der Schöpfung auch im jetzigen Zeitpunkt allein vom unbeschränkten Willen der höchsten Subjektivität abhängen. Für *Feuerbach* findet deshalb der egoistische Grundzug seine konsequente Fortsetzung und Verstärkung im Vorsehungsglauben. Dieselbe Vorstellung von einem aller natürlichen Gesetzlichkeit überlegenen, allmächtigen Subjekt, das kraft seines Willens alles Gewünschte hervorbringen kann, liegt auch dem Glauben an Wunder zugrunde. Ja, an ihm offenbart sich am deutlichsten, wie die Natur

---

[183] WChr 307 (im Original hervorgehoben), vgl. 388.
[184] Vgl. WChr 305 f. 305–313. 392 f; Beleuchtung einer theologischen Rezension: VII, 250–253.
[185] Vgl. WChr 262–264.
[186] WChr 135. 140, vgl. 135–143. 358 f; Beleuchtung einer theologischen Rezension: S. W. VII, 232; WR 478 f. – Gilt alles um des Menschen willen erschaffen, so ergibt sich daraus die „Rechtlosigkeit der Dinge" (WChr 369), die *Feuerbach* besonders im Blick auf die Tiere (ähnlich wie *Schopenhauer*) kritisiert: Vgl. WChr 124–126. 181. 306. 359–363; WR 436 f; VorlWR 50–61; Theogonie 41–50. 206–213. 364; Eud 259 f.

als zu bloßer Willkür verfügbar angesehen wird[187]; „das Wunder ist der höchste Grad des geistlichen oder religiösen Egoismus: alle Dinge stehen im Wunder dem notleidenden Menschen zu Diensten."[188] Feuerbach faßt zusammen: „[. . .] die Lehre: *Gott* ist der *Schöpfer der Welt*, hat ihren *Grund* und *Sinn* nur in der Lehre: der *Mensch* ist der *Zweck* der Schöpfung."[189]
Im Monotheismus endlich dominiert der Egoismus vollständig. Denn hinter dem Einen, Allmächtigen und Allwissenden verbirgt sich nichts anderes als ein (laut *Feuerbachs* Religionserklärung) menschlicher Wille, der selbst unbeschränkt befehlen, der seine Zwecke ohne jede Rücksicht auf die natürlichen Gesetze verwirklichen können will, also ein grenzenloser Egoismus, der an der ihm aufgezwungenen Vermitteltheit seiner Wünsche und Bedürfnisse leidet. Der religiöse Mensch bezieht die Natur und alle Wirklichkeit auf sich als Mittelpunkt.

Daß es für *Feuerbach* von hier aus wieder nur mehr ein Schritt ist, um den Mangel an Wissenschaft und Kunst vor allem im Judentum, zu beachtlichen Teilen aber auch im Christentum zu erklären, ist offenkundig: Denn was ich verachte, hat für mich auch kein theoretisches Interesse. Im Gegenteil bekräftigt der absolute Wille nur noch dessen theoretische Nichtigkeit. Der so ausgerichtete religiöse Mensch hat im Grunde nur Interesse an sich selbst und an seinem Heil[190]. Wissenschaft bringt ihm keinen Nutzen und ist deshalb eitle Neugierde.

Wenn die Natur hingegen als ein schönes Wesen angesehen wird, trägt sie den Grund ihres Daseins und daher auch ihren Zweck in sich selbst; sie gilt dann als gezeugt aus der natürlichen Urkraft, sie bedeutet daher für den, der sie so nimmt, Kosmos, das heißt etwas Göttliches. Er setzt sich zu ihr in ein Verhältnis der Anschauung, der Theoria, und sein Ziel ist eine umfassende Harmonie. Was angeschaut wird, wird auch anerkannt, entzieht sich mithin der Herrschaft eines nur sich unterwerfen wollenden Willens.[191] Die Gedanken des so betrachtenden Menschen setzen sich nur aus natürlichen Materialien zusammen und kennen keine die Naturgesetze überschreitende Möglichkeit des Eingreifens. – Dem Religiösen dagegen genügt die Theologie voll-

---

[187] Vgl. WChr 121–133. 134–136. 143–151. 151–162. 163. 235. 299 f. 359–366; Beleuchtung einer theologischen Rezension: S. W. VII, 226–231. 256; WR 483–487. 495–500; VorlWR 165–174. (200–204). 213–216. 256–258. 263–266. 277–279. 294. 295–318; auch schon: Über das Wunder: S. W. VII, 1–41.
[188] WChr 235. Vgl. WR 467 f. 495–500. – Zur Theologie als Konsequenz solchen willkürlichen Weltverhaltens s.: P. Bayle: S. W. V, 146–149; WR 483–487; Entgegnung an R. Haym. Anläßlich seiner Schrift: ‚Feuerbach und die Philosophie. Ein Beitrag zur Kritik beider'. Halle 1847: S. W. VII, 520; VorlWR 157–165.
[189] WR 479; vgl. ganz ähnlich VorlWR 259.
[190] Vgl. WChr 56 f. 66. 223. 299–301. 316. 347–349; WGlL, 322–335. 362–375; VorlWR 296–298. 308–318. 433 f; Theogonie 245–254. 312–329. 355 f. 412.
[191] Vgl. WChr 133–140. 264; auch P. Bayle: S. W. V, 116–120. 142 f. 365–370; Beleuchtung einer theologischen Rezension: S. W. VII, 255 f.

kommen. Die Schöpfung aus Nichts „schneidet mit der Wurzel alle wahre Spekulation ab, bietet dem Denken, der Theorie keinen Anhaltspunkt dar".[192] Durch den Schöpfungsglauben wird die Welt aus einem Gegenstand des Denkens und der Anschauung zu einem Gegenstand, den man benutzt oder genießt. Allenfalls dem Mahl – wobei *Feuerbach* Mahl ganz auf die Dimension des Essens reduziert – kommt als Repräsentation der Nichtigkeit der Natur beziehungsweise der Kreation erhebliche Bedeutung zu.[193]

5.3.9 Passivistisches Weltverhalten

5.3.9.1 Die Illusion totaler Entschränkung:
Wie im Bereich des Erkennens die übernatürliche Offenbarung nicht nur den Zwang zur Erforschung der natürlichen Kausalität aufhebt, sondern auch jedes Interesse daran prinzipiell überflüssig macht, so ist die Grundeinstellung des echt Religiösen im Bereich seiner Handlungsmöglichkeiten eine prinzipiell passive. Und dies, obgleich oben festgestellt wurde, daß sein Weltbezug ganz auf Praxis, das meint in diesem Zusammenhang auf Verbesserungen für das Subjekt ausgerichtet ist[194]. Sein Gott vermag nicht nur alles, sondern ist zugleich ja der liebende, teilnehmende Vater. Folglich kann jeder Wunsch vor ihn gebracht werden mit der Zuversicht, daß er auch erfüllt wird. Aufgrund der Allmacht des Glaubens sind alle Wünsche des Menschen a priori legitim. Der Bezug zur Realität, das heißt zu den Gesetzen, und das heißt zu den Grenzen von Verstand und Natur der konkreten Subjektivität, stellt für sie keine den Bereich des Möglichen prinzipiell beschränkende Linie dar. Insofern ist für ihr Denken das Kausalgesetz außer Geltung gesetzt. Zwecke können aufgestellt werden, ohne daß über die Mittel Gedanken angestellt werden müßten. Für den wirklich Gläubigen gibt es keine Vermittlung, Notwendigkeit oder Abhängigkeit – es sei denn die Abhängigkeit von Gott, aber Gott ist ja nichts anderes als das abgesonderte Wesen des Menschen, gereinigt von allem, was dem Menschen als Übel erscheint; demzufolge handelt es sich bloß um die Abhängigkeit vom eigenen Herzen und Gefühl[195]. Die Bitte gibt mir zudem Gewalt über die Gottheit, weil deren Wesen ja im Teilnehmen besteht. Die Allmacht der Güte (die in Wahrheit nur die Allmacht meines Herzens ist) verbürgt bereits die Erfüllung meiner Wünsche, zum Beispiel meiner Unsterblichkeit. „Der Glaube entfesselt die Wünsche des Menschen von den Banden der natürlichen Vernunft; er genehmigt, was Natur und Vernunft versagen; er macht den Menschen darum *selig*, denn er be-

---

[192] WChr 140, vgl. 263 f. 266 f; WR 452–455.
[193] Vgl. WChr 136 f.
[194] WChr 223–237, bes. 223. 236. S. auch Anm. 190.
[195] Vgl. WChr 149.

friedigt seine subjektivsten Wünsche."[196] Kein Zweifel kann ihn anfechten, weil die Entstehung eines Zweifels allererst voraussetzt, daß ich meine Subjektivität auf den Anderen hin überschreite. So charakterisiert den Glauben, „daß das *ist*, was der Mensch *wünscht*"[197]. Die eigene Subjektivität ist der absolute Maßstab dessen, was sein soll beziehungsweise nicht sein darf.[198] Als Beispiel führt *Feuerbach* unter anderem den Glauben an die Parthenogenesis an: Er sei dadurch zu erklären, daß dem Christen (als dem am meisten subjektiven Menschen) einerseits die Jungfrauschaft „das Füllhorn seiner supranaturalistischen Gefühle und Vorstellungen, sein personifiziertes Ehr- und Schamgefühl vor der gemeinen Natur [bedeutet]. Aber zugleich regt sich doch auch ein *natürliches* Gefühl in seiner Brust, das barmherzige Gefühl der Mutterliebe. Was ist nun in dieser Herzensnot, in diesem Zwiespalt zwischen einem natürlichen und über- oder widernatürlichen Gefühl zu tun? Der Supranaturalist muß beides verbinden, in einem und demselben Wesen zwei sich gegenseitig ausschließende Eigenschaften zusammenfassen. O welche Fülle gemütlicher, holdseliger, übersinnlich sinnlicher Gefühle liegt in dieser Verknüpfung!"[199]

5.3.9.2 Quietismus:

Wenn die Struktur der sinnlichen Wirklichkeit, die Kausalität, grundsätzlich bedeutungslos ist, hat das nicht bloß zur Folge, daß der religiöse Mensch die Grenzen seiner Wirklichkeit hemmungslos überschreitet, sondern auch, daß er selbst innerhalb seiner tatsächlichen Reichweite in der Kategorie übernatürlicher Wunder denkt und demgemäß handelt. Gott ist für den Gläubigen ja die unbeschränkte Heilsmacht, er kann daher jede denkbare gute Wirkung hervorbringen. Gott, die „schrankenlose Subjektivität"[200], vermag alle subjektiven Wünsche zu befriedigen.[201]

Diese Erwartung gegenüber Gott vergrößert ihren Stellenwert noch ungemein durch die korrespondierende Lehre von der prinzipiellen Verdorbenheit des menschlichen Wesens. Vorgängig zu jedem einzelnen Akt und ohne Bezug zur konkreten Person steht für den Glaubenden schon fest, daß er aus eigener Kraft nichts Gutes hervorbringen kann. Dadurch werden zwar nicht die moralische Tätigkeit und die Kritik als solche diskreditiert, aber sie wer-

---

[196] WChr 152, vgl. 150 f; P. Bayle: S. W. V, 228–230; WGlL 322. 341 f. 364 f; WR 503–505, sowie die in Anm. 190 genannten Stellen.
[197] WChr 154, vgl. 151–173. 219 f. 223. 226 f. 233–236. 248–250. 262–266. 296 f; WGlL 322. 341 f. 364 f; WR 462 f. 503–505; Wider den Dualismus: S. W. II, 353; VorlWR 225. 242. 288–294. Besonders stark betont wird dieser Gesichtspunkt in: Theogonie, vor allem 1–123. 229 f. 240–244. 279–364.
[198] Vgl. WChr 165.
[199] WChr 165 f, vgl. 374–380; VorlWR 171 f.
[200] WChr 153. 222. Vgl. Kritik der christlichen oder „positiven" Philosophie: S. W. VII, 146.
[201] Vgl. WChr 66. 153–158. 223; Ergänzungen und Erläuterungen: S. W. VII, 390 f. 409; WR 464–466, sowie die Zentralaussage der ‚Theogonie'.

den ganz in das vom Menschen abgesonderte göttliche Wesen verlegt, das nun das einzige ist, was völlig gute Wirkungen hervorbringen kann.[202] Der Mensch, der ja höchstens partiell Gutes hervorbringen könnte, „handelt" dementsprechend viel besser und erfolgversprechender, wenn er auf ein Wunder wartet, statt selber etwas zu tun. Seine Sorge für sich ist überflüssig, da ja Gott für ihn sorgt und er durch ihn ans Ziel seiner Wünsche gelangt.[203] Warten auf das Wunder ist *Feuerbach* zufolge das tiefste und wesentlichste Moment des religiösen Glaubens. Darunter fällt auch dessen Ausdruck, das Gebet, als der Versuch, auf den Zeitpunkt des Eintretens des Wunders Einfluß zu gewinnen.[204] Das Gebet realisiert die göttliche Allmacht beziehungsweise diejenige des menschlichen Gemüts; der an und für sich schon omnipotente und dem Heil des Menschen dienende Gott wird darin obendrein noch als manipulierbar vorausgesetzt. Der Mensch versucht mit Hilfe des Gebets, die Natur, die mächtiger ist als er, zu zwingen. Denn das Wunder erlaubt dem Gläubigen ja, auch jeden natürlichen Zweck zu erreichen, ohne sich um eine der Mittelursachen kümmern zu müssen; ist doch Gott für den Glauben nicht nur die allererste, sondern auch die allernächste und unmittelbare[205] Wirkursache aller natürlichen Erscheinungen und aller Einzeldinge. Ist Gott der eigentlich und am besten Handelnde, bleibt für den Menschen eben nur die Rolle des Passiven, des Leidenden. – Erneut zeigt sich für *Feuerbach* hier die Perversität der Religion: Weil der Mensch sich im Tun frei fühlt, im Leiden dagegen beschränkt und unglücklich, macht die Religion das Handeln zum göttlichen Reservat.[206] „Ora" und „labora" können letztlich nie durch ein „et" zusammengefügt werden; sie sind disjunktiv.

Wie die Wunder, Dogmen, Gnaden, Gebete nichts als bereits erfüllte oder für die Gegenwart zu erfüllende Wünsche oder Gefühle von Subjekten sind, so ist die daraus sich ergebende passivische Lebenshaltung insgesamt ebenso ein Wunsch des Gemüts: „Es ist gemütlicher, zu leiden, als zu handeln; gemütlicher, durch einen Anderen erlöst und befreit zu werden, als sich selbst zu befreien; gemütlicher, von einer anderen Person, als von der Kraft der Selbsttätigkeit sein Heil abhängig zu machen; gemütlicher, zu lieben, als zu streben; gemütlicher, sich von Gott geliebt zu wissen, als sich selbst zu lieben

---

[202] Vgl. WChr 36 f. 187 f. 232 f.
[203] Vgl. WGlL 320–322.
[204] Vgl. WChr 66–68. 91. 146–151. 233–236. 343. 345–347. 365 f. 366–370; Kritik der christlichen Medizin: S. W. VII, 163–178; WGlL 369–373; Ergänzungen und Erläuterungen: S. W. VII, 404 f; W.R. 464.; VorlWR 253–263; Theogonie 231–234. 273–283.
[205] Die theologische Beschränkung Gottes auf die Erstursache bei gleichzeitiger Behauptung der Selbständigkeit der Mittelursachen sieht *Feuerbach* bereits als im Prinzip atheistisch an: „[...] ein aus dem Reiche der Mittelursachen vertriebener Gott ist nur eine *Titular*ursache, ein unschädliches, höchst bescheidenes Gedankending – eine *bloße Hypothese* zur Lösung einer theoretischen Schwierigkeit [...]" (WR 447).
[206] Vgl. WChr 262–266.

mit der einfachen, natürlichen Selbstliebe, die allen Wesen eingeboren; gemütlicher, sich in den liebestrahlenden Augen eines anderen persönlichen Wesens zu bespiegeln, als in den Hohlspiegel des eigenen Selbsts oder in die kalte Tiefe des stillen Ozeans der Natur zu schauen; gemütlicher überhaupt, als sich selbst durch die Vernunft zu bestimmen, sich von *seinem eigenen Gemüte bestimmen* zu lassen, als wäre es ein anderes, wennschon im Grunde dasselbige Wesen."[207/208]

5.3.9.3 Die Abwertung von Moralität und Handeln innerhalb eines religiösen Kontextes:
Die religiöse Struktur des Wunders konkretisiert sich im Bereich des verantwortlichen Tuns in der Person des Erlösers. Dank seiner Versöhnungstat nämlich befriedigt er die moralischen Bedürfnisse. Formelhaft gesagt: Versöhnung ist ein Erwerb der Seligkeit unter Außerachtlassung der moralischen Selbsttätigkeit des Menschen. Was eigentlich erst mittels eines moralischen Lebens erreicht werden müßte, ist durch ihn bereits geschenkte Wirklichkeit, die nur noch glaubend empfangen und angenommen zu werden braucht.[209] Aber selbst dieser Glaube gilt wiederum als etwas Gnadenhaftes, also als ebenfalls durch ein Wunder gewirkt.[210] „Gott nimmt die Sünden der Menschen auf sich; [. . .]; er überhebt sie der Pflicht, das *selbst* einander zu sein, was er an *ihrer Statt* ist"[211]. Das moralisch-religiöse Handeln, das bereits dadurch seinen eigentlichen Bezugspunkt verloren hat, daß es nicht auf die Grundbefindlichkeit der Mit-Menschlichkeit, und das heißt des Auf-den-anderen-angewiesen-Seins, aus- und zugeht, degeneriert jetzt zu einer noch tieferen Stufe, indem es die Verwirklichung des Wunsches von der Bedingung eigener Leistung und Anstrengung entbindet. Die moralische Verpflichtung ist damit faktisch aufgehoben.[212]

5.3.10 *Verderbnis der Moralität durch die Religion*

5.3.10.1 Korrumpierung des Wahrheitssinnes:
Der Glaube an eine Offenbarung im christlichen Sinne verdirbt nach *Feuerbach* den Wahrheitssinn im Menschen, beansprucht er doch, daß dem unter bestimmten historischen Bedingungen Entstandenen die Bedeutung von Ewigem, Absolutem, Allgemeingültigem zukomme.[213] Der Schaden wird

---

[207] WChr 168 f, vgl. 168–173. 301. – *Feuerbach* konstatiert durchaus auch, daß die Religion als Trost gegenüber dem konkret erfahrenen Elend fungiert (WChr 96 f. 145–151), doch beurteilt er das in keiner Weise negativ.
[208] Dazu tritt verstärkend die in 5.3.6 skizzierte Idealisierung des Leidens als oberster christlicher Tugend.
[209] Vgl. WChr 196 f, auch 169; Ergänzungen und Erläuterungen: S. W. VII, 410.
[210] Vgl. WChr 172.
[211] Ergänzungen und Erläuterungen: S. W. VII, 410, vgl. 410 f.
[212] Vgl. WChr 169–173. 301.
[213] Vgl. WChr 253–255.

besonders dadurch vergrößert, daß der Glaube dabei von vornherein (und in massivem Widerspruch zu dem Befund der Vernunft) postulieren muß, daß sich die Offenbarung, beziehungsweise die Bibel, in der sie ihren Niederschlag gefunden hat, sowohl in Übereinstimmung mit sich selbst wie auch mit der Vernunft, ja auch mit der Moral befinde; ist sie doch Wort Gottes, das ist ewige Wahrheit.[214] Die absolute Wahrheit gilt objektiv als in der Bibel, subjektiv als im Glauben verankert. Gegen sie gibt es keine Berufung. Dem Verstand kommt nur eine ganz subsidiäre Aufgabe zu, nämlich die, die Offenbarung gegen mögliche Einwände zu verteidigen. Das ist der Grund, weshalb die Religion die Sensibilität für die Wahrheit nicht schärft, sondern ihre Bekenner zum notorischen Selbstbetrug verführt.

„Nur mit dem Wahrheitssinn ist auch der Sinn für das Gute gegeben. Verstandesschlechtigkeit ist immer auch Herzensschlechtigkeit. Wer seinen Verstand betrügt und belügt, der hat auch kein wahrhaftiges, kein ehrliches Herz; Sophistik verdirbt den ganzen Menschen."[215] Der Glaube setzt den Glaubenden in Widerspruch zur Sittlichkeit.

5.3.10.2 Dreifache Relativierung:

Die Religion verdirbt die Moral auf dreifache Weise: (1.) Wohl baut sie auf dem natürlichen Wesen des Menschen auf, verfälscht und verfehlt jedoch insgesamt ihr Ziel, indem sie den Menschen sich selbst entfremdet, was sich in zahlreichen Antagonismen und Dualismen auswirkt (siehe 5.3.1 – 5.3.9). Aber selbst diese im Entscheidenden bereits falsch strukturierte religiöse Moral wird in ihrem Ernst und ihrem Verpflichtungsgrad noch weiter dadurch relativiert (2.), daß für jedes eventuelle Versagen schon im vorhinein die Möglichkeit wunderbarer, das heißt unverdient-geschenkter und unbegrenzter Erlösung offensteht (5.3.9.3).

Bereits vorgängig zu diesen beiden depravierenden Einflüssen wird (3.) die Bedeutung der natürlichen Moral und ihr Stellenwert insgesamt noch empfindlicher beeinträchtigt durch die prinzipielle Vorordnung des Glaubens:

5.3.10.3 Die Subordination der Moral unter den Glauben:

Religion ist stets etwas Totales, den ganzen Menschen Betreffendes. Was immer dieser an nicht genuin religiösen Eigenschaften, Interessen, Fähigkeiten besitzt, verändert sich im Zusammenhang mit dem Glauben notwendig wie in einem Kraftfeld, und sei es auch nur dadurch, daß deren Bewertung oder deren Bedeutung im Verhältnis zu den übrigen Lebensbezügen anders veranschlagt wird. Die Religion setzt nach *Feuerbach* notwendig den Glauben an die erste Stelle – gilt ihr doch Gott als die oberste, mächtigste und vollste Wirklichkeit[216]. Nicht nur, daß dadurch das Ziel der Moralität verändert

---

[214] Vgl. WChr 255 f. 296 f. 297. 331; Ergänzungen und Erläuterungen: S. W. VII, 417–420.
[215] WChr 296 f, vgl. 331.
[216] WChr 313. Wer umgekehrt – wie z. B. *Kant* – die Moral zum Wesen der Religion erhebt, hat Gott bereits entindividualisiert (WR 505 f).

wird und diese an Verbindlichkeit einbüßt, sondern immer wo die (Glaubens-)Pflichten gegen Gott und die (natürlichen) Pflichten gegen die Menschen konkurrieren oder gar kollidieren, müssen letztere hintangestellt, ja besten Gewissens außer Geltung gesetzt werden. Denn Gott ist ja nicht nur ein höchstes Prinzip, sondern zugleich und allein der, der mein Heil schaffen kann. Hängt von der Erfüllung der Pflichten gegen ihn mein Heil, meine unbeschränkte, ewige Seligkeit ab – und das ist es ja, worauf es mir im letzten bei allem ankommt –, dann müssen folglich die Glaubens-Pflichten, das heißt der Glaube gegenüber dem Heiland und Wohltäter, zur Hauptsache und zum Zentrum all meiner Bemühungen werden. „Alles Heil liegt am Glauben; alles daher wieder an dem *Heil des Glaubens.*"[217]

Religion und Moral sind nach *Feuerbach* zwangsläufig Konkurrenten, weil die Unterscheidung Gut/Böse und Recht/Unrecht in beiden jeweils einen ganz anderen Bezugspunkt hat.[218] Daß Kollisionen selbst für den christlichen Gottes„begriff" unausweichlich sind, liegt daran, daß danach das wichtigste Merkmal von „Gott" ja gerade darin besteht, daß er ein für sich seiendes, persönliches Wesen ist, so daß konsequenterweise auch die Pflichten ihm gegenüber von denen gegenüber den Menschen abgesondert sind, also auch der Glaube von der Moral. Die Pflichten gegen die Mitmenschen gelten nur als abgeleitete, also untergeordnete, im Gegensatz zu der einzigen absoluten Pflicht, dem Glauben.[219] Die sittlichen Bestimmungen Gottes im Christentum, etwa sein Vatersein für die Menschen, seine Indentität mit der Liebe sind wohl im Gottesbegriff vorhanden, haben aber bloß den Status von Prädikaten, das heißt Akzidentien zur eigentlichen Hauptsache und Substanz, welche die Person, das Subjekt, das Ich Gottes ist. „Die Liebe zu Gott selbst ist, weil Liebe zu einem persönlichen Wesen, keine moralische, sondern *persönliche* Liebe."[220] Wie auch immer die sogenannten guten Werke zum Glauben ins Verhältnis gesetzt werden mögen, ein innerer Zusammenhang zwischen beiden kann daraus nicht entstehen; denn die guten Werke sind es doch eigentlich nie, die den Menschen vor Gott rechtfertigen können, im Unterschied zum Glauben; das bestätigt die christliche Soteriologie nach *Feuerbach*, wenn sie religiöse Bedeutung, das heißt Bedeutung vor Gott, nur dem Glauben zukommen läßt, der Tugend hingegen nur akzidentelle.[221] Es wird und muß also Handlungen geben, die vom Standpunkt des Glaubens aus gesehen als gut, dagegen moralisch als schlecht erscheinen. Die Heiligkeit einer Handlung ist im Grunde abgesondert von der Moralität; das fin-

---

[217] WChr 315, vgl. 296 f. 301.
[218] Vgl. WR 505 f; VorlWR 373 f.
[219] Vgl. WChr 388 f.
[220] WChr 314.
[221] Vgl. WChr 314 f. 327 f. 394 f. (u. a.: „Der Glaube hat die Bedeutung der Religion, die Liebe nur die der Moral" [394, im Original hervorgehoben]).

det eine Bestätigung auch darin, daß „heilig" solche Akte genannt werden, die unabhängig von der Gesinnung heilig und heilbringend sind.[222] „*Die Religion* [ist] *eifersüchtig auf die Moral; sie saugt ihr die besten Kräfte aus*"[223], weil sie sie den Menschen vorenthält, um sie Gott schenken zu können.

5.3.10.4 Moralität als Kriterium des Glaubens?

Wenn trotzdem der Glaube sich durch die Liebe zu betätigen sucht, ja die Moral zum Echtheitskriterium des Glaubens gemacht wird, so ist darin ein Rest nicht mehr unterdrückbarer Macht der natürlichen Liebe zu sehen, die sich in der Vernunft, im „natürlichen Rechtssinn des Menschen" und im „moralischen Gefühl" aufdrängt.[224] Es handelt sich dabei jedoch um eine dem Glauben zutiefst widersprechende Beschränkung seiner selbst.[225] Wo also der religiöse Mensch moralisch hochwertig handelt, hat sein Handeln den Grund entweder in einer vom religiösen Glauben unabhängigen Gesinnung; oder aber er handelt tatsächlich aus religiösen Motiven. Diese aber erweisen sich dann als alles andere denn uneigennützig und sind nicht moralisch: Der wirkliche Grund des guten Handelns liegt dann nämlich in der Gewißheit ewiger Seligkeit und der Erlösung von allen Strafen beziehungsweise in der Angst vor deren Gegenteil[226], nicht aber in der Bedürftigkeit der Welt geschweige der Mitmenschen.

Das heißt aber doch, daß ein religiöser Mensch wohl sittlich gut handeln kann, niemals aber kann er *als* religiöser Mensch sittlich gut handeln. Die *Kant*ische Unterscheidung zwischen Legalität und Moralität kehrt hier in einer anderen Spielart wieder[227]: Religiös motivierte Handlungen können wohl den Gesetzen der Moral entsprechen, aber dies läßt noch keinen Schluß auf die Moralität der Gesinnung zu. Die Gesetze sind ja verstanden als willkürliche Gebote eines äußeren Gesetzgebers. Das Gute wird nicht wegen seiner Güte getan, sondern weil es von Gott befohlen ist. Für denjenigen, für den die Befolgung der Gebote die automatische Zusage der vollständigen und unvergänglichen Seligkeit enthält und der mit dieser Zusage bereits im jetzigen Moment selig ist, bedeutet es keinerlei Anstrengung, nicht neidisch, nicht habgierig usw. zu sein. Die Grundgestalt seines Verhaltens ist auch dann schon „do ut des", Opfer gegen Opfer[228], Vergeltung, Tauschhandel.

---

[222] Vgl. WChr 296 f. – Der sinnlichste und konsequenteste Ausdruck des innersten Geheimnisses der Religion ist daher das Menschenopfer: s. WChr 328. 399–401. 407; WR 469; VorlWR 80–82. 86–91. 414.
[223] WChr 329.
[224] WChr 315. – Paralleles gilt für Kunst und Wissenschaft: Beleuchtung einer theologischen Rezension: S. W. VII, 255.
[225] Vgl. WChr 315–317.
[226] WChr 316.
[227] WChr 252 f. 316 f.
[228] Vgl. WChr 317. 328 f; VorlWR 85.

Von daher findet auch die religiöse Hochschätzung der Geschlechtsverneinung einen weiteren Erklärungsgrund. Der Verzicht auf das Natürlichste gilt als höchste Tugend, weil es das Höchste ist, was der Mensch dem Gott, der alles für ihn getan hat und tut, seinerseits tun kann.[229]

5.3.10.5 Der fundamentale Widerspruch im Christentum:

Niemand kann bestreiten, daß der Liebe im Christentum, wie es in seinen Urkunden enthalten ist, eine ganz hervorragende Stellung zukommt. Der weitverbreiteten, in Verbindung damit geäußerten Behauptung, alles im Namen dieses Christentums getane Unmoralische sei nur Verrat am Christentum, hätte aber mit dessen Kern nichts zu tun, tritt *Feuerbach* mit Nachdruck entgegen; er sieht im Gegenteil hinter diesem Unmoralischen die innere Logik der Struktur der Religion selbst wirken[230]:

– „Das Christentum hat die Liebe *nicht frei* gegeben; sich nicht zu der Höhe erhoben, die *Liebe absolut zu fassen*."[231] Das heißt konkreter: In dem Satz „Gott ist die Liebe" ist bereits der prinzipielle Antagonismus von Glaube und Liebe samt der verhängnisvollen prinzipiellen Vorordnung des Glaubens enthalten: „Die Liebe ist nur ein Prädikat, Gott das Subjekt."[232] Dadurch, daß Gott als Subjekt gedacht ist, und das heißt als etwas vom Prädikat wie vom Menschen Unterschiedenes, Besonderes, Selbständiges, muß der Religiöse in seinem Denken einen Punkt aussparen, der nicht von der Liebe (= das Prädikat!) besetzt werden darf. Die Liebe aber kennt kein Gesetz als sich selbst, keine Beschränkung. Gott könnte die absolute Liebe nur sein, wenn er sein Vom-Menschen-abgesondert-Sein, seine Subjektivität und Substantialität aufgäbe. Der obige Satz müßte dann aber richtig lauten: „Die Liebe ist Gott."[233] – Die Geschichte des Christentums ist für *Feuerbach* genau die Illustration dieses Dilemmas: Entweder mußte die Persönlichkeit Gottes seiner Liebe zum Opfer gebracht werden oder die Liebe der Persönlichkeit.[234]

Liebe, die mit dem Glauben zusammengebunden ist, muß folglich in Widerspruch mit sich selbst geraten, engherzig und falsch werden.[235] Ihre Güte beschränkt sich auf den Raum, wo der Glaube nicht verletzt wird. An der Grenze schon muß sie unter der Herrschaft des Glaubens ihren Platz dem Haß abtreten, ja sie muß sogar noch ihren Namen zur Legitimation desselben hergeben. Die auf den Glauben begründete Liebe vermag zu verdammen; in dem Moment, wo ich ihre Glaubensartikel nicht anerkenne, sieht sie mich als einen außer ihrem Gebiet Stehenden an, so daß ich jetzt ein Gegenstand des

---

[229] Vgl. WChr 317.
[230] WChr 318.
[231] Ebd.
[232] WChr 318, vgl. 64.
[233] WChr 318.
[234] WChr 318 f.
[235] Vgl. WChr 64–66. 319 f. 386–393.

Fluchs Gottes bin, dem die Existenz von Ungläubigen ein Ärgernis ist.[236] „Dogmatik und Moral, Glaube und Liebe widersprechen sich im Christentum."[237]

– Noch in einem zweiten Punkt verkennt das Christentum nach *Feuerbach* das Wesen der echten Moralität: Die Liebe ist nicht nur universal, sondern auch sich selbst genügend.[238] Weil sie das universale Gesetz der Intelligenz und Natur ist, mithin auf der Einheit der Gattung basiert, braucht sie keine Berufung auf irgendwelche Autoritäten. Ja im Gegenteil, wo sie als mit einer bestimmten Person oder Gruppe spezifisch verbunden gilt, müssen Sektengeist, Partikularismus und Fanatismus die Folge sein[239]. Denn: „Stützt sich die Liebe auf seine [sc. Christi] Person, so ist diese Liebe eine *besondere, die nur so weit geht, wie die Anerkennung dieser Person* [...]."[240] Die Größe Christi liegt nach *Feuerbach* nicht darin, daß er der „Proprietär der Liebe" gewesen sei, so daß der Begriff der Liebe von ihm abstrahiert worden wäre, sondern darin, daß er der „Apostel der Liebe" war; seine Heiligkeit besteht in seiner Übereinstimmung mit dem selbständigen Begriff der Liebe.[241] Er liebte die Menschen kraft seiner menschlichen Natur, nicht aufgrund eigener, einmaliger Vollmacht.[242]

5.3.10.6 Der Glaube als universelle Legitimationsinstanz:
Die durch die Religion verursachte Verderbnis hält sich in Grenzen, wo das Wesen Gottes selbst moralisch bestimmt wird; denn hier kann die natürliche, das heißt durch sich selbst begründete Moral wenigstens partiell in die Religion eingebracht werden, wenn auch neu begründet; doch ist diese neue Begründung dann in Wahrheit nur eine zusätzliche. Die theonome Struktur wird hingegen da zum größten Risikofaktor für die Humanität, wo die Moral (ganz gleich verhält es sich beim Recht) direkt, das heißt auch inhaltlich, aus göttlicher Einsetzung abgeleitet wird. Es gibt dann nämlich kein Kriterium des Moralischen und Unmoralischen, sondern nur eine ganz willkürliche Basis (Gott als der Allmächtige!), von der alles Mögliche, also auch das

---

[236] Vgl. WChr 320.
[237] WChr 386 (im Original hervorgehoben).
[238] Vgl. WChr 320–325.
[239] Vgl. WChr 321.
[240] WChr 321, vgl. 323.
[241] WChr 321 f, vgl. 323–325. Als Beleg weist *Feuerbach* ähnlich wie *Schopenhauer* auf außerchristliche Parallelen zum christlichen Liebesgebot hin: WChr 322 f.
[242] Trotz solcher vehementen Polemik gegen Autorität und Autoritäten sind *Feuerbach*s Analysen und Argumentationen voll von erklärenden und zustimmenden Hinweisen auf historische Autoren. Die Funktion dieser Hinweise für den Gedankengang beschreibt er als Zugeständnis an „den boshaften Pedantismus jener armseligen Zunftgelehrten"; eigentliche Begründung sollen sie nicht leisten (Beleuchtung einer theologischen Rezension: S. W. VII, 255; VorlWR 67.69). Die vielen historischen Beispiele sollen wohl auch das Untersuchungsfeld konkret machen und dadurch einerseits den Vorwurf unterlaufen, es handle sich um Spekulation, und andererseits zwischen seinem Denken und den davon unabhängigen Gegenständen, die es zu untersuchen gilt, eine Trennungslinie ziehen lassen. (Vgl. in dieser Richtung: VorlWR 27.67.)

Unmoralischste und Unrechtlichste, abgeleitet, begründet und gerechtfertigt werden kann.[243] Die Rechtfertigung dieser Art besteht (parallel zum Ersatz des Wissens durch Glauben, des Handelns durch Beten, der Gemeinschaft durch Gottes„dienst" usw.) darin, daß sie die moralischen beziehungsweise juristischen Normen jeder Nachprüfung durch die Vernunft entzieht, sie als unbezweifelbar, unverletzlich, heilig hinstellt.[244] „Selbstverblendung, wo nicht selbst böse, hinterlistige Absicht, liegt darum allen Begründungen der Moral, des Rechts durch die Theologie zu Grunde."[245]

5.4 Das Konzept einer „neuen" Moral

5.4.1 Die Methode: Aufhebung der durch die Religion bedingten Entfremdung

„Die widernatürliche Moral ist die natürliche Schwester des übernatürlichen Glaubens."[246] Dieser durch die Analyse der Religion erhobene Befund kann nicht zur vollständigen Verurteilung der Religion führen, aber er nötigt wenigstens dazu, über Religion und Christentum hinauszugehen. Das Verhältnis der *Feuerbach*schen Theorie zur Religion ist nämlich „kein *nur verneinendes*, sondern ein *kritisches*"[247]. Er beansprucht, den Atheismus ebensowohl aufzuheben wie den Theismus.[248] Neben der Falschheit enthält die Religion zentrale anthropologische Wahrheiten. Beides: Wahres und Illusionäres, ist so miteinander verknüpft, daß Gott das als personifiziertes Wesen gesetzte eigene Wesen des Menschen ist; das heißt: Alles Falsche ist nicht total falsch, sondern das exakte Gegenteil des Wahren[249]. „Das Christentum hat die Wahrheit nur im *Widerspruche mit der Wahrheit* ausgesprochen."[250]
Wer zu dieser Erkenntnis vorgedrungen ist, muß nach *Feuerbach* die Konsequenz daraus ziehen; sie besteht darin, seine eigenen individuellen Schranken anzuerkennen und die traditionelle Annnahme eines absoluten göttlichen Wesens aufzugeben. Die Aufgabe einer Anthropologie, wie *Feuerbach* seine

---

[243] WChr 330, vgl. 253; VorlWR 230. – Der gleiche Vorwurf, anders begründet, wird auch hinsichtlich der Bibel erhoben: S. WChr 352.
[244] Vgl. WChr 330.
[245] WChr 330.
[246] WChr 395.
[247] WChr 326. Vgl. Beleuchtung einer theologischen Rezension: S. W. VII, 222 f; Notwendigkeit einer Reform der Philosophie: S. W. II, 218; Grundsätze 319 f; Vorrede zur 2. Aufl. vom ‚Wesen des Christentums': S. W. VII, 284. 290 f; Ergänzungen und Erläuterungen: S. W. VII, 418; Die Unsterblichkeitsfrage vom Standpunkt der Anthropologie: S. W. I, 191–213; VorlWR 29. 40. 227 f; SMa 92; Nachgelassene Aphorismen: S. W. X, 327. 344. – Das positive Anliegen von *Feuerbach*s Religionskritik wird auch von *H.-J. Braun* 1972, 106–112. 164–168, betont.
[248] Thesen 241.
[249] Die Religion besteht nach WChr 74 aus „contre-verités".
[250] Thesen 244.

„neue" Philosophie insgesamt nennt, ist damit formuliert: sie zerstört erstens „die Illusion, als stecke ein besonderes übernatürliches Geheimnis dahinter; sie kritisiert [zweitens] das Dogma und reduziert es auf seine *natürlichen*, dem Menschen *eingeborenen Elemente*, auf seinen inneren Ursprung und Mittelpunkt", als welcher sich die Liebe herausstellen wird.[251] Die Zerrissenheit soll aufgehoben, die Identität des Menschen wieder hergestellt werden.[252] Nicht Destruktion von Religion und Theologie, sondern ihre Reduktion auf Anthropologie ist der ethische Anspruch, der sich aus der „empirischen Analyse"[253] ergibt.[254]

Die Ethik *Feuerbach*s, zu deren Ausführung er selbst nur zwei späte Abhandlungen geliefert hat, wird daher so gefunden, daß die Religion „auf den Kopf gestellt" wird: Was sie als Mittel setzt, muß als Zweck gesetzt werden; was ihr nur Nebensache, Akzidens bedeutet, zur Hauptsache, zur Substanz erhoben werden; an die Stelle übernatürlicher Gnaden müssen natürliche Mittel gesetzt, aus der Verneinung muß Bejahung gemacht werden; und die Bedingung zur Ursache, das Bild zum Original, das Relative zum Unbedingten, das Partikulare zum Charakteristikum.[255] Dies alles wird auf einmal vollzogen, wenn Prädikat und Subjekt vertauscht werden, nicht mehr also einem Subjekt Gott zum Beispiel das Prädikat „Liebe" zugesprochen wird, sondern wenn umgekehrt gesagt wird: Die Liebe ist das absolute Wesen, und außer ihr ist kein anderes.[256] Denn „Gott liebt den Menschen" heißt ja aufgrund der genetischen Analyse der Religion, die in Abschnitt 5.3 durchgeführt worden war, nichts anderes als: Das Höchste ist die Liebe. Die Liebe ist nicht mehr eine Angelegenheit des Glaubens, sondern unmittelbar. Ähnlich ist mit den anderen Prädikaten Gottes (Güte, Weisheit, Gerechtigkeit und anderen) zu verfahren. Gott ist also nicht eine Substanz, sondern bloßer Name, logisch ausgedrückt: nicht ein Eigenname, sondern bloß ein Prädikator.[257] Dann aber gibt es über der Moral nichts Höheres mehr, keinen Glau-

---

[251] WChr 63, vgl. 106 f. 222; WGlL 362.
[252] Vgl. VorlWR 348.
[253] Vgl. Vorrede zur 2. Aufl. vom ‚Wesen des Christentums': S. W. VII, 280; Nachgelassene Aphorismen: S. W. X, 344 f.
[254] Vgl. Grundsätze 245. 315; Vorrede zur 2. Aufl. vom ‚Wesen des Christentums': S. W. VII, 293. In den VorlWR wird – entsprechend der Betonung der Natur – neben der Anthropologie ergänzend die Physiologie genannt (zum Beispiel VorlWR 26; auch schon Grundsätze 317).
[255] Vgl. Kritik der christlichen oder „positiven" Philosophie: S. W. VII, 132; WChr 5. 58–60. 71 f. 80. 141. 149. 296. 318–325. 326. 331–335. 343; Notwendigkeit einer Reform der Philosophie: S. W. II, 219; Thesen 224. 244; Vorrede zur 2. Aufl. vom ‚Wesen des Christentums': S. W. VII, 285; Der Unterschied des heidnischen und christlichen Menschenvergötterung: S. W. VII, 376; Das Wesen des Christentums in Beziehung auf den ‚Einzigen und sein Eigentum': S. W. VII, 295 f; WR 456. 483; Die Unsterblichkeitsfrage vom Standpunkt der Anthropologie: S. W. I, 194 f; Entgegnung an R. Haym. Anläßlich seiner Schrift: ‚Feuerbach und die Philosophie. Ein Beitrag zur Kritik Beider'. Halle 1847: S. W. VII, 508; VorlWR 146. 153. 357–360. 406; Theogonie 192. 295 f. – *Esser* 1970 bezeichnet dieses Verfahren treffend als „Dechiffrierung" (88).
[256] WChr, bes. 74, vgl. 59. 64. 71. 77 f. 82. 318; WGlL 359.
[257] S. VorlWR 29. 223.

ben und keine Religion, sondern Moral und Liebe sind jetzt selbst der „neue" Glaube und die „neue" Religion. Daher bildet die „neue" Ethik *Feuerbach*s keinen sektoralen Teil seiner „neuen" Philosophie, sondern diese *ist* Ethik[258]. Die Umkehrung der Religion transformiert die dogmatische zu praktischer Bedeutung. – Hiermit ist auch die ausführliche Analyse seiner Religionskritik im Rahmen dieser Arbeit gerechtfertigt, weil Religionskritik bei *Feuerbach* – einer gängigen Meinung zum Trotz – Kritik aus praktisch-moralischem Interesse ist[259]. Daß die Funktion seiner religionskritischen Arbeiten vor allem eine ethische sei, hat übrigens *Feuerbach* selber anläßlich seines Rückblicks zu Beginn der VorlWR erklärt: „Und selbst das Wesen der Religion verfolgte ich keineswegs in dieser Schrift, wie überhaupt in meinen Schriften nur aus theoretischen oder spekulativen, sondern wesentlich aus praktischen Gründen. Mir war es und ist es noch jetzt hauptsächlich nur insofern um die Religion zu tun, als sie, wenn auch nur in der Einbildung, die Grundlage des menschlichen Lebens, die Grundlage der Moral und Politik ist."[260]

Die aus diesem Prozeß entstehende Ethik ist die „vernünftige", „natürliche", „menschliche". Sie hat ihren Grund in sich selbst, auf göttliche Sanktion kann sie verzichten. „Wo es *Ernst* mit der Moral ist, da gilt sie eben an und für sich selbst für eine göttliche Macht. Hat die Moral keinen Grund in sich selbst, so gibt es auch keine innere Notwendigkeit zur Moral."[261]

Einen ersten Schritt in dieser Richtung hat nach *Feuerbach* der Protestantismus getan. Die Transformation der Religion in Anthropologie hat er in praxi vollzogen; doch bleibt seine Theorie im Widerspruch zu dieser Praxis unemanzipiert.[262] Er hob zwar den (katholischen) „Gegensatz von Fleisch und Geist" auf, ersetzte ihn jedoch durch den „Gegensatz von Glaube und Vernunft"[263].

---

[258] Sehr zutreffend ist daher die Bemerkung *E. Schneider*s (*E. Schneider* 1972, 179), Anthropologie bedeute bei *Feuerbach* soviel wie heute Humanismus.

[259] Dieser ethische Hintergrund der Religionskritik ist in der bisherigen *Feuerbach*-Forschung meines Erachtens zu kurz gekommen zugunsten der psychologisch-genetischen Perspektive (Projektions-These). *Feuerbach*s Philosophie verstanden als Versuch, zu einer Ethik zu kommen, thematisieren nur die älteren Untersuchungen von *Jodl* (*Jodl* 1923–30, II, 241–265) und die von diesem stark abhängigen Dissertationen von *M. Meyer* (1899) und *W. Wintzer* (1898). Die Darlegung des inneren Zusammenhangs von Religionskritik, Anthropologie und Ethik scheint mir am meisten bei *Wintzer* gelungen. Eine Ausnahme unter den zahlreichen neueren Arbeiten zu *Feuerbach* machen in dieser Hinsicht: *H.-J. Braun* 1971, 108–118; *H.-J. Braun* 1972, 109–112; *Xhaufflaire* 1972, bes. 140–157. 184–193. 193–196; *Bockmühl* 1961, 46–52 (mit stark wertenden Kommentierungen!).

[260] VorlWR 27 f, vgl. 27–29.

[261] WChr 331.

[262] Vgl. WChr 406–409; P. Bayle: S. W. V, 123–134; Über Philosophie und Christentum: S. W. VII, 100–102; Beleuchtung einer theologischen Rezension: S. W. VII, 237–239; Grundsätze 246.

[263] So die Kapitelüberschriften in: P. Bayle: S. W. V, 113 beziehungsweise 123.

5.4.2 Versöhnung mit sich selbst

Die Personifizierung des Moralgesetzes oder die Vorstellung von Gott als moralisch vollkommenem Wesen ist für einen tiefen Zwiespalt im Menschen verantwortlich: Auf der einen Seite nämlich wird er in Pflicht genommen, sich zu bemühen, ein anderer zu sein im Kontrast – und das ist die andere Seite – zu dem, was er jetzt nicht ist; dabei ist die Religion gleichzeitig so angelegt, daß der Abstand zwischen dem Menschen und seinem projektierten moralischen Wesen von vornherein als uneinholbar feststeht, weil das moralische Wesen eine von ihm abgesonderte Hypostase bildet. Das Sündenbewußtsein verliert nun seinen „tödlichen Stachel"[264], wenn der Mensch jene „Umpolung" vollzogen hat, kraft deren er sich der Liebe als der höchsten und absoluten Macht bewußt wird, anstatt wie vorher Gott für das moralische Wesen beziehungsweise das Gesetz selber zu halten.[265] Dann dominiert nämlich die Liebe oder – im Bezug auf die drei Grundvermögen des Menschen – das Herz. Statt daß der Mensch darauf festgelegt wird, einem Gesetz zu genügen, mit dem er in Wirklichkeit gar nicht übereinstimmt, steht er jetzt unter dem Gesetz der Liebe, das dem wirklichen Menschen und seinem Herzen genügt und so den Gesetzescharakter gerade verliert.[266] „Das Gesetz verdammt; das Herz erbarmt sich auch des Sünders. Das Gesetz bejaht mich nur als *abstraktes*, das Herz als *wirkliches* Wesen. Das Herz gibt mir das Bewußtsein, daß ich Mensch; das Gesetz nur das Bewußtsein, daß ich Sünder, daß ich nichtig bin. Das Gesetz *unterwirft* sich den Menschen, die Liebe macht ihn *frei*."[267] Die durch die Liebe zustande gebrachte Vermittlung zwischen Gott und Mensch, zwischen Vollkommenem und Unvollkommenem, Sündlosem und Sünder ist, weil Gott nur das substantialisierte Wesen des Menschen ist, eo ipso die Versöhnung des Menschen mit sich selbst. Vermittlung von Mensch und Gott, Vermittlung des Menschen mit sich selbst – das ist wiederum nichts anderes als Vermittlung von Herz (beziehungsweise Liebe) und Gesetz. Auf diesem psychologischen Weg findet *Feuerbach* auf seine Art eine Lösung für das bei ihm nur berührte, im Gegensatz zu *Schopenhauer* nicht explizierte Problem des naturalistischen Fehlschlusses[268].

---

[264] WChr 58.
[265] Vgl. WChr 58; Notwendigkeit einer Reform der Philosophie: S. W. II, 219.
[266] Vgl. WChr 58 f; Das Wesen des Christentums in Beziehung auf den ‚Einzigen und sein Eigentum': S. W. VII, 308 f; VorlWR 323.
[267] WChr 59.
[268] Vgl. WChr 58 f.

5.4.3 Versöhnung des Menschen mit dem Menschen (Ich und Du)

5.4.3.1 Dominanz der Liebe:

„Die Liebe macht den Menschen zu Gott und Gott zum Menschen."[269] Die Ablösung des substantialistischen durch das prädikatorische Gottesverständnis hat auch zur Folge, daß die Trennung zwischen Mensch und Mensch aufgehoben wird. Jetzt erst vermag nämlich die Liebe mich ganz auszufüllen, weil nichts und kein Ort ihr mehr vorenthalten bleibt – vorenthalten nämlich für etwas von ihr Verschiedenes, wie es ein Gott notwendig sein muß, wenn die Liebe auf die Prädikation begrenzt wird. Gott ist jetzt nimmermehr etwas Besonderes für sich. Menschliches und göttliches Wesen harmonieren, und weil das göttliche Wesen als nur das abgesondert-personifizierte menschliche, das heißt als das der Gattung durchschaut ist, kann jetzt auch die Harmonie der Menschen untereinander fortan Wirklichkeit sein. Die Gattung ist nicht etwas Gedachtes, sondern existiert real im Gefühl.[270] Der Andere kann nicht auf dem Umweg über einen Gott, sondern direkt um seiner selbst willen geliebt werden. Das höchste Wesen ist jetzt ja der Mensch: *„Homo homini Deus est* – dies ist der oberste praktische Grundsatz – dies der Wendepunkt der Weltgeschichte."[271] Der Mensch ist von Natur aus Gemeinschaftswesen, und nicht zuerst Individuum.[272] „[...] die *Politik* muß [deshalb] unsere Religion werden [...]."[273] Jetzt erst herrschen echter Friede und Versöhnung, weil es Friede und Versöhnung für mich sind, was voraussetzt, daß der andere Partner meines Wesens teilhaftig werden kann und ich des seinigen; weil ich jetzt bei mir selbst sein kann, weil das, worin ich Versöhnung suche, nicht ein anderes, fremdes Wesen ist. Dergestalt verwirklicht die Liebe die Einheit der Gattung.[274]

Wenn die Liebe herrscht, herrscht sie total; es gibt für sie keine Ausnahmen. Die alleinige Basis der Moral ist jetzt der Mensch[275], nicht mehr Gott, eben auch nicht in der Form, daß der andere um seiner Ähnlichkeit mit Gott willen Gegenstand meiner Liebe ist. Der oberste Grundsatz „der auf den Menschen gegründeten Moral" lautet entsprechend: „Tue das Gute *um des Menschen willen.*"[276] Er ist die moralische Variante des eigentlichen Letztprinzips

---

[269] WChr 59.
[270] Vgl. dazu Grundsätze 299 (Liebe als Wirklichkeits-Kriterium!).
[271] WChr 326. Vgl. Der Gottesbegriff als Gattungswesen des Menschen: S. W. VII, 259. 264 f; Grundsätze 297–299; WGIL 334 f; Das Wesen des Christentums in Beziehung auf den ‚Einzigen und sein Eigentum': S. W. VII, 296 f; Ergänzungen und Erläuterungen: S. W. VII, 412.
[272] Vgl. Grundsätze 313 f. 318 f; Das Wesen des Christentums in Beziehung auf den ‚Einzigen und sein Eigentum': S. W. VII, 294–310. – K. *Löwith* hat in seiner frühen Schrift ‚Das Individuum in der Rolle des Mitmenschen' (*Löwith* 1969) versucht, im Ausgang von den ‚Grundsätzen' eine phänomenologisch-dialogische Anthropologie zu entwickeln.
[273] Notwendigkeit einer Reform der Philosophie: S. W. II, 219.
[274] WChr 59. 321. 323.
[275] WChr 316. 323 f; Vorrede zur 2. Aufl. vom ‚Wesen des Christentums': S. W. VII, 293; WGIL 334 f.
[276] WGIL 334.

von *Feuerbachs* „neuer" Philosophie, „der Einheit des Menschen mit dem Menschen"[277]. Keine Handlung des Hasses kann mehr als eine solche der Liebe ausgelegt werden, weil dem Glauben nicht nur seine dominierende Stellung, sondern damit auch jedes Reservat entzogen ist. *„Die Liebe ist an sich ungläubig* [. . .], deswegen [. . .], weil sie nichts Göttlicheres kennt als *sich selbst,* weil sie nur *an sich selbst,* als die absolute Wahrheit glaubt."[278]

5.4.3.2 Gattungsprodukte:

Wer liebt, gibt seine vorgebliche, bedürfnislose Autarkie, die das Spezifikum der Religiosität ausmacht, auf. Damit ist die Grundgestalt des Menschseins wieder freigelegt: Der Mensch bedarf des anderen Menschen, physisch wie geistig[279]. Nur das Bewußtsein eines Du gibt mir mein Ich-Bewußtsein; erst der „Andere" läßt mich Mensch werden und wird dadurch selber zum „Mit-Menschen". Wo ich liebe, ist dies nichts anderes als meine eigene Selbstbejahung, weil Bejahung nämlich meines „Herzens als des Prinzips der Zweiheit, des gemeinschaftlichen Lebens"[280]. „Gemeinschaftliches Leben nur ist wahres, in sich befriedigtes, göttliches Leben"[281]. Allein in der Gattung liegt die Erlösung von den Mängeln des Individuums.

Auch in bezug auf die menschlichen Produkte ist das dem menschlichen Wesen Entsprechende, seine Höchstverwirklichung erst solches, was Menschen in ihrer gegenseitigen Ergänzung schaffen. „Einzeln ist die menschliche Kraft eine beschränkte, *vereinigt* eine *unendliche* Kraft."[282] Wissenschaft und Kunst sind die wichtigsten „gemeinschaftlichen Akte der Menschheit", „Produkte der menschlichen Gesellschaft".[283] Erst das Wissen um mein Angewiesensein auf den Anderen und dessen Bejahung erschließen mir einen Zugang zur Welt und ermöglichen damit, mir meiner selbst bewußt zu sein.[284]

5.4.3.3 Dia-log: Sprache als Grundgestalt des versöhnten Menschseins:

Was versöhntes Menschsein ist, zeigt sich für *Feuerbach* am signifikantesten in der Sprache. Sprache ist die Äußerung meiner Einbildungskraft, diese die Äußerung meines Gedankens. Wenn ich spreche, äußere ich mich aber nicht nur, sondern ich spreche zu jemandem; dieser Jemand muß wenigstens potentiell dasein. Das gilt sogar noch für das Denken. „Fragen und Antworten sind die ersten Denkakte. Zum Denken gehören ursprünglich Zwei."[285] Es gibt kein monologisches Denken im strengen Sinn, Mitmenschsein ist Mit-

---

[277] Grundsätze 319.
[278] WChr 320.
[279] WChr 100.
[280] WChr 83 (im Original hervorgehoben).
[281] WChr 82 (im Original hervorgehoben), vgl. 187; SMa 214; Eud 269–271.
[282] WChr 100, vgl. 184.
[283] WChr 101.
[284] Vgl. WChr 98–100.
[285] WChr 101.

einandersprechen. Bereits in der ‚Kritik der Hegelschen Philosophie' betont *Feuerbach* diese fundamentale Bedeutung der Sprache: „Die Sprache ist [...] die Vermittlung des Ich mit dem Du, um durch die Aufhebung ihrer individuellen Getrenntheit die Einheit der Gattung darzustellen."[286] – Sprechen ist aber auch keine „zusätzliche" Beschäftigung des Menschen, sondern es ist ihm Trieb und Notwendigkeit. Das Wort teilt Gedanken zwischen Individuen mit, um gerade in dieser Vermittlung über das Einzelne hinaus den Zusammenhang des Ganzen zu stiften und präsent zu machen: „Das Wort leitet in alle Wahrheit, erschließt alle Geheimnisse, veranschaulicht das Unsichtbare, vergegenwärtigt das Vergangene und Entfernte, verendlicht das Unendliche, verewigt das Zeitliche. Die Menschen vergehen, das Wort besteht; das Wort ist Leben und Wahrheit."[287]

Daher vermag das Wort auch etwas, hat Macht. „Das Wort hat erlösende, versöhnende, beglückende befreiende Kraft."[288] Es gibt zwar nicht das Wort Gottes, statt dessen aber wohl die Göttlichkeit des Wortes, was heißt, daß das Wort des Menschen sein mitgeteiltes Wesen ist.

5.4.3.4 Das Fundament des Mit-Mensch-Seins: die Geschlechtlichkeit: Bewußtsein ist nur, wo es das wesentlich Andere, das heißt Natur, gibt. Natur aber bleibt wirklichkeitsleeres Abstraktum ohne den Leib. Erst „im Leib sein, heißt in der Welt sein".[289] Die Sinne mit Poren vergleichend, charakterisiert *Feuerbach* den Leib als „das *poröse* Ich"[290]. Der Leib ist daher die Kraft, die uns Konkretion, damit allerdings auch Einschränkung verschafft. Der Leib ist das Subjekt unserer Persönlichkeit. Zugleich macht er diese zu einem Teil der Welt, so daß sie dieser nicht in der Differenz von Subjekt und Objekt *gegenübersteht*, sondern als leibliche „Subjekt-Objekt" *ist*.[291]

Leiblichkeit ist aber eo ipso Geschlechtlichkeit. Der Unterschied zwischen den Geschlechtern ist nicht oberflächlich, gleichsam ein äußerlicher Zusatz, sondern geht so tief, daß Mann oder Frau, je für sich genommen, kein ganzer, vollgültiger Mensch sind, sondern erst in der Vereinigung und Ergänzung werden sie – nicht *ein* Mensch, sondern zwei – Menschen im vollgültigen Sinne, Ich und Du.[292] Das Geschlecht prägt selbst das Denken, Wollen und Empfinden des Menschen. „Ein sittlicher Gott ohne Natur ist ohne Basis; aber die Basis der Sittlichkeit ist der Geschlechtsunterschied."[293] Sie befähigt zu echter Liebe, auch zu Verzicht und Opfer. Die Geschlechtsliebe ist

---

[286] Zur Kritik der Hegelschen Philosophie: S. W. II, 169.
[287] WChr 96.
[288] WChr 97 (s. ebd. die höchst interessante Bemerkung über die Sprachbildung als Wurzel aller Bildung), vgl. 96.
[289] Über den „Anfang der Philosophie": S. W. II, 213.
[290] Ebd., vgl. 213 f.
[291] Vgl. *H.-J.Braun* 1971, 91–97, hier bes. 91. Zur Analyse der *Feuerbach*schen Lehre von der Leiblichkeit vgl. auch *Bockmühl* 1961, 38–43, und: *Mader* 1968, 131–168.
[292] Vgl. WChr 186–205; SMa 216 f; Eud 269.
[293] WChr 111, vgl. 110–112; SMa 116 f.

die Grundfigur aller Liebe und damit die Basis der Vielheit.[294] „Der Mensch" – das ist weder das isolierte Individuum, noch eine abstrakte, allen gemeinsame Wesensnatur, sondern der Mensch ist in und durch die Gemeinschaft mit den von ihm Unterschiedenen.[295]

5.4.3.5 „Neues" Verständnis von Religion und der religiösen Begriffe:

Weil „Gott" eine andere Bedeutung bekommen hat („[...] die Einheit von Ich und Du – ist Gott"[296]), ändert sich im Kontext der „neuen" anthropologischen Philosophie auch all das, was im Bezugsfeld zu „Gott" steht. Dies geschieht durch die Fortsetzung des oben geschilderten „Umpolungs"-Vorgangs: Aus sämtlichen Kategorien des Glaubens werden solche der Ethik. Dies gilt zunächst für Glaube und Religion selber: Der religiöse Glaube im eigentlichen (und – zeitlich gesehen – neuen) Sinn geht da verloren, wo der Glaube an den Menschen (in seiner Gesamtheit) verloren geht. Die Anthropologie beziehungsweise Psychologie samt Physiologie sind die eigentliche Theologie. Atheist ist fürderhin nicht der, dem das traditionelle Subjekt der Prädikate nichts bedeutet, sondern der, dem die vormaligen Prädikate des göttlichen Wesens, die jetzt Subjekte sind, gleichgültig sind, zum Beispiel Liebe, Weisheit, Gerechtigkeit.[297] Die „Anthropologie" soll also keine bloß theoretische Lehre sein, sondern sie soll den praktischen Bedürfnissen der Menschen dienen und gerade darin übernimmt sie die verdienstvolle Funktion der alten Religion.[298]

5.4.4 Versöhnung mit der Welt

Die neue Ethik entzieht auch der exklusiven Innerlichkeit oder, was damit äquivalent ist: der Absonderung und Abwertung der Welt, den Boden. Vergegenständlicht doch der Mensch der anthropologischen Moral sein eigenes Wesen nicht. Es gibt folglich nicht mehr jene über alle Macht und mein Heil verfügende Instanz, die alle Energien für sich beansprucht und sie dadurch der Welt, der Natürlichkeit, der Gemeinschaft, der Liebe, der Konkretheit entzieht. Folglich gibt es für den Menschen auch keinen Grund mehr, sich von der Welt abzusondern, sein ganzes Trachten darauf zu verlegen, so weit wie möglich außer- oder überweltlich zu leben, von allen und allem anderen außer sich zu abstrahieren, um einsam, autark, selbständig sein zu können.[299]

---

[294] Vgl. WChr 83; Über den Marienkultus: S. W. VII, 210; SMa 116; Eud 270.
[295] Vgl. neben dem eingangs dazu Gesagten Abschnitt 5.2.3; *v. Gagern*, 1970, 184–194.
[296] Grundsätze 318 (im Original hervorgehoben).
[297] Vgl. WChr 26 f. 54.
[298] Vgl. Grundsätze 319 f.
[299] Vgl. WChr 81 f.

5.4.5 Eudämonismus als Prinzip des Handelns

5.4.5.1 Universalität des Glückseligkeitstriebs:

Alles Lebende liebt sein Leben. Es will leben, und zwar glücklich. Deshalb will es alles, was seinem Leben nützlich, heilsam, förderlich, gut ist. Leben ist Lieben, Lieben ist Wollen, Wollen aber Glücklichseinwollen. Die zugrundeliegende Triebkraft nennt *Feuerbach* in den ethischen Schriften Selbsterhaltungs- oder Glückseligkeitstrieb.[300] Damit ist das gemeint, was er früher einfacher den Willen (als die zweite fundamentale Wesenskraft des Menschen) genannt hatte und was jetzt in seiner Bezogenheit auf naturale Gegebenheiten in den Blick kommt. Weil dieser Trieb eben der Urtrieb ist, ist Glückseligkeit nichts anderes als der Normalzustand des lebendigen Wesens, der Zustand also, wo dieses mit seiner ganzen Gattungsnatur einschließlich ihren Bedürfnissen voll übereinstimmt.[301] Auch und gerade der Selbstmord, den man als unumstößlichen Einwand gegen die These von der universellen Geltung der Gleichung „leben = glücklich sein wollen" ansehen möchte, ist nur das Resultat aus einem Konflikt, in dem von mehreren Übeln das kleinste und damit zugleich das größtmögliche Glück erwählt wird.[302] Ja, schon die Tatsache, daß ich Not und Elend überhaupt empfinde, setzt außer der Empfindungsfähigkeit den Trieb nach Glückseligkeit voraus. Die Grenze von Leben und die des Glückseligkeitstriebs ist absolut identisch. Selbst das buddhistische Nirwana bestätigt allem Anschein zum Trotz noch ein weiteresmal die Behauptung, daß das Leben das wahre Gut sei: Zwar ist es wohl die reine Vernichtung, aber – da ich ja noch nicht im Nirwana bin – die gewünschte Vernichtung meiner als der Vernichtung meiner Leiden und Übel, also doch die ersehnte Seligkeit.[303] Für die Unterschiede, ja Deformationen im Glückseligkeitsideal sind die jeweilige Natur, Politik, Religion und Geschichte verantwortlich.[304]

Nach *Feuerbach* läßt sich keine einzige echte Ausnahme vom Prinzip des Eudämonismus finden. Auf ihn können sämtliche Triebe, Leidenschaften und Affekte reduziert werden.[305] Gerade infolge dieser Vielgestaltigkeit der Triebe, Auslöser und Bezüge ist die inhaltliche Gestalt des Handelns nur je-

---

[300] SMa 111 f. 123; Eud 230–232. 239. 242. 290. vgl. 230–293. Vgl. WChr 77 f; Über den Marienkultus: S. W. VII, 210; Theogonie 330. 363. Vgl. ferner den nachgelassenen Aphorismus: „Nicht das ‚Ich denke, also bin ich' sondern das ‚Ich will, also bin ich' drückt das innerste Wesen des Menschen aus" (S. W. X, 291).
[301] Vgl. Eud 231; auch VorlWR 133 f.
[302] VorlWR 66 f; Eud 234–239 sowie die in Anm. 341 genannten Stellen.
[303] Eud 243 f, vgl. 241–244. 278.
[304] Eud 243.
[305] Zur Universalität dieses Triebs beziehungsweise Prinzips vgl. VorlWR 64–84. 85. 97. 98 f. 349–360; SMa 106–120. Selbst in der Religion herrscht nach *Feuerbach* allem Anschein zum Trotz (allerdings pervertierter) Eudämonismus.

weils in der konkreten Situation, das heißt im Bezug auf die konkrete Faktorenkonstellation – und nicht im voraus und universell – auszumachen.

5.4.5.2 Eudämonismus und Moral:
Nach dem herkömmlichen Verständnis hat Handeln nach *Feuerbach* nur dann etwas mit Moral zu tun, wenn ein Genuß irgendwelcher Art beschränkt oder gar verneint wird oder werden soll. „Moral" assoziiert deshalb Repression und Misanthropie, und zum Teil praktiziert sie sie auch.

Feuerbach verdammt dieses Verständnis von Moral nicht in Grund und Boden, wie sich aufgrund seines Eudämonismus-Prinzips zunächst erwarten ließe: Denn es gibt ihm zufolge für den Menschen keine Glückseligkeit ohne Tugend und ohne Vernunft, weil es, wie früher gesagt, sowohl zur Kollision verschiedener Glückseligkeits-Aspekte wie auch verschiedener individueller Glückseligkeitstriebe kommen kann. Moralisch handeln heißt dann nichts anderes, als den niederen und vorübergehenden, nur auf die eigene Person fixierten Glückseligkeitstrieb dem höheren und dauernden beziehungsweise dem, der mich *und* den Anderen berücksichtigt, aufzuopfern.[306] Auch hier gilt natürlich weiterhin, daß alles Wollen die Struktur der Glückseligkeit hat, aber es ist – bei näherem Zusehen – immer hineingelassen in das Ich-Du-Verhältnis, weil eben das Ich, auf das sich alles Selbsterhaltungsinteresse richtet, ohne den anderen Menschen gar nicht besteht. „Nur das Ich-Du-Verhältnis trägt die Moral, nicht das isolierte Ich oder die übersinnliche praktische Vernunft Kants. Indem ich mich selbst erhalten will, muß ich die Pflicht gegenüber dem Anderen anerkennen, die Pflicht als den Anspruch des Du."[307] Doch selbst diese Zurückstellung des momentanen und einseitigen Zuwachses an Glück ist nach *Feuerbach* noch das Ergebnis eines konsequenten Glückseligkeitsprinzips: Aus eigener Empfindung weiß ich nämlich bereits, was Schmerz ist, und, daß ich ihn vermeiden will; und weil ich leicht selbst an der Stelle dessen stehen könnte, auf den mein Handeln sich auswirkt, tue ich ihm kein Übel an. In diesem Sinne erklärt dann *Feuerbach* die Übereinstimmung mit dem Glückseligkeitstrieb zum Prinzip der Moral: „Die Glückseligkeit, aber nicht die in eine und dieselbe Person zusammengezogene, sondern die auf verschiedene Personen verteilte, Ich und Du umfassende, also nicht die einseitige, sondern die zwei- und allseitige, ist das Prinzip der Moral."[308] Gut und Böse bezeichnen nicht etwas Absolutes, sondern sind, da sie Relationen meinen, relative Begriffe.[309] Die Unterscheidung von Neigung und Pflicht behält demnach einen guten Sinn, insofern Neigung das bezeichnet, was ich zu meiner eigenen unmittelbaren und sofortigen Befriedigung

---

[306] Eud 256. Vgl. Die Unsterblichkeitsfrage vom Standpunkt der Anthropologie: S. W. I, 195–200; SMa 118–120.
[307] *Bohlsen* 1947, 87.
[308] SMa 113.
[309] Vgl. SMa 115.

tue, während ich meine Pflicht mit Selbstüberwindung tue, weil es mir momentan nicht Glückseligkeit gewährt. Auch *Feuerbach* räumt dem Begriff der Pflicht im Sinn von Uneigennützigkeit eine zentrale Stelle in seinen ethischen Reflexionen ein, weist aber dessen Verständnis als Selbstverleugnung im Sinn der Ausschaltung der Selbstliebe strikt ab, wie sich bereits anläßlich der Auseinandersetzung mit *Kant* gezeigt hatte. Oft genug ist die Erfüllung der Pflicht durch inneren oder äußeren Zwang zuwege gebracht, meist unbewußt oder auch verdrängt aus Selbstachtung.[310] Die „Zwangsjacke der Pflicht" dient dem im Augenblick nur unerkannten oder mißverstandenen Glückseligkeitstrieb.[311] Aber die Pflicht beruht selbst dann noch – im Gegensatz zu *Kant*s Ausführungen – auf Glückseligkeit, sie ist „der mich zu seiner Anerkennung bestimmende Glückseligkeitstrieb des Anderen"[312].

Die Grenzscheide zum unmoralischen Eudämonismus wird nun von der Entscheidung bestimmt, ob wir nur in bezug auf unser eigenes Wohl und Wehe, oder auch das der anderen, handeln. Es ist deshalb eine Unterstellung, wenn behauptet wird, *Feuerbach* predige den „Sinnengenuß als oberstes Gebot", der notwendig „in den Pansexualismus und seine wahllose Promiskuität" und endlich in „eine völlig amorphe Gesellschaft" führe[313]. Wo immer aber das momentane Glück zugunsten eines vermeintlich transzendenten, jenseitigen, körperlos-geistigen eingeschränkt werden soll, findet eine menschenfeindliche und -zerstörende Unterdrückung statt. Die Basis der Ethik ist die Natur, ihr höchstes Prinzip die wahre Glückseligkeit oder die Einheit von Ich und Du.[314] Die „neue" Ethik, die eine „natürliche" ist, verzichtet nicht nur ohne Schaden, sondern mit einem großen Gewinn an Wahrhaftigkeit, Eindeutigkeit und Freiheit auf alle übernatürlichen und transzendenten, absoluten, wesentlichen und ewigen Begriffe. Sie beansprucht nicht, Gottes Wort oder Metaphysik zu sein, sondern sie ist „Physik der Sittenlehre"[315]. „Die Moral ist so gut eine Erfahrungswissenschaft wie die Medizin."[316] Sie ist „keine normative, sondern eine empirische Disziplin"[317]. Die Konsequenzen aus dieser Feststellung, die nicht wenig Gedanken *Schopenhauer*s ähnelt, sind umwälzend:

---

[310] Vgl. Eud 257 f.
[311] Eud 258. Vgl. SMa 113–120. Insofern kann *Feuerbach* dem Kategorischen Imperativ sogar eine pädagogische und moralische Berechtigung abgewinnen (s. Eud 291).
[312] SMa 113.
[313] So *Bockmühl* 1961, 49, wobei sich dieses Urteil auf die Schriften bis 1843 bezieht, deren Positionen *Bockmühl* jedoch in den späteren Schriften in keiner Weise revidiert sieht (vgl. ebd. 56).
[314] Vgl. Die Unsterblichkeitsfrage vom Standpunkt der Anthropologie: S. W. I, 195–200; Beleuchtung einer theologischen Rezension: S. W. VII, 258; SMa 113–123; Eud 230–293, bes. 288.
[315] Eud 258 (wohl polemisch gegen *Kant*s ‚Metaphysik der Sitten' formuliert!): Vgl. SMa 153. Man beachte die sachliche Nähe zu *Comte*.
[316] Eud 288 (im Original hervorgehoben). Vgl. Vorrede zur 2. Aufl. vom ‚Wesen des Christentums': S. W. VII, 281; SMa 150–155; Eud 289.
[317] *Esser* 1970, 91.

— Eine Morallehre, die nicht verderblich und gemeinschädlich sein will, darf sich weder theologisch noch metaphysisch legitimieren.[318]
— Wie es keine Glückseligkeit ohne Tugend (beziehungsweise Vernunft) gibt, gibt es auch umgekehrt keine Tugend ohne Glückseligkeit. Moralität zu einer Angelegenheit des Sollens zu machen ist deshalb genau so überflüssig, wie das Gebot aufzustellen: „Du sollst glücklich sein."[319]
— Die Glückseligkeit ist immer meine subjektive, es handelt sich bei ihr demnach um eine untrennbar auf die jeweilige Individualität bezogene Größe. Daher muß man sich davor hüten, Selbstliebe, Glückseligkeit und Moral in materialer Hinsicht als Konstanten anzusehen, die bei allen Individuen und zu allen Zeiten gleich bleiben; mit einer derartigen Vorentscheidung würde man sich die Wahrnehmung von Wirklichkeit verstellen. Was früher *so* war oder heute *so* ist, muß noch nicht für die Menschheit insgesamt so sein. Bezüglich der geschichtlichen Zukunft darf daher der strenge methodische Empirismus transzendiert werden.[320]
— Doch wird Glückseligkeit beziehungsweise Moralität noch sehr viel entscheidender dadurch relativiert, daß sie in der Hauptsache nicht nur und schon gar nicht ausschließlich von meinem Willen abhängt, sondern von exogenen Faktoren wie Körper, Geschlecht, Alter, Nahrung, Kleidung, Licht, Luft, Raum, Volk, Religion und ähnlichem mehr.[321] „[...] damit fällt die Moral" — jedenfalls zum maßgeblichen Teil — „ins Gebiet der Privatökonomie und Nationalökonomie."[322] „Wo das zum Leben Notwendige fehlt, da fehlt auch die sittliche Notwendigkeit. Die Grundlage des Lebens ist auch die Grundlage der Moral. Wo du vor Hunger, vor Elend keinen Stoff im Leibe hast, da hast du auch in deinem Kopfe, deinem Sinne und Herzen, keinen Grund und Stoff zur Moral."[323]
— Wohl anerkennt *Feuerbach* Pflichten gegen sich selbst (im Sinne der Tradition)[324], aber die „neue" Moral visiert auch dabei nicht das für sich allein gedachte Individuum an (geschweige denn Werte, absolute Normen oder transzendente Personen), sondern den Anderen, das heißt den tatsächlichen, konkreten Menschen, der stets ein gesellschaftlicher ist.[325] „Von Moral kann nur da die Rede sein, wo das Verhältnis des Menschen zum Menschen, des Einen zum Anderen, des Ich zum Du zur Sprache kommt."[326] Der Glückse-

---

[318] Vgl. Eud 258. 262 f. 272 f.
[319] Eud 266.
[320] Vgl. Vorrede zur 2. Aufl. vom ‚Wesen des Christentums': S. W. VII, 281.
[321] Vgl. VorlWR 204–207; SMa 152 f; Eud 262. 266.
[322] Eud 266.
[323] Eud 267, vgl. 266–268 (mit ausdrücklicher Erwähnung des ‚Kapital' von *Marx;* vgl. auch Eud 268: „Wollt ihr daher der Moral Eingang verschaffen, so schafft vor allem die ihr im Wege stehenden, materiellen Hindernisse hinweg!"); SMa 113 f. 152–155.
[324] Vgl. dazu SMa 117 und Eud 256–268, bes. 259.
[325] Vgl. Eud 269.
[326] Eud 270, vgl. 273. 274–276.

ligkeitstrieb ist in gleicher Weise zweiseitig strukturiert wie der Mensch insgesamt. Die eigene Befriedigung ist a priori und unabhängig vom guten Willen gekoppelt an die Befriedigung des Glückseligkeitstriebs des Anderen. Selbst der Versuch, sich auf sein eigenes Wohl zu begrenzen, wird durch Veränderung der ja von den anderen abhängigen Relationsbasis seiner Glückseligkeit wirkungslos gemacht: „dann werden ihn die Püffe seiner Brüder und die Kniffe seiner Schwestern *Mores* lehren – lehren, daß auch der Glückseligkeitstrieb der Anderen ein berechtigter ist, so gut wie der seinige"[327]. Das Recht ist nichts anderes als die institutionalisierte Möglichkeit, in Fällen, die die Sphäre des Persönlich-Familiären überschreiten, die Rückbindung der eigenen Glückseligkeit an die der anderen durch ein geregeltes Gewaltpotential, das heißt durch eine mehr oder weniger weit gehende Minderung der eigenen Glückseligkeit zu gewährleisten. Insofern ist das Recht in *Feuerbach*s Sicht genuin Moral, und es ist unsinnig, es aus ihr erst deduzieren zu wollen.[328]

Moral im engeren Sinne nun ist die freiwillige Rücksichtnahme auf die Glückseligkeit der Mit-Menschen; das schließt immer dann auch Verzicht ein, wenn wir unsere Bedürfnisse nur zum Nachteil der anderen befriedigen können. „Gut ist, was dem menschlichen Glückseligkeitstriebe gemäß ist; böse, was ihm mit Wissen und Willen widerspricht. [...] Und die Moral besteht eben nur darin, daß ich dasselbe, was ich in der Beziehung auf mich selbst unbedenklich gelten lasse, auch in der Anwendung und der Beziehung auf andere gelten lasse, bekräftige und bestätige."[329] Die Goldene Regel gilt deshalb für *Feuerbach* als der beste und wahrste moralische Grundsatz.[330] Allerdings verliert sie mit dem Wegfall jenseitiger Autoritäten die Dignität eines Kategorischen Imperativs und ist fortan nur noch ein anthropologischer Optativ.[331] Die moralische Qualität einer Handlung ist von ihrer Substantialität völlig getrennt; sie besteht ausschließlich in der Relation der Handlung zur Bejahung oder Verneinung des Glückseligkeitsstrebens der Mitmenschen.

Jede ethische Theorie aber, die – wie vornehmlich die *Kant*ische – ohne zentrale Bezugnahme auf die elementaren Bedürfnisse konzipiert ist, verrät angesichts des offengelegten Zusammenhangs ihre Herkunft und ihren Zuschnitt auf eine gesellschaftliche Elite, „die, weil für ihr Wohl schon von Hause aus gesorgt, ihr Glückseligkeitstrieb schon befriedigt ist, hinreichend Muße [...] [hat], die Moral vom Glückseligkeitstrieb abzusondern und für sich selbst zum Gegenstand ihres Denkens zu machen"[332].

[327] Eud 271. Vgl. auch Theogonie 227; SMa 135.
[328] Vgl. Eud 271–275; auch SMa 113 f.
[329] Eud 275, vgl. 270. 287 f. 292 f; SMa 113–115.
[330] Vgl. Theogonie 138; Eud 276. 280.
[331] Vgl. Eud 289.
[332] SMa 120. Vgl. Eud 291.

So verstanden will *Feuerbachs* „neue" Moral heteronom sein, weil sie sich grundsätzlich nicht als eine Moral des für sich allein gedachten Individuums beziehungsweise des bedürfnislosen Ich versteht, sondern sich auf den Menschen als gesellschaftliches Wesen bezieht; weil moralisch ist, was aus Achtung vor dem Anderen (und nicht aus Achtung vor dem Gesetz) geschieht; weil der Wunsch dieses Anderen, der eo ipso mein Mit-Mensch ist, mit dem ich mich also identifiziere, auch mein eigener Wunsch wäre, falls ich seine Stelle einnähme.[333] Selbstverständlich besteht *Feuerbach* auf der Autonomie der Philosophie im allgemeinen wie der Ethik im besonderen gegenüber Theologie und Religion. Dies ist ja nicht nur das Ergebnis seiner Religionsanalyse, sondern darin ist doch gerade der entscheidende Grund zu sehen, daß er sich von *Hegel* und der gesamten idealistischen Philosophie als einer zwar rationalisierten, aber nicht autonom, das heißt allein durch Vernunft- und Erfahrungsgründe, bewährten[334] christlichen Lehre abwandte. Aber weil bei *Kant* Wollen und Sollen von Anfang an in ein und denselben Menschen verlegt werden und dadurch die Relationalität des Ich, mit anderen Worten: der Mit-Mensch in seiner nur durch die Sinne vermittelbaren Konkretheit, für die Ethik unerheblich bleibt[335], kann *Feuerbach Kants* Autonomie nicht als hinreichendes Moralprinzip anerkennen, sondern will es zusammenbinden mit der Heteronomie, worunter er die mittels der Sinne ermöglichte Gesetzgebung durch den vom Selbst unterschiedenen Glückseligkeitstrieb des Du versteht[336].

5.4.5.3 Ein möglicher Einwand: die Tatsache des Gewissens:
Der Hinweis auf das Gewissen ist nach *Feuerbach* kein stichhaltiger Einwand gegen die These, alle Moral stehe auf dem Fundament des Eudämonismus. Denn im Gewissen spricht, sieht man genau zu, nicht ein vom Menschen unterschiedener Gesetzgeber beziehungsweise Richter, sondern wiederum nur mein Ich. Das Ich ist nämlich kraft des Erziehungsprozesses, der Gewohnheit und der Autorität der Meinung in der Lage, an die Stelle des verletzten, leidenden Du zu treten, aufgrund des eigenen Glückseligkeitstriebes den des Andern zu vertreten.[337] Mein Selbstbewußtsein hat sich in diesem Prozeß das Bild des Anderen angeeignet. Gewissen ist nichts anderes als verinnerlichtes Mitleid, dessen Besonderheit darin besteht, daß ich selbst der Verursacher des Unglücks bin; es ist „der Stellvertreter der Glückseligkeit des Anderen

---

[333] Vgl. SMa; Eud 288.
[334] So ausdrücklich: Über Philosophie und Christentum: S. W. VII, 51. Vgl. Grundsätze 319 f. Das Verhältnis ist bei allen Wandlungen im einzelnen grundsätzlich dasselbe geblieben wie schon in P. Bayle: S. W. V, 210–216.
[335] Vgl. SMa 113.
[336] Vgl. ebd.
[337] Vgl. WChr 191 f; Ergänzungen und Erläuterungen: S. W. VII, 390; Theogonie 133–145; SMa 119; Eud 279 f. 282 f. 278–287.

auf Grund und Geheiß des eigenen Glückseligkeitstriebes"[338]. Auch das Gewissen, das Intimum des Menschen, ist also intersubjektiv konstituiert.

5.4.6 Gibt es eine Freiheit des Willens?

5.4.6.1 Determination:

Ähnlich wie bei *Schopenhauer* verschiebt sich bei *Feuerbach* die Lokalisierung des Freiheitsproblems[339]: Das übliche „Ich kann, was ich will", zu dem der phänomenale Befund immer wieder gelangt, stellt er nicht in Zweifel; dafür aber um so mehr das Wollen selber: Der Wille kann nämlich nur können, wenn ihm das Können des Gewollten bereits zugrunde liegt.[340] Dieses Vermögen beziehungsweise Unvermögen kann entweder eine individuell-anthropologische Konstante sein oder aber situationsbedingt. Selbst das klassische Paradeargument für die Willensfreiheit, der Hinweis auf den Selbstmord, über welche Möglichkeit unter allen Lebewesen allein der Mensch verfügt, büßt beim näheren Hinsehen seinen Beweiswert ein: Keiner kann ja seinen eigenen Tod irgendwann, irgendwo und willkürlich wollen, sondern nur dann und da, wo er in sich Grund zum Tode hat, wo sein Leben nur noch ein Schein ist, wo die Liebe zum Leben erloschen oder gewaltsam verdrängt ist, das heißt wo die Kluft zwischen seinem Leben und seinem Tod geschlossen ist dergestalt, „daß er im Tode nicht den Tod seines Lebens, sondern nur den Ton [wohl Druckfehler statt: Tod] seines Todes sucht"[341]. Der Tod ist da, wo er gesucht wird, selbst ein Gut, weil er vom Leiden erlöst. Mithin fällt der Verweis auf den Suizid als Argument für die Freiheit dahin, weil der Suizid nur nach demselben Prinzip der Glückseligkeit erfolgt wie im ganzen übrigen Leben jene Akte, die das Leben erhalten und mehren. „Was der Mensch zu einer bestimmten Zeit tut oder leistet, das ist das Höchste was er gerade zu dieser Zeit leisten kann, die Grenze seines Vermögens, sein letzter Wille"[342]. Doch wie die Zeit sich ändert, bleibt auch der Wille nicht stehen, sondern ändert sich mit ihr. Das gilt auch für die Geschichte im großen: Nicht Wille oder Vernunft irgendwelcher Einzelner, sondern allein die Geschichte bildet und gewährt Freiheit, Wahrheit, Vernunft und Humanität.[343] Genau wie zur geschichtlichen Situation und zu anderen Faktoren des wollenden Subjekts, so ist das Wollen auch relativ zu seinem Gegenstand.[344] Das

---

[338] SMa 119.
[339] Lediglich darum handelt es sich bei *Feuerbach* und nicht um die Ersetzung der „Entscheidungsmächtigkeit des Einzelnen" durch die „durchgängige Determination des menschlichen Willens" (so *Nüdling* 1961, 86).
[340] Vgl. WChr 35; Theogonie 42; SMa 97. 201.
[341] SMa 98, vgl. 91–99. 111; Eud 234–239.
[342] SMa 100, vgl. 120–123. 127–131. 146–155.
[343] Vgl. SMa 102.
[344] Vgl. SMa 100–142. 146–155.

Wollen ist Folge des Wesens, nicht umgekehrt; der Mensch existiert, bevor er will. Der Wille ist nur das nach außen wirksame und deshalb bewußt werdende Wesen des Menschen. In diesem (gegen *Schopenhauer* gerichteten) Sinn gilt auch bei *Feuerbach* das scholastische Axiom „agere sequitur esse".[345]
„[. . .] das Sollen ist nur ein mit der Gattung – [. . .] – identifiziertes, zur allgemeinen Sache gemachtes, auf Andere verteiltes, für sie mögliches, für mich wirkliches Sein."[346]

5.4.6.2 Die Konsequenz: Wollen ist hypothetisch:
Weil der Wille an Raum und Zeit gebunden ist, kann er nie absolut sein. Mit dem Wollen ist stets ein Gegenstand verbunden. Dieses Objekt aber bezieht sich auf mein Wohl. Das läßt sich auch so ausdrücken: Ich will nicht überhaupt, sondern stets das Nichtleidenwollen eines Übels. Wo immer Wille will, will er etwas Nützliches, wo immer er bewußt etwas verneint, hält er es für schädlich. Wenn es also trotz Notwendigkeit eine Freiheit der menschlichen Handlungen, also eine „Unnotwendigkeit", geben sollte, muß sie dennoch etwas mit dem Glückseligkeitstrieb zu tun haben.[347]

5.4.6.3 Verantwortung:
Wenn der Wille notwendig bestimmt wird von dem für nützlich beziehungsweise schädlich Gehaltenen, kann sich der Mensch durch Erfahrung die Kenntnis dessen erwerben, was er für nützlich beziehungsweise schädlich halten soll. Nur der Verstand kann nämlich die Folgen eines Tuns einkalkulieren und deshalb Auskunft darüber geben, ob die Befriedigung eines momentanen Bedürfnisses nicht etwa der Befriedigung eines sehr viel größeren, gewichtigeren und längerfristigen zuwiderläuft oder sie gar verhindert. Auf diesem Wege können auch kurzsichtige Mißverständnisse beseitigt werden, so daß ich nicht zum „Selbstmörder wider Willen"[348] werde.
Meine Bestimmtheit ist also nicht völlig unabänderlich, vielmehr ist sie auch Bestimmbarkeit. Der Mensch kann mittels Bildung und Entwicklung sein Triebgefüge zwar nicht auswechseln oder auch nur partiell überspielen, aber er kann es steuern lernen.[349] Beispielsweise kann ihm solch eine Steuerung gelingen, wenn er die Bedingungen, unter denen sein Handeln stattfindet, ändert. Eine große Hilfe gibt ihm dabei das Gewissen als der verinnerlichte Anspruch der Mitmenschen. Unsere guten Anlagen können durch wiederholte Übung erhalten, trainiert und perfektioniert werden, und so das Üble durch Arbeit an uns selbst vermindert werden. Wie der Notwendigkeit einer Verblutung durch blutstillende Mittel wieder mit Notwendigkeit begegnet werden kann, so ist es zwar ebenso notwendig, „daß aus dem kleinsten mora-

---

[345] VorlWR 205; SMa 147.
[346] SMa 147.
[347] Vgl. SMa 139.
[348] SMa 123, vgl. 111 f. 153.
[349] Vgl. SMa, bes. 128–131; auch 123. 124–142. 149–155.

lischen Übel, das in unserer Organisation begründet ist, mit der Zeit ein großes und unabänderliches Übel entspringt; aber es ist nur dann notwendig, wenn nicht der Kopf, sei es nun der eigene oder der anderer, zur rechten Zeit durch geeignete Heilmittel dieser Folge zuvorkommt".[350] Unser Körper macht uns wohl zu Sklaven, aber in einem damit sind wir auch wieder „Freiherrn der Natur"[351], indem die Sinnlichkeit nicht nur unser Tun determiniert, sondern in der Erkenntnis der Determination zugleich ein Mittel der Gegensteuerung gibt. Dieses zweifache Gesicht der Sinnlichkeit faßt *Feuerbach* prononciert in dem Diktum zusammen: „Der Materialismus ist die einzige solide Grundlage der Moral."[352]

In dem hier entwickelten modifizierten Sinne kann man nach *Feuerbach* sogar von Freiheit sprechen. Sie betrifft allerdings lediglich die Individualität; bezüglich der Bestimmtheit der Gattung hingegen gibt es keinen Spielraum.

5.4.6.4 Gesellschaftskritik:

Vom Gesagten her bekommt *Feuerbach*s Werk an wenigen Stellen auch sozialkritische Züge. Er konstatiert zum Beispiel einen Zusammenhang zwischen Kriminalität und bildungsmäßigem Defizit. Dieser Nexus ist für ihn zwar nicht genuin, vielmehr nur mittelbares Produkt der sozialen Lage, indem diese nicht erlaubt, an jene Mittel und Kenntnisse zu kommen, die dem Menschen die Änderung der Faktorenkonstellation erlaubten.[353] Die Zustände sind, weil von Menschen gemacht, auch von Menschen veränderbar. Wo Ungerechtigkeit beseitigt wird, wird sowohl die Neigung zu abweichendem Verhalten als auch die Sublimierung in ein Jenseits (als Festhalten an der Idee der Gerechtigkeit) überflüssig. „Jede Verbesserung der Justiz auf Erden ist eine Beeinträchtigung der himmlischen Justiz, jeder Gewinn für das Diesseits ein Defizit für das Jenseits."[354]

5.4.6.5 Erklärung des üblichen Freiheits-Verständnisses:

Was den Menschen bestimmt, sich und andere für frei zu halten, ist das Phänomen der Reue: Der Mensch wünscht nach der Tat, diese lieber nicht getan zu haben, wobei er automatisch von den Bedingungen abstrahiert, die sie notwendig machten. Er blickt auf den in dieser Handlung nicht beanspruchten Teil seines Wesens und glaubt folglich, er hätte die Tat auch nicht begehen können. „‚Die Freiheit ist eine Sache des Glaubens', aber der Glaube Sache des Wunsches [. . .]. Der Mensch wünscht aber ungebunden und unbedingt zu sein, also glaubt er es zu sein, *weil* oder wenigstens *indem* er es

---

[350] SMa 150.
[351] Ebd.
[352] SMa 151; vgl. 159–166, bes. 165: „[...] so lange noch die Menschen leiden, wenn auch nur Hunger und Durst, und diese Leiden nicht durch idealistische Machtsprüche, durch wunderwirkende Worte, durch kategorische Imperative geheilt werden können, so lange werden sie auch, wenn auch wider Wissen und Willen, Materialisten sein."
[353] Vgl. SMa 152; Eud 266–268.
[354] Die Unsterblichkeitsfrage vom Standpunkt der Anthropologie: S. W. I, 201, vgl. 200 f.

wünscht [...]."[355] Das übliche Freiheits-Vertändnis gehört deshalb seiner Struktur nach in die Kategorie des religiösen Wunder-Denkens; tatsächlich findet sich nach *Feuerbach* diese Lehre nur da, wo die Wirklichkeit als eine von einem allmächtigen Schöpfer kraft seines Willens geschaffene verstanden wird.[356]

---

[355] SMa 134. Vgl. auch den methodischen Vorbehalt SMa 92 Anm.
[356] Vgl. SMa 137.

Kapitel 6
Die Ureinheit des Lebendigen und die Verneinung des Willens (Schopenhauer)

Mit dem Werk *Schopenhauer*s[1] begegnet uns ein weiterer Versuch, das Fundament von Moral und Morallehre ohne Rekurs auf Religion zu bestimmen. Eine erheblich größere Rolle als bei seinen Vorgängern spielt bei ihm jedoch die ausgeprägte und zum Teil äußerst polemische Kritik, mit der er sein Vorhaben begründet.

6.1 Kritik des Theonomie-Schemas

Schopenhauer teilt die bis zu ihm gegebenen Begründungen von Moral in zwei Gruppen ein. Die erste wird von den theologischen Begründungen gebildet; diese dominierten zahlenmäßig und seien die beim Volk noch immer wirksamsten. Moral gilt ihnen als der erklärte Wille eines Gottes. Letzterer fungiert dabei nicht nur als allwissender Legislator, sondern auch – und das ist in den Augen *Schopenhauer*s das entscheidende Kennmal jeder theologischen Moral – als ihr allmächtiger Garant, insofern er sie durch Androhung von Strafe beziehungsweise Verheißung von Lohn sanktioniert.[2] Gerade in diesem Moment der Sanktioniertheit sieht *Schopenhauer* nun aber einen inneren Widerspruch zu dem Anspruch wahrhafter Moralität, worunter er Freisein von allem Egoismus versteht.[3] „Wie sollte [...] von Uneigennützigkeit die

---

[1] Die Reihenfolge von Kapitel 5 und 6 ergibt sich allein aus der Rezeptionsgeschichte: *Schopenhauer* wurde in dem Augenblick wirksam (Erscheinen der ‚Parerga und Paralipomena' 1851), als *Feuerbach*s Bekanntheit schlagartig abnahm. Der Zusammenhang mit den politischen Veränderungen (Scheitern der Revolution von 1848) kann hier nicht weiter untersucht werden.
Über die Wirkungsgeschichte *Schopenhauer*s orientieren: *Hasse* 1926, 457–462; *C. Meyer* 1958; auch *Landmann* 1958; besonders aber die aus lebenslanger *Schopenhauer*-Forschung hervorgegangene Monographie von *A. Hübscher*, die wohl als das wichtigste neuere Werk zu *Schopenhauer* gelten darf: *Hübscher* 1973, 186–253. 266–285. Eine Untersuchung darüber, ob und wie sein Denken auch von der christlichen Theologie berücksichtigt wurde, steht für beide Konfessionen noch aus. In der moraltheologischen Diskussion dieses Jahrhunderts scheint *Schopenhauer* in völlige Vergessenheit geraten zu sein; eine Ausnahme macht – soweit ich sehe – nur die Würdigung von *W. Schöllgen (Schöllgen* 1938).
[2] *A. Schopenhauer*, Preisschrift über die Grundlage der Moral (abgekürzt: PGM), in: Sämtliche Werke, hrsg. W. v. *Löhneysen*, Darmstadt ²1968, III, 637. 733.
[3] PGM: III, 637 f. 649. 650. 733. 734–736. 739. 740. 761 f. 769. 797. 802.

Rede sein können, wo mich Belohnung lockt oder angedrohte Strafe abschreckt? Eine festgeglaubte Belohnung in einer andern Welt ist anzusehn wie ein vollkommen sicherer, aber auf sehr lange Sicht ausgestellter Wechsel."[4] Theonom begründete Tugendhaftigkeit ist für *Schopenhauer* also lediglich eine Spielart von Egoismus, der sich vom gewöhnlichen nur durch den Grundsatz „Warten können" unterscheidet und den momentanen Verzicht durch ewiges Glück aufwiegt.[5]

Schwerer wiegt *Schopenhauer*s zweiter Einwand, der Nachweis zweifelsfreier Authentizität der als Wille Gottes deklarierten moralischen Forderungen lasse sich ganz offenbar nicht erbringen, wie die Tatsache so zahlreicher, differierender Wahrheitsansprüche zeige. Implicite gestehen nach *Schopenhauer* die theonomen Ethiken dieses Unvermögen dadurch ein, daß sie sich ihre Legitimität durch ihre Übereinstimmung mit nicht-theologischen Einsichten zu beschaffen suchen. Weil aber die Frage der Rechtmäßigkeit unter konkurrierenden Ansprüchen nur von einer eindeutigeren, gewisseren Instanz entschieden werden kann, bedeute die Appellation an diese Instanz – in unserem Fall ist es die Vernunft – automatisch deren Anerkennung als etwas Übergeordnetes. Das heiße dann aber soviel, daß durch diese Bezugnahme das oben beschriebene, direkte Theonomie-Schema faktisch durchbrochen wird.[6]

Drittens verhänge die *Kant*ische Vernunftkritik ein fortan nicht mehr rückgängig zu machendes Verdikt über alle spekulative Theologie, was bereits *Kant* selber dazu gezwungen habe, das traditionelle Begründungsverhältnis zwischen Religion und Ethik umzukehren.[7]

Als vierter Einwand gegen theonom konzipierte Ethiken findet sich bei *Schopenhauer* die Feststellung, die reale Wirksamkeit und die Durchsetzungskraft der religiösen Morallehren könnten, insgesamt gesehen, nicht groß sein. Denn sonst müßte die Verschiedenheit der Religionen einen untrüglichen Rückschluß auf die Verschiedenheit der Moralen und der Moralität zulassen; diese Folgerung lasse sich jedoch in der Faktizität nicht verifizieren.[8] Im besonderen müßten die Christen, da ihre Morallehre die höchststehende der je in Europa vertretenen sei, durch einen erheblich höheren Grad an realisierter Moralität unter den anderen Religionsgemeinschaften hervorstechen; all die Grausamkeiten, die die Geschichte des Christentums begleitet haben, wie Religionskriege, Kreuzzüge, Inquisition, Eroberung Amerikas, Verschleppung der Negersklaven usw. hätten nicht geschehen dürfen.[9] – *Schopenhauer*

---

[4] PGM: III, 733.
[5] Vgl. *Schopenhauer,* Die Welt als Wille und Vorstellung (abgekürzt: WWV) I, in: Sämtliche Werke, I, 552 f. 702; *ders.,* Parerga und Paralipomena (abgekürzt: Par) I, in: Sämtliche Werke, IV, 152.
[6] Vgl. PGM: III, 637; vgl. WWV II: II, 213 f. 217.
[7] Vgl. PGM: III, 638; sowie die in Anm. 255 genannten Stellen.
[8] Vgl. PGM: III, 767–769.
[9] PGM: III, 768 f.; Par II: V, 413 f. 419–424.

schließt also nicht a priori aus, daß Religionen der Moral dienen könnten, doch sei die von ihnen beigebrachte Motivation offenkundig so schwach, daß sie normalerweise am Tun, das eben immer auch Einschränkung und Verzicht verlangt, scheitere. Das Tun aber sei der alleinige Prüfstein für Überzeugungen.[10]

Die Mängel des traditionellen Begründungstyps sind so gravierend, daß sich – so *Schopenhauer* – die Philosophen spätestens seit *Kant* indispensabel der Aufgabe verpflichtet wußten, für die Ethik eine nicht-theologische oder – positiv gesagt – „nachweisbare"[11] Begründung zu finden. Solche Begründungen bilden eine zweite Gruppe. Als weitere Faktoren für die Dringlichkeit des darin Ausdruck findenden Bemühens nennt *Schopenhauer* die Auswirkungen des beispiellosen Fortschritts der Naturwissenschaften sowie die Bekanntschaft mit den Zeugnissen der ostasiatischen Religionen[12]. Vor allem das letztere hat er durch sein ganzes Werk hindurch betont, was diesem eine ganz spezifische Problemsicht verleiht. Er nimmt hiermit einen Gesichtspunkt wieder auf und verleiht ihm zentrale Bedeutung, der eine der Determinanten des Autonomie-Problems überhaupt bildet, bei *Kant* und *Fichte* aber ganz zurückgetreten war: die Wahrnehmung der tatsächlichen Pluralität von Kulturen.

Die immerhin denkbare Möglichkeit, die Notwendigkeit von Ethik überhaupt in Frage zu stellen, steht für *Schopenhauer* nicht zur Diskussion; sein Anliegen ist es aber auch nicht so sehr, faktisch gelebte Normen zu verändern. Vielmehr geht es ihm in erster Linie darum, für die Ethik jene „noch andere[n] Stützen als die bisherigen"[13] zu finden. Der Plural von „bisherig" umfaßt außer den theologischen sämtliche anderen, im Lauf der Geschichte und im abendländischen Kulturraum vertretenen Begründungen. Diese umfassende Distanzierung von der gesamten theologisch-philosophischen Tradition scheint mit der obigen Behauptung, *Kant* markiere eine geistesgeschichtliche Zäsur, in Spannung zu stehen. Doch macht die bei historischen Rückblicken im Werk *Schopenhauers* meistens nur angedeutete, in bezug auf *Kant* jedoch sehr detailliert durchgeführte Kritik deutlich, daß für *Schopenhauer* auch die bisherigen philosophischen Ethiken strukturell alle gleich gebaut sind wie die theologischen, selbst wenn sie einen Gott gar nicht nennen: Sie vermeinen alle, „irgendeine objektive Wahrheit" gefunden zu haben, „aus welcher die ethischen Vorschriften sich logisch ableiten ließen: man hat dieselbe in der Natur der Dinge oder in der des Menschen gesucht".[14]

[10] PGM: III, 769.
[11] Vgl. PGM: III, 715 f. 737. 798.
[12] PGM: III, 638.
[13] PGM: III, 638. Vgl. den als Motto der ‚Preisschrift über die Grundlage der Moral' vorangestellten Spruch: „Moral predigen ist leicht, Moral begründen schwer." (PGM: III, 629; vgl. 638 f. 759; der Spruch ist entnommen *Schopenhauers* früherer Schrift ‚Über den Willen in der Natur', in: Sämtliche Werke, III, 472.)
[14] PGM: III, 639.

Mit derselben Konstanz wie diese Begründungs-Struktur stellte sich nach *Schopenhauer* deren Mißerfolg ein: „Immer ergab sich, daß der Wille des Menschen nur auf sein eigenes Wohlsein, dessen Summe man unter dem Begriff *Glückseligkeit* denkt, gerichtet sei, welches Streben ihm [sic!] auf einen ganz andern Weg leitet, als den die Moral ihm vorzeichnen möchte."[15] Dieser grundsätzliche Antagonismus konnte weder durch Identifizierung von Tugend und Glückseligkeit (so verfuhr zu großen Teilen die Antike) noch durch deren Konsekutiv-Verknüpfung (so besonders die neuzeitlichen Versuche) aus dem Weg geräumt werden.[16] Ebensowenig gelang dies durch die verschiedenen Arten des deduktiven Schemas, welches dadurch gekennzeichnet ist, daß die gesamte Moralität aus einem obersten, bisweilen aposteriorischen, bisweilen apriorischen Prinzip abgeleitet wird[17]; hierbei sieht *Schopenhauer* die Schwierigkeit nicht so sehr in der Deduktion moralischer Anweisungen aus dem Prinzip als solcher, sondern in dessen fehlender Rückbindung an die menschliche Natur und in dem sich daraus ergebenden Fehlen von Durchsetzungsvermögen gegenüber dem in der menschlichen Natur enthaltenen Hang zum Egoismus[18]. Damit ist der entscheidende Mangel, der den neuzeitlichen philosophischen Ethiken dem Urteil *Schopenhauer*s zufolge anhaftet, genannt: Die Mächtigkeit, die Wirklichkeit nach den eigenen Forderungen zu gestalten, gehe ihnen rundweg ab; das lasse sich empirisch feststellen. Solcher Mißerfolg widerspreche aber dem eigentlichen Zweck von Ethik. Verantwortlich für dieses Scheitern seien nicht nur unbegründete Behauptungen, sondern vor allem „künstliche Subtilitäten, welche die feinsten Unterscheidungen verlangen und auf den abstraktesten Begriffen beruhen, schwierige Kombinationen, heuristische Regeln, Sätze, die auf einer Nadelspitze balancieren, und stelzbeinige Maximen, von deren Höhe herab man das wirkliche Leben und sein Gewühl nicht mehr sehn kann"[19]. *Schopenhauer* sieht dahinter lauter Surrogate für theologische Begründungen; deshalb weiß er seine eigene Moraltheorie als Durchbruch von weltgeschichtlichem Ausmaß.

Bevor sie skizziert wird, muß noch auf *Schopenhauer*s Stellung zu *Kant* eingegangen werden: Inwiefern trifft diese allgemeine Diagnose auch auf dessen Ethik zu, wo doch deren Grundsatz und Mitte gerade die Autonomie ist? Warum zählt sie nach *Schopenhauer*s Urteil zum Typ der implizit, aber strukturell eben doch: theologischen Moral? Die anderslautende Intention *Kant*s und seine enorme Wirkung sind für *Schopenhauer* Grund genug, dessen Ethik einer genauen Prüfung zu unterziehen. Diese Prüfung liegt thematisch am

---

[15] PGM: III, 639.
[16] Vgl. PGM: III, 639. 642f. 792; WWV I: I, 701f (vgl. 140–147); WWV II: II, 193–206.
[17] Vgl. PGM: III, 639.
[18] Vgl. PGM: III, 639; vgl. 715f.
[19] PGM: III, 715; vgl. 715f. 737. 798.

ausführlichsten vor im zweiten Teil der Preisschrift für die Dänische Sozietät der Wissenschaften über die Grundlage der Moral.[20] Methodisch geht *Schopenhauer* dabei so vor, daß er, der ‚Grundlegung zur Methaphysik der Sitten' folgend, *Kant*s Gedanken an dessen eigenen programmatischen Intentionen bemißt, gleichsam *Kant* gegen *Kant* selber wendend.

6.2 Kritik der Kantischen Moralbegründung

6.2.1 Das Sittengesetz

Als petitio principii beurteilt *Schopenhauer* die Annahme eines rein moralischen Gesetzes, von der *Kant* in der ‚Grundlegung zur Metaphysik der Sitten' unhinterfragt ausgeht.[21] „Wer sagt euch, daß es Gesetze gibt, denen unser Handeln sich unterwerfen *soll*? Wer sagt euch, daß *geschehn soll, was nie geschieht?*"[22] Vor aller Reflexion stehe für *Kant* fest, daß der Gegenstandsbereich der Ethik die Aufstellung von Imperativen sei, anstatt daß die Ethik zunächst einmal auf die bescheidenere, aber noch ungelöste Aufgabe verpflichtet werde, das faktisch Gegebene und Geschehende zu erklären und zu verstehen.

Die Erschleichung des Sollens, das doch eigentlich erst zu beweisen wäre, zeigt sich für *Schopenhauer* auch an den Zentralbegriffen der Ethik *Kant*s, die er sprachanalytisch[23] untersucht. Besonders deutlich kann er diesen Fehler an *Kant*s Rezeption des Begriffes Gesetz aufweisen. Denn die genuine Bedeutung von „Gesetz" ist *Schopenhauer* zufolge die rechtlich-staatliche; daneben wird der Begriff metaphorisch verwendet in bezug auf die Geschehensabläufe, die menschliches Forschen in der Natur feststellt. „Gesetz" beinhaltet in beiden Verwendungen stets das Moment der Notwendigkeit[24]. Wenn *Kant* nun den Begriff „Gesetz" in den Bereich der Sittlichkeit einführt, macht er sich nach *Schopenhauer* dieses Moment der Notwendigkeit zunutze. Dadurch daß er aber zugleich die menschliche Willkür, Staat, Religion und überhaupt alle empirischen Instanzen als Gesetzgeber ausdrücklich ausschließe, verschärfe er nicht nur diese Notwendigkeit zu einer „absoluten", sondern habe auch einen auf den ersten Blick plausiblen Vorwand gewonnen, um sich jener Beweispflicht zu entziehen, die das zweite konstitutive

---

[20] Zur Kritik der *Kant*ischen Philosophie insgesamt, besonders auch der Erkenntnistheorie, siehe den Anhang zur WWV I: I, 559–715; und: Par I: IV, 101–132. WWV I: I, 700–702.
[21] Vgl. PGM: III, 645–647; 641 f. 655; WWV I: I, 700–702.
[22] PGM: III, 646.
[23] Interessante Einwände gegen die Undeutlichkeit der Terminologie und gegen die Kompliziertheit der Sprache *Kant*s erhebt *Schopenhauer* auch: WWV I: I, 578–585.
Die Bedeutung seiner sprachkritischen Analysen von *Kant*s Schriften betont auch *Salaquarda* 1975, 58 f.
[24] Vgl. PGM: III, 646.

Moment des Begriffs Gesetz ausmacht: der empirischen Nachweisbarkeit ihrer Existenz. Zwar ist der von *Schopenhauer* bei dieser Kritik benutzte Maßstab ein Wirklichkeitsbegriff, der „wirklich" und „empirisch" gleichsetzt[25], doch geschieht das nicht nur hinsichtlich des genuinen Gebrauchs von „Gesetz" mit einiger Berechtigung, sondern auch im Blick auf den rein phänomenal eingeführten Ausgangspunkt der *Kant*ischen Moralphilosophie. Die beanspruchte, nicht von Menschen oder Menschengruppen gesetzte, sondern „absolute Notwendigkeit"[26] des Gesetzes müßte, falls *Kant*s Behauptung zuträfe, ihre Existenz durch die dann mit ebensolcher Notwendigkeit eintretende Folge, das heißt durch die Einhaltung des Gesetzes, verifizieren können. Dies aber ist nach *Kant*s eigenem Geständnis unmöglich. – So läßt sich die Einführung des Gesetzesbegriffs für *Schopenhauer* nur über den Umweg erklären, daß er aus der theologischen Ethik einfach übernommen wurde. Denn dort habe die Analogisierung ja durchaus ihren Sinn. Ähnliches gelte für die Einführung der komplementären Begriffe „Pflicht", „Sollen" und „Gebieten"[27]: Sie seien ebenfalls aus der theologischen Moral übernommen und durch Weglassung ihres göttlichen Urhebers scheinbar enttheologisiert worden. Reduziert auf Bestandteile der menschlichen Wesensnatur behielten sie aber – und das machte die Rezeption dieser Begriffe für die bisherige philosophische Ethik so wertvoll – den Charakter zeit- und ortsunabhängiger, unveränderlicher, von der Erfahrung nicht anzufechtender, das heißt der Legitimation in der Empirie enthobener Wirklichkeiten.

6.2.2 Latente Theonomie

6.2.2.1 Wie läßt sich aber der Befund erklären, daß *Kant* trotz seines Willens zur Autonomie solche, diesem Prinzip widerstreitenden Annahmen als unzweifelhaft vorhandene übernimmt? – Daß der begriffsgeschichtliche Ursprung der ethischen Verwendung von „Gesetz", „Pflicht", „Sollen" und ähnlichem im Dekalog und der davon geprägten theologischen Moral zu suchen ist, steht für *Schopenhauer* außer Frage.[28] Vollzog sich dieser Prozeß schon unbewußt und in der Überzeugung, die imperative Form sei für die Ethik natürlich und konstitutiv, so beging *Kant* obendrein einen weiteren Fehler, indem er übersah, daß die Trennung von ihrer theologischen Wurzel, der Abhängigkeit des Menschen von einem fremden, ihm gebietenden Willen also, den genannten Vorstellungen von Gesetz und Pflicht ihre Berechti-

---

[25] Vgl. PGM: III, 646 f. Deutlicher 670: „[...] da für den Menschen nur das Empirische oder doch als möglicherweise empirisch vorhanden Vorausgesetzte Realität hat [...]". Vgl. 796 f. 798; WWV I: I, 38. 577 f.; WWV II: II, 232–238. 240; Par I: IV, 103.
[26] *Kant,* Grundlegung zur Metaphysik der Sitten, B VIII.
[27] Vgl. PGM: III, 647 f. 650. 660. 661. Zu *Schopenhauer*s Pflichtbegriff vgl. 753–755.
[28] Vgl. PGM: III, 647 f. 648. 679. 690 f. 697 f. 786.

gung, ja auch ihren Bedeutungsgehalt entzieht. „Jedes *Soll* hat allen Sinn und Bedeutung schlechterdings nur in Beziehung auf angedrohte Strafe oder verheißene Belohnung."[29] Die *Kant*ische Rede von der Un-bedingtheit und Absolutheit, das heißt ja: von der jeder Relation entbehrenden Insichständigkeit des Gesetzes, ist wegen des im Begriff des Sollens immer schon enthaltenen analytischen Bestandteils einer Sanktion, die dem Sollen allererst seinen Sollenscharakter verleiht, ein Widerspruch.[30] Es gibt schlechthin nur hypothetische Imperative, weil das Sollen auf einem „um zu" beruht.[31] Wird also die einzige Alternative zur theologischen Sanktion, nämlich die durch den Menschen künstlich gesetzte und gewährleistete Sanktion, aus dem Bereich der Moralität so radikal ausgeschlossen, wie dies bei *Kant* der Fall ist, so muß das Sollen theonom begründet sein, wenn auch im Verborgenen und sogar im Widerspruch zu der erklärten Intention.

6.2.2.2 Engstens damit zusammen hängt die Frage des Eudämonismus beziehungsweise Egoismus: Liegt nämlich auch *Kant*s Ethik das Funktionsschema Gesetz/Sanktion zugrunde, so ist jede Befolgung des Sollens letztlich nur ein Akt des Eigennutzes.[32] Dieses nur verdrängte Moment läßt sich aber nicht auf Dauer unterdrücken:

6.2.2.3 Die verborgene Theonomik und der sie notwendig begleitende Eudämonismus stellen sich nach *Schopenhauer* im Begriff vom „höchsten Gut" selbst bloß.[33] Gilt doch dieses höchste Gut gerade als Vereinigung von Tugend und Glückseligkeit. Daß dabei im Unterschied zu seinen Vorgängern bei *Kant* die Sanktion sozusagen von hintenher, nämlich bei den Bedingungen des unbedingten Sollens auftritt, als da sind: Belohnung, Existenz eines Belohners sowie Unsterblichkeit des zu belohnenden Subjekts, ist angesichts der grundsätzlich bestehenden Interdependenz zwischen Handeln und Glück völlig irrelevant.[34]

6.2.2.4 Ebenfalls nur aus theologischen Voraussetzungen erklären läßt sich für *Schopenhauer* *Kant*s Annahme einer Rubrik von Pflichten gegen sich selbst, und zwar sowohl historisch als auch sachlich.[35] Denn zum einen gibt es weder *Recht*spflichten gegen sich selber, da mir etwas von mir nur immer

---

[29] PGM: III, 648; vgl. 649. 650. 698. 726; WWV I: I, 701; Par I: IV, 152.
[30] *Schopenhauer* spricht diesbezüglich von einer contradictio in adiecto: PGM: III, 648. 649. 651; WWV I: I, 701; vgl. 700 f. 376 f.
[31] Vgl. PGM: III, 649.
[32] Vgl. PGM: III, 649. 643; WWV I: I, 702 f.
[33] PGM: III, 643. 649 f. 798; WWV I: I, 702. 706.
[34] Von *Kant*s Begriff des höchsten Guts sagt *Schopenhauer:* „Dieses ist aber im Grunde nichts anderes als [...] Eudaimonismos, welche[n] *Kant* als heteronomisch feierlich zur Haupttüre seines Systems hinausgeworfen hatte und die [lies: der] sich unter dem Namen *höchstes Gut* zur Hintertüre wieder hereinschleicht" (PGM: III, 649 f.). – Zur Differenzierung des Befunds bzgl. des Pflichtbegriffs siehe PGM: III, 650 f.
[35] Vgl. PGM: III, 652–654. 688 f. 691.

nach meinem Willen geschieht und dies niemals Unrecht sein kann. Anderseits kann es aber auch keine *Liebe*pflichten gegen sich selbst geben, weil die Selbstliebe schon jeweils und allem Willensentschluß zum voraus realisiert ist und so nicht als ein Gesolltes aufgestellt werden kann, dem man entspricht oder sich verweigert.

6.2.2.5 Eine weitere Bestätigung für seine Diagnose sieht *Schopenhauer* in *Kant*s Begriff der Achtung.[36] Dessen Verwendung passe nämlich nicht zu seinem Inhalt; hingegen würde „Gehorsam" genau das treffen, was *Kant* als „Achtung" beschreibt. Die strukturelle und funktionale Äquivalenz sei also offensichtlich gesucht. Der Grund dafür ist nach *Schopenhauer* allein in *Kant*s Absicht zu suchen, die theologische Provenienz seiner Ethik zu verstecken.[37]

6.2.2.6 Die von *Schopenhauer* der autonomen Ethik *Kant*s gestellte Diagnose lautet zusammengefaßt, sie beruhe auf versteckten theologischen Voraussetzungen und bezöge aus ihnen ihren Sinn. Deshalb ist auch die von *Kant* auf ihrer Grundlage postulierte Theologie, wie er sie in der ‚Kritik der praktischen Vernunft' und in der ‚Religion innerhalb der Grenzen der bloßen Vernunft' expliziert hat, für seinen Kritiker nichts anderes als die Explikation des zuvor unbewußt Implizierten.[38] „In abstracto ausgesprochen, ist Kants Verfahren dieses, daß er zum Resultat machte, was das Prinzip oder die Voraussetzung hätte sein müssen (die Theologie), und zur Voraussetzung nahm, was als Resultat hätte abgeleitet werden sollen (das Gebot)."[39]

6.2.3 Die apriorische Erkennbarkeit des moralischen Gesetzes

Das moralische Gesetz gibt *Kant* als apriorisches aus. Das bedeutet, daß nach ihm weder dessen Erkennbarkeit, noch dessen Ableitung, noch dessen Berechtigung in irgendeinem Abhängigkeitsverhältnis zur Erfahrung stehen, sie sei nun innere (Tatsache des Bewußtseins) oder äußere; vielmehr fallen alle drei in eins, nämlich in das Apriori; es sind demnach Begriffe der reinen Vernunft. Mit dieser Herkunft ist auch der rein formalistische Charakter des Sittengesetzes gegeben. Obwohl nun dieses Gesetz im wörtlichen Sinn inhaltsleer ist und sich gegenüber allen Tatsachen des menschlichen Bewußtseins wie auch gegenüber dem genannten Bereich der Außenwelt völlig indifferent verhält, soll ihm sein Hervorgang aus abstrakten Begriffen beziehungsweise aus deren Verbindung zu Urteilen Geltung, ja absolute Notwen-

---

[36] Vgl. PGM: III, 662.
[37] PGM: III, 662 wirft *Schopenhauer Kant* diesbezüglich regelrechte „Verschleierung"staktik vor, ebd. 698 spricht er zweimal von der „Vermummung" seiner Ethik und bezeichnet diese als „die verlarvte *theologische Moral*".
[38] PGM: III, 651. 698; vgl. 702–704. WWV I: I, 702. Später sah *Schopenhauer Kant*s „Moraltheologie" als taktisches Mittel an, das dazu diene, den Eindruck einer völligen Destruktion der spekulativen Theologie zu mildern (Par I: IV, 138 f; Par II: V, 260).
[39] PGM: III, 651.

digkeit verleihen.⁴⁰ Wo sollen aber derartige Abstraktionen die Kraft herhaben, „dem Drange der Begierden, dem Sturm der Leidenschaft, der Riesengröße des Egoismus Zaum und Gebiß anzulegen"⁴¹?
Auf der anderen Seite müßte man aus der Annahme, daß die Richtschnur des Tuns uns vor aller Erfahrung schon gegeben sei, genauso wie in der theoretischen Philosophie (denn von dort hat *Kant* die Methode auf die praktische übertragen) schließen dürfen, daß alle Erfahrung dieser apriorischen Erkenntnis entsprechen müßte. Das hält *Kant* jedoch selbst für unzutreffend und unmöglich. – Die Behauptung apriorischer Erkennbarkeit des Sittengesetzes wird aber nach *Schopenhauer* geradezu fatal, wenn man bedenkt, daß in *Kant*s theoretischer Philosophie die Möglichkeit apriorischer Erkenntnisse auf den Bereich möglicher Erscheinungen begrenzt worden war. Auf die praktische Vernunft übertragen, müßte das bedeuten, daß dem Sittengesetz, weil wir es a priori kennen, gleichfalls eine über die Form der Erscheinungen hinausgehende Bedeutung abgeht. Aber auch diese Schlußfolgerung steht in schärfstem Widerspruch zu *Kant*s Erklärung, das Moralische in uns stehe in engster Verbindung zum Wesen an sich.⁴²

6.2.4 Die den Menschen übersteigende Universalität des Geltungsanspruchs

Der Nachdruck, mit dem *Kant* die Gültigkeit des von ihm gefundenen Moralprinzips „für alle möglichen vernünftigen Wesen" betont und unter die letzteren die Menschen nur gleichsam nebenbei und nachträglich subsumiert, bedeutet nach *Schopenhauer*s Ansicht faktisch, daß die reine Vernunft nicht als Erkenntniskraft des Menschen genommen ist, sondern „als etwas für sich Bestehendes hypostasiert" wird⁴³. Die Berechtigung zu dieser Hypostasierung aber weise *Kant* in keiner Weise aus. Es müsse deshalb kritisch gefragt werden, ob man denn den Begriff einer Gattung bilden dürfe, bei der sämtliche ihrer Merkmale von der *einen* Art hergenommen sind. Kennen wir Menschen die Vernunft doch immer nur als eine Eigenschaft von Mitgliedern des Menschengeschlechts, nicht dagegen als Vernunft an sich noch als Vernunft anderer, nicht-menschlicher Wesen, ganz zu schweigen von dem Ansinnen, für solche außermenschlichen Wesen auch noch in abstracto Gesetze aufstellen zu wollen. Die zur Bildung des Genus „vernünftige Wesen" erforderliche Abstraktion von der Spezies Mensch müßte gerade die Möglichkeit der als Genus hypostasierten Eigenschaften aufheben, wenn das Genus – wie hier – nur in *einer* Spezies gegeben ist.
Der beträchtliche Fehler, der hier *Kant* unterlaufen sei, und sein betontes

---

[40] Vgl. PGM: III, 655 f.
[41] PGM: III, 656.
[42] Vgl. PGM: III, 658 f.
[43] PGM: III, 657 (im Original hervorgehoben).

Festhalten daran führen *Schopenhauer* zu dem Verdacht, „daß *Kant* dabei ein wenig an die lieben Engelein gedacht oder doch auf deren Beistand in der Überzeugung des Lesers gezählt habe. Jedenfalls liegt darin eine stille Voraussetzung der anima rationalis, welche, von der anima sensitiva und anima vegetativa ganz verschieden, nach dem Tode übrigbliebe und dann weiter nichts wäre als eben rationalis".[44] Gerade der letztgenannten Vorstellung aber hatte *Kant* selber in der ‚Kritik der reinen Vernunft' den Kampf angesagt.

6.2.5 Die Suffizienz der Pflicht

6.2.5.1 *Kant* selber nenne als Begründung für die Begriffe des Sollens, des Gesetzes und der Pflicht wiederum den Pflichtbegriff, so daß „Pflicht" für ihn sowohl die Verpflichtung (im Sinne des Was) als auch das Verpflichtende (im Sinne des Grundes der Verpflichtung) bedeute. Allein das „rein aus Pflicht" gelte ihm als Kriterium der Moralität; moralisch zwar nicht minderwertig, jedoch gänzlich irrelevant seien dagegen menschliche Liebe, Zuneigung, Mitleid und dergleichen Gefühle. – Diese Diskreditierung von Neigungen, insbesondere des Affekts der Liebe, steht nach *Schopenhauer* nicht nur zu zahllosen Ethiken in hartem Widerspruch, sondern auch zum moralischen Gefühl.
Pflicht ist ihrer Struktur nach, wie übrigens auch *Kant* ausdrücklich sage, etwas Befehlendes. Für die auf der Absolutsetzung derselben basierende Moral hat *Schopenhauer* deshalb die später durch *Nietzsche* so bekanntgewordene Kennzeichnung „Sklavenmoral" geprägt.[45] Von dem, der bloß aus Pflicht, ohne irgendeine Neigung zu derselben, handelt, sagt *Schopenhauer:* „daß, was dem [...] lieblosen, gegen fremde Leiden gleichgültigen Wohltäter die Hand öffnet [...], nimmermehr etwas anderes sein kann als sklavische Deisidaimonie, gleichviel ob er seinen Fetisch ‚kategorischen Imperativ' betitelt oder Vitzliputzli. Was anderes könnte denn ein hartes Herz bewegen als nur die Furcht?"[46]
6.2.5.2 Habe *Kant* für den Ausgangspunkt seiner Ethik phänomenale Evidenz beansprucht, so stelle er sich jetzt dazu in Widerspruch, indem er den Wert einer Handlung lediglich an der befolgten Maxime bemesse statt, wie es die Menschen bei der Beurteilung von Handlungen stets tun, an der Absicht.[47]
6.2.5.3 In gleiche Richtung zielt noch eine weitere Beobachtung *Schopenhauer*s. Bereits zu Beginn der *Kant*-Kritik war die Behauptung absoluter Not-

---

[44] PGM: III, 658.
[45] PGM: III, 660.
[46] PGM: III, 660 f.
[47] Vgl. PGM: III, 661.

wendigkeit des Sittengesetzes kritisiert worden, weil sie sich empirisch nicht ausweisen konnte. Hinsichtlich des Moralitätskriteriums bestätigt sich diese Kritik nun in der Feststellung, daß solche Handlungen aus reiner Pflicht sichtlich meist ausbleiben. Ja, nach *Kant*s eigenem Geständnis läßt sich nicht einmal ein einziger Fall solchen Handelns mit Sicherheit empirisch ausmachen.[48]

6.2.6 Die Verwechslung von Prinzip und Fundament der Ethik

Die *Kant*ische Moralphilosophie unterliegt – zwar nicht bei *Kant* selber, aber bei seinen Rezipienten – auch einem Fehler, den *Schopenhauer* allen bislang in der Geschichte aufgestellten Prinzipien der Moral vorwirft: Sie verwechselten oder verknüpften doch wenigstens in unzulässiger Weise den obersten Grundsatz der Ethik, also deren Inhalt, mit der Begründung der Verpflichtung beziehungsweise der Bewertung der als moralisch bezeichneten Handlungsweise.[49] Das geschieht meistens durch eine verklausulierte Formulierung des obersten Grundsatzes, aus der das eigentliche Prinzip dann erst geschlußfolgert werden muß. Durch den Umweg des Schließens entsteht der Anschein, außer dem Grundsatz sei auch schon sein Worumwillen Objekt der logischen Anstrengung gewesen. Weil die Ableitung schwierig aussieht, das Resultat aber mit dem eigenen moralischen Gefühl übereinstimmt, macht man die Vertrauensvorgabe, die Ableitung werde schon richtig sein. Gibt aber denn beispielsweise die sogenannte Goldene Regel einen Grund dafür, daß ich anderen nicht tun soll, wovon ich nicht will, daß es mir zugefügt werde?

Bei *Kant* selber findet sich dieser Fehler laut *Schopenhauer* zwar nicht. Doch gab er einerseits durch die sehr enge Verknüpfung zwischen Prinzip und Fundament in der Formulierung, anderseits durch mißverständliche, substantieller klingende Andeutungen in seinen späteren Werken[50] Anlaß, daß bei seinen Adepten der Eindruck entstehen konnte und mußte, die Begründung für den Kategorischen Imperativ bestehe in dessen Nachweis als ursprünglich-unmittelbare Tatsache des Bewußtseins oder gar in einem Appell an das moralische Gefühl. Das jedoch sind empirische Begründungen, was wiederum *Kant*s Behauptung widerspricht, bei seinem Moralprinzip handele es sich um einen synthetischen Satz a priori, und das heißt doch: um einen Satz, der weder auf etwas Empirischem in der Außenwelt noch auf etwas Subjektivem im Bewußtsein beruhe.[51] Selbst der von ihm autorisierte *Reinhold* sei diesem Irrtum erlegen.

[48] *Kant*, Grundlegung zur Metaphysik der Sitten, B 48; vgl. PGM: III, 661.
[49] Vgl. PGM: III, 662–667. Es handelt sich um einen speziellen Aspekt dessen, was *D. Hume* als „naturalistischen Fehlschluß" kritisiert hat.
[50] Vgl. dazu 6.2.8.3 dieses Kapitels.
[51] PGM: III, 664 f; vgl. 671–679.

6.2.7 Die reine praktische Vernunft als Reminiszenz aus der rationalen Psychologie der vorkantischen Tradition

Obschon *Kant* nach der Vorarbeit von *Spinoza* und *Locke* die klassisch-methaphysische, besonders durch *Descartes* zur Vollendung geführte rationale Psychologie endgültig destruiert habe, lebt sie nach *Schopenhauer* ausgerechnet in der *Kant*ischen Lehre von der Autonomie des Willens noch weiter.[52] Sie war gekennzeichnet durch einen scharfen Dualismus zwischen Materie und Geist, zwischen Leib und Seele beziehungsweise – bei *Descartes* – zwischen res extensa und res cogitans; ferner durch die Prävalenz des Erkennens vor dem Wollen. Beides hat seine Wurzel vor allem in dem Interesse, dem Menschen Unsterblichkeit zuzusprechen. Die genannten Prämissen boten nun auch – und darin liegt ein drittes Charakteristikum der rationalen Psychologie – den Grund für die nach *Schopenhauer* aller Evidenz widersprechende Annahme einer radikalen Verschiedenheit von Mensch und Tier; sie suchte man empirisch dadurch zu stützen, daß man das quantitative Mehr im Grade der Intelligenz, das im Vermögen abstrakter Erkenntnis oder in der Vernunft besteht, trotz aller somatischen und psychischen Gleichartigkeit zu etwas qualitativ Höherem machte und infolgedessen als das Primäre, Entscheidende, Wesentliche ausgab.[53] Entsprechend galten die Willensakte als von höherer oder niederer Art, je nachdem die immaterielle, unsterbliche Seele rein für sich oder aber vermischt mit dem materiellen Leib, und das heißt vor allem mit Sinnlichkeit, erkennt und will. Weil sich der durch Anschauung bestimmte Wille nicht nur von der reinen Vernunft leiten läßt, ja sich ihr häufig entgegensetzt, ist er im Sinne der skizzierten Ausgangsposition qualitativ minderwertiger.

Ganz in diesem Schema verbleibend, erkennt auch *Kant*s reine praktische Vernunft beziehungsweise die Autonomie des Willens als deren Stimme nur formelle und keine materialen Bestimmungsgründe an, ja sie stellt sich als erste Aufgabe, den letzteren entgegenzuwirken.

6.2.8 Das Fundament des Kantischen Moralprinzips

Dadurch daß *Kant* alles Empirische ausgeschlossen hat, bleibt ihm *Schopenhauer* zufolge als Inhalt des Gesetzes nichts als dessen Form; diese ist eben die Gesetzmäßigkeit selber, deren Merkmal wiederum die Allgemeingültigkeit. Daß die Allgemeingültigkeit der Inhalt des Gesetzes ist, läßt sich auch so ausdrücken: „Handle nur nach der Maxime, von der du zugleich wollen kannst, daß sie allgemeines Gesetz für alle vernünftige[n] Wesen

---

[52] Vgl. PGM: III, 679–683.
[53] Vgl. PGM: III, 773–780; vgl. WWV I: I, 403. 656–658. 693 f. WWV II: II, 258. 348–351.

werde."[54] – Genau dies ist *Kant*s ganze Begründung des Moralprinzips.[55] Trotz der großen Ähnlichkeit sei dieser Satz nicht gleichbedeutend mit dem eigentlichen Kategorischen Imperativ, sondern begründe diesen.
6.2.8.1 An dieser von *Kant* gegebenen Begründung findet *Schopenhauer* zunächst kritikbedürftig, daß sie ihre Voraus-Setzung: „daß der Mensch ganz von selbst auf den Einfall käme, sich nach einem *Gesetz* für seinen Willen, dem dieser sich zu unterwerfen und zu fügen hätte, umzusehn und zu erkundigen"[56], überhaupt nicht ausweise. Solch ein Einfall könnte dem Menschen doch nur kommen, wenn eine andere „ungerufen auf ihn wirkende"[57] moralische Triebfeder ihn dazu veranlaßte, eine Bedingung, die *Kant* aber gerade ausschließen möchte. Gäbe es nun aber, wie *Kant* meint, keine andere moralische Triebfeder mehr außer dem rein aus Vernunft begründeten Kategorischen Imperativ, so müßte der Egoismus zum ausschließlichen Leitfaden menschlichen Handelns werden, weil nicht einzusehen wäre, warum der Mensch nach einem sein Wollen einschränkenden Gesetz fragen und ihm sich unterwerfen sollte. Denn Vernünftigkeit und Moralität des Handelns sind keineswegs notwendig miteinander verknüpft; „vielmehr kann man höchst vernünftig, also überlegt, besonnen, konsequent, planvoll und methodisch zu Werke gehn, dabei aber doch die eigennützigsten, ungerechtesten, sogar ruchlosesten Maximen befolgen"[58]. Die unleugbare Tatsache einer empirisch festzustellenden Disziplinierung der rein egoistischen Willensmomente, also das, was *Schopenhauer* in Übereinstimmung mit *Kant* als moralisch gut bezeichnet, verlange eine entsprechende Ursache. Das könne aber nur eine „ungerufen sich ankündigen[de]"[59] und – weil die Moral es mit dem wirklichen Handeln zu tun hat – reale (was bei *Schopenhauer* gleichbedeutend ist mit:), empirisch vorhandene Triebfeder sein.
6.2.8.2 Der erste und ureigenste Gegenstandsbereich der Moraltheorie ist *Schopenhauer* zufolge also das „wirkliche" Handeln des Menschen, nicht ein „apriorischer Kartenhäuserbau", „an dessen Ergebnisse sich im Ernste und Drange des Lebens kein Mensch kehren würde, deren Wirkung daher dem Sturm der Leidenschaften gegenüber soviel sein würde wie die Klistierspritze bei einer Feuerbrunst"[60]. Was *Kant* sich als Verdienst zurechnet, daß er nämlich ausschließlich auf rein apriorische Begriffe ohne realen Gehalt und ohne empirische Grundlage rekurriere und daß deshalb sein Moralprinzip für alle Vernunftwesen gelte, erweist sich, an dieser Sinnbestimmung

---

[54] PGM: III, 668; *Schopenhauer* bezieht sich offenkundig auf: Grundlegung zur Metaphysik der Sitten, B 52, weicht allerdings vom Wortlaut geringfügig ab.
[55] Vgl. PGM: III, 668.
[56] PGM: III, 669.
[57] PGM: III, 669; vgl. 670.
[58] PGM: III, 677. Vgl. 678; WWV I: I, 140. 689–691.
[59] PGM: III, 670.
[60] PGM: III, 670.

von Ethik bemessen, als Mangel an Wirklichkeitsgehalt und folglich auch an Wirksamkeit, als Unfähigkeit, konkrete Menschen zu konkretem Handeln zu veranlassen.[61] Die Kritik der Grundlage der *Kant*ischen Moral betrifft konsequenterweise auch die darauf errichtete Freiheitslehre. Die Grundlage der Moral und die Freiheit werden von *Kant* ja durch den postulatorischen Schluß verbunden: Du kannst, denn du sollst. Was aber – so *Schopenhauer* – hilft ein reines Postulat für die Bewältigung der empirischen Wirklichkeit, wenn doch sogar *Kant* selbst eingesteht, daß sich in den menschlichen Handlungen niemals empirisch Freiheit feststellen läßt?[62]

6.2.8.3 Wie schon bei der Kritik der latenten Theonomik prüft *Schopenhauer Kant*s Theorie daraufhin, ob eine bestimmte Behauptung in seinem Werk streng durchgehalten wird, oder ob sich nicht die verdrängte Einsicht an anderer Stelle und eventuell kaschiert doch Bahn gebrochen hat. Und wie er dort die geleugnete Theonomie samt ihrem Eudämonismus im Begriff des höchsten Guts bloßgestellt sah, sieht er bezüglich des Fundaments nicht unerhebliche Modifikationen in den späteren Schriften gegenüber der ursprünglichen Beschreibung desselben. Wenn etwa in der ‚Kritik der praktischen Vernunft' das Sittengesetz „gleichsam [...] ein Faktum der reinen Vernunft"[63] genannt werde, obwohl doch sonst Faktizität und vernünftige Intelligibilität streng entgegengesetzt werden, verliere die ursprüngliche Konzeption zumindest an Eindeutigkeit. Das habe zur Folge gehabt, daß die Adepten aus beiläufig Gesagtem hermeneutische Grundsätze machten und zu der in 6.2.6 kritisierten Interpretation gelangen konnten.[64] Die praktische Vernunft mitsamt dem Kategorischen Imperativ sei den meisten Kantianern als ein nicht weiter zurückführbares, besonderes Vermögen erschienen, „als eine hyperphysische Tatsache, als ein delphischer Tempel im menschlichen Gemüt, aus dessen finsterem Heiligtum Orakelsprüche, zwar leider nicht, was geschehn *wird*, aber doch, was geschehn *soll*, untrüglich verkündigen. Diese einmal angenommene oder vielmehr erschlichene und ertrotzte *Unmittelbarkeit der praktischen Vernunft* wurde späterhin leider auch auf die *theoretische* übertragen"[65], so, als sei die Vernunft das Organ, um die

---

[61] Vgl. PGM: III, 670.
[62] Vgl. PGM: III, 671; Preisschrift über die Freiheit des Willens (abgekürzt: PFW), in: Sämtliche Werke, III, 594. Obwohl die Kritik hier speziell den Freiheitsbegriff *Kant*s betrifft, steht die Argumentation doch in nicht geringer Spannung zu *Schopenhauer*s Lob der *Kant*ischen Lösung des Problems Freiheit und Determimation und seiner eigenen Rede von Freiheit in „höherer Absicht" (s. 6.5.5 und 6.5.6).
[63] A 81.
[64] Vgl. PGM: III, 672–679.
[65] PGM: III, 673. Vgl. Über den Willen in der Natur: III, 473. Zur Kritik des idealistischen Vernunftbegriffs s. PGM: III, 668 f. 673–679. Der Vorwurf läuft faktisch auf die Kritik der unvermittelten Trennung zwischen theoretischer und praktischer Vernunft hinaus (s. auch WWV I: I, 699 f.; Par I: IV, 104).

Dinge jenseits aller Erfahrung, die letzten Gründe aller Dinge, das Absolute, zu erkennen. Der Annahme jedoch, es gebe eine dem Menschen angeborene und seine Vernunft konstituierende Metaphysik, stehen nach *Schopenhauer* bereits die Vielzahl und der riesige Dissens zwischen den Religionen und philosophischen Systemen und noch einmal innerhalb derselben unüberwindbar entgegen.[66]

6.2.9 *Der Kategorische Imperativ als oberster Grundsatz der Moral*

6.2.9.1 Im Kategorischen Imperativ sieht *Schopenhauer* weniger das Moralprinzip selbst als eine oberste heuristische Regel, die angibt, wo das Moralprinzip zu finden sei. Letzteres ist für ihn strenggenommen erst da wirklich vorhanden, wo einer von seiner individuellen Maxime wollen kann, daß nach ihr alle handelten. Wollen tue ich aber stets, was für mich in einer bestimmten Hinsicht am besten erscheint, auch wenn ich (wie im Fall des Kategorischen Imperativs) den Gesichtskreis über meine Einzelheit und die Einmaligkeit meiner konkreten Lage hinaus erweitere und sämtliche strukturell ähnlichen Situationen mit vertauschten Rollen durchspiele. Das, was mein Wollenkönnen jeweils bestimmen soll, ist also im Grunde nichts anderes als mein Egoismus, der sich lediglich dadurch von dem vulgären unterscheidet, daß er nicht auf blinde Sofortbefriedigung ausgeht, sondern klüger die Ganzheit möglicher künftiger Situationen in sein Kalkül einbezieht. Lediglich der Wunsch, im Eventualfall mit anderen bestimmte positive Erfahrungen zu machen, ist somit der Grund meines moralischen Verhaltens, und nicht dieses selber.[67] Derart enthalten *Kant*s Formulierungen des Kategorischen Imperativs, die jedes Element von Eigennutz auszuschließen scheinen, im „Wollenkönnen" versteckt und wider ihre ausdrückliche Absicht den Egoismus und erheben ihn zum Regulativ, das erlaubt, das eigentliche Moralprinzip aufzufinden.

Auch hier gelingt es *Schopenhauer,* eine Reihe von Stellen aus *Kant* anzuführen[68], die zeigen, wie dieser zunehmend unverhüllter die moralische Verpflichtung ganz auf Reziprozität (welche aber nur für eine besonders kluge Spielart des Egoismus gelten kann) stellt und darin gerade gegen seinen eigenen Anspruch auf reine Apriorizität verstößt.

6.2.9.2 Die skizzierte Analyse bestätigt für *Schopenhauer* den bereits bei der Untersuchung der theonomen Strukturen ermittelten Befund: Der von *Kant* als kategorisch reklamierte Imperativ ist in Wirklichkeit ein hypothetischer. Denn nur unter der Bedingung, daß ich selbst einmal der passive Teil sein könnte, halte ich Ungerechtigkeit und Lieblosigkeit nicht für wünschens-

---

[66] Vgl. PGM: III, 678 f.
[67] Vgl. PGM: III, 683–687; WWV I, 702–704.
[68] PGM: III, 684–686; WWV I: I, 703 f.

wert.[69] Verneint man jedoch für die eigene Person diese Bedingung, so kann man sehr wohl Ungerechtigkeit und Lieblosigkeit als allgemeine Maxime wollen, es sei denn, es gäbe noch ein anderes Fundament der Moral als das *Kant*ische.

6.2.10 Der metaphysische Substantialismus der Begriffe „Ziel" und „Wert"

Die erste abgeleitete Form von *Kant*s oberstem Grundsatz hat den Menschen „als Zweck an sich selbst"[70] zum Inhalt und verbietet dessen Benutzung als Mittel. Der Ausdruck „Zweck an sich selbst" wie auch der andere an seiner Stelle gebrauchte eines „absoluten Wertes"[71] enthalten nach *Schopenhauer*s Ansicht einen Widerspruch zu sich selbst, da „Zweck" wie „Wert" konstitutiv relationale und komparative Begriffe sind.[72] Hinter diesem formallogischen Verstoß zeigt sich laut *Schopenhauer* einmal mehr das nur der Intention nach enttheologisierte, in Wirklichkeit aber theonom gebliebene Grundkonzept.

6.2.11 Der Ausschluß der vernunftlosen Wesen aus dem Objektbereich der Ethik

Außer dem logischen Fehler bemängelt *Schopenhauer* am *Kant*ischen Begriff des „Zweck an sich selbst" die Beschränkung des Benutzungs-Verbots auf die Vernunftwesen. Er vermag keinen Grund zu erkennen, warum die Tiere nicht dem gleichen Schutz wie die vernünftigen Lebewesen unterstehen sollen oder warum sie wie bei *Kant* nur insofern geschützt sein sollen, als die Mißhandlung der Tiere zugleich das menschliche Mitleid abstumpft und so die Reziprozitätsfähigkeit schwächt.[73/74] – Auch diese willkürliche Abgrenzung führt *Schopenhauer* auf die theologische beziehungsweise biblische Moral zurück. Denn für sie gälten die Tiere lediglich als Sachen, als Mittel zu beliebigen Zwecken. „Pfui! über eine solche Parias-, Schandalas- und Mletschas-Moral."[75]

---

[69] Vgl. PGM: III, 686.
[70] Grundlegung zur Metaphysik der Sitten, B 66. 69 u. ö.
[71] Grundlegung zur Metaphysik der Sitten, B 65 u. a.
[72] Vgl. PGM: III, 689 f. 695 f.
[73] Z. B. Grundlegung zur Metaphysik der Sitten, B 65; Metaphysik der Sitten. Tugendlehre, A 106–108.
[74] PGM: III, 690 f.; vgl. 773–780; Par II: V, 437–445.
[75] PGM: III, 691.

6.2.12 Autonomie des Willens

Die dritte Form des Kategorischen Imperativs, das Autonomieprinzip, besagt, ein Handeln beziehungsweise Wollen aus Pflicht könne nur ein solches sein, das sich von allem Interesse losgesagt habe; die Mißachtung dieser notwendigen und vollständigen Abstinenz von Interessen ist der zentrale Vorwurf, den *Kant* der ethischen Tradition vor ihm gemacht hatte. Demgegenüber weist *Schopenhauer* darauf hin, Interesse sei die Einwirkung eines Motivs auf den Willen, beides seien also Synonyma: ohne Motiv könne es überhaupt kein Wollen geben. „Wo also ein *Motiv* den Willen bewegt, da hat er ein *Interesse:* wo ihn aber kein Motiv bewegt, da kann er wahrlich sowenig handeln, als ein Stein ohne Stoß oder Zug von der Stelle kann."[76] „Das Postulat der Autonomie bleibt [also] die Moralität schuldig, für die es einsteht."[77] Die Frage, welches elementare Interesse sich hinter der *Kant*ischen Annahme einer Gattung von motiv-losen Handlungen verbirgt, führt *Schopenhauer* wieder auf *Kants* großes, faktisch aber nicht gelungenes Vorhaben, eine nichttheologische Ethik zu begründen, zurück.

6.2.13 Der Begriff der „Würde des Menschen"

Daß der Mensch das Gesetz, dem er folgen soll, sich selbst gegeben hat (das heißt Autonomie), macht nach *Kant* seine „Würde" aus. Er will darunter einen „unbedingten, unvergleichbaren Wert" verstanden wissen[78]. Deshalb trifft nach *Schopenhauer* diesen Begriff genauso wie schon früher „Wert" und „Ziel" der Vorwurf, es mangle ihm an Realität, weil er doch nur im Bezug zu anderen Größen mit Inhalt gefüllt sei[79]. Eben das aber schließt *Kant* im Attribut seiner Definition aus.

6.2.14 Das Unvermögen, die Frage nach der Möglichkeit eines Kategorischen Imperativs zu beantworten

Kant betont sehr nachdrücklich, daß das Praktisch-Werden der reinen Vernunft seiner Möglichkeit nach nicht begriffen werden könne.[80] Für solche

---

[76] PGM: III, 694. In Übereinstimmung mit *Kant* schließt *Schopenhauer* allerdings das egoistische Interesse aus der Moralität aus (s. unten).
[77] *Schweppenhäuser* 1972, 26.
Weil *Kant* die Autonomie falsch begründete und dadurch die Ethik alten und neuen Heteronomien auslieferte, die sich jetzt sogar mit dem Anspruch reiner Vernünftigkeit schmücken konnten, vermeidet *Schopenhauer* tunlichst den Autonomie-Begriff zur Charakterisierung seiner eigenen Moralphilosophie, obschon er der legitime Vollender des *Kant*ischen Gedankens sein will (vgl. etwa WWV I: I, 10 f. 563. 672 f; PGM: III, 641; Par I: IV, 166. u. a.).
[78] Grundlegung zur Metaphysik der Sitten, B 79.
[79] Vgl. PGM: III, 695 f.; Par II: V, 239 f.
[80] Grundlegung zur Metaphysik der Sitten, B 124 f u. a.

Fälle, wo etwas als existent Behauptetes schon nicht seiner Möglichkeit nach begriffen werden kann, fordert *Schopenhauer*, daß es dann wenigstens in seiner faktischen Wirklichkeit nachgewiesen werden müsse. Doch hat *Kant* auch diesen empirischen Weg als aporetisch abgelehnt. *Schopenhauer* zieht daraus den Schluß, „daß, was weder *als möglich* begriffen noch *als wirklich* nachgewiesen werden kann, keine Beglaubigung seines Daseins hat"[81]. –
Die Analyse und die sich in deren Verlauf ergebenden Einwendungen führen *Schopenhauer* zu dem zusammenfassenden Urteil, der Kategorische Imperativ sei nichts anderes als „ein erkünsteltes Substitut der theologischen Moral, zu welcher es sich verhält wie ein hölzernes Bein zu einem lebendigen"[82].

6.2.15 Die „dramatisch-juridische Form" der Lehre vom Gewissen

In der *Kant*ischen Morallehre entspricht dem Spruch des Kategorischen Imperativs vor der Tat der Spruch des Gewissens nach derselben. *Kant* stellt das Gewissen in Analogie zu einem Gerichtshof dar, in dem es Prozeß, Richter, Ankläger, Verteidiger und Urteilsverkündung gibt.[83] Wenn nun, so *Kant*, Angeklagter und Richter dieselbe Person wären, könnte der Ankläger notwendig nie zu seinem Recht kommen. Deshalb dürfe man den Richter nicht als mit uns identisch auffassen, ja man müsse sich diesen von uns Verschiedenen als allwissenden Herzenskündiger vorstellen.
Wenn sich im Innern des Menschen wirklich solch ein juridischer Vorgang abspielte, wäre es für *Schopenhauer* unerklärlich, warum dann noch irgend jemand gegen das Gewissen handelt, was aber doch häufig geschieht. „Denn eine solche übernatürliche Anstalt ganz eigener Art in unserm Selbstbewußtsein, ein solches vermummtes Femgericht im geheimnisvollen Dunkel unsers Innern müßte jedem ein Grausen und eine Deisidaimonie einjagen, die ihn wahrlich abhielte, kurze, flüchtige Vorteile zu ergreifen gegen das Verbot und unter den Drohungen übernatürlicher, sich so deutlich und so nahe ankündigender furchtbarer Mächte."[84] Darüber hinaus kann die Gerichtsform für die Sache der moralischen Selbstbeurteilung gar nicht als eigentümlich und wesentlich reklamiert werden; sie erweist sich vielmehr als allgemeine Modellvorstellung, die auf jede Reflexion über Getanes anwendbar ist, beruhe es auf Aberglaube, Irrtum, Klugheit oder Egoismus[85]. Endlich bestreitet *Schopenhauer*, daß die Personalunion von Richter und Angeklagtem den Ankläger notwendig verlieren lassen müsse; denn mit gleichem Recht

---

[81] PGM: III, 697.
[82] PGM: III, 697.
[83] Metaphysik der Sitten. Tugendlehre, A 98–103.
[84] PGM: III, 700. Interessanterweise bezweifelt *Schopenhauer* auch, ob die von *Kant* verwendete lateinisch-juridische Terminologie überhaupt geeignet sei, „die geheimsten Regungen des menschlichen Herzens wiederzugeben" (ebd.).
[85] Vgl. PGM 701 f. 703.

könne man sich bei Fällen, die nur unter dem Aspekt der Klugheit beziehungsweise des Egoismus zu beurteilen sind, ein Gerichtsurteil vorstellen, und doch halte es in diesen Fällen niemand für nötig, sich den Richter als eine vom Ankläger verschiedene, objektive Person zu denken[86]. *Schopenhauer* glaubt deshalb in *Kant*s Argument einen „Winkelzug"[87] erkennen zu können, um die in der Erkenntniskritik ausgeschlossene Theologie durch die Hintertür – wenn auch nur als subjektiv notwendige Form der moralischen Vergewisserung – wieder einzuführen.

6.2.16 Zusammenfassende Würdigung

Schopenhauer beansprucht, mit dieser Kritik aufgezeigt zu haben, daß die historische Zäsur zwischen theologischen und rein philosophisch begründeten Moralen nicht bei *Kant* zu ziehen ist, sondern bei ihm selbst. Trotz der stattlichen Zahl gravierender Einwände hält er jedoch die *Kant*ische Ethik für die beste, die bislang entwickelt wurde[88]. In ethischer Hinsicht sind es vor allem zwei Punkte, die er ausgiebig würdigt: Das *Erste* ist der Versuch, die Moralität von allem Eudämonismus, namentlich auch dem theologischen, zu lösen.[89] Der Ruhm, eine moralisch „reine", von den Gesetzen der Erscheinung unabhängige Ethik gesucht zu haben, bleibe *Kant*, auch wenn sich in einer tieferen Analyse gezeigt habe, daß ihm die Durchführung seines Vorhabens nicht gelungen sei, sein ethischer Gedanke vielmehr in Fundament, Struktur, Geltung und zum Teil auch in den Inhalten „eine bloße Verkleidung der theologischen Moral"[90] sei.

Das *Zweite*, was *Schopenhauer* an *Kant* schätzt, ist die Lösung der alten Streitfrage, wie Freiheit und Notwendigkeit im handelnden Subjekt zusammenbestehen können.[91] Sie sei ihm durch die Unterscheidung zwischen (der durch das Kausalitätsgesetz beherrschten) Erscheinung und dem Ding an sich voll gelungen. Zwar sei sein Freiheitsbegriff zweifelhaft, doch sei er im Bereich der Erscheinung davon ausgegangen, daß der Wille durch zureichende Motive zu Handlungen bestimmt wird.

---

[86] Vgl. PGM: III, 702 f.
[87] PGM: III, 702; weniger scharf: „Willkürlichkeit", „ganz ungegründete Annahmen" (beides: PGM: III, 703).
[88] Vgl. PGM: III, 640–642. 715; WWV I: I 563.
[89] PGM: III, 640. 642 f.; WWV I: I, 570. 573. 570–574. 701.
[90] PGM: III, 715. – Zur kritischen Überprüfung von *Schopenhauer*s *Kant*-Auslegung vgl. *Salaquarda* 1975.
[91] PFW: III, 605–607. 608. 621–624; PGM: III, 644 f. 704–708. 789; WWV I: I, 398 f. 672–680; WWV II: II, 224 f. Vgl. WWV I, 564–570. 574. 585 f. 590.

6.3 Die Kritik der nachkantischen Philosophie

An mehreren Stellen gibt *Schopenhauer* selbstbewußt seiner Überzeugung Ausdruck, daß sich zwischen *Kant* und ihm selbst in der Philosophie nichts Nennenswertes getan habe[92]. Eine Erörterung und kritische Auseinandersetzung mit der nachkantischen Philosophie erspart er sich deshalb so gut wie ganz; an ihrer Stelle findet man eine verbitterte und aggressive, aber keineswegs klärende Polemik. Mit jenen „plures recentioris aetatis summi philosophi", deren „unziemliche Erwähnung" einer der Gründe war, weshalb *Schopenhauers* Preisschrift über die Grundlage der Moral von der Dänischen Gesellschaft der Wissenschaften abgelehnt wurde[93], sind besonders *Fichte, Schelling* und *Hegel* gemeint. Nur in bezug auf den Erstgenannten als einen „Talent-Mann"[94] sind bei *Schopenhauer* Ansatzpunkte zu einer argumentativen Auseinandersetzung erkennbar, während die beiden anderen fast ausschließlich mit beißender Ironie und regelrechten Schmähungen erwähnt werden[95].

6.3.1 Die Kritik an Fichte

Das Gesamturteil über *Fichte* lautet, er habe die *Kant*ische Ethik übernommen, sie dabei aber in allem Revisionsbedürftigen überboten, so daß seine Sittenlehre zum „Vergrößerungsspiegel der Fehler der Kantischen"[96] geworden sei. Außer „philosophischer Mystifikation", „moralischer Pedanterie", einer Vielzahl von Widersprüchen und Trivialitäten, der „Christian-Wolffischen Breite und Landweiligkeit", „windbeutelnde[n] Superlative[n], [...] Extravaganzen und [dem] [...] unter der Larve des Tiefsinns auftretenden Unsinn seiner ‚Grundlage der gesamten Wissenschaftslehre'", und dergleichen mehr[97] konstatiert *Schopenhauer* eine gravierende Radikalisierung und Totalisierung *Kant*ischer Mängel bei *Fichte* vor allem in folgenden Punkten:

6.3.1.1 „Moralischer Fatalismus"[98]:
Jener Imperativ, der bei *Kant* noch als „kategorischer" gilt, wird nach *Schopenhauer* bei *Fichte* „despotisch" durch dessen unablässige Betonung des ab-

---
[92] Z. B. WWV I: I, 562 f.; PGM: III, 640–642.
[93] Vgl. PGM: III, 814 f.
[94] „Vorrede zur ersten Auflage" der unter dem Titel „Die beiden Grundprobleme der Ethik" gemeinsam veröffentlichten PFW und PGM, III, 495; PGM: III, 675.
[95] Einige besonders kräftige Passagen seien aufgezählt: WWV I: I, 17 f. 22. 60 f. 566. 579 f. 589 f; Über die vierfache Wurzel des Satzes vom Grunde, in: Sämtliche Werke, III, 138 f. 142 f; Vorrede zur ersten Auflage, a. a. O.: III, 494–513; PFW: III, 607–611; PGM: III, 674 f. 802; Par I: IV, 120–122. 168–170. 171–242 („Über die Universitäts-Philosophie").
[96] PGM: III, 710; vgl. 710–715.
[97] Z. B. WWV I: I, 68. 579. 588 f; Über den Willen in der Natur, in: Sämtliche Werke, III, 473; PGM: III, 710–715; Par I: IV, 119 f. 169 f.
[98] Über den Willen in der Natur: III, 473; PGM: III, 711 f.

soluten Sollens, der Gesetzgebung der Vernunft und des Sittengesetzes und seiner Geltung für jede Situation, für schlechthin jeden Menschen und für diesen wiederum gänzlich. Von Fatalismus spricht *Schopenhauer* deshalb, weil ja all die unablässigen moralischen Akte nach *Fichte* als Medium zur – selbst nicht einmal empirisch erfahrbaren, sondern nur notwendig postulierten – „Beförderung des Vernunftzwecks"[99] dienen. *Schopenhauer* apostrophiert diese übersinnliche perfektible moralische Ordnung als „Weltkomödie [...], zu welcher wir die bloßen Drahtpuppen [sind] [...] und nichts weiter"[100].

6.3.1.2 Der kategorische Imperativ als „absolutes Postulat":
Auch *Fichte* verwechselt nach *Schopenhauer* wie die meisten Kantianer und die ganze vorkantische Tradition Prinzip und Fundament der Ethik, wenn er die praktische Vernunft als nicht weiter zurückführbares Vermögen deklariert und den Kategorischen Imperativ für etwas kraft intellektueller Anschauung unmittelbar Gewisses hält. Träfe letzteres nämlich zu, so handelte es sich sogar um eine empirische Begründung. Davon abgesehen, daß eine solche gegen *Kant*s ausdrückliche Erklärungen verstieße, stünde sie dann auch im Widerspruch zu der vorausgehenden Behauptung, die praktische Vernunft ließe sich nicht mehr weiter zurückführen. Der so verstandene Kategorische Imperativ ist für *Schopenhauer* demnach eine logische Erschleichung.[101] *Fichte* scheine diese Widersprüchlichkeit bemerkt zu haben, denn er nenne – wohl um sie zu vermeiden – den Kategorischen Imperativ ein „absolutes Postulat"[102], was ihn wiederum nicht daran hindere, ihn dennoch als eine ausgemachte Sache beizubehalten.

6.3.1.3 Die Verschiebung vom Indifferenten zum moralisch Negativen:
Hatte sich *Kant* darauf beschränkt, das von Sympathie, Mitleid und ähnlichem motivierte Handeln als moralisch bedeutungslos und neutral zu bezeichnen, so qualifiziere *Fichte* es dagegen als ausgesprochen unmoralisch.[103]

6.3.1.4 Die Rehabilitierung des liberum arbitrium indifferentiae:
*Fichte*s unverzeihlichster Fehler aber und zugleich ein Schritt hinter *Kant* zurück ist es in *Schopenhauer*s Augen, daß er der Freiheit wieder einen Platz zwischen Gedanke (beziehungsweise Motivation) und Handeln eingeräumt hat.[104/105]

---

[99] Z. B. *Fichte,* Das System der Sittenlehre nach den Prinzipien der Wissenschaftslehre, in: Sämtliche Werke, IV, 268. 277.
[100] PGM: III, 711; vgl. 765.
[101] Vgl. WWV I: I, 17; PGM: III, 667. 668 f. 672 f.
[102] Zur erkenntnistheoretischen Kritik an *Fichte*s Idealismus vgl. WWV I: I, 44–51. 68–71. 187. 588 f.; WWV II: II, 241; Par I: IV, 119.
[103] Vgl. PGM: III, 712 f.
[104] Vgl. PFW: III, 563 f. 610 f.; PGM: III, 713. 790.
[105] Zur erkenntnistheoretischen Kritik an *Fichte*s Idealismus vgl. WWV I: I, 44–51. 68–71. 187. 588 f; WWV II: II, 241; Par I: IV, 119.

6.3.1.5 Metakritisches:

Bei seiner scharfen Abrechnung mit *Fichte* übersieht *Schopenhauer* völlig, daß auch *Fichte* nicht einfach als Adept *Kant*s angesehen werden kann, sondern daß auch er die *Kant*ische Philosophie in entscheidenden Stücken kritisiert hat. In einigen Punkten stellen *Fichte* und *Schopenhauer* obendrein dieselbe Diagnose[106], weichen allerdings unter Umständen in dem jeweils eingeschlagenen Lösungsweg diametral voneinander ab. Beide stimmen zum Beispiel überein in der Kritik an der Trennung von theoretischer und praktischer Vernunft; bei beiden wird *Kant*s Lehre vom Primat der praktischen Vernunft in *der* Richtung weiterentwickelt, daß „die reine Tätigkeit" (*Fichte*) beziehungsweise der „Wille" (*Schopenhauer*) das Ursprünglichste sei und Vorstellung beziehungsweise Denken überhaupt erst hervorbringe; beide verwahren sich gegen den metaphysischen Substantialismus zumindest in der Ethik, wie ihn *Kant* an manchen Stellen nahezulegen scheint und wie seine Anhänger ihn jedenfalls verstanden. In der Erkenntnistheorie hingegen stimmt *Schopenhauer* weitgehend mit den strengen Kantianern zusammen, der Begriff „Ding an sich" hat dort – im Gegensatz zu *Fichte* – unbestrittene Gültigkeit.

6.3.2 Die Stellung zu Feuerbach

Nur an einer einzigen Stelle in den gesamten, zu Lebzeiten veröffentlichten Werken *Schopenhauer*s findet *Feuerbach* ausdrücklich Erwähnung. Es handelt sich bei dieser Nennung in der PGM um ein Zitat aus dem ‚Pierre Bayle‘, das als Beleg dafür dienen soll, daß in der zeitgenössischen deutschen Philosophie *Fichte* stets neben *Kant,* ja als dessen Überbietung genannt werde, obwohl der wahre Grund für *Fichte*s Ansehen doch nur im Vortäuschen von Tiefsinn liege.[107] Die dem Namen *Feuerbach*s hinzugefügte und auch in der stark veränderten zweiten Auflage von 1860 nicht modifizierte Apposition „ein Hegelianer (c'est tout dire)" läßt nach den oben erwähnten Ausfällen erwarten, daß *Schopenhauer* *Feuerbach* und seine auf den ‚Bayle‘ folgenden wichtigeren Publikationen der Beachtung erst gar nicht für würdig hielt. Aus Gesprächsnotizen und aus seinem glossierten privaten Exemplar wissen wir allerdings, daß er das ‚Wesen des Christentums‘ dennoch genau gelesen hat.

---

[106] Gegen den Vorwurf mangelnder Originalität, der sich auf die Feststellung solcher Verwandtschaft mit der von ihm verworfenen nach*Kant*ischen Philosophie bezog, mußte sich *Schopenhauer* schon zu Lebzeiten verteidigen (s. besonders Par I: IV, 165–168). Dennoch bleibt der Versuch älterer Arbeiten, zwischen *Fichte* und *Schopenhauer* einen starken Einfluß zu erweisen, recht unergiebig, weil nicht nur starke sachliche und methodische Differenzen sowie *Schopenhauer*s Selbstverständnis dem entgegenstehen, sondern der Nachweis über Indizien nicht hinauskommt; für die Erklärung der Übereinstimmung aber reicht das gemeinsame Ausgehen von *Kant* völlig hin. Beispiele für solche Versuche sind: *Willy* 1883, 41–76; *Wapler* 1905, 511–520.

[107] PGM: III, 714; vgl. auch Par I: IV, 224.

Gemeinsamkeiten zwischen beiden Denkern sind unverkennbar, zum Beispiel: in der Erklärung der Götter- und Gottesvorstellungen aus personifizierten Nöten, Wünschen und Bedürfnissen beziehungsweise Naturkräften; in die Diagnose eines wesensmäßigen Antagonismus zwischen Religion und Wissenschaft; in der Zurückführung von Ausbeutung und Schutzlosigkeit der Natur auf die biblisch-jüdische Schöpfungslehre; in der Lehre von der Determiniertheit des menschlichen Handelns; in der Beurteilung des *Kanti*schen Rigorismus.[108]

Trotzdem will *Schopenhauer* nicht mit *Feuerbach* in Verbindung gebracht werden, wie seine Äußerung zeigt: „Mit Feuerbach habe ich soviel gemein, wie Tell mit dem Parricida."[109] Aus einem Brief an *J. Frauenstädt,* der zunächst ein Anhänger *Feuerbach*s gewesen war, und aus Gesprächen mit *C. Hebler* und *R. v. Hornstein* werden zwei Gründe für diese Distanz deutlich: Erstens rügt *Schopenhauer* den plumpen, borniertem Materialismus *Feuerbach*s.[110] Dessen Maxime könne nur sein: „Post mortem nulla voluptas, edite, bibite!"[111] Zweitens wertet *Schopenhauer* den von *Feuerbach* richtig erkannten asketischen Charakter des Christentums genau gegenteilig wie *Feuerbach*.[112] Die Grundlehre des Christentums, die Erlösungsbedürftigkeit des menschlichen Daseins, und das Ethos der Selbstverleugnung gelten *Schopenhauer* als Vorzüge, während sie für *Feuerbach* gerade die Entfremdung des Menschen von sich selbst dokumentieren.

Daß in den genannten Punkten die eigentliche Differenz lag, derentwegen der Kontakt *Schopenhauer*s mit dem Werk *Feuerbach*s sehr viel oberflächlicher blieb als umgekehrt, obwohl drei der ersten Promulgatoren der Schopenhauerschen Philosophie (*F. Dorguth, J. Frauenstädt, J. Bahnsen*) ursprünglich begeisterte Feuerbachianer gewesen waren[113], bestätigen auch zwei Passagen im Ergänzungsband zur WWV, in denen von den durch die „Hegelei" „völlig verdorben[en] und auf immer verschroben[en]" offenen Feinden des Christentums die Rede ist[114].

---

[108] Vgl. außerdem die bei *Rawidowicz* 1964, 285–289, noch genannten Punkte.
[109] *A. Schopenhauer,* Gespräche, neue stark erweiterte Ausg., hrsg. *A. Hübscher,* Stuttgart/Bad Cannstatt 1971, 218.
[110] Vgl. An *Frauenstädt* vom 28. 11. 1851, in: *A. Schopenhauer,* Der Briefwechsel, hrsg. *A. Hübscher,* II, München 1933 (= A. Schopenhauers sämtliche Werke, hrsg. *P. Deussen,* XV), 78; Gespräch mit *v. Hornstein* (zwischen 1855 u. 1859), in: Gespräche, a. a. O. 218.
[111] Gespräch mit v. *Hornstein,* in Gespräche, a. a. O. 218. Dieser offensichtlich 1 Kor 15, 32 aufnehmende Vorwurf begegnet wörtlich auch WWV II: II, 592, wo von den „in Deutschland unter verdorbenen Studenten" wirkenden Junghegelianern die Rede ist.
[112] Vgl. Gespräche mit *Hebler* vom 28. 8. 1855, in: Gespräche, a. a. O. 208.
[113] Nach *Hübscher* 1973, 234–236.
[114] WWV II: II, 592. 788 f. *Hebler,* der im o. g. Gespräch die zweite Stelle aus dem Gedächtnis zitiert, bezieht sich dabei auf die Par; es handelt sich offensichtlich um eine Verwechslung (es böte sich dort allenfalls Par II: II, 459–462, als Anknüpfungspunkt an).

6.4 Gibt es überhaupt „echte" Moral?

6.4.1 Über den Zweck der Ethik

Mit den kritischen Analysen der ausdrücklich theonomen Ethiken sowie der autonomen Ethik *Kants*, die sich trotz ihrer gegenteiligen Intention nur als eine weitere Variante der ersteren erwiesen hat, sind die Ausgangspositionen für *Schopenhauers* eigenen Entwurf gegeben: Die Zielsetzung *Kants* übernehmend, legt er alles darauf an, dessen keineswegs periphere Fehler zu vermeiden. Es geht ihm – so könnte man den kritischen Teil positiv zusammenfassen – darum, eine Theorie zu finden, die menschliches Handeln zu erklären und zu verstehen imstande ist und infolgedessen auch dazu befähigt, die erfahrbare Wirklichkeit in den Griff zu bekommen, eine Ethik also, der das wirkliche Leben nicht permanent hohnspricht[115]. Nachdem die apriorisch-transzendenten Lösungen vor diesem von jeder Ethik angezielten Anspruch versagt haben, sieht *Schopenhauer* einzig im empirischen Zugang eine Chance, zum gesuchten Fundament zu gelangen. Seine Ethik will nicht präskriptiv sein, sondern sich mit Deskription begnügen: „Meiner Meinung nach [...] ist alle Philosophie immer theoretisch, indem es ihr wesentlich ist, sich [...] stets rein betrachtend zu verhalten und zu forschen, nicht vorzuschreiben. Hingegen praktisch zu werden, das Handeln zu leiten, den Charakter umzuschaffen sind alte Ansprüche, die sie bei gereifter Einsicht endlich aufgeben sollte."[116]

6.4.2 „Unechte" Moral

Der erste Fehler im Sinne einer unreflektierten Übernahme oder Voraussetzung, der einer Neukonzeption der Ethik ganz unbemerkt unterlaufen könnte, läge darin, daß man von vornherein davon ausginge, die Moral sei mehr als ein „Artefakt".[117] Gibt es – so muß man angesichts des Scheiterns so vieler historischer Versuche und nach der Disqualifizierung des religiös-theonomen Ansatzes fragen – überhaupt „echte", das heißt nicht durch positives Recht gesetzte, sondern „bloß auf die Natur der Dinge oder des Menschen gegründete"[118] Moral? Diese Frage, die sowohl von den englischen Empiristen wie auch von den Vertretern des französischen Materialismus, die *Schopenhauer* – seiner Zitation nach zu schließen – beide kannte, gestellt beziehungsweise verneint worden war, erhebt sich bei *Schopenhauer* zum erstenmal in der deutschen philosophischen Tradition. Aus der Perspektive des heutigen Diskussionsstandes[119] ist es überraschend, mit welcher Klarheit

---

[115] Bes.: PGM: III, 634. 687. 715 f. 726. 730. 796 f.
[116] WWV I: I, 375. Vgl. die in der vorigen Anmerkung genannten Stellen.
[117] Vgl. PGM: III, 716–726.
[118] PGM: III, 717.
[119] S. etwa Kap. 1.3.

Schopenhauer das Problem erkannt hat, auch wenn er dann selbst noch einmal den Versuch gemacht hat, die Lehre vom Handeln im allgemeinen sowie die vom rechten Handeln im besonderen metaphysisch zu entwerfen. Immerhin erhebt seine Metaphysik den Anspruch, empirisch ausgewiesen zu sein. Von daher gesehen kommt neben der differenzierten Kritik an der Tradition der Morallehre dem vor dem eigenen Entwurf eingeschobenen § 13 der ‚Preisschrift über die Grundlage der Moral' mit der Überschrift „Skeptische Ansicht" vielleicht mehr Bedeutung zu als *Schopenhauer*s eigenem Versuch, eine neue, empirisch verifizierbare, ohne theologische Elemente auskommende Ethik zu entwickeln.

Für *Schopenhauer* steht jedenfalls fest, daß der überwiegende Teil der Handlungen gar nichts mit Ethik zu tun hat, auch wenn sie gewöhnlich moralisch bewertet werden. Sieht man nämlich genau zu, dann kann man meist die naive Identifizierung zwischen deskriptiv konstatierbarem Wohlverhalten und der echten Redlichkeit des Herzens ebensowenig aufrechterhalten wie die zwischen Höflichkeit und Nächstenliebe. Was von Menschen getan und als moralisch ausgegeben wird, beruht nach *Schopenhauer* vielmehr „hauptsächlich"[120] auf zwei Notwendigkeiten, die beide zunächst extrinsische sind: auf der durch das Gesetz „gesetzten" und durch öffentliche Gewalt (sprich: Justiz und Polizei) verbürgten Ordnung und auf der Aufsicht durch die öffentliche Meinung.[121]

Diese Behauptung, durch die Anspruch, Aufgabe und Leistungsvermögen der Ethik im Vergleich zur Tradition beträchtlich reduziert werden, erläutert *Schopenhauer* ausführlich am Beispiel des Eigentums[122]. Er bestreitet nicht, daß es so etwas wie ein natürliches Recht auf Eigentum gebe, verstanden im Sinne der Tradition als Rechtsanspruch auf das durch meine eigene Mühe Erworbene. Dieser Eigentumsbegriff jedoch und damit auch das auf ihn gegründete Recht treffen nach *Schopenhauer* in den meisten Fällen von Eigentum gar nicht zu (zum Beispiel bei Erwerb durch Erbschaft, Heirat, Lotterie, Spekulation und ähnliches). Trotzdem wird das Eigentum auch dann geschützt. In all diesen Fällen – und sie sind diejenigen, die am häufigsten vorkommen – lassen sich weder der Anspruch auf noch der Schutz als

---

[120] PGM: III, 718. Dieses unbefriedigende „hauptsächlich" drückt nicht Unsicherheit aus, wie es zunächst den Anschein hat, sondern enthält außer einer quantitativen Angabe die Ablehnung des Universalitätsanspruchs, wie ihn sowohl materialistische wie traditionell-metaphysische Morallehren erheben. Das beweist klar die Regelmäßigkeit und Häufigkeit, mit der diesbezügliche Vorbehaltsformeln wiederkehren: PGM: III, 636: „der größere Teil", „oft gar keinen und meistens nur einen *kleinen* Teil rein moralischen Gehalts"; 693: „damit soll nicht gesagt sein, daß es sich *stets* so verhalte"; 719: „in den meisten Fällen"; 720: „selten", „in den allermeisten Fällen"; 721: „von dem größten Teil", „von einem beträchtlichen Teil"; 722: „wenigstens gibt es auch"; 723: „mancher"; 724: „keineswegs [. . .] aller"; 728: „bei den allermeisten"; 735: „die wenigsten [. . .] unter der Unzahl"; 738: „die allermeisten".
[121] Vgl. PGM: III, 718; Par II: V, 415 f. 418.
[122] Vgl. PGM: III, 718–721.

„Eigentum" vom Naturrecht auf Eigentum her rechtfertigen. Vielmehr bestehen und gelten sie nur kraft positiven Rechts, und dementsprechend handelt auch die überwiegende Mehrzahl der Menschen. Das zeigt sich am deutlichsten daran, daß der Schutz nur so lange funktioniert, wie die Mittel zur Durchsetzung des Rechtes reichen, und werde das letztere auch noch so viel als nicht-positiv ausgegeben. Findet sich hingegen zwischen den Gesetzen eine Lücke oder werden diese überhaupt revidiert, so tragen plötzlich die wenigsten Bedenken, die sich neu bietenden Chancen nicht zu nutzen. Mit scharfem und fast schon wissenssoziologischem Blick trifft *Schopenhauer* die Feststellung, daß die loyalsten und nachdrücklichsten Verfechter des „suum cuique" gerade die Wohlhabenden seien, also die, denen dieser Grundsatz am meisten zugute kommt; sie hätten verständlicherweise auch das höchste Interesse an seiner Aufrechterhaltung und verzichteten dafür unter Umständen sogar auf die Erfüllung momentaner Interessen.[123] Aber auch von der Seite der wenig Begüterten her bestätigt sich der konstitutive Zusammenhang zwischen dem Bestehen einer Norm und dem Potential an Sanktionen: Wenn der Arme nämlich Gelegenheit hat, sich ohne das Risiko einer gesetzlich drohenden Strafe in den Besitz der Güter des Reichen zu setzen, halten ihn nahezu nie religiöse Dogmen oder moralische Motive zurück, sondern allenfalls die Furcht, für immer von der menschlichen Gesellschaft als unehrlich gebrandmarkt zu werden. Er betrachtet das Eigentum des Reichen offenkundig als nur nach positivem Recht besessen.

6.4.3 „Echte" Moral

Das Fazit der Überlegungen zur skeptischen Vorfrage lautet, daß zumindest im Regelfall Redlichkeit, Gerechtigkeit, ja selbst Menschenliebe, kurzum: alles Verhalten, das wir üblicherweise als moralisch wertvoll qualifizieren und uns als unser persönliches Verdienst zurechnen, nichts anderes ist als konventionalisierter, von weitschauender Klugheit geleiteter Egoismus[124]. Zumindest muß man nach *Schopenhauer* zugeben, daß die Triebfeder zum Guten nicht allzu stark sein kann. Die moralische Wirklichkeit der Menschheit ist weniger moralisch als sie zu sein scheint: „Diese Tausende, die da vor unsern Augen im friedlichen Verkehr sich durcheinanderdrängen, sind anzusehn als ebenso viele Tiger und Wölfe, deren Gebiß durch einen starken Maulkorb gesichert ist."[125]
Wird von diesem Urteil auch das Gros aller Handlungen umfaßt, so betont *Schopenhauer* doch ebenso nachdrücklich, daß es tatsächlich auch uneigennütziges Handeln und freiwillige Gerechtigkeit gebe; aber diese seien eben Aus-

---

[123] PGM: III, 719 f.
[124] Vgl. PGM: III, 636. 721. 725.
[125] PGM: III, 725; vgl. 700. 724 f. 729 f; Par II: V, 251–259.

nahmen[126]. Der Analyse solcher Handlungen gelten die folgenden Abschnitte 6.5 und 6.6.

6.4.4 Zur Genese des Gewissens

Die Berufung auf das Gewissen erkennt *Schopenhauer* als Einwand gegen die behauptete Interdependenz von normgemäßem Verhalten und Sanktionen nicht an. Denn das Gewissen kann nicht unbesehen als „übernatürliche Anstalt [...] in unserm Selbstbewußtsein" begriffen werden.[127] Die Relativität seiner jeweiligen Gehalte zur Volks-, Standes-, Religionszugehörigkeit und die erheblichen Unterschiede in dem, was überhaupt in einzelnen Lehren darunter verstanden wird, verbieten dies. Ähnlich wie bei der Moral insgesamt muß man ihm zufolge auch in diesem Punkt wenigstens zugestehen, daß das meiste, was unter „Gewissen" firmiert, nicht „natürlichen" Ursprungs ist, sondern geworden oder noch immer im Werden. Wie bereits oben stellt *Schopenhauer* auch bezüglich des Gewissens keine universale Behauptung auf, sondern nur eine generelle: Nicht jedes, aber doch der Großteil aller Gewissen setzt sich nach einem berühmten, aber meist unter Mißachtung des Kontextes verallgemeinerten Diktums „etwan aus $1/5$ Menschenfurcht, $1/5$ Deisidaimonie, $1/5$ Vorurteil, $1/5$ Eitelkeit und $1/5$ Gewohnheit"[128] zusammen. – Auch hier erweist sich *Schopenhauer* wieder als moderner Denker: Seine genetische Auffassung vom Gewissen nimmt wesentliche Einsichten der Psychoanalyse vorweg, eine Übereinstimmung, auf die übrigens *S. Freud* selbst wiederholt hingewiesen hat[129].

6.5 Das natürliche Fundament der Moral

Was *Schopenhauer* über die bisherigen Analysen und Feststellungen hinaus als eigentliche Grundlage der Moral aufstellt oder – seiner Zielbestimmung von Ethik entsprechend richtiger ausgedrückt – findet, bezieht sich lediglich auf jene Restkategorie echt moralischer Handlungen, die gegenüber den Handlungen, die nach dem Schema Norm/Zwang ablaufen, im Ganzen der Menschengattung wie auch bei den einzelnen Individuen nur eine Minderheit bilden. Zunächst müssen deshalb für beide Gruppen Abgrenzungskriterien gefunden werden.

---

[126] Vgl. PGM: III, 688. 703 f. 715 f. 721 f. 724. 735. 742.
[127] PGM: III, 700.
[128] PGM: III, 723; vgl. 722–724; PFW: III, 528.
[129] Z. B. *Freud,* Selbstdarstellung (1925), in: Gesammelte Werke, Bd. XIV, Wien/London 1948, 86. 105. – Über die zahlreichen Übereinstimmungen zwischen der Philosophie *Schopenhauers* und der Psychoanalyse *Freud*s s. die Kurzfassung der Dissertation von *A. Becker: Becker* 1971.

6.5.1 Vier Kategorien menschlicher Handlungen insgesamt

Nach dem Satz vom Grunde erfordert jede Handlung ein zureichendes Motiv. Jedes Willensmotiv aber ist etwas, was sich auf „Wohl oder Wehe"[130] bezieht. Anhand ihrer Grundausrichtung lassen sich daher sämtliche menschlichen Handlungen leicht in vier Sorten einteilen: solche, die auf eigenes Wohl, solche, die auf fremdes Wohl, solche, die auf eigenes Wehe, und solche, die auf fremdes Wehe ausgerichtet sind. Ihnen entsprechen drei Grundtriebfedern: Egoismus, Moralität (die in 6.5.2 näher bestimmt wird), Bosheit (Übelwollen, Gehässigkeit, Neid, Schadenfreude und ähnliches); einen vierten Grundtrieb, der auf das eigene Wehe zielen würde, gibt es im eigentlichen Sinne nicht, wohl aber *Handlungen, die auch eigenes Wehe wollen;* sie gehen auf Erkenntnis des Dinges an sich zurück und bleiben zunächst außer Betracht.[131] Geht es um mein Wohl beziehungsweise um mein Interesse, dann ist mein Handeln *egoistisch,* welcher Art das von mir angestrebte Gut auch immer sein mag (direkter Vorteil, Zugewinn an Ehre oder Stolz, jenseitige Vergeltung, eigene Vervollkommnung).[132] Der Egoismus ist das häufigste und in der Regel dominierende Motiv, wie wir oben gesehen haben. Er ist „seiner Natur nach grenzenlos"[133], das heißt er will alles genießen, besitzen, beherrschen, und „kolossal"[134], weil er die Subjektivität für den exklusiven Mittelpunkt der erkannten Wirklichkeit nimmt und sich folglich von den anderen Individuen abzusetzen sucht. Eigentlicher *moralischer Wert* kann aber gerade nur solchen Handlungen zugesprochen werden, bei denen jedes eigennützige Motiv ausgeschlossen ist.[135] Auch sie müssen zwar nach dem oben Gesagten notwendig irgendein „Wohl oder Wehe" intendieren, aber es ist in diesem Falle nicht das des Handelnden, sondern das eines anderen, passiv an der Handlung beziehungsweise Unterlassung Beteiligten. Nehmen wir die *Bosheit,* die darin besteht, fremdes Wehe zu wollen[136], von der Gesamtheit der als moralisch gut qualifizierbaren Handlungen aus, so bleibt genau jene gesuchte kleine Restkategorie von eigentlich moralisch guten Handlungen übrig, die es nun näher zu untersuchen gilt.

---

[130] PGM: III, 737 u. ö.
[131] Vgl. WWV I: I, 543–546 (s. 6.5.9). Auch noch der Selbstmord geht auf die Bevorzugung des kleineren Wehes und damit auf ein Wohl zurück (s. 6.5.9); Wohl und Wehe sind nur relative Begriffe! Diese vierte Kategorie von Handlungen wird in der PGM übergangen (methodische Gründe können dafür geltend gemacht werden, *Schopenhauer* erklärt dies jedoch durch Rücksichtnahme auf die „im protestantischen Europa geltende philosophische Ethik" [WWV II: II, 777]) und erst im zweiten Band der WWV nachgetragen (:II, 777).
[132] Vgl. PGM: III, 727–730; WWV I: I, 454–456; WWV II: II, 649. 768–770.
[133] PGM: III, 727. 742.
[134] PGM III, 28.
[135] Vgl. 6.1 dieses Kapitels.
[136] Zur Bosheit vgl. PGM: III, 730–732. 736. 741 f; WWV I: I, 494–500; Par II: V, 251–259.

6.5.2 Die wahre moralische Triebfeder

Das Motiv einer moralisch guten Handlung muß das Wohl beziehungsweise Wehe des andern sein, und zwar in einer Unmittelbarkeit, wie ich sonst nur mein eigenes Wohl will beziehungsweise mein eigenes Wehe nicht will, ja so, daß ich letzteres im Konfliktfall sogar hintansetze. Das bedeutet, daß ich bei seinem Wehe als dem seinigen genauso leide, als sei es mein eigenes, und daher auch sein Wohl will, als sei es ganz mein eigenes. Die hierzu unerläßliche Identifikation, die gleichbedeutend ist mit der Aufhebung beziehungsweise Indifferenzierung der den Egoismus begründenden Unterscheidung zwischen mir und dem anderen, geschieht nicht unmittelbar, sondern vermittels der Vorstellung, also durch meine Erkenntnis von ihm. Dieser Vorgang ist nichts anderes als „das alltägliche Phänomen des *Mitleids,* das heißt der ganz unmittelbaren, von allen anderweitigen Rücksichten unabhängigen *Teilnahme* zunächst am *Leiden* eines andern und dadurch an der Verhinderung oder Aufhebung dieses Leidens, als worin zuletzt alle Befriedigung und alles Wohlsein und Glück besteht"[137]. Das Mitleid gehört ursprünglich zur menschlichen Natur. Es läßt sich deshalb weder auf andere Begriffe oder auf Religionen oder auch auf Erziehung und Bildung zurückführen, noch als kultur- oder epochenspezifisch nachweisen[138]; darauf deutet nach *Schopenhauer* auch der Sprachgebrauch, wenn er Menschlichkeit synonym zu Mitleid verwendet[139]. – Daß das Mitleid und nicht das Mitfreuen unsere Teilnahme am anderen stimuliert, liegt nach *Schopenhauer* daran, daß nur Schmerz und Bedürfnis unmittelbar empfunden werden können, Glück hingegen nur als Aufhebung beziehungsweise Stillung derselben.[140]

Damit haben wir nicht nur das letzte, einzig unbezweifelbar wirksame Fundament der Moralität „in der menschlichen Natur" gefunden, sondern auch die neben Egoismus und Bosheit dritte der möglichen Grundtriebfedern einer menschlichen Handlung qualifiziert.

6.5.3 Der oberste Grundsatz der Ethik

Zwei Arten gibt es, wie das Leiden des andern zum Motiv meines Handelns werden kann: entweder indem es mich abhält, dem anderen Leid zuzufügen, oder aber, indem es mich zu positiver Hilfe veranlaßt. Mit Hilfe dieser Klärung kann nun, nach der Auffindung der Basis der Ethik, auch deren oberster Grundsatz bestimmt werden, als dessen reinste Form *Schopenhauer* die Formel nennt: „Neminem laede, imo omnes, quantum potes, iuva!"[141] Im

---

[137] PGM: III, 740; vgl. 709. 740–744; WWV I: I, 506–514.
[138] Vgl. PGM: III, 745.
[139] Vgl. PGM: III, 745.
[140] Vgl. PGM: III, 742 f.
[141] PGM: III, 663 f. 686 f. 691. 744. 745–748. 760–764. 781. Man beachte den Widerspruch zu der

Unterschied zum Fundament stimmen im Prinzip mehr oder weniger alle Ethiker überein; sowohl die Goldene Regel, sei sie nun negativ oder positiv gewendet, wie auch *Kant*s Kategorischer Imperativ lassen sich darauf zurückführen[142].

In Entsprechung zu den beiden Möglichkeiten, aus Mitleid etwas zu unterlassen oder aber etwas zu tun, und zu der demgemäß zwei Teile umfassenden Maxime sind Gerechtigkeit und Menschenliebe die beiden Kardinaltugenden, aus denen alle übrigen hervorgehen beziehungsweise sich ableiten lassen.[143] Sie treten an die Stelle der *Kant*ischen Rechts- und Tugendpflichten.

Weil die Begriffe Recht und Unrecht auch für *Schopenhauer* unabhängig und vorgängig zu jeder positiven Gesetzgebung sind, kann selbst er von einem „rein ethischen Recht oder Naturrecht"[144] sprechen. Dessen reine Grundsätze entstehen zwar auf Anlaß des empirischen Begriffs der Verletzung, beruhen aber „an sich selbst" auf reinem Verstande, nämlich auf der apriorischen Regel: „causa causae est causa effectus."[145]

6.5.4 Belege aus der Erfahrung

Sein Versprechen, eine Ethik zu konstruieren, der empirischer Erklärungswert und eine darauf basierende Wirksamkeit zukommt, verlangt von *Schopenhauer*, daß er seine Ethik, selbst wenn sie sich metaphysisch deduzieren ließe, zunächst an und innerhalb der Empirie verifizieren kann[146]. Denn hier entsprang ja auch ein wesentlicher Anteil seiner Kritik an der ethischen Tradition.

Unter diesem Gesichtspunkt macht er zunächst auf das Phänomen aufmerksam, daß unter allen Verbrechen die Grausamkeit den Menschen am meisten empört. Sodann verweist er mit Nachdruck darauf, daß das Mitleid im Gegensatz zu allen anderen je als Grundlage der Moral ausgegebenen Triebfedern die einzige sei, von der sich eine tatsächliche Wirksamkeit zu allen Zeiten und Situationen, bei allen Völkern, im persönlichen Bereich ebenso wie in Gesellschaft und Staat nachweisen lasse.[147] Ferner: Tugendhaftigkeit und Mitleidslosigkeit lassen sich nicht zusammendenken. Ein weiteres Phänomen ist der Bewertungsunterschied, den wir machen, je nachdem ob jemand einen Armen, einen Reichen oder den Fiskus betrügt. Und noch ein Fünftes:

---

als theologisch gescholtenen „imperativen Form der Kantischen Ethik", der in dieser selbst imperativischen Formel steckt.

[142] S. PGM: III, 663 f.
[143] Vgl. PGM: III, 740. 744–764; WWV I: I, 504–510. 514.
[144] PGM: III, 751. Vgl. WWV I: I, 466 f. 474.
[145] PGM: III, 751.
[146] Vgl. PGM: III, 764–786.
[147] Vgl. PGM: III, 748. 767–770.

Der Glückliche erregt normalerweise erst dann Teilnahme, wenn sein Glück im Untergehen begriffen ist.
Als eine weitere gewichtige empirische Bestätigung sieht es *Schopenhauer* an, daß das von ihm herausgearbeitete Fundament erlaube, die Tiere in den Schutz der Moral einzubeziehen. Für die Plausibilität der dahinter stehenden Forderung, Tiere seien zu schützen, beruft er sich in diesem Gedankengang allerdings nur auf die Destruktion der Zweisubstanzenlehre und der auf ihr beruhenden verbreiteten Anthropinon-Lehre[148]. Zusätzlich argumentiert er e silentio: Die Auszeichnung des Menschen mit Vernunft sei lediglich durch die somatische Verschiedenheit eines einzigen Organs, des Gehirns, bedingt[149]. In der traditionellen Lehre vom Spezifikum des Menschen sieht *Schopenhauer* deshalb nichts als „Pfäfferei, Augendienerei und Tartüffianismus"[150].
Schließlich führt *Schopenhauer* eine Reihe von Moralisten an, die als Kronzeugen die weite Verbreitung des von ihm aufgezeigten Fundaments der Moral bezeugen sollen. Aus der ethischen Tradition Europas, die von der Stoa über die Schulphilosophie bis zu *Kant* einschließlich das Mitleid geringschätzte oder sogar tadelte, kann er sich außer auf vereinzelte Stellen bei griechischen Autoren und auf *Lessing* vor allem auf *J. J. Rousseau* berufen, „der seine Weisheit nicht aus Büchern, sondern aus dem Leben schöpfte"[151].[152] Gewichtiger noch veranschlagt er allerdings die hervorragende Rolle, die das Mitleid in den ostasiatischen Religionen spielt.[153]

6.5.5 Gibt es eine Freiheit des Willens?

Die Zurückführung sämtlicher menschlicher Handlungen auf drei in der Natur des Menschen liegende Grundtriebfedern konfrontiert *Schopenhauer*s Ethik mit dem Freiheitsproblem, das nach seinem eigenen Urteil für die gesamte mittlere und neuere Philosophie das Zentralproblem ist.
6.5.5.1 Kritik der traditionellen Fragestellung:
Für die allgemeine Beobachtung ist es unzweifelhaft, daß ein bloßes Motiv (und um solche geht es bei der moralischen Freiheit, im Unterschied zu materiellen Hindernissen bei der physischen Freiheit und Beeinträchtigungen des Intellekts [zum Beispiel Rausch] bei der intellektuellen) nie mit derselben Unbedingtheit wirksam sein kann wie ein physisches Hindernis. Ein Mensch handelt bisweilen so und beim nächsten Mal ganz anders, obschon das frühere Motiv noch immer vorhanden ist; man denke etwa an den Erfolg von

---

[148] Vgl. PGM: III, 773–780 und 679–683.
[149] Vgl. PGM: III, 775 f.
[150] PGM: III, 775.
[151] PGM: III, 781.
[152] Vgl. PGM: III, 742. 781–785. 786.
[153] Vgl. PGM: III, 760. 776 f.

Versprechungen und Drohungen oder an die Reaktion auf die Wahrnehmung einer Gefahr. Jedes Motiv kann also offensichtlich durch ein noch stärkeres Gegenmotiv überstimmt werden.[154] Der genannten Beobachtung, daß wir im moralischen Tun nicht gleichermaßen festgelegt sind wie in den rein physiologischen Äußerungen, läßt sich also strenggenommen nicht *mehr* entnehmen, als daß Motive nicht rein objektiv und absolut zwingend sind, das heißt, daß sie nicht bei jedem Beteiligten und unter allen Bedingungen in gleicher Weise wirken. Das schließt freilich keineswegs aus, daß sie relativ und subjektiv doch zwingen, nämlich spezifisch für bestimmte Individuen, Situationen oder Konstellationen. Daraus wird klar, daß unsere gewöhnliche Beobachtung für eine Beantwortung der drängenden Frage, ob wir moralisch frei sind oder nicht, gar nichts erbringt. Der Gedankengang, durch den die häufig gemachte Behauptung, unser Selbstgefühl beweise die Unbedingtheit unserer als moralisch angesehenen Handlungen, als Trugschluß entlarvt wird, sensibilisiert das Denken zugleich für den eigentlichen Fragepunkt: Es kann nicht um die Freiheit des Könnens gehen, wie das irrtümlicherweise alle Philosophie vor *Schopenhauer* vermeinte, sondern allein um die Freiheit des Wollens.[155] Das populäre Verständnis des Problems auf der Grundlage von: „Frei bin ich, wenn ich *tun* kann, *was ich will*" ist demnach abzulösen durch die Frage: „Kannst du auch wollen, was du willst?"[156]
Vom herkömmlichen, auf dem Selbstgefühl begründeten Freiheitsbegriff (frei = dem eigenen Willen entsprechend) her aber ergibt diese Frage keinen Sinn außer dem tautologischen: Ist der Wille sich selbst gemäß? Auch ist mit der Verschiebung der Problematik vom Können ins Wollen allein noch nichts gewonnen, weil sie sehr schnell in einen regressus in infinitum führt, der das Problem jeweils transponiert, ohne jedoch etwas zu seiner Lösung beizutragen[157]. Wenn also Freiheit überhaupt etwas mit dem Willen zu tun haben sollte, dann muß diese Freiheit etwas anders begriffen werden als gewöhnlich.
Dies geschieht, wenn man den Freiheitsbegriff mit *Kant* negativ und abstrakt faßt: Freiheit meint dann die Abwesenheit aller Notwendigkeit. „Notwendig" wiederum besagt, daß etwas „aus einem gegebenen zureichenden Grunde folgt"[158]. Freiheit des Wollens müßte folglich so erklärt werden, daß der Wille dabei von keinem Grund abhängig ist, daß er ohne zureichenden Grund bestimmen kann, daß seine Äußerungen spontan, ursprünglich und bedingungslos aus ihm hervorgehen. Einem damit begabten Individuum müßten demnach „unter gegebenen ganz individuell und durchgängig be-

---

[154] PFW: III, 524.
[155] Vgl. PFW: III, 524–527. 534–538.
[156] PFW: III, 524 f.
[157] Vgl. PFW: III, 524 f.
[158] PFW: III, 525 (im Original hervorgehoben); vgl. Über die vierfache Wurzel des Satzes vom zureichenden Grunde: III, 181–183; WWV I: I, 395.

stimmten äußern Umständen zwei einander diametral entgegengesetzte Handlungen gleichmöglich" sein.[159]

Sollte es eine so verstandene Freiheit – die Tradition nennt sie liberum arbitrium indifferentiae – geben, so müßte sie sich im menschlichen Bewußtsein nachweisen lassen. Dessen beide Grundgestalten, das Bewußtsein anderer Dinge (= Erkenntnisvermögen) und das Bewußtsein des eigenen Selbst, sind daher im folgenden zu befragen.

6.5.5.2 Die Auskunft des Selbstbewußtseins:

Wenn der Mensch sich seines Selbst bewußt wird, so zweifellos als eines Wollenden; ja das eigene Wollen ist dessen ausschließlicher Gegenstand.[160] Denn nicht nur gehen Entschlüsse und Handlungen auf Willensakte zurück, sondern offensichtlich sind auch die Affekte und Leidenschaften, Lust und Unlust, Empfindungen Äußerungen, durch die der Wille seine mehr oder minder starke Übereinstimmung oder aber sein Widerstreben kundtut. Genau besehen stehen sie alle durchgängig in Beziehung zu in der Außenwelt Erkanntem, das zwar seinerseits bereits zum Bewußtsein anderer Dinge gehört. Doch sind es die wahrgenommenen Gegenstände, die das Material für die Willensakte abgeben und die Willensbewegungen veranlassen. Sie heißen daher im Bezug auf den Willen Motive. Unsere Leitfrage nach der Willensfreiheit fragt nun danach, ob der auf ein Motiv re-agierende Willensakt eintreten muß ober auch unterbleiben kann, ob er unter gleichen Bedingungen unterschiedlich ausfallen kann. Besteht mit anderen Worten zwischen dem im Intellekt vorgestellten Motiv und dem Willensakt das Verhältnis der Notwendigkeit?

Das befragte unmittelbare Selbstbewußtsein ist viel zu wenig differenziert, als daß es über reine Verstandesbegriffe, wie es Kausalität beziehungsweise Motivation und Notwendigkeit sind, Aufschluß geben könnte.[161] Seine Aussage geht nicht weiter als bis zu dem Verständnis von Freiheit als Willensgemäßheit („Ich kann tun, was ich will"), das eingangs als nichts-sagend erwiesen worden war, insofern es das in Frage Stehende schon voraussetzt. Es beschreibt lediglich die Abhängigkeit zwischen Wollen und Tun, enthält dagegen nichts über das Verhältnis zwischen Wollen und Motiv. Es kann darüber auch nichts enthalten, weil unsere Frage das Kausalverhältnis zwischen Außenwelt und unseren Willensentschlüssen betrifft, von dessen beiden Gliedern aber eines, die Objekte des Wollens nämlich, ganz außerhalb des Bereichs des Selbstbewußtseins liegt. Dazu kommt, daß das Selbstbewußtsein einen Willensakt als solchen eigentlich erst *in* der Tat, das heißt a posteriori, erkennt; denn solange er nur Wunsch oder Entschluß, aber nicht Tat ist, ist er noch veränderlich. Da nun das Selbstbewußtsein über den Willens-

---

[159] PFW: III, 527; vgl 532. 541 f; Par I: IV, 154.
[160] Vgl. PFW: III, 529–531.
[161] Vgl. PFW: III, 534 f.

akt und seine Ausführung durch den Leib hinaus nichts mehr beinhaltet, könnte es so scheinen, als ob in ein und demselben Falle entgegengesetzte Willensakte möglich wären. Genau besehen bezieht sich dieser Eindruck jedoch höchstens auf das Wünschen; was davon tatsächlich auch gewollt war, wird erst – auch für das Selbstbewußtsein! – durch die Tat erkennbar. Wünsche aber sind nur ganz subjektive und hypothetische Möglichkeiten.[162] Die objektive Möglichkeit jedoch ist es, die erforderlich ist, wenn aus dem Wünschen ein Wollen werden soll: Sie besteht in den zum Wollen bestimmenden Gründen, die jedoch alle in der Welt der Objekte, also im Bewußtsein anderer Dinge liegen.

Das unmittelbare Selbstbewußtsein ist also für die richtig verstandene Frage nach der Willensfreiheit inkompetent, weil sich das Selbstbewußtsein immer erst auf bereits geschehene Willensakte bezieht[163], wohingegen die Frage nach der Freiheit auf den Willen *vor* dem Selbstbewußtsein geht.

6.5.5.3 Die Auskunft des Erkenntnisvermögens und der Grund der Täuschung:

Nachdem das Selbstbewußtsein sich als unfähig herausgestellt hat, das aufgeworfene Problem zu beantworten, verbleiben als einzige und letzte Instanz nur noch der Erkenntnisse a priori liefernde Verstand, die über diese Erkenntnisse reflektierende Vernunft sowie die sie interpretierende und kontrollierende Erfahrung.[164] Allerdings kann in diesem Fall nicht wie oben der Wille unmittelbares Objekt der Wahrnehmung sein, sondern lediglich die mit einem Willen ausgestatteten und von ihm bewegten Wesen, weil in der äußeren Erfahrung der Sinne nur diese erscheinen und folglich untersucht werden können. Insofern ist der jetzt eingeschlagene Weg ein indirekt-mittelbarer.

Die allgemeinste Form unseres Verstandes ist nach *Schopenhauer* das Kausalitätsgesetz.[165] Nur kraft seiner haben wir überhaupt eine Anschauung von der Außenwelt, indem wir nämlich jede Sinnesaffektion von vornherein und gleichsam automatisch als Wirkung einer Ursache auffassen. Alles Geschehen besteht in Veränderungen. Das bedeutet, daß jeder Veränderung, die an einem in der realen Außenwelt liegenden Gegenstand vorgeht, die Veränderung von etwas anderem vorausgegangen sein muß, so daß eine Reihe, die

---

[162] Vgl. PFW: III, 535 f. 541 f.
[163] Das liegt daran, daß der Wille das Wesen des Menschen ausmacht, wie weiter unten noch zu zeigen sein wird. Auch dem Bewußtsein liegt noch der Wille zugrunde, so daß es ihn als ein schlechthin Vorhandenes nicht mehr übersteigen kann (vgl. PFW: III, 539 f; WWV I: I, 400–403; WWV II: II, 266–272).
[164] PFW: III, 539 f. 542 f. 544 f.
[165] Kausalität ist eine Gestalt des Satzes vom Grunde, den *Schopenhauer* in seiner Dissertation als allgemeinste Form unseres gesamten Erkenntnisvermögens nachgewiesen hat. „Motivation" ist der Name für die Kausalität hinsichtlich des Handelns. Vgl. über die vierfache Wurzel des Satzes vom zureichenden Grunde, in: Sämtliche Werke, III, bes. 67–106; und 168–189; WWV I: I, 29–147.; PFW: III, 527. 545 f. 565; PGM: III, 646 f.

kein Anfangsglied hat, entsteht. Umgekehrt hat das Eintreten jeder Veränderung unausweichlich eine Wirkung zur Folge, wodurch wiederum die Veränderung selber Ursache wird. Kausalität bedeutet also: Folge einer gegebenen Ursache sein, oder: Notwendigkeit. Weil das Gesetz der Kausalität uns a priori gewiß ist, sind ihm alle realen Objekte der Außenwelt unterworfen, ist es mit anderen Worten die Bedingung aller Möglichkeit von Erfahrung.
Sobald man nun das, was in unserer äußeren Erfahrung geschieht, auf dieses Gesetz hin betrachtet, fallen in der Art, wie die Veränderungen jeweils eintreten, erhebliche Unterschiede auf zwischen *anorganischen Körpern, Pflanzen* und *Tieren (einschließlich Menschen)*, obwohl die Erfahrung in allen Fällen dem a priori gewissen Gesetz gemäß ausfällt.[166] Gegenüber den *Ursachen im strengen Sinn*, wie sie für alle mechanischen, physikalischen, chemischen Vorgänge kennzeichnend sind und nach dem zweiten und dritten Newtonschen Gesetz wirken, und den *Reizen*, die allem nur organischen und vegetativen Geschehen zugrundeliegen, zeichnen sich *Motivationen* als dritte Art von Ursachen dadurch aus, daß sie durch das Erkennen vermittelt sind.[167] Bei Reizen erfolgen die Reaktionen sofort, eindeutig und unausweichlich. Im Falle von Motiven hingegen ist noch das Bewußtsein dazwischengeschaltet, das Vermögen also, sich die Gegenstände möglicher Erfahrung, das heißt die realen Objekte, anschaulich vorzustellen und zu vergleichen; Motivationen unterscheiden sich deshalb schon äußerlich dadurch von Reizen, daß die Stärke der Wirkung unabhängig ist von Dauer, Nähe und Deutlichkeit der Ursache.[168]
Trotz dieser deutlichen Unterschiede in der Kausalität nimmt die Notwendigkeit entgegen dem ersten Anschein mit zunehmendem Rang keineswegs ab. Was abnimmt, ist vielmehr die unmittelbare Faßlichkeit, die Sichtbarkeit und Homogenität des Zusammenhangs zwischen der betreffenden Ursache und ihrer Wirkung. Genauer besehen bleiben die Wirkungen auch mit zunehmender Reihenfolge deutlich greifbar, während die Ursachen immer mehr an direkter Faßlichkeit, Greifbarkeit und Einfachheit verlieren; Motive schließlich sind völlig immateriell. Es entsteht so der Anschein, die Ursache liege in der Wirkung selber, das heißt, es bestehe hier keine Notwendigkeit.
Beim Menschen endlich treten Ursache und Wirkung, beziehungsweise Motiv und Handlung, am weitesten auseinander. Der Vorsprung des Menschen vor dem Tier besteht jedoch lediglich in einer graduellen Höherentwicklung des Bewußtseins[169], insofern der Mensch nicht nur die Objekte der Außen-

---

[166] Vgl. PFW: III, 547–561.
[167] Vgl. PFW: III, 550 f; WWV I: I, 176–180.
[168] Vgl. PFW: III, 551.
[169] Vgl. PFW: III, 552–555; WWV I: I, 396 f. 409–414. 693 f; Par II: V, 444.

welt anschauend erfassen kann, sondern mittels Abstraktion auch nicht-anschauliche, allgemeine Vorstellungen oder Begriffe bilden kann, die ihm erlauben, die Objekte der Außenwelt potentiell alle und jederzeit gegenwärtig zu haben. Weil er nicht auf das, was er gerade anschaut, das heißt auf das, was in Raum und Zeit gegenwärtig ist, festgelegt ist, sondern sich auch das, was bereits vergangen ist, wie auch das, was vielleicht in Zukunft sein wird, vorstellen kann, besitzt sein Handeln im Unterschied zum Verhalten aller anderen Lebewesen eine Zeitdimension.[170] Der Mensch kann vernünftig handeln, das heißt, er kann sich dem Druck des momentan Anschaulichen entziehen. Hiervon bekommt menschliches Tun den Charakter des Vorsätzlich-Absichtlichen.[171] In Wirklichkeit aber hat dieses relative Freisein nichts mit der Willensfreiheit zu tun, betrifft es doch lediglich die *Art* der Motivation, besagt hingegen nichts in bezug auf die Notwendigkeit ihrer Wirkung.[172] Ja die Erfahrung zeigt sogar, daß wir in dem Maße, wie wir ein Individuum kennen, sein Handeln mit um so größerer Sicherheit voraussagen können.
Damit ist die Quelle des hartnäckigen Irrtums über die menschliche Willensfreiheit aufgedeckt: Die Immaterialität von Motiven, die abstrakte Gedanken sind und unabhängig von der Gegenwart und einer bestimmten Umgebung wirksam werden, verleitet zu dem Trugschluß, ihre Wirkung könne unter gleichen Umständen genauso gut unterbleiben wie eintreten.[173] Dieser Irrtum wird noch verstärkt durch die falsche Auslegung des im Selbstbewußtsein enthaltenen „Ich kann tun, was ich will"[174]. In Wirklichkeit jedoch können wir auch beim Menschen noch immer einen Zusammenhang zwischen Motiven und Handlungen erkennen, und dieser muß nach dem Satz vom ein Grunde kausaler, das heißt also ein notwendiger sein, selbst wenn mehrere Motive zur Auswahl stehen. Denn wohl geht der konkrete Wollensakt nur auf eines unter vielen möglichen und von der Phantasie herbeigebrachten Motiven zurück, aber daß gerade diesem einen die Präferenz erteilt wird und nicht einem anderen, geschieht nur aus zureichenden Gründen. „,Du kannst *tun*, was du *willst*: aber du kannst in jedem gegebenen Augenblick deines Lebens nur *ein* Bestimmtes *wollen* und schlechterdings nichts an-

---

[170] Vgl. PFW: III, 553; WWV I: I, 694.
[171] PFW: III, 554. 560. 565.
[172] Vgl. PFW: III, 554 f.
[173] Vgl. PFW: III, 559–563; WWV I: I, 400–405. 409 f.
[174] Für die Theologie tritt nach *Schopenhauer* noch ein weiterer Grund hinzu, die Willensfreiheit so nachdrücklich zu akzentuieren, nämlich das Interesse, die ungeheure Spannung zwischen der Gerechtigkeit Gottes und der moralischen Verantwortlichkeit des Menschen, beziehungsweise zwischen Schöpfergott und der Existenz des Bösen, oder, was auf dasselbe hinauskommt, zwischen Allmacht und Liebe in Gott selber, zu entschärfen. (Vgl. PFW: III, 589–592. 593–595. 597. 611; WWV I: I, 404. 552.; Par I: IV, 153–155; Par II: V, 433–436.) *Schopenhauer* belegt diese These vor allem mit Texten aus *Augustinus, Luther* und *Vanini*.

deres als dieses eine."'[175] *Schopenhauers* Antwort auf das Problem der Willensfreiheit ist hiermit gegeben: Jedes menschliche Tun ist ebenso streng determiniert wie alles übrige Geschehen.[176] „Es ist durchaus weder Metapher noch Hyperbel [...], daß, sowenig eine Kugel auf dem Billard in Bewegung geraten kann, ehe sie einen Stoß erhält, ebensowenig ein Mensch von seinem Stuhle aufstehn kann, ehe ein Motiv ihn wegzieht oder treibt: dann aber ist sein Aufstehn so notwendig und unausbleiblich wie das Rollen der Kugel nach dem Stoß. Und zu erwarten, daß einer etwas tue, wozu ihn durchaus kein Interesse auffordert, ist wie erwarten, daß ein Stück Holz sich zu mir bewege ohne einen Strick, der es zöge. [...]"[177] Die Annahme eines liberum arbitrium indifferentiae ist unstatthaft.

Da nicht alle Menschen unter gleichen Umständen gleich handeln, können menschliche Handlungen nicht durch die äußeren Umstände, das heißt durch die Motive an und für sich, ganz und allein hervorgebracht sein. Ihnen muß vielmehr eine ursprüngliche Empfänglichkeit für sie korrespondieren, eine bereits vorhandene Potenz, auf die die Motive dann wirken können beziehungsweise die von ihnen zur Wirkung gebracht wird. Dies gilt übrigens für alle drei Arten von Ursachen.[178] Die ursprüngliche Kraft, die den Motiven Wirksamkeit verleiht, ist nach *Schopenhauer* der Wille. Sei es als allgemeine Naturkraft, sei es als Lebenskraft oder als bewußter menschlicher Wille, immer ist der Wille die Bedingung, daß die Wesen, von den leblosen bis zu den vernunftbegabten, auf äußere Ursachen notwendig und ihrer eigentümlichen Natur gemäß reagieren. Der Wille ist das allem zugrundeliegende „Ding an sich"[179], das durch die Objekte der Außenwelt aktiviert, konkretisiert und zur Erscheinung gebracht wird. Dieses Gesetz, dem ausnahmslos alle Gegenstände unterworfen sind, sieht *Schopenhauer* in der scholastischen Formel „operari sequitur esse" adäquat ausgedrückt.[180] Als Ursprüngliches,

---

[175] PFW: III, 542; vgl. 535 f. 558 f. 560–566 und die dort genannten illustrierenden Beipiele. 572. 577. 581–583. 586. 596 f. 606; PGM: III, 704 f; WWV I: I, 394–405. 624 f. 628. 668. 694.

[176] Die von *Schopenhauer* bemühten Beweisgründe seien nochmals rekapituliert: der reine Verstand a priori (das Gesetz der Kausalität gilt für alle Gegenstände der Erfahrung; der Verstand enthält keine Form, um sich eine ursachlose Handlung denken zu können); der in der ganzen Natur festgestellte Zusammenhang zwischen dem Eintreten einer Veränderung und einer vorausgehenden Zustandsänderung und seine Extrapolation (Ursache – Reiz – anschauliche Motive – abstrakte Begriffe [= nichtanschauliche Motive]); die methodische, nicht durch die Sinne getäuschte Erfahrung. – Allerdings handelt es sich strenggenommen nicht um einen positiven Beweis der vollständigen Determiniertheit des menschlichen Handelns, sondern, wie *Schopenhauer* selber sagt (PFW: III, 543. 615), um einen Schluß a non posse ad non esse. Dasselbe gilt für den folgenden Abschnitt 6.5.6.

[177] PFW: III, 564; vgl. 560. 577. 579. 581; PGM: III, 704–708; WWV I: I, 668; Par I: IV, 153 f.; Par II: V, 269 f.

[178] Vgl. PFW: III, 551 f. 566–568. 577–579. 596 f.

[179] PFW: III, 552. 621; PGM: III, 659; WWV I: I, 169–182. 246. 264. 380 f. 395. 400. 672. 675. 676. 677 f. Hier liegt übrigens der innere Kern für den Systemanspruch des *Schopenhauer*schen Werkes (deutlich z. B. WWV I: I, 7–9; Par I: IV, 162–164).

[180] PFW: III, 578. 595. 622 f; PGM: III, 706. 718. 790; Über den Willen in der Natur: III, 474. 476; WWV II: II, 755. 773; Par I: IV, 155.

vom Kausalitätsdenken immer schon Vorausgesetztes läßt sich dieser Wille selbst nicht mehr weiter erklären.[181] Vielmehr erklärt er selber alles andere, insofern, nachdem er erkannt ist, die einzelnen Wirkursachen, welcher Art auch immer sie sein mögen, sich als seine Äußerungen entpuppen. Die Beschaffenheit des menschlichen Willens nun, kraft derer ein und dasselbe Motiv bei verschiedenen Individuen unterschiedliche Folgen hat, ist der Charakter.[182] Seine Eigenschaften sind: individuell, empirisch (da er nicht a priori, sondern durch Erfahrung bekannt wird), konstant und angeboren. Aus dem Charakter geht eine ganz bestimmte Handlung hervor und zwar notwendig, sobald ein bestimmtes Motiv beziehungsweise das für ihn stärkste auf ihn einwirkt. Jede Handlung ist demnach eine notwendige Wirkung, Motiv und Charakter sind ihre Ursache.

Ein gewisser Spielraum, in dem Korrekturen möglich sind, zeichnet sich trotzdem ab: Weil die Motive ja durch Erkenntnis vermittelt sind, besteht wenigstens die Chance, daß sich diese Erkenntnis verbessern oder erweitern läßt.[183] Das Subjekt möglicher Handlungen kann zu der Einsicht kommen oder gebracht werden, daß andere Mittel als die, die es bislang favorisierte, sehr viel geeigneter sind, einen bestimmten Zweck zu erreichen; oder daß dieses oder jenes Mittel nicht zu diesem Zweck führt oder daß es unerwünschte Nebenwirkungen zeitigt. Durch Einsicht können ihm neue Motive erschlossen werden, die, solange es sie nicht kannte, für einen Willen so gut wie nicht vorhanden waren. Darauf beruht zum Beispiel das Phänomen der Reue: Sie bezieht sich nicht auf das Gewollte, sondern auf das Getane, das sich bei fortgeschrittenerer Erkenntnis als das entpuppt, was meinem Willen nicht gemäß war.[184] – Die Möglichkeit, menschliches Handeln durch die Berichtigung von Urteilen zu verändern, hebt die durchgängige Notwendigkeit aber in keinem Punkt auf. In dieser Bewertung unterscheidet sich *Schopenhauer* ganz von *Feuerbach*, der diesbezüglich gerade von Willensfreiheit gesprochen hatte. Die Einflußnahme bleibt bei *Schopenhauer* auf die Wahl der Mittel beschränkt.

6.5.6 Gibt es eine Verantwortlichkeit für das Tun?

Mit dem Nachweis, daß alles menschliche Wollen determiniert sei, scheint jede Rede von einer moralischen Freiheit sinnlos geworden zu sein. Dem steht zwar noch eine weitere Bewußtseinstatsache entgegen, nämlich die, daß

---

[181] Vgl. PFW: III, 539. 551 f.
[182] Vgl. PFW: III, 539. 572. 568–579. 619; PGM: III, 705–708. 786–797; WWV I: I, 396. 403–405. 415 f. 547; WWV II: II, 304–306. 308–310. 767 f; Par I: IV, 155; Par II: V, 270–273.
[183] Vgl. PFW: III, 572 f. 576; WWV I: I, 405–422 (hier hat *Schopenhauer* diese Lehre viel stärker akzentuiert und bezüglich der Selbsterkenntnis vom „erworbenen Charakter" gesprochen).
[184] Vgl. WWV I: I, 407–409.

wir selber die Täter unserer Taten und folglich für sie voll verantwortlich sind, doch gerät sie nach dem Obigen ebenfalls in den Verdacht, eine Selbsttäuschung zu sein. Dann aber wäre die Unterscheidung zwischen moralisch/unmoralisch, gut/böse, Verdienst/Schuld überhaupt hinfällig. Wenn man aber das Verantwortlichkeitsgefühl analysiert, stellt sich heraus, daß die Notwendigkeit, mit der eine Tat getan wird, auch eine subjektive Bedingung hat: Die Handlung ist, wie im vorhergehenden Abschnitt gezeigt wurde, die Resultande nicht einfach eines bloßen Motivs, sondern eines Motivs in Korrespondenz zu einem bestimmten Charakter. Auf diesen nun bezieht sich *Schopenhauer* zufolge unser Wissen um die Zurechnungsfähigkeit, und nicht auf die eigentliche Tat.[185] Eine andere Handlung wäre im konkreten Fall sehr wohl möglich gewesen, wenn nur der Handelnde für andere Motive empfänglich gewesen wäre, das heißt, wenn er ein anderer gewesen wäre, einen anderen Charakter gehabt hätte. Wenn man also von Moralität, von Verantwortung und damit auch von Freiheit überhaupt sprechen kann – und dazu zwingt uns das Bewußtsein –, so haben diese ihren Ort keinesfalls in irgendwelchen Handlungen, sondern allein im Charakter. Das Bewußtsein der Verantwortlichkeit ist nichts als die Bewußtwerdung der zu all meinem Tun erforderlichen Mitwirkung meines Charakters; daraus ein liberum arbitrium indifferentiae abzuleiten, wäre allerdings ein logischer Fehlschluß.[186]

Da der Verstand wesentlich nach außen gerichtet ist, erkennt der Handelnde die Beschaffenheit seines Charakters erst in dem Augenblick, in dem ein Motiv den Charakter zu einem Tun veranlaßt. Dieses mit jedem Willensakt zunehmende Bekanntwerden mit unserem eigenen Charakter ist das, was wir Gewissen nennen, welches sich daher eigentlich immer erst nach der Tat zu Wort meldet.[187]

Wiewohl *Kant* nach *Schopenhauer*s Urteil Freiheit fälschlicherweise als absolute Spontaneität verstand, sieht *Schopenhauer* die Lösung, die er gefunden hat, um Freiheit und Notwendigkeit in Einklang zu bringen, nämlich die Unterscheidung zwischen empirischem und intelligiblem Charakter, als den Schlüssel an, wie die durch das Gefühl der Verantwortlichkeit bezeugte Freiheit mit der nachgewiesenen Determination zu vereinbaren ist.[188] Der empirische, das heißt der individuelle Charakter ist als Gegenstand der Erfahrung eine Erscheinung und dementsprechend an die Formen aller Erscheinung gebunden: Zeit, Raum und Kausalität (auf die *Schopenhauer* die zwölf Kategorien *Kant*s reduziert hat). Der intelligible Charakter aber ist von den Erscheinungen unabhängig, ja ihre permanent vorhandene Bedingung und Grund-

---

[185] PFW: III, 618.
[186] Vgl. PFW: III, 620.
[187] Vgl. PFW: III, 620 f. 795 f.
[188] PFW: III, 621–624. Vgl. PGM: III, 705–708. 794–796; WWV I: I, 166. 395–400. 672–680.

lage, von der oben schon die Rede war, der Wille also oder das Ding an sich; als solcher ist er tatsächlich unabhängig von Kausalität und Notwendigkeit, mithin frei. Es handelt sich allerdings um eine Freiheit im transzendentalen und nicht im empirischen Sinne.[189] „Es kommt alles darauf an, was einer *ist*; was er *tut*, wird sich daraus von selbst ergeben als ein notwendiges Korollarium. [...] Betrachtet man sein Tun obiective [...], so erkennt man apodiktisch, daß es wie das Wirken jedes Naturwesens dem Kausalitätsgesetze in seiner ganzen Strenge unterworfen sein muß: subiective hingegen fühlt jeder, daß er stets nur tut, was er *will*. Dies besagt aber bloß, daß sein Wirken die reine Äußerung seines selbst-eigenen Wesens ist."[190] „[...] an dem, was wir tun, erkennen wir lediglich, was wir sind."[191] Damit ist einerseits bestätigt, daß die Handlungen wohl notwendig aus der Natur des Menschen hervorgehen, aber anderseits ist auch zum Ausdruck gebracht, daß dieser nur *den* Charakter hat, der er selbst sein will. Nicht in unseren einzelnen Handlungen, wie man üblicherweise meint und gemeint hat, liegt daher nach *Schopenhauer* die Freiheit, sondern im Wesen des Menschen, nicht im operari, sondern im esse. Die Freiheit ist also – so betont er[192] – durch seine Darstellung „nicht aufgehoben, sondern bloß hinausgerückt".

6.5.7 Ist Moral lehrbar?

Das Ergebnis der beiden letzten Abschnitte fällt auf die gesamte bis hierhin entwickelte Moraltheorie zurück und stellt sie gänzlich in Frage: Kann der Mensch zum Guten verändert werden? Gibt es einen steten Fortschritt zum Besseren?

Daß man einen Menschen durch Wissen moralisch bessern könne, das heißt entsprechend dem Vorigen: daß man ihn, indem man die Triebfedern des Handelns aufdeckt, auch zur Ingangsetzung des Mitleidsmotivs bewegen kann, das verneint *Schopenhauer* mit Nachdruck. Er hat dabei die echte Besserung, das heißt die Besserung des Willens im Auge, nicht die sehr wohl erfolgversprechende und von vielen Ethiken praktizierte Taktik, die Verminderung fremden Wehes als etwas auszugeben, was zuletzt dem eigenen Vorteil dienlich ist; die bewirkte Änderung des Verhaltens ist dann nur Ergebnis einer Täuschung. Auch läßt sich faktisch durch offene oder verborgene Sanktionen das Handeln verändern, nicht aber die Gesinnung, auf die es *Schopenhauer*s Moraltheorie gerade ankommt. Der Grund dafür liegt in der Beschaffenheit des Willens, also im Charakter. Darunter ist das Verhältnis

---

[189] Vgl. PFW: III, 621 f; WWV I: I, 400. 546–549.
    Mehr oder weniger eng an *Schopenhauer*s Gedanken anknüpfend versuchen eine Fortentwicklung der Freiheitslehre: *Fulda* 1932; *Stockhammer* 1957; *Voigt* 1966; *Garewicz* 1972.
[190] PFW: III, 623.
[191] PFW: III, 623 (im Original hervorgehoben).
[192] PFW: III, 623.

der drei Grundtriebfedern in einem und demselben Individuum zu verstehen. Er ist angeboren und deshalb unvertilgbar. „Dem Boshaften ist seine Bosheit so angeboren wie der Schlange ihre Giftzähne und Giftblase; und sowenig wie sie kann er es ändern."[193]
Auch dafür führt *Schopenhauer* empirische Tatbestände ins Feld: Da ist zunächst die Überlegung, daß, wenn die gegenteilige Behauptung moralisierender Ethiken und religiöser Institutionen zuträfe, „wenigstens im Durchschnitt die ältere Hälfte der Menschen bedeutend besser als die jüngere sein" müßte[194]. Auch ist im alltäglichen Leben einer lebenslänglich von dem gezeichnet, was er unter Umständen nur einmal getan hat.[195] Viele Redensarten bringen zum Ausdruck, daß wir Tugenden und Laster als bleibende Eigenschaften ansehen.[196] Ferner weiß jeder aus eigener Erfahrung, wie wenig gute Vorsätze fruchten.[197]
So wird bei *Schopenhauer* das übernommene scholastische Axiom „operari sequitur esse" zur Formel des durchgängigen Determinismus; es findet seine konsequente Fortführung in der bei *Seneca* entliehenen Sentenz „velle non discitur"[198]. Alles, was moralische Aufklärung erreichen kann, ist die Berichtigung der Einsicht. Eine mögliche Katharsis geht also nicht eigentlich auf den Willen, sondern auf die Erkenntnis der menschlichen Lebensverhältnisse, vor allem auf: die näheren und weiteren Folgen, die Realisierungschancen, die notwendigen Mittel zur Erreichung eines bestimmten Zieles. Die Erkenntnis gestattet lediglich die unverfälschtere und entschiedenere Durchsetzung des Willens, weil nur die Richtigkeit des Urteils verbessert werden kann. „Man kann nicht das Ziel verändern, dem der Wille zustrebt, sondern nur den Weg, den er dahin einschlägt."[199] Den Charakter durch Moralisieren und Predigen ändern zu wollen, gliche dem Vorhaben, „eine Eiche durch sorgfältige Pflege dahin zu bringen, daß sie Aprikosen trüge".[200] „Der Kopf wird aufgehellt; das Herz bleibt ungebessert."[201] Dieses ist auch der Sinn von Erziehung. „Wir würden daher ebenso töricht sein zu erwarten, daß unsere Moralsysteme und Ethiken Tugendhafte, Edle und Heilige, als daß unsere Ästhetiken Dichter, Bildner und Musiker erweckten."[202]

---

[193] PGM: III, 786; ähnlich: PGM: III, 706–708. 792. 793. 786–797; PFW: III, 573. 568–579; WWV I: I, 705.
[194] PGM: III, 789.
[195] Vgl. PFW: III, 569–671. 619; PGM: III, 790; WWV II: II, 305.
[196] Vgl. PFW: III, 570 f. 619; PGM: III, 795 f.
[197] PFW: III, 572.
[198] PGM: III, 786; WWV I: I, 405–407. 418. 501 f; Par II: V, 283. Vgl. PGM: III, 786–789; WWV I: I, 405–422.
[199] PGM: III, 793.
[200] PFW: III, 573; ähnlich: 579.
[201] PGM: III, 794; vgl. 793; PFW: III, 572 f. 576. 624–627; WWV I: I, 84. 375 f. 501–504.
[202] WWV I: I, 376; vgl. 501. 705 f.

6.5.8 Metaphysische Deduktion der ethischen Grundlage

6.5.8.1 Zur Frage der Notwendigkeit und Berechtigung dieser Deduktion: Entscheidend für die Begründung der Ethik ist entsprechend ihrem von *Schopenhauer* definierten Selbstverständnis und ihrer Zielsetzung der Nachweis ihrer Tatsächlichkeit. Als die moralische Triebfeder schlechthin, aus der sich sämtliche anderen ethischen Phänomene erklären lassen, hatte *Schopenhauer* das Mitleid gefunden. Eine weitergehende Erklärung des Urphänomens ist im Bereich des Phänomenalen selbst nicht mehr möglich noch für die Begründung oder die empirische Durchsetzungskraft erforderlich, sondern lediglich ein „metaphysisches Bedürfnis"[203]. Für die Ethik ist eine solche Herleitung daher nicht eine genuine Aufgabe, sondern ein beliebig zu leistendes „opus supererogationis"[204]. Insofern scheint – zunächst jedenfalls – die analytisch-aposteriorische Darstellung in den beiden Preisschriften der Zielsetzung und dem Konzept der *Schopenhauer*schen Moraltheorie sehr viel angemessener zu sein als die synthetisch-apriorische in seinem Hauptwerk ,Die Welt als Wille und Vorstellung'.

Trotz der grundsätzlichen Entbehrlichkeit der metaphysischen Deduktion für Begründung und Durchsetzungsfähigkeit der Moral ist aber das metaphysische Bedürfnis unabweisbar. Denn der Mensch wundert sich über sein eigenes Dasein. Diese Verwunderung gewinnt vor allem in der bewußten Konfrontation mit dem Tod und der letztlichen Vergeblichkeit alles Strebens [205] Nachdruck. Je weniger selbstverständlich die Dinge dem Menschen werden, desto mehr nimmt sein metaphysisches Bedürfnis zu. Religionen und Philosophien verdanken das Interesse, das sie zu allen Zeiten fanden, der stets gegenwärtigen Not des Lebens.

Der folgenden Deduktion geht es folglich um die „metaphysische Bedeutsamkeit" des Mitleids, um jene Bedeutsamkeit also, die „über die bloße Erscheinung der Dinge und somit auch über alle Möglichkeit der Erfahrung" hinausreicht, „demnach mit dem ganzen Dasein der Welt und dem Lose des Menschen in engster Beziehung" steht[206].

6.5.8.2 Erklärung des Theonomie-Schemas:

Der zu Anfang dieses Kapitels kritisierte theonome Ansatz verdankt seine weite Verbreitung letztlich ebenfalls diesem metaphysisch-ethischen Bedürfnis. Durch die Charakterisierung des Dogmas als Glaube ohnehin von der

---

[203] PGM: III, PGM: III, 798. Vgl. WWV I: I, 132–136; WWV II: II, 206–243. 591 f.
[204] PGM: III, 801. Einschränkend dazu allerdings: „Vorrede zur 1. Auflage" der unter dem Titel „Die beiden Grundprobleme der Ethik" gemeinsam veröffentlichten PFW u. PGM: III, 490 f.
[205] „[...] das Böse, das Übel und der Tod sind es, welche das philosophische Erstaunen qualifizieren und erhöhen: nicht bloß, daß die Welt vorhanden, sondern noch mehr, daß sie eine so trübselige sei, ist das punctum pruriens der Metaphysik, das Problem, welches die Menschheit in ihre Unruhe versetzt, das weder durch Skeptizismus noch durch Kritizismus beschwichtigen läßt" (WWV II: II, 223; vgl. 206–208. 221–223.).
[206] PGM: III, 798; vgl. 678; WWV II; II, 212–227. 236.

Notwendigkeit empirischer Verifikation dispensiert, legen die Religionen nämlich ihre Dogmen der von jedem Menschen instinktiv, aber nicht unbedingt auch reflex gewußten moralischen Triebfeder zugrunde, und zwar derart, daß die Verknüpfung des einen mit dem anderen als konstitutiv erscheint. Die behauptete Gleichsetzung von Ungläubigkeit in jeglicher Form mit moralischer Schlechtigkeit verstärkt diesen Eindruck und enthebt ihn der Notwendigkeit, sich anhand eines empirischen Kriteriums überprüfen zu lassen.[207]

6.5.8.3 Der metaphysische Grund des moralisch Guten:
Die Begriffe „Gut" und „Böse" entpuppen sich – wie die schon früher genannten: „Wert", „Ziel", „Würde" – bei näherer Betrachtung als Ausdrücke der Relation und der Empirie[208]. Ein Guter wird der genannt, der anderen günstig gesonnen ist, ihnen Hilfe leistet, Behinderungen vermeidet, also alles Züge, die im Verhältnis auf den Willen *anderer* „gut" genannt werden. Was ihn charakterlich auszeichnet, ist die Fähigkeit, an Freud und Leid seiner Mit-Menschen teilzunehmen. Er unterscheidet kaum zwischen dem eigenen und dem fremden Ich. Beim Boshaften und beim Egoisten hingegen ist dieser Unterschied gewaltig ausgebildet. – Die Differenz zwischen der eigenen und der fremden Person ist also das entscheidende Kriterium, an dem sich Moralität und Unmoralität bemessen. Der Egoismus kann rein von der Empirie her einen starken Rechtfertigungsgrund für sich verbuchen, insofern der genannte Unterschied erfahrungsmäßig ein absoluter und nicht unmittelbar zu überschreitender ist. Allerdings muß gegen ihn geltend gemacht werden, daß unsere Erkenntnis von uns selbst sehr beschränkt ist; vor allem das eigentlich Wollende und Erkennende in uns, unser „Wesen an sich", können wir nicht erkennen.[209] Von daher wäre es durchaus denkbar, daß wir diesem wesentlichen Teil nach, der unserer empirischen Erkenntnis verborgen bleibt, mit den anderen eine Einheit bilden.
Unter Zuhilfenahme von *Kants* transzendentaler Ästhetik versucht *Schopenhauer*, das Engagement für Wohl und Wehe der anderen metaphysisch zu begründen: Raum und Zeit sind nach *Kant* nur ideale Anschauungsformen; weil aber Raum und Zeit die schlechthinnige Bedingung für jede Vielheit sind, das heißt für jede zahlenmäßige Unterscheidung von Individuen, die in bestimmter Hinsicht gleicher Art sind, kann notwendigerweise die Vielheit nicht das Ding an sich sein, sondern nur zum Erscheinungsbilde gehören. Das Ding an sich, der Wille, ist in den vielen erscheinenden Individuen dieser Sinnenwelt immer nur eines und manifestiert sich als identisches Wesen in diesen allen.[210] Die Einzeldinge und die vielen Willensäußerungen entstehen erst durch Anschauung.

[207] Vgl. PGM: III, 634. 800; WWV II: II, 214 f.
[208] Vgl. PGM: III, 802 f; WWV I: I, 490–494.
[209] Vgl. PGM: III, 804.   [210] Vgl. PGM: III, 805; WWV I: I, 173 f. 193. 201 f.

Mit der transzendentalen Einsicht, daß alle Vielheit beziehungsweise Individuation nur scheinbar ist, ist nun die metaphysische Basis der Ethik gewonnen: „daß das *eine* Individuum im *andern* unmittelbar sich selbst, sein eigenes wahres Leben wiedererkenne"[211]. Der Egoismus beruht also lediglich auf der sinnlichen Vorstellung und dem Sichbegnügen mit ihr, das Mitleid hingegen auf unserem wahren inneren Wesen.[212] Die Erscheinung ist deshalb der „Schleier der Maja"[213], den es zu durchschauen gilt. Unter ihm entbirgt sich die Einheit alles Lebendigen, die nun auch den entscheidenden Einwand gegen die Sonderstellung bildet, die die europäische Philosophie dem Menschen zubilligt. – Für diese Erkenntnis von Einheit des Wesens in der nur erscheinenden unendlichen Individualität bemüht *Schopenhauer* eine große Reihe von Zeugen von den altindischen Veden über die Philosophie des *Pythagoras* bis hin zu *Kant* und *Schelling*[214]. Er faßt sie zusammen in der regelrecht zum Kennwort seiner Philosophie erhobenen Sanskritformel „tat-tvam-asi", die soviel bedeutet wie: „dies bist du"[215], sowie im pantheistischen ἓν καὶ πᾶν[216]. *Schopenhauer* nennt die in der Praxis vollzogene Erkenntnis des letzten Grundes der Moral, der wesenhaften Identität des Vielen, der Erkenntnis meiner selbst im andern, in Anlehnung an das alle Mystik charakterisierende Einheitsprinzip „praktische Mystik" beziehungsweise „mysteriöse Handlungen"[217].

6.5.9 Verneinung des Willens zum Leben

Ist die metaphysische Erklärung erst einmal gewonnen, so kommt ihr nun aber doch eine größere Erheblichkeit zu, als es zuerst den Anschein hatte: Sie befriedigt nicht nur das metaphysische Bedürfnis, sondern bewirkt eine Transformation der Ethik. Wer nämlich das principium individuationis ganz durchschaut hat und damit die Identität seines Wesens mit dem aller anderen Menschen und Lebewesen erkennt, fühlt sich noch zu Weiterem bewogen als zur Solidarität mit den Leiden anderer, die er sieht und von denen er weiß. Da sie ihm alle gleich nahe sind und selbst ihre nur als möglich erkannten Qualen auf ihn wie die eigenen wirken, wird sein eigenes Wohl und Wehe im Vergleich zu dem der anderen völlig irrelevant und er gewinnt den Blick aufs Ganze. Was er als Wesen des Daseins erkennt, sind unaufhörliche Enttäu-

---

[211] PGM: III, 808. Vgl. WWV I: I, 508.
[212] Dies ist vor allem im Hinblick auf die Praxis gemeint und nicht so sehr auf die reflexe Erkenntnis, die nach PGM: III, 808, nicht unerläßlich ist.
[213] PGM: III, 808; WWV I: I, 514. 516.
[214] S. PGM: III, 805–807. 812.
[215] PGM: III, 809; WWV I: I, 311. 485. 509; WWV II: II, 770; Par II: V, 260. 441.
[216] WWV II: II, 824 f. Das soll allerdings nicht die Behauptung einschließen, *Schopenhauer* sei Pantheist, was selbst mehrfach zurückweist.
[217] PGM: III, 741. 763. 764. 811.

schung, versagte Begierden, stetiges Vergehen, ständiger Streit, Schuld, endloses Leiden und ähnliches mehr.[218] Eine dauerhafte Befriedigung des Wollens kann nicht erreicht werden, ja, jeder erfüllte Wunsch weckt neue Bedürfnisse. Die Erkenntnis nun, daß man mit jeder Aktivität, die auf einzelne Dinge oder Personen in Raum und Zeit zielt, auch noch mit der des Mitleids, dieses leidensvolle Leben bestenfalls bejaht, meist jedoch erhält und vergrößert, wirkt nicht als Motiv (= Beweg-Grund), sondern als „Quietiv" seines Wollens: Das heißt, sie leitet hin zur völligen Entsagung, in der es kein Wollen mehr gibt. Beruhigung aller Regungen, Abwendung vom Leben, freiwilliger Verzicht, Willenlosigkeit bilden daher die Inhalte seines geläuterten Ethos. Weil nämlich das Elend auf dauernde und verschiedene Willensakte zurückgeht, diese aber (nach dem Satz vom Grunde) wieder durch Motive verursacht sind, die das Interesse des Willens an einzelnen Objekten in der Welt der Erscheinungen beinhalten, muß alles Leid dem Willen zum Leben entspringen: Anderseits kann das Leid überwunden werden, wenn es gelingt, die Grenze der Erscheinungswelt zu überschreiten, das heißt, wenn die Erkenntnis ihre Befangenheit im Individuationsprinzip völlig aufbricht. Das geschieht, wo der Kern des Ganzen, das Wesen der Dinge an sich, erkannt wird: der Wille zum Leben. Die Frucht dieser Wesens-Erkenntnis ist der „Quietismus".[219]

Die adäquate Manifestation dieser Erkenntnis ist die Askese (im weiteren Sinne); *Schopenhauer* gebraucht synonym zu diesem Begriff auch die Bezeichnungen „Quietismus" und „Heiligkeit". Der asketische Mensch geht über die Liebe zum anderen „gleich der zu sich selbst" noch hinaus und distanziert sich vom Willen zum Leben als dem Wesen der leidvollen Welt überhaupt. Die vielen Dinge sind ihm gleichgültig, er will nicht, er verzichtet auf die Befriedigung seiner Triebe. Insofern der Geschlechtsakt die entschiedenste Bejahung des Lebenswillens darstellt, kann diesem durch freiwillige Keuschheit auch die entschiedenste Absage erteilt werden. Die Keuschheit verneint sowohl die eigene wie auch die über das individuelle Leben hinausgehende Willensbejahung. Der Enthaltsame bringt die Fortpflanzung menschlichen Leids zum Stehen. Von allen befolgt, hätte diese Empfehlung das Aussterben der Menschengattung zur Folge – eine Vorstellung, die *Schopenhauer* in höchste Faszination versetzt, weil damit zugleich alles Leiden an sein Ende gekommen wäre.[220] Freiwillige Armut, Fasten, Einsiedlertum

---

[218] Vgl. WWV I: I, 423–447. 515 f.; WWV II: II, 733–754. 805. 813–825; Par II: V, 334–360. 426; u. ö. – Der heute für diese Weltsicht meist verwendete Begriff „Pessimismus" kommt in der 1. Aufl. der WWV (1818) noch nicht vor, weil der Begriff zu diesem Zeitpunkt noch nicht von der philosophischen Terminologie rezipiert war; er begegnet bei *Schopenhauer* selber erst seit 1844 (WWV II, z. B.: II, 219. 461). Zur Begriffs- und Problemgeschichte von „Pessimismus" vgl. den interessanten Aufsatz von *H. Stäglich: Stäglich* 1951–52, sowie: *Hübscher* 1973, 169–185, bes. 175–178.

[219] Vgl. WWV I: I, 514–540; WWV II: II, 772–821.

[220] Vgl. WWV I: I, 517; auch WWV II: II, 789–795.

sind andere Realisierungsformen der Einsicht in das Wesen der Welt.[221] Lebensideal stellt nicht der Welteroberer dar, wie es die Weltgeschichte nahezulegen scheint, sondern gerade der Weltüberwinder. Dieser Typus findet sich realisiert in den Anachoreten, Mystikern und sonstigen Heiligen des Christentums ebenso wie in den hinduistischen Saniassis und den buddhistischen Büßern.[222]
Es gibt zwei Wege, die zur Erkenntnis der Unwichtigkeit und Trübseligkeit des menschlichen Lebens und dadurch zur Verneinung des Willens führen:
– die Askese (im engeren Sinn) als die „*vorsätzliche* Brechung des Willens durch Versagung des Angenehmen und Aufsuchen des Unangenehmen, die selbstgewählte büßende Lebensart und Selbstkasteiung zur anhaltenden Mortifikation des Willens"[223];
– die Erfahrung von plötzlichem, *schicksalhaftem* schwerem eigenem Leid, wie sie den meisten Bekehrungen zugrundeliegt[224].
Während im ersten Fall eine reine Erkenntnis den Anstoß gibt, ist es im zweiten die Empfindung.
Die Verneinung des Willens zum Leben, gleich auf welchem Wege sie erlangt wird, führt in einen Zustand des Heils: Dem äußeren Anschein zum Trotz ist er gekennzeichnet durch innere Freudigkeit, unerschütterlichen Frieden, tiefe Heiterkeit, Gelassenheit, Sorglosigkeit, Freiheit, souveräne Ruhe.[225] Bei der Verneinung des Willens zum Leben handelt es sich also um eine Art von Selbsterlösung[226], die an Formen der Gnosis erinnert[227]. Sie ist allerdings ständig angefochten, weil der Leib (die grundlegende Erscheinung des Willens in der Welt als Vorstellung!) weiterhin versucht, die Erkenntnis zu beeinflussen und seine Interessen zu wirklichen Handlungen werden zu lassen.[228] Erst mit dem Tod enden für den Verneinenden dann die Erscheinungen, wie auch das Wesen der Welt darin sich selbst aufhebt[229]; denn – so sehr ist *Schopenhauer* doch Idealist – ohne Subjekt gibt es auch keine Objektivation und kein Objekt[230]. Die Vollendung dieser Erlösung kann nicht mehr positiv beschrieben werden: „Nichts", „Nirwana" sind lediglich

---

221 Vgl. WWV I: I, 518–520; vgl. WWV II: II, 788–799.
222 S. WWV I: I, 520–524; WWV II: II, 785–799. Unter den christlichen Heiligen gilt namentlich Franz von Assisi *Schopenhauer*s uneingeschränkte Bewunderung.
223 WWV I: I, 532; vgl. 540; WWV II: II, 777. 819. Hier ist die „stete Mortifikation des Willens" (WWV I : I, 519), die freiwillige und „absichtliche Ertötung des Eigenwillens" (WWV II : II, 785) gemeint, im Unterschied zur „Askese im weitern Sinne", die das Aufgeben alles Wollens besagt.
224 Vgl. WWV I: I, 533–540; WWV II: II, 808–811. 813–821.
225 Vgl. WWV I: I, 529 f.
226 Den Terminus „Erlösung" gebraucht *Schopenhauer* diesbezüglich: WWV I: I, 453. 519. 539. 540; WWV II: II, 779. 806. 817.
227 Bes. deutlich: WWV I: I, 453. 706; WWV II: II, 781 f.
228 WWV I: I, 531 f. 536 f.
229 WWV I: I, 519 f.; WWV II; II, 817.
230 Ausdrücklich: WWV I: I, 517. 519 f. 586.

Notbehelfe, die nur den völligen Gegensatz zu dem, was aufgegeben wurde, beinhalten[231]; leer sind diese Chiffren jedoch bloß für den, der diese Scheinwelt für die eigentliche Wirklichkeit hält. Er, der ganz in der Gegenwart und in der Bejahung des Lebens aufgeht, der nur sein Glück sucht, ist von dieser erlösenden Erkenntnis unendlich weit entfernt, damit aber auch allen Qualen ausgeliefert.[232] Statt in die schlechthinnige Einheit zurückzukehren, bindet er sich in einen endlosen Kreislauf des Leidens[233] ein. Mit Recht hat darum *M. Horkheimer* bemerkt, daß bei *Schopenhauer* trotz dessen Pessimismus doch noch „die Idee eines den Tod überdauernden gerechten Schicksals der Einzelseele"[234] zum Tragen komme. Man wird dem noch mehr zustimmen, wenn man bedenkt, daß *Schopenhauer* später sogar von einer „Heilsordnung"[235] sprach.

Trotzdem wäre die Vermutung, die Verneinung des Willens zum Leben müsse konsequenterweise in einer Empfehlung des Selbstmords als effektivstem und totalstem Mittel gipfeln, ein Irrtum. Der Selbstmord ist nach *Schopenhauer* gerade das Gegenteil der asketischen Verneinung; denn der ihn vollzieht, will sich ja nicht den Genüssen des Lebens entziehen, sondern verabscheut seine Leiden. Er verneint lediglich sein individuelles Leben und dann auch nur unter bestimmten, jetzt allerdings real eingetretenen Bedingungen. Weil er sein Streben nach Leben und Glück nicht zurückstellen kann, will er aufhören zu leben, in der trügerischen Annahme, damit das leidvolle Wesen des Daseins selber vernichtend zu treffen.[236] –

Rückblickend stellt sich heraus, daß *Schopenhauer*s Ethik zweistufig ist. Der erste Teil ist das, was *Schopenhauer* Moral nennt, das zweite ist eine Erlösungslehre. Beide, moralische Tugendhaftigkeit im Sinne des Mitleids und Verneinung des Willens zum Leben, entspringen ein- und derselben Quelle.[237] Auch besteht zwischen ihnen keine trennende Diskontinuität, sondern nur etwas wie eine durch Intensivierung erreichbare Qualitätssteigerung[238]: Gerechtigkeit und Menschenliebe sind der erste Schritt, ein Anfang und

---

[231] WWV II: II, 784. Man beachte die große Nähe zu *Wittgenstein*s Schlußsatz aus dem ‚Tractatus logico-philosophicus' (Nr. 7; vgl. Kap. 1.5.1). – Der Versuch, diesen Gipfel positiv auszudrücken, ist die Mystik: Vgl. WWV I: I, 517 f. 525 f. 531; WWV II: II, 784 f. 786–788.
[232] Vgl. WWV I: I, 483 f. 540; WWV II: II, 813–821.
[233] Vgl. WWV I: I, 516. Im indischen Mythos von der ewigen Wiedergeburt scheint das *Schopenhauer* besonders gut zum Ausdruck gebracht (vgl. WWV I: I, 540).
[234] *Horkheimer* 1972, 72. Vgl. ebd. 77; *Horkheimer* 1971, 4. 6. Auch *K. Fischer* referiert *Schopenhauer*s Lehre von der Einheit aller Erscheinungen und des darin (als Seelenwanderung bzw. Wiedergeburt) waltenden Vergeltungszusammenhangs unter der Überschrift „Die ewige Gerechtigkeit" (*Fischer* 1934, 424–429). Ähnlich auch *Zint* 1930, 50–57, und *v. Glasenapp* 1941, 151. 173. 195. – Vgl. dazu auch WWV I: I, 540; WWV II: II, 772 f; Par I: IV, 165.
[235] WWV II: II, 813–821.
[236] Vgl. WWV I: I, 412. 541–546; Par II: V, 361–367.
[237] WWV I: I, 514. 520; WWV II : II, 781.
[238] Vgl. WWV II: II, 776 f. 779. 781. 785.

darin ein „Beförderungsmittel"²³⁹ der Verneinung zum Leben. Die relative (auf konkrete Einzelne, deren Leid offenkundig ist, ausgerichtete) Selbstverleugnung wird kraft vollendeter Erkenntnis zur totalen und das heißt zum Aufhören des Wollens überhaupt. Moralität ist ein Durchgangsstadium zur Heiligkeit: „Die moralischen Tugenden sind eben nicht der letzte Zweck, sondern nur eine Stufe zu demselben."²⁴⁰

6.6 Religion

6.6.1 Phänomenologie

Die vorgeblichen Erkenntnisse, die die Religionen den Menschen mitteilen wollen, zeichnen sich nach *Schopenhauer* dadurch aus, daß sie wie diejenigen der Metaphysik über die Möglichkeit der Erfahrung und der gegebenen Erscheinungen hinausgehen. Das, was den Erscheinungen der Dinge zugrunde liegt, ist der gemeinsame Gegenstand von Religionen und Metaphysik.²⁴¹ Während nach Ansicht *Schopenhauers* jedoch die Metaphysik ihre Beglaubigung in sich trägt, so daß der Zugang zu ihr das Selbstdenken ist, gewinnen die Religionen ihre Glaubwürdigkeit von außen: durch Offenbarung und Autoritäten; ihr eigentümlicher Grundakt ist demnach das Glauben.²⁴² Nach der Überzeugung der Religionen dokumentieren sich die Offenbarungen durch Zeichen und Wunder; ihre Argumente sind nicht vernünftig einsehbare Gründe, sondern die Verheißung von ewigen Gütern oder (noch mehr) die Androhung ewiger Übel; wo dies noch nicht zum gewünschten Erfolg führt, wird mit der Anwendung zeitlicher Übel, mit Scheiterhaufen und Krieg, nachgeholfen.²⁴³

Der Gegensatz in der Argumentationsstruktur findet seine Entsprechung in der Sprachform²⁴⁴. Während die Metaphysik für ihre Aussagen beanspruchen kann, daß sie im strengen und eigentlichen Sinne wahr seien, benutzen die Religionen Bilder, Allegorien, Mythen, die von ihnen selber als den Verstand transzendierende Wahrheiten, als Analogien, Mysterien oder ähnliches ausgegeben werden, in Wirklichkeit aber nur Vehikelcharakter²⁴⁵ tragen; selbst wenn diese der Vernunft Absurdes zumuten, ist die Selbsterhaltung

---

²³⁹ WWV II: II, 776.
²⁴⁰ WWV II: II, 779.
²⁴¹ Vgl. WWV II: II, 212; Par II : V, 395. 399.
²⁴² Vgl. Über die vierfache Wurzel des Satzes vom zureichenden Grunde: III, 155 f; WWV II: II, 212 f.; Par I: IV, 132; Par II: V, 385. 395 f. 425–427. 454.
²⁴³ Vgl. WWV II: II, 214 f. 807.
²⁴⁴ Vgl. WWV II: II, 807 f; Par II: V, 392–409. 427–430.
²⁴⁵ Den Ausdruck „Vehikel" gebraucht *Schopenhauer*: WWV II: II, 807 und Par II: V, 393 f. 429. 460. – Als „lusus ingenii" entallegorisiert *Schopenhauer* das Trinitätsdogma: WWV II: II, 808.

einer Religion davon abhängig, nicht einzugestehen, daß sie nur sensu allegorico spreche. *Schopenhauer* verwirft die überkommene Einteilung der Religionen in monotheistische, polytheistische, pantheistische, atheistische usw. als unzutreffend und unwesentlich. Er sieht den Fundamentalunterschied zwischen den zahlreichen Religionen vielmehr darin, daß sie optimistisch oder aber pessimistisch sind.[246] Zu den ersten zählen die griechisch-römische Religion, das Judentum und der Islam, zu den zweiten die großen Erlösungsreligionen: Christentum, Brahmanismus und Buddhismus. Entscheidendes Kriterium für die jeweilige Zuordnung und damit – wie sich weiter unten zeigen wird – auch für die Bewertung ist, „ob sie das Dasein dieser Welt als durch sich selbst gerechtfertigt darstellen, mithin es loben und preisen oder aber es betrachten als etwas, was nur als Folge unserer Schuld begriffen werden kann und daher eigentlich nicht sein sollte".[247]

6.6.2 Erklärung

In der Unabweislichkeit des metaphysischen Bedürfnisses liegt der Ursprung der Religionen.[248] Die andauernde, leidvoll erfahrene Beschränkung des Willens zum Leben, der nur partiell erkannte und noch weniger verfügbare Kausalzusammenhang, am meisten jedoch die Gewißheit des eigenen Todes sind die grundlegenden negativen Erfahrungsfelder, die den Menschen nach Heilmitteln suchen lassen. Religion und Philosophie sind beide solche Heilmittel: „von der reflektierenden Vernunft aus eigenen Mitteln hervorgebrachte[s] Gegengift der Gewißheit des Todes"[249]. Während die wahre Philosophie in disziplinierter Erkenntnis besteht, ist Religion in dem, was sie spezifisch kennzeichnet, ein Produkt des Willens[250]: Das Interesse daran, daß das Leben seine Beschränkungen verliere und daß es über den Tod hinaus fortdauere, legt nahe, das eigene stete Fürchten und Hoffen zu einem allmächtigen persönlichen Wesen zu hypostasieren.[251/252] Damit ist nicht nur

[246] WWV II: II, 219 f.
[247] WWV II: II, 220; vgl. Par II: V, 459. – Für die „Religionsphilosophie" *Schopenhauer*s vgl. auch die älteren, aber sehr zuverlässigen Arbeiten von *H. Hasse*: Hasse 1924 und Hasse 1926, 370–385. Vgl. hingegen den wenig geglückten Versuch, *Schopenhauer* zum philosophus christianissimus hochzustilisieren, bei: *Thiemann* 1897; *Deussen* 1915; sowie in der ansonsten brauchbaren Arbeit von *K. Euler*: Euler 1908, 24. 45. 47.
[248] WWV II: II, 206–208; PGM: III, 800; vgl. Über den Willen in der Natur: III, 472; Par II: V, 395. 402. 406.
[249] WWV II: II, 591.
[250] Par I: IV, 146. 147; vgl. 146–162. 164 f.
[251] WWV II: II, 208. 591; Par I: IV, 146–162; Par II: V, 396 f. Nach PGM: III, 633 hingegen verdanken „alle Götter des Orients und Okzidents" ihr Dasein dem Bedürfnis, Moral zu begründen. In Par I: IV, 151 f und Par II: V, 396 f nennt *Schopenhauer* die transzendente moralische Bedeutsamkeit des Handelns *und* die Fortdauer nach dem Tode als die entscheidenden Gründe der Religion.
[252] Das „Absolutum" in der Philosophie gilt *Schopenhauer* als die philosophisch-begriffliche Version der „materiellen Idole" in den Religionen (vgl. Par I: IV, 140 f. 143; Par II: V, 445).

ein fester Punkt gewonnen, an dem sich die Sehnsüchte, als positive Dogmen projiziert, festmachen lassen, sondern zugleich die Möglichkeit, diesen Bezugspunkt durch Bitten und Dienstleistungen in gewissem Umfang zu manipulieren.[253] – *Schopenhauer* sieht seine Erklärung von Religion dadurch bestätigt, daß alle Religionen, und seien sie sonst noch so verschieden, darin gleich sind, daß sie (erwerbbares) Heil versprechen.[254]

6.6.3 Kritik

6.6.3.1 der Religion:

Es gilt für *Schopenhauer* als ausgemacht, daß seit *Kant*s Vernunftkritik Religion als Wahrheits-Instanz (nicht als gesellschaftliches Phänomen!) vor dem Forum der Vernunft grundsätzlich nicht mehr anerkannt werden kann.[255] Denjenigen aber, die in der Bemerkung *Kant*s, daß das Nichtsein Gottes ebenso unbewiesen bleiben müsse wie sein Dasein[256], ein bequemes „Schlupfloch" gefunden zu haben meinen, durch das sie berechtigt seien, weiterhin spekulative Theologie zu treiben, hält *Schopenhauer* in den ‚Parerga und Paralipomena' drei zusätzliche Einwände entgegen: *Erstens* ist die durch und durch leidvolle Beschaffenheit der Welt unmöglich das Werk eines allgütigen, allweisen und zugleich allmächtigen Schöpfers.[257] *Zweitens* sind Moralität und die Annahme eines gesetz-gebenden und -garantierenden Gottes unvereinbar. Denn tugendhafte Handlungen, die durch Furcht vor dem rächenden Gott oder durch Hoffnung auf göttliche Belohnung motiviert sind, beruhen trotz ihrer äußeren Tugendhaftigkeit auf wohlkalkulierendem Egoismus.[258] Davon abgesehen, entsteht an diesem Punkt folgende Aporie: Wie kann ein von einem anderen geschaffenes Wesen für sein Tun verantwortlich sein? Fällt doch die Schlechtigkeit seines Tuns zurück auf die Schlechtigkeit seines Seins, für das es bei Annahme des göttlichen Geschaffenseins gerade nicht verantwortlich ist.[259] *Drittens*: Die Behauptung von einem Fortdauern des Menschen nach dem Tod steht in kaum überbrückbarem Gegensatz zu der anderen Behauptung seiner Geschaffenheit aus Nichts, denn nur das selbst Ursprüngliche kann unzerstörbar sein.[260]

---

[253] Vgl. WWV II: II, 208; Par I: IV, 146. 148–151. 418 f.
[254] Vgl. Par I: IV, 147.
[255] Vgl. WWV I: I, 24. 76. 570–574. 574 f. 683–688.; WWV II: II, 783; PGM: III, 638; Par I: IV, 122. 132–138; Par II: V, 260. 408.
[256] Kritik der reinen Vernunft, B 668 f; Kritik der praktischen Vernunft, A 241.
[257] Par I: IV, 151; vgl. WWV I: I, 552; WWV II: II, 452–466. 757. 825 f; Par II: V, 433 f. – Hier liegt denn auch der zentralste Grund für *Schopenhauer*s dezidiert antitheistischen (nicht: anti-religiösen!) Standpunkt.
[258] Vgl. Par I: IV, 151 f; WWV I: I, 552 f. 702. u. ö.
[259] Vgl. Par I: IV, 152–156; vgl. Par II: V, 280 f. 431–434. 446.
[260] Vgl. Par I: IV, 156 f; Par II: V, 432. In diesem Punkt lobt *Schopenhauer* das von ihm sonst überaus wenig geschätzte Judentum (s. unten) als die ehrlichste und konsequenteste aller theistischen Religionen (Par I: IV, 157–162).

6.6.3.2 der Religionen:

Führt die Idee von einem Gott in Philosophie und Theologie auch letztlich in unlösbare Aporien, so hat *Schopenhauer* trotz dieses seines Atheismus nicht einfach und total jegliche Wahrheit der Religionen geleugnet. Die metaphysische, psychologische und gesellschaftliche Relevanz religiöser Bekenntnisse hat er durchaus gesehen und anerkannt, ebenso wie die „Sehnsucht nach einem anderen als dem Diesseits"[261]. Die großen Weltreligionen spielen in seinem Werk schon quantitativ eine so herausragende Rolle wie kaum je zuvor im Werk eines Philosophen. Und dies durchaus nicht nur unter dem Gesichtswinkel destruierender Kritik. Vielmehr macht er sie zu seinen Bundesgenossen[262], vor allem wo es ihm darum geht, zu zeigen, daß das Feststell- und Erfahrbare überschritten werden kann, daß das Dasein metaphysische Bedeutung hat, ja – fast ist man versucht zu sagen – daß es ein Unbedingtes gibt, wenn dieses sich auch nicht (und gerade nicht) als positives, dogmatisches Etwas aussagen läßt, sondern eher nach Art einer radikalen negativen Theologie[263]. Danach, wieweit die einzelnen historisch vorhandenen Religionen durch die religiösen Strukturen, Sprachelemente und historisch-konkreten Deutungsmuster hindurch diesen Grundcharakter enthalten, bemißt sich ihr Wert.

Unter diesem Kriterium weiß sich *Schopenhauer* in grundsätzlicher Übereinstimmung mit Christentum, Brahmanismus und Buddhismus.[264] Er findet diese drei treffend charakterisiert durch den Gattungsbegriff „Erlösungsreligionen"; denn davon ausgehend, daß die vom Menschen gestaltete Wirklichkeit nicht so ist, wie sie eigentlich sein sollte, weil wir eben sind, was wir nicht sein sollten, ist Erlösung ihr aller höchstes Ziel.[265] Der Weg, den die genannten Religionen zu diesem Ziel weisen (Erlösung als Vorgang), ist die Distanzierung vom Genießen- und Glücklichsein-Wollen, vom Willen zum Leben, vom Selbst. Am Ende dieses Weges (Erlösung als Zustand) lehren sie die Einswerdung, das Verschmelzen des eigenen Wesens mit dem Kern der Welt.

[261] *Horkheimer* 1971, 6.
[262] Sie erhalten diese Stellung nicht aufgrund ihrer göttlichen Autorität, aber auch *nicht nur* aufgrund ihrer Übereinstimmung mit der zum Maßstab genommenen Philosophie *Schopenhauer*s (so z. B. deutlich WWV II: II, 218). Vielmehr stellt Schopenhauer als weitere relative Wahrheitsgründe den Konsens der verschiedenen Religionen, die Anzahl ihrer Bekenner sowie ihr Alter auf. S. dazu auch Kap. 8.5 und 8.10.
[263] An einer Stelle in der WWV (WWV II: II, 780; vgl. 782–785) setzt *Schopenhauer* drei Auslassungsstriche, als er auf dieses Unbedingte, Letzte als das Gegenüber der Natur zu sprechen kommt und rechtfertigt sich folgendermaßen: „für diesen Gegensatz fehlt uns Bild, Begriff und Wort, eben weil diese sämtlich aus der Objektivation des Willens genommen sind, daher dieser angehören, folglich das absolute Gegenteil desselben auf keine Weise ausdrücken können, welches demnach für uns als eine bloße Negation stehnbleibt". Bereits in WWV I: I, 554–588, charakterisiert er das Nichts als einen Relativ-Begriff, „der immer sich nur auf ein bestimmtes Etwas bezieht, welches er negiert" (554).
[264] WWV II: II, 773. 825. 828.
[265] WWV II: II, 773.

Vom Buddhismus kann *Schopenhauer* sagen, seine Lehre enthalte am gründlichsten und vom Theismus gänzlich unbeeinträchtigt diese Grundwahrheit[266]: „das Bedürfnis der Erlösung aus dem Dasein, welches dem Leiden und dem Tode anheimgefallen ist, und die Erreichbarkeit derselben durch Verneinung des Willens, also durch ein entschiedenes Der-Natur-Entgegentreten"[267]; der Buddhismus lehre im wesentlichen dasselbe wie er selbst[268]. Seine Lehren von Seelenwanderung und Wiedergeburt gelten ihm als unüberbietbarer Gipfel mythischer Wahrheit. Ähnlich hoher Einschätzung erfreut sich der Brahmanismus, der ebenfalls die Metempsychose lehrt[269], wonach wir einst in der Gestalt eines jeden von uns verletzten Wesens wiedergeboren werden.

Im Vergleich zu diesen beiden Religionen ist die Lehre des Christentums aus *Schopenhauer*s Sicht zwar nicht ganz so hochstehend, doch gebühre ihm das unschätzbare Verdienst, in Europa eine Unzahl optimistischer Religionen sowie das Judentum verdrängt zu haben.[270] Als das Herzstück des Christentums, das zu entstellen er dem Protestantismus und noch mehr der rationalistischen Theologie vorwirft[271], nennt *Schopenhauer* Erbsünde und Erlösung.[272] Erstere besagt nämlich, daß der Wille ständig zum Bösen neigt, so daß das, was der Mensch wirklich tut, immer irgendwelche Mängel aufweist. Die Welt trägt durchweg den Charakter der Verderbnis und der Verschuldung, sie gilt als beherrscht vom Teufel. Die einzelnen bösen Akte sind Auszeugungen dieses schuldhaften Seins. Aus diesem heillosen Kreis von Schlechtsein und Schlechtes-Tun gibt es kein Entrinnen, es sei denn durch den Glauben, der von der Gnade gewirkt ist, also durch etwas von außen Kommendes. Wir können uns unser Heil nicht selbst schaffen durch unser Tun. Dies heißt aber – und damit sind wir beim zweiten Punkt, der Erlösung –, „daß das Heil ein unserer Person ganz fremdes ist, und deutet auf eine zum Heil notwendige Verneinung und Aufgebung eben dieser Person"[273]. Dem entspricht die Vorstellung, daß die Sünden aufgrund der Mittlerschaft des

---

[266] Vgl. WWV II: II, 218 f; Über den Willen in der Natur, in: Sämtliche Werke, III, 462. – Zum atheistischen Charakter des Buddhismus vgl. WWV I, 653; Par I: IV, 144 f. 159; Par II: V, 459.
[267] WWV II: II, 806.
[268] Nachlaß, hrsg. *E. Grisebach*, IV, 260, zitiert nach *v. Glasenapp* 1941, 194. Vgl. WWV I: I, 518. 520. 523; WWV II: II, 777 f. 779. 813.
[269] Z. B. WWV I: I, 485–487. 520. 522. 526–529; WWV II:II, 779; Par I: IV, 139. Vgl. zu dieser und zur vorangehenden Anmerkung: *v. Glasenapp* 1941.
[270] WWV II: II, 805 f. 762; PGM: III, 759 f. 762; Par I: IV, 409–413. 427–429.
[271] WWV I: I, 551 f; WWV II: II, 216. 774. 788 f. 794. 801. 802 f; Par I: IV, 132. 145 f; Par II: V, 395. 433. 458–465. *Schopenhauer*s eigenes hermeneutisches Kriterium steht zu diesem Vorwurf in Spannung, insofern auch er rein philosophische Erkenntnis zum Maßstab des sensu allegorico Wahren erhebt; der Unterschied zur kritisierten rationalistischen Theologie besteht nur in der Weite dessen, was als Erfahrung gelten darf.
[272] WWV I: I, 520. 522. 525 f. 548–554; WWV II: II, 772–774. 776. 778 f. 788–808. 812 f; Par II: V, 449 f. 457 f. 458. 460.
[273] WWV I: I, 553; vgl. 551–553.

inkarnierten Gottes vergeben werden; aber diese Tilgung ist gebunden an die Bereitschaft zur μετάνοια, und „so ist auch die Wirkung dieses Quietivs doch zuletzt ein Freiheitsakt des Willens"[274]. Was gefordert wird, ist nichts anderes als die Aufhebung des Egoismus und die Verneinung des Willens, mit christlichen Worten: Verzicht, Nächstenliebe, Feindesliebe, Selbstverleugnung. Im Zusammenhang damit werden auch asketische Verhaltensweisen empfohlen: Armut, Keuschheit, Demut, Entsagung von der Welt.[275] Das Leiden gilt als etwas Heiligendes. Den Zustand, den die zur vollkommenen Verneinung des Willens Gelangten dann erreichen, versucht das Christentum als ewige Seligkeit, Wiedergeburt, Ekstase, Entrückung, Vereinigung mit Gott oder ähnliches anzudeuten. Interessant ist *Schopenhauer*s vor allem auf den Vergleich der asketischen Tendenzen begründete Behauptung, der „innerste Kern und Geist des Christentums [...] [sei] mit dem des Brahmanismus und Buddhismus derselbe"[276].

Zu kritisieren ist am Christentum nach *Schopenhauer* die übergroße Bedeutung, die es der Existenz des einzelnen und damit verbunden auch dem Tod einräumt.[277] Die Existenz gelte ihm als etwas, das einen historischen Anfang hat, von da an aber unvergänglich ist; da sich die Qualität dieser Unvergänglichkeit vom Tun und Lassen während des irdischen Daseins her endgültig entscheide, bedeute der Tod für den Christen das Ende jeder Revisionsmöglichkeit beziehungsweise die endgültige Festschreibung von historischen Akten, denen im Blick auf das Ganze doch eigentlich kaum Bedeutung zukommen dürfte.[278] Ein weiterer Grundfehler des Christentums ist die wesenhafte Differenz, die es zwischen Mensch und Tier errichtet[279] und durch die das Tier zu einer Sache degradiert wird, über die der Mensch nach Gutdünken und Willkür verfügen kann. *Schopenhauer* führt diesen Fehler auf die jüdische Wurzel des Christentums zurück. Ähnlich verhält es sich mit dem erstgenannten Punkt der Kritik, der Überbewertung des einzelnen; sie liegt seiner Ansicht nach in der Annahme einer Willkürfreiheit begründet. Diese Annahme wiederum ist Teil des Grunddogmas des Judentums: des optimistischen Schöpfungsglaubens, den das Christentum übernommen hat, der seiner genuinen Lehre aber heterogen bleibt.[280] Sein prägnantester Ausdruck

---

[274] WWV I: I, 549. Die Vorstellung allerdings, die eigentliche Erlösung werde durch eine bestimmte, historische Tat bewirkt, ist für *Schopenhauer* nicht nachvollziehbar, weil jede Tat für ihn schon an sich schuldhaft ist, worauf mit Recht *Garewicz* 1972, 98, hinweist.
[275] Vgl. WWV I: I, 524–526; WWV II : II, 789–806.
[276] WWV II: II, 773; vgl. 799; Par II : V, 458; PGM: III, 776. Dies führt ihn zur Vermutung, „daß die Lehren des Christentums irgendwie aus jenen Urreligionen abzuleiten sind" (WWV II: II, 799; vgl. PGM: III, 776; Par II : V, 411. 436. 449). Den historischen Nachweis dafür sucht er zu erbringen in: WWV II: II, 799–801; PGM: III, 776 f, und Par II : V, 449–455.
[277] Vgl. WWV II: II, 591; Par II : V, 435 f.
[278] Vgl. WWV II: II, 591 f.
[279] Vgl. WWV II: II, 257; Par II : V, 437–445.
[280] Vgl. WWV I: I, 526 f. 551 f; Par II : V, 449.

ist das πάντα καλὰ λίαν von Gen 1, 31, das *Schopenhauer* wiederholt als die eigentliche Gegenposition zur pessimistischen Philosophie verwirft[281]. Das Judentum sei dementsprechend durch und durch auf das Diesseits ausgerichtet. *Schopenhauer* hält dem Judentum lediglich zugute[282], daß es in der „Fabel vom Sündenfall" immerhin einen „Keim"[283] der Grundwahrheit der Verdorbenheit der Welt bewahrt hat, ein Moment, das den beiden anderen optimistischen Religionen von Bedeutung, dem griechisch-römischen Heidentum[284] sowie „der schlechtesten aller Religionen"[285], dem Islam[286], auch noch abgeht. Zwar haben sich bei den letztgenannten auch pessimistische Gegentendenzen ausgebildet, wie *Schopenhauer* unter Verweis auf die griechische Tragödie[287] und den Sufismus[288] zugesteht, doch blieben diese Erscheinungen zeitlich oder gruppenmäßig isolierte Ausnahmen.

6.6.4 Legitimität und Illegitimität

Die Religionen beinhalten also auch nach *Schopenhauer* durchaus wahre und tiefe Erkenntnis über die Welt und ihr Wesen, auch wenn sie dieses nur intuitiv erfassen und außerdem sonst noch viel Aberglauben und Unsinn enthalten.[289] Ja, die großen Erlösungsreligionen gelten auch in ihrer praktischen Leistung als eminent segensreich: es gelinge ihnen, den Menschen über sich selbst und das zeitliche Dasein hinauszuheben.[290] –
Nach *Schopenhauer*s Urteil ist mit *Kant* und ihm selbst die Philosophie zu einer überlegenen Alternative geworden, die all das vermeidet, was den Wert der Religionen in unterschiedlichem Ausmaß noch beeinträchtigt: das unreflexe

---

[281] WWV II: II, 795. 799. 801; Par I: IV, 82. 236; Par II: V, 449. Vgl. WWV II: II, 774. 795–801; Par II: V, 438–445. 447. 459. –
Zur differenzierenden Analyse des *Schopenhauer*schen „Antisemitismus" s. das (stark apologetisch gefärbte) Werk von *Brann* 1975.
[282] WWV II: II, 743. 774 f. 795 f. 800; Par II: V, 447. 449. 451.
[283] WWV II: II, 775.
[284] Vgl. WWV II: II, 775. 800. 806.
[285] WWV II: II, 775. Später, in Par I: IV, 158 (vgl. 157–159), wird das Judentum „die roheste und schlechteste unter allen Religionen" genannt.
[286] Vgl. WWV II: II, 209. 775. 800. Den Koran nennt *Schopenhauer* WWV II: II, 209 ein „schlechtes Buch": „Wir finden in ihm die traurigste und ärmlichste Gestalt des Theismus. [...] ich habe keinen einzigen wertvollen Gedanken darin entdecken können."
[287] Vgl. WWV II: II, 775.
[288] Vgl. WWV II: II, 775. 784 f.
[289] Vgl. Par II: V, 400. Die eindrucksvollste Erörterung des Für und Wider der Religion bietet der nach großen Vorbildern (bes. *Hume*, aber auch *Shaftesbury*, *Voltaire*, *Lessing*, *Wieland*) konzipierte Dialog zwischen Demopheles und Philalethes in den ‚Parerga und Paralipomena' II. Man beachte die bereits in den Namen zum Ausdruck gebrachten Standorte der Beurteilung. *Euler* 1908, 12 f, betont, daß sich *Schopenhauer* nicht einseitig mit einem der Unterredner identifiziere, sondern „vielmehr einen schweren Kampf mit sich selbst zum Austrag bringen [wollte] [...], wie er auch in einem Brief an Frauenstädt erklärt, daß er in Demopheles ebensogut stecke wie im Philalethes". (Ähnlich *Hübscher* 1973, 21 f. 192 f).
[290] Vgl. WWV I: I, 216; Par II: V, 383.

Erkennen, die bildhaft-mythische Einkleidung, den mehr oder minder stark ausgeprägten Theismus. Vor allem der allegorische Wesenszug zeigte verhängnisvolle Konsequenzen, weil ihn die Religionen unter Bedrohung ihrer Existenz nicht als solchen eingestehen dürften[291]: Intoleranz und Fanatismus samt den entsprechenden Institutionen gehörten deshalb unvermeidlich zum Wesen der Religion.

Mit der Festlegung der zeitlichen Zäsur bei *Kant* ist negativ der Bereich umgrenzt, innerhalb dessen Religion berechtigt oder sogar unentbehrlich ist. Positiv ausgedrückt ist dies der Bereich, wo die Verstandeskraft nicht oder noch nicht so ausgebildet ist, daß sie die Religion durch das Funktionsäquivalent einer kritisch-transzendentalen Metaphysik abzulösen vermag. Diese Situation kann gegeben sein aufgrund des kollektiven Zivilisationsstandes (zum Beispiel in Mittelalter und Altertum), oder aufgrund mangelnder Bildung beziehungsweise geistiger Fassungskraft, was für die große Menge wie zu jeder Epoche so auch in der Gegenwart zutrifft. Hier erfüllen die Religionen das metaphysische Bedürfnis „recht gut": „teils [...] als öffentliche Standarte der Rechtlichkeit und Tugend, wie *Kant* es vortrefflich ausdrückt; teils als unentbehrlicher Trost in den schweren Leiden des Lebens"[292]. Als „Volksmetaphysik"[293] können sie dem „rohen" Verstand die Ordnung der Dinge an sich zumindest gefühlsmäßig so nahe bringen, daß die vordergründig als einzig wirklich geltende Welt der Erfahrung in den Hintergrund tritt. Sie bedürfen dazu der Mythen, gleichsam als Gefäße, damit sich die dem „großen Haufen aller Zeiten und Länder in sensu proprio unzugängliche"[294] Grundwahrheit nicht verliert. Was in den Philosophien abstrakt erkannt wird, vermitteln die Religionen intuitiv.[295] In dieser Beziehung sind Religionen „notwendig und [...] eine unschätzbare Wohltat"[296].

Wo allerdings Menschen des Denkens und Prüfens fähig sind, wird das Festhalten am Glauben zur Unredlichkeit, das mehr Schaden stiftet, als es je an Positivem zu leisten vermöchte. Weil die Religion „eine nur dem Kindesalter der Menschheit angemessene Aushilfe"[297], also etwas Vorläufiges ist, das mit dem Wachsen wissenschaftlicher Einsicht überflüssig wird, führt die zunehmende Mündigkeit der Menschheit zwangsläufig zur „Euthanasie der Religion"[298]. Dieser Prozeß kennzeichnet nach *Schopenhauer* die zeitgenössische Situation in Europa. Die Religionen kennen ihr Angewiesensein auf Unwissenheit; daher haben sie unter dem Blickwinkel der eigenen Daseinsfristung

---

[291] WWV II: II, 216; Par II: V, 385. 394. 404. 429 f.
[292] WWV II: II, 216.
[293] WWV II: II, 212; Par I: IV, 174; Par II: V, 383. 384. 399. 405. 406. 428.
[294] WWV II: II, 807.
[295] Vgl. WWV I: I, 520.
[296] WWV II: II, 217; vgl. 216. 807; WWV I: I, 485–487; Par II: V, 395. 398. 403. 406.
[297] Par II: V, 409.
[298] Par II: V, 398; vgl. 409. 462–466.

größtes Interesse daran, sie zu erhalten: „Alle *Religion* steht im Antagonismus mit der Kultur."[299] Dabei bedient sie sich sogar der Hilfe des Staates, der seinerseits wiederum ideologischen Vorteil aus ihr zieht. Unter diesem Aspekt ist die weitgehende Überantwortung des Erziehungsgeschäftes an die Religion und die Privilegierung religiöser Bildung in der besonders prägsamen Kind- und Jugendzeit *Schopenhauer* ein Dorn im Auge.[300] — In dem Moment also, wo die Religionen „den Fortschritten der Menschheit in der Erkenntnis der Wahrheit sich entgegenstellen wollen; [...] müssen sie [...] beiseite geschoben werden"[301]. Jene Versuche der neueren Philosophie, die die Religion trotz neuer Erkenntnisse am Leben erhalten wollen, indem sie religiöse und philosophische Metaphysik zusammenbringen, verwirft *Schopenhauer* schärfstens, weil dieses Vorgehen beide verderbe. „Am unverhohlensten ist dies in unsern Tagen geschehn in jenem seltsamen Zwitter oder Kentauren, der sogenannten Religionsphilosophie, welche als eine Art Gnosis bemüht ist, die gegebene Religion zu denken und das sensu allegorico Wahre durch ein sensu proprio Wahres auszulegen."[302] Abgesehen von den früher skizzierten Schwierigkeiten (6.6.3.1) besteht dieses Verfahren in einem fruchtlosen Zirkel: Es ist nämlich nur durchführbar, wenn man die eigentliche Wahrheit schon kennt; dann aber ist solche Deutung eine überflüssige Doppelung. –

In der Abgrenzung zwischen Legitimität und Illegitimität, wie sie *Schopenhauer* vornimmt, ist noch deutlich jenes Schema wiederzuerkennen, mit dem die neuzeitliche Philosophie wenigstens seit *Lessing* die auseinanderstrebenden Wahrheitsansprüche von Philosophie und Religion in Beziehung setzte: Die Religion kann in der Praxis ebendas erreichen, wozu reine philosophische Wahrheit auch führt; das Wahre an der Religion ist das Moralische. „[...] der Glaube [leitet] das Handeln [...] und die Allegorie [ist] [...] so gestellt [...], daß sie in Hinsicht auf das Praktische eben dahin führt, wohin die Wahrheit sensu proprio auch führen würde"[303].

---

[299] Par II: V, 466; vgl. 21. 407 f. 415. 462–466.
[300] Vgl. WWV II: II, 209 f. 213. 242; Par I: IV, 140; Par II: V, 21. 384–389. 398.
[301] WWV II: II, 217; vgl. 807.
[302] WWV II: II, 217.
[303] WWV II: II, 215; vgl. Par II: V, 401–407.

Kapitel 7
Das Prinzip Leben als Antiprinzip
(Nietzsche)

Auf der Suche nach *Nietzsche*s ethischem Ansatz[1] scheint gerade das Problem der Begründung der Ethik, wie es die bisherige Untersuchung leitete, abhanden zu kommen. Denn in einem gewaltigen Spannungsbogen, der die gesamte abendländische Tradition von *Platon* über das Christentum bis hin zu *Schopenhauer* zusammen nimmt[2], verwirft er deren Ansprüche und fällt das für die ganze bisherige der Philosophie vernichtende Urteil: „Ersichtlich war bisher die Moral gar kein Problem; vielmehr das gerade, worin man, nach allem Mißtrauen, Zwiespalt, Widerspruch, miteinander überein kam, der geheiligte Ort des Friedens, wo die Denker auch von sich selbst ausruhten, aufatmeten, auflebten."[3] Das bedeutet: *Nietzsche* bestreitet die Vernünftigkeit, Gegründetheit, Überprüfbarkeit so gut wie aller ethischen Lehren des Abendlandes – und zwar im Widerspruch zum Selbstverständnis der Tradition. Das Fragen und Begründen hat sich nach ihm nur *innerhalb* und *auf der Grundlage* der beziehungsweise einer ganz bestimmten Moral abgespielt; jede Problematisierung habe nur der Bestätigung und dem Schutz gedient.

Den Standpunkt, von dem aus *Nietzsche* sich berechtigt weiß, so zu urteilen, nennt er die „Optik des Lebens"[4]. Aus dieser verwandeln sich sämtliche

---

[1] Der jüngst von *M. Balkenohl* (1976) in Fortführung und Spezifizierung früherer Arbeiten von *K. Jaspers* u. a. vorgelegte Versuch, Nietzsches Philosophie von der Entwicklung und Struktur seiner Persönlichkeit her zu deuten, bleibt im folgenden außer Betracht, weil er zu unserer Fragestellung kaum etwas beiträgt. Auf die kritischen Vorbehalte gegenüber einem solchen Verfahren bei *Schlechta* 1958, 13–16, und *Fink,* 1973, 9f, sei allerdings verwiesen.

[2] Die Begriffe „Religion", „Metaphysik" und „Christentum" sind daher bei *Nietzsche* (und entsprechend auch in diesem Kapitel) weitgehend austauschbar.

[3] FW 209. Vgl. MR 1076 f; GM 768; N 448. – Der Text folgt der Ausgabe von *K. Schlechta* (3 Bde., München ⁶1969), da die im Erscheinen begriffene Gesamtausgabe von *G. Colli* und *M. Montinari* zum Zeitpunkt der Erarbeitung dieses Kapitels noch nicht vollständig war; die Ziffern beziehen sich ebenfalls auf die Seitenangabe (nicht §§) der *Schlechta*-Ausgabe. Folgende Siglen werden verwendet: MA = Menschliches, Allzumenschliches; MR = Morgenröte; FW = Die fröhliche Wissenschaft; Z = Also sprach Zarathustra; JGB = Jenseits von Gut und Böse; GM = Zur Genealogie der Moral; GD = Götzen-Dämmerung; EH = Ecce homo; AC = Der Antichrist; N = Aus dem Nachlaß der Achtzigerjahre.

[4] JGB 576; GD 968. Vgl. GM 768. – Diese Perspektive trifft auf alle Schriften *Nietzsche*s seit MA zu. Die vielerörterte Frage einer über die Zäsur bei MA hinausgehenden Periodisierung (im Anschluß an die autobiographische Selbstdeutung in EH) ist meines Erachtens demgegenüber weitgehend vernachlässigenswert (einzelne Abweichungen werden in Anmerkungen genannt!); sie scheint ohnehin in eine Aporie gelangt zu sein, was angesichts der eruptiven, aphoristischen

Seins- und Wesensaussagen, die den europäischen Moralen (der Plural ist selber schon Ergebnis dieser Sicht!) im genannten Zeitraum zugrunde liegen, in Wertschätzungen, in Symptome für einen bestimmten Willen, in Ausdrücke eines Lebensgefühls; sie erweisen sich als Resultate bestimmter Machtkonstellationen. Wie das Leben selber, so gelten aus dieser Perspektive auch die Wertschätzungen, Symptome, Ausdrücke als geworden und veränderlich: „Mangel an historischem Sinn ist der Erbfehler aller Philosophen; [...] Sie wollen nicht lernen, daß der Mensch geworden ist, daß auch das Erkenntnisvermögen geworden ist; [...]."[5] Entsprechend bedient sich *Nietzsche* der historischen und der psychologischen Methode. Mit ihrer Hilfe will er das scheinbar Einfache in seine Vielschichtigkeit zerlegen, das Vordergründige auf seine Hintergründe durchleuchten, das angeblich Entborgene auf das darin Verborgene absuchen, das Vorgegebene als „Zurechtmachung" erweisen, die ewigen Wahrheiten auf ihre Gewordenheit aus sich verändernden Umständen und Bedingungen zurückführen, die sogenannten höheren Ideale als illusionäre Zweckfälschungen entlarven. „Hinterfragen", „aufdecken", „sezieren", „entlarven", „desillusionieren", „zergliedern" – das sind die Verben, mit denen *Nietzsche* selbst seine Tätigkeit charakterisiert. „[...] dem Rüssel des Ebers gleich soll mein Wort den Grund eurer Seelen aufreißen; Pflugschar will ich euch heißen."[6] „Wo *ihr* ideale Dinge seht, sehe *ich* – Menschliches, ach nur Allzumenschliches!"[7] Genau hier liegt der Grund, warum sich *Nietzsche* immer wieder als „Immoralisten" bezeichnet[8]. Das bedeutet allerdings nicht, daß er auf den Anspruch des Moralischen überhaupt verzichten wollte; im Gegenteil erklärt er: „Die *Kritik der Moralität* ist eine hohe *Stufe* der Moralität [...]."[9]
Es gehört dabei mit zu seiner – modern gesprochen: wissenspsychologischen und -soziologischen – Methodik, daß sie sich auf dem Weg ihres Fragens durch nichts zum Stehen bringen läßt: Weder durch moralische Vorurteile noch durch „ein[en] gewisse[n] blinde[n] Glaube[n] an die Güte der menschlichen Natur, ein[en] eingepflanzte[n] Widerwille[n] vor der Zer-

---

und aperçuhaften Denkweise *Nietzsches* kaum verwundert. – Am überzeugendsten hat zu diesem Problem Stellung bezogen: *Schlechta* 1958, 13–41. Vgl. aber auch *Fink* 1973, 15 f. 42–45. 49 f. 59 f. – Unbestreitbar lassen sich indessen – und das ist neben *Nietzsches* Selbstdeutung wohl der eigentliche Stimulus dieses Problems – Widersprüchlichkeiten konstatieren; Beispiele bei: *Heimsoeth* 1955; *Müller-Lauter* 1971 a. *Müller-Lauter* macht den interessanten Versuch, die erwähnten Widersprüchlichkeiten von einer Interpretation des *Nietzsche*schen Denkens als einer Philosophie der Gegensätze her zu verstehen; in ähnliche Richtung geht bereits *Heimsoeth* 1955, 535–539.
[5] MA 448, vgl. 447 f. 458 f. 545. 747 f. 899; MR 1044; FW 41. 209; JGB 567; GM 768 f.
[6] Z 351. Vgl. MR 1011 f; s. auch FW 41 f, wo quasi ein entsprechendes Langzeit-Forschungsprogramm aufgestellt wird.
[7] EH 1118.
[8] Z. B. MA 884; MR 1015; FW 210; JGB 597; GD 969. 977; EH 1115. 1153–1156; N 815.
[9] In: Nietzsches Werke, sog. GOA, Bd. XI (Unveröffentlichtes aus der Zeit des MA und der MR), Leipzig 1919, 35. Vgl. MR 1015.

legung menschlicher Handlungen, eine Art Schamhaftigkeit in Hinsicht auf die Nacktheit der Seele"[10]. Ebenso hat sie sich davor in acht zu nehmen, daß sie sich bei ihrer Anwendung nicht an der Aussicht auf Nutzen oder Schaden der zu erwartenden Erkenntnis ausrichtet. Dies würde ja bereits das Feststehen undiskutierbarer, letzter Ziele voraussetzen – und gerade diese sind jetzt ja befragt.

Man kann wohl kaum bezweifeln, daß bei *Nietzsche* das Negativ-Destruierende im Vordergrund steht; dennoch sollte man nicht übersehen, daß sich seine nihilistische Auflösung im Blick auf eine neue „Moral", das heißt im Sinne *Nietzsche*s: auf eine neue Sinnsetzung, rechtfertigt, deren Zentrum das Leben ist. Die schonungslose, teilweise in schäumende Haßtiraden auslaufende Kritik jenes das Leben zersetzenden „Interpretationsschemas"[11] des Daseins, das für ihn vornehmlich vom Christentum repräsentiert wird, zielt letztlich auf die Autonomie des Lebens. *Nietzsche* will nicht einfach das Nichts, er will das Nichts nur als Durchgangsstadium und Voraussetzung des Lebens.

7.1 Die Kritik der Moral

7.1.1 Eine doppelte Genesis der Moral

7.1.1.1 Zwei Arten von Moral:

Mit dem Instrument der Psychologie beginnt *Nietzsche* sein Vorhaben, die bisher zur Herrschaft gekommenen Moralen zu entlarven. Wie bereits gesagt, geht er hierbei von deren Gewordensein aus, als dessen treibende Kraft ihm das „Leben" gilt. Aus der Analyse kristallisieren sich für ihn zwei gegensätzliche Grundtypen heraus: „Herren-Moral" und „Sklaven-Moral"[12]. Wie schon die Namen ausdrücken, besteht ihr entscheidender Unterschied in der jeweiligen Bedingtheit durch die Herrschaftsverhältnisse.

Ihre Differenz tritt zunächst und am deutlichsten hervor in den „moralischen Wertunterscheidungen"[13] selber: Immer, wo die moralische Grundprädikation „gut" von den Herrschenden geprägt wurde, wird sie nach *Nietzsche*s Beobachtungen den Personen zugesprochen, die die Macht haben, zu vergelten, Dankbarkeit oder Rache zu üben. Machtausübung aber ist wiederum nur möglich, wo Objekte da sind, die beherrscht werden, so daß der Begriff „gut" das spezifisch Differente gegenüber den Beherrschten ausdrückt, das heißt Bewußtsein der Macht, Stolz, Auszeichnung, Ranghöhe,

---

[10] MA 476. Vgl. MR 1012; FW 207; JGB 587.
[11] N 592.
[12] Am deutlichsten entwickelt in: MA 483 f; JGB 729–733; GM 772 f. – Daneben verwendet *Nietzsche* auch andere Klassifizierungen.
[13] JGB 730.

Elite, Vornehmheit, Ausnahme.[14] Das korrelierende Prädikat, also der Terminus für Machtlosigkeit, Verächtlichkeit, Feigheit, Kleinlichkeit, Mißtrauen, Gemeinheit, Selbsterniedrigung, Unterwürfigkeit, Lüge, Schmeichelei ist „schlecht". Die moralischen Wertbezeichnungen beziehen sich beide „zuerst auf *Menschen* und erst abgeleitet und spät auf *Handlungen*"[15].
Im Unterschied zu dieser auf „Rangordnung" basierenden Moral ist der andere Typus dadurch charakterisiert, daß er ganz vom Willen zur Gleichheit und zum Gleichmachen getragen ist. Sein Motor ist das Ressentiment. Wo immer nämlich die Abhängigen, Gedrückten, Leidenden oder auch die Mißratenen, Verkümmerten, Vergifteten moralisieren, gelangen sie zur Wertschätzung des ihnen Gleichartigen und damit verbunden zu Mißgunst und -trauen gegenüber den Tugenden der Mächtigen. Ihr Argwohn geht so weit, daß sie nicht nur ihr eigenes Dasein, sondern das des Menschen überhaupt pessimistisch einschätzen bis hin zur völligen Verurteilung, wobei ihnen auch das Glück bei den Mächtigen nur ein scheinbares dünkt.[16] Mächtigkeit und Gefährlichkeit erregen beim Unterdrückten Furcht und gelten ihm infolgedessen als „böse". „Umgekehrt werden die Eigenschaften hervorgezogen und mit Licht übergossen, welche dazu dienen, Leidenden das Dasein zu erleichtern"[17], also Mitleid, Hilfsbereitschaft, Geduld, Fleiß, Demut, Freundlichkeit. Als guter Mensch gilt in diesem Verständnis der gutmütige, weil er ungefählich ist.[18] – Je nachdem, ob die Unterdrückten, die Schlechtweggekommenen und Mißratenen oder aber die Mittelmäßigen versuchen, die ihnen günstigsten Werturteile durchzusetzen, haben sie ihr Leitideal im Unvornehm-Gemeinen, im Widernatürlichen oder im Durchschnittlichen.[19]
So lassen sich *Nietzsche* zufolge die Moralen auf zwei Herkünfte zurückführen, die sich in den Grundbewertungen gut/schlecht und gut/böse symptomatisch niederschlagen.
Bei der Durchführung der soziogenetischen Analyse gewinnt *Nietzsche* außer diesem fundamentalen materialen Gegensatz noch eine Reihe weiterer Unterscheidungs-Merkmale:
– Während für die Herrschaftsmoral das Gute sachlich und genetisch die Priorität hat, findet die Moral der Sklaven ihren positiven Begriff von Moralität umgekehrt erst in der Negation des von ihr als bös Abqualifizierten.

---

[14] S. MA 483 f; JGB 730 f; GM 790.
[15] JGB 730.
[16] S. MA 483 f; JGB 732; GM 785; AC 1184; N 417. 904. – Derselbe Prozeß spielt sich *Nietzsche* zufolge nicht nur *innerhalb* einer Gesellschaft ab, sondern auch zwischen ganzen Gesellschaft*en* und Ländern. Die Vitalität und Kraft eines Volkes sei daran zu erkennen, daß es anderes wertschätzt als seine Nachbarn, m. a. W. daß seine Schätzung sein eigenes Werk ist, daß es bestrebt ist, selbst zu herrschen und zu glänzen, Neid zu erregen, Erster zu sein (vgl. Z 322 f).
[17] JGB 732.
[18] Vgl. ebd.
[19] In diese drei Gruppen differenziert *Nietzsche* in N 905 die Sklavenmoral.

„[...] die Sklaven-Moral bedarf, um zu entstehn, immer zuerst einer Gegen- und Außenwelt, sie bedarf, physiologisch gesprochen, äußerer Reize, um überhaupt zu agieren – ihre Aktion ist von Grund aus Reaktion. Das Umgekehrte ist bei der vornehmen Wertungsweise der Fall: sie agiert und wächst spontan, sie sucht ihren Gegensatz nur auf, um zu sich selber noch dankbarer, noch frohlockender ja zu sagen – ihr negativer Begriff ‚niedrig‘, ‚gemein‘, ‚schlecht‘ ist nur ein nachgeborenes blasses Kontrastbild im Verhältnis zu ihrem positiven, durch und durch mit Leben und Leidenschaft durchtränkten Grundbegriff ‚wir Vornehmen, wir Guten, wir Schönen, wir Glücklichen!'"[20] Die großen geschichtlichen Auseinandersetzungen sind ein Kampf um die Durchsetzung beziehungsweise Behauptung der moralischen Wertschätzungen: die Kontrahenten sind „gut" (im Sinn des Wertpaares gut/schlecht) und „böse" (im Sinn des Wertpaares gut/böse).

– Die Moral der Schwachen ist aus dem gleichen Grunde immer pessimistisch bezüglich ihrer Auffassung von Mensch, Welt, ja selbst von Gott, ganz im Gegensatz zu der durch Optimismus, Dankbarkeit und Selbstbejahung gekennzeichneten Moral der Herren.

– In dem Maße, wie einer über Macht verfügt, unterliegt er gerade nicht irgendwelchen Zwängen. Die mit Macht ausgestattete, vornehme Art weiß sich deshalb als „werteschaffend"[21]; souverän bestimmt sie das für sie Gute/Schlechte als das Gute/Schlechte an sich. Im Gegensatz dazu unterliegt der Unterworfene in seiner Unterworfenheit der Notwendigkeit, Mittel zu finden, die ihm helfen, den Druck des Daseins überhaupt bloß auszuhalten; diese Not lastet unmittelbar und stetig auf ihm. All seine Tugenden bezwecken daher im Unterschied zu denen der Guten (im Sinne der Starken) die (unmittelbare) Nützlichkeit.[22] Es entspricht dieser Bestimmung, daß die Prinzipaltugend jeder Ressentimentmoral die Klugheit ist[23].

– In jeder Sklavenmoral gilt aus dem genannten Grunde die Freiheit als oberster Wert. Typisch für die aristokratischen Denk- und Handlungsweisen dagegen sind in erster Linie Ehrfurcht und Hingebung.[24]

---

[20] GM 782 f, vgl. 785.
[21] JGB 730; GM 773.
[22] Der Adressat, den *Nietzsche* im Auge hat, wenn er häufiger und mit Nachdruck einen universellen Zusammenhang zwischen Moral und Nützlichkeit bestreitet, ist die englische Moralpsychologie seiner Zeit. Sie gipfelt nämlich genau in der gegenteiligen Behauptung, Gut und Böse seien nichts anderes als Erfahrungswerte über die Zweck- bzw. Unzweckmäßigkeit bezüglich der Erhaltung der eigenen Art (vgl. FW 39; GM 771–774, auch 765 f). *Nietzsche* stimmt ihrer Ausgangsposition zu, daß Moral etwas Gewordenes und also etwas Erforschbares sei, kritisiert aber scharf: 1. daß die bösen Triebe nicht in ebenso hohem Grad arterhaltend und unentbehrlich sein sollten wie die guten; 2. daß die Wertungen von den Betroffenen ausgehen sollen statt von den Vornehmen und mächtig Schaffenden selber; 3. daß man angesichts der immer wieder zu machenden Erfahrung der Nützlichkeit unegoistischer Handlungen zu der Annahme berechtigt sei, dieser Ursprung ihres Lobes könne in Vergessenheit geraten.
[23] Vgl. GM 784.
[24] Vgl. JGB 733.

— Weil die Moral der Vornehmen aus der Selbstbejahung hervorwächst, ist ihre wertsetzender Blick ganz auf sich selbst gerichtet. Hingegen ist die Blickrichtung des Ressentiment umgekehrt, denn es geht ihm von vornherein und ausschließlich darum, alles „Außerhalb" und „Nicht-selbst" abzuwehren.[25] Mit den Formeln des Z läßt sich der Unterschied so ausdrücken, daß das „Ich bin" gegen das „Ich will nicht" (als der Negation des „Du sollst") steht.[26]
— Die Herrschenden bilden kraft ihres elitären Bewußtseins immer eine Kaste; ihre Moral ist dementsprechend gemeindebezogen und -aufbauend. Auch noch außerhalb dieser Gemeinde wirken sie bei aller Distanzierung nicht separierend oder gar gemeinschaftsauflösend; selbst der Unvornehme gilt dem Herrn eben nicht als Feind, sondern nur als niedrig und verächtlich, aber als durchaus brauchbarer Sklave. Anders verhält es sich bei den Machtlosen, die selbst in ihren Schicksalsgefährten von vornherein potentielle Feinde sehen und ihnen sogar bei altruistischen Handlungen böse Hintergedanken unterstellen. Dieser Argwohn bewirkt seinerseits den Verlust von Aufrichtigkeit und Ehrlichkeit. Die Seele des Ressentiment-Menschen „*schielt*; sein Geist liebt Schlupfwinkel, Schleichwege und Hintertüren, alles Versteckte mutet ihn an als *seine* Welt, *seine* Sicherheit, *sein* Labsal; er versteht sich auf das Schweigen, das Nicht-Vergessen, das Warten, das vorläufige Sich-verkleinern, Sich-demütigen"[27]. Über den Status eines Haufens, einer amorphen Masse vermögen die Niederen deshalb nie hinauszukommen.[28]
— Auf die Zeitebene transponiert, deckt sich der Gegensatz zwischen Herren- und Sklavenmoral mit der Dialektik von Neuheit und Tradition. Erfolgreich Neues inaugurieren kann allein der Starke. Das erfolgreich Neue ist aber aus der Perspektive der Schwachen immer das Böse, weil dabei immer alte Grenzsteine umgestürzt und Pietäten destruiert werden müssen. Nur das Alte, Hergebrachte gilt ihnen als das Gute.[29]

7.1.1.2 Ein spezieller Fall: die priesterliche Aristokratie:
Ist die höchste Kaste eine priesterliche, so vollzieht sich die Entwicklung ebenfalls nach dem oben beschriebenen Muster, nur daß eben ein Prädikat, das an eine priesterliche Funktion erinnert wie etwa „rein", zum moralischen „Vorrangs-Begriff" entwickelt wird.[30] Hier und nicht in einem scheinbaren Mehr an Symbolgehalt und Geistigkeit liegt die Voraussetzung, daß es zwischen einer ritterlich-aristokratischen und einer priesterlich-aristokratischen „Wertungs-Weise" zu einer stärkeren Abweichung kommen kann. Ihre unterschiedlichen Voraussetzungen setzen spätestens dann, wenn beide miteinander in Konkurrenz treten, unterschiedliche Entwicklungen in Gang, an deren Ende sich beide unter Umständen aufs bitterste befehden. Starke Leib-

[25] Vgl. GM 782.
[26] Vgl. Z 294.
[27] GM 784.
[28] Vgl. GM 782.
[29] Vgl. FW 39.
[30] Vgl. GM 777–779.

lichkeit, Gesundheit, Vitalität, Krieg und ähnliches sind die Voraussetzungen auf der einen Seite, Abgewandtheit von der Praxis, Fähigkeit zum Grübeln, Gefühlsstärke und Verzicht auf der anderen. Eine Moral der Priesterkaste tendiert unweigerlich in Richtung auf eine extreme Verinnerlichung der Wertungsgegensätze. Weil den Priestern die äußeren Mittel fehlen, kämpfen sie mit sublimen geistigen; sie sind die schlimmsten und extremsten Gegner, die „bösesten Feinde"[31]. „Aus der Ohnmacht wächst bei ihnen der Haß ins Ungeheure und Unheimliche, ins Geistigste und Giftigste."[32]

7.1.1.3 Décadence:

Auf dem Hintergrund der Geschichte der Ethik springt das Neue an *Nietzsche*s Moralverständnis – die konsequent funktionale Betrachtung – zuerst in seiner kritischen Potenz ins Auge: Die Moral wird durch sie folgerichtig und vollständig ent-absolutiert. Die Relativität, die dadurch zum Vorschein kommt, ist nun aber keine willkürliche, sondern streng abhängig von mehreren anderen Variablen wie: Raum und Zeit, sozialer Herkunft, Vitalkonstitution, Diät, Bildung, geschichtlicher Situation und ähnlichem mehr. Da sich einige dieser Variablen permanent und die übrigen wenigstens in größeren Zeiträumen verändern, unterliegt notwendig auch die Moral einem andauernden Veränderungsprozeß.

Innerhalb der herausgearbeiteten Dialektik der beiden Moraltypen ist nun noch – da in jeder Entwicklung wiederkehrend – jenes Stadium von besonderem Interesse, wo die Moral der Herrschenden niedergeht und die Wertordnung des Ressentiment an die Macht gelangt. *Nietzsche* nennt diesen Zwischentypus „décadence". Diese vollzieht sich nicht so sehr als kämpferische Auseinandersetzung, sondern als schrittweise Überführung der Herren- in eine Herdenmoral. Sie ist von der einen Seite eine Folge von Erschöpfung und Auszehrung, von der anderen ein Ergebnis der andauernden, mit raffinierten Lügen und untergründigen Verführungen arbeitenden Paralyse. Sobald bei den Herrschenden die Kraft, Initiativen zu geben, erlahmt und sie nur noch von der Tradition zehren, ist jenes Vakuum gegeben, in das die Masse der Schwachen einbricht. Ihr Sieg ist untrüglich daran zu erkennen, daß die Bedeutung von „moralisch gut" zunehmend mit derjenigen von „unegoistisch" kongruiert beziehungsweise der Gegensatz egoistisch/nichtegoistisch zum grundlegenden Moralitätskriterium wird.[33]

Das historisch folgenschwerste Beispiel eines décadence-Prozesses ist das, was *Nietzsche* den „Sklavenaufstand der Moral"[34] nennt. „Alles, was auf Erden gegen ,die Vornehmen', ,die Gewaltigen', ,die Herren', ,die Machthaber' getan worden ist, ist nicht der Rede wert im Vergleich mit dem, was die *Juden*

---

[31] GM 779.
[32] Ebd.
[33] Vgl. GM 773.
[34] JGB 653. GM 780. 782.

gegen sie getan haben"³⁵. Sie sind der von keinem anderen Volk vor und nach ihnen je erreichte Prototyp eines priesterlichen Volkes. Sie haben sich an ihren Feinden und Überwältigern gerächt, indem sie deren Werte radikal umgekehrt haben. Wie bei allen, denen bestimmte Handlungen unmöglich gemacht wurden, hat bei ihnen das Ressentiment Kräfte hervorgebracht, die ganz darauf fixiert waren, sich der aufgezwungenen Fremdbestimmung zu erwehren. Jedoch steigerte der hohe Grad ihrer äußeren Machtlosigkeit die ganz verinnerlichte Rache-Reaktion ins Extrem: „Die Juden sind es gewesen, die gegen die aristokratische Wertgleichung (gut = vornehm = mächtig = schön = glücklich = gottgeliebt) mit einer furchteinflößenden Folgerichtigkeit die Umkehrung gewagt und mit den Zähnen des abgründlichsten Hasses (des Hasses der Ohnmacht) festgehalten haben, nämlich ‚die Elenden sind allein die Guten, die Armen, Ohnmächtigen, Niedrigen sind allein die Guten, die Leidenden, Entbehrenden, Kranken, Häßlichen sind auch die einzig Frommen, die einzig Gottseligen, für sie allein gibt es Seligkeit – dagegen ihr, ihr Vornehmen und Gewaltigen, ihr seid in alle Ewigkeit die Bösen, die Grausamen, die Lüsternen, die Unersättlichen, die Gottlosen, ihr werdet auch ewig die Unseligen, Verfluchten und Verdammten sein!'"³⁶
Ihre Gegner, die Römer, waren ehemals die Stärksten und Vornehmsten gewesen, die es bislang auf Erden gab. Deshalb auch ist „Rom gegen Judäa, Judäa gegen Rom"³⁷ nicht nur eine herausragende Gestalt, sondern das Symbol schlechthin dieses todfeindlichen Kampfes zwischen aristokratischer und Ressentiment-Moral. – Die Durchführung „dieser grundsätzlichsten aller Kriegserklärungen"³⁸ stellt die zweitausendjährige Geschichte des Christentums dar.³⁹ Die bittere Ironie der Geschichte hat gewollt, daß gerade Rom, das Symbol par excellence für die höhere Natur, zum Inbegriff der tiefsten Antithese seiner selbst geworden ist: zum Inbegriff nämlich der judäischen Weltherrschaft (verkörpert in Jesus von Nazaret, dem Fischer Petrus, dem Teppichwirker Paulus und der Mutter Maria).⁴⁰ –
Als décadence-Moral diagnostiziert *Nietzsche* nun auch die zeitgenössische Moral; der Herdeninstinkt habe sich in der europäischen Kultur nahezu gänzlich und auf allen Gebieten durchgesetzt. „Moralisch", „gut", „unegoistisch", „désintéressé" seien zu völlig synonymen Begriffen geworden.⁴¹ „Die ‚Erlösung' des Menschengeschlechts (nämlich von ‚den Herren') ist auf dem besten Wege; [...]. Der Gang dieser Vergiftung [...] scheint unaufhaltsam [...]."⁴² Die *Schopenhauer*sche Mitleids-Ethik auf der einen Seite und der Sozialismus auf der anderen seien die mit letzter Konsequenz ausgeführten Erbstücke der jüdisch-christlich-europäischen Moral, auch wenn sie

---

³⁵ GM 779, vgl. 779–782.
³⁶ GM 779 f. Vgl. JGB 653.
³⁷ GM 795.
³⁸ GM 780.
³⁹ Vgl. GM 780.
⁴⁰ Vgl. GM 796.
⁴¹ GM 773.
⁴² GM 781.

sich gegenseitig völlig ausschlössen. Während sich nämlich die erste durch Mitleid und „Resignationismus"[43] dem Leben entziehe[44], lasse sich der zweite durch die Empörung über die Gesetzmäßigkeiten des Lebens zu utopistischen Schwärmereien verführen[45].

7.1.2 Ein neues Wahrheitsverständnis (Versuch einer Rekonstruktion des Nietzscheschen Ansatzes)

7.1.2.1 Das traditionelle Wahrheitsverständnis der abendländischen Geistesgeschichte (nach *Nietzsche*):
Der innere Ansatzpunkt von *Nietzsche*s Infragestellung der Moral, die die abendländische Kultur geprägt hat, sind nicht irgendwelche Normen oder deren verhängnisvolle Konsequenzen, sondern der Begriff und das Verständnis von Wahrheit.[46] Dies ist kein Zufall. Galt doch für die ganze abendländische Philosophie das Verständnis von „Wahrheit" jeweils als die Grundlage des gesamten philosophischen Gedankens. Seine historisch folgenreichste Formulierung hat es – und darauf spielt *Nietzsche* an – im Widerspruchsprinzip des *Aristoteles*[47] gefunden. Dieser Satz gilt für die ganze Tradition als unabdingbar für jede Erkenntnis, als voraussetzungslos und schlechthin evident; positiv kann er nicht bewiesen werden, sondern bloß e selentio durch Widerlegung der gegenteiligen Auffassungen.

Nietzsche sieht dieses Prinzip als zunächst formal-logisches an und erst dann als ontologisches.[48] „Man glaubte ein Kriterium der Realität in den Vernunftformen zu haben."[49] Für diesen Übertieg vom Logischen zum Ontologischen sucht er als Grund ein weiteres Datum; dieses besteht ihm zufolge in der grundlegenden Erfahrung des Sich-trotz-bester-Absicht-Widersprechens, der Selbsttäuschung, des Irrtums, des Traums.[50] Diese Erfahrung legte nahe, das im Satz vom Widerspruch enthaltene Schema als eine Aussage über die Wirklichkeit im gesamten zu nehmen: Die wahre Welt kann nicht mit sich selbst in Widerspruch stehen, das heißt: kann nichts mit Irrtum zu tun haben; Irrtum aber ist überall dort, wo etwas wechselt, sich verändert, wird oder vergeht. Eine innere und unausweichliche Zusammengehörigkeit von Wahrheit und Irrtum kann nur dann ausgeschlossen werden, wenn beide

---

[43] Die Geburt der Tragödie oder Griechentum und Pessimismus: Werke, I, 16.
[44] S. Abschnitt 7.3.3.
[45] Zur Kritik des Sozialismus vgl. MA 591. 668 f. 671 f. 683 f. 689; MR 1103. 1134 f; JGB 660. 728 f; AC 1228–1230; N 437. 469–471. 574. 636 f.
[46] Sehr pointiert geschieht das sowohl im ersten Hauptstück von MA („Von den ersten und letzten Dingen") wie auch in JGB, dessen erstes Hauptstück mit „Von den Vorurteilen der Philosophen" überschrieben ist. Vgl. ferner N 726–728.
[47] Metaph. 1005 b.
[48] Vgl. JGB 567 f; N 727.
[49] N 727.
[50] Vgl. außer den genannten Stellen: FW 207 f; JGB 598. Vgl. auch MA 450. 577; N 831.

nicht in einem entstehungsmäßigen Zusammenhang miteinander stehen. Positiv ausgedrückt bedeutet das: die Wahrheit muß einen ihr adäquaten Ursprung haben; und weil die sinnlich wahrnehmbare Welt uns fortwährend täuscht, kann dieses Adäquate nur etwas Außerweltliches sein. Wahr bedeutet also seiend, unveränderlich bleibend, ohne Entstehen und Vergehen. Die Metaphysik nennt diese Wahrheit: Sein, Ding an sich, Gott oder ähnlich. Sie gilt ihr folgerichtig als das eigentlich Wertvolle, als das, worauf es ankommt und was deshalb bei allem Handeln „verwirklicht" werden soll.

7.1.2.2 Kritische Infragestellung:

Nach der genannten Vorstellung kommen der Wahrheit wesensmäßig wenigstens die folgenden Eigenschaften zu: 1. Wahrheit im vollen, ontologischen Sinn ist die eine, qualitativ höhere Seite in einer strukturell dualen Wirklichkeit. Logische Wahrheit ist die Korrespondenz oder Adäquation zwischen Wirklichkeit und Aussage. 2. Wahrheit ist etwas Apriorisches, aller Erfahrung und Subjektivität Vorgegebenes. Erkenntnis ist daher nur als anschauend-vernehmende möglich, das heißt in dem Maße, wie sich das erkennende Subjekt von aller Subjektivität – und das heißt Interessiertheit – losgelöst hat[51]; wahre Erkenntnis ereignet sich nur da, wo sie um ihrer selbst willen gesucht wird. 3. Infolge dieser Loslösung gibt es einerseits nur eine und nicht mehrere Wahrheiten zu ein und derselben Sache, und anderseits ist die Wahrheit prinzipiell Wahrheit für alle. 4. Weil das erkennende Subjekt auch Teil der vergänglichen und täuschenden Werdewelt ist, partizipiert es nur in dem Maß am Sein, als es die Wahrheit erkennt; das heißt, die Wahrheit ist imperativ und nimmt das erkennende Subjekt in die Pflicht. Wahr/falsch sind kraft Ontologisierung außer logischen Prädikaten zugleich moralische.

Damit ist die Folie beschrieben, die hinter *Nietzsches* kritischen Einwendungen gegen das tradierte, metaphysich-christliche Wahrheitsverständnis hervorscheint. Seine kritischen Anfragen lassen sich dementsprechend in vier Argumentationskomplexe fassen:

1. Im Glauben an die Gegensätzlichkeit von wahr und falsch (im Sinne von scheinbar), von Sein und Werden (und in der Folge davon: von egoistisch und unegoistisch) liegt nach *Nietzsche* das typische Vorurteil der Metaphysik[52], auf dem ihr ganzes Gebäude beruht. An der Schwelle schon müssen ihr deshalb die beiden Fragen gestellt werden, ob es überhaupt Gegensätze gibt, und ob die Wert-Gegensätze, von denen die Metaphysiker ausgehen, „nicht vielleicht nur Vordergrunds-Schätzungen sind, nur vorläufige Perspektiven, vielleicht noch dazu aus einem Winkel heraus, vielleicht von unten hinauf, Frosch-Perspektiven gleichsam"[53]?

---

[51] MA 447 und GM 860 sprechen von „interesseloser Anschauung".
[52] MA 447; JGB 568; N 727.
[53] JGB 568. Das Problem der dualen Wirklichkeit wird in Abschnitt 7.1.3 behandelt.

2. Der Begriff einer Erkenntnis um ihrer selbst willen setzt ein reines, das heißt willen-, schmerz- und im Grunde zeitloses, weil nicht individuelles, erkennendes Subjekt voraus. Dieser Voraussetzung widerspricht nicht nur die Erfahrung, sondern sie ist aus erkenntnistheoretischen Gründen in sich selbst widersprüchlich. Denn die Bedingungen möglicher Erkenntnis wie die apriorischen Anschauungsformen Raum und Zeit, die Kategorien, sowie die Begriffe und logischen Regeln sind für *Nietzsche* nur in der Grammatik unserer Sprache (also auch nicht transzendental wie etwa noch bei *Kant*[54]) festgelegte Erzeugnisse menschlicher Tätigkeit; sie sind nichts anderes als „Mittel [...] zum Zurechtmachen der Welt zu Nützlichkeits-Zwecken"[55] oder, anders gesagt, Mittel zur Sicherung der menschlichen Existenz.[56] Erkenntnis kann daher nie das Spiegelbild einer „eigentlichen" Wirklichkeit sein, sondern ist grundsätzlich perspektivisch[57]. Die Widersprüchlichkeit im Begriff des „interesselosen Erkennens" liegt also darin, daß sie „ein Auge zu denken verlangt, das gar nicht gedacht werden kann, ein Auge, das durchaus keine Richtung haben soll, bei dem die aktiven und interpretierenden Kräfte unterbunden sein sollen, fehlen sollen, durch die doch Sehen erst ein Etwas-Sehen wird, hier wird also immer ein Widersinn und Unbegriff von Auge verlangt"[58].

3. Ebenfalls als postulatorisches Vorurteil erweist sich bei näherem Zusehen die der Wahrheit zugesprochene Universalität, fußt sie doch auf der unreflektierten Behauptung, wahr (beziehungsweise gut) könne nur sein, was *alle* wahr (beziehungsweise gut) finden. Sollte sich aber – wie dies *Nietzsche* in der Tat zu zeigen versucht – herausstellen, daß es andere als perspektivische Wahrheit nicht gibt und – nicht: deshalb, sondern unabhängig davon (denn Wahrheit ist für *Nietzsche* erst ein sekundär moralisierter Begriff!) – daß „wahr" beziehungsweise „gut" gerade das Nicht-Gemeine, Besondere, Auszeichnende, das Individuelle meint, so hat der sich daraus ergebende Verzicht auf Universalität einschneidende Folgen für die Struktur der Philosophie selbst: Er verlangt nämlich den Verzicht auf dogmatisches Philosophieren überhaupt, das heißt auf strenge, deduktive Systematik, weil hinter der dogmatischen Bemühung doch stets die doppelte Überzeugung steckt,

---

[54] Dennoch leitet *Kants* Kritik nach *Nietzsche* das Ende der „theoretischen Kultur" ein: „Der ungeheuren Tapferkeit und Weisheit *Kants* und *Schopenhauers* ist der schwerste Sieg gelungen, der Sieg über den im Wesen der Logik verborgen liegenden Optimismus, der wiederum der Untergrund unserer Kultur ist" (Geburt der Tragödie: Werke, I, 101).
[55] N 726.
[56] Besonders deutlich ist in dieser Hinsicht das unveröffentlichte frühe Manuskript ‚Über Wahrheit und Lüge im außermoralischen Sinn' (: Werke, III, 309–322), bes. 310 f. Vgl. GM 860 f; GD 959; N 726–728. 885. – Zu dem hier nicht weiter ausgeführten Aspekt der in der Grammatik der Sprache implizierten „Vernunft-Vorurteile" (GD 959) vgl. *Habermas* 1968, 248–255; *Müller-Lauter* 1971 a, 11–15; *Simon* 1972; *Czuma* 1974, 45–53; *Ulrich* 1975, 52 f. 67–76.
[57] GM 860 f; JGB 576. Vgl. die korrespondierenden Bilder des Horizontes (z. B. FW 127. 135) und des Schattens (= Irrtums; z. B. GD 963).
[58] GM 860 f. Vgl. JGB 625; N 733.

a) daß Wesen, Natur, Gattung etwas Wirkliches sind und b) daß jeder mit allen, die einerseits vernunftbegabt und andererseits guten Willens sind, übereinstimmt[59].

4. Der Punkt jedoch, den *Nietzsche* am stärksten in Frage stellt, ist die unreflektierte Übernahme der Verpflichtung auf den Willen zur Wahrheit[60]. Jede Philosophie hat es ihm zufolge bisher für überflüssig gehalten, diesen Willen zur Wahrheit zu rechtfertigen. „Die *Rechtmäßigkeit* im Glauben an die Erkenntnis wird immer vorausgesetzt".[61] Dies ist ganz folgerichtig, wenn man die Wahrheit als Sein, Gott oder ähnliches setzt (auch wenn dies Setzen nur in der Überzeugung besteht, daß dies so vorgegeben sei); denn damit ist sie tabu, Zweifel, Infragestellung und Problematisierung sind illegitim.[62] In dem Augenblick jedoch, wo der Glaube an Gott verneint wird, taucht nicht bloß die Frage auf, was in uns eigentlich zu dieser Wahrheit will; sondern sobald diese Frage nach der Ursache erst einmal gestellt ist, zieht sie die noch tiefer dringende nach dem Wert dieses Willens überhaupt nach sich. *Nietzsche* nimmt für sich in Anspruch, diese Frage als erster gesehen und zu stellen gewagt zu haben.[63]

Nietzsche meint mit dieser Kritik nicht nur den Wahrheitsbegriff der klassischen und der christlichen Metaphysik in Frage zu stellen, sondern implizite damit auch die Wahrheitsbegriffe der Neuzeit, die von seinem Gesichtspunkt aus nur als Fortentwicklungen des ersteren gelten können. Namentlich *Descartes* fuße auf dem Satz vom Widerspruch und habe, trotz seines methodischen Zweifels, die Gegensätzlichkeit der Werte in keiner Hinsicht in Zweifel gezogen. Außerdem unterlasse er eine Antwort auf die Frage: „Woher weiß man das, daß die wahre Beschaffenheit der Dinge in *diesem* Verhältnis zu unserm Intellekt steht?"[64]

7.1.2.3 Methode und Wahrheit:

7.1.2.3.1 Die Notwendigkeit von Methode: Wie kommt *Nietzsche* dazu, den Wahrheitsbegriff der ganzen abendländischen Tradition anzugreifen? Wieso kann er ihn „Vorurteil" schelten? Wenn der Grund hierfür nicht in reiner Willkür oder aber im völligen Verzicht auf Erkenntnis liegen soll, dann muß *Nietzsche* seinen Angriff legitimieren. Die Rechtfertigung des Willens zur Erkenntnis, zur Wahrheit in einem neuen Verstande, zur Wissenschaft, wird in der Rechtfertigung der Methode dieses Erkennens geleistet[65]. Wie bereits

---

[59] Vgl. JGB 565 f. 605; N 885. [60] JGB 567; GM 891; N 884–886.
[61] N 885.
[62] Vgl. GM 891.
[63] JGB 567; GM 767 f. 891. – Die Fragestellung ist allerdings bereits in *Schopenhauers* Kritik der imperativen Form der Ethik in nuce enthalten.
[64] N 539.
[65] Vgl. AC 1231. – Treffend charakterisiert *Ulrich* 1975, 55, die von *Nietzsche* nach Kritik des moralischen Wahrheitsbegriffs gestellte Aufgabe: „nicht eine auf Begründung von möglicher Wahrheit überhaupt bezogene Theorie, sondern eine die Praxis der Wahrheitsfindung leitende Theorie."

gesagt, konnte und mußte die Metaphysik nach *Nietzsche* von dieser Frage absehen, weil Wahrheit von ihr ja a priori als Sein, das heißt als Gegebenheit und als erkennbar vorgestellt (im Sinne der Metaphysik heißt das: nicht gesetzt) wird. *Nietzsche* hingegen will gerade darauf verzichten, von Vorgegebenheiten auszugehen. Um etwas zu erkennen, braucht er also eine Methode. Ist dann aber nicht die Methode seine Vorgegebenheit? Die rein deskriptive Vorstellung seiner Methode in der Einleitung zu diesem Kapitel 7 könnte diesen Einwand verstärken; in Wirklichkeit aber blieb die Methode dort nur deshalb ohne weitere Begründung, weil diese Legitimation bereits ein integraler Bestandteil des ganzen Gedankens *Nietzsche*s ist und nicht sein Prolegomenon.

7.1.2.3.2 Das Problem des Zirkels: Wenn Erkennen nur anhand einer Methode möglich ist, diese Methode aber ihre Legitimation erst innerhalb dieser Erkenntnis findet – handelt es sich dann nicht um ein Münchhausensches Sich-an-den-eigenen-Haaren-aus-dem-Sumpf-Herausziehen? Die Kritik des traditionellen Wahrheitsverständnisses zielt doch darauf, die ontologische Differenz zwischen Leben und Sein zum Verschwinden zu bringen; sie scheint dies aber nur zu können, insofern sie selber diesen Standpunkt (samt dem dazugehörenden Wahrheitsethos) einnimmt.

Tatsächlich ist sich *Nietzsche* dieser Schwierigkeit deutlich bewußt.[66] Er hat sich dieses Problem offensichtlich als in der Richtung lösbar vorgestellt, daß er Methode und Erkenntnis als wie in einem Zirkel- beziehungsweise besser Spiral-Verhältnis zueinander stehend behandelt hat. Allein schon von seiner Biographie her braucht man um den Einsatzpunkt der „Spirale" nicht verlegen zu sein, war er doch als klassischer Philologe des späten 19. Jahrhunderts besonders mit dem Faktum der Geschichte, der Geschichtlichkeit und den hermeneutischen Methoden bestens vertraut[67]. Darüber hinaus findet sich in seinem Werk eine Reihe von Beobachtungen soziokultureller Tatbestände, die als unleugbare, sich der Erfahrung aufdrängende, antizipierende „Anstoß-Phänomene" (nämlich für den methodisch-erkenntnismäßigen Zirkel) fungieren. Ihre Berücksichtigung ermöglicht es, *Nietzsche*s Gedanken von seinem individuellen Lebenslauf loszubinden, und macht dadurch *Nietzsche* selber zum Exponenten einer Epoche, womit nicht nur die Signifikanz seiner Aussage erheblich gesteigert, sondern auch seinem eigenen Selbstverständnis entsprochen[68] wird.

7.1.2.3.3 Anstoß-Phänomene[69]: Nachdrücklich hebt *Nietzsche* vor allem

---

[66] Vgl. MA 889 f; FW 206 f.

[67] Von *Nietzsche* selbst reflex als Faktor genannt (allerdings in einem kritisch gewendeten Zusammenhang) z. B.: Unzeitgemäße Betrachtungen, Zweites Stück: Vom Nutzen und Nachteil der Historie für das Leben: Werke, I, 210.

[68] Vgl. die Einleitung zu diesem Kapitel (ohne Nummer).

[69] „Phänomen" ist hier nur im naiven, philosophisch nicht qualifizierten Sinne einer unmittelbaren Wahrnehmung, einer sinnlichen Erfahrung, gebraucht. Für *Nietzsche* enthält das Wort „Er-

zwei Dinge hervor: die durch die historische Forschung herausgearbeitete ungeheure Vielfalt von Kulturen beziehungsweise Moralen[70] wie auch den ständigen Wandel innerhalb der Geschichte ein und derselben Kultur[71] auf der einen Seite; anderseits die nie zuvor in ähnlichem Ausmaß dagewesene geographische, zeitliche und soziale Mobilität, die den Effekt hat, daß durch die Synchronisation aller möglichen Stufen und Arten von Moralität, Sitten, Kulturen die Macht der Sitte selbst in großem Maße abgenommen hat[72].

Daneben und in enger Verbindung hiermit nennt er die Industrialisierung und ihre die Reste der gewachsenen aristokratischen Strukturen durch Egalisierung und neue bürgerliche Geld-Eliten zerstörenden Auswirkungen[73]. Von großem Gewicht ist auch das Faktum des Atheismus als Massenerscheinung. Endlich verweist er noch auf die heilsame Wirkung des historischen Wissens, insofern es die Menschen gegenüber Wahrheitsansprüchen, die zu jedem Mittel greifen, um sich durchzusetzen, mißtrauisch gemacht habe; Wahrheit-Suchen nehme infolgedessen jetzt in der allgemeinen Bewertung einen höheren Rang ein als der vorgebliche Besitz der Wahrheit.[74]

7.1.2.3.4 Die Konstitution der Wirklichkeit und die Konstituierung der Methode: Von den genannten Phänomenen geht deshalb ein ununterdrückbarer Anstoß aus, weil sie sich nicht mehr in der bisherigen Theorie unterbringen lassen; es gibt sozusagen etwas Überstehendes an ihnen. Was jedoch noch viel entscheidender nach etwas Neuem verlangt, ist die Feststellung, daß die tatsächliche Praxis in keinem echten Zusammenhang mehr steht mit der traditionellen Theorie, sondern allenfalls noch in den Weisen eines

---

scheinung" (wie auch „Phänomen") „viele Verführungen, weshalb ich es möglichst vermeide" (Über Wahrheit und Lüge im außermoralischen Sinn: Werke, III, 317). Im besonderen setzt er sich, wie 7.1.2.1 und 7.1.2.2 ergeben, von einem doppelten Verständnis von „Phänomen"ab: *Erstens* von der realistischen Vorstellung eines Zum-Vorschein-Kommens eines Dinges selbst (vgl. MA 457 f); denn die Phänomene sind schon immer „zurechtgemacht" (N 534. 673 f; vgl. FW 221 f): „[...] Tatsachen gibt es nicht, nur *Interpretationen*" (N 903, vgl. 673; fast gleichlautend auf die Moral angewandt: JGB 631; N 485). „Wir stoßen nie auf ‚Tatsachen'" (N 673). *Zweitens*: von der (*Kant*ischen) Vorstellung, dem Phänomen korrespondiere ein Ding an sich, das zwar nicht als solches, sondern nur in der vom Subjekt gewirkten Weise (letztlich aber als doch von ihm selber verursacht gedacht) erkennbar ist (vgl. MA 457 f; N 540. 863).
Mit dieser doppelten Zurückweisung ist – worauf es *Nietzsche* ankommt – automatisch die Abschätzigkeit aufgehoben, die im herkömmlichen philosophischen Begriff der „Erscheinung" verborgen ist: „Sofern die Sinne das Werden, das Vergehn, den Wechsel zeigen, lügen sie nicht ... [...] Die ‚scheinbare' Welt ist die einzige: die ‚wahre Welt' ist nur *hinzugelogen*..." (GD 958, vgl. 963; N 728).

[70] MA 593 f; JGB 643 f. 687. – MA 478 spricht vom härtenden „Hammerschlag der historischen Erkenntnis"!
[71] MR 1075. 1102 f.
[72] MA 464 f. 685. 983; FW 121; JGB 707 f.
[73] MA 465. 667; JGB 702; N 554. Dabei liefert *Nietzsche* z. T. erstaunlich präzise Faktorenanalysen; für die Tragweite der miterlebten Veränderung der Welt hat er ausgesprochenen Spürsinn. Stellvertretend für viele andere Stellen sei MA 983 angeführt: „Die Presse, die Maschine, die Eisenbahn, der Telegraph sind Prämissen, deren tausendjährige Konklusionen noch niemand zu ziehen gewagt hat."
[74] MA 727.

bloßen, das heißt völlig gleichgültigen Konventionalismus, eines Restes oder einer Imitation[75]. Diese Feststellung schlägt aber notwendig auf den traditionellen, logisch-ontologischen Wahrheitsbegriff zurück, war doch in ihm der Anspruch impliziert, durch Wahrheits-Erkenntnis auch das menschliche Handeln leiten zu können (Konvertibilität von verum und bonum). Trifft diese Beschreibung zu, dann werden aus den vier Infragestellungen des traditionellen Wahrheitsbegriffes (7.1.2.2) vier Einwände. –
Den Prozeß der Nihilisierung ohnmächtig sich selbst zu überlassen oder aber – um an der alten Wahrheits-Vorstellung (allerdings verringert um ihren beanspruchten Praxisbezug) festhalten zu können – das Handeln total von Theorie, Vernunft, Erkenntnis und Wissenschaft loszukoppeln und es der Willkür anheimzustellen sind zwei Möglichkeiten, auf die Anstoßphänomene zu reagieren, die *Nietzsche* schon durch die bloße Tatsache seines Werkes wie auch durch dessen Inhalt schärfstens bekämpft. Es gibt für ihn nur *einen* Weg, dieses Dilemma zu vermeiden, nämlich einen neuen Wahrheitsbegriff zu suchen, mit dessen Hilfe es möglich ist: 1. die Lebenspraxis unter heutigen Bedingungen zu gestalten; 2. bei der Orientierung des entsprechenden Handelns ohne die täuschende Zuflucht zu Idealen auszukommen; 3. die jeweilige Lebenspraxis der einzelnen so auszurichten, daß die Gesamtentwicklung in positiver Richtung verläuft.
Wahrheit und Wirklichkeit können daher nach *Nietzsche* in einem neuen Wahrheits-Verständnis nicht mehr nach dem Muster von Abbilden und Korrespondieren gedacht werden wie im ontologischen Wahrheits-Verständnis der Tradition. Sie gehören nämlich schon immer und uneinholbar zusammen. Wirklichkeit ist dabei für *Nietzsche* Natur *und* geschichtlich-menschliche Praxis; sie ist, anders formuliert, eine einzige und nicht mehr eine wahre/eigentliche einerseits und eine scheinbare anderseits. Deshalb lassen sich auch Erkennen und Leben nicht mehr wie bisher trennen. Wahrheit ist nicht mehr Maßstab, sondern das an Wirklichkeit Gemessene. Weil Leben und Macht für *Nietzsche* synonym sind, gelangt er zu folgendem neuen Wahrheits-Kriterium: „Das Kriterium der Wahrheit liegt in der Steigerung des Machtgefühls."[76] Tiefer als die standardisierte Wissenschaft will *Nietzsche* die Wahrheit damit begriffen haben: aus ihrem vorgängigen und unverlierbaren Zusammenhang mit der Praxis. Wahrheit ist immer das Ergebnis eines Wollens, eines Prozesses des Schaffens und Überwältigens.[77]
Weil aber im ontologischen Wahrheits-Verständnis auch ein bestimmter logischer Wahrheits-Begriff enthalten war, und nach diesem Wahrheit und theoretische Aussage übereinstimmen mußten, muß nach dem Zerbrechen

---

[75] Vgl. Unzeitgemäße Betrachtungen, Zweites Stück, 232. Es handelt sich um das sonst als Décadence bzw. Nihilismus interpretierte Phänomen.
[76] N 919, vgl. 726. 764. 844.
[77] Vgl. JGB 676 f.

dieser Einheit auch ein dem neuen Wahrheits-Begriff entsprechendes neues Verständnis von Theorie entwickelt werden. Gemeint ist: Die Zerstörung des Anspruchs, daß Wahrheit etwas rein Theoretisches, von aller Praxis – das heißt bei *Nietzsche:* = Leben = Macht = Selbststeigerungsinteresse – Unbeeinflußtes, ja im Gegenteil dieses durch „Nachahmung" Steuerndes sei, hat zur Folge, daß nun auch die Erkenntnis nicht mehr ohne Rückgang auf den Zusammenhang mit einem Interesse auskommen kann. Ein solcher Zusammenhang, der zudem dem Gesamtziel, der Mehrung von Macht, dienen soll, ist aber nur herstellbar, wenn genau dort, wo der klassische Wahrheitsbegriff die Reflexion abgebrochen hatte, weitergefragt wird.

Wer solchermaßen zur Vernunft gekommen ist, kann sich nie mehr in dem Gefühl wähnen, sich auf der Reise hin zu einem letzten Ziel zu befinden, denn er weiß nun, daß es ein letztes Ziel gar nicht gibt.[78] Es bleibt ihm nur übrig, sich als „Wanderer" auf Erden zu fühlen.[79]

Jene Stelle nun, wo der klassische Wahrheitsbegriff die Kompetenz der ratio bestritten und sich selbst für allein zuständig erklärt hat, ist die Frage nach dem Ur-sprung, nach der Be-gründ-ung. Den zwei möglichen Richtungen, in denen diese Frage in der Tradition abgebrochen beziehungsweise überhaupt verhindert wurde, entsprechen nun gerade die historische und die psychologische Methode, wobei *Nietzsche* die von ihm projektierte Psychologie als Naturwissenschaft verstanden haben will[80]. Eine Reihe von Bemerkungen[81] läßt darauf schließen, daß er beide sowohl funktional wie auch strukturell für nah verwandt und untrennbar gehalten hat.

Daß die Konstituierung der historisch-psychologischen Methode keineswegs als nachträgliche Rechtfertigung bereits standardisierter Methoden verstanden werden darf, zeigt *Nietzsche*s differenzierte Kritik an der zu seiner Zeit herrschenden historischen und naturwissenschaftlichen Forschung, die hier jedoch nicht weiter verfolgt werden kann.

7.1.2.4 Latente Interessegeleitetheit:

Die projektierte Methode muß ihre Tauglichkeit zunächst daran bewähren, daß sie in der Lage ist: erstens, wo immer interesselose Wahrheit behauptet wird, tatsächliche Zusammenhänge mit naturalen Antrieben beziehungsweise mit der Stabilisierung normativer Ordnungen aufzuzeigen; zweitens die Ent-interessierung beziehungsweise Ent-historisierung, „Ent-gründung" (im obigen Sinn) selbst funktional zu erklären. Beide Aufgaben sind letztlich nur eine, weil sie so miteinander verknüpft sind, daß die Erklärung

---

[78] MA 730.
[79] Entsprechend nennt *Nietzsche* die Teile von MA „Wanderbücher" (MA 742); die zweite Abteilung des zweiten Bandes trägt den Titel „Der Wanderer und sein Schatten".
[80] Vgl. MA 477 f; JGB 586 f; GD 958; N 728. 790 f.
[81] Bes. MA 447. 477. 614; FW 209 f; JGB 609. Öfter werden beide miteinander genannt bzw. unmittelbar nacheinander erörtert, z. B. MA 459; FW 194–198; EH 1120; AC 1175.

der Ent-interessierung die Entlarvung des verborgenen Interessenzusammenhangs ist. Solcher Nachweis der Fruchtbarkeit der Methode ist nicht eine (im Grunde überflüssige) „Gegenprobe", sondern ein letztes, validierendes Stück der Konstituierung der Methode selber[82], das von da an die Funktion der anfänglichen Erfahrungen („Anstoß-Phänomene") übernimmt.

Ein möglicher Interessenzusammenhang tritt zutage, sobald man untersucht, was die Existenz von Historie und Psychologie für die Metaphysik bedeutet. Offensichtlich bringen sie sie in ärgste, weil fundamentale Bedrängnis: Denn sie betrachten ja alle Dinge unter der Perspektive des Gewordenseins. Was geworden ist, ist aber auch wandelbar, vergänglich, schwankend. Werden also Historie und Psychologie anerkannt, so geraten automatisch alle einzelnen Dinge, Menschen, Institutionen, Normen usw., aber eben auch – auf einer Metaebene – die Philosophie und eben auch die Metaphysik selber in den Verdacht, nicht etwas Vorgegebenes, Konstantes, schon immer so Gewesenes und deshalb auch in der Gegenwart so sein Müssendes zu sein, sondern eine konkrete Entstehungsgeschichte zu haben.[83] Ist aber gerade die Kern-Behauptung der Metaphysik die Nicht-Gewordenheit der intelligiblen Wesenswelt, so muß es deren endgültige Widerlegung bedeuten, wenn es gelingt zu erklären, daß und wie der Glaube an die „wahre" Welt entstand.[84] Historie und Psychologie sind daher schon allein aufgrund ihrer Existenz die „Axt" an der Wurzel des „metaphysischen Bedürfnisses".[85]

Nietzsche folgert hieraus, daß die Ursprungsfrage in der Metaphysik nicht eigentlich aus erkenntnistheoretischen Gründen abgebrochen wird, sondern daß es sich um eine aus dem Gespür dieser fundamentalen Bedrohung erwachsene absichtliche Tabuisierung handelt. Es stellt sich dann jedoch die entscheidende Frage, ob diese Tabuisierung nur das Werkzeug der Selbsterhaltung der Metaphysik ist oder ob sich dahinter noch etwas anderes verbirgt. *Nietzsche* bejaht diese Frage im Sinne der zweiten Möglichkeit; als das Verborgene sieht er eine bestimmte Praxis und die ihr entsprechende Moral an, um derentwillen eben die theoretischen Dogmen aufrechterhalten werden. Die Konservierung der Metaphysik bedeutet die Legitimierung einer bestimmten Moral, der Moral des Status quo, weil nämlich die damit gegebene Legitimation dem Zugriff des rationalen Diskurses entzogen bleibt. „Was die Philosophen ‚Begründung der Moral' nannten und von sich forderten, war, im rechten Lichte gesehn, nur eine gelehrte Form des guten *Glaubens* an die herrschende Moral, ein neues Mittel ihres *Aus*drucks, also ein Tatbestand selbst innerhalb einer bestimmten Moralität, ja sogar, im letzten

---

[82] Vgl. auch die Funktion des Experiments (als planvoll manipulierter Geschichte) in FW 42.
[83] Vgl. MA 514. 593 f. 747 f. MA 594 spricht vom „Elend des historischen Wellenschlags" und von „Seekrankheit" (letzteres auch JGB 587).
[84] S. MA 458; MR 1073.
[85] Vgl. MA 478.

Grunde, eine Art Leugnung, daß diese Moral als Problem gefaßt werden *dürfe* – und jedenfalls das Gegenstück einer Prüfung, Zerlegung, Anzweiflung, Vivisektion eben dieses Glaubens."[86]
Konkreter handelt es sich bei dieser Moral um diejenige, die *Nietzsche* als Wohlfahrtsmoral etikettiert; ihre tragenden Ideale sind Askese, Gleichheit und Mitleid. Voraussetzung für ihr Entstehen beziehungsweise Fortbestehen ist, daß durch den Abbruch der rationalen Legitimation Möglichkeiten zur weiteren Bestimmung und Definierung entstehen, die nun aber nicht einfach als Freiraum für dezisionistische Willkür erhalten bleiben, sondern deren sich unbemerkt die Masse bemächtigt. Denn da in der Metaphysik ja der Zusammenhang mit jeglichem persönlichen Interesse a priori vernachlässigt wird, kann die Masse, die ein großes Interesse daran hat, daß keiner aus ihr herausrage, in ihr ein geeignetes und sublimes Herrschaftsinstrument finden. Indem die Metaphysik das Erkennen an sich zum obersten Wert macht, verfügt sie, wo immer sie herrscht, über Menschen, die nur zu erkennen streben, wobei es ihnen im Grunde gleichgültig ist, was. Gerade dadurch machen sich diese Menschen aber zu den besten, das heißt unbewußt unterworfenen und total steuerbaren Dienern dieses „was".[87] Was der metaphysische Denker trotzdem noch an Persönlichkeit bewahrt hat, entwertet er zu einem (meist als Störfaktor angesehenen) Akzidenz: „so sehr ist er sich selbst zum Durchgang und Widerschein fremder Gestalten und Ereignisse geworden"[88]. Entselbstung und Entpersönlichung – das bedeutet aber für den einzelnen: Degenerierung, für das Gesamte: Nihilisierung. –
Indem er dem Wahrheitsverständnis der Tradition eine konstitutive Relation zu Lebens- und Erhaltungsinteressen nachweist, zerstört *Nietzsche* dieses Wahrheitsverständnis. Sein neuer, am Willen zur Macht orientierter Wahrheitsbegriff wird damit nämlich als faktisch auch während der Tradition geltender aufgewiesen. Nur daß die tatsächlichen Ziele des traditionellen Wahrheitsverständnisses andere gewesen waren als die explizit genannten, nämlich Erhaltung der Schwachen und Beschädigten und décadence der Starken. Als Instrument dieser anderen Ziele durfte auch das Bewußtsein der Wahrheit nicht mit der Wirklichkeit kongruieren. Der von *Nietzsche* problematisierte Wille zur Wahrheit entpuppt sich somit als eine spezifische Form des Willens zur Macht.[89] Wahrheit im revidierten Sinne ist Glaube, ist Wertschätzung; das heißt nichts anderes, als daß die am meisten Macht und Sicherheit gewährende Hypothese hochgeschätzt und als wahr bezeichnet wird. Hinter allen Kategorien der Vernunft und der Logik stehen Wertschätzungen, also Forderungen, die sich aus dem Willen zur Erhaltung einer be-

---

[86] JGB 644, vgl. 569. 571.
[87] Vgl. JGB 668.
[88] JGB 668.
[89] Vgl. N 764, auch 812. 812 f. 888.

stimmten Art von Leben ergeben. „Der Intellekt setzt sein *freiestes* und *stärkstes Vermögen* und *Können* als Kriterium des Wertvollsten, folglich *Wahren* . . . [. . .] Also die *höchsten Grade in der Leistung* erwecken für das *Objekt* den Glauben an dessen ‚Wahrheit', das heißt *Wirklichkeit.*"[90] Wegen dieser Korrelation von Wahrheit, Wirklichkeit und Interesse gibt es nach *Nietzsche* nicht nur kein uninteressiertes Erkennen, sondern auch kein interesseloses – und das heißt in traditioneller ethischer Terminologie: kein nicht-egoistisches – Handeln.

7.1.3 Die „wahre" und die „scheinbare" Welt

Der metaphysische Wahrheitsbegriff hat nach *Nietzsche* zu seiner Voraussetzung die Überzeugung, daß es „neben", „außerhalb", „hinter", „über" dieser, mit den Sinnen wahrnehmbaren und feststellbaren Welt noch eine zweite gibt. Denn – so erklärt sich *Nietzsche* in Weiterführung des oben Gesagten diese Annahme – von irgendwoher müssen all die in unserer zuhandenen Welt nicht nachweisbaren Qualitäten: Wahrheit, Wesentlichkeit, Unveränderlichkeit, Einheit, Dinglichkeit usw. ihre Wirklichkeit ja haben. Es handelt sich um jene Welt, für die sich der Philosoph die völlige Angemessenheit seiner Vernunft und der logischen Funktionen verspricht, wo der religiöse Mensch Gott lokalisiert und der moralische Mensch die gute, gerechte, vollkommene Welt unangefochten existieren weiß.[91] Im ethischen Kontext gewinnt die „wahre" Welt noch eine weitere Funktion: Sie ist der Ort des postmortalen Gerichts und der Vergeltung.[92]

Noch nicht dieser Einblick in ihre psychologische Entstehung, sondern drei fundamentale Einwände lassen für *Nietzsche* die „wahre" Welt sich in eine illusionäre „Hinterwelt" verwandeln:

7.1.3.1 Erkenntnismäßige Grundlosigkeit des Gegensatzes:
Es stellt sich zuerst die Frage, mit Hilfe welches Erkenntnis-Organs überhaupt dieser Gegensatz angesetzt werden kann und darf. Denn daß wir die unseren Organen zugängliche Welt als subjektiv bedingt verstehen müssen, berechtigt noch zu keinerlei Aussage *über* oder zu einem Schluß *auf* die Existenz (oder auch nur auf die Möglichkeit) einer „objektiven" Welt.[93] Außerdem ist das „An sich" eine unsinnige Konstruktion, da wir selbst die Begriffe Sein und Ding immer nur als Relationsbegriffe haben.[94]

7.1.3.2 Mißachtung von Sinnlichkeit und Historie:
Der zentrale Gedanke aller Metaphysik ist das Sein. Da aber das Leben gerade nichts Seiendes (im Vollsinn) gewährt, sondern immer nur Werdendes,

[90] N 539, vgl. 541.
[91] Vgl. N 719.
[92] Vgl. MR 1059–1061; GD 963; N 818.
[93] Vgl. N 763.
[94] Vgl. N 763. 769.

Wachsendes und Vergehendes[95], steht die Metaphysik zwangsläufig in Gegensatz zum Leben. „Sie [sc. die Metaphysiker] töten, sie stopfen aus, diese Herren Begriffs-Götzendiener, wenn sie anbeten – sie werden allem lebensgefährlich, wenn sie anbeten. Der Tod, der Wandel, das Alter ebensogut als Zeugung und Wachstum sind für sie Einwände – Widerlegungen sogar."[96] Daß das Seiende nicht wahrgenommen wird, dafür machen sie die Sinnlichkeit haftbar. Weil die Sinne uns über die „wahre" Welt betrögen, muß ihnen zufolge unser ganzes Streben darauf ausgerichtet sein, von den Sinnen – und das heißt auch von allem Leiblichen, von allem Werden und aller Historie – loszukommen.[97]

7.1.3.3 Verkehrung des Abhängigkeitsverhältnisses zwischen Konkretum und höchstem Begriff:

In der Metaphysik werden die höchsten Begriffe, das sind die allgemeinsten und – nach *Nietzsche* – zugleich die leersten, an den Anfang gesetzt, und die konkreten Dinge für deren „Anwendung", „Ausgestaltung", „Nachahmung", „Verwirklichung" gehalten. Zugrunde liegt diesem Schema das unreflektierte, letztlich rein postulatorische beziehungsweise geglaubte Vorurteil: „das Höhere *darf* nicht aus dem Niederen wachsen, *darf* überhaupt nicht gewachsen sein", das heißt, alles Erstrangige (also alle obersten Werte) müsse causa sui sein.[98] Die Schlußkette wird in der Metaphysik sogar noch weiter fortgesetzt: Die obersten Werte, das Wahre, das Gute, das Seiende usw. können untereinander nicht in Widerspruch stehen. Diese Einheit führt zusammen mit der Qualität causa sui zum metaphysischen Gottesbegriff, dem ens realissimum. Damit ist ein allererster Anfang, eine allererste Ursache (angeblich:) „gefunden", genaugenommen aber gesetzt; denn dieses Erste ist ja nichts anderes als das Letzte, Dünnste, Leerste.[99] –

*Nietzsche*s Ergebnis, daß die von den Metaphysikern verächtlich „scheinbar" genannte Welt die einzige sei, die sogenannte wahre Welt hingegen nur „hinzugelogen"[100], bedeutet nicht nur die Entlarvung einer leeren Fiktion, also eines Irrtums auf der Ebene des traditionellen metaphysischen Wahrheitsverständnisses, sondern auch die Aufdeckung einer falschen Praxis. Denn die Konsequenzen, in denen sich diese „Lüge" (ganz entsprechend ihrem deduktiven Kontext) fortpflanzt, sind praktische:

7.1.3.4 Abwertung dieser Welt und Entzug unserer Potenzen:

Die Gefährlichkeit der Vorstellung einer „wahren" Welt besteht nach *Nietz-*

---

[95] Werden und Sein schließen sich nach *Nietzsche* aus: „Was ist, *wird* nicht; was wird, *ist* nicht . . ." (GD 957).
[96] GD 957.
[97] Vgl. GD 957.
[98] Vgl. GD 959.
[99] Vgl. GD 959.
[100] GD 958 (im Original hervorgehoben); EH 1066. Vgl. N 769.

sche vor allem darin, daß sie unvermeidlich[101] mit der anderen Vorstellung korreliert, „diese" Welt sei unwahrhaft, betrügerisch, unwesentlich und ähnliches und verdiene infolgedessen weder Achtung noch überhaupt die Aufwendung irgendwelcher Anstrengung.[102] Sie suggeriert obendrein, daß uns „diese" Welt bereits bekannt sei, das Interessantere folglich woanders liegen müsse. Die unausbleibliche Wirkung: Wir entziehen „dieser" Welt unsere Neugierde.[103]

Die Interdependenz zwischen der Vorstellung einer anderen Welt und einer negativen Grundeinstellung zu „dieser" ist für *Nietzsche* ein historisches Faktum. An und für sich wäre auch die umgekehrte Bewertung logisch sinnvoll und praktisch denkbar gewesen.[104] Aus der Tatsache aber, daß diese Möglichkeit in der Geschichte nicht realisiert wurde, läßt sich *Nietzsche* zufolge ein eindeutiger Hinweis auf die Herkunft dieses Schemas entnehmen: Er zeigt auf ein Nicht-Sein, auf ein Defizit an Leben beziehungsweise an Lebens-Willen. Die „wahre Welt" „ist die große Anzweiflerin und Wertverminderung der *Welt, die wir sind:* sie war bisher unser gefährlichstes *Attentat* auf das Leben"[105]. „*Gesamteinsicht:* der Instinkt der *Lebensmüdigkeit*, und nicht der des Lebens, hat die ‚andere Welt' geschaffen. / *Konsequenz:* Philosophie, Religion und Moral sind *Symptome der décadence.*"[106]

7.1.3.5 Wissenschaftsfeindlichkeit und Verlust an Realitätsbezug:
Gilt es als sicher, daß es eine Welt gibt, wo es anders ist und zugeht als in dieser, so muß für sie das Wissen um die Notwendigkeit der Abläufe in „dieser" Welt bedeutungslos sein. Sein Platz wird von unbegrenzt wuchernden Hoffnungen und wunderbaren Erwartungen eingenommen; diese haben zur Folge, daß auch der dem Wissen um die Notwendigkeit entsprechende amor fati, das Sich-Ergeben, das Sich-Anpassen überflüssig wird.[107]

7.1.4 Ein fundamentaler Begriff der Metaphysik: Substanz

Die Metaphysik (wie übrigens auch jede Logik) geht nach *Nietzsche* unter anderem von der Vorstellung aus, daß jeder Gegenstand in seinem Wesen mit sich selbst identisch, selbstexistierend, gleichbleibend ist. Erst dann können nämlich ähnliche Dinge als gleiche verstanden werden. Erst dann auch kann zum Beispiel von einer Vielheit die Rede sein, weil es dazu eine notwendige Voraussetzung ist, daß es ein Etwas gibt, das vielfach vorkommt.
Auch diese Vorstellung von Substanz ist nun nach *Nietzsche* nur eine gewor-

---

[101] Denn „wahr" korreliert mit „wertvoll", „unwahr" hingegen mit „gering an Wert".
[102] Vgl. N 677 f. 717 f.
[103] Vgl. N 717 f.
[104] Dies beweist *Nietzsche* hypothetisch: N 718 f.
[105] N 764.
[106] N 720.
[107] Vgl. N 717 f.

dene. Im Grunde fingieren wir dabei Wesen und Einheiten, die es im strengen Sinne gar nicht gibt. Die Feststellung einer Vielheit ist erst das Ergebnis eines langen kulturellen und ontogenetischen Differenzierungsprozesses. Die Verschiedenheit bemerken wir anhand der unterschiedlichen Erregung unserer Lust beziehungsweise Unlust. Das bedeutet, daß der Glaube, daß es gleiche Dinge gebe, ein Erbstück aus der Stufe der niederen Organismen ist, die Differenzierung hingegen Frucht des kulturellen Lernprozesses[108]; ihre Voraussetzung ist der Subjektbegriff[109].

7.1.5 Die Destruktion der abendländischen Gotteslehre

Nietzsches Kritik bewegt sich in allen Punkten auf zwei Ebenen. Einmal nämlich läßt er sich auf die logisch-substantalistischen Voraussetzungen der kritisierten Sache ein, um dann immanente Aporien oder unausgewiesene Voraussetzungen aufzuzeigen. Zum anderen aber – und hier liegt die eigentliche Stoßrichtung seiner Kritik – unterzieht er Moral, Religion, christliche Theologie und die europäische Kultur überhaupt einer Prüfung anhand des entwickelten funktionalen Wahrheitskriteriums. – Bezüglich dieses Abschnitts gehören die Unterabschnitte 7.1.5.1 bis 7.1.5.3 zur ersten Art von Argumentation, 7.1.5.4 bis 7.1.5.6 hingegen zur zweiten.

7.1.5.1 Verborgenheit als Unredlichkeit:
Gott ist nach dem Verständnis der christlichen Theologie ein deus absconditus. Diese Aussage interpretiert *Nietzsche* so: „Gott" ist unfähig, sich deutlich mitzuteilen. Gerade er, der die Wahrheit verbürgen soll, kommt der Pflicht nicht nach, der Menschheit die Wahrheit auch wahrhaftig und deutlich mitzuteilen.[110]

7.1.5.2 Theodizeeproblem:
Die in 7.1.5.1 angedeutete Spannung weist auf einen tieferliegenden Konflikt im christlich-metaphysischen Gottesverständnis selber hin: der letztlichen Unvereinbarkeit der Prädikate Güte und Gerechtigkeit. Warum – so fragt *Nietzsche* fiktiv – läßt ein Gott, der über die Wahrheit verfügt, zu, daß die Menschen Zweifel haben, und bestraft sie auf entsetzliche Weise, wenn sie sich dann an der Wahrheit vergreifen?[111] Wie kann Gott überhaupt ein Gott der Liebe sein wollen, wenn er zugleich ein Richter ist?[112] Wie kann ein allmächtiger Gott seine Liebe davon abhängig machen, daß der Mensch an ihn glaubt, und ihn andernfalls verdammen? „Eine Liebe, die nicht einmal über das Gefühl der Ehre und der gereizten Rachsucht Herr geworden ist!

---

[108] Vgl. MA 459 f; FW 118 f.
[109] N 541. 627, vgl. 875.
[110] Vgl. MR 1072; JGB 615; Z 499.
[111] Vgl. MR 1072; Z 500.
[112] Vgl. FW 134; Z 499.

Wie orientalisch ist das alles! ‚Wenn ich dich liebe, was geht's dich an?' – ist schon eine ausreichende Kritik des ganzen Christentums."[113] Gott straft sozusagen seine Geschöpfe dafür, daß sie ihm schlecht gerieten.

7.1.5.3 Ein illegitimer Schluß im „Beweis aus der Kraft":
Um das Schweigen Gottes und die daraus sich ergebende Unmöglichkeit eines rational zwingenden Beweises wettzumachen, behilft sich nach *Nietzsche* die Theologie, insbesondere wo sie apologetische Interessen hat, immer wieder damit, daß sie die Wahrhaftigkeit und den persönlichen Einsatz zum Argument der Wahrheit macht.[114] Dies ist jedoch nur aufgrund folgender Voraussetzung möglich (die ihrerseits zwar einem Postulat entspricht, aber jedes positiven Beweises entbehrt, ja im Gegenteil das ganze Gewicht der Menschheitserfahrung gegen sich hat): daß das, was Menschen mit erheblichen Opfern an Glück oder sogar mit Einsatz ihres Lebens verteidigt haben, nicht einfach Irrtum und nichts gewesen sein könne. Ebenso wie wider allen Augenschein eine letzte und endgültige Entsprechung zwischen tugendhaft-unegoistischem Verhalten und subjektivem Glück (und sei es auch erst in einem Jenseits und Nachher!) postuliert wird, „meint man, wenn jemand ehrlich an etwas geglaubt und für seinen Glauben gekämpft hat und gestorben ist, wäre es doch zu *unbillig,* wenn eigentlich nur ein Irrtum ihn beseelt habe. So ein Vorgang scheint der ewigen Gerechtigkeit zu widersprechen; deshalb dekretiert das Herz empfindender Menschen immer wieder gegen ihren Kopf den Satz: zwischen moralischen Handlungen und intellektuellen Einsichten muß durchaus ein notwendiges Band sein"[115].

7.1.5.4 Die Lehre von der Verdorbenheit als Voraussetzung der Lehre von der Erlösung:
Das Christentum zerbricht nach *Nietzsche* das Selbstbewußtsein des Menschen völlig, indem es ihn für unausweichlich schuldig hält. Es tut dies seiner Meinung nach nur aus dem Hintergedanken, daß dann der Glanz des göttlichen Erbarmens und der Erlösung um so heller aufleuchten kann. Die Erlösungsbedürftigkeit erscheint somit als Frucht einer exzessiven Gefühls-Bearbeitung, die nur *ein* Gesetz kennt, nämlich ja nicht ein Maß zu finden.[116]

7.1.5.5 Der Gott des Christentums – höchste Verkörperung der décadence:
Im Lebenskontext starker und selbstbewußter Völker hat „Gott" nach *Nietzsche* die Funktion eines Symbols für die Verehrung der Tugenden, denen dieses Volk seine Vorrangstellung verdankt. „Gott" ist sozusagen eine Funktion des Machtbewußtseins.[117] „Wer reich ist, will abgeben; ein stolzes

---

[113] FW 134.
[114] Vgl. MA 488.
[115] MA 488.
[116] Vgl. MA 526.
[117] Vgl. AC 1176; N 602.

Volk braucht einen Gott, um zu *opfern* ... Religion, innerhalb solcher Voraussetzungen, ist eine Form der Dankbarkeit. Man ist für sich selber dankbar [. . .]."[118]
Der christliche Gottesbegriff ist nun aber dadurch gekennzeichnet, daß ihm zum einen alle Züge von Stärke, Tapferkeit, Herrentum, Stolz abgehen, von Bosheit, Zorn, Rache, Neid, List ganz zu schweigen; zum anderen dadurch, daß gerade die entgegengesetzten Eigenschaften: Liebe (selbst gegen den Feind), Schwäche, Barmherzigkeit, Erniedrigung, Demut, Güte, Dienst, Hingabe im Vordergrund stehen. Nicht Lebensfülle und Macht (im Guten wie im Schlimmen), sondern bloß die Güte ist hier Mitte und Ideal. Das aber muß heißen, daß der Macht die Hände gebunden werden, denn exzessive Güte und grenzenlose Macht durchkreuzen sich. Dazu kommt, daß Gott all dies nicht mehr als spezieller Gott einer bestimmten Gruppe (zum Beispiel als Gott Israels) sein soll, sondern unterschiedslos für alle.
Dieser Gott, dessen wichtigste Prädikate „Heiland" und „Erlöser" sind, ist – so *Nietzsche* – das Ergebnis eines reduktiven Prozesses[119], der sich historisch rekonstruieren läßt: Es sind die stets unterlegenen Juden und später den Römern kulturell ähnlich unterlegene Völker gewesen, die sich an ihren Überwindern dadurch gerächt haben, daß sie deren Gottheiten beziehungsweise deren hervorstechende Eigenschaften „verteufelt" (im wörtlichen Sinne eines zum Gegengott Hypostasierens) und gleichzeitig die immer vertrauter und zur Bedingung ihres eigenen Überlebens gewordene Schwäche und nur noch re-agierende Anpassung gepriesen haben. „Der christliche Gottesbegriff – Gott als Krankengott, Gott als Spinne, Gott als Geist – ist einer der korruptesten Gottesbegriffe, die auf Erden erreicht worden sind; er stellt vielleicht selbst den Pegel des Tiefstands in der absteigenden Entwicklung des Götter-Typus dar. Gott zum *Widerspruch des Lebens* abgeartet, statt dessen Verklärung und ewiges *Ja* zu sein! In Gott dem Leben, der Natur, dem Willen zum Leben die Feindschaft angesagt! Gott die Formel für jede Verleumdung des ‚Diesseits', für jede Lüge vom ‚Jenseits'! In Gott das Nichts vergöttlicht, der Wille zum Nichts heiliggesprochen!..."[120] Gemessen am neuen Wahrheitskriterium ist der Christengott nicht der Wille zur Macht, sondern gerade „die Ohnmacht zur Macht"[121].
7.1.5.6 Der Tod Gottes als Ergebnis:
Dieses zutiefst dekadente Gottesverständnis und -verhältnis treibt als seine letzte Konsequenz seine eigene Liquidierung hervor. Der alt gewordene, müde Gott – so beschreibt der arbeitslose Papst im ‚Zarathustra' den Tod

---

[118] AC 1176.
[119] AC 1176 spricht gar von einer „*widernatürlichen* Kastration"!
[120] AC 1178, vgl. 1176–1179. Vgl. auch Z 499: „Als er jung war, dieser Gott aus dem Morgenlande, da war er hart und rachsüchtig und erbaute sich eine Hölle zum Ergötzen seiner Lieblinge./Endlich aber wurde er alt und weich und mürbe und mitleidig [. . .]."
[121] AC 1176.

Gottes – „erstickte eines Tages an seinem allzugroßen Mitleiden"[122]. Gott ist tot[123] – das ist für *Nietzsche* ein Faktum, nach dem die überwiegende Zahl der Menschen bereits lebt, auch wenn es von ihrem Bewußtsein noch nicht eingeholt ist: „Dies ungeheure Ereignis ist noch unterwegs"[124]. Es entsteht an diesem Punkt allerdings ein Interpretationsproblem, insofern gerade in der bekannten Erzählung vom „tollen Menschen" aus der FW, die dieses Thema am deutlichsten artikuliert, der Tod Gottes nicht als von selbst eintretendes Sterben beschrieben wird, sondern als vorsätzlicher „Mord", für den „wir alle"[125] vom tollen Menschen der Mittäterschaft bezichtigt werden[126]. „Wir alle": das sind sowohl die vielen, die nicht an Gott glauben, als auch die wenigen, die noch an ihm festhalten. Es besteht aber zwischen beiden Erklärungen des Todes Gottes (Sterben und Mord) meines Erachtens kein Widerspruch, weil *Nietzsche* einmal „Gott" aus der Optik des religiösen Bewußtseins meint, beim zweitenmal aber (vom Standpunkt seiner wissenspsychologischen Genealogie) bloß als fiktionale Setzung, deren Wirklichkeit von der sie tragenden Gruppe abhängt. Die praktizierte, faktische Nichtbeachtung Gottes wie auch seine theoretische Leugnung sind selbstverständlich Tat des (und der) Menschen, aber zugleich eben nur die Ausführung, Zuendeführung einer von der Religion anerzogenen Disziplin und einer in ihrem Wesen angelegten Möglichkeit, so daß man aus dieser zweiten Perspektive mit gleichem Recht von einer Selbstaufhebung im obigen Sinn sprechen kann.[127] Der Tod Gottes ist im Verständnis *Nietzsche*s nicht einfach Ergebnis der Kritik *am* religiös-moralischen Bewußtsein, sondern vollzieht sich als Selbstkritik *des* religiös-moralischen Bewußtseins.[128]

---

[122] Z 499. Vgl. auch JGB 616; N 478.
[123] FW 115. 127. 205; Z 279 u. a.; vgl. bes. FW 126–128.
[124] FW 127.
[125] FW 127.
[126] Diese Spannung hat P. *Köster* in einer methodisch sehr sorgfältigen Interpretation mit Hilfe des Gegensatzpaars „Ereignis" und „Tat" zu erklären versucht: *Köster* 1972, 69–94. Statt „Ereignis" wäre m. E. „Faktizität", „Entwicklungsstadium", „Ergebnis" o. ä. zutreffender für das Gemeinte.
[127] S. auch 7.4.1.3.
Für den hier gemachten Interpretationsvorschlag spricht außer den in Anm. 123 genannten Stellen auch Zarathustras Antwort auf die Schilderung des Sterbens Gottes: „Es könnte wohl so abgegangen sein: so, *und* auch anders. Wenn Götter sterben, sterben sie immer viele Arten Todes" (Z 499). – Eine andere, in sich völlig konsistente Auslegung, die in der Beschreibung als Tat eine abgeleitete, nachträgliche Rezeption der unbewußten Ursprungstat sieht, bietet *Köster* 1972, 69–94, bes. 74 f. 85 f. Die Stärke dieses Interpretationsvorschlags besteht im Bezug zu *Nietzsche*s Gedanken des amor fati. Sein Nachteil besteht darin, daß er letztlich weder eine Tat noch eine irgendwie einzelnen oder der Menge zurechenbare Täterschaft anerkennt (bes. 88). Er kommt zu dem problematischen Ergebnis: „Mit der Trennung von Tat und Bewußtsein, die im Abschnitt 125 [sc. der FW] vollzogen ist, hat Nietzsche demnach nichts anderes im Sinn als die Destruktion des Menschen als einer erkenntnisfähigen Person" (88).
[128] In Anlehnung an das, was *Bueb* 1970, 16, von der Moralkritik sagt.

7.1.6 Metaphysische Elemente im Menschenbild

7.1.6.1 „Charakter" und „menschliche Natur":
Es entspricht der metaphysischen Denkweise als der Bemühung um den Grund des Seienden, daß jedem Menschen ein Charakter zugesprochen wird, der unveränderlich ist und den er nicht verlieren kann. *Nietzsche* hält dies allerdings für eine Täuschung, die nur deshalb nicht in der Praxis dauernd Lügen gestraft werde, weil das Leben viel zu kurz dauere, als daß sich der eine Mensch nacheinander in mehreren, unterschiedlichen Charakteren entfalten könnte.[129]
Bedeutungsvoller als der Glaube an einen unveränderlichen Charakter beim Individuum ist jedoch der andere, daß allen Individuen trotz ihrer enormen Verschiedenheit sowohl in kultureller, als auch in historischer wie in ontogenetischer Hinsicht eine gemeinsame „Natur" zugrunde liegen soll. Diese natura hominis gilt für die Metaphysik sowohl als Grundlage als auch als oberste Norm alles Handelns: „Natur" bedeutet hier also soviel wie „der ideale Mensch"[130]. Gegen diese Annahme sind nach *Nietzsche* drei Bedenken zu erheben: 1. Man unterstellt dabei, daß die Annäherung an einen Idealtypus von Mensch wünschbar sei; 2. man vermeint, diesen Typus abschließend bestimmen zu können; 3. man setzt ohne weiteres voraus, daß jede Abweichung davon einen objektiven Nachteil und Verlust für den Menschen bedeute.[131] Aus dem größeren Kontext ergeben sich weitere Einwände, etwa daß eine solche Statuierung mit dem Tatbestand der Geschichtlichkeit unvereinbar ist. Viel entscheidender aber ist, daß auch darin unverkennbar eine nivellierende Kraft am Werk ist, die alles Herausragende beschneidet und Elitenbildung ab ovo verhindert; darum ist für *Nietzsche* solch ein Ideal von vornherein lebensfeindlich.

7.1.6.2 Antagonismus von reinem Geist und Leib:
In der Erfahrung der eigenen Leiblichkeit wird die schlechthinnige Erfahrung von Werden und Veränderung gemacht: Deshalb ist die Diskrepanz zu den behaupteten und geforderten metaphysischen Qualitäten hier besonders massiv offenkundig. Das hatte im Bereich metaphysisch-christlichen Denkens zur Folge, daß der Leib nicht nur weitgehend außerhalb der metaphysischen Reflexion verblieb (wie die „Welt" auch), sondern in der von den metaphysischen Wertschätzungen geprägten Praxis wie ein Feind behandelt oder sogar gequält wurde. Das ging soweit, daß man die Ursache jedes Elends in den Leib verlegte. Folglich galt er als etwas Krankhaftes, von dem man sich, soweit als möglich, unabhängig zu machen hat: durch Askese.[132]
Tatsächlich aber – so *Nietzsche* – ist das Wissen um unseren Leib sehr viel ge-

---
[129] Vgl. MA 481.
[130] Vgl. N 663.
[131] Vgl. N 663.
[132] MR 1039 f; Z 299; GD 957.

wisser als das um unseren Geist, um unsere Seele oder um unser Ich.[133] Der Glaube an die Seele ist ihm zufolge überhaupt erst entstanden teils „aus der unwissenschaftlichen Betrachtung der Agonien des Leibes", zum Beispiel des Traums[134], teils auch – verbunden mit dem Wunsch nach Unsterblichkeit – aus dem Postulat einer Ethik, die auf der Forderung einer Entsprechung von Tugend und Glück basiert[135]. Ja, eine funktionale Betrachtung zeigt sogar, daß hinter unseren Gedanken und Gefühlen, also auch hinter Geist und Seele und auf diese Einfluß ausübend, als mächtiger Gebieter der Leib steht.[136] – *Nietzsche*s nur angedeutete Folgerung ist eine radikale Umkehrung der traditionellen Anthropologie: „Leib bin ich ganz und gar, und nichts außerdem; und Seele ist nur ein Wort für ein Etwas am Leibe."[137]
7.1.6.3 Vergiftung des Eros:
Die Abwertung des Leibes fand ihren konsequentesten Ausdruck darin, daß man – wie etwa im Christentum – den Eros vergiftete. Zwar wurde die Existenz des Eros dadurch nicht ausgelöscht, doch entartete er nach *Nietzsche* so, daß selbst noch die notwendige und regelmäßige Geschlechtserregung mit schlechtem Gewissen behaftet war.[138] Diese Abwertung erscheint um so absurder, als der Eros zu jenen seltenen Empfindungen gehört, wo ein Mensch durch sein Vergnügen auch einem anderen Menschen wohltut. Die Ironie dieses Abwertungsvorgangs liegt darin, daß der Eros infolge seiner Tabuisierung mehr Interessen auf sich zog als alle Engel und Heiligen. Die Liebesgeschichte wurde für die ganze europäische Literatur zum durchgängigen Hauptthema.[139]

7.1.7 *Die Scheidung von Theorie und Praxis und die Prävalenz der ersteren*

Weil Wahrheit und Gutheit nach der kritisierten Weltsicht ihren Ursprung nicht im Bereich des sinnlich Wahrnehmbaren und des Veränderlichen haben (der ja auch der Bereich ist, in dem sich Praxis abspielt), können sie im praktischen Leben immer nur partiell und annäherungsweise verwirklicht sein. Der Abstand läßt sich aber verringern, und zwar in dem Maße, wie es gelingt, vom Werdehaft-Veränderlichen loszukommen. Als wahre und gute Existenz gilt daher am meisten die theoretisch-kontemplative.
7.1.7.1 Die pessimistische Wurzel der theoretischen Existenz:
Gemessen an dem zugrundeliegenden Lebenswillen, erweist sich die Idealisierung der theoretischen Existenz jedoch als etwas ganz anderes, als Produkt eines Zustands nämlich, in dem die Kräfte nachlassen. Theoretische Existenz und pessimistische Weltbewertung gehören schon ursprünglich zusammen. Sie gehören zu einem Stadium des individuellen und gesellschaftli-

---

[133] Vgl. N 476.
[134] N 497.
[135] So N 818.
[136] Vgl. Z 300 f.
[137] Z 300.
[138] Vgl. MR 1062.
[139] Vgl. MR 1062 f.

chen Lebens, in dem Müdigkeit, Schwermut, Übersättigung, Wunschlosigkeit nur noch in Worten und Gedanken Ausdruck finden, weil ihnen die Kraft fehlt, sich in Aktionen zu entladen.[140] Die Gedanken „reiner" Denker verraten immer irgendwo Furcht und Ermüdung, anderseits Geringschätzung von Handeln und Genießen. Eine spätere Zeit nennt die Melancholischen und Tatenarmen dann je nachdem Künstler, Philosophen, Priester, Wissenschaftler oder ähnlich.[141] – Diese Diagnose sieht *Nietzsche* erhärtet durch das, was der Begriff Glück jeweils beinhaltet. Bei den (nicht von der *Platon*ischen Philosophie verdorbenen) Griechen gehörte zum Glück notwendig das Tätigsein, während die Juden sowie deren Erben, also Ohnmächtige und Gedrückte, unter „Glück": Ruhe, Frieden, „Sabbat", Gemüts-Ausspannung und Gliederstrecken, anders gesagt: Betäubung und Narkose, verstanden.[142]

7.1.7.2 Kausalnexus zwischen Erkenntnis und Handeln:
Die Höherschätzung des Theoretischen beruht nach *Nietzsche* auch auf dem dünkelhaften Vorurteil, unser Tun sei „bloß" „Umsetzung" unseres Denkens beziehungsweise Wollens, und zwar so, daß der richtigen Erkenntnis auch die richtige Handlung folgen müsse.[143] Bis jetzt hat sich ihm zufolge allerdings immer nur das Gegenteil gezeigt: „Die Handlungen sind *niemals* das, als was sie uns erscheinen!"[144]
Auch das protestantische „sola fides" ist nichts anderes als eine neue Version desselben alten realistischen Vorurteils, das *Nietzsche* als täuschend und verhängnisvoll bekämpft: „Das zuversichtlichste Wissen oder Glauben kann nicht die Kraft zur Tat [...] geben, es kann nicht die Übung jenes feinen, vielteiligen Mechanismus ersetzen, welche vorhergegangen sein muß, damit irgend etwas aus einer Vorstellung sich in Aktion verwandeln könne. Vor allem und zuerst die Werke! [...] Der dazugehörige ‚Glaube' wird sich schon einstellen, – dessen seid versichert!"[145]

7.1.7.3 „Nachwirkungen der Beschaulichkeit auf die Menschen der vita activa"[146]:
All die kontemplativ-theoretischen Existenzen haben den aktiven Menschen das Leben erschwert: durch Verdüsterung des Lichten, durch Verdächtigung des Freudvollen, durch Entwertung der Hoffnung und schließlich durch Lähmung des Tatendrangs. Von allen Arten waren die religiösen Naturen unter den Kontemplativen die schlimmsten, während die Wissenschaftler bei aller Lächerlichkeit ihrer Lebensführung der Menschheit am meisten Nutzen gebracht haben.[147]

---

[140] Vgl. MR 1042 f.
[141] Vgl. MR 1041 f.
[142] Vgl. GM 783 f.
[143] Vgl. MR 1090–1092; N 733.
[144] MR 1091.
[145] MR 1029.
[146] MR 1041 (im Original z. T. hervorgehoben).
[147] Vgl. MR 1041 f.

7.1.8 Die legitimatorische Funktion von „sittlicher Weltordnung" und verwandten Begriffen

7.1.8.1 „Sittliche Weltordnung":

Die ganze metaphysische Ethik beruht nach *Nietzsche* auf dem Glauben: daß es eine sittliche Weltordnung gibt, das heißt eine vom Schöpfer des Seins eingestiftete und/oder durch Offenbarung kundgetane, aller menschlichen Erfahrung vorgängige „Aufstellung" dessen, was der Mensch in der von ihm gestaltbaren Welt zu tun beziehungsweise zu lassen habe; daß sich der wahre Wert des einzelnen wie ganzer Gemeinschaften daran bemißt, wieweit die von ihnen hergestellte Ordnung der Gesamtordnung adäquat ist; und endlich, daß sich die praktische Stellungnahme zu der erkannten Ordnung im Schicksal des einzelnen und der Gemeinschaften als Strafe oder Lohn wieder auswirkt.[148]

Hinter dieser Vorstellung sieht *Nietzsche* nichts als ein Konglomerat von Lügen jüdischer Priester, das sich kraft kirchlicher Tradierung bis in die neuere Philosophie hinein erhalten konnte. Diese jüdischen Priester und ihre christlichen Nachfolger sind für *Nietzsche* Parasiten, die leben und herrschen wollten, jedoch nur auf Kosten des gesunden, kraftvollen Lebens: Um dies zu erreichen, verschafften sie sich, ihren Mitteln, Gedanken und Zielen eine Legitimation, die unbedingt und infolgedessen indiskutabel war. Beides leistete ihnen „Gott": Den erwünschten Zustand der Gesellschaft, wo sie allein den Wert von allem bestimmen, nannten sie „Reich Gottes" und die Mittel, um dies zu erreichen, „Willen Gottes". Völker und Zeiten wurden dann nach dem Maßstab des Priesternutzens beurteilt und daher mit einer Unbekümmertheit sondersgleichen gegenüber jeder historischen Realität und Kausalität religiös interpretiert, das heißt in Wirklichkeit: verfälscht und umgelogen.[149] Um das, woran ihr ganzer Erfolg hing: den „Willen Gottes", noch besser und noch fester zu verankern, wurde dieser als durch göttliche Offenbarung seit langem bekannt ausgegeben.[150] Zu diesem Zweck formulierten die Priester den Willen Gottes – sprich: ihre eigenen Ansprüche – nunmehr auch schriftlich, schrieben aber die Verfasserschaft einem früheren, allgemein anerkannten Gottesmann zu. Die Priester hatten ihr Ziel ganz erreicht, als sie überall unentbehrlich geworden waren: Bestimmte Gestaltungen des Lebens bildeten dann einen neuen, nach Abbildung verlangenden Ordo von letztentscheidender Bedeutsamkeit; die natürlichen Lebensvorgänge, die

---

[148] Vgl. AC 1187.
[149] Vgl. AC 1186 f (u. a.: „[. . .] [Die jüdischen Priester] haben aus den mächtigen, *sehr frei* geratenen Gestalten der Geschichte Israels, je nach Bedürfnis, armselige Ducker und Mucker oder ‚Gottlose' gemacht, sie haben die Psychologie jedes großen Ereignisses auf die Idioten-Formel ‚Gehorsam *oder* Ungehorsam gegen Gott' vereinfacht").
[150] Vgl. AC 1187.

Sitten, Institutionen, Instinkte waren gänzlich vermoralisiert, das heißt „entnatürlicht"[151], und sind es größtenteils noch immer. Dieses System von latenter priesterlicher Macht gewinnt nun seine eigentliche und nachhaltigste Wirkungskraft daraus, daß der Wille Gottes auch noch jenseitig sanktioniert wird und es im Falle eines Verstoßes nur eine Möglichkeit gibt, der dadurch ausgelösten negativen Sanktion zu entgehen: durch die wiederum von den Priestern verwaltete „Erlösung".[152]

7.1.8.2 „Naturgesetz":

Die Natur[153] ist in Wirklichkeit gerade nicht, als was sie im Begriff des Naturgesetzes vorgestellt ist, nämlich: Ordnung, Maß, Absicht, Telos, Gerechtigkeit usw., sondern vielmehr: totale Indifferenz. Leben und erst recht das Leben, das in Gehorsam zu einem Naturgesetz gedacht wird, ist das Gegenteil hiervon, also: Anders-sein-Wollen als die chaotische Natur.

Wieder steckt *Nietzsche* zufolge hinter der Vorstellung, das Gesetz des Handelns sei in der Natur vorgegeben und brauche lediglich zur Kenntnis genommen zu werden, der kaschierte stolze Wille, Natur das eigene Ideal vorzuschreiben und es ihr einzuprägen. Diese Schaffung der Welt nach dem eigenen Bild ist nach dem Urteil *Nietzsche*s historisch am großartigsten und nachhaltigsten in der Stoa gelungen.

Gefährlich wird die stoische Maxime „gemäß der Natur leben" in dem Moment, wo sie mit der Vorstellung eines Gesetzes zusammengebracht wird, weil sie dann eine ähnliche Legitimationsleistung im Dienst der décadence zu erbringen vermag wie der oben untersuchte Begriff der sittlichen Weltordnung. Denn von dem Gedanken einer für alle in gleicher Weise geltenden und verpflichtenden Reihe von Verhaltensanforderungen profitieren doch gerade die Schwächlichen, die Herde, die ein Interesse daran hat, alles gleichzumachen. „Gesetzmäßigkeit der Natur", sei es in der Physik oder in der Moral, ist für *Nietzsche* „nur eine naiv-humanitäre Zurechtmachung und Sinnverdrehung"[154]. Ihr wirklicher Hintergedanke ist Feindschaft gegen das Privilegierte und Haß gegen die Übergeordnet-Befehlenden.

7.1.8.3 „Pflicht":

Unbedingtheit macht nach *Nietzsche* das Wesen der Pflicht im Sinne der Tradition aus; ihre höchste und reinste Form ist deshalb der Kategorische Imperativ. Unbedingtheit ist aber immer da vonnöten, wo eine letzte, indiskutable Legitimationsinstanz gebraucht wird; eine solche erlaubt nämlich, sich als ihr Diener oder Werkzeug zu verstehen beziehungsweise anderen gegenüber auszugeben. Deshalb haben die Décadents priesterlicher, revolutionä-

---

[151] AC 1188.
[152] Vgl. AC 1118. Ebd. u. a.: „Psychologisch nachgerechnet, werden in jeder priesterlich organisierten Gesellschaft die ‚Sünden' unentbehrlich: sie sind die eigentlichen Handhaben der Macht, der Priester *lebt* von den Sünden, er hat nötig, daß ‚gesündigt' wird . . ."
[153] Vgl. zum folgenden vor allem JGB 572 f.
[154] JGB 586. Vgl. MA 747 (ohne funktionale Erklärung!).

rer oder sozialistischer Spielart[155] so großes Interesse an der Pflicht, weil sie nur so ihre Herrschaft sichern können.
Sehr viel häufiger aber signalisiert die Bezugnahme auf Pflicht eine handfeste Unterwerfung, die jedoch im Konflikt steht mit dem Ehrgefühl dessen, der sich zur Unterwerfung genötigt weiß, und deshalb versteckt wird. Wer tatsächlich Werkzeug eines Mächtigen, einer Partei, ökonomischer Zusammenhänge oder von ähnlichem ist, sich bei diesem Gedanken aber entwürdigt glaubt, der braucht für sich selber wie für die Öffentlichkeit pathetische Prinzipien, wie es die „Prinzipien eines unbedingten Sollens [sind], welchen man sich ohne Beschämung unterwerfen und unterworfen zeigen darf. Alle feinere Servilität hält am kategorischen Imperativ fest und ist der Todfeind derer, welche der Pflicht den unbedingten Charakter nehmen wollen [. . .]"[156].

7.1.9 Mißverständnisse bezüglich der Kategorie „Kausalität"

7.1.9.1 Selbsttäuschung in den Begriffen „Ursache" und „Wirkung":
Für die Begriffsbestimmung von „Ursache" berief man sich laut *Nietzsche* stets auf die sogenannten inneren Tatsachen[157], unter ihnen besonders auf diejenige, daß wir im Wollen selbst Ursache sein könnten. Ferner nahm man an, daß sich alle Ursachen einer Handlung im Bewußtsein (Geist) (als Motive) auffinden ließen; denn sonst käme uns ja die Verantwortung für die Handlung nicht zu. Endlich galt es als selbstverständlich, daß ein Gedanke verursacht wird und daß als Verursacher nichts anderes als das Ich in Frage kommt.
Das bedeutet aber, daß alles, was für die Erklärung des Begriffs „Ursache" angeführt wird, „der subjektiven Überzeugung [entstammt], daß *wir* Ursache sind"[158]. „Ursache" in einem anderen, objektiveren Sinne kommt gar nicht vor, „Ursache" vermag also den Charakter des Interpretaments nie und nirgendwo zu verlieren. Die Grundannahme, von der ausgegangen wird, ist: „es gibt Subjekte, alles, was geschieht, verhält sich prädikativ zu irgendwelchem Subjekte"[159]. Alles Geschehen ist Tun, wir als Wahrnehmende unterstellen laufend Absichten.[160] Der an dieser Stelle aufkommende Verdacht, immer wenn Geschehen mit Hilfe des Schemas Ursache/Wirkung erklärt würde, handle es sich nur um eine Projektion dessen, woran der Mensch am

---

[155] Vgl. FW 39 f.
[156] FW 40.
[157] Vgl. GD 972 f.
[158] N 767. Vgl. FW 128 f; N 501. 502. 540 f.
[159] N 501.
[160] *Nietzsche*s Charakterisierung stimmt weitgehend mit dem überein, was *Topitsch* (z. B. *Topitsch* 1972, 10 f. u. a.) „intentionale Weltauffassung" nennt. — Zum magischen Wirklichkeitsverständnis als Früh- und Reinform der intentionalen Weltauffassung: s. MA 521–524.

festesten glaube, nämlich des Willens, des Geistes, des Ich, wird durch die psychologische Beobachtung bestätigt, daß wir einerseits alle Ursachen nach dem Schema der Wirkung (die uns ja bekannt ist) erfinden, anderseits außerstande sind, von irgendeinem Ding vorauszusagen, was es wirkt.[161]
Aber auch die als Bürgen beanspruchten Tatsachen der „inneren Welt" selber lösen sich nach *Nietzsche* in der psychologischen Betrachtung auf in Täuschungen. Der ihnen zugrunde liegende Vorgang ist die Scheidung, die wir zwischen uns, den Tätern, und unserem Tun machen. In dieser Scheidung steckt insofern ein perspektive-bedingter Irrtum, als das zeitlich Voranliegende, also ein Gefühl von Kraft, der Wille, das und das zu tun, deshalb, und nur deshalb, weil unmittelbar darauf eine Aktion folgt, als deren Ursache mißverstanden wird.[162] „Wir haben unser Willens-Gefühl, unser ‚Freiheits'-Gefühl, unser Verantwortlichkeitsgefühl und unsre Absicht zu einem Tun in den Begriff ‚Ursache' zusammengefaßt: *causa efficiens* und *causa finalis* ist in der Grundkonzeption eins."[163] Entsprechend sind auch die genannten „Tatsachen" des Bewußtseins nach *Nietzsche* nicht ursprünglich, sondern selbsttäuschende „Zurechtmachungen" einer bestimmten Weltauffassung. Das zur Wirkung hinzugedachte Subjekt ist nicht *mehr* als eine sprachliche Hilfsvorstellung (genauso wie der dem Subjekt korrelierende Begriff „Ding"!), die Motive mehr oder minder durchsichtige „Oberflächenphänomen[e] des Bewußtseins"[164], der Wille ein begleitendes, aber für den Effekt irrelevantes Gefühl.[165] Die Ursprünge des Handelns liegen also nach *Nietzsche*s Ansicht nicht eigentlich im Bewußtsein, sondern in physiologischen Vorgängen, die ihrerseits Resultat einer Vielzahl zusammenwirkender Faktoren sind.
Die Konsequenzen dieser Sichtweise sind weitreichend. Denn mit dem Ausgeführten ist nicht nur ein Verdikt über die „geistigen Ursachen" ausgesprochen, sondern das Schema von Ursache und Wirkung, nach dem die Menschen zumeist ihre Welt „aufbauen", generell in Frage gestellt. *„In Summa: ein Geschehen ist weder bewirkt, noch bewirkend. Causa ist ein Vermögen zu wirken, hinzuerfunden zum Geschehen..."*[166] Die notwendige Reihenfolge von Zuständen besagt nichts über ein Kausalverhältnis zwischen ihnen. –
Nun kann allerdings auch *Nietzsche* kaum bestreiten, daß im Zuge der Entwicklung der neuzeitlichen Wissenschaft das Geschehen immer berechenbarer wurde, und daß dieser Erfolg auf der zunehmenden Kenntnis der vermeintlichen Kausalitäten beruht. Für ihn liegt das aber nicht daran, daß das Geschehen streng nach Regeln ablaufen würde oder aber ein a priori in unserer Denkstruktur vorhandenes Kausalitätsgesetz von uns in jedes Geschehen hineininterpretiert würde, sondern vielmehr an der Wiederkehr „identi-

---

[161] Vgl. N 767.
[162] Vgl. GD 973; N 767.
[163] N 767.
[164] GD 973.
[165] Vgl. GD 973, auch FW 128 f.
[166] N 768.

scher" Fälle.[167] Die Regelmäßigkeit ist das, was wir wahrnehmen, Notwendigkeit nur unsere Interpretation, nicht ein Tatbestand. – Setzt man dennoch das Kausalitätsschema einmal als sprachlich unumgänglich voraus, auch wenn ihm in re nur die Häufigkeit gleicher Fälle und nichts mehr zugrunde liegt, so verbleiben nach *Nietzsche* im Kontext der theologisch-metaphysischen Weltdeutung, wie sie gerade die Geschichte des Abendlandes auszeichnet, noch immer drei der „vier großen Irrtümer"[168] (die Annahme der falschen Kausalität wäre der vierte!), nämlich: die Verwechslung von Ursache und Folge, die Annahme imaginärer Ursachen und, als wichtigstes, die Theorie vom freien Willen.

7.1.9.2 Verwechslung von Ursache und Folge:
Jede Religion und religiöse Moral läßt sich auf diese Grundstruktur reduzieren: „Tue das und das, laß das und das – so wirst du glücklich! Im andern Falle ..."[169]
Nietzsche sieht hier eine Verwechslung von Ursache und Folge vorliegen und nennt sie „die eigentliche Verderbnis der Vernunft"[170]. Denn durch seine funktionale Deutung der Moral gelangt er gerade zum gegenteiligen Ergebnis: Die Tugend ist Folge des Glücks[171]. Der Glückliche *muß* gewisse Handlungen tun, andere scheut er schon rein instinktiv. Auch für das Gegenteil kommt *Nietzsche* zu einer „Umwertung": Nicht Laster und Luxus sind der Grund des Verderbens, sondern bereits Folge und Symptome einer Degenerierung. Dies gilt für den einzelnen genauso wie für Gruppen und Staaten. „Jeder Fehler in jedem Sinne ist die Folge von Instinkt-Entartung, von Disgregation des Willens: man definiert beinahe damit das *Schlechte*. Alles *Gute* ist Instinkt – und folglich leicht, notwendig, frei."[172]

7.1.9.3 Die Annahme imaginärer Ursachen:
Die meisten unserer Gefühle erregen unseren Ursachentrieb, das heißt, wir suchen sogleich nach einem Grund zu der Tatsache, daß wir uns gerade so und so befinden. Dabei greifen wir automatisch auf die Erinnerung an frühere ähnliche Zustände und damit verbundene Ursachen-Interpretationen zurück. Wir tun dies deshalb, weil wir das Neue, Unbekannte unbedingt auf etwas Bekanntes zurückführen möchten; gelingt diese Umsetzung nämlich, so verschwindet die mit der Neuheit verknüpfte Gefahr, Unruhe, Furcht, und es entsteht anderseits ein Gefühl der Macht. Von daher gesehen haben wir sogar ein größeres Interesse, *irgendeine* Erklärung zu haben als gerade die *wahre*.[173] Genau hierher gehört auch der oben (7.1.5.3) besprochene Beweis aus der Kraft, weshalb er richtiger als Beweis aus der Lust bezeichnet werden müßte[174].

[167] Vgl. N 501. 768; JGB 585.
[168] GD 971–978.
[169] GD 971.
[170] GD 971.
[171] Vgl. GD 972.
[172] GD 972.
[173] Vgl. GD 974.
[174] GD 975.

Weil sie am meisten, am schnellsten und am häufigsten erleichtert, wird unter den sich anbietenden Erklärungen wiederum diejenige bevorzugt, die Bekanntes, Erlebtes, also in der Erinnerung Vorhandenes beinhaltet. Das heißt: Favorisiert werden die gewöhnlichsten Erklärungen, so daß schließlich eine feste Gewöhnung an ganz bestimmte Erklärungen entsteht, bis diese endlich so dominieren, daß sie andere Erklärungen, die Neues, Fremdes, bisher Unbekanntes beinhalten, von vornherein ausschließen.[175]
Unter diese Rubrik „imaginäre Ursachen" fallen nach *Nietzsche* eine Reihe christlich-metaphysischer Grundbegriffe: So erklären sich die Christen ihre unangenehmen Allgemeingefühle durch die Einwirkung ihnen feindlicher Wesen (Dämonen, Teufel, Hexen und anderer), deuten sie als unmoralische Handlungen (Sünden), als Strafen (gleichsam als Abzahlung für das, was sie nicht hätten tun beziehungsweise sein sollen), als Folgen unbedachter Handlungen (Affekte, Sinne, physiologische Notstände, die wiederum als durch Schuld verdient ausgelegt werden). Angenehme Allgemeingefühle führen sie dagegen zurück auf Gottvertrauen, auf ein gutes Gewissen, auf glücklichen Ausgang von Unternehmungen, auf Glaube, Hoffnung und Liebe.[176] „In Wahrheit sind alle diese vermeintlichen Erklärungen *Folge*zustände und gleichsam Übersetzungen von Lust- oder Unlust-Gefühlen in einen falschen Dialekt: man ist im Zustande zu hoffen, *weil* das physiologische Grundgefühl wieder stark und reich ist; man vertraut Gott, *weil* das Gefühl der Fülle und Stärke einem Ruhe gibt."[177] Religion und bisherige Moral verwechseln dies jedoch in jedem einzelnen Fall.

7.1.9.4 Behinderung des wissenschaftlichen Denkens:

Den genannten Irrtümern entspricht ein mehrfaches Interesse auf seiten von Religion und Metaphysik, das Entstehen wissenschaftlichen Denkens von vornherein zu unterbinden beziehungsweise – wo dies nicht gelingt – um seinen aufklärerischen Effekt zu bringen.
Die Religion setzt voraus, daß es unbedingte Wahrheiten gibt und wir in der Lage sind, sie zu erkennen. Dies geschieht durch den Glauben, der somit eine Überzeugung, nicht ein Wissen ist. Positiv stützt er sich auf seine Offenbartheit[178]; diese ist etwas Wunderbares wie die Heiligkeit und die Askese.[179] Was geglaubt wird, kann nicht nur nicht widerlegt werden, sondern darf nicht einmal bezweifelt werden. Selbst im Konfliktfall ist Unterwerfung, Opferung der eigenen Selbstgewißheit zugunsten des Glaubens gefordert.[180]

---

[175] Vgl. GD 975.
[176] Vgl. GD 975 f, auch MA 521–524.
[177] GD 976.
[178] Vgl. MA 724–728.
[179] Vgl. MA 536, sowie – von einem anderen Gesichtspunkt her – MR 1069 f.
[180] Als schlechthinniges Paradigma christlichen Glaubens gilt deshalb für *Nietzsche* der Glaube *Pascal*s, „der auf schreckliche Weise einem dauernden Selbstmord der Vernunft ähnlich sieht" (JGB 610, vgl. 610 f).

Die Religion setzt also verständlicherweise alles daran, die Erklärung des von ihr selber als unerklärbar Hingestellten soviel wie möglich zu verhindern, weil das für unerklärbar Behauptete mit der Unerklärbarkeit auch seines Wundercharakters verlustig gehen müßte und damit ein Grundelement der Religion wegfiele. Auch bei dieser Art von Widerstand ist nach *Nietzsche* am konsequentesten wieder das Christentum vorgegangen, indem es nicht bloß die Begründung des Glaubens und das Nachdenken über dessen Herkunft als etwas Überflüssiges behandelte, sofern es sich das angesichts der konkurrierenden Wissenschaft leisten konnte, sondern bereits den Zweifel für Sünde erklärte[181].[182] Gleichsam die Gegenprobe für die Richtigkeit des dargestellten Zusammenhangs sieht *Nietzsche* in dem historischen Faktum, daß sich die Wissenschaft im modernen Sinne – vor allem die vom Menschen – erst da voll konstituieren konnte, wo der Glaube an Gott und seine Vorsehung aufgegeben wurde[183]. Hier liegt auch der Grund, daß *Nietzsche* an einer späten Stelle die Ausdrücke „Erkenntnis" und „Emanzipation vom Priester" synonym gebrauchte[184].

Das antagonistische Verhältnis zwischen dem Überzeugungsdenken, zu dem ja nach *Nietzsche* auch die christlich-metaphysische Philosophie zählt, und dem wissenschaftlichen Denken wird *Nietzsche* zufolge noch wesentlich verstärkt durch den dualistischen Ansatz des ersteren und die damit verknüpfte Option für die wahre, eigentliche, höhere Welt.[185] Diese Option verlangt nämlich, die verfügbaren Potenzen an Interesse nicht auf die Erklärung (und die darauf fußende Beherrschung) der Erfahrungswelt zu verwenden, sondern sie auf die Fragen der „Bedeutsamkeit"[186] des Lebens und Handelns und – angesichts der Möglichkeit des Versagens – auf die Fragen von Heil und Erlösung zu konzentrieren.

Nun glaubt *Nietzsche,* Religion und Metaphysik selbst als instrumentell entlarven zu können: Wer Bedeutungs-, Erlösungs- und Heilswissen sucht, der sucht nach seiner Auffassung nicht die interesselose Wahrheit, sondern braucht etwas zu seiner Heilung.[187] Die so fragen, sind also wiederum die Leidenden, Verkümmerten und Kranken. – Von daher wird noch ein weiterer Grund für den Vorbehalt gegen das erklärende Wissen greifbar: Die Wissenschaft wird deshalb abgelehnt, weil sie diese Heilsfunktion nicht leistet. Man wirft ihr Kälte, Trockenheit, Unmenschlichkeit vor; „es ist dies das Ur-

---

[181] Vgl. MR 1070 f.
[182] Vgl. AC 1212–1215, wo die Wissenschaft als die erste Sünde und als Erbsünde (in der Sicht der Priester) gedeutet wird, weil sie gottgleich macht: „es ist mit Priestern und Göttern zu Ende, wenn der Mensch wissenschaftlich wird!" (AC 1213).
[183] Vgl. MA 595.
[184] AC 1213 (der zweite Ausdruck im Original hervorgehoben).
[185] Vgl. MA 450 f; MR 1036; AC 1214 f.
[186] MA 451.
[187] Vgl. MR 1220; AC 1213–1215.

teil der Kranken über die Spiele der Gesunden"[188]. Dem entspricht, daß die Bedeutung von „gut" in der Sklavenmoral ganz in der Nähe von „dumm" liegt.[189] Ein Defizit an Gedankenstärke und Vernunft ist der Boden, auf dem Religion und Metaphysik gedeihen.[190]

7.1.10 Der Irrtum vom freien Willen

7.1.10.1 Die Voraussetzung: ein unrealistisches Handlungsmodell:
Die Lehre von der Freiheit des Willens in ihrer philosophiegeschichtlich ausgeprägtesten Form, wonach der Mensch die ganze und letzte Verantwortung für seine Handlungen selbst trägt, entlarvt sich für *Nietzsche* angesichts seiner psychologischen Analyse als ungeheure Einfältigkeit und „mehr als Münchhausensche Verwegenheit, sich selber aus dem Sumpf des Nichts an den Haaren ins Dasein ziehen"[191]. Werden damit doch so wichtige Determinanten allen Handelns wie: Vorfahren, Zufall, Gesellschaft, physiologische Konstitution, um nur einige zu nennen, völlig ausgeblendet. Es war und ist ausschweifender Stolz, der den Menschen dazu verführt, sich als causa sui anzusehen.[192] Jede einzelne Tat ist hiernach eigentlich ein Wunder, geschieht sie doch nach dieser Auffassung allein aufgrund eines Willensaktes, nicht aber aufgrund vorgegebener, fremder Motive oder gar Dispositionen. Jede Tat wird als etwas isoliert Dastehendes, unbedingt Anfangendes, Zusammenhangloses behandelt; zwischen den einzelnen Fakten ist gleichsam ein leerer Raum[193], während tatsächlich unser Handeln ein beständiger Fluß ist. Ähnlich naiv gilt der Vorgang des Wollens als Einheit, als etwas schlechthin Unableitbares.[194]

7.1.10.2 Die Funktion des Theorems vom freien Willen:
Bezogen auf den Sitz-im-Leben jeder Moral, die Dialektik von Herren und Sklaven, ist der Glaube an die Freiheit des Willens ursprünglich der Überlegenheits-Affekt des Herrschenden gegenüber dem, der gehorchen muß. Anderseits ist er auch Ausdruck jener unbedingten Gewißheit, daß das ins Auge Gefaßte jetzt getan werden muß; der Wollende befiehlt sich gleichsam selbst mit der Entschlossenheit zu gehorchen.[195] Das heißt: Auch im Wollenden selbst gibt es so etwas wie mehrere „Seelen", so daß Wollen auch für den ein-

---

[188] MR 1220.
[189] Vgl. JGB 732 f.
[190] Vgl. MA 951. 724; FW 130.
[191] JGB 583.
[192] S. JGB 583 f. Vgl. MA 460 f; FW 128 f; GM 810 f.
[193] Vgl. MA 460 f. 878 f; FW 128. MA 878: „Nun ist der Glaube an die Freiheit des Wirklichen gerade mit der Vorstellung eines beständigen, einartigen, ungeteilten, unteilbaren Fließens unverträglich: er setzt voraus, daß *jede einzelne Handlung isoliert und unteilbar* ist; er ist eine *Atomistik* im Bereiche des Wollens und Erkennens." (Vgl. JGB 580 f; N 767. 777 f.)
[194] Vgl. JGB 581 f; FW 128.
[195] Vgl. JGB 582.

zelnen Wollenden Befehlen und Gehorchen ist, das freie Wollen also auch hier die Herrschaft jener männlichen Instinkte signalisiert, unter denen eine Mehrung des Lebens möglich ist, beziehungsweise negativ eine Beherrschung jener Bestrebungen, die Distanzen nivellieren, Mühsal und Entbehrung scheuen, zu keinem Opfer bereit sind; für den Herrschenden ist Freiheit ein anderer Name für Wohlbefinden, Glück und ähnliches.[196] „Weil in den allermeisten Fällen nur gewollt worden ist, wo auch die Wirkung des Befehls, also der Gehorsam, also die Aktion *erwartet* werden durfte, so hat sich der *Anschein* in das Gefühl übersetzt, als ob es da eine *Notwendigkeit von Wirkung* gäbe."[197] – Das also, wodurch sich der einzelne stark fühlt, gilt ihm als Element seiner Freiheit: „er rechnet Abhängigkeit und Stumpfsinn, Unabhängigkeit und Lebensgefühl als notwendige Paare zusammen."[198]

Ganz in Übereinstimmung mit dem historischen décadence-Prozeß der Moral insgesamt hat auch die Lehre von der Freiheit des Willens, von ihrem Ursprung her eine Erfindung herrschender Stämme, unter dem Einfluß der Priesterschaft ihre Funktion ins Gegenteil verkehrt. Diesen Aspekt hat *Nietzsche* wiederum in der GD, einer seiner letzten Schriften (1888), besonders hervorgehoben. Die Voraussetzung, daß nämlich der Ursprung jeder Handlung im Bewußtsein liege, blieb bei der genannten Transferierung unverändert. Das Theorem vom freien Willen bekam aber jetzt ausschließlich den Sinn, die Menschen für ihr Tun verantwortlich zu machen. Und umgekehrt konnte nun alles Sosein auf einen Willen, auf Absichten, auf das Bewußtsein zurückgeführt werden, womit diese verantwortlich gemacht sind und zur Rechenschaft gezogen werden können. Hinter diesem Bemühen, dem Menschen möglichst viel Verantwortlichkeit zuzusprechen, sieht *Nietzsche* den bei den Priestern besonders ausgeprägten Instinkt des Strafen- und Richtenwollens am Werk.[199] Deshalb ist der Begriff „freier Wille" für ihn „das anrüchigste Theologen-Kunststück, das es gibt, zum Zweck, die Menschheit in ihrem Sinne ‚verantwortlich' zu machen, das heißt *sie von sich abhängig zu machen*..."[200], und: „Das Christentum ist eine Metaphysik des Henkers..."[201]

7.1.10.3 Der Determinismus:
Die entgegengesetzte Doktrin vom unfreien Willen läßt sich aber genau denselben grundlegenden Fehler zuschulden kommen, Ursache und Wirkung je-

---

[196] JGB 583; GD 1015; N 745. – In MA 877 war die Übertragung vom gesellschaftlich-politischen Bereich auf den persönlich-innerlichen noch als falsch bezeichnet worden.
[197] JGB 582.
[198] MA 877.
[199] GD 976 f. In früherer Zeit hatte *Nietzsche* die gegenteilige These vertreten, die Lehre von der Willensfreiheit sei der „antireligiöse" „Versuch, den menschlichen Stolz herzustellen" (N 745. Vgl. MA 877; MR 1099).
[200] GD 976 f.
[201] GD 977.

weils als eine Einheit zu sehen und zu verdinglichen.²⁰² Tatsächlich jedoch sind Kausalität, Notwendigkeit, Freiheit/Unfreiheit, Gesetz, Grund, Zweck usw. alles nur unsere subjektiven Hilfsvorstellungen zum Zwecke der Bezeichnung, nicht aber Erklärungen oder gar Beschreibungen des An-sich.²⁰³ Wie die Lehre vom freien Willen ursprünglich ein Zeichen von Stärke war, war die Behauptung der Unfreiheit allen Geschehens ursprünglich Symptom für Schwäche, Not, Druck, Gehorchen-Müssen. Auch heute noch ist sie *Nietzsche* zufolge meist der Glaube derer, die sich um jede Verantwortung drücken und sie nur immer irgendwo andershin abzuwälzen bestrebt sind.²⁰⁴ Bisweilen aber wird sie auch von den eitlen Rassen bemüht in der Absicht, ihre „Verantwortlichkeit" als vom Schicksal verliehene zu festigen.

7.1.10.4 Möglichkeitsbedingungen der traditionellen Lehre vom freien Willen:

Die Lehre vom freien Willen setzt nicht nur die Möglichkeit einer direkten Beeinflussung des Handelns durch Wertschätzungen voraus, sondern auch ein Wissen, wie jeweils gehandelt werden soll (Pflichtbewußtsein, Gewissen), und – im Fall der Abweichung – das Gefühl für Schuld. Dabei geht es im jetzigen Kontext nicht um das Problem der Absolutheit der Inhalte, sondern grundsätzlicher um die Ursprünglichkeit von Gewissen und Schuldgefühl überhaupt.

7.1.10.4.1 Gewissen: Das Selbstverständnis des modernen, autonomen Individuums ist nach *Nietzsche* unlösbar mit dem Begriff des Gewissens verknüpft²⁰⁵: Dieser signalisiert das stolze Gefühl der Überlegenheit gegenüber dem geringen Handlungsspielraum der Menschen früherer Epochen und – damit verbunden – deren geringer Verantwortlichkeit. Er bezieht sich sowohl auf die eigene Selbstverfügbarkeit wie auch auf die dadurch beherrschbar gemachten Umstände, auf die Natur und die willensschwächeren Kreaturen.

Die Faktizität des Gewissens bestreitet *Nietzsche* also keineswegs; wohl aber sieht er darin etwas Entstandenes, das „bereits eine lange Geschichte und Form-Verwandlung hinter sich hat"²⁰⁶. Das Bewußtsein, befreit zu sein von der herkömmlichen Art, zu handeln und zu werten, die in einem Gehorsamsverhältnis gegenüber geltenden Kodizes bestand, hat sich erst sekundär zu einem Quasi-Instinkt sedimentiert. Das Gewissen ist Frucht eines „ungeheuren"²⁰⁷ historischen Bildungs- und Erziehungsprozesses.

---

²⁰² Zu *Nietzsche*s ambivalenter Stellungnahme zum Determinismus vgl. auch *Heimsoeth* 1955, 479–512, wobei dessen Urteil, *Nietzsche* sei in dieser Sache unentschieden und ratlos (ebd. 503), kaum gerechtfertigt ist: in *Nietzsche*s Sicht erübrigt sich das Problem (im traditionellen Verständnis) vielmehr (vgl. bes. JGB 584).
²⁰³ Vgl. JGB 584 f; N 540 f.
²⁰⁴ Vgl. JGB 585. Als Beispiel nennt *Nietzsche* den Sozialismus.
²⁰⁵ Vgl. GM 800 f.
²⁰⁶ GM 802. Vgl. FW 194–196.
²⁰⁷ GM 800.

Der Beginn dieses Prozesses fällt in jene Zeit, als die Menschheit die gründlichste aller Veränderungen im Lauf ihrer Geschichte vollzogen hat: den Übergang von einem durch Triebe und Instinkte regulierten Dasein zu einer auf „Bewußtsein", das heißt auf dem eigenen Denken, Schließen, Berechnen, Kombinieren von Ursachen und Wirkungen gründenden gesellschaftlichen Ordnung, die im Austausch für die Depotenzierung der alten Instinkte arglosen Frieden garantiert.[208] Als wichtigste Voraussetzung dafür, daß dieser Übergang gelingen konnte, mußten dem Menschen Gleichförmigkeit und Regelmäßigkeit, das heißt ein sicheres Gedächtnis und Wiederholen des einmal Gewollten „angezüchtet"[209] werden, denn nur dann konnte die seinen Trieben völlig entgegenlaufende Unterwerfung mit Aussicht auf Stabilität betrieben werden. Zu diesem Zweck taugte aber nichts besser als der nicht aufhörende Schmerz, weil er die mit ihm verbundenen Ideen unvergeßlich macht. Deshalb ging es „niemals ohne Blut, Martern, Opfer ab, wenn der Mensch es für nötig hielt, sich ein Gedächtnis zu machen"[210]. Als die beiden Gestalten dieser grausamen „Mnemotechnik"[211] sieht *Nietzsche* die lückenlose Organisation einer „sozialen Zwangsjacke"[212] (Institution Staat) und das ihr korrelierende, durch Internalisierung zustande gekommene Gefühl der Schuld an.

Der genannte Übergang vollzog sich nun keineswegs allmählich, freiwillig und organisch, sondern als Bruch, als Zwang und unabweisliches Verhängnis; und zwar so, daß es für den einzelnen nur den einen Weg gab weiterzuexistieren, nämlich daß er sich auf die neuen Daseins-Bedingungen einstellte. Eine Chance, diesen Bruch zu stabilisieren und die Menschheit zu formen, bestand zudem lediglich dann, wenn dieser Zwang bei sämtlichen Ausbruchsversuchen, also permanent, ausgeübt werden konnte. – Nach diesem Grundmuster erzwang sich der Staat besonders über den Weg des Strafrechts in Jahrtausenden die neue gesellschaftliche Ordnung.[213]

Auf seiten der betroffenen Subjekte aber wurde und wird noch immer unter diesem steten Druck von außen ein mächtiges und differenziertes Schuldgefühl aufgebaut. Die alten Instinkte hören ja nicht einfach auf, ihre Forderungen zu stellen, weshalb sich die Triebenergie, die sich infolge äußerer Repression nicht entladen kann, nach innen, gegen den Menschen selbst, kehrte, weil er sie nur noch an sich selbst auslassen konnte.

Im Gewissen spricht demnach nicht ein Gott oder die Offenbarung eines Gottes, sondern eine lange, von Macht und Sanktionsandrohung in bestimmte Bahnen gezwungene Vorgeschichte. Das Gewissen „spricht bloß nach: es schafft keine Werte. Das, was ehedem dazu bestimmte, gewisse

---

[208] Vgl. GM 824–829.
[209] GM 799, vgl. 800.
[210] GM 802.
[211] Ebd.
[212] GM 800.
[213] Vgl. GM 826 f.

Handlungen zu verwerfen, war *nicht* das Gewissen: sondern die Einsicht [...] hinsichtlich ihrer Folgen ..."[214]

7.1.10.4.2 Schuld-Gefühl: Der Begriff „Schuld" hat *Nietzsche* zufolge seinen Ursprung im materiellen Begriff der „Schulden", das heißt im ältesten Rechtsverhältnis, demjenigen zwischen Gläubiger und Schuldner, das sich seinerseits wieder aus Kauf, Verkauf, Tausch und Handel herausgebildet hat.[215] Das Abmessen von Werten und das Ausdenken von Äquivalenten (etwa als Bürgschaft oder Pfand oder zum Kauf) ist wesentlich älter als sämtliche gesellschaftlichen Organisationsformen und hat sich überhaupt erst aus den Urformen des Personen-Rechts auf die Anfänge der Sozietäten übertragen, wobei in einem weiteren Stadium dann auch Macht verglichen und gemessen wurde, so daß man schließlich durch weitere Übertragungen das universelle Prinzip aufstellen konnte: „jedes Ding hat seinen Preis; *alles* kann abgezahlt werden"[216], womit man den ältesten Moral-Kanon der Gerechtigkeit hatte. „Gerechtigkeit auf dieser ersten Stufe ist der gute Wille unter ungefähr Gleichmächtigen, sich miteinander abzufinden, sich durch einen Ausgleich wieder zu ,verständigen' – und, in bezug auf weniger Mächtige, diese unter sich zu einem Ausgleich zu *zwingen*."[217] Ein derartiges Gläubiger-Schuldner-Verhältnis herrschte in der Vorzeit sowohl zwischen den einzelnen als auch zwischen dem Gemeinwesen und seinen Gliedern.

Seitdem die Menschen den genannten folgenschweren Übergang zu einer gesellschaftlichen Ordnung betreiben, transformierte sich auch der Begriff der Schuld. Er bezog sich jetzt nämlich vornehmlich auf jene Triebkräfte, die der Mensch bislang gegen andere hatte wüten lassen, nun aber unter dem enormen Druck der Strafandrohung gegen sich selber wenden mußte, um nicht durch laufende Strafzuziehung seine Existenz selber in Frage zu stellen. „Die Feindschaft, die Grausamkeit, die Lust an der Verfolgung, am Überfall, am Wechsel, an der Zerstörung – alles das gegen die Inhaber solcher Instinkte sich wendend: *das* ist der Ursprung des ,schlechten Gewissens'. Der Mensch, der sich, aus Mangel an äußeren Feinden und Widerständen, eingezwängt in eine drückende Enge und Regelmäßigkeit der Sitte, ungeduldig selbst zerriß, verfolgte, annagte, aufstörte, mißhandelte, dies an den Gitterstangen seines Käfigs sich wundstoßende Tier, das man ,zähmen' will, dieser Entbehrende und vom Heimweh der Wüste Verzehrte, der aus sich selbst ein Abenteuer, eine Folterstätte, eine unsichere und gefährliche Wildnis schaffen mußte – dieser Narr, dieser sehnsüchtige und verzweifelte Gefangene wurde der Erfinder des ,schlechten Gewissens'."[218]

[214] N 802. – Zur Bewertung des Autonomie-Theorems s. bes. 7.4.3.1.
[215] Vgl. 804 f. 811 f.
[216] GM 812, vgl. 814.
[217] GM 812.
[218] GM 825, vgl. 827. 828. – GM 825 gebraucht *Nietzsche* ausdrücklich den Begriff „Verinnerlichung".

Schuld ist für *Nietzsche* demnach keine transzendent-absolute Größe oder Qualität, sondern im Grunde eine durch die „gewaltsame Abtrennung [des Menschen] von der tierischen Verganganheit"[219] bedingte „tiefe Erkrankung"[220]. Während das bloße Schema von Schuld/Unschuld gerade aus dem primitiven Vertragsverhältnis entstanden ist, ist seine materiale Füllung sowie seine Verinnerlichung und insbesondere seine Durchsetzung der Gewalttätigkeit einer Herren-Rasse (und nicht einem Gesellschafts-Vertrag im Sinne *Hobbes'* oder *Rousseau*s) zu verdanken. Deren plötzliche und gänzlich überwältigende Übermacht bestand vor allem in der Fähigkeit, zu organisieren, Formen zu schaffen, Teile und Funktionen abzugrenzen und miteinander in Beziehung zu setzen.

7.1.1.10.4.3 Schuld als theologischer Begriff: Unter den erwähnten weiteren Übertragungen des Vertrags-Verhältnisses zwischen Schuldner und Gläubiger muß eine noch eigens erwähnt werden, weil sie ebenfalls weitreichende Konsequenzen hatte: die Übertragung auf das Verhältnis zwischen den Mitgliedern einer späteren Generation und ihren Vorfahren.[221] Weil eine lebende, spätere Generation davon überzeugt war, daß sie nur durch die Leistungen der Vorfahren bestehe, anerkannte sie gegenüber der früheren, noch mehr gegenüber der frühesten, eine Verpflichtung; sie mußte entsprechend dieser Auffassung durch irgendwelche Leistungen zurückgezahlt werden. Die Dankesschuld vergrößerte sich noch laufend dadurch, daß die Ahnen als Geister ihren Nachkommen erneut segensreich beispringen konnten. Die zu erbringenden Leistungen bestanden nicht nur in Opfern, Festen, Gebäuden, Verehrung, sondern auch in Gehorsam gegen die Sitte, die ja gerade als Werk und Befehl der Vorfahren galt. Weil die Ehrfurcht, das heißt also die Vorstellung von der Klugheit, Vorsorglichkeit, Macht und Gegenwart, proportional mit der Macht des Geschlechts zunahm, damit aber auch die Verschuldung gegenüber dem (beziehungsweise den) Ahnherrn, wuchs der Ahnherr bei den mächtigsten Geschlechtern schließlich ins Ungeheure-Unvorstellbare und wurde „zuletzt notwendig in einen *Gott* transfiguriert. Vielleicht ist hier selbst der Ursprung der Götter, ein Ursprung also auch der *Furcht!*"[222]

„Gott" ist für *Nietzsche* also die hypostasierte Gesamtheit der Gegensätze, die der Mensch in jener spannungsreichen Zwangslage ausbildet, wo er einerseits der Gewalt seiner Instinkte ausgesetzt ist, anderseits aber durch die

---

[219] GM 826.
[220] GM 824, vgl. 826. 829. 834.
[221] Vgl. GM 829 f.
[222] GM 830. Vgl. auch MA 519. – Zur Gegenüberstellung mit den griechischen Göttern, die nicht der Selbstkreuzigung, sondern gerade der Selbstherrlichkeit und dem guten Gewissen des Menschen dienen, selbst noch im Schlimmen (sie nahmen – so *Nietzsche* – die Schuld auf sich und nicht nur die Strafe!): vgl. GM 830. 834 f.

Gewalt der Gemeinschaftsorganisation daran gehindert wird, sie auszuleben. Den geforderten Verzicht deutet der Mensch von einem bestimmten Zeitpunkt seiner kulturellen Entwicklung an als Schuld gegen Gott. Alle Verneinung seiner selbst und der Natur macht er dann zu einer Bejahung Gottes, des Jenseits wie auch der Hölle.[223]
Wie der Hang, Rangordnungen anzusetzen, und die auf ihm basierenden Begriffe gut/schlecht auch nach dem Niedergang des Geschlechtsadels fortbestanden, hat sich auch der Glaube an Gottheiten und das Bewußtsein, ihr gegenüber Schulden zu haben, weitervererbt und -entwickelt, nachdem die blutsverwandtschaftliche Gemeinschaftsorganisation überholt war.[224] Ja, je bedeutungsvoller Gefühl und Begriff Gottes wurden, desto mehr wuchs das Schuldgefühl, bis schließlich mit dem christlichen Gott als dem „Maximalgott, der bisher erreicht worden ist"[225], auch das Maximum an Schuldgefühl erreicht war.[226]
Diese Selbstmarterung des Menschen wurde endlich dadurch auf ihren Höhepunkt getrieben, daß das Schuldgefühl von den Menschen mit schlechtem Gewissen als Spruch eines substantialistisch verstandenen Gewissens angesehen wurde und damit übrigens auch verhindert wurde, daß der Niedergang des Glaubens den Niedergang des Schuldgefühls nach sich zog. Weil aber die Aussicht auf eine endgültige Ablösung der Schuld ein für allemal verschlossen schien, wandte sich das schlechte Gewissen in dieser ausweglosen Verschuldungs-Situation nach rückwärts und gewann überdimensionale Ausmaße. Es wandte sich zum Beispiel gegen den Anfang des menschlichen Geschlechts selber, dergestalt, daß der Ahnherr mit einem sich vererbenden Fluch behaftet wurde, oder gegen die den Menschen entstehen lassende Natur, die jetzt zum bösen Prinzip gemacht wurde; oder endlich gegen das Dasein selber, das dann als etwas an sich Unwertes galt (buddhistisches Nirvana).[227]
Nach einer derartigen, durch die Religion bis ins Exzessive betriebenen Selbstmarterung des Menschen brachte sich beispielsweise das Christentum durch einen ungeheuren „Geniestreich"[228] in Position: Es verkündete einen Gott, der alleine die Schuld vom Menschen abzulösen vermag und der sich aus Liebe für die Schuld des Menschen opfert; was nach *Nietzsche* soviel heißt wie: „Gott selbst sich an sich selbst bezahlt machend"[229].
7.1.10.4.4 Strafe: Auch die Strafe als Vergeltung hatte ursprünglich nichts mit der Voraussetzung einer Freiheit oder Unfreiheit des Willens zu tun. Die längste Zeit der Menschheitsgeschichte wurde *Nietzsche* zufolge nicht deshalb gestraft, weil man den „Übelanstifter"[230] als Schuldigen, und das heißt

[223] Vgl. GM 833.
[224] Vgl. GM 830 f.
[225] GM 831.
[226] Vgl. GM 830 f.
[227] Vgl. GM 832.
[228] GM 832.
[229] GM 832, vgl. 832 f. 834.
[230] GM 824, vgl. ähnlich 823.

als für die Tat Verantwortlichen, angesehen hätte, sondern aus Zorn über einen erlittenen Schaden; dabei wurde dieser Zorn in Schranken gehalten durch die Überzeugung, daß jeder Schaden ein Äquivalent habe und deshalb wirklich abbezahlt werden könne.[231] Die ursprüngliche Strafauffassung gründet für *Nietzsche* also im Prinzip des ius talionis, das heißt wohl auf der Vorstellung einer Schuld, jedoch einer solchen, die nicht als moralische verstanden wird, sondern in Analogie zum ökonomischen Gläubiger-Schuldner-Verhältnis in einer Art Tausch beglichen werden kann. Die Strafe war mithin eine Entschädigung für den Gläubiger, auf die sich der Schuldner vor Vertragsabschluß durch Verpfändung eines seiner Besitztümer eingelassen hatte. Diese Entschädigung konnte nun – im Falle der Nichteinhaltung – auch darin bestehen, daß anstelle der den Schaden direkt aufwiegenden Gegenleistung dem Gläubiger ersatzweise das Wohlgefühl zugestanden wurde, seine Macht an dem Machtlosen auszulassen.[232] Der Geschädigte erhielt als Ausgleich für die Unlust aus seinem Schaden den Schmerz seines Schuldners, das heißt, positiv ausgedrückt, den Genuß des „Leiden-machens"[233].

Da – wie gesagt – auch das Gemeinwesen zu seinen Gliedern in jenem Grundverhältnis von Gläubiger und Schuldner stand, sah es als seine Aufgabe nicht nur dies an, die Äquivalenzleistung in privatrechtlichen Angelegenheiten zu garantieren, sondern auch, die Schädigungen und Feindseligkeiten gegen die Gemeinde zu ahnden. Was von jedem Mitglied hier verpfändet wurde, waren Friede, Vertrauen, Sorglosigkeit und ähnliches. Der Verbrecher war folglich, abgesehen von dem unmittelbar angerichteten Schaden, immer auch „ein Vertrags- und Wortbrüchiger *gegen das Ganze*"[234]. Deshalb ging er nicht nur der Güter und Annehmlichkeiten der Gemeinschaft verlustig, sondern wurde für vogelfrei erklärt, entbehrte so nicht nur jedes Rechtes, sondern auch jedes Schutzes und jeder Gnade.[235]

Mit der zunehmenden Konsolidierung des Gemeinwesens bedeutete das Verbrechen allmählich keine so große Gefährdung mehr, weshalb sich das Strafrecht dahin entwickelte, daß der Übeltäter nicht mehr dem allgemeinen zügellosen Zorn überlassen wurde, sondern einen gewissen Schutz erhielt[236]: Man suchte nach einem Kompromiß mit den an der Tat Beteiligten, der Fall wurde lokalisiert, man suchte nach Äquivalenten; in steigendem Maß hielt man die Vergehen für etwas Abzahlbares und isolierte dadurch Verbrecher und Tat voneinander. Dementsprechend wurde mit steigender Macht des Gemeinwesens das Strafrecht milder. Die solideste und zugleich machtvollste Gesellschaft wäre für *Nietzsche* daher diejenige, die sich den Luxus erlauben könnte, ihre Schädiger straflos zu lassen.[237]

---

[231] Vgl. GM 804 f.
[232] Vgl. GM 806 f.
[233] GM 807 (zweite Worthälfte im Original hervorgehoben).
[234] GM 812.
[235] Vgl. GM 812 f.
[236] Vgl. GM 813.
[237] Vgl. GM 813 f.

7.1.11 Teleologische Weltdeutung

Wenn jedes Geschehen als Tun aufgefaßt wird, in allem also, was geschieht, die Folge einer Absicht und dahinter ein wollender Täter gesehen wird, so erwächst daraus notwendig eine teleologische Weltdeutung. Die Möglichkeit einer Zuordnung der Einzelphänomene nach dem Muster der sprachlich unvermeidlichen Bezugsetzung zwischen Ich und Ding schafft unter den unendlich vielen Einzelheiten eine übersichtliche Ordnung. Das Wissen darum, daß sich diese in Grad und Ausdehnung unbegrenzt weitertreiben läßt, legt die Schlußfolgerung nahe, die Wirklichkeit im gesamten sei intentional und müsse als Einheit, als organisierte Vielheit des Geschehens verstanden werden.[238] Das einzelne „Wozu" wird gedacht als bezogen auf das „Wozu" des Ganzen. Was immer geschieht, geschieht – diesem intentionalen Weltbild entsprechend – „in Wirklichkeit" im Rückbezug auf einen wollenden und handelnden Letztgrund. Dieselbe Struktur liegt auch zugrunde, wenn die Erfüllung einer sittlichen Weltordnung (s. o.) oder die Annäherung an einen allgemeinen Glückszustand als der Sinn des Gesamten, der Geschichte oder der Welt gelten.

Diese durchgängige Ausrichtung alles Geschehens auf ein letztes Ziel gewinnt eine sehr wichtige Funktion bezüglich des Praktischen, wenn es gelingt, sie mittels der „ethischen Lehrer" den einzelnen als ihr jeweils individueller, unaustauschbarer „Zweck des Daseins" plausibel zu machen, aus dem sie hinfort ihr ganzes Zutrauen und die Kraft zu diesem Leben schöpfen sollen.[239]

Nichtchristliche Religionen anerkannten neben einem derartigen Reich der Zwecke noch ein zweites Reich, nämlich das der Zufälle; es wird auch vom Alltagsbewußtsein angenommen, weil es sich meist auf dem Weg Beachtung verschafft, „daß es in die andre Welt, in die der Zwecke und Absichten, hineinfällt wie ein Ziegelstein vom Dache und uns irgendeinen schönen Zweck totschlägt"[240]. Nur das Christentum stellte auch noch die Erfahrungen von Schicksal und Zufall unter die Zucht des Telos-Gedankens.[241] Das Ergebnis dieser exzessiven Steigerung ist nach *Nietzsche* die Theodizee: Sie besagt, daß selbst hinter den als dysteleologisch erfahrenen Erscheinungen der „liebe Gott" steht, „der zwar die dunklen, krummen und wunderbaren Wege liebt, aber zuletzt doch alles ‚herrlich hinausführt'"[242]. Die Theodizee bildet sich folgerichtig aus zu einer Geschichtsphilosophie: Ihr gilt alle bisherige Geschichte als „Ent-Wicklung" hin auf ein Ziel; in allem Geschehen sieht sie eine letzte Vorsätzlichkeit und Zielstrebigkeit walten. Diese gewinnt – so

---

[238] Vgl. FW 128 f; GD 973 f; N 501 f. 540 f. 542. 677 f.
[239] Vgl. FW 35 f.
[240] MR 1100.
[241] Vgl. MR 1100–1102.
[242] MR 1101 (im Original steht das Zitat im Konjunktiv).

Nietzsche – ihre den Menschen zur „Mitarbeit"[243] anregende Dynamik aus dem Versprechen jenes allgemeinen Glücks- und Heilszustandes, der hic et nunc nicht erreichbar ist. In dem der Theodizee zugrundeliegenden Denkmodell sieht *Nietzsche* einen offenkundigen Widerspruch, insofern einerseits unserem Verstand die Erkenntnis des Verstandes Gottes und seiner Zwecke abgesprochen wird, gleichzeitig jedoch eine Behauptung über die Beschaffenheit des göttlichen Verstandes und des unsrigen aufgestellt wird.[244] Gegen die Theodizee besonders, darüber hinaus aber gegen das gesamte teleologische Deutungsschema spricht nach *Nietzsche* auch die faktische Erfahrung des Menschen von seiner Wirklichkeit. Der Gesamtcharakter der Welt sei „Chaos, nicht im Sinne der fehlenden Notwendigkeit, sondern der fehlenden Ordnung, Gliederung, Form, Schönheit, Weisheit, und wie alle unsere ästhetischen Menschlichkeiten heißen"[245]. Sinn und Ordnung oder was so scheint bildeten weitaus die Ausnahme (aus den „Würfelbechern des Zufalls" müssen auch ein paar Würfe kommen, „die der Zweckmäßigkeit und Vernünftigkeit jedes Grades vollkommen ähnlich sehen"[246]). Es müsse sich also bei der Teleologie wie bei der Kausalität um eine menschliche „Projektion"[247] handeln, um eine „Vermenschlichung"[248], eine „Fiktion"[249], um „kein[en] Tatbestand, sondern eine Interpretation"[250], um ein „psychologisches Bedürfnis"[251]. Deren Illegitimität sieht *Nietzsche* offensichtlich in dem bereits anläßlich der Kritik der Moralgenealogien gerügten Schluß von der Nützlichkeit einer Sache auf die Notwendigkeit ihrer Existenz, den er noch öfter[252] als *den* Grundfehler angeprangert hat. Nützlich ist die genannte Projektion in seinen Augen allenfalls in dem Sinn, daß sie der Aufrechterhaltung und Steigerung menschlicher Herrschaftsgebilde dient.[253]

Wenn der Mensch derart das Weltganze nach dem Muster einiger selektiv wahrgenommenen Erfahrungen versteht, so ist diese Deutung wertend und verfolgt als solche das Ziel, von diesem Weltbild her wieder unser Handeln und Werten zu beeinflussen. Hier liegt nach *Nietzsche* der größte Gefahrenpunkt der intentionalen „Weltanschauung".[254] Denn sobald erkannt wird, daß man umsonst nach dem angeblichen Zweck des Werdens gesucht hat, daß es keine Ganzheit hinter allem Geschehen gibt, und daß jene für die „wahre" gehaltene metaphysische Welt nur eine „Erfindung"[255] ist, bricht die Werthaftigkeit der Welt insgesamt zusammen. Man erträgt nicht einmal mehr diese Welt, ohne sie aber doch wie früher leugnen zu können: Der Nihilismus ist deshalb vom Moment dieser Einsicht an unausweichlich.

[243] Vgl. N 677.
[244] Vgl. MR 1101 f.
[245] FW 115, vgl. 115 f.
[246] MR 1102.
[247] Vgl. GD 973; N 678.
[248] FW 116.
[249] N 502. 540.
[250] N 540.
[251] N 677 f.
[252] GM 817–820; MR 1037. 1038.
[253] Vgl. N 542. 678.
[254] Vgl. N 676–678.
[255] N 677.

7.2 Der „gute Mensch" – Kritik der moralischen Ideale

7.2.1 Askese

Regelmäßig wird nach *Nietzsche* da, wo es Religion gibt, die Askese, das heißt der freiwillige und bewußte Verzicht auf Befriedigung der Forderungen des eigenen Selbst, idealisiert.[256] Menschliches Leben, insbesondere auch das Handeln, ist nach dieser Wirklichkeitsauffassung a priori in Beziehung gesetzt zu einem ganz andersgearteten, auf die Wesentlichkeit gegründeten höheren Dasein. Da nun aber das Verhältnis der beiden Daseinsweisen ein entgegengesetztes beziehungsweise sogar ein sich ausschließendes ist, der Bereich des höheren wahren Seins aber als der der absoluten Werthaftigkeit gilt, auf den alles ankommt, kann sich der Wertgehalt des konkreten Lebens und Handelns nur danach bemessen, in welchem Maße es mit dem andersartigen Dasein übereinstimmt; das bedeutet aber – auf es selbst bezogen –: in welchem Maße es sich selbst verneint.[257] „Der Asket behandelt das Leben wie einen Irrweg, den man endlich rückwärts gehn müsse [...]; oder wie einen Irrtum, den man durch die Tat widerlege – widerlegen *solle* [...]."[258]

Was immer vom „Lebens-Instinkt"[259] mit spontaner Sicherheit als wahr und wirklich empfunden wird, wird im asketischen Ideal zu Irrtum und Täuschung erklärt. Die Abwertung der Leiblichkeit ist nur die handgreiflichste und symptomatischste Ausprägung hiervon. Ihm zur Seite steht die intellektuelle Gestalt von Askese, die weit sublimer, aber um nichts weniger wirksam ist: Sie erklärt nicht nur das Zeugnis der Sinne, sondern auch die Vernunft selber für nicht wahrheitsfähig.[260]

7.2.1.1 Paradoxe Struktur der Askese:

Asketisches Leben ist nach *Nietzsche* im höchsten Grade zwiespältig: Denn sein Genuß am eigenen Leiden und seine Selbstgewißheit nehmen ausgerechnet in dem Maße zu, wie seine eigene Voraussetzung, die physiologische Lebensfähigkeit, abnimmt, wobei diese Abnahme eben nicht auf fremde Einflüsse zurückgeht, sondern in Entselbstung, Selbstgeißelung, Selbstopferung *gesucht* wird.[261] „Hier wird ein Versuch gemacht, die Kraft zu gebrauchen, um die Quellen der Kraft zu verstopfen."[262]

---

[256] Vgl. JGB 611.
[257] Vgl. GM 858.
[258] Ebd.
[259] GM 860.
[260] Vgl. GM 860. – Im folgenden geht es lediglich um das asketische Ideal beim Priester, nicht um seine Ausprägung bei Künstlern, Philosophen und Gelehrten: s. GM 839–900. Askese beim Wissenschaftler und beim Philosophen braucht nach *Nietzsche* noch nicht eine Stellung gegen das Leben zu bedeuten, sondern kann auch eine die geistige Fruchtbarkeit begünstigende Selbstdisziplin sein (vgl. GM 839–857, außerdem N 428 f).
[261] GM 859, vgl. 861.
[262] GM 859.

7.2.1.2 Funktionale Reduktion des asketischen Ideals:
7.2.1.2.1 Stimulans gegen die Erschlaffung des Lebenswillens:
Der genannte Selbstwiderspruch im asketischen Leben läuft seinerseits kontradiktorisch der Struktur des Lebens entgegen, wie es sich sonst überall zeigt. Der von da aufkommende Verdacht, es handle sich bei diesem Selbstwiderspruch vielleicht nur um ein „psychologisches Mißverständnis von etwas [...], dessen eigentliche Natur [...] nicht verstanden [...] werden konnte"[263], erhärtet sich zur Gewißheit, sobald man den Horizont der mit seinem Auftreten verbundenen Herrschaftsverhältnisse untersucht. Dann entpuppt sich nämlich das Kontradiktorische als Instrument im Kampf jener zwei Antipoden Leben und Tod, die auch in allen übrigen Bereichen des Wirklichen miteinander im Kampfe liegen: Das „Leben" greift zu diesem Instrument, wenn es degeneriert, das heißt, wenn es physiologisch gehemmt ist oder zu ermüden beginnt. Dann mobilisieren die intakt gebliebenen Instinkte des Lebens alle möglichen Mittel und vornehmlich eben die Askese, um gegen die Erschlaffung anzukämpfen und so ihre Position aufrechterhalten zu können. Der Asket oder „Heilige" macht sich das Leben wieder interessant, indem er Krieg führt; mangels Kraft erwählt er zu seinem Gegner den sogenannten inneren Feind, seine Eitelkeit, seine Herrschsucht und seine sinnlichen Begierden. Dieser Gegner eignet sich besonders, weil er immer lebendig und selbst im Einsamen stets vorhanden ist und obendrein ein allgemein anerkannter Feind ist.[264] Die Steigerung in der Verketzerung der Sinnlichkeit, die etwa noch durch ihre Verknüpfung mit einer ewigen Verdammnis erreicht werden kann, verschafft diesem belebenden und unterhaltenden Kampf außerdem die absolute Priorität vor allem anderen sowie die dauernde Teilnahme und Bewunderung der Nicht-Heiligen.[265]

Wenn aber das asketische Ideal nur „dem Schutz- und Heil-Instinkte eines degenerierenden Lebens" entspringt[266], so kann seine Verwerflichkeit weniger in ihm selbst, sondern eigentlich nur in der Erzeugung seiner Bedingungen liegen. Hinsichtlich der Religion, mit der die Askese ja untrennbar verknüpft ist, bedeutet dies den Vorwurf, daß sie erst selbst die Menschen krank mache oder aber ihre Degenerierung reproduziere.[267] „Der asketische Priester ist der fleischgewordene Wunsch nach einem Anders-sein, Anderswo-sein, und zwar der höchste Grad dieses Wunsches, dessen eigentliche Inbrunst und Leidenschaft"[268]; aber gerade diese Macht seines Wünschens fesselt ihn hier, an dieses Leben; denn um seinen Wunsch als Wunsch zu pflegen

---

[263] GM 861.
[264] Vgl. MA 540.
[265] Vgl. MA 489. 540. 541.
[266] GM 861 (im Original hervorgehoben). Vgl. MA 539–544.
[267] Vgl. GM 861 f.
[268] GM 862.

und weiter kultivieren zu können, braucht er möglichst viele, denen er günstigere Bedingungen für ihr diesseitiges Menschsein schaffen kann, solche also, die dies nötig haben, und das sind eben die Mißratenen, Schlechtweggekommenen, Verunglückten.[269] Sie im Dasein zu erhalten, um als „Hirte" über sie zu herrschen, ist sein ganzes Interesse. Während es nach *Nietzsche* schlechterdings nicht die Aufgabe des Gesunden sein kann, sich um die Gesundung der Kranken zu kümmern[270], wirft der Priester sich gerade zum „Heiland, Hirt und Anwalt der kranken Herde", zum „Arzt und Krankenwärter"[271] auf und verrät dadurch, daß er bei all seiner Überlegenheit über die anderen und seiner Unversehrtheit hinsichtlich seines Willens zur Macht doch selbst krank sein muß. „Er hat sie zu verteidigen, seine Herde – gegen wen? Gegen die Gesunden [...]; er muß der natürliche Widersacher *und Verächter* aller rohen, stürmischen, zügellosen, harten, gewalttätig-raubtierhaften Gesundheit und Mächtigkeit sein."[272]

Weil der Priester jedoch nur Arzt sein kann bei Leidenden, ist sein Interesse nicht nur, zu verhindern, daß die Leidenden zugrundegehen, sondern auch, daß sie gesunden. Mit seinen „Heilmitteln" stillt er deshalb den Schmerz der Wunden, vergiftet sie aber gleichzeitig, um ihre Heilsbedürftigkeit zu erhalten.[273] Auch sorgt er dafür, daß jener „Explosivstoff"[274], der sich in der Herde der Schlechtweggekommenen und Kranken permanent bildet: das desintegrierende Ressentiment, entschärft wird, indem er seine Richtung umlenkt.[275] Das gelingt ihm, indem er dem Kranken, der ja für sein Leid einen verantwortlichen Täter sucht, an dem er seine Affekte entladen kann, um auf diese Weise seinen eigenen quälenden Schmerz zu betäuben, einredet, allein er selbst sei schuld an seiner Krankheit. Die bereits früher kritisierte Vorstellungswelt von Sünde, Verderben, Verdammnis usw. paßt sich vorzüglich in diese Strategie ein. Der Priester spendet Trost und verordnet zugleich das asketische Ideal.

So gelingt es dem Priester tatsächlich, die Krankhaften weitgehend unschädlich zu machen, indem er ihre schlechten Instinkte auf sie selber zurückwendet und damit zum Zweck ihrer Selbstdisziplinierung und Selbstüberwachung ausnutzt.[276] Wirkliche Heilung aber liegt nicht in seiner Absicht.

---

[269] GM 862.
[270] GM 866, vgl. 866 f.
[271] GM 866.
[272] GM 867. Vgl. die dort gegebene Charakterisierung des vom Priester in dieser Funktion herausgebildeten „neuen Raubtier-Typus [...] –, eine[r] neue[n] Tier-Furchtbarkeit, in welcher der Eisbär, die geschmeidige kalte abwartende Tigerkatze und nicht am wenigsten der Fuchs zu einer ebenso anziehenden als furchteinflößenden Einheit gebunden scheinen".
[273] Vgl. GM 867. Ähnlich sagt MA 541 vom Christentum, seine Absicht hinsichtlich des Menschen sei „nicht, daß er moralischer *werde*, sondern daß er sich *möglichst sündhaft* fühle".
[274] GM 868.
[275] Vgl. GM 868 f.
[276] Vgl. GM 869.

„Nur das Leiden selbst, die Unlust des Leidenden wird von ihm bekämpft, *nicht* deren Ursache, *nicht* das eigentliche Kranksein – das muß unsren grundsätzlichsten Einwand gegen die priesterliche Medikation abgeben."[277] Diese besteht lediglich in Trost, Milderung, Narkotisierung, Symptombeseitigung. Die Religion und die Priester sind nur scheinbar total verneinende Mächte, in Wirklichkeit jedoch große Konservatoren des Status quo, des Leidens, der Not, der Schwäche, der Krankhaftigkeit, der Dekadenz. – Die Formen der Askese sind demnach nichts anderes als Stimulantien gegen die Depression und Ermüdung des Lebenswillens.[278] So gesehen, sind die großen Religionen alle, am meisten jedoch das Christentum, hauptsächlich Veranstaltungen zur Bekämpfung jener epidemischen Müdigkeit und Schwere, die im Lauf der Geschichte periodisch auftritt.[279] Mangels physiologischen Wissens wird sowohl deren Ursache wie deren Heilung im Bereich der Moral und der Religion gesucht beziehungsweise versucht, während dieses physiologische Hemmungsgefühl *Nietzsche* zufolge in Wirklichkeit auf ganz andere Determinanten zurückgeht: auf die Kreuzung von zu fremdartigen Rassen oder Ständen, auf fehlerhafte Emigration, auf Ermüdung der Rasse, auf falsche Diät, auf Blutverderbnis, Krankheiten usw.[280]

7.2.1.2.2 Weitere Antriebe von Askese[281]: Askese kann auch eine Form von Trotz gegen sich selbst sein: Weil das Bedürfnis, seine Herrschaft auszuüben, infolge Fehlens eines geeigneten Objekts oder Mißlingens nicht gestillt werden kann, verfällt man auf die Ersatzlösung, einen Teil von sich selbst zu tyrannisieren.[282] Unter diese Sorte von Askese fällt nach *Nietzsche* die ganze Moral der Bergpredigt[283], weil es deren Grundprinzip sei, daß der Mensch sich zuerst durch übertriebene Ansprüche vergewaltigt und dann das tyrannisch fordernde Etwas in seiner Seele vergöttert.

Ist der Mensch außerordentlich erregt und gespannt, so ist er ebenso zu einer furchtbaren Bosheit wie zum Gegenteil fähig. Gewaltige Emotionen und das Wollen des Großen, Ungeheuerlichen gehören zusammen. Seit der Menschheit mit Hilfe des Symbols des sich selbst opfernden Gottes anerzogen wurde, daß die Selbstverleugnung etwas Großes sei, findet sie darin ebenso Genugtuung wie vorher in der Rache. In Wirklichkeit gibt hier die Selbstverleugnung nur die Gelegenheit ab, eine hochgespannte Emotion zu entladen.[284]

Askese beinhaltet immer Unterordnung unter einen fremden Willen, ein Gesetz oder Ritual. Als solche kann sie daher auch Ausdruck von Schwäche und Bequemlichkeit sein: Man benutzt sie dann als eine Art Wach-Schlaf, der die anstrengende Auseinandersetzung mit allen quälenden, reizenden und in

---

[277] GM 871.
[278] MA 539–544; GM 871.
[279] Vgl. GM 871.
[280] Vgl. GM 871 f.
[281] MA 535–544; MR 1026 f.
[282] Vgl. MA 536 f. 542.
[283] S. MA 537.
[284] Vgl. MA 537 f. 542 f.

Zucht zu haltenden Empfindungen erspart; man entgeht dadurch der Langeweile, ohne doch viel Eigenwillen aufbringen zu müssen; man hat nicht das Gefühl der Verantwortung noch die Qual der Reue.[285] Hinsichtlich der moralisch beziehungsweise religiös motivierten Askese muß endlich noch die bereits früher erwähnte[286] Freude an der Grausamkeit als möglicher Faktor einbezogen werden. Weil das Tun und Miterleben von Grausamem erquickt und selbst noch den Schwachen die eigene Macht fühlen läßt, denkt man sich auch die Götter beziehungsweise Gott als erquickt vom Anblick der Grausamkeit. Infolgedessen gilt auch die freiwillige Marter als etwas Wertvolles. Menschliches Wohlbefinden und göttliche Ungnade, Leiden auf seiten des Menschen und Gnade auf der Seite Gottes werden in eine feste Beziehung gebracht. Entbehrung, Kasteiung, Selbstverleugnung gelten als Tugenden, weil sie als geeignete Mittel erscheinen, um Gott zu versöhnen.[287]

7.2.1.3 Der „Erfolg" der asketischen Medikation:
Unbestreitbar verfehlt die Anwendung von Buße, Zerknirschung und Askese jeder Art ihre Wirkung nicht. Mag die Religion dieses Ergebnis entsprechend ihrem Wertsystem als Besserung des Menschen bezeichnen, gemessen am *Nietzsche*schen Wahrheitskriterium handelt es sich um „Zähmung", „Schwächung", „Entmutigung", „Raffinierung", „Verzärtlichung", „Entmannung" und ähnliches mehr.[288] Da das Objekt der priesterlich-religiösen „Heil"behandlung die bereits Kranken sind, wird durch sie deren Krankhaftigkeit noch intensiver. Individuelle und kollektive Zerrüttung des Nervensystems (epileptische Epidemien, Lähmungen und Dauerdepressionen ganzer Völker, Hysterien, todsüchtige Massen-Delirien und dergleichen[289]) sind die spezifische Wirkung jedes länger dauernden und konsequent betriebenen „Buß- und Erlösungs-*training*[s]"[290].

Deshalb gilt das asketische Ideal *Nietzsche* als ein ungeheures Verhängnis. Das bringt er in dem vernichtenden Resümee zum Ausdruck: „Ich wüßte kaum noch etwas anderes geltendzumachen, was dermaßen zerstörerisch der *Gesundheit* und Rassen-Kräftigkeit, namentlich der Europäer, zugesetzt hat als dies Ideal; man darf es ohne alle Übertreibung *das eigentliche Verhängnis* in der Gesundheitsgeschichte des europäischen Menschen nennen."[291]

Alle geschichtlichen Ideale waren bisher nach *Nietzsche* asketische Ideale. Nur unter der Prämisse des asketischen Ideals besaß der Mensch bisher einen Sinn und ein Ziel. Der eigentliche Wille für Mensch und Erde fehlte. Alles menschliche Tun und Lassen stand auf dem Unter- und Hintergrund eines größeren „Umsonst". Der Mensch vermochte weder sich noch erst recht

---

[285] Vgl. MA 538 f. 543.
[286] S. Abschnitt 7.1.10.4.4.
[287] Vgl. MR 1026 f.
[288] Vgl. GM 882.
[289] S. GM 883.
[290] GM 883.
[291] GM 883, vgl. 886.

sein Leiden zu rechtfertigen, zu erklären, zu bejahen.[292] Auch noch hinter der Arbeitsamkeit der zeitgenössischen Gelehrten, ihrem besinnungslosen Fleiß, ihrer methodischen Strenge, ihrer „Handwerks-Meisterschaft"[293] verbirgt sich selbstgewählte Bescheidenheit; der Hinweis auf greifbare Nützlichkeitseffekte ihrer Wissenschaft gilt ihnen schon als zureichende Legitimation für die Wissenschaft selbst wie auch für ihre methodische Bescheidenheit.[294] Genauer gesagt fungiert die „bewußtseins-los" betriebene Wissenschaftlichkeit als Versteck für jenen Mißmut und jene Selbstverachtung, die das Fehlen eines Ideals auslösen.

Wo jedoch die Wissenschaft „überhaupt noch Leidenschaft, Liebe, Glut, *Leiden* ist, da ist sie nicht der Gegensatz jenes asketischen Ideals, vielmehr *dessen jüngste und vornehmste Form* selber"[295]. Zwar glauben die modernen Wissenschaftler selber, Gegner des asketischen Ideals und unabhängig von ihm zu sein, doch ist dieser Glaube eben Glauben, der aus sich noch nichts beweist. In der Tat unterwerfen sich die unter dem Anspruch intellektueller Redlichkeit angetretenen Gegner des asketischen Ideals gemeinsam mit dessen Verfechtern demselben Ideal: Sie glauben nämlich an die Wahrheit, das soll heißen: an den metaphysischen, absoluten Wert der Wahrheit, ja ihr haben sie sich fest und unbedingt verschrieben.[296] Das verpflichtet sie aber zum Stehenbleiben beim Tatsächlichen, zu Verzicht auf Interpretation und Wertung – und, so *Nietzsche,* was ist dies anderes als Asketismus?

Was wird nun im asketischen Willen eigentlich gewollt, was ist sein Ziel? Auf diesen „furchtbarsten" Aspekt der Analyse des asketischen Ideals[297] gibt *Nietzsche* die Antwort: das Nichts; nämlich das Nichts einer angeblich anderen, wahren, bleibenden, absoluten, normierenden Welt samt ihren verneinenden (Unter-)Idealen: „dieser Haß gegen das Menschliche, mehr noch gegen das Tierische, mehr noch gegen das Stoffliche, dieser Abscheu vor den Sinnen, vor der Vernunft selbst, die Furcht vor dem Glück und der Schönheit, dieses Verlangen hinweg aus allem Schein, Wechsel, Werden, Tod, Wunsch, Verlangen selbst – das alles bedeutet, wagen wir es, dies zu begreifen, einen *Willen zum Nichts,* einen Widerwillen gegen das Leben, eine Auflehnung gegen die grundsätzlichsten Voraussetzungen des Lebens, aber es ist und bleibt ein *Wille!*"[298]

7.2.2 *Mitleid und Nächstenliebe*

Mit kaum einer moralischen Wertvorstellung hat *Nietzsche* schärfer abgerechnet als mit dem Mitleid. Mitleiden gilt ihm als die letzte, sublimste und

---

[292] Vgl. GM 899.
[293] GM 888.
[294] Vgl. GM 887 f.
[295] GM 887, vgl. 888.
[296] Vgl. GM 890 f. 892.
[297] GM 886.
[298] GM 900.

deshalb verführerischste Sünde, durch die selbst noch der leichte Gang und der sichere Weg Zarathustras gefährdet wird[299]. *Nietzsche* hat bei seiner Negation des Mitleids nicht allein *Schopenhauer* im Visier, vielmehr ist Mitleid für ihn geradezu ein Kürzel für die Moral der Selbstlosigkeit und des Unegoistischen, historisch-konkret gesprochen: des Christentums, für das *Nietzsche* öfter[300] synonym den Ausdruck „die Religion des Mitleidens" verwendet.

7.2.2.1 Unmittelbare negative Auswirkungen:

Das Mitleiden vermehrt zunächst einmal das Leiden in der Welt. Wer sich ihm überläßt und alles Elend, das immer er wahrnimmt, auf sich einströmen läßt, wird unvermeidlich krank und hypochondrisch. Weil alle Kräfte bereits vom Leiden absorbiert werden, können wir dann weder hilfreich zupacken noch erquicken. Hypochondrie lähmt Wissen und Handeln.[301] Für sie besonders anfällig ist der Christ, insofern er schon a priori zu aller erlebten praktischen Not andauernd das Leiden und Sterben Jesu Christi vor Augen hat.[302] Außerdem bringt der Standpunkt, das Leid des anderen so zu übernehmen, als ob es das eigene wäre, mit sich, daß wir dann auch die Übertreibung und Verzerrung, die mit dem subjektiven Empfinden stets verbunden sind, nachvollziehen und uns damit des objektiven und deshalb allein helfenden Urteils berauben.

Überfordert uns schon der Nachvollzug der subjektiven Intensität des Leids völlig, so erst recht die gewaltige Menge der bemitleidenswerten Fälle: Ihnen nachzugehen müßte bedeuten, seinen eigenen Weg völlig zu verlieren. Dem Appell an unsere Hilfsbereitschaft kommt ohnehin verführerisch unsere Tendenz entgegen, das Harte und Anspruchsvolle eines eigenen Wegs zu scheuen und insgeheim dauernd nach Möglichkeiten zu suchen, unserem Ziel mit gutem Gewissen ausweichen zu können; „wir entlaufen ihm gar nicht ungern, ihm und unserm eigensten Gewissen, und flüchten uns unter das Gewissen der anderen und hinein in den lieblichen Tempel der ‚Religion des Mitleidens'"[303].

Genausowenig wie seinem Subjekt ist das Mitleiden seinem Adressaten zuträglich. Das schon deshalb, weil der Mitleidige notgedrungen sehr leichtfertig über die gesamte „Ökonomie [...] [der] Seele"[304] des Leidenden hinweggeht. Muß doch alles, was mit dem Unglück zusammenhängt: seine eventuelle persönliche Notwendigkeit zum Beispiel oder seine Funktion bezüglich des Aufbrechens neuer Quellen und Bedürfnisse, bezüglich des Verheilens alter Wunden oder der Befreiung von Vergangenheiten, unberücksichtigt bleiben, wo es nur um ein Helfen an sich geht, dessen einzige Bezugsgröße das (wiederum substantialistisch verstandene) Leid, nicht aber dessen

---

[299] Vgl. Z 481–483. 502–505.
[300] Z. B. FW 200; JGB 660; AC 1168.
[301] Vgl. MA 484; MR 1107. 1108 f. 1114.
[302] Vgl. MA 484.
[303] FW 200. Vgl. Z 324 f.
[304] FW 199.

Funktion[305] ist. Derart wird der Leidende gerade im Mitleid des andern seines Persönlichsten beraubt.[306] Die Chance, das Leiden und die ihm entsprechende Hilfe im größeren Funktionssystem des Lebens zu sehen, wird zusätzlich noch durch das Vorurteil gemindert, die schnellste Hilfe sei auch die beste. Diese Eile macht offenkundig, wessen Kind das Mitleid ist: das der Behaglichkeit[307]. Denn der Mitleidende will doch dieselbe Gesinnung wie gegen den anderen auch gegen sich selbst haben, also ist er gleichzeitig mit seinem Mitleiden von vornherein daran interessiert, das eigene Leiden so kurz wie möglich auszuhalten, weshalb er das Leid a priori mit dem Stempel des Bösen und Hassenswerten versieht.

7.2.2.2 Ursprünge des Mitleids:

Die Beobachtung weinender Kinder läßt nach *Nietzsche* schnell erkennen, daß es demjenigen, der Mitleid erregen will, im Grunde darum geht, den Anwesenden wehzutun. Schmerz ausgelöst zu haben, ist dem Unglücklichen ein echter Trost, erkennt er daran doch, daß er trotz seiner Schwäche wenigstens noch über *eine* Macht verfügt, die nämlich, wehzutun; dies Bewußtsein bestätigt und erhöht in seinen eigenen Augen seine Wichtigkeit. „Somit ist der Durst nach Mitleid ein Durst nach Selbstgenuß, und zwar auf Unkosten der Mitmenschen"[308].

Genausowenig wie der Mitleiderregende unegoistisch handelt, hat der Bemitleidende selber nur dessen Wohl im Auge. Das gilt in mehrfacher Hinsicht: Das Mitleiden gibt auch ihm ein Macht- und Überlegenheitsgefühl. Das Wissen, helfen zu können, wenn er nur will, erhebt ihn ebenso wie die Aussicht, die eigene Güte von den anderen bestätigt zu bekommen, und das Bewußtsein, eine empörende Ungerechtigkeit beendet zu haben.[309] Das Leid des anderen ist für ihn eine günstige Gelegenheit, von ihm Besitz zu ergreifen und ihn durch seine Hilfe zu demütigen, ohne sich doch vor ihm fürchten zu müssen.[310] Letzteres zeigt sich deutlich daran, daß man seinen Feind nie bemitleidet, sondern seine Freude gerade daran hat, ihn leiden zu sehen; im Gegenteil bereitet es aber keinerlei Genugtuung, ein verächtliches Wesen leiden zu sehen.[311] Des weiteren versetzt uns das Leid des anderen unmittelbar

---

[305] Vgl. FW 199 und JGB 689 f, wo es u. a. heißt: „Ihr wollt womöglich [. . .] *das Leiden abschaffen*; und wir? – [. . .] *wir* wollen es lieber noch höher und schlimmer haben, als es je war! [. . .] Jene Spannung der Seele im Unglück, welche ihr [sc. der Seele] die Stärke anzüchtet, ihre Schauer im Anblick des großen Zugrundegehens, ihre Erfindsamkeit und Tapferkeit im Tragen, Ausharren, Ausdeuten, Ausnützen des Unglücks, und was ihr nur je von Tiefe, Geheimnis, Maske, Geist, List, Größe geschenkt worden ist – ist es nicht ihr unter Leiden, unter der Zucht des großen Leidens geschenkt worden?"
[306] Vgl. FW 199 f. Anders wird Mitleid in Z 346 und 504 als Schamlosigkeit diagnostiziert.
[307] Vgl. FW 199; JGB 689.
[308] MA 486, vgl. 485 f. 510.
[309] Vgl. MR 1105 f; Z 324.
[310] Vgl. MA 510. 901 f; MR 1107 f; Z 346 f.
[311] Vgl. MR 1107 f.

in die Notwendigkeit, unsere Ehre vor uns selber zu verteidigen: Der Unfall des anderen, dem wir nicht beispringen würden, würde uns der Ohnmacht oder – noch schlimmer – der Feigheit überführen. Aus ähnlichen Gründen versuchen wir allem zuvorzukommen oder ihm entgegenzutreten, was auf die menschliche Gebrechlichkeit, unsre eigene mit eingeschlossen, hinweisen könnte. Wo immer wir dem Anblick von Leid aus dem Wege gehen können, tun wir es nur dann nicht, wenn wir uns als die Mächtigen beweisen können.[312]

Die Pflege der hinter dem Mitleid versteckten Selbstsucht zieht verhängnisvolle Folgen nach sich wie: Reizbarkeit der Phantasie hinsichtlich Furcht und Gefahr, empfindsame Verletzbarkeit der Eitelkeit, Verhinderung von Abhärtung im Ertragen von Leid, Verzärtelung und Unmännlichkeit.[313]

Auch die Gesellschaft, die das selbstlose Handeln empfiehlt und zu ihm erzieht, tut dies keineswegs aus lauterer Selbstlosigkeit.[314] Dagegen spricht schon die einfache Beobachtung, daß moralisches Verhalten seinem Akteur meist irgendwelchen Schaden einträgt. Wäre die Gesellschaft bei ihrer Empfehlung auf den Vorteil des Tugendhaften bedacht, so müßte sie jene Schädigung abweisen und ihr tätig entgegenwirken. In Wirklichkeit sieht sie in dem seiner Tugend Ausgelieferten und sich ihr zum Opfer Bringenden ein Werkzeug ihres Interesses.[315] Vom Verzicht des einzelnen profitiert nämlich die Allgemeinheit – ein Zusammenhang, der sich auch von der anderen Seite her formulieren läßt: Die Allgemeinheit – samt ihren schwachen und kranken Mitgliedern – lebt auf Kosten der Selbstlosen.

7.2.2.3 Die Bedeutung der Erhebung des Mitleids zum moralischen Ideal: Durch das Mitleiden wird gerade das erhalten, was infolge fehlender Lebensmächtigkeit eigentlich zum Untergang bestimmt wäre, das Mißratene, unheilbar Kranke, Ausgezehrte, Verunglückte. Dem großen Gesetz der Entwicklung, nämlich eigentlich der Selektion auf der Basis des Willens zur Macht, arbeitet die Idealisierung des Mitleids diametral entgegen.[316] Sie ist somit Symptom einer tiefgehenden Selbstverachtung und Verdüsterung, der Unzufriedenheit mit sich selbst, der Müdigkeit und des Stehenbleibens, ein Signum der décadence. Ja *Nietzsche* wagt prononciert die Frage zu stellen, ob sie nicht nur ein *Symptom* des Nihilismus, sondern sogar dessen *Ursache* sei.[317]

Diese nihilistische Gesamtfunktion findet nach *Nietzsche* eine Bestätigung in

---

[312] Vgl. MR 1104–1106. Vgl. das Resümee MR 1106: „Dies alles, alles, und noch viel Feineres hinzugerechnet, ist ‚Mitleid‘: – wie plump fällt die Sprache mit einem Worte über so ein polyphones Wesen her!"
[313] Vgl. MR 1106 f; JGB 753.
[314] Vgl. FW 51–53.
[315] Vgl. FW 52 f.
[316] Vgl. AC 1168.
[317] JGB 685 (mit Hervorhebung im Druck und durch Ausrufungszeichen). Vgl. JGB 685 f; AC 1168 f.

der zeitgenössischen Hochschätzung des Mitleids. Zwei Tatbestände müßten dabei bedacht werden, um diese „moralische Mode"[318] richtig zu bewerten: erstens, daß der starke, ursprüngliche Mensch das Bemitleidetwerden als Verachtung und Demütigung empfindet und verabscheut und eher mit Rachsucht als mit Dankbarkeit darauf reagiert[319]; zweitens, daß in einer langen philosophischen Tradition, die so ausgezeichnete Vertreter wie *Platon, Spinoza, Laroche-Foucauld* und *Kant* vorweisen kann, das Mitleid in der Rangfolge moralischer Empfindungen ziemlich tief stand[320]. Erst *Schopenhauer* hat das Mitleid zum exklusiven Boden und Ursprung der Moral gemacht und damit die zentralen christlichen Gedanken der Selbstlosigkeit und Nächstenliebe auf ihren Höhepunkt gebracht. Aber gleich, ob das Mitleid der Erreichung des „Tat-tvam-asi", des „Nirwana", der „Erlösung" dienen soll, oder aber ob es auf „Gott", das „wahre Leben", das „Jenseits", die „ewige Seligkeit" ausgerichtet sei, immer sei es „die *Praxis* des Nihilismus"[321]. Denn all die genannten Ausdrücke seien nur vornehm eingekleidete Formeln für Lebensfeindlichkeit, Verneinung, kurz: für das Nichts.[322]

Ähnlich verhält es sich aus *Nietzsches* Sicht mit der vom Christentum gepredigten Nächstenliebe. Der Verzicht auf gegenseitige Gewaltanwendung ist für ihn nur dort angebracht, wo innerhalb eines Sozialgefüges tatsächliche Äquivalenz der Kräfte besteht. Sobald jedoch die Nächstenliebe zum unbedingten Prinzip erklärt wird, das heißt unterschiedslos für jeden und für jeden Fall gelten soll, bedeutet der Verzicht funktional etwas qualitativ anderes: ein Werkzeug nämlich, um alle starke Selbstsucht zu ersticken, die Macht der Mächtigen mit der Schwäche der Schwachen auf ein Niveau zu bringen und die ersteren der Herrschaft der letzteren zu unterwerfen.[323] Die Maske der Menschenfreundlichkeit verdeckt dabei, daß diejenigen, die hier verzichten müssen, allein die Höheren, Selteneren, Privilegierten sind, während die große Herde oder die einzelnen Schwachen und Mittelmäßigen nur Gewinne daraus ziehen. Wo der ehemals Starke den Imperativ „nicht seinen Nutzen suchen!" anerkennt, hat er bereits aufgegeben, ist es bereits ein physiologisches Faktum, daß er seinen Nutzen nicht mehr zu finden weiß.[324] Der Verzicht auf Eigennutz und die Nächstenliebe signalisieren Auflösung und Verfall; sie sind dem Leben genau entgegengesetzt, denn dieses besteht in Aneignung, Verletzung, Überwältigung des Fremden und Schwächeren, Unterdrückung, Einverleibung, Ausbeutung.[325]

---

[318] MR 1106 f.
[319] Vgl. MA 901 f; MR 1107 f; Z 347.
[320] Vgl. MA 485. 510. 902; GM 767.
[321] AC 1168, vgl. 1168 f.
[322] Vgl. JGB 689 f; GM 767; AC 1168 f.
[323] Vgl. JGB 685. 729; MR 1330 f; GD 1010. – MA 509 kritisiert, daß bereits der Begriff „Nächster" ein der Wirklichkeit nicht entsprechendes soziales Verhältnis zugrunde legt.
[324] Vgl. GD 1010.
[325] Vgl. JGB 729.

Nietzsche hat den Einwand vorausgesehen, christliche Nächstenliebe wolle tendenziell doch etwas anderes, ja sie opponiere doch schärfstens gegen die – so *Nietzsche* – das Judentum tragenden Instinkte des Hasses und der Rache. *Nietzsche* weist diesen Einwand zurück; die Nächstenliebe sei vielmehr die kontinuierliche, allerdings völlig sublimierte Konsequenz des jüdischen Racheinstinktes.[326] Das Ziel sei dasselbe geblieben: Beutemachen, Verführung und Sieg über die Starken, Reichen, Vornehmen, Lebenstüchtigen durch die Armen, Schwachen, Kleinen, Kranken. Die strategische „Raffinesse", mit der die Rache ihr Ziel zu erreichen suche, sei in der christlichen Nächstenliebe auf ihrem absoluten Höhepunkt angelangt: einmal dadurch, „daß Israel selber das eigentliche Werkzeug seiner Rache vor aller Welt wie etwas Todfeindliches verleugnen und ans Kreuz schlagen mußte, damit ‚alle Welt', nämlich alle Gegner Israels unbedenklich gerade an diesem Köder anbeißen konnten"[327]; zum anderen durch jenes paradoxe Mysterium einer Selbstkreuzigung Gottes zum Heil des Menschen.[328]

7.2.3 Gleichheit

Alles, was den Menschen bisher größer gemacht hat, geht *Nietzsche* zufolge zurück auf aristokratische Gesellschaftsstrukturen und Rangordnungen. Die Formierung solcher aristokratischer Ordnungen verlief jedoch alles andere als moralisch; sie waren vielmehr Ergebnisse blutiger Selektionsprozesse zwischen den unterschiedlichsten Willenskräften, Macht-Begierden und Instinkten.[329] Alles Große und Wertvolle geht letztlich auf Krieg, Zwang, Autorität, Zucht, Gefahr und ähnliches zurück. Nun streben aber auch die Unterdrückten und Beschränkten nach der Macht. Das Mittel, mit dessen Hilfe sie an den Glücklicheren, Stärkeren und Vornehmeren Rache nehmen, ist nicht die offene Gegnerschaft – die wäre ja aussichtslos! –, sondern deren Sublimation zu einer für sie ganz spezifischen Moral. Diese Moral beruht auf zwei Grundoperationen: Sie kehrt die Werte um, und sie erhebt a priori den Anspruch, ein universeller Maßstab, eine Moral also für *alle,* zu sein. Zur Legitimation dieser universellen Gültigkeit braucht sie einen Gott, weil einem solchen gegenüber die Unterschiede zwischen Starken und Schwachen, Armen und Reichen völlig irrelevant werden und die Menschen gleich sind, wenigstens gleich bezüglich dessen, was ihr Wesen ausmacht, nämlich der Seelen.[330]

---

[326] Vgl. GM 780 f; AC 1184.
[327] GM 781.
[328] Vgl. ebd.
[329] Vgl. JGB 727; GD 1014 f.
[330] Vgl. JGB 683; N 822. – Sein institutionelles Korrelat hat das Gleichheitsideal in der modernen Demokratie: Vgl. MA 681–683; GD 1015–1017; N 608.

7.2.4 Zusammenfassung

Die historisch-psychologische Funktionsanalyse fördert in allen Einzelzügen des moralischen Ideals, das von Christentum und christlicher Metaphysik aufgerichtet wurde, einen fundamentalen Widerspruch zutage: „die *Motive* zu dieser Moral stehen im Gegensatz zu ihrem *Prinzip!* Das, womit sich diese Moral beweisen will, widerlegt sie aus ihrem Kriterium des Moralischen!"[331] „Gute Handlungen sind sublimierte böse; böse Handlungen sind vergröberte, verdummte gute!"[332] Die eigentlichen Unter- und Hintergründe sind sorgsam versteckt hinter tabuisierten Wirklichkeits-Behauptungen, und nur selten ist eine Lücke vergessen worden, die noch einen tiefen Blick erlaubt, wie dies etwa bei der Nächstenliebe der Fall ist: Wird doch *nur* die Liebe zum Nächsten idealisiert, während die zum Fernsten dadurch völlig erstickt wird; ganz offensichtlich wird der Fernste aber deshalb vernachlässigt, weil er nicht zum Instrument der eigenen Selbsterhöhung funktionalisiert werden kann.[333]

Das zweite Ergebnis, in dem sämtliche Einzelanalysen kongruieren, ist: Das Ideal des „guten Menschen" ist zugleich Ausdruck einer tiefgreifenden, tödlichen décadence, ist praktizierter Nihilismus wie auch Werkzeug dieser décadence.

7.3 Exkurs: Die Kritik der neueren Philosophie

Im vorhergehenden wurden Christentum, Religion und Metaphysik nicht getrennt behandelt und die drei Begriffe nahezu synonym verwendet. Das bedarf einer Rechtfertigung: *Nietzsche* tritt von vornherein mit dem Anspruch auf, daß alle seine Gedanken methodisch unter dem Anspruch der Geschichtlichkeit der Geschichte stehen. Es wäre daher in seinen Augen ein Verstoß gegen diesen Anspruch, wenn er Metaphysik und Christentum so behandelte, als gäbe es eine eigentliche, durch alle Zeiten und überall gleichbleibende metaphysische Theorie und daneben eben solch eine christliche. Die greifbare Geschichte dessen aber, was Metaphysik und ebenso Christentum in der längsten Zeit der letzten zwei Jahrtausende bedeutet haben, ist für *Nietzsche* die Geschichte *eines* Konkretums und nicht zwei Geschichten von zwei nebeneinanderlaufenden Dingen.

Schwieriger gestaltet sich die Frage der zeitlichen Abgrenzung dieses Konkretums einer christlichen Metaphysik nach vorn und nach hinten. Hier muß *Nietzsche* eine differenzierte Prüfung vornehmen. Die Analyse der Vor-Ge-

---

[331] FW 53, vgl. 47. 53, sowie MA 533; JGB 598. 684.
[332] MA 513.
[333] Vgl. Z 325.

schichte – wie immer bei *Nietzsche* unter funktionalem Aspekt – läßt ihn die *Zäsur nach rückwärts* bei *Sokrates* ansetzen³³⁴. *Sokrates* gilt ihm als Inaugurator, *Platon* als „die große Zwischenbrücke der Verderbnis"³³⁵. Umgekehrt erlaubt dieser Zusammenhang, das Christentum „Platonismus fürs ‚Volk' "³³⁶ zu nennen. *Nietzsche* behauptet mit diesem Urteil eine Affinität zwischen der griechischen Philosophie seit *Sokrates* und der christlichabendländischen Metaphysik, wie sie auch von dieser selbst immer wieder beansprucht (λόγος σπερματικός und ähnliches) worden war; nur hat der von *Nietzsche* zugrunde gelegte andere Wahrheitsbegriff zur Folge, daß er diesen Abschnitt der Philosophie („das präexistente Christentum"³³⁷) gerade umgekehrt wertet wie die christliche Metaphysik, nämlich nicht als glanzvolle, hochstehende Periode, sondern als – im Vergleich zu den *Vorsokratikern* (mit denen er sich ja in seinen philologischen Forschungen ausführlich beschäftigt hatte) und den *Sophisten* – als Vorbereitung des im Christentum kulminierenden Nihilismus, als untrügliche décadence-Phänomene³³⁸. Die großen griechischen Philosophen erscheinen als eine Reaktion auf die Ablösung der alten Tugend beziehungsweise auf den (von ihnen dafür verantwortlich gemachten) Verfall der alten Institutionen und Autoritäten; sie selber hielten gerade das Echtgriechische, Homer, den Mythos, die Tragödie, das antike Ethos für den Grund des Niedergangs; statt dessen ließen sie Ägyptisches, Semitisches, Kleinasiatisches und anderes mehr³³⁹ eindringen, um die alten Institutionen zu restituieren.

Von dieser Vor-Geschichte der christlichen Metaphysik unterscheidet sich nun die *neuzeitliche Philosophie* beträchtlich, insofern die Emanzipation von theologischer Bevormundung, die Autonomisierung, unter Umständen auch die Dissoziation oder Opposition gegenüber Religion und Christentum gerade das wesentlichste und weitertreibende Moment ihres Selbstverständnisses ausmachen. Allerdings nur scheinbar. Denn *Nietzsche* kommt zu dem Ergebnis, daß alle diese kritisch-autonomen Denker hinter ihrem Selbstverständnis zurückgeblieben sind. „Sowohl Kant als Hegel, als Schopenhauer – sowohl die skeptisch-epochistische Haltung als die historisierende, als die pessimistische – sind *moralischen* Ursprungs. Ich sah niemanden, der eine *Kritik der moralischen Wertgefühle* gewagt hätte: und den spärlichen Versuchen, zu einer Entstehungsgeschichte dieser Gefühle zu kommen (wie bei den englischen und deutschen Darwinisten) wandte ich bald den Rücken."³⁴⁰ Aber nicht nur in der Moral, sogar in der Erkenntnislehre nahmen die erwähnten

---

[334] Z. B. N 637.
[335] N 564. Vgl. auch EH 1109 f.
[336] JGB 566. Vgl. auch N 880.
[337] N 837 (im Original z. T. hervorgehoben).
[338] GD 951; N 564. 637. 757 f. 760. 837. 903.
[339] S. N 637 f.
[340] N 486.

neuzeitlichen Philosophen nach *Nietzsche* allesamt die gleiche zwiespältige Haltung ein: Auf der einen Seite nämlich hätten sie „ein Attentat auf den alten Seelen-Begriff, [. . .] das heißt: ein Attentat auf die Grundvoraussetzung der christlichen Lehre"[341] gemacht; auf der anderen Seite hätten sie mit allen Mitteln versucht, aus dem Denken, das vordem nur als durch das Ich (beziehungsweise die Seele) bedingtes Prädikat galt, das Subjekt herauszusynthetisieren[342]. *Nietzsches* Geringschätzung drückt sich schon in der Beiläufigkeit und Aperçuhaftigkeit aus, mit der er auf die Genannten – *Schopenhauer* ausgenommen – zu sprechen kommt. Es geht ihm eben nicht um die Widerlegung von diesem oder jenem, sondern um die Feststellung ihres Standorts und ihrer Funktion innerhalb der skizzierten lebensfeindlichen Kultur.

7.3.1 Zu *Kant*[343]

7.3.1.1 Metaphysischer Dualismus:
Die Scheidung in eine phänomenale und eine noumenale Welt, beziehungsweise in „Erscheinung" und „Ding an sich", ist in *Nietzsches* Sicht nur eine fiktiv auf bloßer Vernunft beruhende Variante der älteren Scheidung zwischen scheinbarer und wahrer Welt.[344] Für *Kant* stehe noch „ein Reich der moralischen Werte, uns entzogen, unsichtbar, wirklich"[345] fest: Dies ist nach *Nietzsche* letztlich ein Betrug, zu dem sich *Kant* verführen ließ, „damit die Moral recht behalte"[346]. Denn *Kant*s eigene Neufassung des Kausalitätsbegriffs, die diesen auf den Bereich des Phänomenalen einschränkt und daher den Schluß von der Erscheinung auf ein zugrundeliegendes Ding an sich als Ursache derselben verbietet, stehe zu dieser Unterscheidung in Widerspruch.[347] Ganz davon zu schweigen, daß er dabei das Leben und die Erfahrung (also materialiter das, was er „Erscheinung" nennt) als feste Größe voraussetze und ihre Gewordenheit und Werdehaftigkeit völlig übersehen habe.[348]

7.3.1.2 Kategorizität der Imperative:
Auf der Annahme eines Dings an sich beruht nun unmittelbar der Kategorische Imperativ. Vom einzelnen Handlungen zu verlangen, die man von allen Menschen wünscht, ist für *Nietzsche* jedoch eine Naivität, weil es voraussetzt, daß jeder ohne weiteres wisse, bei welcher Handlungsweise das Ganze der Menschheit wohlfahre.[349] *Kant* leitet nach *Nietzsche* die Verbindlichkeit

---

[341] JGB 615 f.
[342] Vgl. JGB 615 f.
[343] Zur Beurteilung *Kant*s durch *Nietzsche* vgl. auch *Etterich* 1914; *Ackermann* 1939; beide Arbeiten sind rein chronologisch angelegt; vor allem die zweite erschöpft sich im Dokumentieren.
[344] Vgl. GD 961; AC 1171; N 540. 863.
[345] N 479.
[346] Ebd.
[347] Vgl. N 863.
[348] Vgl. MA 457 f.
[349] Vgl. MA 466.

von der vorausgesetzten Einheit des einzelnen mit der Menschheit insgesamt her, ohne sich – und darauf zielt *Nietzsche*s Kritik – über die geschichtliche Vermittlung oder die Bedingungen der gewünschten Kultur Rechenschaft zu geben; diese könnte es nämlich gerade nötig machen, „im Interesse ökumenischer Ziele für ganze Strecken der Menschheit spezielle, vielleicht unter Umständen sogar böse Aufgaben zu stellen"[350]. Zudem überspringe die vorausgesetzte Einheit auch die Einzigartigkeit, Unwiderbringlichkeit und letztliche Unerkennbarkeit jedes geschichtlichen Aktes – tatsächlich gebe es aber keine gleichen Handlungen[351]; die geforderte Gleichheit beziehe sich nur auf die Außenseite und laufe den tiefsten Erhaltungs- und Wachstumsgesetzen genau entgegen[352]. Zum anderen steckt hinter dem Kategorischen Imperativ nach *Nietzsche* nur die Selbstsucht, sein eigenes Urteil als das Gesetz der Allgemeinheit zu empfinden, eine kleinliche Selbstsucht allerdings, „weil sie verrät, daß du [...] dir selber kein eigenes, eigenstes Ideal geschaffen hast – dies nämlich könnte niemals das eines anderen sein, geschweige denn aller, aller!"[353] „Tugend", „Pflicht", „das Gute" – verstanden als unpersönlich und allgemeingültig, abstrakt, frei vom Beweis der Lust – widersprächen ebenfalls dem tiefsten Wachstums- und Erhaltungsgesetz. Daß *Kant*s Philosophie völlig un-, ja zum Teil widerhistorisch sein müsse[354], sei nur die konsequente Folge. Die Erhabenheit des „Du sollst" werde bei *Kant* zum Surrogat für Vernunft. *Kant* habe dies hinter der Bezeichnung „praktische Vernunft" zu verstecken versucht: Als solche erhebe sie Anspruch auf Vernünftigkeit, gebe aber zugleich an, wann man sich dieser zu entziehen habe – zugunsten des „du sollst".[355] Er idealisiere den Hang zum Gehorsam, das erhebende Respektgefühl und das unbedingte Vertrauen, dem man nach *Nietzsche* „auf dem Grund aller deutschen Morallehren" begegnet.[356] Die Heiligkeit der Aufgabe, der *Kant* charakterisierende moralische Fanatismus[357], wie könnten sie – so *Nietzsche* – besser gewährleistet werden als dadurch, daß man sie als „Mundstück jenseitiger Imperative"[358] interpretiert? Derart werde der Kategorische Imperativ der Weg, auf dem sich *Kant* wieder „zurückverirrt" zu „Gott", „Seele", „Freiheit" und „Unsterblichkeit", zu welchen gerade er zuvor den Zugang versperrt hatte.[359]

---

[350] MA 466. Vgl. auch N 512. *Röttges* 1972 spricht mit Bezug auf die zitierte Stelle treffend von „Nietzsches Vorstellung einer die Arbeitsteilung ethisch reflektierenden Sittlichkeit" (215); man könnte einfacher von der Vorstellung einer arbeitsteiligen Sittlichkeit sprechen.
[351] FW 196.
[352] AC 1172. Vgl. N 773.
[353] FW 196. Vgl. AC 1171, auch FW 147; JGB 745.
[354] AC 1172; N 593.
[355] Vgl. AC 1172. 1223; N 824.
[356] MR 1159 f. Vgl. JGB 645, auch N 903.
[357] N 593.
[358] AC 1173.
[359] Vgl. MR 1159; FW 195 f; EH 1148; AC 1171. 1172 f. – Das gelinge ihm durch „dialektische

7.3.1.3 Erkenntniskritik als Form von Askese:

*Kant*s Erkenntniskritik entthrone wie alle moderne Wissenschaft den Menschen, zerstöre seine bisherige Selbstachtung, ja sie mache die Selbstverachtung zur letzten Stufe der Selbstachtung. Zwar habe *Kant* der natürlichen Theologie endgültig den Boden entzogen, zugleich aber durch seine Transzendentalphilosophie einen „Schleichweg" gewiesen, wie man – nun emanzipiert von der Theologie und mit bestem Gewissen – den Wünschen des Herzens nachgehen kann[360]: Diese büßten zwar den Charakter einer vernünftig beweisbaren Tatsache ein, was jedoch dadurch seinen Stachel verloren habe, daß einerseits die sinnenhafte Realität zur Scheinbarkeit degradiert werde, und anderseits zugleich die Kompetenz der Vernunft so beschnitten werde, daß ihr für eine negative Aussage hinsichtlich der theologischen Gegenstände ebenfalls das Recht entzogen ist.

Dafür, daß unsere Erkenntnis unseren Wünschen nicht genugtut, sei infolgedessen durch und seit *Kant* das Erkennen und nicht das Wünschen verantwortlich gemacht worden. „‚Es gibt kein Erkennen: *folglich* – gibt es einen Gott': [...] welcher *Triumph* des asketischen Ideals!"[361] Die „wahre Welt" samt der auf ihr gründenden Moral seien jetzt wieder möglich geworden! Dies war nach *Nietzsche* der „Hintergedanke" von *Kant*s erkenntnistheoretischer Skepsis.

Im übrigen meldet *Nietzsche* Zweifel an gegenüber *Kant*s Bemühung um ein gesichertes Erkennen, weil sie ihre eigenen Voraussetzungen selbst nicht mehr kritisieren könne, ohne daß er das näher ausführen würde: „war es nicht etwas sonderbar, zu verlangen, daß ein Werkzeug seine eigne Trefflichkeit und Tauglichkeit kritisieren solle? daß der Intellekt selbst seinen Wert, seine Kraft, seine Grenzen ‚erkennen' solle?"[362]

7.3.1.4 Gesamtwürdigung:

Obschon *Kant* eine bemerkenswerte Anstrengung zu einer autonomen Wissenschaftlichkeit gemacht habe, werde diese gerade durch den dahinter sich abzeichnenden Substantialismus, durch seinen Moralfanatismus sowie durch die über die Hintertür von Postulaten wiedereingeführte Theologie entwertet zu einer fortentwickelten Variante der christlich-metaphysischen Tradition samt deren Funktion für die décadence. Er sei aufs Ganze gesehen „ein *Verzögerer* und *Vermittler*, nichts Originelles"[363]. *Kant*s Anspruch kontradiktorisch widersprechend bezichtigt ihn *Nietzsche* der Unredlichkeit[364],

---

Schleichwege" (JGB 570; vgl. N 448) und mittels eines umständlichen „Tief- und Schnörkelsinnes" (vgl. FW 147; JGB 575; GD 988; N 561).
[360] Vgl. MA 753 f; MR 1013 f; GM 894; AC 1171; N 484. 486. 512. 517. 735 f. 826.
[361] GM 894. Vgl. N 826. 884–886.
[362] MR 1013. Vgl. N 499.
[363] N 562. Vgl. JGB 675–677. – Uneingeschränkt lobend erwähnt *Nietzsche Kant* nur im Blick auf seine Gleichgültigkeit gegenüber dem Mitleid: MR 1104.
[364] AC 1173.

nennt ihn wiederholt einen „*hinterlistigen* Christen zu guter Letzt"[365], einen „Nihilist[en] mit christlich-dogmatischen Eingeweiden"[366] und ähnliches mehr[367]. Trotz solcher Abqualifizierung[368] weiß *Nietzsche* anderseits auch wieder, daß er selbst im Grunde jenes aufklärerisch-kritische Geschäft weiterführt, das *Kant* sich zur Aufgabe gestellt hatte[369]. Nur ist seine Frage nicht mehr die nach der Möglichkeit wahrer Urteile, sondern die nach dem dahinterstehenden Glauben an die Wahrheit und dessen Funktion[370]; und seine Ausgangsbasis nicht ein reines Vernunftvermögen, sondern die „Perspektiven-Optik des Lebens"[371].

7.3.2 Zu Fichte und Feuerbach

Die großen Männer des Deutschen Idealismus werden von *Nietzsche* nur global und sporadisch in seine Reflexionen einbezogen. Mehr noch als *Descartes* und *Kant* gelten sie ihm als säkularisierte Theologen, wobei dieses Erbschafts-Verhältnis[372] obendrein noch durch ihre soziologische Herkunft bestätigt werde: „Der protestantische Pfarrer ist Großvater der deutschen Philosophie, der Protestantismus selbst ihr *peccatum originale*. Definition des Protestantismus: die halbseitige Lähmung des Christentums – *und* der Vernunft ... Man hat nur das Wort ‚Tübinger Stift' auszusprechen, um zu begreifen, *was* die deutsche Philosophie im Grunde ist – eine *hinterlistige* Theologie ..."[373]

Von *Fichte* und *Feuerbach* scheint *Nietzsche* nicht mehr als die Namen zu kennen. *Feuerbach* wird nur in bezug auf *Wagner* zweimal erwähnt[374], wobei die Kritik an *Wagner* erkennen läßt, daß *Nietzsche Feuerbachs* Sinnlichkeits-Begriff gutheißt. *Fichte* wird öfters erwähnt, jedoch ohne Bezug auf seine

---

[365] GD 961.
[366] AC 1172.
[367] S. MA 754; AC 1171–1173; N 562. 593. 884.
[368] Wieweit diese auf einer unmittelbaren Kenntnis *Kant*ischer Werke fußt, läßt sich schwer ausmachen, doch wird man den Eindruck nicht los, *Nietzsche* habe sich vorwiegend sekundär informiert, bes. über *Schopenhauer*. – Ähnlich äußern sich auch: *Etterich* 1914, 40; und: *Ackermann* 1939, der zusätzlich die von *Nietzsche* nachweislich studierten Werke von *F. A. Lange* und *K. Fischer* als mögliche Vermittler nennt (9. 17 f. 67 f.); indirekt auch: *Heimsoeth* 1955, 489, vgl. 504.
[369] Vgl. MR 1145, auch GM 860.
[370] „[. . .] es ist endlich an der Zeit, die Kantische Frage ‚wie sind synthetische Urteile *a priori* möglich?' durch eine andre Frage zu ersetzen ‚warum ist der Glaube an solche Urteile *nötig*?' – nämlich zu begreifen, daß zum Zweck der Erhaltung von Wesen unsrer Art solche Urteile als wahr *geglaubt* werden müssen; weshalb sie natürlich noch *falsche* Urteile sein könnten!" (JGB 576; vgl. MR 1013).
[371] JGB 576. Vgl. GM 860.
[372] Vgl. FW 227; JGB 575 f; AC 1171.
[373] AC 1171. Vgl. JGB 575 f.
[374] GM 842; Nietzsche contra Wagner. Aktenstücke eines Psychologen: Werke II, 1052 f.

Theoreme[375]; auch wird er – ganz im Unterschied zu *Hegel* – in den Aufzählungen der großen deutschen Philosophen nicht genannt[376].

7.3.3 Zu Schopenhauer[377]

Anders verhält es sich mit *Schopenhauer*. Er, den *Nietzsche* seinen „ersten und einzigen Erzieher"[378] nennt, seinen „großen Lehrer"[379], seinen „Vorbereiter"[380], einen „hellen Kopf"[381], einen „Mann und Ritter mit erzenem Blick, der den Mut zu sich selber hat, der allein zu stehn weiß und nicht erst auf Vordermänner und höhere Winke wartet"[382] – dies alles sagt *Nietzsche,* nachdem er seine Anhängerschaft[383] aufgekündigt hatte! –, ist der stets präsente Hintergrund und das auslösende Moment für seine Morphologie der europäischen Kultur wie auch für seinen leidenschaftlichen Widerspruch gegen dieselbe seit MA.[384] *Nietzsche* selbst deutet sein Verhältnis zu *Schopenhauer* in der Weise, daß die Vertiefung und Radikalisierung des *Schopenhauer*schen Standpunkts von selbst dessen Kritik sei[385]. Der Reihe ehrfurchtsbezeugender Epitheta läßt sich dementsprechend eine zweite zur Seite stellen, in der *Schopenhauer* als „der *Philosoph der décadence*"[386], als „der alte pessimistische Falschmünzer"[387] und ähnliches mehr bezeichnet wird. *Schopenhauer* ist für *Nietzsche* der eigentliche Antipode. Was *Nietzsche* an der christlichen Moral kritisiert, gilt immer auch gegenüber *Schopenhauer,* ja seine Wahrnehmung der als typisch christlich angesehenen Phänomene ist zum großen Teil ganz spürbar durch *Schopenhauer* geprägt und vermittelt.

---

[375] Lediglich JGB 709 f. werden seine ‚Reden an die deutsche Nation' erwähnt.

[376] Z. B. N 464.

[377] Zum Verhältnis *Nietzsche-Schopenhauer* vgl. auch *Simmel* 1907, 1–18. *Simmel* sieht bei Gleichheit ihres Ausgangspunktes, der Verneinung eines Seins-Sinnes, den wesentlichen Unterschied darin, daß *Nietzsche* den Gedanken der Entwicklung stark zum Zug kommen lasse; diese Behauptung ist so kaum mit *Nietzsche*s ausdrücklicher Polemik gegen das Entwicklungsdenken (Darwin, Spencer) zu vereinbaren.

[378] MA 737, vgl. 737 f.

[379] GM 767.

[380] N 448.

[381] MR 1113, vgl. 1141.

[382] GM 844.

[383] Die dritte der ‚Unzeitgemäßen Betrachtungen' war ja *Schopenhauer* gewidmet („Schopenhauer als Erzieher"). Auch andere Werke vor MA nehmen häufig und positiv auf *Schopenhauer* Bezug: Die Geburt der Tragödie: Werke I, 22–24, 39 f. 43. 113 u. ö.; Die Philosophie im tragischen Zeitalter der Griechen: Werke III, 365 f. 370–372 u. ö.
Aus der Rückschau bedauert *Nietzsche,* „mit Schopenhauerischen Formeln dionysische Ahnungen verdunkelt und verdorben zu haben" (so der der Neuausgabe von ‚Die Geburt der Tragödie' vorangestellte „Versuch einer Selbstkritik": Werke I, 16), gesteht ein, daß er ihn früher mißverstanden habe (FW 244), beklagt, daß die ‚Geburt der Tragödie' in einigen Formeln noch „mit dem Leichenbitter-Parfüm Schopenhauers behaftet" sei (EH 1108).

[384] Vgl. z. B. für MA ausdrücklich die Vorrede zu GM: 766 f.

[385] Vgl. MA 467. 738; JGB 615.

[386] Der Fall Wagner: Werke III, 911.

[387] Ebd. 924 und N 829.

Wollte man die Beurteilung *Schopenhauers* durch *Nietzsche* beschreiben, so müßte man also über die namentliche Bezugnahme weit hinausgehen. Nach dem Vorhergehenden bliebe dann aber kaum Neues zu sagen, so daß wir uns an dieser Stelle auf die Skizzierung einiger spezifischer Punkte beschränken dürfen.

7.3.3.1 Metaphysischer „Reaktionär"[388]:
Obwohl *Schopenhauer* ein enormes wissenschaftliches Material verarbeitet habe, bilde letztlich nicht der wissenschaftliche Tatsachensinn das Fundament seiner Philosphie, sondern das metaphysische Bedürfnis.[389] *Schopenhauer* habe dieses metaphysische Bedürfnis für den Wurzelgrund der Religion gehalten, in Wirklichkeit sei es nur deren „Nachschößling": die Leere, die die Zertrümmerung einer religiösen „anderen Welt" hinterlasse, die durch die irrtümliche Auslegung bestimmter Naturvorgänge zustande kam, werde bei ihm mit einer metaphysischen anderen Welt gefüllt.[290] So habe trotz Vernichtung der christlichen Dogmen die mittelalterliche Welt- und Menschensicht bei *Schopenhauer* fröhliche Urständ feiern können[391].
Das wirke sich zunächst so aus, daß *Schopenhauer* für Geschichtlichkeit und Entwicklung keinen echten Sinn gehabt habe.[392] Hier räche sich sein Haß gegen *Hegel;* aber auch seine antiaufklärerische, positive Beurteilung der Religion, die *Nietzsche* für einen großen romantischen Irrtum erklärt.[393]

7.3.3.2 Seine Willenslehre: eine „Nachwirkung der ältesten Religiosität"[394]:
Mit der Erhebung des Willens zum Wesen der Welt habe *Schopenhauer* sich vom Augenschein täuschen lassen und im Grunde die uralte mythisch-intentionale Weltauffassung wieder auf den Thron gehoben[395]. Das Wollen gelte ihm naiv als etwas Einfaches, Unmittelbares, ganz und gar Bekanntes, als völlig durchschaubare Tätigkeit; er übersehe, daß im Wollen drei Faktoren zusammenkommen: eine Vorstellung von Lust und Unlust, ein diesbezüglicher Interpretationsvorgang und ein intelligenzbegabtes Wesen.[396] Alle drei Momente trügen darüber hinaus noch jeweils individuelle wie auch geschichtlich-kulturelle Prägung, eine Tatsache, die sich mit *Schopenhauers* „Leugnung des Individuums" überhaupt nicht vertrage.[397]

7.3.3.3 Moralischer Realismus:
Schon in der Art, wie *Schopenhauer* das Problem der Moral angeht, nämlich

---

[388] In Anlehnung an MR 1145.
[389] Vgl. MA 466 f. 756; FW 104; MR 1145.
[390] Vgl. FW 138 f.
[391] Vgl. MA 466 f; JGB 611; auch N 515 (wo in bezug auf *Schopenhauer* vom „Katholizismus der geistigen Begierden" die Rede ist).
[392] Vgl. MA 594; FW 104; N 481.
[393] S. MA 519. 613; MR 1145. 1159.
[394] FW 128.
[395] Vgl. FW 129; JGB 581.
[396] FW 129 f. Vgl. MA 746; JGB 579 f. 581–583.
[397] Vgl. FW 104.

mit dem Ziel, sie zu begründen, und nicht, sie auf ihre Entstehung und auf ihre Funktionen zu hinterfragen, setze er bereits den Glauben an eine vorgegebene Moral voraus. Er suche ja nur das Fundament, welches schon seit Jahrhunderten gesucht wird, und eine Begründung des Moralprinzips, über dessen Inhalt sich „eigentlich" alle Ethiker einig sind.[398] Wie die ganze Tradition glaube auch *Schopenhauer* zu wissen, wie das menschliche Handeln – in jedem Falle – zustande kommt. Er gehe davon aus, daß jeder Mensch genau kennt, was gut und was böse sei. Deshalb habe er auch die traditionelle Überzeugung teilen können, daß auf die richtige Erkenntnis automatisch die richtige Handlung folgen müsse.[399] Tatsache jedoch ist nach *Nietzsche* das genaue Gegenteil, nämlich, daß eine Handlung etwas anderes ist als das, als was sie uns erscheint; was wir von einer Tat wissen können, reicht niemals aus, sie zu tun.

7.3.3.4 Freiheitsbegriff:
Der Punkt, wo die untergründige Vorherrschaft der Metaphysik vor der Tatsachen-Wissenschaft am deutlichsten zu greifen ist, sei seine Freiheitslehre. Er anerkenne zwar keine Freiheit, so oder anders zu handeln, aber: so oder anders zu sein – dem liege der von ihm naiv übernommene Glaube an die „ethische Bedeutsamkeit des Handelns" zugrunde, die notwendig mit dem inneren Wesen der Dinge zusammenhängen müsse.[400] Dieses Postulat oder – andersherum gesagt – der Glaube an „die metaphysische Bedeutsamkeit der Moral"[401] gehe aber selbst wieder auf eine nur postulierte Schlußfolgerung zurück: diejenige vom Unmut, den manche Handlungen nach sich ziehen (Reue und Gewissensbiß), auf die Verantwortlichkeit. Darin werde unterstellt, daß der Unmut eine vernünftige Berechtigung habe, was wiederum nur auf der irrtümlichen Voraussetzung beruhe, daß die Tat nicht hätte notwendig erfolgen müssen[402]. Außerdem sei dieser Unmut „eine sehr wandelbare, an die Entwicklung der Sitte und Kultur geknüpfte Sache"[403], die in unterschiedlichem Maß vorhanden sei und die man sich abgewöhnen könne.

7.3.3.5 Mitleid als Moralprinzip:
Jene Gestalt der Selbstlosigkeit, gegen die *Nietzsche* am meisten Sturm läuft, ist das Mitleid, das von *Schopenhauer* nicht nur – im Gegensatz zur vorchristlichen Philosophie wie auch zur neueren vor ihm – zu einer moralischen Tugend aufgewertet, sondern sogar als Fundament aller Moral herausgestellt wurde. Die hiermit verbundene Annahme eines absoluten Wertes (Selbstverleugnung als Wert an sich) sei es, aufgrund deren *Schopenhauer* zum Leben insgesamt und zu sich selber nein sage.[404] *Nietzsche* nennt dies „Unsinn"[405], die dadurch bezweckte Durchbrechung des Individuationsprinzips eine „Ausschweifung"[406]. Ja, *Nietzsche* sieht das Mitleid sich selbst destruieren:

[398] Vgl. JGB 644.
[399] Vgl. MR 1090–1092.
[400] Vgl. MA 756 f.
[401] MA 757.
[402] Vgl. MA 480. 756 f.
[403] MA 481.
[404] Vgl. GM 767.
[405] FW 105.
[406] Ebd.

„Gesetzt, wir empfänden den anderen so, wie er sich selbst empfindet – das, was Schopenhauer Mitleid nennt und was richtiger Ein-Leid, Einleidigkeit hieße –, so würden wir ihn hassen müssen, wenn er sich selber, gleich Pascal, hassenswert findet."[407] Es widerspreche der Erfahrung, daß Mitleiden und Leiden qualitativ gleich seien, vielmehr seien beim ersteren Furcht, beleidigte Eitelkeit, Unfähigkeit, Schmerz zu ertragen, Weichherzigkeit im Spiel.[408] – All diese Einwände laufen auf das Gesamturteil hinaus, daß hier wieder ein überdeutliches Symptom des Willens gegen das Leben, der resignativen Müdigkeit, des Nihilismus vorliege. *Schopenhauers* Mitleidsmoral ist für *Nietzsche* die Testamentsvollstreckung des Christentums[409].

7.3.3.6 „Pessimisten-Optik"[410] und Huldigung für das asketische Ideal[411]: Gibt es Wille und Freiheit, dann auch Heiligkeit und Schuld, unter Umständen auch Erlösung. Die Intensität, mit der die Frage nach der Heiligkeit von *Schopenhauer* gestellt wird, bestätigt für *Nietzsche* am allerdeutlichsten den trotz allem Atheismus christlich-metaphysischen Charakter der *Schopenhauer*schen Philosophie[412]. In der damit eo ipso übernommenen Wirklichkeitsvorstellung könne die Frage „Wie ist der Heilige möglich?" nur noch bedeuten: „Wie ist Willensverneinung *möglich*?"[413] Bereits in *Schopenhauers* Verständnis vom Willen als etwas Einheitlich-Instinktivem werde der Wille erniedrigt; noch viel mehr verberge sich aber in dem Gedanken einer Erlösung durch Askese ein tiefgründiger „Haß gegen das Wollen"[414], denn Erlösung ist ja der „Versuch, in dem Nicht-mehr-Wollen, im ,Subjektsein *ohne* Ziel und Absicht' (im ,reinen willensfreien Subjekt') etwas Höheres, ja *das* Höhere, das Wertvolle zu sehen"[415]. In „bösartiger Genialität" habe *Schopenhauer* versucht, „zugunsten einer nihilistischen Gesamt-Abwertung des Lebens gerade [...] die großen Selbstbejahungen des ,Willens zum Leben' " ins Feld zu führen.[416]

Wo aber das Gesamtergebnis der Analyse die Abwertung des Daseins sei und das Nicht-mehr-Sollen infolgedessen als das Höhere und moralisch Wertvollere gelte, liege das unbestreitbarste Symptom von Ermüdung und Willensschwäche vor[417]. Ist doch Leben gerade in dem Maße vorhanden wie die Macht des Willens beziehungsweise wie der Wille zur Macht. Bei *Schopenhauer* aber seien offensichtlich „Herden-Maßstäbe" ins Metaphysische übertragen.[418] Sein Pessimismus sei als Fortsetzung der christlich-widernatürlichen Moral „der *décadence-Instinkt* selbst, der aus sich einen Imperativ macht"[419].

[407] MR 1053.
[408] Vgl. MR 1106.
[409] Vgl. GM 767; GD 1013; AC 1168 f.
[410] GD 1005.
[411] Vgl. GM 844. 848 f. 852 f.
[412] Vgl. JGB 611.
[413] JGB 611, vgl. 611 f.
[414] N 516, vgl. 592.
[415] Ebd.
[416] GD 1002.
[417] Vgl. GM 808 f; GD 1002–1004; N 516. 592 f.
[418] N 545.
[419] GD 968. Ähnlich N 545: „Die pessimistische Verurteilung des Lebens bei Schopenhauer ist eine *moralische*."

7.3.3.7 Gesamtbeurteilung:
Im Vergleich zu den anderen Philosophen der Neuzeit fällt die Beurteilung *Schopenhauer*s durch *Nietzsche* außerordentlich wohlwollend und hochschätzend aus. Nach *Schopenhauer*s Platz in der Geschichte der Kultur befragt, ordnet ihn *Nietzsche* in die Reihe jener insgesamt „fortreißende[n], aber trotzdem zurückgebliebene[n] Geister [ein], welche eine vergangene Phase der Menschheit noch einmal heraufbeschwören"[420]. „Sein harter Tatsachen-Sinn", „die Stärke seines intellektuellen Gewissens, das einen lebenslangen Widerspruch zwischen Sein und Wollen *aushielt*", „seine unsterblichen Lehren von der Intellektualität der Anschauung, von der Apriorität des Kausalgesetzes, von der Werkzeug-Natur des Intellekts und der Unfreiheit des Willens" und am meisten „seine Reinlichkeit in Dingen der Kirche und des christlichen Gottes"[421] seien Leistungen, die ihn trotz aller Reaktion zum Wegbereiter der Aufklärung machten. Ihnen stehe die paradoxe Tatsache gegenüber, daß *Schopenhauer*s Philosophie der schlechthin symptomatischste und konsequenteste Erbe der christlichen Weltinterpretation und der von dieser innegehabten Funktion sei[422], bloß mit dem einen Unterschied, daß er den als absolut zugrunde gelegten Idealen keine Personalität zugesprochen habe.[423]

7.4 Das konstruktive Interesse der Destruktion

7.4.1 Das Ergebnis der Destruktion

7.4.1.1 Nihilismus:
Die Annahme einer zweiten, gegen-ständlichen (tatsächlich jedoch nur entgegen-gesetzten) Wirklichkeit – heiße sie nun Gott, Ding an sich, intelligible Welt, Jenseits oder noch anders – und deren absoluter Wertvorrang machen für *Nietzsche* die konstitutiven Strukturmomente von Religion und Metaphysik aus. „Moral", verstanden als jenes System von Wertzuteilung, das das menschliche Handeln entsprechend diesem prinzipiellen Wertgegenstand zu leiten beansprucht, ist deshalb notwendig und in all ihren Teilen lebensfeindlich, das heißt bei *Nietzsche* soviel wie nihilistisch.
Solange diese formal-analytische Kritik allein steht, bewegt sie sich bei aller fundamentalen Kritik noch immer im Rahmen der Metaphysik, setzt sie

---

[420] MA 466.
[421] Diese vier Punkte werden FW 104 genannt. Einzelne davon finden sich auch MA 756 und FW 227 f.
[422] MA 519; MR 1103 f; FW 227 f; GD 1002 f; N 583 f.
[423] Die Paradoxie ist jedoch keine Schizophrenie, sondern nur der Ausdruck jenes ironischen Moments der Geschichte, wo die letzte Konsequenz des Christentums zu dessen eigener Überwindung wird: vgl. MR 1103; FW 227 f.

doch voraus, daß der Glaube an die andere Wirklichkeit zuerst da war und dann erst die Moral gleichsam als – wiederum zunächst theoretische, dann erst praktizierte – Anwendung. Sie wird erst dann aussagekräftig und realitätsbezogen, wenn sie durch einen historisch-soziokulturellen Befund ergänzt werden kann. *Nietzsche* hat sich an dieser Aufgabe versucht und ist zu dem Ergebnis gekommen, daß diese Ethik selbst nur der Ausdruck und das verkappt-verführerische Kampfmittel der zur Herrschaft drängenden mißgünstigen und sich rächenden Herde der Unterlegenen ist. Dabei wird das Verhältnis von Theorie und Praxis bei *Nietzsche* nun aber nicht einfach umgedreht, sondern aus einem linearen, nur in eine Richtung verlaufenden in ein wechselseitig-kybernetisches überführt: Konkrete Herrschaftsverhältnisse bilden den Boden für die moralische Theorie, doch ist diese nicht nur Epiphänomen (bei *Nietzsche:* „Symptom" beziehungsweise „Ausdruck", „Zeichen"), sondern bewirkt zu gleicher Zeit auch ihre Erhaltung beziehungsweise Multiplizierung und Intensivierung. Konkreter gesprochen: Ohn-Macht ist der Boden der religiös-moralischen Theorie, Nicht-Macht ihr Ziel; das heißt, ihre Funktion besteht lediglich in der Totalisierung der Schwäche beziehungsweise der Zerstörung jeglicher Macht; und letzteres eben nennt *Nietzsche* Nihilismus.[424] Historisch wie analytisch gelten ihm Religionen, Christentum, Metaphysik und sämtliche neuzeitlichen philosophischen Systeme (auch wenn sie unter dem entgegengesetzten Anspruch angetreten sind) als Varianten dieses Grundmusters.

7.4.1.2 Latenz des Willens zur Macht:

„Nie hat ein Mensch etwas getan, das allein für andere und ohne jeden persönlichen Beweggrund getan wäre; [...]."[425] Hinter den zum Leitbild vom „guten Menschen" zusammengefügten selbstlosen Idealen hat *Nietzsche* einen versteckten, aber nichtsdestoweniger dominierenden „Willen zur Macht" herausanalysiert. Damit ist die bisherige Moral in ihren beiden zentralsten Punkten empfindlich getroffen, insofern – nach *Nietzsche* – sowohl die Vorbedingung aller moralischen Handlungen: die Willensfreiheit, wie auch ihr angebliches Spezifikum: die nichtegoistisch-altruistische Motivation, als systematische Selbsttäuschungen erwiesen sind[426]. Die moralischen „Phänomene" gründen auf im traditionellen Sinn immoralischen Lebenskräften; sie sind mithin weder ursprünglich noch können sie unbedingt fordern.

---

[424] Zum ambivalenten Charakter des Nihilismus (als krankhaftem Willen zum Nichts und als lebensbejahendem, wertsetzendem Willen zur Macht) vgl. auch: *Müller-Lauter* 1971 a; *Müller-Lauter* 1971 b; *Bueb* 1970, 7 f. 9 f. 12. 52–70. 101–105. Dasselbe meint *I. Heidemann*, wenn sie zwischen der analytischen und der synthetischen Aufgabe der Moralkritik differenziert: *Heidemann* 1972, bes. 96–109.
[425] MA 533, vgl. 513.
[426] Vgl. MR 1116 f.

Zielt aber nun nicht *Nietzsche*s ganze Kritik auf die theoretische und praktische Rehabilitierung des Willens zur Macht, und ist dann nicht die altruistische Moral – weil man ihr Durchsetzungsvermögen (welcher Mittel es sich auch immer bedienen mag) doch als eine Art von Mächtigkeit ansehen könnte – legitim und sogar wünschenswert? Hier handelt es sich in der Tat um einen gewichtigen Einwand, den man *Nietzsche* von seinem eigenen Ausgangspunkt her machen kann; er hat ihn offensichtlich nicht wahrgenommen, geschweige denn entkräftet. Man könnte in seinem Sinne allenfalls die problematische Unterscheidung zwischen einem guten und einem schlechten Willen zur Macht machen.[427] Der Wille zur Macht hinter der „Moral" wäre dann der schlechte Wille derer, denen die Macht fehlt, und die daher alle und alles entmächtigen wollen. Da der offene Kampf für diese Schwachen aussichtslos ist, erfinden sie raffinierte Strategien, wie sie die Starken dazu verführen könnten, sich selbst um ihre Stärke zu bringen. Die Stufen der Metamorphose ihrer Machtdurchsetzung sind die Forderung nach Gerechtigkeit, die nach Freiheit und endlich diejenige nach gleichen Rechten.[428] Das eigentlich Verwerfliche daran besteht für *Nietzsche* offensichtlich in der völlig unsichtbar gemachten Diskrepanz zwischen Anspruch beziehungsweise Bewußtsein und Wirklichkeit.

7.4.1.3 Destruktion von Moral und Religion als Selbstaufhebung des religiösen Systems:

Das Resultat der Destruktion ist der „Tod Gottes"[429]. Davon war bereits in einem früheren Zusammenhang die Rede, doch geht es *Nietzsche* in der Rede vom „Tod Gottes" um mehr als um die dort angesprochene Destruktion der abendländischen Gotteslehre, denn „Gott [...] bedeutet für *Nietzsche* den Inbegriff aller jenseitigen Idealität"[430], also den Inbegriff des religiösen Systems samt seiner Moral und Kultur. Was diese Ungeheuerlichkeit des Todes Gottes ausmacht, deuten etwa die drei Bildworte in der berühmten Gleichnisrede vom „tollen Menschen" in der FW an: „Das Meer ist ausgetrunken" – das heißt: die göttliche Unendlichkeit samt ihrer lebensbedrohenden Gewalt ist negiert; „der Horizont ist weggewischt" besagt: das schlechthin Umgreifende, der verläßliche, bergende Rahmen, in dem alles seinen Platz hat, fehlt nun plötzlich; „das Losketten der Erde von ihrer Sonne" bedeutet den

---

[427] Das würde aber voraussetzen, daß man nach einer noch grundlegenderen Instanz zurückfragen müßte, die nur die Wahrheit sein könnte, deren substantialistisch-metaphysisches Verständnis ja nun gerade abgelehnt wird. Der hier in Anlehnung an *Nietzsche* vorgetragene Ausweg würde also die Wahrheit zum Kriterium des Willens zur Macht machen, während er doch gerade den Willen zur Macht zum Kriterium der Wahrheit erklärt hat.
[428] Vgl. N 608.
[429] Zur Interpretation des „Gott ist tot" sei auf folgende, teilweise einander kritisierende Arbeiten verwiesen: *Löwith* 1956, 40–59; *Löwith* 1967, 179–196; *Heidegger* 1963; *Welte* 1965; *Grau* 1958, 133–176; *Fink* 1973, 60–74; *Wein* 1962, 16–21; *Biser* 1962; *Köster* 1972.
[430] *Fink* 1973, 68.

Verlust der Bindung an die belebende, erhellende, zentrierende, orientierende sinngewährende Ursprungsmacht.⁴³¹

„Tod Gottes" ist nicht als ein punktuelles, isoliertes Ereignis oder gar als der völlig voraussetzungslose Ausgangspunkt einer neuen Entwicklung zu verstehen, sondern als die im Verlauf der Analyse sich herauskristallisierende Feststellung einer Faktizität. Das heißt, der „Tod Gottes", die Vernichtung der traditionellen Moral usw. ist nicht ein neuer, einzelner, kontrafaktischer Akt, sondern nur die von selbst eintretende, letzte Konsequenz der bisherigen Entwicklung selbst. Die Grundfigur der historischen Entwicklung ist ja bei *Nietzsche* nicht die Dialektik, sondern die organische Selbstaufhebung.⁴³²

Auf der Gegenstandsebene der Religion stellt sich das zunächst als eine radikale Historisierung Gottes dar, und zwar so sehr, daß er zuletzt an sich selber stirbt. In diesem Sinne sagt der letzte, sich „außer Dienst" befindende Papst zu Zarathustra: „[. . .]/Wer ihn als einen Gott der Liebe preist, denkt nicht hoch genug von der Liebe selber. Wollte dieser Gott nicht auch Richter sein? [. . .]/ Als er jung war, dieser Gott aus dem Morgenlande, da war er hart und rachsüchtig und erbaute sich eine Hölle zum Ergötzen seiner Lieblinge./ Endlich aber wurde er alt und weich und mürbe und mitleidig, einem Großvater ähnlicher als einem Vater, am ähnlichsten aber einer wackeligen alten Großmutter./ Da saß er, welk, in seinem Ofenwinkel, härmte sich ob seiner schwachen Beine, weltmüde, willensmüde, und erstickte eines Tages an seinem allzugroßen Mitleiden."⁴³³

Berücksichtigt man den funktionalen Gesichtspunkt beziehungsweise das andere Verhältnis von Theorie und Praxis bei *Nietzsche,* so sieht sich die geschilderte Historisierung Gottes aus der Perspektive der Gegenseite, nämlich den zu Gott in Beziehung stehenden, „moralisch" handeln sollenden Menschen, in großen Zügen so an: Opferte man dem Gott in der Vorzeit noch Menschen, so sind es in der „moralischen" Menschheitsepoche die In-

---

⁴³¹ Zur Symbolik der Bildworte vgl. auch Köster 1972, 134–140, wobei mir allerdings die rein auf Stellenvergleich beruhende Interpretation, es gehe *Nietzsche* dabei weniger um die Versinnbildlichung des christlichen Gottes als „darum, den unmöglichen Gründungsakt des höheren Daseins so zu präsentieren, wie unter der Herrschaft der bereits geschehenen Vorentscheidung gegen den christlichen Gott geeignet sein soll, durch seine tödliche Faszinationskraft die Menschen in seinen Bann zu ziehen" (ebd. 136), interessant, aber etwas überdehnt erscheint. Dies setzte nämlich erstens eine durchgängige Konsistenz im Sprach- und Bildgebrauch *Nietzsches* voraus, was sich wohl schwerlich beweisen lassen dürfte; zweitens kann man von *Nietzsches* Kritik der christlichen Metaphysik her genausowenig behaupten, das Sinnbild des Meeres Gott „eindeutig unangemessen" wäre (ebd. 136. Vgl. auch die bekannte Augustinus-Legende!), ebensowenig, wie man aus der Tatsache, „daß der Begriff des Horizonts in Nietzsches Denken eine vom Lebendigen selbst gesetzte Lebensbedingung meint", „notwendig" schließen kann, „daß auch das Symbol des Horizonts als Chiffre für den Gott des christlichen Glaubens vollkommen unzureichend ist" (ebd. 137). Meer, Horizont und Sonne haben innerhalb des Christentums eine weit zurückreichende motivgeschichtliche Tradition: s. *Biser* 1962, 40–62.
⁴³² Vgl. MA 738; JGB 616; Z 369–372. 497–499; GM 813 f, bes.814; N 478. Vgl. 7.1.5.
⁴³³ Z 499, vgl. 497–501.

stinkte, die „Natur", auf deren Erfüllung man verzichtet beziehungsweise deren Ansprüche man durch Askese zu ersticken versucht. In dieser Logik des Das-Wertvollste-zum-Opfer-Bringens bleibt nun als neuerliche Steigerungsstufe nur noch die Möglichkeit übrig, jetzt endlich auch „alles Tröstliche, Heilige, Heilende, alle Hoffnung, allen Glauben an verborgne Harmonie, an zukünftige Seligkeiten und Gerechtigkeiten" zu opfern[434]. Das heißt in *Nietzsche*s Theorie: daß auf dieser Stufe der Nihilismus sich selber dermaßen perfektioniert, daß nun auch Gott selbst für das Nichts geopfert wird. –

Diese Struktur der Selbstaufhebung wird am deutlichsten und grundlegendsten dargestellt in der Person des Zarathustra. Er zuerst habe im Kampf des Guten mit dem Bösen den Motor der Weltgeschichte gesehen und habe daraufhin die Moral ins Metaphysische übertragen: „Zarathustra *schuf* diesen verhängnisvollen Irrtum, die Moral: folglich muß er auch der erste sein, der ihn *erkennt*. Nicht nur, daß er hier länger und mehr Erfahrung hat als sonst ein Denker – die ganze Geschichte ist ja die Experimental-Widerlegung vom Satz der sogenannten ‚sittlichen Weltordnung' –: das Wichtigere ist, Zarathustra ist wahrhaftiger als sonst ein Denker. Seine Lehre, und sie allein, hat die Wahrhaftigkeit als oberste Tugend – [. . .]."[435] Zarathustras Lehre aber ist die Lehre vom Übermenschen.

7.4.2 Die Konsequenzen

*Nietzsche*s Destruktion oder, mit anderen Worten, der Prozeß, durch den Religion, Metaphysik und Moral in ihrer Genese so beschrieben sind, daß sie vollständig erklärt werden können ohne jeglichen Rekurs auf eine metaphysische Wirklichkeit, zieht das gänzliche Erlöschen religiöser und metaphysischer Fragen nach sich. „[. . .] mit Religion, Kunst und Moral rühren wir nicht an das ‚Wesen der Welt an sich'; wir sind im Bereich der Vorstellung, keine ‚Ahnung' kann uns weitertragen."[436] „Überdies *können* wir ins Alte nicht zurück, wir *haben* die Schiffe verbrannt".[437]

Mit zu dieser Überwindung aus sich selbst gehört eine „rückläufige Bewegung"[438], in der die historisch-psychologische Berechtigung dieser Vorstellungen eruiert und ihre positiven Ergebnisse beibehalten werden[439].

Es hieße aber, den Weg nicht zu Ende gehen, wollte man bei der Negation des Gewesenen stehenbleiben. Worauf es ankommt, ist: „wie im Hippodrom [. . .] um das Ende der Bahn herumzubiegen"[440]. „Die Auflösung der Moral

---

[434] JGB 616 f.
[435] EH 1153.
[436] MA 452, vgl. 462.
[437] MA 599.
[438] MA 462.
[439] MA 462, vgl. auch 508 f.
[440] MA 462.

legitimiert sich nur in der Neubegründung der Moral."[441] Die Moralkritik ist also eine Art „kritischer Propädeutik"[442] für die Selbstschaffung des Übermenschen. Sie zielt letztlich darauf, angesichts des ins Dasein hineininterpretierten Widerspruchs[443] „die moralische Idealität in die ihr widersprechende und zugleich zugrundeliegende Realität des Lebens ‚aufzuheben', das heißt sie in die ‚scheinbare' Welt zurückzuholen, der sie sich als die ‚wahre' entgegengesetzt hatte [. . .]. In dieser Rückübersetzung der Moral in das Leben soll sich ihr Unbedingtheitsanspruch als ‚ideologisch' erweisen, das heißt als die bloße ‚Bewußtseinsform' einer bestimmten Art des Lebens"[444]. Jenes sich in der Kritik der moralischen Ideale kontrastierend konstituierende neue Ideal aber ist der „Übermensch".

7.4.3 Grundzüge der „Moral" des Übermenschen

7.4.3.1 Nach dem Tode Gottes:
Wie sich die Verwandlung Gottes beziehungsweise der Moral als Wandel des Menschenbildes vollzieht, beschreibt Zarathustra in der ersten seiner Reden mit den Symbolen Kamel, Löwe und Kind[445]. Das Kamel bedeutet den Menschen der Ehrfurcht, der von selbst niederkniet und sich mit allem Schweren beladen läßt, um sich in jeder möglichen Hinsicht zu erniedrigen. Nachdem das Kamel in die Einsamkeit der Wüste geeilt ist, geschieht die erste Metamorphose: aus ihm wird ein Löwe, Sinnbild des Verlangens nach Befreiung und des Kampfes gegen alles, was noch als Gott oder Herr über ihn herrschen will, ganz besonders gegen jenen „großen Drachen", der „Du-sollst" heißt und an dessen Schuppen tausendjährige Werte glänzen[446]. Wohl vermag sich der Löwe davon zu befreien, ohne indessen schon neue Werte schaffen zu können. Dieses negative Stadium – es ist das des Gott-ist-tot – ist also nicht der endgültige Kontrapunkt zum Alten, sondern nur die Vorbedingung für das neue Positive, das Stadium des Kindes: „Unschuld ist das Kind und Vergessen, ein Neubeginnen, ein Spiel, ein aus sich rollendes Rad, eine erste Bewegung, ein heiliges Ja-sagen./ Ja, zum Spiele des Schaffens, meine Brüder, bedarf es eines heiligen Ja-sagens: *seinen* Willen will nun der Geist, *seine* Welt gewinnt sich der Weltverlorene."[447] Mit diesen wenigen Worten ist im Grund bereits das neue Ideal skizziert.

[441] *Bueb* 1970, 7; vgl. 29–35. Vgl. Z 372; außerdem: *Heidemann* 1972, 110-123.
[442] Ausdruck bei *Picht* 1969 b, 273. – Auf ein ähnliches Ergebnis läuft die Herausarbeitung zweier Bedeutungen von „Moral" bei *Nietzsche,* nämlich „traditioneller (Vergangenheits-)Moral" und „tragischer (Zukunfts-)Moral", bei *Czuma* 1974, bes. 54f, hinaus; zur Charakterisierung der „tragischen (Zukunfts-)Moral" vgl. *Czuma* 1973, bes. 419–422.
[443] N 485.
[444] *Fahrenbach* 1970, 41. – Unter dem Aspekt der Ideologiekritik untersuchen *Nietzsche*s kritische Leistung: *H. Barth* 1974, 203–271; *Funke* 1974.
[445] Z 293 f.
[446] Z 294.   [447] Ebd.

Die Metaphorik der zwei Metamorphosen, die die Kulturgeschichte in drei Epochen gliedert, stellt als unverlierbare und wertvollste, weil lebensträchtigste Eigenschaft des Menschen seine Fähigkeit hin, über sich selbst hinauszuwachsen.[448] Der Tod Gottes, zwangsläufiges Stadium dieser Geschichte, wird also selbst wieder zum Ferment einer frakturlosen Weiterentwicklung, die aber nicht einfach schicksalhaft über den Menschen verfügt, sondern dessen eigenes Werk ist. Insofern sie geleistet werden muß, stellt sie sich nicht von selbst ein, sondern ist ein bedrohtes Schreiten am Abgrund des Nichts; es besteht nämlich dauernd die Möglichkeit, in diesen hineinzustürzen – wie es eben der Fall bei der décadence ist, in welcher die fermentierende Potenz erstickt ist. Das neue menschliche Dasein besteht nicht im Erleben, Verehren und handelnden Nachvollziehen angeblich vorgegebener Strukturen, sondern im Schaffen von Wirklichkeit selbst. Vom Menschen geschaffene Wirklichkeit aber ist solche, die radikal und ohne Rest in der Dimension der Zeit steht. Der Tod Gottes bedeutet somit auch den Tod der Überzeitlichkeit, der Wesenheit, von *Nietzsche* interpretiert als Entzeitlichung. Die Gegenwart ist nur dann echt, das heißt Dimension der Zeit und damit im Dienst der Selbstüberwindung stehend, wenn sie das Vergangene beziehungsweise je Seiende (weil dies eben selbst Artefakt ist!) überwindet oder – positiv gesagt – wo in ihr Künftiges entworfen, das heißt gewollt wird. Der „neue" Mensch nimmt also auch und vor allem seine Zukunft in die eigene Regie; diese Zukunft – das ist die im „Tod Gottes" enthaltene Erkenntnis – trägt nämlich kein vorgegebenes Telos in sich, was auch bedeutet, daß der Mensch der Möglichkeit enthoben ist, seine Tugend in einem „für", „um" oder „weil" festzumachen[449].

„Vorsicht" und „Vorsehung" werden folglich zur Domäne des Menschen. Er selbst schafft nun die Geschichte, die *Nietzsche* in der kritischen Analyse als ein ungeheures „Spiel, an dem keine Hand und nicht einmal ein ‚Finger Gottes' " mitspiele[450], entpuppt hatte. Schaffen und Planen treten an die Stelle von „Zufall" und unbewußter „Entwicklung": Der Mensch kann die Bedingungen für das Geschehen ändern, dieses also steuern.[451] Die radikale Verzeitlichung, die den Menschen zum schaffenden Herrn der Gegenwart und Zukunft machen soll, verändert auch sein Verhältnis zum Tod: Dieser ist nicht mehr das von Gott verhängte Ende oder die Erfüllung der ihm vorherbestimmten Lebenszeit noch auch die Erschöpfung der Natur, sondern der willentlich herbeigeführte Schlußpunkt in dem Augenblick, wo das so-

---

[448] Vgl. den Anfang von Zarathustras Rede an das Volk: „*Ich lehre euch den Übermenschen.* Der Mensch ist etwas, das überwunden werden soll" (Z 279).
[449] Vgl. Z 527.
[450] JGB 662.
[451] Vgl. MA 465; JGB 662.

genannte Leben nur mehr im langsamen Erlöschen seines Willens und seiner Mächtigkeit besteht.[452]
Übermensch sein, Schaffen, restlose Verzeitlichung der Wirklichkeit, Wollen, Planen – das wirft die Frage auf: Ist der Übermensch omnipotent? Ist er der Erbe der göttlichen Prädikate? *Nietzsche* anerkennt menschliche Disponiertheiten und auch Grenzen; aber: „*niemand* ist dafür verantwortlich"[453], weder Gott noch die Gesellschaft, noch die Vorfahren, noch man selbst. „Die Fatalität seines Wesens ist nicht herauszulösen aus der Fatalität alles dessen, was war und was sein wird."[454] „Man ist notwendig, man ist ein Stück Verhängnis, man gehört zum Ganzen, man *ist* im Ganzen"[455].
Auf diesem Höhepunkt der in *Nietzsches* Moralkritik enthaltenen Moral muß nochmals die Frage nach dem (sachlichen, nicht historiographischen) Verhältnis zu *Kant* gestellt werden. *Nietzsches* härtester Vorwurf an die Adresse *Kants* betrifft die Kategorizität der moralischen Imperative: Hier sieht *Nietzsche* Gehorsam gegenüber *vorgegebenen* Werten gefordert, nicht aber die schöpferische Wert-*Setzung* des lebenserfüllten Subjekts; das läuft letztlich auf den Vorwurf der Entselbstung und Entpersönlichung in einem vorgegebenen moralischen Ideal hinaus. *Kants* Moral der Autonomie wird derart als der sublimste Ausläufer des europäisch-christlichen Platonismus entlarvt. Wenn man anderseits seine praktische Vernunftskritik radikalisiere, so werde sein Autonomie-Gedanke zum Geburtshelfer des „souveräne[n] Individuum[s]"[456], „des nur sich selbst gleichen, des von der Sittlichkeit der Sitte wieder losgekommenen, des autonomen übersittlichen Individuums (denn ‚autonom' und ‚sittlich' schließt sich aus), kurz des Menschen des eignen unabhängigen langen Willens, der *versprechen darf*"[457]; es ist jene „reifste Frucht"[458], die der ungeheure historische Prozeß der „Sittlichkeit der Sitte" mittels Formung eines geschichtlichen Bewußtseins hervortreibe. Hierbei wird nicht einfach eine Ethik durch eine andere ausgewechselt – diese Auffassung ist ja der Fehler *Kants* –, sondern die Ethik selber als Theorie, die dem Handeln objektive, ewige und für jeden gültige Ziele vorgeben will, abgelehnt, weil sie nichts anderes sein könne als eine Variante der *Plato*nistischen Weltauslegung. Es begegnet hier wieder die Figur der Selbstaufhebung. „Die Selbstüberwindung einer Moral, die der Ausdruck autonomer Moralität ist, bringt einen Prozeß zu Ende, an dessen Anfang der Gehorsam gegen ein Gesetz steht."[459]

---

[452] Vgl. MA 497 f. 500; Z 333 f; GD 1010–1012.
[453] GD 977.
[454] GD 977 f.
[455] GD 978.
[456] GM 801 (im Original hervorgehoben).
[457] Ebd. (im Original steht die ganze Passage im Akkusativ).
[458] Ebd.
[459] *Bueb* 1970, 97. Vgl. auch *Etterich* 1914, 65–85. 96–117.

Damit ist klar, daß *Nietzsche*s Moralkritik die Selbstkritik der menschlichen Vernunft, wie sie *Kant* durchgeführt hat, erneuert und fortsetzt[460], allerdings so radikal, daß das Moment der Unbedingtheit überhaupt dem Verdikt verfällt. Genau diese zweischichtige Struktur bringt Zarathustra zum Ausdruck, wenn er die Frage „frei *wozu*?" (das heißt aber doch im Grunde *Kant*s Autonomie-Verständnis) so erläutert: „Kannst du dir selber dein Böses und dein Gutes geben und deinen Willen über dich aufhängen wie ein Gesetz? Kannst du dir selber Richter sein und Rächer deines Gesetzes?"[461] – „Nihilismus", verstanden als „die in eins mit Freiwerden von der bisherigen Moral [...] [sich vollziehende] Befreiung zur Selbstwertsetzung des einzelnen"[462], ist somit bei *Nietzsche* nichts anderes als der Name für diese radikalisierte Autonomie; auch „Redlichkeit" und „Wahrhaftigkeit" werden oft als Synonyma für die Sich-Selbst-Gesetzgebung verwendet[463]. Den Autonomiebegriff selber überläßt *Nietzsche* bis auf die zitierte Stelle aus der GM seiner historischen Belastetheit wegen *Kant* und seinen Adepten.

7.4.3.2 „Umwertung der Werte":
Der Entwurf des Übermenschen steht mit der traditionellen Moral und ihren Implikaten in einem zwar kontradiktorischen, geichwohl aber genetisch-kontinuierlichen Zusammenhang. Man könnte sich zur Charakterisierung der „Moral" des Übermenschen mit diesem Zusammenhang als der Basis der „Umkehrung der Werte"[464] begnügen. Dann brächte allein schon der Zusammenbruch des Begriffes „Gott" auch die traditionelle Moral zu Fall, weil sie deduktiv strukturiert ist und Gott beziehungsweise als göttlich Ausgegebenes ihr tragendes Fundament und Strukturprinzip war.[465] Solange aber das Neue nur als kontradiktorisch mit dem Alten beziehungsweise mit dessen Destruktion zusammenhängend gesehen wird, kommt lediglich Abbruch, Zerstörung, Untergang, Umsturz in den Blick. – So geht tatsächlich der überwiegende Teil der *Nietzsche*-Interpreten vor und kommt dementsprechend zu dem exemplarischen Vorwurf, es gelinge *Nietzsche* nicht zu zeigen, „wie das Dasein lebt, das durch das Wissen vom Tode Gottes, vom Willen zur Macht und von der Ewigen Wiederkunft bestimmt ist"[466]. Rein formal und auch in quantitativer Hinsicht zweifellos zutreffend, ist dieses Urteil jedoch insofern „schief", als es noch selber das destruktive Theorie-Praxis-Schema der Metaphysik zugrunde legt. Es wird auch nicht *Nietzsche*s Selbst-

---

[460] Diesen Zusammenhang betonen: *Heimsoeth* 1955, 489–500; *Picht* 1969 b, 253 f. 273–275; *Bueb* 1970, bes. 19–25. 91–97. 158–167.
[461] Z 326.
[462] *Bueb* 1970, 126, vgl. 52–70. 128. Vgl. auch GM 835–837.
[463] Z. B. FW 197 (vgl. 195–197); 227 f; Z 299; JGB 619. 690 f.
[464] So: JGB 653; N 468. Meist jedoch als „Umwertung der Werte" bezeichnet: JGB 661; GM 897; GD 941. 972. 1032; EH 1071. 1095. 1123. 1124. 1141. 1143. 1145. 1152; AC 1235; N 438. 546. 634. 689. – Zum Thema vgl. vor allem *Löwith* 1956.
[465] So ausdrücklich FW 205.
[466] *Fink* 1973, 115.

verständnis gerecht, der in der Rückschau den ‚Zarathustra' „den jasagenden Teil" seiner Philosophie nannte[467].

Berücksichtigt man hingegen formale Figur *und* genetische Kontinuität, was nur auf der Folie einer funktionalen Betrachtung möglich ist, dann wird umrißhaft ein positives Leitbild sichtbar: Die Verketzerung des Lebens wird durch das Ideal der Förderung des Lebens abgelöst. Folglich sind gut/böse (beziehungsweise sündig) kein Kriterium mehr; vielmehr liegt der neue Moralitätsmaßstab jenseits davon, also im Diesseits; es ist der Gegensatz gut/schlecht[468]. Was schlecht ist, ist deutlich und breit ausgeführt worden, nämlich alles in der „moralischen" Epoche für gut Geltende. Was aber ist jetzt gut? „Alles, was das Gefühl der Macht, den Willen zur Macht, die Macht selbst im Menschen erhöht./ [...]/ Was ist Glück? – Das Gefühl davon, daß die Macht *wächst* – daß ein Widerstand überwunden wird./ *Nicht* Zufriedenheit, sondern mehr Macht; *nicht* Friede überhaupt, sondern Krieg; *nicht* Tugend, sondern Tüchtigkeit [...]./ Die Schwachen und Mißratenen sollen zugrunde gehn: erster Satz *unsrer* Menschenliebe. Und man soll ihnen noch dazu helfen./ Was ist schädlicher als irgend ein Laster? – Das Mitleiden der Tat mit allen Mißratnen und Schwachen – das Christentum..."[469]
Die Umkehrung ist – wie gesagt – nur unter funktionalem Blickwinkel einsichtig; das heißt auch, daß die neue ethische Prädikation auch auf der theoretischen Ebene nicht mehr das Resultat oder den Verlauf oder die Motivationen einer Handlung betrifft, sondern sich auf deren Funktion bezieht, konkret: inwieweit die Handlung lebenserhaltend, -fördernd, -züchtend ist. Genausowenig wie das Ganze der Wirklichkeit oder wie der Mensch substantialistisch fortgeschrieben werden kann, können es die einst als ethisch qualifizierten Handlungen.

7.4.3.3 Von der „Unschuld des Werdens":
Gut und Böse sind nicht das treibende „Rad der Dinge". Auch war das Philosophem von der Willensfreiheit als strategisches Mittel des Nihilismus aufgedeckt worden: Alle Handlungen erfolgen mit einer gewissen Notwendigkeit. Endlich gibt es keine Instanz mehr, der gegenüber verantwortet werden könnte.

Nach dem Wegfall dieser drei Bedingungen ist dem Begriff der Verantwortung jeder Boden entzogen. Das „Kind", als die höchste Stufe des Menschentums, hat daher als wesentlichste Eigenschaft die Unschuld.[470] Diese Erkenntnis ist für den, der sie hat, bitter, weil bisher gerade in der Verantwortlichkeit das unterscheidend Menschliche gesehen wurde. Was immer

---

[467] EH 1141, vgl. 1128.
[468] GM 797.
[469] AC 1165 f. – Beschreibungen dessen, was mit dem neuen Ideal positiv gemeint ist, bieten bes.: Z 279–283. 325. 344–346. 445 f. 497–501.
[470] MA 481. 489 f. 511 f. 513–515. 534; Z 294. 345. 351–354; N 597 f.

geschieht, ist für *Nietzsche* nur die Resultante aus den konkreten Bedingungen und unserem eigenen menschlich-artefaktischen Handeln. „[...]richten ist [deshalb] soviel als ungerecht sein. Dies gilt auch, wenn das Individuum über sich selbst richtet."[471] Die Unschuld des Werdens schließt auch die Unschuld des Gewordenen ein. Alle Handlungen sind in der Wurzel wertidentisch.[472] Für den Handelnden ist die Reue im Grund ein illegitimes Gefühl.[473] Der Übermensch ist schon im voraus zu jedem Einzelakt versöhnt mit dem, was ist, und mit dem, was war. Er braucht daher auch keine Erlösung wie in den religiösen und philosophischen Lehren. Reue ist Feigheit gegen sich selbst; sie reproduziert obendrein Krankhaftigkeit, ganz abgesehen davon, daß sie nichts ungeschehen macht. Weil es keine Instanz der Verantwortlichkeit gibt, steht sie auch in keinem Zusammenhang mit eventueller Vergebung. Auch wir selbst können ja nicht Kriterium sein, da Handlungen gegen uns vom Gesichtspunkt der Ökonomie des Ganzen durchaus objektiv wünschbar sein können.[474]

Das Handeln des Übermenschen ist prinzipiell darauf ausgerichtet, das Leben zu mehren. Er bejaht deshalb Welt und Dasein, Leiblichkeit und Werdehaftigkeit, das heißt Zeitlichkeit, das heißt Vergangenheit und Zukunft. Die Bejahung auch dessen, wie etwas war und ist, ist so total, daß er es auch wiederhaben will, „unersättlich *da capo* rufend, nicht nur zu sich, sondern zum ganzen Stücke und Schauspiele, und nicht nur zu einem Schauspiele, sondern im Grunde zu dem, der gerade dies Schauspiel nötig hat – und nötig macht: weil er immer wieder sich nötig hat – und nötig macht – [...]".[475] Derart gelangt *Nietzsche* trotz seines linearen[476], historisch ausgerichteten Denkens wieder zu einer – in gewisser Weise sogar geschichtslosen – zirkulären Wirklichkeitsstruktur[477].

Das „Ja-und-Amen-Sagen"[478] ist so unbegrenzt, daß selbst der Grund, Optimist zu sein oder aber gerade gegen das Sosein der Welt zu protestieren, wegfällt.[479]

Die totale Übernahme der Verantwortlichkeit für das Handeln und die Auf-

---

[471] MA 481.
[472] N 597.
[473] MR 1028; JGB 617; N 597 f. 725 f. Vgl. FW 160.
[474] Das ist ein Grund, warum *Nietzsche* den ganzen herkömmlichen Eudämonismus ablehnt: JGB 602 f. 689 f; Z 418; N 420. 632. 676. 743 f. 850. 921. Vgl. seine Neudefinition von „Glück" in AC 1165 (vgl. FW 198).
[475] JGB 617. Zum Fatalismus als extremster Form der Bejahung vgl. auch *Heimsoeth* 1955, 512–521; *Bueb* 1970, 136–141.
[476] Der Übermensch ist nach Z „der Sinn der Erde" (280) wie auch der Sinn des menschlichen Seins (287).
[477] Zum Gedanken der „Ewigen Wiederkunft des Gleichen" s. bes.: FW 166 f. 202 f; Z 408–410. 462–467. 556; JGB 617; GD 1032; N 438. 853–856. 872 f. 895 f. 916 f. Vgl. auch: *Fink* 1973, 82–118; *Bueb* 1970, 142–157; *Müller-Lauter* 1971 a, 135–188.
[478] Vgl. Z 473–476; EH 1136.
[479] Vgl. MA 468; EH 1136. 1139.

hebung aller Verantwortung – beides ist identisch, weil es ja keine maßgebende Instanz außerhalb gibt[480] – erlaubt ein neues Freiheits-Verständnis. Verantwortlichkeit gegen andere ist nun ein Zeichen eigener Schwäche: Gleichgültigkeit gegen seelische Empfindungen und Bedürfnisse ist Freiheit, jetzt also die Freiheit der Herrschaft der starken, männlichen, kriegerischen Instinkte.[481]

7.4.3.4 Sanktion statt Vergeltung:
Glück ist für *Nietzsche* kein moralisch relevanter Begriff. Denn Glück setzt ja doch voraus, daß es eine objektive Gerechtigkeit gibt, die das offenkundige Mißverhältnis zwischen moralischer Anstrengung und Glück ausgleicht und verrechnet, sei dies nun wie auf primitiver Stufe im Diesseits oder wie auf der reflektierteren im Jenseits. Das Schema, von dem alle Religionen beziehungsweise religiösen Moralen ausgehen: „Tue das und das, laß das und das – so wirst du glücklich! Im andern Falle..."[482] muß in der „Moral" des Übermenschen genau umgekehrt werden; Tugend ist Folge des Glücks, jeder Fehler hingegen die Folge von „Instinkt-Entartung"[483].
Entfällt mit dem himmlischen „Lohn- und Zahlmeister"[484] die „moralische Bedeutung", dann hat auch im Diesseits niemand und keine Institution mehr das Recht, diese objektive Gerechtigkeit abzubilden beziehungsweise stellvertretend zu vollziehen. „Strafe" im strengen Sinne als Vergeltung und Ausgleich für eine Schuld ist nicht mehr möglich. Strafe und Belohnung haben fortan nichts mit der Gerechtigkeit zu tun, sondern sind nur noch die Bereitstellung von Mitteln der Abschreckung beziehungsweise Motivierung in bezug auf spätere Handlungen.[485] Was dann „Strafe" genannt wird, ist nur mehr Sanktion.

7.4.3.5 Präskriptivität:
Die Metamorphosen zum Übermenschen sind wohl ein organischer Prozeß, aber sie vollziehen sich nicht mit Notwendigkeit. Durch geschickte Verschleierung kann es der Herde der Schwachen durchaus gelingen, die Starken zu einer solchen Selbstverstümmelung zu veranlassen, daß am Ende der Entwicklung nicht die freie Spontaneität und Kreativität angesichts des Nichts, sondern die Selbstvernichtung steht. Anthropologisch liegt dieser doppelten Möglichkeit der Tatbestand zugrunde, daß der Mensch viele Instinkte in sich vereinigt, die alle nach Herrschaft drängen.
Aufgrund dieser Ambivalenz gewinnt auch die neue „Moral" einen disziplinierenden[486], in gewisser Weise asketischen Charakter. Das Präskriptive geht

[480] Vgl. GD 977 f.
[481] Vgl. GD 1015.
[482] GD 971. *Nietzsche* nennt diesen Imperativ „die große Erbsünde der Vernunft".
[483] GD 972, vgl. 956.
[484] Z 351.
[485] Vgl. MA 511 f; Z 351–354.
[486] Vgl. bes. JGB 645–647; GD 967 f.

jetzt allerdings nicht mehr auf Befehle Gottes oder auf einen absoluten Pflichtbegriff zurück. Vielmehr ist die neue „Moral" Selbst-Zucht[487] im wörtlichen Sinne; die beiden Elemente dieser Zucht sind erstens Gehorsam und zweitens Gehorsam in *einer* Richtung über längere Zeit hin.[488] Dieser Selbstzucht obliegt die Aufgabe, die Instinkte trotz momentaner Reizung in einem stabilen, von den stärksten unter ihnen garantierten Gesamtgefüge zu halten, sowohl beim einzelnen, wie innerhalb der Gesellschaft, wie im Verkehr zwischen Staaten.

*Nietzsche*s Übermensch ist also, genau wie sein Gegenbild, ein Ideal, wenn auch eines, das als im jetzigen Menschen bereits enthaltenes angesehen wird.[489] Die Idealität als solche könnte laut *Nietzsche* wieder nur von einer Moral aus geleugnet werden[490], was aber bedeutet, daß die Leugnung der Idealität nur unter der Voraus-Setzung eines Ideals möglich wäre. Der Idealität an sich und damit einem mehr oder weniger deutlichen Sollenscharakter entkommt der Mensch nie, obwohl *Nietzsche* dies an anderer Stelle behauptet.[491] „[...] es ist kein Zweifel", schreibt *Nietzsche* in der späten Vorrede zur MR, „auch zu uns noch redet ein ‚du sollst', auch wir noch gehorchen einem strengen Gesetze über uns, – und dies ist die letzte Moral, die sich auch uns noch hörbar macht, die auch wir noch zu *leben* wissen [...]."[492]

7.4.3.6 Reichweite:

Hinter der Nächstenliebe diagnostizierte *Nietzsche* schlechte Liebe zu sich selber. Weil die neue Wahrheit nun aber nicht mehr unter dem teleologisch-anthropologischen Postulat steht, jene Menschen, die leiden, verkümmert oder krank sind, über ihren Zustand hinwegtrösten zu müssen[493], sondern auf das Leben verpflichtet ist, heißt die neue Tafel, die Zarathustra den Menschen anstelle der alten zerbrochenen gibt: „Nächsten-Flucht", oder positiv: „Fernsten-Liebe"[494]. Hierbei ist „fern" im räumlichen *wie* im zeitlichen Sinne gemeint: Das Ferne beziehungsweise Zukünftige signalisiert und aktiviert die Potenz zur Selbsttranszendierung und Selbststeigerung des Menschen. „Die Zukunft und das Fernste sei dir die Ursache deines Heute: in deinem Freunde sollst du den Übermenschen als deine Ursache lieben."[495]

---

[487] JGB 645–647.
[488] Vgl. JGB 646.
[489] Auch *Heimsoeth* macht darauf aufmerksam, daß die destruierten und in den späten Werken als abgetan bezeichneten Moralbegriffe in *Nietzsche*s eigenem Daseinsentwurf und Ethos von neuem und mit Intensität auftauchen. Er zeigt dies ausführlich anhand des Freiheitsbegriffs sowie für „Gewissen" und „Verantwortung" (*Heimsoeth* 1955, 487–500). Vgl. auch *Bueb* 1970, 88–97.
[490] JGB 645.
[491] MA 472.
[492] MR 1015.
[493] Vgl. MR 1220.
[494] Z 324 f, vgl. 446.
[495] Z 325.

„[...] *schone deinen Nächsten nicht!* Der Mensch ist etwas, das überwunden werden muß."[496]

7.4.3.7 Der einzelne in seinem Bezug zum Ganzen:
Zwei scheinbar gegenläufige Bewegungen fixieren den Stellenwert des einzelnen im neuen ethischen Konzept, eine radikal kollektivierende und eine ebenso radikal individualisierende.
Der vorige Abschnitt über die Reichweite hatte keinen Zweifel daran gelassen, daß es darauf ankommt, vom Nächsten wegzukommen zum Ferneren. Der beziehungsweise das Fernere bedeutet aber auch das Ganze. Ist die Fixierung auf eine einzelne Zielsetzung durchbrochen, so kann es im Dienste eines weiteren, ferneren und größeren Ziels ratsamer sein, das Leid, den Kummer, die Not des anderen zu vergrößern. *Nietzsche* scheut nicht vor der Frage zurück: „Warum sollten den kommenden Geschlechtern nicht einige Individuen der gegenwärtigen Geschlechter zum Opfer werden dürfen?"[497]
Ist das Ganze und dessen Mehrung das, worauf es ankommt, so sind alle Individuen wie auch deren Handlungen nichts als Instrumente im Dienst dieser Ökonomie des Ganzen. Aufgrund der Verschiedenheit der Individuen folgt daraus die gänzliche „Verpersönlichung"[498] der neuen „Moral". Im Gegensatz hierzu war ja das Charakteristikum der traditionell-religiösen Moral gerade die universelle Gültigkeit – aufruhend auf einer Anthropologie, die von der Gleichwertigkeit der Menschen vor Gott ausging. *Nietzsche*s Neuentwurf zielt auf „Verpersönlichung", denn der Nutzen für das Allgemeine ist gerade dort am größten, wo die individuelle Persönlichkeit am meisten berücksichtigt wird[499]. „Wir aber *wollen die werden, die wir sind* – die Neuen, die Einmaligen, die Unvergleichbaren, die Sich-selber-Gesetz-Gebenden, die Sich-selber-Schaffenden!"[500] Steigerung der individuellen Persönlichkeit bedeutet: Steigerung der Stärksten; das Wohl der Stärksten wiederum ist das Wohl des Ganzen und umgekehrt.
Die Instrumentalisierung aufs Ganze muß allerdings im Auge behalten werden, soll diese Steigerung des einzelnen nicht als *platter* Egoismus mißverstanden werden. Die *hier* gemeinte Spielart des Egoismus ist der Zeitdauer und der unmittelbaren Betroffenheit nach erweitert; insofern individuelle Endlichkeit sowie Gegenwart überschritten werden, liegt der Einsatz des Liebsten, zum Beispiel für das Glück der Nachkommen, durchaus in der Logik dieses instrumentellen Egoismus.[501] Nach demselben Modell verliert so-

---

[496] Z 446.
[497] MR 1115. Vgl. auch FW 34: „Die Art ist alles, einer ist immer keiner." (Vgl. FW 33–36.)
[498] Ich bilde diesen Begriff als Gegenbegriff zu der dem Christentum vorgeworfenen „Entpersönlichung" (z. B. EH 1158; N 665).
[499] Vgl. MA 503.
[500] FW 197.
[501] Vgl. MA 673, auch 465 f.

gar der Stärkste sein Recht zum Leben, sobald seine Kraft unheilbar niedergeht: „Der Kranke ist ein Parasit der Gesellschaft. In einem gewissen Zustande ist es unanständig, noch länger zu leben."[502]
Das andere Extrem, das *Nietzsche* ausdrücklich ablehnt, ist die völlige Unpersönlichkeit von Zielen, wie er sie bei den Revolutionären feststellt.[503]

7.4.3.8 Das Spiel als die neue Daseinsform:

Wo Schwäche, Unterlegenheit und Krankhaftigkeit vorherrschen, da bekommt das Dasein Züge von notorischer Unzufriedenheit, von Neid, Haß, Zürnen. Weil die Beherrschten mit ihren Bedingungen unzufrieden sind, klammern sie sich ans (illusionäre) Unbedingte. In dem Maß, wie die Liebe zur Erde, zum diesseitigen Dasein, zur Leiblichkeit usw. zunimmt, wird der Mensch befreiter, heiterer, kann lachen. Im Gegensatz zur Schwere des Kamels ist das Kind schwerelos, glücklich und vermag diese Leichtigkeit und Selbstbejahung auszudrücken im Spiel, in Spontaneität und Kreativität. Alles Schlechte, das heißt Niedere, Kamelhafte ist „Instinkt-Entwertung", das Gute hingegen Instinkt, folglich leicht, notwendig, frei, heiter.[504] Die Fragen, die bislang als die wichtigsten galten: „Wozu der Mensch? Welches Los hat er nach dem Tode? Wie versöhnt er sich mit Gott?"[505] entfallen nun einfach. Zur Metapher dieses Daseins als Spiel wird *Nietzsche* der Tanz: „Wer aber seinem Ziele nahe kommt, der tanzt."[506]

Die einzige antizipierende Gestalt des Neuen bereits während der Herrschaft des Alten ist die Kunst. „Plato *gegen* Homer: das ist der ganze, der echte Antagonismus – dort der ‚Jenseitige' besten Willens, der große Verleumder des Lebens, hier dessen unfreiwilliger Vergöttlicher[...]."[507]

---

[502] GD 1010, vgl. 1010–1012.
[503] Vgl. MA 673.
[504] Vgl. GD 972.
[505] MA 881 f.
[506] Z 529, vgl. 529–531 u. a.
[507] GM 892.

Dritter Teil
Autonomie und Theonomie

Kapitel 8
Was besagt „Autonomie"?
Versuch einer zusammenfassenden Auswertung der historischen Typologie

Die Entwicklung der philosophischen Ethik in der Neuzeit läßt sich begrifflich wie auch sachlich-programmatisch durch den Gedanken der Autonomie charakterisieren. Die in Teil II behandelten historischen Modelle zeigen allerdings auch, daß es hierbei beträchtliche Unterschiede gibt – so sehr, daß seit *Feuerbach* der Begriff Autonomie selbst als untauglich für die damit bezeichnete Sache angesehen wird. Die einzelnen Autonomie-Konzepte bezichtigen sich gegenseitig, theologische Strukturen und theologische Herkunft nicht verleugnen zu können. Der Autonomie-Anspruch hat sich dennoch in ihnen durchgehalten – eine Tatsache, der sich zweierlei entnehmen läßt: Zum einen, daß die skizzierten Modelle autonomer Moral nicht einzelne, isolierte Konzepte sind, sondern in einem übergreifenderen Entwicklungszusammenhang stehen. „Autonomie" ist nicht nur ein einmalig mit einer bestimmten Position verknüpfter Begriff, sondern die programmatische Bezeichnung eines Prozesses. Zum anderen, daß in dieser prozessualen Perspektive gerade wieder der Relationscharakter stark zum Vorschein kommt (besonders in der Kritik vorhergehender Positionen), dessen Verschwinden die philosophische Rezeption des Autonomiebegriffs zunächst zu kennzeichnen scheint.

Diese in der historischen Typologie zutage tretende Prozessualität und Relationalität unter systematischen Gesichtspunkten herauszuarbeiten, das heißt anders gesagt: die Zielrichtung der autonomen Ethiken bezüglich ihres Ansatzes zusammenfassend zu befragen, ist daher ein dringendes Erfordernis, vor allem dann, wenn man in „Autonomie" nicht eine vordergründige Emanzipationsformel sieht, sondern ein Theorem, das zu integrieren für heutige Ethiken fruchtbar ist. Diese zusammenfassende Auswertung zu leisten, wird in den folgenden elf Thesen versucht.

Dabei ist aber zu berücksichtigen, daß hier nur die großen Grundlinien aufgezeigt werden sollen; sie bedürften bisweilen im einzelnen mancher Differenzierungen und Modifikationen. Dies gilt besonders hinsichtlich der jeweils zu Anfang angedeuteten mittelalterlichen Position, aber auch hinsichtlich nichtgenannter Autoren, die innerhalb der jeweiligen Problemgeschichten unter Umständen einen viel wichtigeren Platz innehaben. Ferner lassen sich die skizzierten Grundlinien nicht immer ganz streng auseinanderhalten;

die Entwicklungen vollzogen sich zum Teil auch etwas eigenständiger oder waren noch aus anderen Impulsen gespeist, so daß sie nicht in allen Fällen parallel und synchron verliefen.

8.1 Vorrangigkeit der Praxis

These 1:
Das Verhältnis von Denken und Handeln ist in der neuzeitlichen Philosophie gegenüber der mittelalterlichen von Grund auf ein anderes: Einerseits nämlich wird die Praxis in vorher nie dagewesener Weise und an zentraler Stelle thematisiert, anderseits gewinnt sie bei der dadurch notwendig gewordenen Reflexion des Bezugs zwischen Theorie und Praxis die Priorität vor der ersteren. Zugleich verengt sich das Verständnis von Praxis, indem – zumindest tendenziell und trotz des vehementen Einspruchs Kants – das Handeln in zunehmendem Maß nach der Art des technischen Herstellens begriffen wird, also als Ergebnis eines funktionalen Gefüges empirischer Variablen.

Die Scholastik sieht die vorzüglichste Verwirklichung des Menschen in der vita contemplativa, seine höchste Bestimmung in der spekulativen Erkenntnis, deren oberstes Ziel wiederum nicht die erfahrbare reale Welt, sondern die Wahrheit beziehungsweise Gott ist.[1] Bei dieser Aufgabenstellung kann sich der erkennende Mensch auf die grundsätzliche Intelligibilität des Seienden stützen. Das schließt nicht aus, daß das theoretische Wissen-Wollen schon eine ethisch-praktische Seite beinhaltet, sofern es bei der Bemühung um die Wahrheit auch immer um die Welt- und Daseinsorientierung geht.[2] Aber Theorie ist etwas Originäres, Eigenständiges, Praxisunabhängiges, unter das dann freilich der erkennende Mensch seine Praxis zu stellen hat.
Descartes ist bei seinem Rekurs auf eine substantiell gedachte Vernunft zwar noch weit davon entfernt, der Praxis irgendeinen Einfluß auf die Theoriebildung zuzusprechen, aber sein methodisches Erkenntnisideal, die subjektive Gewißheit, ist von vornherein auf Wirklichkeits-Verfügung aus. Diese umfaßt unterschiedslos sittliches Handeln und technische Herstellung im Modus der letzteren. Daß bei *Descartes* (wie praktisch in der ganzen neuzeitlichen Tradition, selbst da, wo sie sich kritisch von diesem Ideal absetzt) gerade der mathematisch-physikalische Ablauf als Modell sämtlicher menschlicher Tätigkeiten herangezogen wird, läßt sich wohl nur mit dem Eintreten einer geschichtlichen Situation erklären, in der „einerseits theoretisches Wissen für die Naturgestaltung relevant wurde und anderseits das Wissen um

---

[1] Vgl. *A. Schmidt* 1973, 1108; vgl. auch *Lobkowicz* 1972, 417–419. – Zur Problemgeschichte vgl. auch die Hinweise in Kapitel 1.4.
[2] Vgl. dazu *Kluxen* 1973, 2 f.

sittliches und gesellschaftliches Handeln im Vergleich zur modernen Wissenschaft höchst unbefriedigend [das heißt: wenig wirkungsvoll] oder gar irrational erschien"³. Mit anderen Worten: Der Ansatzpunkt des neuzeitlichen Theorie/Praxis-Problems liegt dort, wo die zunehmende, vor allem durch bisher nie dagewesene technische Mittel verursachte Komplexität der neuzeitlichen Gesellschaft praktische Probleme aufwarf, die sich mittels der überkommenen Theorie weder lösen noch auch so deuten ließen, daß sie mit dem naturwissenschaftlichen Erkenntnisstand nicht in Konflikt geraten wären.

Die strenge Differenz zwischen Poiesis und Praxis hat *Kant* faktisch restituiert, indem er Begriff und Vollzug des Praktischen nur an streng universelle Prinzipien und Maximen bindet und dementsprechend verlangt, die ethische Reflexion von allen empirischen Einflüssen und Rücksichten freizuhalten. Anderseits aber engt er das theoretische Erkennen auf den Bereich möglicher Erfahrung ein, und das heißt: auf den Bereich der streng deterministischen Naturwissenschaften. Weil die Unbedingtheit der praktischen Vernunft und die Freiheit des Handelns über diesen Bereich möglicher Theorie hinausreichen, praktischer und spekulativer Vernunftgebrauch aber gleichwohl zwei Vermögen ein und derselben, nach Prinzipien a priori urteilenden und sich nicht selbst widersprechenden Vernunft sind, wird der Praxis von *Kant* der prinzipielle Vorrang vor der Theorie zugesprochen. Demgemäß eröffnet die ethische Reflexion der Praxis einen (den einzigen!) Zugang zur Welt der metaphysischen Realitäten, von denen zwar kein „Erkennen" möglich ist, die aber zu „denken"⁴ praktisch postuliert werden kann, ja muß, ohne daß deshalb etwas, was von der theoretischen Vernunft erwiesen wurde, zunichte gemacht würde. Mit dieser Änderung der Verhältnisbestimmung zwischen Theorie und Praxis ist der entscheidende Schritt für die folgende Entwicklung vollzogen, in deren Verlauf die Ethik in die Rolle der prima philosophia⁵ einrückt.

Das bei *Kant* verbleibende Auseinander zwischen der konkreten Erfahrung und einer autonomen, phänomenal nie identifizierbaren Praxis (vergleiche die Zweiheit: theoretische und praktische Vernunft) zu schließen, gelingt *Fichte* dadurch, daß er Theorie und Praxis – beziehungsweise in *Kant*s Terminologie: Erkennen und Wollen – nicht mehr wie in der ganzen vorhergehenden Tradition trennt, sondern sie beide von der (praktischen) Tendenz des Menschen zur Autonomie konstituiert sein läßt. *Fichte* kommt nämlich bei seiner Ableitung der Philosophie von allerersten Grundsätzen zu dem Ergebnis, „die Vernunft könne selbst nicht theoretisch sein, wenn sie nicht praktisch sei; es sei keine Intelligenz im Menschen möglich, wenn nicht ein

---

[3] *Lobkowicz* 1972, 417.
[4] Unterscheidung zwischen „denken" und „erkennen": KrV B XXVI.
[5] Vgl. *Riedel* 1965, 217 f.

praktisches Vermögen in ihm sei; die Möglichkeit aller Vorstellung gründe sich auf das letztere"⁶. Die Zurückführung aller Theorie auf eine Praxis verbindet sich so bei *Fichte* mit der Preisgabe des ausschließlich erfahrungstranszendenten Charakters der Sittlichkeit. Dadurch gewinnt *Fichte* trotz seines radikalen Idealismus auch einen deutlichen Blick für die gesellschaftliche Dimension der Praxis.

Wie in den späteren Thesen mehrfach festzustellen sein wird, leiten *Feuerbach* und *Schopenhauer* – ohne nennenswerten gegenseitigen Bezug – zwei alternative Fortentwicklungen ein. Die Erklärung und Bewältigung der Welt vom Standpunkt der Theorie ist nach *Feuerbach* der Grundirrtum des Idealismus. Nur weil und insofern „die Welt ursprünglich, zuerst, [...] ein Objekt des Wollens, des Sein- und Habenwollens ist", ist sie auch ein „Objekt des Verstandes".⁷ Die *Feuerbach*sche Religionskritik ist nichts anderes als der Versuch, eine vorgebliche Theorie als ein zum größeren Teil bewußt erhaltenes und absichtsvoll gelenktes Instrument im Dienste einer entfremdenden, leibfeindlichen und gesellschaftszerstörenden Praxis zu entlarven und die versöhnte Praxis nicht nur als Quelle, sondern auch als Ziel alles Philosophierens wieder in ihre Rechte einzusetzen (Anthropologie als Religion, Theologie als Atheismus). Trotz seiner massiven Kritik an *Hegel* und am Idealismus insgesamt glaubt *Feuerbach*, den für die Entfremdung des Menschen verantwortlich gemachten Hiatus zwischen Theorie und Praxis theoretisch einholen zu können⁸, was ihm den Tadel *Marx*ens einträgt, es handle sich bei ihm nur um eine weitere theoretische Interpretation ohne größere Praxis-Potenz, welch letztere allein durch politische Praxis, das heißt revolutionär, herzustellen sei. So erreicht die neuzeitliche Entwicklung zum Primat der Praxis vor der Theorie bei *Marx* ihren Extrempunkt, der sich etwa in seiner zweiten *Feuerbach*-These dokumentiert: „Die Frage, ob dem menschlichen Denken gegenständliche Wahrheit zukomme, ist keine Frage der Theorie, sondern eine *praktische* Frage. [...] Der Streit über die Wirklichkeit oder Nichtwirklichkeit des Denkens, – das von der Praxis isoliert ist –, ist eine rein *scholastische* Frage."⁹

Auch nach *Schopenhauer* darf die praktische Vernunft nicht mit der empirisch unverifizierbaren moralischen Gesinnung gleichgesetzt werden, sondern ist sogar vollständig auf die menschliche Glückseligkeit bezogen. Sie ist die phänomenale Seite des Willens, der für *Schopenhauer* Ursprung aller Dinge, also auch des Verstandes, ist. Dennoch gelangt *Schopenhauer* gerade zur ent-

---

⁶ WL 264.
⁷ SMa 216 f.
⁸ Vgl. auch den Nachgelassenen Aphorismus: S. W. X, 304: „Ursprünglich geht die Praxis der Theorie voran. Wenn freilich der Mensch einmal auf den Standpunkt der Theorie sich erhoben hat, so kann diese der Praxis vorangehen."
⁹ *K. Marx,* Die deutsche Ideologie, A: Thesen über Feuerbach, in: Die Frühschriften, hrsg. *S. Landshut,* Stuttgart 1971, 339.

gegengesetzten Schlußfolgerung als die linkshegelianische und marxistische Philosophie, weil er die Reduktion der Willensveränderungen auf die Glückseligkeit nicht auf den Bereich menschlicher Praxis beschränkt, sondern auf die Gesamtheit überhaupt aller wahrnehmbaren Veränderungen ausdehnt und sowohl sie als auch die ihnen zugrunde liegenden Dinge als Objektivationen eines Urwillens versteht. Die Einsicht, daß die im Bereich von Praxis und Empirie wahrgenommene Individuation der Grund für die nie gelingende Befriedigung des vielfältigen Wollens, diese aber bloß eine scheinbare, durch unsere Sinnlichkeit bedingte ist, macht über die Zwischenstufe des Mitleids den Verzicht auf Praxis zum höchsten Gebot moralischer Praxis, so daß man paradox formulieren könnte: Moral und Praxis sind bei *Schopenhauer* so grundverschieden, daß das von der Erkenntnis der innersten Einheit des Weltgrundes geleitete, also moralische Handeln gerade die Aufhebung jedes Handelns sein muß.[10]

Nietzsche hält nicht nur die traditionelle Höherbewertung der Theorie, sondern die Unterscheidung zwischen Theorie und Praxis überhaupt für verhängnisvoll, weil sie bereits eine zweigeteilte Wirklichkeit, eine substantielle, von Nutzen und Schaden unabhängige Wahrheit und eine Welt der praktischen Interessen nämlich, suggeriere[11]. An dieser Trennung interessiert seien aber vor allem die, deren Vitalität zu schwach sei, um aus eigener Autorität zu sprechen und die eigenen Triebe selbstbewußt durchsetzen zu können. Jedes Erkennen und Denken gilt *Nietzsche* als bereits vom Trieb nach Macht bedingt[12]. Nicht nur der Verstand, sondern im Unterschied zu *Kant, Feuerbach* und *Schopenhauer* auch die Sinnlichkeit ist für ihn eine aktive Kraft, was so viel heißt wie, daß es einfachhin „gegebene" Objekte nicht gibt. Im besonderen ist deshalb Moral als Theorie für *Nietzsche* nicht etwas Normativ-*Prä*skriptives, sondern stets nur – wenn diese Wortbildung einmal erlaubt ist – postskriptiv: „‚Wie soll gehandelt werden?' ist keine Ursache, sondern eine *Wirkung*. Die Moral folgt, das Ideal kommt am Ende."[13] Die Verweigerung der Gefolgschaft gegenüber *Schopenhauer*s Festhalten an der Metaphysik macht das isolierte Reden über Theorie bei *Nietzsche* sinnlos; von Theorie kann nur noch als Produkt beziehungsweise Instrument der auf Steigerung zielenden Lebenspraxis gesprochen werden. Die als Applikation einer Theorie (Theorie meint hier: Metaphysik, Wissen von der „Natur" der

---

[10] Dieselbe Paradoxie drückt *Heimsoeth* 1965, 250, folgendermaßen aus: „Aber indem dann dieses Produkt des Willens sich aufschwingt zur erleuchtenden Einsicht von der Nichtigkeit und Unseligkeit alles Wollens und gar den Weg zur Selbstvernichtung des leidenden Willens weist – wächst dieser Intellekt eben doch hinaus über den eignen Ursprung, [...] wird selber zu der tiefer wirkenden und die letzte metaphysische Wendung des Lebens herbeiführenden Instanz!"
[11] Vgl. N 733–735.
[12] N 734: „Der sogenannte *Erkenntnistrieb* ist zurückzuführen auf einen *Aneignungs*- und *Überwältigungstrieb* [...]."
[13] N 734.

Dinge und ähnliches, also jedenfalls Wissen von Vorgegebenheiten) verstandene Praxis wird abgelöst von der schaffenden Gestaltung der Geschichte durch den Übermenschen.

8.2 Ablösung von einem allumfassenden Bezugsrahmen

These 2:
Mit der Autonomisierung der neuzeitlichen Ethik geht ein folgenreicher Zerfall der früheren Annahme einer universalen Weltordnung einher: Einerseits entsteht an der Stelle einer Moral faktisch (wenn auch nicht dem theoretischen Anspruch nach!) eine Vielzahl von (zum Teil sich widersprechenden) Ethiken und Moralsystemen. Anderseits tritt die Reflexion über die Handlungen des einzelnen in völlige Diastase zur Reflexion des Ordnungsganzen. Es ist unverkennbar, daß diese Ordnungs-Krise wiederum in einem unmittelbaren Zusammenhang mit dem Verlust des Bezugs der Ethik zur Kosmologie zu sehen ist.

Man muß, um diesen Vorgang ermessen zu können, kurz einen Blick auf die mittelalterliche Ethik werfen: Sie kann nur von der Kosmologie her verstanden werden. Zwar hatte der Kosmos durch die Betonung des persönlichen, welttranszendenten Schöpfergottes im Christentum seinen fraglosen metaphysischen Rang von einst schon lange verloren[14], aber zumindest durch die Rezeption des Aristotelismus[15] bildete er eben doch ein äußerst wichtiges Element des integralen mittelalterlichen Weltbildes. „Mensch und Welt, Mikrokosmos und Makrokosmos sind vollkommen aufeinander abgestimmt. Eine theologische Deutung des Menschen setzte eine theologische Deutung des Kosmos voraus. Eine Theologie ohne kosmologischen Hintergrund schien völlig undenkbar."[16] Kosmologie bedeutet hier nicht einfach die sektorale Beschreibung einer Welt oder des außerirdischen Universums, sondern – da es nur *einen* Ordo gibt, der sich sowohl im Kosmos wie in der sittlichen Anforderung manifestiert[17] – ebenso das Fundament einer praktisch-moralischen Daseinsweise. Der Ordo des Kosmos ist „All-Zusammenhang"[18], dessen fundamentale Bedeutung deutlicher wird, wenn man sich vor Augen hält, daß dieser Kosmos begrenzt, in sich geschlossen, im Grunde

---

[14] S. bes. *Blumenberg* 1957 a, 66–69. K. *Löwith* sieht den entscheidenden Bruch in der Auffassung von Welt im Übergang von der heidnischen Kosmos-Auffassung zur christlichen „Entweltlichung der Welt"; die neuzeitlichen Transformationen des Weltbildes gelten ihm lediglich als Fortsetzung der letzteren: *Löwith* 1960, 7–23; *Löwith* 1967, 11–23.
[15] S. *Blumenberg* 1957 a, 69–73.
[16] *Wildiers* 1974, 101, vgl. 60–146. Zum mittelalterlichen Ordo-Begriff vgl. auch die große Monographie von *H. Krings:* 1941.
[17] Zur Frage der Entstehung dieses Verhältnisses s. a. *Topitsch* 1972.
[18] *G. Krüger* 1958, 100.

überschaubar ist. Da er von Gott geschaffen ist, ist er eine Urgegebenheit, und das heißt wie bei allem Göttlichen: substantiell-unveränderlich. Wesen und Ort des Menschen sind von diesem Ganzen her bestimmt. Ethisch gutes Verhalten besteht in der Ein„ordnung", Ein„fügung" in die kosmische oder natürliche Ordnung, ist eine Gleich„förmigkeit" mit und „Teilhabe" an ihr; mit anderen Worten: Der Mensch hat sich nach den als und in der Wesensnatur des Ganzen wie der einzelnen Teile (zum Beispiel Mensch, Civitas oder ähnliches) vorgegebenen Gesetzen zu richten (agere sequitur esse). Denn – so sagt *Thomas von Aquin* vom Menschen –: „Quia vero homo habet et intellectum et sensum et corporalem virtutem, haec in ipso ad invicem ordinantur, secundum divinae providentiae dispositionem, ad similitudinem ordinis qui in universo invenitur"[19]. „Das vernünftige Sicheinordnen in die Ordnung der Natur und das Übernehmen der aus den Gegebenheiten entzifferbaren Aufgabe ist die wesensgerechte Daseinsform des Menschen."[20]

Mit der durch *Kopernikus, Kepler, Galilei, Newton* in Gang gekommenen Revolutionierung des Weltbildes wird daher „der Horizont weggewischt"[21], der die Sollensforderungen wie auch die gesellschaftliche und staatliche Ordnung selbst für den Ungebildeten plausibel gemacht und ihm „Natürlichkeit", transzendente Würde, Unveränderlichkeit, Unantastbarkeit, kurz: eine indiskutable Legitimation, verliehen hatte. Der Intention und dem Bewußtsein der genannten Forscher zwar lag dieser Praxiseffekt völlig fern[22], von den kirchlichen Autoritäten hingegen wurden die impliziten praktisch-moralischen Konsequenzen sicher erspürt, was sich am Beispiel der Verurteilung *Galileis* am signifikantesten zeigt. Naturwissenschaftliche Kosmologie auf der einen, Kirche und Theologie auf der anderen Seite gerieten in ein weitgehend antagonistisches Verhältnis, zumal sich schon sehr bald herausstellte, daß es unmöglich war, die neuen Erkenntnisse auf dem Wege einer Korrektur der traditionellen Kosmologie zu integrieren, was durch andere Faktoren wie Technik, Entdeckungen bisher unbekannter Kontinente, Entstehung von Nationalstaaten, Umstrukturierung der Gesellschaft (Bürger-

---

[19] S. c. G. III, c. 81.
[20] *Ellscheid* 1973, 974, vgl. 973 f. Vgl. *Kranz* 1958, 254–262; *Kuhn* 1973, 1038 f. 1042 f.; *Wildiers* 1974, 81–84. 101–105. 137–141. 219–227.
[21] Vgl. *Nietzsche,* FW 127; GM 893. – Sehr gut charakterisiert diesen Umbruch *Wildiers* 1974, 150: „Alle Gewißheiten, die auf diesem mittelalterlichen Weltbild gegründet waren oder sich an es anlehnten, verloren ihre Überzeugungskraft. Der Mensch hat seine zentrale Stelle im Kosmos verloren und vermag sich selbst im Ganzen der Dinge nicht mehr zu situieren. Der ganze Rahmen, in dem sich seine Existenz abspielte, brach zusammen, und eine neue, zusammenhängende Schau des Weltalls ist noch nicht in Sicht. Sein ganzes Denken über die Welt, über sich selbst, über das Zusammenleben und über Gott mußte einer erneuten Prüfung unterzogen werden. Wie Nietzsche es später formulierte: ‚Seit Kopernikus scheint der Mensch auf eine schiefe Bahn geraten – er rollt immer schneller nunmehr aus dem Mittelpunkt weg – wohin? ins Nichts?'"
[22] Vgl. das bei *Wildiers* 1974, 157–177, sowie bei *Blumenberg* 1957 a, 61–80, bes. 61–63, über die Genannten Referierte.

tum, Kaufmannskapital) usw., die sich ebenfalls mit dem alten Weltbild nicht in Einklang bringen ließen, noch verstärkt wurde.
Zu dieser Zeit beginnen theologische und philosophische Ethik, getrennte Wege einzuschlagen, weil kirchliches Lehramt und Theologie aus moralisch-praktischem Interesse an der alten Kosmologie festhielten beziehungsweise, als diese unwiderruflich jegliche Überzeugungskraft verloren hatte, als völlig verblaßte, aber um der Stringenz des Gedankens willen stets mehr oder weniger stillschweigend bewahrte Voraussetzung weitertrugen. Das bedeutet, daß die Trennung beider ethischer Traditionen selbst nochmals ein – und vielleicht das folgenschwerste! – Produkt der Destruktion der mittelalterlich-ontologischen Kosmologie war.
Zum erstenmal zieht – für die Ethik zwar nur programmatisch – *Descartes* einen klaren Trennungsstrich, auch wenn seine Philosophie nicht nur keineswegs atheistisch ist, sondern darüber hinaus ein echtes theologisch-religiöses Ziel verfolgt. Das (methodisch-systematisch konstruierbare) Gesamt menschlicher Erkenntnis ist bei ihm losgelöst von der noch vorausgesetzten Wesensstruktur der Welt: „Nous ne nous arrêterons pas aussi à examiner les fins que Dieu ... s'est proposées en créant le monde, *et nous rejeterons entièrement de notre Philosophie la recherche des causes finales:* car nous ne devons pas tant présumer de nous-mêmes, que de croire que Dieu nous ait voulu faire part de ses conseils"[23]. Als überzeugter Anhänger des neuen Weltbildes, daß nach seinen eigenen Worten so sehr die Grundlage seiner Philosophie bildet, das eine Herauslösung auch seine ganze Philosophie zum Einsturz brächte[24], konzipiert *Descartes* ein System, das – abgesehen von einer anfänglichen Schöpfung – ohne Gott auskommt. Der Gedanke des Ordo behält seine Geltung, jedoch mit dem ganz entscheidenden Unterschied, daß er nicht aus sich selbst zur Geltung gelangt, wie der frühere kosmologische Ordo, sondern erst kraft des Erkennens der menschlichen Vernunft und kraft dieser allein. Die kosmologische Weltstruktur wird zwar nicht ausdrücklich bestritten, aber sie ist unbedeutend und letztlich unverbindlich.[25] Damit ist der Ordo autonomisiert, die Funktion Gottes auf die menschliche Vernunft umgeschrieben. Ferner findet eine transzendentale Reduktion statt, insofern etwa die Einzigkeit und Unwandelbarkeit der Kultur, der Philosophie und der Religion durchaus fragwürdig werden und als nur noch transzendental auf die Einheit einer allen Individuen und für alle Zeiten und Kulturen gleichbleibenden substantiellen Vernunft zurückführbar gelten.
Konnte bei *Descartes* noch von einer Ablösung die Rede sein, so muß man

---

[23] Principes: A–T IXB, 37 vgl. 37; die ältere, lateinische Fassung der Principia bietet hier eine knappere Fassung: A–T VIIIA, 15.
[24] Z. B. An *Mersenne* vom Ende Nov. 1633: A–T I, 271.
[25] Vgl. die interessante fiktive Rahmenbedingung der naturphilosophischen Erörterungen im V. Teil des Disc. (42).

bei *Kant* mit *K. Löwith* vom „Verzicht auf eine *Gesamtordnung,* in welcher der Mensch und alle irdischen Lebewesen einen bestimmten Ort im lebendigen Ganzen des Kosmos haben könnten"[26], sprechen. Denn *Kant* destruiert einerseits den dogmatistischen Begriff der Welt, und anderseits erweist er das ethische Handeln als nicht unter das Geschehen der übrigen Natur subsumierbar. Was immer uns als Objekt „begegnet", ist dies immer nur in der Weise einer Erscheinung für uns. Dazu muß es allerdings ein Gegenstand unserer Erfahrung sein. „Welt" oder „Kosmos" können wir daher nie als sinnlich anschaubares Ganzes (weder als einzelne gegenständliche Erfahrung noch als Summe aller Erfahrungen) haben, sondern lediglich als „regulative Idee"[27], das heißt aber als eine Leistung der menschlichen Vernunft. Alle bestimmten Aussagen über die Welt im Gesamten sind deshalb nichtig, wie *Kant* anhand der Antinomien aufzuweisen versucht[28]. Somit kann es für ihn auch „keine in der Natur begründete Ordnung des Kosmos selber [geben], der der Mensch von Natur aus zugeordnet ist, so wie das sinnliche Sehen von etwas dem sichtbaren Licht"[29]. An die Stelle der einen kosmischen Ordnung treten zwei unterschiedliche Gesetzmäßigkeiten, womit wir beim zweiten oben genannten Gesichtspunkt angelangt sind: Die Absolutheit des sittlichen Anspruchs, wie sie sich nach *Kant* analytisch leicht herausarbeiten läßt, sieht er nämlich nicht nur im Widerspruch zu der in der Schulmetaphysik üblichen Deduktion der Ethik von einem Seinsordo oder von einer kirchlich-religiösen Dogmatik, sondern auch im Widerspruch zu jeder empirisch-naturalen Rückführung und Begründung der Morallehre. Sittlichkeit gehört demzufolge zu dem Bereich der jede Erfahrung übersteigenden Vernunft; das Physisch-Phänomenale hingegen, das Materialobjekt einer Kosmologie sein könnte, zum Bereich des sinnlichen Verstandes. Da moralisches Handeln also frei sein muß von jeder eudämonistischen Motivation, kann es (im Gegensatz zur Legalität) nur in der Autonomie des Subjekts bestehen. Es gibt folglich – wenn man so will – zwei Ordnungen, die jedoch im Vergleich zur früheren Kosmologie *beide* gesetzte sind; darum kann es auch keine Einheitswissenschaft mehr geben. Die Ohnmacht und Bedeutungslosigkeit gegenüber dem Naturgesetz, die uns, soweit wir nur „tierische Geschöpfe" sind, zweifellos eigen ist, wird unendlich überragt durch das Bewußtsein des „moralischen Gesetzes in mir", „durch meine Persönlichkeit, in welcher das moralische Gesetz mir ein von der Tierheit und selbst von der ganzen Sinnenwelt unabhängiges Leben offenbart, wenigstens so viel sich aus der zweckmäßigen Bestimmung meines Daseins durch dieses Gesetz, welche nicht auf Bedingungen und Grenzen dieses Lebens eingeschränkt ist, son-

[26] *Löwith* 1960, 21; *Löwith* 1967, 82.
[27] Vgl. KrV B 536 f.
[28] Vgl. KrV B 432–595.
[29] *Löwith* 1967, 79.

dern ins Unendliche geht, abnehmen läßt"[30]. – Die Allgemeinheit und Notwendigkeit des sittlichen Sollens legt zwar eine Parallelisierung mit dem Naturgesetz (im Sinne der Naturwissenschaften) nahe, so daß also auch der mundus intelligibilis den Charakter einer Gesetzesordnung (zweite Form des Kategorischen Imperativs) trägt. Gemeinsam ist beiden aber nur die formale Gesetzmäßigkeit, die „Parallelität der Geltung", nicht dagegen die „Parallelität der Objekte"[31]: Die genannte Ordnung ist ja nicht von einer Natur des Menschen oder von der außermenschlichen Natur vorgegeben, sondern vom vernünftigen Subjekt sich selbst gesetzt. Wohl lassen uns das „moralische Gesetz in uns" und das „mechanisch-physikalische Gesetz der Naturwelt über uns" zugleich und miteinander ehrfürchtig erstaunen[32], doch herrscht – wie gegenüber einem weitverbreiteten Mißverständnis[33] betont werden muß – zwischen beiden keine strukturelle oder gar inhaltliche Übereinstimmung mehr[34]; sie entsprechen beide obersten, nicht mehr aufeinander zurückführbaren Ideen, die allerdings im menschlichen Bewußtsein und in der letzten Bestimmung des Menschen eine Verbindungsstelle haben. Daran ändert auch die Tatsache nichts, daß sowohl in den vorkritischen als auch in den kritischen Schriften die Erörterung kosmologischer Themen stets mit der Reflexion auf die Theologie verbunden ist, was *Löwith*[35] sehr betont. Die Idee Gottes ist nur postulativer Art, so daß nicht bloß die Ethik, sondern auch die Theologie von der Kosmologie abgekoppelt ist und zur letzteren erst wieder durch die Ethik ein Zugang eröffnet wird: Jenen Typ von Gottesbeweis, der aus den Erfahrungen der Kontingenz oder aber der Zweckmäßigkeit und Zielgerichtetheit der Dinge, also von einer erfahrbaren und durch Regreß universalisierten kosmologischen Struktur zum Dasein Gottes vordringen will, erklärt *Kant* konsequent für „null und nichtig"[36].

Rangiert die kosmologische Frage (im traditionell-metaphysischen Sinn) bei *Kant* nurmehr als „bloße Idee der absoluten Totalität"[37], die weder von er-

---

[30] KprV 289 f.
[31] *A. Pieper* 1973, 165.
[32] Vgl. KprV 288–292.
[33] Z. B. *Zwingelberg* 1969, 110–114. 211. – Auch *Topitsch* behauptet unter Hinweis auf den berühmten ersten Satz aus dem „Beschluß" der KprV, es gebe „auch für Kant eine gesetzte Ordnung des Universums" (*Topitsch* 1972, 302), und spricht von einer „weitgehenden Isomorphie" der beiden Gesetzesordnungen, von „Hinweis"charakter, „Modell"- und „Vorbild"-haftigkeit der physischen Welt für die moralische Ordnung (alle Zitate ebd. 302 f.) u. ä. m. Überhaupt vernachlässigt die von *Topitsch* gegebene Deutung *Kants* (ebd. 301–307) infolge des starken Interesses, auch bei diesem „eine[n] letzte[n] Nachklang des uralten soziokosmischen Verfahrens, gesellschaftliche und moralische Gesichtspunkte in den Naturlauf hineinzulegen und die so gedeutete ‚Natur' zirkelhaft wieder mit der Moral und Gesellschaft in Beziehung zu setzen" (ebd. 305), in hermeneutisch kaum zu verantwortender Großzügigkeit die Neuheit von *Kants* Denken bezüglich des Verhältnisses von Ethik und Kosmologie und verzerrt m. E. dadurch das Bild.
[34] Vgl. dazu bes. *Patzig* 1971, 131–141; auch: *Beck* 1974, 258 f.
[35] *Löwith* 1967, 70–88, bes. 71.
[36] KrV B 664, vgl. 631–670.   [37] KrV B 538.

kenntnismäßiger noch von handlungsorientierender oder verbindlichkeitsbegründender Bedeutung ist, so verschwindet sie in der Philosophie der Folgezeit überhaupt. Die Ordnung der Außenwelt wird naturwissenschaftlichen Disziplinen, besonders der Astronomie, überlassen, die Philosophie steht deren Ergebnissen gleichgültig gegenüber. Die astronomischen Erkenntnisse aber zählen bloß als Hypothesen, nicht mehr als die Strukturen des Wirklichen; sie sind „wahrheitsindifferent"[38], das heißt, von ihrer Richtigkeit oder Falschheit hängt philosophisch im Grunde nichts ab. Soweit das Thema einer übergreifenden Ordnung überhaupt reflektiert wird, geschieht es jedenfalls nicht kosmologisch. Kosmologie hört auf, eine philosophische Disziplin zu sein, selbst der Begriff wird suspekt[39].

Fichte steht zwar noch im Banne des Ordo-Gedankens. Aber dieser hat bei ihm kein kosmologisches Vorbild, ja, es handelt sich bei ihm überhaupt nicht um einen Seins-Ordo im herkömmlichen Sinn. Denn für das menschliche Erkennen gibt es nach *Fichte* bloß Tatsachen des Bewußtseins, keine objektive Welt des An-Sich; alles was als Tatsache vorhanden ist, gilt als bedingt durch eine Handlung des absoluten Ich, welches gänzlich „Tendenz, sich selbst absolut zu bestimmen"[40], ist. Die Sinnenwelt ist von diesem transzendentalen Gesichtspunkt aus „keine für sich bestehende Welt", sondern bloß der „Widerschein unserer eigenen inneren Tätigkeit"[41]. „Von der Sinnenwelt aus gibt es sonach keinen möglichen Weg, um zur Annahme einer moralischen Weltordnung aufzusteigen"[42]. „Unsere Welt ist [lediglich] das versinnlichte Materiale unserer Pflicht"[43]. Meine Pflicht (im Sinne sowohl des „Was" als auch des unabhängig von aller Sinnlichkeit verbindlichen „Daß") ist daran das einzige, was ich unmittelbar und so gewiß wie mein eigenes Dasein weiß. Und nur um ihretwillen gewinnt auch die Sinnenwelt Gewißheit.[44] Indem nun das Ich den im Selbstbewußtsein erkannten Zweck des Daseins, nämlich: „daß das Vernunftwesen absolut und ganz frei, selbständig und unabhängig werde von allem, das nicht selbst Vernunft ist"[45], im Handeln zu verwirklichen sucht (wie es moralisch unumgänglich ist), setzt es zugleich seine Ausführbarkeit (und zwar durch es selbst) voraus. Von daher gewinnen alle seine Handlungen, seine Existenz und die Existenz der anderen Ichs einen festen Stellenwert innerhalb der notwendig vorausgesetzten Ordnung. Diese

---

[38] *Blumenberg* 1957 a, 78.
[39] Vgl. *Wein* 1954, 89.
[40] SL 28.
[41] Weltregierung 180.
[42] Weltregierung 181.
[43] Weltregierung 185.
[44] Appellation 211: „[...] weit entfernt, daß die Gewißheit des Übersinnlichen aus der des Sinnlichen folgen sollte, folgt vielmehr umgekehrt die theoretische Notwendigkeit, das letztere für existierend zu halten, und die moralische Verbindlichkeit, dasselbe als Mittel zu ehren, aus dem ersteren."
[45] Appellation 205.

postulierte moralische Weltordnung, in der alle Subjekte und jedes von der Pflicht geforderte Handeln eine bestimmte Funktion in der Beförderung des Gesamtzweckes haben, ist „Gott". Da aber diese Weltordnung beziehungsweise Gott im moralischen Handeln in der Weise des Sichbezogenwissens auf ein Absolutum schon immer und unumgänglich gegeben ist, sie gleichwohl aber für den Menschen als endliches Sinnenwesen stets nur als Glaube des sich selbst setzenden Ich zugänglich sein kann, darf sie nicht als Substanz vorgestellt werden. Ihren einzig legitimen Ausdruck findet sie in der moralischen Praxis; sie ist deshalb gerade das Gegenteil einer Naturordnung. Staat und Recht gelten wie bei *Kant* als Zwangsmaßnahmen, die die Autonomie der moralischen Subjekte zu garantieren haben, auch wenn sie dazu die äußere Freiheit der Individuen einschränken müssen, und die durch die moralischen Einzelnen zu einem Mehr an Vernünftigkeit zu entwickeln ist.

Bei aller Verschiedenheit trifft doch auf *Feuerbach, Schopenhauer* und *Nietzsche* in gleichem Maße die Feststellung zu, daß bei ihnen der kosmologische Gedanke (im überkommenen Sinn) jeden auch noch so versteckten Einfluß verloren hat. Vier Züge stechen dabei hervor:

1. Wohl gibt es für sie im Handeln noch einen Bereich des Sollens, der sich sogar auf eine Natur zurückbezieht (siehe unten), doch wird dieselbe, soweit sie noch Reste der metaphysischen Ordnungsvorstellung enthält (was besonders hinsichtlich der Anthropologie der Fall ist: beispielsweise Freiheit oder Vorrangstellung des Menschen gegenüber allen anderen Lebewesen), von den genannten Denkern radikal „entkosmisiert". Dieser Vorgang vollzieht sich als sensualistische Reduktion auf das Gattungsleben und die Geschichte *(Feuerbach),* auf das biologisch-physiologische Leben *(Schopenhauer)* oder – wie bei *Nietzsche* – auf einen aus der Dialektik zwischen Starken und Schwachen resultierenden Machtkampf. Den letzten und endgültigen Todesstoß für die alte Kosmologie bedeuteten also ganz offensichtlich die Historie[46] und die heute sogenannten Humanwissenschaften (besonders Biologie, Medizin, Psychologie, Soziologie).

2. Die „Entkosmisierung" geschieht fernerhin dadurch, daß die Natur jetzt – das gilt, allerdings modifiziert, auch für *Schopenhauer* mit seiner Metaphysik des Wollens – als etwas Gegebenes gilt, das keiner weiteren Erklärung durch ein „Hinter", „Über", „Außerhalb", „Neben", „Jenseits" oder ähnliches bedarf. Ja, schon die Frage nach irgendeiner nicht-empirischen Transzendenz wird für illegitim erklärt, nachdem sie nicht nur wie schon bislang erkenntnistheoretisch, sondern auch funktional hinsichtlich ihrer faktischen

---

[46] Dies schließt nicht aus, sondern ein, daß die neuere Geschichtsphilosophie stark kritisiert wird, weil sie sowohl in der Form des optimistischen Evolutions- wie auch in der des politischen Fortschrittsdenkens nur einen neuerlich teleologischen Prozeß gegen Gott bzw. den Kosmos auswechselt; die Grundmatrix des objektivistischen Weltplanes aber bleibt erhalten.

Relationalität zu politisch-gesellschaftlichen Machtinteressen kritisiert wird (Ideologiekritik).

3. Gleich, ob es sich um die bei der Intersubjektivität beginnende Theorie von *Feuerbach* handelt oder aber um die mehr vom Individuum ausgehenden Ansätze *Schopenhauer*s und *Nietzsche*s – beide Entwicklungslinien sind, nebenbei bemerkt, alternative Beantwortungen von *Hegel*s Aufhebung der neuzeitlichen Gegenüberstellung von subjektiv-freiem Handeln und rechtlich-staatlicher Zwangsgewalt! –, das einstige Verhältnis der Harmonie zwischen Ethik und Lehre von der Welt wird beide Male völlig zerstört: Das Umfassende hat bei *Feuerbach* Bedürfnis-, bei *Schopenhauer* und *Nietzsche* sogar Kampfcharakter; Natur, was immer im einzelnen darunter verstanden sein mag, ist das Leidend-Unbefriedigte, das niemand und nichts Privilegierende, das ziel- und endlos Werdende und Vergehende, ist Un-Ordnung, Anti-„Kosmos". Ordnung als Grundanliegen jeder Morallehre ist daher, soweit sie bei den Genannten überhaupt reflektiert wird, eine zum Gegebenen rein kompensatorische Aufgabe, die durch eine republikanisch[47] ausgerichtete Politik *(Feuerbach)*, durch den alles vergleichgültigen totalen Verzicht *(Schopenhauer)* beziehungsweise durch den hierarchisierenden Willen zur Macht *(Nietzsche)* geleistet werden kann.

Hinter *Nietzsche*s Zerstörung der Wesenswelt und seiner strengen Eliminierung aller kosmologischen Residuen ersteht zuletzt eine neue Verklärung und Rechtfertigung der sinnenfälligen Welt, die in der Lehre von der Ewigen Wiederkehr des Gleichen ihren höchsten Ausdruck findet[48]. Insofern hat *K. Löwith* seine Lehre zu Recht als „Versuch zur Wiedergewinnung der Welt" interpretiert[49]; er hat diesen dann weiter als die auf der Spitze der Modernität unternommene Wiederholung der antiken Welt- und Naturgewißheit spezifiziert[50]. Tatsächlich hat *Nietzsche* die europäische Moral der letzten zwei Jahrtausende als „Widernatur"[51] charakterisiert; dementsprechend bezeichnete er sein Anliegen als „Wiederherstellung der ‚Natur' "[52]. Dennoch ist *Löwith*s Formel nur dann zutreffend, wenn das Wort „Versuch" ganz ernst genommen wird. Dieser Vorbehalt betrifft sowohl die Frage des Gelingens[53] wie auch die von *Löwith* behauptete Kongruenz von *Nietzsche*s Welt-

---

[47] *Feuerbach* entnimmt diese Staatsform dem Geschehen in der außermenschlichen Natur (sehr deutlich: VorlWR 173 f) und macht sich damit genau das kritisierte Schema – wenn auch mit anderen Inhalten – zu eigen. Vgl. dazu die treffende Kritik bei *Topitsch* 1972, 347 f.

[48] Vgl. z. B. N 834: „[...] Eine solche *Experimental-Philosophie*, wie ich sie lebe, [...] will [...] bis zum Umgekehrten hindurch – bis zu einem *dionysischen Ja-sagen* zur Welt, wie sie ist, ohne Abzug, Ausnahme und Auswahl –, sie will den ewigen Kreislauf – dieselben Dinge, dieselbe Logik und Unlogik der Verknotung –. Höchster Zustand, den ein Philosoph erreichen kann: dionysisch zum Dasein stehn: meine Formel dafür ist *amor fati.*"

[49] *Löwith* 1967, 156–179.

[50] *Löwith* 1967, 165; *Löwith* 1956, 113–126.

[51] EH 1111. Vgl. N 670.

[52] N 619.

[53] Vgl. *Löwith* 1956, 125 f.

und Natur-Gedanke mit der vorplatonischen Kosmos-Vorstellung; denn κόσμος im antiken Sinn meint (a) das alles Umfassende, das (b) in sich gut und schön geordnet ist und (c) als Ordnung im großen und ganzen auch für den Bereich des menschlichen Handelns maßgebend ist[54]. *Nietzsche* aber distanziert sich ebenso ausdrücklich vom Gedanken des „Ganzen" und des „Gesamtprozesses"[55], wie er gegen *Rousseau* die „Unmoralität" der Natur herausstellt[56]. Endlich erhebt *Nietzsche* diese Natur nicht in die Autorität der die Handlungsimperative erteilenden Instanz, was bei diesem Naturbegriff ein sich hemmungslos seinen Instinkten und naturalen Antrieben Überlassen bedeuten müßte; demgegenüber hat *Nietzsche* aber gerade den disziplinierenden Charakter seiner neuen „Moral" betont[57]. „Vernatürlichung"[58] der Moral bedeutet ihm *nicht* Rekurs auf einen vormoralischen Natur-Zustand, sondern die Rückführung des Handelns auf seine natürliche Basis (also überhaupt nicht auf Absichten und Verantwortlichkeiten und – damit immer verbunden – auf äußere vorgestellte Objektivitäten), mit anderen Worten: die Wiederherstellung der Unschuld des Werdens[59].

4. Die früheren Vorstellungen von einer kosmischen Ordnung werden jetzt erklärt, indem man das einstige Kausalverhältnis gerade umkehrt: „Ordnung", „Zweck", „Gesetz" der Welt im ganzen seien in Wirklichkeit nichts anderes als Produkte unseres Vergleichens mit analogen menschlichen Erscheinungen, welches nur im subjektiven Uns-so-Erscheinen einen Anhaltspunkt gehabt habe. So kommt *Feuerbach* im Zuge seiner Re-duktion von Theologie und Metaphysik auf und in Anthropologie zur Behauptung, die traditionellen kosmologischen Vorstellungen müßten als Übertragung eines faktischen politischen Modells[60] beziehungsweise der Herstellung eines Erzeugnisses menschlicher Kunst (zum Beispiel eines Hauses)[61] verstanden werden.[62] Ermöglicht worden sei diese Übertragung durch die Unkenntnis der Natur. Auch *Nietzsche* betont, daß es die Menschen sind, die sich die Welt nach ihrem Bilde schaffen[63] und nicht umgekehrt. Den Stoikern als den vielleicht bedeutendsten Vertretern der gegenteiligen Behauptung ruft er zu: „indem ihr entzückt den Kanon eures Gesetzes aus der Natur zu lesen vorgebt, wollt ihr etwas Umgekehrtes, ihr wunderlichen Schauspieler und Selbst-Betrüger! Euer Stolz will der Natur, sogar der Natur, eure Moral,

---

54 Zum antiken Kosmos-Gedanken s.: *Blumenberg* 1957 a, 66 f; *Kranz* 1958, 8–132; *Löwith* 1960, 7–10; *Löwith* 1967, 11–15; *Wildiers* 1974, 33–42.
55 N 682.
56 Vgl. bes. GD 1023 f; N 573 f. 616 f.
57 Z. B. JGB 645.
58 N 615, vgl. 619.
59 Vgl. GD 977 f; N 542. 676–678. 684 f.
60 Z. B. VorlWR 173 f. 175.
61 Z. B. WR 485; VorlWR 156–163. 188 f.
62 Zum Ganzen vgl. auch WR 487 f und VorlWR 164–174.
63 Vgl. JGB 572 f.

euer Ideal vorschreiben und einverleiben, ihr verlangt, daß sie ‚der Stoa gemäß' Natur sei, und möchtet alles Dasein nur nach eurem eignen Bilde dasein machen – [...]!"⁶⁴ Dahinter steckt aber *Nietzsche* zufolge nicht nur anthropozentrischer Hochmut, sondern vielmehr das legitimatorische Interesse einer bestimmten Gruppe, einen Zustand der Gesellschaft, in dem die starken, herrscherlichen Persönlichkeiten mit den übrigen nivelliert werden, unantastbar zu machen. Das ehedem so angesehene universale Welt- und Natur-Gesetz gilt ihm daher als die geronnene „*Entnatürlichung* der Natur-Werte"⁶⁵.

8.3 Positivierung im materialen Bezugspunkt des Sollens

These 3:
Bei der Gewinnung der materialen Inhalte ethischen Handelns rekurrieren die neuzeitlichen philosophischen Ethiken zunehmend mehr auf Erfahrung; Erfahrung ist hierbei verstanden als durch Selbst- oder aber durch Fremdbeobachtung bewerkstelligter unmittelbarer Zugang zum Wirklichen. Die bedeutendste Gestalt solcher Erfahrung wird die Geschichtlichkeit. Zuletzt gilt die Ordnung (als die Grundaufgabe der Ethik) selber als etwas, was vom Menschen entworfen, hergestellt und garantiert werden muß.
Der Versuch, die Positivierung aufzuhalten, führt zur unwiderruflichen Trennung von Sittlichkeit und Recht.

Für das Mittelalter besteht das Verbindliche in dem Allgemeinen (im Sinne des Überindividuellen und Überzeitlichen), das als dem menschlichen Geist wesensmäßig zugänglich gedacht wird. Es bildet das eigentliche Gesetz und die Norm, im Unterschied zum Tatsächlichen, zum Werden, zum Besonderen. Letzteres ist nur wahrhaft wirklich, sofern es mit dieser im Geist gegebenen Normativität übereinstimmt beziehungsweise sich ihr als Einzelfall unterordnen läßt. Kongruenz beziehungsweise Widerspruch zu dem im Geist erkennbaren, vom persönlichen Schöpfergott gesetzten und getragenen Ordo naturalis machen Handlungen mehr oder weniger vollkommen, anders gesagt: gut oder bös⁶⁶.
Descartes hat zwar keine ausgeführte Ethik hinterlassen; aber soviel läßt sein Projekt einer „morale par provision" doch erkennen – und bei seinen Nachfolgern *Malebranche, Geulincx* und anderen wird dies explizit –, daß auch hier noch die Gehalte einem in starker Anlehnung an Geometrie und Mechanik

---
[64] JGB 573.
[65] AC 1185.
[66] Zur Interpretation des Bösen als Seinsmangel vgl. z. B. *Thomas von Aquin,* De Pot. 3,16 ad 3.

gedachten „Wesen" entnommen werden sollen. Das bedeutet: Auch hier noch gilt ein „Wesen" als vorgängig, als Gestalt der Wirklichkeit bereits, bevor sie als Regel und Norm des Handelns in Erscheinung tritt. Geändert hat sich allerdings die Weise der Wahrnehmung: An die Stelle des denkenden Vernehmens, einer Art inneren Anschauens, tritt die methodische Selbstbeobachtung. Es gibt damit kein apriorisches Wissen mehr von der menschlichen Natur. Dadurch bleibt auch „Gott" zwar noch der absolute Schöpfungs- und der letzte Erkenntnisgrund, doch rückt er in dieser Funktion faktisch an den Rand, wie nur wenig später das „etsi Deus non daretur" des *H. Grotius* dokumentiert. Nächster Grund und Quelle der materialen Auskunft ist die menschliche Vernunft. Natur wird also bereits als menschliche Selbst-Ordnung (und als auf solche ausgehend) – allerdings auf der Basis einer substantialistisch vorgestellten Vernunft – gedacht.

Parallel zum Rationalismus bildet sich noch eine zweite Tradition, die die Sollensinhalte nicht direkt der Vernunft entnehmen will, sondern mit Bezugnahme auf bestimmte naturale Gegebenheiten festzulegen sucht. Auch wenn manche unter den letzteren für heutige Betrachter als rein fiktiv erscheinen mögen, haben sie doch tatsächlich grundlegend mit Erfahrung zu tun, insofern sie im historischen Kontext als Formulierungen der Einsicht gelesen werden müssen, daß die moralische und rechtliche Ordnung, an der sich der Mensch zu orientieren hat und in die er sich einfügen soll, nur vermeintlich oder wenigstens nur zum kleineren Teil naturhaft-vorgegeben ist, in Wirklichkeit jedoch von ihm – allerdings mit Hilfe des Erkennens naturaler Gegebenheiten – in einem langen Prozeß erst herzustellen ist. Die beiden historisch folgenreichsten Ausprägungen dieses Typs sind einmal der Rückbezug auf eine ursprüngliche Neigung des Menschen zu Streit und Beherrschung seiner Mitmenschen, die in ein zerstörerisches „bellum omnium contra omnes" führen müßte, wenn nicht die Furcht vor Gewaltsamkeit die Menschen einen gemeinsamen Staatsvertrag schließen ließe, zum andern der Rekurs auf einen dem Subjekt inhärierenden moralischen Sinn. Bei beiden Ausprägungen geht es noch um die Menschennatur, aber es ist gleichsam nurmehr eine Rest-Natur, die auf das vor- und nicht-gesellschaftliche Individuum reduziert ist[67] und die daher vom Menschen in erheblichem Umfang künstlich komplementiert werden muß.

In *Kant*s Frage nach dem Geltungsanspruch von empirischen Sätzen kommen beide Traditionsstränge, der rationalistische und der empiristische, zusammen. *Kant* sucht eine Antwort auf dieses Problem, indem er jene Momente herausarbeitet, die Erfahrung allererst ermöglichen und so als Vorgegebenheiten in das Erkennen eingehen. Damit ist für ihn zum einen die Möglichkeit synthetischer Sätze a priori erwiesen, gleichzeitig jedoch die mensch-

---

[67] Vgl. dazu *Ellscheid* 1973, 975.

liche Erkenntnisfähigkeit auf den Bereich möglicher Erfahrung beschränkt. Für die Ethik hat diese Selbstdisziplinierung der Vernunft zur Folge, daß die bisherigen Möglichkeiten, allgemeingültige und absolut verbindliche materialethische Prinzipien zu erheben, als philosophisch nicht mehr gangbar erscheinen: Die Herleitung aus einer Offenbarung oder einer kirchlichen Dogmatik wird deshalb abgelehnt, weil sie entweder an einer rational strukturierten Vollkommenheit, die wir gar nicht zu erkennen vermögen, oder aber an einer befehlenden Willensallmacht festgemacht werden muß, so daß beide Male das spezifische Moment der Sittlichkeit nicht zum Zuge kommen könnte. Die empirische Menschennatur aber kommt deshalb nicht in Frage, weil solch ein Grund *Kant* zufolge letztlich der Befriedigung des Egoismus dient und zudem nie einschränkungslos verpflichten kann, was jedoch sowohl der Begriff des guten Willens wie auch der der Sittlichkeit fordert. – Alle drei Begründungstypen sind nach *Kant* nur mehr oder weniger subtile Orientierungen an den Wünschen und Bedürfnissen des eigenen Selbst (Eudämonismus-Vorwurf). Er betont die Absolutheit der Verbindlichkeit so sehr, daß sich bei ihm der Bestimmungsgrund einer als moralisch zu qualifizierenden Handlung auf die Form des Gesetzes als solchen reduziert[68]: Der materiale Inhalt der Pflicht ergibt sich jederzeit aus der Fähigkeit der subjektiven Willensmaxime, sich zum allgemeinen Gesetz erheben zu lassen. Der Erkenntnisgrund der Pflichten fällt so in eins mit dem Verbindlichkeitsgrund: der reinen, „ursprünglich gesetzgebenden"[69] Vernunft. Umgekehrt geraten auf diese Art alle konkreten materialen Handlungsziele als ethische überhaupt in Mißkredit. Alleiniger Maßstab ist die sittliche Autonomie des einzelnen oder, anders gesagt, die Reinheit der jeweiligen subjektiven Gesinnung von Bestimmungen durch einen Gegenstand des Begehrungsvermögens, obwohl ohne einen solchen keine Handlung stattfinden kann. Weil solche Moralität also im Grunde wenig, da nur mittelbar interessiert ist an ihren möglichen konkreten Inhalten, das Recht jedoch, das in der früheren Philosophie mit der Sittlichkeit prinzipiell eine Einheit gebildet hatte, anderseits gerade auf die konkrete, materiale Ordnung des sozialen Lebens bezogen sein muß, kommt es bei *Kant* zu der folgenschweren Trennung von Recht und Sittlichkeit beziehungsweise von Ethik und Rechtswissenschaft[70]. Das Recht hat nur mehr jenen Rahmen zu garantieren, innerhalb dessen es dem einzelnen

---

[68] Man könnte dies auch als Radikalisierung des Rationalismus interpretieren, wie dies *Bloch* 1975, 83, tut: „Der Rationalismus bezieht, um stringent ohne Rest zu erscheinen, das Prinzip seiner Ableitung selber in sich ein."

[69] KprV 55.

[70] Zu diesem, in Kapitel 3 nicht weiter ausgeführten, als Konsequenz des Autonomieprinzips gleichwohl zentralen Gedanken s. weiterführend: *Kaulbach* 1970. Zur Vorbereitung der Trennung namentlich bei *Pufendorf* und *Thomasius* s. *Welzel* 1955, 145–165, sowie andere Beiträge in dem Sammelband ‚Recht und Ethik' (*Blühdorn – Ritter* 1970).

möglich ist, sittlich zu handeln. Recht kann dann nicht mehr mit dem Anspruch des Naturrechts auftreten – jedenfalls soweit es unmittelbar normiert –, sondern nur noch als positive Setzung; seine Geltung ist durch staatliche Sanktionen erzwingbar. Die Gesinnung spielt hier keine oder nicht die entscheidende Rolle: Legalität ist „auch möglich [...], wenn Neigungen bloß die Bestimmungsgründe des Willens gewesen wären".[71] Und anderseits: „ethisches Verhalten ist Privatsache geworden".[72]
Recht und Staat werden fortan – das heißt in den folgenden der behandelten Modelle autonomer Moralen, nicht aber bei *Hegel* – nicht mehr philosophisch (im Blick auf die Vorstellung eines Idealstaates), sondern rein instrumentell gerechtfertigt: Schutz der sittlichen Subjekte vor Angriffen auf ihre innere und äußere Freiheit. Es ist bezeichnend, das *Feuerbach, Schopenhauer* und *Nietzsche* trotz vereinzelter, interessanter Passagen zum Thema Staat und Recht gar keine Rechts- und Institutionsphilosophie mehr ausarbeiten. Einen Grund nennt *Nietzsche:* „Nachdem uns alle Instinkte abhanden gekommen sind, aus denen Institutionen wachsen, kommen uns Institutionen überhaupt abhanden, weil *wir* nicht mehr zu ihnen taugen."[73] –
Für Fichte hat alles Denken und Tun die intellektuelle Anschauung des sich durch sich selbst bestimmenden Ich zu seinem Ursprung: Sie ist in diesem Sinne Erfahrung, ja sogar die fundamentalste[74]. Andere, apriorische und normative Gegebenheiten gibt es nicht, insbesondere keine substantielle Natur. Selbst die außermenschliche Natur gibt es bei ihm nur noch als „versinnlichte[s] Materiale unserer Pflicht"[75], als die durch das Gewissen angewiesene „Sphäre [...] [unseres] pflichtmäßigen Wirkens"[76]. Auch die Selbständigkeit, die man noch am ehesten als solche bezeichnen könnte, ist Produkt seiner eigenen, bewußten, freien Tätigkeit.
Bei *Fichte* wird das Autonomieprinzip dermaßen überspannt, daß abzusehen ist, daß das Prinzip sich selber überholen wird. Dieser Fall tritt ein, sobald – nach dem Wegfall eines das Fragen aufhaltenden substantiellen Vernunftbegriffs – nach den materialen Bedingungen, die der Ichheit konstitutiv[77] vorausliegen, weitergefragt wird. Damit tritt auch die Geschichtlichkeit in einem vorher nie gekannten Ausmaß in den Gesichtskreis des Denkens und des Denkens über das Handeln. Dieser Umschlag setzt bereits bei *Fichte*

---

[71] KprV 144.
[72] *Ellscheid* 1973, 976.
[73] GD 1016.
[74] Im ‚Sonnenklaren Bericht' charakterisiert *Fichte* „den innerste[n] Geist und die Seele [s]einer Philosophie" folgendermaßen: „der Mensch hat überhaupt nichts, denn die Erfahrung, und er kommt zu allem, wozu er kommt, nur durch die Erfahrung, durch das Leben selbst. Alles sein Denken, sei es ungebunden oder wissenschaftlich, gemein oder transzendental, geht von der Erfahrung aus, und ist beabsichtigt hinwiederum Erfahrung. [...]" (S. W. II, 333 f).
[75] Weltregierung 185.
[76] Appellation 212.
[77] *Feuerbach* spricht in den ‚Grundsätzen' betont von „Wesensbedingungen" (306).

selbst ein, wo er die Frage, wie aus der apriorischen Deduktion konkrete Pflichten abgeleitet werden können, in die systematische Sittenlehre einbezieht: Er stößt dabei auf die Leiblichkeit, die Intelligenz und die Intersubjektivität als die in der Vernunft selbst ursprünglich gründenden Beschränktheiten des Triebs nach absoluter Selbständigkeit.

Über die Vermittlung *Hegels*[78] findet dieser Ansatz eine konsequente Fortsetzung in der sensualistischen Gesellschaftstheorie *Feuerbachs* (und noch viel extremer in derjenigen von *Marx*). Das Wesen des Menschen ist nach *Feuerbach* nicht reines, sondern leibhaft-sinnliches, empfindendes, wesentlich bedürftiges Selbstbewußtsein. „Der Leib ist Tor und Durchgang zur Welt, ja er ist die dem Menschen ursprüngliche Gegebenheitsweise von Welt."[79] Dennoch steht der Mensch nicht nach dem traditionellen Schema von Subjekt und Objekt der übrigen materiellen Welt gegenüber, sondern ist ganz ein Teil von ihr. Absolute Ichheit und bloße Materie sind daher beides Abstraktionen, die die Wirklichkeit in zwei Teile zerreißen und sie sich selbst entfremden. Was immer in der Empfindung vorkommt, ist ein Einzelnes, Konkretes beziehungsweise – um neben der „Natur" den von *Feuerbach* ursprünglich viel mehr betonten Wirklichkeitsbereich des Bezugs von Mensch zu Mensch zu nennen – ein Individuum. Die Bezugsebene, von der nach *Feuerbach* materiale Handlungsanweisungen zu gewinnen sind, sind daher Leiblichkeit und Mitmenschlichkeit. Diese lassen sich in ihrer Inhaltlichkeit nicht als anthropologische Konstanten festlegen, sondern gelten als etwas, das sich in der – als Fortschritt gedachten – Geschichte entfaltet.

Eine ganz andere Richtung schlagen in besagter Frage *Schopenhauer* und *Nietzsche* ein, wiewohl auch sie durch *Hegel* provoziert ist. Beide weisen die Vorstellung einer Ethik des „absoluten Sollens" mit „unbedingten Pflichten" überhaupt zurück. Um dieses Vorhaben – auf genau entgegengesetzten Wegen – zu realisieren, können sie allerdings beide der Struktur des Normativen nicht entraten. Als materialer Bezugspunkt hierzu dient ihnen die geschichtlich erfahrene und erfahrbare[80] Welt, von *Schopenhauer* interpretiert als gänzlich vernunftloser, sich zu immer neuem Leid reproduzierender Lebenswillen, von *Nietzsche* hingegen als lebenssteigernder Willen zur Macht. Für letzteren ist die Dynamik der Welt infolgedessen etwas rückhaltlos zu Bejahendes und von aller Behinderung – wie sie etwa die europäisch-christliche Moral darstellt – zu Befreiendes, das endlich in der Gestalt des Übermenschen zu sich selbst findet. Für *Schopenhauer* hingegen ist die genannte Dyna-

---

[78] Zu *Hegels* Ort in diesem Prozeß vgl. die ausgezeichnete Studie von *J. Ritter* (1969), sowie die Skizze bei *Hilpert – Oberhem* 1975, 67 f.

[79] *H. J. Braun* 1971, 91.

[80] „Erfahrung" ist hier nicht im Sinn eines passiven Widerfahrnisses von etwas Vorgegebenem zu verstehen, sondern durchaus im Sinn eines vom Selbst veranstalteten „Zurechtmachens" *(Nietzsche)*, wobei dieses bei *Schopenhauer* infolge seines Determinismus doch wieder den Charakter eines physiologisch festgelegten Vorgangs hat.

mik gerade das, wovon man sich durch gänzliche Selbstversagung weitmöglichst erlösen kann, wozu sie allerdings vorher durchschaut werden muß; solche Erkenntnis eröffnet sich auf dem Weg der Reflexion des Mitleids. Das Individuum soll sich nach *Schopenhauer* verlieren, während es für *Nietzsche* gerade die sich selbst überbietende Zukunftsgestalt ist.

Feuerbach, Schopenhauer und *Nietzsche* unternehmen mit anderen Worten den Versuch, sich mit äußerster Konsequenz auf die Immanenz zu beschränken. Man könnte auch sagen, daß der Skopus ihrer Ethik darin bestehe, Transzendenz – als nicht-menschlichen Ursprung, unbeeinflußbare Wesensgestalt und unbedingt verpflichtendes Telos – überflüssig zu machen.

8.4 Verwissenschaftlichung

These 4:
Unter dem Gesichtspunkt der Erkenntnisgewinnung läßt sich der Autonomie-Anspruch der neuzeitlichen Ethik als Verwissenschaftlichung beschreiben. Damit ist besonders die tiefgreifende Änderung der Fragestellung (statt Bestimmung des Wesens Ausgang vom erkennenden Subjekt, später von den jeweiligen Phänomenen) gemeint, aber auch der Erschließungsvorgang selbst (methodisches Forschen) sowie der institutionelle Kontext (forschender Gelehrter ohne offizielle gesellschaftliche Stellung, staatliche Universität, rechtlich garantierte Autonomie der Wissenschaften, schließlich der sich von den vorgenannten Institutionen distanzierende Privatforscher). Durch den dem Verlust metaphysischer Strukturen komplementären Rekurs auf Form, Methoden und Inhalte der modernen Wissenschaften verwandelt sich Ethik faktisch zunehmend mehr in Anthropologie und Sozialwissenschaft; gleichzeitig beanspruchen die von der Philosophie emanzipierten Wissenschaften in wachsendem Maße die Zuständigkeit für traditionelle ethische Fragestellungen.

Grundlegend für die mittelalterliche Wissenschaftsidee war die Überzeugung von der durchgängigen Transparenz aller Dinge und von der Einsichtigkeit des Wesenhaften. Wenigstens die ersten Wahrheiten galten hiernach als vollständig und endgültig dem menschlichen Verstand gegeben. Die Erkenntnismöglichkeit wurde theologisch begründet: Gott gewährt dem Menschen durch die Schöpfung Einblick in seine schöpferische Rationalität. Das Wesenhafte ist das Unveränderliche, das sowohl dem konkreten Objekt wie auch dem erkennenden Subjekt vorgängig ist. Das Wesen verweist in seinem Gehalt und in seiner Relation auf eine transzendente, an sich seiende universale Ordnung, deren Urheber und Ziel der Schöpfergott ist. Das Wesenhafte bietet sich selbst dar und bewegt das Erkennen zu seinem Erkanntwerden.[81]

---
[81] *Blumenberg* spricht in Bezug auf *Aristoteles* von der „Andringlichkeit des Gegebenen selbst": *Blumenberg* 1966, 213.

Damit hängt wieder zusammen, daß man von der (nur grundsätzlichen, nicht auch faktisch für irgendein Individuum erreichbaren) Vollendbarkeit des Wissens überzeugt war. „Das Mittelalter", so läßt sich mit *H. Rombach* zusammenfassen[82], „hat eine geklärte Welt." Wissenschaft bemühte sich um die Anwendung beziehungsweise das Auffinden der Grundgestalten in den einzelnen sinnlichen Erfahrungen und um die Harmonisierung der sich widersprechenden Autoritäten. Das bloße Wissenwollen, die intellektuelle Wißbegierde (curiositas) galt dem Mittelalter im Anschluß an *Augustinus* als etwas Lasterhaftes[83]. Dahinter steht nicht eine Abwertung des Wissens als solchen, sondern: Weitergehen zu wollen müßte bedeuten, daß der Mensch seine nach-paradiesische Gebrochenheit unterschätzte, die für sein Heil wesentlichen Fragen aus dem Zentrum seines Interesses schöbe und in den Bereich der göttlichen Hoheitsrechte eingriffe.

Die Vorstellung eines intellektuellen Fortschritts im Wissen insgesamt war dem Mittelalter im Grunde fremd. Die Kategorie der Neuheit war bezüglich eines *nach* der christlichen Offenbarung gewonnenen Wissens keine positiv bewertete[84]. Die Wissenschaften schöpften daher aus den Quellen der Autoritäten; auch da, wo wirklich neue Gedanken aufkamen, wurden sie mit solchen ausgewiesen beziehungsweise legitimiert.[85] Der Prototyp geistig-wissenschaftlichen Arbeitens war dementsprechend der Kommentar.[86]

Zwar hält *Descartes* noch an der Vollendbarkeit des Wissens sowie an dessen Einheitlichkeit fest, doch bedingt die Suche nach einer neuen, unerschütterlichen Grundlage der Möglichkeit sicheren Erkennens bei ihm eine schwerwiegende Transformation der Auffassung von Wissenschaft: „Omnis scientia est cognitio certa et evidens"[87]. Die Gegenstände des Erkennens kommen nicht unter dem Gesichtspunkt ihrer Wesensstruktur und ihres Ortes in einer vorgängigen Wirklichkeitsordnung in den Blick, sondern unter demjenigen ihrer Gewißheitsfähigkeit bezüglich des erkennenden Subjekts[88]. Die ‚Regulae ad directionem ingenii' beginnen mit dem Satz: „Studiorum finis esse debet directio ad solida et vera de iis *omnibus* quae occurunt proferenda iudicia."[89] Von daher bedürfen die Erkenntnisakte, sollen sie nicht rein zufällig und nur auf das einzelne Subjekt beziehungsweise auf irgendwelche Einzelheiten beschränkt sein, einer eigenen Ordnung: dies leistet die Me-

[82] *Rombach* 1965–66, Bd. I, 77; vgl. auch 377–379.
[83] Vgl. dazu die hochinteressante Studie von *Blumenberg* 1966, 201–432: „Der Prozeß der theoretischen Neugierde".
[84] *Blumenberg* 1957 a, 75, erwähnt *Petrarcas* Formel „nihil novum dicere" und bezeichnet sie als „mittelalterlichen Grundzug". – *Grabmann* 1961 (z. B. Bd. I, 219. 221. 225) berichtet, daß die sogenannten Dialektiker wie *Berengar v. Tours* bezüglich der als material suffizient geltenden auctoritates der eitlen Sucht nach „novae verborum interpretationes" bezichtigt wurden.
[85] Vgl. These 5.
[86] *Chenu* 1960, 64.
[87] Regulae ad directionem ingenii: A–T X, 359.
[88] Vgl. Regulae: A–T X, 381.
[89] Regulae: A–T X, 359.

thode⁹⁰. Für den neuzeitlichen Wissenschaftsbegriff ist sie insofern typisch, als sie nicht nur den Prozeß selbst thematisiert, sondern ihn zu einem zentralen Bestandteil oder richtiger: zur Denkform der wissenschaftlich-theoretischen Bemühung selbst macht.⁹¹ Mögliche Seinszusammenhänge werden konstruiert, Grundoperation ist die Hypothese⁹²: Philosophie wird zur „Systematik des Möglichen"⁹³. Wissen ist nicht mehr nur als Abbildung von Seinswirklichkeit verstanden, sondern auch schon als mehr oder minder geeignetes Konstrukt, um Wirklichkeit zu erklären und zu beherrschen. Die Methode ist *eine* und stiftet als Ursprung des Wissens auch die Einheit des Wissens. Es gibt für *Descartes* keine – der Verschiedenheit der Objekte entsprechenden – verschiedenen Arten von Wissenschaft; alle Wissenschaften sind für ihn nichts anderes als *die* menschliche Weisheit, die immer eine und dieselbe bleibt, gleichgültig auf wieviel verschiedene Gegenstände sie angewandt sein mag⁹⁴. Jede Erkenntnis muß, soll sie wahr sein, das Ganze enthalten, auf es bezogen sein. Dies gilt konzeptuell auch für die sogenannte definitive Moral, die das Gesamt der menschlichen Erkenntnis abschließen soll, weil sie „als Inbegriff sachgemäßen Verhaltens in der Welt die Vollendung der Sacherkenntnis zur Voraussetzung hat"⁹⁵. – Mit der Übertragung der Gewißheitsbegründung auf die subjektive Vernunft und die damit zusammenhängende Erkenntnisbemühung ist Wissenschaft tendenziell zu einem definitiv nicht mehr abschließbaren, von forschendem Subjekt zu forschendem Subjekt weiterschreitenden Prozeß erklärt; den Vorstellungen der Selbstgenügsamkeit des Wissens und der Lasterhaftigkeit eines unbegrenzten Wissenstriebs sowie der Berufungsmöglichkeit auf Autoritäten ist damit die Grundlage entzogen.

Gegenüber diesem Konzept der Philosphie als Einheits- und Universalwissenschaft hat sich bei Kant schon die Fragestellung signifikant verändert. Denn daß wir „mit Zuversicht sagen können, daß gewisse reine synthetische Erkenntnis a priori wirklich und gegeben sei [...], nämlich *reine Mathematik* und *reine Naturwissenschaft*"⁹⁶, wird als unbestreitbare Ausgangsfaktizität genommen⁹⁷; seine Aufgabe sieht *Kant* darin, auch die Metaphysik auf den

---

90 Vgl. bes. Regulae: A–T X, 371–392.
91 Präzisierend schreibt *Rombach* 1965–66, I, 143: „Methode ist [...] nicht eine Vorgangsweise im Hinblick auf mögliche Gegenstände, sondern der innere Wesenscharakter dieses Denkens im Hinblick auf es selbst [...]. Das Wissen *hat* nicht Methode, sondern *ist* Methode." (Vgl. 391.)
92 Seine Dioptrik und Metereologie bezeichnet *Descartes* in Disc. 76 als bloße „suppositions" (d. h. soviel wie „Hypothesen")!
93 *Blumenberg* 1957 b, 280.
94 „[...] scientiae omnes nihil aliud sint quam humana sapientia, quae semper una et eadem manet, quantumvis differentibus subiectis applicata [...]" (Regulae: A–T X, 360).
95 *Blumenberg* 1966, 403.
96 Prolegomena zu einer jeden künftigen Metaphysik, die als Wissenschaft wird auftreten können, A 39.
97 Vgl. außerdem KrV B X–XXII. 4–6. 14–18.

„königlichen Weg"[98] solcher unbestrittenen Wissenschaftlichkeit zu bringen und dies zunächst dadurch, daß er die für alle Wissenschaftsarten grundlegende Frage, wie solche synthetische Erkenntnis a priori möglich sei, zu beantworten sucht. Das heißt aber doch: Reine Mathematik und Naturwissenschaft sind im Grunde autonom gegenüber der Philosophie, auch wenn diese noch als die schlechthinnige Wissenschaft gilt, die aufgrund der „Naturanlage" des Menschen[99] unentbehrlich ist und – was damit eng zusammenhängt – allein die Frage nach der „Möglichkeit des reinen Vernunftgebrauches in Gründung und Ausführung aller Wissenschaften, die eine theoretische Erkenntnis a priori von Gegenständen enthalten"[100], zu beantworten vermag und insofern deren systematische Einheit stiftet. Kennzeichen der Wissenschaftlichkeit sind also *erstens* die Apriorizität, das heißt Notwendigkeit und strenge Allgemeinheit[101], *zweitens* die architektonisch, das heißt nach Prinzipien geordnete vollständige Systematik[102], die sich ihrerseits wiederum in ein System des Ganzen menschlicher Erkenntnis eingliedern läßt, das vom Interesse der Vernunft gefordert ist[103]. *Kant*s als „die eigentliche Aufgabe der reinen Vernunft"[104] bezeichnete Frage nach der Möglichkeit synthetischer Urteile a priori kann demnach auch als die Frage nach der Möglichkeit von Wissenschaft verstanden werden. Wollen theoretische und praktische Philosophie den Rang einer Wissenschaft für sich reklamieren, so haben sie sich ausschließlich um apriorische Erkenntnis zu bemühen: als theoretische um unsere „Erkenntnisart" von Gegenständen, wie sie im Faktum der Mathematik und der Naturwissenschaften vorliegt; als praktische um die „Erkenntnisart" unserer sittlichen Grundsätze, wie sie im Faktum des moralischen Bewußtseins des Menschen ursprünglich vorliegt.

Streng durchgeführt im Sinne der beiden erwähnten Kennzeichen für Wissenschaftlichkeit hat *Fichte* den von *Kant* entworfenen Gedanken von der reinen Vernunftwissenschaft. Um das Ungenügen des *Kant*ischen Entwurfs zu vermeiden, bestimmt er vor allem das Moment der Systematik sehr viel schärfer: So gelten bei ihm zum einen einzelne Sätze als Sätze einer Wissenschaft erst dadurch, „daß sie [...] im Ganzen, durch ihre Stelle im Ganzen, und durch ihr Verhältnis zum Ganzen es werden"[105], welche Gewißheit allerdings wieder nur erreicht werden kann, wenn ein Satz gewiß wäre, „der etwa den übrigen seine Gewißheit mitteilte; so daß, wenn, und inwiefern dieser Eine gewiß sein soll, auch ein Zweiter, und wenn, und inwiefern dieser

---

[98] KrV B Xf.
[99] Vgl. KrV A VII. B 18. 21–24.
[100] KrV B 20.
[101] Vgl. KrV B 3–14.
[102] Vgl. KrV B 27 f. 860–879.
[103] Vgl. KrV B 502.
[104] KrV B 19.
[105] Über den Begriff der WL oder der sogenannten Philosophie: S. W. I, 40.

Zweite gewiß sein soll, auch ein Dritter usf. gewiß sein muß".[106] Zum andern dehnt *Fichte* das Einheitsprinzip über das Methodisch-Formale hinaus auf den Gehalt aus. – Die Gewißheit der Grundsätze der einzelnen Wissenschaften zu erweisen und ihre jeweilige systematische Form zu begründen, ist die Aufgabe der „Wissenschaft von der Wissenschaft überhaupt" oder „Wissenschaftslehre"[107]. Als Wissenschaft muß diese selbst wieder auf einem allerersten, schlechthin und unmittelbar gewissen Grundsatz aufbauen; solche Art von Gewißheit aber bedeutet die völlige Einheit von Gehalt und Form. Der höchste, absolut gewisse Grundsatz ist der, daß das Ich ursprünglich sein eigenes Sein setzt, mit anderen Worten: die in Worte gefaßte Tathandlung des Freiseins selber. Aus diesem Satz können durch ein Wenn/Dann-Verfahren alle möglichen Wissenschaften begründet und das gesamte Gebiet möglichen (das heißt auch des bisher noch nicht bekannten) menschlichen Wissens erschöpfend abgedeckt werden.[108] – Man kann also dahingehend zusammenfassen: Sämtliche Wissenschaften, selbst die bei *Kant* als Ausgangsfaktum zugrunde gelegten und die Logik, sind zwar unabhängig von der Wissenschaftslehre vorhanden, haben jedoch kein autonomes Daseinsrecht und keine genuin methodische Kompetenz, sondern gewinnen diese (auch was ihre Gehalte betrifft) erst durch Ableitung; die gesamte Wissenschaft ruht auf einer ethischen Option auf, und die Ethik selber ist daher die dem alles begründenden Grundsatz näheste Wissenschaft und insofern paradigmatisch für jede besondere Wissenschaft.

Gegen den hier vertretenen Standpunkt einer epochalen Veränderung in der Auffassung von Wissenschaft zwischen Mittelalter und Neuzeit ließe sich einwenden, es handle sich bei der Entwicklung von *Descartes* bis zum Deutschen Idealismus eher um die Steigerungsform der überkommenen mittelalterlichen Wissenschaftskonzeptionen denn um den Beginn einer neuen.[109] Dem ist insofern zuzustimmen, als diese Philosophien sich gerade als nichtempirische verstehen. Die Tatsache, daß nach *Kant* eine Zäsur zu konstatieren ist, schließt allerdings nicht aus, daß auch in der Entwicklung vorher ebenso einschneidende Wandlungen liegen. Das methodische Denken, die Beanspruchung und Erstrebung einer gänzlich argumentativ und nicht dogmatisch begründeten Kompetenz sowie vor allem, daß an die Stelle der Suche nach der vorgegebenen Ordnung des Seins diejenige nach der Ordnung des Bewußtseins oder des Verstandes, also nach einer im Menschen liegenden beziehungsweise in ihm konstituierten, getreten ist, müssen meines Erachtens als ebenso entscheidender Einschnitt gewichtet werden wie die

---

[106] Ebd. 40 f.
[107] Ebd. 43. 45, vgl. 46 f. 55–57.
[108] Vgl. ebd. 57–62.
[109] Tatsächlich wird die Zäsur auch meist nach *Kant* verlegt, so besonders *Diemer* 1968, 3–62, sowie im Anschluß an ihn: *Baumgartner* 1974, 1743.

oben genannte Zäsur. Daß hier ein wichtiger Durchbruch zur modernen Verwissenschaftlichung liegt, dokumentiert sich unter anderem in dem gleichzeitigen Auseinandergehen von Glauben und Wissen, von Philosophie und Theologie. Die Aufhebung des Ausschlusses der Empirie von wissenschaftlicher Dignität ist nur der nächste – von seinen Ergebnissen her allerdings zugegebenermaßen weit spektakulärere – Schritt auf dem eingeschlagenen Weg.

In dem Moment nämlich, da auch das Bewußtsein nicht mehr als unhinterfragbare Gegebenheit gilt, tendieren die neuzeitlichen Ethiken zu den empirischen Wissenschaften. Die Frage nach Tatsächlichkeit, Bedingungen und Relationen, die feststellbar sind und beschrieben (folglich auch konstruiert) werden können, verdrängt die nach dem einheitsstiftenden Prinzip, nach dem System, nach den Konstanten des Bewußtseins und nach dem vom Faktum der reinen Vernunft geleiteten Handeln.

Schopenhauer bringt diesen Umbruch auf eine treffende Formel, wenn er schreibt: „[Für Kant] [...] ist [...] die Philosophie eine Wissenschaft *aus* Begriffen, mir eine Wissenschaft *in* Begriffen, aus der anschaulichen Erkenntnis, der alleinigen Quelle aller Evidenz geschöpft und in allgemeine Begriffe gefaßt und fixiert. Diese ganze uns umgebende, anschauliche, vielgestaltete, bedeutungsreiche Welt überspringt er und hält sich an die Formen des abstrakten Denkens".[110]

Für *Feuerbach*, *Schopenhauer* und *Nietzsche* ist bei aller Verschiedenheit und trotz eines zum Teil beträchtlichen „Restbestandes" an Metaphysik die Orientierung an Historie, Religionsgeschichte, Gesellschaftswissenschaft, Psychologie sowie Biologie und Medizin beziehungsweise an den von diesen Wissenschaften aufbereiteten Daten charakteristisch. Der Übergang läßt sich exemplarisch bei *Schopenhauer* beobachten: Alles Wissen – mit Ausnahme der Grundlage der reinen Logik – hat für ihn seinen Ursprung und seine letzte Verankerung nicht in der Vernunft, sondern beruht auf empirischer Anschauung.[111] Gleichzeitig hält er daran fest, daß Wissenschaft (verstanden als die vollständige Erkenntnis einer Art von Gegenständen, im Unterschied zu dem bloß auf Erfahrung und Betrachtung des sich Darbietenden beruhenden Wissens von einzelnen Dingen) nur möglich ist, wenn aus dem Gesamt aller Dinge ein Teil von Gegenständen durch einen Begriff ausgesondert wird und dann die im Begriff ihres Gegenstandes enthaltenen Unterbegriffe und deren gegenseitige Verhältnisse bestimmt werden. Die Stringenz, mit der dieses Verfahren vom Allgemeinen zum Besonderen noch weiter fortgesetzt wird, indem immer neue Unterbegriffe herausdestilliert werden, so daß ein System entsteht, bestimmt den Grad der Wissenschaftlichkeit. *Schopenhauer* nennt als entscheidendes Kriterium für diese also nicht das Maß der Ge-

[110] WWV I: I, 610.
[111] WWV I: I, 109, vgl. 109–118; WWV II: II, 155–158. 654 f.

wißheit, nach dem eigentlich nur Mathematik und Logik Wissenschaften wären[112], sondern die Strenge der stufenweisen Über- und Unterordnung, also die innere systematische Struktur. Die Spannung, die durch die gleichzeitige Forderung nach Empirie und nach rein begrifflichem Bemühen entsteht, wird von *Schopenhauer* so beseitigt, daß er betont, daß 1. wissenschaftliche Reflexion und abstrakter Beweis nie über das immanent (sei es aposteriorisch oder apriorisch) Anschauliche hinauskommen können[113], also auch sogenannte Wahrheiten nie über das unmittelbare apriorische Bewußtsein der Formen unseres eigenen Vorstellens; 2. daß die mittels logischer Schlußfolgerungen aufgebaute Subordination nur ein Hilfsmittel ist, das den Erkenntnisvorgang leichter macht, nicht aber größere Gewißheit zu verschaffen vermag; und endlich 3. daß Beweise eigentlich nur für die Disputation mit den Irrenden und Leugnenden da sind[114]. Die Ethik im besonderen wird von *Schopenhauer* als empirische Wissenschaft oder Wissenschaft a posteriori bezeichnet und bildet zusammen mit der Psychologie, mit der sie auf gleicher Stufe steht, die allgemeine Lehre von den Gründen des Handelns oder den Motiven.[115] Ethik ist also eine spezielle Wissenschaft, während anderseits Metaphysik oder Philosophie noch immer als nichtbereichhafter „Grundbaß aller Wissenschaft"[116] festgehalten wird: Sie hat die Denkform, innerhalb derer die Wissenschaften agieren und die sie in ihren Erklärungen voraussetzen, eben den Satz vom Grunde, selbst zum Gegenstand; sie übersieht das Ganze und weist dem Einzelwissen seinen Stellenwert zu. In dieser Aufgabenformulierung ist aber zugleich mitgesagt, daß es die Philosophie letztlich nur mit der Frage zu tun hat, was die Welt sei, nicht mit den Fragen nach dem Woher und Wozu ihres Daseins[117].

Feuerbach geht einen erheblichen Schritt weiter: Philosophie (einschließlich Ethik) gilt hier nicht nur als eine im Grunde unangefochtene Wissensform, die den anderen Wissensformen vorgeordnet ist und ihnen gleichsam ihre Stelle im Koordinatensystem anweist, gleichzeitig sich aber deren Resultate aneignet, sondern sie geht weitgehend auf in dem, was man modern als Humanwissenschaften bezeichnet: Die empirische Tätigkeit selbst wird als philosophische qualifiziert. Der ganze Gegenstandsbereich der empirischen Wissenschaften gehört nun auch zu dem ihren: „Die Philosophie ist die Wissenschaft der Wirklichkeit in ihrer Wahrheit und Totalität; aber der Inbegriff der Wirklichkeit ist die *Natur* (Natur im universellsten Sinne des Wor-

---

[112] WWV I: I, 111; WWV II: II, 156 f.
[113] Vgl. WWV I: I, 113–116; WWV II: II, 95–121.
[114] Vgl. WWV I: I, 116 f.
[115] Über die vierfache Wurzel des Satzes vom zureichenden Grunde: III, 185 f, und WWV II: II, 165. Vgl. auch die Polemik gegen *Schleiermacher:* WWV II: II, 113 f.
[116] WWV II: II, 166; vgl. WWV I: I, 134 f.
[117] Vgl. WWV I: I, 134–136.

tes)."[118] Die empirischen Wissenschaften sind jedenfalls in der Wurzel und im Grundakt, „etwas aus einem Objekt des Lebensgenusses zu einem Gedankending, einem Gegenstand des *Wissens* [zu] erheben"[119], mit der Philosophie völlig identisch. Die Philosophie hat auch mit der Realität zu beginnen[120], nicht wie in der idealistischen Spekulation *Fichte*s und *Hegel*s, wo zwar eine (gewaltsame) Verbindung zur Empirie und zu den empirischen Wissenschaften hergestellt wird, aber eben so, daß sich die Realität am Ende aus der Philosophie ergibt. Bevor aber zum Beispiel gefragt wird, wie das Ich zur Annahme einer Welt komme, muß zuerst geklärt werden: „wie kommen wir zur Annahme eines Ich, welches also fragt und fragen kann?"[121] Erst im Verlauf der empirischen Untersuchungen formiert sich dialektisch durch das Bedürfnis zu denken – an der Differenz zwischen Sinnlichkeit und Denken hält *Feuerbach* fest! – die Philosophie notwendig[122] als spezifische, über das Nur-Empirische hinausgehende Tätigkeit. Die „neue" Philosophie, kann daher *Feuerbach* in den ‚Vorläufigen Thesen zur Reform der Philosophie'[123] sagen, „ist der *denkende Mensch* selbst [. . .] – der Mensch, der *ist* und *sich weiß* als die *wirkliche* [. . .] *absolute Identität* aller Grundsätze und Widersprüche, aller aktiven und passiven, geistigen und sinnlichen, politischen und sozialen Qualitäten". Die „neue" Philosophie ist also Anthropologie und, weil der Mensch offensichtlich der universalste Gegenstand ist, als solche die schlechthin umfassende Universalwissenschaft.[124]

Nietzsche treibt die hier sichtbare Auflösung der Moralphilosophie in die Wissenschaften bis ins Äußerste und paralysiert sie dadurch zugleich: Denn einerseits stellt er die Wissenschaftlichkeit ganz auf das Zeugnis der Sinne ab[125] und führt dann mit diesem methodischen Instrument eine vollständige Reduktion beziehungsweise Destruktion dessen durch, was bislang in der europäischen Tradition als Moral gegolten hat. Anderseits erfolgt die Analyse so radikal, daß auch die angeblich reine Wissenschaft[126] ihren Nimbus

---

[118] Zur Kritik der Hegelschen Philosophie: S. W. II, 203.
[119] Über den „Anfang der Philosophie": S. W. II, 206.
[120] Ebd. 207. Vgl. 205–215; Thesen 234 f.
[121] Über den „Anfang der Philosophie": S. W. II, 210 (im Original hervorgehoben).
[122] Ebd. 208.
[123] Thesen 241.
[124] Vgl. Grundsätze 317.
[125] GD 958: „Wir besitzen heute genau so weit Wissenschaft, als wir uns entschlossen haben, das Zeugnis der Sinne *anzunehmen* – als wir sie noch schärfen, bewaffnen, zu Ende denken lernten. Der Rest ist Mißgeburt und Noch-nicht-Wissenschaft: will sagen Metaphysik, Theologie, Psychologie, Erkenntnistheorie. *Oder* Formal-Wissenschaft, Zeichen-Lehre: wie die Logik und jene angewandte Logik, die Mathematik. In ihnen kommt die Wirklichkeit gar nicht vor, nicht einmal als Problem; ebensowenig als die Frage, welchen Wert überhaupt eine solche Zeichen-Konvention, wie die Logik ist, hat."
[126] *Nietzsche* zeigt das nicht nur am Beispiel von Historie und Psychologie auf, sondern auch anhand der heute sogenannten Natur- und Sozialwissenschaften.

einbüßt und sich als kaum bessere Erbin der alten Moralphilosophie entlarven lassen muß. Beide nehmen für ihn dieselbe Grundposition ein, nämlich gerade das zu verleumden, was den Wert des Lebens ausmacht.[127] Was bei der letzteren „Gott", das „Sein" oder ein anderes Absolutum leistete, nämlich das kritische Wissenwollen zum Stillstand zu bringen, versucht die erstere mit den plausiblen Ansprüchen auf Objektivität, Voraussetzungs- und Vorurteilslosigkeit zu erreichen. „Diese beiden, Wissenschaft und asketisches Ideal, sie stehen ja auf einem Boden [...]: nämlich auf der gleichen Überschätzung der Wahrheit (richtiger: auf dem gleichen Glauben an die *Un*abschätzbarkeit, *Un*kritisierbarkeit der Wahrheit) [...]."[128] Wissenschaft ist somit für *Nietzsche* etwas Ambivalentes; sie produziert Ideologie und schafft doch gleichzeitig die Voraussetzung für deren Destruktion. Die angestrebte neue Art von Wissen ist das, was *Nietzsche* „fröhliche Wissenschaft" nennt; sie zeichnet sich dadurch aus, daß sie sich ihres Zusammenhangs mit der Realität, ihrer Bedingtheiten und Interessen bewußt ist, weshalb sie dann auch für eine neue Ethik – soweit diese Bezeichnung für das Gemeinte verwendet werden kann – hilfreich sein könnte.

8.5 Bewahrheitung durch Vernunft und Praxis statt durch Autorität

These 5:
Die Autonomisierung von Sittlichkeit und sittlichem Subjekt steht in diametralem Gegensatz zur Legitimierung von Wahrheit und Ordnung durch Autoritäten. Die Anerkennung praktischer Sätze hängt statt dessen davon ab, inwieweit sie sich vor dem Forum der Vernunft begründen lassen beziehungsweise sich in der tatsächlichen Praxis bewähren.

In gewisser Weise ist Philosophie natürlich immer ein „Gegenunternehmen zur Autorität", die es mit Denken zu ersetzen oder aber zu dissoziieren trachtet.[129] Doch gibt es bezeichnende Unterschiede im „Wie" und im „Wieweit" des Zurückgehens hinter Autorität.
So steht die mittelalterliche Scholastik zwar unter dem strengen Anspruch des *Anselm*ischen „fides quaerens intellectum"; aber in diesem Prinzip ist eben doch die fides das Vorrangige, die Bemühung der ratio das ihr Untergeordnete; Philosophie ist ancilla theologiae. Als materiale Quelle dieser fides gelten die Heilige Schrift und die Väter. Zusammen mit den philosophi, die die (natürliche) Erkenntnis Gottes durch die Schöpfung repräsentieren, bil-

---

[127] Vgl. GM 887. 892; N 692. 697. 736 f.
[128] GM 892, vgl. 887.
[129] *Baruzzi* 1973, 171, im Anschluß an *Hegel*.

den sie die auctores[130], aus denen die Wahrheit „bewiesen" wird, eine Schlußfolgerung bestätigt wird oder von deren scheinbarem Widerspruch ausgehend Probleme nach einem strengen Verfahren[131] geklärt werden können[132]. Dabei ist das Verhältnis zwischen Glaubenslehre und Vernunftwahrheit kein gegensätzliches; beide gehen ja (entsprechend der Überzeugung von der Harmonie zwischen Natur und Gnade) auf eine einzige Wahrheitsquelle: Gott, zurück, und es herrscht zwischen ihnen allenfalls eine Differenz an Vollkommenheit.[133] Selbst die Wahrheit, die die Philosophen *vor* Christus gewannen, geht diesem Ansatz zufolge auf eine Art göttlicher Offenbarung zurück, wenngleich einer solchen, „die erst nachträglich als solche erkannt werden konnte, deren Anerkennung aber nicht notwendig zur „Substanz" dieser Wahrheit gehört"[134]. Daß auch im Bereich der rationalen Argumentation Autoritäten eine so große Rolle spielen, dürfte mit der (für die Soziallehre noch viel entscheidenderen) Überzeugung zusammenhängen, daß den Menschen von Natur aus verschiedene Grade von Vernünftigkeit eignen.[135] – Somit ist im Grunde zwar nicht der Bereich des Wißbaren, aber doch der des Wissenswerten und zu wissen Erlaubten durch die Autoritäten abgesteckt. Es gibt im Mittelalter einem verbreiteten Vorurteil zum Trotz viel eigenständiges Denken, aber dieses ist meist angeregt durch die großen Lehrer der Vergangenheit und wird auch in stetem Rückbezug auf sie betrieben.

Nur um diese spezifische Gestalt des Autoritätsproblems, wie die Wahrheit des Denkens und des Handelns ausgewiesen wird, geht es im folgenden, hingegen nur am Rande um die eng hiermit zusammenhängende Frage der Legitimation und Zuständigkeit kirchlicher und staatlich-sozialer Autoritäten.[136]

---

[130] Interessante Beschreibungen des mittelalterlichen Autoritätsprinzips (keine Erklärung) bieten z. B. *Grabmann* 1961, II, 59–94 (zur frühscholastischen Vorgeschichte vgl. I, 179–189. 215–234. 265–284); *Grabmann* 1948, 146–185; *Chenu* 1960, 62–64. 138–174.
[131] S. *Chenu* 1960, 154–166.
[132] Vgl. z. B. *Thomas von Aquin*, in Metaph. II, 1: „Adiuvatur enim unus ab altero ad considerationem veritatis dupliciter. [. . .]/*Directe* quidem iuvatur ab his qui veritatem invenerunt: quia [. . .] dum unusquisque praecedentium aliquid de veritate invenit, simul in unum collectum, posteriores introducit ad magnam veritatis cognitionem./*Indirecte* vero, inquantum priores errantes circa veritatem, posterioribus exercitii occasionem dederunt, ut diligenti discussione habita, veritas limpidius appareret." Für die Theologie ist das argumentari ex auctoritate sogar eigentümlich, vgl. etwa S. th. I, 1, 8.
[133] Z. B. *Thomas von Aquin*, In Boëth. de Trin., Prooem., 2, 3: „[. . .] cognitio Dei per creaturam in philosophia proponitur. [. . .]/[. . .] impossibile est quod ea quae sunt philosophiae, sint contraria iis quae sunt fidei, sed deficiunt ab eis. [. . .] Si quid autem in dictis philosophorum inveniatur contrarium fidei, hoc non est philosophiae, sed magis philosophiae abusus ex defectu rationis."
[134] *Blumenberg* 1966, 326.
[135] Vgl. auch das von *Chenu* 1960, 142–145, beschriebene mittelalterliche Verständnis von auctoritas. Vgl. auch *Ellscheid* 1973, 974.
[136] Vgl. zu diesem Aspekt etwa *Eschenburg* 1965.

Die Verbindlichkeit der Autoritäten mußte problematisch werden, wo durch Erfahrung und Beobachtung neues Wissen gewonnen wurde, das in vielen Punkten weder mit der Bibel noch mit den sonstigen auctoritates harmonisierbar war; sie mußte dies aber erst recht, wo das gemeinsame Handeln zerbrach und die Kontrahenten sich jeweils mit anerkannten Autoritäten rechtfertigen konnten. Der (in Humanismus und Reformation unternommene) Versuch, die wachsende Diskrepanzerfahrung *im* Rahmen des Autoritätsprinzips aufzufangen, indem man hinter die interpretierenden Instanzen und hinter die ganz unmittelbar zur Geltung gebrachte Tradition auf das Originale, material Vollständige, kritisch-hermeneutisch in seiner eigentlichen Intention Erfaßte zurückging, versprach nur eine begrenzte Zeit lang Erfolg. Dann aber strebte man danach, die mittelbare Bewahrheitung durch eine unmittelbare, direkte zu ersetzen: An dieser Stelle entspringen zwei mächtige Traditionsströme, von denen der eine auf Empirie, der andere auf vernünftiger Einsicht fußt. Die Beschränkung des Wahrheitsproblems auf ein Problem der menschlichen Vernunft, die die Philosophie der Neuzeit bis zum Deutschen Idealismus kennzeichnet, ist von daher gesehen weder einfach Zerstörung von Tradition und Autorität, noch einfach schrankenloser Subjektivismus, sondern der Versuch, menschliches Denken und Handeln auch angesichts der neuen Wirklichkeitserfahrung unter dem überkommenen Anspruch von Rationalität und Gemeinsamkeit zu erhalten.
Eine für heutige Ohren kaum noch bemerkbare Polemik gegen die traditionelle, autoritative Argumentation liegt allein schon in der Tatsache, daß die bedeutendsten Philosophen wenigstens seit *Descartes* wichtige Schriften in ihrer Muttersprache und nicht mehr in Latein abfassen. Weiterhin fällt im Vergleich zur älteren Literatur auf, daß sie sich fast an keiner Stelle auf frühere oder zeitgenössische Autoren beziehen, geschweige denn sie zitieren, auch wenn sie – wie neuere Forschungen gezeigt haben – stoffmäßig stark von ihnen abhängen. Ähnliches gilt bezüglich der Verwendung von Bibelstellen. Am meisten allerdings betrifft die Souveränitätserklärung der Vernunft in der genannten Epoche die innere Struktur des Denkens selbst: Es will gänzlich aus seiner eigenen argumentativen Potenz leben und sich damit der unbeschränkten Kontrollierbarkeit (jedes Vernunftswesen verfügt ja über diese Potenz!) öffnen. In dieser strengen Selbstdisziplinierung wird vernünftiges Denken zu einer, ja zu *der* allein als moralisch verantwortbaren Haltung, die alle nur faktisch geltenden oder nur autoritativ „begründeten" Wahrheitsansprüche auf ihre Vernünftigkeit hin hinterfragt. Kritik (als theoretische Einstellung) und Autonomie (als praktische Haltung) sind mithin die eigentlichen Gegenbegriffe zu Autorität. Was sich nicht dieser Kritik unterwirft, beziehungsweise vor ihr nicht bestehen kann, fällt unter die Kategorie des „Vorurteils".
Am programmatischsten formuliert und wirkungsgeschichtlich am nachhal-

tigsten zum Tragen gekommen sind die genannten Züge bei *Kant*; an ihm sei deshalb exemplifiziert, was unter der hier erörterten Perspektive im Großen und Ganzen auch für *Descartes*[137] und *Fichte*[138] gilt. Die Notwendigkeit seines Bemühens ergibt sich für *Kant* aus dem Tatbestand, daß die Metaphysik den Rang einer „Königin der Wissenschaften" verloren hat und zum „Kampfplatz endloser Streitigkeiten" geworden ist.[139] Die Ursache dafür sieht er im „Dogmatismus" der sich widersprechenden Behauptungen und Standpunkte; als dogmatisch zählen alle Wahrheitsansprüche, die keinen Unterschied machen zwischen Erkennen (das an meine Endlichkeit gebunden ist) und Denken[140] und letzterem dadurch objektive Gültigkeit zu verschaffen suchen, daß sie sich in irgendeiner Weise autoritativ legitimieren, sei es, daß sie Konvention, sei es, daß sie faktische Geltung oder Offenbarung oder staatlichen Machtanspruch als selbstverständlich zugrunde legen. *Kant* verwirft sie nicht einfach, aber er nötigt sie, sich vor dem für souverän erklärten „Gerichtshof" der Vernunft zu rechtfertigen[141]. Dieser Antidogmatismus geht aufgrund der Einsicht, daß der Mensch alles immer nur im Akt des Erkennens „hat", so weit, daß die Vernunft selbst über die Möglichkeit des von ihr Behaupteten Rechenschaft ablegen muß. Dabei ist Vernunft nicht das Privileg einiger weniger, durch Natur oder Machtanspruch dazu Ausersehener, sondern eignet prinzipiell jedem Subjekt. Von der Zielvorstellung her, daß jeder sich seines eigenen Verstandes ohne Leitung eines anderen sicher und gut bedienen kann[142], müssen in das Gerichtsverfahren auch jene Feigheit und Bequemlichkeit einbezogen werden[143], die auf seiten der vernünftigen Subjekte den Dogmatismen Aufnahmebereitschaft verschaffen.

Die sittlich-autonomen Persönlichkeiten bilden vorteilhafterweise zusammen eine „allgemeine Republik nach Tugendgesetzen"[144], das sogenannte „ethische gemeine Wesen"[145]. Dessen allein „auf ethische Zwecke gerichtete Verfassung [kann und darf nicht] durch Zwang" bewirkt werden.[146] – Insofern ist hier ein ganz klarer Trennungsstrich zur staatlichen Verfassung gezogen. Ähnliches gilt auch gegenüber der sichtbaren Kirche. Der sittliche Glaube wird zwar „am besten auf eine hl. Schrift gegründet"[147], doch nicht,

---

[137] Für *Descartes* s. das in Kapitel 2.3.4 Gesagte.
[138] Besonders markante Stellen: Erste E. 422; Sonnenklarer Bericht: S. W. II, 329 f; SL 175–177. 202 f. 249 f.
[139] Vgl. KrV A VIII–X.
[140] Zu dieser Unterscheidung s. KrV B XXVI.
[141] KrV A XI.
[142] Was ist Aufklärung?, A 481 und 491.
[143] Vgl. ebd. 481 f.
[144] Rel B 136.
[145] Bes. Rel B 137–140.
[146] Rel B 132.
[147] Rel B 145.

um ihm Glaubensgewißheit zu verleihen, sondern nur, um ihm eine „gewisse auf Erfahrungsbedingungen beruhende kirchliche Form, die an sich zufällig und mannigfaltig ist"[148], zu geben. Authentisch ausgelegt wird die Schrift allein durch den reinen Vernunftglauben. *Kant* gesteht zwar die Notwendigkeit von „Schriftgelehrten" zu, doch erstrecke sich deren Kompetenz allein auf das (obendrein nachprüfbare) Verstehenkönnen des Historischen; eine darüber hinausgehende verbindliche institutionelle Interpretationszuständigkeit weist *Kant* nicht nur scharf zurück, sondern hält sie sogar für außerordentlich gefährlich[149].

Geraten moralisch-vernünftige und institutionelle Gesetzgebung (staatlicher oder kirchlicher Art) in Konflikt, so darf letztere Loyalität nur in dem Maße erzwingen, wie jemand ein Amt in dieser Institution bekleidet. Der öffentliche Vernunftgebrauch hingegen – das ist derjenige, „den jemand als *Gelehrter* [...] vor dem ganzen Publikum der *Leserwelt* macht"[150] – muß jederzeit frei sein.[151]

Ironischerweise glaubt schon *Fichte* den antidogmatischen Impuls von *Kant*s Philosophie gegen die Kantianer, ja gegen *Kant* selber in Schutz nehmen zu müssen: *Kant* selbst ist Autorität geworden. In der Fortsetzung dieser Linie können auch *Feuerbach, Schopenhauer* und *Nietzsche* als jeweils radikaler ansetzen wollende Erben und Fortsetzer der *Kant*ischen Intention verstanden werden. Ihr spezifischer Beitrag besteht darin, die Autoritäten-Argumentation nicht nur als unvernünftig abzulehnen, sondern die Autorität in dem Maße, wie die Vernunft gesellschaftliche, historische oder biologische Vernunft wird, durch das Aufzeigen ihrer gesellschaftlichen, historischen oder biologischen Bedingtheit zu paralysieren. Am schärfsten wird solche Kritik von *Feuerbach* und *Nietzsche* an den vom Christentum als allgemein-gültige Offenbarung beanspruchten biblischen Schriften durchgeführt. Auch stimmen beide Denker darin überein, daß der Rekurs auf Autoritäten nicht nur der Vernunft unwürdig oder moralisch unerlaubt sei, sondern vor allem dem jeweiligen Wirklichkeitsbewußtsein nicht mehr adäquate Gesellschafts- und Herrschaftsformen konserviere, weil er ihnen eine Letztbegründung verleihe, die sie vor jedem Vernunfteinwand abschirme. Noch weiter geht *Nietzsche*: Weil niemand, auch er selber nicht, „die" Wahrheit haben kann, sondern diese immer eine zu den jeweiligen Machtverhältnissen relative und von ihnen perspektivisch bedingte ist, gewinnt autoritäres Sprechen bei ihm neuerlich Bedeutung. Er sieht daher im Präsentieren der Gründe, wofür ihm die Dialektik Beispiel ist, ein Unterliegen des vornehmen Geschmacks, ein

---

[148] Rel B 149 (syntaktisch angeglichen).
[149] Vgl. Rel B 157–166. 250–255. 277 f.
[150] Was ist Aufklärung?, A 485.
[151] Vgl. Was ist Aufklärung?, A 484–494. Zum Problem des Widerstands im besonderen: MS/R B 187. 203–212; Zum Ewigen Frieden. Ein philosophischer Entwurf, B 100–103.

anti-aristokratisches Prinzip, ein Symptom für Niedergang.[152] Allerdings zielt er dabei ein Sprechen und Befehlen kraft eigener Vollmacht an, nicht die „von außen kommende Tyrannei von Autorität"[153]. Bei allen drei der zuletzt genannten Autoren wird dennoch überaus häufig auf die Schriften anderer Bezug genommen. Daß diese Bezugnahmen jedoch keineswegs das Verfahren der Beglaubigung durch Autorität rehabilitieren sollen, sei exemplarisch an *Schopenhauer*[154] deutlich gemacht. Formal fällt bei den Belegen und Zitaten, die rund ein Fünftel seines Werkes ausmachen, zunächst auf, daß sie jeweils zu großen Summarien[155] zusammengezogen sind, und daß sie erst hinter der eigentlichen und systematischen Erörterung plaziert werden. Dies zeigt, daß nicht einzelne Autoritäten, sondern erst diese als Mehrzahl von Gewicht sind, und zwar als Bestätigung im Nachhinein. An ihnen als Gesamtheit wird ein consensus gentium et temporum verifiziert, dem eine quasi-empirische Bestätigungskraft zugesprochen wird: „So viele Übereinstimmung bei so verschiedenen Zeiten und Völkern ist ein faktischer Beweis, daß hier nicht [...] eine Verschrobenheit und Verrücktheit der Gesinnung, sondern eine wesentliche und nur durch ihre Trefflichkeit sich selten hervortuende Seite der menschlichen Natur sich ausspricht."[156] In diesem Zitat ist auch schon die zweite Funktion derartiger Bezugnahmen angedeutet: die Polemik. *Schopenhauer* kämpft gegen die unbestrittenen Autoren seiner Zeit; er versucht deshalb, seine Argumente gewichtiger zu machen und ihnen Gehör zu verschaffen, indem er sie mit Autoritäten ausweist, die auch von seinen Gegnern anerkannt sind. In dieser zweiten Funktion bilden die Verweise ein superadditum, das nur als argumentum ad hominem (beziehungsweise ad inimicum) von Belang ist. So kann man *Schopenhauer* also nicht offenkundiger Widersprüchlichkeit bezichtigen, wenn er an vielen Stellen mit geradezu *Platon*ischem Wahrheitspathos[157] betont, sein Denken operiere allein mit Gründen, nicht mit Autoritäten, und für sich zum Beispiel beansprucht, „daß ich meine Begründung der Moral wirklich und ernstlich *bewiesen* habe, mit einer Strenge, welche der mathematischen nahekommt. Dies ist in der *Moral* ohne Vorgang [...]."[158]

---

[152] Vgl. GD 953. 1016.
[153] JGB 738.
[154] Für *Feuerbach* s. S. 296, Anm. 242.
[155] Beispiele für solche Autoritäten-Sammlungen s. WWV I: I, 517 f. 524–529. 692 f; WWV II: II, 750–754. 782–813; PFW: III, 579–583. 583–615; PGM: III, 781–786. 786–789. 805–813.
[156] WWV I: I, 529; vgl. 554; WWV II: II, 218. 785 f; PFW 579; Par I: IV, 148. – Eine etwas andere, „reaktionärere" Auffassung wird hingegen in WWV II: II, 209 (vgl. 218) sichtbar: Die Autorität alter Schriften wird hier höher eingestuft, weil sie „der Entstehung des Menschengeschlechts und dem Urquell der organischen Natur bedeutend näher standen als wir".
[157] Vgl. etwa: WWV I: I, 13. 14–26. 27. 72 f; WWV II: II, 243. 589; Vorrede zur ersten Auflage: III, 492; PFW: III, 615 f; PGM: III, 633. 704. 812 f; Par II: V, 382 f.
[158] Vorrede zur ersten Auflage: III, 493.

8.6 System als Theoriestruktur

These 6:
Die autonome Ethik partizipiert am Anspruch der neuzeitlichen Philosophie, ihre Erkenntnis als strenges System im Sinne einer auf wenigen (oder – im Idealfall – auf nur einem) Grundsätzen beruhenden beziehungsweise von ihnen methodisch abgeleiteten Verknüpfung der Einzelerkenntnisse zu begreifen und darzustellen. Im weiteren Verlauf der wachsenden Orientierung an den Erfahrungsgegebenheiten wird das System als Wissenschaftskonzeption als spekulatives Konstrukt entlarvt, aber auch als literarische Form paralysiert.

Zweifellos leisteten auch vorneuzeitliche Theorien, etwa in der Gestalt der mittelalterlichen Summen, Corpus, Loci communes, eine Systematisierung, die den Charakter einer bloßen Anhäufung weit überschritt. Es ging ihnen darum, die einzelnen Wahrheiten richtig zu erkennen, sie begrifflich möglichst adäquat zu fassen und in genauer Korrelation an den Platz innerhalb eines Ganzen zu stellen, der ihnen in der als bereits vorhanden gedachten Ordnung (zum Beispiel der des Seins oder der der positiven Offenbarung) seinsmäßig vorherbestimmt ist.[159] – Davon hebt sich das System, wie es in der Philosophie der Neuzeit verstanden wurde, insofern ab, als es nicht in erster Linie die Abbildung einer Seinsordnung, eine beschreibende Darstellung, „Wiedergabe" sein will, sondern eine Ordnung von Wissen und damit vornehmlich eine Verknüpfungs- und Verfahrensweise. Es ist hiernach die menschliche Vernunft, die die Ordnungsform der wissenschaftlichen Erkenntnis konzipiert, ohne daß diese deshalb einfach als ein willkürliches Produkt des Machens verstanden werden dürfte. Die Herstellung von Begründungszusammenhängen wird als menschliche Tätigkeit aufgefaßt.[160] Erst

---

[159] *O. Ritschl*, dem wir die noch immer gründlichste historische Untersuchung über den Systembegriff verdanken, charakterisiert diese vorneuzeitliche Vorstellung im Blick auf die protestantischen Theologen des 16. Jahrhunderts so: „Wird nun das Ganze aller Wahrheiten, wenn auch nur je im Bereich eines einzelnen Wissensgebietes, nicht mehr bloß als Komplex und Aggregat, sondern als Organismus oder System gedacht, so entspricht dieser Auffassung andererseits das Erkenntnisideal, denselben Zusammenhang, der objektiv vorliegt, auch subjektiv nach den Regeln einer guten Methode als System zu gestalten und den Lernenden als Leitfaden für ihre eigene Orientierung in die Hand zu geben" (*Ritschl* 1906, 25 f, vgl. 50 f). – Zur Geschichte des Begriffs System vgl. außerdem: *v. d. Stein* 1968; *Kambartel* 1969; *Zahn* 1974.

[160] Dieser Unterschied zwischen alter und neuer Auffassung kommt schon in den zwei Bedeutungen des Wortes Systema zum Ausdruck, die *J. G. Walch* im gleichnamigen Artikel seines ‚Philosophischen Lexikons' differenziert: „Man braucht solches sonderlich auf zweierlei Art: entweder von der Verbindung der einzelnen Dingen, wie sie wirklich existieren, als wenn man sagt das *systema mundi*, wodurch man das Verhältnis des großen Welt-Gebäudes verstehet, wie dasselbige eingerichtet; oder zusammen geordnet; oder von der Verknüpfung gewisser Wahrheiten untereinander, wie man solche in dem menschlichen Verstand anstellet" (*J. G. Walch*, Philosophisches Lexikon, Leipzig ²1733, 2516 f).

dieser Wandel der ordnunggebenden Instanz ermöglicht die Aufstellung zweier weiterer, dem neuzeitlichen Systemverständnis eigenen Momente: Vollständigkeit und Demonstriertheit, das heißt durchgängiger Begründungszusammenhang (anstelle eines früheren Wesenszusammenhangs).

Die genannten drei spezifischen Momente sind schon deutlich vorhanden bei *Descartes*, der das Wissen streng als System entfalten und demonstrieren will. Obschon er ein vielfältiges Wissen bereits vorfindet und auch als Wissen gelten läßt, sucht er es in ein System zu bringen, das aber seinem Entwurf nach den Charakter einer bloßen Kombination oder auch einer organischen Zusammenstellung des Vorhandenen überschreitet und etwa auch Leerstellen ausfindig macht. *Descartes* sucht nach jenem tragenden Grundsatz, der den (bereits besessenen wie auch den methodisch zu erschließenden) Wahrheiten subjektive Gewißheit verleiht. Er findet ihn im „Cogito ergo sum". – Sicherlich setzt *Descartes* noch die Korrelation von System und Wesens-Ordnung voraus, aber der prinzipielle Durchbruch zum neuzeitlichen Systembegriff ist in der Grundfigur und in der Akzentverschiebung vollzogen. Ein objektives Weltsystem ist nur noch mittelbar vorausgesetzt. Dies ist explizit ausgesprochen in der in 8.2 zitierten Stelle aus den ‚Principia'. Unter diesem Gesichtspunkt ist es bemerkenswert, daß für die Vorstellung der Ordnung des Wissens nicht mehr das Bild des Kosmos Pate steht, sondern neben dem Bild des Baumes[161], das ebenfalls eine geprägte Vorgeschichte hat, das Bild der Stadt[162] und das des planmäßig errichteten Hauses[163], – zwei Analogien also, die auf ganz vom Menschen selbst ins Werk gesetzten Faktizitäten beruhen.[164]

Nach *Kant* ist die menschliche Vernunft ihrer Natur nach „architektonisch, d. i. sie betrachtet alle Erkenntnisse als gehörig zu einem möglichen System"[165]. Unter System versteht *Kant* in Abhebung von „Rhapsodie"[166], „Aggregat"[167], „Häufung"[168], aber im Unterschied zur „systematischen Zergliederungskunst" der bloß empirisch gegründeten Wissenschaften, die er im Gegensatz zu den rationalen „historische" nennt[169], „die Einheit der mannigfaltigen Erkenntnisse unter einer Idee. Diese ist der Vernunftbegriff

---

[161] Lettre de l'auteur . . .: A–T IXB, 14 f.
[162] Disc. 11 ff.
[163] Disc. 7 f.
[164] Der Vergleich mit dem Haus taucht im übrigen sehr bald auch bei anderen Autoren auf, so z. B. bei *Kant* (z. B. KrV B 502 f) sowie den von *Ritschl* untersuchten Theologen (vgl. *Ritschl* 1906, 66).
[165] KrV B 502.
[166] KrV B 860.
[167] Ebd.
[168] Vgl. KrV B 861.
[169] KrV B 864. Auch: Metaphysische Anfangsgründe der Naturwissenschaft, A IV f. – Zu diesem ungewöhnlichen Gebrauch von „historisch", der hier vornehmlich die so genannten Naturwissenschaften meint, vgl. die Erläuterungen bei *Kambartel* 1969, 105–107.

von der Form eines Ganzen, so fern durch denselben der Umfang des Mannigfaltigen so wohl, als die Stelle der Teile untereinander, a priori bestimmt wird."[170] Die Art der Verknüpfung im System ist „ein Zusammenhang von Gründen und Folgen"[171]. Für die theoretische Philosophie ist der oberste Systempunkt, der alle Gegenständlichkeit und Mannigfaltigkeit überhaupt erst ermöglicht, – in Fortführung *Descartes'* – „die synthetische Einheit der Apperzeption".[172] Die Ethik beruht auf dem Prinzip der Autonomie, das analytisch aus der moralischen Erkenntnis der gemeinen Menschenvernunft gewonnen wird. Die Gemeinsamkeit beider Arten von Vernunftgebrauch besteht nicht nur im Bezug auf die das erfahrbar Gegebene überschreitende, transzendentale autonome Vernunft, sondern letztendlich und eigentlich in der „Beziehung aller Erkenntnis auf die wesentlichen Zwecke der menschlichen Vernunft"[173]; das wiederum kann nur ein einziger sein: die im Sittengesetz vorgezeichnete „Bestimmung des Menschen"[174], genauer gesagt also die Freiheit als der oberste Zweck. Deshalb steht für *Kant* die Ethik an der Spitze der systematischen Architektonik. – *Kant* hält es zwar für möglich, „eine Architektonik alles menschlichen Wissens"[175] herzustellen, doch beschränkt er sich darauf, die „Architektonik aller Erkenntnis aus reiner Vernunft" zu liefern[176]. Dieses System aller Vernunfterkenntnis ist jedoch „eine bloße Idee", die nirgendwo gegeben ist und prinzipiell nur approximativ erreicht werden kann.[177]

*Fichte*s Systemkonzeption unterscheidet sich von der *Kant*ischen nicht grundlegend; er will lediglich die von Kant nicht streng genug und nicht zu Ende geführte Deduktion bis hinter den verbliebenen Dualismus von theoretischer und praktischer Vernunft auf sein eigentliches Fundament zurückführen. Er findet es in dem durch Freiheit vollzogenen, auf sich selber gerichteten Handeln: Ich bin Ich. Sein das ganze System tragender Grund-Satz beschreibt also nicht etwas, was *ist*, sondern er ist – und dies bedeutet doch eine gewaltige Veränderung gegenüber den bisherigen Systemen – eine Tathandlung, die unmittelbar im Bewußtsein nachgewiesen wird. Aus diesem letzten, obersten, schlechthin gewissen Grundsatz sollen alle anderen Sätze der Philosophie, ja aller Wissenschaften deduziert werden. Dies geschieht durch ein permanentes Fortschreiten vom Bedingten zur Bedingung, beginnend bei der Suche nach jenen Bedingungen, unter denen das Bewußtsein der absoluten Verpflichtung möglich ist. „Als letztes Resultat, als Inbegriff

---

[170] KrV B 860. Vgl. KprV 18 f.
[171] Metaphyische Anfangsgründe der Naturwissenschaft, A 5.
[172] Vgl. KrV B 134.
[173] KrV B 867.
[174] KrV B 868.
[175] KrV B 863.
[176] Vgl. KrV B 860–879.
[177] Vgl. KrV B 866.

aller Bedingungen des zuerst aufgestellten [sc. Grundsatzes] [‚muß] das System aller notwendigen Vorstellungen, oder die gesamte Erfahrung herauskommen"[178]. Anders gesagt: „Ist der Grundsatz gegeben, so müssen *alle* Sätze gegeben sein; in ihm und durch ihn ist jeder einzelne gegeben."[179] Im Gegensatz zu *Kant* glaubt *Fichte* allerdings an die Vollendbarkeit des Systems: In der Wissenschaftslehre „führt Eins zu Allem, und Alles zu Einem. Sie ist die einzige Wissenschaft, welche vollendet werden kann [. . .]. Alle andere Wissenschaften sind unendlich, und können nie vollendet werden; denn sie laufen nicht wieder in ihren Grundsatz zurück. Die Wissenschaftslehre hat dies für alle zu beweisen und den Grund davon anzugeben."[180]

Schopenhauer[181] bezeichnet seine Philosophie als „die Entfaltung eines einzigen Gedankens"[182] und beansprucht mit der ihm eigenen Unbescheidenheit, „daß nie ein philosophisches System so ganz aus *einem* Stück geschnitten war wie [s]eines, ohne Fugen und Flickwerk"[183]. Dieser „einzige Gedanke" ist der Wille als Dinge an sich und die Welt als je meine Vorstellung (deren allgemeinste Form der Satz vom Grund darstellt). Es handelt sich bei diesem Grundprinzip nicht um ein spekulatives Primum, um „eine Art Ekstase oder Hellsehn"[184], sondern um das durch unaufhörliches Weitersuchen gefundene „letzte real Gegebene"[185]. – *Schopenhauers* Philosophie will also System sein, allerdings nicht wie die Systeme des Deutschen Idealismus ein deduktives, sondern ein „organisches", das heißt ein solches, „wo jeder Teil ebensosehr das Ganze erhält, als er vom Ganzen gehalten wird, keiner der erste und keiner der letzte ist, der ganze Gedanke durch jeden Teil an Deutlichkeit gewinnt und auch der kleinste Teil nicht völlig verstanden werden kann, ohne daß schon das Ganze vorher verstanden sei"[186]. Für *Schopenhauer* ist der Unterschied beider System-Typen bedingt durch die Art und Weise, wie das System jeweils zustande kommt: analytisch in seinem Fall, synthetisch im Falle der anderen.[187] Ein analytisches System besteht nicht in Schlußketten, die

---

[178] Erste E. 446, vgl. 447 f.
[179] Über den Begriff der WL: S. W. I, 58. Vgl. SL 172.
[180] Über den Begriff der WL: S. W. I, 59, vgl. 57–62. – Beim späten *Fichte* erscheint die Systemkonzeption modifiziert: Es wird als Erscheinung, als Bild des Absoluten begriffen.
[181] Er wird hier abweichend von der sonstigen Behandlung vor *Feuerbach* genannt, weil er unter dem diskutierten Gesichtspunkt der idealistischen Tradition noch deutlich nähersteht.
[182] WWV I: I, 394; Über den Willen in der Natur: III, 474. – Seinen Systemanspruch thematisiert *Schopenhauer* besonders in: WWV I: I, 7–9. 109–118. 394; WWV II: II, 240 f; Über den Willen in der Natur: III, 474; Vorrede zu ‚Die beiden Grundprobleme der Ethik': III, 483 f; PGM: III, 634 f; Par I: IV, 162–164.
[183] Über den Willen in der Natur: III, 474.
[184] WWV II: II, 241 (syntaktisch angeglichen).
[185] Par I: IV, 164.
[186] WWV I: I, 7.
[187] Vgl. Par I: IV, 164. Diese Charakterisierung steht, was die Bewertung betrifft, in gewisser Spannung zu früheren Äußerungen, in denen *Schopenhauer* das synthetische Verfahren nicht negativ eingestuft, ja selbst den 4. Teil von WWV als so vorgehend gekennzeichnet hatte (PGM 635; Vorrede zu ‚Die beiden Grundprobleme der Ethik': III, 483).

von allererstens Sätzen ausgehen, die bereits allen Inhalt in sich haben, so daß im Grunde jeder Folgesatz nur ein logisches Explizitmachen ist; es setzt sich vielmehr aus den Sätzen zusammen, die auf unmittelbarer Anschauung der realen Welt selbst und nur subsidiär und provisorisch auf Beweisen[188] beruhen. Die strenge Einheit und „Zusammenstimmung" trifft als „natürliche Übereinstimmung" „unausbleiblich" durch die sukzessiv von verschiedenen Standorten aus gemachten Wahrnehmungen ein und steht deshalb in nichts derjenigen eines deduktiven Systems nach.[189] Seine einzelnen Sätze sind unabhängig voneinander gefunden, sie stehen sämtlich jeweils auf dem Boden der Erfahrung; der Hauptgedanke des Systems ist gleichsam nur das von allen Phänomenen und Sätzen gleich weit entfernte und gleich schnell erreichbare Innerste, ihrer aller Einheit[190], „während die andern Systeme hoch aufgeführten Türmen gleichen"[191], wo die konkretesten Sätze – im Bild die Spitzen des Turmes – die bedrohtesten sind, weil ihre Gültigkeit von der aller übrigen abhängt und ein einziger Fehlschluß das ganze Gebäude zum Einsturz bringt[192]. – Trotz des strengen Anspruchs sind in dieser qualitativen Veränderung bereits Elemente aufgegeben, die für den neuzeitlichen Systembegriff spezifisch sind, insbesondere das der durchgängigen Deduktion. Es ist daher nur konsequent, wenn *Schopenhauer* selber an sein systematisches Hauptwerk zwei ebenso umfangreiche Aphorismenbücher, die ‚Parerga und Paralipomena', anschließt.

Auch *Feuerbach* reklamiert für seine Philosophie die Anschauung als Basis, doch wird diese durch ihre Vorrangstellung gerade zu dem, was System überhaupt verhindert. Die Philosophie müsse voraussetzungslos beginnen, als „wahre, objektive" zunächst das Bedürfnis, das Leiden, die Endlichkeit, die konkreten Gegenstände und Individuen wahrnehmen, ehe sie dies alles denkend bestimme. Die großen Systeme begännen aber im Gegenteil mit einer Setzung; „die Vermittelung hat bei ihnen nur die Bedeutung der *Verdeutlichung*, wie bei Fichte, oder der *Entwicklung*, wie bei Hegel".[193] „Die Anschauung gibt das mit der *Existenz unmittelbar identische*, das Denken [sc. als die Quelle des metaphysisch-idealistischen Systems] das durch die *Unterscheidung*, die *Absonderung* von der Existenz *vermittelte* Wesen."[194] Wo aber Sinnlichkeit und Konkretion beziehungsweise der wirkliche Mensch[195] als Kennzeichen der Wahrheit gelten, kann der Systemgedanke von vornherein nur als zu verabschiedende Gegenposition auftreten.

[188] Bes. WWV I: I, 113–118.
[189] Vgl. Par I: IV, 163.
[190] S. den Vergleich mit dem hunderttorigen Theben, in: Vorrede zu ‚Die beiden Grundprobleme der Ethik': III, 483 f.
[191] Par I: IV, 164.
[192] Vgl. Par I: IV, 164; WWV I: I, 7.
[193] Kritik der Hegelschen Philosophie: S. W. II, 180.
[194] Thesen 235.
[195] Vgl. Vorrede zur 2. Auflage vom ‚Wesen des Christentums': S. W. VII, 283.

Erst recht geht *Nietzsche* gegen das System an. „Alles [...] ist geworden; es gibt *keine ewigen Tatsachen*: so wie es keine absoluten Wahrheiten gibt. – Demnach ist das *historische Philosophieren* von jetzt ab nötig und mit ihm die Tugend der Bescheidung."[196] Das bedeutet zuallererst: Es gibt gar keine unbedingten Grundsätze, auf denen sich ein System errichten ließe. Systeme sind „glänzende Lufterscheinungen", die für alle Probleme den Besitz von Antworten vortäuschen.[197] Ja, schon „der Wille zum System ist ein Mangel an Rechtschaffenheit".[198] Das System ist Symptom und Instrument des Machtwillens jener Gruppe von Schwachen, die sich durch die lebens- und sinnlichkeitsfeindliche Weltdeutung zur Herrschaft bringt und sie zu stabilisieren versucht. – *Nietzsche* hat seinen Protest gegen den überkommenen Typ des systematisch-philosophischen Denkens noch greifbarer und wirkungsvoller durch seinen dichterischen, bildhaften Stil und durch die literarische Form des Aphorismus[199], in dem alle seine Schriften seit MA verfaßt sind, zum Ausdruck gebracht. Der Aphorismus ist für ihn nicht nur eine Sprachgestalt, sondern vielmehr eine Denkweise, in dem sich das Fragmentarische und prinzipiell Perspektivische veranschaulichen läßt; der Aphorismus gilt ihm als einzige adäquate Möglichkeit, Wahrheit auszusagen.[200] Wie „Leben" für *Nietzsche* der Gegenbegriff zur substantiellen „Wahrheit" ist, so ist der Aphorismus die Gegen-Sprachform und -methode zum System[201].

8.7 Stellung des Subjekts[202]

These 7:
Die tradierte Bedeutung des Subjektbegriffs kehrt sich in der neuzeitlichen Philosophie überhaupt wie auch in der Ethik geradezu um und rückt in eine ganz zentrale Stellung ein: Subjektivität gibt den Rahmen ab, innerhalb dessen Wahrheit sich vermittelt beziehungsweise von dem her sie sich sogar konstituiert. Insofern kann das Programm autonomer Moral nicht getrennt werden vom Programm der moralischen Autonomie des Subjekts.

[196] MA 448.
[197] Vgl. MA 755.
[198] GD 946; vgl. JGB 584.
[199] Die interessante Dissertation von *H. Krüger* (1956) verfolgt die Tradition des modernen aphoristischen Denkens über das romantische Fragment (*Lichtenberg, Schlegel, Novalis*) und den Skeptizismus der französischen Moralisten (bes. *Montaigne, Pascal, Larochefoucauld, Montesquieu*) bis auf *Erasmus* zurück. – Vgl. daneben auch *Margolius* 1960.
[200] Explizit reflektiert *Nietzsche* über Aphorismus, Sentenz u. ä. z. B.: MA 475 f. 562. 780–782. 786 f. 797. 798; FW 256 f; JGB 699; GM 770; GD 1026; N 448.
[201] Darum muß der Versuch, aus *Nietzsche*s Philosophie ein System herausdestillieren zu wollen, von vornherein scheitern. Die Aphorismen sind nicht Bausteine, aus denen sich ein (im Plan bereits vorhandenes, wenn auch nicht ausdrücklich dargestelltes) Gebäude herstellen ließe.
[202] Ich beschränke mich hier auf eine sehr knappe Zusammenfassung, da die Erläuterung dieser These weitgehend in der eng damit zusammenhängenden These 8 gegeben wird.

Obschon bei *Descartes* „subiectum" noch wie in der scholastischen Tradition die vom Erkennen unabhängige Substantialität meint, ist der Subjektivität im neuzeitlichen Verständnis unter den Stichwörtern „perceptio" und „cogitatio" bereits die genannte, nicht nur das Tun, sondern auch alles Wissen und Erkennen erst begründende Funktion zugewiesen. Die Feststellung einer prinzipiell nicht hintergehbaren Subjektivität[203] darf allerdings nicht als Proklamation der Willkür verstanden werden; Subjektivität stellt vielmehr ein jederzeit und allein aufgrund der allen Subjekten gemeinsamen ratio bereitstehendes Kriterium dar.

Kant (und noch radikaler *Fichte*) überträgt dem Subjekt nicht nur den Zugang zum Erkennen im Sinne einer conditio sine qua non, sondern sieht in ihm den Träger des Verstandes, vermöge dessen Gegenstände überhaupt erst konstituiert werden können; als rezeptiv gilt einzig noch die Sinnlichkeit. Das besagt, daß das Subjekt im Erkennen das Objekt nicht bloß „wieder"gibt, sondern ihm etwas zufügt, was es für sich selbst genommen noch nicht hat. Die Formen der Anschauung und die Kategorien des Verstandes gelten somit als subjektive, was aber nicht auch heißt: als individuelle; denn sie sind trotz ihrer Subjektivität apriorisch und transzendental. Entsprechend muß diese unhintergehbare gegenstandskonstituierende Subjektivität aber auch auf das Erkennen dessen, was hinter und außer der Gegenständlichkeit steht, verzichten.[204] Die moralische Subjektivität nun verwirklicht sich hingegen gerade darin, unabhängig von der Erscheinungswelt das Gesollte mit dem empirischen Wollen zur Deckung zu bringen. Ethisches Handeln ist nur möglich in der höchsten Subjektivität: der Autonomie, die sich von jeder Rücksichtnahme auf empirisch Vorhandenes befreit und deshalb nie als Sein, sondern stets nur als Sein-Sollen erkannt werden kann. Der Ineinsfall von höchster Subjektivität und universeller Reziprozität ist im Kategorischen Imperativ formuliert.

Für *Fichte* ist dann das reine Ich nicht bloß Träger des Bewußtseins als der transzendentalen Möglichkeitsbedingung alles Erkennens, sondern der Grund des Wirklichen insgesamt, wobei vom Wirklichen allein in Beziehung auf uns und nicht von demjenigen an sich die Rede sein kann. Alles Nicht-Ich gilt für ihn als nur im Ich gesetzt, oder anders ausgedrückt: alles objektive Sein gilt als nur in uns durch das Bewußtsein gesetzt. Dem Begriff des reinen Ich oder transzendentalen Subjekts, dessen Erscheinungsformen wiederum die empirischen Subjekte sind, entspricht hierbei nicht ein Gegenstand, viel-

---

[203] Vgl. z. B. An *Gibieuf* vom 19. 1. 1642: A–T III, 474: „[...] étant assuré que je ne puis avoir aucune connaissance de ce qui est hors de moi, que par l'entremise des idées que j'en ai eu en moi, je me garde bien de rapporter mes jugements immédiatement aux choses et de leur rien attribuer de positif, que je ne l'apperçoive auparavant en leurs idées [...]."
[204] Vgl. KrV B 25: „Ich nenne alle Erkenntnis *transzendental*, die sich nicht so wohl mit Gegenständen, sondern mit *unserer Erkenntnisart* von Gegenständen, *so fern diese* a priori *möglich sein soll*, überhaupt beschäftigt."

mehr bezeichnet er das Ergebnis einer ursprünglichen freien Handlung, die zugleich ihr eigenes Objekt ist, das heißt sich selbst anschaut, und die lediglich in diesem Akt des Zurückkehrens in sich selbst da ist.
Mit dem transzendentalen Subjekt ist bei *Fichte* allerdings auch ein Bezug zur Gattung gegeben, was in der Entwicklung *nach* ihm dazu führt, daß an die Stelle des Subjekts die „Gesellschaft" gesetzt wird. Für *Feuerbach* etwa bleibt wohl der Mensch der Grund aller Dinge, aber gemeint ist der konkrete Mensch, der sowohl in seiner Sinnlichkeit und Leiblichkeit als auch in seinem – allerdings erst mit sich selbst zu versöhnenden – Bewußtsein wesenhaft ich-transzendent, sozial ist. Gott und die Unsterblichkeit der Seele – außer „Welt" die klassischen Themen der neueren Metaphysik – können nicht mehr anders denn kritisch erörtert werden, da sie ja gerade als die Werkzeuge der Entfremdung vom sinnlich verstandenen Ich angesehen werden.
Noch deutlicher wird der radikale Umschlag vom idealistischen Subjektivismus zur völligen Entmachtung beziehungsweise zur Selbstaufgabe des Subjekts bei *Schopenhauer*. Auch hier ist das Subjekt die Bedingung der Wirklichkeit, die als Erscheinung enthüllt wird; doch ist das Subjekt auch seinerseits bloße, durch die Leiblichkeit bedingte Erscheinung des allem zugrunde liegenden Willens. Obwohl also Bewußtsein und Denken nur Äußerungsformen dieses Willens sind, führen sie zur Einsicht, daß Erlösung nur in der totalen Verneinung des Subjekts zu erreichen ist.
Ebenfalls zu einer Umkehrung, jedoch ganz anderer Art, führt die Kritik, die *Nietzsche* hinsichtlich der idealistischen Subjektivität betreibt; letztere gilt ihm ja nur als das nihilistische Endstadium der metaphysischen Grundstruktur. In jenem durch und durch individuellen Subjekt nun, in dem der Wille zur Macht volle Wirklichkeit wird, ereignet sich zugleich die Wirklichkeit des Ganzen und die Wirklichkeit der Gattung. Es ist der Übermensch. Er hat begriffen, daß er radikal sich selbst überlassen ist und daß es eine andere wirkliche Sinn-Gebung als sein eigenes Sinn-Setzen nicht gibt. So ist Subjektivität bei *Nietzsche* als restlos geschichtliches und Geschichte konstruierendes Dasein zu verstehen. Damit ist der Subjektbegriff derart radikalisiert, daß er zugleich überwunden ist, weil in seiner Radikalisierung auch die Vorstellung von Objektivität destruiert ist: Der Übermensch schafft sich und die Wirklichkeit jenseits des Gegensatzes von subjektiv/objektiv[205].

---

[205] S. z. B. FW 222; N 456. 672. 751. 914.

8.8 Problematisierung des Erkennens

These 8:
In den vorgestellten Modellen autonomer Ethiken spielt die Reflexion auf das menschliche Erkennen eine zunehmend stärkere Rolle[206], ja, die Lehre vom Erkennen ist gerade der Punkt, an dem die Problematisierug der Ethik sowie ihre Separierung von der theologischen Morallehre erfolgt.

Nach mittelalterlichem Verständnis[207] erkennt nur Gott als actus purus alles und alles vollständig, doch steht der Mensch als am Sein partizipierendes Wesen allem an sich Erkennbaren offen. Die unterste, aber für den Menschen jede, auch die höhere Erkenntnis erst ermöglichende[208] Stufe des Erkennens ist die Sinneswahrnehmung, die ganz als Rezeption des Gegebenen vor sich geht. Das eigentliche Objekt der Verstandeserkenntnis hingegen ist die Wesenheit der Dinge.[209] Der menschliche Verstand ist wesentlich ein passives Vermögen; es sind die Objekte, die ihn zunächst bewegen und bestimmen müssen, damit eine Erkenntnis zustande kommt. Aktiv ist er nur insofern, als er die Wesensformen zu geistiger Faßbarkeit bringen muß, die sich für ihn immer nur in konkreter Materialität vorfinden, da diese ihm allein über seine Sinne unmittelbar zugänglich ist. Der Erkenntnisvorgang insgesamt ist gleichsam ein Abbilden oder Nachformen der Wesenheit der Dinge im erkennenden Subjekt. Weil das Tun des Verstandes hierbei fast ausschließlich am Objekt orientiert ist, gilt es im Grunde als etwas Unproblematisches: Es ist sicher und irrtumsfrei, mindestens solange, als es nicht durch äußere Einwirkung verfälscht wird. Das Problem der Wahr- oder Falschheit stellt sich erst, wo der Verstand ein Urteil fällt, das heißt die Adäquanz zwischen Verstandesbegriff und einem Gegenstand behauptet wird.

Descartes' Frage ist nicht die nach der Wesenheit oder die nach den Gegenständen, sondern die nach den Erkenntnissen und Regeln, die zum Aufbau der Wissenschaft erforderlich sind. „Nihil autem mihi videtur ineptius, quam de naturae arcanis, coelorum in haec inferiora virtute, rerum futurarum praedictione, et similibus, ut multi faciunt, audacter disputare, et ne quidem tamen unquam, utrum ad illa invenienda humana ratio sufficiat, quaesivisse. Neque res ardua aut difficilis videri debet, eius, quod in nobis ipsis sentimus, ingenii limites definire, cum saepe de illis etiam, quae extra nos sunt et valde aliena, non dubitemus iudicare."[210] Um diese Aufgabe lösen zu kön-

---

[206] Zur Geschichte des Erkenntnisproblems in der Philosophie und Wissenschaft der Neueren Zeit s. auch das gleichnamige monumentale Werk von *Cassirer* (1906–1957).
[207] Zur Erkenntnislehre des *Thomas von Aquin* s. *Böhner – Gilson* 1954, 537–543.
[208] Z. B. *Thomas von Aquin,* De An. I, 4.
[209] Z. B. *Thomas von Aquin,* S. th. I, 84, 7: „Intellectus autem humani, qui est coniunctus corpori, proprium obiectum est quidditas sive natura in materia corporali existens" (Vgl. S. th. 85, 6 u. ö.).
[210] Regulae: A–T X, 398; vgl. 360. 396 f.

nen, bedarf das gesamte methodische Erkennen der Verankerung in einem Fundament. So stellt *Descartes* der Philosophie als deren erste Aufgabe die Suche nach einer unverbrüchlichen Grundlage, nach einem Kriterium für die Möglichkeit und Geltung der menschlichen Erkenntnis. Sie findet ihm zufolge dieses Gewißheitsverbürgende im denkenden Ich (res cogitans), so daß hiervon alles übrige als res extensa unterschieden werden muß. Die Inhalte der cogitatio stammen entweder aus dem Vorstellenden selbst (aus seiner Sinnlichkeit beziehungsweise seiner Phantasie), oder aber sie sind – wie Gott und alles Unendliche, aber auch die extensio – eingeboren und dann die Bedingung jeder Erkenntnis, die demnach nie bloß auf einem äußeren Eindruck beruht, sondern immer auch Produkt unserer Denktätigkeit ist. – Wenn der Zweifel ausgeräumt ist, kann die Methode einsetzen, kraft deren aus evidenten Prinzipien der gesamte Inhalt der Erkenntnis hergeleitet wird; Modell eines solchen einsichtigen, beweisbaren und von sinnlicher Erfahrung freien Ordnungs- und Relationsgefüges ist die Geometrie. Die Erkenntnis selber ist bei aller Besonderheit von Objekten und Zielen *eine*. Deshalb unterliegen die Maßstäbe für ethisches Verhalten im Sinne der „endgültigen Moral" denselben methodischen Anforderungen, setzen aber noch zusätzlich die materiale Vollständigkeit einiger untergeordneter Wissenschaftsdisziplinen voraus.

Auch bei *Kant* geht es vornehmlich um die Möglichkeit objektiver Erkenntnis; hier liegt für ihn der springende Punkt, an dem sich das Stehen oder Fallen der Metaphysik entscheidet[211]. Sein eigener Beitrag zu dieser Frage gewann deshalb so entscheidende Bedeutung, weil er genau im Schnittpunkt zweier entgegengesetzter neuzeitlicher Grundpositionen steht: des Rationalismus und des Empirismus. Während *Kant* im Gegenzug zum ersteren (und in Übereinstimmung mit dem zweiten) die Erkenntnismöglichkeit grundsätzlich auf den Bereich der gegenständlichen Erfahrung einschränkt, hält er gegenüber dem letzteren (und in Fortführung der Behauptung allgemeingültiger Sätze durch den ersteren) an einer apriorischen Struktur nicht bloß der Sinnlichkeit, sondern auch des Verstandes fest. Demgemäß muß das Erkenntnisproblem transzendental gestellt werden, das heißt nicht so, daß nach den Gegenständen gefragt wird, sondern nach „*unserer Erkenntnisart* von Gegenständen, *so fern diese* a priori *möglich sein soll*"[212]. Die hier vollzogene Änderung und Spezifizierung des Erkenntnisproblems charakterisiert *Kant* selbst in der Vorrede zur zweiten Auflage der ‚Kritik der reinen Vernunft' als etwas Revolutionäres und als das Entscheidende seines Ansatzes: „Bisher nahm man an, alle unsere Erkenntnis müsse sich nach den Gegenständen richten; aber alle Versuche, über sie a priori etwas durch Begriffe auszumachen, wodurch unsere Erkenntnis erweitert würde, gingen unter dieser Vor-

---

[211] So ausdrücklich z. B. KrV B 19.
[212] KrV B 25.

aussetzung zu nichte. Man versuche es daher einmal, ob wir nicht in den Aufgaben der Metaphysik damit besser fortkommen, daß wir annehmen, die Gegenstände müssen sich nach unserem Erkenntnis richten, welches so schon besser mit der verlangten Möglichkeit einer Erkenntnis derselben a priori zusammenstimmt, die über Gegenstände, ehe sie uns gegeben werden, etwas festsetzen soll."[213] Diese Aufgabe zu lösen, ist das Ziel der KrV. Erkennen ist nach dieser ein Verarbeiten der Vorgegebenheiten der Vorstellung mit dem Material der Anschauung zu einer synthetischen Einheit, und zwar: durch Verbindung der einzelnen Empfindungen zu Anschauungen mittels der Formen von Raum und Zeit; durch Verbindung des in der sinnlichen Anschauung gegebenen Mannigfaltigen zur Einheit des Gegenstandes mittels der reinen Verstandesbegriffe (Kategorien); durch Beziehung der Gegenstände auf das Selbstbewußtsein in der transzendentalen Apperzeption. Erkenntnis besteht also nicht nur in Rezeptivität, sondern ist ebenso ein Akt der „Spontaneität". Das Ding an sich zu erkennen, ist nach dem Gesagten unmöglich, auch wenn es gedacht werden muß; es ist nur ein „*Grenzbegriff*, um die Anmaßung der Sinnlichkeit einzuschränken"[214]. – Auch in der Ethik darf man nach *Kant* nicht bei objekthaft vorgestellten materialen Gesetzen beginnen oder gar bei sie setzenden Instanzen, sondern muß fragen, wie praktische, in unserer Vernunft liegende ursprüngliche Grundsätze möglich sind. Ihre einzige Möglichkeitsbedingung aber ist Freiheit. Weil sich also der Mensch als sittlich-freier gerade nicht an etwas Gegenständliches binden kann – dann wäre er ja nicht mehr frei, sondern stünde unter der Botmäßigkeit seiner Neigung –, sondern allein an das in sich selbst vorgefundene absolute Vernunftgesetz (Autonomie), darf er die Ideen von Freiheit, Unsterblichkeit und Gott postulieren (nachdem er sie im Rahmen der theoretischen Vernunft bereits als Totalität der Bedingungen denken durfte), ohne sie indessen erkennend einsehen zu können, weil sie der Welt der Erscheinungen nicht zugehören. Könnten die genannten Ideen bereits theoretisch erkannt werden, dann wären sie zu Erscheinungen depotenziert. Folglich erweist sich die Erkenntnistheorie in der selbstkritischen Beschränkung ihres Vermögens noch ein zweitesmal als von fundamentaler Wichtigkeit für die innere Möglichkeit der praktischen Vernunft. Dieser Sachverhalt ist es, den *Kant* in dem bekannten Satz aussprechen will: „Ich mußte [...] das *Wissen* aufheben, um zum *Glauben* Platz zu bekommen"[215].

Fichte knüpft an *Kant*s Lehre von der transzendentalen Synthesis an, läßt aber, um den seiner Meinung nach hierin latent noch verbliebenen Rest an Dogmatismus zu vermeiden, die gesamte Erkenntnis (sowohl der Form als auch dem Inhalt nach) aus der Spontaneität des Subjekts hervorgehen. Das

---

[213] KrV B XVI.
[214] KrV B 310 f; vgl. B XXVI f.
[215] KrV B XXX.

(transzendentale) Subjekt nämlich setzt und bestimmt sich ursprünglich durch sich selbst mit Freiheit, denn andernfalls könnte es sich selbst gar nicht zum Objekt einer Vorstellung machen. Das Finden dieses Sachverhalts allerdings hängt bereits von einem Freiheitsakt ab, weshalb das System der Wissenschaftslehre letztlich auf einer nicht erzwingbaren Option beruht[216]: Zwar ist die Selbstsetzung des Ich als eines autonomen jeder freien Handlung eigen, doch anschaubar ist sie nur im Vollzug solcher Handlungen. „*Was* Handeln sei, läßt sich nur anschauen, nicht aus Begriffen entwickeln und durch Begriffe mitteilen; aber das in dieser Anschauung liegende wird begriffen durch den Gegensatz des bloßen *Seins*."[217] Indem aufgewiesen wird, „daß das zuerst als Grundsatz Aufgestellte und unmittelbar im Bewußtsein Nachgewiesene nicht möglich ist, ohne daß zugleich noch etwas anderes geschehe, und dieses andere nicht, ohne daß zugleich etwas drittes geschehe; so lange, bis die Bedingungen des zuerst Aufgewiesenen vollständig erschöpft, und dasselbe, seiner Möglichkeit nach, völlig begreiflich ist"[218], ergibt sich „das System aller notwendigen Vorstellungen, oder die gesamte Erfahrung"[219]. – Der Glaube an die Realität der skizzierten intellektuellen Anschauung bewährt sich im Aufweis des unmittelbar bewußten Sittengesetzes, „in welchem ihm [sc. dem Ich] ein absolutes, nur in ihm und schlechthin in nichts anderem begründetes Handeln angemutet, und es sonach als ein absolut Tätiges charakterisiert wird"[220]. Entsprechend ist für die Sittenlehre die Realität „das versinnlichte Materiale unserer Pflicht"[221], an dem sich das Ich als autonomes zu bewähren hat.

Daß Erkennen unhintergehbar an das sinnlich Gegebene gebunden ist, während gleichzeitig Sinnlichkeit und Verstand apriorisch strukturiert sind – das ist auch der unbestrittene Standpunkt *Schopenhauer*s, selbst wenn er anstelle der *Kant*ischen zwölf Kategorien nur die eine der Kausalität anerkennt. Aber er will die Lehre *Kant*s neu, nämlich empirisch begründen beziehungsweise die transzendentale durch seine objektiv-naturwissenschaftliche Begründung ergänzen.[222] Während *Kant,* vom Bewußtsein ausgehend, fragt, wie aus Wahrnehmungsurteilen synthetisch-apriorische werden, fragt *Schopenhauer,* bei den „in der äußern Erfahrung gegebenen sich ihrer selbst und der Welt bewußten Wesen"[223] ansetzend, grundsätzlicher, wie aus der subjektiven Empfindung die Wahrnehmung des Gegenstandes wird. Der angeschaute Gegenstand gilt in dieser Betrachtungsweise als ein physiologisches Phäno-

---

[216] Vgl. z. B. Erste E. 429–435.
[217] Zweite E. 461.
[218] Erste E. 446 (im Original hervorgehoben).
[219] Ebd.
[220] Zweite E. 466.
[221] Weltregierung 185.
[222] Vgl. WWV II: II, 352–354. 369–373.
[223] WWV II: II, 352.

men, der Verstand selber als die organisch-materielle Funktion des Gehirns.[224] Bewußtsein und Erkennen und damit die „objektive" Verknüpfung der raum-zeitlichen Wirklichkeit (ganz im Unterschied zum Willen) endet, wenn auch das Gehirn endet.[225] Beim Menschen wie bei allen Lebewesen „bleibt die Wahrnehmung ein bloßes Innewerden ihrer Relation zu andern Dingen und ist keineswegs bestimmt, das eigentliche, schlechthin reale Wesen dieser im Bewußtsein des Erkennenden noch einmal darzustellen"[226]. Mit anderen Worten: Die Welt, die uns umgibt, ist immer nur als je meine Vorstellung. Es gibt aber eine einzige Erscheinung, bei der alle Veränderungen zugleich eine Veränderung unseres Selbstgefühls bedeuten, und das ist der Leib. Der Leib ist also die „Objektivation des Willens"[227], das heißt, er ist die Vorstellung dessen, wovon wir uns innerlich als Wille bewußt sind. „Hier also liegt das Datum, welches allein tauglich ist, der Schlüssel zu allem andern zu werden".[228] Die Welt als Vorstellung ist die Erscheinung, in der wir das Ding an sich: die Welt als Wille, anschauen. Der Verstand mit seinen Formen Raum, Zeit, Kausalität, der bisher als eine nicht hintergehbare Gegebenheit galt, ist damit „hintergangen" und – von diesem Standpunkt aus – als etwas Sekundäres erwiesen: als physiologisch erklärbares Produkt, als Ausdrucksform und als Werkzeug des Willens. Das Gesagte trifft nach *Schopenhauer* auch bezüglich der wissenschaftlichen Erkenntnisse zu. – Nun gibt es aber für *Schopenhauer* noch ein tieferes Erkennen: jenes nämlich, das sich aus der Verzweckung durch die vielen Willensbewegungen losreißt, die Individuation als nur zur Vorstellung gehörig durchschaut und dadurch bis zum Wesen aller Dinge vordringt. Von dieser Art ist (außer der ästhetischen) nur die ethische Erkenntnis; sie legt dadurch die Ursache des Leids, das aller Erfahrung der Welt anhaftet, frei, ermöglicht die Identifikation mit jedem Leidenden (Mitleid) und stiftet auf ihrer höchsten Stufe die freiwillige Absage an jede Willensregung (Quietismus).[229]
Durch die Bestimmung des Menschen als sinnliches Wesen und die Verpflichtung des Denkens auf diesen Ausgangspunkt nehmen auch in *Feuerbach*s anthropologisch-ethischer Reduktion der Religion die erkenntnistheoretischen Überlegungen die Schlüsselstellung ein, wobei er nicht nur gegen deren realistisch-dogmatistische, sondern ebenso gegen ihre kritisch-ideali-

---

[224] S. WWV II: II, 352–378.
[225] Vgl. WWV II: II, 350 f. 633 f. 637 f.
[226] WWV II: II, 368 f.
[227] Z. B. WWV II: II, 356.
[228] WWV II: II, 253.
[229] *E. Cassirer* faßt *Schopenhauer*s Erkenntnislehre trefflich zusammen, um ihre „metaphysische Paradoxie" herauszustellen: „Der Urgrund der Dinge schafft sich im Intellekt einen Spiegel seiner selbst, in welchem er sich betrachtet und in dem er sich als das, was er ist: als blinden Willen zum Leben erkennt. Aber in dieser Anschauung der Nichtigkeit des Seins ergreift nun erst der Intellekt sich selbst in seiner freien Subjektivität und damit in seinem positiven Gehalt und Wert." (*Cassirer* 1906–1957, III, 441).

stische Ausprägung opponiert. Als ausschließliche Quelle der Erkenntnis gilt ihm die Sinnlichkeit[230]. „Nur durch die *Sinne* wird ein *Gegenstand im wahren Sinn* gegeben – nicht durch das Denken *für sich selbst.*"[231] „*Unbezweifelbar, unmittelbar gewiß* ist nur, was *Objekt des Sinns, der Anschauung, der Empfindung* ist."[232] „Das Geheimnis des *unmittelbaren* Wissens ist die *Sinnlichkeit.*"[233] „Den *Sinnen* sind nicht nur ‚*äußerliche*' Dinge Gegenstand. *Der Mensch wird sich selbst nur durch den Sinn gegeben* – er ist sich selbst als Sinneobjekt Gegenstand. [...] Das wichtigste, wesentlichste Sinnesobjekt des Menschen [ist] der *Mensch selbst* [...]."[234] Dies Erkenntnisprinzip darf allerdings nicht platt materialistisch verstanden werden, weil nach *Feuerbach* in der menschlichen sinnlichen Erkenntnis das Materielle und Einzelne je schon seine bloße Materialität und Einzelheit transzendiert: Das Bewußtsein seiner eigenen Gattung ist ja das Spezifikum des Menschen. Damit ist „Gattung" nicht nur die (unter keinen Umständen überschreitbare) Grenze des Bewußtseins, sondern positiv die immer schon bestehende Bezogenheit aller Bewußtseinsinhalte im einzelnen Individuum auf dieses Umfassendere; Gattung ist folglich nicht etwas Abstraktes, sondern etwas in der Wahrnehmung des einzelnen als Bedürftigkeit tatsächlich Anwesendes. Derart kann *Feuerbach* seinen radikal sensualistischen Standpunkt, das heißt die Leugnung einer von der sinnlichen Wahrnehmung qualitativ unterschiedenen Verstandeserkenntnis[235], vertreten, ohne indessen in einen monistischen Materialismus zu verfallen. Gleichzeitig wird damit de facto zum erstenmal die Gesellschaft (*Feuerbach* spricht meist von der „Gattung" oder von der „Gemeinschaft des Menschen mit dem Menschen") als Konstitutivum der Erkenntnis herausgestellt. Die Transformation der Erkenntnistheorie in eine Gesellschaftstheorie wird besonders deutlich, wenn man sich vergegenwärtigt, was nach den bisherigen Theorien die menschliche Erkenntnis konstituieren sollte: der bis auf das Abstraktionsvermögen gänzlich rezeptive Intellekt (Scholastik), die subjektive, aber substantiell vorgestellte Vernunft *(Descartes, Kant, Fichte),* ein substantieller Urwille *(Schopenhauer).*
Nietzsche schließlich will sich auf den „Standpunkt des Lebens" stellen, von dem übrigens auch schon *Feuerbach* spricht[236]. Als seine erste Aufgabe sieht er es an, die Geschichtlichkeit und psychologisch-soziologische Bedingtheit

[230] Zwar spricht *Feuerbach* statt dessen oft nur von „Anschauung", doch ist mit „Sinnlichkeit" alles gemeint, was die menschlichen Sinnesorgane tun und erfassen.
[231] Grundsätze 296.
[232] Grundsätze 300.
[233] Grundsätze 301.
[234] Grundsätze 303 f.
[235] Auch *Feuerbach* kennt noch einen Unterschied zwischen Denken (Geist) und Sinnlichkeit (Empfindung), reduziert jedoch ersteres auf die spezifisch menschliche, universelle Sinnlichkeit (bes. Grundsätze 304 f. 313–316). – Ausführlich gehen auf dieses unklar bleibende Problem ein: *Nüdling* 1961, 77–80; *v. Gagern* 1970, 197–204.
[236] Z. B. Wider den Dualismus 339.

dessen, was bisher als Wahrheit ausgegeben wurde, ins Bewußtsein zu heben. Dies geschieht nicht einfach als Destruktionsprozeß von einem Standpunkt außerhalb, sondern in einer Selbstkritik der historischen Vernunft, die selbst noch ihren eigenen Antrieb, den Willen zur Wahrheit, in Frage stellt. „Für Nietzsche wird die Moral-Kritik daher zur fundamentalen Kritik, zur eigentlichen Vernunft-Kritik. Er sieht das Gründende aller Vernunft nicht in der Wahrheit (dem verum der vorstellenden Vernunft), sondern in dem Willen, der die Wahrheit will. Das Erkenntnisproblem wird zum ethischen Problem, da alle Erkenntnis als geschichtliche Auslegung angesehen wird, welche sich nicht im Gegenstand der Erkenntnis rechtfertigt, sondern im Auslegenden selbst. Jede geschichtliche Auslegung ist somit eo ipso eine moralische Auslegung, das heißt Manifestation eines Willens, welcher sich in solcher Auslegung auf bestimmte Weise zu sich selbst verhält."[237] – Weil die bisherigen Erkenntnislehren im Grunde kontemplativ gewesen seien, ließen sie sich *Nietzsche* zufolge als vorzügliche Hilfsmittel des Nihilismus verwenden. Denn ihre Festlegung auf den Willen zur Wahrheit enthält implizite bereits eine ganz bestimmte Auslegung der Wirklichkeit, nämlich Erkennen als Orientierung an einer vorgängigen Wahrheit; dies Verständnis aber führt konsequent zu den lebensfeindlichen Idealen der europäisch-christlichen Moral. „Es ist kein Zweifel, der Wahrhaftige, in jenem verwegenen und letzten Sinne, wie ihn der Glaube an die Wissenschaft voraussetzt, *bejaht damit eine andre Welt* als die des Lebens, der Natur und der Geschichte; und insofern er diese ‚andre Welt' bejaht, wie? muß er nicht ebendamit ihr Gegenstück, diese Welt, *unsre* Welt – verneinen?"[238] Das Erkennen selbst ist schon immer ein Handeln, ein Sichaneignen und Überwältigen[239], ein Schaffen. – Daß diese Einsicht so wenig bekannt ist, liegt *Nietzsche* zufolge zu guten Teilen an dem objektivistischen Verständnis der Sprache; denn ihre Struktur bestätigt gerade diese Weise zu denken: Das Schema von Subjekt, Objekt und Prädikat etwa präjudiziert die intentionale Weltauslegung, weil es alles Handeln in das Tun eines Tuenden und damit auch dessen Absichten zerlegen läßt.[240] – Auch der neue Mensch ist erkennender; aber jetzt ist das Erkennen offen und bewußt funktionalisiert auf die Mehrung des Lebens. Die scholastische Idee der Wahrheit als „Erschlossenheit"[241] ist hier radikal und restlos umgekehrt: Dem *Thomas*ischen „intelligere est pati quoddam"[242] steht die Auffassung gegenüber: intelligere est agere.

---

[237] *Bueb* 1970, 18 f; vgl. 63–65.
[238] FW 208.
[239] N 734: „Der sogenannte *Erkenntnistrieb* ist zurückzuführen auf einen *Aneignungs-* und *Überwältigungstrieb:* diesem Trieb folgend haben sich die Sinne, das Gedächtnis, die Instinkte usw. entwickelt." Vgl. N 733 f.
[240] Vgl. z. B. N 490. 777.
[241] *Kluxen* 1973, 4.
[242] S. th. I, 79, 2.

8.9 Interesseorientiertheit der ethischen Erkenntnis

These 9:
Mit der (in den Thesen 7 und 8 angesprochenen) Problematisierung der Erkennbarkeit des Seins wird konsequenterweise auch die Interesselosigkeit des Erkennens überhaupt bestritten. Interesse besagt hier, daß der Bezug zwischen erkennend-handelndem Subjekt und der (gegenständlichen, intersubjektiven oder geschichtlichen) Realität, innerhalb deren es erkennt beziehungsweise handelt, selber als bestimmender Faktor in die Erkenntnis beziehungsweise in die Lehre vom richtigen Handeln eingeht.[243]
In dem Maße, wie dies festgestellt wird, werden die zugehörigen Ethiken auf ihrerseits als naturgegeben-konstant angesehene diesseitige Lebensinteressen hin funktionalisiert; daher erklärt sich der mehr oder minder starke eudämonistische Zug in vielen neuzeitlichen Ethiken.

Solange das Wissen als etwas verstanden wurde, das linear an den Gegenständen beziehungsweise deren Wesen ausgerichtet ist, stellte sich das hinter dem Begriff Interesse stehende Problem nicht: Die Dinge galten als prinzipiell zugänglich. Der Erkenntnisakt geht auf das Vernehmen, aber strebt nicht über sich hinaus, was gerade das Eigentümliche des Willens und der hierbei notwendigen Erkenntnis ist. Im menschlichen Erkennen (im wahrnehmenden sowohl wie im verstandesmäßigen) waltet allerdings schon immer ein höherer Drang, eine Hinordnung auf das Wahre und Gute. Nach dieser Vorstellung vom Erkennen und Handeln sind nur jene Strebungen gut und berücksichtigenswert, die von der schöpfungsgemäßen Ratio geleitet aktiv werden, gleichsam von innen nach außen wirken. Als verzerrende Faktoren hingegen müssen jene Potenzen gelten, die sich passiv in irgendeiner Weise von außen bestimmen lassen (etwa die Leidenschaften) und ihren Träger dadurch ständig in Gefahr bringen, die schöpfungsmäßige Geordnetheit zu vernachlässigen oder egozentrisch dagegen zu verstoßen.

Zwar beruht *Descartes'* Auffassung von Wissenschaft noch auf der Anerkennung dessen, was feststeht, vorgegeben ist. Aber methodische Disziplin und forschendes Weitertreiben sind bei ihm getragen von dem Interesse, möglichst weit über die Wirklichkeit – Gott allerdings ausgenommen[244] – verfügen zu können, und nicht einfach von wissenschaftlichem Eros, der die Erkenntnis als Selbstwert sucht. Ausdrücklich formuliert *Descartes* seine Überzeugung, daß die Prinzipien seiner Philosophie Kenntnisse erschließen, die uns zu „maîtres et possesseurs de la nature"[245] machen werden. Sogar die erst

---

[243] Zur Begriffsgeschichte s.: *Neuendorff* 1973; *H.-J. Fuchs – V. Gerhardt* 1976. Zum pädagogisch-psychologischen Begriff des Interesses vor allem seit *Rousseau* s. die ältere Arbeit von *Lunk* 1926–27, Bd. I.
[244] Direkte Funktion hat die Gotteserkenntnis als Garant der menschlichen Erkenntnis, indirekt dient sie dadurch aber ebenfalls der Verfügung.
[245] Disc. 62.

programmatisch angedeutete rationalistische Ethik steht unter diesem instrumentellen Aspekt: Sie soll Klarheit im Handeln sowie die Sicherheit verschaffen, daß das vernunftgemäße Handeln zu wahrer Glückseligkeit und Zufriedenheit führt.[246] „[...] il faut avouer que la plus grande felicité de l'homme dépend de ce droit usage de la raison, et par conséquent que l'étude qui sert à l'acquérir, est la plus utile occupation qu'on puisse avoir, comme elle est aussi sans doute la plus agréable et la plus douce."[247] Gerade hinter der Suche nach Sicherheit für das Handeln, nach Befreiung vom Zufall und nach dem allgemeinen Wohl aller Menschen wird noch ein zweites „Interesse" greifbar, auch wenn es bei *Descartes* nicht explizit genannt ist: das Interesse an der (Wieder-)Herstellung des in den Religionskriegen und konfessionellen Auseinandersetzungen zerbrochenen gemeinsamen Handelns, die Suche nach einer Basis, die von den konkurrierenden Wahrheitsansprüchen nicht in Zweifel gezogen wird.[248]

Kant definiert in der GMS „Interesse" als „das, wodurch Vernunft praktisch, d. i. eine den Willen bestimmende Ursache wird"[249]. Ein solches Interesse kommt nur „einem abhängigen [das heißt zufällig bestimmbaren] Willen, der nicht von selbst jederzeit der Vernunft gemäß ist"[250], zu. Die Annahme einer solchen der Vernunft selbst inhärierenden Strebung zur Verwirklichung dient im Grunde also dazu, die Möglichkeit von Freiheit zu erklären; sie bezeichnet genau die Stelle, wo sittliche Erkenntnis in moralische Praxis übergeht. Die Vernunft nimmt aber nur dann Teil an einer Handlung, „wenn die Allgemeingültigkeit der Maxime derselben ein gnugsamer Bestimmungsgrund des Willens ist"[251]; das Objekt solchen reinen oder praktischen Vernunftinteresses ist also ausschließlich die Handlung selbst (beziehungsweise ihr Prinzip) und nicht der Gegenstand dieser Handlung, ihr Erfolg oder ein von ihr erzeugtes subjektives Gefühl: empirische Interessen haben nach *Kant* mit Ethik nichts zu tun. – Die Morallehre zielt also ganz darauf, die (weder empirisch aufweisbare noch a priori deduzierbare) Spontaneität des autonomen Subjekts zu wecken und zu ermöglichen, daß sie sich ungehemmt sowohl von institutionellen Gesetzesordnungen wie von natural-sinnlichen Antrieben zur Geltung bringen kann. Dieser praktischen Absicht

---

[246] Vgl. z. B. Disc. 10; An *Elisabeth* vom 4. 8. 1645: A–T IV, 263–268.
[247] An *Elisabeth* vom 4. 8. 1645: A–T IV, 267, vgl. 265.
[248] *Habermas* verkürzt diesen Tatbestand, wenn er in seiner – zwar vornehmlich systematisch ausgerichteten, aber weil die Historie doch die Beweislast zugeteilt wird, eben doch auch als Geschichte des Verhältnisses von Erkenntnis und Interesse zu verstehenden – Untersuchung ‚Erkenntnis und Interesse' erst bei *Kant* einsetzt. Bereits Humanismus, Rationalismus und Empirismus wollten doch zunächst nichts anderes als eine Normenbegründung auf einem anderen als dem (zumindest in seiner Einheitlichkeit und Anerkennung zerbrochenen) Fundament der bisherigen Theo-Ontologie.
[249] GMS 122.
[250] GMS 38.
[251] GMS 122.

untersteht letztlich auch die Erkenntnisbemühung der theoretischen Vernunft; diese wird durch sie nämlich auf ihre „höchsten Zwecke"[252] gelenkt, als da sind: die Freiheit des Willens, die Unsterblichkeit der Seele und das Dasein Gottes[253]. Von den drei Fragen, in denen sich alles Interesse (das theoretische sowohl als das praktische) vereinigt, ist die dritte: „wenn ich nun tue, was ich soll, was darf ich alsdenn hoffen?" in Differenz zu den zwei vorhergehenden „praktisch und theoretisch zugleich, so, daß das Praktische nur als ein Leitfaden zu Beantwortung der theoretischen, und, wenn diese hoch geht, spekulativen Frage führet"[254].
Solange theoretische und praktische Vernunft nur über den „letzten Zweck" zu *einem* Vermögen zusammengebunden werden, wirkt das Theorem vom Vernunftinteresse noch nicht allzu überzeugend, hatte *Kant* doch gleichzeitig „die Einschränkung aller nur möglichen spekulativen Erkenntnis der Vernunft auf bloße Gegenstände der *Erfahrung*"[255] pronociert und polemisch gegen jeden anderslautenden Anspruch der Tradition herausgestellt. Diesem Mangel abzuhelfen, ist *Fichte*s erklärtes Bestreben[256]. Er glaubt, den gesuchten Einheitspunkt in der intellektuellen Anschauung gefunden zu haben, jener selbst wieder nur aufgrund eines Akts der Freiheit vollziehbaren Selbstreflexion, in der das transzendentale Ich sich selbst als seine eigene Setzung durchschaut. Damit ist das Grundmoment jeder Vernunftbetätigung, auch der theoretischen, als Handeln, ja als reines Handeln (ohne vorausgesetzte handelnde Substanz) ausgewiesen: in der Vernunft ist schon immer das Vernunftinteresse, verstanden als das Interesse an der Autonomie des Ich, am Werk. Von der Tathandlung schreitet die Wissenschaftslehre durch genetische Konstruktion der Möglichkeitsbedingungen fort bis zur konkretesten Realität: dem empirischen Faktum des individuellen Selbstbewußtseins. In diesem aber wird die spontane Vernunfttätigkeit (reiner Trieb) gehemmt durch empirische Nötigungen (Naturtrieb). Daß reiner Trieb und Naturtrieb im Selbstbewußtsein dennoch eine Einheit bilden, verdankt das Selbstbewußtsein dem sittlichen Grund- oder Urtrieb „nach Übereinstimmung des *ursprünglichen,* in der bloßen Idee bestimmten, mit dem *wirklichen* Ich"[257]. Da der Inhalt jedes möglichen Wollens für den konkreten Menschen aber immer nur ein empirischer sein kann, also nur etwas, das durch den Naturtrieb gefordert ist (ohne daß dieser deshalb schon das entsprechende Wollen hervorgebracht haben müßte), kann das wirkliche Handeln niemals ganz das Ziel des reinen Triebs, das absolute Freisein, erreichen. Es ist Aufgabe der Sitten-

---

[252] KrV B 825. 832.
[253] Vgl. KrV B 826–847. (B 829: „[. . .] so ist die letzte Absicht der weislich uns versorgenden Natur, bei der Einrichtung unserer Vernunft, eigentlich nur aufs Moralische gestellet.")
[254] KrV B 833; vgl. 832–847 sowie 694.
[255] KrV B XXVI.
[256] Vgl. z. B. Zweite E.
[257] SL 143 f.

lehre, zu entwickeln, was der Mensch tun müsse und in welcher Form, damit seine Handlungen „in einer Reihe [liegen], durch deren Fortsetzung ins Unendliche das Ich absolut unabhängig würde"[258].

Bei *Feuerbach* tritt an die Stelle des transzendentalen Subjekts der wirkliche, das heißt nach ihm: der konkret-sinnliche Mensch. Entsprechend fordert seine „neue" Philosophie, dem abstrakten Vernunftinteresse der idealistischen Systeme gegenüber die wahren Interessen zur Geltung kommen zu lassen. Das aber sind die leiblich-sinnlichen und die intersubjektiven „Bedürfnisse", wobei er unter den letzteren vor allem der Geschlechtsliebe und der Sprache eine zentrale Stellung einräumt. Die monistische Zurückführung aller menschlichen Antriebe auf Sinnlichkeit und Gattungsinteresse hat *Feuerbach* in seiner späten Phase (,Theogonie') erweitert durch ein Interesse an Naturverfügung. Sein praktisches Globalziel, unter dem die dreifache Bedürftigkeit zur Basis und zum durchgängig gestaltenden Erkenntnisprinzip wird, ist es, die Menschen „aus Gottesfreunden zu Menschenfreunden, aus Gläubigen zu Denkern, aus Betern zu Arbeitern, aus Kandidaten des Jenseits zu Studenten des Diesseits, aus Christen [...] zu *ganzen* Menschen zu machen"[259], mit anderen Worten: den entfremdeten Menschen mit seiner Endlichkeit, das heißt mit sich selbst, mit seiner sozialen und mit seiner naturhaften Konditioniertheit zu versöhnen. Damit ist all das rehabilitiert, was noch *Kant* unter dem Namen „Neigung" aus der ethischen Reflexion und dem moralischen Handeln ausgeschlossen wissen wollte; „Interesse" ist von jetzt an im Sinne von Bedürfnis-Interesse zu verstehen.

Bei *Schopenhauer* und *Nietzsche* ist die Interesseorientiertheit des moralischen Erkennens durch den voluntaristischen Ansatz von vornherein und für die Theorie im ganzen beabsichtigt. Das solcherart in den Vordergrund gestellte souveräne Wollen findet bei beiden aber zwei völlig entgegengesetzte Ausprägungen: *Schopenhauer*s Interesse zielt auf die Erlösung (verstanden als tat-tvam-asi), also gerade auf Freisein von allem Interesse, welches immer – auch als wissenschaftliches, da der Verstand *Schopenhauer* ja als physiologische Funktion gilt! – nur Produkt der Bedingungen der Erscheinungswelt ist. Bei *Nietzsche* hingegen gilt die Erkenntnis als etwas rein Instrumentelles für das Streben nach Macht, sei es der auf Ressentiment beruhenden, sei es derjenigen des kommenden, unbegrenzt jasagenden Übermenschen. Für *Nietzsche* gibt es gerade kein „An-sich", aber auch nicht ein *Kant*isches „Apriori" (als der Gesamtheit der subjektiven Bedingungen möglicher Objektivität der Erkenntnis), also nichts, was *nicht* durch irgendwelche Interessen bedingt wäre.[260] Und auch „nicht die Notdurft, nicht die Begierde – nein, die Liebe

---

[258] SL 153.
[259] VorlWR 360.
[260] *Nietzsche*s eigener Entwurf gründet letztlich aber selbst auf einer neuen Ontologisierung: „Der Seinscharakter des ‚Willens zur Macht' – er ‚kann nicht geworden sein' [N 590] – soll der ideolo-

zur Macht ist der Dämon des Menschen"[261]. Alles Erkennen ist für *Nietzsche* ausnahmslos von Praxisbezügen, Wertschätzungen, Relationen zu einem oder mehreren Ichs, also von irgendwelchen moralischen (in seinem Sinne) Grundeinstellungen bestimmt, und es hat wiederum moralische Auswirkungen; die menschliche Weise zu erkennen ist ihm zufolge grundsätzlich perspektivisch[262]. *Nietzsche* erschließt damit eine bislang so nie dagewesene Betrachtungsweise, insofern er die aus dem Erkenntnisprozeß sich ergebenden Auswirkungen (sozialpsychologischer Art) selbst als ethisches Problem innerhalb seiner „Theorie" reflektiert.

8.10 Die innere Zielrichtung des Autonomie-Programms (= erster, negativer Teil der Hauptthese)

These 10:
Faktisch bezieht sich die Autonomie der Ethik wohl auf deren Befreiung von der Theologie, doch muß man sich vor der Schlußfolgerung hüten, das Autonomie-Programm beinhalte genuin eine atheistische Position oder laufe zwangsläufig auf eine solche hinaus. Erst relativ spät wird aus dem Streben nach Unabhängigkeit von religiösen Standpunkten und aus religionskritischen Elementen eine dezidiert atheistische Gegenposition.[263]

Bei *Descartes* wird die Gottesfrage der Zuständigkeit der Theologie aberkannt und für diejenige der Philosophie beansprucht. Innerhalb derselben aber ist sie wohl keine Scheinfrage, jedoch auch nicht von vornherein die

giekritischen Frage nach der Genese den Zugriff zu dem verwehren, was sie selbst auffinden half; am Ende der Rückübersetzungen steht die Retraite in die Immunität" (*Funke* 1974, 172, vgl. 177. 181).
[261] MR 1178.
[262] Vgl. auch FW 249; JGB 599–601. 648 f; GD 979; N 440. 485. – *Habermas* 1968, 256 (vgl. 248–261): „An die Stelle der Erkenntnis der phänomenalen Natur tritt [. . .] ‚perspektivistischer Schein'; und weil die Perspektiven ihrerseits in unseren Affekten gründen, tritt an die Stelle der Erkenntnistheorie eine Perspektivenlehre der Affekte. Deren oberster Grundsatz ist, ‚daß jeder Glaube, jedes Für-wahr-Halten notwendig falsch ist, weil es eine wahre Welt nicht gibt'. Darin ‚vollendet' sich der Nihilismus."
[263] Darauf läuft auch die Grundthese des Buches von *Schulz* (1974), hinaus. Z. B. 41: „Die neuzeitliche Metaphysik hat nach Descartes immer wieder gesucht, Gott als die tragende Wirklichkeit ihres eigenen Denkens denkend zu erfahren." (Vgl. ebd. 22 f. 27. 29 u. ö.) Durch sorgfältige Analysen kommt *Schulz* zu einer erheblichen Revision der bisher meist im Gefolge *Hegel*s übernommenen Integration der Geschichte der Philosophie als „Herausarbeitung des autonomen Selbstbewußtseins" (ebd. 7).
Der gegenteilige, weitverbreitete Standpunkt wird z. B. von *G. Krüger* 1958, 101 f, vertreten: „Der moderne Denker ist a priori irreligiös; [. . .]; und selbst wenn er, wie es in vielen Fällen geschehen ist, eine theologische Metaphysik auszubilden versucht, ist er a priori dazu verurteilt, in irreligiöses, insofern also stets unechtes Denken von Gott zu verfallen. Er wird durch die Art seines Denkens notwendig dahin getrieben, mit seinem Begriff von Gott bewußt oder unbewußt sich selbst zu vergöttlichen. [. . .]"

grundlegendste Frage; vielmehr wird sie erst durch das seiner selbst bewußt gewordene Subjekt und zur Sicherung von dessen Erkenntnis thematisiert. Allerdings nimmt „Gott" dann eine fundamentale erkenntnissichernde Funktion ein, die die Subjektivität wegen ihres Mangels an Vollkommenheit von sich aus nie allein leisten kann: Er verbürgt gleichsam die Sicherheit der Erkenntnissicherung. Es geht *Descartes* bei diesem Gedanken weder um den Zweifel als Selbstzweck noch gar um eine gott-lose Theorie, sondern darum, für die Praxis eine sichere und gesicherte Basis zu finden, die von dem dogmatischen Streit der vielen Völker, Standpunkte, Philosophien, Konfessionen usw. unabhängig ist. Dabei scheint ihm der Gottesgedanke ein unverzichtbares tragendes Element zu sein.

Auch *Kant* geht es in seiner Erkenntniskritik keineswegs um die Destruktion der Religion. Er selbst schreibt in der KrV, daß er das Wissen habe aufheben müssen, um zum Glauben Platz zu bekommen.[264] Dieses Selbstzeugnis erscheint nicht nur als subjektiv glaubwürdig, sondern auch als sachlich zutreffend, wenn man *Kant*s Intention berücksichtigt, zwischen den unüberbrückbaren Fronten der traditionellen Schulmetaphysik und dem Empirismus *Hume*s die Leistungsfähigkeit der Vernunft überhaupt zu bestimmen. Während die Vernunftkritik den erkenntnismäßigen Zugang zu den „Gegenständen" der Religion verwehrt und ihnen nur die Funktion von regulativen Ideen zubilligt, das heißt sie im fiktionalen „Als-ob" beläßt, ergeben sich dieselben als notwendige Postulate der praktischen Vernunft. Die historischen Gestalten, Institutionen, Symbole, Schriften usw. der Religion können sich dann aber nur auf dem Weg einer ethischen Hermeneutik behaupten, mit anderen Worten: Sie werden funktionalisiert zu einem ethischen Propädeutikum hin auf einen erst in der Jetztzeit auch aus eigenen Vernunftkräften erreichbaren Status autonomer Sittlichkeit. Jede Verbindlichkeit darüber hinaus hingegen, wie sie das Religions- und Offenbarungsverständnis der zeitgenössischen christlichen Kirchen kennzeichnete, wird als „Afterdienst" abgelehnt. Diese ausschließliche Bindung der Religion an die Ethik charakterisiert auch *Fichte*s theologischen Gedanken; sie ist bei ihm verbunden mit der Weigerung, Gott als substantielle Person zu verstehen. Der wahre Glaube „wird konstruiert durch das Rechttun"[265]; „Moralität und Religion sind absolut Eins"[266]; „Gott" ist Prädikat für ein Handeln in diesem Glauben an eine absolute „moralische Weltregierung"; das heißt, „Gott" ist im Grunde das Geschehen des ausschließlich sich selbst Gesetz seienden Handelns, innerhalb dessen das jeweilige konkrete menschliche Tun ein Glied ist; eine reine, ordnende Tätigkeit, die sich da ereignet, wo an die Einheit von Sittengesetz und Wirklichkeit geglaubt wird. Die Ethisierung des Glaubens an Gott läßt sich

---

[264] KrV B XXX.
[265] Weltregierung 185.
[266] Appellation 209.

kaum weitertreiben. Das einzige An-sich ist für *Fichte* die sich selbst setzende Vernunft, und nur von daher kann eine Transzendenz erschlossen werden, nicht aber gleichsam von außen, auch nicht durch ein Sein an sich. Hatte bei *Kant* der Gottesbegriff die „Aufgabe", zwischen Sittengesetz und Glückseligkeit zu vermitteln, so hat er „nunmehr die innere *Sinnhaftigkeit des Sittengesetzes* selbst zu leisten, insofern nach der Ausführbarkeit des sittlichen Zwecks gefragt wird, denn das Sittengesetz selbst muß als realisierbar gerechtfertigt werden"[267]. Dennoch hat *Fichte* sich mit seinem ganzen kämpferischen Engagement gegen den Vorwurf des Atheismus zur Wehr gesetzt; im Rahmen dieser Auseinandersetzung weist er seinen Gegnern einen notwendigen Zusammenhang zwischen theologischem Substanz-Dogmatismus und dem Eudämonismus in der Moral auf.

Obschon die Autonomie-Konzepte *Kant*s und *Fichte*s „Offenbarung", wie die Theologie sie versteht, und dasjenige *Fichte*s sogar das substantielle Gottes-Verständnis in Abrede stellen, gilt beiden Religion grundsätzlich als etwas Sinnvolles, Berechtigtes, ja sogar Notwendiges. Zum Atheismus transformiert sich die philosophische Religionskritik – sieht man einmal vom französischen Materialismus ab – erst im Zusammenhang mit der polemischen Abkehr von Transzendentalphilosophie. Erst von da an kommt es vor, daß Philosophen ihre Theorie ausdrücklich als atheistische verstehen.[268] Es handelt sich dabei weniger um einen resultativen Atheismus, das will heißen um einen Atheismus, der Ergebnis theoretischer Schlußfolgerungen ist, sondern um einen mit Hinweis auf Praxis argumentierenden und deshalb auch stark engagierten Atheismus; Atheismus wird hier selber zum Bestandteil des ethischen Verhaltens. Man „braucht" Gott nicht nur nicht für die Moral beziehungsweise für die Ethik, sondern die Religion wird nun selber als unmoralisch und sekundär aufgewiesen.

Besonders deutlich wird das bei *Feuerbach* und *Nietzsche;* für beide ist die Gottlosigkeit nicht einfach ein theoretisches Bekenntnis, sondern ein bessere Zustände eröffnender Entlarvungs-Prozeß. Nach *Feuerbach* nämlich entzieht die Religion dem Menschen genau das, was er in Gott potenziert zu genießen vermeint. Religion ist so der Inbegriff aller Selbst- und Du-Entfremdung. Durch anthropologische Reduktion will *Feuerbach* aufzeigen, daß Gott nichts ist als die „Vorspiegelung"[269] des eigenen menschlichen Gattungswesens in sich selbst, die jedoch nicht als solche erkannt, sondern gegenüber der

---

[267] *Wagner* 1971, 32.
[268] *Pannenberg* 1963 charakterisiert die Bedeutung *Feuerbach*s für die Geschichte des Atheismus daher so: „Bis zu Feuerbach ist der Atheismus eigentlich nur als Behauptung aufgetreten. Feuerbach jedoch hat durch seine genetische Theorie der Religion den Beweis des Atheismus geliefert. [...] Daß man *alles* ohne Gott erklären kann [...], das erforderte, daß man auch die Religion selbst ohne Gott erklären konnte. Erst damit ist die Position des Atheismus vollendet" (598).
[269] Vgl. WChr 13. 77.

Einbildungskraft verselbständigt werde. Mit dieser Erkenntnis ist für ihn zugleich der Weg gewiesen zur Versöhnung des Menschen mit sich selbst und mit der Gattung durch die Zurücknahme der Prädikate Gottes in den Menschen und der gleichzeitigen Negierung ihres früheren, illusionären Subjekts. Die Religion wird auf die Moral (die bislang wegen der Dominanz der Religion nie voll zum Zug kommen konnte) reduziert, die Moral dann zur Religion erhoben.

Für *Nietzsche* ist die Leugnung des Subjekts Gott bereits mehr oder weniger eine Selbstverständlichkeit, so sehr übrigens, daß ein Sichwiedereinlassen mit dem christlichen Gottesglauben von ihm als eine „romantische Rückkehr und Fahnenflucht" und als eine Preisgabe jeder intellektuellen Redlichkeit kritisiert wird[270]. Was er seinem Zeitalter vorwirft, ist gerade, daß es diesen Tod Gottes noch nicht begriffen habe. Das soll heißen: Die Menschen dieses Zeitalters leugnen zwar Gott, gestalten aber ihr Handeln nach einer Moral, die sich nur von einem Gott her begründen läßt. Im Gegensatz zu *Feuerbach* will *Nietzsche* deshalb auch die göttlichen Prädikate paralysieren. Erst wenn „Gott" auch in der Moral gestorben sei, könne der Nihilismus überwunden, neue Werte – „jenseits von Gut und Böse" – geschaffen werden, das heißt, erst dann könne der Übermensch zu leben beginnen. Dergestalt ist auf dem absoluten Höhepunkt der neuzeitlichen Autonomie-Bewegung Gott zum Widerpart der ungeheuren, sich selbst transzendierenden (im Sinne von: über-sich-hinaus-schaffenden) Freiheit des Menschen geworden. Das drückt *Nietzsche* auch durch die Benennung „Übermensch" aus, die „den Begriff der ‚Trans-szendenz' paraphrasiert und in den Denkbereich der Historie transponiert"[271].

Schopenhauers Atheismus hingegen ist von etwas anderer Art. Zur Radikalisierung des *Kant*ischen Verdikts gegenüber dem religiösen Erkennen tritt hier die Behauptung, daß sich Wissenschaft und Kultur einerseits und (monotheistische) Religion andererseits ausschlössen: „Die Menschheit wächst die Religion aus wie ein Kinderkleid; und da ist kein Halten: es platzt. Denn Glauben und Wissen vertragen sich nicht wohl im selben Kopfe"[272]. Gewichtiger dürfte der atheistische Standpunkt bei *Schopenhauer* jedoch in der Unvereinbarkeit der leidvollen Beschaffenheit der Welt mit dem Dasein eines guten Gottes begründet liegen. Sein universaler Pessimismus ist mit einer auch noch so weit gefaßten Theodizee unverträglich. In einem Brief schreibt *Schopenhauer* denn auch, seine Philosophie stehe „mit den Dogmen der jüdisch-christlichen Glaubenslehre in einem zwar nirgends ausgesprochenen, aber sich stillschweigend unleugbar ergebenden Widerspruch".[273]

---

[270] S. MA 518.
[271] *Picht* 1969 a, 261. In der Sache ähnlich: *Welte* 1965, bes. 235–245.
[272] Par II: V, 464.
[273] An *F. A. Brockhaus* vom 3. 4. 1818, in: *A. Schopenhauer, Der Briefwechsel*, hrsg. *C. Gebhardt*, München 1929 (= A. Schopenhauers sämtliche Werke, hrsg. *P. Deussen*, XIV), 225 f.

Dennoch erkennt er in den asketischen Tendenzen, die sich in den großen Religionen fast immer fänden, den wahren und unvergänglichen Bestandteil religiöser Einsicht. Dieser könne sich jetzt allerdings auch sensu proprio darbieten und die während einer bestimmten Entwicklungsphase notwendige Einkleidung abstoßen.

8.11 Die innere Zielrichtung des Autonomie-Programms: Destruktion des metaphysischen Wahrheits-Verständnisses (= zweiter, negativer Teil der Hauptthese)

These 11:
Das Programm autonomer Moral läßt sich nur im Zusammenhang mit einem grundlegenden Wandel des Wirklichkeitsverständnisses in der Neuzeit verstehen. Konkreter ist dieser Wandel als Destruktion der Wesens-Metaphysik anzusehen: die Autonomisierung der Ethik, die in den Thesen 1–9 expliziert wurde, richtet sich primär gegen die metaphysischen Elemente und Strukturen der Ethik.

Die in dieser These implizierte Behauptung, die neuzeitlichen Begriffe von Wirklichkeit unterschieden sich fundamental von demjenigen des Mittelalters, der hier als metaphysisch gekennzeichnet wird, wirft zunächst die Frage auf nach der Grundstruktur der mittelalterlichen Metaphysik unter besonderem Hinblick auf die Ethik. Wenn hierbei von „der" mittelalterlichen Metaphysik gesprochen wird, soll damit keineswegs die Vielfältigkeit von Ansätzen bestritten werden, sondern bloß zum Ausdruck gebracht sein, daß es um die all diesen Ansätzen gemeinsame grundlegende Struktur geht. Diese gilt es im folgenden als Hintergrund und Zentralpunkt der im Prozeß der neuzeitlichen Autonomie enthaltenen Polemik sichtbar zu machen.[274]
Sein als Wirklichkeit: Die Metaphysik will sich nicht mit dem Einzelnen, Besonderen, Abgegrenzten befassen, sondern gerade mit jenem Umgreifendsten, Allgemeinsten und Uneingeschränktesten, das allem zukommt: dem Sein als solchem. Das Sein, wie es Objekt der Metaphysik ist, umfaßt also alles – wenn auch unter Absehen von den jeweiligen Bestimmungen –, ist demnach der extensivste, durch keinen universaleren ersetzbare Begriff.
Was immer im Vollsinn ist, ist wirklich oder, genauer ausgedrückt, verwirklicht. Denn vom Wirklichen ist zu unterscheiden der Seinszustand der realen Möglichkeit, der entsprechend als Unvollendetsein, Unentfaltetheit, Nochnichtsein verstanden werden muß. Mit dieser Differenzierung ist vor allem

---

[274] Zur Erschließung des mittelalterlichen Wirklichkeits-Denkens s. vor allem: *Müller* 1940; *Müller* 1964, 75–84; *Müller* 1971, bes.17–77; *J. Pieper* 1963. – Als Beispiel für ein neuscholastisches Lehrbuch sei *Kälin* 1957–62 genannt.

eine Erklärungsmöglichkeit für das Werden gewonnen. Die Gegenüberstellung von Wirklichkeit und Möglichkeit als den beiden grundlegendsten, transzendentalen (im scholastischen Sinn!) und deshalb nicht weiter definierbaren Modalitäten schlechthin alles Seins – und nicht etwa die Differenz von Sein und Nichtsein! – gibt der Metaphysik eine prinzipiell duale Struktur.
Ist Wirklichkeit aber als Verwirklichung zu verstehen, so fragt sich, was verwirklicht wird; die scholastische Antwort darauf lautet: die subjektive Potenz eines Dinges oder – privativ ausgedrückt – soviel Seinsgehalt, wie nicht durch Begrenzungen ausgeschlossen wird. Sie kann nur zur Wirklichkeit gebracht werden, wenn es sie tatsächlich gibt, das heißt sie ist Potenz gegenüber dem Existieren, nicht aber gegenüber dem Sein überhaupt. Beim endlichen Seienden ist die Realpotenz in dessen Wesensform beziehungsweise Natur gegeben; das Wesen ist in ihm also dasjenige, was den Seinsakt gleichsam aufnimmt und zugleich begrenzt und mit ihm zusammen die eine Wirklichkeit des Seienden konstituiert. Entsprechend baut sich das gesamte endliche Sein aus den korrelierenden Faktoren Akt und Potenz auf; nur Gott ist reine Wirklichkeit.
Die Wirklichkeitsauffassung der Scholastik ist somit eine zweifache: actus und res. Der Begriff des Seins (im Sinne der Seiendheit eines Seienden, das nicht das Sein selbst ist) enthält wohl schon immer den Begriff der res, nicht dagegen automatisch auch den der Wirklichkeit im Sinn von actus; doch ist alles Sein, was nicht actus ist, angelegt auf diesen, enthält eine Strebung zu ihm. Auf diese zumindest potentielle und intendierte Kongruenz bezieht sich im folgenden der Begriff der Wirklichkeit als Oberbegriff, obschon er in der Metaphysik im Vergleich zu dem des Seins nur eine sekundäre Rolle innehat. Der Seinsbegriff erscheint nämlich insofern als Oberbegriff wenig geeignet, als man ihn auf dem Hintergrund der mit ihm konkurrierenden Wirklichkeitsbegriffe der Neuzeit bereits als eine ganz bestimmte Interpretation von Wirklichkeit (was sich sicherlich auch bestreiten ließe!) auffassen könnte.
Sein und Gesetzmäßigkeit: Was ein Sein zu dem macht, was es ist und was es bei aller Veränderung war und sein wird, ist sein Wesen. Jede Veränderung im Wesen selber, sei es durch Teilung oder durch Hinzufügung, hätte zur Folge, daß dann das Wesen unmöglich dasselbe bleiben könnte. Wesen und damit Sein bezeichnen also eo ipso immer eine Einheit: „ens et unum convertuntur".
Einheit eines Seins bedeutet aber nicht notwendig dessen Unteilbarkeit, vielmehr besagt sie lediglich Ungeteiltheit und Geschiedenheit, mit anderen Worten also, daß, wenn aus mehreren Seienden beziehungsweise Einheiten eine Vielfalt wird oder umgekehrt eine Einheit aufgeteilt wird in vieles, das Ergebnis sich qualitativ unterscheidet vom Ausgangspunkt, wie das im Satz gefaßt ist: Das Ganze ist mehr als die Summe der Teile. Dieses Mehr beziehungsweise Weniger des Ergebnisses einer Aufteilung in Teile oder einer

nach einem bestimmten Gesichtspunkt durchgeführten Zusammenstellung aus Teilen ist die Ordnung, der Plan, die Gesetzmäßigkeit. Jede Einheit, das heißt jedes Sein, kann also, sofern es nicht unteilbar, einfach ist, als ein Ordnungs„gefüge" seiner möglichen Teile verstanden werden, wie es anderseits selber prinzipiell mögliches Element einer über„geordneten" Einheit sein kann.[275]

Es gibt also überall Einheit, wo es Sein gibt. Und zwar so sehr, daß selbst da, wo eine aktuelle Vielheit von Seienden vorliegt, in bestimmter Hinsicht auch Einheit besteht. Nicht bloß, daß solche Vielheit nur möglich ist, wenn jedes Glied der Vielheit seinerseits Einheit ist, sondern auch so, daß in der Vielheit immer auch Eines gesetzt ist, das den Vielen gemeinsam ist. In dem besonderen Fall, daß es sich bei der Vielheit um eine solche gleichartiger Einzeldinge handelt, kommen diese in der Selbigkeit ihres Wesens überein; das heißt, sie nehmen real teil an dem einen Wesen, dieses findet sich in den Einzeldingen verwirklicht. Es liegt dann eine Vielheit des Seins, obschon Einheit im Wesen vor. Kann das Wesen sich in verschiedenen Einzeldingen verwirklichen, so kommt es keinem notwendig zu. Dann muß es aber eine letzte, das heißt substantielle Einheit geben, weil die Vielheit nicht-notwendiger Verwirklichungen bei gleichzeitiger Einheit im Wesen eine letzte substantielle Ordnungseinheit verlangt. Eine derartige letzte, reine Einheit vor aller Vielheit wird auch von jenen Vielheiten erfordert, wo die die Einzelnen unterscheidenden Bestimmungen gerade auch im jeweiligen Wesen liegen, weil Eines, das Eines unter Vielen ist, stets eine höhere Einheit als seinen Grund voraussetzt, ohne selbst die reine Einheit sein zu können. Diese reine, vollkommene Einheit, die selbst nicht mehr Teil eines höheren Ganzen und deshalb unbedingt ist, kann erst gegeben sein, wo das Unterscheidende, das Wesen, mit dem Gemeinsamen, dem Sein, zusammenfällt. Das ist nur bei Gott der Fall; er ist der unmittelbare Urheber des obersten Einheitsprinzips, der lex aeterna. Dem jeweiligen Mehr oder Weniger an Einheit im Sinn von Geschlossenheit in sich selbst beziehungsweise an Geschiedenheit gegenüber anderem entsprechend steht alles Sein in einer Rangstufenfolge.

Die Einheit des Seins ist also eine ontologisch-transzendentale. Da sich das Denken nach dieser Auffassung ganz im Horizont des Seins vollzieht, begründet die ontologische Einheit wiederum die Einheit auf der logisch-prädikamentalen Ebene: Eine Vielheit kann im Allgemeinbegriff (universale) zu einer Einheit zusammengefaßt werden beziehungsweise umgekehrt: Der Allgemeinbegriff kann von mehreren Seienden ausgesagt werden. Die der Einheitsstruktur des Seins und dem hierin waltenden Kausalitätsprinzip entsprechenden Grundoperationen der Logik sind Deduktion und Reduktion. Was vom allgemeinen Wesen ausgesagt wird, gilt auch von jeder einzelnen

---

[275] Von *Aristoteles* bis zur Neuscholastik sind der Naturkosmos und der Organismus die klassischen Paradigmen. Sie galten als Analogien für alle anderen Ordnungen, besonders für die sozialen.

seiner Verwirklichungen, und was von einem Ganzen gesagt wird, in einer bestimmten, eben der einheitsstiftenden Hinsicht auch für jeden Teil. Induktion kann für die Wesensmetaphysik letztlich nur ein akzidentelles, heuristisches Hilfsmittel, niemals aber Beweis sein.

Sein und Geist: Jedes endliche Sein hat sein Dasein nicht aus sich selber (Kontingenz), weil dieses sonst zu seinem Wesen gehören, das betreffende Sein also auch notwendig existieren müßte, was jedoch der Erfahrung widerspricht. Es muß folglich den Grund seines Daseins in einem anderen haben. Wäre dieses andere wieder von der Art, daß es sein könnte oder auch nicht, und würde man daher die Suche konsequent fortsetzen, so würde man zu einer endlosen Reihe von kontingent daseienden Dingen gelangen, die aber als Reihe im Ganzen noch immer keine hinreichende Ursache für das Dasein aufwiese. Demnach muß es ein Sein geben, das sein Dasein aus sich hat, notwendig da ist und allem anderen Sein sein Dasein zu geben in der Lage ist: Das eben ist Gott[276]. Bezüglich jedes anderen Seins aber gilt, daß, damit es dasein kann, allererst sein So-Sein, sein Wesen, vorhanden sein muß. Auch dieses kann den Grund seiner Möglichkeit nicht in sich selbst haben, sondern wiederum nur in Gott, weil Gott andernfalls sowohl im Erkennen als auch im Wollen (da der Wille nichts wollen kann, als was der Verstand ihm vorstellt!) von den Wesenheiten abhängig sein müßte, Gott aber gerade das Nicht-Kontingente, das heißt von allem Unabhängige, das ens a se ist. Da nun aber auch der Wesenheit das Prädikat „notwendig" eignet, kann der letzte Grund für die Möglichkeit allen Seins nirgendwo anders gesucht werden als im göttlichen Verstand; denn läge er im Willen, dann wäre die Notwendigkeit gerade aufgehoben. Die Wesenheiten sind letztlich also nichts anderes als göttliche Gedanken, jedes Sein – das wirkliche wie das mögliche – ist schon jeweils gedacht im Geist Gottes.

Wesentlich für alles Sein ist daher dessen Bezug zum göttlichen Geist, so daß man sagen kann: Ohne göttlichen Geist gibt es kein Sein. Weil nun alle Dinge notwendig „geistig" sind, so müssen sie wiederum erkennbar sein auch für jeden geschaffenen Geist; dieser ist nämlich selber offen für die Erkenntnis allen Seins. Sein bedeutet demnach grundsätzlich und eo ipso Erkennbarkeit.

Das bedeutet aber, daß das Erkennen, auch das menschliche, tatsächlich zum Wesen der Dinge gelangen kann: „Intellectus [...] penetrat usque ad rei essentiam"[277]. Der menschliche Geist ist empfangend, seine Spontaneität betrifft nur die Aktuierung des Erkenntnisvermögens, nicht dessen Washeitsgehalt. Allein maßgebend ist die Wirklichkeit selbst. „Intellectus speculativus, quia accipit a rebus, est quodammodo motus ab ipsis rebus, et ita res

---

[276] Vgl. bes. die tertia via bei *Thomas von Aquin*. (S. th. I, 2, 3).
[277] *Thomas von Aquin*, S. th. I–II, 31, 5.

mensurant ipsum."[278] Sehr zutreffend ist deshalb die Feststellung *J. Pieper*s, „daß ‚Vernunft' hier immer den Wesensbezug zur Wirklichkeit nicht nur einschließt, sondern bedeutet; sie ist nichts anderes als die Kraft des Menschen, die Wahrheiten der wirklichen Dinge in sich hinein zu nehmen. Der ursprüngliche Wortsinn des ‚Ver-nehmens' ist hier noch in voller Kraft; und ‚Vernunft' steht nicht so sehr für das ‚Vernehmen' als für das ‚Vernommene' selbst."[279] Im Erkennen werden Geist und Sein eins.[280]
Wahrheit aber ist für die Scholastik nichts anderes als die Bezeichnung für dieses Verhältnis von objektiver Wirklichkeit und Geist. Wahrheit ist adaequatio: je nachdem, ob damit die Übereinstimmung zwischen res und göttlichem intellectus gemeint ist oder die zwischen res und menschlichem Denken, heißt sie ontologische oder logische. Die logische Wahrheit aber hat demnach ihre Norm in der je schon vorgegebenen, metaphysisch früheren, unüberholbaren ontologischen Wirklichkeit.

Sein und Handeln: Nur im reinen Akt, in Gott, können Wesenheit und Dasein in eins fallen. Alles kontingente Sein hingegen ist beschränkt und veränderlich, das heißt, es ist eine Mischung aus Akt und Potenz. Es ist also noch nicht fertig bezüglich seines Wirklichseins, damit aber auch nicht bezüglich seiner Wirksamkeit und der Erfüllung seiner Zweckbestimmung. Deren Maßstab ist aber gegeben in dem jedem Ding bereits einwohnenden Drang, jenen Zustand des Seins zu erreichen oder zu erhalten, den es seiner Natur nach haben soll (Teleologie). Gut ist dementsprechend alles, was der Vervollkommnung eines Dings, also seiner Naturanlage und seinem natürlichen Streben entspricht, erstrebenswert für es ist. Dabei kann ein Streben nun niemals auf Nichts gehen, sondern nur auf etwas, das seinerseits vollkommen ist und die Fähigkeit hat, vervollkommnend auf das Strebende zu wirken; deshalb muß das Seiende, weil und insofern es Sein hat, als erstrebbar gelten, oder: „ens et bonum convertuntur".
Außer der mit der Natur jedes Seins schon gegebenen Hinordnung verfügen die mit Geist begabten Sinnenwesen über die Fähigkeit, etwas gegenüber dem Strebenden Anderes als diesem objektiven Zweck förderlich wahrzunehmen oder aber geistig zu erkennen und dann ihr sinnliches Begehren oder ihr geistiges Streben darauf hin in Gang zu setzen. Diese letztere, höchste und allein dem Vernuftwesen zukommende Art des Strebens ist der Wille als die aufgrund vernünftiger Überlegung auswählende Selbstbestimmung. Das Gutsein liegt hier allgemein in der Konformität des Wollens mit der natürlichen Hinneigung der erstrebten Sache. Für den besonderen Fall, wo es sich bei den erstrebten Objekten um sittliche, also um Handlungen und sittliche Güter wie zum Beispiel Tugend, handelt, besteht die (sittliche) Güte darin,

---
[278] *Thomas von Aquin*, De Ver. I, 2.
[279] *J. Pieper* 1963, 18.
[280] Vgl. *Thomas von Aquin*, S. th. I, 35, 1, 1, ad 3.

daß das angestrebte Objekt in freier Entscheidung der Wesensnatur des Menschen in ihrer vom Schöpfer beabsichtigten Ausgerichtetheit auf Vollendung gemäß ist.

Damit Seiendes aber überhaupt zu einer „Vervollkommnung" kommen kann, muß bereits etwas da sein, was im Ausgriff auf Anderes vollzogen werden kann, ein Vermögen hat zur Verwirklichung und zur Wirksamkeit, und dies ist eben die Wesenheit beziehungsweise das Wirkvermögen. Welche Güter nun dem Selbstvollzug des Menschen dienen können, bestimmt sich demgemäß an seiner final strukturierten Natur. Sittliche Handlungen endlich sind solche Vollzüge, in denen der Mensch ein auf die gesamtmenschliche Vervollkommnung bezogenes Gut frei ergreift.

Wirkvermögen beziehungsweise Wesenheiten könnte es nicht geben ohne einen reinen Akt. Wesenheiten sind ja ewig, unveränderlich, notwendig, so daß bloß ihr aktuelles Dasein, niemals jedoch ihre innere Möglichkeit selbst, etwas Kontingentem entspringen kann, wie es alle Willensakte per definitionem sind. Ist anderseits der Grad an Wirklichkeit die Gutheit eines Seins, so ist das höchste Sein, Gott, als actus purus auch das summum bonum: Gott ist demnach sowohl Ziel seines eigenen Wollens als auch Endziel aller Dinge. In ihm gibt es zwischen wollendem Subjekt und erstrebenswertem Gut keine Differenz mehr, während die geistbegabten endlichen Wesen, da sie immer nur einen beschränkten Grad an Seinsfülle enthalten, niemals der umfassenden Hinordnung ihres Willens auf das Gute vollkommen entsprechen können, so daß die Identität von Wollendem und Gewolltem bei ihnen immer nur eine relative und endliche sein kann. Gerade als reine und vollkommene Einheit von Sein und Wollen stellt das summum bonum den Möglichkeitsgrund alles endlichen Strebens und Wollens dar.

In der Entfaltung der Konvertibilität von Wirklichkeit und Gutheit zeigt sich mithin, daß die Gutheit ebenfalls eine adaequatio bezeichnet; und auch hier gibt es entsprechend der Trias: schlechthin höchstes Sein (Gott) – Wirklichkeit – Vernunftwesen, zwei Arten: Die ontologische Gutheit meint die Übereinstimmung der Dinge mit dem göttlichen Willen im Wirklich- und Wirksamsein. Die Übereinstimmung des Willens des Vernunftwesens mit der vorgegebenen Wesenheit – die bezüglich ihrer Verwirklichungstendenz „Natur" genannt wird – aber ist die ethische Gutheit.

Das Gute ist das Wirklichkeits-Entsprechende. Daher gründet das gesollte Wollen oder die Norm des Handelns im Sein, so daß sich als ethisches Grundprinzip ergibt: „agere sequitur esse". Dabei darf nicht vergessen werden, daß es kein Wollen ohne Erkennen gibt. Da der Wille das auf die Vervollkommnung der Wesenheit bezogene Vermögen ist, die Wesenheit aber Formalobjekt des Verstandes ist, kann auch der Wille nichts wollen, was ihm nicht der Verstand vorstellte, so daß auch das Erkennen jeweils früher ist als das Wollen und dieses erst möglich macht. Daraus ergibt sich eine (immanente) Erklärung, weshalb die mittelalterliche Metaphysik insgesamt eine deutliche Priorität des Intellekts gegenüber dem Willen im allgemeinen wie der Seinslehre gegenüber der Ethik im besonderen kennzeichnet. Auch innerhalb dieses ethischen Ansatzes dominiert noch die Vernunft vor dem Willen[281]; die fundamentalsten Begriffe dieser Ethik sind im Grunde nicht gut/böse, sondern wahr/unwahr (falsch). Das zeigt sich auch in der Identität von theoretischer und praktischer Vernunft, deren Differenz lediglich in der Extensität, nämlich in der Hinordnung der erkannten Wahrheit auf das Tun, nicht aber im jeweiligen Vermögen liegt[282]. Voraussetzung dabei ist, daß Theorie und Praxis zwei völlig getrennte Ebenen sind, wobei die Praxis ihr Sollen bereits a priori, eben in dem theoretisch Erkennbaren, vor-findet. Das Wahre scheint als das Gute auf, wenn es zum Willen in Beziehung tritt, wenn die theoretische Vernunft zur praktischen wird.[283] Ethik gibt es nur als die ihrerseits theoretische Anleitung, wie das theoretisch Erkannte im Handeln „angewandt", „abgebildet", „angeähnlicht", „zur Übereinstimmung gebracht" werden kann. Es handelt sich um ein strukturell zweiphasiges Schema, wobei die Beziehung nur nach einer Richtung verläuft und nicht umkehrbar ist. Das „agere secundum naturam" ist aufgrund der ontologischen Intelligibilität synonym mit „agere secundum rationem". Ethische Gutheit ließe sich deshalb genausogut oder – aus den genannten Gründen sogar noch charakteristischer – fassen als Übereinstimmung des Wollens beziehungsweise Tuns mit der wahr erkennenden Vernunft.[284]

Mit dem erkenntnistheoretischen Realismus zusammen hängt unmittelbar ein ethischer. Das Kriterium für sittlich und unsittlich ist im Wesen des Menschen selber gegeben, sofern es das Prinzip der finalen und auf das Absolute hin transzendentalen Verwirklichung, das heißt: Natur, ist. Die Inhalte sämtlicher Imperative für das sittliche Handeln des Menschen lassen sich aus der Wirklichkeit gewinnen, wobei diese im Vollsinn als eine objektiv-vorgegebene, strukturiert-geordnete, finalisierte, von jedem menschlichen Denken unabhängige, ewige, durch nichts veränderbare aufgefaßt wird. Die sittlichen Inhalte gelten aufgrund solcher fundamentalen Wirklichkeitsbestimmtheit als vorgegeben, so daß sie vom jeweiligen Subjekt nur anerkannt und gewollt werden muß. Jene Gesetze, die sich daraus ergeben, daß der Mensch im Blick auf sein Letztziel natur-, das heißt vernunftgemäß handeln muß, die sittlichen also, bilden das Sittengesetz. Dessen oberstes Prinzip ist die lex aeterna, der Plan und die Ordnung der göttlichen Vernunft selber

---

[281] S. etwa *Thomas von Aquin,* De Ver. 21, 3: „[...] bonum praesupponit verum [...]."
[282] Vgl. *Thomas von Aquin,* S. th. I, 79, 11.
[283] Z. B. *Thomas von Aquin,* S. th. I, 79, sed contra. Vgl. hierzu die wichtige Modifikation der These vom Primat der theoretischen Vernunft bei *Pieper* 1963, 48 f.
[284] Vgl. *Thomas von Aquin,* S. th. I–II, 18, 5: „[...] Bonum hominis est ‚secundum rationem esse', malum autem quod est ‚praeter rationem'."

also, innerhalb deren allen Dingen das ihnen gemäße Ziel vorherbestimmt ist und zu dessen Verwirklichung sie finden, sofern sie sich nicht aufgrund eines freien Willensaktes anders entscheiden.
Vom endlichen Geist kann ebensowenig Gott in seinem Wesen erkannt werden wie das ewige Gesetz in der göttlichen Vernunft; wohl aber kann der Mensch Gott mittelbar aus seiner Promulgation in der Schöpfung mit natürlichem Vernunftlicht erkennen, und diese Erkenntnis im Hinblick auf die menschlichen Handlungen eben macht das natürliche Sittengesetz aus. „[...] lex naturalis nihil aliud est quam participatio legis aeternae in rationali creatura."[285] Das natürliche Sittengesetz ist, weil sowohl das Wesenhafte im Wirklichen wie auch die Menschennatur trotz aller (geschichtlichen und gleichzeitigen) Individuen dieselbe beziehungsweise dasselbe ist und das absolute Ziel ebenfalls bei allen dasselbe, unveränderlich, allgemeingültig, indispensabel; individuelle Beschaffenheiten, Verhältnisse, kulturelle Differenzen und ähnliches mehr gelten demgegenüber als akzidentell, betreffen nicht die Substanz, sondern nur das positive Gesetz, soweit dieses das sittliche Naturgesetz „per modum determinationis" durch die rechtmäßige Autorität auf bestimmte Verhältnisse hin genauer spezifiziert.

Eigenschaften des Seins: Was nun aber Sein beziehungsweise Wirklichkeit bedeutet, wird im Rahmen der Transzendentalienlehre entfaltet. Jedes Sein ist entsprechend seinem Grad an Seinshabe, und das heißt wiederum: insofern es wirklich ist: eines, wahr und gut. Der Begriff der Wirklichkeit ist so umfassend wie die Begriffe von Einheit, Wahrheit und Gutheit; diese Prädikate sind also dem Sein nicht nachträglich oder gar nur eventuell hinzugefügt, sondern eignen ihm aufgrund und im Maße seines Seins. Als Transzendentalbegriffe sind sie deshalb konvertibel. –
Die in diesem Wirklichkeitsverständnis behauptete Präponderanz des Intellekts vor dem Willen hat zur Folge, daß vor allem die Identität von Wirklichkeit und Wahrheit jene Stelle ist, an der die in der Hauptthese erwähnten Verschiebungen in der Auffassung von Wirklichkeit sichtbar werden: Der für die Entstehung der autonomen Ethik verantwortlich zu machende Wandel im Wirklichkeitsverständnis läßt sich deshalb besonders gut am Wandel des Wahrheitsbegriffes ablesen.

Ziel *Descartes*' wie seiner Philosophie ist die Gewinnung von Sicherheit und Gewißheit für jegliches Wissen. Die Frage nach der Wahrheit bedeutet daher für ihn diejenige nach der Gewißheit, das heißt nach klarer und deutlicher Erkenntnis. Die Frage der ontologischen Wahrheit spielt keine Rolle mehr, wodurch die Orientierung am bewußtseinsunabhängigen Sein eben implizit doch in Frage gestellt wird, weil sie ja so gehandhabt wird, als sei sie nicht in

---

[285] *Thomas von Aquin*, S. th. I–II, 91, 2.

der Lage, zweifelsfreie Gewißheit zu leisten, zumindest nicht bezüglich des menschlichen Subjekts. „Wahrheit" als Vollgestalt des Wirklichen ist nicht je schon vorgegeben, sondern erst zu erarbeiten, wozu eine Methode entwickelt wird. Wenn aber Wahrheit auf das Denken beschränkt ist, dann muß das Verhältnis dieser Wahrheit zu dem von ihm unabhängigen Sein neu bestimmt werden. Wirklichkeit ist dann zunächst nicht ein Sein als solches, sondern das Gegenständliche, was ich methodisch erschließen und worüber ich verfügen kann. Die Wirklichkeit ist etwas im Grunde Gestalt- oder sogar Konstruierbares. Dadurch, daß nun *Descartes* die Wahrheit als Gewißheit noch weiter verankert in Gott, der als idea innata im Vergewisserungsprozeß zutage tritt, wird noch ein zweiter, tieferer Ursprungsgrund der Wirklichkeit aufgezeigt; das Konstruieren ist bei *Descartes* also noch als Nach-Konstruieren zu verstehen. So gelangt die Erkenntnis zwar zu einer substantiellen „Natur der Dinge", doch umfaßt diese nicht bloß Natur/Wesen im scholastischen Sinn, sondern auch das Dasein, also gerade *auch* das im scholastischen Sinn vom Willen abhängige Sein, so daß eigentlich nur Gott Substanz sein kann, alle anderen Dinge aber nur Erscheinungsformen Gottes – eine Konsequenz, der *Descartes* durch die Unterscheidung zwischen einer unendlichen und einer endlichen Substanz aus dem Weg gegangen ist, die historisch jedoch folgenreich war (nicht nur in der üblicherweise als Pantheismus bezeichneten Philosophie *Spinozas,* sondern besonders im Deutschen Idealismus). Ein großer Unterschied zum mittelalterlichen Verständnis besteht darin, daß diese endlichen Substanzen freie Setzungen des Gottes sind und nur noch als Gottes souveränem Willen und seiner Allmächtigkeit, und nicht mehr als seiner Vernünftigkeit entsprungen vorgestellt werden, das heißt nicht mehr als in einer apriorischen, durch Verstandeskausalität errichteten Seinsordnung verankert gelten. Dann aber kann auch das ewige Gesetz mitsamt der Sittenordnung nur kraft einer willkürlichen Setzung Gottes gültig sein.

*Kant*s kritische Zentralfrage nach der Möglichkeit synthetischer Urteile a priori ist erst möglich geworden, nachdem die Geiststruktur alles Seins und die darauf beruhende grundsätzliche und allumfassende Erkenntnisfähigkeit des menschlichen Geistes zweifelhaft geworden sind. All unsere Erkenntnis kann sich *Kant* zufolge nur durch Anschauung auf Gegenstände beziehen, und diese gilt ihm als nicht ursprünglich, sondern als durch Affektion „vermittelt", so daß jetzt an die Stelle dogmatischer Annahmen im Rahmen einer Ontologie, die als Setzungen durchschaut werden, eine Transzendentalphilosophie treten muß, die die Bedingungen möglichen Objektseins zu klären hat. Sie kommt zu dem Ergebnis, daß nicht unsere Erkenntnis sich nach den subjektunabhängigen Gegenständen richtet, in dem Sinne, daß sie diese gleichsam abbilden würde, sondern daß umgekehrt die Gegenstände durch unsere Erkenntnisformen bestimmt werden; so daß „wirklich" für *Kant* nur ist, „was mit den materialen Bedingungen der Erfahrung (der Empfindung) zusammenhängt"[286]. Die Unmöglichkeit des endlichen Verstandes, die Dinge unmittelbar, abstrahiert von ihrer „Erscheinung", in ihrem „Ansich" wahrzunehmen, und die damit zusammenhängende Unmöglichkeit, über Gott, Welt und Seele objektive, das heißt allgemeingültige, wissenschaftliche Aussagen zu machen, heißt nun für *Kant* allerdings nicht, daß sich Wirklichkeit in eine solipsistische Setzung des Erkenntnissubjekts auflöste: Vielmehr steht für *Kant* zum einen das Dasein des Dings an sich fest, welches er daraus erschließt (erkannt werden kann es ja nicht), daß dem Erscheinenden etwas zugrunde liegen muß, was erscheint.[287] Zum andern werden die Formen der sinnlichen Anschauung wie auch die der Verstandesurteile als apriorische, in der reinen Vernunft selbst wurzelnde angesehen, gelten danach also gleicherweise für *alle* möglichen empirischen Subjekte.

Weil der sittlich wollende Wille sich gerade das Nicht-Objektabhängige, Unbedingte als absolut verbindliches Gesetz setzt und sich damit nur an dieses, sein eigenes Gesetz (Autonomie) bindet, verlangt die Reflexion auf die moralische Praxis die Annahme der Existenz des in den Ideen von Freiheit, Unsterblichkeit, und Gott ausgesagten Unbedingten; doch darf deshalb das Sittengesetz (genausowenig wie das Naturgesetz) weder als „Vernehmen" transzendenter Gebote noch überhaupt als an sich Vorhandenes, vom vernünftig denkenden freien Subjekt Getrenntes vorgestellt werden. Seine Autonomie, das heißt sein sich in Freiheit und mit Bewußtsein aktiv Zur-Geltung-Bringen als Sollen, macht gerade seinen eigentlichen Inhalt aus; die objektiven Prinzipien der praktischen Vernunft sind „Manifestationen unserer eigenen vernünftigen Natur"[288]. Wie der Mensch als Denkender „ursprünglich Schöpfer aller seiner Vorstellungen und Begriffe" ist, so ist er als sittlich Handelnder „einziger Urheber aller seiner Handlungen"[289].

Auch für *Fichte* kann die Frage nach der Wirklichkeit nicht (wie in der dogmatistisch genannten Metaphysik) vom Objekt her beantwortet werden, sondern nur durch noch weiteres Zurückgehen in die transzendentale Subjektivität und deren Möglichkeitsgründe.[290] „Wirklichkeit ist Wahrnehm-

---

[286] KrV B 266.
[287] *Teichner* 1967, 44 f, sagt mit Bezug auf das, was die transzendentale Ästhetik der KrV über Anschauung und Affektion ausführt, „daß sich für Kant die Anerkennung des Daseins an-sich-seiender Objekte als eine unbezweifelbare Voraussetzung aus der Bestimmung der menschlichen Anschauung als der derivativen, nicht selbsttätigen, bei der wir uns leidend verhalten, analytisch ergibt". Vgl. ebd. 43–50.
[288] *Paton* 1962, 131.
[289] Fak 116.
[290] Vgl. z. B. die ausdrückliche Charakterisierung seiner Philosophie als „transzendental-idealistischer": SL 60, vgl. auch 110.

barkeit, Empfindbarkeit"[291]. Das hierin implizierte Moment der Möglichkeit beziehungsweise – hinsichtlich des Subjekts – der Freiheit und die Wirklichkeit gelten hierbei nicht als zwei verschiedene Seinsweisen (wobei die eine die andere kausal voraussetzen würde), sondern als synthetisch vereinigte Begriffe, so daß sich ohne Denken einer Wirklichkeit auch kein Vermögen denken läßt: „die Wirklichkeit muß *gedacht* werden, nicht etwa unmittelbar *wahrgenommen;* nicht etwa [. . .] als *wirklich,* sondern lediglich als möglich durch eine bloß ideale Funktion der Einbildungskraft, entworfen werden."[292] Wirklichkeit als Wahrnehmbarkeit ist gesetzte, zwar nicht ihrem Wesen, aber ihrer Form nach. Dasjenige, was vermag, sie hervorzubringen, ist das Ich.

Das Ich aber ist nicht vorfindbare Tatsache, sondern setzt sich selbst, was es kraft intellektueller Anschauung weiß. Es setzt sich aber als frei wählend unter verschiedenen Bestimmungen der Wirklichkeit, wozu es wiederum nur in der Lage ist unter der Voraussetzung, daß es die Wirklichkeit in Abhängigkeit von seiner durch Vernunft gelenkten Kraft denkt. – Das Vernunftwesen aber kann keine Handlung als wirklich denken ohne Annahme eines Objekts unserer Tätigkeit. Auch wenn nämlich das Ich nur denkt und noch gar nicht will oder gar tätig ist, *ist* es nur insofern, als es etwas, das heißt über etwas denkt; demnach muß unabhängig von ihm noch etwas vorhanden sein. Dieses Nicht-Ich ist genau das, was in allen denkbaren Bestimmungen durch Freiheit als dasselbe gedacht wird, das also, worauf unsere Wirksamkeit geht.

Indem *Fichte* sich weigert, *Kant*s Trennung in eine erkenntnismäßig „erscheinende" und in eine praktisch-postulierte metaphysische Wirklichkeit zu übernehmen, wird das tätige beziehungsweise freie Ich zum Absolutum und damit zur eigentlichen und ausschließlichen Substanz[293] (aber zu einer sich selbst schaffenden[294]). Es gibt kein vom Bewußtsein losgelöstes Sein und damit auch kein Sein ohne Handeln.[295] „Das einzige Absolute, worauf alles Bewußtsein und alles Sein sich gründet, ist reine Tätigkeit."[296] Sein ist kein ursprünglicher Begriff, sondern erst sinnvoll als Gegenbegriff zur Tätigkeit. Wirklichkeit ist ein Prozeß. Wirklich bedeutet also: vom (idealen, nicht etwa dem realen) Handeln des Ich seinen Ausgang nehmend. Damit hängt aber nicht nur das Formale des Erkennens vom Subjekt ab, sondern auch das Material des Erkennens, so daß Erkenntnis und Bewußtsein nicht mehr Rezeptionen sind, sondern letztlich ebenfalls auf einer freien Handlung und im

---

[291] SL 80.
[292] Ebd.
[293] Ausdrücklich: WL 142.
[294] Vgl. z. B. SL 50.
[295] WL 134: „[. . .] Also – alle Realität ist *tätig,* und alles *Tätige* ist Realität."
[296] SL 12. Vgl. 17. 30. 58 f. 92 f. 134. 217. 354; WL 227. 233 f. 260. 280 f; Zweite E. 467 f. 498–500; Appellation 202.

weiteren Sinne auf Sittlichkeit beruhen. Erst recht ist „das Sittengesetz gar nicht so etwas [...], welches ohne alles Zutun in uns ist, sondern [...] erst durch uns selbst gemacht"[297]. Der vom Subjekt zu leistende grundlegende Freiheitsakt (das ist Autonomie), durch den Wirklichkeit für uns konstituiert wird, ordnet dieses Subjekt und sein sittliches Tun in einen größeren Zusammenhang ein, die sittliche Weltordnung oder Gott; „Gott" ist hiernach Prädikator für eine bestimmte moralische Praxis und nicht Bezeichnung für eine Substanz.

Der stets präsente Gegner, mit dem *Feuerbach* den Streit um den Wirklichkeitsbegriff austrägt, ist die *Hegel*sche Philosophie, doch gewinnt diese ihre Bedeutung für ihn besonders dadurch, daß er in ihr einen exemplarischen, ja den potenziertesten neuzeitlichen Abkömmling der alten Theologie sieht. Gegen ihre als haltloser Spiritualismus gekennzeichnete Deutung der Wahrheit als Idee und gegen ihre Auffassung der letztlich von der Idee gesetzten Wirklichkeit will *Feuerbach* die dadurch diskreditierten Sinne wieder in ihr Recht einsetzen. Dem Sinnenwesen, welches der Mensch ist, gebe die einzige Gewähr für die Wirklichkeit einer Sache nämlich die Wahrnehmung, Wahrnehmung aber sei die Tätigkeit der Sinne (als Freude und Schmerz, als Liebe und ähnliches), Träger der Sinne sei der Leib; Objekt der Sinne aber könne nie das Allgemein-Wesenhafte sein, sondern nur Sinnliches, das ist notwendig Einzelnes, Individuelles, Konkretes, Bestimmtes.[298] „Der Anfang der Philosophie ist nicht Gott, nicht das Absolute, nicht das Sein als *Prädikat* des Absoluten oder der Idee – der Anfang der Philosophie ist das Endliche, das Bestimmte, das *Wirkliche*. [...] Kannst Du die Qualität denken, definieren, ohne an eine *bestimmte Qualität* zu denken? Also ist nicht das Unbestimmte, sondern das Bestimmte das Erste: denn die *bestimmte* Qualität ist nichts anderes als die *wirkliche* Qualität; der gedachten Qualität geht die wirkliche voraus."[299] „So ist die Liebe der wahre *ontologische* Beweis vom Dasein eines Gegenstandes außer unserem Kopfe – und es gibt keinen anderen Beweis vom Sein [...]."[300] „Wahr" und „wirklich" bilden deshalb für *Feuerbach* den Gegensatz zu: phantastisch, erträumt, eingebildet, bloß gedacht, scheinbar[301]. Es gibt keine Wirklichkeit überhaupt und an sich. Selbst noch die Eigenschaften, die ich mit dem Anderen gemeinsam zu haben glaube, sind individuell. „[...] ich bin nur als dieser absolut bestimmte Mensch Mensch; Mensch sein und dieses Individuum sein ist schlechterdings ununterscheid-

---

[297] SL 192.
[298] Vgl. Grundsätze 296–300. 304 f. 313. 317; Das Wesen des Christentums in Beziehung auf den ‚Einzigen und sein Eigentum': S. W. VII, 309; Kritische Bemerkungen zu den Grundsätzen der Philosophie: S. W. II, 321; Wider den Dualismus: S. W. II, 344; VorlWR 281–283; SMa 164 f.
[299] Thesen 230.
[300] Grundsätze 298.
[301] Vgl. WChr 24.

522

bar in mir."³⁰² Die Quelle der Gewißheit von Wahrheit, verstanden als Realität der Individualität, aber ist die Liebe.³⁰³ Diese vermittelt auch zwischen der durch das Denken erfolgten Scheidung zwischen Allgemeinem und Individuellem. „Das Sein ist also ein *Geheimnis* der Anschauung, der Empfindung, der Liebe."³⁰⁴

Von der gewonnenen Wirklichkeitsauffassung her erweist sich Religion zunächst als gestörter Wirklichkeitsbezug: Sie erfaßt nicht wirklich, was ist, sondern ist eine Deutung, die aus der Phantasie entspringt. Vor allem unter den jetzt gegebenen geschichtlichen menschlichen Möglichkeiten und Erkenntnissen gehen ihr Realitätsgehalt, Gestaltungskraft, Praxisrelevanz und damit Erfahrbarkeit ab: „[...] das Christentum [...] längst nicht nur aus der Vernunft, sondern auch aus dem Leben der Menschheit verschwunden, [...] es [ist] nichts weiter mehr [...], als eine *fixe Idee,* welche mit unseren Feuer- und Lebensversicherungs-Anstalten, unseren Eisenbahn- und Dampfwägen, unseren Pinakotheken und Glyptotheken, unseren Kriegs- und Gewerbeschulen, unseren Theatern und Naturalienkabinetten im schreiendsten Widerspruch steht."³⁰⁵

Negativ ausgedrückt haben dann weder Wahrheit noch Wirklichkeit etwas mit dem Sein, dem Wesen, einer höchsten Vernunft oder gar mit Gott oder auch mit dem Begriff zu tun, sondern „die Wahrheit ist nur die Totalität menschlichen Lebens und Wesens".³⁰⁶ „Wenn daher die alte Philosophie sagte: nur *das Vernünftige ist das Wahre* und *Wirkliche;* so sagt dagegen die neue Philosophie: nur *das Menschliche ist das Wahre und Wirkliche;* denn das Menschliche nur ist das Vernünftige; *der Mensch das Maß der Vernunft.*"³⁰⁷ Der Mensch ist das letzte Kriterium des Wahren, aber nur, sofern er Denkender ist.

Die in der Gleichsetzung von Wahrheit, Wirklichkeit und Sinnlichkeit³⁰⁸ formulierte Position könnte man materialistisch nennen. Man muß sich allerdings davor hüten, diese Kennzeichnung in einem platten Sinn als vollständige Reduktion auf das sinnlich Vor- und Zuhandene, auf „das *auf platter Hand Liegende,* das *Gedankenlose,* das *sich von selbst Verstehende*"³⁰⁹ zu nehmen. Nicht nur, weil *Feuerbach* sich an zahlreichen Stellen³¹⁰ dagegen ausdrücklich verwahrt hat, sondern vor allem deshalb, weil für ihn das Naturale zwar die

---

³⁰² SMa 143, vgl. 142–155.
³⁰³ WChr 59; Grundsätze 297; SMa 144.
³⁰⁴ Grundsätze 297.
³⁰⁵ Vorrede zur 2. Auflage vom ‚Wesen des Christentums': S. W. VII, 294.
³⁰⁶ Grundsätze 318 (im Original hervorgehoben).
³⁰⁷ Grundsätze 313.
³⁰⁸ Ausdrücklich: Grundsätze 296.
³⁰⁹ Grundsätze 305.
³¹⁰ Vgl. z. B. Das Wesen des Christentums in Beziehung auf den ‚Einzigen und sein Eigentum': S. W. VII, 309 f; Kritische Bemerkungen zu den Grundsätzen der Philosophie: S. W. II, 321 f. Vgl. jedoch: SMa 159–171.

Basis der Philosophie und der Ethik ist, nicht aber auch deren höchstes Prinzip[311]; dieses ist vielmehr „die Einheit von Ich und Du"[312] (wobei *Feuerbach* zwischen beiden allerdings nicht den traditionellen Antagonismus sehen will!). In diesem Sinne betont *Feuerbach*, daß er nicht die tierischen Sinne, sondern die menschlichen mit Einbezug des Denkens (der Unterschied bezieht sich vor allem auf den Zusammenhang der Einzeldinge) als Kriterium der Wirklichkeit aufgestellt habe.[313] Damit ist aber eine Art von Transzendenz[314] gewonnen, die den Materialismus im üblichen Verständnis von innen aufsprengt und *Feuerbach* erlaubt, selbst die Religion nicht einfach zu leugnen, sondern sie zu erklären und als etwas im Grunde Wertvolles einzustufen. Sie gilt nämlich als Teil des allein den Menschen auszeichnenden Bewußtseins der eigenen Gattung; und zwar weil sie auf einem Element beruht, das wesentlich zu der Realität der in der sinnlichen Wahrnehmung seiner selbst oder eines anderen Gattungswesens wahrgenommenen Individualität gehört: daß diese sich selbst transzendiert im Sinne eines Ungenügens an sich selbst oder einer Bedürftigkeit. Insofern will *Feuerbach* die Prädikate, die in der Theologie Gott und bei *Hegel* dem absoluten Geist zugesprochen wurden, nicht aufheben, sondern ihrem wahren Träger, dem bedürftigen Menschen, (wieder) übereignen. Der – allerdings verhängnisvolle – Grundfehler von Theologie und neuzeitlicher Philosophie vor ihm bestehe darin, daß sie den Unterschied zwischen menschlichem Individuum und menschlichem Wesen mißverstanden und das Bedürfnis zu einer von ihm abgetrennten objektiven Instanz (Wesen/Natur, Atom, Ich, Gott, absoluter Geist[315]) projiziert hätten.

Die Korrektur des falschen Elements in Religion und Metaphysik läßt diese zu Ethik werden. Ethik hat, anders gesagt, die Aufgabe, die Grundgestalt des Menschseins, nämlich seine Bedürftigkeit, sichtbar werden zu lassen und sie der einzigen ihr adäquaten und schon immer – wenn auch unter Umständen verfälscht – angezielten Erlösung in der Gattung entgegenzuführen. Ethik muß von daher gesehen Politik sein.

Auch für *Schopenhauer* ist das Wirkliche nur da in bezug auf ein vorstellendes Subjekt, und umgekehrt: Die Welt der Erfahrung ist „bloße" Vorstellung.

---

[311] Vgl. Beleuchtung einer theologischen Rezension vom ‚Wesen des Christentums': S. W. VII, 258.
[312] Ebd. (im Original z. T. hervorgehoben).
[313] Vgl. Grundsätze 304; Kritische Bemerkungen: S. W. II, 321 f; Wider den Dualismus: S. W. II, 330.
[314] Vgl. z. B. Grundsätze 297: „Nur in der Empfindung, nur in der Liebe [...] ist das *Endliche* das *Unendliche* [...]." – Die Selbst„transzendenz" verbürgt ihrerseits die Gewißheit von der Realität der Außenwelt: „Die Gewißheit selbst von dem Dasein anderer Dinge außer mir ist für mich vermittelt durch die Gewißheit von dem Dasein eines anderen Menschen außer mir" (Grundsätze 304, vgl. auch 296).
[315] Vgl. Grundsätze 297.

In dem „Epiphilosophie" überschriebenen Schlußkapitel von WWV betont *Schopenhauer* deshalb ausdrücklich, seine Philosophie maße sich nicht an, „das Dasein der Welt aus seinen letzten Gründen zu erklären: vielmehr bleibt sie bei dem Tatsächlichen der äußern und innern Erfahrung, wie sie jedem zugänglich sind, stehn und weist den wahren und tiefsten Zusammenhang desselben nach [...]. Sie macht demnach keine Schlüsse auf das jenseits aller möglichen Erfahrung Vorhandene, sondern liefert bloß die Auslegung des in der Außenwelt und dem Selbstbewußtsein Gegebenen, begnügt sich also damit, das Wesen der Welt seinem innern Zusammenhange mit sich selbst nach zu begreifen. Sie ist folglich *immanent* im Kantischen Sinne des Worts."[316] Der Bereich des Kategorialen – für *Schopenhauer* identisch mit dem Geltungsbereich des Kausalitätsgesetzes – ist für uns erkenntnismäßig nicht überschreitbar. Insofern weist *Schopenhauer* den Anspruch „einer rein a priori zu findenden Metaphysik"[317] zurück und fordert statt dessen eine empirische, die die Erfahrungen denkend (nicht intuitiv!) deutet. Anderseits wird sich der Mensch seines eigenen Selbst als eines wollenden bewußt, so daß die Gegenstände der Außenwelt zwar nicht in ihrer Unmittelbarkeit, in ihrem „An-sich", in unserem Selbstbewußtsein liegen, aber als wahrgenommene stets in einer Beziehung zum Willen stehen: Und zwar dergestalt, daß wir gezwungen sind, jede Sinnesaffektion als Wirkung einer Ursache aufzufassen; Kausalität ist also bei *Schopenhauer* die Bedingungsmöglichkeit aller Erfahrung. Das heißt, die wahrgenommenen Gegenstände sind nichts als Objektivationen des Willens, das Bewußtsein des einzelnen Individuums aber die Erscheinung des all-durchdringenden Urwillens. Dieser Urwille selbst ist das Absolute, das „Ding an sich".

Damit hat sich im Verständnis von Wirklichkeit ein weiterer Umbruch vollzogen: Das Gesamt der Wirklichkeit, der Weltgrund ist Wille und Trieb, wohingegen bis dahin von der Rationalität der Wirlichkeit ausgegangen wurde; selbst und gerade am meisten noch da, wo – wie bei *Kant* und im Deutschen Idealismus – das Bewußtsein als alleiniger Zugang zur Wirklichkeit angesehen wurde, hatte immer die Vernunft als dasjenige gegolten, was den Willen bestimmt. Wesens- und Bewußtseins-Metaphysik werden hier abgelöst von einer Willensmetaphysik. Dementsprechend stellt *Schopenhauer* heraus, daß unser Handeln vom Willen bestimmt wird[318], und qualifiziert diejenigen als „Esel", die „vermeinen, die Ethik begründet zu haben, wenn sie nur sich auf jenes unserer *Vernunft* angeblich einwohnende *‚Sittengesetz'* berufen"[319], und sich dann auf diesem von *Kant* „gelegten und seitdem immer breitergetrete-

---

[316] WWV II: II, 821. Vgl. auch WWV I: I, 577 f; WWV II: II, 206–243, bes. 232–234 und 236–238; Par I: IV, 103 f.
[317] WWV II: II, 234.
[318] Z. B. WWV II: II, 259–316.
[319] PGM 641, vgl. 641 f.

nen Ruhepolster [...] wälzen"³²⁰. Man könnte diesen neuen, das Bedingungsverhältnis zwischen Wollen und Denken umkehrenden Standpunkt als metaphysischen Voluntarismus kennzeichnen. Bezüglich *Schopenhauer* von Metaphysik zu sprechen ist deshalb keine contradictio in adiecto, weil auch bei ihm das kritisch-reduktive Moment nicht in einen platten Materialismus führt, den er im Gegenteil als „eine rechte Barbiergesellen- und Apothekerlehrlings-Philosophie"³²¹ verspottet hat, weil er übersehe, daß das von ihm für objektiv Genommene: die Materie (und das als Modifikation von dieser verstandene Erkennen), unhintergehbar durch das erkennende Subjekt bedingt und vermittelt sei³²².

Anderseits ist *Schopenhauer*s Voluntarismus ein pessimistischer Voluntarismus. Denn der Wille ist Begehren und als Urwille grenzenlos. Die Unmöglichkeit aber, ihn endgültig zu befriedigen, verursacht unter den Bedingungen der Erscheinungswelt – das sind bei *Schopenhauer*: Raum und Zeit sowie die Kausalität – Leid, was *Schopenhauer* zum Schluß führt, die Welt in ihrer Gesamtheit sei sinn-los. Denn Wollen unter den genannten Bedingungen ist stets eine Individuation, diese aber beinhaltet notwendig Begrenzung; aufs Ganze übertragen vollzieht sich in den andauernden Individuationen und Willensakten eine gegenseitige Verneinung alles dessen, was ist, was im Bezug auf den metaphysischen Weltgrund aber nichts anderes ist als der Streit des Urwillens mit sich selbst.

Wenn alles Wollen solcherart notwendig als Ursprung von Leid gilt, kann eine dies berücksichtigende Ethik im Grunde nur eine Lehre von dem (neben der Kunst einzigen!) Erlösungsweg sein. Ihr Inhalt besteht darin, die Bedingungen der sinnlichen Erfahrungswelt (sekundär) aufzuheben und dadurch den metaphysischen „An-sich"-Zustand eines universellen, subjektlosen Eins-Seins (tat-tvam-asi) künstlich (das heißt durch erkenntnismäßig vermittelte Modifikation der Kausalität) „wieder"herzustellen.

*Nietzsche*s Philosophieren ist in seiner Gesamtheit wie in seinem innersten Ansatzpunkt Polemik gegen das gesamte abendländische Verständnis von Wahrheit und Wirklichkeit. Hierbei geht es ihm keineswegs um ein kognitives Problem, sondern gerade um die in dieser Wahrheits-Auffassung behauptete Übereinstimmung von Logik und Ontologie beziehungsweise um die ihr zugrunde liegende Behauptung einer „eigentlichen" Wirklichkeit („Hinterwelt") neben der sinnlich wahrnehmbaren. Er will diese durch Tabus dem Zweifel entzogene Voraus-Setzung durch die Entgrenzung des me-

---

[320] PGM 641.
[321] WWV II: II, 229. Vgl. WWV I: I, 61–64; WWV II: II, 223–232. 406–411. 603 f; Par I: IV, 123; Par II: V, 71–74.
[322] „Der Materialismus ist also der Versuch, das uns unmittelbar Gegebene aus dem mittelbar Gegebenen zu erklären" (WWV I: I, 63).

taphysischen Begründungspostulates selber durchbrechen, so daß einerseits (auf der ontologischen Ebene) alles für absolut Ausgegebene seine tatsächliche Instrumentalität bloßstellen muß und anderseits (auf der logischen Ebene) die Perspektivität allen Denkens zutage tritt. In beidem erweist sich, allerdings negativ, daß das Konstituens aller Wirklichkeit „Leben" oder „Wille zur Macht" ist. Das aber heißt nichts anderes, als daß auch alle anderen bisherigen, darauf beruhenden Wertungen (also das als wahr, gut und auch schön Behauptete) „verkehrt" sind, diese Verkehrtheit aber maskiert war: „Daß nichts von dem wahr ist, was ehemals als wahr galt."[323] Dies trifft in ganz besonderer Weise für die ehemals höchsten Werte zu: für Gott (der Tod Gottes ist daher einerseits eine feststellende, historische Bilanz und anderseits ein noch zu realisierendes Programm!), das Sein, wie auch für die „Circe aller Denker", die christliche Moral[324]: „Mein Hauptsatz: es gibt keine moralischen Phänomene, sondern nur eine moralische Interpretation dieser Phänomene."[325] Im Dienste der Lebensmehrung kommt es folglich darauf an, die bisherigen Werte umzuwerten. Die neue Moral, die von *Nietzsche* aber nicht mehr Moral genannt wird, besteht demgemäß darin, diese Selbsttranszendenz des Menschen hin auf den Übermenschen so weit als möglich zu realisieren. Auch für ihn gibt es also noch solch eine Adäquation von Wahrheit und Wirklichkeit. Nur kommt darin Wahrheit weder als höherer Maßstab für Wirklichkeit noch als an der Wirklichkeit zu Messendes vor, sondern bloß als Konstrukt und Instrument der alles fundierenden Lebensdynamik. Und keine von beiden ist darin als apriorisch, keine als normierend für die andere gedacht; diametral entgegengesetzt zur ganzen abendländischen Tradition gilt das Leben als das (nicht nur zeitlich oder erkenntnismäßig, sondern ontologisch) Ursprünglichere gegenüber der Vernunft und das sie allererst Bestimmende. Alleiniges Kriterium für die Wahrheit ist die Steigerung des Machtgefühls.

Exkurs:
Zur Frage des historischen Beginns des Wandels zum neuzeitlichen Wirklichkeitsverständnis
Descartes war in Kapitel 2 dieser Arbeit als derjenige bestimmt worden, bei dem zum erstenmal ein methodisch durchreflektiertes Programm einer autonomen Ethik begegnet. Achtet man auf das dabei zugrunde gelegte Wirklichkeitsverständnis, so zeigt sich, daß *Descartes'* Philosophie durchaus nicht als der voraussetzungslose Anfang der Neuzeit angesehen werden kann, sondern eher als Beispiel für einen Typus, dem allerdings das Verdienst gebührt, erstmals einen auf dieser Basis stehenden und methodisch durchkonzipierten

---

[323] N 805.
[324] EH 1156.
[325] N 485 (im Original hervorgehoben).

Gesamtansatz im Sinne eines Systems vorgelegt zu haben. Historisch führt sein Denkansatz zurück zum spätmittelalterlichen Nominalismus.[326] Darüber hinaus einen noch exakteren Anfang des neuzeitlichen Wirklichkeitsverständnisses und damit auch des Autonomieprogramms in der Ethik ausmachen zu wollen wäre ebenso müßig und problematisch wie der Streit um den Beginn der Neuzeit. Die Wende läßt sich sinnvoll nur als prozessuale Überlagerung, nicht als exakte Zäsur bestimmen.[327] Entsprechend ist die obige Bemerkung so aufzufassen, daß der Nominalismus als Beginn des neuzeitlichen Wirklichkeitsverständnisses, aber noch im und während des Mittelalters, gesehen wird. –

Grundlage für das Wirklichkeitsverständnis im mittelalterlichen Nominalismus[328] ist die göttliche Allmacht. Gott kann die Welt wollen, wie er will; was und wie immer er will, ist jeweils gut. Ist der freie göttliche Wille alleiniger Grund allen Daseins und Soseins, so fällt die Differenz zwischen Existenz und Wesen dahin: Es gibt keine von der konkreten Verwirklichung unabhängige und ihr vorgängige absolute Bestimmtheit und damit keine allgemeingültige Gesetzlichkeit, vielmehr kann Sein immer nur konkretes Vorhandensein meinen. Über Gott wie auch über das Sein können nur äquivoke Aussagen gemacht werden, hingegen keine analogen.

Die Verlegung des Wirklichkeits-Grundes in die absolute Souveränität Gottes, die lediglich im Widerspruchsprinzip eine formale, logische Grenze hat, bedeutet – zumindest tendenziell und wirkungsgeschichtlich auch tatsächlich – die Destruktion der mittelalterlichen Ontologie, was anhand der Transzendentalienlehre besonders augenscheinlich wird.

Mit der Bestreitung eines dem konkreten Einzelding wie dessen abstraktem Vorgestelltsein im geschöpflichen Verstand vorgängigen Wesens ist auch die im Ungeteiltsein des Wesens begründete Konvertibilität von Sein und Einheit bestritten; weil das Wesen aber zugleich das Allgemeine ist, das in jedem einzelnen verwirklicht ist, kann auch von einem Universale – zumindest

---

[326] Vgl. etwa den Gedanken des genius malignus!

[327] Diese Tatsache ist übrigens auch der Grund für eine eigenartig berührende Divergenz der Interpretationen. Besonders auffällig ist sie bei *Kant* zu beobachten: Einerseits wird er als Retter der metaphysischen Tradition unter neuen Gegebenheiten gelobt/kritisiert, andererseits als revolutionärer Neuerer (vgl. bes. die seit *M. Mendelssohn* immer wieder gebrauchte Titulierung „Alleszermalmer") verurteilt/gefeiert. Der Grund für diese Divergenz liegt darin, daß die Interpretatoren *Kant*s Bedeutung bezüglich der von ihnen vertretenen Position veranschlagen; dies ist möglich, weil *Kant inmitten* einer Entwicklung steht, weshalb sich bei ihm noch viele und wichtige Elemente der abgelegten Standpunkte finden lassen, andererseits aber auch *schon* zahlreiche Ansätze, die später weit über ihn hinaus entwickelt wurden. – Eine ausgezeichnete Typisierung dieser Positionen findet sich bei *Marquard* 1958, 30–51; er beschließt die Darstellung der vier Grundpositionen jeweils ironisierend mit dem stereotypen Resümee: „Kant [...] muß gegen Kant verteidigt werden: *Kant ist zurückgewichen*" (35. 40. 45. 51).

[328] Bei der Skizzierung der nominalistischen Grundposition stütze ich mich auf die unter einem etwas anderen Blickwinkel stehende Darstellung bei *Rombach* 1965–66, I, 57–139. Vgl. auch *Schulz* 1965, 582–587.

im ontologischen Sinn – keine Rede mehr sein. Gleich ob dem Universale nun noch der Status einer Realität im Verstande zugesprochen wird (so im zumeist vertretenen Konzeptualismus) oder ob es nur als flatus vocis, als reines Nomen, abgetan wird (so im strengen Nominalismus), das Universale wird nicht mehr als etwas dem konkreten Seienden vorausliegendes und in ihm zur Verwirklichung gelangendes Allgemeines angesehen. – Historisch entzündete sich die Auseinandersetzung zwischen scholastisch-metaphysischem und nominalistischem Denken gerade an dieser Frage nach der Qualität des Allgemeinbegriffs. Aus dem Gesagten wird klar, daß es hierbei nicht um ein Problem der Logik, sondern letztlich um das Grundkonzept der klassisch-christlichen Metaphysik insgesamt ging.

Gibt es keine transzendentale (im scholastischen Sinn verstanden!) Einheit, so zerfällt die (vormalige) Einheit der Wirlichkeit in bloß existierende Einzeldinge (Individuen). Unter ihnen herrschen keine kraft ontologischer Gesetzmäßigkeit bestehenden Beziehungen von Gemeinsamkeit; damit kann es letztlich auch keine dem Sein inhärierende, bereits im Denken begründete ursprüngliche Ordnung, die alles Sein umgreift, mehr geben, sondern nur noch eine aus dem Schöpferwillen hervorgegangene, nur in einer bestimmten Ausprägung existierende, nicht mehr auf ihren übereinzelnen Wesensgehalt hin befragbare. Die Deduktion als Grundstruktur der Logik muß ebenfalls ihre Berechtigung verlieren, weil sie den in den Dingen selbst gegenwärtigen Zusammenhang der einzelnen in der Weise einer strengen Über- und Unterordnung zu ihrer Voraussetzung hat.

Wird die Wirklichkeit im göttlichen Willen begründet, so ist damit auch die ontologische Wahrheit als Übereinstimmung von Sein und göttlichem Denken aufgegeben. Der Sinn von Wahrheit wird eingeschränkt auf einen logisch-prädikamentalen, und diese Wahrheit, die ihren ausschließlichen Ort im Urteil hat, muß zum Problem werden, hat doch das Sein infolge der Aufhebung der ontologischen Wahrheit seine Intelligibilität verloren: Es entsteht somit nicht bloß die Frage nach der jeweiligen Adäquation zwischen Sache und Gedanke, sondern die Frage nach dem, was überhaupt erkannt werden könne, die Fragen, wie groß der Anteil des Erkennenden am Erkennen sei, wie das erkennende Individuum zu der Gewißheit wahrer Erkenntnis gelangen könne und ähnliches mehr. Die Absage an eine bewußtseins- und willensunabhängige Wesenssphäre läßt zudem einen neuen Typ von Wissen entstehen, der darauf verzichtet, Wesensaussagen zu machen, und sich statt dessen auf die Erforschung der Relationen zwischen den Dingen beschränkt: Es ist dies die Wissenschaft. Aber nicht nur die Unmöglichkeit, die Wesen an sich zu erkennen, nötigt die Erkenntnis zur Selbstbegrenzung auf Urteilswahrheit, auf Relationswissen, auf Wissenschaft; in dieselbe Richtung drängen auch das oben genannte Fehlen einer apriorischen (Seins-) Ordnung und die damit notwendig werdende Bemühung um logische Einheit, weil andernfalls jegliche Art von Lernprozessen und damit von Wirklichkeitsbewältigung unmöglich wird. Wissenschaftliches Wissen in diesem neuzeitlichen Sinne schenkt sich weder von sich aus dem anschauend-vernehmenden Geist, noch kann es rein deduktiv gewonnen werden, sondern es ist das Ergebnis eines von den erkennenden Subjekten gesteuerten Forschungsprozesses. Weil nur die Einzeldinge und deren Beziehungen wirklich sind, ist das Fundament aller wissenschaftlichen Erkenntnis die Erfahrung.

Auch Gutheit kann keine ontologische Proprietät mehr sein, meint Vollkommenheit doch das Aktuiertsein eines Wesens. Gut und Böse im moralischen Verständnis aber bemessen sich folglich nicht mehr an der Naturgemäßheit, sondern ausschließlich an ihrer Festlegung durch den göttlichen Willen. Ein objektives Sittengesetz kann also nicht erkannt werden, es gibt keine an sich guten oder schlechten Handlungen. Scheiden essentielle, das heißt auf der Grundlage einer Wesensnatur erhobene Gesetze aus, so sind die ethischen Normen nun im Grunde nichts anderes als Gebote, das heißt positive Willenssetzungen, auch wenn zunächst noch die der Souveränität des Schöpfers. –

Dieser Exkurs sollte zeigen, daß die das historische Konzept autonomer Ethiken tragende Stoßrichtung gegen die Metaphysik historisch mit der Auflösung der Einheit zwischen Seins- und Erkenntnisordnung im Nominalismus beginnt. Er macht darüber hinaus deutlich, daß all die Bruchstellen des Nominalismus gegenüber der scholastischen Metaphysik gerade die Leitthemen der autonomen und – wie sich an diesen Konkretionen ein weiteres Mal bestätigt – darin typisch neuzeitlichen Ethiken bilden.

Kapitel 9
„Theonome Autonomie"[1] als Konzept neuerer Moraltheologie

Wie bereits in der Einleitung zu dieser Arbeit erwähnt, gibt es in der gegenwärtigen katholischen Moraltheologie kaum ein zentraleres und für sie signifikanteres Thema als die Frage nach der Autonomie und/oder Theonomie der Moral. Kaum ein Moraltheologe von Rang hat es unterlassen, dazu Stellung zu beziehen; die Fülle der Publikationen, vor allem in Form von Zeitschriftenaufsätzen, hat derart zugenommen, daß bereits eigene Übersichten und Literaturberichte[2] angefertigt wurden. Sucht man nach dem zeitlichen Ausgangspunkt der Diskussion, so stößt man – zumindest was das Ausdrücklichwerden der Fragestellung betrifft –, auf das Zweite Vatikanum (besonders im Zusammenhang mit der Inaugurierung des Dialogs mit der „Welt" und des Dialogs mit Marxismus und atheistischen Strömungen) und die Enzyklika ‚Humanae Vitae'.

Freilich ist die Feststellung, die Frage nach der Autonomie sei das Zentralproblem heutiger Moraltheologie, nicht nur quantitativ gemeint. Zu unverkennbar ist die Verlagerung der Diskussion in dem genannten Zeitraum von Einzelproblemen weg hin auf die Auseinandersetzung um die Grundlagen. Über das Gewicht der Frage besteht denn auch seitens der Befürworter wie der Gegner der Autonomie-These kein Zweifel. So hält etwa *F. Böckle* die „Frage nach der Vernünftigkeit wertender Entscheidung" angesichts der globalen Probleme und drohenden Konflikte für „unausweichlich"[3]. In dieselbe Richtung geht *A. Auer,* wenn er gleich in der Einleitung seines Buches auf die „Bedrohlichkeit" der neuzeitlichen „Emanzipation *vom* Ethischen" *(G. Ebeling)* verweist.[4] *B. Stoeckle* hebt die „außerordentliche Dringlichkeit" der Frage hervor und betont, „daß hier das Schicksal der theologischen Ethik selbst zur Debatte steht, daß es im letzten um ihre Legitimation geht, um ihre Daseinsberechtigung überhaupt"[5]. *G. Ermecke*s Erläuterungen des

---

[1] Diese Formel wurde von *F. Böckle* geprägt: *Böckle* 1972 a. Ich verwende sie hier programmatisch und nicht als Kompromißformel, als die sie in der Literatur (z. B. *J. Fuchs* 1978, 63) bisweilen auch gemeint ist.
[2] Derzeit am ausführlichsten berichtet: *Furger* 1974. Vgl. außerdem die bei *A. Auer* und *F. Böckle* in die eigenen Diskussionsbeiträge eingearbeiteten Überblicke; ferner: *Rotter* 1970; *Auer* 1976 a.
[3] *Böckle* 1972 b, 63 f; *Böckle* 1973 a, 166.
[4] *Auer* 1971, 11 f.
[5] *Stoeckle* 1977, 312.

als „aktuell", „schwierig", „umstritten" und „ungelöst" apostrophierten Problems gipfeln in dem Satz: „die Widersprüchlichkeiten [sc. in der Moralpraxis, wie auch diejenigen zwischen den Autonomie-Befürwortern und der Tradition] brachen offen aus als gleichsam revolutionäre Erscheinung am ‚Ende der Neuzeit' und des ‚Konstantinischen Zeitalters' im Anschluß an ‚Humanae Vitae'."[6] Endlich sei noch *F. Furger* genannt, der in seinem Literaturbericht, der auf der Grundlage der Publikationen der letzten zwanzig Jahre erarbeitet ist, die Autonomiefrage unter den fünf herausragenden Aufgabenkomplexen dieses Zeitraumes nennt.[7] Wo das Autonomieproblem wie etwa bei *Böckle*[8] und *W. Korff*[9] darüber hinaus als Strukturkrise der Moral erkannt wird, bleibt über die Schlüsselstellung dieser Frage für die Moraltheologie, ja für die Theologie insgesamt, ohnehin kein Zweifel. Bezüglich dieser Frage nach dem autonomen oder theonomen Charakter der Moral hat sich in jüngerer Zeit unter namhaften Fachvertretern ein weitgehender Konsens herausgebildet, der programmatisch in der Formel von der „Autonomie der Moral" gefaßt wird. Dieser Konsens soll nun skizziert werden, wobei ich mich auf *katholische Autoren des deutschsprachigen Raums* beschränke.[10]

9.1 Darstellung der theologisch-autonomen Moral

9.1.1 *Fragestellung und Ziel*

Soweit überhaupt über die Gründe der plötzlich so heftig diskutierten Fragestellung reflektiert wird, werden vor allem die als Säkularisierung interpretierten Veränderungen in der Gesellschaft als dasjenige genannt, von dem man sich herausgefordert weiß[11]. Damit ist zunächst der in nahezu allen Lebensbereichen beobachtbare Funktionsverlust der christlichen Kirchen beziehungsweise der zügige Wandel des gesellschaftlichen Ethos weg von den kirchlich vertretenen Standards gemeint (wie er sich zum Beispiel in den seit dem Zweiten Weltkrieg in vielen Ländern durchgeführten Strafrechtsreformen dokumentiert). Zwar wurde diese Tendenz auch schon in früherer Zeit beobachtet und als etwas für die ganze Neuzeit Kennzeichnendes angesehen; in den letzten Jahrzehnten aber hat sich diese Entwicklung – dieser Einschätzung zufolge – entscheidend verändert, und zwar hinsichtlich ihrer Geschwindigkeit und hinsichtlich ihrer bedrohlichen Auswirkungen. Bedroh-

---

[6] *Ermecke* 1972, 194, vgl. 194 f.
[7] *Furger* 1974, 13–15.
[8] Z. B. *Böckle* 1972 a, 20 f.
[9] *Korff* 1973, 151.
[10] Auf evangelischer Seite verhandeln die Fragestellung etwa: *Løgstrup* 1967; *Fritzsche* 1971; *Kehrer* 1972.
[11] Z. B. *Ouwerkerk* 1967; *Auer* 1971, 11–13. 137–160. 188; *Böckle* 1972 b, 64. 72 f.

lich nämlich sei sie insofern geworden, als zum einen laufend neue, äußerst komplexe und folgenschwere ethische Probleme entstehen, die bisher Dagewesenes weit hinter sich lassen; ihre Beantwortung mit traditionellen Überzeugungen und Normen zum andern wird nicht nur von den meisten Zeitgenossen als völlig unangemessen empfunden, sondern erweist sich oft genug als wirkungslos. An der Lösung solcher neuen, entscheidenden Probleme mitzuarbeiten, ist die Existenzfrage jedes ethischen Anspruchs heute[12].

Des weiteren wird öfter die massive Abweichung des Großteils praktizierender Kirchenmitglieder von den kirchenoffiziell verkündeten und vertretenen Verhaltensnormen genannt, wie sie namentlich durch die großangelegten empirischen Untersuchungen der letzten Jahre zutage getreten und unbestreitbar geworden ist[13]. Soweit dieses Phänomen in seiner Tragweite gesehen und als etwas veranschlagt wird, das zu einer Revision herausfordert, ist dabei bemerkenswert, daß es nicht schon als solches negativ bewertet wird (im Sinne einer individuellen oder kollektiven sündhaften Verweigerung der Zustimmung zu unmittelbar auf Gott zurückführbaren Normen), sondern zunächst als ein Problem der gesellschaftlichen Ordnung wahrgenommen wird. Damit ist eine innere Verbindung zum Säkularisierungsprozeß hergestellt: die innerkirchliche Abweichung gilt als ein weiterer Ort, wo der Säkularisierungsvorgang erfahren wird.

Darüber hinaus verweisen einige Vertreter der autonomen Moral auf die materialethische Insuffizienz von Bibel und Tradition[14]. Der dieser Feststellung zugrunde liegende Sachverhalt deckt sich weitgehend mit dem bereits erwähnten Entstehen „ganz neue[r], ethisch noch nicht oder nicht ausdrücklich reflektierte[r] Fragen"[15].

Den Grund für das Abnehmen des ethischen Konsenses im allgemeinen und der prägenden Kraft kirchlich-theologischer Handlungsorientierungen im besonderen sehen die Autonomie-Befürworter in der mangelnden Einsichtigkeit der Begründung sowie in der autoritativen Vermittlung der tradierten Normen[16]. In der säkularisierten Gesellschaft besteht aber nur dann eine Chance, bei den Nicht-Glaubenden ein offenes Ohr zu finden, mit ihnen zu „kooperieren und überdies für die unauflösbaren Aporien der autonomistischen Moral die christliche Botschaft als Lösungsangebot ein[zu]bringen", wenn die ethischen Aussagen kommunikabel sind.[17] Entsprechend ist das erklärte Ziel der Vertreter der autonomen Moral Kommunikabilität. Als Basis, „die von bestimmten Glaubenshorizonten unabhängig" ist „und doch ein

---

[12] Z. B. *Auer* 1971, 11. 38; *Auer* 1975 a, 28–30; *Böckle* 1972 b, 63 f; *Böckle* 1973 a, 166; *Korff* 1975, 9–12.
[13] Z. B. *Böckle* 1972 a, 17–21; *Korff* 1973, 136–139.
[14] Z. B. *J. Fuchs* 1970, 100 f; *Auer* 1971, 11 f; *Auer* 1976 b, 155–162; vgl. auch *Böckle* 1972 a, 35.
[15] *Auer* 1971, 11.
[16] Z. B. *Auer* 1971, 11 f; *Böckle* 1972 a, 20 f; *Korff* 1975, 12 f.
[17] *Auer* 1977, 72, vgl. 61 f; vgl. *Auer* 1971, 11 f. 161; *Böckle* 1972 a, 19 f.

sinnvolles und fruchtbares Zusammenleben der Menschen" gewährleistet[18], gilt die menschliche Vernunft. Im Sinne dieser Zielsetzung muß die programmatische Schlußfolgerung *Auer*s verstanden werden: „Aus eben diesem Grunde muß die [heutige theologische] Reflexion über ethische Fragen autonom ansetzen"[19].

9.1.2 *Grundstruktur und Typik*

Autonome Moral geht also davon aus, daß sittliches Handeln in der menschlichen Vernunft begründetes Handeln sei. Unter der ausdrücklich bejahten Voraussetzung der realistisch-metaphysischen Erkenntnislehre[20] kann man dementsprechend als Schlüsselaxiom „agere sequitur esse" ansehen, das in allen Entwürfen theologisch-autonomer Moral unbestritten in Geltung steht. Diese können als Versuche verstanden werden, das normbestimmende Sein näher zu explizieren. Gerade hier nämlich wird die dringlichste Aufgabe für eine kommunikationsfähige Argumentation gesehen. Die unterschiedlichen Positionen in dieser Sache sind sich in den nachstehenden Ausgangspunkten grundsätzlich einig:
– der in der Moraltheologie traditioneller Prägung vorherrschende, rein spekulativ-deduktive Ansatz ist ungenügend.
– der Wandel im Bereich des Normativen (die vielberufene „Geschichtlichkeit der Moral") muß in die Theorie integriert werden.
– bei aller Bezogenheit zwischen Moralität und Religiosität, die von *Auer* sogar als gegenseitige Reziprozität bestimmt wird[21], gelten doch beide als eigenständige Wert-Bereiche. Das bedeutet konkret, daß für die theologischen Autonomie-Vertreter das „Heilsethos" von vornherein und unabhängig von der Autonomie-Überlegung als materiales „Surplus" feststeht.
Unter den zahlreichen Versuchen selbst, das normierende esse zu bestimmen, lassen sich vier Typen unterscheiden, die nun – jeweils an einem repräsentativen Autor verifiziert – vorzustellen sind:
9.1.2.1 Natur im Sinne von personaler Wirklichkeit[22]:
Der Begriff „Sein" wird durch den der „Wirklichkeit" (im Sinne *Meister Eckhart*s) ersetzt, womit das Dynamische, aus sich selbst heraus Potente, Tä-

---

[18] *Auer* 1971, 12.
[19] Ebd.
[20] So ausdrücklich: *Auer* 1971, 17.
[21] S. *Auer* 1972 a, bes. 64 f.
[22] Diesen Standpunkt hat vor allem A. *Auer* ausformuliert; s.: *Auer* 1969 a; *Auer* 1969 b; *Auer* 1971; *Auer* 1972 a; *Auer* 1972 b; *Auer* 1973; *Auer* 1975 a; *Auer* 1975 b; *Auer* 1976 a; *Auer* 1976 b; *Auer* 1977 a; *Auer* 1977 b.
Starke Berührungspunkte bestehen zu den zahlreichen Veröffentlichungen von F. *Böckle* (s. die in den Anmerkungen von 9.1 insgesamt genannten), den ich jedoch eher – sofern solche Kategorisierung überhaupt erlaubt ist – der in 9.1.2.2 skizzierten Position zurechnen möchte.

tige, zum Vollzug Drängende zum Ausdruck gebracht werden soll[23]. Das Wirken, „vom ethisch erweckten Menschen als sittlicher Impuls erfahren"[24], meint die Spannung zwischen Wirklichem im Sinne empirischer Faktizität und dem je möglichen besseren „Voll-Wirklichen"[25].
Als Kriterium für den Wirklichkeitsgehalt der Dinge gilt ihre Dienlichkeit für die Optimierung des menschlichen Daseins, so daß alle (weltliche) Wirklichkeit im Menschen sein Sinnziel und sein Zentrum hat.[26] In ihm trifft sich „die naturhafte dynamische Intentionalität der gesamten übrigen Welt auf ihre optimale geschichtliche Wirklichkeit hin".[27]
Was aber immer Optimierung und Sinnziel sind, kann der Mensch aus der Wirklichkeit selbst wahrnehmen, weil diese selbst auf Sinn und Ordnung hin finalisiert, das heißt aber wesenhaft rational, ist.[28] Die Vollgestalt der Wirklichkeit muß demgemäß eine Zielgestalt des Menschen sein; mit vielen anderen Autoren setzt *Auer* sie in der Personalität an. Als Konsequenz aus dieser starken Zentrierung auf die menschliche Person ergibt sich: „Als ‚gut' erscheint dann nicht mehr das, was tatsächlich und technisch geht, sondern nur was menschlich geht, d. h. was auf die Dauer gesehen dem äußeren und inneren Wohlbefinden und der schöpferischen Entfaltung der Person und ihrer sozialen Verbundenheiten dient."[29] „Sachgerechtigkeit" ist in diesem Sinne gleichbedeutend mit „Persongerechtigkeit".
Durch diese Begrifflichkeit gewinnt *Auer* gegenüber den Engführungen des traditionellen Verständnisses von „natura humana" nicht bloß eine starke Betonung des Selbststandes der Person und ihrer Unverfügbarkeit, sondern auch den Einbezug von Sozialität und Materialität als Konstitutiva; obendrein ergibt sich die Vorrangstellung des Handelns als der einzigen Möglichkeit, wie sich menschliche Personalität verwirklichen kann[30].
Das Verständnis der Wirklichkeit beziehungsweise des Menschen als Personalität im angegebenen Sinne verlangt eo ipso das Eingeständnis der Geschichtlichkeit: „Welthaftigkeit gibt es nur in der Gestalt der Werdehaftigkeit. Der Mensch ist immer unterwegs zum Ganzen seiner selbst und der Welt."[31] „Die Welt ist nicht eine von Anfang an fertige"[32]. Die wesenhafte

---

[23] *Auer* 1971, 17.
[24] Ebd. 18.
[25] Ebd., vgl. 35.
[26] Vgl. besonders ebd. 16. 19. 21. 22. 23. 24 f. 31. 35.
[27] Ebd. 23, vgl. 35 f.
[28] Ebd. 22, vgl. 32 f. 35 f.
[29] Ebd. 25.
[30] Vgl. ebd. 19–31. Der Satz „Darum kann sich menschliche Personalität nur im Handeln verwirklichen" (ebd. 19) findet sein Pendant ebd. 30: „Schließlich ist darauf hinzuweisen, daß die konkrete geschichtliche Erfahrung die ständige Gegenprobe zu den sittlichen Entscheidungen des Menschen ausfertigt" – eine für die kirchliche Moral konsequenzenreiche Aussage!
[31] Ebd. 20, vgl. 35.
[32] Ebd. 23.

Offenheit und Beliebigkeit der Geschichte findet wiederum im Kriterium der Personalität und der Wirklichkeitsmehrung ihre immanente Legitimitätsgrenze. Das heißt, die Gestaltung von Welt und Geschichte ist nicht ein Arbeiten im leeren oder nur von früheren Fakten ausgefüllten Raum, sondern beide haben so etwas wie eine Urgestalt, „Dynamismen und Intentionalitäten, die in ihr wie ein Gefälle auf Entfaltung hin wirksam sind"[33]. Mit anderen Worten: Sittliches Handeln besteht in der „freie[n] Selbstentfaltung eigener und mitmenschlicher Würde".[34]

Innerhalb der Erkenntnis der je besseren und schließlich der vollsten Gestalt der Wirklichkeit, die die tatsächliche Wirklichkeit laut Obigem als Dynamismus bereits in sich trägt, ist nun der Ort der sogenannten Humanwissenschaften in der Sittlichkeitslehre. Denn die Erkenntnis dessen, was in der jeweiligen Realität das Bessere und zu Verwirklichende ist, ist nicht einfach als absolute gegeben; sie kann sich daher nur ergeben, indem die reale Gesamtkonstitution des konkreten Menschen in seinen jeweiligen gesellschaftlichen und geschichtlichen Zusammenhängen, seine Erfahrungen sowie die Bedingtheiten und Chancen seines Handelns unter den konkreten Gegebenheiten reflektiert werden.[35] Bei diesem nun seinerseits geschichtlich-gesellschaftlichen Erkennen besteht durchaus die Möglichkeit, daß neue Aspekte des Menschseins entdeckt und dann zur Entfaltung gebracht werden können. Solches konkrete, in seinen Gestalten deshalb auch sich jeweils überbietende und sich ablösende Wissen ist nötig, weil die Zielgestalt nicht apriorisch erkennbar ist[36]. – An der Instinkt-Unsicherheit beziehungsweise positiv: an der Geistigkeit oder Freiheit des Menschen findet der humanwissenschaftliche Beitrag allerdings seine Grenze. Damit die Beschränktheit der humanwissenschaftlichen Einzelerkenntnisse sowohl untereinander als auch gegenüber der menschlichen Freiheit nicht zu falschen Folgerungen verleitet, müssen sie in eine philosophische Anthropologie integriert werden[37].

Sozialität und Materialität sind zwar konstitutiv für die Personalität, doch mehr als Möglichkeitsbedingungen und von der Personalität her zu gestaltende Dimensionen denn als deren eigenständige Bestandteile. Letztentscheidend ist darum für die Moralität die personale Verantwortung oder Innerlichkeit, die im Gewissen ihren von allem Utilitären freien Proklamator besitzt[38]. Im expliziten Gegensatz zum „Bewußtsein moderner Profanität"[39] wird die genannte Dreiheit von *Auer* um eine vierte, „transzendente" Dimension erweitert.

[33] Ebd. 23, vgl. 32–36.
[34] Ebd. 25, vgl. 25 f. 39. 40.
[35] Vgl. ebd. 28 f. 39–43. 44. 47 f. 48–53.
[36] Explizit ebd. 35.
[37] S. ebd. 40–46. 48–53.
[38] Vgl. ebd. 25.
[39] Ebd. 21.

9.1.2.2 Natur im Sinne von Interaktions-Sozialität[40]:

Der Anspruch auf kritische Vernünftigkeit, unter dem zu stehen das spezifische Selbstverständnis der neuzeitlichen Gesellschaft konstituiert, macht die Reflexion beziehungsweise Reformulierung der Moral unter diesem Anspruch zu einem seinerseits wiederum moralischen Erfordernis. Die Eigenart dieser neuzeitlich-kritischen Rationalität besteht nun gerade in der permanenten Revidierbarkeit ihrer selbst; deshalb muß allererst die Möglichkeit des zu solchem Stellungnehmen und Handeln führenden Erkennens zum Gegenstand des Nachdenkens werden[41]:

Daß der Mensch sein Dasein als menschliches nur insoweit erfährt, als er die es bedingenden Verfaßtheiten sinnhaft deutet, und dies selbst dort, wo er sich – wie heute – einer Vielheit normativer Geltungssysteme gegenüber weiß, das bezeugt dieser Auffassung zufolge das Vorhandensein eines genuinen Vernunftinteresses an sinnhaft explizierter Normativität. Heutige freiheitliche Rechtsordnungen gründen auf der Intention, plurale Sinndeutungen zu ermöglichen, das heißt aber letztlich, die konkreten Daseinsgestaltungen den subjektiven Entscheidungen der normativen Vernunft der Individuen selbst zu überantworten. Um der naheliegenden Tendenz entgegenzuwirken, solche Sinndeutungen ganz individuellen Entscheidungen und subjektiver Willkür anheimzustellen, hat sich ihr gegenüber eine speziell auf Information ausgerichtete Art von Vernunfttätigkeit ausgebildet. Trotz ihrer Eigenständigkeit darf die bezüglich ihrer „konkreten Bedingungs- und Wirkzusammenhängen" wesentliche Gebundenheit[42] dieser im Unterschied zur ersten „positiv" zu nennenden Vernunftaktivität nicht übersehen werden; die positiv-kenntnisnehmende Vernunft gewinnt dementsprechend Funktion und Selbständigkeit erst *in* dem von der normativ-stellungnehmenden Vernunft abgegebenen Rahmen[43].

Alle Anstrengungen, die Dualität von positiver und normativer Vernunft zur Einheit eines in ihnen spezifizierten Wesens der Vernunft einzuholen, führen in die Aporien eines an der Objektivität der Grundwertungen verzweifelnden positivistischen Dezisionismus[44], oder aber – wie in den unterschiedlichsten fundamental-hermeneutischen Entwürfen – zur Behauptung einer aller Positivierbarkeit und damit objektiven Verifizierbarkeit entzogenen „Eigentlichkeitsvernunft"[45] als Basis der Normativität[46]. Beide entgegengesetzten Standpunkte begehen hierbei denselben Fehler, indem sie sich

---

[40] Diese Position wird – theoretisch eingehend reflektiert – vertreten von *Korff* 1973; *Korff* 1975. Zur Verwandtschaft mit dem von *Böckle* vertretenen Standpunkt vgl. Anm. 22.
[41] *Korff* 1973, 17–41.
[42] Vgl. ebd. 18 f.
[43] Vgl. ebd. 32 f. 37–39.
[44] Ebd. 9. 19. 26. 29–41.
[45] Ebd. 10, vgl. 39.
[46] Vgl. ebd. 10. 19–26.

an einem reduktiven Vernunft-Verständnis ausrichten, „das jede Möglichkeit einer aus der Positivität gewonnenen rationalen Begründung menschlichen Handelns ausschließt"[47]. Die positivistische Leugnung eines objektiven Wahrheitsanspruchs von Werten und Normen im besonderen, sowie die ihr korrespondierende Ineinssetzung von kultureller Pluralität normativer Systeme mit Beliebigkeit trifft ja auch noch das eigene Worum-willen ihres Tätigseins (das sich wieder nur normativ geltend macht) wie auch ihre methodischen Ausgestaltungen. Schwerer fällt allerdings ins Gewicht, daß dann selbst die Entscheidung zur Kenntnisnahme der Vernunft jeder Rationalität entbehrt, was als schlechthin widersinnig erscheinen muß[48] und in seiner Konsequenz eine Indienstnahme für beliebige Zwecke möglich macht. Am fragwürdigsten allerdings ist die sich mit der Vielfalt heterogener Normen und -systeme rechtfertigende Bestreitung einer objektive Gültigkeit verbürgenden, generellen normativen Vernunft[49].

Im Gegensatz dazu hält *Korff* es erkenntnistheoretisch nicht nur für legitim, sondern entsprechend dem Obigen für erwiesen, „daß menschliche Handlungswirklichkeit nicht nur in der faktischen Vernunft ihres Geltens und der diesem Gelten je inhärenten rational möglichen Ausformungen und Effizienzen positivierbar ist, sondern auch in jener Vernunft, die diese ‚instrumentalen' Gegebenheiten mit der Wahrheit der Ziele menschlichen Handelns vermittelt, in jener Vernunft also, die als gründend wirkende die Mittel vom Ziel und das Ziel von den Mitteln her zugleich begreift"[50].

Normativ-stellungnehmende wie positiv-kenntnisnehmende Vernunft rekurrieren bei ihrer Tätigkeit auf Kriterien, die weder der je vorhandenen Geltung des Faktischen noch einem dem Subjekt inhärenten Normen-Katalog entnommen sind, sondern denen diese beide unterworfen bleiben. Es handelt sich bei diesem „normativitätsstiftenden ‚Sein'"[51] vielmehr um das „naturale ‚*Regelsystem*', dessen einzelne [sc. bio-psychischen, sozialen und geistigen] Faktoren, Regelkreise, Bedingungskoeffizienten und faktischen Kohärenzen in ihrer Normativität durchaus positivierbar und damit dem endlich begrenzten menschlichen Erkennen zugänglich" sind[52]. Die „Unbeliebigkeit" entfaltet sich doppelt: als geschichtliche und als naturale.

Das Kriterium der Widerspruchslosigkeit, dem jede Vernünftigkeit unterworfen ist, macht nicht nur offenkundig, daß die Vernunft zur Legitimation auf die Stimmigkeit der Gründe angewiesen bleibt, vielmehr ist mit ihm auch bezüglich der Normen, für die Vernünftigkeit beansprucht wird, die Bedingung ihrer Geltungschance gegeben. Wenn aber für die Gewinnung von

---

[47] Ebd. 26.
[48] Ebd. 29. 41.
[49] Ebd. 34 f.
[50] Ebd. 26 f, vgl. 26–28. 10.
[51] Ebd. 40.
[52] Ebd. 40, vgl. 39 f.

Geltung das Bereits-Gültigsein conditio sine qua non ist, kann nach *Korff* „*die tragende Vernunft* aller menschlichen Wirklichkeitserkenntnis und Wirklichkeitsgestaltung überhaupt nicht vermittelt werden"[53], mit anderen Worten: Diese „Vernunftnatur" muß der geschichtlichen und kulturellen Normenpluralität unhintergehbar voraus- und zugrunde liegen. Dies hindert jedoch nicht, daß sie sich jeweils nur als endliche, relative, geschichtliche realisieren kann, so daß ihre Gültigkeit als von quantitativen Kriterien (wie Alter und interkultureller Verbreitung) unabhängig erklärt ist. – Insofern das „je maßsetzend Menschliche"[54] vom natural Vorgegebenen zwar „disponiert", hingegen aber nicht „definiert" ist, eröffnet sich dem Menschen die Möglichkeit, entsprechend seiner geschichtlichen Einsicht und seiner Vernunft im Umgang mit der Wirklichkeit echte Stadien von Fortschritt zu erreichen, die ohne Substanzverlust nicht mehr preisgegeben werden können[55]. Infolge der unaufhebbaren Abhängigkeit der Vernunft von der menschlichen Natur ist jede Vernunftverwirklichung prinzipiell überholbar, es gibt keinen die Geschichte beendenden Vollendungszustand des Menschen.

Die naturale Unbeliebigkeit, die im Hinblick auf die gesuchten generellen Normen ausschließlich im Bereich des Sozialen gefunden werden kann[56], liegt nun allerdings nicht als festes, in sich ständiges Substrat vor, sondern ist ihrerseits ein komplexes Regelsystem von mehreren Antriebsstrukturen, das sich obendrein dadurch von einem naiv-linearen traditionellen Verständnis der menschlichen Sozialnatur unterscheidet, daß der Mensch es zugleich „*ist*" und „*hat*"[57]. Die Erkenntnis über Strukturen und gegenseitige Interdependenzen der bio-psychisch fundierenden Antriebe können allein die Humanwissenschaften erbringen. Unter Heranziehung eines immensen ethologischen, sozialpsychologischen und -ontologischen Materials behauptet *Korff* für die Wirklichkeit menschlichen Lebens die Maßgeblichkeit des Interaktions-Sozialen gegenüber der kollektiv-institutionellen wie auch gegenüber der subsozialen Organisationsform[58]. Geborgenheitsbedürfnis, Fürsorge und Aggression bilden die in gegenseitiger Spannung stehenden Komponenten, jedoch derart, daß die – unter allen Lebewesen allein dem Menschen mögliche – Ausschaltung von einer derselben eine Verkürzung und infolgedessen Destruktion des naturalen Regelfeldes darstellt. Das schließt aber keineswegs aus, daß in jeder konkreten Form der Interaktion je einer der drei Bezugsmodi dominiert. Als Grundgesetz der menschlichen So-

---

53 Ebd. 63 f.
54 Ebd. 70 u. ö.
55 Vgl. ebd. 69–75. Hierunter fallen neben „kulturellen Ausformungen ökonomischer, rechtlicher und moralischer Ordnungen" vor allem „die religiösen, offenbarungsgeleiteten Sinnerschließungen [...]eines letzten tragenden Grundes" des „maßsetzend Menschlichen" (70).
56 Ebd. 11. 76.
57 Ebd. 76 f.
58 Ebd. 77–110. 11 f.

zialität kann demnach formuliert werden: „Der Mensch ist dem Menschen Bedürfniswesen, Aggressor und Fürsorger zugleich."[59] Mit dieser naturalen Interaktions-Dreiheit ist auch die Bedingung genannt, unter der allein die menschlichen Potenzen zur Deutung, Ordnung und Gestaltung der Wirklichkeit des Menschen, also gerade des ihm zur Verfügung stehenden Bereichs des Kollektiv-Sozialen (Normen, Institutionen, soziale Ordnungen), die Chance eines humanisierenden Effekts haben.[60]

9.1.2.3 Natur im Sinne von transzendentaler Selbsterschlossenheit[61]:
Eine andere Gruppe von Autoren setzt bei Faktizität und Verständnis von Offenbarung an, weil sie sittliches Tun als eine Form von „Glaubensgehorsam"[62] begreifen, der dann aber in der göttlichen Offenbarung seinen ontologischen wie erkenntnismäßigen Grund hat[63]. Hierbei ist der Weg, auf dem man vom Begriff der Offenbarung auf die Handlungsebene gelangt, die – in Parallele und Auseinandersetzung mit *Kant*s kritischer Prüfung des Vermögens menschlicher Erkenntnis überhaupt als Aufgabe formulierte – Erhebung der Möglichkeitsbedingungen glaubender, das heißt offenbarungsannehmender Erkenntnis.

„Offenbarung" bezeichnet diesem Ansatz zufolge die an den Menschen gerichtete Selbsterschließung Gottes in seiner Göttlichkeit. Diese Aussage kann nur sinnvoll sein, wenn dabei dreierlei vorausgesetzt wird[64]: Zunächst darf die Wirklichkeit des Menschen als des möglichen Empfängers der gött-

---

[59] Ebd. 91 (im Original hervorgehoben).
[60] Vgl. ebd. 101–110.
[61] Theoretisch ausformuliert vor allem bei: *Demmer* 1967; *Demmer* 1971. – In diese Richtung gehen auch frühere Arbeiten von *K. Rahner* (etwa: *Rahner* 1964, oder die entsprechenden Artikel in: *Rahner-Vorgrimler*, Kleines Theologisches Wörterbuch, Freiburg/Basel/Wien ⁷1968) und die Position von *J. Fuchs* (*J. Fuchs* 1970; *J. Fuchs* 1971; *J. Fuchs* 1978). – Weiterentwickelt hat *K. Demmer* seine Position vor allem in: *Demmer* 1973; *Demmer* 1977; *Demmer* 1978. In diesen Publikationen scheint mir das „Jesusgeschehen" als ausschließlicher Bezugspunkt (und zwar im ontologischen wie im geschichtlichen Sinn) sehr viel stärker betont, ohne daß deshalb der Ansatz bei der transzendentalen Selbsterschlossenheit zurückgenommen wäre: Die moraltheologische Reflexion hat von der Einzigartigkeit der Geschichte Jesu (nicht von einem übergeschichtlichen, von Gott verfügten Seins-Ordo her!) erinnernd und interpretierend zur Gegenwart der eigenen Einsicht und Entscheidung hinzudenken. Moraltheologie versteht sich folglich als „anthropologische Entschlüsselung der Offenbarungsaussagen [...] in ausdrücklicher Bezogenheit auf die konkrete moralische Entscheidungswirklichkeit" (*Demmer* 1973, 264; vgl. *Demmer* 1978, 113) bzw. als „theologische Hermeneutik" (*Demmer* 1978) (womit diesem weiterentwickelten Ansatz wohl kaum mehr die Kennzeichnung als „autonome Moral" angemessen sein dürfte). Dementsprechend wird der neutestamentlichen Perspektive eine inhaltliche Relevanz für die Normerhebung zugesprochen; sie wird in den „Grundhaltungen" angesetzt, die „zwischen der Formalität des Liebesgebotes und der ‚Materialität' des sittlichen Naturgesetzes" vermitteln (*Demmer* 1973, 265). „Es genügt [...] nicht zu sagen, daß die Forderungen des Naturrechts in den Sinnhorizont der Glaubensentscheidung integriert werden müssen; vielmehr kann diese Integration nur erfolgen, wenn der anthropologische Kern der Glaubensaussagen selbst erhoben wird" (*Demmer* 1973, 267. Vgl. ebd. 267–269.290f; *Demmer* 1977, 137; *Demmer* 1978, 113f. Vgl. hingegen z. B. *Demmer* 1971, 195–199).
[62] *Demmer* 1967, 138 u. ö.
[63] Ebd. 138.
[64] S. ebd. 138–142; *Demmer* 1971, 120–139.

lichen Offenbarung nicht a priori immanentistisch begrenzt, sondern muß vielmehr prinzipiell für Transzendenz offen- und von jeder verobjektivierenden Abstraktion freigehalten werden. Wenn Offenbarung Gottes gegenüber dem Menschen geschieht, so beansprucht sie notwendig den Menschen in seiner Totalität, das heißt in seiner Wirklichkeitserschlossenheit. Verhielte es sich gegenteilig, so gerieten göttliche und menschliche Wirklichkeit zwangsläufig in Konkurrenz zueinander. Bei einem für die ganze („ganz" im intensiven, nicht nur im quantitativen Sinne verstanden!) Wirklichkeit offenen Menschen als Adressaten kann göttliche Offenbarung zweitens auch nicht so beschaffen sein, daß sie religiöse Wahrheiten extrinsezistisch an den Menschen heranträgt, sondern nur derart, daß sie etwas bereits – wenn auch nicht schon thematisch – Gewußtes zu geschichtlicher Ausdrücklichkeit gelangen läßt. – Glauben als handlungspotente Annahme der Offenbarung unterscheidet sich daher radikal sowohl von der Gegenposition zum Wissen als auch vom Verständnis einer materialen Erweiterung desselben; vielmehr heißt Glauben zunächst nichts anderes als Freigabe in die totale Selbsterschlossenheit des Menschen. Nimmt man hinzu, daß Gott als Gott ausschließlich Gott selbst auszuweisen vermag, diese Bezeugung aber an den Menschen gerichtet ist, so ist diese Selbsterschlossenheit „höchste Passivität wie höchste Aktivität in ein[em]"[65], womit ein drittes Moment der Möglichkeitsbedingung von Offenbarung genannt ist.

Durch diese Analyse gewinnt der transzendentaltheologische Ansatz sowohl eine innere Verknüpfung der konkret-geschichtlichen Offenbarung mit dem Schöpfungstheologumenon, als auch und vor allem einen unbestreitbaren Platz für die Geschichtlichkeit. Die geschichtliche, in Jesus kulminierende Offenbarung gilt ihm als die geschichtliche Explikation des je schon Gewußten, als Erfüllung des „Vorwissens" um Offenbarung. „Der *eigentliche* Gehalt der Offenbarung verbleibt dabei in d[ies]er Übergegenständlichkeit."[66] Ähnlich wird die geschichtliche Annahme des Glaubens in der konkreten sittlichen Entscheidung lediglich als der dialektische Umschlag der Vor- oder Grundentscheidung zu ihrer geschichtlichen Explikation[67] verstanden (siehe unten): die aus dem Glauben sich ergebende, umfassende sittliche Forderung bleibt dennoch unüberholbar, weil der Mensch schon immer für sie erschlossen ist. Die Einzelentscheidungen entspringen der einen Grundentscheidung; die geschichtlichen Explikationen sind notwendig flüchtig, par-

---

[65] *Demmer* 1967, 141.
[66] *Demmer* 1971, 125, vgl. 120–168; *Demmer* 1967, 140–145. Die konkret-geschichtliche Offenbarung in Jesus besagt dann nach *Demmer:* „In Jesus Christus treten nicht neue Objekte vor den Menschen hin, so daß der Glaube eine Bereicherung menschlichen Wissens wäre; er ist vielmehr die formale Fülle und damit die transzendentale Form allen Wissens und somit zugleich dessen Ende in dem Sinne, als von Gott keine Mitteilung von Wahrheiten zu erwarten ist" (*Demmer* 1967, 141).
[67] Vgl. *Demmer* 1967, 150 f.

tiell, aspekthaft, unvollkommen, beginnende Entäußerung in die Uneigentlichkeit und hiermit prinzipiell vorläufig.
Sittlichkeit besteht demnach in radikalem Verzicht auf Abstraktion oder positiv: in totaler Wirklichkeits- beziehungsweise Selbsterschlossenheit des Menschen in Gott. Da nun die Wirklichkeit, die der Mensch selber in freier Entscheidung zu setzen vermag, Geschichte ist, die göttliche Offenbarungsinitiative folglich entspechend dem eingangs Gesagten geschichtlich sein muß, bedeutet totale Wirklichkeitserschlossenheit nichts anderes als totale Geschichtserschlossenheit. Wenn aber diese allererst möglich macht, daß göttliche Selbstbezeugung den Menschen in seiner Ganzheit treffen kann, so ist Geschichtserschlossenheit zugleich „Erschlossenheit zu ihrem [sc. der Geschichte] entspringen lassenden Grund"[68], der seinerseits in der Zukunft liegt. Weil die Geschichte von menschlicher Freiheit bewegt ist, erfährt der Mensch die besondere heilsgeschichtliche Offenbarung zunächst als Bewußtsein seiner Negativität. Diese wiederum kann nur erfahren werden auf der Folie einer grundsätzlichen und totalen Bejahung, die, wenn nicht präsent, so doch dauernd antizipiert wird. Dieser permanente Vorgriff nach der zukünftigen Vollendung bereits in der geschichtlichen Gegenwart ist Glaube. Nur in der totalen Abstraktion von jedem erstrebten und darin seinerseits abstrahierten Einzelziel vermag der Mensch zu seiner eigenen vollendeten Wirklichkeit zu gelangen[69]. „Die transzendentale Erschlossenheit der Freiheit zum Sein stellt sich nun in der Perspektive des Geschichtlichen als eine Erschlossenheit zu endgeschichtlicher Vollendung dar."[70] Die Heilsgeschichte verläuft mithin linear.
Derart gelangt *Demmer* von der transzendentalen Analyse des christlichen Offenbarungsverständnisses auf die Ebene sittlichen Verhaltens. Dessen Eigenart besteht nun, wie gesagt, darin, den Menschen in seiner Ganzheit zu betreffen. Wegen des linear auf eine eschatologische Vollendungsgestalt hinzielenden Verlaufs der Heilsgeschichte wird das eigentliche sittliche Verhalten nicht in den einzelnen, partiellen Entscheidungen gesehen, sondern in der Grundentscheidung oder transzendentalen Entschiedenheit[71]; letztlich kann die punktuelle Entscheidung bloß Glaubensentscheidung im analogen Sinn sein. Der seinshafte Grund jeder sittlichen Entscheidung liegt demnach nicht in einer vorgegebenen und allgemeinen metaphysischen natura humana, sondern in einem „vorgängigen transzendentalen Setzungsakt der

---

[68] Ebd. 143.
[69] Vgl. ebd. 144 f, wo *Demmer* noch akzentuierter die Erfahrung der Zukunft als Erfahrung des Nichts beschreibt und dementsprechend Glauben als „die heilsgeschichtliche Gestalt der totalen Abstraktion" (145) charakterisiert.
[70] *Demmer* 1971, 63.
[71] S. bes. *Demmer* 1967, 150 f. – Dem Verhältnis von transzendentaler Entschiedenheit und im Hier und Jetzt fixierter Entscheidung entspricht auf der Ebene der Verobjektivierung des sittlichen Anspruchs die Unterscheidung von Ziel- und Erfüllungsgeboten: Vgl. *Demmer* 1971, 72–77.

Freiheit"[72], der nicht mehr hintergehbar, wohl aber einholbar ist; dieser personale Selbstvollzug kann seine, alle kategorialen Objekte überschreitende Umfassendheit innerhalb der Geschichte nur in einer Vielheit explizieren. Weil erst im Glauben der Mensch sich selbst voll erfaßt, lernt er auch erst hier seine eigentliche Natur und die daraus erfließende sittliche Anforderung kennen. – Dementsprechend muß dem überkommenen objektivistischen Verständnis von natürlichem Sittengesetz der Vorwurf gemacht werden, das Resultat der transzendentalen Selbstsetzung gegenüber diesem Selbst zu verabsolutieren, womit es sich als eine Weise von Abstraktion erweist.[73]
Damit herausgefunden werden kann, was die Natur im genannten Sinne ist, müßte der Erkennende bereits je schon seine eigene Geschichtlichkeit transzendiert haben. Gerade dieses, was *Demmer* an der überkommenen naturgesetzlichen Moraltheologie vermißt, will der transzendentaltheologische Denkansatz leisten. Für ihn ist es daher erst, nachdem die logisch wie ontologisch nicht mehr hintergehbare Selbsterschlossenheit und damit gleichzeitig die Unvermeidlichkeit und die Ursprünglichkeit der Grundentscheidung festgestellt sind, legitim und sogar wichtig, von einer unveräußerlichen metaphysischen Natur des Menschen zu sprechen, die allen geschichtlich-konkreten Bestimmungen voraus- und zugrunde liegt.[74] Letztere ist begrifflich artikuliert und somit auch intersubjektiv verfügbar, vermag allerdings die Wirklichkeit der transzendentalen Selbsterschlossenheit prinzipiell nicht zu erreichen. Von Bedeutung sind die sich aus ihr ergebenden ethischen Konsequenzen, die im Unterschied zu denen aus der unmittelbaren Selbstoffenheit als „sekundäres Naturrecht" bezeichnet werden, weil erst in ihnen die Selbsterschlossenheit eine klärende und Kommunikation ermöglichende Ausdrücklichkeit erlangt.
Die sittliche Entscheidung vollzieht der Mensch im Medium von Geschichte, und das heißt: zunächst und vor allem im Bereich von Intersubjektivität. In der Kritik an einigen Ausprägungen des transzendentalen Denkansatzes zeigt *Demmer*[75], daß der Einbezug der gleichfalls selbsterschlossenen Subjektivität der Mit-Menschen unerläßlich ist, soll der transzendentale Setzungsakt nicht zu selbstzerstörerischem Subjektivismus führen. Denn solche Engführung auf die subjektive Identität mißachtet deren eigene Möglichkeitsbedingung, insofern nämlich jeder Anspruch durch Menschen vermittelt wird und daher an Verstehen appelliert. Letzteres aber „bedeutet im Zusammenhang der sittlichen Entscheidung [. . .], [. . .] daß die Gemeinschaft eines zumindest vorprädikativen Begreifens vorausgesetzt werden muß, um ein ergehendes sittliches Gebot auf der Ebene thematischer Refle-

---

[72] Demmer 1971, 105.
[73] S. Demmer 1967, 153 f; Demmer 1971, 106–109, 130 f.
[74] Vgl. Demmer 1967, 153–156; Demmer 1971, 108–111. 130 f.
[75] Demmer 1971, 45–56. 65–71. 106 f.

xion in interpersonaler Begegnung beurteilen zu können"[76]. Aus diesem Grunde kann *Demmer* in der Linie seines Ansatzes Identität als Vollzug von Intersubjektivität aufzeigen. Sittliche Erkenntnis und Entscheidung sind also auch eine gesellschaftliche Leistung, wenngleich in dem Sinne, daß sie bloß ausdrücklich machen, was bereits in der eigenen individuellen Vorentscheidung grundgelegt ist.

9.1.2.4 Die Transposition des Problems in eine urteilsanalytisch gewendete Wertvorzugslehre[77]:

Anders als in den vorangegangenen drei Typen geht es hier nicht um den positiven Aufweis eines transempirischen Seins beziehungsweise der menschlichen Natur, sondern um die Art und Weise, „wie man sich der Geltung einer behaupteten Norm des natürlichen Sittengesetzes vergewissert"[78]. Die als „Personwürde" umschriebene menschliche Natur wie auch Gott, Gutheit an sich und eine Reihe von verschiedenartigsten Gütern und Werten sind die nicht problematisierte Voraussetzung und der Ausgangspunkt des Gedankens.[79] Dieser Ansatz will lediglich auf die *Richtigkeit* sittlicher Urteilsbildungen auf – dies darf nicht übersehen werden! – der genannten Grundlage blicken. –

Wegen seiner Endlichkeit muß der Mensch dauernd eine Wahl treffen, welcher Wirkungsmöglichkeit er vor anderen den Vorzug geben will, das heißt, im Handeln gibt es nahezu fast immer mehrfache mögliche Bezüge zu einem Gut. Menschliches Handeln steht so in einem komplizierten Feld von Wertkonkurrenzen, zum Beispiel denjenigen von sittlichen und nichtsittlichen Werten, von Nächsten- und Selbstliebe, von Nahen, Näheren und Nächsten, von Wenigen und Vielen, von elementaren und geistigen Gütern. Eine unthematisiert vorausgesetzte apriorische und unter allen empirischen Bedingungen konstante Hierarchie dieser Werte erlaubt jedoch die Aufstellung eines Regelkanons, nach dem „unter sonst gleichen Umständen" unter mehreren alternativen Handlungsmöglichkeiten jeweils ein*er* bestimmten der Vorzug zu geben ist. Sittlich richtig (das ist nicht einfach dasselbe wie sittlich gut) ist jeweils jenes Handeln, bei dem die guten Folgen die schlechten überbieten; die zugehörige Art von sittlichen Urteilen wird deshalb „teleologisch" genannt, eben weil sie die Moralität einer Handlung von der Gesamtheit ihrer guten beziehungsweise üblen Folgen her beurteilt. Oberster und daher konkurrenzloser Wert ist die Gewissensfreiheit, weil es hierbei unmit-

---

[76] Ebd. 66.
[77] Konsistent entwickelt hat diese Position vor allem *B. Schüller* in zahlreichen Aufsätzen; sie sind jetzt verarbeitet in: *Schüller* 1973; ferner ist bes. zu berücksichtigen: *Schüller* 1974. Vgl. daneben die Arbeiten seines Schülers *R. Ginters.*
[78] *Schüller* 1973, 127.
[79] *Schüller* 1970 formuliert den Fragepunkt mit Bezugnahme auf die moraltheologische Diskussion um die „Natur des Menschen" nach ‚Humane Vitae' so: „herauszufinden [...], in welchem Sinne das sittlich Gute das Naturgemäße sei" (527).

telbar um den sittlichen Wert des Menschen überhaupt geht.[80] Daher gelten auch – abgesehen von rein analytischen und daher tautologischen Imperativen – lediglich diesbezügliche ethische Sätze kategorisch. Privativ formuliert heißt das: Alle normativen Sätze, die das sittlich gesollte Verhältnis des Menschen zu nicht-sittlichen Werten angeben, gelten bloß in *den* Situationen, „in denen der Mensch sich ausschließlich nicht-sittlichen Gütern und Übeln gegenüber sieht"[81]; normative Sätze hingegen, die das sittlich gesollte Verhältnis zum sittlichen Wert ausdrücken, gelten in allen Fällen (sogenannte reflexive Normen); sie sind analytisch evident. – Nun gibt es aber auch solche Handlungen, deren Folgen ausschließlich in nicht-sittlichen Gütern beziehungsweise Übeln bestehen, denen jedoch in der überlieferten Moraltheologie ohne Berücksichtigung ihrer jeweiligen Folgen, sondern nur aufgrund von Merkmalen, die ihnen als solchen eigen sind, sittliche beziehungsweise unsittliche Qualität zugesprochen wird. Dieser zweite (beziehungsweise wenn man die reflexiven Normen mitzählt: dritte) Normtyp der Tradition wird deshalb als „deontologisch" charakterisiert. Prüft man derartige Urteile näher auf ihre Entstehung, Anerkennung und restriktive Interpretation, wie sie entweder in der Wahl eines genau distinguierenden Begriffs beziehungsweise in der eng gefaßten Definition des entscheidenden Begriffs (durch beides wird eine Anzahl von Situationen ausgesondert) oder auch in den regelmäßig folgenden Ausnahmeklauseln von der Art „es sei denn, daß . . ." zutage treten, so stellt sich nach *Schüller* allerdings heraus, daß auch sie von teleologischen Überlegungen bestimmt sind.[82] Beide Begründungsarten unterscheiden sich dieser Analyse zufolge nicht prinzipiell, sondern lediglich im Grad ihrer Allgemeinheit.

Mit der genannten Stereotyp-Klausel „unter sonst gleichen Umständen", die mit Ausnahme der konkurrenzlosen Prävalenz des sittlichen Wertes selber allen weiteren Vorzugsregeln angefügt ist, ergibt sich eine Möglichkeit, von Wandel, Geschichtlichkeit und Situationsgebundenheit sittlicher Normen zu sprechen, ohne die Unveränderlichkeit des natürlichen Sittengesetzes in Frage stellen zu müssen: „Was zu irgendeiner Zeit in zureichender Weise den Charakter einer Handlungsweise begründet, muß ihn zu beliebiger Zeit in zureichender Weise begründen."[83] Nicht die ethischen Normen sind nach *Schüller* also veränderlich, sondern nur die jeweiligen Lebensbedingungen oder aber die richtige Einsicht in die Normen. Nicht einmal in der Grauzone, wo die Entscheidung über das sittlich Richtige dem persönlichen Ermessen anheimgestellt ist, ist die zu treffende Wahl beliebig, zufällig oder willkürlich[84].

[80] Ebd. 39–45. 109 f. 152; *Schüller* 1974, 154.
[81] *Schüller* 1973, 44.
[82] Vgl. ebd. 139–213.
[83] Ebd. 128 f.
[84] Vgl. ebd. 101.

9.1.3 Das Proprium der christlichen Moral

Die skizzenhafte Vorstellung der wichtigsten programmatischen Neuansätze der Moraltheologie macht ihre gemeinsame Auffassung deutlich, daß sich die Inhalte der Sittlichkeit ausschließlich rational, das heißt unabhängig von Glaubensaussagen und ohne Rücksicht auf eine besondere Offenbarung bestimmen lassen beziehungsweise daß für den Christen keine anderen moralischen Normen (ausgenommen nur das sogenannte Heilsethos) gelten als für den Andersgläubigen oder für den Agnostiker. Mit der Proklamation solcher Autonomie ist die gestellte Frage nun aber noch keineswegs erschöpfend beantwortet, denn zumindest unter dem Blickwinkel historischer Identität stellt sich sogleich die weitere Frage, ob die beziehungsweise eine theologisch-christliche Ethik nichts beinhalte, was sie von jeder anderen unterscheidet; dies ist im besonderen hinsichtlich des Neuen Testaments zu fragen. Gleichzeitig sieht sich die Moraltheologie auch gegenüber ihren humanistischen Konkurrenten und atheistischen Bestreitern genötigt, ihre Existenz- und Anspruchsberechtigung durch Nennung der spezifischen „Funktion" des theologischen Bezugs im Bereich des Moralisch-Ethischen auszuweisen.

Wie im vorhergehenden Abschnitt bereits erwähnt, bleibt hierbei der als „Heilsethos" bezeichnete Bereich außerhalb des Diskussion. Ein Zweites ist im voraus zu bemerken: Auf dem Wege religions- und kulturgeschichtlichen Normenvergleichs ist die Spezifität christlicher Moral nicht auszumachen.[85] Die Frage „Was wäre gewesen, wenn . . .?" ist historisch ebenso illegitim, wie die Vorstellung eines Tests von Kulturen verschiedener beziehungsweise ohne Religion unter sonst exakt gleichen Bedingungen unrealisierbar ist. Insbesondere seitdem Exegeten die starke Kontextualität des im Neuen Testament dokumentierten Offenbarungsgeschehens bis in die zentralen Stücke hinein nachgewiesen haben[86], ist auch das Beharren auf der Behauptung religionsgeschichtlicher Einzigartigkeit kaum mehr unproblematisch.

9.1.3.1 Eröffnung eines letztbegründenden Sinnhorizontes[87]:
Im Christus-Ereignis erfährt die Wirklichkeit eine qualitative Veränderung und Zentrierung; kraft Erlösung wird auch das menschliche Sein „neu". Damit steht auch Sittlichkeit in einem neuen Zusammenhang: „Die norma normans liegt [nun] im Glauben des Menschen an den Menschen, der sich wesenhaft aus dem unwiderruflichen ‚Ja', das heißt aus der gnadenhaften, freien, erlösenden Zuwendung Gottes zum Menschen konstituiert. In diesem Sinn ist Jesus Christus das Proprium der christlichen Ethik."[88] Das Pro-

---
[85] *Böckle* 1967, 149 f.
[86] In moraltheologischer Beziehung bes. wichtig sind die Arbeiten von *A. Vögtle, S. Wibbing, R. Schnackenburg, K.-H. Schelkle, J. Blank, G. Strecker* und *H.-D. Wendland*.
[87] S. z. B. *Auer* 1971, 27. 163–184; *Auer* 1977 b, 40 f; *Böckle* 1972 a, 34–36; *Böckle* 1973 a, 177 f; *Korff* 1975, 76–79.
[88] *Böckle* 1972 c, 317.

prium ist also von vornherein gar nicht zuerst im Bereich menschlichen Tuns zu suchen, sondern in dem diesem schon immer vorausliegenden göttlichen, und alles Sollen gründet in der durch die Offenbarung kundgewordenen Heilszusage. Das Objekt des Handelns ist damit faktisch ein anderes geworden, weil es – trotz materialer Identität – in einer neuen Relation steht und das Handeln dadurch eine letzte Begründung erhält. Natürlich-sittliches Handeln steht nicht mehr für sich, sondern findet sich „integriert" *(Auer)* in den Vollzug des Gottesglaubens, was heißt, daß der Glaubende es als Partnerschaft weiß: „mit dem Schöpfergott in der Entfaltung der von ihm gestifteten Möglichkeiten und im Widerstand gegen alle aus ihm selbst und seinen Mitmenschen hervorbrechenden Sperrungen gegen diese Entfaltung", „mit Jesus Christus in der Hinordnung alles Geschaffenen auf das Heil", „mit dem Vollender der Geschichte, [als] vorbereitender Dienst, durch den die irdischen Bereiche jener Erfüllungsgestalt entgegengeführt werden, deren endgültige Heraufkunft der letzten Heilstat des wiederkommenden Herrn vorbehalten ist"[89]. Mit anderen Worten: Ethik gewinnt durch die religiöse Letztbegründung responsorischen und eschatologischen Charakter und wird Ethik der Nachfolge.

Der durch die Offenbarung eröffnete Letztbezug wird zur Anfrage an alle autonome Sittlichkeit: Weil er unersetzlich ist und anderseits jede „sozial auferlegte Moral" „vom personalen Ethos vieler einzelner" zehrt, lebt auch diese „aufs Ganze gesehen [...] aus ihrem nicht erkannten göttlichen Grund".[90]

9.1.3.2 Überlegenheit bezüglich der Motivation[91]:

Der Letztbegründung in der geoffenbarten Transzendenz entspricht eine qualitativ höherstehende, weil eben in ihrem Grunde sich selbst erschlossene Motivation. Die Entschiedenheit des Glaubens geht ein auch in das konkrete und partikuläre Tun und Wirken. Deshalb hat etwa *J. Fuchs* nahezu einhellige Zustimmung gefunden, als er unter anderem schrieb: „[...] ist die Bedeutung des Christianums für unser konkretes Verhalten in seiner *Motivierungskraft* zu sehen. Christliche Motivierungen geben menschlichem Verhalten einen tieferen und reicheren Sinn, der im Verhalten selbst subjektiv mitvollzogen wird."[92]

Das Proprium von der Motivierungskraft will sich freilich auch quantitativ verstanden wissen. Isofern nämlich die Gott- und Christusverbundenheit die Ethik in der Transzendenz verankert, sind all ihre sonstigen immanenten Begründungen relativiert. Sie wird insbesondere unabhängig von ihrem Erfolgszwang, was positiv bedeutet, daß das Engagement in der Welt und für

---

[89] *Auer* 1971, 177 f, vgl. 27.
[90] Ebd. 28.
[91] S. z. B. *Auer* 1971, 177; *Böckle* 1972 a, 34.
[92] *J. Fuchs* 1970, 109.

die Menschen auch noch da sinnvoll ist beziehungsweise im Nachhinein als sinnvoll bezeichnet werden darf, wo es nach menschlichem Ermessen als gescheitert gelten muß.

9.1.3.3 Relativierung der Gewichtigkeit von Normen[93]:

Die Neuheit der heilsgeschichtlichen Situation zieht eine Distanzierung zu jeder normativen Ordnung und zu Verhaltenszwängen überhaupt nach sich. Ohne der materialen Normenproblematik eine Berechtigung und Unverzichtbarkeit abzusprechen, gilt als Einsatzpunkt der ethischen Beanspruchung des Menschen ausschließlich die Gesinnung. Das Streben nach Vollkommenheit bezieht sich auf nichts anderes als die Qualität von Denken und Wollen. Nur in diesem Sinn – und nicht als regional-partikuläre Anforderung – kann auch das Liebesgebot verstanden werden, und insofern kann es Prinzip und Summe aller materialen Forderungen einer christlichen Ethik genannt werden.

In diesem Zusammenhang, der jahrhundertelang Grund war für das kontroverstheologische Dilemma zwischen „Gesetz" und „Evangelium"[94], gehört auch das aus *B. Schüllers* Untersuchungen über die Begründung sittlicher Urteile sich herauskristallisierende Postulat, eine christliche Ethik dürfe keine synthetischen Grundsätze enthalten, die absolut, das heißt unabhängig von jeder Wertvorzugsregel und damit von jeder Bedingung und Folge, gelten.

Wird die Bedeutung der Normativität durch den Blick auf ihre Verwurzelung im Wollen überboten und damit grundsätzlich relativiert, so folgt hieraus auch ein anderer Umgang mit dem Bösen, der sich in Formeln wie Verzeihung, Versöhnung, Feindesliebe dokumentiert.

9.1.3.4 Unbedingter Verpflichtungsgrad[95]:

Letztbegründung verleiht dem moralischen Engagement nicht bloß Ungebrochenheit, sondern darüber hinaus einen durch nichts suspendierbaren Verpflichtungsgrad. Begründungen, die in den Grenzen des Bereichs menschlicher Erfahrung verbleiben, müssen solche Absolutheit entbehren; zur Stringenz des sittlichen Sollensanspruchs bedarf es einer theonomen Legitimation, in der die Grenzen des menschlich Erwartbaren gesprengt sind. Allerdings ist Absolutheit der Intensität und Stringenz nicht zu verwechseln mit der oben (9.1.3.3) für die theologische Ethik als illegitim herausgestellten extensiven Kategorizität (Allgemeingültigkeit im strengen Sinn).

---

[93] S. z. B. *Böckle* 1972 a, 32 f; *Böckle* 1972 c, 311–316. 318; *Böckle* 1972 b, 83–85.

[94] Tatsächlich führt der Weg zur Anerkennung dieses Proprium in der katholischen Moraltheologie nicht nur über die neutestamentliche Gesetzeskritik, sondern direkt über die Auseinandersetzung mit der protestantischen Theologischen Ethik; diese verdienstvolle Aufarbeitung wurde vor allem von *Böckle* 1965 und *Schüller* 1966 geleistet.

[95] S. z. B. *Auer* 1971, 177; *Böckle* 1972 c, 318; *Böckle* 1973 a, 177; *Böckle* 1973 b, 306 f.

9.1.3.5 Eschatologischer Vorbehalt[96]:

Die im Glauben geschehende Integration alles Handelns in eine Dynamik eschatologischer Hoffnung enthält eine kritische Potenz. Sie verbietet zunächst die Verabsolutierung des Menschen, sei es in Form eines vergöttlichten Individuums, sei es in Form des zum obersten Sinnwert erhobenen Kollektivs. Christliche Ethik allein vermag stringent und unbestechlich zu garantieren, daß sich das als kontingent Erfahrene (darunter fällt auch der Mensch, als Individuum wie als Kollektiv) keinen Absolutheitsanspruch usurpiert. Sie schützt die (bereits philosophisch zu gewinnende) Einsicht in das „Nicht-zur-Verfügung-Haben eines absoluten Sinnes"[97]. Dies schließt das Verbot einer Absolutsetzung irgendwelcher Einzelnormen für das konkrete sittliche Verhalten im Bereich der Kategorialen ein.

Damit ist aber noch Weiterreichendes ausgesagt: daß nämlich weder der einzelne Mensch noch die Gesellschaft ihre Vollendung selbst schaffen können. Dem sittlichen Handeln als solchem kommt keine „heilskonstitutive Bedeutung" zu.[98] Die heilsgeschichtliche Bedeutung des sittlichen Handelns beschränkt sich auf eine „Trägerfunktion"[99].

9.1.3.6 Schuld und Versöhnung[100]:

Die Kenntnis des endgültigen Sinnes im Glauben enthüllt zugleich den Menschen und sein Handeln in all seinen Dimensionen in der unbestechlichsten Weise. Sie bringt ebenso seine faktische Schuldverfallenheit an den Tag wie sie den Grund der menschlichen Entfremdung gegenüber sich selbst, gegenüber dem Mitmenschen und gegenüber der Welt erkennen läßt: Es ist nichts anderes als das Sich-Verweigern gegenüber diesem Endgültigen, als Unglaube.

Mit zu dieser Erkenntnis gehört das Wissen um den Weg zur Überwindung des Bösen.

9.1.3.7 Materiales „Glaubensrecht"[101]:

Die bisher genannten Spezifika liegen alle auf der Ebene der Intentionalität beziehungsweise – nach dem transzendentaltheologischen Ansatz – auf der Ebene transzendentaler Haltungen. Daneben nennen *Böckle*[102] und *Fuchs*[103] noch eine Gruppe von materialen Normen, die von *Böckle* als „Glaubensrecht" gekennzeichnet wird. Es handelt sich hierbei um „eine auf freier Entscheidung beruhende, aber von der Botschaft Jesu selbst her legitime Aus-

---

[96] S. z. B. *Auer* 1971, 177 f; *Böckle* 1972 a, 36; *Böckle* 1972 b, 76 f; *Böckle* 1972 c, 317 f; *Böckle* 1973 a, 178; *Böckle* 1973 c, 291–293; *Korff* 1975, 126 f.
[97] *Böckle* 1972 a, 85; *Böckle* 1973 a, 178; *Böckle* 1973 c, 291 f in Anlehnung an *H. Lübbe*.
[98] *Böckle* 1973 c, 292.
[99] Ebd. 293.
[100] S. z. B. *Böckle* 1972 a, 35 f; *Böckle* 1972 c, 317; *Korff* 1973, 151–168.
[101] S. bes. *Böckle* 1972 a, 37.
[102] Ebd.
[103] *J. Fuchs* 1970, 109.

prägung durch die Kirche"¹⁰⁴. Sie gehört also wie etwa Teile des Eherechts oder die Jungfräulichkeit bestimmter Gruppen zum spezifischen Ethos der Gemeinschaft derer, die glauben, und ist innerhalb dieses Rahmens verbindlich. – Allerdings bleibt das theologische Gewicht, die konkrete Gestalt sowie die Grenze dieses materialen „Glaubensrechts" bei den genannten Autoren wenig präzisiert.

9.1.4 Zusammenfassung: Theonome Autonomie

Ein spezifisch und unterscheidend Christliches der beziehungsweise einer christlichen Ethik läßt sich nach dem übereinstimmenden Urteil der Moraltheologen, die für einen autonomen Ansatz votieren, – bis auf die in der Einleitung zu 9.1.3 und 9.1.3.7 genannten Ausnahmen – im Bereich kategorialer Normen, Werte oder Tugenden nicht ausfindig machen. „Wenn wir [daher] von dem entscheidenden und wesentlichen Element der christlichen Sittlichkeit, der ‚christlichen Intentionalität' (als dem transzendentalen Aspekt), absehen, ist die christliche Moral in ihrer kategorialen Bestimmtheit und Materialität grundlegend und substantiell ein Humanum, also eine Moral echten Menschseins"¹⁰⁵. „Das Gewissen ist keine Instanz gegen den Anspruch der Wirklichkeit, es ist vielmehr das verbindliche Bewußtwerden des in der Wirklichkeit implizierten Anspruchs [...]."¹⁰⁶ „[...] der Mensch [muß] als vernünftiges Wesen die für die menschliche Gemeinschaft gültigen Verhaltensnormen selbst bilden [...] und [...] er [ist] bei diesem Tun allein auf seine Vernunft angewiesen [...]."¹⁰⁷

In material-normativer Hinsicht unterscheidet sich also christliche Sittlichkeit den theologischen Vertretern der Autonomie der Moral zufolge in keiner Weise von dem „natürlich Ethischen" (*F. Furger*). Dennoch ist sie auf dieser Ebene nicht funktionslos, denn die qualitativ höhere Motivation „wirkt sich" im Kategorial-Materialen „aus"¹⁰⁸, „inkarniert sich" in dasselbe, „manifestiert sich", „durchdringt es"¹⁰⁹. Gleicherweise schließt die materiale Kongruenz keineswegs aus, daß dem Christen in den Glaubensurkunden eine besonders authentische Hilfe zum Verständnis echten Menschseins zur Verfügung steht.¹¹⁰

Der Christ steht danach in allen Bereichen der Welt denselben Verhaltensanforderungen gegenüber wie der Nichtchrist und der Atheist: Dieses Sollen

---

[104] *Böckle* 1972 a, 37.
[105] *J. Fuchs* 1970, 103.
[106] *Auer* 1971, 17, vgl. 27. 28 f. 29 f. 177. 191; *Auer* 1977 b, 48.
[107] *Böckle* 1973 a, 180. Vgl. auch *Böckle* 1972 a, 38; *Böckle* 1972 c, 316 f; *Böckle* 1973 c, 287 f. 294; *Böckle* 1977, 49–92.
[108] *Furger* 1974, 86.
[109] *J. Fuchs* 1970, 104 und 111.
[110] Vgl. ebd. 104 und 112.

kann in der Formel von der „Sachgerechtigkeit" (*Auer*) zusammengefaßt werden, die näherhin als Adäquanz zur Würde menschlichen Personseins im konkreten Einzelfall zu qualifizieren ist. Die Vollgestalt menschlicher Existenz und damit die Sittlichkeit ist auch ohne explizite Erkenntnis Gottes intelligibel, was nicht auch schon heißt, daß sie ohne seine Gnade verwirklicht werden kann.

Das Instrument solcher Erkenntnis ist demnach die Vernunft. Ihre Aufgabe ist es, konkrete Verhaltensanweisungen aufzustellen. Dabei darf man nicht dem Fehlschluß aufsitzen, die eingestandene Kontingenz der unmittelbar handlungsrelevanten Werte und Normen sei bedeutungsgleich mit Willkür und Beliebigkeit, „so daß im Prinzip alles richtig oder falsch sein könnte, wenn es nur stimmig in ein entsprechendes System eingebracht würde"[111]. Vielmehr beinhaltet die (normative) Vernunft eine naturale Unbeliebigkeitsstruktur, mit der der „Bedingungsspielraum anthropologischen Seins"[112] feststeht. Innerhalb dieses Spielraums werden von der sittlichen Vernunft Normen, Institutionen und Sozialordnungen geschaffen, deren ethisches Kriterium darin liegt, ob „sie sich [jeweils] als Funktion und Produkt der Vernunft seiner [sc. des Menschen] naturalen Antriebsstrukturen erweisen"[113]. –

Mit der Konzeption der Autonomie der Moral ist auch die Erwartung verbunden, den Vorwurf alter wie neuer Humanisten, eine theonome Begründung der Ethik müsse die Autonomie des vernünftigen, mündigen Menschen behindern oder gar zerstören, entkräften zu können. *Böckle* macht (zu Recht) darauf aufmerksam, daß solcher „Widerspruch gegen jeden Anspruch im Namen Gottes [...] nicht aus einem Grundgefühl schlechthinniger Unabhängigkeit, sondern aus dem Empfinden *innerweltlicher Selbstverantwortung* in der Gestaltung der Welt" stammt[114]. Doch erweise sich dieser Vorwurf gegenüber der theologisch-autonomen Moral als unhaltbar, entbehre sie doch der Möglichkeit, Normen durch Berufung auf genuin-religiöse und damit für den, der außerhalb der Glaubensgemeinschaft steht, nicht nachvollziehbare und mithin unkritisierbare Kenntnisse dem Zwang zur rationalen Rechtfertigung zu entziehen. Das im Gottesglauben erschlossene „Mehr" an ethischer Erkenntnis beschränke sich in der autonomen Ethik ja darauf, „der Vernünftigkeit der Vernunft ihren transzendenten Grund" zu erschließen[115]. „Theonom" sei nicht Gegenbegriff von „autonom" noch eine bestimmte Art von Heteronomie, sondern eine Intensität und Kausalität qualifizierende Attribution. Ja, im Gegenteil, das in 9.1.3.5

---

[111] *Böckle* 1973 b, 309.
[112] Ebd. (im Anschluß an *Korff*).
[113] Ebd. 310.
[114] *Böckle* 1972 b, 76.
[115] Ebd. 76, vgl. 75–77.

herausgearbeitete Proprium der eschatologischen Krisis sorge dafür, daß die
Vorläufigkeit aller immanenten Entwürfe nicht verschleiert wird.

9.1.5 Die Zuständigkeit des kirchlichen Lehramts

Fällt die materiale Sittlichkeit in die Kompetenz der Vernunft und wird diese
Verhältnisbestimmung ferner – wie unten (9.1.6) zu referieren sein wird – als
mit der Lehre der großen Tradition übereinstimmend behauptet, so ist eine
Überlegung bezüglich der Zuständigkeit des Lehramts und der Verbindlichkeit seiner Verlautbarungen vonnöten. Denn daß Lehramtsinhaber zumindest
in der Zeit zwischen den beiden Vatikanischen Konzilien eine durch keine
andere menschliche Instanz überbietbare Authentizität bezüglich aller Fragen
der Sittlichkeit beanspruchten[116], kann wohl kaum bezweifelt werden.
Im Konzept theologisch-autonomer Moral wird das Problem – sofern überhaupt zum Gegenstand der Reflexion gemacht – zunächst relativiert durch
den nachdrücklichen Hinweis, daß zur Wahrheitsfindung alle Gläubigen
und nicht nur Lehramtsträger und Moraltheologie berufen sind. „Es geht
gerade bei der sittlichen Botschaft um eine zu lebende und letztlich auch in
einem Leben aus dem Glauben zu verifizierende Wahrheit. Hier darf das
Zeugnis engagierter Christen nicht überhört werden. Hier gibt es eine
Normfindung ‚von unten‘ [...]."[117] Das zweite Argument, mit dem die Fragestellung relativiert und entschärft wird, ist die Feststellung, daß ein so ex-
pliziter Kompetenz- und Unfehlbarkeitsanspruch, wie die oben erwähnten
Dokumente ihn enthalten, mit Sicherheit lediglich formell erhoben wurde,
während es zumindest umstritten ist, ob dieser jemals auch nur für eine konkrete ethische Frage in Anspruch genommen worden sei.[118]
Auch sind sich die genannten Moraltheologen in der Ablehnung der neuscholastischen Lehramtskonzeption einig, die legitimes ethisches Denken
und Argumentieren nur noch als nachträgliche wissenschaftliche Begründung der lehramtlichen Äußerungen begreifen konnte[119]. Dennoch halten
sie an der Berechtigung kirchlicher Lehrmeinungen zu Sachfragen ausdrücklich fest. Zwar handle es sich hierbei nicht um eine unersetzliche, aber doch
ganz bestimmt um eine positive Funktion, wenn durch auf Wissensvor-
sprung basierende Autorität dem einzelnen die Möglichkeit einer verantwortbaren Entlastung dargeboten wird.[120] – Die Frage nach der Verbindlichkeit ist damit allerdings noch nicht beantwortet.
Den Weg für eine Antwort, der sich nach der Relativierung der Gewichtig-

---

[116] Man vergleiche etwa die bei *Auer* 1971, 138 f, angeführten Dokumente.
[117] *Böckle* 1973 c, 299. – In der Argumentation etwas anders, der Sache nach aber auf dasselbe hin-
auslaufend ist *Auer*s Hinweis auf die Zuständigkeit des einzelnen christlichen Laien für die
Ethik: *Auer* 1971, 188.
[118] *Auer* 1971, 139 f; *Böckle* 1972 a, 44.
[119] Vgl. *Auer* 1971, 143 f.
[120] *Böckle* 1973 b, 309; *Böckle* 1973 c, 287. 302.

keit des Problems und nach der Ablehnung von Extremlösungen abzeichnet, weist die Einsicht, daß die lehramtliche Formuliertheit (ebensowenig wie die Geoffenbartheit!) an der „formallogischen Struktur sittlicher Normierung" nichts ändere, vielmehr sie vertiefe und kläre[121]. „Vertiefung" und „Klärung" meinen nun nichts anderes als gerade das unter 9.1.3 entfaltete Proprium. Hier geht es nicht um die Erkenntnis kategorialer Normen, sondern – mit *einem* Wort – um den Heilsbezug; die Soteriologie aber gehört in die originäre Lehrkompetenz der Kirche. In Entsprechung zu den einzelnen Spezifika christlicher Moral lassen sich einzelne, jeweils unverzichtbare Funktionen von kirchlichem Lehramt aufzählen. Den Aufweis der geistlich-sittlichen Implikationen, „die in dem durch das Mysterium der Schöpfung, des Heils und der Vollendung konstituierten Sinnhorizont sichtbar werden"[122], bezeichnet *Auer* als die „integrierende Funktion"[123] des kirchlichen Lehramts. Dem Proprium der Motivationsüberlegenheit entspricht die vom selben Autor als „stimulierend" gekennzeichnete Funktion[124]. Einer Hervorhebung bedarf des weiteren die „kritische" beziehungsweise „kritisierende Funktion"[125], der es obliegt, Schuld, Irrtum, Selbstverschließung zu entlarven sowie gegen jede Mystifizierung und Totalisierung von geschichtlich Gewordenem oder des geschichtlich Wünschbaren zu protestieren. Eine vierte unersetzliche Funktion des Lehramts wird darin gesehen, als ein integraler Bestandteil in der „Wirkungsgeschichte des Evangeliums"[126] die Erhaltung der Ergebnisse des Fortschritts im Erkenntnisprozeß der praktischen Applikation des Glaubens an Jesus Christus zu verbürgen, hinter die ohne Gefahr eines Identitätsverlusts für die gesamte Menschheit nicht mehr zurückgegangen werden kann.[127]

Jede weitere, über die genannten vier Funktionen hinausgehende Betätigung des Lehramts, wie sie in der Geschichte der Kirche auch gang und gäbe war, ist nur „subsidiär"[128], das heißt eine ergänzende Hilfeleistung, die „an sich" und „eigentlich" in die „originäre Kompetenz" weltlicher Instanzen gehört, von der Kirche jedoch wegen des Ausfalls dieser Institutionen treuhänderisch oder vertretungsweise wahrgenommen wurde beziehungsweise – in schwindendem Maße – noch wird.[129] Die originäre Aufgabe von Kirche

---

[121] Vgl. *Auer* 1971, 173–184; *Böckle* 1973 c, 285–304. – Auch hier ist all das, was die „Unmittelbarkeit zu Gott" (*Auer:* „Heilsethos") beinhaltet, ausgeklammert.
[122] *Auer* 1971, 189.
[123] Ebd. 189–192. In der Sache ähnlich: *Böckle* 1972 a, 45 f; *Böckle* 1973 c, 503.
[124] *Auer* 1971, 193. Vgl. *Böckle* 1972 a, 45 f; *Böckle* 1973 c, 303.
[125] *Auer* 1971, 194–197. Vgl. *Böckle* 1972 a, 45 f; *Böckle* 1973 c, 303.
[126] *Böckle* 1972 a, 46; *Böckle* 1973 c, 304.
[127] Diese Funktion des Lehramts, die die Berücksichtigung der Irreversibilität der Geschichte (in retro- wie in prospektiver Richtung) garantieren soll, findet sich m. W. nur bei *Böckle* (vgl. *Böckle* 1972 a, 46; *Böckle* 1973 c, 304).
[128] So *Auer* 1971, bes. 187–189; in der Sache ähnlich: *Böckle* 1976, 110–112.
[129] Vgl. *Auer* 1971, 137–145. 187 f.

und Theologie ist nämlich keine andere als die, „Gott als den tragenden Grund aller Wirklichkeit und seine ungeschuldete Präsenz in Jesus Christus" zu verkünden.[130]

9.1.6 Theologische Legitimierung

9.1.6.1 Rekurs auf die Bibel:
Für die These, Autonomie und Theonomie der Moral bildeten keine Gegensätze, sondern (auf die beschriebene Weise) eine innere Einheit, berufen sich ihre Befürworter besonders auf die Heilige Schrift und die Ergebnisse der wissenschaftlichen Exegese. Dabei sind es auffallenderweise weniger die klassischen Belegstellen für die Geoffenbartheit des sittlichen Naturgesetzes wie etwa Röm 2, 1 f. 6–11; 1 Kor 10, 32; 1 Thess 4, 12; Phil 4, 8 (wo entweder ausdrücklich gesagt oder deutlich vorausgesetzt wird, daß Christen, Heiden und Juden denselben sittlichen Verhaltensanforderungen gegenüberstehen[131]), die bemüht werden. Vielmehr sucht man die These durch ein aposteriorisches Verfahren zu bestätigen, das den Normenbestand der Bibel historisch-genetisch sowie kulturvergleichend untersucht. Damit ist eine erheblich repräsentativere und tragfähigere Basis gewonnen.
Die Ergebnisse dieser Verfahrensweise lassen sich etwa wie folgt zusammenfassen: In der Bibel wird alle Normativität theonom legitimiert, gleich ob sie genetisch aus der Zeit *vor* der an Israel gerichteten, geschichtlichen Jahwe-Offenbarung stammt, oder von anderen Kulturen adaptiert oder auch überhaupt neu geschaffen wurde. Gerade die Tatsache, daß sich weder die Verfasser noch die religiösen Autoritäten, noch die Glaubenden an der Heterogenität von Normen und Normenkomplexen innerhalb der Heiligen Schrift stießen oder den Versuch einer Harmonisierung unternahmen, der über die Findung einer ihnen gemeinsamen theonomen Perspektive hinausgegangen wäre, ist ein Beweis dafür, daß die Eigengesetzlichkeit kulturgeschichtlicher Normentwicklung nicht aufgehoben wurde. Was die in der Schrift enthaltenen Normen demgegenüber spezifisch kennzeichnet, ist der übergreifende Zusammenhang, in den sie eingefügt sind, im Alten Testament nämlich der Bund, im Neuen Testament das Kommen der Gottesherrschaft. Diese Einfügung bedeutet allerdings nicht einfach eine zusätzliche Erkenntnis, sondern sie ist eminent praxisrelevant, insofern die Einhaltung der entsprechenden sittlichen Normen zum Hauptbestandteil der adäquaten Beantwortung der Heilszusage erhoben wird. Eine weitere Beobachtung hat wiederholt und

---

[130] *Auer* 1971, 188.
[131] Der Unterschied zwischen Christen und Nichtchristen besteht deshalb nicht in der Unterschiedlichkeit exklusiver Moralen, sondern – wie *J. Fuchs* (1970, 105) sagt – „zwischen der echten Sittlichkeit des geisterfüllten Christen und echter Sittlichkeit widersprechenden Verhalten des ichzentrierten Sünders".

mit Nachdruck *F. Böckle* vorgetragen, daß sich nämlich innerhalb des Zeitraums, in dem die Bibel entstand, eine deutliche Tendenz feststellen läßt, die unterschiedlichen Normen auf einfache Kurzformeln zu bringen; er erkennt in diesem Prozeß eine „Entwicklung von einem *voluntaristisch-nominalistischen* zu einem *rational-theonomen* Normverständnis"[132].
Die Schwerpunkte, anhand deren das Gesagte erarbeitet wird, sind der Dekalog, das jesuanische Ethos sowie die paulinische Paränese.[133]

9.1.6.2 Thomas von Aquin:

Gestützt auf die Untersuchung zum Problem der philosophischen Ethik bei *Thomas von Aquin* von *W. Kluxen*[134], haben sich nahezu alle[135] Vertreter der autonomen Moral der Autorität des *Thomas von Aquin* versichert. Dieser habe nicht bloß das erste geschlossene System einer christlich-theologischen Ethik geschaffen, sondern es sei ihm innerhalb seiner Lehre des Verhältnisses von Gott und seiner Schöpfung gelungen, „menschliche Normativität in ihrer Gründungslogik theologisch-ethisch so zu fassen, daß darin einerseits Gott als Grund und Ziel dieser Normativität und andererseits der Mensch als das sich selbst normativ entwerfende Wesen erkannt und gewahrt bleibt"[136]. Dieses Urteil ist weniger das Ergebnis eines inhaltlichen Vergleichs, der nachweist, daß weitgehend Material aus *Platon, Aristoteles, Stoa* und dem Neuplatonismus ohne „inhaltliche Umschichtungen" integriert wurde[137]; vielmehr beruht es auf der *Thomas* zugeschriebenen fundamentalen Unterscheidung zwischen praktischer Philosophie oder Ethik und Metaphysik des sittlichen Handelns. Während es in der ersten um das Aufzeigen allgemeinster inhaltlicher Normen für das Handeln geht, wird die normative Vernunft durch die zweite in die übergreifende Ordnung des sittlichen Subjekts und dieses wiederum in die eines die gesamte Schöpfung umgreifenden teleologischen Ordo eingefügt[138].

[132] *Böckle* 1972 a, 26 f; *Böckle* 1972 b, 80; *Böckle* 1972 c, 307 f. 309.
[133] Ein gutes Referat, in dem die Ergebnisse der exegetischen Fachwissenschaft umfassend und doch selbständig verarbeitet sind, bietet (einschließlich Lit.) *Auer* 1971, 55–122. S. ferner: *Böckle* 1972 a, 26 f. 29–37; *Böckle* 1972 c, 307–316; *Böckle* 1973 c, 288–290; *Böckle* 1976, 63–84; *Böckle* 1977, 167–232.
[134] *Kluxen* 1964. Daneben wird vor allem noch der Aufsatz von *L. Oeing-Hanhoff:* 1970 herangezogen.
[135] Eine ausdrückliche Ausnahme macht hier nur *B. Schüller,* weil seiner Ansicht nach jeder derartige Rekurs in eine sehr aufwendige Eigentlichkeits-Diskussion führen muß, die – falls tatsächlich zu einem anerkannten Ergebnis leitend – zwar eine gewichtige Autorität für sich verbuchen, jedoch zur Vernünftigkeit der Argumentation (um die es einer als autonom bezeichneten Moral doch gerade geht) in keiner Weise etwas beitragen könne (vgl. *Schüller* 1973, 9 f.). Im folgenden halte ich mich im wesentlichen an die Darstellung *Korff*s. S. außerdem die in Anm. 138 genannten Angaben.
[136] *Korff* 1975, 79 (fast gleichlautend auch: *Korff* 1973, 61).
[137] Diese Aufgabe war bereits durch die ältere Arbeit von *M. Wittmann,* Die Ethik des hl. Thomas von Aquin, in ihrem systematischen Aufbau dargestellt und in ihren geschichtlichen, besonders in den antiken Quellen erforscht, München 1933, geleistet worden.
[138] S. bes.: *Auer* 1971, 128–130; *Auer* 1977 b; *Böckle* 1972 a, 38–43; *Böckle* 1973 a, 174–183; *Böckle* 1977, 86–92; *Korff* 1973, 42–61, bes. 48–54 und 58–61; *Korff* 1975, 79–86.

Der genannte Gründungszusammenhang aller Normativität wird von *Thomas* mittels des Gesetzesbegriffs zum Ausdruck gebracht und durchreflektiert. Innerhalb dieses Gesetzesbegriffs unterscheidet *Thomas* außer der lex humana drei Gesetze: lex aeterna, lex naturalis und lex divina. Danach ist die lex naturalis die den Menschen als Vernunftwesen spezifisch auszeichnende Teilhabe an der göttlichen Ordnungsvernunft (lex aeterna), durch die Gott gemäß den in seinem Intellekt liegenden Ideen alles Geschehen in der Welt leitet, die somit also der Schöpfungswirklichkeit im ganzen als Normierungsprinzip zugrunde liegt. Im Gegensatz zu einem bloßen Unterworfensein ist diese Partizipation eine aktive, selbsttätige Ordnungspotenz; sie kann in der freien Entscheidung zu ethisch gutem Handeln aktiviert werden, oder aber solche Aktivierung kann verweigert werden. Sie hat deshalb für das konkrete Handeln als das erste und grundlegende praktische Prinzip zu gelten. Mit der Charakterisierung der Teilhabe als frei aktivierbarer ist bereits ausgeschlossen, daß der Mensch bloß aufgrund der naturalen Triebe, wie auch, daß er durch unmittelbare Erleuchtung göttlicher Ideen gelenkt würde; so vermag er also in den Grenzen seiner (kreatürlich bleibenden) Vernunft durchaus, Ordnung zu gestalten. Positiv ausgedrückt, bedeutet das: Die lex naturalis als die dem Menschen inhärente und aus sich selbst tätige Ordnungsvernunft ist also jeweils schon immer gegeben, sie ist allerdings gleichzeitig in ihrer Maßgeblichkeit als je durch Vernunft zu erkennende *auf*gegeben. Das heißt auch, daß mit der lex naturalis nicht schon die konkreten Handlungsimperative fertig gegeben sind, so daß sich die normative Vernunft ihr gegenüber nur rein rezeptiv verhalten müßte; ganz für sich besehen, verbürgt sie lediglich, daß sich alle auf Handeln bezogenen Entscheidungen innerhalb der formalen Polarität von Gut und Böse abspielen; dem entspricht das „bonum est faciendum et malum vitandum" als allgemeinstes, sämtliche inhaltlichen Sollenssätze virtuell umfassendes Sollensprinzip. Die inhaltliche Bestimmung dessen aber, was jeweils sittlich gut beziehungsweise bös ist, läßt sich daraus noch nicht ableiten, sondern ergibt sich erst durch Aufnehmen beziehungsweise Verfehlen der im Menschen waltenden und als solche unmittelbar erkennbaren[139] inclinationes naturales durch die Handlungsvernunft. Auf die praktische Vernunft selbst angewandt, bedeutet das, daß ihre Tendenz die „zu normsetzender Aktivität im Hinblick auf seine [sc. des Menschen] aufgegebene Vollendung und Erfüllung" ist[140].

[139] An dieser Stelle kommen die Befürworter der Autonomie der Moral nicht darum herum, *Thomas* zu kritisieren. So bezeichnet etwa *Korff* die vorreflexive Vermitteltheit der inclinationes naturales durch Erfahrungsevidenzen als eine gewisse „*methodische* Insuffizienz" (*Korff* 1973, 52, vgl. 52–58; nur angedeutet findet sich dieselbe Relativierung bei *Böckle* 1973 a, 176), die unter der Voraussetzung des modernen Methodenbewußtseins unabdingbar durch methodisch-wissenschaftliche Reflexion wettgemacht werden müsse. Die grundsätzliche Berechtigung und Richtigkeit dieser Vorstellung auch unter der Perspektive heutiger Methodologie wird jedoch nicht bestritten.
[140] *Böckle* 1973 a, 176.

Damit ist gesagt, daß das Verhältnis zwischen praktischer Vernunft und inclinationes naturales bei *Thomas* nicht als subordinatives (gleich in welcher Richtung!) zu denken ist. Die in den inclinationes naturales vorliegende Teleologie beinhaltet trotz Unbeliebigkeit prinzipielle Offenheit, kann aber anderseits auch erst in der Entscheidungsvernunft, und das heißt: als normativ entfaltete Ordnung, die lex naturalis ausmachen. Die inhaltliche Auffüllung des natürlichen Sittengesetzes mit unmittelbar handlungsbezogenen, materialen Normen, denen dann dieselbe allgemeine und zeitlose Gültigkeit zukommen soll wie den Prinzipien, ist nach dieser Interpretation erst eine spätere Entwicklung, durch die das ursprüngliche *Thomas*ische Konzept verfälscht wurde.[141]

Die besondere Willensoffenbarung Gottes (lex divina) dient – jedenfalls was ihren sittlichen Gehalt betrifft – im Alten Bund lediglich als Korrektiv der durch die Sünde geschwächten Urteilsfähigkeit des Menschen, wodurch die schöpfungsmäßig gegründete lex naturalis wieder ans Licht gebracht wird, während die neubundliche lex nova in ihrer „gnadenhaft überformenden Vernunft menschliches Seinkönnen auf absolute Vollendung hin konzipiert, ohne es doch damit aus seiner endlichen, schöpfungsmäßig gegründeten Potentialität herauszulösen, so daß dieses Seinkönnen in seinen Endlichkeitsstrukturen von ihr her zwar kein neues Wesen, wohl aber eine neue Bedeutung, Sinngestaltung und Ausformung empfängt"[142].

Erst in dem hier skizzierten Rahmen der Lehre vom „Ewigen Gesetz" und seiner materiale Normativität (naturaler wie positiver Art) letztbegründenden Basisfunktion gewinnen für *Thomas* die konkreteren ethischen Forderungen, die von ihm selbst als Tugend- und nicht als Gesetzeslehre entwickelt werden, ihren ethischen Unbedingtheitscharakter. Insofern ist die Metaphysik des Handelns und mit ihr das Theorem vom natürlichen Sittengesetz für das Handeln von unverzichtbarer Bedeutung, obschon sie in keiner Weise unmittelbar handlungsregelnd sind. –

Aus der referierten Interpretation wird nun der Schluß gezogen, die Autonomie und die Theonomie des Sittlichen stünden nach *Thomas* nicht nur in keinem Gegensatz, sondern die Autonomie des Sittlichen werde von ihm nachdrücklich vertreten.[143] „Autonomie" wird hierbei ausdrücklich in dem Sinne erläutert, daß der Mensch die für den Bereich des Weltethos gültigen Handlungsnormen selbst, auf der Grundlage seiner Vernunft, bilden müsse. *Böckle* faßt dahingehend zusammen, daß nach *Thomas* gerade „das sittliche Naturgesetz die Vernunft zur schöpferischen Bestimmung des konkret-

---

[141] So *Böckle* 1973 a, 183–188; *Korff* 1973, 54–58; *Korff* 1975, 86–89.
[142] *Korff* 1973, 60 (= *Korff* 1975, 85).
[143] *Böckle* 1972 b, 77 f; *Böckle* 1973 a, 180; *Korff* 1973, 47; *Auer* 1977 b, 31; *Korff* 1975, 80, spricht hingegen nur von „der inneren Zuordnungslogik von Theonomie und Autonomie".

praktischen Verhaltens freisetzt"[144]. Nach *Korff* zeigt sich das sittliche Naturgesetz in diesem Verständnis „wesenhaft als jenes dynamische, entwurfsoffene, diese Vernunft in ihrer Verantwortlichkeit überhaupt erst freisetzende naturale Regelsystem, innerhalb dessen menschliches Seinkönnen sich als ein menschliches zustande bringt und verwirklicht"[145], womit „ein nominalistisch dezisionärer Relativismus ebenso ausgeschlossen bleibt wie eine objektivistisch argumentierende, alle Entwicklung in sich stillstellende Moralaxiomatik"[146]. „Prinzip und Maß des Sittlichen [sind] nicht in der Naturordnung, nicht im metaphysischen Wesen des Menschen und auch nicht in einer die Selbstgesetzlichkeit des Menschen aufhebenden Offenbarung zu suchen [...], sondern in der Vernunft" (*Auer*).[147]

9.1.6.3 Sonstige:
Historisch am umfänglichsten unter den genannten Autoren hat *A. Auer* das Problem der Autonomie der Moral untersucht; als Beispiele verweist er neben der Bibel und neben *Thomas* vornehmlich auf *Ambrosius* und dessen Verhältnis zu *Cicero*[148] sowie – dies ist besonders verdienstlich – auf den Münchner Moraltheologen *S. Mutschelle* und dessen Verhältnis zur *Kant*ischen Philosophie[149]. Da die Genannten jedoch in der sonstigen Literatur zum Thema nicht berücksichtigt werden, wird auf ein Referat über ihre Interpretation im Rahmen der autonomen Moral verzichtet.[150]

9.2 Kritik

Im folgenden geht es darum, das Konzept der theologisch-autonomen Moral mit dem in den Kapiteln 1 bis 8 erarbeiteten Verständnis von ethischer Autonomie und Autonomie der Ethik zu konfrontieren und es daraufhin zu befragen. Im Interesse einer verifizierbaren und exakten Argumentation beschränke ich mich hierbei auf den Entwurf der autonomen Moral, wie ihn *A. Auer* in zahlreichen Veröffentlichungen vorgetragen hat[151] und den *D. Mieth* in der jüngeren Kontroverse[152] als „autonome Moral im christlichen Kontext" zu präzisieren versucht hat[153].

[144] *Böckle* 1972 a, 40 f.
[145] *Korff* 1973, 51 (= *Korff* 1975, 82).   [147] *Auer* 1977 b, 52, vgl. 31–54, und *Auer* 1971, 130.
[146] *Korff* 1973, 61 (= *Korff* 1975, 86).   [148] *Auer* 1971, 123–127.
[149] Ebd. 131–136; *Auer* 1975 a, 45; *Auer* 1977 a, 67.
[150] Zu *Mutschelles* Moraltheologie s. außer den in 9.2.5 genannten älteren Arbeiten vor allem: *Keller* 1976, 87–192.
[151] S. Abschnitt 9.1, Anm. 22.
[152] Kritisch Stellung bezogen haben bes.: *Stoeckle* 1973; *Stoeckle* 1974; *Stoeckle* 1977; *Ermecke* 1972; *Ratzinger* 1975; *Balthasar* 1975; *Rief* 1977; *Spaemann* 1977; *Rotter* 1977; *Hilpert* 1975 (zur Erwiderung auf einige von *D. Mieth* und *A. Auer* dagegen angeführten Einwände s. meinen Aufsatz: 1977). – Die Debatte soll hier nicht nochmals referiert werden, da es Ziel sein muß, sie weiterzubringen.
[153] *Mieth* 1976.

9.2.1 Mangelnde hermeneutische Reflexion der Fragestellung

Im Verständnis einer Frage wird zu beträchtlichen Teilen auch schon über die Antwort entschieden, denn es eröffnet Lösungsmöglichkeiten, hält solche offen, kann solche aber auch verstellen. *Auer* gehört keineswegs zu den Autoren, die die Erörterung der Fragestellung einfach übergehen. Es finden sich bei ihm alle der in 9.1.1 erwähnten Gründe. Am nachdrücklichsten wird der Prozeß der Säkularisierung angesprochen, mit dem auch die anderen, außerdem genannten Gründe in direkten Zusammenhang gebracht werden. *Auer* versteht unter „Säkularisierung" den Vorgang, daß „die ihrer Eigenkraft bewußt gewordene autonome Vernunft [...] die irdischen Bereiche aus den ihnen immanenten Gesetzlichkeiten heraus" versteht und gestaltet[154]. Die Ethik ist hiervon in der Gegenwart spezifisch betroffen, insofern sich „nach den anderen Gebieten menschlichen Lebens (Politik, Wissenschaft, Wohlfahrt usw.) [...] auch das sittliche Bewußtsein aus der dem mittelalterlichen und teilweise noch dem neuzeitlichen Menschen selbstverständlichen Obhut der Kirche zu lösen" beginnt[155].

Für unsere Frageperspektive ist es ferner sehr wichtig, daß *Auer* diesen Tatbestand als „Zeichen der Zeit" einstuft; damit wird ihm nämlich zugleich die Dignität eines locus theologicus zugesprochen[156]. Ja, die wesentlichen Tendenzen dieses Vorgangs wie „die Entfaltung der Mündigkeit", „die Entbindung der Verantwortlichkeit" und „das Engagement in der Welt" gelten als von der Botschaft Jesu nachdrücklich unterstützt und stimulierend vorangetrieben[157].

Quantitativ nimmt die Erläuterung der erwähnten Faktoren im Kontext des Gesamtzusammenhangs nur geringen Platz ein. Auch in der Sache werden die wahrgenommenen Phänomene nur wenig analysiert. So kann zum Beispiel beim gewichtigsten Punkt, dem Säkularisierungsfaktum, der – vielleicht gar nicht gewollte – Eindruck entstehen, es handle sich um einen zwangsläufigen Prozeß. Nichts ist gesagt von seinen historischen Ursachen, etwa dem Zerbrechen der Einheit der Glaubenswahrheit mit der Folge, daß es mehrere, sich gegenseitig ausschließende Absolutheitsansprüche gab, deren Kampf in den Konfessionskriegen zur individuellen und sozialen Existenzbedrohung geworden war, oder der Unfähigkeit von Theologie und Kirche, Geschichtlichkeit und Veränderung des Weltbildes durch die naturwissenschaftlichen Erkenntnisse theologisch zu integrieren. – Auch gilt dieser Prozeß der Verweltlichung als theologisch legitim. Selbst wenn man dem

---

[154] *Auer* 1971, 154.
[155] Ebd. 155. Vgl. ebd. 188.
[156] Vgl. ebd. 153–157. – Wie wenig der Begriff „Zeichen der Zeit" für eine *wissenschaftliche* Theorie geeignet ist, zeigt seine unscharfe, in der Anwendung Willkürlichkeit nicht ausschließende Definition: ebd. 153.
[157] Vgl. *Auer* 1975 b, 70–74.

zustimmt, erwartet man doch eine Antwort, warum dann Theologie und Kirche aufs ganze gesehen bis in die Mitte unseres Jahrhunderts hinein diese Legitimität bestritten haben. Die Auskunft, daß „in den letzten Jahrzehnten der Christenheit einige wesentliche Erfahrungen und Erkenntnisse zugewachsen [sind], die zu einem beträchtlichen Wandel im christlichen Weltverständnis geführt haben"[158], vermag jedenfalls kaum zu befriedigen. Sie bewertet (oder beschreibt allenfalls) den Vorgang, erklärt aber weder, wie er in Gang kam, noch warum der Zuwachs an Erkenntnis seitens der Christenheit erst so spät kommt. „Erfahrung" ist nicht ein einfach hereinbrechendes Widerfahrnis, sie kann vielmehr ermöglicht, erschlossen, aber auch ausgeblendet werden. Und Erfahrung ist von sich her weder schon eindeutig, vielmehr läßt sie sich unterschiedlich interpretieren und verarbeiten, noch ist sie an sich schon als moralisch gut zu qualifizieren, jedenfalls wenn man wie die Vertreter der theologisch-autonomen Moral der „normativen Kraft des Faktischen" nicht vorbehaltlos zustimmt[159].

Wenn das ethische Minimum der Gesellschaft in vergangenen Zeiten offenkundig weniger problematisch war, so ist es heute für die Bewahrung des Vorhandenen und die eventuelle Wiedergewinnung einer breiteren Basis von entscheidender Wichtigkeit, zu wissen, weshalb und unter welchen Umständen die (in früherer Zeit offensichtlich noch in weit größerem Maße vorhandene) Kommunikabilität geschwunden oder gar zerbrochen ist und welche Störfaktoren heute aufzuarbeiten wären. Da derartige Problematisierungen kaum thematisiert werden, muß man den Eindruck gewinnen, daß die drei genannten Sachverhalte für die autonome Moral im christlichen Kontext im Grunde nur eine marginale Rolle spielen. Das bestätigt und erklärt sich zugleich durch einen vierten Aspekt, den *Auer* als „wissenschaftstheoretischen"[160] oder „grundsätzlichen"[161] den drei als „aktuell" klassifizierten hinzufügt. Er betrifft die Eigenart des Sittlichen selbst: Das Sittliche ist die Verbindlichkeit des als Vollgestalt des Wirklichen Erkannten. Es ist also in der menschlichen Vernunft begründet und nicht unmittelbar göttlichen Ursprungs, so daß man es „ohne spezielle weltanschauliche oder gar konfessionelle Implikationen und Letztbegründungen" muß „artikulieren" können[162]. Die Vollgestalt des Wirklichen oder, wie *Auer* oft sagt, die „Sinnwerte" und die sie umfangende Ordnung der Welt werden nicht hergestellt, sondern vorgefunden. – Nach diesem Grundsatz müßten sich Schwierigkeiten auf dem Feld ethischen Erkennens durch einen Rekurs auf die schöpfungsmäßig inhärierende, substantiell gleiche Vernunft relativ einfach beheben lassen.

[158] *Auer* 1977 a, 68.
[159] S. *Auer* 1972 b; vgl. auch *Auer* 1977 a, 70.
[160] *Auer* 1977 a, 61 f.
[161] *Auer* 1975 a, 28.
[162] *Auer* 1977 a, 61. Vgl. *Auer* 1971, 12.

Was nun Wirklichkeit bedeutet, wird von *Auer* in einer personalistisch-geschichtlichen Anthropologie expliziert[163], aber in der Durchführung meines Erachtens nicht durchgehalten, was in 9.2.2 zu zeigen sein wird. Die dort kritisierte, dem personalistisch-geschichtlichen Ansatz entgegenlaufende Reontologisierung ist es, die die „aktuellen" Aspekte der Fragestellung eigentümlich relativiert: So scheint es festzustehen, daß die Grundstrukturen der Moral gleichbleiben; entstehen Krisen, so geht es anscheinend nur darum, diese Grundstrukturen richtig zu erschließen, in ihrer Eigentlichkeit freizulegen und auf den modernen, mündigen Menschen hin zu dolmetschen. Die aktuellen Ursachen der Krise kommen a priori nur als akzidentelle in den Blick. Am deutlichsten drückt sich diese Auffassung in dem bekannten Aufsatz von *J. Fuchs* ‚Gibt es eine spezifisch christliche Moral?' aus: „Dabei verstehen wir diese Frage [sc.: ‚ob die kategoriale Inhaltlichkeit der Moral des Christen [. . .] unterscheidend christlich sei, also verschieden von der Sittlichkeit des Menschen als solchem'] *grundsätzlich*, das heißt *unabhängig* von der Überlegung, *wann* und *wo* und *wie* Christen und Nichtchristen ihre Moral in Echtheit und Wahrheit finden."[164] Bei *Auer* wird zwar die Geschichtlichkeit viel ernster genommen, aber die zugrundeliegende Vorstellung ist dieselbe. Die Frage zum Beispiel nach dem Verständnis beziehungsweise der Konstituierung der Wirklichkeit, (die von den – für die Theorie der autonomen Moral doch so wichtigen – heutigen Humanwissenschaften bereits seit längerem verhandelt wird und) die für die Möglichkeit von Metaphysik und von sittlichem Naturgesetz von allergrößter Bedeutung ist, hat so nicht einmal die Chance, gestellt zu werden. Es wäre aber doch wenigstens denkbar, daß gerade sie in der heute erlebten Krise der Moral den entscheidenden Sachverhalt zur Sprache bringt.

Die Art und Weise, wie die Frage gestellt wird, wirkt sich auch unmittelbar auf die Argumentationsstruktur aus: Nur wenn man in Konsequenz zum Obigen davon ausgeht, daß diese Fragen „gewiß auch früher schon gespürt und behandelt" wurden, „aber erst seit einigen Jahren [. . .] schärfer anvisiert und einer gründlichen Reflexion unterzogen werden"[165], kann man sich ohne weiteres bei den Vätern, bei *Thomas von Aquin* oder anderen auf die Suche nach einer Antwort machen.

9.2.2 Metaphysische Strukturen

Erkennt man eine konstituierende Grundstruktur des metaphysischen Denkens in dem dualen Wirklichkeitsverständnis (vgl. Kap. 8.11), so wird man wohl nicht umhin können, festzustellen, daß es dem Entwurf der „autono-

---

[163] S. bes. *Auer* 1971, 19–22.
[164] *J. Fuchs* 1970, 103 (Hervorhebungen nicht im Original).
[165] *Weber* 1972, 257.

men Moral im christlichen Kontext"¹⁶⁶ kaum gelingt, diese Struktur aufzusprengen oder zu überwinden. Zwar verfällt sie nicht in den Fehler, die Wirklichkeit in zwei „Stockwerke" aufzuteilen, aber in der Separierung zwischen „Welt-" und „Heilsethos" bleibt davon doch Grundlegendes erhalten¹⁶⁷. Das „und", von *Auer* eigens als „Reziprozität" qualifiziert¹⁶⁸, bleibt als Postulat stehen.

Ebensowenig gelingt es, die Dichotomie zwischen Theorie und Praxis sowohl im engeren Sinne des Bezugs zwischen Dogmatik und Theologischer Ethik als auch im weiteren Sinne als Bezug zwischen ethischer Theorie und Lebenspraxis überzeugend zu überwinden, obschon doch dem Handeln ein so hoher Rang eingeräumt wird¹⁶⁹. Am signifikantesten ist dieses Zweiphasen-Modell im Normverständnis zu greifen. Als Norm gilt ein durch ethisch-vernünftige Überlegung zustande gekommener Satz, der dann im Handeln in die Praxis „umgesetzt" oder „angewandt" wird.

Die Stelle, die im überkommenen Gedankengang am offenkundigsten der Revision bedarf, ist infolge des Kommunikations-Postulats die alles Sollen normierende „Natur". Anstatt jedoch auf der Basis einer Analyse die vom neuzeitlichen Denken ausdrücklich oder auch nur implizit erhobenen konkreten Einwände, und das heißt: die Störfaktoren der Kommunikation, aufzuarbeiten, erfolgt in diesem Punkt eine zwar eigenständige, aber zur kritischen Tradition weitgehend nicht bezugnehmende Darstellung – ein Verfahren, das schon vom Ansatz her Gefahr läuft, an den angezielten Kommunikationspartnern vorbeizugehen.

So ist es eine entscheidende Schwäche dieses Ansatzes, daß er kaum eine Anstrengung unternimmt, die neben den Dimensionen von Personalität, Sozialität und Materialität als vierte Dimension der menschlichen Existenz behauptete Relation zur Transzendenz durch vernünftige, autonome Argumentation plausibel zu machen beziehungsweise auf die von der Basis „moderner Profanität" her vorgetragenen Bestreitungen einzugehen. Außer dem Hinweis auf die Grenzen einer rein innerweltlichen Daseinsinterpretation, die „schon" die Philosophie aufzeige, bleibt nur der Rekurs auf eine „urmenschliche Erfahrung"¹⁷⁰ – ein Argument, dem die Berechtigung nicht abgesprochen werden soll, das sich aber in dem vorangehenden, so stark auf Vernunftautonomie abhebenden Zusammenhang doch etwas verlegen ausnimmt. Wenn gerade wenige Zeilen zuvor gegen das modern-profane Verständnis menschlicher Existenz eingewendet wurde, es sei „nicht ein Letztes,

---

[166] Jedenfalls versteht *Auer* „Autonomie" im Zusammenhang seines Rekurses auf *Thomas von Aquin* auch als „Autonomie gegenüber der Metaphysik" (*Auer* 1971, 130; *Auer* 1977 b, 37–42).
[167] Vgl. dazu auch *Stoeckle* 1977, 319 f.
[168] *Auer* 1972 a, 64 f.
[169] Bes. *Auer* 1971, 19.
[170] Ebd. 21.

hinter das man nicht zurückfragen"[171] könne, so ist nur schwer einzusehen, warum jetzt plötzlich bei einer so vagen und geschichtlich vielfältigen Evidenz nicht mehr weitergefragt werden soll. Die explizite Verweigerung einer Auseinandersetzung mit dem seinerseits wieder komplexen Phänomen des Atheismus[172] zumindest ist höchst fragwürdig und läßt nochmals eine Chance ungenutzt, dem Verfall kirchlicher Moral auf die Spur zu kommen. So bleibt denn schließlich eine so entscheidende Behauptung wie die einer transzendenten Wirklichkeitsdimension angewiesen auf die propädeutisch und zur Kommunikationsstiftung wenig tragfähige Hypothese: Wenn christliche Offenbarung, dann ist sie nicht ohne seinsmäßigen Transzendenzbezug denkbar[173].
Bezeichnenderweise wird nach der Explikation einer personalistisch-geschichtlichen Anthropologie als Grundlage der Ethik schon bald die Rede von der „menschlichen Natur" wieder aufgenommen[174]. Aus den Vollzügen der menschlichen Existenz in Leiblichkeit und Geschlechtlichkeit, Beispielen also für die Dimensionen Materialität und Sozialität, werden „Deduktionen" von dieser Natur[175]. Die anfangs so sehr betonte Geschichtlichkeit findet sich in die Formel vom „sekundären Naturrecht" transponiert, von dem ausdrücklich gesagt wird, es könne als „Konkretisierung" des primären Naturrechts verstanden werden[176], als „Entfaltung" und „Erfüllung" eines präexistierenden, gleichbleibenden, umgreifenden und für den Menschen intelligiblen oder zumindest als Spannung erfahrbaren Ordnungsplanes[177]. Selbst wenn man für diese Konkretisierung den Weg der mit *W. Schöllgen* als „schöpferische Synthese" zu verstehenden „determinatio"[178] einschlägt, bleibt in mehrdeutiger Schwebe: welche menschlichen Erfahrungen als authentisch zu gelten haben und welche Instanz darüber aufgrund welcher Kriterien befindet; was im konkreten Fall zum „Kernbestand der menschlichen Natur" und was zur „geschichtlich wandelbaren Realnatur" des Menschen gehört; wie angesichts der ungemein verschiedenartigen Ansätze innerhalb der heutigen Philosphie die anthropologische Integrierung geleistet werden soll; wer formulieren darf oder soll, was jeweils dem Optimum für die Entfaltung menschlicher Existenz dient, wenn keine Konvergenz zwischen den verschiedenen humanwissenschaftlichen Erkenntnissen erkennbar ist.
Faktisch kommt nun der Geschichtlichkeit und den Humanwissenschaften doch wiederum nicht jenes autonome Gewicht zu, das ihnen zuvor zugesprochen worden war, sondern lediglich die Funktion eines additiven materialen Komplements. Diese „Lückenbüßer"-Funktion bezeugt sich am deutlichsten in folgenden Sätzen *Auers*: „In dem Maße, in dem die Evidenz und

[171] Ebd.
[172] So explizit ebd. 21 f.
[173] Ebd. 22, vgl. 28. Vgl. auch 172!
[174] Ebd. 52.
[175] Ebd.
[176] Ebd.
[177] Ebd. 23.
[178] Vgl. ebd. 52.

die aus ihr resultierenden Prinzipien für die anfallenden sittlichen Reflexionen in den Hintergrund treten oder ganz und gar ausfallen, müssen die menschliche Erfahrung und ihre denkerische Durchdringung sowie die Ergebnisse der Humanwissenschaften und ihre anthropologische Integrierung *ins Spiel kommen.* Die verhältnismäßig geringen Möglichkeiten der Deduktion müssen auf dem Weg der Induktion *aufgefüllt* werden."[179] Hier drängt sich die Vermutung auf, die personalistische Grundlegung werde nicht nur erst nachträglich in Bezug zur bisherigen Lehre gebracht, sondern sie sei lediglich deren Reformulierung ad hominem aetatis nostrae. Damit aber würde Geschichtlichkeit eben doch nur zu einem auf den Bereich der Akzidentien und der Circumstantiae beschränkbaren und damit im Grunde zweitrangigen Phänomen. Denn wohl gilt die Welt als nicht von Anfang an fertige, als fertig aber und seinshaft eingestiftet gilt ihre „eigentliche" Ordnungs-Matrix.

9.2.3 Zum Proprium

Sicherlich wird kein Theologe Einwände dagegen erheben wollen und können, wenn als das unterscheidend Christliche einer christlichen Ethik Jesus Christus bestimmt wird. Man wird der Bestimmung des Propriums, wie sie im Rahmen der verschiedenen Entwürfe der sogenannten autonomen Moral erfolgt, auch darin zustimmen müssen, daß der Anspruch des Christlichen nicht einfach durch einen Katalog von Normen einzulösen ist. Kaum zu bestreiten sein dürfte auch die eng damit zusammenhängende, mehr implizierte denn ausdrückliche Behauptung, daß eine exklusive, positivistische Orientierung an der Bibel in die Aporien einer realitätsblinden und handlungsunfähigen Gegenwartsdistanz oder aber einer normenlosen Pneumatik, auf jeden Fall also in die esoterische Praxis kleiner Gruppen führt, die sich mit dem universalen Heilsanspruch des Christentums nicht vereinbaren läßt. Schließlich wird man auch dem Hinweis, daß für ein christliches Verständnis von Sittlichkeit die äußere Befolgung von Normen nicht ausreicht, sondern auch und gerade die Dimension der Gesinnung beansprucht wird, die Berechtigung nicht absprechen. Der Fragepunkt gegenüber dem von *Auer* entwickelten Vorschlag zu einem autonomen Ansatz kann also nicht der Vorwurf des fehlenden theologischen oder christlichen Charakters sein, sondern nur die innere Konsistenz beziehungsweise – andersherum besehen – das Problem, wieweit die Beziehung auf das Proprium Jesus Christus für die systematische Ausarbeitung einer Moraltheologie von Bedeutung ist.
So wird man meines Erachtens fragen müssen, ob die Suche nach dem spezifisch Christlichen einer christlichen Ethik nicht von vornherein enggeführt

---

[179] Ebd. 52 (Hervorhebungen nicht im Original).

wird, wenn sie fast ausschließlich auf die Normen im Sinne von Norm-*Sätzen* bezogen wird. „*Sittliche* Norm" bezeichnet aber doch auch die auf der praktischen und sozialen Ebene geltende, auf Sinnwerte bezogene Handlungsanforderung, die den Betroffenen gegenüber nicht einfach durchgesetzt, sondern von ihnen bejaht ist. Von daher müßte sich die Frage nach dem Proprium auch und vielleicht in erster Linie auf die Praxis der personalen und sozialen Beziehungen derer erstrecken, an die sich die (mit der Erlösungstat Gottes in einem Begründungszusammenhang stehenden) Sollensanforderungen richten.

Hier liegt auch die Schwäche der Berufung auf die Ergebnisse der neueren Bibelexegese, die zeigten, daß im Alten und Neuen Testament so gut wie keine sittlichen Verpflichtungen zu finden seien, die nicht auch vor und außerhalb der Bibel vorkämen. Denn abgesehen davon, daß ganz Ähnliches weitgehend auch für die Formulierungen der Glaubensinhalte zutrifft, ist für die Proprietät des biblischen Ethos die Gültigkeit und Geltung seiner Inhalte maßgeblich und nicht die historische Abkunft und Originalität seiner Sätze. Zweifellos hat die theologische Reflexion über sittliches Handeln immer wieder und in großem Umfang außerbiblische Traditionen und Schriften herangezogen, aber da, wo sie große Theologie war, eben nicht in der Art einer materialen Komplettierung, sondern als hermeneutische Grundlage, mit deren Hilfe der in Jesus Christus historisch-manifest gewordene göttliche „Heils- und Heiligkeitswille" (*A. Vögtle*) tradiert und auf die aktuellen und zum Teil je neuen Situationen, Anforderungen und Erfahrungen hin konkretisiert wurde; seine Kontinuität wurde gewährleistet durch den Zusammenhang mit der Gemeinde der Glaubenden, der das Im-Geist-Bleiben zugesagt ist[180]. Der konkrete sittliche Anspruch gründet dabei nach wie vor in der Geschichte des Gott-Mensch-Verhältnisses, vor allem in der Geschichte Jesu Christi und ihrer Fortsetzung in der Kirche. Von der Tatsache, daß die Bibel keine einmaligen, ausschließlich in ihr vorkommende Normen enthält, kann infolgedessen nicht schon darauf geschlossen werden, das christliche Spezifikum bestehe nur in der Letztbegründung und der neuen Motivation; andernfalls ließe sich gerade auch die kritische Potenz des Glaubens bei der Ethosbildung nicht verständlich machen, die oft erst nach einem langen Prozeß voll zum Tragen kam (etwa von der soteriologischen Vergleichgültigung des Sklavenstandes über die faktische Sklavenentlassung bis zur Aufhebung der Institution Sklaverei). Entstehung und Gültigkeit sind nicht einfach deckungsgleich. Das Argumentieren und Reflektieren christlicher Ethik wird sich immer auf diese Geschichte berufen, die sie durch Offenbarungstexte und Gemeindeethos vermittelt sieht; solche Vermittlung bezeichnet die primäre Funktion von Kirche und Gemeinde für das sittliche

---

[180] Wie die frühe Gemeinde diese Kontinuitätswahrung „leistete", zeigt *Fraling* 1973. Vgl. auch *Stoeckle* 1977, 323 f.

Handeln und die Entwicklung ethischen Erkennens (konkrete Prozeduren, wie solche Rechtfertigungen heute verlaufen könnten, müßten näher entfaltet werden!). Das Ethos, innerhalb dessen konkrete Normen mittels der Vernunft reflektiert werden können, ist erst durch diese Geschichte und ihre Präsenz gegeben.[181] Zu dieser Geschichte gehört auch das Wissen um die Grenzen und die Gefährdung der Vernünftigkeit. Auch für die Zukunft vermag nur das Festhalten an der (im Widerspruch zum Standpunkt der Aufklärung) mittels autonomer Vernunft nie einholbaren Geschichte von Jesus dem Christus zu gewährleisten, daß die Sachlogik nicht in die „autonome Autonomie" mündet. Mit der Verpflichtung auf diese Geschichte und den in ihr enthaltenen Sinn ist denn auch die (von *Auer* in der Formel von der kritisierenden Funktion umschriebene) prinzipielle Unvereinbarkeit mit bestimmten ethischen Prinzipien samt den ihnen zugeordneten praktischen Maximen (etwa die grundsätzliche Bestreitung eines Sinnes von Welt, Geschichte und Einzelexistenz, oder gerade das Gegenteil: die Beschränkung des Sinnes auf die Maximierung des eigenen Selbst, einer Klasse oder einer zukünftigen Gesellschaft, wodurch Moralität auf eine instrumentelle Funktion reduziert wird) gegeben, ohne daß damit allerdings ausgeschlossen wäre, daß dahingehende Erfahrungen vom Glaubenden gemacht werden können und darin der Glaube der Bewährung ausgesetzt wird. Die besondere Leistung christlicher Sittlichkeit hinsichtlich des integrierten außerbiblischen hochethischen Gedankenguts besteht eben nicht nur in seiner Integration und eventuellen Kritik durch Selektion, sondern vor allem darin, daß es nicht in Vergessenheit geriet, ja als gültig angesehen wurde, und das selbst dann und dort, wo viele, auch Amtsträger, ihr entgegen handelten. Die Anziehungskraft des frühen Christentums, aber auch die mancher kirchlicher Reformbewegungen liefert hierfür beredte Beispiele. Denn im Fall des frühen Christentums etwa war sie doch kaum das Ergebnis der Vernunfteinsicht in die Richtigkeit seiner ethischen Lehren oder seiner dogmatischen Spekulation, war es doch in beidem dem, was den Zeitgenossen dazu von heidnischer Seite bereitstand, weit unterlegen, sondern – zumindest: auch – das Ergebnis einer als beispielhaft empfundenen und als Zeugnis der Nachfolge verstandenen Lebenspraxis.

Der Versuch, die ethische Relevanz des Proprium Christianum nur als Letztbegründung und Motivation zu umschreiben, erscheint deshalb meines Erachtens als etwas voreilig, auch wenn diese „Funktionen" in keiner Weise in Abrede gestellt werden sollen. Es bleibt zu vermuten, daß diese Beschränkung ebenfalls durch eine stark ontologisierende Denkfigur nahegelegt wird: die Suche nach der letzten ἀρχή. Ob die damit gegebene Konzentration des spezifisch Christlichen im letzten Grund im Zusammenhang mit der

---

[181] Vgl. *Spaemann* 1977, 309; *Stoeckle* 1977, 312 f. 324. Enger gefaßt auch: *Rotter* 1977, 26.

Autonomie-These auch angesichts des konkreten Handelns die Ebene des rein Formalen zu überschreiten vermag, kann zumindest bezweifelt werden.[182]

Vom Gesagten her erweist sich ein weiterer Punkt, nämlich die der Bestimmung des Propriums vorausliegende Trennung von Heils- und Weltethos nochmals[183] als fragebedürftig[184]. Sie mag pragmatisch hilfreich sein (insofern sie eine quantitative Abgrenzung von Disziplinen beziehungsweise Einteilungen innerhalb von solchen erlaubt) oder auch in einer säkularisierten Gesellschaft politisch unverzichtbar erscheinen, theologisch dürfte sie sich schwerlich rechtfertigen lassen. Die Tatsache, daß auch bei *Auer* und anderen Vertretern der autonomen Moral von Sünde, Vergebung, Erlösung, Gnade usw.[185] die Rede ist, wenn auch weniger im unmittelbaren Zusammenhang mit der Autonomiethese[186], zeigt, daß die Trennung theologisch gar nicht durchgehalten werden kann. Auch historisch, beispielsweise in bezug auf die Bibel, vermag sie den Vorgang der Ausbildung und Reflexion eines christlichen Ethos kaum angemessen zu beschreiben. Zum einen schon deshalb, weil das biblische Verständnis von Glauben[187] einen Gesamtbezug des Menschen meint und ohne Handlungsdimension (gerade auch im Bereich der „Welt") gar nicht zu denken ist. Zum anderen, weil sich die Ausbildung der mehr doktrinären und der mehr ethischen Elemente des Glaubens in einem gemeinsamen Prozeß vollzog[188]; das von *Auer* zur Beschreibung verwendete Modell der „Integrierung" setzt bereits als Zweiphasigkeit voraus, was dann im Ergebnis als Zweiheit des Ethos scheinbar hervortritt. Glaube und Ethos mögen in einer gewissen Polarität stehen, vor allem wenn man an die Kultkritik Jesu oder schon zuvor die der Propheten denkt; aber gerade diese Kritik bemängelt ja das Auseinanderfallen von beidem.

---

[182] In gleiche Richtung geht das Bedenken von *Stoeckle* 1977, 319: „Falls [...] christliche Ethik sich von anderen Ethiken nur durch die Gründe für das rechte Verhalten, nicht aber durch die Norm des rechten Verhaltens unterscheidet, zieht sie sich auf einen Bereich zurück, der keine Beziehung mehr zu Normen und Verhaltensmustern erkennen läßt."

[183] S. bereits den vorausgehenden Abschnitt 9.2.2.

[184] Vgl. dazu auch den Vorbehalt bei *Auer* selbst: *Auer* 1971, 12, auch 186.

[185] Beispielsweise: *Auer* 1975 b; *Auer* 1975 c.

[186] Darauf verweist kritisch *Stoeckle* 1977, 320.

[187] Vgl. z. B. *A. Weiser – R. Bultmann*, Art. πιστεύω, in: ThWNT VI (1959), 174–230; *R. Schnackenburg*, Art. Glaube, I: Die Aussagen der Schrift, in: LThK² IV, 913–917; *A. Deissler*, Art. Biblisches Ethos, I: Ethos des AT, in: *B. Stoeckle* (Hrsg.), Wörterbuch Christlicher Ethik, Freiburg/Basel/Wien 1975, 36–39.
Die Unterscheidung zwischen Glaube und Ethos scheint offensichtlich erst in der Neuzeit möglich. Zum ganzen Fragenkomplex siehe auch *Rotter* 1977, hier bes. 11–19.

[188] Die Verschränktheit der Entwicklung von Glauben und derjenigen von Glaubensethos zeigt für das Neue Testament sehr schön *Fraling* 1973. (Vgl. die Zusammenfassung ebd. 100: „Aus der Praxis des gemeinsam vollzogenen Glaubens erwuchs ein neues Ethos, in das sich der Glaube inkarnierte; das geschah in einer Korrespondenz zur Umwelt wie auch zum gemeinsamen Ursprung des Glaubens.")

9.2.4 Methodologische Unzulänglichkeiten

Die Frage, wie das humanwissenschaftliche Material in die Ethik einzubringen sei, beantwortet *Auer* mit dem Hinweis auf den „Dialog der Wissenschaften"[189], der sich sowohl in der normalen wissenschaftlichen Diskussion als auch in ad-hoc-Kommissionen vollziehen kann. Deren Aufgabe sei es, die Rationalität der Wirklichkeit normativ zu artikulieren. Das gegenseitige Verhältnis sowohl von „humanwissenschaftlicher Grundlegung", „anthropologischer Integrierung" und „ethischer Normierung" wie auch dasjenige der verschiedenen humanwissenschaftlichen Aspekte untereinander bleibt jedoch ungeklärt. Damit aber entbehrt dieses additive Verfahren auch der Kriterien zur Gewichtung der doch meist divergierenden Argumente, es sei denn, man hielte das „Ganzmenschlich-Sinnvolle"[190] für einen praktizierbaren Maßstab. Der nachdrückliche Hinweis, der induktiven Methode gebühre gegenüber der deduktiven „zweifellos ein stärkeres Gewicht"[191], ohne gleichzeitig zu sagen, wann, wo und in welchem Maße jede von beiden kompetent ist, bringt ebenso eine gewisse Hilflosigkeit zum Ausdruck wie die beinahe stereotyp wiederkehrende Warnung, nicht „dem Faktischen als solchem"[192] normativen Charakter zuzusprechen. Das Vertrauen, aus dem „Labyrinth der Teilaspekte"[193] werde durch den Rückgriff auf das „Ganzmenschlich-Sinnvolle" eine „klare Orientierung" oder zumindest eine in bestimmte Richtung weisende „Konvergenz"[194], mag dem nüchternen Betrachter etwas zu optimistisch vorkommen. Zumindest muß auf die Erfahrung verwiesen werden, daß nicht jedes Miteinanderdiskutieren, ja noch nicht einmal dasjenige, das vom Willen getragen ist, bestehende Konflikte zwischen Aspekten, Perspektiven, Zielvorstellungen und erst recht Normierungen zu lösen, zur gewünschten Konvergenz führt. Jedenfalls sind Verfahren, Maßstab und Entscheidungsträger usw. so vage umschrieben, daß sie in concreto Gegensätzliches abzudecken imstande wären.

Methodisch bedenklich ist auch die nur partielle Einbeziehung anderer Theorien. Solche methodische Inkonsequenz könnte ebenso wie die Unschärfe im Postulat einer „philosophischen Integrierung"[195] den Verdacht auf sich ziehen, die Humanwissenschaften würden sehr selektiv benutzt; das soll heißen, sie dienten bloß als Zulieferer von Argumenten für die Bestätigung des Eigenen, im Grunde gehe es mehr um den Nachweis der Legitimität der Tradition als um die Sache einer wirklichkeitsgerechten Sittenlehre. Auch wenn man *Auers* Theorie solche Intentionen nicht unterstellen will, wird man nicht den Eindruck los, der methodische Rahmen, der hier ange-

---

[189] *Auer* 1971, 47 f.
[190] Ebd. 49.
[191] Ebd.
[192] Ebd.; ferner: *Auer* 1972 b.
[193] *Auer* 1971, 48.
[194] Ebd. 48–50.
[195] Vgl. ebd. 44–46.

boten wird, sei so weit, daß er kaum die angestrebte Revision des Bisherigen überzeugend zu leisten vermöge[196].

9.2.5 Kritik legitimatorischer Elemente

9.2.5.1 Der Rekurs auf *Thomas von Aquin*[197]:

Aus der Kritik an der Fragestellung ergab sich bereits ein Bedenken formaler Art gegenüber dem Verfahren, in einer so entscheidenden Frage wie der nach Autonomie beziehungsweise Theonomie der Moral die Antwort unmittelbar bei *Thomas von Aquin* zu suchen. Denn dies Verfahren setzt nicht nur voraus, daß das Problem, das wir uns heute stellen, sich damals genauso oder jedenfalls im wesentlichen vergleichbar stellte, sondern vor allem, daß die heutige Zeit – zumindest wo sie sich nicht böswillig verschließt – mit der des *Thomas* im Verständnis von Wirklichkeit (inklusive Erkenntnismöglichkeiten, Weltbild, Praxisverständnis und ähnlichem mehr) übereinstimmt, eine Voraussetzung, die zumindest im außertheologischen Bereich kaum Zustimmung finden dürfte.

Jedoch erscheint dieser Rekurs meines Erachtens auch aus inneren[198] Gründen problematisch, was allerdings in einer separaten Abhandlung genauer aufzuzeigen wäre. Im Rahmen der vorliegenden Arbeit können nur einige Gesichtspunkte genannt werden.

Sicherlich trifft es zu, daß nach *Thomas* die geschichtliche Offenbarung keine zusätzlichen materialen sittlichen Forderungen erhebt, da beide, natürliches Sittengesetz und positives göttliches Gesetz, unmittelbar in der objektiv bestehenden und nachweisbaren Seinsordnung selbst gründen. Das bedeutet aber, daß man im Blick auf *Thomas* von vornherein allenfalls auf eine „Autonomie" *innerhalb* der theologisch gedeuteten Schöpfungswirklichkeit stoßen könnte. Ein solches Ergebnis bewiese im Grunde aber doch nur, daß für *Thomas* das christliche Ethos für das der Gesellschaft im ganzen und das der argumentierenden Gesprächspartner im besonderen galt, während die heutige Fragestellung der Moraltheologie sich gerade daraus ergibt, daß dies nicht mehr der Fall ist beziehungsweise jedenfalls nicht anerkannt wird. – Man wird den *Thomas*-Interpretationen der moraltheologischen Autonomie-Befürworter auch darin zustimmen müssen, daß nach *Thomas* dem Menschen die lex naturalis mittels der Tätigkeit seiner eigenen Vernunft gegeben ist, die ratio infolgedessen oberste Instanz in der Sittlichkeitserkenntnis ist. In

---

[196] Im übrigen zeigt sich eine erstaunliche Kontinuität bezüglich der Problemstellungen zu den Reformansätzen in der Moraltheologie seit Jahrhundertbeginn (Kasuistik-Diskussion, Personalismus, Situationsethik), die eigens einmal herausgearbeitet werden sollte.

[197] Einige kritische Hinweise zum Rekurs auf die Bibel finden sich unter 9.2.3.

[198] Es geht bei der hier vorzutragenden Kritik nicht einfach darum, ob die Antwort des *Thomas* heute noch brauchbar ist, sondern darum, ob sie – historisch gesehen – von der theologisch-autonomen Moral zu Recht beansprucht wird.

diesem Rahmen könnte man dementsprechend von „Autonomie" sprechen, doch hieße das hier nicht mehr, als daß es sich nicht um von außen geforderte, durch Strafandrohung sanktionierte Vorschriften handelte. Es hieße jedoch nicht auch, daß die verbindliche Kraft, die die Vorschriften „ex sola ratione" haben, etwas Letztes und Unbedingtes ist, so daß menschliche Vernunft den Ursprung der Verpflichtung begründen würde. Diese geht vielmehr – worauf *H. Reiner*[199] in der Kontroverse mit *S. Pinkaers* unter Berufung auf S. th. I–II, qq. 18–21 und q. 94,2 nachdrücklich verwiesen hat – zurück auf das Wesen des bonum einerseits und des Menschen in seiner Seinsverfassung anderseits. Der Mensch gilt nämlich als mit einem appetitus ausgestattet, der auf das bonum als das von ihm Entbehrte, ihn Vervollkommnende zielt, während das bonum als das appetibile definiert wird. Die Erlangung des bonum ist also als Befriedigung eines Begehrens verstanden, so daß durch die Befriedigung des Begehrens im Grunde die je eigene perfectio und letztlich eine Annäherung an die eigene beatitudo als dem letzten Ziel erreicht wird. Aufgabe der (menschlichen) ratio ist es dabei, das zu bezeichnen, was dieser Selbstvervollkommnung dient, und obendrein jeweils zu unterscheiden zwischen dem nur scheinbaren und dem wahrhaften Gut. Somit ist bei *Thomas* im letzten gerade ein Gesichtspunkt für die Sittlichkeit leitend, der bei *Kant* unter Eudämonismus[200] und folglich unter eine bestimmte Art von Heteronomie fiele. Für *Thomas* ist nicht „reine Vernunft [...] für sich allein praktisch"[201], so daß sich bei *Thomas* eben nicht wie bei *Kant* schon aufgrund der bloßen Form der Gesetzhaftigkeit bestimmen läßt, was sittlich geboten ist. Außerdem beinhaltet der mit der sittlichen Vollkommenheit der Gottes- und Nächstenliebe zusammengebrachte Begriff der beatitudo bei *Thomas* eine qualifizierte theologische Vorentscheidung, insofern „dies nicht eine allgemein philosophische Aussage über das Streben und den aus der Artung dieses Strebens sich ergebenden Charakter auch des Strebensziels aller Menschen, sondern eine Aussage des christlichen Philosophen über den allein Erfüllung bringenden Inhalt dieses Strebens"[202] ist (also eine beatitudo „secundum specialem rationem").

Hier wird der *Thomas*ische Grundgedanke einer hierarchischen, alles Seiende umfassenden Seinsordnung greifbar, von dem her zwischen Theonomie und Autonomie erst gar keine Alternative aufbrechen konnte. Sie konnte es genausowenig, wenn man den Inhalt des natürlichen Sittengesetzes vergleicht mit dem positiven Gesetz: Soweit dieses göttlicher Herkunft ist, stimmt es – sieht man von den praecepta caeremonialia und iudicialia einmal ab – letztlich bruchlos überein mit dem natürlichen Sittengesetz; soweit es aber

---

[199] S. deren Beiträge in: *Engelhardt* 1963, 236–328; hier: *Reiner* 1963 a, bes. 255.
[200] Zur Durchführung dieser These vgl. *Reiner* 1963 a.
[201] KprV 56.
[202] *Reiner* 1963 b, 309 (im Original teilweise hervorgehoben).

menschliches ist, ist es nähere Bestimmung (determinatio), Anwendung auf besondere Verhältnisse (specificatio) oder Schlußfolgerung (conclusio). Aber diese logischen Tätigkeiten sind nun – und das scheint in der Diskussion um die autonome Moral übersehen – keineswegs der moralischen Urteilsvernunft der einzelnen sittlichen Subjekte überlassen, sondern werden von den rechtmäßigen (staatlichen oder kirchlichen) Obrigkeiten, also institutionell, ausgeübt; das „ex institutione divina vel humana" tut aus der Sicht des *Thomas* in keiner Weise dem Wesenscharakter einer „ordinatio rationis" Abbruch, der dem positiven Gesetz sowohl mit der lex naturae wie mit den anderen Arten von Gesetz gemeinsam ist; das „ex institutione" wird eher als Komplement zum „ex sola ratione" der naturgesetzlichen Prinzipien verstanden[203], so daß die Kennzeichnung der lex divina positiva als heteronom im *Kant*ischen Sinn ebenfalls sehr problematisch wäre. – Sehr deutlich wird die institutionelle Gebundenheit an *Thomas*' Stellungnahme zum Ketzerproblem innerhalb der Frage nach der Möglichkeit eines schuldlos irrenden Gewissens. Eine solche wird bloß Heiden und Juden zugesprochen; für Ketzer dagegen wird sie abgelehnt, weshalb sie zum Glauben gezwungen und bei Hartnäckigkeit durch das weltliche Gericht mit dem Tode bestraft werden dürfen[204]. Für *Thomas* entsteht hier kein Widerspruch zu dem an einer früheren Stelle der ‚Summa theologiae' Gesagten[205], daß selbst das irrende Gewissen – auch in Glaubensdingen – unbedingt verpflichte. Schließlich lassen sich über den im Mittelpunkt der Diskussion stehenden Gesetzestraktat hinaus im Werk des *Thomas* auch Stellen finden (*Reiner*[206] zieht vor allem Ver. 17,3; S.c.G. III, 115, aber auch S.th. I–II, 90. 92. 100, heran), wo die sittliche Verbindlichkeit ganz ausdrücklich auf den göttlichen Willen, etwa in der Weise einer in Aussicht gestellten Belohnung beziehungsweise Bestrafung, zurückgeführt wird. Sie nötigen – will man sie nicht als zwei Aspekte ein und derselben Sache ansehen – zumindest zu der Einschränkung, daß bei *Thomas* zwei heterogene Auffassungen des Grundes sittlicher Verbindlichkeit nebeneinander vorkommen[207].

9.2.5.2 Die Berufung auf neuzeitliche Beispiele theologischer Autonomie-Rezeption:

Im Gegensatz zu *Thomas* geht es bei *S. Mutschelle* (1749–1800) unstrittig um das Autonomieproblem. *Mutschelle* ist nicht nur davon überzeugt, daß *Kant*s Moralphilosophie „mit der Lehre Christi, und der reinen Christlichen Tugend übereinstimme"[208], sondern sieht in ihr eine vorzügliche Möglich-

---

[203] Vgl. *Pinkaers* 1963, bes. 300 f.
[204] S.th. II–II, 10 f.
[205] Z. B. S. th. I–II, 19,5.
[206] *Reiner* 1963 a; *Reiner* 1963 b.
[207] *Reiner* 1963 a. Vgl. auch *Reiner* 1964, 120–122.
[208] *S. Mutschelle*, Über Kantische Philosophie, und die Frage: „Ist daraus für Religion und Moral Nachteil zu fürchten, oder vielmehr wichtiger Vorteil zu hoffen?", in: *Mutschelle*, Vermischte

keit, um der Moral ein tragfähiges und einleuchtendes Fundament zu verleihen[209]. Deshalb macht er sie zu einer „eben so lautere[n], als reiche[n] Quelle" seiner theologischen Ethik[210]. Deshalb auch unternimmt er den Versuch, „das Brauchbare und Wichtige" der Philosophie *Kant*s „fürs gesamte größere Publikum der Welt" faßlich darzustellen und ihm bekannt zu machen[211].

Selbstverständlich ist es sinnvoll und sogar ungemein wichtig, historische Theorien wie etwa die von *Mutschelle* nicht einfach als überholte Vor-Geschichte abzutun; sie können vielmehr als Wirkmoment unserer eigenen Gegenwart entdeckt oder aber als „gefährliche Erinnerungen"[212] für die gegenwärtige Argumentation fruchtbar gemacht werden. Dennoch ist der Rekurs auf einen Theologen wie *Mutschelle*, zumindest soweit er legitimatorische Funktion hat, meines Erachtens fragwürdig.[213]

Die Reaktion auf die Entstehung des modernen vernünftigen Selbstbewußtseins auf seiten der Theologie im allgemeinen und der Moraltheologie im besonderen ist vielschichtiger und erheblich spannungsreicher, als es die Angaben *Auer*s vermuten lassen. Das Bemühen von *Mutschelle* und ähnlich gesinnten Theologen um die Wende vom 18. zum 19. Jahrhundert, die Philosphie *Kant*s, später auch diejenige *Fichte*s und *Schelling*s in die Moraltheologie einzubeziehen, ist nicht einfach ein genialer Gedanke, sondern wird begründet mit dem Ungenügen der bisher gebräuchlichen scholastischen Moraltheologie. *Mutschelle* kritisiert die „so trockene Lehrart" der „scholastischen Modetheologen, Silbenhascher und Buchstabentränkler"[214], ihre „öden und leeren Grübeleien", ihre „inhaltleeren Ideale"[215], die Kasuistik, die unverständli-

---

Schriften oder philosophische Gedanken und Abhandlungen, I, München ²1799, 189–216, hier: 216 (syntaktisch angeglichen).

[209] Vgl. *Mutschelle*, Über das sittlich Gute, München ³1801, IV f.

[210] Die Stelle bezieht sich zunächst nur auf die: Briefe über die Begriffe von Gesetz, Pflicht, Gut und Böse (in: *Mutschelle*, Vermischte Schriften, II, München ²1799, 84–118, hier: 117), gilt aber für alle seine Schriften zur Moraltheologie. Dies kann leicht durch Textvergleiche mit *Kant*ischen Schriften gezeigt werden. Ausdrückliche Bezugnahmen auf *Kant* finden sich außer an den genannten Stellen in: *Mutschelle*, Über das sittlich Gute, München ³1801, IV f. 15 f. 182 f. 196. 229 f; Über Liebe zu sich und Andern, in: Vermischte Schriften, III, München ²1799, 18–20. Das Hauptwerk: Moraltheologie oder Theologische Moral, vorzüglich zum Gebrauche für seine Vorlesungen, Erster Teil, München 1801, nimmt auf *Kant* nicht namentlich Bezug, ganz offensichtlich, um nicht bestehenden Vorwürfen neue Nahrung zu liefern (s. u.).

[211] Versuch einer solchen faßlichen Darstellung der Kantischen Philosophie, daß hieraus das Brauchbare und Wichtige derselben für die Welt einleuchten möge, 1. Heft, München 1802, XIII und XIV; vgl. XIII–XV.

[212] *J. B. Metz*, Zukunft aus dem Gedächtnis des Leidens. Eine gegenwärtige Gestalt der Verantwortung des Glaubens: Concilium 8 (1972) 402.

[213] Im folgenden geht es nicht um einen dogmengeschichtlichen Nachweis der Unvereinbarkeit, sondern um die Bewußtmachung einer Rezeptionsgeschichte.

[214] Beide Zitate in: Anweisung, die Evangelien mit Einsicht und Nutzen zu lesen, Münster 1789, 180; vgl. 180 f.

[215] Beide Zitate in: Von einigen Irrlichtern, welche noch immer einige Philosophen aufstecken, in: Vermischte Schriften, III, München ²1799, 101.

che Begrifflichkeit, den flachen Eudämonismus, die fehlende Berücksichtigung des Neuen Testaments. Schwerer und grundsätzlicher wiegt seine Diagnose, die Moraltheologie enthalte „bisher gewöhnlich" zum größten Teil ganz heterogene Bestandteile aus der positiven Gesetzgebung; deshalb habe „kein ordentlich wissenschaftliches Gebäude zu Stande kommen" können, „das inner den bestimmten Grenzen Einheit behaupten, und allgemeine Prinzipien aufweisen konnte"[216]. Bereits in der Wahl des Titels für sein Lehrbuch der Moral ist diese Polemik gegen die traditionelle Kasuistik nachhaltig zum Ausdruck gebracht, wie *C. Keller* überzeugend nachgewiesen hat[217].

Es ist für die Frage, ob sich *Auer* zu Recht auf *Mutschelle* berufen kann, von großer Wichtigkeit, zu wissen, daß *Mutschelle*s und verwandter Theologen Versuch, *Kant* für die Moraltheologie fruchtbar zu machen, nicht nur wissenschaftlichen Widerspruch fand, sondern unter Hinweis auf die Verderbnis von Sittlichkeit und Religion, die sich aus diesem Versuch notwendig ergeben müßten, zu Lebzeiten und später leidenschaftlich bekämpft wurde. Der Münchner Dogmatiker und Ethiker *B. Stattler* (1728–1797) etwa veröffentlichte seit 1788 eine Fülle von Streitschriften gegen *Kant*[218], zielte damit aber noch mehr gegen dessen theologische Rezipienten. Er beklagt, „daß [...] auch schon viele katholische Philosphen, sogar religiöse Lehrer in Klöstern, und auf katholischen Universitäten, mit so ausgezeichnetem Eifer für die so aller katholischen Denkart über Religion und Moral geradezu widersprechende kantische Philosophie sich beeifern"[219]. „Innigst" bedauert er „die jungen Schüler, welche durch solche Lehre [...] geradezu zum allerausgebreitetsten Skeptizismus, ja selbst zur vollen Gleichgültigkeit über alles, was zur Religion und Moral gehört, als die Unbedeutendsten aus allen Gegenständen unserer Kenntnis, dadurch angeführet werden"[220]. Nicht nur wird *Kant* einer „bis zur Unverschämtheit grenzenden Schreibfrechheit gegen die ganze christliche Religion"[221] geziehen, sondern wiederholt der „so

---

[216] Moraltheologie oder Theologische Moral, München 1801, 12 f. Vgl. ebd. 3. 12–17; Von einigen Irrlichtern, in: Vermischte Schriften, III, München ²1799, 102 f.
[217] *Keller* 1976, 159–165.
[218] Die erste ist: Anti-Kant, München 1788. – Zur Moraltheologie *Stattler*s s. *Scholz* 1957.
[219] Meine noch immer feste Überzeugung von dem vollen Ungrunde der Kantischen Philosophie, und von dem aus ihrer Aufnahme in christliche Schulen unfehlbar entstehenden äußersten Schaden für Moral und Religion gegen zween neue Verteidiger ihrer Gründlichkeit und Unschuld, Landshut 1794, 7. Vgl. ebd. 215; *ders.*, Wahres Verhältnis der kantischen Philosophie zur christlichen Religion und Moral nach dem nunmehr redlich getanenen Geständnisse selbst des Herrn Kants und seiner eifrigsten Anhänger, allen redlichen Christen zum reifen Bedacht vorgestellt, München o. J., 5. 75.
[220] Meine noch immer feste Überzeugung, Landshut 1794, 215. Vgl. Kurzer Entwurf der unausstehlichen Ungereimtheiten der Kantischen Philosophie, samt dem Seichtdenken so mancher gutmütigen Hochschätzer derselben. Hell aufgedecket für jeden gesunden Menschenverstand, und noch mehr für jede auch nur Anfänger im ordentlichen Selbstdenken, o. O. 1791, 69 f.
[221] Wahres Verhältnis der kantischen Philosophie, München o. J., 29. Vgl. 138.

offenbare Widerspruch dieser kantischen Philosophie gegen das ganze Christentum, und alle theoretische Beweise selbst aller natürlichen Religion"[222] konstatiert; der „Umsturz aller festen Gründe der Religion und Moral" müsse automatisch die Folge sein[223]. *Stattler* richtet deshalb an alle christlichen Regenten den eindringlichen Appell, „über die heimliche Machination, jener vorgeblichen Moralphilosophen zu wachen, welche stets gegen die Monarchie und den Staat die nämliche Gesinnung, wie gegen das Christentum, in ihrem bösen Herzen mit unveränderlicher Entschlossenheit zu führen pflegen"[224].

Nachdem er zum kurfürstlichen Zensurrat berufen war, konnte *Stattler* wirksamere Mittel gegen die wachsende Rezeption *Kant*s in der katholischen Theologie aufbieten: Sämtliche Schriften *Kant*s wurden für den Unterricht in Bayern verboten, ja den Münchner Buchhändlern wurde selbst ihr Verkauf untersagt. In gleicher Funktion verweigerte *Stattler Mutschelle* die Druckerlaubnis für den ersten Band der „Vermischten Schriften"[225]. *Mutschelle* selbst sah sich 1793 zum zweitenmal gezwungen, sein erfolgreich ausgeübtes Amt als Schulkommissar und Konsistorialrat aufzugeben und statt dessen eine kleine Pfarrei bei München zu übernehmen. Der Grund lag in jahrelangen Verdächtigungen als Freigeist, als Sympathisant der zeitgenössischen Philosophie und der unkirchlichen Gesinnung. Gegen die globale Verurteilung der Aufklärung seitens der Theologie setzte er sich ebenso energisch zur Wehr wie gegen die von *Stattler* behauptete Unvereinbarkeit der *Kant*ischen Philosophie mit dem Christentum.[226] Die Vorwürfe verfolgten ihn dennoch weiter, auch unabhängig von der Person *Stattler*s, der 1794 selbst in Konflikt mit der Kurie geriet und seinen Lehrstuhl aufgeben mußte. Sogar als 1799 das Verbot, die Schriften *Kant*s in den bayerischen Bildungsstätten zu benutzen, wieder aufgehoben wurde und *Mutschelle* als Professor für Moral berufen werden konnte, sah er sich wegen der fortgesetzten Denunziationen veranlaßt, bereits im folgenden Jahr mit der preußischen Regierung über den an

---

[222] Wahres Verhältnis der kantischen Philosophie, München o. J., 75 (syntaktisch angeglichen). Vgl. 15. 29 f. 75 f. 152 f; Kurzer Entwurf, o. O. 1791, 5; Meine noch immer feste Überzeugung, Landshut 1794, 7. 110. 117. 137 f. 110–175. 200.

[223] Meine noch immer feste Überzeugung, Landshut 1794, 110. Vgl. 134; Anhang zum Anti-Kant in Widerlegung der kantischen Grundlegung zur Metaphysik der Sitten, München 1788, Vorrede (ohne Seitenzählung). 332; Kurzer Entwurf, o. O. 1791, 3–5; Wahres Verhältnis der kantischen Philosophie, München o. J., 25 f. 28 f. 70. 152 f.

[224] Wahres Verhältnis der kantischen Philosophie, München o. J., 157. Ähnlich: Meine noch immer feste Überzeugung, Landshut 1794, 215.

[225] S. das Vorwort zur 2. Aufl. 1799, ohne Seitenzählung. Vgl. *Mutschelle,* Kritische Beyträge zur Metaphysik in einer Prüfung der Stattlerisch Antikantischen, Frankfurt 1795, XXX–XXXIV. 112.

[226] Über die Aufklärung. Eine Rede bei Austeilung der Schulpreise 1792, in: Vermischte Schriften, I, München ²1799, 1–30; Über Kantische Philosophie, in: ebd., 189–216; Kritische Beiträge zur Metaphysik in einer Prüfung der Stattlerisch Antikantischen, Frankfurt 1795; Von einigen Irrlichtern, welche noch immer einige Philosophen aufstecken. Warnung und Anweisung dagegen, in: Vermischte Schriften, III, München ²1799, 101–159.

ihn ergangenen ehrenvollen Ruf nach Königsberg zu verhandeln – nachweislich wider seinen innersten Wunsch; im Verlauf der Verhandlungen starb er.

Daß sich der Widerstand gegen diese Art autonomer Moral auch nicht mit persönlichen Animositäten erklären läßt, zeigen ähnliche Sanktionen gegen zeitgenössische Theologen, die ebenfalls *Kant* zur Basis ihrer Moraltheologie nahmen: *J. Weber* (1753–1831), *C. v. Weiller* (1762–1826), *J. Danzer* (1743–1796)[227], wahrscheinlich auch *J. Geishüttner* (1763–1805)[228]. Andere wie zum Beispiel *M. v. Schenkl* (1749–1816) entgingen dadurch den Pressionen, daß sie klug *Kant*s Namen verschwiegen oder nur gelegentlich nannten, jedenfalls nicht so, wie es der tatsächlichen und quellenkritisch nachweisbaren Abhängigkeit entspricht; demselben Zweck diente die Vermeidung von als kantianisch bekannten Begriffen.[229] Auch die den Kantianismus an ihren Universitäten begünstigenden Fürstbischöfe von Würzburg und Salzburg, *Franz Ludwig v. Erthal* und *Hieronymus v. Colloredo*, hatten sich deshalb gegen heftige Einsprüche zu wehren.[230]

Die Vorwürfe, die gegen die kantianischen Theologen erhoben werden, sind immer wieder die gleichen: Sie räumten der Vernunft zu großen Raum im theologischen Erkennen ein, berücksichtigten zu sehr die neue Philosophie, seien stark abhängig von protestantischen Autoren, mißachteten die Tradition, kümmerten sich nicht oder kaum um die kirchliche Glaubenslehre und (zum Teil) um das kirchliche Lehramt. „Pelagianismus", „Skeptizismus", Sozianianismus", „Jansenismus", „Indifferentismus" enthalten klischiert, aber um so wirksamer dieselben Vorwürfe.

Der Kampf gegen das *Kant*ische Autonomieprinzip gelangte schließlich mit den höchstlehramtlichen Verurteilungen der Lehren von *G. Hermes*[231] 1835 und *A. Günther*[232] 1857 auf seinen Höhepunkt. Zwar hat es zunächst den Anschein, als ob hier nur um erkenntnistheoretische und dogmatische Grundsätze gestritten wurde, doch ging es im Grunde – vor allem bei *Hermes* [233] –

---

[227] Nach *Pelemann* 1961, 24–33.
[228] Nach *Derungs* 1969, 43. Die Gründe, daß über Vermutungen nicht hinauszukommen ist, werden S. 35 f genannt.
[229] Nach *Schmeing* 1959, 45. 47. 61–98.
[230] Nach *Motsch* 1932, 25. 31–34 (aufschlußreich auch 41–51), und *Stelzenberger* 1937, 92.
[231] Breve ‚Dum acerbissimis' (DS 2738–2740); bestätigt durch die Enzyklika ‚Qui pluribus' von 1846 (DS 2775–2786). Das Erste Vatikanum nimmt in der Dogmatischen Konstitution ‚Dei Filius' dieses Urteil wieder auf und versucht eine positive Überwindung; bezüglich unseres Problems ist vor allem DS 3032 von Interesse. Man beachte auch Satz 3 des ‚Syllabus' von 1864 (DS 2903).
Zum Bezug *Hermes/Kant* vgl. auch: *Eschweiler* 1926, 81–130; *Thimm* 1939.
[232] Breve ‚Eximiam tuam' (DS 2828–2831). Auch in diesem Fall erfolgte eine Wiederaufnahme durch die o. g. Dogmatische Konstitution.
Zum Bezug *Günther/Kant* vgl. auch: *Melzer* 1882.
[233] Vgl. *G. Hermes*, Einleitung in die christkatholische Theologie, 1. Teil: Philosophische Einleitung, Münster ²1831, bes. §§ 41. 65. 59–73. 85. Die behauptete Zentrierung auf die Autonomie

um den Gedanken der Vernunftautonomie, um die Begründungsleistung der praktischen Vernunft für Übernatur und Offenbarung, um die Menschenwürde als obersten Zweck alles Geschehens.

Das negative Urteil über das moraltheologische Konzept autonomer Moral kann nun aber nicht als eine auf die Ablösung einer Epoche beschränkte Episode genommen werden; vielmehr hat es sich im Grundtenor bis in die jüngste Zeit hinein erhalten. Das läßt sich wiederum gut an *Mutschelle* aufzeigen. Die ‚Moraltheologie' von *F. Probst* zum Beispiel, eines der ersten neuscholastischen Lehrbuch-Autoren, spricht von den katholischen „Nachtretern Kants", die, „alles Selbstvertrauens bar und ledig [...] sich [...] zu Schleppträgern des stolzen Protestantismus [...] herabgewürdigt" hätten; *Danzer* und *Mutschelle* seien in dieser Richtung wohl am weitesten gegangen.[234] Ähnliche Einschätzungen begegnen in den historischen Abrissen der neuscholastischen Handbücher immer wieder. *J. Mausbach* wirft *Mutschelle* „eine Abschwächung des überlieferten Geistes der Theologie infolge des Eindringens des rationalistischen Zeitgeistes" vor[235]. Auch der Kirchengeschichtler *H. Brück*, später Bischof von Mainz, zählt in seiner angesehenen ‚Geschichte der katholischen Kirche in Deutschland im 19. Jahrhundert' *Mutschelle* zu den Theologen, „welche den Glauben ihrer Zuhörer erschütterten und geradezu untergruben"[236]; die von ihm als „unkatholisch, ja unchristlich" aufgezählten, vom damaligen Münchner Generalvikar als authentisch verbürgten Sätze *Mutschelle*s, auf die sich dieses Urteil stützt, betreffen auch *Mutschelle*s moraltheologischen Ansatz. Selbst *W. Hunscheidt*, der differenzierte Kenntnis und Sympathie für *Mutschelle* erkennen läßt, kommt in seiner Untersuchung zum Ergebnis, daß man, objektiv gesehen, „von der Unvereinbarkeit Kants und damit auch der Mutschelleschen Moral mit der kirchlichen Lehre sprechen muß"[237]. *W. Heinen* endlich – um noch ein Beispiel aus jüngerer Zeit zu nennen – reiht *Mutschelle* unter die Sittenlehrer ein, „die einer Überschätzung der ratio zum Opfer gefallen sind"[238]; seine Moraltheologie könne keinen theologischen Charakter beanspruchen, sondern sei „eine Moralphilosophie in christlicher Verbrämung"[239].

Angesichts dieses spannungsreichen Hintergrunds muß es als ein der histori-

---

der praktischen Vernunft bestätigt sich auch in der Tatsache, daß die zahlreichen Schüler von *Hermes* vornehmlich die ethischen Grundzüge aufgenommen und weiterentwickelt haben. Vgl. dazu: *Thimm* 1939; auch schon *Eschweiler* 1926, 99–104. 115–119. 297.

[234] *Probst* 1848, 118 bzw. 121. Vgl. 27 f. 118–122.
[235] Katholische Moraltheologie, Bd. I, Münster; zitiert nach der 7., von *P. Tischleder* neu bearbeiteten Auflage (1936), S. 19; der Wortlaut blieb auch in der Neubearbeitung von *G. Ermecke* (9.1959) erhalten (S. 54).
[236] *Brück* 1902, 364; vgl. 364 f. 406. 412.
[237] *Hunscheid* 1948, 158 u. ö.
[238] *Heinen* 1955, 67.
[239] Ebd. 28; vgl. 51. 67. 97. 190. 214. – Eine Ausnahme von derartigen Urteilen macht lediglich der Aufsatz von *Ludwig*: 1910.

schen Wirklichkeit wenig angemessener Euphemismus bezeichnet werden, wenn *A. Auer* schreibt: „Vielleicht war *S. Mutschelle*s theologische Potenz nicht stark genug, um den von *Kant* ausgehenden Impuls wirksam zum Tragen zu bringen."[240] Auch das gleichzeitige Erstarken der Neuscholastik, von dem im selben Abschnitt die Rede ist, erscheint in diesem Zusammenhang gleichsam als etwas Naturwüchsiges[241] oder allenfalls als ein dem Gesetz der Dialektik folgender Pendelschlag auf die Theologisierung der Tübinger Schule. Die rationalistischen Bestrebungen wurden aber nicht einfach als altmodisch abgestreift, genausowenig wie der Wandel zur Neuscholastik und deren spätere Verbindlichmachung nur auf tieferer Einsicht beruht.

9.2.5.3 Die legitimatorische Funktion dieser Rekurse:

Gewiß ehrt es *Auer*, daß er weder die vernichtenden Urteile der Zeitgenossen über die Aufklärungstheologie noch die sublimeren Abwertungen aus jüngerer Zeit wiederholt, sondern den Versuch unternimmt, diese neu zu würdigen. Trotzdem ist es unverzichtbar, den oben skizzierten historischen Kontext zu beachten. Wohl kann *Mutschelle*s Position gewürdigt, verteidigt, ja auch rehabilitiert werden. Aber darum geht es ja nicht in erster Linie. Es handelt sich auch nicht um ein Paradigma. Der Rekurs auf *Mutschelle* hat (wie derjenige auf *Thomas*) im Gesamtgedankengang *Auer*s die Funktion, zu legitimieren, und zwar — was im Rahmen der Moraltheorien *Kant*s wie *Mutschelle*s einigermaßen befremden dürfte – im Sinne des Traditionsarguments. Es soll aufgewiesen werden, daß die Position der autonomen Moral im christlichen Kontext eigentlich schon immer vertreten wurde, auch wenn durch die Bezeichnung „Modell" eine gewisse Verschiedenheit zugestanden ist. Mit Hilfe dieses Traditionsstücks kann man sich *sowohl* gegenüber der Neuzeit *als auch* gegenüber einer ganz abweichenden theologischen Tradition ausweisen. Der Rückgriff auf das geschichtliche Modell hat hier – um mit *H. Lübbe* zu sprechen – eine „gruppenspezifisch und institutionell wirksame, identitätsdefinierende Funktion"[242], und zwar hinsichtlich zweier ganz verschiedener Adressaten.

Der aufgezeigte Hintergrund und die Wirkungsgeschichte lassen dies im Fall *Mutschelle*s jedoch nicht ohne weiteres zu: Denn diesem und verwandten Modellen wurde die theologische Legitimität so gut wie immer bestritten; sie wurden an den Rand des theologischen und kirchlichen Bewußtseins oder sogar darüber hinaus gedrängt; ihre Wirkungsgeschichte ist abgebrochen; ein anderer Typ von Moraltheologie hat sich beziehungsweise wurde durchgesetzt. Man wird sich also nur dann auf *Mutschelle* und verwandte Autoren

---

[240] *Auer* 1977 a, 67.
[241] Ebd.: „[...] setze sich [...] eine mehr naturrechtlich-moralphilosophisch argumentierende Theologie durch. Allerdings hat sich dabei zugleich der Autoritäts- und Gehorsamsgedanke stärker in den Vordergrund geschoben."
[242] *Lübbe* 1973, 553.

im hier zur Debatte stehenden Zusammenhang berufen können, wenn man gleichzeitig die theologische Konzeption, die seine Position als unkatholisch brandmarkte und kämpferisch verdrängte, zumindest in den Konfliktpunkten für eine Fehlentwicklung erklärt.
Solche ausdrückliche Absetzung fehlt nicht nur, sondern wird nun indirekt über *Auer*s Theorie des kirchlichen Lehramts geradezu verhindert. Denn die materiale Sittlichkeit im Bereich des Weltethos fällt danach zwar in die originäre Kompetenz der Vernunft und subsidiär in die des kirchlichen Lehramts; der zurückliegenden Ausübung des Lehramts in dem, wofür es eigentlich (nach *Auer*) nur subsidiär kompetent ist, wird aber zugleich ausdrücklich „eine unbestreitbare geschichtliche Legitimität" zugesprochen. Zu dieser Ausübung zählen nun aber auch die Urteile und Sanktionen gegen das Autonomie-Prinzip. Man kann nicht – so muß eingewandt werden – *Mutschelle* samt der aufklärerisch-autonomen Moralkonzeption rehabilitieren und gleichzeitig den konkurrierenden, zu seiner Verurteilung führenden Kompetenzanspruch des Lehramts historisch für legitim erklären.
Endlich darf nicht übersehen werden, daß sich die Konzeption *Auer*s in ganz zentralen Punkten von derjenigen *Mutschelle*s unterscheidet (wie ja bereits *Mutschelle* in manchem faktisch von *Kant* abgerückt war). Es seien nur die Lehre von den Quellen der sittlichen Erkenntnis, der geschichtliche Charakter des Christentums, das Proprium, das Lehramt genannt. Die Kritik, die *Auer* hier selber vorträgt[243], ist schon so gewichtig, daß sie allein es schon fraglich macht, ob sich sein Konzept überhaupt auf *Mutschelle* berufen kann.

9.2.6 Zum Verhältnis des gegenwärtigen Konzepts autonomer Moral zur Geschichte der Moraltheologie

Sowohl begrifflich als auch sachlich erscheint die Rezeption des Autonomiebegriffs gleichermaßen problematisch. Denn gleich, ob man ihn rein analytisch nimmt oder aber historisch, beidemale steht man vor der Schwierigkeit, plausibel erklären zu müssen, daß einerseits die offizielle moraltheologische Tradition bis etwa zum Zweiten Vatikanum ihn nicht verwendet hat, um mit seiner Hilfe ihr Selbstverständnis zu formulieren, und daß man anderseits, obwohl der Begriff vorhanden war, in ihm gerade das entscheidende Merkmal der Kontraposition bekämpft hat. Bereits in der Wahl des programmatischen Begriffs „Autonomie" wird derselbe Zwiespalt offenkundig, der bereits anläßlich der Kritik der Fragestellung aufgezeigt wurde: Wiewohl für analytisch definiert im Sinne einer völligen Eigenständigkeit der Ethik im Bereich materialer Normativität, kommt dem Begriff „Autonomie" tatsächlich eine gewichtige, die ganze neuzeitliche (sich außerhalb der Theologie ab-

---

[243] *Auer* 1971, 135 f.

spielende) Philosophiegeschichte zu Hilfe nehmende Rechtfertigungsfunktion zu. Denn es ist doch das Ziel dieses moraltheologischen Neuentwurfs, die Krise der Moral zu bewältigen beziehungsweise die weitgehend verlorene Kommunikation wiederherzustellen, und man glaubt dieses Ziel durch die volle Anerkennung des Zustandes der modernen Säkularität erreichen zu können, womit dann aber implizit auch der dazu führende Prozeß rehabilitiert ist.

Historisch stehen dieser Rezeption aber genauso die exponierteren Streitfälle im Zusammenhang mit den in dieser Arbeit untersuchten Modellen philosophisch-autonomer Ethiken[244] im Wege wie die lange Liste jener moraltheologischen Entwürfe, die Elemente autonomer Ethiken rezipierten und deshalb kirchlich gemaßregelt oder mit Sanktionen belegt wurden. Angesichts derartiger Fakten setzt sich die theologisch-autonome Moral dem Verdacht ihrer religiös und kirchlich abständigen oder gar ablehnend eingestellten Adressaten aus, sie argumentiere auf der Grundlage einer „Eigentlichkeits-Identität"[245], die den Gegner von einst plötzlich in die Reihe der Vorgänger „adoptieren" könne.

Das zeigt sich übrigens in ganz bezeichnender Weise bereits im „Verhalten" der Moraltheologie zum Autonomie-Begriff. Denn mit seiner Rezeption in die Philosophie ging eben keine Rezeption in die Theologie parallel. Sucht man schon bei den Kirchenvätern, bei *Thomas von Aquin* und anderen mittelalterlichen Theologen, bei den spanischen Barockscholastikern, bei *Alphons von Liguori* vergebens nach diesem Begriff oder Synonyma, so trifft man ihn auch in der Folgezeit nicht an. Er begegnet in der katholischen Theologie erstmals (dem Begriff nach zwar noch selten, aber eindeutig der Sache nach) bei jenen Ethikern, die versuchen, Gedanken von *Kant* und *Fichte* in ihre Theorie zu integrieren. Ihre Versuche blieben allerdings eine vorübergehende Erscheinung, die sich – aufs ganze gesehen — nicht durchsetzen konnte, wovon bereits oben die Rede war. Wirkungsgeschichtlich relevant wurde dieser Versuch jedoch zunächst dadurch, daß sich ihre Gegner, später auch kirchliche Autoritäten, des Gedankens und auch des Begriffs „Autonomie" bedienten, um eine dem Christentum und dem katholischen Glauben höchst gefährliche und ihnen sogar gänzlich widersprechende Position zu kennzeichnen. Bereits 1788 sagt *B. Stattler* in seiner großangelegten Kampagne gegen das Eindringen der *Kant*ischen Philosophie in die Theologie, es sei „eine bloße sich widersprechende Erdichtung des Hr. *Kant*, daß Autonomie der Grund der Würde der vernünftigen Natur, oder der sittlich guten Handlungen sei; und Autonomie ist in der wahren Moral bloß ein leeres

---

[244] S. *Descartes'* Furcht vor der Inquisition, *Lessing*s Streit mit *Goeze*, die Maßregelung *Kant*s durch das königliche Religionsedikt, der Atheismusstreit um *Fichte*, die Verhinderung einer Professur für *Feuerbach*.

[245] Mit diesem Ausdruck versuche ich polemisch den Einwand vom Typ: „Eigentlich haben wir das auch immer schon gemeint, wenn wir davon sprachen..." zu fassen.

Wort, oder dialektisches Blendwerk".[246] In der Folgezeit wird man noch deutlicher: „Das Sittengesetz ist [...] *Theonomie*, im Gegensatz von *Autonomie*. – Autonomie, in dem Sinn, der Mensch sei sich selbst Gesetzgeber und sein Eigenwille die höchste und einzige Norm seiner Tätigkeit, ist darum das Prinzip der gottlosen Sittlichkeit", heißt es bei dem bereits erwähnten *F. Probst*[247]. Bis in die jüngste Zeit hinein finden sich dann Sätze wie: „Von der Tugend des Gehorsams kann überhaupt in der autonomen Moral keine Rede mehr sein. Daraus sieht man, in welch schroffem Gegensatz die Ethik Kants zur Lehre des Christentums steht und wie er notwendig zur Leugnung jeder wahren Religion gedrängt wird."[248] Oder: Es ist „ganz unmöglich, unter Voraussetzung der Autonomie eine wahre Autorität, ein wahres Recht, andere im Gewissen zu verpflichten, zu stande zu bringen, und deshalb ist diese Autonomie ein revolutionäres, anarchistisches Prinzip im schlimmsten Sinne des Wortes, und ich glaube, man täte besser, statt von sittlicher, von unsittlicher Autonomie zu reden. Die vermeintliche Autonomie ist nur das personifizierte ‚Non serviam' im Mantel der Wissenschaft."[249] Bei *Mausbach-Ermecke* heißt es, durch den Grundsatz der Autonomie werde „tatsächlich *der Begriff des unbedingten Sollens* herabgezogen und entlarvt; denn im wahrhaft sittlichen Sollen wissen wir uns abhängig von einem höchsten, gebietenden Willen und hingeordnet auf ein unendlich wertvolles, übermenschliches Gut"[250]. Endlich spricht noch *B. Häring* von dem „verwerflichen Versuch der autonomen Moral und des neuheidnischen Humanismus, diesen Bereich [sc.: der Sittlichkeit] überhaupt total von der Religion abzutrennen und ganz aus sich allein zu verstehen"[251]. Es ist offenkundig, daß hier nicht nur ein konkurrierendes Programm irgendwie benannt werden soll, sondern daß die Verwendung des Autonomiebegriffs so etwas wie Illegitimität und Glaubensschwund ausdrücken will. Immerhin ist der Gebrauch des Begriffs mit dem der Gegenseite so konsistent, daß derselbe Vorgang gemeint ist, lediglich die Bewertung ist entgegengesetzt.

Heute begegnet „Autonomie" im allgemeinen Sprachgebrauch recht häufig; es ist eines der Leitwörter, in dem sich das Selbstverständnis „des" modernen Menschen, gerade auch des intellektuellen, niederschlägt[252]. Es beinhaltet aber nicht nur Kognitives, sondern hat auch eine starke affektive Kompo-

---

[246] Anhang zum Anti-Kant in einer Widerlegung der Kantischen Grundlegung zur Metaphysik der Sitten, München 1788, 161 (im Original fettgedruckt). Vgl. ders., Kurzer Entwurf der unausstehlichen Ungereimtheiten der Kantischen Philosophie, o. O. 1791, 20 f.
[247] *Probst* 1848, 23 f. Aus dem Zusammenhang (S. 22–30. 31) ist eindeutig ersichtlich, daß *Kant* und seine „theologischen Nachtreter" gemeint sind, was auch an anderer Stelle sehr deutlich wird (S. 120 f).
[248] *Cathrein* 1911, 397; vgl. 397–402.
[249] *Cathrein* 1900, hier: 137. – Beide Stellen sind mit ausdrücklichem Bezug auf *Kant* gesagt!
[250] *Mausbach* 1959, 88; vgl. 8. 88–90. 105 f. 328 f.
[251] *Häring* 1963, 137.
[252] Als Beispiel vgl. etwa *Adorno* 1971, 133–147.

nente: es löst Bestätigung, Zustimmung aus, gilt als etwas Positives. Mag es an den Rändern unscharf sein, so besagt oder assoziiert es – jedenfalls in ethischen und pädagogischen Zusammenhängen – Freiheit von Repressionen, die als nichteinsichtig erscheinen und der allgemeinen gesellschaftlichen Realität (im weitesten Sinn) zuwiderlaufen und von denen man rudimentär weiß oder auch bloß vermutet, daß sie „nur" theologisch begründet waren (zum Beispiel Gehorsam, Verzicht, Anpassung, Leistung); dieses rudimentäre Wissen schließt aber zugleich Zustimmung zu dem Faktum ein, daß „man" als moderner Mensch dem Zugriff mittelalterlicher, kirchlicher oder als naturhaft ausgegebener Zwänge entzogen ist. So wie der Begriff sowohl in der Umgangssprache als auch in den Geisteswissenschaften verwendet wird, setzt er also ganz offensichtlich die in Kapitel 2–8 bearbeitete Tradition fort. Bei der positiven Konnotation, von der oben die Rede war, spielt möglicherweise die Analogisierung des neuzeitlichen Ablöseprozesses mit der individualgeschichtlichen Sozialisation eine verstärkende Rolle.

Über *den* Sachverhalt sollte man sich deshalb im klaren sein: Wenn man von theologischer Seite her das Gespräch mit der „Welt" sucht und hierbei der Begriff „Autonomie" – und zwar positiv – gebraucht wird, spricht man nicht in einen leeren Raum, sondern nimmt de facto einen Begriff auf, der im Leser beziehungsweise Hörer positiv besetzt ist. Daß man dies wohl kaum nur aus taktischer Absicht tut, spielt dabei zunächst keine Rolle. Der Begriff ist im gegenwärtigen Verständnis kein deskriptiv-neutraler, und eben darum ist es auch nicht möglich, gleichsam durch eine Anstrengung der Naivität die begriffliche Unschuld zurückzugewinnen. Darauf läuft aber sowohl *D. Mieth*s Schelte hinaus, die Kritiker der theologisch-autonomen Moral erfaßten das Wort „Autonomie" als Reizwort und nähmen es nicht in seinem (sc.: eigentlichen oder etymologischen) Inhalt[253], als auch *A. Auer*s Erstaunen darüber, daß bei Darstellungen der Geschichte des Autonomiebegriffs nie auf die bekannte Stelle Röm 2, 14 eingegangen werde[254]. Man müßte auf letzteres antworten: Weil sie eben für die Bildung des Begriffs und für seine Verwendungen keine prägende Rolle gespielt hat; begriffs-(nicht wirkungs-)geschichtlich blieb diese Stelle irrelevant. Theologie kann aber nicht einfach eine in sich geschlossene Sondersprache ausbilden, in der sogar Begriffe, die auch in der sonstigen gegenwärtigen Umgangs- und Wissenschaftssprache vorkommen, begegnen, aber mit anderer Bedeutung verwendet werden.[255] Setzt man sich über dieses Bedenken hinweg, so wird etwa der Begriff „Autonomie" doppelbödig: denn durch ihn wird etwas „angetippt", dann

---

[253] *Mieth* 1976, 33.
[254] *Auer* 1977 a, 66. 74.
[255] Zu der damit angesprochenen Problematik finden sich wertvolle Anstöße bei *Zirker* 1972, bes. 56–100, und *Sauter – Stock* 1976, bes. 135–150.

aber durch die im Verlauf der Theoriebildung neu eingeführte Unterscheidung zwischen „Autonomie" und „Autonomismus" nachträglich doch wieder ein Vorbehalt gegen das „Angetippte" signalisiert.[256]

---

[256] Ähnliche Vorbehalte formuliert *Stoeckle* 1977, 315 f.

Nachwort

„Autonomie" ist weniger ein analytischer Begriff denn ein Theorem. Aus der historischen, bis zur Selbstdestruktion bei *Nietzsche* fortschreitenden Entwicklung dieses Theorems erwächst für jede heutige Ethik, für die theologische Ethik aber ganz besonders, die Schwierigkeit, daß sie nicht mehr unbesehen auf jene Denkstrukturen zurückgreifen kann, die ihr in einer langen und großen Tradition als selbstverständliche Grundlage galten. *H. R. Schlette* charakterisiert diese Situation treffend, wenn er von der „Unmöglichkeit" spricht, „Ethik von Metaphysik her zu begründen oder zu verwerfen sowie inhaltlich zu fixieren"[1] – ganz unabhängig davon, ob man metaphysisches Philosophieren bejaht, verneint oder (wie *Schlette*) als Aporetik beibehält. Der Versuch, die grundlegenden Theorieelemente durch ausgewählte Erkenntnisse moderner Wissenschaften material „aufzufüllen", scheint hier ebenfalls nicht das Problem aus der Welt zu schaffen. So hatte sich beispielsweise im Abschnitt über die Vergleichende Ethologie gezeigt, daß die biologischen Daten zu plastisch und anpassungsfähig sind, um für den menschlichen Anteil an der Konstituierung der Wirklichkeit normative Bestimmungen abgeben zu können. Zwar begrenzen die biologischen Gegebenheiten die absolute Menge der Möglichkeiten, doch ist der verbleibende „Rest" noch immer so groß, daß es der Vergleichenden Völkerkunde bisher nicht gelungen ist, über das Inzesttabu hinaus in allen Kulturen in gleicher Weise geltende Normen auszumachen, obschon stets normative Regelungen für dieselben Bereiche (zum Beispiel Schutz von Leben, Sexualität, Generationenverhältnis, Eigentum) bestehen.

Anderseits wäre das Verstummen der Ethik überaus prekär: Denn zum einen muß laufend gehandelt werden, und dies oft genug auch so, daß unterschiedliche Handlungsansprüche zusammenstoßen und – soll das Handeln nicht dem Zufall überantwortet werden – nach Orientierung verlangen. Zum anderen ist in den hochentwickelten Gesellschaften die Tendenz zu beobach-

---

[1] *Schlette* 1969, 339; vgl. 338: „Jegliche Ethik ist mitbetroffen von dem Streit um die Möglichkeit der Metaphysik." – Ähnlich auch: *Schulz* 1972, 631: „Die Möglichkeit, die Ethik von einer Metaphysik der ontologischen Seinsstrukturen, die dem Menschen vorgegeben sind, her zu fundieren, ist für uns ebenso irreal wie die Möglichkeit, eine praktische Philosophie zu etablieren, deren Sinn es ist, das allgemeine sittliche Bewußtsein des Tunlichen zum Ausdruck zu bringen." (Vgl. ebd. 642. 700. 742.) Vgl. auch die Grundthese von: *Weischedel* 1976, z. B. 36 f. 43–45. 78 f. 106 f.

ten, sämtliche Lebensfragen ausnahmslos als technologische Probleme zu behandeln und sie dementsprechend zunehmend totaler verwalten zu lassen.

Eine theologische Ethik, die ihre zwei Bezugspunkte: Gott und die Menschen, ernst nimmt, muß sich beidem verpflichtet wissen: Weder kann sie das positive Grundanliegen der neuzeitlichen Freiheitsgeschichte auf der Seite liegen lassen noch die Orientierungshilfe verweigern. Sie unterzieht sich dieser doppelten Aufgabe im Wissen, daß Wirklichkeit zwar schon je vermittelte und von Menschen gestaltete ist, daß aber gleichsam der Vorrat an Wirklichkeit stets größer ist als das, was von irgendeinem individuellen oder gesellschaftlichen Bewußtsein verfügt wird. Weil das Ganze für sie weder ein stets gleichbleibender Naturkosmos oder ein zirkelhaftes „Immer-wieder", noch auch etwas naturgesetzlich Verlaufendes ist, sondern eine im Zusammenspiel von menschlicher und göttlicher Freiheit geschehende Geschichte, weiß sie sich verpflichtet zur Erhaltung und Verteidigung des Raumes der Freiheit für den einzelnen, und zwar einer solchen, die im Kontext der heutigen Gesellschaft mit all ihren vielfachen Interdependenzen wahrheits- und realisationsfähig ist. Sie kann den einzelnen in seiner Einzigartigkeit ernst nehmen. Praxisrelevanz endet für sie nicht schon dort, wo sich die funktionale Effizienz erschöpft. Theologische Ethik tritt dafür ein, daß das Wissen um die Endlichkeit, Vorläufigkeit, Gefährdetheit des einzelnen und menschlicher Gemeinschaft durch seinesgleichen (Schuld) nicht aus dem gesellschaftlichen Bewußtsein verdrängt werden; sie verhindert dadurch die ideologische Totalisierung der Machbarkeit. Sie nimmt Abschied von der Gestalt einer bloßen Befehlsmoral, weil sie darauf vertrauen kann, daß durch die geschenkhafte geschichtliche Offenbarungstat Gottes das Apriori einer Gewalt[2] abbauenden, kommunikativ verfahrenden Gemeinschaft in Gang gekommen ist.[3] Und sie weiß – und das hat sie allen philosophischen Ethiken voraus –, daß unter diesem Gesichtswinkel Kirche ein Ort der Wahrheit für menschliches Leben ist und sein kann. Gerade von dieser kommunikativen Struktur her aber muß sie sich mit der Tradition der Neuzeit, sie sich von ihr wegentwickelt hat, auseinandersetzen und nach den Ursachen dieser Entfremdung suchen. Eine Reihe dringlicher Probleme, die aufzuarbeiten das Ethos der Theologischen Ethik von daher erfordert, wurden in Kapitel 8 genannt; weitere (nur scheinbar näherliegende) betreffen die Frage der natura humana, das Universalienproblem im Hinblick auf Handlungen, die Refle-

---

[2] Dabei meint „Gewalt" jede „Einwirkung auf Handelnde [, die] deren Einheit mit sich selbst, die Einheit ihres Wollens zerreißt" – gleich ob es sich um physischen Zwang, Formen der Überredung oder um ideologische Indoktrination handelt. (Zum Gewalt-Verständnis s. *Spaemann* 1972, hier 220.)
[3] Hierin liegt eine echte Begründungsfunktion, die sich von der herkömmlichen im Sinn philosophischer Evidenz unterscheidet.

xion auf die Sprache unter dem Aspekt der Handlung, die Ideologiekritik und endlich eine neue Methodologie.
Ob das derzeitige moraltheologische Konzept der Autonomie das zu leisten vermag, ist meines Erachtens zweifelhaft. Zwar ist ihm deutlich bewußt, daß „Autonomie" ein Bestandteil der neuzeitlich-modernen Bewußtseinsgeschichte ist. Aber es scheint mir in einem zu fasziniert vom Pathos, das diesem Begriff anhaftet, und doch gleichzeitig wieder zu apologetisch, um die darin enthaltenen Herausforderungen in ihrer ganzen Tragweite wahrzunehmen. So unterzieht es sich nicht der entscheidenden (zugegebenermaßen sehr schwierigen, aber gerade von der neuzeitlichen Bewußtseinsgeschichte her unverzichtbaren!) Frage, was denn Wirklichkeit sei und wie der heutige Mensch zu ihr gelange. Deshalb werden gerade jene (in Kapitel 8 aufgezählten) Punkte in hohem Maß vernachlässigt, die dem neuzeitlichen Autonomisierungsprozeß zugrunde liegen. Nur wenn aber diese Fragen aufgearbeitet werden, kann der „Überschuß" des Christentums kritisch zur Geltung gebracht werden. Vom historischen Typ her könnte man die theologisch-autonome Moral am ehesten dem rationalen Naturrecht vorkantischer Art zurechnen. Mit ihren Vorgängern ist ihr nämlich die Struktur gemeinsam, was allerdings keineswegs ausschließt, daß sie gleichzeitig Neues enthält, das eine Würdigung unbedingt verdient und dem die Moraltheologie heute auf jeden Fall und jenseits aller Kontroversen um einen leistungsfähigen Ansatz verpflichtet ist. Es sind dies an erster Stelle die Forderung nach Kommunikabilität, die Akzentuierung der Praxis, der Einbezug der Humanwissenschaften sowie die Betonung der freien menschlichen Person.
Vorliegende Arbeit entwickelt selbst noch keine Alternativtheorie, aber sie beansprucht, ein Prolegomenon dafür zu liefern.

Literatur

Vorbemerkung: Dieses Literaturverzeichnis ist keine Bibliographie im strengen Sinn, sondern enthält die für diese Schrift bearbeitete Literatur; nicht aufgenommen sind im wesentlichen nur die auf den Seiten 27–29, 100–105 genannten Angaben. – Die Titel sind alphabetisch nach den Namen der Verfasser geordnet, mehrere Titel ein und desselben Verfassers hingegen chronologisch nach dem Erscheinungstermin der letzten Auflage. Eine Trennung nach Quellen und Sekundärliteratur hätte ebenso unvermeidlich Mehrfachnennungen nach sich gezogen wie eine Gruppierung nach Kapiteln.

Ackermann, Otto (1939): Kant im Urteil Nietzsches, Tübingen 1939 (= Heidelberger Abhandlungen zur Philosophie und ihrer Geschichte 30)
Adam, Charles (1910): Vie et Œuvres de Descartes. Étude historique, Paris 1910 (= Œuvres de Descartes, hrsg. Adam – P. Tannery, Paris 1897–1913, Bd. XII)
Adorno, Theodor W. – Albert, Hans – Dahrendorf, Paul – Habermas, Jürgen – Pilot, Harald – Popper, Karl R.: Der Positivismusstreit in der deutschen Soziologie, Neuwied/Berlin 1969 (=Soziologische Texte 58)
Adorno, Theodor W.: Negative Dialektik, Frankfurt 1966
–, Vernunft und Offenbarung, in: Stichworte. Kritische Modelle II, Frankfurt 1969, 20–28
–, Marginalien zu Theorie und Praxis, in: Stichworte. Kritische Modelle II, Frankfurt 1969, 169–191
–, Minima Moralia. Reflexionen aus dem beschädigten Leben, Frankfurt 1970
–, (1971): Erziehung zur Mündigkeit, in: Erziehung zur Mündigkeit. Vorträge und Gespräche mit H. Becker 1959–1969, hrsg. G. Kadelbach, Frankfurt 1971, 133–147
Albert, Hans: Theodor Geigers „Wertnihilismus". Kritische Bemerkungen zu B. Rehfeldts Kritik, in: Kölner Zeitschrift für Soziologie und Sozialpsychologie NF 7 (1955) 93–100
–, Ethik und Meta-Ethik. Das Dilemma der analytischen Moralphilosophie, in: Archiv für Philosophie 11/12 (1961–1964) 28–63
–, Traktat über Kritische Vernunft, Tübingen ²1969 (= Die Einheit der Gesellschaftswissenschaften 9)
–, Erkenntnis und Recht. Die Jurisprudenz im Lichte des Kritizismus, in: H. Albert – N. Luhmann – W. Maihofer – O. Weinberger (Hrsg.), Rechtstheorie als Grundlagenwissenschaft der Rechtswissenschaft, Düsseldorf 1972 (= Jahrbuch für Rechtssoziologie und Rechtstheorie 2), 80–96

Albert, Hans – Topitsch, Ernst (Hrsg.): Werturteilsstreit, Darmstadt 1971 (=Wege der Forschung 175)
Altizer, Thomas J. J.: Word and History, in: Th. Altizer – W. Hamilton, Radical Theology and the Death of God, Indianapolis/New York/Kansas City 1966
–, The Gospel of Christian Atheism, London 1967
Archangelski, L. M. (1965): Kategorien der marxistischen Ethik. Übers. E. Salewski, Berlin 1965
Auer, Alfons (1969 a): Die Erfahrung der Geschichtlichkeit und die Krise der Moral, in: Theologische Quartalschrift 149 (1969) 4–22
–, (1969 b): Nach dem Erscheinen der Enzyklika „Humanae Vitae" – Zehn Thesen über die Findung sittlicher Weisungen, in: Theologische Quartalschrift 149 (1969) 75–85
–, (1971): Autonome Moral und christlicher Glaube, Düsseldorf 1971
–, (1972 a): Interiorisierung der Transzendenz. Zum Problem Identität oder Reziprozität von Heilsethos und Weltethos, in: J. Gründel – F. Rauh – V. Eid (Hrsg.), Humanum. Moraltheologie im Dienst des Menschen, Düsseldorf 1972, 47–65
–, (1972 b): Die normative Kraft des Faktischen. Zur Begegnung von Ethik und Sozialempirie, in: M. Seckler – O. H. Pesch – J. Brosseder – W. Pannenberg (Hrsg.), Begegnung. Beiträge zu einer Hermeneutik des Gesprächs, Graz/Wien/Köln 1972, 615–632
–, (1973): Die Aktualität der sittlichen Botschaft Jesu, in: A. Paus (Hrsg.), Die Frage nach Jesus, Graz/Wien/Köln 1973, 271–363
–, (1975 a): Ein Modell theologisch-ethischer Argumentation: „Autonome Moral", in: A. Auer – A. Biesinger – H. Gutschera (Hrsg.), Moralerziehung im Religionsunterricht, Freiburg/Basel/Wien 1975, 27–57
–, (1975 b): Die ethische Relevanz der Botschaft Jesu, in: A. Auer – A. Biesinger – H. Gutschera (Hrsg.), Moralerziehung im Religionsunterricht, Freiburg/Basel/Wien 1975, 58–90
–, (1975 c): Ist die Sünde eine Beleidigung Gottes? Überlegungen zur theologischen Dimension der Sünde, in: Theologische Quartalschrift 155 (1975) 53–68
–, (1976 a): Tendenzen heutiger theologischer Ethik, in: G. Bitter – G. Miller (Hrsg.), Konturen heutiger Theologie. Werkstattberichte, München 1976, 308–325
–, (1976 b): Der Dekalog – Modell der Sittlichkeit heute?, in: W. Sandfuchs (Hrsg.), Die 10 Gebote. Elf Beiträge zu den Zehn Geboten, Würzburg 1976, 147–164
–, (1977 a): Autonome Moral und christlicher Glaube, in: Katechetische Blätter 102 (1977) 60–76
–, (1977 b): Die Autonomie des Sittlichen nach Thomas von Aquin, in: K. Demmer – B. Schüller (Hrsg.), Christlich glauben und handeln. Fragen einer fundamentalen Moraltheologie in der Diskussion, Düsseldorf 1977, 31–54
Austin, John Langshaw: How to do Things with Words. The William James Lectures delivered at Harvard University in 1955, Cambridge/Massachusetts ²1963
Ayer, Alfred Jules: Language, Truth and Logic, London ¹²1956 (= ²1946)
Bacon, Francis: Essays or Counsels Civil and Moral, in: The Works of F. Bacon of Verulam, hrsg. J. Spedding – R. L. Ellis – D. D. Heath, Stuttgart/Bad Cannstatt 1963 (= Faksimile-Neudruck der Ausgabe London 1857–1874), Bd. VI, 365–604
Balkenohl, Manfred (1976): Der Antitheismus Nietzsches. Fragen und Suchen nach Gott. Eine sozialanthropologische Untersuchung, München/Paderborn/Wien 1976 (= Abhandlungen zur Sozialethik 12)
Balthasar, Hans Urs von (1975): Neun Sätze zur christlichen Ethik, in: J. Ratzinger (Hrsg.), Prinzipien Christlicher Moral, Einsiedeln ²1975, 67–93

Barth, Hans (1974): Wahrheit und Ideologie, Frankfurt 1974
Barth, Karl (1928): Ludwig Feuerbach, in: Die Theologie und die Kirche. Gesammelte Vorträge, Bd. II, München 1928, 212–239
Baruzzi, Arno (1973): Art. Autorität, in: Handbuch Philosophischer Grundbegriffe, hrsg. H. Krings – H. M. Baumgartner – C. Wild, München 1973–1974, Bd. I, 171–179
Bauer, Heinrich (1971): Moral und Gesellschaft. Soziologische Vorbemerkungen zu der Frage nach Grund und Geltung der Moral, in: Religionsunterricht an Höheren Schulen 14 (1971) 47–57
Baumgartner, Hans M. (1963/64): Transzendentales Denken und Atheismus. Der Atheismusstreit um Fichte, in: Hochland 56 (1963/64) 40–48
–, (1965/66): Über das Gottesverständnis der Transzendentalphilosophie. Bemerkungen zum Atheismusstreit 1798/99, in: Philosophisches Jahrbuch 73 (1965/66) 303–321
–, (1974): Art. Wissenschaft, in: Handbuch Philosophischer Grundbegriffe, hrsg. H. Krings – H. M. Baumgartner – C. Wild, München 1973–1974, Bd. III, 1740–1764
Bayle, Pierre: Pensées diverses écrites à un Docteur de Sorbonne à l'occassion de la Comète qui parut au mois de Décembre M. DC. LXXX, 6. ed., in: Œuvres diverses de P. Bayle, Reprograf. Nachdruck, Hildesheim 1966 (= Den Haag 1727–31), Bd. III
Beck, Lewis White (1974): Kants „Kritik der praktischen Vernunft". Ein Kommentar (Orig.: A Commentary on Kant's Critique of practical reason, Chicago [2]1961). Übers. K.-H. Ilting, München 1974 (= Kritische Infomation 19)
Becker, Aloys (1971): Arthur Schopenhauer – Sigmund Freud. Historische und charakterologische Grundlagen ihrer gemeinsamen Denkstrukturen, in: 52. Schopenhauer – Jahrbuch (1971) 114–156
Berger, Peter L. – Luckmann, Thomas: Die Gesellschaftliche Konstruktion der Wirklichkeit. Eine Theorie der Wissenssoziologie [Orig.: The Social Construction of Reality, New York 1966]. Übers. M. Plessner, Frankfurt 1969 (= Conditio humana)
–, Zur Dialektik von Religion und Gesellschaft. Elemente einer soziologischen Theorie [Orig.: The Sacred Canopy. Elements of a Sociological Theory of Religion, New York 1967]. Übers. M. Plessner, Frankfurt 1973 (= Conditio humana)
–, Auf den Spuren der Engel. Die moderne Gesellschaft und die Wiederentdeckung der Transzendenz [Orig.: A Rumor of Angels. Modern Society and the Rediscovery of the Supernatural, New York 1969]. Übers. M. Plessner, Frankfurt 1972
–, Soziologische Betrachtungen über die Zukunft der Religion. Zum gegenwärtigen Stand der Säkularisierungsdebatte, in: O. Schatz (Hrsg.), Hat die Religion Zukunft?, Graz 1971, 49–68
Biser, Eugen (1972): „Gott ist tot". Nietzsches Destruktion des christlichen Bewußtseins, München 1962
Bishop, Jourdain (1968): Die „Gott-ist-tot"-Theologie [Orig.: Les Théologiens de la ‚mort de Dieu', Paris 1967], Düsseldorf 1968
Blank, Josef (1971): Zum Problem ethischer Normen im Neuen Testament, in: Herausforderung und Kritik der Moraltheologie, hrsg. G. Teichtweier – W. Dreier, Würzburg 1971, 172–183
Bloch, Ernst (1975): Naturrecht und menschliche Würde, Fankfurt [2]1975
Blühdorn, Jürgen – Ritter, Joachim (Hrsg.) (1970): Recht und Ethik. Zum Problem ihrer Beziehung im 19. Jahrhundert, Frankfurt 1970 (= Studien zur Philosophie und Literatur des 19. Jhs. 9)

Blumenberg, Hans (1957 a): Kosmos und System. Aus der Genesis der kopernikanischen Welt, in: Studium Generale 10 (1957) 61–80
–, (1957 b): „Nachahmung der Natur". Zur Vorgeschichte der Idee des schöpferischen Menschen, in: Studium Generale 10 (1957) 266–283
–, (1957 c): Art. Autonomie und Theonomie, in: RGG³ I, 788–792
–, (1960): Paradigmen zu einer Metaphorologie, in: Archiv für Begriffsgeschichte 6 (1960) 7–142. 301–305
–, (1966): Die Legitimität der Neuzeit, Frankfurt 1966

Bockmühl, Klaus E. (1961): Leiblichkeit und Gesellschaft. Studien zur Religionskritik und Anthropologie im Frühwerk von L. Feuerbach und K. Marx, Göttingen 1961 (= Forschungen zur Systematischen Theologie und Religionsphilosophie 7)

Böckle, Franz (1965): Gesetz und Gewissen. Grundfragen theologischer Ethik in ökumenischer Sicht, Luzern/Stuttgart 1965 (= Begegnung 9)
–, (1967): Was ist das Proprium einer christlichen Ethik?, in: Zeitschrift für Evangelische Ethik 11 (1967) 148–158
–, (1972 a): Theonome Autonomie. Zur Aufgabenstellung einer fundamentalen Moraltheologie, in: J. Gründel – F. Rauh – V. Eid (Hrsg.), Humanum. Moraltheologie im Dienst des Menschen, Düsseldorf 1972, 17–46
–, (1972 b): Theonomie und Autonomie der Vernunft, in: W. Oelmüller (Hrsg.), Fortschritt wohin? Zum Problem der Normenfindung in der pluralen Gesellschaft, Düsseldorf 1972, 63–86
–, (1972 c): Heutige Legitimität einer theologischen Materialethik, in: A. Müller – S. H. Pfürtner – B. Schnyder (Hrsg.), Natur und Naturrecht. Ein interfakultäres Gespräch, Köln 1972, 304–318
–, (1973 a): Natürliches Gesetz als göttliches Gesetz in der Moraltheologie, in: F. Böckle – E.-W. Böckenförde (Hrsg.), Naturrecht in der Kritik, Mainz 1973, 165–188
–, (1973 b): Wiederkehr oder Ende des Naturrechts?, in: F. Böckle – E. W. Böckenförde (Hrsg.), Naturrecht in der Kritik, Mainz 1973, 304–311
–, (1973 c): Unfehlbare Normen?, in: H. Küng (Hrsg.), Fehlbar? Eine Bilanz, Zürich/Einsiedeln/Köln 1973, 280–304
–, (1976): Glaube und Handeln, in: J. Feiner – M. Löhrer (Hrsg.), Mysterium Salutis, Bd. V: Zwischenzeit und Vollendung der Heilsgeschichte, Zürich/Einsiedeln/Köln 1976, 21–115
–. (1977): Fundamentalmoral, München 1977

Böhler, Dietrich (1970 a): „Kritische Theorie" – kritisch reflektiert, in: Archiv für Rechts- und Sozialphilosophie 56 (1970) 511–525
–, (1970 b): Das Problem des „emanzipatorischen Interesses" und seiner gesellschaftlichen Wahrnehmung. Zur Begründung einer reflektierten, kommunikativen Gesellschaftsforschung und ‚Technologie' zwischen hermeneutischer „kritischer Theorie" und kybernetisch „kritischem Rationalismus", in: Zeitschrift für Evangelische Ethik 14 (1970) 220–240 (zugleich in: Man and World 3 [1970] 26–33)
–, (1972): Metakritik der Marxschen Ideologiekritik. Prolegomenon zu einer reflektierten Ideologiekritik und ‚Theorie-Praxis-Vermittlung', Frankfurt ²1972

Böhner, Philotheus – Gilson, Etienne (1954): Christliche Philosophie. Von ihren Anfängen bis Nikolaus Cucs, Paderborn ³1954

Bohatec, Josef (1966): Die Religionsphilosophie Kants in der ‚Religion innerhalb der Grenzen der bloßen Vernunft'. Mit besonderer Berücksichtigung ihrer theologisch-dogmatischen Quellen, Hildesheim 1966 (= Reprograf. Nachdruck der Ausgabe Hamburg 1938)

Bohlsen, Werner (1947): Der Begriff des Menschen bei L. Feuerbach im Licht des Problems bei Descartes, Diss. Phil., Freiburg 1947
Bonhoeffer, Dietrich: Widerstand und Ergebung. Briefe und Aufzeichnungen aus der Haft, hrsg. E. Bethge, Neuausgabe München 1970
Brann, Henry W. (1975): Schopenhauer und das Judentum, Bonn 1975 (= Abhandlungen zur Philosophie, Psychologie und Pädagogik 97)
Braun, Hans-Jürg (1971): Ludwig Feuerbachs Lehre vom Menschen, Stuttgart/Bad Cannstatt 1971
–, (1972): Die Religionsphilosophie Ludwig Feuerbachs. Kritik und Annahme des Religiösen, Stuttgart/Bad Cannstatt 1972
Braun, Herbert: Die Problematik einer Theologie des Neuen Testaments, in: Gesammelte Studien zum Neuen Testament und seiner Umwelt, Tübingen 1962, 325–341
–, Jesus. Der Mann aus Nazareth und seine Zeit, Stuttgart/Berlin 1969
Brück, Heinrich (1902): Geschichte der katholischen Kirche in Deutschland im neunzehnten Jahrhundert, Bd. I, Mainz ²1902
Brunschvicg, Léon (1937): René Descartes, Paris 1937 (= Maîtres des littératures 22)
Bubner, Rüdiger (1971 a): Was ist kritische Theorie?, in: Hermeneutik und Ideologiekritik, mit Beiträgen von K.-O. Apel, K. v. Bormann, R. Bubner, H.-G. Gadamer, H. J. Giegel, J. Habermas, Frankfurt 1971, 160–209 (zuerst in: Philosophische Rundschau 16 [1969] 213–249)
–, (1971 b): Theorie und Praxis – eine nachhegelsche Abstraktion, Fankfurt 1971
Bueb, Bernhard (1970): Nietzsches Kritik der praktischen Vernunft, Stuttgart 1970
Buren, Paul M. van: The Secular Meaning of the Gospel. Based on an analysis of its language, London 1963 (dt.: Reden von Gott – in der Sprache der Welt. Zur säkularen Bedeutung des Evangeliums, Zürich/Stuttgart 1965)
–, Theology in the Context of Culture, in: D. Peerman (Hrsg.), Frontline Theology, Richmond 1967, 46–51 (dt.: Theologie im Kontext der Kultur, in: Theologie im Umbruch. Der Beitrag Amerikas zur gegenwärtigen Theologie, München 1968, 49–54)
Buri, Fritz (1967): Wie können wir heute noch verantwortlich von Gott reden?, Tübingen 1967 (= Sammlung gemeinverständlicher Vorträge und Schriften aus dem Gebiet der Theologie und Religionsgeschichte 248)
–, (1970): Gott in Amerika. Amerikanische Theologie seit 1960, Bern/Tübingen 1970
Buytendijk, Frederik Jakobus Johannes: Mensch und Tier. Ein Beitrag zur vergleichenden Psychologie, Reinbek ²1961
Carnap, Rudolf: Überwindung der Metaphysik durch logische Analyse der Sprache, in: Erkenntnis 2 (1931) 219–241
Casper, Bernhard (1973): Die Unfähigkeit zur Gottesfrage im positivistischen Bewußtsein, in: J. Ratzinger (Hrsg.), Die Frage nach Gott, Freiburg/Basel/Wien ²1973 (= Quaestiones Disputatae 56), 27–42
–, (1975): Sprache und Theologie. Eine philosophische Hinführung, Freiburg/Basel/Wien 1975
Cassirer, Ernst (1932): Die Philosophie der Aufklärung, Tübingen 1932 (= Grundriß der philosophischen Wissenschaften, hrsg. F. Medicus, Bd. 4)
–, (1906–1957): Das Erkenntnisproblem in der Philosophie und Wissenschaft der neueren Zeit, 4 Bde., Berlin 1906–1920 (I–III), Stuttgart 1957 (IV)
Cathrein, Victor (1900): Die sittliche Autonomie, in: Stimmen aus Maria Laach 58 (1900) 129–140
–, (1911): Moralphilosophie. Eine wissenschaftliche Darlegung der sittlichen einschließlich der rechtlichen Ordnung, Bd. I, Freiburg ⁵1911
Chenu, Marie-Dominique (1960): Das Werk des hl. Thomas von Aquin [Orig.: Intro-

duction à l'étude de saint Thomas d'Aquin, Paris 1950]. Übers. O. M. Pesch, Heidelberg/Graz/Wien/Köln 1960 (= Deutsche Thomas-Ausgabe, 2. Ergbd.)
Cobb (jr.), John B. (1971): Christlicher Glaube nach dem Tode Gottes. Gegenwärtiges Weltverständnis im Lichte der Theologie [Orig.: God and the World, Philadelphia 1969], München 1971
Comte, Auguste: Œuvres. Réimpression anastaltique, 12 Bde., Paris 1968–71
–, Cours de philosophie positive (6 Bde., 1830–42)
–, Discours préliminaire sur l'esprit positif (1844)
–, Système de politique positive ou traité de sociologie instituant la religion de l'Humanité (4 Bde., 1851–54)
Coreth, Emerich (1957): Vom Ich zum absoluten Sein. Zur Entwicklung der Gotteslehre Fichtes, in: Zeitschrift für Katholische Theologie 79 (1957) 257–303
–, (1959): Zu Fichtes Denkentwicklung. Ein problemgeschichtlicher Durchblick, in: Bijdragen. Tijdschrift voor Filosofie en Theologie 20 (1959) 229–241
Cramer, Konrad (1972): Hypothetische Imperative?, in: M. Riedel (Hrsg.), Rehabilitierung der praktischen Philosophie, Bd. I, Freiburg 1972, 159–212
Czuma, Hans (1973): Tragisches Dasein, in: Zeitschrift für Katholische Theologie 95 (1973) 385–422
–, (1974): Moral und Kritik der Moral, in: Zeitschrift für Katholische Theologie 96 (1974) 32–61
Daecke, Sigurd (1969): Der Mythos vom Tode Gottes. Ein kritischer Überblick, Hamburg 1969 (= Stundenbücher 87)
Dahrendorf, Ralf: Die Soziologie und der Soziologe – Zur Frage von Theorie und Praxis, Konstanz o.J. (= Konstanzer Universitätsreden 6)
Dalferth, Ingolf U. (Hrsg.) (1974): Sprachlogik des Glaubens. Texte analytischer Religionsphilosophie und Theologie zur religiösen Sprache, München 1974 (= Beiträge zur evangelischen Theologie 66)
Demmer, Klaus (1967): Glaubensgehorsam als Verpflichtung zur Wirklichkeit, in: Catholica 21 (1967) 138–157
–, (1971): Sein und Gebot. Die Bedeutsamkeit des transzendental-philosophischen Denkansatzes in der Scholastik der Gegenwart für den formalen Aufriß der Fundamentalmoral, München/Paderborn/Wien 1971
–, (1973): Moralische Norm und theologische Anthropologie, in: Gregorianum 54 (1973) 263–306
–, (1977) Die Weisungskompetenz des kirchlichen Lehramts im Licht der spezifischen Perspektivierung neutestamentlicher Sittlichkeit, in: K. Demmer – B. Schüller (Hrsg.), Christlich glauben und handeln. Fragen einer fundamentalen Moraltheologie in der Diskussion, Düsseldorf 1977, 124–144
–, (1978): Hermeneutische Probleme der Fundamentalmoral, in: D. Mieth – F. Compagnoni (Hrsg.), Ethik im Kontext des Glaubens. Probleme – Grundsätze – Methoden, Freiburg i.Ue./Freiburg i.Br. 1978 (= Studien zur theologischen Ethik 3), 101–119
Derungs, Ursicin (1969): Der Moraltheologe Joseph Geishüttner (1763–1805), I. Kant und J. G. Fichte. Studien zu den philosophischen Grundlagen der „Theologischen Moral" J. Geishüttners, Regensburg 1969 (= Studien zur Geschichte der kath. Moraltheologie 16)
Descartes, René: Œuvres, hrsg. Ch. Adam – P. Tannery, 11 Bde. u. 2 Supplbde., Paris 1897–1913
–, Discours de la Méthode (1637)
–, Meditationes de prima philosophia (1641)
–, Principia philosophiae (1643)

—, Regulae ad directionem ingenii (posth.)
—, Lettre de l'auteur à celui qui a traduit le livre, in der frz. Ausgabe der Principia (1647)
—, Passions de l'âme (1649)
—, Correspondance (= A–T I–V)
Deussen, Paul: Schopenhauer und die Religion, in: 4. Jahrbuch der Schopenhauer-Gesellschaft (1915) 8–15
Dickmann, Fritz (1959): Der Westfälische Frieden, Münster 1959
Diderot, Denis: Art. ‚Irréligieux', in: Encyclopédie, ou Dictionnaire raisonné des Sciences, des Arts et des Métiers. Mis en ordre et publié par Diderot; et quant à la Partie Mathématique, par D'Alembert, Paris beziehungsweise Neuchâtel 1751–1780, Bd. VIII, 909
—, Art. ‚Superstition' in: Encyclopédie, ou Dictionnaire raisonné des Sciences, des Arts et des Métiers. Mis en ordre et publié par Diderot; et quant à la Partie Mathématique, par D'Alembert, Paris beziehungsweise Neufchâtel 1751–1780, Bd. X, 669 f
Didio, Charles (1896): Die moderne Moral und ihre Grundprinzipien, Freiburg 1896 (= Straßburger theologische Studien II, 3)
—, (1899): Der sittliche Gottesbeweis, Würzburg 1899
Diemer, Alwin (1968): Die Begründung des Wissenschaftscharakters der Wissenschaft im 19. Jahrhundert – Die Wissenschaftstheorie zwischen klassischer und moderner Wissenschaftskonzeption in: Diemer (Hrsg.), Beiträge zur Entwicklung der Wissenschaftstheorie im 19. Jahrhundert, Meisenheim 1968 (= Studien zur Wissenschaftstheorie 1), 3–62
—, (1970): Der Wissenschaftsbegriff in historischem und systematischem Zusammenhang, in: Diemer (Hrsg.), Der Wissenschaftsbegriff. Historische und systematische Untersuchungen, Meisenheim 1970 (= Studien zur Wissenschaftstheorie 4), 3–20
Dilthey, Wilhelm (1960): Weltanschauung und Analyse des Menschen seit Renaissance und Reformation, Stuttgart/Göttingen ^{6}1960 (= Gesammelte Schriften, Bd. 2)
Durkheim, Emile: De la division du travail social, Paris ^{7}1960
—, Les règles de la méthode sociologique, Paris ^{9}1938 (dt.: Die Regeln der soziologischen Methode, hrsg. und eingeleitet R. König, Neuwied/Berlin ^{3}1970 [= Soziologische Texte 3])
Dux, Günter (1973): Ursprung, Funktion und Gehalt der Religion, in: Internationales Jahrbuch für Religionssoziologie 8 (1973) 7–67
Ebeling, Gerhard (1969): Die Evidenz des Ethischen und die Theologie, in: Wort und Glaube, Bd. II, Tübingen 1969, 1–41 (auch in: Zeitschrift für Theologie und Kirche 57 [1960] 318–356)
Eibl-Eibesfeldt, Irenäus: Ethologie, die Biologie des Verhaltens, in: L. von Bertalanffy – F. Gessner (Hrsg.), Handbuch der Biologie, Zweiter Teil, Frankfurt 1966, 341–559
—, Grundriß der vergleichenden Verhaltensforschung. Ethologie, München ^{2}1969
—, Liebe und Haß. Zur Naturgeschichte elementarer Verhaltensweisen, München 1970
—, Stammesgeschichtliche Anpassungen im Verhalten des Menschen, in: H. G. Gadamer – P. Vogler (Hrsg.), Neue Anthropologie, Bd. II, München/Stuttgart 1972, 3–59
—, Der vorprogrammierte Mensch. Das Ererbte als bestimmender Faktor im menschlichen Verhalten, Wien/München/Zürich 1973
—, Krieg und Frieden aus der Sicht der Verhaltensforschung, München/Zürich 1975

Ellscheid, Günter (1973): Art. Naturrecht, in: Handbuch Philosophischer Grundbegriffe, hrsg. H. Krings – H. M. Baumgartner – C. Wild, München 1973–1974, Bd. II, 969–980
Engelhardt, Paulus (Hrsg.) (1963): Sein und Ethos. Untersuchungen zur Grundlegung der Ethik, Mainz 1963 (= Walberberger Studien – Phil. Reihe 1)
–, (1966): Art. Wahrheit in der Geschichte der Philosophie und Theologie, in: LThK² X, 914–920
–, (Hrsg.) (1970): Zur Theorie der Praxis. Interpretationen und Aspekte, Mainz 1970 (= Walberberger Studien – Phil. Reihe 4)
Erdmann, Johann Eduard (1834): Versuch einer wissenschaftlichen Darstellung der Geschichte der neuen Philosophie, Bd. I/1, Riga/Dorpat 1834
Ermecke, Gustav (1972): Christlichkeit und Geschichtlichkeit der Moraltheologie, in: Catholica 26 (1972) 193–211
Eschenburg, Theodor (1965): Über Autorität, Frankfurt 1965
Eschweiler, Karl (1926): Die zwei Wege der neueren Theologie. Georg Hermes – Matth. Jos. Scheeben. Eine kritische Untersuchung des Problems der theologischen Erkenntnis, Augsburg 1926
Esser, Albert (1970): Das Verhältnis von Theorie und Praxis bei Ludwig Feuerbach, in: P. Engelhardt (Hrsg.), Zur Theorie der Praxis. Interpretationen und Aspekte, Mainz 1970 (= Walberberger Studien – Phil. Reihe 4), 85–94
Etterich, Walther (1914): Die Ethik F. Nietzsches im Grundriß, im Verhältnis zur Kantischen Ethik betrachtet, Diss. Phil., Bonn 1914
Euler, Karl (1908): Die Stellung Schopenhauers zur Religion, Diss. Phil., Erlangen 1908
Fahrenbach, Helmut (1967): Sprachanalyse und Ethik, in: H.-G. Gadamer (Hrsg.), Das Problem der Sprache. Achter Deutscher Kongress für Philosophie, München 1967, 373–385
–, (1970): Existenzphilosophie und Ethik. Frankfurt 1970 (= Philosophische Abhandlungen 30)
–, (1972): Ein programmatischer Aufriß der Problemlage und systematischen Ansatzmöglichkeiten praktischer Philosophie, in: M. Riedel (Hrsg.), Rehabilitierung der praktischen Philosophie, Bd. I, Freiburg 1972, 15–56
Fetscher, Iring (Hrsg.) (1966): Auguste Comte, Rede über den Geist des Positivismus. Übersetzt, eingeleitet und herausgegeben von I. Fetscher, Hamburg ²1966 (=Philosoph. Bibliothek 244)
Feuerbach, Ludwig: Sämtliche Werke, neu hrsg. W. Bolin – F. Jodl, 10 Bde., Stuttgart/Bad Cannstatt ²1959–1964 (vermehrt um 3 Ergänzungsbände, hrsg. H.-M. Sass)
–, Pierre Bayle. Ein Beitrag zur Geschichte der Philosophie und Menschheit (1838)
–, Zur Kritik der Hegelschen Philosophie (1839)
–, Über Philosophie und Christentum in Beziehung auf den der Hegelschen Philosophie gemachten Vorwurf der Unchristlichkeit (1839)
–, Über das Wunder (1839)
–, Über den „Anfang der Philosophie" (1841)
–, Das Wesen des Christentums (1841)
–, Beleuchtung einer theologischen Rezension vom ‚Wesen des Christentums' (1842)
–, Zur Beurteilung der Schrift: Das Wesen des Christentums (1842)
–, Der Gottesbegriff als Gattungswesen des Menschen (1842)
–, Notwendigkeit einer Reform der Philosophie (1842)
–, Über den Marienkultus (1842)
–, Vorläufige Thesen zur Reform der Philosophie (1843)

—, Grundsätze der Philosophie der Zukunft (1843)
—, Vorrede zur zweiten Auflage vom ‚Wesen des Christentums' (1843)
—, Das Wesen des Glaubens im Sinne Luther's (1844)
—, Der Unterschied der heidnischen und christlichen Menschenvergötterung (1844)
—, Das Wesen des Christentums in Beziehung auf den ‚Einzigen und sein Eigentum' (1845)
—, Ergänzungen und Erläuterungen (1845)
—, Das Wesen der Religion (1845)
—, Die Unsterblichkeitsfrage vom Standpunkt der Anthropologie (1846)
—, Entgegnung an R. Haym. Anläßlich seiner Schrift: ‚Feuerbach und die Philosophie. Ein Beitrag zur Kritik Beider' (1848)
—, Wider den Dualismus von Leib und Seele, Fleisch und Geist (1849)
—, Vorlesungen über das Wesen der Religion (1851)
—, Theogonie nach den Quellen des klassischen, hebräischen und christlichen Altertums (1857)
—, Über Spiritualismus und Materialismus, besonders in Beziehung auf die Willensfreiheit (1863–1869)
—, Zur Ethik: Der Eudämonismus (1867–1869)
—, Nachgelassene Aphorismen (posth.)
Fichte, Johann Gottlieb: Sämtliche Werke, hrsg. I. H. Fichte, 8 Bde., Berlin 1845/46 (= Photomechan. Nachdruck aller Werke, Berlin 1971, Bd. I–VIII)
—, Nachgelassene Werke, hrsg. I. H. Fichte, 3 Bde., Bonn 1834/35 (= Photomechan. Nachdruck aller Werke, Berlin 1971, Bd. IX–XI)
—, Versuch einer Kritik aller Offenbarung (1792)
—, Rezension des Aenesidemus oder über die Fundamente der vom Herrn Prof. Reinhold in Jena gelieferten Elementarphilosophie. Nebst einer Verteidigung des Skeptizismus gegen die Anmassungen der Vernunftkritik (1792)
—, Über den Begriff der Wissenschaftslehre oder der sogenannten Philosophie, als Einladungsschrift zu seinen Vorlesungen über diese Wissenschaft (1794)
—, Grundlage der gesamten Wissenschaftslehre, als Handschrift für seine Zuhörer (1794)
—, Grundriß des Eigentümlichen der Wissenschaftslehre in Rücksicht auf das theoretische Vermögen, als Handschrift für seine Zuhörer (1795)
—, Grundlage des Naturrechts nach Prinzipien der Wissenschaftslehre (1796)
—, Versuch einer neuen Darstellung der Wissenschaftslehre (1797)
—, Erste Einleitung in die Wissenschaftslehre (1797)
—, Zweite Einleitung in die Wissenschaftslehre, für Leser, die schon ein philosophisches System haben (1797)
—, Das System der Sittenlehre nach den Prinzipien der Wissenschaftslehre (1798)
—, Über den Grund unseres Glaubens an eine göttliche Weltregierung (1798)
—, J. G. Fichtes d. Phil. Doctors und ordentlichen Prof. zu Jena Appellation an das Publikum über die durch ein Kurf. Sächs. Konfiskationsreskript ihm beigemessenen atheistischen Äußerungen. Eine Schrift, die man erst zu lesen bittet, ehe man sie konfisziert (1799)
—, Der Herausgeber des philosophischen Journals gerichtliche Verantwortungsschriften gegen die Anklage des Atheismus (1799)
—, Rückerinnerungen, Antworten, Fragen. Eine Schrift, die den Streitpunkt genau anzugeben bestimmt ist ([1799] posth.)
—, Aus einem Privatschreiben (im Jänner 1800)
—, Die Bestimmung des Menschen (1800)
—, Sonnenklarer Bericht an das größere Publikum über das eigentliche Wesen der

neuesten Philosophie. Ein Versuch, die Leser zum Verstehen zu zwingen (1801)
–, Darstellung der Wissenschaftslehre aus dem Jahre 1801 (posth.)
–, Die Wissenschaftslehre, vorgetragen im Jahre 1804 (posth.)
–, Die Anweisung zum seligen Leben, oder auch die Religionslehre (1806)
–, Das System der Sittenlehre, vorgetragen von Ostern bis Michaelis 1812 (posth.)
Fink, Eugen (1973): Nietzsches Philosophie, Stuttgart/Berlin/Köln/Mainz ³1973
Fischer, Kuno (1934): Schopenhauers Leben, Werke und Lehre, Heidelberg ⁴1934 (= Geschichte der neueren Philosophie, Bd. IX)
Fleischer, Helmut (1973): Marx und die Perspektive einer „negativen Ethik", in: Zeitschrift für Evangelische Ethik 17 (1973) 302–311
Fleischer, Margot (1963): Das Problem der Begründung des kategorischen Imperativs bei Kant, in: P. Engelhardt (Hrsg.), Sein und Ethos. Untersuchungen zur Grundlegung der Ethik, Mainz 1963 (= Walberberger Studien – Phil. Reihe 1), 387–404
Flew, Antony – MacIntyre, Alasdair (Hrsg.): New Essays in Philosophical Theology, London 1955
Flume, Werner (1975): Allgemeiner Teil des Bürgerlichen Rechts, Bd. II: Das Rechtsgeschäft, Berlin/Heidelberg/New York ²1975 (= Enzyklopädie der Rechts- und Staatswissenschaft, Abteilung Rechtswissenschaft)
Forberg, Friedrich K.: Entwicklung des Begriffs der Religion (1798), in: Philosophisches Journal einer Gesellschaft Deutscher Gelehrter, hrsg. J. G. Fichte u. F. I. Niethammer, 8 (1798) (=Reprograf. Nachdruck, Hildesheim 1969), 21–46
Forschner, Maximilian (1974): Gesetz und Freiheit. Zum Problem der Autonomie bei I. Kant, München/Salzburg 1974 (= Epimeleia 24)
Fraling, Bernhard (1973): Glaube und Ethos. Normfindung in der Gemeinschaft der Gläubigen, in: Theologie und Glaube 63 (1973) 81–105
Frey, Christofer (1971): Was trägt die analytische Moralphilosophie zu einer Theorie der Ethik bei ?, in: Zeitschrift für Evangelische Ethik 15 (1971) 35–49
–, (1977): Theorie und Praxis als Themen der philosophischen Theologie Hegels, in: Zeitschrift für Evangelische Ethik 21 (1977) 27–45
Freyer, Hans (1920): Das Material der Pflicht. Eine Studie über Fichtes spätere Sittenlehre, in: Kant-Studien 25 (1920) 113–155
Frischeisen-Köhler, Max – Moog, Willy (1953): Die Philosophie der Neuzeit bis zum Ende des XVIII. Jahrhunderts, Tübingen ¹³1953 (= F. Überwegs Grundriß der Geschichte der Philosophie, Teil III)
Fritzsche, Hans-Georg (1971): Das Besondere christlicher Ethik und ethischer Verantwortung des Theologen heute, in: G. Kulicke – K. Matthiae – P.-P. Sänger (Hrsg.), Bericht von der Theologie. Resultate, Probleme, Konzepte, Berlin 1971, 159–182
Fuchs, H.-J. – Gerhardt, V. (1976): Art. Interesse, in: Historisches Wörterbuch der Philosophie, hrsg. J. Ritter – K. Gründer, Bd. IV, Darmstadt 1976, 479–494
Fuchs, Josef (1970): Gibt es eine spezifisch christliche Moral?, in: Stimmen der Zeit 95 (1970) 99–112
–, (1971): Der Absolutheitscharakter sittlicher Handlungsnormen, in: H. Wolter (Hrsg.), Testimonium Veritati, Frankfurt 1971 (= Frankfurter Theol. Studien 7), 211–240
–, (1978): Autonome Moral und Glaubensethik, in: D. Mieth – F. Compagnoni (Hrsg.), Ethik im Kontext des Glaubens. Probleme – Grundsätze – Methoden, Freiburg i.Ue./Freiburg i.Br. 1978 (= Studien zur Theologischen Ethik 3), 46–74
Fulda, Ludwig (1932): Schopenhauer und das Problem der Willensfreiheit, in: 19. Jahrbuch der Schopenhauer-Gesellschaft (1932) 115–138

Funke, Monika (1974): Ideologiekritik und ihre Ideologie bei Nietzsche, Stuttgart/Bad Cannstatt 1974 (= problemata 35)
Furger, Franz (1974): Zur Begründung eines christlichen Ethos – Forschungstendenzen in der katholischen Moraltheologie, in: J. Pfammater – F. Furger (Hrsg.), Theologische Berichte IV: Fragen christlicher Ethik, Zürich/Einsiedeln/Köln 1974, 11–87
Gadamer, Hans-Georg (1972): Wahrheit und Methode. Grundzüge einer philosophischen Hermeneutik, Tübingen ³1972
Gagern, Michael von (1970): Ludwig Feuerbach. Philosophie- und Religionskritik. Die „Neue" Philosophie, München/Salzburg 1970
Garewicz, Jan (1972): Schopenhauers Lehre von der Willensfreiheit, in: 53. Schopenhauer-Jahrbuch (1972) 93–100
Geiger, Theodor: Vorstudien zu einer Soziologie des Rechts. Mit einer Einleitung und internationalen Bibliographie zur Rechtssoziologie von P. Trappe, Neuwied/Berlin ²1964
Gilson, Étienne (Hrsg.) (1967): René Descartes, Discours de la Méthode. Texte et Commentaire, Paris ⁴1967 (= ²1926)
–, (1951): Études sur le rôle de la pensée médiévale dans la formation du système cartésien (= Deuxième Partie des „Études de philosophie médiévale". Revue et considérablement augmentée), Paris 1951 (= Études de Philosophie Médiévale 13)
–, (1912): Index scolastico-cartésien, New York o. J. (= Paris 1912)
Gladigow, Burkhard (Hrsg.) (1976): Religion und Moral, Düsseldorf 1976
Glasenapp, Helmut von (1941): Das Gottesproblem bei Schopenhauer und in den metaphysischen Systemen der Inder, in: 28. Jahrbuch der Schopenhauer-Gesellschaft (1941) 151–195
Gollwitzer, Helmut (1968): Von der Stellvertretung Gottes. Christlicher Glaube in der Erfahrung der Verborgenheit Gottes. Zum Gespräch mit D. Sölle, München 1968
Gouhier, Henri (1972): La pensée religieuse de Descartes, Paris ²1972 (= Études de Philosophie Médiévale 6)
Grabmann, Martin (1948): Die theologische Erkenntnis- und Einleitungslehre des hl. Thomas von Aquin auf Grund seiner Schrift ‚In Boethium de Trinitate'. Im Zusammenhang der Scholastik des 13. und beginnenden 14. Jahrhunderts dargestellt, Freiburg i. d. Schweiz 1948 (=Thomistische Studien 4)
–, (1961): Die Geschichte der scholastischen Methode. Nach den gedruckten und ungedruckten Quellen dargestellt, 2 Bde., Darmstadt 1961 (= Photomechan. Nachdruck der Ausgabe Freiburg 1909–1911)
Grabner-Haider, Anton (1973): Semiotik und Theologie. Religiöse Rede zwischen analytischer und hermeneutischer Philosophie, München 1973
Grau, Gerd-Günther (1958): Christlicher Glaube und intellektuelle Redlichkeit. Eine religionsphilosophische Studie über Nietzsche, Frankfurt 1958
Gründel, Johannes (1972): Ethik und Moraltheologie im Dialog mit der Ethologie, in: M. Seckler – O. H. Pesch – J. Brosseder – W. Pannenberg (Hrsg.), Begegnung. Beiträge zu einer Hermeneutik des theologischen Gesprächs, Graz/Wien/Köln 1972, 633–642
Guéroult, Martial (1953): Descartes selon l'ordre des raisons, 2 Bde., Paris 1953
Gulyga, Arseni W. (1962): Der „Atheismusstreit" und der streitbare Atheismus in den letzten Jahrzehnten des 18. Jahrhunderts in Deutschland, in: M. Buhr (Hrsg.), Wissen und Gewissen. Beiträge zum 200. Geburtstag J. G. Fichtes, Berlin 1962, 205–223

Gurwitsch, Georg (oder: Gurvić, Georgij D.) (1924): Fichtes System der konkreten Ethik, Tübingen 1924
Habermas, Jürgen (1968): Nachwort, in: F. Nietzsche, Erkenntnistheoretische Schriften, hrsg. J. Habermas, Frankfurt 1968, 237–261
–, Arbeit und Interaktion. Bemerkungen zu Hegels Jenenser ‚Philosophie des Geistes‘, in: ders., Technik und Wissenschaft als ‚Ideologie‘, Frankfurt ³1969, 9–47
–, Technik und Wissenschaft als Ideologie, in: ders., Technik und Wissenschaft als ‚Ideologie‘, Frankfurt ³1969, 48–103
–, Erkenntnis und Interesse, in: ders., Technik und Wissenschaft als ‚Ideologie‘, Frankfurt ³1969, 146–168
–, Ein Literaturbericht (1967): Zur Logik der Sozialwissenschaften, in: Zur Logik der Sozialwissenschaften. Materialien, Frankfurt 1970, 71–310
–, Theorie und Praxis: Sozialphilosophische Studien, Frankfurt ⁴1971
–, Philosophisch-politische Profile, Frankfurt 1971
–, Vorbereitende Bemerkungen zu einer Theorie der kommunikativen Kompetenz, in: J. Habermas –N. Luhmann, Theorie der Gesellschaft oder Sozialtechnologie – Was leistet die Systemforschung?, Frankfurt 1971, 101–141
–, (1973): Erkenntnis und Interesse. Mit einem neuen Nachwort, Frankfurt 1973 (= Theorie 2)
–, Legitimationsprobleme im Spätkapitalismus, Frankfurt ²1973
–, Wahrheitstheorien, in: H. Fahrenbach (Hrsg.), Wirklichkeit und Reflexion, Pfullingen 1973, 211–265
Habermas, Jürgen – Luhmann, Niklas: Theorie der Gesellschaft oder Sozialtechnologie – Was leistet die Systemforschung?, Frankfurt 1971
Hadrossek, Paul (1950): Die Bedeutung des Systemgedankens für die Moraltheologie in Deutschland seit der Thomas-Renaissance, München 1950 (= Münchener Theol. Studien II/2)
Häring, Bernhard (1963): Das Gesetz Christi. Moraltheologie, Bd. II, Freiburg 1963
Hamilton, William: The Death of God Theologies Today, in: Th. J. J. Altizer – W. Hamilton, Radical Theology and the Death of God, Indianapolis/New York/Kansas City 1966
–, The New Essence of Christianity, New York 1966
–, Questions and Answers on the Radical Theology, in: J. L. Ice – J. J. Carey (Hrsg.), The Death of God Debate, Philadelphia 1967, 213–241
–, The Shape of a Radical Theology, in: D. Peerman (Hrsg.), Frontline Theology, Richmond 1967, 69–76
Hare, Richard M.: The Language of Morals, Oxford ⁵1961 (dt.: Die Sprache der Moral, Frankfurt 1972)
–, Freedom and Reason, London/Oxford/New York 1963 (dt.: Freiheit und Vernunft, Düsseldorf 1973)
Hartmann, Walter (1969): Was kommt nach dem „Tode Gottes"? Dialektische Unterhaltung mit einem Trend theologischen Denkens, Stuttgart/Berlin 1969
Hasenhüttl, Gotthold (1970): Die Gott-ist-tot-Theologie, in: A. Grabner-Haider (Hrsg.), Gott, Mainz 1970 (= Grünewald-Materialbücher 1), 169–179
Hasse, Heinrich (1924): Schopenhauers Religionsphilosphie und ihre Bedeutung für die Gegenwart, Frankfurt 1924 (= Frankfurter Gelehrte Reden und Abhandlungen 2)
–, (1926): Schopenhauer, München 1926 (= Geschichte der Philosophie in Einzeldarstellungen VIII/II, Bd. 34)
Hassenstein, Bernhard: Das biologisch-psychologische Menschenbild, in: Im Lichte der Reformation 15 (1972) 5–24

–, Das spezifisch Menschliche nach den Resultaten der Verhaltensforschung, in: H.-G. Gadamer – P. Vogler (Hrsg.), Neue Anthropologie, Bd. II, München/Stuttgart 1972, 60–97
–, Verhaltensbiologie des Kindes, München/Zürich 1973
Haug, Winfried (1961): Autonomie im öffentlichen Recht. Geschichte und allgemeine Dogmatik, Diss. Jur., Heidelberg 1961
Heckel, Martin (1959): Autonomia und Pacis compositio. Der Augsburger Religionsfriede in der Deutung der Gegenreformation, in: Zeitschrift der Savigny-Stiftung für Rechtsgeschichte. Kanonistische Abteilung 76 (1959) 141–248
Hegel, Georg Wilhelm Friedrich: Vorlesungen über die Geschichte der Philosophie, in: Sämtliche Werke, hrsg. H. Glockner (sog. Jubiläumsausgabe), XVII–XIX, Stuttgart/Bad Cannstatt [4]1965
Heidegger, Martin (1950): Nietzsches Wort „Gott ist tot", in: ders., Holzwege, Frankfurt 1950, 193–247
Heidemann, Ingeborg (1972): Nietzsches Kritik der Moral, in: Nietzsche-Studien 1 (1972) 95–137
Heimsoeth, Heinz (1923): Fichte, München 1923
–, (1955): Metaphysische Voraussetzungen und Antriebe in Nietzsches „Immoralismus", Wiesbaden 1955 (= Akademie der Wissenschaften und der Literatur. Abhandlungen der Geistes- u. Sozialwissenschaftl. Klasse, Jg. 1955, Nr. 6, 473–540)
–, (1965): Die sechs großen Themen der Abendländischen Metaphysik und der Ausgang des Mittelalters, Darmstadt [5]1965
Heinen, Wilhelm (1955): Die Anthropologie in der Sittenlehre Ferdinand Geminian Wankers (1758–1824), Freiburg 1955 (= Beiträge zur Freiburger Wissenschafts- und Universitätsgeschichte 6)
Heinz, Hermann Josef (1975): Negative Dialektik und Versöhnung bei Theodor W. Adorno. Studien zur Aporie der Kritischen Theorie, Diss. Theol., Freiburg 1975
Helmecke, Drutmar Ernst (1954): Das Moralprinzip Kants im Lichte der Katholischen Theologie. Autonomie und Theonomie, Diss. Theol., Tübingen 1954
Helvétius, Claude Adrien: De l'Homme, de ses Facultés intellectuelles, et de son Éducation, in: Œuvres complètes d' Helvétius, Reprograf. Nachdruck, Hildesheim 1967 (= Paris 1795), Bd. VII–XII
Henrich, Dieter (1960): Der Begriff der sittlichen Einsicht und Kants Lehre vom Faktum der Vernunft, in: D. Henrich – W. Schulz – K.-H. Volkmann-Schluck (Hrsg.), Die Gegenwart der Griechen im Neueren Denken, Tübingen 1960, 77–115
–, (1963): Das Problem der Grundlegung der Ethik bei Kant und im spekulativen Idealismus, in: P. Engelhardt (Hrsg.), Sein und Ethos. Untersuchungen zur Grundlegung der Ethik, Mainz 1963 (= Walberberger Studien – Phil. Reihe 1), 350–386
–, (1967): Fichtes ursprüngliche Einsicht, Frankfurt 1967 (= Wissenschaft und Gegenwart 34) (auch in: D. Henrich – H. Wagner [Hrsg.], Subjektivität und Metaphysik, Frankfurt 1966, 188–232)
–, (1975): Die Deduktion des Sittengesetzes. Über die Gründe der Dunkelheit des letzten Abschnittes von Kants ‚Grundlegung zur Metaphysik der Sitten', in: A. Schwan (Hrsg.), Denken im Schatten des Nihilismus, Darmstadt 1975, 55–112
Hermeneutik und Ideologiekritik. Mit Beiträgen von K.-O. Apel, C. v. Bormann, R. Bubner, H.-G. Gadamer, H.-J. Giegel, J. Habermas, Frankfurt 1971
Hermes, Georg: Einleitung in die christkatholische Theologie, I. Teil: Philosophische Einleitung, Münster [2]1831

High, Dallas M. (Hrsg.): Sprachanalyse und religiöses Sprechen [Orig.: New Essays on Religious Language, New York 1969], Düsseldorf 1972
Hilpert, Konrad (1975): Art. Autonomie, in: B. Stoeckle (Hrsg.), Wörterbuch Christlicher Ethik, Freiburg/Basel/Wien 1975, 28–34
–, (1977): Die Theologische Ethik und der Autonomie-Anspruch, in: Münchener Theologische Zeitschrift 28 (1977) 329–366
Hilpert, Konrad – Oberhem, Harald (1975): Art. Ethik, in: B. Stoeckle (Hrsg.), Wörterbuch Christlicher Ethik, Freiburg/Basel/Wien 1975, 63–71
Hirsch, Emanuel (1926): Fichtes Gotteslehre 1794–1802, in: ders., Die idealistische Philosophie und das Christentum. Gesammelte Aufsätze, Gütersloh 1926 (= Studien des Apologet. Seminars 14), 140–290
Hirschberger, Johannes (1969): Geschichte der Philosophie, Bd. II, Freiburg/Basel/Wien ⁸1969
Hirschbrich, Ernst (1959): Die Entwicklung der Moraltheologie im deutschen Sprachgebiet seit der Jahrhundertwende, Klosterneuburg 1959
Hobbes, Thomas: De Cive, in: Opera Philosophica quae latine scripsit, ed. Sir W. Molesworth, 5 Bde., London 1839–1845, Bd. II, 157–432
–, Leviathan, or the Matter, Form, and Power of a Commenwealth ecclesiastical and civil, in: The English Works of Th. Hobbes of Malmesbury, ed. Sir W. Molesworth, 11 Bde., Second Reprint, Aalen 1966 (= London 1839–1845), Bd. III
Hoffmann, Paul – Eid, Volker (1975): Jesus von Nazareth und eine christliche Moral. Sittliche Perspektiven der Verkündigung Jesu, Freiburg/Basel/Wien 1975 (=Quaestiones Disputatae 66)
d'Holbach, Paul Thiry: Système de la Nature ou Des loix du monde Physique et du monde moral. Par M. Mirabau. Nouvelle Édition, 2 Bde., London 1774
Horkheimer, Max: Kritik der instrumentellen Vernunft, Frankfurt 1967
–, Materialismus und Metaphysik, in: ders., Kritische Theorie. Eine Dokumentation, hrsg. A. Schmidt, Frankfurt 1968, Bd. I, 31–66
–, Materialismus und Moral, in: ders., Kritische Theorie. Eine Dokumentation, hrsg. A. Schmidt, Frankfurt 1968, Bd. I, 71–109
–, Traditionelle und Kritische Theorie, in: ders., Kritische Theorie. Eine Dokumentation, hrsg. A. Schmidt, Frankfurt 1968, Bd. II, 137–200
–, Die Funktion der Theologie in der Gesellschaft. Ein Gespräch, in: P. Neuenzeit (Hrsg.), Die Funktion der Theologie in Kirche und Gesellschaft, München 1969, 222–230
–, „Was wir Sinn nennen, wird verschwinden". Interview in: Der Spiegel 24 (1970) 79–84
–, Interview im ZDF am 21. 6. 1970 (Manuskript)
–, Pessimismus heute, in: 52. Schopenhauer-Jahrbuch (1971) 1–7
–, Bemerkungen zu Schopenhauers Denken im Verhältnis zu Wissenschaft und Religion, in: Schopenhauer-Jahrbuch 53 (1972) 71–79
–, Interview im Bayerischen Rundfunk am 11. 5. 1972 (Manuskript)
Hübscher, Arthur (1973): Denker gegen den Strom. Schopenhauer: gestern – heute – morgen, Bonn 1973
Hünermann, Peter (1973): Die Sünde im Ausgang von Wittgensteins Theorie der Sprachspiele, in: St. Rehrl (Hrsg.), Sünde – Schuld – Erlösung. Kongreß der Moraltheologen und Sozialethiker 1971 in Salzburg, Salzburg/München 1973, 40–46
Hume, David: An Inquiry concerning the Principles of Morals, in: The Philosophical Works, ed. Th. H. Green – Th. H. Grose, in 4 Volumes, Aalen 1964 (= Reprint der Ausgabe London 1882–1886), Bd. IV, 167–287
–, Dialogues Concerning Natural Religion, in: The Philosophical Works, ed. Th. H.

Green – Th. H. Grose, in 4 Volumes, Aalen 1964 (= Reprint der Ausgabe London 1882–1886), Bd. II, 375–468
Ice, Jackson L. – Carey, John J. (Hrsg.) (1967): The Death of God Debate, Philadelphia 1967
Illies, Joachim: Zoologie des Menschen. Entwurf einer Anthrologie, München 1971
Inciarte, Fernando (1970): Theorie der Praxis als praktische Theorie. Zur Eigenart der Aristotelischen Ethik, in: P. Engelhardt (Hrsg.), Zur Theorie der Praxis. Interpretationen und Aspekte, Mainz 1970 (= Walberberger Studien – Phil. Reihe 4), 45–64
Janke, Wolfgang (1966): Einleitung und Kommentar zu: J. G. Fichte, Wissenschaftslehre 1804. Wahrheits- und Vernunftlehre. I.–XV. Vortrag, hrsg. W. Janke, Frankfurt 1966
–, (1970): Fichte. Sein und Reflexion – Grundlagen der kritischen Vernunft, Berlin 1970
Jodl, Friedrich (1923–1930): Geschichte der Ethik als Philosophischer Wissenschaft, 2 Bde., Stuttgart/Berlin ⁴1930 (I) beziehungsweise ³1923 (II)
Jopke, Walter (1962): Fichtes Atheismusstreit, in: Wissenschaftliche Zeitschrift der Humboldt-Universität zu Berlin. Gesellschafts- und sprachwissenschaftliche Reihe 11 (1962) 751–762
Just, Wolf-Dieter (1975): Religiöse Sprache und analytische Philosophie. Sinn und Unsinn religiöser Aussagen, Stuttgart/Berlin/Köln/Mainz 1975
Kälin, Bernhard (1957–1962): Lehrbuch der Philosophie, 2 Bde., Sarnen 1957–1962
Kalocsai, Dezsö (1973): Le problème des règles de la morale „provisoire" de Descartes [Orig.: Descartes Etikája, Budapest 1973], Budapest 1973
Kambartel, Friedrich (1969): „System" und „Begründung" als wissenschaftliche und philosophische Ordnungsbegriffe bei und vor Kant, in: J. Blühdorn – J. Ritter (Hrsg.), Philosophie und Rechtswissenschaft. Zum Problem ihrer Beziehung im 19. Jahrhundert, Frankfurt 1969 (= Studien zur Philosophie und Literatur des 19. Jhs. 3), 99–113
–, Theo-logisches. Definitorische Vorschläge zu einigen Grundtermini im Zusammenhang christlicher Rede von Gott, in: Zeitschrift für Evangelische Ethik 15 (1971) 32–35
Kamlah, Wilhelm (1961): Der Anfang der Vernunft bei Descartes – autobiographisch und historisch, in: Archiv für Geschichte der Philosophie 43 (1961) 70–84
Kant, Immanuel: Werke in sechs Bänden, hrsg. W. Weischedel, Wiesbaden/Frankfurt 1956–1964
–, Kritik der reinen Vernunft (A 1781, B 1787)
–, Prolegomena zu einer jeden künftigen Metaphysik, die als Wissenschaft wird auftreten können (1783)
–, Beantwortung der Frage: Was ist Aufklärung? (1783)
–, Grundlegung zur Metaphysik der Sitten (A 1785, B 1786)
–, Was heißt: Sich im Denken orientieren? (1786)
–, Kritik der praktischen Vernunft (1788)
–, Kritik der Urteilskraft (A 1790, B 1793, C 1799)
–, Über den Gemeinspruch: Das mag in der Theorie richtig sein, taugt aber nicht für die Praxis (1793)
–, Die Religion innerhalb der Grenzen der bloßen Vernunft (A 1793, B 1794)
–, Die Metaphysik der Sitten. Erster Teil: Metaphysische Anfangsgründe der Rechtslehre (A 1797, B 1798)
–, Die Metaphysik der Sitten. Zweiter Teil: Metaphysische Anfangsgründe der Tugendlehre (1797)

–, Der Streit der Fakultäten (1798)
–, Öffentliche Erklärung in Beziehung auf Fichtes Wissenschaftslehre, in: Immanuel Kants Werke, hrsg. E. Cassirer, Bd. VIII, Berlin 1923, 515 f
Kaufmann, Franz-Xaver: Wissenssoziologische Überlegungen zu Renaissance und Niedergang des katholischen Naturrechtsdenkens im 19. und 20. Jahrhundert, in: F. Böckle – E.-W. Böckenförde (Hrsg.), Naturrecht in der Kritik, Mainz 1973, 126–164
–, Theologie in soziologischer Sicht, Freiburg/Basel/Wien 1973
–, Warum „Kirche und . . .“? Die Verarbeitung der neuzeitlichen Gesellschaftsentwicklung durch die christlichen Kirchen in soziologischer Sicht, in: Orientierung 40 (1976) 152–155. 171–175
Kaulbach, Friedrich (1970): Moral und Recht in der Philosophie Kants, in: J. Blühdorn – J. Ritter (Hrsg.), Recht und Ethik. Zum Problem ihrer Beziehung im 19. Jahrhundert, Frankfurt 1970 (= Studien zur Philosophie und Literatur des 19. Jhs. 9), 43–58
Kehrer, Günter (1972): Wie christlich ist die christliche Ethik? Oder: Auf der Suche nach dem Proprium, in: Zeitschrift für Evangelische Ethik 16 (1972) 1–14
Keller, Christoph (1976): Das Theologische in der Moraltheologie. Eine Untersuchung historischer Modelle aus der Zeit des Deutschen Idealismus, Göttingen 1976 (= Studien zur Theologie und Geistesgeschichte des 19. Jhs. 17)
Kellner, Eva – Thiel, Katrin (1962): Allgemein menschliche Normen in Fichtes Ethik. Die Entwicklung der tätigen Seite, in: Wissenschaftliche Zeitschrift der Humboldt-Universität zu Berlin. Gesellschafts- und sprachwissenschaftliche Reihe 11 (1962) 743–749
Kerr, Fergus (1970): Das Problem der moralischen Entscheidung in der heutigen englischen Philosophie im Überblick, in: Concilium 6 (1970) 434–440
Kinne, Hugo (1908): Die Autonomie der Kommunalverbände in Preußen, Berlin 1908
Klemmt, Alfred (1971): Descartes und die Moral, Meisenheim 1971 (= Monographien zur philosophischen Forschung 83)
Kluxen, Wolfgang (1964): Philosophische Ethik bei Thomas von Aquin, Mainz 1964 (= Walberger Studien – Phil. Reihe 2)
–, (1973): Wahrheit und Praxis der Wissenschaft, in: Philosophisches Jahrbuch 80 (1973) 1–14
Knoll, August M. (1962): Katholische Kirche und scholastisches Naturrecht. Zur Frage der Freiheit, Wien/Frankfurt/Zürich 1962 (= Europäische Perspektiven)
Kössler, Henning (1962): Freiheit und Ohnmacht. Die autonome Moral und Schillers Idealismus der Freiheit, Göttingen 1962
Köster, Peter (1972): Der sterbliche Gott. Nietzsches Entwurf übermenschlicher Größe, Meisenheim 1972 (= Monographien zur philosophischen Forschung 103)
Korff, Wilhelm (1973): Norm und Sittlichkeit. Untersuchungen zur Logik der normativen Vernunft, Mainz 1973 (= Tübinger Theol. Studien 1)
–, (1975): Theologische Ethik. Eine Einführung. Unter Mitarbeit von W. Fürst und J. Torggler, Freiburg/Basel/Wien 1975 (= Reihe theologisches Seminar)
Koyré, Alexandre (1969): Von der geschlossenen Welt zum unendlichen Universum [Orig.: From the Closed World to the Infinite Universe, Baltimore 1957], Frankfurt 1969
–, (1971): Descartes und die Scholastik, Bonn 1971 (=reprograf. Nachdruck der Ausgabe Bonn 1923)
Kranz, Walter (1958): Kosmos, Bonn 1958 (=Archiv für Begriffsgeschichte 2)

Kraus, Emil (1916): Der Systemgedanke bei Kant und Fichte, Berlin 1916 (= Kant-Studien Erg.h. 37)
Krings, Hermann (1941): Ordo. Philosophisch-historische Grundlegung einer abendländischen Idee, Halle 1941
—, (1963): Art. Wahrheit – Philosophisch, in: Handbuch Theologischer Grundbegriffe, hrsg. H. Fries, München 1962–1963, Bd. II, 786–794
Krüger, Gerhard (1931): Philosophie und Moral in der Kantischen Kritik, Tübingen 1931
—, (1933): Die Herkunft des philosophischen Selbstbewußtseins, in: Logos 22 (1933) 225–272
—, (1958): Grundfragen der Philosophie. Geschichte – Wahrheit – Wissenschaft, Frankfurt 1958
Krüger, Heinz (1956): Studien über den Aphorismus als philosophische Form, Diss. Phil., Frankfurt 1956
Kuhn, Helmut (1970): Praxis und Theorie im platonischen Denken, in: P. Engelhardt (Hrsg.), Zur Theorie der Praxis. Interpretationen und Aspekte, Mainz 1970 (= Walberberger Studien – Phil. Reihe 4), 27–43
—, (1972): Ist „praktische Philosophie" eine Tautologie?, in: M. Riedel (Hrsg.), Rehabilitierung der praktischen Philosophie, Bd. I, Freiburg 1972, 57–78
—, (1973): Art. Ordnung, in: Handbuch Philosophischer Grundbegriffe, hrsg. H. Krings – H. M. Baumgartner – C. Wild, München 1973–1974, Bd. II, 1037–1050
Landmann, Michael (1958): Schopenhauer heute, in: 39. Schopenhauer-Jahrbuch (1958) 21–37
Laurien, Hanna-Renate (1973): Ethikunterricht. Ein Beitrag zur Frage nach dem Sinn der Schule, in: Stimmen der Zeit 191 (1973) 240–248
Lauth, Reinhard (1957): Der gegenwärtige Stand der Arbeiten an den Werken J. G. Fichtes, in: Zeitschrift für Philosophische Forschung 11 (1957) 129–134
—, (1965): Zur Idee der Transzendentalphilosophie, München/Salzburg 1965
Lautmann, Rüdiger: Wert und Norm. Begriffsanalysen für die Soziologie, Opladen ²1971
Lefèbvre, M. H. (1957): De la morale provisoire à la générosité, in: Descartes. Cahiers de Royaumont Philosophie N⁰ II, Paris 1957, 237–255
Lefèvre, Roger (1957): L'Humanisme de Descartes, Paris 1957
Lehmann, Karl (1969): Die „politische Theologie": Theologische Legitimation und gegenwärtige Aporie, in: J. Krautscheid – H. Marré (Hrsg.), Essener Gespräche zum Thema Staat und Kirche 4, Münster 1969, 90–151 (gekürzt auch in: H. Peukert [Hrsg.], Diskussion zur „politischen Theologie", Mainz/München 1969, 185–216)
—, (1973): Wandlungen der neuen „politischen Theologie", in: Internationale Katholische Zeitschrift „Communio" 2 (1973) 385–399
—, (1974): Emanzipation und Leid, Wandlungen der neuen „politischen Theologie" (II), in: Internationale Katholische Zeitschrift „Communio" 3 (1974) 42–55
Lenk, Hans (1967): Der „Ordinary Language Approach" und die Neutralitätsthese der Metaethik, in: H.-G. Gadamer (Hrsg.), Das Problem der Sprache. Achter Deutscher Kongreß für Philosophie, München 1967, 183–206
Lepenies, Wolf (1972): Schwierigkeiten einer anthropologischen Begründung der Ethik, in: Concilium 8 (1972) 318–327
Lessing, Gotthold Ephraim: Werke. Vollständige Ausgabe in 25 Teilen, hrsg. J. Petersen – W. v. Olshausen, Berlin/Leipzig/Wien/Stuttgart 1907–1935
—, Von der Duldung der Deisten. Fragmente eines Ungenannten (1774)

–, Über den Beweis des Geistes und der Kraft. An den Herrn Direktor Schumann zu Hannover (1777)
–, Das Testament Johannis. Ein Gespräch (1777)
–, Anti-Goeze. D. i. Notgedrungene Beiträge zu den Freiwilligen Beiträgen des Hrn. Past. Goeze (1778)
–, Nathan der Weise. Ein dramatisches Gedicht in fünf Aufzügen (1779)
–, Die Erziehung des Menschengeschlechts (1780)
Lévy-Bruhl, Lucien (1902): Die Philosophie August Comte's [Orig.: La Philosophie d'Auguste Comte, Paris 1900]. Übers. H. Molenaar, Leipzig 1902
Leyhausen, Paul: Das Verhältnis von Trieb und Wille in seiner Bedeutung für die Pädagogik, in: K. Lorenz – P. Leyhausen, Antriebe tierischen und menschlichen Verhaltens. Gesammelte Abhandlungen, München 1968, 54–76
Lieber, Hans-Joachim – Bütow, Hellmuth G. (1969): Art. Ideologie, in: C. D. Kernig (Hrsg.), Sowjetsystem und Demokratische Gesellschaft, Bd. III, Freiburg/Basel/Wien 1969, 4–25
Link, Christian (1977): Die theologischen Wurzeln der Unterscheidung von Theorie und Praxis in der Philosophie der Neuzeit, in: Zeitschrift für Evangelische Ethik 21 (1977) 3–26
Litt, Theodor (1968): Ethik der Neuzeit, Darmstadt 1968 (= Reprograph. Nachdruck der Ausgabe München/Berlin 1931 aus: Handbuch der Philosophie, hrsg. A. Baeumler – M. Schröter, Abteilung III, Beitrag D)
Lobkowicz, Nicholas (oder: L., Nikolaus) (1967): Theory and Practise: History of a Concept from Aristotle to Marx, London 1967
–, (1972): Art. Theorie und Praxis, in: C. D. Kernig (Hrsg.), Sowjetsystem und Demokratische Gesellschaft, Bd. VI, Freiburg/Basel/Wien 1972, 411–450
Locke, John: An Essay Concerning Human Understanding, in: The Works. A New Edition, Corrected. In Ten Volumes, Reprinted Aalen 1963 (= London 1823), Bde. I–III
Löwith, Karl (1956): Nietzsches Philosophie der Ewigen Wiederkehr des Gleichen, Stuttgart ²1956
–, (1960): Der Weltbegriff der neuzeitlichen Philosophie, Heidelberg 1960 (= Sitzungsberichte der Heidelberger Akademie der Wissenschaften, Phil.-hist. Klasse, 1960/4)
–, (1967): Gott, Mensch und Welt in der Metaphysik von Descartes bis zu Nietzsche, Göttingen 1967
–, (1968): Vicos Grundsatz: verum et factum convertuntur. Seine theologische Prämisse und deren säkulare Konsequenzen, Heidelberg 1968 (= Sitzungsberichte der Heidelberger Akademie der Wissenschaften, Phil.-hist. Klasse, 1968)
–, (1969): Das Individuum in der Rolle des Mitmenschen, Darmstadt 1969 (= 2. reprograf. Nachdruck der Ausgabe München 1928)
–, (1973): Weltgeschichte und Heilsgeschehen. Die theologischen Voraussetzungen der Geschichtsphilosophie, Stuttgart/Berlin/Köln/Mainz ⁶1973
Løgstrup, Knud E. (1967): Das Proprium des christlichen Ethos, in: Zeitschrift für Evangelische Ethik 11 (1967) 135–147
Lompe, Klaus (1970): Wissenschaftsorganisation und Zukunftsbewältigung. Das Verhältnis von Theorie zu Praxis in der technisch-wissenschaftlichen Zivilisation, in: P. Engelhardt (Hrsg.), Zur Theorie der Praxis. Interpretationen und Aspekte, Mainz 1970 (= Walberberger Studien – Phil. Reihe 4), 175–202
Lorenz, Konrad: Das sogenannte Böse. Zur Naturgeschichte der Aggression, Wien ²¹1964
–, Die acht Todsünden der zivilisierten Menschheit, München 1973

–, Die Rückseite des Spiegels. Versuch einer Naturgeschichte des menschlichen Erkennens, München/Zürich ³1973

Luckmann, Thomas: Das Problem der Religion in der modernen Gesellschaft. Institution, Person und Weltanschauung, Freiburg 1963

–, Religion in der modernen Gesellschaft, in: J. Wössner (Hrsg.), Religion im Umbruch. Soziologische Beiträge zur Situation von Religion und Kirche in der gegenwärtigen Gesellschaft, Stuttgart 1972, 3–15

Lübbe, Hermann (1971): Dezisionismus in der Moraltheorie Kants, in: ders., Theorie und Entscheidung. Studien zum Primat der praktischen Vernunft, Freiburg 1971 (= Rombach Hochschul Paperback 25), 144–158 (auch in: H. Barion – E.-W. Bökkenförde – E. Forsthoff – W. Weber [Hrsg.], Epirrhosis. Festgabe für C. Schmitt, Berlin 1968, 567–578)

–, (1973): Was heißt: „Das kann man nur historisch erklären"?, in: R. Koselleck – W. D. Stempel (Hrsg.), Geschichte – Ereignis und Erzählung, München 1973 (= Poetik und Hermeneutik 5), 542–554

–, (1975): Säkularisierung. Geschichte eines ideenpolitischen Begriffs, Freiburg/München ²1975

Ludwig, August F. (1910): Sebastian Mutschelle, Konsistorialrat und Chorherr zu St. Veit in Freising, Lyzealprofessor in München. Ein Beitrag zur Geschichte der Aufklärung, in: Theologie und Glaube 2 (1910) 641–655

Lunk, Georg (1926–1927): Das Interesse, 2 Bde., Leipzig 1926–1927 (= Pädagogium XII/1–2)

Macquarrie, John: Gott-Rede. Eine Untersuchung der Sprache und Logik der Theologie [Orig.: God-Talk. An Examination of the Language and Logic of Theology, London 1967]. Übers. A. Pieper, Würzburg 1974

Mader, Johann (1968): Fichte, Feuerbach, Marx. Leib, Dialog, Gesellschaft, Wien 1968

Marcuse, Herbert: Der eindimensionale Mensch. Studien zur Ideologie der fortgeschrittenen Industriegesellschaft, Neuwied 1967

Margolius, Hans (1960): System und Aphorismus, in: 41. Schopenhauer-Jahrbuch (1960) 117–124

Marquard, Odo (1958): Skeptische Methode im Blick auf Kant, Freiburg/München 1958 (= Symposion 4)

Martens, Wolfgang (1968): Die Botschaft der Tugend. Die Aufklärung im Spiegel der deutschen Moralischen Wochenschriften, Stuttgart 1968

Martino, Pierre (1906): L'orient dans la littérature française au XVIIe et au XVIIIe siècle, Paris 1906

Marx, Karl: Die deutsche Ideologie, A: Thesen über Feuerbach, in: Die Frühschriften, hrsg. S. Landshut, Stuttgart 1971, 339–341

Matthes, Joachim: Religion und Gesellschaft. Einführung in die Religionssoziologie, Bd. I, Reinbek 1967 (= rde 279/280)

–, Kirchliche Soziallehre als Wissenssystem, in: Internationale Dialog Zeitschrift 2 (1969) 102–112

Mausbach, Joseph (1959): Katholische Moraltheologie, hrsg. und neu bearbeitet von G. Ermecke, Bd. I, Münster ⁹1959

Melzer, Ernst (1882): Historisch-kritische Beiträge zur Lehre von der Autonomie der Vernunft in den Systemen Kants und Günthers, Neisse ²1882

Menne, Erwin (1974): Religion und Religionskritik in der Kritischen Theorie, in: Religionsunterricht an Höheren Schulen 17 (1974) 66–77

Mensching, Günther (1971): Totalität und Autonomie. Untersuchungen zur philosophischen Gesellschaftstheorie des französischen Materialismus, Frankfurt 1971

Menze, Clemens – Romberg, Reinhard – Pape, Ingetrud (1974): Art. Humanismus/Humanität, in: Historisches Wörterbuch der Philosophie, hrsg. J. Ritter – K. Gründer, Bd. III, Darmstadt 1974, 1217–1230

Mesnard, Pierre (1936): Essai sur la Morale de Descartes, Paris 1936

La Mettrie, Julien Offray de: L'Homme Machine, in: Oeuvres Philosophiques, Hildesheim/New York 1970 (Reprograf. Nachdruck der Ausgabe Berlin 1774), Bd. I, 296–356

Meyer, Christoph (1958): Die unvollziehbare Gleichung. Zur Wirkungsgeschichte Schopenhauers, in: 39. Schopenhauer-Jahrbuch (1958) 1–20

Meyer, Martin (1899): Ludwig Feuerbachs Moralphilosophie in ihrer Abhängigkeit von seinem Anthropologismus und seiner Religionskritik, Diss. Phil., Berlin 1899

Mieth, Dietmar (1976): Autonome Moral im christlichen Kontext. Zu einem Grundlagenstreit der theologischen Ethik, in: Orientierung 40 (1976) 31–34

Miller, Reinhold: Art. Die marxistisch-leninistische Ethik, in: G. Klaus – M. Buhr (Hrsg.), Philosophisches Wörterbuch, Berlin (Ost), [6]1969, Bd. I, 338–346

Mittelstrass, Jürgen (1970): Neuzeit und Aufklärung. Studien zur Entstehung der neuzeitlichen Wissenschaft und Philosophie, Berlin/New York 1970

Möller, Joseph (1971): Wahrheit als Problem. Traditionen – Theorien – Aporien, München/Freiburg 1971

Mohr, Hans (1974): Naturgesetze und gesellschaftliche Normen, in: Zeitwende 45 (1974) 82–97

Monod, Jacques: Zufall und Notwendigkeit. Philosophische Fragen der modernen Biologie [Orig.: Le hasard et la nécessité, Paris 1970], München [2]1971

Morel, Jules: Soziologische Aspekte des Normativen. Christliche Moral und säkulare Wertorientierung, in: J. Wössner (Hrsg.), Religion im Umbruch. Soziologische Beiträge zur Situation von Religion und Kirche in der gegenwärtigen Gesellschaft, Stuttgart 1972, 123–149

Motsch, Karl Eugen (1932): Matern Reuss. Ein Beitrag zur Geschichte des Frühkantianismus an katholischen Hochschulen, Diss. Phil., Freiburg 1932

Müller, Max (1940): Sein und Geist. Systematische Untersuchungen über Grundproblem und Aufbau der mittelalterlichen Ontologie, Tübingen 1940 (= Beiträge zur Philosophie und ihrer Geschichte 7)

–, (1964): Existenzphilosophie im geistigen Leben der Gegenwart, Heidelberg [3]1964

–, (1971): Erfahrung und Geschichte. Grundzüge einer Philosophie der Freiheit als transzendentale Erfahrung, Freiburg/München 1971

Müller-Lauter, Wolfgang (1971 a): Nietzsche. Seine Philosophie der Gegensätze und die Gegensätze seiner Philosophie, Berlin/New York 1971

–, (1971 b): Zarathustras Schatten hat lange Beine..., in: J. Salaquarda (Hrsg.), Philosophische Theologie im Schatten des Nihilismus, Berlin 1971, 88–112

Mutschelle, Sebastian: Anweisung die Evangelien mit Einsicht und Nutzen zu lesen, Münster 1789

–, Vermischte Schriften oder philosophische Gedanken und Abhandlungen, 4 Bde., München [2]1799

–, Über die Aufklärung. Eine Rede bei Austeilung der Schulpreise (in: Vermischte Schriften, Bd. I)

–, Was ist Tugend? In welcher Verbindung steht sie mit Glückseligkeit? (in: Bd. I)

–, Über Kantische Philosophie, und die Frage: Ist daraus für Religion und Moral Nachteil zu fürchten, oder vielmehr wichtiger Vorteil zu hoffen? (in: Bd. I)

–, Über das gegenwärtige Zeitalter (in: Bd. II)

–, Briefe über die Begriffe Gesetz, Pflicht, Gut und Böse (in: Bd. II)

–, Über Liebe zu sich und andern (in: Bd. III)

—, Von einigen Irrlichtern, welche noch immer einige Philosophen aufstecken. Warnung und Anweisung dagegen (in: Bd. III)
—, Kritische Beiträge zur Metaphysik in einer Prüfung der Stattlerisch Antikantischen, Frankfurt 1795
—, Über das sittlich Gute, München ³1801
—, Moraltheologie oder Theologische Moral, vorzüglich zum Gebrauche für seine Vorlesungen, Erster Teil, München 1801
—, Versuch einer solchen faßlichen Darstellung der Kantischen Philosophie, daß hieraus das Brauchbare und Wichtige derselben für die Welt einleuchten möge, 1. Heft, München 1802
Mynarek, Hubertus (1969): Kann ein Christ Atheist sein? Zu D. Sölles Aufsatz ‚Gibt es ein atheistisches Christentum?', in: Wort und Wahrheit 24 (1969) 456–470
Nebe, Otto H. (1933): Autonomie und Theonomie bei Fichte, Diss. Phil., Breslau 1933
Neuendorff, Hartmut (1973): Der Begriff des Interesses. Eine Studie zu den Gesellschaftstheorien von Hobbes, Smith und Marx, Frankfurt 1973
Neumann, Gerd-Heinrich (1974): Moral und Verhaltensforschung. Der Mensch und seine ethischen Normen, Essen 1974 (= Christliche Strukturen in der modernen Welt 13)
Nietzsche, Friedrich: Werke in drei Bänden, hrsg. K. Schlechta, München ⁶1969
—, Die Geburt der Tragödie oder Griechentum und Pessimismus (¹1872, ³1886)
—, Unzeitgemäße Betrachtungen (1873–1876)
—, Menschliches, Allzumenschliches. Ein Buch für freie Geister (¹1878–1879, ²1886)
—, Morgenröte. Gedanken über die moralischen Vorurteile (¹1881, ²1887)
—, Die fröhliche Wissenschaft („la gaya scienza") (¹1882, ²1887)
—, Also sprach Zarathustra. Ein Buch für Alle und Keinen (1883–1885)
—, Jenseits von Gut und Böse. Vorspiel einer Philosophie der Zukunft (1886)
—, Zur Genealogie der Moral. Eine Streitschrift (1887)
—, Götzen-Dämmerung, oder: Wie man mit dem Hammer philosophiert (1889)
—, Ecce homo. Wie man wird, was man ist (1889)
—, Der Antichrist. Fluch auf das Christentum (1888; posth.)
—, Über Wahrheit und Lüge im außermoralischen Sinn (posth.)
—, Aus dem Nachlaß der Achtzigerjahre
Nüdling, Gregor (1961): Ludwig Feuerbachs Religionsphilosophie. „Die Auflösung der Theologie in Anthropologie", Paderborn ²1961
Oeing-Hanhoff, Ludger (1970): Der Mensch: Natur oder Geschichte? Die Grundlagen und Kriterien sittlicher Normen im Lichte der philosophischen Tradition, in: F. Henrich (Hrsg.), Naturgesetz und christliche Ethik. Zur wissenschaftlichen Diskussion nach Humanae Vitae, München 1970 (= Münchener Akademie-Schriften 55), 11–47
Oelmüller, Willi (1969): Die unbefriedigte Aufklärung. Beiträge zu einer Theorie der Moderne von Lessing, Kant und Hegel, Frankfurt 1969
—, (1974): Kants Beitrag zur Grundlegung einer praktischen Philosophie der Moderne, in: M. Riedel (Hrsg.), Rehabilitierung der praktischen Philosophie, Bd. II, Freiburg 1974, 521–560
Ouwerkerk, C. van (1967): Säkularität und christliche Ethik, in: Concilium 3 (1967) 397–416
Pannenberg, Wolfhart (1963): Typen des Atheismus und ihre theologische Bedeutung, in: Zeitwende 34 (1963) 597–608
—, (1964): Theologische Motive im Denken Immanuel Kants, in: Theologische Literaturzeitung 89 (1964) 897–906

–, (1971): Die Frage nach Gott, in: ders., Grundfragen systematischer Theologie. Gesammelte Aufsätze, Göttingen ²1971, 361–386
–, (1976): Person und Subjekt. Zur Überwindung des Subjektivismus im Menschenbild und im Gottesverhältnis, in: Neue Zeitschrift für Systematische Theologie und Religionsphilosophie 18 (1976) 133–148
Pater, Wim A. de (1971): Theologische Sprachlogik, München 1971
–, (1973): Analytische Philosophie als mögliches Programm für Theologie, in: Franziskanische Studien 55 (1973) 1–16
Paton, Herbert James (1962): Der kategorische Imperativ. Eine Untersuchung über Kants Moralphilosophie [Orig.: The categorical Imperative. A Study in Kant's Moral Philosophy, London ³1958]. Übers. K. Schenk, Berlin 1962
Patzig, Günther (1971): Ethik ohne Metaphysik, Göttingen 1971
Paulus, Rudolf (1919): Fichte und das Neue Testament, Tübingen 1919 (= Sammlung gemeinverständl. Vorträge u. Schriften aus d. Gebiet der Theologie u. Religionsgeschichte 93)
Pelemann, Albert (1961): Der Benediktiner Simpert Schwarzhueber (1727–1795) als Moraltheologe. Seine Beziehungen zur Moraltheologie des Protestanten G. Leß und zum Salzburger Moraltheologen J. Danzer und zu I. v. Fabiani, Regensburg 1961 (= Studien zur Geschichte der kath. Moraltheologie 9)
Peukert, Helmut (1972): Zur Einführung: Bemerkungen zum Verhältnis von Sprachanalyse und Theologie, in der deutschen Ausgabe von: D. M. High (Hrsg.), Sprachanalyse und religiöses Sprechen, Düsseldorf 1972, IX–XXIV
–, (1976): Wissenschaftstheorie – Handlungstheorie – Fundamentale Theologie. Analysen zu Ansatz und Status theologischer Theoriebildung, Düsseldorf 1976
Philipp, Wolfgang (1957): Das Werden der Aufklärung in theologiegeschichtlicher Sicht, Göttingen 1957 (= Forschungen zur Systematischen Theologie und Religionsphilosophie 3)
Picht, Georg (1969 a): Der Sinn der Unterscheidung von Theorie und Praxis in der griechischen Philosophie, in: ders., Wahrheit – Vernunft – Verantwortung. Philosophische Studien, Stuttgart 1969, 108–140
–, (1969 b): Zum Problem der „Genealogie der Moral" bei Nietzsche, in: ders., Wahrheit – Vernunft – Verantwortung. Philosophische Studien, Stuttgart 1969, 252–277
–, (1973): Die Dialektik von Theorie und Praxis und der Glaube, in: Zeitschrift für Theologie und Kirche 70 (1973) 101–120
Pieper, Annemarie (1971): Analytische Ethik. Ein Überblick über die seit 1900 in England und Amerika erschienene Ethik-Literatur, in: Philosophisches Jahrbuch 78 (1971) 144–176
–, (1973): Sprachanalytische Ethik und praktische Freiheit. Das Problem der Ethik als autonomer Wissenschaft, Stuttgart/Berlin/Köln/Mainz 1973
Pieper, Josef (1963): Die Wirklichkeit und das Gute, München ⁷1963
Pinkaers, Servais (1963): Eudämonismus und sittliche Verbindlichkeit in der Ethik des heiligen Thomas. Stellungnahme zum Beitrag Hans Reiners, in: P. Engelhardt (Hrsg.), Sein und Ethos. Untersuchungen zur Grundlegung der Ethik, Mainz 1963 (= Walberberger Studien – Phil. Reihe 1), 267–305
Pitcher, George (1967): Die Philosophie Wittgensteins. Eine kritische Einführung in den Tractatus und die Spätschriften, Freiburg/München 1967
Pohlmann, Rosemarie (1971): Art. Autonomie, in: Historisches Wörterbuch der Philosophie, hrsg. J. Ritter – K. Gründer, Bd. I, Darmstadt 1971, 701–719
Popitz, Heinrich: Soziale Normen, in: Archives Européennes de Sociologie 2 (1961) 185–198

Portmann, Adolf (1963): Von der Idee des Humanen in der gegenwärtigen Biologie (Rektoratsrede 1947 in Basel), in: ders., Biologie und Geist, Freiburg/Basel/Wien 1963, 272–285
Probst, Ferdinand (1848): Katholische Moraltheologie, Bd. I, Tübingen 1848
Radermacher, Hans (1970): Fichtes Begriff des Absoluten, Frankfurt 1970 (= Philosophische Abhandlungen 34)
Rahner, Karl (1964): Über die Frage einer formalen Existentialethik, in: Schriften zur Theologie, Bd. II, Einsiedeln/Zürich/Köln [7]1964, 227–246
Ratzinger, Joseph (1975): Kirchliches Lehramt – Glaube – Moral, in: ders. (Hrsg.), Prinzipien Christlicher Moral, Einsiedeln [2]1975, 41–66
Rauh, Fritz (1969): Das sittliche Leben des Menschen im Lichte der vergleichenden Verhaltensforschung, Kevelaer 1969 (= Eichstätter Studien N.F. 2)
–, (1972): Die Funktion der vergleichenden Verhaltensforschung für das Humanum, in: J. Gründel – F. Rauh – V. Eid (Hrsg.), Humanum. Moraltheologie im Dienst des Menschen, Düsseldorf 1972, 142–157
Rawidowicz, Simon (1964): Ludwigs Feuerbachs Philophie. Ursprung und Schicksal, Berlin [2]1964
Reiner, Hans (1951): Pflicht und Neigung. Grundlagen der Sittlichkeit erörtert und neu bestimmt mit besonderem Bezug auf Kant und Schiller, Meisenheim a.Gl. 1951 (= Monographien zur philosophischen Forschung 5)
–, (1963 a): Wesen und Grund der sittlichen Verbindlichkeit (obligatio) bei Thomas von Aquin, in: P. Engelhardt (Hrsg.), Sein und Ethos. Untersuchungen zur Grundlegung der Ethik, Mainz 1963 (= Walberberger Studien – Phil. Reihe 1), 236–266
–, (1963 b): Beatitudo und obligatio bei Thomas von Aquin. Antwort an P. Pinkaers, in: P. Engelhardt (Hrsg.), Sein und Ethos. Untersuchungen zur Grundlegung der Ethik, Mainz 1963 (= Walberberger Studien 1), 306–328
–, (1964): Die philosophische Ethik. Ihre Fragen und Lehren in Geschichte und Gegenwart, Heidelberg 1964
Rendtorff, Trutz (1966): Zur Säkularisierungsproblematik. Über die Weiterentwicklung der Kirchensoziologie zur Religionssoziologie, in: Internationales Jahrbuch der Religionssoziologie 2 (1966) 51–72
Riedel, Manfred (1965): Theorie und Praxis im Denken Hegels. Interpretationen zu den Grundstellungen der neuzeitlichen Subjektivität, Stuttgart/Berlin/Köln/Mainz 1965
–, (1970): Hegel und Marx. Die Neubestimmung des Verhältnisses von Theorie und Praxis, in: G.-K. Kaltenbrunner (Hrsg.), Hegel und die Folgen, Freiburg 1970, 273–294
–, (1972–1974) (Hrsg.): Rehabilitierung der praktischen Philosophie, 2 Bde., Freiburg 1972–1974 (= Sammlung Rombach N.F. 14 und 23)
Rief, Josef (1977): Normen und Normenfindung, in: Schul-Informationen des Erzb. Generalvikariates Köln 9 (1977) 13–27
Ritschl, Otto (1906): System und systematische Methode in der Geschichte des wissenschaftlichen Sprachgebrauchs und der philosophischen Methodologie, Bonn 1906
Ritter, Joachim (1969): Moralität und Sittlichkeit. Zu Hegels Auseinandersetzung mit der Kantischen Ethik, in: ders., Metaphysik und Politik. Studien zu Aristoteles und Hegel, Frankfurt 1969, 281–309
Ritter, Joachim – Romberg, Reinhard – Pieper, Annemarie (1972): Art. Ethik, in: Historisches Wörterbuch der Philosophie, hrsg. J. Ritter – K. Gründer, Bd. II, Darmstadt 1972, 759–810

Ritzel, Wolfgang (1956): Fichtes Religionsphilosophie, Stuttgart 1956 (= Forschungen zur Kirchen- und Geistesgeschichte. NF 5)
Robinson, John A. T.: Can a Truly Contemporary Person not be an Atheist?, in: The New Reformation?, London 1965, 106–122 (dt.: Eine neue Reformation?, München 1965, 113–130)
–, Honest to God, London 1963 (dt.: Gott ist anders. Honest to God, München 1973)
–, Das Gespräch geht weiter, in: H. W. Augustin (Hrsg.), Diskussion zu Bischof Robinsons Gott ist anders, München 1964, 23–58
–, Christian Morals Today, London ³1964 (dt.: Christliche Moral heute, München 1964)
–, The New Reformation?, London 1965 (dt.: Eine neue Reformation? München 1965)
–, The Difference in Being a Christian Today, Philadelphia 1972 (dt.: Heute ist der Christ anders, München 1973)
Rodis – Lewis, Geneviève (1957 a): Maîtrise des Passions et Sagesse chez Descartes, in: Descartes. Cahiers de Royaumont Philosophie N⁰ II, Paris 1957, 208–227
–, (1957 b): La Morale de Descartes, Paris 1957 (= Initiation Philosophique 27)
Röd, Wolfgang (1959/60): Zum Problem des Premier Principe in Descartes Metaphysik, in: Kant-Studien 51 (1959/60) 176–195
–, (1964): Descartes. Die innere Genesis des cartesianischen Systems, München/Basel 1964
–, (1970): Geometrischer Geist und Naturrecht. Methodengeschichtliche Untersuchungen zur Staatsphilosophie im 17. und 18. Jh., München 1970 (= Abhandlungen der Bayerischen Akademie der Wissenschaften. Phil.-hist. Klasse NF, H. 70)
Röttges, Heinz (1972): Nietzsche und die Dialektik der Aufklärung, Berlin/New York 1972 (= Monographien und Texte zur Nietzsche-Forschung 2)
Rohrmoser, Günter (1970 a): Das Elend der kritischen Theorie. Theodor W. Adorno, Herbert Marcuse, Jürgen Habermas, Freiburg ²1970
–, (1970 b): Emanzipation und Freiheit, München 1970
–, (1973): Art. Autonomie, in: Handbuch Philosophischer Grundbegriffe, hrsg. H. Krings – H. M. Baumgartner – C. Wild, Bd. I, München 1973, 155–170
Rombach, Heinrich (1965–1966): Substanz, System, Struktur, 2 Bde., Freiburg/München 1965–1966
Rotter, Hans (1970): Tendenzen in der Moraltheologie, in: Stimmen der Zeit 95 (1970) 259–268
–, (1977): Christliches Handeln. Seine Begründung und Eigenart, Graz/Wien/Köln 1977
Rousseau, Jean-Jaques: Émile ou de l'Éducation, in: Œvres complètes de J.-J. Rousseau, Nouvelle Édition, Paris 1830, Bde. III–IV
Rudolph, Enno (1977): Zur Frage der Vermittlung von Theorie und Praxis bei Jürgen Habermas, in: Zeitschrift für Evangelische Ethik 21 (1977) 46–61
Salaquarda, Jörg (1975): Erwägungen zur Ethik. Schopenhauers kritisches Gespräch mit Kant und die gegenwärtige Diskussion, in: 56. Schopenhauer-Jahrbuch (1975) 51–69
Sauter, Gerhard – Stock, Alex (1976): Arbeitsweisen Systematischer Theologie. Eine Anleitung, München/Mainz 1976 (= studium theologie 2)
Savigny, Eike von (1969): Die Philosophie der normalen Sprache. Eine kritische Einführung in die „ordinary language philosophy", Frankfurt 1969
Scheffczyk, Leo (1974): Gott-loser Gottesglaube? Die Grenzen des Nichttheismus und ihre Überwindung, Regensburg 1974
Schelling, Friedrich Wilhelm Joseph von: Darlegung des wahren Verhältnisses der

Naturphilosophie zu der verbesserten Fichteschen Lehre. Eine Erläuterungsschrift der ersten (1806), in: Schellings Werke, hrsg. M. Schröter (sogenannter Jubiläumsdruck), Bd. III, München 1958, 595–720

Schiffers, Norbert (1970): Der theologische Begriff der Schuld und die Deutung des sittlich Bösen im Lichte der Verhaltensforschung, in: Concilium 6 (1970) 406–413

Schillebeeckx, Edward (1964): Neues Glaubensverständnis. Honest to Robinson, Mainz 1964

–, (1965): Personale Begegnung mit Gott. Eine Antwort an John A. T. Robinson, Mainz ²1965

–, (1971): Glaubensinterpretation. Beiträge zu einer hermeneutischen und kritischen Theologie, Mainz 1971

–, (1973): Kritische Theorien und politisches Engagement der christlichen Gemeinde, in: Concilium 9 (1973) 253–260

Schilling, Kurt (1953): Geschichte der Philosophie, Bd. II, München/Basel ²1953

Schischkin, A. (1965): Die Grundlagen der marxistischen Ethik. Übers. U. Kuhirt, Berlin ²1965

Schlechta, Karl (1958): Der Fall Nietzsche. Aufsätze und Vorträge, München 1958

Schlette, Heinz Robert (1969): Aporien der Ethik, in: Wort und Wahrheit 24 (1969) 336–345

Schmeing, Clemens (1959): Studien zur „Ethica christiana" Maurus von Schenkls OSB und zu ihren Quellen, Regensburg 1959 (= Studien zur Geschichte der katholischen Moraltheologie 8)

Schmidbauer, Wolfgang (1972): Die sogenannte Aggression. Die kulturelle Evolution und das Böse, Hamburg 1972

Schmidt, Alfred (1972): Art. Praxis, in: Handbuch Philosophischer Grundbegriffe, hrsg. H. Krings – H. M. Baumgartner – C. Wild, Bd. II, Darmstadt 1972, 1107–1138

Schmidt, Gerhard (1965): Aufklärung und Metaphysik. Die Neubegründung des Wissens durch Descartes, Tübingen 1965

Schneider, Erich (1972): Die Theologie und Feuerbachs Religionskritik. Die Reaktion der Theologie des 19. Jahrhunderts auf L. Feuerbachs Religionskritik, Göttingen 1972 (= Studien zur Theologie und Geistesgeschichte des 19. Jhs. 1)

Schneider, Werner (1971): Theorie der Praxis – im Genitivus Subjektivus. Wegbereiter einer kritischen Gesellschaftstheorie, in: Zeitschrift für Philosophische Forschung 25 (1971) 25–47

Schöllgen, Werner (1938): Arthur Schopenhauer als Ethiker. Aus Anlaß seines 150. Geburtstages, in: Pastor Bonus 49 (1938) 8–14

Scholz, Franz (1957): Benedikt Stattler und die Grundzüge seiner Sittlichkeitslehre unter besonderer Berücksichtigung der Doktrin von der philosophischen Sünde, Freiburg 1957 (= Freiburger Theol. Studien 70)

Schopenhauer, Arthur: Sämtliche Werke, hrsg. W. v. Löhneysen, 5 Bde., Darmstadt ²1968

–, Über die vierfache Wurzel des Satzes vom zureichenden Grunde. Eine philosophische Abhandlung (¹1813, ²1847)

–, Die Welt als Wille und Vorstellung I (¹1819, ²1844, ³1858)

–, Über den Willen in der Natur. Eine Erörterung der Bestätigungen, welche die Philosophie des Verfassers seit ihrem Auftreten durch die empirischen Wissenschaften erhalten hat (¹1836, ²1854)

–, Preisschrift über die Freiheit des Willens. Gekrönt von der Königlich Norwegischen Sozietät der Wissenschaften zu Trondheim am 26. Januar 1839 (s. Die beiden Grundprobleme der Ethik)

–, Preisschrift über die Grundlage der Moral. Nicht gekrönt von der Königlich Dänischen Sozietät der Wissenschaften zu Kopenhagen am 30. Januar 1840 (s. Die beiden Grundprobleme der Ethik)
–, (die beiden Preisschriften wurden deutsch veröffentlicht unter dem Titel:) Die beiden Grundprobleme der Ethik. Behandelt in zwei akademischen Preisschriften (^{1}1841, ^{2}1860)
–, Die Welt als Wille und Vorstellung II (^{1}1844, ^{2}1858)
–, Parerga und Paralipomena. Kleine philosophische Schriften, 2 Bde. (^{1}1851, ^{2}1862)
–, Der Briefwechsel, hrsg. A. Hübscher, 3 Bde., München 1933–1942 (= A. Schopenhauers sämtliche Werke, hrsg. P. Deussen, Bde. XIV–XVI)
–, Gespräche, neue stark erweiterte Ausgabe, hrsg. A. Hübscher, Stuttgart/Bad Cannstatt 1971
Schüller, Bruno (1966): Gesetz und Freiheit. Eine moraltheologische Untersuchung, Düsseldorf 1966
–, (1970): Typen ethischer Argumentation in der katholischen Moraltheologie, in: Theologie und Philosophie 45 (1970) 526–550
–, (1973): Die Begründung sittlicher Urteile. Typen ethischer Argumentation in der katholischen Moraltheologie, Düsseldorf 1973
–, (1974): Neuere Beiträge zum Thema „Begründung sittlicher Normen", in: J. Pfammater – F. Furger (Hrsg.), Theologische Berichte IV: Fragen christlicher Ethik, Zürich/Einsiedeln/Köln 1974, 109–181
Schulte, Günter (1975): Fichtes Gottesbegriff, in: Kant-Studien 66 (1975) 163–168
Schulz, Walter (1962): J. G. Fichte. Vernunft und Freiheit, Pfullingen 1962 (= opuscula 3)
–, (1965): Wandlungen des Wirklichkeitsbegriffes, in: Universitas 20 (1965), 579–592
–, (1972): Philosophie in der veränderten Welt, Pfullingen 1972
–, (1974): Der Gott der neuzeitlichen Metaphysik, Pfullingen ^{5}1974
Schulze, Wilhelm A. (1964): Das Johannesevangelium im deutschen Idealismus, in: Zeitschrift für Philosophische Forschung 18 (1964) 85–118
Schwartländer, Johannes (1968): Der Mensch ist Person. Kants Lehre vom Menschen, Stuttgart/Berlin/Köln/Mainz 1968
Schweppenhäuser, Hermann (1972): Schopenhauers Kritik der Kantischen Moralphilosophie, in: Tractanda. Beiträge zur kritischen Theorie der Kultur und Gesellschaft, Frankfurt 1972, 22–33
Shaftesbury, Anthony Ashley Cooper: An Inquiry concerning Virtue and Merit, in: Characteristics of Men, Manners, Opinions, Times etc., 6. ed., London 1737–1738, Bd. II
Siebert, Rudolf (1974): Religion in der Sicht der kritischen Soziologie, in: Concilium 10 (1974) 23–30
Siep, Ludwig (1970): Hegels Fichtekritik und die Wissenschaftslehre von 1804, Freiburg/München 1970 (= Symposion 33)
Simmel, Georg (1907): Schopenhauer und Nietzsche. Ein Vortragszyklus, Leipzig 1907
Simon, Josef (1972): Grammatik und Wahrheit. Über das Verhältnis Nietzsches zur spekulativen Satzgrammatik der metaphysischen Tradition, in: Nietzsche-Studien 1 (1972) 1–26
Simons, Eberhard (1972): Das Dilemma der Theologie. Zur Wissenschaftstheoretischen und wissenschaftspraktischen Situation heutiger Theologie, in: Philosophisches Jahrbuch 79 (1972) 335–360 (Kurzform des Artikels auch in: M. Seckler –

O. H. Pesch – J. Brosseder – W. Pannenberg (Hrsg.), Begegnung. Beiträge zu einer Hermeneutik des theologischen Gesprächs, Graz/Wien/Köln 1972, 581–603

Snell, Bruno (1951): Theorie und Praxis im Denken des Abendlandes. Rede anläßlich der Feier des Rektorwechsels am 14. 11. 1951, Hamburg 1951

Sölle, Dorothee: Stellvertretung. Ein Kapitel Theologie nach dem „Tode Gottes", Stuttgart/Berlin ⁴1967

–, Die Wahrheit ist konkret, Olten/Freiburg 1967

–, Atheistisch an Gott glauben. Beiträge zur Theologie, Olten/Freiburg 1968

–, Phantasie und Gehorsam. Überlegungen zu einer künftigen christlichen Ethik, Stuttgart/Berlin ³1968

–, Das Recht ein anderer zu werden. Theologische Texte, Neuwied/Berlin 1971

–, Leiden, Stuttgart/Berlin 1973 (= Themen der Theologie, Erg.-Bd.)

–, Die Hinreise. Zur religiösen Erfahrung. Texte und Überlegungen, Stuttgart 1975

–, Der Wunsch ganz zu sein. Gedanken zur neuen Religiosität, in: Sölle u. a., Religionsgespräche. Zur gesellschaftlichen Rolle der Religion, Darmstadt/Neuwied 1975 (= Theologie und Politik 10), 146–161

Sölle, Dorothee – Negt, Oskar: Über die Aktualität der marxistischen Religionskritik, in: Sölle u. a., Religionsgespräche. Zur gesellschaftlichen Rolle der Religion, Darmstadt/Neuwied 1975 (= Theologie und Politik 10), 177–187

Spaemann, Robert (1968): Praktische Gewißheit. Descartes' provisorische Moral, in: H. Barion – E. W. Böckenförde – E. Forsthoff – W. Weber (Hrsg.), Epirrhosis. Festgabe für C. Schmitt, Berlin 1968, 683–696

–, (1971): Autonomie, Mündigkeit, Emanzipaton. Zur Ideologisierung von Rechtsbegriffen, in: Erziehungswissenschaft 1971. Zwischen Herkunft und Zukunft der Gesellschaft, hrsg. S. Oppolzer – R. Lassahn, Wuppertal/Ratingen 1971, 317–324

–, (1972): Moral und Gewalt, in: M. Riedel (Hrsg.), Rehabilitierung der praktischen Philosophie, Bd. I, Freiburg 1972, 215–241

–, (1977): Wovon handelt die Moraltheologie? Bemerkungen eines Philosophen, in: Internationale Katholische Zeitschrift „Communio" 6 (1977) 289–311

Spinoza, Baruch de: Tractatus Theologico-Politicus, in: Spinoza Opera, hrsg. C. Gebhardt, Heidelberg 1924, Bd. III

Spittler, Gerd: Norm und Sanktion. Untersuchungen zum Sanktionsmechanismus, Olten/Freiburg 1967

Stäglich, Hans (1951–1952): Zur Geschichte des Begriffs Pessimismus, in: 34. Jahrbuch der Schopenhauer-Gesellschaft (1951–1952) 27–37

Stark, Werner: Die Wissenssoziologie. Ein Beitrag zum tieferen Verständnis des Geisteslebens, Stuttgart 1960

Stattler, Benedikt: Anhang zum Anti-Kant in einer Widerlegung der Kantischen Metaphysik der Sitten, München 1788

–, Kurzer Entwurf der unausstehlichen Ungereimtheiten der Kantischen Philosophie, samt dem Seichtdenken so mancher gutmütigen Hochschätzer derselben. Hell aufgedecket für jeden gesunden Menschenverstand, und noch mehr für jede auch nur Anfänger im ordentlichen Selbstdenken, o. O. 1791

–, Wahres Verhältnis der kantischen Philosophie zur christlichen Religion nach dem nunmehr redlich getanen Geständnisse selbst des Herrn Kants und seiner eifrigsten Anhänger, allen redlichen Christen zum reifen Bedacht vorgestellt, München o. J.

–, Meine noch immer feste Überzeugung von dem vollen Ungrunde der Kantischen Philosophie, und von dem aus ihrer Aufnahme in christliche Schulen unfehlbar entstehenden äußersten Schaden für Moral und Religion gegen zween neue Verteidiger ihrer Gründlichkeit und Unschuld, Landshut 1794

Stegmüller, Wolfgang (1969): Hauptströmungen der Gegenwartsphilosophie. Eine kritische Einführung, Stuttgart ⁴1969
Stein, Alois von der (1968): Der Systembegriff in seiner geschichtlichen Entwicklung, in: A. Diemer (Hrsg.), System und Klassifikation in Wissenschaft und Dokumentation, Meisenheim 1968 (= Studien zur Wissenschaftstheorie 2) 1–14
Stelzenberger, Johannes (1937): Anton Joseph Roßhirt. Eine Studie zur Moraltheologie der Aufklärungszeit, Breslau 1937
Stockhammer, Morris (1957): Über die Freiheit des Willens. Eine Schopenhauer-Studie, in: 38. Jahrbuch der Schopenhauer-Gesellschaft (1957) 28–96
Stoeckle, Bernhard (1973): Autonome Moral. Kritische Befragung des Versuchs zur Verselbständigung des Ethischen, in: Stimmen der Zeit 191 (1973) 722–736
–, (1974): Grenzen der autonomen Moral, München 1974
–, (Hrsg.) (1975): Wörterbuch Christlicher Ethik, Freiburg/Basel/Wien 1975
–, (1977): Flucht in das Humane? Erwägungen zur Diskussion über die Frage nach dem Proprium christlicher Ethik, in: Internationale Katholische Zeitschrift „Communio" 6 (1977) 312–325
Struve, Wolfgang (1950–51): Über das „ergo" in Descartes' „Ego cogito, ergo sum" und „Sum, ergo Deus est", in: Lexis II/2 (1950–51) 239–262
Symanowski, Horst (Hrsg.) (1965): Post Bultmann locutum. Eine Diskussion zwischen Helmut Gollwitzer und Herbert Braun am 13. 2. 1964 in der Universität zu Mainz, 2 Bde., Hamburg/Bergstedt 1965 (= Theologische Forschung 37)
Teichner, Wilhelm (1967): Die intelligible Welt. Ein Problem der theoretischen und praktischen Philosophie I. Kants, Meisenheim 1967 (= Monographien zur philosophischen Forschung 46)
Theunissen, Michael (1969): Gesellschaft und Geschichte. Zur Kritik der kritischen Theorie, Berlin 1969
–, (1970): Die Verwirklichung der Vernunft. Zur Theorie-Praxis-Diskussion im Anschluß an Hegel, in: Philosophische Rundschau 17 (1970) Beiheft 6
–, (1973): Die Gefährdung des Staates durch die Kultur. J. Habermas' Entwurf „Legitimationsprobleme im Spätkapitalismus" – Die Auseinandersetzung mit N. Luhmann, in: Frankfurter Allgemeine Zeitung vom 9.10. 1973, Literaturblatt
Thielicke, Helmut (1957): Offenbarung, Vernunft und Existenz. Studien zur Religionsphilosophie Lessings, Gütersloh ⁴1957
Thiemann, K. (1897): A. Schopenhauer, ein Zeuge biblisch-evangelischer Wahrheit, Stuttgart 1897 (= Zeitfragen des christlichen Volkslebens XXII/4)
Thimm, Karl (1939): Die Autonomie der praktischen Vernunft in der Philosophie und Theologie des Hermesianismus, Diss. Theol., Freiburg 1939 (Teildruck: München 1939)
Topitsch, Ernst (1972): Vom Ursprung und Ende der Metaphysik. Eine Studie zur Weltanschauungskritik, München ²1972
Track, Joachim (1977): Sprachkritische Untersuchungen zum christlichen Reden von Gott, Göttingen 1977 (= Forschungen zur systematischen und ökumenischen Theologie 37)
Trappe, Paul (1959): Die Rechtssoziologie Theodor Geigers. Versuch einer Systematisierung und kritischen Würdigung auf der Grundlage des Gesamtwerks, Diss. Phil., Mainz 1959
Ulrich, Hans G. (1975): Anthropologie und Ethik bei Friedrich Nietzsche. Interpretationen zu Grundproblemen theologischer Ethik, München 1975 (= Beiträge zur evangelischen Theologie 68)
Vahanian, Gabriel: The Death of God. The Culture of Our Post-Christian Era, New York ⁴1967

Verweyen, Hans-Jürgen (1975): Recht und Sittlichkeit in J. G. Fichtes Gesellschaftslehre, Freiburg/München 1975 (= Symposion 50)
Voigt, Hans (1966): Zur Preisschrift über die Freiheit des Willens, in: 47. Schopenhauer-Jahrbuch (1966), 72–84
Voltaire, François Marie: Art. Morale, in: Dictionnaire Philosophique, t. VI, in: Œuvres de Voltaire, éd. M. Beuchot, Paris 1834–1840, Bd. XXXI, 260–262
–, Le Philosophe Ignorant, in: Œuvres de Voltaire, éd. M. Beuchot, Paris 1834–1840, Bd. XLII, 535–609
–, Traité de Métaphysique, in: Œuvres de Voltaire, éd. M. Beuchot, Paris 1834–1840, Bd. XXXVII, 277–343
Vorländer, Karl (1950): Einleitung zu: I. Kant, Die Religion innerhalb der Grenzen der bloßen Vernunft, Leipzig ⁵1950 (= Philosoph. Bibliothek 45), XI–XCI
Wagner, Falk (1971): Der Gedanke der Persönlichkeit Gottes bei Fichte und Hegel, Gütersloh 1971
Walch, Johann Georg: Art. Systema, in: ders., Philosophisches Lexikon, Leipzig ²1733, 2516 f
Wallmann, Johannes (1970): Ludwig Feuerbach und die theologische Tradition, in: Zeitschrift für Theologie und Kirche 67 (1970) 56–86
Wapler, Paul (1905): Die geschichtlichen Grundlagen der Weltanschauung Schopenhauers, in: Archiv für Geschichte der Philosophie 18 (1905) 369–394 und 507–536
Weber, Helmut (1972): Um das Proprium christlicher Ethik. Das Beispiel der katholischen Gesellschaftslehre, in: Trierer Theologische Zeitschrift 81 (1972) 257–275
Wein, Hermann (1954): Zugang zu philosophischer Kosmologie. Überlegungen zum philosophischen Thema der Ordnung in nach-kantischer Sicht, München 1954
–, (1962): Positives Antichristentum. Nietzsches Christusbild im Brennpunkt nachchristlicher Anthropologie, Den Haag 1962
Weischedel, Wilhelm (1962): Der Zwiespalt im Denken Fichtes, Berlin 1962
–, (1976): Skeptische Ethik, Frankfurt 1976
Welker, Michael (1975): Der Vorgang Autonomie. Philosophische Beiträge zur Einsicht in theologischer Rezeption und Kritik, Neukirchen-Vluyn 1975
Wellmer, Albrecht: Kritische Gesellschaftstheorie und Positivismus, Frankfurt ²1969
–, Kritische und analytische Theorie, in: Marxismusstudien, VI. Folge: Weltreligionen und Marxismus vor der wissenschaftlich-technischen Welt, hrsg. U. Duchrow, Tübingen 1969, 187–239
Welte, Bernhard (1965): Nietzsches Atheismus und das Christentum, in: ders., Auf der Spur des Ewigen. Philosophische Abhandlungen über verschiedene Gegenstände der Religion und der Theologie, Freiburg/Basel/Wien 1965, 228–261
–, (1969): Determination und Freiheit, Frankfurt 1969
–, (1975): Religiöse Sprache, in: ders., Zeit und Geheimnis. Philosophische Abhandlungen zur Sache Gottes in der Zeit der Welt, Freiburg/Basel/Wien 1975, 159–177
Welzel, Hans (1955): Naturrecht und materiale Gerechtigkeit. Problemgeschichtliche Untersuchungen als Prolegomena zu einer Rechtsphilosophie, Göttingen ²1955
Wickler, Wolfgang: Sind wir Sünder? Naturgesetze der Ehe. Mit einer Einführung von K. Lorenz, München/Zürich 1969
–, Antworten der Verhaltensforschung, München 1970
–, Die Biologie der Zehn Gebote, München 1971
Wiedenhofer, Siegfried (1976): Politische Theologie, Stuttgart/Berlin/Köln/Mainz 1976
Wildiers, N. Max (1974): Weltbild und Theologie. Vom Mittelalter bis heute [Orig.: Wereldbeeld en theologie. Van de middeleuven tot vandaag, Antwerpen/Amsterdam 1974], Zürich/Einsiedeln/Köln 1974

Willy, Rudolf (1883): Schopenhauer in seinem Verhältnis zu J. G. Fichte und Schelling, Diss. Phil., Zürich 1883
Windelband, Wilhelm (1957): Lehrbuch der Geschichte der Philosophie. Mit einem Schlußkapitel „Die Philosophie im 20. Jahrhundert" und einer Übersicht über den Stand der philosophiegeschichtlichen Forschung, hrsg. H. Heimsoeth, Tübingen [15]1957
Wintzer, Wilhelm (1898): Die ethischen Untersuchungen L. Feuerbachs, Diss. Phil., Leipzig 1898
Wittgenstein, Ludwig: Tractatus logico-philosophicus. Logisch-philosophische Abhandlung, in: ders., Schriften 1, Frankfurt 1960
–, A Lecture on Ethics, in: Philosophical Review 74 (1965), 3–12
–, Lectures and Conversations on Aesthetics, Psychology and Religious Belief, ed. C. Barret, Oxford 1966 (dt.: Vorlesungen und Gespräche über Ästhetik, Psychologie und Religion, Göttingen 1968)
–, Philosophische Untersuchungen, in: ders., Schriften 1, Frankfurt 1960
–, Briefe an Ludwig von Ficker, hrsg. G. H. v. Wright, Salzburg 1969
Wolff, Hans M. (1960): Arthur Schopenhauer. Hundert Jahre später, Bern/München 1960
Wundt, Max (1944): Cogito ergo sum, in: Zeitschrift für deutsche Kulturphilosophie 10 (1944) 81–100
Xhaufflaire, Marcel (1972): Feuerbach und die Theologie der Säkularisation [Orig.: Feuerbach et la théologie de la sécularisation, Paris 1970], München/Mainz 1972 (= Gesellschaft und Theologie, Abt. Syst. Beiträge 10)
Zabel, Hermann (1968): Verweltlichung – Säkularisierung. Zur Geschichte einer Interpretationskategorie, Diss. Phil., Münster 1968
Zahn, Manfred (1974): Art. System, in: Handbuch Philosophischer Grundbegriffe, hrsg. H. Krings – H. M. Baumgartner – C. Wild, Bd. III, München 1974, 1458–1475
Zahrnt, Heinz (1970): Gott kann nicht sterben. Wider die falschen Alternativen in Theologie und Gesellschaft, München 1970
Zint, Hans (1930): Das Religiöse bei Schopenhauer, in: 17. Jahrbuch der Schopenhauer-Gesellschaft (1930) 3–75
Zirker, Hans (1972): Sprachprobleme im Religionsunterricht, Düsseldorf 1972
–, (1974): Religionskritik als Sprachanalyse, in: Religionsunterricht an Höheren Schulen 17 (1974) 77–87
Zwingelberg, Hans Willi (1969): Kants Ethik und das Problem der Einheit von Freiheit und Gesetz, Bonn 1969 (= Abhandlungen zur Philosophie, Psychologie und Pädagogik 61)